Nouveau dictionnaire de la musique

DU MÊME AUTEUR

AUX MÊMES ÉDITIONS

Ouverture pour une discothèque
1956

Dictionnaire de la musique
coll. « Solfèges », 1961 et 1997

Dictionnaire des compositeurs
coll. « Solfèges », 1964 et 1996

Vivaldi
coll. « Solfèges », 1967 et 1994

Histoire universelle de la musique
2 vol. reliés, 1978

L'Invitation à la musique
1980

Jean-Sébastien Bach
1984 et 2000

Les Chefs-d'œuvre classiques de la musique
1990-1992
nouvelle édition, 2000

La Vie selon Franz Liszt
1998

CHEZ D'AUTRES ÉDITEURS

Petite Histoire de la musique anglaise
Larousse, 1952

Dieux et Divas de l'Opéra
en collaboration avec Roger Blanchard
Plon, 2 vol., 1986-1987

TRADUCTION

A. Burgess : Mozart et Amadeus
Grasset, 1993

Roland de Candé

Nouveau dictionnaire de la musique

nouvelle édition

Seuil

ISBN 2-02-040075-8

www.seuil.com

Un dictionnaire invite au rêve : les enfants le savent. Sa forme ouverte vous laisse choisir votre itinéraire, porté d'une rubrique à l'autre, soit par une méthode d'investigation raisonnée, soit par la force irrésistible des associations d'idées... Un dictionnaire peut à la fois répondre à la curiosité du lecteur et la susciter. C'est du moins la vocation de ce Nouveau Dictionnaire de la musique.

En savoir plus sur le compositeur dont une œuvre vient d'être écoutée... avoir sous la main l'essentiel des connaissances utiles sur la vie et l'œuvre des grands maîtres de la musique... disposer d'informations historiques et techniques justes et précises, non seulement sur des sujets dont une personne cultivée peut sans rougir ignorer le vocabulaire, ou n'en pas comprendre le sens, mais aussi sur des notions qui suscitent d'autant plus de malentendus qu'on les croit plus familières... C'est à ces exigences que je me suis appliqué à répondre, en essayant de concilier la rigueur et la simplicité.

Mais il y a des notions complexes et ce serait faire injure au lecteur, professionnel ou amateur, de les escamoter. Les mots nouveaux et les idées nouvelles paraissent toujours difficiles : le petit effort que peut demander leur compréhension et leur maîtrise n'est que plus intéressant et plus nécessaire.

Racine se contentait de mille mots ? Malherbe était venu ?... Nous nous sommes bien vengés depuis ! Dans l'entourage de Bach, on distinguait peu une cantate d'un motet ou d'un « concert » : on se contentait d'annoncer que le cantor donnerait une « musique » le prochain Vendredi Saint. Et personne n'aurait eu l'idée de demander des indications sur la structure du premier chœur ou sur celle de variations canoniques particulièrement savantes. Plus curieux, notre temps exige un vocabulaire précis : on ne fait plus appel aux vieux mots pour désigner des concepts ou des objets nouveaux. On crée même des mots dont on n'a pas besoin...

Ce Nouveau Dictionnaire de la musique *est le fruit de soigneuses mises au point. Il reprend des rubriques de mes deux petits dictionnaires, puisque tout n'a pas changé depuis ! En revanche, des centaines de titres nouveaux sont introduits et de nombreuses rubriques anciennes ont été entièrement refaites, pour tenir compte des événements récents, des progrès de la recherche, des remarques de lecteurs et de critiques... et de l'évolution personnelle de l'auteur. L'ensemble a été mis à jour aussi attentivement que possible.*

NB. Les noms propres sont tous des noms de compositeurs. Il ne m'a pas paru nécessaire de le préciser chaque fois. Les activités complémentaires importantes, virtuose, poète, astrologue, médecin, diplomate, etc., sont en revanche mentionnées. Les listes d'œuvres ne sont généralement pas exhaustives.

Roland de Candé

Symboles et abréviations

* invite à consulter la rubrique correspondante du dictionnaire.

Après le titre d'une œuvre, une date entre parenthèses est une date de composition ou de création ; une date entre crochets est une date de publication.

⊖→	exemples à écouter.
(a) (b)	Une lettre entre ( ) renvoie aux exemples à la fin de la rubrique.
bapt.	= baptême.
inh.	= inhumation.
posth.	= posthume.
BWV	= Bach-Werke-Verzeichnis (catalogue des œuvres de Bach).
RV	= Ryom-Verzeichnis (catalogue Ryom des œuvres de Vivaldi).
K	= catalogue Köchel des œuvres de Mozart.
D	= catalogue Deutsch des œuvres de Schubert.

A

ABCD…

En Angleterre et en Allemagne, les lettres de l'alphabet servent à désigner les notes de la gamme, suivant un principe hérité des Grecs.

la	si	do	ré	mi	fa	sol		système anglais
A	B	C	D	E	F	G	H	
La	si♭	do	ré	mi	fa	sol	si	système allemand

Le thème B.A.C.H. a été utilisé par J. S. Bach (*Art de la fugue*) et, à titre d'hommage, par de nombreux compositeurs du XIXe siècle (voir Notation*).

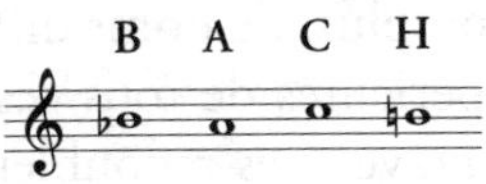

Abel, Karl Friedrich

Köthen, 22 décembre 1723. – Londres, 20 juin 1787.

Fils et frère de musiciens, virtuose de la viole de gambe, il passait également pour jouer de tous les instruments. Pendant dix ans, il fut membre de l'orchestre de Dresde ; mais il émigra lors de la guerre de Sept Ans, fit quelques tournées en Italie, puis s'établit à Londres où il fonda, avec son ami Jean-Chrétien Bach, des concerts d'abonnement.

Symphonies (dont une attribuée à Mozart sous le K 18), sonates, concertos, trios, quatuors et de nombreuses pièces pour viole de gambe.

A cappella

Expression italienne qui signifie « dans le style d'église » (à la façon d'une *cappella*). Elle servait tout d'abord à indiquer qu'une composition à plusieurs parties était destinée aux voix sans accompagnement instrumental ou, si des instruments intervenaient, que ceux-ci devaient accompagner les voix à l'unisson ou à l'octave, n'ayant pas de parties indépendantes. En tête de certaines œuvres instrumentales du XVIIe siècle, la mention « a cappella » devient synonyme de *alla breve* (voir Mesure*) elle se réfère alors sans doute aux mouvements rapides des « sonates d'église ». On dit aujourd'hui qu'une œuvre est a cappella lorsqu'elle est écrite pour plusieurs voix sans accompagnement, quel qu'en soit le style ou le caractère.

ACCIACCATURA

Ornement utilisé par les clavecinistes du XVIIIe siècle, particulièrement fréquent dans les sonates de Scarlatti. Il consiste à faire entendre un court instant, avec la note voulue, sa voisine au demi-ton inférieur, produisant une dissonance fugitive.

ACCORD

Association de trois sons ou plus, de noms différents, auxquels peuvent s'adjoindre les octaves supérieures de tous ces sons et les octaves inférieures de la note la plus grave. Ces redoublements d'octaves viennent renforcer certaines notes de l'accord, en modifiant sensiblement la couleur, mais sans que la vraie nature de l'accord, ni son nom ne soient changés (à condition que ces redoublements n'affectent pas l'octave grave d'une note autre que la note la plus grave).

L'harmonie étudie la nature et la fonction des accords et en préconise les meilleures utilisations dans la composition.
Selon l'harmonie classique, les accords sont constitués par plusieurs tierces superposées, la note inférieure, base de l'édifice, s'appelant « fondamentale ».

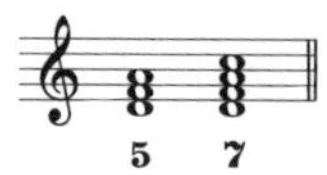

Cette disposition élémentaire des notes d'un accord s'appelle « position fondamentale ». Toute disposition dans laquelle une ou plusieurs notes de l'accord ne se trouveraient plus au-dessus de la fondamentale est un « renversement ». Un accord de 3 sons admet 2 renversements, un accord de 4 sons en admet 3…, un accord de *n* sons en admet *n*-1 :

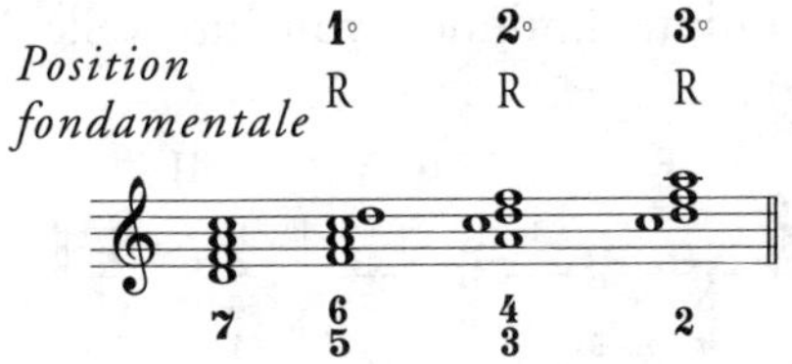

En redoublant à l'octave grave une des notes constitutives de l'accord, autre que la basse, on changerait cet accord en l'un de ses renversements. Il est évident qu'il existe une infinité d'accords possibles : si l'on enfonce simultanément dix touches du piano, prises au hasard, on produit un accord ; mais cet accord n'a pas de nom ! Pour le définir, il faudra le rapprocher des accords types de l'harmonie classique et tenter d'expliquer les anomalies de l'accord considéré par l'observation de superpositions, de notes ajoutées ou, selon le contexte, d'appoggiatures*, retards*, notes de passage*, etc. Dans la pratique, nommer un accord isolé du contexte est un non-sens : la dénomination complète d'un accord est fonction de la tonalité du morceau (ex. : voir plus loin « sixte napolitaine »).

Accords de trois sons

L'harmonie classique n'en distingue que quatre. Les deux premiers sont dits « consonants » et sont les seuls accords consonants. On admet aussi parfois la consonance du troisième (Rameau, cependant, le considère comme dissonant). Le quatrième est jugé dissonant, comme les accords de quatre sons et plus. Dans les exemples simplifiés qui vont suivre, la position fondamentale est désignée par un F ; les renversements par des chiffres romains (I, accord de sixte ; II, accord de quarte et sixte ; III). On trouvera page 67 (Basse continue*) l'explication des chiffres et des signes placés sous les accords.

1. Accord parfait majeur :

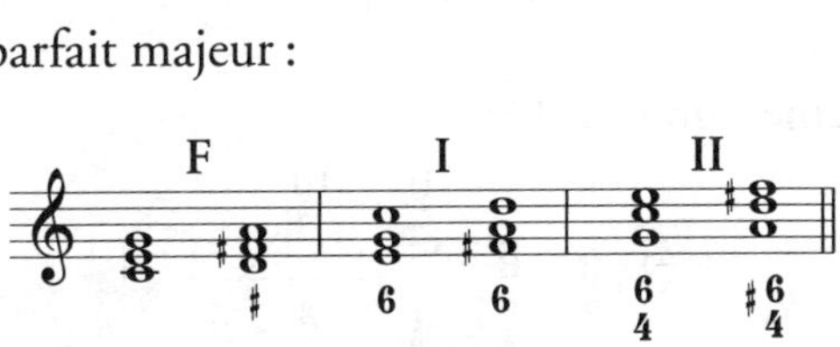

2. Accord parfait mineur :

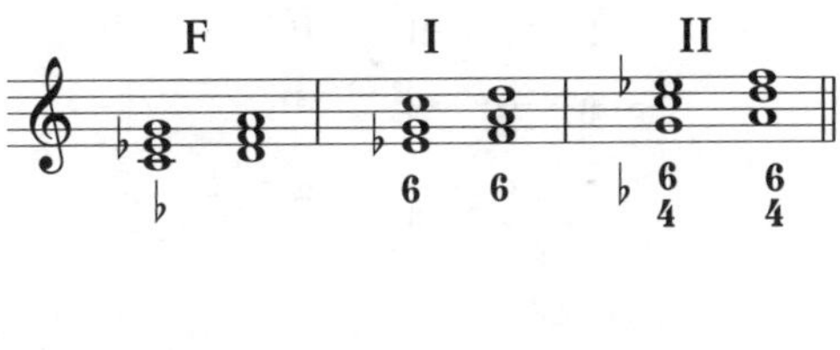

3. Accord de quinte diminuée (voir Intervalles* diminués ou augmentés) (g) :

4. Accord de quinte augmentée (i) (j) :

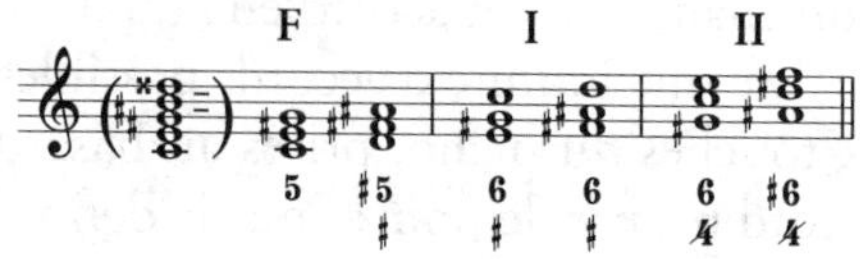

Ce dernier accord, constitué de trois tierces majeures superposées, est dans l'atmosphère de plusieurs tonalités. C'est l'accord de la gamme « par tons » ; il n'admet que 4 transpositions (voir Modes* à transpositions limitées page 437 et septième diminuée).

Accords de quatre sons (accords de septième)

– Septième de dominante (f) (h) :

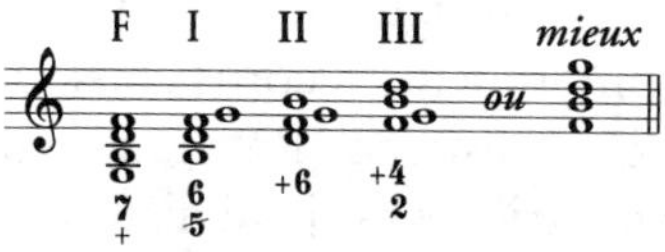

– Septième sur sensible (k)

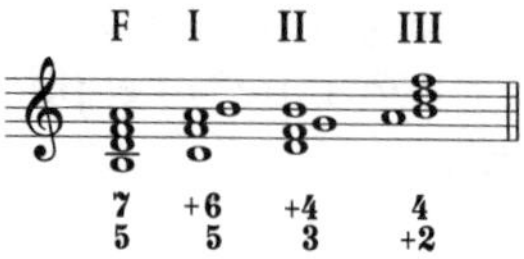

– Septième mineure (k) :

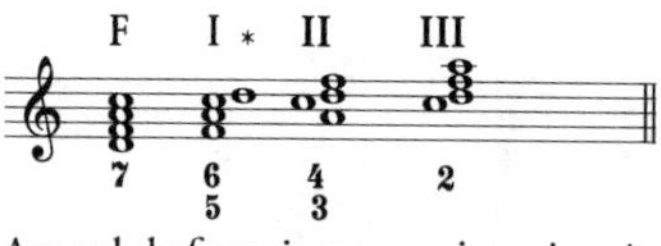

* Accord de fa majeur avec sixte ajoutée

– Septième majeure (g) (k) :

– Septième majeure sur mineur (l) :

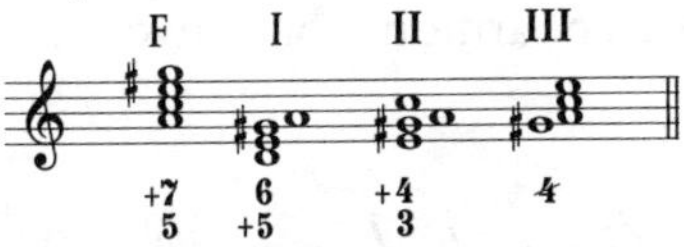

– Septième diminuée (a) (b) (e) (f) :

Cet accord (accord de septième sur sensible du mode mineur) est, par le tempérament*, commun à plusieurs tonalités. En effet, il peut être considéré comme étant en :

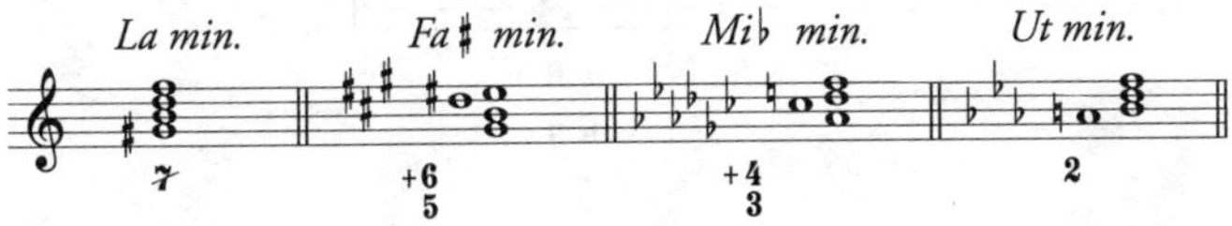

Ces quatre accords sont identiques par en harmonie*… En admettant le principe de l'enharmonie et en considérant que les renversements de l'accord de septième diminuée sont parfaitement analogues à la position fondamentale mais sur un autre degré (on est en présence d'une superposition de tierces mineures pouvant être étendue autant qu'on veut en retombant dans les mêmes notes), on s'aperçoit que l'on n'en peut construire que trois différents :

commun à la mineur, fa ♯ mineur, mi ♭ mineur, ut mineur.

commun à fa mineur, ré mineur, si mineur, la ♭ mineur.

commun à sol mineur, mi mineur, ut ♯ mineur, la ♯ mineur.

Tout autre accord de septième diminuée, construit sur quelque degré que ce soit, se ramène par enharmonie ou renversement à l'un des trois accords ci-dessus.

Accords de cinq sons (accords de neuvième)

Ces accords (j) dérivent des accords de septième par la superposition d'une quatrième tierce ; ils ne présentent pas de particularités importantes qui ne ressortissent à la connaissance des accords de septième.

Dans la multitude des accords dont la nomenclature serait ici hors de propos, une mention particulière doit être faite de la « sixte napolitaine », sixte mineure de la sous-dominante (e) (h) ; soit, dans la tonalité d'ut :

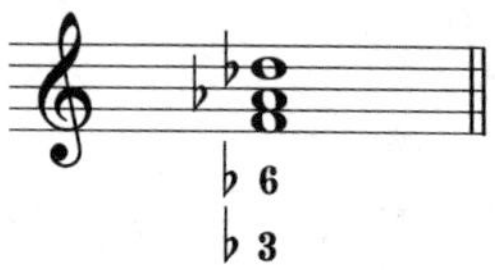

Cet exemple montre que l'on ne peut nommer un accord sans connaître la tonalité du contexte, car, dans une œuvre en ré ♭, cet accord serait un simple accord de sixte (premier renversement de l'accord parfait) :

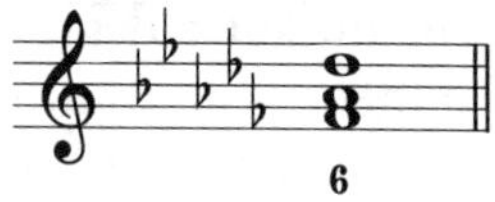

(a) MOZART, *Don Giovanni.* Accords de septième diminuée dans les moments névralgiques appels au secours de Zerline (finale acte I : « *Scelerato* »), cris d'Elvira puis de Leporello avant l'entrée du Commandeur (finale acte II).

(b) BEETHOVEN, *Sonate op. 111* (1er mouvement). Débute par des accords de septième diminuée.

(c) BEETHOVEN, *Symphonie n° 7* (allegretto). Premier et dernier accord quarte et sixte « dont le sens harmonique incomplet est le seul qui pût permettre de finir en laissant l'auditeur dans le vague et en augmentant l'impression de tristesse rêveuse... » (Berlioz).

(d) BEETHOVEN, *Symphonie n° 9* (finale). Accords fff avant l'entrée des voix accord de 13e (ou accord de ré mineur + septième diminuée) = toutes les notes de la gamme de ré mineur !

(e) SCHUBERT, *Quintette en ut* (1er mouvement). Mesure 416 : accord de septième diminuée et, dans la tenue de l'accord, le violoncelle en arpège les notes do, mi ♭, fa ♯, la, do... Mesures 118, 122, 259, 261, etc. « Sixtes napolitaines ».

(f) Berlioz, *Symphonie fantastique* (1er mouvement). Mesures 113 à 115 succession septième diminuée – septième de dominante du ton d'ut – septième diminuée.

(g) Chopin, *Prélude n° 4*. Mesures 2 (3e temps), 3 (4e temps), 4 (4e temps), 6 (3e temps) série de quintes diminuées, 1er renversement. Mesure 9 (1er temps) septième majeure.

(h) Chopin, *Prélude n° 8*. Cadence finale : « sixte napolitaine » précédant l'accord de septième de dominante.

(i) Wagner, *La Walkyrie*. Célèbre chevauchée : quintes augmentées.

(j) Debussy, *La Mer* (II. *Jeux de vagues*). Troisième mesure de 20 et suivantes : série de quintes augmentées par les trois cors (mode par tons). Troisième de 32 : grand accord de neuvième par tout l'orchestre sur glissandi de harpe (id. quatre mesures plus loin).

(k) Debussy, *La Mer* (III. *Dialogue du vent et de la mer*). Dixième mesure de 43, 3e temps : accord de septième majeure d'ut majeur (Sur roulement de timbales fa ♯ – do) suivi de ré ♭ portant septième mineure (ou septième sur sensible) puis de l'accord parfait de ré mineur.

(l) Ravel, *Sonatine* (1er mouvement). Mesure 6 (1er temps) septième majeure sur mineur.

Accord (d'un instrument)

Opération par laquelle la hauteur des sons fixes d'un instrument est mise en conformité avec le diapason* et les intervalles* en usage, en agissant sur la tension des cordes ou sur la longueur de la colonne d'air. L'opération est longue et délicate pour la harpe, le piano, le clavecin et davantage encore pour l'orgue, car tous les sons de ces instruments sont fixes. Elle est rendue plus difficile encore par la nécessité d'adopter un tempérament*, Pour les instruments à cordes munis d'un manche (famille du violon, guitare, etc.), l'opération est relativement simple, puisqu'il s'agit dans la plupart des cas de régler la tension de 4, 5 ou 6 cordes. Cela étant fait, la justesse de l'exécution musicale ne dépend plus que de l'adresse et de la musicalité de l'instrumentiste. En dehors du trombone*, où la hauteur des sons fondamentaux est réglée librement par la coulisse, les instruments à vent ne disposent que d'une très faible marge d'accord. On peut agir sur la longueur du tube, mais très légèrement, car les proportions de l'instrument sont calculées avec précision par le fabricant. Le hautbois étant un des instruments les moins libres à cet égard, il lui incombe habituellement de donner le *la* à l'orchestre… sauf lorsqu'il y a un piano qui, lui, ne peut pas s'accorder du tout au dernier moment.

Accordéon

Instrument à vent à anches libres, ne comportant pas de tuyaux. Il a été inventé en 1829, simultanément par l'Autrichien Damian (*Akkordion*) et par l'Anglais Wheatstone (*concertina*). L'accordéon se compose d'un soufflet auquel sont fixés deux claviers de boutons (un pour chaque main). Ces boutons actionnent des soupapes qui admettent l'air sous pression, produit par le soufflet, en contact de petites lames métalliques (les anches). Jusqu'en 1910 (apparition des basses chromatiques), c'est un instrument très rudimentaire. Il permet aujourd'hui d'exécuter, avec une grande virtuosité, un vaste répertoire de musique populaire et des arrangements de musique « classique ». Le compositeur américain J. Cowell a écrit un concerto pour accordéon.

Acoustique

Adjectif venant du grec et signifiant relatif à la perception sonore. De « science acoustique » est né le substantif usuel, féminin comme tous les noms de sciences. L'objet de l'acoustique est l'étude de la perception sonore et de ses causes physiques et, par extension, de toutes les vibrations élastiques. Le caractère particulier de cette science tient à ce qu'elle est liée, non seulement aux mathématiques et à la physique, mais aussi à la physiologie ; car, la plupart des manifestations importantes du phénomène sonore ayant pour siège l'oreille, l'étude objective du son, indépendamment de l'audition, est nécessairement incomplète. Le son est une sensation, comme la saveur ou l'odeur le phénomène physique qui lui donne naissance est abusivement appelé « son », par commodité. Le phénomène sonore est fréquemment comparé aux ondulations concentriques, produites à la surface d'une eau tranquille par le contact d'un caillou qu'on y jette. Cette image n'est pas complètement fausse, mais elle est de nature à gêner la bonne compréhension du phénomène. Le son se présente comme un système complexe de variations périodiques de pression qui se propagent dans toutes les directions par action et réaction des molécules entre elles parvenu au seuil de l'oreille, le phénomène, dirigé par le conduit auditif, communique un mouvement similaire au tympan qui, par l'intermédiaire des osselets de l'oreille moyenne, transmet les variations de pression à la membrane de la fenêtre ovale et au liquide de l'oreille interne où baigne la « membrane basilaire » (organes de Corti), terminaison du nerf auditif. Si le son se propageait dans une seule direction, on pourrait comparer sa marche à celle d'une chenille.

Un son musical peut être représenté par une courbe qui indique les variations de pression en fonction du temps ; dans le cas le plus général, cette courbe est celle d'une fonction périodique non sinusoïdale et résulte de la superposition de plusieurs « sinusoïdes[1] » (voir plus loin ce qui concerne le timbre). Et ce que l'on voit, dans les laboratoires, sur l'oscilloscope cathodique, est bien une « courbe » et non pas une « onde sonore » matérialisée. Une variation de pression s'accompagne naturellement d'un mouvement et l'on peut être amené à considérer deux sortes de courbes : les courbes de condensation et de déplacement. Le calcul et les procédés graphiques prouvent la similitude de ces courbes.
Nous venons de voir que le son peut être généralement assimilé à une fonction périodique non sinusoïdale (son musical). Un son pur sans « timbre » (tel qu'en produit théoriquement un bon générateur de fréquences) est représenté par une sinusoïde simple. Il existe aussi en musique des phénomènes non périodiques, dont la parfaite reproduction est l'une des difficultés de l'enregistrement sonore : ce sont les bruits (représentation graphique très complexe), les « phénomènes transitoires » (caractéristiques de l'impact d'un marteau de piano sur les cordes, par exemple) et les sons non entretenus (diapason, cordes de piano ou de harpe que l'on laisse vibrer).

Propagation du son

Dans un milieu homogène et à température constante, le son se propage selon un mouvement uniforme dont la vitesse est donnée par la formule de Laplace : $V = \sqrt{\frac{pC}{\rho c}}$ étant la pression, ρ la masse spécifique du milieu de propagation, C la chaleur spécifique à pression constante, *c* la chaleur spécifique à volume constant). La vitesse du son peut varier de façon considérable d'un milieu à un autre :

331 m/sec à 0° dans l'air (mesure effectuée pour la 1re fois en 1822) ;
340 m/sec à 15° dans l'air (augmente de 62 cm/sec par degré C) ;

1. Supposons qu'un point décrive une circonférence dans le sens trigonométrique avec une vitesse angulaire ω. On appelle sinusoïde la courbe qui représente les variations du sinus en fonction de l'arc correspondant, ou en fonction du temps (puisqu'on suppose la vitesse angulaire constante). L'équation d'une fonction sinusoïdale est : $x = A \sin(\omega t + \varphi)$, où x est la valeur du sinus au temps t, A l'amplitude ou élongation maximale, ω la vitesse angulaire ou pulsation et φ la phase (v. définitions p. suivante). Le temps nécessaire pour que le rayon tourne de 360°, appelé période du mouvement, est : $T = \frac{2\pi}{\omega}$ si les angles sont comptés en radians et la pulsation en radians/sec. (v. § hauteur, p. 19).

1 428 m/sec à 13° dans l'eau ;
4 887 m/sec à 20° dans un fil de fer (téléphone primitif) ;
6 000 m/sec environ dans le bois de sapin (le meilleur conducteur).
Le son ne se propage pas dans le vide où il ne saurait y avoir de variations de pression !

Définitions élémentaires

Période

Durée d'une vibration complète (donc, pour les phénomènes usuels, d'une double perturbation, de part et d'autre de la position de repos). Se désigne par T.

Fréquence

Nombre de vibrations complètes par unité de temps. Se mesure en périodes/seconde ou hertz (Hz, du nom du célèbre physicien Heinrich Hertz). $F = 1/T$.

Longueur d'onde

Distance parcourue par le mouvement vibratoire pendant la durée d'une période $\lambda = VT = V/F$.

Phase

État du système vibratoire au temps zéro, ou, si l'on préfère, position de l'ensemble de la courbe caractéristique d'une fonction périodique le long de l'axe des temps. Si deux vibrations coïncident dans le temps, on dit qu'elles sont « en phase » ($\Delta\varphi = 0$) ; lorsque les deux mouvements sont décalés d'une demi-période, on dit qu'ils sont « en opposition de phase » ($\Delta\varphi = \pi$). Dans la représentation trigonométrique, la phase φ est l'angle que forme le rayon tournant avec l'horizontale au temps 0. On appelle « différence de phase » la grandeur évaluée en radians

$$\Delta\varphi = 2\pi \frac{\Delta t}{T} \quad (\text{où } 0 < \Delta t < T).$$

Qualités fondamentales

Les qualités fondamentales du son musical sont sa hauteur, son timbre et son intensité. Ces qualités sont les effets subjectifs de données quantitatives, comme on le verra tout de suite. Mais, à l'expérience, ces effets psychophysiologiques ne semblent pas directement proportionnels à leurs causes physiques. C'est ce qu'exprime la loi (approximative) de Fechner : *La sensation varie comme le logarithme de l'excitation physique qui la provoque.* En acoustique, cette loi joue un rôle important et ne facilite pas l'expérience. Mais elle est loin d'être rigoureuse à toutes les fréquences comme le montre le non-parallélisme des courbes de Fletcher (page 23).

Hauteur

Terme servant à désigner une qualité du son qui est fonction de la fréquence fondamentale. La hauteur varie comme le logarithme de la fréquence. Aussi, plus une fréquence est élevée, plus ses variations sont difficilement appréciables sous forme d'une variation de hauteur : pour qu'un son très aigu, correspondant à 3 000 périodes/sec., se « hausse » d'un demi-ton, il faut que sa fréquence augmente de 200 périodes ; dans le cas d'un son de 440 périodes/sec. (*la* du diapason), il suffit d'à peine 30 périodes. En musique, la fréquence absolue a moins d'importance que la hauteur relative. Celle-ci peut être mesurée par le logarithme du rapport des fréquences de deux sons : $\log f'/f''$. Ce rapport est l'intervalle* des deux sons. On voit que les intervalles (rapports de grandeurs) ne peuvent s'additionner ou se soustraire, comme le peuvent les hauteurs relatives (logarithmes de ces fractions). Le pouvoir de discrimination de l'ouïe, en ce qui concerne les hauteurs, est tout à fait remarquable, puisqu'elle peut percevoir, dans les octaves moyennes, des variations de fréquence de l'ordre de 0,2 %. Au lieu de la fréquence, les physiciens préfèrent parfois considérer une grandeur analogue, la « pulsation », qui se mesure en radians/sec.

$$(1 \text{ radian} = \frac{360}{2\pi} \text{ degrés; d'où } 360° = 2\pi \text{ radians}).$$

Si l'on se réfère à la définition trigonométrique des mouvements vibratoires (voir note page 17), la pulsation est l'arc décrit par seconde :

$$\omega = \frac{2\pi}{T} = 2\pi \text{ F}.$$

Limite des sons audibles

On admet que l'ouïe ne perçoit que les sons dont les fréquences sont comprises entre 20 et 16 000 périodes/sec, environ. Ces limites peuvent varier de façon importante d'un individu à l'autre ; la limite supérieure, particulièrement, tend à s'abaisser avec l'âge. En deçà de la limite inférieure, on considère qu'il ne peut être question de son, puisque l'on peut percevoir les vibrations elles-mêmes, comme une série de petits chocs très rapprochés correspondant aux surpressions… Au-delà de la limite supérieure, l'ouïe n'enregistre plus rien et nous sommes dans le domaine des ultrasons*. Il ne faut pas croire, cependant, qu'aucune perception des ultrasons n'est possible : si l'on n'entend pas un son de 20 000 périodes/sec., par exemple, on peut avoir néanmoins le sentiment de sa présence, sous forme d'un malaise indéfinissable pouvant aller jusqu'à la forte migraine.

Timbre

Cette qualité du son n'a guère besoin de définition : c'est par elle que nous reconnaissons la nature de la source sonore. On a lu qu'un son était un phénomène périodique complexe, somme de plusieurs vibrations sinusoïdales. La nature et l'intensité de ces composantes (appelées sons concomitants, ou harmoniques*) contribuent à déterminer le timbre d'un son musical. Les phénomènes « transitoires » (attaque et résonance) jouent aussi un rôle déterminant : si l'on coupe l'attaque, sur l'enregistrement magnétique d'une note de piano, le timbre est méconnaissable. Le Père Mersenne a le premier mis en lumière, en 1636, l'existence des sons harmoniques, mais c'est au célèbre physicien Ohm que revient le mérite d'avoir, le premier, émis l'hypothèse de la nature complexe des timbres (1843) ; auparavant, le mathématicien français Fourier, sans soupçonner qu'il touchait au fondement de la sensation de « timbre », avait donné une expression mathématique de la théorie des harmoniques (1822), vérifiée expérimentalement par Helmholtz.

Loi d'Ohm d'acoustique

Seul un mouvement pendulaire (ou sinusoïdal) peut déterminer dans l'oreille la sensation d'un son simple. Les sons musicaux sont le résultat de la combinaison de plusieurs sons simples.

Théorème de Fourier

Toute forme de vibration régulière, si elle est périodique, peut être décomposée, et toujours d'une seule manière, en un certain nombre de vibrations pendulaires de fréquences égales à 1, 2, 3, 4… *n* fois la fréquence fondamentale du mouvement donné.

Loi de Helmholtz

(*Tonempfindungen*, page 163 de la traduction française) : « Les différences des timbres musicaux dépendent de la présence et de l'intensité des sons partiels, mais non de leurs différences de phase. » (Cette loi n'est valable que pour des vibrations périodiques entretenues ; c'est naturellement une loi physiologique, car il est bien évident qu'une modification de phase d'un des harmoniques entraîne un changement dans l'aspect de la courbe résultante.)

Dans l'émission des voyelles, la bouche change de forme et le résonateur qu'elle constitue renforce tel ou tel harmonique du son produit par les cordes vocales. Dans le son OU, il y a prépondérance des premiers harmoniques ; dans le son I au contraire ce sont les harmoniques plus éloignés qui dominent (cela explique la difficulté de chanter un son aigu sur la voyelle I). Le timbre d'un son est, de surcroît, d'autant moins clairement différencié qu'il est plus aigu : les fréquences des sons concomitants étant les multiples du son fondamental, elles atteignent rapidement des valeurs importantes qui les rendent inaudibles (dernier ut aigu de la petite flûte : 4200, 8400, 12600, 16800...). L'analyse des phénomènes non périodiques (bruits et « transitoires ») montre qu'un nombre plus ou moins grand de composants ne sont pas harmoniques.

Intensité

Physiquement, cette qualité du son, liée à l'amplitude du mouvement vibratoire est, en un plan quelconque, l'énergie que produit ce mouvement par cm^2 pendant 1 seconde. Elle est assimilable à une puissance et peut se mesurer en $watt/cm^2$. Cette intensité physique d'un mouvement vibratoire est donnée par la formule :

$$W = 2\pi^2 A^2 \rho F^2 \upsilon$$

(où A est l'amplitude au point considéré, F la fréquence, ρ la masse spécifique du milieu, υ la vitesse de propagation). L'amplitude A varie avec la distance à la source du mouvement : on peut considérer très approximativement, dans les conditions courantes d'observation, qu'elle est inversement proportionnelle à cette distance ; par suite, *l'intensité physique serait inversement proportionnelle au carré de la distance* (cette loi, très approximative, n'est valable que dans l'air et ne tient pas compte de la fréquence : l'affaiblissement du son en fonction de la distance est donné plus exactement par une formule assez compliquée où la distance et le « coefficient d'absorption » interviennent en exposants négatifs, ce coefficient étant lui-même fonction de la nature du milieu de propagation et de la fréquence...). En fait, l'intensité perçue, la qualité subjective du son qui fait dire qu'il est plus ou moins fort (appelée souvent « niveau sonore »), n'est pas proportionnelle à l'intensité physique, mais à son logarithme (voir plus haut la loi de Fechner). Et de même qu'en matière de hauteur on s'intéresse moins aux fréquences absolues qu'aux rapports entre les fréquences, de même ici l'on s'intéressera plus à la comparaison des intensités qu'à leur valeur absolue telle qu'elle vient d'être définie. On mesure en « décibels » (abréviation : db) le « gain » ou « variation de niveau », entre un son d'intensité physique W et un son d'intensité physique W_0 pris comme référence. Le « gain » en décibels s'exprime par la formule :

$$\Delta I = 10 \log \frac{W}{W_0}$$

ΔI	$\frac{W}{W_0}$
1 db	env. 1,26
3 db	env. 2
6 db	env. 4
9 db	env. 8
10 db	10
20 db	100
30 db	1000
50 db	100000
60 db	1 million
100 db	10 milliards

N. B. Si **ΔI** est négatif, $\frac{W}{W_0}$ est inférieur à 1 (il y a « perte » au lieu de « gain »).

Pour **ΔI** = -30 db, par exemple, on a $\frac{W}{W_0} = 10^{-3}$.

Pour compliquer encore les choses, le « niveau » subjectif (que l'on pourrait appeler « intensité musicale ») n'est pas le même, pour une intensité physique donnée, aux différentes fréquences : la sensibilité de l'ouïe varie, pour tous les individus, avec la hauteur des sons. Cette particularité de l'ouïe, qui ne lui permet pas d'évaluer directement les variations de niveau en décibels, jointe au désir d'avoir une unité absolue de niveau sonore, a conduit à inventer le *phone*. Le phone est donc une unité assez cocasse qui sert à mesurer le « niveau » physiologique, c'est-à-dire l'intensité des sensations sonores. Le phone est défini par sa coïncidence, à 1000 périodes, avec une échelle de décibels où le niveau zéro correspond au seuil d'audibilité (l'intensité de référence de cette échelle est l'intensité minimale nécessaire pour qu'il y ait sensation). L'échelle des phones (logarithmique elle aussi) ne coïncidera avec l'échelle des db qu'à la fréquence 1000 périodes ; ailleurs, il y aura des différences importantes, l'oreille étant bien moins sensible aux fréquences extrêmes, aiguës et surtout graves. Fletcher (ne pas confondre avec Fechner !) a eu l'idée remarquable de tracer des courbes d'égale intensité subjective, en relation avec les coordonnées essentielles d'un son pur : l'énergie (relative, en db) et la fréquence. Chaque courbe correspond à une valeur, en phones, de l'intensité subjective ; l'ordonnée de chaque point d'une courbe indique, en db, l'accroissement d'intensité physique correspondant, pour la fréquence indiquée en abscisse :

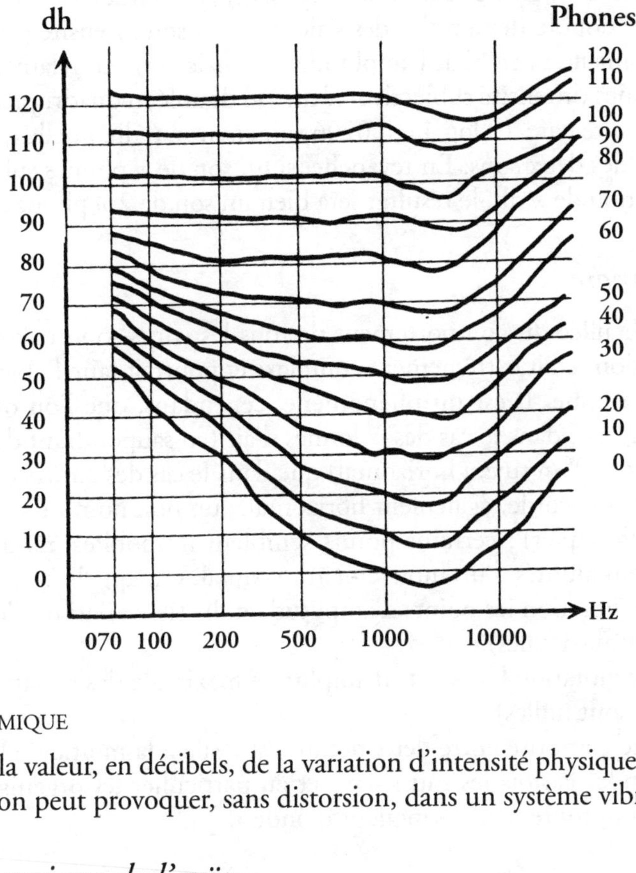

DYNAMIQUE

C'est la valeur, en décibels, de la variation d'intensité physique maximale que l'on peut provoquer, sans distorsion, dans un système vibratoire.

Dynamique de l'ouïe

Seuil d'audibilité (pour des sons de 1 000 à 2 000 Hz) :

pression acoustique = 2. 10^{-4} dynes/cm^2
intensité physique = 10^{-16} watts/cm^2
amplitude = 10^{-9} à 10^{-10} cm (= 1/10 du diamètre de la molécule d'hydrogène !)

Seuil de douleur :

pression acoustique = 200 dynes/cm^2
intensité physique = 10^{-4} watts/cm^2
amplitude = 10^{-3} à 10^{-4} cm.

L'oreille entend donc des sons dont l'intensité physique varie dans le rapport de 1 à 1000 milliards[1] (10^{12}, soit 120 db de dynamique), mais son pouvoir de discrimination différentielle n'est que de 10 % dans les cas exceptionnels et 25 % (environ 1 db) dans les cas ordinaires.

Sons simultanés

Si deux sons d'intensité égale se superposent, l'amplitude du son résultant sera le double (les amplitudes s'ajoutant) et son intensité physique (proportionnelle au carré de l'amplitude) 4 i, mais sa valeur relative en db ou en phones (intensité subjective) n'aura ni doublé ni quadruplé, car le gain se mesure par : $10 \log 4 = 6{,}0206$ soit environ 6 db, quelle que soit l'intensité des deux sons. En revanche, si un son de *n* phones subit une augmentation de *n* db, le résultat sera bien un son de 2 *n* phones.

Corps sonores

L'étude détaillée du comportement de tous les corps sonores pendant leur vibration serait extrêmement complexe et pourrait faire l'objet d'un très gros volume. Il est un phénomène, cependant, que l'on observe facilement, tant dans le cas des colonnes d'air (en saupoudrant de sable fin l'intérieur d'un tuyau horizontal) que dans le cas des cordes (en disposant sur une corde, également horizontale, un bon nombre de petits cavaliers en papier) : certains points semblent immobiles, tandis que d'autres sont animés d'un mouvement maximal. On appelle :
– *nœud* de vibration les points d'amplitude nulle (les variations de pression y sont maximales).
– *ventre* de vibration les points d'amplitude maximale (les variations de pression y sont nulles).
La distance comprise entre deux nœuds est égale à la moitié de la longueur d'onde. Parfois les musiciens, et en particulier les organistes, la baptisent improprement « longueur d'onde ».

Cordes

Lorsqu'une corde vibre librement sur toute sa longueur (son fondamental), il se produit un nœud à chaque extrémité (nécessairement, puisque ces extrémités sont fixes) et un ventre au milieu. Si l'on crée artificiellement un nœud de vibration en effleurant la corde à la moitié, au 1/3, au 1/4… au 1/*n* de sa longueur, elle vibre en se divisant et il se forme, non plus un ventre au milieu, mais 2, 3, 4… *n* ventres de vibrations et

1. Si la loi de Fechner ne suggérait pas déjà l'emploi d'une échelle logarithmique pour la mesure des intensités, la considération de ces nombres encombrants suffirait à faire abandonner les échelles arithmétiques.

la longueur d'onde n'est plus 2L, mais L, 2L/3, L/2... 2L/*n*. La fréquence est par conséquent 2, 3, 4... *n* fois la fréquence fondamentale. Les sons obtenus, d'une douceur particulière, sont utilisés dans le jeu des instruments à cordes (voir Harmoniques-II*).
La fréquence fondamentale d'une corde est donnée par la formule :

$$F = \frac{1}{2r\,L}\sqrt{\frac{T}{\pi\rho}} \quad (= \frac{V}{2\,L}).$$

Elle est donc : proportionnelle à la racine de la tension T, inversement proportionnelle à la longueur L, au rayon *r*, à la racine de la masse spécifique ρ. L'instrumentiste modifie la hauteur du son de son instrument en agissant soit sur la tension (pour l'accord), soit sur la longueur (dans le jeu normal). Il faut noter que le timbre d'un instrument à cordes varie selon l'endroit où la corde est attaquée. Si on l'attaque au milieu, les harmoniques pairs disparaissent (puisqu'ils ont un nœud au milieu) ; si on l'attaque au 1/3 on supprime les harmoniques multiples de 3, au 1/*n*, on supprime les harmoniques multiples de *n*.

TUYAUX

On distingue deux sortes de tuyaux sonores :
a. Les tuyaux à anches, où le son est produit par la vibration d'une languette. Ces tuyaux sont toujours ouverts à l'autre extrémité.
b. Les tuyaux à embouchure de flûte, où le son est produit par le choc d'un mince filet d'air contre un obstacle. Ces tuyaux peuvent être ouverts ou fermés à l'autre extrémité.
Il se produit toujours un nœud à une extrémité fermée et un ventre à une extrémité ouverte. Sachant qu'une embouchure de flûte se comporte comme une extrémité ouverte et une anche comme une extrémité fermée, on voit ci-dessous quelles peuvent être les répartitions des nœuds et des ventres dans des tuyaux cylindriques (si la section du tuyau n'est pas constante ou si elle n'est pas circulaire, le problème est beaucoup plus compliqué) [1]. Les tuyaux sont le siège de vibrations longitudinales, tandis que les cordes vibrent transversalement. L'une et

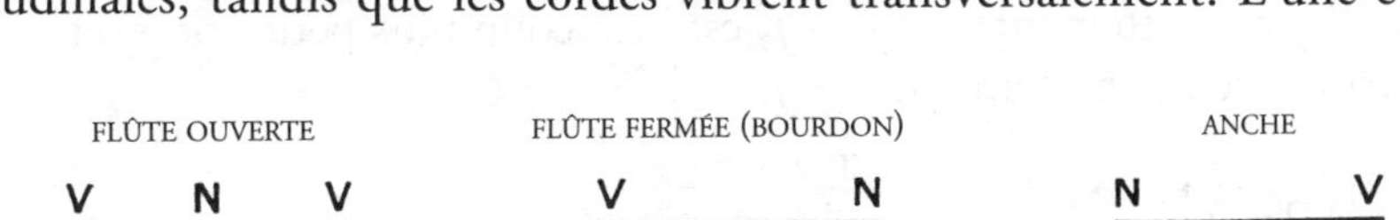

1. Cependant un tuyau conique fermé au petit bout (hautbois) résonne comme un tuyau cylindrique ouvert aux deux bouts.

l'autre forme de vibration s'apparente au phénomène des « ondes stationnaires » (voir page 28).

CLOCHES

La vibration des cloches présente une intéressante particularité. Étant presque toujours légèrement asymétriques par rapport à leur axe (plus exactement, elles ont plusieurs axes de symétrie), elles présentent à leur bord :
– Quatre positions d'ébranlement correspondant à un son A.
– Quatre positions d'ébranlement correspondant à un son B légèrement différent de A (en hauteur comme en timbre) : positions perpendiculaires aux précédentes.
– En tous autres points l'ébranlement fait entendre simultanément les sons A et B, provoquant des battements.

Résonance

Phénomène d'amplification du son qui se produit lorsqu'un corps sonore est soumis à une force vibratoire extérieure dont la fréquence est égale à la « fréquence propre » de ce corps sonore ou à ses multiples.

La fréquence propre est la grandeur $\dfrac{1}{2\pi\sqrt{\dfrac{I}{K}}}$ (I étant le moment d'inertie et K le couple de rappel).
Cette fréquence atteinte, il suffit d'une force vibratoire extrêmement faible pour faire entrer en résonance un corps sonore. C'est ainsi que, si deux cordes sont accordées rigoureusement à l'unisson (ou à l'octave ou à la douzième, etc. : série des harmoniques), chacune vibrera par sympathie lorsque l'autre produit sa fondamentale. Ce phénomène a été utilisé par Helmholtz pour faire l'analyse des sons musicaux, démontrant ainsi, expérimentalement, le théorème de Fourier et la loi d'Ohm.

Sons résultants et battements

Soit deux sons purs simultanés de fréquences f_1 et f_2 ;
1. Il y a « battements » si $f_1 - f_2$ est beaucoup plus petit que f_1 et f_2. La fréquence des battements $F = f_1 - f_2$

et la période $T = \dfrac{1}{F} = \dfrac{T_1 . T_2}{T_2 - T_1}$.

Les battements ne sont perceptibles comme tels que si leur fréquence est inférieure à 20 périodes environ.
2. Il y a « son résultant » si f_1 et f_2 ne sont pas des nombres premiers.

a. Sons « différentiels » : F = plus grand commun diviseur de f_1 et f_2 (c'est-à-dire leur fondamentale commune) ; T = plus petit commun multiple de T_1 et T_2 (coïncidence de phase au temps T entre T, T_1, T_2).
b. Sons « de sommation » (beaucoup plus rarement perceptibles)[1] : F = p.p.c.m. de f_1 et f_2 (i.e. harmonique commun) ; T = p.g.c.d. de T_1 et T_2.

3. Si $\frac{T_1.T_2}{T_2-T_1}$ (période des battements) est multiple de T_1 ou T_2, il est alors le p.p.c.m. de T_1 et T_2 : il y a coïncidence de phase entre T, T_1, T_2 au temps $\frac{T_1.T_2}{T_2-T_1}$ et la période des battements est égale à celle du mouvement résultant (c'est donc le cas où l'observation est la plus facile). La coïncidence de phase apparaît ($f_1 - f_2$) fois par seconde. Ce phénomène se produit lorsque les deux sons forment entre eux un intervalle représenté par une fraction du type $\frac{n}{n-1}$.
Il trouve son application dans l'orgue pour renforcer dans le grave les petits instruments (voir note page 502).

Battements des harmoniques

En faussant légèrement l'un des deux sons d'un intervalle consonant, on perçoit nettement des battements entre les premiers harmoniques communs aux deux sons (dans la quinte par exemple, l'harmonique 2 du son le plus aigu et l'harmonique 3 du son le plus grave), ces harmoniques ne formant plus un unisson juste. On montre facilement, comme l'a fait Helmholtz (*op. cit.*) que :

1. Si l'on fausse d'1 per./sec. la note supérieure, le nombre des battements par seconde est égal au plus petit nombre de la fraction caractéristique de l'intervalle ;
2. Si l'on fausse d'1 per./sec. la note inférieure, le nombre des battements par seconde est le plus grand nombre de cette fraction. Ce phénomène trouve une application dans l'accord des instruments.

---

1. Les termes « sons différentiels » et « de sommation », traduits de Helmholtz, sont impropres dans le cas général, si suggestifs qu'ils puissent être, car les fréquences résultantes ne sont pas toujours la différence ni la somme des fréquences initiales. La découverte de ces sons est due à l'organiste allemand Sorge (1745) et à Tartini (1754).

Interférence. Ondes stationnaires

Il y a interférence entre deux mouvements vibratoires qui se superposent, lorsque ces deux mouvements ont la même fréquence et sont synchrones (autrement dit, si leur différence de phase est constante) ; les amplitudes des deux mouvements s'ajoutent algébriquement en chaque point. Lorsqu'un son est réfléchi par une surface plane et se superpose au son incident, les deux mouvements vibratoires (direct et réfléchi) présentent entre eux, à hauteur de la surface réfléchissante, une différence de phase de π, c'est-à-dire qu'ils sont en opposition de phase (les amplitudes s'annulent) ; mais, comme ils se propagent en sens contraire, ils seront en phase un peu plus loin (les amplitudes s'ajouteront) et ainsi de suite. Il en résultera une impression d'immobilité qui fait baptiser le phénomène « ondes stationnaires ». En ajoutant algébriquement, de proche en proche, les amplitudes des deux mouvements au temps t_1, t_2, t_3... on voit que la somme est toujours maximale en certains points, lignes ou plans (appelés « ventres » de vibration) et nulle en d'autres (appelés « nœuds » de vibration). C'est ce phénomène sensiblement compliqué, qui se produit dans la vibration des cordes et des tuyaux sonores.

Trois expériences simples

1. Résonance

Soulever les étouffoirs d'un piano en appuyant sur la pédale de droite ; puis chanter les différentes voyelles devant la table de l'instrument (couvercle ouvert). Si l'intonation est juste, par rapport à l'accord du piano, les cordes correspondant aux notes chantées entreront en résonance ; mais le plus remarquable est que cette résonance reproduira les voyelles émises. Le phénomène intéresse donc non seulement le son fondamental, mais aussi les harmoniques qui ont déterminé le timbre de chaque voyelle.

2. Interférence

Faire sonner un diapason, puis, en le tenant près de l'oreille et parallèlement au plan de celle-ci, le faire tourner lentement sur son axe. Il y a quatre régions où la sensation sera nulle, quatre autres où elle atteindra son maximum : les deux branches vibrant en sens contraire, leurs modulations parviendront à l'oreille, tantôt en opposition de phase, tantôt en phase.

3. Ondes stationnaires

Pendant qu'un organiste jouera une note grave, parcourir lentement la nef de l'église, du portail au chœur. À intervalles réguliers, la fondamentale de cette note disparaîtra et l'on entendra seulement (avec un sentiment de baisse d'intensité) les harmoniques, particulièrement l'octave ou la quinte (ou douzième). Ce phénomène se produira à des nœuds de vibration, distants entre eux de $\frac{\lambda}{2} = \frac{v}{2f}$ (v étant la vitesse de propagation du son et f la fréquence du son fondamental).

Acoustique architecturale

L'étude des qualités acoustiques des salles et les techniques de construction qui en découlent n'ont été l'objet d'une science véritable que depuis le début du XXe siècle, sous l'impulsion de l'architecte américain Wallace Sabine. Auparavant, les méthodes empiriques donnaient parfois de très heureux résultats (salle de l'ancien Conservatoire, rue du Conservatoire à Paris).

L'étude acoustique des salles est rendue très complexe par la multiplicité des facteurs qui entrent en jeu. L'un des principaux est le « temps de réverbération ». On appelle ainsi la durée de la sensation sonore (par suite de réflexions complexes sur les parois) après arrêt de l'émission d'un son de 60 phones environ ; ou, en d'autres termes, le temps nécessaire pour que l'intensité diminue de 60 db. On admet qu'il est égal à $\frac{0{,}16\,V}{a\,S}$ (a étant le coefficient d'absorption moyen des parois, S la surface absorbante totale et V le volume de la salle). Cette formule approximative est issue de la première formule de Sabine, plus compliquée, qui montre que l'énergie sonore décroît, après l'arrêt de la source, suivant une loi exponentielle, les intensités (en rapport logarithmique avec les énergies) décroissant par conséquent selon une loi linéaire.

Une salle trop réverbérée (temps de réverbération trop long) donne une impression de confusion ; la parole risque notamment d'y être incompréhensible. Une salle trop mate (temps de réverbération trop court) donne une impression de sécheresse : les musiciens se sentent obligés de forcer la nuance, car la musique « ne passe pas ».

Réponse d'une salle

On peut tracer la « courbe de réponse » en plusieurs points d'une salle, en mesurant, en chaque point, par le moyen d'un microphone étalonné relié à un voltmètre, l'intensité du son en fonction de la fréquence, la source sonore étant un générateur de fréquences fonctionnant à amplitude constante. On découvre certaines régions privilégiées où l'intensité est la même à toutes les fréquences et d'autres où l'on entendra trop ou pas assez les aigus ou les graves. Cette étude peut faire apparaître une « pointe de résonance » correspondant à la fréquence propre de la salle. Certains phénomènes parasites extrêmement gênants peuvent apparaître dans des salles mal étudiées : les plus connus sont les échos (reproduction d'un son immédiatement après son émission, à ne pas confondre avec la réverbération). Lorsque deux parois d'une salle sont parallèles et peu absorbantes, il peut se produire un phénomène très désagréable de *flutter-echo* dû à la production d'ondes stationnaires.

Adam, Adolphe

Paris, 24 juillet 1803. – Paris, 3 mai 1856.

Élève de Boieldieu. Un talent facile, mais estimable, lui valut d'entrer à l'Institut en 1844.

Des ballets dont *Giselle*, des opéras dont *Richard en Palestine*, des opéras-comiques dont *Le Postillon de Longjumeau* et *Le Roi d'Yvetot*... qui valent à leur auteur le pardon pour son trop populaire *Minuit chrétiens*.

Adam de la Halle

Arras, vers 1240. – Naples, vers 1287.

[Adam le Bossu] Fils d'un employé à l'échevinage d'Arras, il étudia à l'abbaye de Vauxcelles, puis à Paris et devint clerc. Après avoir vécu quelques années à Douai, il suivit à Naples (1282) Robert d'Artois, qui allait prêter main-forte à Charles d'Anjou après les Vêpres siciliennes. Il y donna sans doute son *Jeu de Robin et Marion* pour distraire la cour française et, selon un contemporain, il y serait mort. Il avait une réputation de trouvère qui lui est resté. Mais il est plus digne de mémoire comme compositeur dramatique et auteur de pièces polyphoniques.

Jeu de la Feuillée (vers 1262) et *Jeu de Robin et Marion* (1275 ou 1285), pastorale dramatique avec couplets chantés ; quatorze rondeaux à 3 voix, un rondeau-virelai, une ballade, six motets.

Agincourt, François d'

Rouen, 1684. – Rouen, 30 avril 1758.

Organiste de la chapelle royale, élève de Boyvin, auquel il succéda à la cathédrale de Rouen, et de Lebègue.

Pièces de clavecin (1733), qui témoignent de son admiration pour Couperin, et pièces pour orgue.

AGRICOLA, ALEXANDRE

?, 1446. – Valladolid (Castille), 1506.

Probablement élève d'Okeghem. Après avoir été au service de Charles VIII, de Laurent de Médicis, puis des Sforza à Milan, il s'établit dans les Flandres et entra vers 1495 au service de Philippe le Beau, qu'il suivit en Espagne.

(Édition complète par l'American Institute of Musicology) Messes, motets, chansons polyphoniques (françaises, flamandes, italiennes), pièces instrumentales.

AGRICOLA, JOHANN FRIEDRICH

Dobitschen (Saxe), 4 janvier 1720. – Berlin, 2 décembre 1774.

Organiste et théoricien. Élève de J. S. Bach à Leipzig (1738-1740), puis de Quantz à Berlin. *Kapellmeister* de Frédéric II.

Opéras et *intermezzi* italiens dans le style de l'école napolitaine, musique de scène pour la *Sémiramis* de Voltaire, oratorios allemands, cantates, plusieurs traités théoriques.

AICHINGER, GREGOR

Ratisbonne, 1564. – Augsbourg, 21 janvier 1628.

Élève de Lassus à Munich vers 1582 et d'A. Gabrieli à Venise en 1584, il fut le plus grand compositeur allemand de sa génération. On lui doit notamment d'avoir introduit en Allemagne le style des *nuove musiche* italiennes (dans son recueil de *Cantiones* de 1607 figure une partie de basse continue avec explication du chiffrage).

Nombreuses *Sacrae Cantiones* (de 4 à 10 voix) et *Canzonette spirituale,* des messes, motets, vêpres, des œuvres d'orgue.

ALAIN, JEHAN

Saint-Germain-en-Laye, 3 février 1911. – Près de Saumur, 20 juin 1940.

Organiste de Maisons-Laffitte. Fils d'organiste, très brillant élève de Dukas et Dupré, il fut tué pendant la Seconde Guerre mondiale.

Œuvres chorales dont trois messes, pièces pour orgue, *Suite monodique* pour piano.

ALBENIZ, ISAAC

Camprodon (Catalogne), 20 mai 1860. – Cambo-les-Bains, 18 mai 1909.

Pianiste extraordinaire, il a quatre ans lorsqu'il donne son premier récital à Barcelone. Il est successivement l'élève de Marmontel à Paris (1866), de Reinecke à Leipzig (1874), de Gevaert à Bruxelles (1876), de Liszt à Budapest (1878), de d'Indy et de Dukas à Paris (1890). Entre-temps, il mène une existence qui est un véritable roman d'aventures. Enfant, il s'échappe plusieurs fois de chez lui et, à treize ans, s'embarque pour Costa Rica à l'insu de son père, donnant des concerts pour payer son passage et son séjour. Il est engagé pour une tournée de concerts en Amérique latine, gagne les USA puis poursuit en Angleterre et en Allemagne des pérégrinations qui le conduisent dans la classe de Reinecke à Leipzig ! Un peu plus tard, à Bruxelles, il se signale par sa mauvaise conduite. Il semble s'assagir un peu auprès de Liszt, qu'il suit à Weimar et à Rome. Et lorsqu'il se marie en 1883 il devient le meilleur des époux. Il s'établit bientôt à Madrid avec sa famille, plus tard à Londres (1891) et enfin à Paris (1893) où il s'est fait des amis parmi les compositeurs français (Fauré, Debussy, Chausson, Dukas). La Société nationale y joue fréquemment sa musique et la Schola cantorum, dont il avait été l'élève, lui offre une chaire de professeur de piano (où il comptera D. de Séverac parmi ses élèves). À Paris, son activité de compositeur l'occupe de plus en plus au détriment de sa prestigieuse carrière de virtuose. Il avait composé des pièces pour piano dès son plus jeune âge ; c'est vers 1895 qu'il écrit les premières œuvres où rayonne pleinement sa personnalité. Autant les œuvres vocales et symphoniques d'Albeniz ont peu d'intérêt, autant son œuvre pianistique est considérable par la qualité de son inspiration profondément espagnole, par la richesse et l'originalité de l'écriture, qui, sur le plan de la technique pianistique, place Albeniz dans la ligne de Chopin et Liszt.

THÉÂTRE. Des opéras (dont *Merlin*, premier volet d'un triptyque inachevé), un opéra-comique (*Pepita Jimenez*), des *zarzuelas* à la mode. – **ORCHESTRE.** *Rhapsodie espagnole, Catalonia.* – **PIANO.** Suites ou recueils : *Catalonia, Iberia* (recueil de chefs-d'œuvre, dont *El Corpus en Sevilla, Triana, El Polo*), *Suite espagnole, Cantos de España, España* (dont *Tango* et *Malagueña*) ; nombreuses pièces séparées.

ALBERT, HEINRICH

Lobenstein (Saxe), 8 juillet 1604. – Königsberg, 6 octobre 1651.

Poète (école de Königsberg) et organiste. Neveu et élève de Schütz, il reçut aussi les conseils de Schein à Leipzig et subit fortement l'influence indirecte des « modernes » italiens qu'il admirait (notamment Caccini et Monteverdi). Il contribua à diffuser en Allemagne la pratique de la basse continue et fut le plus remarquable représentant du lied* allemand au XVIIe siècle. Il écrivait les poèmes de la plupart de ses lieder.

Huit recueils d'airs et lieder à une et plusieurs voix (religieux et profanes).

ALBINONI, TOMASO

Venise, 8 juin 1671. – Venise, 17 janvier 1751.

Dilettante veneto (« amateur vénitien »), ajoutait-il à son nom, du moins jusqu'à 1711 : il faut entendre par là que, appartenant à une famille bourgeoise aisée, il n'entendait pas vivre de son talent. Mais ce fut un musicien de grand métier, violoniste et maître de chant réputé. Peut-être fut-il l'élève de Legrenzi et l'ami de son concitoyen Vivaldi : on ne sait rien de son éducation artistique dans le cadre d'une vie musicale particulièrement intense. Il s'était fait connaître principalement par son œuvre de théâtre, dont il ne nous reste aujourd'hui que quelques airs séparés. Mais Bach estimait son œuvre instrumentale à laquelle il emprunta des thèmes de fugues (si mineur pour clavecin, la majeur et fa mineur pour orgue). Cette œuvre fut rapidement oubliée et resta méconnue jusqu'au XXe siècle. À partir de 1741, Albinoni, jusqu'alors très fécond, semble avoir très peu composé et un silence absolu se fait à son sujet. Il est permis de supposer qu'il mourut vers 1741-1742, le certificat de décès de 1751 pouvant être alors celui d'un homonyme. Sans avoir le génie de Vivaldi, Albinoni occupe une place de premier plan dans la filiation spirituelle de Corelli, par son invention mélodique, son art du contrepoint et sa contribution au développement des formes classiques. Les concertos op. 7 et op. 9 sont des concertos de solistes classiques, apparentés à ceux de Vivaldi et les *Sinfonie a 4* comportent la nouveauté d'un menuet avec trio entre le mouvement lent et le finale.

THÉÂTRE. Au moins une cinquantaine d'opéras, dont on possède les livrets (plus de deux cents selon un rédacteur anonyme du *Mercure*, 1731). – **MUSIQUE INSTRUMENTALE.** Op. 1 : douze *Suonate a 3* [1694] ; op. 2 : *Sinfonie e Concerti a 5* [1700] ; op. 3 : douze *Balletti a 3* [1701] ; op. 4 : six *Sonate da chiesa* pour violon et violoncelle [1704] ; op. 5 : douze *Concerti a 5* [1707] ; op. 6 : douze *Trattenimenti armonici* (sonates pour violon et violoncelle) [s. d.] ; op. 7 : douze *Concerti a 5* [1716] (avec hautbois) ; op. 8 : *Balletti e sonate a 3* [1722] ; op. 9 : douze *Concerti a 5* [1723] (avec hautbois) ; op. 10 : douze *Concerti a 5* [1735] ; six *Sinfonie a 4* (MS, vers 1735) et d'innombrables autres œuvres sans numéro d'opus, restées manuscrites. L'*Adagio* bien connu est une œuvre reconstituée par le musicologue R. Giazotto, d'après un fragment d'un concerto perdu.

Albrechtsberger, Johann Georg

Klosterneuburg (près de Vienne), 3 février 1736. – Vienne, 7 mars 1809.

Organiste de la cour impériale et maître de chapelle de la cathédrale Saint-Étienne. Ami de Haydn et Mozart, il fut le maître de Beethoven.

Musique religieuse (vingt-six messes, oratorios, motets, très beau *Te Deum*), préludes et fugues pour orgue, musique de chambre, ouvrages théoriques.

Aléatoire (Musique)

On applique parfois les épithètes « aléatoire » (« alea » = hasard), ou « stochastique », terme emprunté par Xenakis au mathématicien Bernouilli (στοχαστικός = conjectural), à des disciplines musicales nouvelles qui accordent une place importante au hasard ou à la probabilité. Impliquant une sorte de génération spontanée, les musiques aléatoires ou conjecturales appartiennent à un univers esthétique où la forme est antérieure à la pensée créatrice, le signe à la signification. Il existe différentes façons d'admettre le hasard (ou la probabilité) dans une composition musicale :

– Importante liberté individuelle des musiciens dans un ensemble (Clusters*, bariolages ad libitum, glissandi non calculés...).
– Improvisation collective.
– Création de formes ouvertes* ou « mobiles ».
– Appel à l'ordinateur pour l'exploitation systématique des combinaisons sérielles (composition « automatique »).
– Mélanges aléatoires (bandes, ou bande et musique vivante), etc.
– Accumulation d'un grand nombre de facteurs sonores (fortuits ou préconçus) dont la somme tend statistiquement vers des formules d'équilibre, selon les principes de la théorie des grands nombres. Inaugurée dans *Pithoprakta*, cette méthode est plus particulièrement le domaine de la musique « stochastique » de Xenakis.

Ces diverses méthodes se réfèrent plus ou moins consciemment... et plus ou moins scientifiquement, à la théorie de l'information et au calcul des probabilités. À la suite de John Cage, certains musiciens en ont fait un abus qui relève parfois du canular : dans leurs compositions « graphiques », dessins ou textes littéraires tiennent lieu de partition... et engendrent l'imprévisible !

ALFANO, FRANCO

Naples, 8 mars 1876. – San Remo, 26 octobre 1954.

Élève des conservatoires de Naples et de Leipzig, il fut l'un des derniers représentants du « vérisme » italien.

Douze opéras (dont *Risurrezione* et *La Leggenda di Sakuntala*), des ballets, des œuvres instrumentales. À la mort de Puccini, il termina son opéra *Turandot.*

ALFVEN, HUGO

Stockholm, 1er mai 1872. – Stockholm, 8 mai 1960.

Chef d'orchestre (Scandinavie, Londres, Vienne) et chef de chœurs, director musices de l'université d'Uppsala jusqu'en 1939, très habile orchestrateur. Une de ses rhapsodies suédoises, *Midsommarvaka*, a été célèbre dans le monde entier.

Cinq symphonies, trois rhapsodies suédoises, des cantates.

ALKAN, CHARLES

Paris, 30 novembre 1813. – Paris, 29 mars 1888.

[Charles-Valentin Morhange, dit] L'un des plus grands pianistes de son temps. Pianiste. Élève de Zimmermann au conservatoire de Paris. Ami de Liszt, Chopin et George Sand, il s'est fait une grande réputation de pédagogue, héritant les élèves de Chopin à la mort de celui-ci.

En dehors de quelques pièces vocales et de musique de chambre, presque toute son œuvre est destinée au piano : un concerto, une sonate, douze études, vingt-cinq préludes, des pièces descriptives.

ALLEGRI, GREGORIO

Rome, 1582. – Rome, 17 février 1652.

Ténor de la chapelle pontificale sous le règne d'Urbain VIII. Sa renommée est liée principalement à un excellent *Miserere* (9 voix en 2 chœurs), dont la chapelle Sixtine conserva longtemps le manuscrit inédit, s'en réservant l'exclusivité. En 1770, Mozart réussit à le transcrire d'oreille, après une seule audition par les chœurs pontificaux ; mais il fut un temps où sa reproduction était punie d'excommunication.

Messes, psaumes, *Concertini* (2 à 4 voix), motets, *sinfonie*.

Allemande

Premier mouvement traditionnel de la suite* instrumentale, de tempo modéré et de mesure binaire (2/2, 4/4 ou 2/4), elle est d'origine allemande, comme son nom l'indique, mais n'est pas une danse. Elle ne ressemble en rien à la « danse allemande » à trois temps, pratiquée aux XVIIIe et XIXe siècles (Mozart, Haydn, Beethoven), et sa parenté avec l'ancienne danse allemande est discutable, celle-ci étant déjà considérée comme archaïque par Thoinot Arbeau en 1589.
Dans les suites des XVIIe et XVIIIe siècles (Corelli, Bach, Rameau, Haendel), elle se compose de deux parties, avec reprises, et adopte généralement le style d'imitation. Le court prélude qui la précède parfois ne lui retire pas sa position privilégiée parmi les pièces caractéristiques de la suite, et c'est d'elle que dérivera le premier mouvement de la sonate* classique.

→ Bach. *Suite anglaise nº 3, Partita pour clavier nº 1, Suites pour violoncelle seul.* – Rameau. *Pièces de clavecin.* – Couperin. *Pièces de clavecin du 18e ordre.*

Al-Maoussili, Ishāq

Bagdad, 767. – Bagdad, 850.

Chanteur, poète, juriste. Fondateur de l'École musicale classique arabe, il a écrit une quarantaine d'ouvrages sur la musique et les arts. Son influence s'est exercée longtemps après sa mort dans tout l'Islam. Plusieurs mentions dans *Les Mille et Une Nuits* l'ont fait accéder au patrimoine culturel universel. C'est un des rares théoriciens arabes du Moyen Âge qui soit entré dans l'histoire comme compositeur.

Altérations

Modifications de la hauteur des notes par des signes placés devant celles-ci, dans le cours d'une partition, ou après la clé. Ces signes affectent la hauteur des notes placées sur la même ligne (ou interligne) qu'eux. Les cinq signes d'altération usuels sont :

DIÈSE	♯	la note est haussée d'un demi-ton.
BÉMOL	♭	la note est baissée d'un demi-ton.
DOUBLE-DIÈSE	×	la note est haussée de deux demi-tons.
DOUBLE-BÉMOL	𝄫	la note est baissée de deux demi-tons.
BÉCARRE	♮	la note (précédemment altérée) reprend sa hauteur normale, devient naturelle.

L'ensemble des signes d'altération placés après la clé s'appelle l'armure ; celle-ci est caractéristique de la tonalité. Les signes d'altération intervenant dans le cours d'une composition sont appelés parfois accidents. L'effet d'une altération se poursuit jusqu'à ce qu'une altération contraire l'annule.

ALTO

Un peu plus grand que le violon, et de forme identique, l'alto se joue de la même façon, la caisse sous le menton. Il est issu de la famille des violes en même temps que le violon, ou peut-être avant ; en effet le dessus de *viola da braccio* (voir Violon*) est déjà un vrai alto, d'où les dénominations italienne (*viola*) et allemande (*Bratsche*, déformation de *braccio*). Jusqu'au XIXe siècle, il faisait figure de parent pauvre dans la famille des instruments à cordes : on évitait généralement de lui confier des parties importantes dans l'orchestre, car il était alors le refuge des violonistes médiocres, soucieux d'assurer leur carrière dans une spécialité moins menacée par la concurrence. Mais Beethoven commence à utiliser largement les possibilités de l'alto et les grands solistes achèvent de le réhabiliter, en particulier Paganini, aussi brillant altiste que violoniste (Berlioz lui destinait la partie d'alto d'*Harold en Italie*, mais il n'eut pas l'occasion de la jouer). Cependant, une classe d'alto ne fut créée au conservatoire de Paris qu'en 1894. L'instrument s'accorde une quinte plus bas que le violon (do, sol, ré, la). Son échelle est théoriquement aussi étendue, mais on évite généralement les sons aigus, que les traités jugent criards bien qu'ils soient singulièrement tragiques et émouvants. Dans le médium et le grave, la sonorité est chaude et mélancolique.

⊖› **EN SOLO.** MOZART, *Symphonie concertante pour violon et alto* (excellente comparaison des timbres des deux instruments). –BERLIOZ, *Harold en Italie.* – BARTÓK, *Concerto pour alto.* – **DANS L'ORCHESTRE.** STAMITZ, *Concerto.* – BERLIOZ, *Symphonie fantastique* (finale). Amorce du thème de la ronde : altos seuls (mes. 106) puis altos et hautbois à l'octave (mes. 115). – STRAVINSKY, *Le Sacre du Printemps*, chiffre 91 : six altos solos.

Ambitus

Étendue extrême d'une voix, d'un instrument, d'une composition, d'un rôle d'opéra. Autrement dit, c'est l'intervalle entre la note la plus grave et la note la plus aiguë. Ne pas confondre avec Tessiture*.

Amy, Gilbert

Paris, 29 août 1936.

Élève de Messiaen, Milhaud et Yvonne Loriod, il a succédé à Boulez, en 1967, à la direction du Domaine musical. Il a été chef du nouvel orchestre de Radio-France et directeur du conservatoire de Lyon. Très doué, imaginatif, il a le sens de la séduction rythmique et instrumentale, quelles que soient l'audace et la complexité de sa musique.

L'opéra *Le Premier Cercle* (Lyon, 1999) ; *Strophe* pour soprano et orchestre ; *Récitatif Air et Variations* (1971) pour 12 voix ; *Sonata pian' e forte* (1974) pour 2 voix féminines et ensemble instrumental ; *Antiphonie*, *Triade* et *Chant* pour orchestre ; *D'un espace déployé* (1973) pour 2 orchestres et 2 chefs ; *Trajectoires* (1966) pour violon et orchestre ; *Mouvements* et *Diaphonies* pour ensemble instrumental ; deux sonates pour piano ; sept *Bagatelles* pour orgue.

Anacrouse

Note (ou groupe de notes) faible qui précède le premier temps fort. Plus généralement, dans une cellule rythmique, l'anacrouse est la préparation de l'accent, la prise d'élan.

Anches

Lames de roseau ou de métal, dont les vibrations sont le principe sonore de certains instruments à vent. Il y a plusieurs espèces d'anches :
1. Anche libre. Harmonica, accordéon, harmonium (l'anche libre est la seule à pouvoir se passer de tuyau).
2. Anche battante simple. Clarinettes, saxophones, « jeux d'anche » de l'orgue (où l'anche est en métal, parfois en bois dur).
3. Anche double. Hautbois, cor anglais, basson, contrebasson, cromorne (instrument ancien). L'anche, simple ou double, des instruments de l'orchestre est en contact direct avec les lèvres. On recherche

pour la fabrication des anches un type de roseau particulier, appelé *Arundo donax* ou *Sativa* par les botanistes. Cette plante pousse principalement dans la région de Fréjus (Var).
Dans le jeu de certains instruments de cuivre (cor, trompette, trombone, etc.), les lèvres constituent une sorte d'anche double. L'émission de la voix* humaine semble due à un processus analogue, mais on verra que les cordes vocales sont mises en vibration de façon tout à fait particulière.

ANERIO, GIOVANNI FRANCESCO

Rome, vers 1567. – Graz, 11 juin 1630.

Après avoir chanté dans son enfance à Saint-Pierre de Rome, sous la direction de Palestrina, il s'est destiné d'abord à la carrière ecclésiastique et ne semble s'être consacré à la musique qu'en 1600 lorsqu'il fut nommé maestro di cappella à Saint-Jean-de-Latran. Resté fidèle au style palestrinien, il fut alors l'un des meilleurs représentants de l'école romaine de musique sacrée. Il termina sa carrière à la cour de Pologne.

Messes, motets, madrigaux, etc., et *Il Teatro armonico spirituale* (recueil de *Laudi Spirituali* pour l'oratoire de San Filippo Neri).

ANFOSSI, PASQUALE

Taggia (près de Naples), 25 avril 1727. – Rome, 1797.

Élève de Piccini et Sacchini à Naples. Il devint maître de chapelle à Saint-Jean-de-Latran. Le succès mérité de ses opéras s'étendit à toute l'Europe. Ils marquèrent la sensibilité du jeune Mozart qui, plus tard, composa des airs (K 418, 419, 541) pour les représentations viennoises de deux d'entre eux.

Soixante-quinze opéras, des messes, motets, oratorios.

ANGLEBERT, JEAN-HENRI D'

Paris, 1628. – Paris, 23 avril 1691.

Claveciniste de Louis XIV, élève de Chambonnières. Il a été le plus grand maître français du clavecin avant Couperin. Son traité, *Principes de l'accompagnement*, et le tableau des agréments contenu dans son livre de clavecin fournissent de précieuses indications pour l'interprétation de la musique du temps. En 1674, son fils Jean-Baptiste (1661-1735) lui succéda dans ses fonctions à la cour.

Recueil de soixante *Pièces de clavecin avec la manière de les jouer*; *diverses chaconnes, ouvertures et autres airs de M. de Lully mis sur cet instrument* [1689], cinq fugues et un *Quatuor sur le Kyrie* pour orgue...

Antheil, George

Trenton (New Jersey), 8 juillet 1900. – New York, 12 février 1959.

Élève de Bloch ; ami de Stravinsky, Cocteau, Joyce, Léger. Il a beaucoup voyagé en Europe, dans les années 20, particulièrement en France, en Angleterre et en Allemagne, subissant l'influence du mouvement dadaïste. Il a été l'un des représentants d'une avant-garde délirante entre les deux guerres.

Six opéras, trois ballets ; *Ballet mécanique* (8 pianos, cloches, xylo et piano mécanique) pour un film de Léger (1924). Six symphonies, des concertos, trois quatuors à cordes, etc. De la musique de films (Cecil B. de Mille, N. Ray, J. Huston, Lang).

Anthem

Composition religieuse non liturgique de l'église anglicane, analogue au motet de l'église romaine ou à la cantate de l'église luthérienne, sur des adaptations anglaises des écritures. Les premiers *anthems* ont la forme du motet polyphonique (Tye, Tallis). À partir du XVIIe siècle, on distinguera les *full anthems* pour chœurs (avec ou sans instruments) et les *verse anthems* en style concertant, où des soli (versets) alternent avec le chœur, justifiant alors la dénomination (*anthem* = antienne). Parmi les soixante *anthems* de Purcell figurent les chefs-d'œuvre du genre. Dans le vocabulaire anglais courant, *anthem* a le sens imprécis de « hymne » (*national anthem*).

⊖› Gibbons. *Anthems.* – Weelkes, *Anthems.* – Purcell, *Anthems.*

Anticipation

Émission anticipée d'une note d'un accord, introduisant une dissonance passagère dans l'harmonie*. L'anticipation peut s'étendre à plusieurs notes de l'accord. Au XVIIIe siècle, dans la musique vocale surtout, l'anticipation est pratiquée presque systématiquement dans les cadences parfaites :

⊖➝ Bach, *Passion selon saint Matthieu* (cadence finale du 1er chœur), *Suite en si* (cadence finale de l'ouverture). – Haendel, *Le Messie* : air *He shall feed his flock.*

Antienne

Latin : *antiphona.* Refrain syllabique, introduit dans le chant alterné des psaumes, depuis le IVe siècle au moins. Deux demi-chœurs chantent les versets en alternance (en « antiphonie ») et se réunissent pour chanter l'antienne. Celles de l'office sont simples et brèves ; celles de la messe sont plus développées. Les quatre grandes antiennes ornées à la Vierge sont des pièces indépendantes, sans psaumes.

⊖➝ Antiennes de Pâques (*Surrexit Dominus*), de Noël (*Hodie Christus natus est*), de la messe des morts (*Lux aeterna*) ; antiennes à la Vierge (*Regina caeli, Alma redemptoris mater, Ave Regina caelorum, Salve Regina*).

Aperghis, Georges

Athènes, 23 décembre 1945.

Établi à Paris en 1963, il y étudie la musique, principalement en autodidacte, sous l'influence de Xenakis. Particulièrement intéressé par l'édification d'un nouveau théâtre musical, il a fondé en 1976 l'ATM (Atelier Théâtre et Musique) à Bagnolet.

Des compositions pour le théâtre, dont *Oraison funèbre* (1971), *Jacques le fataliste* (1974), *La Bouteille à la mer* (1976), *Histoires de loups* (1976), *Je vous dis que je suis mort* (1979), *Liebstod* (1982), *Zwielicht* (1999). L'oratorio *Vesper.* Des compositions pour orchestre : *Quatuor* pour 4 contrebasses, *Kryptogramma* pour percussions.

Appoggiature

Ornement expressif introduisant passagèrement une dissonance et ayant pour effet de renforcer le temps sur lequel il se place. L'appoggiature (substantif féminin) tire son nom du verbe italien *appoggiare* qui signifie « appuyer ». Mélodiquement, elle consiste à faire entendre, sur un temps, une note voisine de la note attendue, ou plutôt voulue, celle-ci venant ensuite et constituant la « résolution » de l'appoggiature :

Harmoniquement, elle est le remplacement passager d'une note d'un accord, par la note immédiatement voisine, la vraie note survenant ensuite pour rassurer l'oreille (résolution) ; la résolution est un peu comme la réparation d'une erreur feinte. L'appoggiature peut être double, triple, quadruple..., si elle porte sur plusieurs notes, chacune trouvant sa résolution au ton ou demi-ton voisin :

SCHUBERT, *Quintette en ut* : * appoggiature simple (du mi), ** appoggiature quadruple (de l'accord de septième diminuée sur le sol).

Une succession d'appoggiatures peut retarder la résolution, créant une impression d'inquiétude (*Tristan*).
Dans la musique ancienne, l'appoggiature est représentée par une petite note ; cette petite note doit être jouée sur le temps et prendre la moitié, les 2/3 ou les 3/4 de la valeur de la note près de laquelle elle se trouve placée. Ainsi, notre premier exemple pourrait se noter :

À la fin du XVIIIe siècle, on prit l'habitude de distinguer l'appoggiature brève de l'appoggiature longue, ou expressive, en barrant la petite note :

Depuis le siècle dernier, les pianistes jouent souvent l'appoggiature brève, ou « petite note », avant le temps, ce qui est une erreur si l'on croit jouer une appoggiature (rien n'est « appuyé » dans cette manière de faire, au contraire). Cette petite note d'accentuation légère, jouée avant la note, était connue des anciens clavecinistes : c'est un simple ornement sans signification harmonique. Dans la musique de clavecin, on jouait fréquemment les deux notes ensemble, en ne laissant durer la première qu'un temps bref (voir Acciaccatura*). La manière dont les violonistes tziganes attaquent certaines notes un peu trop bas pour les « remonter » ensuite très lentement est une forme instinctive d'appoggiature. Mais ce qui est savoureux dans la musique des Tziganes ne l'est pas toujours dans le répertoire d'opéra et l'on se demande pourquoi certaines étoiles du chant lyrique, chantant juste et bien pour l'ordinaire, se croient obligées d'attaquer trop bas les notes longues (même dans le médium), faisant attendre parfois assez longtemps la rectification souhaitée par un auditoire anxieux.

⊖› BEETHOVEN, *Neuvième Symphonie* (finale). Premier accord : appoggiature de si ♭ sur l'accord parfait de ré mineur. *Concerto n° 3 en ut mineur* (2e mouvement). Plusieurs appoggiatures dans le premier solo. – SCHUBERT, *Quintette en ut.* Mesure 8 : appoggiature simple sur le premier temps ; mesure 9 : appoggiature quadruple (mi ♭ fa ♯ la do) ; mesure 19 : appoggiature triple (ré ♯ fa si). – WAGNER, *Tristan et Isolde.* Début du motif initial. Mesure 2, 1er temps : appoggiature du sol ♯; mesure 3, 10e temps : appoggiature du la ♯. – BARTÓK, *Musique pour cordes, percussion et célesta.* Troisième mouvement : thème avec appoggiatures tziganes.

ARCADELT, JACQUES

?, vers 1515. – 14 octobre 1568.

[ou Jacob] Il fut l'un des meilleurs représentants de la première génération de musiciens qui, à l'origine du madrigal italien de la Renaissance, suivirent l'exemple du Flamand Cyprien de Rore. Il vécut longtemps en Italie (magister de la cappella Giulia et membre de la chapelle papale), puis en France (maître de chapelle du cardinal de Lorraine). La transparente clarté de son style contribua à l'orientation des jeunes musiciens de la génération de Palestrina.

(Édition complète par l'American Institute of Musicology). Environ deux cent cinquante madrigaux principalement à 4 voix dont le fameux *Il bianco e dolce cigno*, des chansons, messes, motets, psaumes (trad. Marot).

ARIOSTI, ATTILIO

Bologne, 5 novembre 1666. – après 1728.

Virtuose de la viole d'amour, chanteur et organiste. Après avoir été Père servite pendant cinq ans, il entra au service de la cour de Mantoue, puis à celui de l'Électrice Sophie-Charlotte, future reine de Prusse, enfin à celui de l'empereur Joseph Ier à Vienne. Il voyagea ensuite à Paris et à

Londres, où il fut, de 1722 à 1727 environ, l'un des directeurs de la Royal Academy of Music.

Au moins vingt opéras et cinq oratorios, quelques œuvres instrumentales.

Arnaud Daniel

Ribérac (Dordogne), vers 1150. – ?

Troubadour. Étant très pauvre, il s'était fait jongleur. Mais en 1180 il était devenu un troubadour célèbre et assistait au couronnement de Philippe Auguste. Dans un passage de *La Divine Comédie* (Purg. XXVI, 139-147) l'âme d'Arnaud Daniel s'exprime en provençal. Il a été le principal représentant de la tendance poétique riche et hermétique (*trobar ric et clus*).

Dix-huit chansons nous sont parvenues, dont deux seulement avec la musique notée.

Arne, Thomas

Londres, 12 mars 1710. – Londres, 5 mars 1778.

L'immense célébrité qu'il sut acquérir de son vivant est le fruit d'un talent agréable et facile, mais aussi d'un sens publicitaire sans lequel il n'eût pu soutenir la concurrence de Haendel ni des nombreux musiciens italiens vivant à Londres au XVIIIe siècle. Sa renommée actuelle repose presque exclusivement sur le chant patriotique *Rule Britannia* (finale de son opéra *Alfred*). Son chef-d'œuvre est *Love a village*, *pasticcio* s'apparentant à la *ballad-opera* (sorte d'opéra-comique anglais, incorporant des chansons populaires).

Une cinquantaine d'opéras, *masques*, pantomimes, etc., dont *Love in a village*, de la musique de scène, deux oratorios (*Abel* et *Judith*), de nombreuses mélodies, de la musique instrumentale.

Arrieta, Emilio

Puente la Reina (Navarre), 21 octobre 1823. – Madrid, 11 février 1894.

Élève du conservatoire de Milan, il composa d'abord des opéras italiens à succès. Mais il est surtout connu comme compositeur de *zarzuelas*. Il a été directeur du conservatoire de Madrid de 1878 à sa mort.

Plus de cinquante *zarzuelas*, dont *Marina*. Trois opéras.

Arrigo, Girolamo

Palerme, 2 avril 1930.

Élève du conservatoire de Palerme, puis de Max Deutsch à Paris où il s'établit. Indépendant, enthousiaste, il chante volontiers la liberté, les droits de l'homme et le patrimoine culturel italien, dans un style coloré. Il a été directeur du Teatro Massimo de Palerme.

Des ouvrages scéniques, dont *Orden* (Avignon, 1969) ; *Epitaffi* pour chœur et orchestre, *Due Epigrammi* pour 5 voix a cappella ; *Shadows* pour orchestre, *Fluxus* et *Infrarosso* pour ensembles instrumentaux.

Aston, Hugh

?, vers 1480. – Londres, 1522.

[ou Ashton] Ecclésiastique, très célèbre en son temps et jusqu'au début du XVIIe siècle. On lui doit la plus ancienne pièce connue pour le virginal (*Hornpipe*, dans un manuscrit du XVIe, BM), exemple unique d'écriture de clavier vers 1500.

Messes et motets, pièces pour virginal.

Atonalité

Indétermination de la tonalité*, soit par l'insuffisance des éléments permettant d'affirmer les fonctions tonales, soit par le propos délibéré d'y échapper. On confond généralement le concept d'atonalité avec l'une de ses applications particulières : l'utilisation systématique des douze sons de la gamme chromatique. La musique « de douze sons » (voir Dodécaphonisme*) est, certes, atonale, mais le début de la *Neuvième Symphonie* de Beethoven l'est aussi d'une certaine manière : les notes la et mi, tenues par les cors et les instruments à cordes, ne permettent pas de déterminer si l'on est en la majeur (manque le do ♯), en la mineur (manque le do naturel), en si mineur (accord de dominante mineur où manquent le fa ♯ et le do ♯), en ré majeur ou mineur (accord de dominante où manquent le do et le sol). La tonalité n'est suggérée qu'à la mesure 15 par l'apparition d'un ré aux cors, mais ce n'est qu'à la mesure 17 que le ré mineur éclate avec évidence. La gamme par tons, chère à Debussy, est un autre exemple d'atonalité : elle engendre l'accord de quinte augmentée, tonalement indéterminé. De façon générale, la tona-

lité est indéterminée dans tous les systèmes qui divisent l'octave en intervalles égaux :
– gamme chromatique : division en douze demi-tons,
– mode par tons : division en six tons,
– accord de septième diminuée (voir page 13) : division en quatre tierces mineures,
– accord de quinte augmentée (voir page 12) : division en trois tierces majeures,
– triton (intervalle de quarte augmentée) : division en deux quartes augmentées.

Voir Dodécaphonisme*, Modes* (i).

AUBER, ESPRIT

Caen, 29 janvier 1782. – Paris, 12 mai 1871.

Directeur du conservatoire (1842-1871), maître de chapelle de Napoléon III, membre de l'Institut. Dernier grand représentant de l'opéra-comique français, il fut un habile inventeur de mélodies. Sa collaboration avec Scribe, depuis 1823, contribua pour une part déterminante à sa vaste renommée.

Près de quarante opéras-comiques (dont *Fra Diavolo, Les Diamants de la Couronne, Le Domino noir*), des opéras-ballets et un grand opéra, *La Muette de Portici*, son œuvre la plus brillante et la plus populaire, où se reflète l'esprit des mouvements révolutionnaires de 1830.

AUBERT, JACQUES

Paris, 30 septembre 1689. – Belleville, 18 mai 1753.

Violoniste, élève de Senaillé. Ses dix concertos pour 4 violons [1735] sont les premiers concertos pour violon à la manière italienne écrits par un Français.

Un opéra, quelques ballets et un nombre considérable d'œuvres instrumentales.

AUBERT, LOUIS

Paramé (Ille-et-Vilaine), 19 février 1877. – Paris, 10 janvier 1968.

Élève de Diemer et Fauré, il commença sa carrière comme soprano à la Madeleine, puis comme pianiste.

Un opéra *La Forêt bleue* (Genève, 1913), ballets dont *La Nuit ensorcelée* sur des thèmes de Chopin, une célèbre *Habanera* (1918), pièces pour piano, mélodies.

Audran, Edmond

Lyon, 11 avril 1842. – Tierceville (Seine-et-Oise), 17 août 1901.

Élève de l'école Niedermeyer. Maître de chapelle de Saint-Joseph à Marseille jusqu'en 1877.

Nombreuses opérettes, pleines de gaieté un peu forcée dont *Le Grand Mogol* (1877), *La Mascotte* (1880), représentée à Paris 1500 fois en quinze ans, *Miss Hélyett* (1890), *La Poupée* (1896).

Auletta, Pietro

Sant' Angelo a Scala (près d'Avellino), 1698. – Naples, 1771.

On ne sait pratiquement rien de sa vie, en dehors des dates de création d'une quinzaine de ses opéras (sérieux et bouffes). L'opéra bouffe *Il Maestro di Musica*, attribué à Pergolesi, n'est qu'une version abrégée de l'*Orazio* d'Auletta, avec des additions de divers compositeurs.

Auric, Georges

Lodève (Hérault), 15 février 1899. – Paris, 23 juillet 1983.

Élève de Caussade et V. d'Indy. Au temps du groupe des Six (voir Milhaud*), il a subi l'influence de Chabrier, Satie et Stravinsky, et recherché dans la simplicité d'écriture (parfois dans le recours au folklore) les fondements d'un style original. Cette tendance, souvent mêlée d'ironie, fut peu à peu combattue par un souci de grandeur et de sérieux (même dès 1932 : *Sonate en fa pour piano*). Ses principaux titres de gloire sont d'avoir écrit des ballets pour Diaghilev, de la musique de film pour R. Clair et Cocteau, et d'avoir su gagner la plus vaste audience populaire par sa valse du film *Moulin-Rouge.* De 1961 à 1968, il fut administrateur des Théâtres lyriques nationaux.

Opéra. *Sous le masque.* – **Ballets.** *Les Fâcheux, Les Matelots, Pastorale* (Ballets russes, 1924, 1926, 1927), *Le Peintre et son modèle, Phèdre.* – **Musique de films.** *À nous la liberté, L'Éternel Retour, L'Aigle à deux têtes, Orphée, Moulin-Rouge. Passport to Pimlico.* Quatre Chansons françaises pour chœur a cappella, sur des poèmes du XVe siècle, de la musique instrumentale, de nombreuses mélodies.

B

Babbitt, Milton

Philadelphie, 10 mai 1916.

Il a fait ses études à l'université de Princeton où il est devenu professeur. Il est l'un des meilleurs représentants de l'école américaine de musique électronique.

Deux séries de *Music for the Mass*, un quatuor à cordes, *Music for viola and piano*, quatre quatuors à cordes, des pièces pour piano, des mélodies, des compositions électroniques.

Quelques musiciens
de la famille Bach

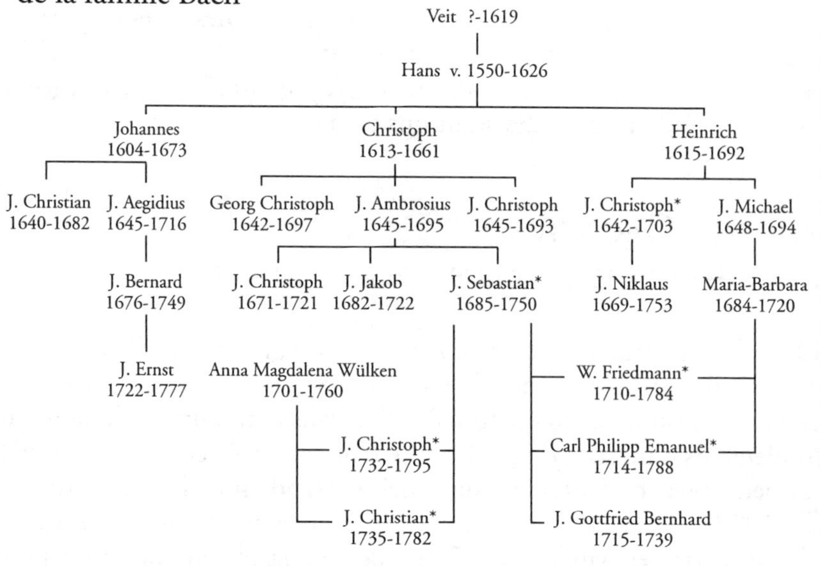

Bach, Carl Philipp Emanuel

Weimar, 8 mars 1714. – Hambourg, 15 décembre 1788.

Cinquième enfant (troisième survivant) de J. S. Bach et de Maria Barbara Bach. Son parrain fut le célèbre G. P. Telemann. Parallèlement à de sérieuses études générales (Saint-Thomas) et juridiques (universités de

Leipzig et de Francfort-sur-l'Oder), il étudia le clavecin et la composition avec son père. Exceptionnellement doué dès son jeune âge, il jouait de mémoire au clavecin les œuvres qu'il voyait naître sous la plume de son père. À vingt-quatre ans, Bach est claveciniste dans l'orchestre du prince héritier de Prusse. Deux ans plus tard, il suit ce dernier à Potsdam, lorsqu'il monte sur le trône sous le nom de Frédéric II. Le *Kammercembalist* participe cinq fois par semaine aux concerts royaux et doit accompagner le roi flûtiste ; fonction redoutable, car Frédéric montrait un royal mépris pour la mesure, au grand déplaisir de son claveciniste. En 1750, Bach sollicite en vain la succession de son père au cantorat de Saint-Thomas de Leipzig. Il sera plus heureux à Hambourg où, en 1767, il succède à Telemann comme « directeur de la musique ». Là, il fait entendre de nombreux chefs-d'œuvre contemporains, parmi lesquels la *Messe en si* de son illustre père, *Le Messie* de Haendel, le *Stabat Mater* de Haydn, le *Requiem* de Jommelli. Remarquable théoricien des instruments à clavier, il peut être considéré comme le père de la technique pianistique moderne. Son ouvrage *Versuch über die wahre Art das Klavier zu spielen* (1753-1762) est fondamental pour la connaissance du style de clavier au XVIIIe siècle ; Mozart reconnaissait lui devoir beaucoup. En 1795, ignorant que Bach était mort sept ans plus tôt, Haydn se rendit à Hambourg pour le voir. Son fils Jean-Sébastien, mort à trente ans, était peintre.

Une sensibilité préromantique, un goût marqué pour les recherches instrumentales, la prédominance de l'élément mélodique dans la plupart de ses compositions font de Bach un précurseur : c'est peut-être le premier compositeur romantique.

(Au total sept cents œuvres environ). **MUSIQUE VOCALE.** Deux oratorios, dix passions, un *Magnificat* (1794), des cantates (sacrées et profanes), de nombreux lieder. – **MUSIQUE INSTRUMENTALE.** Symphonies, concertos, sonates, trios. – **MUSIQUE POUR CLAVIERS.** Nombreux recueils, parmi lesquels les six livres de sonates, fantaisies et rondos destinés « aux amateurs » (*für Kenner und Liebhaber*), des « sonates » pour deux clavecins avec orchestre, environ cinquante concertos. – **ŒUVRES LITTÉRAIRES.** Le *Versuch...* cité plus haut et des notes autobiographiques.

BACH, JOHANN CHRISTIAN

Leipzig, 5 septembre 1735. – Londres, 1er janvier 1782.

Dernier fils de J. S. Bach et d'Anna Magdalena Wilcke, il fut d'abord l'élève de son demi-frère Carl Philipp Emanuel, puis, plus tard, du fameux père Martini à Bologne. En Italie, il devient catholique et, jusqu'en 1760, il compose presque exclusivement de la musique religieuse sous la direction du père Martini. En 1760, il est nommé organiste de la cathédrale de Milan ; vers la même époque, il est chargé de recruter des chanteurs pour des représentations d'opéra à Turin. C'est alors qu'il s'oriente vers le théâtre. Des opéras de Bach sont représentés avec grand succès à Turin, Milan et Naples ; c'est l'occasion de nouer des relations avec les musiciens de l'école napolitaine, notamment Traetta, Jommelli et Sacchini. En 1762, Bach quitte l'Italie pour l'Angleterre où il devient le compositeur attitré du King's Theatre. À Londres, il fonde avec son compatriote et ami K. F. Abel les Bach-Abel Concerts, l'une des premières organisations de concerts publics. En 1764, il accueille chaleureusement le jeune Mozart, en voyage à Londres ; ils interprètent une sonate ensemble, chacun jouant une mesure à tour de rôle. Ils se rencontreront de nouveau à Paris, quatorze ans plus tard, rencontre qui, selon une lettre de Mozart à son père, fut une grande joie pour chacun d'eux. Mais le Paris de 1778-1779 les accueillit sans chaleur, l'un comme l'autre ; l'opéra *Amadis des Gaules*, objet du voyage de Bach, fut mal reçu à l'Académie royale de musique, alors que ses autres opéras avaient été représentés jusqu'alors avec succès à Londres et ailleurs.

Musique vocale. Au moins vingt opéras, *pasticcios*, etc. ; cantates profanes (italiennes et anglaises), musique d'église, airs anglais et italiens. – **Musique symphonique.** Quarante-neuf symphonies, treize ouvertures, trente et une symphonies concertantes, trente-sept concertos. – **Musique de chambre.** Cent vingt-cinq compositions (sonates ou en forme de sonate) pour 2, 3, 4, 5, 6 instruments. – **Musique pour clavier.** Trente-cinq sonates, des sonates pour deux claviers, des variations sur le *God save the King*...

Bach, Johann Christoph

Arnstadt, 6 décembre 1642. – Eisenach, (Thuringe), 31 mars 1703.

Cousin germain du père de J. S. Bach. Organiste à Eisenach. Sur un exemplaire de la généalogie établie par son père, Carl Philipp Emanuel le désigne comme un *gross und ausdrückend Komponist* (un grand compositeur prolifique). Une de ses grandes œuvres chorales, *Es erhub sich ein Streit* pour deux chœurs à cinq voix et orchestre, jouée à Leipzig sous la direction de son neveu Jean-Sébastien, fit une grande impression.

Cantates, motets, quarante-quatre chorals-préludes pour orgue, *Konzerten* et *Arien* pour voix et instruments.

BACH, JOHANN CHRISTOPH FRIEDRICH

Leipzig, 21 juin 1732. – Bückeburg, 26 janvier 1795.

Neuvième enfant de J. S. Bach et d'Anna Magdalena Wilcke, il fut exclusivement l'élève de son père pour la musique, mais poursuivit des études générales à l'université de Leipzig. À dix-huit ans, il entre au service du comte Wilhelm de Schaumburg-Lippe à Bückeburg. Il n'en bougera pas jusqu'à sa mort, c'est-à-dire pendant quarante-cinq ans, exception faite d'un voyage à Londres pour voir son frère Johann Christian. L'engouement pour la musique italienne dominait alors les préoccupations musicales du comte ; son Kapellmeister était un certain Serini. Peu à peu, Bach réussit à faire de la petite résidence de Bückeburg un important centre musical. La musique italienne y fut toujours en faveur, mais, à partir de 1771, la collaboration de Bach et de l'excellent poète J. G. Herder donna naissance à une série d'oratorios et de cantates, œuvres allemandes d'une réelle originalité. Toutes ses œuvres mériteraient d'être mieux connues et d'accroître la renommée insuffisante de leur auteur. Certaines symphonies sont dignes de Haydn. Un de ses fils, Wilhelm Friedrich Ernst (1759-1845), fut compositeur, mais il n'atteignit ni au talent, ni à la réputation de son père et de ses oncles.

Oratorios et cantates (dont un grand nombre est perdu), trois motets, vingt symphonies, huit concertos pour clavier et orchestre, de la musique de chambre.

BACH, JOHANN SEBASTIAN

Eisenach (Thuringe), 21 mars 1685. – Leipzig, 28 juillet 1750.

Fils de Johann Ambrosius Bach (1645-1695), violoniste et altiste, musicien des villes d'Erfurt et d'Eisenach, lui-même fils de musicien – et d'Elisabeth Lämmerhirt (1644-1694). Orphelin à dix ans, Bach fut élevé à Ohrdruf par son frère aîné Johann Christoph, élève de Pachelbel. Il épousa en 1707 Maria Barbara Bach, sa cousine (1684-1720) – et, en 1721, Anna Magdalena Wilcke, soprano (1701-1760). Il eut de son premier mariage sept enfants dont trois morts en bas âge (Musiciens : Wilhelm Friedmann, Carl Philipp Emanuel, Johann Gottfried Bernhard) et de son second mariage treize enfants dont sept morts en bas âge (Musiciens : Johann Christoph, Johann Christian). J. S. Bach a fait des études générales brillantes au gymnasium d'Eisenach, puis au lyceum d'Ohrdruf (latin, grec, lettres, histoire, géographie… et musique). Simultanément, il apprenait le violon avec son père, le clavecin et l'orgue avec son frère Johann Christoph, la composition avec Herder, le cantor d'Ohrdruf. À quinze ans, sa jolie voix lui vaut un engagement à Lüneburg, où il travaille la composition et l'orgue sous la direction du cantor et de l'organiste de Saint-Michel. À Lüneburg, il reçoit probablement aussi les conseils du grand Böhm. Mais surtout il lit et copie beaucoup de musique, habitude qu'il conservera jusqu'à la fin de sa vie : des Allemands (Buxtehude, Reinken, Böhm), des Français (Grigny, Couperin, Marchand), des Italiens (Frescobaldi, Albinoni, Vivaldi). En 1705, il fera le voyage à pied d'Arnstadt à Lübeck (près de 400 km) pour entendre Buxtehude et le rencontrer.

Autant la vie familiale de Bach sera restée calme, en dépit de la maladie et de la mort, autant sa vie professionnelle aura été mouvementée, bien qu'il n'ait jamais voyagé hors de son pays. Son génie exceptionnel et sa grande honnêteté artistique s'accompagnaient d'une intransigeance de caractère qui le conduisait tôt ou tard à rompre avec ses patrons successifs ou à poursuivre de longues querelles avec les autorités (Leipzig). Bien qu'il fût naturellement peu vaniteux, il tenait à ce que l'on évaluât son talent au juste prix (luttes opiniâtres pour obtenir des émoluments, des conditions de travail ou des interprètes dignes de lui). Cependant, soit qu'il ne fût pas conscient de son génie, soit qu'il se préoccupât peu de l'avenir, il semble qu'il se soit désintéressé de la pérennité de son œuvre : une seule de ses cantates fut éditée de son vivant (*Gott ist mein König, BWV 71*).

Toutefois dans les dernières années de sa vie, Bach semble avoir voulu laisser un testament musical, mise au point ou publication de quelques chefs-d'œuvre témoins, aboutissement et transfiguration d'un art qui ne pourra plus exister : les *Variations « Goldberg »* (1742), la *Messe en si* (1747-1749) et les trois monuments de science contrapuntique que sont les *Variations canoniques* pour orgue (1746-1747), *L'Offrande musicale* (1747) et *L'Art de la fugue* (1740-1748).

Voici les grandes étapes de sa vie professionnelle :

1697-1703. Chanteur à l'église d'Ohrdruf, puis à l'église Saint-Michel de Lüneburg. Premières œuvres (variations et préludes pour orgue). Il se rend à Hambourg pour entendre le vieux Reinken et à la cour de Celle, où il découvre la musique française. Il fait un remplacement quelques mois à Weimar.

1703-1707. Organiste de la nouvelle église Saint-Boniface d'Arnstadt (appelée de nos jours Église Bach). Il devient l'un des meilleurs organistes allemands et il sera bientôt l'un des plus savants experts d'orgues.

1707-1708. Des relations tendues avec ses supérieurs l'ayant contraint à quitter Arnstadt (on ne lui pardonnait pas un certain congé qu'il avait prolongé de trois mois sans donner signe de vie, lors de son expédition

à Lübeck), il accepte le poste d'organiste de Saint-Blaise à Mühlhausen. Il donne les cantates BWV *131*, *71*, *196* et *106*, *Actus tragicus*.
1708-1717. *Kammermusikus* et organiste à la cour de Weimar, puis Konzertmeister en 1714. Période de composition des plus grandes œuvres d'orgue (Bach disposait d'un instrument insuffisant, mais pourvu d'un jeu de trente-deux pieds) et d'une importante série de cantates. C'est aussi la période où Bach découvre les grands Italiens, Albinoni, Corelli, Legrenzi, Frescobaldi (dont il a copié les *Fiori Musicali*) et Vivaldi, dont il transcrit une douzaine de concertos.
1717-1723. Kapellmeister à la cour de Köthen. Le prince lui-même jouait de la viole de gambe dans l'orchestre conduit par Bach. Composition de la plupart des grandes œuvres instrumentales : *Suites* pour orchestre, *Concertos brandebourgeois*, concertos, sonates diverses, œuvres de clavecin (parmi lesquelles le livre I du *Clavier bien tempéré*). Le prince, en 1721, épouse *eine Amusa* qui le détourne de son art favori ; Bach, veuf depuis un an, se remarie la même année ; l'éducation de ses enfants commence à poser de difficiles problèmes (Bach est luthérien, Köthen calviniste)... Ces faits nouveaux le font songer à quitter Köthen pour prendre la succession, à Leipzig, de J. Kuhnau, cantor de Saint-Thomas, qui meurt en 1722.
1723-1750. Cantor à Leipzig (Telemann venait de renoncer à ce poste qui lui était offert). Cette nouvelle situation n'est guère séduisante. Bach doit renoncer à écrire pour le théâtre, accepter de mener une vie obscure, enseigner la musique aux élèves de la Thomasschule (fondation augustinienne datant de 1212), obéir au Conseil de la ville, fournir toute la musique qu'on lui demande, ne pas s'absenter sans la permission du Burgmeister... Les dimanches et fêtes, il doit fournir de la musique, alternativement, aux églises Saint-Thomas et Saint-Nicolas. Il dispose d'une chorale de garçons recrutée parmi les élèves de la Thomasschule (vingt-quatre sopranos et altos, trente ténors et basses) et d'un petit groupe d'instrumentistes médiocres. Pour ce modeste auditoire et ces modestes interprètes – et pour eux seuls – il compose la plupart de ses cantates d'église : les premières années de Leipzig, il en fournira trois séries annuelles complètes pour tous les dimanches et fêtes, avec une régularité et une rapidité incroyables (C. Ph. Emanuel affirme qu'il a composé cinq cycles). Malheureusement, jusqu'à la fin de ses jours, la paix de cette existence laborieuse sera troublée par les perpétuelles disputes qui l'opposent au Conseil de la ville et aux autorités de l'école Saint-Thomas. Les prétextes de ces disputes seront généralement les mauvaises conditions d'exécution de ses cantates et la tendance à déprécier l'enseignement de la musique dans les « humanité » classiques. Pendant cette longue période, Bach entreprendra quelques voyages : Weissenfels, Kassel, Dresde (où il fréquente Hasse et sa femme, la can-

tatrice Faustina Bordoni), Berlin, Potsdam (où il est reçu par le roi Frédéric, dédicataire de *L'Offrande musicale*).

À la fin de 1749, les yeux du cantor, fatigués par de trop longues et trop minutieuses copies musicales, ne voient presque plus. Il se fait opérer de la cataracte par un célèbre chirurgien, le chevalier John Taylor (qui fera perdre la vue deux ans plus tard à Haendel) : il en sort complètement aveugle. À la paralysie oculaire et à l'infection qui s'ensuivirent, s'ajoutèrent, dit-on, les méfaits d'une médication meurtrière Bach succomba le 28 juillet 1750 à 20h45, dans sa soixante-sixième année. Il fut enseveli dans l'église Saint-Jean. Ses restes furent exhumés en 1894 et récemment transportés dans l'église Saint-Thomas. De ses nombreux enfants, neuf lui survécurent ; Régine Susanna, la cadette, mourut en 1809 dans le plus grand dénuement (Beethoven promit d'envoyer sa contribution à une souscription ouverte en sa faveur..., mais il ne semble pas qu'il ait tenu parole).

Les éléments fondamentaux qui garantissent à l'œuvre de Bach son universalité sont, d'une part, le caractère essentiellement polyphonique du génie créateur, d'autre part l'omniprésence du choral luthérien. Choral et polyphonie sont les dimensions privilégiées de cette œuvre, qui constitue le plus formidable travail de synthèse de l'histoire de la musique. On s'est plu à peindre Bach comme un musicien révolutionnaire : c'est méconnaître la véritable vocation de son génie. Bach se méfie des formes nouvelles qui n'ont pas été longuement éprouvées. La sonate manque encore de maturité. L'air d'opéra est trop superficiel et n'a pas encore acquis ses lettres de noblesse... Si d'autre part il enrichit, dans un dessein pratique, la lutherie et la technique d'exécution instrumentale, il apporte peu, par contre, à la science moderne de l'orchestration. Pour lui, l'instrumentation d'une œuvre consiste à « personnaliser » chacune des parties d'une composition polyphonique. L'œuvre de Bach est l'aboutissement des huit siècles de contrepoint et des différentes traditions musicales qui l'ont précédée. Portant à leur plus haut degré de perfection toutes les principales formes en usage, elle lègue à la postérité une somme du savoir musical européen.

Non seulement Bach a lu ou recopié toute la musique qui lui tombait sous la main, mais encore il a intégré à son œuvre les formes et les mélodies de ses prédécesseurs et de ses contemporains. Il a emprunté des thèmes à Corelli, Legrenzi, Couperin, Albinoni, Vivaldi, Marcello, Telemann, ou écrit des transcriptions de leurs œuvres (Vivaldi, en particulier)... Par le miracle du génie, toutes ces œuvres deviennent alors du Bach. Le vieux choral luthérien lui-même est assimilé de telle sorte qu'à l'audition de la simple mélodie, dépouillée de son harmonisation et de sa « figuration », chacun de nous croit entendre un « choral de Bach ». Et les mélodies de ces vieux cantiques populaires dont les intervalles familiers se retrouvent au détour des plus savantes architectures sonores, donnent à toute l'œuvre de Bach un parfum d'intimité, une allure rassurante, qui garantissent à cette musique, pourtant complexe, la plus large audience.

À la fois aboutissement et point de départ d'une culture prodigieuse, l'œuvre de Bach forme la clé de voûte de notre histoire musicale.

Nouvelle édition complète par la Neue Bachgesellschaft. *Passion selon saint Jean* (1723), *Passion selon saint Matthieu* (1729), *Passion selon saint Marc* (perdue ; de larges fragments étaient empruntés à la cantate *Trouer-Ode*), *Passion selon saint Luc* (d'authenticité très douteuse). Une grande *Messe en si mineur* (chacun des chants de l'« ordinaire » de la liturgie catholique y est développé au point de former une cantate en plusieurs parties [1724-1749]), quatre messes luthériennes (*Kyrie* et *Gloria* seulement), *Oratorio de Noël* (1734 ; suite de six cantates), *Oratorio de Pâques* (1736 ; dans la forme d'une cantate), *Oratorio de l'Ascension* (cantate n° 11), *Magnificat*. Trois cycles annuels de cantates d'église (il en subsiste deux cent deux), vingt-cinq cantates profanes. **ŒUVRES POUR ORGUE** : 145 chorals, dont ceux de l'*Orgelbüchlein* (BWV 599-644), de la *Messe luthérienne* (*Clavier-Ubung III*, BWV 669-689) et les *Dix-huit Chorals* « de Leipzig » (BWV 651-668) ; dix-neuf préludes et fugues, trois fantaisies et fugues, quatre toccatas (avec fugues), une grande *Passacaille*, six sonates, six transcriptions de concertos italiens, diverses pièces isolées et un chef-d'œuvre méconnu, les *Variations canoniques* (BWV 769). **ŒUVRES POUR CLAVECIN** : *Das wohltemperierte Klavier* (« Le Clavier bien tempéré », 2 volumes de vingt-quatre préludes et fugues chacun), six suites « anglaises », six suites « françaises », six *partitas*, quinze *Inventions* à 2 voix et quinze *Sinfonie* à 3 voix, *Concerto italien* (BWV 971), et *Ouverture française* (BWV 831), *Variations « Goldberg »* (BWV 988), une vingtaine de préludes, toccatas ou fantaisies et fugues, diverses pièces isolées. **ENSEMBLES INSTRUMENTAUX**. Quatre *Ouvertüren* ou « suites » pour orchestre, six *Concertos brandebourgeois*, des concertos (pour 1 et 2 violons, pour 1, 2, 3 et 4 clavecins, pour clavecin, flûte et violon), *Das musikalische Opfer* (*L'Offrande musicale*, pour flûte, violon, basse continue), six sonates et partitas pour violon seul, six suites pour violoncelle seul, des sonates (pour flûte et clavecin, pour violon et clavecin, etc.). *Die Kunst der Fuge* (*L'Art de la fugue* : dix-sept fugues et quatre canons sur les transformations d'un même thème) : œuvre inachevée et non instrumentée.

BACH, WILHELM FRIEDEMANN

Weimar, 22 novembre 1710. – Berlin, 1er juillet 1784.

Deuxième enfant de J. S. Bach et de Maria Barbara (aîné des garçons). Il fit ses études générales à Köthen puis à la Thomasschule de Leipzig, et ses études de droit à l'université de Leipzig. Son père, qui l'estima toujours le plus doué de ses enfants, se chargea de sa formation musicale et composa pour son instruction les neuf *Petits Préludes et Fugues*, le *Klavierbüchlein vor* (sic) *Wilhelm Friedemann Bach*, puis les six sonates pour orgue et les premiers préludes et fugues du *Clavier bien tempéré*. La nature de ces compositions confirme l'opinion des contemporains selon laquelle W. F. Bach était un grand virtuose du clavier. Il est nommé successivement organiste de Sainte-Sophie à Dresde (1733), puis organiste de Notre-Dame de Halle (1746) avec le titre de director musices de la ville ; il avait là d'excellents ensembles à sa disposition. Cependant, il acceptait en 1762 les fonctions de Kapellmeister à Darmstadt ; on ignore pourquoi il n'occupa jamais ce poste. Il ne se démet de ses fonctions à Halle qu'en 1764 et, à partir de cette date, il décide de mener une vie indépendante, sans aucun emploi fixe, à Halle même, puis à Brunswick et à Berlin. Ses récitals d'orgue font sensation, il trouve quelques élèves influents, mais, au cours des vingt dernières années de sa vie, sa situation matérielle devient de plus en plus précaire. Il laisse en gage, à Brunswick, une partie des autographes de son père (dont *L'Art de la fugue* ; on n'a jamais su s'ils avaient été vendus) et vit de toutes sortes d'expédients ; c'est ainsi qu'il attribue à son père certaines de ses compositions, dans l'espoir d'en faciliter la vente. Il meurt misérablement d'une affection pulmonaire ; on ignore le lieu de sa sépulture. Sa nonchalance, sa bizarrerie, son manque d'amabilité lui attirèrent beaucoup d'inimitiés ; mais il faut mettre sur le compte de la malveillance la légende d'un musicien bohême, ivrogne et débauché. W. F. Bach a fait preuve d'un talent véritablement prophétique, qui allie la vieille science du contrepoint à une inspiration romantique et même impressionniste (*Fantaisies*). Il a contribué, au moins autant que Carl Philipp Emanuel, à mettre au point les formes modernes de la sonate et du concerto. Ses compositions, trop mal connues, révèlent la plus forte personnalité parmi les fils du grand J. S. Bach.

Deutsche Messe en ré mineur, vingt et une cantates, neuf *sinfonie*, des œuvres d'orgue (fugues, préludes de choral), de la musique pour clavier (douze sonates, huit fugues, quarante-deux polonaises, dix fantaisies, une dizaine de concertos).

BÄCK, SVEN ERIK

Stockholm, 16 septembre 1919.

Élève de Rosenberg à Stockholm, puis de la Schola cantorum à Bâle et de Petrassi à Rome, il commença sa carrière comme altiste du quatuor Barkel. C'est l'un des compositeurs les plus remarquables de l'école suédoise.

Trois opéras de chambre, des grandes œuvres chorales, trois quatuors et un quintette à cordes, une sonate pour flûte, de la musique de film, etc.

Badings, Hendrik

Bandoeng (Java), 17 janvier 1907. – Maarheeze (Pays-Bas), 26 juin 1987.

Ingénieur, autodidacte en musique. Il a été professeur aux conservatoires de Rotterdam et Amsterdam, puis a dirigé celui de La Haye. Depuis 1962, il est professeur à l'université d'Utrecht (acoustique).

Des opéras, des oratorios (dont *Jonas*, avec musique électronique), des cantates, de nombreux lieder. Treize symphonies, des concertos pour piano, pour violon, pour alto, pour violoncelle, pour orgue, etc., de la musique de chambre, des pièces pour piano, de la musique électroacoustique.

Baird, Tadeusz

Grodzisk Mazowiecki (Pologne), 26 juillet 1928. – Varsovie, 4 août 1981.

Élève du conservatoire (composition) et de l'université (musicologie) de Varsovie, il utilise la technique sérielle librement, avec une intense expression lyrique dans la tradition de Berg.

Egsorte pour récitant, chœurs et orchestre ; *Suite lyrique* et *Erotica* pour voix et orchestre ; trois symphonies, des *Variations sans thème* et un Concerto pour orchestre ; des musiques de scène et de films.

Bakfark, Bálint

Brassó (Transylvanie), 1507. – Padoue, 22 août 1576.

Luthiste, qui fut successivement au service du prince de Transylvanie, du comte de Tournon (à la cour du roi de France Henri II), du roi de Pologne, de l'empereur Maximilien… tout en voyageant énormément dans toute l'Europe. Il est mort de la peste à Padoue, après avoir brûlé tous ses manuscrits : on ne connaît que ses œuvres publiées de son vivant.

Dix *Fantaisies* pour luth et de nombreuses transcriptions de chansons, madrigaux et motets.

Balafon

Du malinké, *balan fo* : « jouer du xylophone ». Ce mot impropre est employé couramment (au lieu de *balan*) pour désigner les xylophones africains. Dans la zone bantou, le xylophone s'appelle *madimba*, mot qui prévaut dans les pays anglo-saxons. Avec les tambours et la sanza*, le xylophone est un des instruments les plus répandus en Afrique. Sa dimension et sa forme sont très variables. Sa forme la plus rudimentaire est le « xylophone sur jambes », série de planchettes en bois dur que l'instrumentiste assis pose sur ses tibias. Le plus grand xylophone (*doso daho* dahoméen) est composé de lames qui mesurent environ deux mètres de long. Certains xylophones malinké (*balan*) sont accordés selon une curieuse échelle « équiheptaphonique » (à sept intervalles à peu près égaux par octave), dont on ne trouve d'équivalent qu'au Cambodge, en Thaïlande... et en Mélanésie ; ou selon une échelle « équipentaphonique » analogue à l'échelle indonésienne *slendro* !

Balakirev, Mily Alexéiévitch

Nijni-Novgorod, 2 janvier 1837. – Saint-Pétersbourg, 29 mai 1910.

Autodidacte ; fondateur du groupe des Cinq (Cui, Borodine, Moussorgsky, Rimsky et Balakirev), tous autodidactes et, au départ, amateurs. Il reçut ses premières leçons de musique de sa mère ; puis, encore étudiant à l'Institut Alexandrovsky de sa ville natale, il perfectionna son éducation musicale chez le riche amateur A. D. Oubilichev (auteur d'ouvrages sur Mozart et Beethoven). Ce mécène lui ouvrit son importante bibliothèque musicale et l'engagea comme assistant d'un certain Eisrich, organisateur de ses concerts privés. Trois ans plus tard (1855 : Balakirev est alors étudiant de mathématiques à l'université de Kazan), Oubilichev l'emmène à Saint-Pétersbourg et le présente à Glinka : sa vocation musicale est certaine. Il commence bientôt une brillante carrière de pianiste, rencontre Cui et Moussorgsky, fonde à Saint-Pétersbourg une école libre de musique, en même temps que le fameux groupe des Cinq, découvre les trésors du folklore russe (notamment au cours d'un voyage dans le Caucase), entreprend l'édition complète des œuvres de Glinka, donne des leçons, supervise le travail de ses amis compositeurs, organise et dirige des concerts, fonde des associations, lance des pétitions, etc. Son activité est ralentie par une grave maladie (encéphalite ?), dont il conservera toute sa vie des séquelles (migraines, troubles nerveux et psychiques). En 1883, il est nommé directeur de la chapelle impériale, avec pour assistant Rimsky-Korsakov. Son rôle est aussi important que celui de Glinka dans la fondation de l'école musicale russe. Par son enthousiasme, son dévouement, sa connaissance du folklore russe d'une part, des formes et des styles de l'Europe occidentale d'autre part, il exerça une influence considérable sur tous ses compatriotes musiciens.

MUSIQUE SYMPHONIQUE. Deux symphonies, *Ouverture espagnole* et *Ouverture tchèque*; deux poèmes symphoniques, *Russie* et *Thamar, Ouverture sur trois thèmes russes.* – **MUSIQUE POUR PIANO.** Une sonate, la fantaisie *Islamey*, trois nocturnes, sept mazurkas, sept valses, trois scherzos et deux concertos avec orchestre. – **MUSIQUE VOCALE.** Nombreuses mélodies, chœurs, chants religieux.

BALBASTRE, CLAUDE

Dijon, 22 janvier 1727. – Paris, 9 avril 1799.

Organiste de la cathédrale de Dijon, puis, à Paris, de l'église Saint-Roch et enfin de Notre-Dame. Maître de clavecin de Marie-Antoinette. Bien qu'il fût élève du grand Rameau, il n'eut qu'un talent brillant et facile.

Deux livres de *Pièces de clavecin, Noëls formant quatre suites pour clavecin.*

BALLADE

Pièce vocale ou instrumentale, de caractère lyrique et de forme assez mal déterminée. Malgré son étymologie (*ballare* = « danser »), ce mot a très rarement désigné une composition chorégraphique, en dehors de l'Italie où la *ballata* dansée était fort répandue au XIIIe siècle. Du moins ne trouve-t-on qu'exceptionnellement, sous cette dénomination, des exemples notés de ces « airs à danser », en faveur parmi les troubadours des XIIe et XIIIe siècles, et qui pourraient bien contenir le germe de la ballade médiévale.

Celle-ci fleurit aux XIVe et XVe siècles, puis disparaît peu à peu dans les premières années du XVIe. Les ballades de Guillaume de Machaut (mort en 1377) sont généralement écrites pour une voix, accompagné d'un ou plusieurs instruments (parties de *ténor* et *contraténor*) ; elle se composent de trois strophes, dont le dernier vers (identique dans chaque strophe) forme le refrain. Cette construction est modelée su la ballade poétique, dont le même Machaut nous a laissé des exemple admirables : trois strophes comprenant chacune huit, dix ou douze vers, suivies d'un « envoi » (quatre, cinq ou six vers), le dernier vers de chaque strophe et de l'envoi étant identiques. Dans les composition musicales du XIVe siècle, l'envoi a généralement disparu.

Au XVe siècle, Dufay et Binchois composent encore la musique de quelques ballades, mais de plus en plus les poèmes sont dits et non chantés. Les derniers grands exemples musicaux du genre sont contenus dans une précieuse anthologie espagnole, datant des environ de 1530 : *Cancionero musical de los siglos XV y XVI*, contenant 459 compositions, de deux à quatre voix, dont la plupart sont des *bayladas.*

Au XIXe siècle, la ballade ne répond plus à une définition précise. Dans les premiers temps du romantisme, où un goût nouveau se manifestai en faveur de la poésie populaire, on qualifiait de « ballade » de poèmes à forme libre sur des sujets légendaires ou symboliques, aussi bien que des chants d'allure populaire dans un caractère épique et dramatique. Schubert, Mendelssohn, Schumann, Brahms, notamment illustrèrent ce genre imprécis, mettant fréquemment en musique de « ballades » de grands poètes allemands, Goethe plus particulièrement. Quant aux ballades instrumentales (Chopin, Fauré, Liszt Brahms), elles n'ont à peu près rien en commun, si ce n'est un indéfinissable caractère lyrique et narratif, fréquent, il est vrai, dans toute la musique romantique.

⊖› MACHAUT, ballades, rondeaux, virelais, chansons. – SCHUBERT, *Erlkönig* et *Der König in Thule*. – LŒWE, ballades. – CHOPIN, ballades. – FAURÉ, *Ballade pour piano et orchestre*.

BALLIF, CLAUDE

Paris, 22 mai 1924.

Élève de Gallon, T. Aubin et Messiaen à Paris, puis de Blacher et de Stuckenschmidt (musicologie) à Berlin. Plus tard, il a travaillé au Groupe de recherche de l'ORTF et fréquenté les cours d'été de Darmstadt. Il a été nommé professeur d'analyse au conservatoire de Paris en 1971. Sa vivacité chaleureuse et son humour discret mettent sa riche culture à l'abri de tout pédantisme. Musicalement, c'est un indépendant, qui sait utiliser librement les acquisitions du dodécaphonisme* sériel, les formes ouvertes* et toutes les ressources de l'instrumentation moderne, à l'intérieur d'un système personnel (gamme « métatonale » de onze sons). Il a enseigné à l'École normale de musique et au conservatoire de Reims.

Requiem (soli, 5 chœurs et orchestre), *Antiennes à la Vierge* (6 voix et 8 instruments), *Retrouver la parole* et *Phrase sur le souffle* pour voix et instruments, *Imaginaires* pour divers ensembles vocaux et instrumentaux, des œuvres pour grand orchestre (dont *Fantasio, Voyage autour de mon oreille, À cor et à cri, Ceci et cela*), cinq sonates et diverses pièces pour piano (dont *Airs comprimés* et *Bloc-note*), 4 sonates pour orgue, de nombreux écrits esthétiques et musicologiques (dont un *Berlioz*).

BANCHIERI, ADRIANO

Bologne, 3 septembre 1568. – Bologne 1634.

Organiste et théoricien ; moine olivétain. Fondateur de l'Accademia dei Floridi à Bologne, il fut en relation avec Monteverdi (qui le visita au monastère du Monte Oliveto), Vecchi, Frescobaldi, et bien d'autres musiciens de son temps, sur lesquels il donne de précieuses informations dans ses *Conclusioni del suono dell'organo.* Novateur de génie, il est probablement le premier à avoir utilisé le chiffrage de la basse continue (*Concerti ecclesiastici*, 1595), les indications *f* et *p* (motet *Ego Domino*, 1613), et la barre de mesure dans sa signification moderne (compositions vocales en partition).

(Œuvre énorme) : treize compositions dramatiques (*intermedi* en forme madrigalesque), musique vocale sacrée (messes, motets, *concerti ecclesiastici*) et profane (madrigaux, *canzonette*), musique instrumentale (*Canzoni alla francese a 4 voci per sonar*), *Moderna armonia* pour orgue, quatorze ouvrages théoriques.

BARBAUD, PIERRE

Alger, 10 octobre 1911. – Nice, 10 septembre 1990.

Après des études littéraires classiques à la Sorbonne, il a été autodidacte en musique et en mathématiques. C'est à ces deux dernières disciplines, pourtant, qu'il s'est consacré : il a été le premier à faire exécuter des compositions entièrement calculées par ordinateur, à la fin des années 50. Il se dit « ingénieur en musique » et applique avec rigueur sa méthode de « composition automatique » en s'interdisant toute retouche du résultat livré par la machine. Il a travaillé chez Honeywell-Bull (1958-1974) puis depuis 1974 à l'Institut national de recherches d'informatique et d'automatique.

CALCUL PUIS INSTRUMENTATION. *French Gagaku* pour cordes, *Ubivis quibuslibet* et *Machinamentum firminiense* pour ensembles instrumentaux, *Apfelsextett* pour sextuor à cordes... **SUR BANDE.** *Terra ignota ubi sunt leones, Ars recte computandi, Tubicen temulentus*, etc.

BARBER, SAMUEL

Westchester (Pennsylvanie), 9 mars 1910. – New York, 23 janvier 1981.

Élève du Curtis Institute de Philadelphie, il reçut le prix de Rome américain et le prix Pulitzer en 1935. Sa musique, d'inspiration assez romantique, se conforma d'abord à un style très traditionaliste ; mais à partir de 1940 environ, Barber adopta une manière beaucoup plus personnelle, dans la lignée de Stravinsky.

Un opéra (*Vanessa*), un ballet (*Medea*), *Prayers for Kierkegaard* (chœurs et orchestre), de nombreuses mélodies, deux symphonies, *Capricorn Concerto* pour flûte, hautbois, trompette, cordes, concerto pour violon, concerto pour violoncelle, sonate pour piano, deux quatuors à cordes.

Barbieri, Francisco Asenjo

Madrid, 3 août 1823. – Madrid, 19 février 1894.

Créateur du genre de la *zarzuela grande* (trois actes), pour lequel on construisit à Madrid le Teatro de la Zarzuela. Il est aussi l'auteur de plusieurs ouvrages littéraires et il a publié le fameux *Cancionero de Palacio* (XVe et XVIe siècles) qui a révélé des musiciens comme Encina.

Environ soixante-dix *zarzuelas*, en 1 acte et en 3 actes.

Baroque

Cette épithète, d'origine portugaise (*barroco* : « perle irrégulière ») s'est d'abord appliquée à l'architecture jésuite dont le modèle est l'église du Gesù à Rome. Ensuite on a qualifié de baroque la peinture de l'époque et de façon générale l'art du XVIIe siècle, opposé à celui de la Renaissance. En France, l'époque baroque se limite aux règnes d'Henri IV et de Louis XIII : l'époque de Louis XIV est dite « classique ». En musique, on peut considérer que la période baroque s'étend des débuts de l'opéra (vers 1600) à 1730-1740 (derniers recueils de concertos de Vivaldi, dernières cantates de Bach, premières sonates de Scarlatti). Mais les *Concerti a 4* de Vivaldi et les *Concertos brandebourgeois* de Bach sont bien classiques.

Barraqué, Jean

Puteaux, 17 janvier 1928. – Paris, 17 août 1973.

Élève de Langlais et Messiaen, il compose, dès cette période d'étude des œuvres dodécaphoniques et commence sa monumentale sonate pour piano. En 1955, il décide d'entreprendre *La Mort de Virgile*, immense composition d'après le roman de Broch, qui est pour lui une révélation. Tout ce que Barraqué a composé depuis est lié à *La Mort de Virgile*, comme partie constituante ou comme commentaire marginal. Sa technique de composition est fondée sur ce qu'il nomme les « séries proliférantes », généralisation du dodécaphonisme* sériel.

Séquence pour voix et instruments, *Sonate* pour piano, *Étude* pour bande magnétique et *La Mort de Virgile* (dont *Le Temps restitué*, *Chant après chant*, *Portique du feu*, *Lysanias*, etc., œuvres de grande envergure, où l'élément vocal est généralement prépondérant).

Barraud, Henry

Bordeaux, 23 avril 1900. – Paris, 28 décembre 1997.

Élève de Caussade, Dukas et L. Aubert. Depuis 1944, il a été directeur de la musique à la RTF, puis directeur de la chaîne France 3. Son inspiration est orientée dans le sens de la grandeur et parfois d'un certain ascétisme, qui se traduit par un mépris de l'ornementation en faveur de l'expression, du détail en faveur de l'idée directrice.

Deux tragédies lyriques, *Numance* et *Tête d'Or*, l'opéra-comique *La Farce de Maître Pathelin*, le ballet *L'Astrologue*, un mystère d'après Péguy (*Les Saints Innocents*), *La Divine Comédie* (cantate), *Te Deum*, trois symphonies, concerto de piano, musique de chambre et des livres sur la musique (dont *Berlioz*, *Les Cinq Grands Opéras* et *Pour comprendre les musiques d'aujourd'hui*).

Barsanti, Francesco

Lucca, vers 1690. – Londres, ?

Flûtiste, hautboïste et altiste. En 1714, il accompagne Geminiani en Angleterre, où il s'établit, à Londres d'abord, puis (vers 1740) à Édimbourg en Écosse, puis de nouveau à Londres où il termine ses jours à la charge de sa fille, chanteuse à Covent Garden.

Six *antifone* dans le style de Palestrina, neuf *Overture a quattro*, des *concerti grossi*, des sonates pour divers instruments.

Bartók, Béla

Nagyszentmiklós (Hongrie, actuellement, Sînnicolaul Mare, Roumanie), 25 mars 1881. – New York, 26 septembre 1945.

Sa mère lui donna ses premières leçons de piano lorsqu'il avait six ans, enseignement qui se poursuivit sous la direction de L. Erkel, de 1894 à 1899, à Pozsony (Presbourg, actuelle Bratislava), pour se terminer au conservatoire de Budapest (1899-1903). Les musiciens qui exercèrent la plus profonde influence sur son style furent Bach, Beethoven et Liszt d'une part, ses contemporains hongrois et français d'autre part. Le remarquable pianiste que fut Bartók fit ses débuts publics à l'âge de dix ans, dans un mouvement de sonate de Beethoven et une œuvre de sa composition, *Le Cours du Danube*; mais le premier concert sérieux de sa carrière, au cours duquel il joua la sonate de Liszt, fut donné à Budapest en 1901.

Sa première œuvre importante, créée en 1904 à Manchester sous la direction de Hans Richter, fut le poème symphonique *Kossuth*, où se conjuguent l'influence de Strauss (Bartók venait d'avoir la révélation de son *Zarathoustra*) et une inspiration nationaliste hongroise. C'est à cette époque que Bartók découvre la musique des paysans hongrois (« Chacune de nos mélodies populaires est un véritable modèle de perfection artistique », écrira-t-il en 1928) et qu'il rencontre Kodály (1905). En 1906, les deux amis publient ensemble leur premier recueil de folklore. Par la suite, Bartók notera et enregistrera sur rouleau phonographique près de dix mille mélodies populaires hongroises, slovaques, roumaines, ukrainiennes, serbo-croates, bulgares, turques, arabes (dans le Sud algérien), travail d'une ampleur et d'une qualité scientifique sans précédent. Cependant, la réputation du pianiste va croissant (en 1907, il est nommé professeur au conservatoire de Budapest) ; celle du compositeur date de la création à Budapest en 1918 du *Château de Barbe-Bleue*. Bartók joue alors ses œuvres dans toute l'Europe et aux USA (1927-1928), mais son propre pays ne reconnaît pas encore son talent. Son *Mandarin merveilleux*, composé en 1919, est créé en 1926 à Cologne ; il ne sera représenté sur une scène hongroise qu'en 1945. Son chef-d'œuvre, la *Musique pour cordes, percussion et célesta*, est composé en 1936 pour l'orchestre de chambre de Bâle. En 1940, l'emprise nazie sur la Hongrie le pousse à s'expatrier : il accepte une invitation de la Columbia University et s'embarque pour New York. Pendant deux années exténuantes, tout en poursuivant ses travaux sur le folklore, il multiplie les conférences et les concerts (il joue notamment sa *Sonate pour deux pianos et percussion*, avec sa femme, Ditta Pásztory). Mais il ne remporte pas le succès attendu, se sent extrêmement faible, et sa situation financière est tragique. « Jamais, depuis que je gagne ma vie, je n'ai été dans une position si difficile. », écrit-il. Ses amis et l'Association des compositeurs américains l'aident. Menuhin lui commande la *Sonate pour violon seul*, Koussevitzky le *Concerto pour orchestre*, Primrose le *Concerto pour alto*. Il termine la *Sonate* et le *Concerto pour orchestre*, ainsi qu'un troisième concerto pour piano (à quelques mesures près) ; mais il laisse inachevés le *Concerto pour alto* et un septième quatuor à cordes (au stade d'esquisses). Il meurt de leucémie au West Side Hospital de New York. « Je dois partir et j'ai encore tant à dire. », confie-t-il à son médecin, peu avant sa mort.

Parlant de Kodály, Bartók écrivait en 1921 : « Son art a une double racine, tout comme le mien ; il procède de la musique paysanne hongroise et de la musique française moderne. » Bartók avait réussi à assimiler le style de la musique populaire au point d'inventer naturellement des mélodies du folklore : à de très rares exceptions près (et sauf indication de provenance), il n'a jamais utilisé des thèmes populaires authentiques pour les incorporer dans ses œuvres. À cette inspiration se superpose un style mélodique particulier, qui atteint sa perfection dans la *Musique pour cordes, percussion et célesta* et se caractérise par un retour fréquent à une sorte de son central. Tout est exceptionnel dans cette musique taillée dans du cristal : la transparence et l'ambiguïté tonale de l'harmonie, la profonde originalité de l'instrumentation (sonorités inouïes des cordes dans la *Musique pour cordes*... ou le *Sixième Quatuor*, rire de l'orchestre dans l'Intermezzo du *Concerto pour orchestre* par exemple), la liberté du génie créateur.

Théâtre. Un opéra : *Le Château de Barbe-Bleue* (Budapest, 1918) ; deux ballets : *Le Prince de bois* (Budapest, 1917) et *Le Mandarin merveilleux* (Cologne, 1926). – Voix. *Cantata profana* (1930), des arrangements de chants populaires hongrois, roumains, slovaques, ukrainiens, de nombreuses mélodies. – **Orchestre.** Deux suites : *Musique pour cordes, percussion et célesta* (1936), *Divertimento pour cordes* (1939), *Concerto pour orchestre* (1943). – **Concertos.** Trois pour piano, deux pour violon, un pour alto. – **Piano.** *Bagatelles*, deux *Danses roumaines*, six *Danses roumaines* (célèbre transcription pour violon et piano par Székely), *Allegro barbaro, Sonatine, Sonate pour 2 pianos et percussion, Suite op. 14, Mikrokosmos* (153 pièces de difficulté croissante en six cahiers). – **Musique de chambre.** Six quatuors à cordes, *Contrastes* pour violon, clarinette et piano, quarante-quatre duos pour 2 violons, deux sonates pour violon et piano.

Baryton

1. Voix d'homme, intermédiaire entre le ténor et la basse.
Ambitus : $sol_1 - sol_3$
Tessiture : $mi_2 - mi_3$
Quelques rôles : Figaro et Almaviva (*Noces de Figaro*), Don Giovanni Figaro (*Le Barbier*), Rigoletto, Iago (*Otello*), Amfortas (*Parsifal*)...
Baryton « Martin » : Pelléas.
Quelques grands barytons : Battistini, Ruffo, Burson, Panzéra, Prey, Fischer-Dieskau, Gobbi, Jansen (Pelléas idéal), Souzay, Wächter.
2. Basse de la viole d'amour (XVIIe et XVIIIe siècles) : sorte de violoncelle à 6-7 cordes avec un nombre variable de cordes sympathiques. Haydn lui a consacré plusieurs compositions.

Bassani, Giovanni Battista

Padoue, vers 1657. – Bergame, 1er octobre 1716.

Violoniste, organiste et maestro di cappella à Ferrare et à Bergame. Il a beaucoup contribué aux progrès de l'écriture de violon. Mais la partie la plus intéressante de son œuvre est la musique religieuse, particulièrement les psaumes en forme de cantate.

Sept opéras (perdus), quatorze oratorios (dont 2 seulement sont connus), plusieurs recueils de psaumes (2 à 8 voix en style concertant), un recueil de messes, des motets et cantates à voix seule avec violon et basse continue, deux recueils de sonates pour 2 violons et basse continue.

Basse

1. Voix d'homme la plus grave.
Ambitus : $mi_1 – mi_3$
Tessiture : $si_1 – si_2$
Quelques rôles (a) de basse profonde : Sarastro (*La Flûte enchantée*), Marke (*Tristan*), le Grand Inquisiteur (*Don Carlos*), Arkel (*Pelléas*) ; (b) de « basse chantante » : Basile (*Le Barbier*), Philippe II (*Don Carlos*), Mephisto (*Faust*), Boris...
Basses célèbres : (a) Greindl, Talvela, Foiani.
(b) Chaliapine, Christoff, Ghiaurov, Bacquier, Van Dam, Raimondi, Neidlinger.
2. On appelle improprement « basse » la contrebasse à cordes (la basse des cordes est le violoncelle).

Basse continue

Succession des sons les plus graves de la polyphonie. Le principe de la basse continue date de la fin du XVIe siècle, époque où le style concertant succède au grand style polyphonique. Ce principe répond au besoin de concilier une logique harmonique (reposant sur une vraie basse, qui ne « croise » pas) avec la liberté des parties concertantes et expressives. On prend l'habitude de ne noter que ces dernières et la basse continue ; les parties intermédiaires (remplissage contingent !) sont laissées à l'initiative du musicien chargé de la « réalisation ». Toutefois, pour limiter cette initiative, on s'avisa en Italie d'abord (1595 : *Concerti ecclesiastici*, de Banchieri), puis bientôt dans toute l'Europe, d'indiquer par une série de chiffres placés sous la partie de basse les accords auxquels cette basse doit servir de fondement. Le rôle de l'accompagnateur était encore fort délicat, car on lui demandait d'improviser les parties intermédiaires et les ornements adaptés au caractère de l'œuvre, et souvent d'utiliser, en imitation*, les motifs de la mélodie. Bien peu de musiciens savent aujourd'hui réaliser à vue une basse chiffrée ; c'est pourquoi l'on publie les œuvres des maîtres anciens, avec des réalisations entièrement écrites dans le style qui convient.
Le principe du chiffrage est le suivant (selon la méthode la plus répandue) :

Rebel, *Sonate « la Junon »*
1er mouvement.

– L'accord parfait sans altération (dièse, bémol, ou bécarre) ne se chiffre pas.
– Chaque chiffre indique l'intervalle que forme une note de l'accord avec la basse (3 = tierce, 4 = quarte, etc.). Pour simplifier la notation, on ne chiffre pas les notes complémentaires. Ainsi l'accord de sixte se chiffre 6 (et non $\begin{smallmatrix}6\\3\end{smallmatrix}$) l'accord de septième 7 (et non $\begin{smallmatrix}7\\5\\3\end{smallmatrix}$)…
– Un signe d'altération à côté du chiffre affecte l'intervalle représenté par ce chiffre. Seul ou sous un chiffre, il affecte la tierce.
– Un chiffre barré indique que l'intervalle est altéré.
Certains auteurs ont imaginé d'indiquer par une croix (introduite dans le chiffrage comme le serait un signe d'altération) l'emplacement d'une sensible*. Cette notation a l'avantage de faire ressortir la tonalité dans laquelle se place l'accord considéré.
L'exemple ci-dessus est la transcription d'une « réalisation à vue » d'A. Geoffroy Dechaume. Seules la ligne de basse chiffrée et les deux

parties mélodiques (portée supérieure) sont données sur le manuscrit de l'auteur : les parties complémentaires ont été improvisées (voir aussi le chiffrage habituel des principaux accords*).
« Beaucoup d'auteurs chiffrent d'une manière fort défectueuse », écrivait en 1754 J.-L. de Béthizy, ardent propagateur des idées de Rameau. En fait, les conventions de chiffrage ont différé selon les époques et les écoles, compliquant encore le travail des « réalisateurs ». C'est ainsi, par exemple, qu'un 5̸ désigne chez Bach un accord de quinte augmentée et chez Rameau un accord de quinte diminuée. Pendant tout le XVIIe siècle et la plus grande partie du XVIIIe, une basse chiffrée accompagnait non seulement les récitatifs et les airs, mais aussi les grands ensembles vocaux et instrumentaux. Elle était destinée à des instruments à clavier (rarement au luth, qui avait sa notation propre), la basse elle-même devant être doublée, généralement par une viole de gambe ou un violoncelle. La basse continue a progressivement disparu après 1750.
On rencontre fréquemment l'abréviation b. c. qu'il faut traduire par basse continue et non par basse chiffrée, le chiffrage n'ayant pas un caractère de nécessité.

Basson

Instrument à anche* double et à « perce » légèrement conique, qui constitue la basse des instruments de la famille des « bois ». Sa longueur est d'environ 1 m 35, mais il est formé de deux branches parallèles qui, bout à bout, auraient la longueur d'un tuyau de huit pieds d'orgue (2,60 m). La petite branche se termine par un tuyau de cuivre recourbé en S, le « bocal », muni d'une anche double (plus large que celle du hautbois) que l'instrumentiste tient entre ses lèvres. Il est construit en érable ou en palissandre.
La forme du basson est issue d'un étrange instrument imaginé à la fin du XVIe siècle : deux corps de bombardes liées parallèlement et communiquant par leurs extrémités. L'ensemble devait faire penser à un fagot puisqu'il fut appelé *phagotus* (d'où le nom allemand du basson : *Fagot*). Mais c'est seulement au XVIIIe siècle qu'apparut le véritable basson appelé *dulcian* ou *doulcine*. Praetorius en décrit toute une famille, du grave à l'aigu ; seul le basson en ut, correspondant à peu près au *Chorist-fagott* de Praetorius, a été adopté dans l'orchestre. Cet instrument subit de nombreux perfectionnements, à partir du milieu du XVIIIe siècle surtout : augmentation du nombre de clés, système de tringles et d'anneaux (différent du système Boehm, dont l'essai d'application au basson n'a pas réussi : voir Flûte*).
On ne peut dire avec certitude qui employa le basson à l'orchestre pour

la première fois, mais on a beaucoup de raisons de penser que l'avantage de cette priorité revient à Campra (*Pomone*, 1671) ; et Vivaldi fut sûrement le premier à lui destiner des concertos (trente-neuf au total). L'étendue de l'instrument est de 3 octaves 1/2. Bien joué, le basson est doué d'un grand charme expressif, pathétique ou aimable, sur toute son étendue. Son timbre n'est grotesque dans le grave et terne dans l'aigu, comme on le prétend si souvent, que si l'on a recherché ces effets spéciaux... ou si l'instrumentiste est inexpérimenté (c'est bien rare en France où hautboïstes et bassonistes ont un son admirable).

⊖› VIVALDI, *Concertos pour basson.* – MOZART, *Concerto pour basson.* – DUKAS, *L'Apprenti sorcier* (thème principal). – RAVEL, *Alborada del Gracioso* (chiffre 9). – STRAVINSKY, *L'Oiseau de feu*, Berceuse thème accompagné par les altos avec sourdine et la harpe, *Le Sacre du Printemps* (les premières mesures du début). – BARTÓK, *Concerto pour orchestre.* II : *Jeu des Couples* (début par 2 bassons). – PROKOFIEV, *Pierre et le Loup*, le grand-père.

BAUDRIER, YVES

Paris, 11 février 1906. – Paris, 9 novembre 1988.

Autodidacte. Fondateur du groupe Jeune France, qui se propose de réagir contre tous les académismes, traditionnels ou d'avant-garde (avec Jolivet, Lesur, Messiaen). Il s'est beaucoup intéressé à la musique de film dont il a contribué à renouveler l'esthétique. En 1945, avec Marcel L'Herbier, il fondait l'Institut des hautes études cinématographiques (IDHEC).

Credo du pauvre diable pour chœurs et orchestre, des œuvres symphoniques (*Le Musicien dans la cité*, *Le Grand Voilier*), des musiques de film (*La Bataille du rail*, *M. le Maudit*, *Le Château de verre*), un quatuor à cordes.

BAX, SIR ARNOLD

Londres, 8 novembre 1883. – Cork, 3 octobre 1953.

Maître de la musique royale depuis 1941, il a été anobli par la reine Élisabeth en 1953. Ses innombrables compositions, très traditionnelles, révèlent une remarquable technique d'écriture au service d'une inspiration romantique.

Deux ballets, sept symphonies, des poèmes symphoniques, *Symphonic Variations* et *Winter Legends* pour piano et orchestre, quatre sonates pour piano, nombreuses mélodies.

Bayle, François

Tamatave, 27 avril 1932.

Disciple de Messiaen, Pousseur, Stockhausen, Schaeffer. Il travaille au service de la recherche de l'ORTF, puis dirige le Groupe de recherches musicales. Musicien inspiré, il utilise les techniques électroacoustiques avec un sens dramatique et un raffinement poétique exceptionnels.

L'Archipel, Espaces inhabitables, Pluriel, Trois Portraits d'un oiseau qui n'existe pas, Lignes et Points, La Divine Comédie (avec B. Parmegiani), le vaste cycle de *L'Expérience acoustique,* les ballets *Cantate profane* et *Camera obscura, Erosphère*; des musiques de films de télévision (toutes ces œuvres ressortissent aux techniques électroacoustiques, associées parfois à des instruments traditionnels).

Beatritz de Dia

XIIe-XIIIe siècle

[la comtesse de Die] Une des rares *trobairitz* dont on ait connaissance, elle est difficile à identifier. Était-elle la comtesse de Die, fille d'Isoard comte de Die, qui épousa Raimon d'Agot ? Dans ce cas elle ne s'appellerait pas Beatritz mais Isoarda. Ou était-elle Beatritz femme de Guillaume de Valentinois, comte de Poitiers, comme l'affirme sa *vida,* amoureuse de Rambaut d'Orange.

Des cinq chansons qui nous sont parvenues, une seule comporte la musique notée ; c'est une merveille poétique et musicale *A chantar m'èr.*

Bécarre

Signe qui annule une altération*. La note redevient naturelle. L'origine du mot et du signe est le B carré (anguleux) qui désignait le *si* naturel dans la notation alphabétique simplifiée du Xe siècle. Les Allemands ont confondu le *b* carré et le *h* gothique : c'est pourquoi le *h* désigne chez eux le *si* naturel (voir Bémol*).

Beck, Franz

Mannheim, 15 février 1723. – Bordeaux, 31 décembre 1809.

Élève de J. Stamitz à Mannheim et de Galuppi à Venise. À la suite d'un duel, il doit se réfugier en France. Il s'installe à Bordeaux comme organiste de Saint-Seurin et chef d'orchestre du théâtre.

Œuvres pour le théâtre, musique religieuse (beau *Stabat Mater*), trente symphonies (dans la tradition de l'école de Mannheim), douze sonates pour clavecin.

BEETHOVEN, LUDWIG VAN

Bonn, 15 décembre 1770. – Vienne, 26 mars 1827.

Son père Johann (1740-1792), ténor à la chapelle de l'Électeur de Cologne, était lui-même fils d'un maître de chapelle de l'Électeur, né à Malines et établi à Bonn ; il avait hérité de sa mère une propension à la boisson, qui s'accentua jusqu'à la déchéance dans les dernières années de sa vie ; la mère de Beethoven M. M. Keverich (1746-1787), fille d'un cuisinier, était au contraire douce et bonne. Elle eut sept enfants, dont trois seulement vécurent : Ludwig, Kaspar et Johann. Kaspar eut un fils, Karl (1806-1858), sujet assez médiocre qui fut confié à la tutelle de l'oncle Ludwig. Beethoven fit des études générales sommaires qui ne semblent pas s'être poursuivies au-delà de l'âge de onze ans. En revanche, il manifesta très jeune des dons pour la musique, et son père lui apprit le piano, le violon et l'orgue. À neuf ans, il était confié à Christian Neefe, organiste et compositeur, qui lui fit connaître les maîtres allemands du XVIIIe siècle depuis Bach, et lui enseigna les règles de la composition. Ses progrès furent si rapides qu'en 1784, il était deuxième organiste de la chapelle électorale. Un peu plus tard, il était altiste dans l'orchestre de la cour, où l'on jouait Mozart, Cimarosa, Pergolesi, Paisiello, Gluck. En 1787, l'Électeur envoie le jeune Beethoven à Vienne pour y travailler avec Mozart, mais il revient rapidement pour voir mourir sa mère. Il ne retourne pas aussitôt à Vienne ; mais en 1789, conscient peut-être des lacunes de sa culture générale, il s'inscrit à l'Université pour étudier la littérature et la philosophie allemandes. Lorsque, cinq ans après la mort de sa mère, il perd son père, il a vingt-deux ans : il est le chef de famille, livré à lui-même… ou plutôt à la protection d'amis dévoués parmi lesquels Mme von Breuning et le comte Waldstein. Il est alors à Vienne depuis un mois pour y travailler avec Haydn, qu'il avait connu en juillet à Bonn. Cet enseignement est complété deux ans plus tard par Albrechtsberger et Salieri. À cette époque, Beethoven est élégant, mondain, il courtise les filles au Prater. Muni de lettres d'introduction du comte Waldstein, il fréquente la haute société viennoise, dont il est très apprécié comme compositeur et pianiste ; c'est un remarquable improvisateur, qui déjà étonnait Mozart en 1787. Il est invité à droite et à gauche et, pour le reste, il vit de son talent (récitals, leçons, compositions, dédicaces…). En 1796, il fait une série de voyages à Nuremberg, Prague, Dresde, Berlin, puis il ne quitte pratiquement plus Vienne et ses environs.

Malgré les réserves d'une partie de la critique que déroute chaque œuvre nouvelle, le succès du jeune maître va grandissant ; il trouve des emplois bien payés et vend honorablement sa musique ; il a de nombreux amis dévoués et puissants, parmi lesquels la famille Brunswick, le prince Lichnowski, le prince Lobkowitz, l'archiduc Rodolphe, le violoniste Ries... N'eût été sa surdité et les déboires occasionnés par son neveu, il aurait pu être un musicien et un homme comblé. Il faut faire la part de la légende dans ses malheurs sentimentaux, ses difficultés financières, sa solitude. En 1803, au théâtre An der Wien, il organise un grand concert (*Le Christ au mont des Oliviers*, les *Première* et *Deuxième Symphonies*, le *Troisième Concerto*) qui lui laisse un bénéfice de 1 800 florins (environ 4 500 F de l'époque, soit 13 500 euros).
En 1807, l'éditeur-compositeur Clementi achète les *Trois Quatuors op. 59*, la *Quatrième Symphonie*, l'ouverture de *Coriolan* et le *Concerto de violon* pour une somme équivalente à 23 000 euros. Le comte Oppersdorf avait déjà payé 350 florins la dédicace de la *Quatrième Symphonie*. Enfin, en 1809, il obtenait de ses riches protecteurs une pension annuelle de 4 000 florins pour demeurer à Vienne et décliner l'offre que lui faisait Jérôme Bonaparte de se rendre à Kassel (par suite de la ruine de Lobkowitz et de la mort de Kinsky, il ne reçut en moyenne toute sa vie qu'un tiers environ de cette pension). On découvrit à sa mort qu'il avait mis de côté une somme d'environ 10 000 florins (75 000 euros). En dépit de l'échec de *Fidelio* en 1805 dans une Vienne surchauffée où venait de s'installer Napoléon, en dépit du succès médiocre d'un célèbre concert où furent donnés en première audition les *Cinquième* et *Sixième Symphonies* et le *Quatrième Concerto pour piano* (on comprend l'étonnement d'un public peu « moderne » devant tant de nouveauté), Beethoven devenait le plus célèbre compositeur d'Europe. Sa vie sentimentale fut certes moins heureuse que sa vie professionnelle, mais on ne peut guère tirer de conclusion d'une faillite amoureuse dont on connaît si mal le bilan : il semble que Beethoven ait fort mal mené ses affaires de cœur et qu'il ait souffert de ses échecs autant dans son orgueil que dans sa sensibilité. Il nous reste l'admirable lettre « À l'Immortelle Aimée », objet d'un amour réciproque. Selon des recherches récentes, la mystérieuse destinataire ne serait ni Joséphine, ni Thérèse von Brunswick, mais très probablement Antonie Brentano née Birkenstock (1780-1869), dédicataire des *Variations Diabelli* ; la lettre aurait été rédigée en 1812.
Le vrai grand drame de sa vie – il est immense – fut incontestablement la surdité, dont les premiers symptômes se font sentir dès 1798-1799, et qui provoque le cri de détresse du *Testament d'Heiligenstadt* adressé à ses frères, document d'autant plus pathétique et humain que l'on peut voir par quelle extraordinaire volonté Beethoven a surmonté la dépression de l'année 1802 : entre 1804 et 1808, il compose la *Cinquième*

Symphonie et la *Sonate* « *Appassionata* », mais aussi le *Concerto pour violon* et la *Sixième Symphonie.*

À la tragédie du silence extérieur qui l'oppresse et l'humilie, viennent s'ajouter, à partir de 1815, les interminables ennuis que lui cause la tutelle de son neveu Karl. C'est alors pourtant que commence l'époque de composition des plus grandes œuvres. Sa célébrité est universelle il reçoit la visite de Rossini, de Schubert, de Weber et du jeune Liszt, âgé de onze ans. Mais il ne les comprend pas : indépendant, orgueilleux, misanthrope, il fait volontairement le vide autour de lui en affichant brutalement les droits de son génie, et se réfugie sur les cimes de l'art. La *Missa solemnis* et la *Neuvième Symphonie* obtiennent en 1824 un triomphe qui laisse indifférent cet homme supérieur. Plus encore peut-être que les derniers quatuors ou les dernières sonates ces deux œuvres exceptionnelles exaltent dans une apothéose la noblesse de caractère et le génie de Beethoven. La *Neuvième* est devenue l'hymne de notre civilisation. À partir de 1825, il est sans cesse malade (rhumatismes, douleurs d'estomac, jaunisse chronique) ; il meurt dans l'après-midi du 26 mars 1827 d'une cirrhose du foie. À ses obsèques, qui furent suivies par une grande foule, Czerny et Schubert figuraient parmi les porteurs de cierges. En 1888, ses restes furent exhumés et transportés, avec ceux de Schubert, au cimetière central de Vienne.

Le grand sourd que notre civilisation a fait entrer dans sa mythologie occupe une position capitale dans l'histoire de la musique. Il représente l'apogée de l'art du XVIIIe siècle. Mais en transcendant ce classicisme, il devient le phare du romantisme. L'inspiration devient angoisse et volonté ; elle ne peut plus être conventionnelle.

Il a donné l'exemple de tous les dépassements et il a si bien agrandi les formes traditionnelles qu'elles paraîtront éternelles et capables de contenir toute invention musicale à venir. Il a bouleversé les rapports de la musique avec la société en détournant son art de sa destiné aristocratique pour s'adresser à l'humanité entière. C'est le premier compositeur dont la fonction a été assumée et non déléguée.

La division de son œuvre en trois périodes (due à W. von Lenz) est approximative, mais commode, intelligente :

JUSQU'À 1800. *Symphonie n° 1, Concertos pour piano n°s 1* et *2, Sonate* « *Pathétique* » (style de Haydn avec des touches très personnelles dans l'instrumentation et l'écriture polyphonique).

1800-1814. *Fidelio, Symphonies n°s 2, 3, 4, 5, 6, 7, 8, Concertos pour piano n°s 3, 4, 5, Concerto pour violon, Sonate* « *Appassionata* » (recherches instrumentales, substitution du scherzo au menuet opposition de deux « idées » dans le premier mouvement de sonate et de symphonie, où le thème B est très agrandi).

1814-1826. *Neuvième Symphonie*, *Missa solemnis*, dernières sonates, derniers quatuors, *Bagatelles op. 119* et *126* (éclatement des moules classiques, spiritualisation de la forme, ésotérisme subjectif dans certaines œuvres, proportions parfois monumentales).

Deux messes (*Ut majeur*, 1807, et *Missa solemnis en ré majeur*, 1823), diverses œuvres chorales et cantates de circonstance, *Le Christ au mont des Oliviers* (oratorio). *Fidelio* opéra en 3 actes (Vienne, 1805), dont il existe quatre ouvertures (trois sont intitulées *Leonor*, *Les Créatures de Prométhée* (ballet), des ouvertures et de la musique de scène pour *Egmont*, *Coriolan*, *Les Ruines d'Athènes*. Neuf symphonies (*ut majeur*, *ré majeur*, *mi ♭majeur*, *si ♭ majeur*, *ut mineur*, *fa majeur*, *fa majeur*, *fa majeur*, *ré mineur*) ; cinq concertos pour piano ; un concerto pour violon, un triple concerto pour violon, violoncelle et piano ; *Fantaisie* pour piano, chœurs et orchestre (1809). Trente-deux sonates pour piano, plusieurs séries de variations pour piano (dont la plus célèbre sur une valse de Diabelli), dix sonates pour violon, cinq sonates pour violoncelle, huit trios avec piano, cinq trios à cordes, trois quatuors avec piano, dix-sept quatuors à cordes, deux quintettes, un septuor ; nombreux lieder, dont le célèbre cycle *An die ferne Geliebte* (*À la bien-aimée lointaine*), et des arrangements de 57 chants irlandais, 37 écossais et 26 gallois.

Bellini, Vincenzo

Catane, 3 novembre 1801. – Puteaux, 23 septembre 1835.

Fils d'un modeste organiste sicilien, il fut envoyé à Naples, grâce à la générosité d'un riche seigneur de Catane qui le fit entrer au Conservatoire (dirigé alors par Zingarelli). Là, il eut la deuxième chance de sa vie, celle de faire entendre ses compositions au célèbre imprésario Domenico Barbaja, qui lui commanda, de 1826 à 1829, trois opéras pour San Carlo et la Scala. Le succès sourit à Bellini, en amour comme en art, de façon presque permanente. En 1833, il vint à Paris, où, sur la recommandation de Rossini, le Théâtre-Italien lui commanda *I Puritani*. Bellini, qui souffrait d'une tumeur intestinale, mourut presque subitement chez un ami à Puteaux, en face de l'île d'Amour. Ses obsèques eurent lieu aux Invalides ; la cérémonie fut réglée par Rossini, Cherubini, Paer, Carafa et Habeneck ; Rubini, Ivanov, Tamburini et Lablache chantèrent des mélodies du défunt, adaptées à la liturgie. Il fut enterré au Père-Lachaise, mais ses restes furent exhumés en 1876 et transportés à Catane pour une sépulture définitive.
Bellini fut un des plus merveilleux inventeurs de mélodies ; il exerça comme tel une influence profonde sur le génie de Chopin. Lui-même avait étudié les quatuors de Haydn et de Mozart pour y chercher le naturel de l'inspiration mélodique. Ses opéras sont de précieuses anthologies du beau chant, ils abondent en modèles de mélodies pures, délicates et flexibles, où le génie conserve toujours une exquise mesure.

Onze opéras, parmi lesquels : *I Capuletti ed i Montecchi* (Venise, 1830), *La Sonnambula* (Milan, 1831), *Norma* (créée par la Pasta, Milan, 1831), *Beatrice di Tenda* (Venise, 1833), *I Puritani di Scozia* (avec Grisi, Tamburini, Rubini, Lablache : Paris, 1835).

Bellman, Carl Mikael

Stockholm, 4 février 1740. – Stockholm, 11 février 1795.

Poète. Il mit en musique ses deux principaux recueils de poèmes (*Fredmans epistlar* et *Fredmans sånger*), constituant ainsi un admirable répertoire de chansons, très populaires en Suède. Il ne composa pas de mélodies originales, mais adapta et harmonisa, avec la collaboration du compositeur O. Ahlström, des chansons françaises, des airs d'opéras, des mélodies du folklore suédois, allemand et danois. La personnalité de Bellman confère à l'ensemble une telle homogénéité qu'il peut être question des « Chansons de Bellman » comme d'un genre musical typiquement suédois.

Deux importants recueils de chansons *Fredmans epistlar* (« Lettres de Fredman ») et *Fredmans sånger* (« Chansons de Fredman »).

Bémol

Signe d'altération qui abaisse d'un demi-ton les notes placées sur la même ligne (ou interligne) que lui. L'origine du mot et du signe est le ♭ arrondi (rotundum ou molle) qui désignait le si « bémol » dans la notation alphabétique simplifiée du Xe siècle : ♭.

Benda, František

Stáre Benátky (Bohême), 24 novembre 1709. – Potsdam, 7 mars 1786.

[ou Franz] Violoniste exceptionnel, selon le jugement de ses contemporains. Il devint *Konzertmeister* de Frédéric le Grand, sur l'initiative de qui toute la famille Benda (qui comptait neuf musiciens) émigra de Bohême en Prusse.

Nombreuses compositions pour violon, qui marquent une étape dans la technique de cet instrument (quatre-vingts solos, quinze concertos, six sonates), des compositions pour flûte (destinées au roi).

BENDA, JIŘI ANTONIN

Stáre Benátky (Bohême), 28 ? juin 1722.
Köstritz (Thuringe), 6 novembre 1795.

[ou Georg] Frère du précédent. Il entreprit de nombreux voyages en Italie, en Allemagne, à Paris et commença tard sa carrière de compositeur. Ses œuvres dramatiques (surtout *Ariadne* et *Medea*) eurent une influence décisive sur l'évolution du théâtre musical allemand et impressionnèrent vivement l'auteur de *La Flûte enchantée.*

Huit *Melodramen* et *Singspiele* (dont *Ariadne auf Naxos, Der Dorfjahrmarkt, Medea, Romeo und Julie, Pygmalion*), messes, cantates, huit symphonies.

BENEVOLI, ORAZIO

Rome, 19 avril 1605. – Rome, 17 juin 1672.

Maître de chapelle à Rome (Saint-Louis-des-Français), à Vienne, puis au Vatican, il était réputé pour son habileté dans l'écriture polyphonique très complexe : beaucoup de ses œuvres comportent 12, 16, 24 ou 48 parties réelles (exceptionnellement 53) réparties en plusieurs chœurs (de 4 à 12).

Messes, psaumes, motets.

BENNETT, RICHARD RODNEY

Broadstairs (Kent), 29 mars 1936.

Élève de Berkeley et Ferguson (Royal Academy of Music) et de Boulez (Darmstadt). Il s'est constitué un style personnel qui peut être comparé à celui de Henze. Il excelle dans le genre de la « conversation musicale ».

Des opéras (dont *Mines de soufre*, 1965), des compositions pour voix et instruments, deux symphonies et diverses pièces pour orchestre, deux quatuors à cordes, des pièces pour piano. Des musiques de films (notamment pour Losey, Ken Russell, Schlesinger).

Bennett, Sir William Sterndale

Sheffield, 13 avril 1816. – Londres, 1er février 1875.

Pianiste et chef d'orchestre, fondateur de la Bach Society (qui, en 1854, organisa sous sa direction la première audition en Angleterre de la *Passion selon saint Matthieu* de Bach). Il fut l'ami de Mendelssohn et de Schumann, qui lui consacra un article très élogieux et lui dédia ses *Études symphoniques*.

Sept *anthems*, dix *hymns*, une symphonie, quatre concertos pour piano, de la musique de chambre.

Berg, Alban

Vienne, 9 février 1885. – Vienne, 24 décembre 1935.

Élève et disciple de Schoenberg, il fut, avec Webern, le plus illustre membre de l'école viennoise. Avant l'âge de quinze ans, tout en poursuivant de sérieuses études générales, il avait écrit, sans formation musicale, près de cent petites compositions (mélodies, duos, etc.). Lorsqu'il rencontra Schoenberg en 1904, celui-ci venait de terminer son premier quatuor. Entre le maître et l'élève devait s'établir un climat de confiance et une inaltérable amitié. Schoenberg instruisit Berg dans toutes les sciences musicales (harmonie, contrepoint, analyse, orchestration, composition) ; mais surtout il se préoccupa de la personnalité de son élève, favorisant, par ses conseils intelligents, la maturation de son tempérament d'artiste. Trois œuvres importantes de Berg, les *Pièces pour orchestre op. 6*, le *Kammerkonzert* et *Lulu* sont dédiées à Schoenberg en témoignage de filiale admiration. Toute l'existence de Berg s'écoula à Vienne de façon paisible, malgré une santé fragile. Son aimable caractère rayonnait la bonté, la sérénité et l'intelligence, en dépit de la maladie ou de l'incompréhension dont il fut la victime. Il mourut dans la nuit du 23 au 24 décembre d'une septicémie consécutive à un abcès.
Dès l'époque d'apprentissage, les compositions de Berg, où Schoenberg et Webern avaient su discerner le génie, prenaient position parmi les œuvres importantes de notre temps. Cependant, la véritable personnalité du musicien ne s'est affirmée que vers 1909-1910 (*Quatuor op. 3*), lorsqu'il s'est affranchi des fonctions tonales classiques. Partant de cette époque (où Alban Berg avait vingt-cinq ans), on peut distinguer dans son œuvre deux périodes dont la charnière est occupée par la *Suite lyrique*. La première est caractérisée par l'exploitation très libre d'un ato-

nalisme expressif. Les œuvres maîtresses de cette période sont les *Trois Pièces op. 6* (1913-1914), *Wozzeck* (1918-1921), le *Kammerkonzert* (1923-1925) et la *Suite lyrique* (1925-1926), l'œuvre instrumentale la plus originale de Berg où il utilise pour la première fois un développement sériel selon la technique mise au point par Schoenberg après 1920 (voir Dodécaphonisme*). À partir de 1926, toutes les œuvres qui constituent la deuxième période, et notamment les chefs-d'œuvre que sont *Der Wein* (1929), *Lulu* (1929-1935) et le *Concerto* (1935), relèvent de cette technique dodécaphonique, dont il exploite avec un sens artistique incomparable les possibilités lyriques et dramatiques.

Opéras. *Wozzeck* (Opéra de Berlin, 1925), *Lulu* (théâtre de Zurich, 1937, instrumentation inachevée). – **Voix soliste.** Cinq *Lieder op.* 4 (avec orchestre) ; *Der Wein* (1929, air de concert avec orchestre) ; sept *Frühe Lieder.* **Orchestre.** Trois *Pièces pour orchestre op. 6*; *Concerto « à la mémoire d'un ange »* pour violon (1935, l'ange était la fille d'Alma Mahler, veuve du compositeur, la ravissante Manon Gropius, morte à dix-huit ans). – **Piano et musique de chambre.** *Sonate pour piano op. 1*, *Quatuor à cordes op. 3*, *Quatre Pièces pour clarinette et piano op. 5*, *Kammerkonzert* pour piano, violon et 13 instruments, *Lyrische Suite* (1926) pour quatuor à cordes.

Berio, Luciano

Oneglia (Imperia), 24 octobre 1925.

Élève de Ghedini à Milan et de Dallapiccola aux États-Unis. Intéressé par la musique électronique, il a fondé en 1954 avec Maderna le Studio di fonologia musicale de la RAI à Milan et il a dirigé la revue d'avant-garde *Incontri musicali* (1957-1962). Il enseigne à la Julliard School de New York. Marié à l'extraordinaire Cathy Berberian, qui chantait aussi bien Monteverdi que Berio, il a entrepris avec elle de fructueuses recherches sur la voix (*Omaggio a Joyce*, *Circles* et *Visage*, par exemple). Créateur baroque, foisonnant d'idées captivantes, c'est aussi un lecteur sensible et intelligent de Monteverdi.

Musique vocale. *Allez, hop !* (pantomime, Fenice 1959), *Opera* (opéra, Santa-Fé, 1970), *Un re in ascolto* (opéra, Salzbourg, 1984), *La Vera Storia* (opéra, Paris, 1985), *Outis* (opéra, Scala, 1996), *Epifanie*, pour soprano et orchestre (1961), *Ora*, pour chœur et orchestre (1975), *Circles*, pour soprano, harpe, percussion (1960), *Laborintus*, pour récitant, 3 voix, instruments et bande (1965), *Sinfonia* pour 8 voix et orchestre (1968), *Coro*, pour orchestre et voix (1976). – **Musique instrumentale.** *Allelujah*, *Quaderni*, *Nones*. *Still*, pour orchestre, concerto pour 2 pianos (1973), concerto pour piano (1977), deux quatuors à cordes (dont *Sincronie*). – **Musique électroacoustique.** *Perspectives*, *Omaggio à Joyce*, *Momenti*.

Berlioz, Hector

La Côte-Saint-André (Isère), 11 décembre 1803. – Paris, mars 1869.

Chef d'orchestre, littérateur, critique. Fils d'un médecin libéral et philanthrope, il fit ses études secondaires à Grenoble, en même temps qu'il apprenait les rudiments de la musique sans plan précis (lecture de traités d'harmonie, pratique sommaire de la guitare et du piano).

Suivant le désir de son père, il est inscrit à la faculté de médecine de Paris. Mais il se montre un étudiant peu assidu, préférant à la fréquentation des cours celle de l'Opéra (il découvre Gluck qui le bouleverse) et de la bibliothèque du Conservatoire. En dépit de l'opposition familiale, il entre au conservatoire de Paris en 1826 ; il y devient l'élève de Lesueur et Reicha. Un an plus tôt (1825), il était parvenu à réunir cent cinquante musiciens pour exécuter une *Messe solennelle* de sa composition dans l'église Saint-Roch. Pour gagner sa vie, en poursuivant ses études, il s'engage comme choriste au théâtre des Nouveautés. En 1830, après trois échecs successifs, il obtenait le grand prix de Rome. Avant son départ pour la villa Médicis, le jeune lauréat faisait entendre au public du Conservatoire, sous la direction de Habeneck, son immortelle *Symphonie fantastique.* Les Concerts du Conservatoire, fondés par Habeneck en 1828, étaient alors un important foyer de diffusion de la musique nouvelle, où Berlioz faisait la découverte émerveillée des symphonies de Beethoven : la *Symphonie fantastique* y fut accueillie avec enthousiasme, notamment par Liszt et par les « jeunes Turcs » d'alors, qui reconnurent dans cette œuvre exubérante la parfaite expression musicale du génie romantique. Peu après son séjour à Rome, Berlioz épousa en 1833, presque malgré elle, la belle actrice anglaise Harriet Smithson, pour laquelle il avait eu un cour de foudre en 1827, au cours d'une représentation de *Hamlet.* Il aimait Ophélie et ne put supporter Harriet : leur union fut malheureuse. Pour subvenir aux besoins du ménage, Berlioz poursuivit une très brillante carrière de critique musical (notamment au *Correspondant* et au *Journal des débats*). Il s'est toujours plaint de devoir produire à date fixe son « immortel feuilleton » ; mais sa culture, son talent littéraire, sa farouche combativité le disposaient merveilleusement à devenir l'un des plus grands critiques musicaux de tous les temps, et son prosélytisme n'eût pas pu se passer du moyen d'expression que lui offrait la presse. À cette source de revenus, il ajouta en 1839 celle de bibliothécaire du Conservatoire.

Dans une carrière qui a comporté, tout naturellement, des hauts et des bas, il semble que Berlioz ait été surtout affecté par les échecs : celui de *Benvenuto Cellini* à l'Opéra (1838), celui de *La Damnation de Faust* à l'Opéra-Comique (1846), ceux des concerts de Drury Lane (Londres, 1848) ou de la Société philharmonique qu'il fonda à Paris (1850)... Il faut admettre cependant que ces revers ont été largement compensés par le double succès de la *Symphonie fantastique* (1830 et 1832), par celui du *Requiem* (créé en 1837, aux Invalides, par un orchestre gigantesque, dont aucun compositeur d'aujourd'hui ne pourrait rêver), celui de *L'Enfance du Christ* (1854 et 1855) ou encore par les tournées triomphales en Europe centrale et en Russie (1845-1847), ou par ces apothéoses que furent les « semaines Berlioz » organisées par Liszt à Weimar en 1852 et 1855 (à cette dernière occasion, Berlioz dirigea la première audition du *Concerto en mi bémol* de Liszt, avec l'auteur au piano). Il fut élu membre de l'Institut en 1856.

Après la mort de sa femme en 1854, il avait régularisé sa liaison avec Marie Recio, une mauvaise cantatrice, qui mourut en 1862. Déjà très affecté par cette disparition, Berlioz perdit son fils Louis (enfant de son premier mariage) en 1867. Sur le plan professionnel, il était, malgré les honneurs, découragé par l'hostilité d'une partie du monde musical et tout particulièrement par l'échec de toutes ses tentatives pour faire représenter son chef-d'œuvre, *Les Troyens*, dans la forme originale (la première partie de ce diptyque ne fut jamais montée de son vivant, et la représentation de l'ouvrage intégral n'eut lieu qu'en 1969). Devenu sombre et misanthrope, épuisé par des troubles neurovégétatifs qui le faisaient souffrir de toutes parts, puis par une congestion cérébrale survenue en 1868, alors qu'il se reposait à Nice, il mourut après une longue agonie. On raconte que les chevaux attelés au corbillard s'emballèrent sur la route du cimetière Montmartre : pour son dernier voyage, un héros shakespearien ne pouvait souhaiter mieux.

Hugo, Delacroix et Berlioz forment, selon Th. Gautier, la Trinité du romantisme français. Si le romantisme est fonction de la subjectivité dans l'art, la *Fantastique* est bien la plus romantique des symphonies. L'œuvre de Berlioz est une véritable autobiographie, où se manifeste pour la première fois l'intrusion de la vie privée d'un musicien dans son œuvre. Du point de vue technique, l'originalité de Berlioz réside principalement dans son génie mélodique et sa virtuosité d'orchestrateur. Il a créé une forme nouvelle de chant français dont héritèrent Saint-Saëns, d'Indy, Dukas et leurs successeurs. Des pages comme la scène d'amour (instrumentale) de *Roméo et Juliette*, l'air « Nuit paisible et sereine » de *Béatrice et Bénédict*, les adieux de Didon et le septuor dans *Les Troyens à Carthage* ou la « Chanson du roi de Thulé » dans *La Damnation de Faust* n'eurent pas de précédent dans l'histoire de la mélodie française. D'autre part, sa science de l'écriture instrumentale, son génie symphonique et aussi un extraordinaire instinct du rythme lié à l'instrumentation ont fait de Berlioz le créateur de l'orchestration moderne, le modèle auquel se sont référés, plus ou moins consciemment, non seulement les musiciens français de la fin du siècle, mais encore les Russes (Rimsky et Moussorgsky en particulier) et les Allemands (de Wagner à R. Strauss). Le *Grand Traité d'instrumentation et d'orchestration modernes* (que l'on trouva au chevet de Moussorgsky mourant) est plus qu'un inépuisable livre de recettes : c'est un ouvrage d'esthétique.

Opéras. *Benvenuto Cellini* (Opéra de Paris, 1838), *La Damnation de Faust*, « opéra de concert » (Opéra-Comique, 1846), *Les Troyens*, immense opéra divisé en deux parties sur la demande des directeurs de théâtre (*La Prise de Traie*, Karlsruhe, 1890 ; *Les Troyens à Carthage*, Paris, Théâtre-Lyrique, 1863), *Béatrice et Bénédict* (Baden-Baden, 1862). – **Musique religieuse.** *Messe des Morts* (1837) pour ténor solo, chœurs, grand orchestre et orchestre de cuivres ; *Te Deum*, pour ténor solo, 3 chœurs, orchestre, orchestre de cuivres et orgue ; *L'Enfance du Christ* (« trilogie sacrée ») pour soli, chœurs et orchestre. – **Musique symphonique.** *Symphonie fantastique*, *Roméo et Juliette* (symphonie dramatique pour soli, chœurs et orchestre), *Harold en Italie* (symphonie avec alto solo), *Symphonie funèbre et triomphale* (pour chœurs, orchestre à cordes et harmonie militaire), ouvertures (*Le Roi Lear*, *Carnaval romain*). – **Œuvre littéraire.** *À travers chants*, *Les Soirées de l'orchestre*, *Les Grotesques de la musique*, *Mémoires*...

Bernard de Ventadour

Château de Ventadour, vers 1125. – Abbaye de Dalon, vers 1195.

Le plus grand des troubadours. Son père était archer et sa mère *forniera* – elle avait la charge du four à pain – au château de Ventadour (aujourd'hui en ruines, près d'Égletons, en Corrèze). Le seigneur de Ventadour était Èbles Il, lui-même troubadour. Son fils Èbles III avait une femme jeune et belle qui éprouva pour Bernard un amour réciproque, dont le jaloux mit longtemps à se rendre compte, Si on en croit la *vida*. Bernard finit par être chassé. Il se mit à voyager, devint amoureux d'Aliénor d'Aquitaine, qu'il suivit en Angleterre. On le trouve plus tard près de la vicomtesse Ermengarde de Narbonne puis à la cour de Raimon V de Toulouse. À la mort de celui-ci, Bernard se retira à l'abbaye de Dalon en Périgord.

Quarante-cinq chansons, dont vingt notées (parmi celles-ci la célèbre chanson d'aube : *Quand vei la lauzeta mover*).

Berners, Lord

Arley Park (Bridgnorth), 18 septembre 1883. – Londres, 19 avril 1950.

[Gerald Tyrwhitt] Peintre, écrivain, diplomate. Hormis quelques leçons d'harmonie à Dresde et des conseils de Casella et Stravinsky, il apprit seul la musique. Son œuvre, qui le fit parfois comparer à Satie, mêle presque toujours l'ironie à une fine sensibilité poétique.

Le Carrosse du Saint-Sacrement (opéra-comique), cinq ballets (dont *The Triumphs of Neptune*, pour Diaghilev), *Fantaisie espagnole* pour orchestre, des pièces pour piano, des mélodies.

Bernier, Nicolas

Mantes, 28 juin 1664. – Paris, 8 juillet 1734 ?

Élève de Caldara à Rome, il fut successivement maître de chapelle à la cathédrale de Chartres et à Saint-Germain-l'Auxerrois à Paris, puis maître de musique à la Sainte-Chapelle (succédant à Charpentier) et enfin l'un des quatre sous-maîtres de la chapelle de Versailles (succédant à Delalande). Il épousa une fille de Marin Marais.

Motets, cantates profanes (dont le recueil *Les Nuits de Sceaux*), *Airs sérieux et à boire.*

Bernstein, Leonard

Lawrence (Massachusetts), 25 décembre 1918.
New York, 14 octobre 1990.

Chef d'orchestre réputé (assistant de Koussevitsky et de Rodzinski, puis chef du New York Philharmonic) et pianiste. Élève de Piston à Harvard, il écrit une musique très américaine où se sent l'influence des musiques populaires de son pays. Il fut l'ami de John Kennedy.

Mass (spectacle musical sur le thème de la messe), trois symphonies (*Jeremiah*, avec mezzo-soprano ; *The Age of Anxiety* avec piano, *Kaddish* avec soprano, récitant et chœur), des *Psaumes* pour chœur et orchestre, deux ballets, des comédies musicales (dont *West Side Story*), des pièces pour piano, des mélodies.

Berton, Henri

Paris, 17 septembre 1767. – Paris, 22 avril 1844.

Fils d'une basse de l'Opéra qui composa quelques ouvrages lyriques. Élève de Sacchini, il fut professeur au Conservatoire, chef d'orchestre de l'Opéra-Italien et membre de l'Institut.

Quarante-huit opéras (style mélodique facile, sens de l'effet dramatique), des oratorios, cantates de circonstance, ballets et plusieurs traités (dont *De la musique mécanique et de la musique philosophique*).

Bertoni, Ferdinando Giuseppe

Salò, lac de Garde, 15 août 1725.
Desenzano, lac de Garde, 1er décembre 1813.

Élève du Padre Martini à Bologne, il fut organiste, puis maître de chapelle à Saint-Marc de Venise, succédant à Galuppi. Sa réputation de compositeur d'opéras fut grande, non seulement en Italie, mais aussi en Angleterre où il séjourna trois saisons successives ; on le considérait comme le rival de Galuppi, avec lequel il collabora pour *I Bagni d'Albano.*

Quarante-huit opéras, onze oratorios, six sonates pour clavecin et violon, six quatuors à cordes.

Bertran de Born

Salagnac (Périgord), vers 1140. – Monastère de Dalon, vers 1205

Troubadour féodal et belliqueux, devenu seigneur de Hautefort après en avoir expulsé son frère. Il combattit Henry II d'Angleterre, encourageant à la révolte le fils aîné du roi, Henri « au Court Mantel ». Après la mort de ce dernier, il soutint Richard Cœur de Lion contre Philippe Auguste. Il apparaît dans *La Divine Comédie* dans la même *bolgia* que Mahomet, parmi les *seminatori di scandalo e di scisma.* (Inf. XXVIII, 112-142).

Quarante-cinq chansons (principalement des *sirventès*), dont une seule notée.

Bertrand, Anthoine de

Fontanges (Cantal), vers 1540. – Toulouse, vers 1580.

Il fut avec Costeley, le plus important compositeur français de la seconde moitié du XVIe siècle. De sa vie, on sait seulement qu'il arrive en 1560 à Toulouse où il fréquente le cercle humaniste rassemblé autour du cardinal d'Armagnac. Ils ont en commun un culte pour Ronsard. Bertrand périt dans une opération de représailles menée par les huguenots.

Trois livres de chansons (quatre-vingt-quatre au total), dont les deux premiers sont les *Amours* de Ronsard [1576-1578] ; un recueil d'*Airs spirituels* [posthume, 1582] ; trois chansons dans le troisième livre de Lassus.

BERWALD, FRANZ

Stockholm, 23 juillet 1796. – Stockholm, 3 avril 1868.

Membre d'une famille de musiciens (son grand-père, son père, ses frères, ses oncles et cousins) d'origine allemande. Il cessa une brillante carrière de violoniste, commencée à l'âge de neuf ans, pour se consacrer à la composition. Mais jamais il ne réussit à faire reconnaître son talent ; pour gagner sa vie, il ouvrit à Berlin (1829-1841) un Institut orthopédique. On ne découvrit qu'au début du XXe siècle que Berwald était le meilleur compositeur scandinave de son temps. La remarquable originalité de son style (modulations inattendues, constructions exceptionnelles, tournures mélodiques et rythmiques très personnelles) avait effarouché ses contemporains.

Six opéras (dont *Estrella de Soria*), deux opérettes, cinq cantates, six symphonies, des concertos (piano, violon, etc.), deux quintettes avec piano, trois quatuors à cordes, cinq trios.

BESARD, JEAN-BAPTISTE

Besançon, vers 1567. – Augsbourg ?, après 1617.

Juriste, médecin et luthiste. Esprit universel, il a écrit des ouvrages sur la médecine, la physique, l'histoire, la technique du luth, etc.

Novus Partus (recueil de vingt-quatre pièces de luth), *Thesaurus harmonicus* (Anthologie du luth au début du XVIe siècle).

BIBER, HEINRICH FRANZ VON

Wartenberg (Bohême), 12 août 1644. – Salzbourg, 3 mai 1704.

Violoniste, probablement élève de Schmelzer. Maître de chapelle du prince-archevêque de Salzbourg. Il fut le fondateur de l'école de violon d'Europe centrale et perfectionna considérablement la technique de l'instrument (emploi de la *scordatura*).

Quelques opéras, de la musique d'église (*Vesperae longiores ac breviores*, dans le style dramatique de la messe vénitienne), des sonates et *partite* pour divers instruments et surtout de très belles sonates pour violon.

Binchois, Gilles

Mons, vers 1400. – Soignies, 20 septembre 1460.

D'abord militaire dans sa jeunesse, il opta ensuite pour l'état ecclésiastique. Dufay et lui étaient présents, comme chanoines, à une réunion du chapitre de Sainte-Waudru, à Mons, le 3 mars 1449. Il fut quelque temps musicien du duc de Norfolk (pendant la guerre de Cent Ans) puis, de 1430 à sa mort, musicien et chapelain du duc de Bourgogne, Philippe le Bon. Par son talent et sa personnalité, Binchois contribua pour la plus grande part à la renommée de la chapelle de Bourgogne. À sa mort, Okeghem mit en musique une *Déploration sur la mort de Binchois.*

Vingt-cinq fragments de l'ordinaire de la messe, vingt-deux motets, quatre *magnificat*, au moins cinquante-six chansons (la partie la plus originale de son œuvre).

Birtwistle, Sir Harrison

Accrington, 15 juillet 1934.

Clarinettiste, il a fondé avec ses condisciples du conservatoire de Manchester, Maxwell Davies, A. Goehr et le pianiste John Ogdon, le New Music Manchester Group, puis l'ensemble Pierrot Players, consacrés à la promotion de la musique nouvelle. En 1975, il a été nommé directeur musical du nouvel English National Theatre à Londres. Il est l'un des compositeurs britanniques les plus originaux de sa génération. Indépendant des modes et des chapelles, il a été influencé par la musique médiévale, Stravinsky, Varèse et Webern.

Les opéras *Punch and Judy* (1968), *The Masque of Orpheus* (1982) et *The Second Mrs. Kong* (1994) ; des compositions pour une ou plusieurs voix et ensembles instrumentaux (le plus original de son œuvre) dont *Bow down*, *Meridian* (*1971*), *La Plage* (1972) d'après Robbe-Grillet ; des œuvres pour orchestre dont la grande fresque *The Triumph of Time* (1972), *Tragoedia* (1965) pour orchestre de chambre.

Biwa

Sorte de luth japonais à manche court tendu de 4 cordes, d'origine très ancienne, peut-être gréco-bouddhique. Instrument d'accompagnement de la poésie lyrique depuis le Xᵉ siècle, la biwa a joué un rôle analogue à celui de notre luth. Mais depuis le XVIIᵉ siècle, son succès est éclipsé par celui du *shamisen.*

⊖› « Anthologie musicale de l'Orient » (enregistrements publiés par Daniélou).

Bizet, Georges

Paris, 25 octobre 1838. – Bougival, 3 juin 1875.

Son père (1810-1886) était professeur de chant ; sa mère, Aimée Delsarte (1814-1861), pianiste ; son oncle, François Delsarte, chanteur, publia *Les Archives du chant.* Confiant dans les dons précoces de l'enfant, ses parents le destinaient à la carrière musicale. À dix ans, il entre au conservatoire de Paris, où il remporte successivement, jusqu'en 1854, des premiers prix de solfège, piano, fugue et orgue. Dès l'âge de douze ans, il commence à se faire entendre comme pianiste : son incomparable facilité de déchiffrage lui vaut l'admiration de Berlioz et de Liszt. Enfin, en 1857, il remporte le premier grand prix de Rome.

Il est déjà l'auteur de plusieurs compositions, dont une opérette, le *Docteur Miracle*, représentée aux Bouffes-Parisiens, et une belle *Symphonie en ut majeur*, qui fait parfois penser à Schubert (elle sera subitement découverte et jouée en première audition en 1935). À la villa Médicis, son entrain, son amicale franchise et son talent de pianiste le rendent très populaire. Il est résolument non conformiste : au lieu de la messe traditionnelle, son premier « envoi de Rome » est un opéra bouffe italien : *Don Procopio.* Au retour d'Italie, Bizet devient casanier et ne bougera pratiquement plus de Paris et ses environs ; exceptionnellement, en 1862, il se rend avec Gounod à Baden-Baden, où Berlioz inaugure le nouveau théâtre avec *Béatrice et Bénédict.*

Sa carrière ne fut pas ce qu'elle promettait d'être ; par indécision et souci de perfection, il abandonnait fréquemment ce qu'il avait entrepris (une quinzaine d'opéras et d'opéras-comiques sont restés à l'état de projet ou d'ébauche) ; et ce que livra au public ce musicien de théâtre accompli fut généralement mal reçu. À l'exception de *La Jolie Fille de Perth*, bien exécutée et très favorablement accueillie, les œuvres maîtresses de Bizet ne rencontrèrent d'abord qu'indifférence et hostilité chez le plus grand nombre de spectateurs et de critiques : on fut dérouté par l'originalité de l'inspiration mélodique, la richesse des parties d'orchestre, le réalisme de l'expression dramatique. *Les Pêcheurs de perles* furent reçus froidement, tant par le public que par les critiques, à l'exception de Berlioz et quelques autres (les wagnériens étaient déçus, les autres brandissaient déjà la stupéfiante accusation de wagnérisme qu'ils devaient porter un peu plus tard contre *Carmen*). Même réaction pour *Djamileh*, jugée incompréhensible. La musique pour *L'Arlésienne* de Daudet, splendide partition ensoleillée, fut aussi peu appréciée : les uns reprochaient à la musique de couvrir les paroles (accusation sans fondement), les autres l'inverse. Quant à *Carmen*, ce chef-d'œuvre, tout a été dit sur les circonstances lamentables de

sa première représentation : répétitions plusieurs fois interrompues par mille difficultés (Bizet, découragé, s'était mis à fréquenter, incognito, la classe de composition de Franck), mise en scène et figuration médiocres, hostilité systématique de quelques adversaires résolus... Le public bien-pensant de l'Opéra-Comique (lieu habituel des entrevues matrimoniales) n'était certes pas préparé à pareil spectacle ; la presse non plus, qui déléguait là généralement ses collaborateurs les plus vermoulus. Cependant, le premier acte souleva l'enthousiasme, plusieurs critiques (dont Th. de Banville) furent très élogieux et beaucoup de musiciens (dont V. d'Indy) furent émerveillés. Il est donc injuste d'exagérer l'échec de *Carmen* en lui attribuant la mort du compositeur.
Celui-ci souffrait depuis quinze ans d'une pénible affection de la gorge (sans doute de nature cancéreuse), qui provoqua des troubles vocaux et auditifs accompagnés d'étouffements. Il mourut d'une crise cardiaque dans la nuit du 2 au 3 juin 1875, peu après que le rideau se fut baissé sur la troisième représentation de *Carmen.* L'inhumation eut lieu au Père-Lachaise où Gounod fit l'éloge du défunt. En 1862, Bizet avait épousé Geneviève Halévy, fille de son ancien maître ; il en eut un enfant, Jacques, littérateur (1872-1922). Ce grand musicien qui sauva le théâtre musical français de la facilité et de la sclérose conquit peu à peu les suffrages du public et du monde musical Nietzsche, wagnérien forcené, fut à tel point bouleversé par la musique de Bizet, par la nouveauté et la clarté de la mélodie, l'éclat de l'instrumentation, la vivacité du mouvement général, que, dans son enthousiasme désordonné, il voulut opposer *Carmen* à *Tristan* : la musique « sur quoi l'esprit danse » après la musique « dans quoi l'esprit nage ».

Une douzaine d'œuvres dramatiques, parmi lesquelles *Don Procopio* (Monte-Carlo 1906), *Les Pêcheurs de perles* (Théâtre-Lyrique, 1863), *Ivan le Terrible* (château de Mühringen, 1946), *La Jolie Fille de Perth* (Théâtre-Lyrique, 1867), *Djamileh* (Opéra-Comique, 1872), *Carmen* (Opéra-Comique, 1875, avec Galli-Marié dans le rôle principal) et *L'Arlésienne*, mélodrame (Vaudeville, 1872) ; des compositions chorale (profanes et religieuses) et des mélodies ; deux symphonies (dont *Rama*), *Petite Suite d'orchestre* ; des pièces pour piano, dont *Jeux d'enfants* (douze pièces, orchestrées plus tard par Biset lui-même).

Blacher, Boris

Newschwang (Chine), 3 janvier 1903. – Berlin, 30 janvier 1975.

Directeur de la Hochschule für Musik de Berlin depuis 1953 (succédant à Werner Egk). Cet isolé n'appartient à aucune école : sa musique, librement atonale, est d'essence contrapuntique et, par sa forme, elle relève souvent d'un néo-classicisme ironique.

Quatre opéras (dont l'opéra de chambre *Die Flut*), des ballets, *Die Nachtschwalbe* (nocturne dramatique pour voix et orchestre), *Symphonie op. 12*, deux concertos pour piano, variations pour orchestre sur un thème de Paganini, *Partita op. 30* pour corde et percussion, *Divertimento op. 29* pour trompette, trombone et piano, quatre quatuor à cordes.

Blanchard, Esprit

Pernes (Vaucluse), 29 février 1696. – Versailles, 10 avril 1770.

Maître de chapelle de la basilique Saint-Victor à Marseille, puis des cathédrales de Toulouse, Besançon et Amiens, enfin (1761) maître de musique de la chapelle royale à Versailles.

Environ quarante motets, dont *Benedica anima mea*, *Te Deum laudamus*, *Beati omnes* dans le style de Delalande.

Blavet, Michel

Besançon, 13 mars 1700. – Paris, 28 octobre, 1768.

Flûtiste remarquable. Il passa quelque temps en Prusse dans l'entourage d'un autre flûtiste célèbre : le futur roi Frédéric le Grand. Puis il fut nommé intendant de la musique du comte de Clermont, Grand Maître de la loge maçonnique de France.

Plusieurs petits opéras pour le théâtre privé du comte de Clermont à Berny (dont *Le Jaloux corrigé*, opéra bouffe sur des airs italiens, empruntés surtout à Pergolesi), trois livres de sonates pour flûte, trois recueils d'airs pour flûte, un concerto pour flûte, deux violons et basse.

Bliss, Sir Arthur

Londres, 2 août 1891. – Londres, 27 mars 1975.

Élève de Stanford et Vaughan Williams. Successeur de Bax comme maître de la musique royale. Réagissant, comme ses contemporains français, contre la grandiloquence d'un romantisme décadent, il attira l'attention sur lui en composant, en 1918-1919, des œuvres pour voix, et petit ensemble instrumental qui trahissent l'influence du Ravel des *Chansons madécasses* et du Stravinsky de *Pribaoutki* (*Madame Noy*, *Rhapsody*, *Rout*). À partir de 1926, son activité créatrice prit un tour plus classique.

L'opéra *The Olympians* (Covent Garden, 1949), trois ballets dont *Checkmate* (théâtre des Champs-Élysées, 1937 : saison Sadler's Wells), des compositions pour une voix et ensemble instrumental, *Music for Strings*, concerto pour piano, *Variations for orchestra*, quintette avec clarinette, sonate pour alto.

BLOCH, ERNEST

Genève, 24 juillet 1880. – Portland (USA), 15 juillet 1959.

Élève de Jaques-Dalcroze (Genève), Ysaïe (Bruxelles), Knorr (Francfort). De 1915 à 1930, il enseigne dans divers conservatoires des USA, où il s'établit définitivement en 1938, après avoir séjourné en France et en Suisse. Sa musique, trop mal connue en Europe, est surtout appréciée aux USA. La plus grande partie de l'œuvre de Bloch incarne les passions et les aspirations sacrées de l'âme juive ; mais son langage musical, moderne et très personnel, ne succombe pas aux attraits d'un judaïsme formel fondé sur l'utilisation systématique de mélodies hébraïques plus ou moins authentiques. C'est ce qui assure son universalité.

L'opéra *Macbeth* (Opéra-Comique, 1910), *Service sacré* pour baryton, chœurs et orchestre, les psaumes XXII, CXIV, CXXXVII pour une voix et orchestre ; *Israël*, symphonie avec 2 sopranos, 2 altos et basse, *Shelomo* pour violoncelle et orchestre, *Concerto grosso* pour cordes et piano, concerto de violon ; cinq quatuors à cordes, deux sonates pour violon et piano.

BLOMDAHL, KARL-BIRGER

Växjö (Suède), 19 octobre 1916. – Stockholm, 17 juin 1968.

Élève de Rosenberg à Stockholm, il compléta sa formation musicale à Paris et à Rome et subit fortement l'influence des premières œuvres de Hindemith. Il contribua à la création d'un conservatoire populaire à la radio de Stockholm.

L'opéra *Anjara* (Stockholm, 1959) ; *I speglarnas sol* (neuf sonnets de Lindegren pour sali, chœurs et orchestre), trois symphonies, concerto de violon, concerto pour alto, de la musique de chambre.

BLONDEL DE NESLE

Nesle, vers 1150. – ?, vers 1200.

Trouvère, ami de Gace Brulé, sans rapport avec le légendaire Blondel, jongleur au service de Richard Cœur de Lion.

Vingt-quatre chansons, toutes notées.

BLOW, JOHN

Newark (Nottinghamshire), février 1649. – Londres, 1er octobre 1708.

Élève de C. Gibbons (frère d'Orlando Gibbons) et de H. Cooke. « Enfant de chœur » (choriste) à la chapelle royale dès l'âge de douze ans, il composait des *anthems* à quatorze ans et fut nommé organiste de Westminster Abbey à vingt ans. Il remplit encore les fonctions de maître des enfants de la chapelle royale et de la cathédrale Saint-Paul, puis de compositeur de la chapelle royale (poste qui fut créé pour lui). L'un des principaux titres de gloire de Blow fut d'avoir été le maître de Purcell, qui lui succéda temporairement dans les fonctions d'organiste de Westminster (Blow survécut à son élève et reprit son poste en 1695). Vers 1682, il écrivit un *masque* pour le divertissement du roi, *Venus and Adonis.* Cette œuvre justement célèbre, l'unique composition qu'il écrivit pour le théâtre, est le premier exemple connu d'opéra anglais. La plus grande partie de l'œuvre de Blow est constituée par un très grand nombre de compositions religieuses de qualité inégale et par des odes de circonstance. Parmi d'innombrables banalités brillent quelques chefs-d'œuvre dignes de Purcell : le motet *Salvator Mundi,* l'ode *Begin the Song* (pour la fête de sainte Cécile), *L'Ode on the Death of Mr Henry Purcell* (poème de Dryden) ou l'ode *A wake my Lyre* pour l'université d'Oxford. Blow fut enterré à côté de Purcell dans l'aile nord de Westminster Abbey.

L'opéra (*maske*) *Venus and Adonis,* une dizaine de *services* complets, environ cent *anthems* et onze motets latins, vingt-quatre odes, quelques pièces d'orgue et de clavecin, et des traités théoriques (d'accompagnement et de composition).

BOCCHERINI, LUIGI

Lucques, 19 février 1743. – Madrid, 28 mai 1805.

L'un des plus grands violoncellistes de tous les temps. Il fut d'abord l'élève, à Lucques, de son père (contrebassiste estimé) et du maître de chapelle de l'archevêché, puis partit achever ses études musicales à Rome. Il se fit rapidement connaître comme violoncelliste et entreprit des tournées triomphales (tant comme virtuose que comme compositeur) en Italie et en France. Après un séjour de près d'un an à Paris, il partit en 1769 s'installer à Madrid où il obtint le titre de compositeur de l'infant d'Espagne. De 1787 à 1797, il fut, à Berlin, « compositeur de la chambre du roi » de Prusse. À son retour à Madrid, son crédit à la cour d'Espagne avait diminué, et la fin de sa vie fut attristée par de graves difficultés financières. Cependant, l'estime de Lucien Bonaparte, nommé ambassadeur en Espagne, encouragea quelque temps son activité créatrice. L'œuvre immense de Boccherini (où l'on a dénombré 467 compositions instrumentales) est presque inconnue, exception faite d'un beau *Concerto pour violoncelle* et d'un banal menuet (extrait du *Quintette à cordes op. 13 n° 5*). La vivacité, l'éclat de cette musique, la fraîcheur de l'invention mélodique, qui justifiait l'estime de Haydn (estime réciproque d'ailleurs), devraient lui valoir une large popularité parmi nos contemporains.

Deux opéras, deux oratorios, une messe, *Stabat Mater* (3 voix et cordes), des cantates, des airs de concert, vingt symphonies, quatre concertos pour violoncelle, cent vingt-cinq quintettes à cordes, cent deux quatuors à cordes, soixante trios, vingt-sept sonates pour violon, six pour violoncelle et de nombreuses œuvres pour diverses formations instrumentales.

Boehm, Georg

Hohenkirchen (Thuringe), 2 septembre 1661. – Lüneburg, 18 mai 1733.

Célèbre organiste de l'église Saint-Jean, à Lüneburg (de 1698 à sa mort). Il est probable qu'il donna quelques conseils au jeune J. S. Bach qui vécut deux ans à Lüneburg (1700-1702). Quoi qu'il en soit, les premières œuvres d'orgue de Bach trahissent l'influence de celles de Boehm, elles-mêmes tributaires de l'art de Buxtehude, Pachelbel et Couperin. La musique d'orgue de Boehm (dont l'écriture évoque souvent le clavecin) est celle d'un petit maître, capable de beaucoup de charme et d'esprit inventif, sans atteindre à la noblesse d'inspiration de compositeurs comme Buxtehude ou Reinken.

Passions, cantates, lieder, pièces pour orgue dont un *capriccio*, des préludes et fugues, des préludes de *chorals*, des *partitas* (pour orgue ou clavecin), des suites pour clavecin.

Boesset, Antoine

Blois, 1586. – Paris, 10 décembre 1643.

Élève et gendre de P. Guédron. Maître de musique de la reine et surintendant de la musique du roi Louis XIII, il remplit aussi les fonctions de « conseiller et maître d'hôtel ordinaire du roi ». Il entretint des relations avec Descartes, Mersenne et Huygens. Le plus important de son œuvre consiste en airs de cour, destinés principalement aux ballets. Il fut l'un des premiers en France à utiliser la basse continue.

Messes et motets (en manuscrit à la BN), neuf livres d'airs à 4 et 5 parties et des *Airs de cour mis en tablature de luth*.

Boieldieu, François-Adrien

Rouen, 16 décembre 1775. – Jarcy, 8 octobre 1834.

Tout est rose et souriant dans sa vie comme dans sa musique. Après des études à la maîtrise de la cathédrale, il présente à dix-huit ans son premier opéra-comique, *La Fille coupable* (livret de son père) au théâtre des Arts de Rouen. Après ce succès complet, et quelques autres, il va tenter sa chance à Paris. Là, il est pris en amitié par la famille Érard et par Cherubini. Chacun de ses ouvrages reçoit à l'Opéra-Comique un accueil chaleureux. De 1804 à 1812 (juste avant la campagne de Russie), il séjourne à Saint-Pétersbourg comme maître de chapelle du tsar Alexandre Ier. À son retour à Paris, il reprend le fil de son heureuse carrière et succède à Méhul à la classe de composition du Conservatoire, puis à l'Institut. Le naturel de l'inspiration mélodique, la parfaite qualité de l'harmonie et de l'instrumentation donnent à la musique de Boieldieu un charme toujours renouvelé. Il est le dernier représentant de l'opéra-comique français du XVIIIe siècle.

Trente-sept opéras-comiques, dont *Le Calife de Bagdad* (1800), *Ma tante Aurore* (1803), *Jean de Paris* (1812), *La Dame blanche* (1825) ; un concerto et six sonates pour piano, un concerto pour harpe, des romances.

Boismortier, Joseph Bodin de

Thionville, 23 décembre 1689. – Roissy-en-Brie, 28 octobre 1755.

L'un des premiers en France, il écrivit des concertos (baptisés « sonates ») dans la forme en trois parties mise au point par Vivaldi.

Quatre opéras-ballets, sept cantates et cantatilles (dont *Diane et Actéon*), des « motets à grand chœur » (dont *Fugit nox*, pour Noël), des sonates pour divers instruments, six *Concerts pour 5 flûtes sans basse*, des suites pour musettes et vielles, des pièces pour violes.

Boito, Arrigo

Padoue, 24 février 1842. – Milan, 10 juin 1918.

Illustre librettiste (*Otello* et *Falstaff* de Verdi, *La Gioconda* de Ponchielli). D'un tempérament enthousiaste et combatif, sur le plan politique comme sur le plan artistique, il fit partie des volontaires garibaldiens et, plus tard, du Sénat italien. Il collabora à divers journaux et revues de musique, défendant avec chaleur la musique nouvelle (celle de Wagner en particulier). La création de son *Mefistofele* fut l'occasion de telles batailles que la police dut interdire l'ouvrage après trois représentations.

Deux cantates (œuvres de jeunesse) et deux opéras *Mefistofele* (Scala, 1868) et *Nerone* (inachevé, Scala, 1924).

Boléro

Danse espagnole à 3/4, de mouvement vif. À la fin du XVIIIe siècle, époque où elle semble avoir pris naissance, son rythme était le suivant :

Mais peu à peu le rythme nerveux des castagnettes dont se servaient les danseurs en fit ceci :

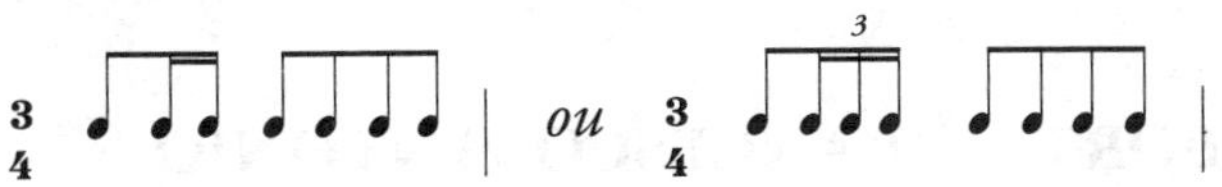

Les castagnettes commencent au moins une mesure avant pour indiquer le rythme.
Cette danse, tombée en désuétude, a survécu dans un certain nombre de partitions classiques, notamment le ballet de la *Preciosa* de Weber, le *Boléro op. 19* pour piano de Chopin et le célèbre *Boléro* de Ravel.

⊖› Ravel, *Boléro.* Le rythme est authentique, mais le mouvement est bien plus lent que celui de la danse espagnole d'origine.

Bononcini, Antonio Maria

Modène, 18 juin 1677. – Modène, 8 juillet 1726.

Frère de Giovanni ; élève de son père Giovanni Maria. À l'exception des sept années passées à Vienne avec Giovanni (époque la plus riche de sa carrière), il semble qu'il ait toujours vécu à Rome et à Modène. De son vivant, et encore de nos jours, ses opéras ont souvent été confondus avec ceux de son frère.

Nombreux opéras et oratorios, messe à 5 voix, *Stabat Mater*, cantates.

Bononcini, Giovanni

Modène, 18 juillet 1670. – Vienne, 9 juillet 1747.

Enfant prodige, il fut élève de son père (Giovanni Maria Bononcini, théoricien, compositeur et maître de chapelle) et de G. P. Colonna à Bologne ; à quinze ans, il publiait son *op. 1* (*Trattenimenti da camera* pour 2 violons et violoncelle). Il demeura à Bologne jusqu'en 1691, puis séjourna à Rome (1692-1697 : premiers opéras), à Vienne (1699-1711 : compositeur de la cour), à Berlin (en 1702 et 1704, sur l'invitation de la reine Sophie-Charlotte), à Londres (1720-1727), enfin à Paris et sans doute à Lisbonne. Invité à Londres par la Royal Academy of Music que dirigeait Haendel, il devint le rival de celui-ci, encouragé dans la compétition par quelques grandes familles, heureuses d'opposer leur protégé à celui du roi (George de Hanovre).

Environ trente opéras (dont *Crispo, Griselda, Astarto, Astianatte*), d'innombrables sérénades et autres œuvres dramatiques de moindre importance, des oratorios (dont *Ezechia*), de nombreux motets, psaumes, madrigaux, etc., une grande quantité de compositions instrumentales (*sinfonie, divertimenti*, etc.).

Bonporti, Francesco Antonio

Trente, juin 1672. – Padoue, 19 décembre 1749.

Il fit ses études générales au collège de jésuites d'Innsbruck et des études théologiques à Rome, où il devint probablement l'élève de Corelli. Ordonné prêtre, il eut, pendant plus de quarante ans, une modeste charge à la cathédrale de Trente, sans jamais obtenir sa promotion au canonicat, tandis que sa musique suscitait l'intérêt de toute l'Europe. Veracini, notamment, joua ses œuvres dans plusieurs villes d'Allemagne.

L'originalité de sa musique lui confère une importance particulière dans le développement du concerto et de la sonate pour violon (mouvements entiers dans un style de récitatif, subtilité et précision exceptionnelles dans l'indication des nuances).

Quatre livres de *Sonate da camera op. 1, 2, 4, 6, Arie, balletti e correnti op. 5, dix Invenzioni op. 10* (attribuées à Bach dans la première édition de la Bachgesellschaft) ; dix *Concerti a 4 op. 11*, cinq *Concertini* et cinq *Serenate* pour violon et basse continue *op. 12*.

BONTEMPI, GIOVANNI ANDREA

Pérouse, 1624 – Pérouse, 1er juin 1705.

[Angelini] Chantre (castrat) de Saint-Marc à Venise. Élève de Mazzocchi, ami de Carissimi et Frescobaldi (rencontrés chez les Barberini) et de Schütz (dont il fut quelque temps assistant, comme maître de chapelle à la cour de Dresde).

Quelques opéras (italiens et allemands), des ouvrages théoriques très importants pour l'histoire du chant, une *Historia Musicae*.

BORODINE, ALEXANDRE SERGUÉIÉVITCH

Saint-Pétersbourg, 11 novembre 1833. – Saint-Pétersbourg, 27 février 1887.

Médecin et surtout chimiste. Fils naturel du prince Guedeanov (descendant des rois d'Imeretie) ; sa paternité légale fut attribuée à un serf du prince, nommé Borodine, mais il fut élevé par sa mère, jeune, belle et intelligente épouse d'un médecin militaire. On lui fit faire de solides études générales et scientifiques, en même temps qu'il apprenait le français, l'allemand, l'anglais et l'italien. Passionné par la chimie, et déjà titulaire de son doctorat en médecine, il perfectionna sa formation scientifique à Heidelberg. En musique, il manifesta des dons précoces, mais s'instruisit en autodidacte : toute sa vie, il se considéra comme un amateur et, de fait, il consacra plus de temps à la science qu'à la musique, bien que la notoriété lui vînt principalement de celle-ci. En 1862, il fit la connaissance de Balakirev qui lui prodigua d'utiles conseils et il s'intégra au célèbre groupe des Cinq (il connaissait déjà Moussorgsky depuis 1856). Faute de temps, et peut-être en raison des lacunes de sa formation musicale, il composa peu, mais toutes ses œuvres sont d'une parfaite qualité et certaines lui valurent d'importants succès. Liszt, qu'il rencontra à Weimar au cours d'un de ses nombreux voyages en Europe occidentale, fut l'un des meilleurs artisans de sa réputation de musicien.
Borodine travailla dix-huit ans à la composition de la première épopée musicale russe, *Le Prince Igor*, son chef-d'œuvre (1869-1887), écrivant, tableau par tableau, le texte et la musique. Mais il ne put terminer cette importante partition dont seulement quelques fragments furent interprétés de son vivant. Très fatigué et vieilli par le choléra, qu'il avait contracté en 1882 ou 1883, il mourut subitement d'une crise cardiaque pendant un bal costumé à l'Académie de médecine, dans la nuit du 27 au 28 février 1887.

L'opéra *Le Prince Igor* terminé par Rimsky-Korsakov et Glazounov (Saint-Pétersbourg, 1890), trois symphonies (de la dernière, deux mouvements seulement ont été terminés par Glazounov), *Dans les steppes de l'Asie centrale* (tableau symphonique), deux quatuors à cordes, un quintette avec piano, un trio, des pièces pour piano, des mélodies, ainsi que plusieurs ouvrages scientifiques.

Boucourechliev, André

Sofia, 28 juillet 1925. – Paris, 12 novembre 1997.

Élève du conservatoire de Sofia, puis de l'École normale de musique de Paris, où il a enseigné de 1952 à 1960. Il a poursuivi des recherches musicales électroacoustiques au studio de la RAI à Milan et au service de la Recherche à l'ORTF. Fixé à Paris depuis 1949, il est devenu citoyen français en 1956. Il a été professeur à l'université d'Aix-en-Provence (musicologie). L'un des premiers compositeurs de formes ouvertes*, Boucourechliev a comparé ce type de musique « à des archipels dont on découvre à chaque fois les îles suivant un autre cours de navigation, sous des angles de vision changeants ».

Un opéra, *Le Nom d'Œdipe* (Avignon, 1978) ; *Ombres, Faces, Amers* pour orchestre, concerto pour piano et orchestre ; *Musiques nocturnes, Archipels I, II, III, IV, V, Grodek, Ulysse* pour diverses formations instrumentales ; une *Sonate* pour piano, *Orion* pour orgue ; *Textes I* et *II* et *Thrène* pour bande magnétique, un quatuor à cordes. De nombreux écrits sur la musique (Schumann, Beethoven, Chopin, Stravinsky, études sur la musique contemporaine, articles de critique).

Boulez, Pierre

Montbrison (Loire), 25 mars 1925.

Élève de Messiaen et Leibowitz. Dès ses années d'études, il a été séduit par les possibilités radicalement neuves de la technique dodécaphonique, à laquelle il a su intégrer certaines acquisitions de Stravinsky et Messiaen. Mais ce fut moins l'œuvre de Schoenberg que celle de son élève Anton Webern qui orienta fermement la vocation de Boulez. Il hérita de Webern l'idée d'un système sériel généralisé qui concerne non seulement les hauteurs, mais aussi les durées, les intensités et les timbres : autrement dit, l'ordre imposé par les règles du développement sériel s'applique également à la polyphonie, au rythme, aux nuances et à l'instrumentation.

Depuis 1952, Boulez s'intéresse également aux musiques électroacoustiques* : un laboratoire de recherches musicales fonctionne sous sa responsabilité à la radio de Baden-Baden. Sous les auspices de la Compa-

gnie Renaud-Barrault, dont il était directeur musical depuis 1946, il fonde en 1954 le Domaine musical, banc d'essai de la musique nouvelle, dont il abandonne la direction à G. Amy en 1967. En 1958, il se fixe en Allemagne et, au début des années 60 il entreprend une éclatante carrière de chef d'orchestre : représentations historiques de *Wozzeck* à l'Opéra de Paris (1963), de *Parsifal* (1966) et du *Ring* à Bayreuth (1978), de *Pelléas* à Londres (1969), nominations à la direction du BBC Symphony et du New York Philharmonic, etc. Il assume la direction de l'IRCAM depuis sa fondation jusqu'en 1991.
Exerçant une influence importante sur ses contemporains, l'évolution du style de Boulez précède ou accompagne celle des mouvements musicaux d'avant-garde. À partir du *Marteau sans maître* (1954), dont date sa notoriété, une recherche hédoniste se traduit par un raffinement de l'écriture vocale et instrumentale. En 1957, *Klavierstück XI* de Stockhausen et la *Troisième Sonate* de Boulez inaugurent ce qu'on appellera les « formes ouvertes* ». À la même époque Boulez prend l'habitude d'introduire quand bon lui semble dans des compositions existantes de nouveaux éléments, de nouveaux « formants », de nouvelles règles de combinaisons. Le fétichisme de l'objet musical est dépassé : l'œuvre est en perpétuel devenir, ce qu'exprime la dénomination empruntée à Joyce de *work in progress.* Peu à peu une grande partie de son œuvre évolue de cette façon, réalisant dans toutes les dimensions une mobilité de la forme sans l'exposer au hasard.

Musique vocale. *Le Soleil des eaux* (1948-1958) et *Visage nuptial* (1946-1951) pour soli, chœurs et orchestre ; le *Marteau sans maître* (1954) pour contralto et six instruments ; *Pli selon pli* (1958-1959) pour soprano et orchestre. – **Orchestre.** *Poésie pour pouvoir* (1958) pour 3 orchestres, avec bande magnétique et récitant, *Figures-Doubles-Prismes* (1957-1964), *Livre pour cordes* (1968), *Domaines* (1968) pour clarinette et orchestre, *Éclats/Multiples* (1964-1970), *Cummings ist der Dichter* (1970), *Rituel* (1975), *Répons* (1981) pour 6 solistes, orchestre de chambre et bande (contrôlée par ordinateur). – **Orchestre de chambre.** Sonatine pour flûte et piano, *Livre pour quatuor* (1948-1949), trois sonates pour piano, *Structures* pour 2 pianos.

Bourdon

1. Jeu d'orgue (tuyau à bouche, fermé) de 8′, 16′ ou 32′, au son légèrement voilé.
2. Corde ou tuyau qui, dans certains instruments populaires (vielle à roue et cornemuses par exemple) fait entendre continuellement un son fondamental de l'échelle modale utilisée (tonique ou dominante dans notre système musical).

Bourgeois, Louis

Paris, vers 1510. – Paris, vers 1561.

Ami de Calvin, il vécut à Genève de 1541 à 1557. Les éditeurs du Psautier de Genève l'avaient chargé d'adapter des mélodies aux traductions des psaumes par Marot et Th. de Bèze. L'édition définitive (1562) contient 125 mélodies (certains psaumes n'ont pas été pourvus), dont 85 furent composées ou adaptées par Bourgeois entre 1542 et 1554; les autres le furent en 1562 par son successeur, un musicien local surnommé « Maître Pierre ».

Une partie du Psautier de Genève (sur les 85 psaumes mis en musique par Bourgeois, la moitié des mélodies environ est originale), d'autres recueils de psaumes, dont le plus important [Paris, 1561] contient 83 psaumes à 4, 5 ou 6 voix; un traité, *Le Droict Chemin de musicque.*

Bourrée

Vieille danse populaire française qui, selon certains spécialistes, serait d'origine espagnole (Biscaye). On en rencontre aujourd'hui deux formes principales : la bourrée à trois temps dans l'Auvergne et le Limousin ; la bourrée à deux temps dans le Berry et le Bourbonnais. La bourrée aurait été promue danse de cour dans la seconde moitié du XVIe siècle : des Auvergnats en avaient fait une démonstration appréciée lors d'une fête en l'honneur de Catherine de Médicis. Toutefois, l'*Orchésographie* (1589) de Thoinot Arbeau, ouvrage fondamental pour la connaissance des danses anciennes, n'en fait pas mention, bien que son auteur ait été parfaitement introduit dans les festivités parisiennes. Cependant, vers le milieu du XVIIe siècle, la bourrée à deux temps, déjà pratiquée dans les salons, est intégrée à la suite* instrumentale, sous une forme stylisée. Lully, Rameau, Haendel, Bach en feront un usage fréquent. Elle est alors composée de deux parties, avec reprises, dans un mouvement rapide, alla breve (2/2) et commence sur la dernière noire d'une mesure. Généralement (dans les *Suites* de Bach notamment) les bourrées vont par paire, la seconde tenant la place du trio dans le menuet traditionnel, l'ensemble se terminant par le retour (da capo) de la première bourrée sans les reprises.

→ Bach, *Suite n° 4.* Il y a des bourrées dans les quatre suites, mais celles-ci sont sans nul doute les plus belles. – Haendel, *Concerto pour orgue n° 7* (op. 7, n° 1). – Chabrier, *Bourrée fantasque.* – Bourrées d'Auvergne. – Bourrées du Limousin.

Bouzignac, Guillaume

Narbonne, avant 1592. – après 1641.

Il a fait ses études musicales à la maîtrise de la cathédrale de Narbonne où il était choriste jusqu'à dix-sept ans. Il était maître de musique des enfants de chœur à la cathédrale de Grenoble en 1609, puis a occupé un poste indéterminé en Languedoc jusqu'en 1632 ; en cette qualité il composa un motet, *Cantate Domino omnis Francia*, pour célébrer la victoire de Louis XIII sur les protestants en 1628 à La Rochelle. Il eut sans doute une charge à la cathédrale de Rodez et aussi à Tours (cathédrale Saint-Martin). Ses compostions d'une grande beauté, dans un style s'apparentant à ceux de Marenzio et de Monteverdi, le faisaient considérer à son époque comme un moderne.

Messes, motets, chansons françaises.

Boyce, William

Londres ?, vers 1710. – Londres, 7 février 1779.

Organiste de la chapelle royale et maître de la musique du roi. Directeur du Three Choirs Festival (Gloucester, Worcester, Hereford) à partir de 1737. Éditeur de la *Cathedral Music*, vaste anthologie de la musique religieuse anglaise, du XVIe au XVIIIe siècle (3 volumes : 1760-1778). Il fut le meilleur compositeur anglais du XVIIIe siècle.

Nombreuses œuvres religieuses (dont environ soixante *anthems*), des *masques* et des pantomimes, douze ouvertures, huit symphonies.

Boyvin, Jacques

Paris, vers 1653. – Rouen, 1706.

Organiste de la cathédrale de Rouen (orgue de R. Clicquot).

Deux livres d'orgue (le deuxième est précédé d'un *Traité abrégé de l'accompagnement pour l'orgue et pour le clavecin*).

Brahms, Johannes

Hambourg, 7 mai 1833. – Vienne, 3 avril 1897.

Fils de Johann Jakob Brahms (vers 1807-1872), contrebassiste dans des orchestres populaires – et de Johanna Henrika Nissen (vers 1790-1865). Une mésentente croissante conduisit le ménage à rompre en 1863. Johannes fut élevé très pauvrement dans l'atmosphère souvent tendue d'une maison misérable du port de Hambourg. Ses dons précoces incitèrent son père à lui faire étudier la musique dès l'âge de sept ans pour faire de lui un musicien d'orchestre. À dix ans, il devient l'élève de Marxsen, l'un des meilleurs maîtres du temps, qui se charge entièrement de son apprentissage de pianiste et de compositeur. À quatorze ans, il donne son premier concert public, où il joue une de ses compositions. Cependant, il doit gagner sa vie en « tapant » dans les tavernes du port et en écrivant de la musique de brasserie. L'avenir du jeune Brahms est sombre jusqu'en 1853. Cette année-là, le violoniste hongrois Remenyi lui propose d'être son partenaire pour une tournée de concerts. À cette occasion, il rencontre le célèbre Joachim avec lequel il noue une amitié définitive. Joachim apprécie hautement son talent et le recommande à Liszt et à Schumann. Chez Liszt, il est reçu avec une indifférente bienveillance. Mais Schumann, enthousiasmé par le talent de son jeune confrère, lui offre d'emblée son amitié, son appui et son hospitalité ; dans un article dithyrambique de la *Neue Zeitschrift für Musik* du 23 octobre 1853, il impose son nom à l'opinion publique. Pendant les trois mois qu'il passa à Düsseldorf avec les Schumann, Brahms reçut d'inestimables conseils dans un climat de chaude amitié. Un an plus tard, il revint s'installer à Düsseldorf, à l'annonce des troubles mentaux dont souffrait Robert Schumann. Il y demeura deux ans, jusqu'à la mort de son ami, prodiguant à sa femme Clara le réconfort d'une affection fraternelle et admirative, à laquelle se mêlait peut-être un peu d'amour, affection réciproque, fidèlement entretenue jusqu'à la mort de la célèbre pianiste.

Après 1862, Brahms vécut principalement à Vienne, d'où il entreprit quelques voyages professionnels ou touristiques en Suisse, en Italie, en Allemagne et en Angleterre. À Vienne, il fut pendant quelque temps chef de la Singakademie (1863-1864), puis de la Gesellschaft der Musikfreunde (1872-1875). Mais, à partir de 1875, il consacra presque toute son activité à la composition. En dépit de la caution de Schumann, ses premières œuvres (notamment le *Concerto en ré mineur*) furent accueillies froidement. Mais l'exécution du *Requiem allemand* dans la cathédrale de Brême, en 1868, en présence de Joachim, de Clara Schumann et de nombreuses personnalités musicales venues souvent de loin, fut un triomphe pour le compositeur. À partir de 1860 environ, l'attitude intransigeante de Brahms, dans sa défense du classicisme contre les bouleversements apportés dans la musique par Liszt et Wagner, divisa une partie du monde musical en deux camps hostiles : celui des admirateurs de Wagner (qui comptait le plus grand nombre des jeunes compositeurs qui se voulaient modernes) et celui des défenseurs de Brahms (parmi lesquels Joachim, H. de Bülow et le critique Hanslick). Cette compétition, nuisible à tous, était d'autant plus regrettable que Brahms, sous un extérieur brutal et souvent grossier, était bon, sensible et libéral. Il était suffisamment intelligent pour reconnaître le génie de Wagner, bien que, parmi ses contemporains, il appréciât davantage, par goût personnel, Dvořák, Grieg, Bizet ou le Verdi du *Requiem*. Son mauvais caractère et l'hostilité de quelques adversaires ne l'empêchèrent pas, cependant, de conserver des amis fidèles, d'acquérir une réputation mondiale et d'amasser, en droits d'auteur, un sérieux capital. Après avoir joui toute sa vie d'une santé très vigoureuse, il mourut d'un cancer du foie. À la grande foule qui suivit ses obsèques étaient mêlés de nombreux musiciens. Dvořák tenait un cordon du poêle. Bien qu'il se soit montré souvent très original dans l'utilisation des matériaux traditionnels, Brahms n'est pas un novateur. Il est l'héritier de Haydn, Beethoven et Schubert. Une culture puisée chez les écrivains romantiques est tempérée, chez cet Allemand du Nord, par un goût de l'ordre et du classicisme. Son œuvre marque, comme celles de Bach ou Beethoven, l'apogée d'une époque, l'aboutissement d'une tradition.

Musique vocale. Des grandes œuvres pour chœurs et orchestre, parmi lesquelles *Ein deutsches Requiem* (soprano et basse solos), la cantate *Rinaldo* (ténor solo), *Rhapsodie* avec alto solo (1869), *Schiksalslied, Nänie, Gesang der Parzen*; des chœurs a cappella (*Marienlieder*, motets) ; des quatuors vocaux (*Liebesliederwalzer, Zigeunerlieder*) ; d'innombrables lieder et des harmonisations de chansons populaires. – **Musique symphonique.** Quatre symphonies (1876, 1877, 1883, 1885), deux sérénades, *Variations sur un thème de Haydn*; deux concertos pour piano, un pour violon, un pour violon et violoncelle. – **Musique de chambre.** Deux sextuors à cordes, quatre quintettes (dont un avec piano et un avec clarinette), trois quatuors à cordes, trois quatuors avec piano, des trios, trois sonates pour violon, deux sonates pour violoncelle, deux sonates pour clarinette. – **Piano.** Trois sonates, valses, *intermezzi, capricii*, rhapsodies, danses hongroises, *Variations sur un thème de Schumann, Variations sur un thème de Haendel, Variations sur un thème de Paganini.*

Bretón, Tomás

Salamanque, 29 décembre 1850. – Madrid, 2 décembre 1923.

Élève d'Arrieta au conservatoire de Madrid où il a enseigné à partir de 1901. Il a été un des meilleurs défenseurs de l'opéra espagnol et un des maîtres du *genero chico* de zarzuelas*.

Des opéras (dont *Los amantes de Teruel*), des *zarzuelas* (dont l'excellent *La Verbena de la Paloma*, 1894), quelques œuvres instrumentales.

Bridge, Frank

Brighton, 26 février 1879. – Eastbourne, 10 janvier 1941.

Altiste et chef d'orchestre. Élève de Stanford, il fut l'un des meilleurs compositeurs de mélodies anglaises.

L'opéra *The Christmas Rose*, poèmes symphoniques, *Phantasm* pour piano et orchestre, quatre quatuors à cordes, pièces pour piano et pour orgue, nombreuses mélodies au charme très particulier.

Britten, Benjamin

Lowestoft (Suffolk), 22 novembre 1913. – Aldeburgh, 4 décembre 1976.

Élève de A. Benjamin pour le piano, de Bridge et Ireland pour la composition, il avait reçu ses premières leçons de musique de sa mère, excellente pianiste amateur, à l'âge de quatre ans. La maison de ses parents était située face à la mer, cette mer qui tient une grande place dans sa vie et dans son œuvre (*Peter Grimes* et *Billy Budd*) et auprès de laquelle il a toujours vécu. Son père était dentiste. Pendant ses années de collège, à Gresham's School (Norfolk), il composa, sans grand métier, mais avec une étonnante facilité, un oratorio, une symphonie, des sonates, des quatuors, etc. Ces œuvres innocentes sont restées dans le musée intime, mais Britten en a recueilli plus tard les parties les mieux inspirées pour composer la charmante *Simple Symphony.* De 1939 à 1942, il vécut aux USA, puis il vint s'installer au bord de la mer du Nord, à Aldeburgh (Suffolk), où il créa un festival. Il participa également à la fondation de l'English Opera Group, compagnie lyrique formée d'une douzaine de chanteurs et d'un orchestre de chambre. Pour son premier spectacle, cette compagnie créa en 1946 *The Rape of Lucretia* (*Le Viol de Lucrèce*). La réputation de Britten avait été établie au festival de Salzbourg en 1937 par les *Variations on a theme by Frank Bridge*, mais c'est au théâtre que cette réputation s'est confirmée, après le triomphe, en 1945, de *Peter Grimes.*

Indépendant de toute école et de toute chapelle, Britten est cependant très anglais par sa prédilection pour les voix, son attachement à Purcell et l'influence qu'ont exercée sur son inspiration les formes mélodiques du folklore britannique, par un certain sens de l'humour aussi, qui met sa sensibilité à l'abri de l'emphase.

Opéras. (partie la plus importante de son œuvre) : *Paul Bunyan*, opérette (New York, 1941), *Peter Grimes* (Sadler's Wells, 1945), *The Rape of Lucretia* (Glyndebourne, 1946), *Albert Herring*, opéra-comique (Glyndebourne, 1947), *Let's make an opera*, opéra bouffe avec participation du public (Aldeburgh, 1949), *Billy Budd* (Covent Garden, 1951), *Gloriana* (Covent Garden, 1953), *The Turn of the Screw* (Fenice, 1954), *A Midsummer Night's Dream* (Aldeburgh, 1960), trois paraboles (*Curlewriver*, *Burning fiery entrance* et *The Prodigal son* : Aldeburgh, 1964, 1966, 1968), *Death in Venice* (1973) et une révision du *Beggar's Opera* (Cambridge, 1948). – **Musique vocale.** *Hymne à sainte Cécile* (a cappella), *A Ceremony of Carols* (voix élevées et harpe), *Spring Symphony* (pour ténor, chœurs et orchestre), *Les Illuminations* d'après Rimbaud (pour ténor et cordes), *War Requiem* (pour soli, chœur et orchestre), plusieurs recueils de mélodies et de chansons populaires harmonisées. – **Orchestre.** *A Simple Symphony* (cordes), *Soirées musicales* et *Matinées musicales* (d'après Rossini), *The Young Person's Guide to the Orchestra* (variations instrumentales sur un thème de Purcell), *Variations on a theme by Frank Bridge* (cordes), *Sinfonia da Requiem*, concerto pour piano, concerto pour violon, musique de documentaires. – **Musique de chambre.** Deux quatuors à cordes, *Lacrymae* (pour alto et piano)...

Brixi, František Xaver

Prague, 2 janvier 1732. – Prague, 14 octobre 1771.

Le plus remarquable représentant d'une famille d'organistes, organiste lui-même dans plusieurs églises de Prague, et maître de chapelle à la cathédrale. Comme compositeur, il fut particulièrement prolifique (environ 450 œuvres) dans un style apparenté à celui de Mozart.

Plus de cent messes (dont les délicieuses messes de Noël), cinq *Requiem*, de nombreux offertoires, hymnes et motets, trois concertos pour orgue et orchestre.

Broschi, Riccardo

Naples ?, vers 1700. – Madrid, 1756.

Frère aîné du célèbre castrat Carlo Broschi, dit Farinelli. Élève de Veneziano et Mancini au conservatoire Santa Maria di Loreto à Naples. Il accompagna son frère en Angleterre (1726-1734) et composa des opéras pour lui. Après deux années à la cour de Wurtemberg, il rejoignit Farinelli en Espagne en 1739 et abandonna la musique pour la politique.

Une dizaine d'opéras dont trois seulement subsistent, quelques cantates.

Brossard, Sébastien de

Dompierre (Orne), septembre 1655. – Meaux, 10 août 1730.

Théoricien et collectionneur (sa collection de manuscrits musicaux, léguée en 1726 à Louis XV, est actuellement à la BN). Musicien autodidacte, ordonné prêtre, il fut maître de chapelle, successivement, des cathédrales de Strasbourg et de Meaux (où il fut élu chanoine).

De la musique religieuse (dont les *Élévations et Motets* pour voix et instruments, une messe, des cantates), six recueils d'*Airs sérieux et à boire*, des sonates instrumentales, et un *Dictionnaire de musique* (premier du genre en langue française).

Brown, Earle

Lunenburg (Massachusetts), 26 décembre 1926.

Il étudie d'abord les mathématiques à l'université de Boston, puis s'intéresse à la peinture et à la sculpture (surtout à Pollock et Calder) avant d'étudier la musique, en partie avec Cage. Il déclare avoir été influencé aussi par l'œuvre d'Ives. À partir de 1952 il a été un pionnier des formes ouvertes* et des techniques aléatoires (*Available forms*).

From here (1963) pour chœur et 20 instruments, *Module I et II* (1967) pour 2 orchestres et 2 chefs, *Musique et Available forms* pour orchestre, *Penthatis* pour 9 solistes, un quatuor à cordes, des pièces pour piano, dont *Corrobborree* pour 7 pianos.

Bruch, Max

Cologne, 6 janvier 1838. – Friednau (Berlin), 2 octobre 1920.

Élève de Hiller et de Reinecke. Il fut chef des orchestres philharmoniques de Coblence, de Liverpool et de Breslau, et professeur de composition à la Hochschule für Musik de Berlin. Les compositions pour chœurs et orchestre sont considérées comme le meilleur de son œuvre. Cependant, sa réputation repose presque exclusivement aujourd'hui sur le premier *Concerto pour violon* et sur *Kol Nidrei* pour violoncelle.

Trois opéras, de nombreuses œuvres pour chœurs et orchestre, trois symphonies, trois concertos et un *Konzertstück* pour violon, *Kol Nidrei* pour violoncelle, deux quatuors à cordes.

Bruckner, Anton

Ansfelden (Haute-Autriche), 4 septembre 1824.
Vienne, 11 octobre 1896.

Excellent organiste. D'une famille de musiciens et d'instituteurs, il fit des études à Linz pour devenir lui-même instituteur ; en musique, il fut presque entièrement autodidacte. Bien que n'ayant ni goût ni dons pour l'enseignement, il gagne d'abord très pauvrement sa vie comme maître d'école dans les villages montagnards de Windhag et Kronsdorf, puis dans la petite ville de Saint-Florian près de Linz. Enfin il obtient par concours le poste d'organiste de la cathédrale de Linz (1856). Il fait alors de fréquents voyages à Vienne pour s'y perfectionner dans l'art du contrepoint. Bien qu'il se soit essayé à la composition dès l'âge de onze ans, ses premières œuvres importantes datent de cette période de Linz : il a trente ans passés. En 1865, il assiste à Munich à la première représentation de *Tristan* et rencontre Wagner qu'il admire profondément. En 1868, Wagner l'autorise à exécuter à Linz le finale des *Maîtres Chanteurs*, quelques mois avant la première représentation à Munich. Cette même année, Bruckner s'installe à Vienne où il est nommé professeur au Conservatoire (orgue, harmonie, contrepoint) et organiste de la cour (1868-1891). Il obtient de grands succès comme improvisateur à l'orgue, notamment à Nancy, à Paris (Notre-Dame) et à Londres (Crystal Palace). Mais ses œuvres ne lui valent longtemps qu'échecs et humiliations. Cependant, quelques chefs illustres, dont Richter, Nikisch, Mottl et surtout Mahler, enthousiasmés par ses messes et ses symphonies, entreprendront de faire connaître sa musique aux publics viennois et allemand, malgré l'hostilité d'une bonne partie des musiciens et des critiques de la capitale autrichienne (dont Hanslick et les antiwagnériens). Bruckner mourut à soixante-douze ans, laissant inachevé le finale de sa *Neuvième Symphonie*. La forme et le caractère de ses œuvres l'apparentent au Beethoven de la *Missa solemnis* et de la *Neuvième Symphonie* et au Schubert de la grande *Symphonie en ut*. L'influence de Wagner n'est pas négligeable, notamment sur le plan de l'instrumentation (utilisation de *Wagner-Tuben*), mais on l'a beaucoup surestimée, en considération sans doute de l'admiration de Bruckner pour son illustre contemporain. Il doit surtout beaucoup à sa propre réflexion : en entendant ses symphonies, on évoque ses messes et ses improvisations inspirées (il orchestre souvent en organiste). Les « ineffables longueurs » de ses symphonies exhalent un parfum d'éternité.

Sept messes (dont les plus importantes en *si ♭ majeur, ré mineur, fa mineur*), cinq psaumes, un magnifique *Te Deum* souvent joué comme finale grandiose à sa *Neuvième*

Symphonie, des cantates pour chœur mixte, des chœurs profanes pour voix d'hommes, onze symphonies (dont deux œuvres de jeunesse, sans numéro), un quintette à cordes, des pièces d'orgue et de piano.

Brumel, Antoine

Vers 1460. – Ferrare ?, vers 1525.

Élève d'Okeghem. Maître de chœur à la cathédrale de Chartres, puis à Notre-Dame de Paris, dont il fut chanoine. En décembre 1505, il part pour Ferrare comme maître de chapelle du duc Alfonso Ier il s'y trouve encore en 1520. Entre-temps, il aurait été au service du pape Léon X (1513).

Des messes, motets, *Magnificat*, chansons françaises (Édition complète par l'American Institute of Musicology). Ses plus belles compositions sont dignes de Josquin.

Bruneau, Alfred

Paris, 3 mars 1857. – Paris, 15 juin 1934.

Élève de Massenet. Comme G. Charpentier, il était partisan du naturalisme dans l'opéra. Sans être directement influencé par Wagner dans sa musique, il souhaitait adapter à l'opéra français les principes esthétiques et philosophiques du drame wagnérien, tout en s'inspirant des préoccupations sociales et politiques de son temps. Ami de Zola, il soutint celui-ci dans sa défense de Dreyfus, ce qui lui valut l'hostilité d'une partie du public parisien.

Quatorze opéras (dont le plus célèbre est *Le Rêve* d'après Zola), deux ballets, un *Requiem*, quarante mélodies, plusieurs recueils de critiques (*Gil Blas*, *Le Figaro*, *Le Matin*) et *La Vie et L'Œuvre de G. Fauré.*

Buchner, Hans

Ravensburg, 26 octobre 1483. – Zurich ?, vers 1538.

[ou Johann] Organiste de la cathédrale de Constance. Élève de Hofhaimer. Catholique, il quitta Constance en 1526 en raison de l'extension du mouvement protestant et finit probablement ses jours à Zurich où vivait sa fille.

Motets, lieder et nombreuses pièces d'orgue.

Bull, John

Vers 1562. – Anvers, 12 ou 13 mars 1628.

Organiste et virginaliste, il fut l'un des créateurs de la technique de clavier moderne. Organiste de la cathédrale d'Hereford et de la chapelle royale, il fut nommé professeur de musique à Gresham College sur la recommandation de la reine Élisabeth. En 1601, il voyagea en France et en Allemagne (à Saint-Omer, il tint la gageure d'ajouter, en quelques heures, quarante parties nouvelles à une œuvre à quarante voix). Il quitta l'Angleterre vers 1613 pour échapper, dit-on, aux peines qu'il encourait pour « incontinence, adultère et autres crimes graves ». Il devint alors organiste de l'archiduc Albert, à Bruxelles, puis de la cathédrale d'Anvers. Durant son séjour dans les Flandres, il écrivit une fantaisie sur une fugue de Sweelinck, et Sweelinck cite un canon de Bull dans son traité de composition. Bull fut enterré le 15 mars 1628 dans la cathédrale d'Anvers.
L'écriture de clavier de Bull est exceptionnellement audacieuse pour l'époque (où le passage du pouce n'était pas pratiqué et où l'on ne jouait souvent qu'avec 3 ou 4 doigts de chaque main). Les principaux genres qu'il a illustrés sont la variation, la fantaisie, la musique descriptive (portraits musicaux), les danses (pavanes et gaillardes).

Quelques madrigaux et motets (ou *anthems*), une cinquantaine de pièces pour violes (en manuscrits au Fitzwilliam Museum) et surtout cent cinquante pièces environ pour orgue ou virginal. Ces pièces pour clavier se trouvent, pour la plupart, dans des grands manuscrits collectifs du XVIIe siècle, principalement : le *Fitzwilliam Virginal Book* (publié en 1899 avec 45 pièces de Bull), le *Benjamin Cosyn's Virginal Book* (30 pièces de Bull), la « Tablature de 1629 » (BN Add. ms 23623) (62 pièces de Bull, dont la fantaisie sur une fugue de Sweelinck), les ms 18547 et 18548 de la bibliothèque du Conservatoire de Paris (85 pièces de Bull).

Busnois, Antoine

?, vers 1440 ? – Bruges, 6 novembre 1492.

Prêtre et poète. Élève d'Okeghem. Il fut chantre à la chapelle de Bourgogne de 1467 à 1487. Il fut ensuite rector cantoriae de Saint-Sauveur, à Bruges.

Trois messes à 4 voix, neuf motets, et surtout soixante-dix chansons françaises (dans une écriture polyphonique particulièrement adroite et raffinée).

Busoni, Ferruccio

Empoli (Toscane), 1er avril 1866. – Berlin, 27 juillet 1924.

Pianiste. Fils du clarinettiste Ferdinando Busoni et de la pianiste Anna Weiss. Il fut principalement élève de sa mère et commença dès l'âge de neuf ans (à Vienne où il fut remarqué par Hanslick) une éblouissante carrière de virtuose. Pédagogue remarquable, il fut successivement professeur aux conservatoires d'Helsinki (où il se maria), de Moscou, de Vienne, et à l'Académie des Beaux-Arts de Berlin, puis directeur du Liceo Musicale de Bologne. En 1894, après un séjour de trois années aux USA, il s'installe définitivement à Berlin où, à son activité de pianiste-compositeur, il ajoute celle de chef d'orchestre, pour contribuer à la propagation de la musique nouvelle (dont les deux *Symphonies* de V. d'Indy). Dans son œuvre l'option pour une forme néo-classique fait équilibre au goût romantique des proportions grandioses, des riches harmonies, de l'instrumentation éclatante. On y découvre surtout l'influence de Bach, de Liszt (particulièrement le Liszt des dernières œuvres) et, dans sa musique dramatique, du Verdi de *Falstaff*.

Cinq opéras (dont son œuvre la plus remarquable, *Docktor Faust*), des suites symphoniques, un concerto pour piano (avec des chœurs dans le finale), un concerto pour violon, deux quatuors à cordes, deux sonates pour piano et violon, des œuvres d'orgue, de nombreuses pièces pour piano et de belles transcriptions pour piano des œuvres d'orgue de Bach et de Liszt.

Bussotti, Sylvano

Florence, 1er octobre 1931.

Élève de Lupi au conservatoire de Florence, puis de Max Deutsch à Paris. Il s'est spécialisé dans l'exécution de musiques « gestuelles » ce qui n'ajoute rien, au contraire, à son talent. Guidé par sa fantaisie et sa remarquable intuition, au mépris des tabous et des conventions (d'hier ou de demain), il fait rayonner dans sa musique une fascinante sensualité sonore. À partir de 1966, il a fait de nombreuses mises en scène lyriques.

La Passion selon Sade (Palerme, 1965), *Lorenzaccio* (mélodrame, Venise, 1972), *Nottetempo* (drame lyrique, Milan, 1976), des ballets ; *Voci, Torso, Pièces de chair* et l'étonnant *Rara Requiem* (1969) pour voix et instruments ; concerto pour violon (1998), *Phrase à trois* pour trio à cordes, *Siciliano* pour 12 voix d'hommes, trois *Frammenti all'Italia* pour sextuor vocal, et diverses pièces instrumentales.

Buus, Jacques

Gand ?, vers 1500. – Vienne, août 1565.

Organiste à Saint-Marc de Venise (pour le petit orgue), puis à la cour de Ferdinand Ier à Vienne. Ses *Ricercari* sont très précieux pour l'étude des styles d'interprétation du temps (tablatures d'orgue agrémentées d'une importante figuration).

Motets, madrigaux, chansons françaises et, surtout, œuvres d'orgue (*Ricercari da cantare e sonore d'organo e altri Stromenti... Intabolatura d'organo di Ricercari...*).

Buxtehude, Diderik

Bad-Oldesloe (Holstein), 1637. – Lübeck, 9 mai 1707.

[ou Dietrich] Illustre organiste. Fils de Hans Jensen Buxtehude (1602-1674), qui avait été pendant trente-deux ans organiste à Elseneur. En 1668, il obtint le poste d'organiste de la Marienkirche à Lübeck, poste qu'il conserva jusqu'à sa mort. Sa nomination ayant été soumise à la condition qu'il épouse la fille de son prédécesseur Fr. Tunder, ce qu'il fit, lui-même résolut que son propre successeur deviendrait obligatoirement son gendre : c'est ainsi qu'à tour de rôle Haendel, Mattheson et Bach renoncèrent, de leur plein gré, à l'orgue de la Marienkirche et aux charmes d'Anna Margreta Buxtehude, leur aînée. En 1673, Buxtehude, qui avait acquis comme organiste une grande réputation, reprit les fameuses *Abendmusiken* de Lübeck, grands concerts de musique d'église, qui avaient lieu chacun des cinq dimanches avant Noël après l'office de l'après-midi et dont la tradition établie par Tunder se poursuivit jusqu'au XIXe siècle. Le prestige de ces concerts et de leur chef attira J. S. Bach qui, en 1705, fit à pied le voyage d'Arnstadt à Lübeck ; pèlerinage à l'une des sources principales de la musique d'orgue allemande aux XVIIe et XVIIIe siècles.

Messe, nombreuses cantates, vingt sonates pour violon, basse de viole et clavecin, un grand nombre de pièces d'orgue et de clavecin.

Byrd, William

?, 1543. – Stondon Massey (Essex), 4 juillet 1623.

Organiste et virginaliste. Élève de Tallis. Il occupa successivement les postes d'organiste de la cathédrale de Lincoln (1563-1572) et de la chapelle royale (1572- ? poste qu'il partageait avec Talus). À partir de 1577, il s'installe à la campagne, d'abord à Harlington (Middlesex), puis à Stondon Massey (Essex). En 1575, Tallis et Byrd, en association, obtiennent de la reine Élisabeth un privilège de vingt et un ans (équivalent à un monopole) pour l'édition et la vente de la musique imprimée. La plus grande partie des œuvres de Byrd fut publiée par lui-même et par son successeur Th. Este, auquel il céda son privilège peu après la mort de Tallis. Byrd fut l'un des plus grands compositeurs du XVIe siècle. Génie universel, il excellait dans tous les genres connus de son temps et fut, à certains égards, un novateur. Historiquement, il peut être considéré comme le père de la musique pour clavier. Il fut aussi l'un des premiers à écrire pour une seule voix avec « accompagnement » obligé : pour compléter la polyphonie, il utilisait alors un ensemble de quatre violes, de préférence au luth, l'instrument d'accompagnement par excellence pour Dowland et ses successeurs. Cependant, c'est la musique religieuse de Byrd, digne des plus grands maîtres de la Renaissance, qui constitue la plus haute manifestation de son génie.

Trois messes (3, 4, 5 voix) et quatre *services* anglicans (5 et 8 voix) ; deux cent dix motets latins, dont la plus grande partie fut publiée en recueils sous les titres suivants : *Cantiones quae ab argumento sacrae vocantur* [1575] (avec Tallis), *Cantiones Sacrae* [2 volumes 1589-1591], *Gradualia* [2 volumes 1605-1607] ; soixante-dix *anthems* et psaumes pour le culte anglican et quatre-vingts madrigaux, publiés en grande partie, sans distinction de caractère, dans des recueils où pièces profanes et sacrées se trouvent réunies : *Psalms, Sonets and Songs of Sadnes and Pietie* [1588], *Songs of Sundrie Natures* [1589], *Psalmes, Songs and Sonnets* [1611] ; divers *ayres* anglais, sacrés et profanes (polyphonie vocale et monodie accompagnée) ; environ cent trente pièces pour virginal, en copies manuscrites dans de nombreux recueils collectifs : soixante-dix dans le *Fitzwilliam Virginal Book* (XVIIe siècle), quarante dans *My Ladye Nevells Book* (fin XVIe siècle), trente-quatre dans le *William Forster's Virginal Book* (1624) ; de la musique pour les violes.

C

CABANILLES, JUAN

Algemesi (Valence), 4 septembre 1644. – Valence, 29 avril 1712.

Organiste de la cathédrale de Valence de 1666 à sa mort. Ordonné prêtre en 1668. Élève de Jeronimo de la Torre, il est le plus grand maître espagnol de l'orgue dans la seconde moitié du XVIIe siècle.

Quelques *villancicos* de caractère religieux et une grande quantité de pièces d'orgue : *tientos, tocates, passacalles, gallardas,* dont 4 volumes ont été publiés de 1927 à 1956... Une grande partie de ses œuvres est malheureusement perdue.

Cabezón, Antonio de

Castrillo de Matajudios (Burgos), 1510. – Madrid, 26 mars 1566.

Aveugle depuis son enfance, il apprit à jouer de l'orgue et fut probablement l'élève de l'organiste de Palencia, Garcia de Baeza. Il devint organiste de la chapelle royale de Castille, puis musicien de la chambre de l'empereur Charles Quint. Lorsque celui-ci eut abdiqué en faveur de son fils Philippe II, Cabezón demeura, jusqu'à la fin de sa vie, au service du nouveau souverain, qu'il accompagna dans ses nombreux voyages : ce fut l'occasion de fructueux contacts avec les musiciens des écoles étrangères. Par ailleurs, Philippe II conserva la chapelle flamande qu'entretenait Charles Quint et, lorsqu'il épousa Isabelle de Valois, des musiciens italiens et français se joignirent aux deux chapelles madrilènes, l'espagnole et la flamande.

Mêlé à ce milieu musical cosmopolite. Cabezón devint l'un des plus grands maîtres de la musique pour clavier au XVIe siècle. Son art relève de la tradition instrumentale espagnole, combinée à l'influence de l'école de Josquin. Bien qu'il ait conservé le style et l'écriture de la polyphonie vocale, adaptés au caractère et aux exigences techniques des instruments à clavier, il a contribué pour une part considérable à l'avènement d'une technique d'orgue ou de clavecin spécifiquement instrumentale. Il est probable que Cabezón, dont la musique porte l'empreinte d'une haute spiritualité, soit entré en relation avec les grands mystiques de son temps (il possédait une maison à Avila).

Nombreuses compositions pour instruments à clavier (ou *vihuela* ou harpe) publiées en grande partie par son fils Hernando en 1578 : variations, adaptations d'œuvres vocales, pavanes, *tientos*.

Caccia

Composition vocale, en forme de canon*, très répandue en Italie au XIVe siècle. Le sujet en est habituellement la chasse (*caccia* en italien) ou, par métaphore, la poursuite amoureuse. Contemporaine de l'ancien madrigal* (elle n'en est donc pas l'ancêtre, comme on le dit parfois), la *caccia* était cultivée par la plupart des grands musiciens italiens de l'Ars Nova : Johannes de Florencia (ou Giovanni da Cascia), Gherardello, Jacopo da Bologna, etc. Dans sa forme la plus courante, elle est écrite pour deux voix aiguës (en canon) auxquelles est ajouté un « tenor » instrumental en valeurs longues.

En France, le mot « chasse » est, au XIVe siècle, à peu près synonyme de canon, quel qu'en soit le sujet : certaines œuvres devaient se chanter « en chasse ». Au XVIe siècle, par contre, il désigne de grandes chansons polyphoniques sur le sujet de la chasse, poussant le souci descriptif jusqu'à l'imitation des chiens, des chevaux, des cris des chasseurs, etc. (Janequin). Les compositions les plus célèbres sur le sujet de la chasse, outre les caccie du XIVe siècle, sont : la *Chasse* de Janequin (1529), la *Chasse au cerf* (anonyme, 1540), la *Chasse au lièvre* de Gombert (1545), la *Chasse du cerf* de Morin (cantate, 1708), la cantate *Was mir behagt, ist nur die muntre Jagd* de J. S. Bach (1713), la chasse dans la troisième partie des *Saisons* de Haydn, la *Cantata profana* de Bartók…

CACCINI, GIULIO

Rome, vers 1545. – Florence, 10 décembre 1618.

Célèbre chanteur, attaché à la cour des Médicis, à Florence. Il fréquentait assidûment chez le comte Bardi, mécène érudit qui réunissait dans son palais florentin, de 1576 à 1592, l'élite intellectuelle et artistique. Un vent d'humanisme musical soufflait sur les réunions devenues fameuses de cette « camerata Bardi ». Sous l'impulsion de V. Galilei, qui avait étudié Aristoxène et publié trois hymnes attribués à Mésomède, on se déclarait partisan de la musique monodique des anciens Grecs, dont on supputait le caractère, pour l'opposer à la polyphonie traditionnelle. Caccini, l'un des compositeurs attitrés de la Camerata, faisait entendre des œuvres composées, selon les principes nouveaux, dans un style monodique, essentiellement dramatique, que l'on appela *stile rappresentativo*. Il s'agissait, selon la préface des *Nuove Musiche* de Caccini, de « parler en musique ». On peut voir dans ces essais les premiers pas de la musique dramatique moderne (opéra* et oratorio*). Caccini cependant s'orienta très vite (à la différence de Peri) vers un art mélodique orné, beaucoup plus lyrique que dramatique, qui est à l'origine du bel canto. Dans ses recueils d'airs et de madrigaux (plus encore que dans ses « pastorales en musique »), la partie mélodique comporte des embellissements « expressifs » ou « affectifs » appelés *gorge*, dont l'auteur s'explique dans l'importante préface du recueil de 1601, texte capital pour l'histoire du chant. Caccini passa presque toute sa vie à Florence, à l'exception d'un séjour de plusieurs mois à la cour de France (1604-1605), sur l'invitation de Marie de Médicis.

PASTORALES OU INTERMEZZI. *Dafne* (perdu), *Il Rapimento di Cefalo* en collaboration avec plusieurs autres musiciens (Palazzo Vecchio, 1600). *Euridice* (Palazzo Pitti, 1602). – **RECUEILS D'AIRS ET DE MADRIGAUX.** Dans le style nouveau de la monodie accompagnée (sur l'instrument que l'on voudra : théorbe, chitarrone, clavecin) : *Nuove Musiche* [1601] (airs à une voix et basse continue et madrigaux notés à plusieurs voix), *Fuggi-*

lotio musicale... [1613] (à une et deux voix avec basse continue), *Nuove Musiche e nuova maniera di scriverle* [1614] (à une voix avec basse continue).

CADENCE

Succession harmonique donnant le sentiment d'un repos dans la phrase musicale, d'une « chute » du discours (*cadere* = « tomber »). Dès le XIIe siècle, il existait une théorie rudimentaire des cadences (*clausulae*), qui a contribué, en se développant, à préciser la notion, demeurée longtemps confuse, de tonalité*.

CADENCE PARFAITE (sentiment d'un « . ») : succession dominante-tonique (portant l'accord parfait) (a) (b) :

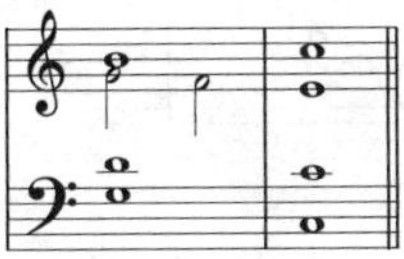

CADENCE IMPARFAITE (sentiment d'un « ; ») : même succession dominante-tonique, mais cette dernière portant l'accord de quarte et sixte.

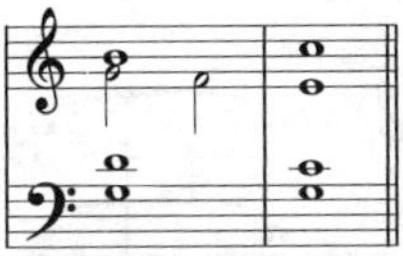

CADENCE PLAGALE (sentiment d'un « ! ») : succession sous-dominante-tonique (s'emploie souvent après la cadence parfaite authentique pour en renforcer l'effet) (f) (i) :

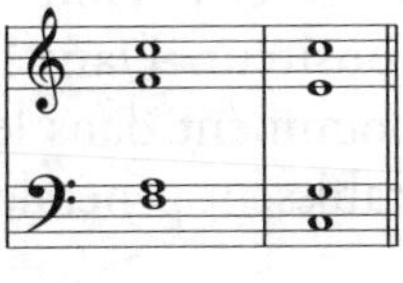

CADENCE PHRYGIENNE (rare) (sentiment d'un « ... ») : formule particulière qui est employée dans l'harmonisation des mélodies en mode phrygien du plain-chant* (c) (d) :

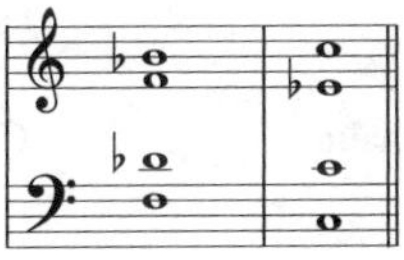

DEMI-CADENCE (sentiment d'un « ? ») : succession d'un degré quelconque (tonique y compris) et de la dominante portant accord parfait (e) :

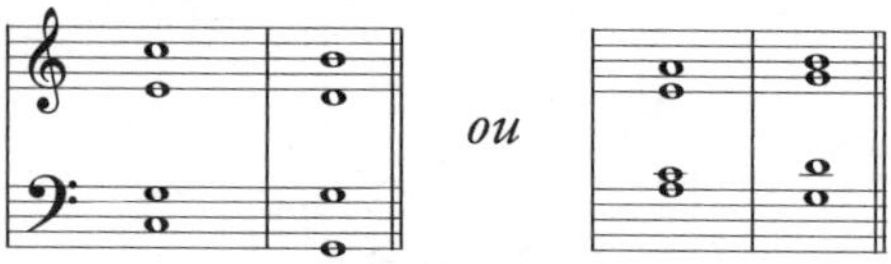

(De même, dans la chanson Malbrough s'en va-t-en guerre, la fin de la ritournelle : Ne sait quand reviendra !...)
CADENCE ROMPUE (sentiment d'un « : ») : succession de la dominante et d'un degré quelconque autre que la tonique (6e degré, le plus souvent), portant l'accord parfait (h) (j) :

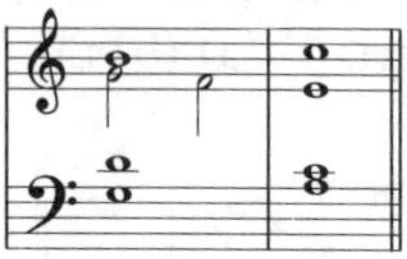

CADENCE ÉVITÉE : succession de la dominante d'un ton et de la dominante d'un autre ton. En fait, ce n'est pas une véritable cadence, car elle ne donne pas le sentiment d'un repos, d'une ponctuation de la phrase musicale, mais plutôt d'un mouvement vers une autre tonalité (a) (g) (voir Modulation*)

Les exemples ci-dessus sont naturellement très simplifiés, les formules de cadences s'agrémentant, dans la pratique, d'appoggiatures, de notes de passage ou d'ornements divers, selon le caractère de l'œuvre et le style personnel du compositeur. Dans la musique polyphonique ancienne, on rencontre (notamment dans le milieu d'une œuvre) des formules particulières qui trahissent généralement l'époque de composition :

14e siècle *16e siècle*

Fin du 1er Kyrie de la *Messe* de Machaut (transcription de A. Machabey).

Cadence typique

On appelle improprement « cadence » un exercice de virtuosité que les interprètes ont le loisir d'introduire vers la fin de certaines pièces instrumentales ou vocales, à l'occasion d'un point d'orgue sur un accord de quarte et sixte. L'usage, dans ces « cadences », est de varier les thèmes principaux de l'œuvre. Au XVIIIe siècle, de tels abus, de telles extravagances rehaussaient l'éclat de ces improvisations, que les compositeurs prirent l'habitude d'écrire eux-mêmes des cadences…, que les interprètes remplaçaient souvent par des compositions de leur cru.

(a) BACH, *Clavecin bien tempéré* (I). Prélude IV, mesures 27-30 et 34-36, cadences évitées ; fin : cadence parfaite majeure (l'œuvre est en do♯ mineur).

(b) BACH, *Clavecin bien tempéré* (II). Fugues 8, 9 et 23, bons exemples de cadences parfaites ; la première majeure dans une œuvre en mineur (fréquent au XVIIIe siècle).

(c) BACH, *Concerto brandebourgeois n° 3*. Exemple de cadence phrygienne dans les deux accords entre les deux mouvements (agrémentée d'une improvisation, dans la version recommandée).

(d) HAENDEL, *Le Messie* (fin de la fugue *And with his stripes*). Autre exemple de cadence phrygienne.

(e) BEETHOVEN, *Cinquième Symphonie* (1er mouvement). Mesures 18-22 : demi-cadence.

(f) BERLIOZ, *Symphonie fantastique* (1er mouvement). Les 15 dernières mesures : succession de cadences plagales.

(g) CHOPIN, *Prélude n° 7*. Les 5 dernières mesures : cadences évitées précédant la cadence parfaite (dominante de si – dominante de mi – dominante de la – la majeur !).

(h) WAGNER, *Le Crépuscule des dieux* (dernier acte). Nombreuses cadences rompues, notamment au dernier mot de Brünnhilde dans la scène finale : … *grüsst dich dein Weib* (effet extraordinaire).

(i) BRAHMS, *Symphonie n° 1* (dernier mouvement). Fin : cadence plagale.

(j) BARTÓK, *Musique pour cordes, percussion et célesta* (4e mouvement). Multiples exemples d'une sorte de cadence rompue, au demi-ton supérieur, caractéristique de la musique de Bartók (mesures 73, 98, 113, 243). Voir Accords*, ex. (h).

CAGE, JOHN

Los Angeles, 15 septembre 1912. – New York, 12 août 1992.

Élève de Cowell et Schoenberg (composition) et de Lazare Levy (piano). Collectionneur d'instruments, passionné par les recherches de timbres, il est l'inventeur de la technique du « piano préparé » (des objets en métal, en bois, en caoutchouc sont insérés entre les cordes pour modifier la hauteur et le timbre). Il est aussi l'un des promoteurs des musiques aléatoires*, particulièrement dans leur aspect négatif (indétermination systématique de certaines fonctions primordiales). Son influence fut importante sur l'évolution des techniques musicales nouvelles ; mais il est surprenant que beaucoup de jeunes musiciens l'aient suivi dans la voie d'un extravagant comportement scénique, et pris au sérieux ses plus délirants canulars.

Nombreuses musiques de scène (la plupart avec « piano préparé »), compositions pour orchestre d'instruments à percussion, concerto pour piano et orchestre, quelques œuvres de musique de chambre et de musique électronique. Des écrits sur la musique, dont l'excellent *Pour les oiseaux.*

Caix d'Herveloix, Louis de

Amiens, vers 1680. – Paris, vers 1760.

Virtuose de la viole de gambe, au service du duc d'Orléans. Un de ses fils et trois de ses filles ont joué du même instrument dans la Musique royale. Plusieurs de ses pièces pour violes sont encore jouées (au violoncelle).

Cinq livres de pièces pour une ou deux violes, un livre de pièces pour deux « pardessus de viole », trois livres de pièces pour flûte.

Caldara, Antonio

Venise, 1670. – Vienne, 28 décembre 1736.

Élève de Legrenzi à Venise, il fut quelque temps chanteur et instrumentiste à Saint-Marc, puis il entreprit une longue série de voyages, notamment à Rome (chez le cardinal Ottoboni), à Vienne, à Madrid, etc. En 1716, il fut nommé second Kapellmeister de l'empereur Charles VI à Vienne (le premier étant J.-J. Fux).
Sa musique réalise une magnifique synthèse du style choral vénitien, du style mélodique et harmonique napolitain et du baroque viennois, qui était alors à son apogée. Son influence sur les musiciens de l'école de Mannheim et sur les musiciens viennois de la génération suivante (notamment J. Haydn) fut considérable.

Environ quatre-vingt-dix opéras, sérénades et cantates dramatiques (ces dernières constituant le plus original de son œuvre) ; d'innombrables arias, madrigaux, canons ; environ trente oratorios ; de nombreuses messes, des motets et compositions religieuses de toutes sortes ; des symphonies, des sonates, des compositions pour clavier.

Cambert, Robert

Paris, vers 1628. – Londres, 1677.

Élève de Chambonnières. Organiste de l'église Saint-Honoré, puis surintendant de la musique d'Anne d'Autriche. À partir de 1658, il s'efforça d'adapter à la langue française le style des nouveaux opéras vénitiens et romains (Cavalli, Cesti, Rossi) qui impliquait la continuité de l'action et l'emploi d'un récitatif mélodique accompagné (*recitativo stromentato*). En association avec l'abbé Perrin, qui lui fournit la plupart de ses livrets, il obtint un privilège pour fonder un théâtre d'opéra destiné à donner des « académies d'opéra ou représentations en musique et en langue françoise, sur le pied de celles d'Italie ». Ce théâtre fonctionna un an (1671-1672) avant d'être mené à la faillite par des commanditaires malhonnêtes. L'abbé Perrin se retrouva en prison et Cambert dut vendre son privilège à Lully qui fit fermer leur théâtre pour ouvrir sa propre Académie royale de musique. Cet échec incita Cambert à partir pour Londres où il fonda, avec son élève Grabu, une Royal Academy of Music qui, semble-t-il, ne lui survécut pas. On ne sait rien des dernières années de sa vie et l'on pense qu'il mourut empoisonné.

Quelques opéras ou « comédies en musique » (*La Pastorale d'Issy, Ariane, Pomone, Les Peines et les Plaisirs de l'amour*), *Ballet et Musique pour le divertissement du roy de la Grande-Bretagne*, un recueil d'*Airs à boire* à 2 et 3 voix.

Cambini, Giovanni Giuseppe

Livourne, 13 février 1746. – Paris, 29 décembre 1825.

Violoniste et altiste. Élève du père Martini. En 1766 ou 1767, un bateau, qui le ramenait de Naples (où avait été représenté sans succès son premier opéra) à Livourne, est capturé par des corsaires qui le vendent comme esclave ; mais il est racheté peu après par un riche Vénitien qui lui rend sa liberté. En 1770, il s'installe à Paris où Gossec fait entendre ses symphonies au « Concert spirituel ».

Environ vingt opéras, soixante symphonies, cent quarante-quatre quatuors à cordes (le meilleur de son œuvre), vingt-neuf symphonies concertantes et environ quatre cents œuvres instrumentales diverses.

Campian, Thomas

Londres, 12 février 1567. – Londres, 1er mars 1620.

Médecin et poète de haute réputation. L'un des meilleurs compositeurs d'*ayres* anglais. Il est possible qu'il ait pris part à l'expédition de lord Essex qui, en 1591, débarqua à Dieppe et assiégea Rouen.

Cinq livres d'*ayres* [1601-1617] (plus de cent airs avec accompagnement de luth) et plusieurs *masques* (tous les poèmes sont de lui).

Campra, André

Aix-en-Provence, 4 décembre 1660. – Versailles, 29 juin 1744.

Fils d'un chirurgien originaire de Turin. Il fut successivement maître de musique aux cathédrales de Toulon, Arles, Toulouse et enfin à Notre-Dame de Paris (1694-1700). En 1697 (*L'Europe galante*), il se tourne vers le théâtre, ce qui lui vaut bientôt d'être déchargé de ses fonctions ecclésiastiques. Il devient alors maître de la musique du prince de Conti, puis maître de la chapelle royale (1723) et directeur musical de l'Opéra (1730). Dans les genres du motet et de la tragédie lyrique, tels qu'ils avaient été illustrés, respectivement, par Delalande et Lully, le génie méridional de Campra introduisit un écho du nouveau style italien, qui s'épanouissait alors dans les oratorios et les opéras d'A. Scarlatti. Il fut d'autre part (*L'Europe galante*, 1697) le véritable créateur de l'opéra-ballet, dont le genre avait pris sa source, deux ans auparavant, dans le *Ballet des saisons* de Collasse. Chronologiquement, les œuvres dramatiques de Campra se situent exactement entre celles de Lully et celles de Rameau, assurant la continuité de l'opéra français entre deux grandes époques. Certaines de ces œuvres se sont maintenues au répertoire de l'Opéra pendant près d'un siècle.

Œuvres dramatiques. (dont neuf furent composées pour le collège de jésuites Louis-le-Grand, la plupart des autres pour l'Opéra) : douze opéras ou tragédies lyriques (dont *Tancrède* et *Camille*), huit opéras-ballets (dont *L'Europe galante* et *Le Carnaval de Venise*), quinze intermèdes, divertissements, etc., cinq arrangements ou pastiches (sur la musique de Lully, Charpentier, Collasse). – **Œuvres religieuses.** Cinq livres de motets, deux livres de psaumes (dédiés à Louis XIV), une messe *Ad majorem Dei gloriam* à 4 voix, un *Requiem*. – **Chant solo.** Trois livres de *Cantates françaises* et des airs dispersés dans plusieurs recueils du temps.

Cannabich, Christian

Mannheim, 28 décembre 1731. – Francfort-sur-le-Main, 20 janvier 1798.

Violoniste et chef d'orchestre, fils d'un hautboïste de l'orchestre de Mannheim. Il fut élève de J. Stamitz qui le fit entrer à treize ans dans l'orchestre palatin. L'Électeur l'envoya étudier à Rome sous la direction de Jommelli. À la mort de Stamitz (1757), il lui succéda comme Konzertmeister, puis en 1774 il fut nommé directeur de la musique instrumentale de l'Électeur, poste qu'il conserva après le transfert de la cour électorale à Munich. Premier grand chef d'orchestre, dans le sens moderne du terme, il fit de l'orchestre de Mannheim le meilleur d'Europe. Mozart, dans plusieurs lettres à son père datées de Mannheim en 1777-1778, décrit la perfection de l'orchestre, ajoutant que Cannabich était le meilleur chef qu'il ait connu.

Environ cent symphonies et ouvertures, environ cinquante quintettes, quatuors, trios et sonates, une quarantaine de ballets (dont plus de la moitié sont perdus).

Canon

Forme la plus stricte d'imitation* polyphonique, qui respecte rigoureusement la règle, le « canon » (*Kannôn* en grec veut dire « règle »). Deux voix ou davantage y superposent des imitations du même thème, « entrant » successivement à intervalles rapprochés ; tant qu'une modification du thème aux différentes parties ne provoque pas la cadence finale où toutes les voix se retrouvent, chacune d'elles, à son tour, reprend le thème du début (canon *ad infinitum*). Dans les compositions de ce type, le terme « canon » désignait à l'origine non seulement la règle, mais aussi l'ensemble des signes régissant les entrées des voix, lorsque celles-ci n'étaient pas mises en partition. L'œuvre elle-même s'appelait caccia*, rota, ronde, chasse, etc., ou même fuga.

Dans sa forme la plus simple (*Frère Jacques*), le canon est « direct à l'unisson » : les différentes voix sont absolument identiques et conservent toujours entre elles le même décalage dans le temps. Si au contraire le canon est « à l'octave » ou « à la quinte », « à la quarte », etc., les voix sont, ou des transpositions* exactes les unes des autres (canon régulier), ou des imitations irrégulières (canon irrégulier). Un canon direct à l'unisson ou à l'octave est toujours régulier ; un canon à la quinte, ou à tout autre intervalle, ne peut l'être *strictement* qu'au prix d'une polytonalité* plus ou moins sensible. Le canon « par mouvement direct » est le plus familier ; mais tous les artifices de l'imitation peuvent aussi être

employés : mouvement contraire, mouvement rétrograde (ou « à l'écrevisse »), augmentation, diminution.
Le canon se distingue de la fugue* à la fois par sa simplicité et par sa rigueur. Sa construction est entièrement déterminée, à l'origine, par l'invention d'un thème en relation avec la formule d'imitation choisie : à aucun moment (si ce n'est exceptionnellement dans la cadence finale) une partie ne peut s'écarter du « canon » choisi, pour répondre aux exigences du contrepoint. Lorsque cette licence est prise, l'imitation canonique a cessé, pour faire place soit à une cadence soit à un développement ; dans le second cas, l'œuvre entière ne mérite pas d'être intitulée canon.
Par extension, on appelle « canon rythmique » la superposition de deux rythmes identiques, décalés dans le temps.
N.B. L'étymologie de canon, l'arme à feu, est l'italien *cannone* : gros tuyau.

⊖→ BACH, *Variations Goldberg.* Les variations dont le numéro d'ordre est un multiple de 3 sont des canons, le premier à l'unisson, chacun des suivants à un intervalle d'un degré supérieur au précédent (3e à l'unisson ; 6e à la seconde ; 9e à la tierce ;... 27e à la neuvième). Les variations 12 et 15 (canons à la quarte et à la quinte) font appel au mouvement contraire. – BACH, *Art de la Fugue.* Canon à l'octave, canon à la douzième, canon par augmentation et mouvement contraire, et canon à la dixième. – FRANCK, *Sonate pour piano et violon* (finale). Canon à l'octave : l'un des plus beaux exemples qui soient. – SCHOENBERG, *Pierrot Lunaire* (n° 18 *Tache de Lune*). Double canon entre piccolo et clarinette d'une part, violon et violoncelle d'autre part ; mesure 10 : mouvement rétrograde.

CANTATE

Littéralement « pièce chantée », par opposition à la *sonata* ou « pièce sonnée ». Le mot cantate (*cantada*) apparaît pour la première fois en Italie au début du XVIIe siècle[1] ; il désigne une pièce vocale assez étendue, écrite pour une ou plusieurs voix, avec accompagnement de basse continue* et parfois de quelques instruments « obligés », les airs et les ensembles alternant avec des récitatifs. L'instrumentation de la cantate s'enrichit au fur et à mesure que se constitue l'orchestre classique, et les chœurs y sont introduits au XVIIIe siècle. Son histoire se confond avec celle de l'oratorio et de l'opéra ; leur origine commune fut l'adoption, vers 1600, conjointement à la basse continue, d'un nouveau style monodique, appelé *stile rappresentativo.* Mais la cantate se distingue des deux autres genres, en principe du moins :

1. *Cantade e arie* (sic), d'A. Grandi (1620) ; l'appellation allemande se rencontre pour la première fois dans le recueil *Arien und Kantaten* (1638).

a. par sa destination (l'usage domestique, puis l'église, puis le concert ; jamais le théâtre) ;
b. par son caractère lyrique, opposé au caractère dramatique et narratif de l'oratorio : les protagonistes sont souvent anonymes et jamais ils ne participent à une action.

Les *Concerti ecclesiastici* [1602] de Viadana, les *Nuove Musiche* de Caccini [1601], les *Varie Musiche* [1609] de Peri et les *Geistliche Concerten* [1618] de Schein peuvent être considérés comme les premiers exemples de cantates, sans en porter le titre ; certains madrigaux de Monteverdi, du sixième et surtout du septième Livre [1614 et 1619] sont conçus dans un esprit analogue. Jusqu'à la fin du XVIIe siècle, l'Italie et l'Allemagne conservent un monopole de la cantate, ou tout au moins de sa dénomination (cantate généralement profane chez les Italiens, sacrée chez les Allemands). Les principaux maîtres en sont alors : d'une part Rossi, Cesti, Carissimi, Cavalli, Stradella et Alessandro Scarlatti (à qui l'on doit plus de cinq cents cantates) ; d'autre part Kittel, Tunder, Buxtehude et Pachelbel auxquels on peut ajouter Schütz pour ses *Geistliche Concerten* [1636-1639]. Cependant, ce que les Français appellent motet (Delalande, Charpentier, Couperin) et les Anglais *anthem* (Gibbons, Blow, Purcell, Haendel) est bien difficile à distinguer de la cantate d'église. Dès le début du XVIIIe siècle, l'italianisme ambiant fit apparaître en France une floraison de cantates et de cantatilles profanes, plus ou moins dans le goût italien (Charpentier, Morin, Campra, Bernier, Rameau), le titre de motet étant toujours réservé à des compositions de plus grande dimension et d'inspiration religieuse. La cantate italienne proprement dite, dont la forme avait été établie par Rossi, Carissimi et Scarlatti, continue, elle aussi, d'être plus souvent profane que sacrée (Vivaldi, Haendel, Durante, Pergolesi). Par contre, la cantate allemande demeure un genre essentiellement religieux, fondé (depuis les œuvres de Tunder) sur le choral luthérien ; les cantates profanes, mises à la mode en Allemagne par Keiser, Mattheson et Telemann, font ici figure de parents pauvres et constituent la partie faible de l'œuvre des compositeurs, même lorsqu'elles sont signées Bach, Haydn (exception faite du chef-d'œuvre intitulé *Les Saisons*), ou Mozart. Il est bien difficile, comme on voit, de définir le caractère et les limites de la cantate. On se retrouve, vers la fin du XVIIe siècle, en présence d'un vaste répertoire disparate de musique vocale non destinée au théâtre, dont la classification peut être faite ainsi (aux exceptions près) :

1. Musique religieuse : les mots *oratorio* en Italie, « motet » en France, *anthem* en Angleterre, *Kantate* en Allemagne, désignent des genres musicalement voisins, souvent confondus, surtout les trois derniers.
2. Musique profane : *cantata* italienne (de caractère lyrique), cantate française (l'apparition d'un élément narratif lui donne souvent l'aspect

d'un petit opéra de salon), auxquelles on peut ajouter le villancico espagnol du XVIIIe siècle.

La brève histoire de la cantate sacrée est dominée par Jean-Sébastien Bach : il surpasse par son œuvre les plus grands de ses contemporains, Mattheson et Telemann, héritiers comme lui de l'art de Schütz, Buxtehude et Pachelbel. On connaît de lui environ deux cents cantates d'église ; une centaine d'autres seraient perdues. Pendant ses premières années de cantorat à Saint-Thomas de Leipzig, il en composa trois cycles annuels : elles étaient destinées à prendre place entre la lecture de l'Évangile et le sermon, après avoir souvent été composées, copiées et répétées dans la semaine ! S'acquittant modestement des devoirs de sa charge, Bach ne dédiait pas ses cantates à la postérité : beaucoup ne furent exécutées qu'une fois. À la fin du XVIIIe siècle, elles étaient toutes oubliées et l'on sait qu'il fallut l'intelligent dévouement de Mendelssohn pour « exhumer » les œuvres de l'illustre cantor à partir de 1829. Certaines grandes œuvres, habituellement considérées comme des oratorios, sont en fait des suites de cantates : par exemple, l'*Oratorio de Noël* de Bach et *Les Saisons* de Haydn.

Au XIXe et au XXe siècle, on intitule cantate, un peu au hasard semble-t-il, des compositions de tout genre : œuvres de circonstance de proportions souvent gigantesques pour soli, chœurs et grand orchestre (Révolution française, cérémonies de l'Empire, anniversaires, victoires, etc.) ; œuvres de caractère théâtral (d'inspiration religieuse ou profane) pour des effectifs analogues ; compositions d'une certaine importance pour chœur a cappella ; œuvres vocales en plusieurs parties avec accompagnement de piano ou d'un petit groupe d'instruments. En 1803, l'Académie des Beaux-Arts institua un concours annuel, supprimé en 1968, pour l'obtention du grand prix de Rome. L'œuvre imposée fut une cantate, d'abord pour une voix et orchestre, puis dans une forme un peu plus compliquée, qui est restée en vigueur en dépit de la désaffection générale : « Le concours définitif consiste à mettre en musique une scène lyrique à deux ou trois personnages. Cette scène devra donner matière à un air ou à un solo plus ou moins développé pour chaque personne, à un duo et, en outre, à un trio, si la scène est à trois voix, ainsi qu'à des récitatifs reliant ces différents morceaux. » Les plus célèbres lauréats furent Berlioz, Gounod, Bizet, Massenet, Debussy, Schmitt. Mais le plus infructueux… Ravel (quatre échecs). Parmi les innombrables compositeurs de cantates des cent cinquante dernières années, il faut citer surtout : Schubert, Schumann, Mendelssohn, Brahms (qui aurait pu baptiser cantate son *Deutsche Requiem*), R. Strauss, Debussy, Schoenberg (*Gurrelieder*), Hindemith, Webern, Prokofiev, Bartók, Honegger, Milhaud, Poulenc, Jolivet, etc.

CANTUS FIRMUS

Thème liturgique ou populaire servant de « tenor » (ou teneur), c'est-à-dire de base et de principe unificateur, à une composition polyphonique. Généralement abrégé et exposé en valeurs longues, il figure théoriquement sans autre modification tout au long de la composition. Le principe du cantus firmus remonte au XIIe siècle. Sa dénomination semble avoir été l'invention des théoriciens, qui furent pratiquement seuls à en faire usage ; on la trouve encore aujourd'hui dans les peu modernes traités de contrepoint où elle désigne le chant donné. Tandis que dans le motet (principalement au XIVe siècle), un cantus firmus liturgique est entouré généralement de mélodies sur des textes profanes, l'inverse se produit dans la messe du XVe et du XVIe siècle : le cantus firmus, joué par des instruments, est très fréquemment emprunté, soit à une mélodie populaire, soit à une composition profane de l'auteur ou d'un de ses amis. Malgré les protestations du concile de Trente, cette union du profane au sacré, dont l'esprit se retrouve en peinture, se perpétua encore dans quelques compositions importantes jusqu'au déclin de la messe polyphonique, et même dans l'œuvre du très romain Palestrina. L'un des thèmes de cantus firmus les plus en vogue fut la célèbre chanson de *L'Homme armé* (Dufay, Okeghem, Obrecht, Brumel, Josquin, Palestrina, Senfl, Morales, etc., et même Carissimi). Fondement de l'édifice polyphonique, auquel il donne généralement son nom (du moins pour les messes des XVe et XVIe siècles), il n'en est pas la mélodie principale, mais plutôt l'infrastructure, le fil conducteur. Son principe survit aux grandes formes de polyphonie vocale, dans la « basse obstinée » des chaconnes et passacailles.

⊖› DUFAY, Messe *Se la face ay pale.* – OBRECHT, Messe *Fortuna desperata.* – JOSQUIN : messe *Pange lingua.* – VICTORIA, Messes et motets (sur mêmes cantus firmus). – PALESTRINA, Messe *Assumpta est Maria.*

CANZONE

(Pluriel : *canzoni*... Ne pas confondre avec *canzona*, pluriel : *canzone* – chanson.) Terme italien servant à désigner deux genres musicaux distincts :

1. Un type de pièce vocale, à 5 ou 6 voix, ressemblant au madrigal et propre à l'Italie du XVIe siècle. Cette *canzone* polyphonique, (ou *canzone alla villanesca*) dont Vecchi est le plus digne représentant, dérive d'une forme poétique d'origine provençale (*canzo* ou *canso*).
2. Un genre instrumental des XVIe et XVIIe siècles, qui trouve son origine dans la chanson polyphonique française (*canzon francese*). Ses

meilleurs représentants sont les Gabrieli, Banchieri, Frescobaldi, Froberger chez qui il se rapproche du ricercare*.

→ GABRIELI, *Canzoni e Sonate.*

CAPLET, ANDRÉ

Le Havre, 23 novembre 1878. – Neuilly-sur-Seine, 22 avril 1925

Ayant obtenu le grand prix de Rome en 1901, il voyagea en Italie et en Allemagne (où il assista, à Berlin et à Dresde, aux concerts de Mottl et de Nikisch). Il fut l'ami de Debussy qui lui confia des transcriptions pour piano d'œuvres symphoniques et la direction de la première exécution du *Martyre de saint Sébastien* (1911). Admirable chef d'orchestre, il dirigea régulièrement à Boston de 1910 à 1914. Depuis 1900, il était directeur de la musique à l'Odéon. Sa musique religieuse (le meilleur de son œuvre) est empreinte d'une très fine et personnelle poésie mystique ; le traitement des voix y est extrêmement adroit.

Le Miroir de Jésus (solo, chœurs, quintette à cordes et harpe), une messe à trois voix, de nombreuses mélodies, de la musique de chambre.

CARDOSO, MANUEL

Fronteira, bapt. 11 décembre 1566. – Lisbonne, 24 novembre 1650.

Après des études musicales et théologiques à la cathédrale d'Evora, il y est nommé très jeune maître de chapelle. En 1589, il entre chez les carmes de Lisbonne. Il sera jusqu'à sa mort directeur musical de la chapelle de l'ordre, puis sous-prieur et, à partir de 1647, vicaire provincial. C'est un des compositeurs les plus remarquables de la célèbre école d'Evora : musique austère d'expression mystique, d'une grande habileté polyphonique.

Cantica Beata Mariae Virginis à 4-5 voix [1613], trois livres de Messes à 4-5-6 voix [1625 et 1636], *Livro de varios motetes, Officio da Semana santa e outras cousas* à 4 voix [1648]...Bon nombre de compositions conservées en manuscrits ont disparu dans le tremblement de terre de 1755.

CARISSIMI, GIACOMO

Marino, 18 avril 1605. – Rome, 12 janvier 1674.

D'abord chantre et organiste au duomo de Tivoli, puis maître de chapelle à Assise jusqu'en 1629 ; il fut ensuite, jusqu'à la fin de sa vie, maître de chapelle de l'église Saint-Apollinaire qui dépendait du Collegium germanicum de Rome. Il y acquit une immense réputation qui lui valut de former de nombreux disciples, parmi lesquels M.-A. Charpentier, J. K. Kerll et, peut-être, A. Scarlatti. Carissimi est le premier grand maître de la cantate profane (à récitatifs et arie) et de l'oratorio latin. Ouvrant la voie à A. Scarlatti, il peut être même considéré comme l'un des créateurs de ces formes qui n'avaient été qu'ébauchées par ses devanciers, particulièrement dans le cadre de l'« Oratorio del Crocifisso », berceau de l'oratorio latin. De plus, il fait preuve d'un sens dramatique très remarquable, d'une imagination toujours en éveil, d'un éclectisme aussi large que possible sur le plan de l'expression mélodique (*recitativo secco*, déclamation mélodique dans l'esprit de Monteverdi, *arie* de tout genre), enfin d'un sentiment véritablement moderne de la tonalité qui place les modulations dans leur juste perspective.

Au moins seize oratorios ou « histoires bibliques » en latin (dont *Jefte*, son chef-d'œuvre), composés pour l'« Oratorio del Crocifisso » à Rome, de très nombreuses cantates de chambre, des messes, des motets.

Carrillo, Julián

Ahualulco, 28 janvier 1875. – Mexico, 9 septembre 1965.

Études à Mexico, Leipzig, Gand. Dès 1895 il s'est intéressé aux petits intervalles (inférieurs aux demi-tons) qu'il a utilisés dans le cadre d'un système personnel appelé *Sonido 13*, à l'aide d'instruments en 1/4, 1/8 et 1/16 de ton.

Trois opéras. Une *Missa de la restauracion de ss Juan XXIII* (1962) pour chœur d'hommes en 1/4 de ton. Six symphonies. Des concertos pour divers instruments. Quatre quatuors à cordes. Des ouvrages théoriques.

Carter, Elliott

New York, 11 décembre 1908.

Élève de Piston et Nadia Boulanger. Master of Arts de Harvard. Critique musical (*New York Herald* et *Modern Music*). Sa musique est d'abord influencée par Stravinsky et Hindemith, puis par la méthode sérielle généralisée.
Son principe de « modulation métrique » à la notation délicate donne à sa musique une souplesse rythmique remarquable, comme dans des sortes de conversations musicales.

Un opéra, *What next ?* (Berlin, 1999) ; des œuvres chorales, des ballets, trois symphonies (dont la troisième pour 3 orchestres), *Double Concerto* pour clavecin, piano et deux orchestres, *Concerto pour piano, Concerto pour orchestre*, quatre quatuors à cordes ; un recueil de ses articles de critiques parus dans le *New York Herald* et *Modern Music.*

Carvalho, João de Sousa

Estremoz, 22 février 1745. – ?, 1798.

Élève du conservatoire Sant' Onofrio de Naples, il fut maître de chapelle du Patriarcat de Lisbonne et maître de musique de la famille royale. C'est l'un des meilleurs compositeurs portugais d'opéras.

Quatorze opéras italiens, de la musique religieuse (dont deux messes), des sonates pour clavecin.

Casella, Alfredo

Turin, 25 juillet 1883. – Rome, 5 mars 1947.

Fils d'un violoncelliste, professeur au Liceo musicale de Turin, et d'une bonne pianiste amateur, il étudie très jeune le piano avec sa mère et fait sa première apparition publique à onze ans. À treize ans, il entre au conservatoire de Paris où il devient l'élève de Diemer (piano) et de Fauré (composition). Jusqu'en 1915, il vit à Paris, fréquentant les milieux musicaux d'avant-garde (et subissant, comme ses camarades français, l'influence de Stravinsky). Par son œuvre, son enseignement, ses écrits, son action en faveur de la musique nouvelle, Casella est le plus important compositeur italien de sa génération.

Trois opéras (dont *La Donna serpente*), quatre ballets (dont *La Giara*) ; *Missa solemnis pro pace* pour soli, chœurs, orchestre et orgue ; plusieurs œuvres pour piano et orchestre (la suite *Scarlattiana*, une *partita*, un concerto pour cordes, piano et percussion), des concertos pour violon, pour violoncelle, pour orgue, un triple concerto pour violon, violoncelle et piano, de nombreuses pièces pour piano, des mélodies, ainsi que des ouvrages sur la musique (Bach, Beethoven, Stravinsky, la musique de piano) et des rééditions modernes d'œuvres de Monteverdi, Vivaldi et Clementi.

Castelnuovo-Tedesco, Mario

Florence, 3 avril 1895. – Los Angeles, 17 mars 1968.

Élève de Pizzetti, il commença sa carrière à quinze ans. Il est devenu l'un des plus admirables compositeurs de mélodies de sa génération, faisant preuve dans le choix des poèmes d'un goût exceptionnel et d'une culture éclectique ; il a notamment composé de la musique pour toutes les chansons des pièces de Shakespeare (sur les poèmes anglais originaux). À partir de 1938, il vécut aux USA où le conduisirent les lois raciales promulguées par Mussolini.

Trois opéras, deux ballets, des ouvertures pour sept pièces de Shakespeare ; trois concertos pour violon, deux pour piano et un pour guitare ; trois *Fioretti* de saint François d'Assise pour voix et orchestre, des chœurs et de nombreuses mélodies (parmi lesquelles douze volumes de *Chansons de Shakespeare*).

Castiglioni, Niccolò

Milan, 17 juillet 1932.

Excellent pianiste. Élève de Ghedini au conservatoire de Milan, puis de Blacher à Salzbourg. En 1967, il a enseigné aux USA. Avec une grande subtilité d'écriture, il propose dans ses œuvres des recherches de timbre extrêmement séduisantes. Il est l'une des plus fortes personnalités de la nouvelle école italienne.

Cinq opéras dont *Sweet* et *Three Miracle Plays* ; deux symphonies, *Décors*, *Synchronie*, *Concertino per la notte di Natale*, pour orchestre ; des œuvres vocales, dont le magnifique *Gyro* pour chœur et instruments à vent ; *Tropi*, *quatre Impromptus* et *Disegni* pour ensembles instrumentaux, de la musique électronique, etc.

Castrats

Sopranos et altos masculins, qui ont conservé leurs voix d'enfant, grâce à une castration opérée avant la puberté. En dépit de la loi et de la morale privée, parents, maîtres de chant et médecins sans scrupule du XVIe siècle et de l'époque « baroque » se mettaient d'accord pour opérer des castrations sur des enfants doués de jolies voix, sous le prétexte de prétendues malformations et avec la conscience de suivre une tradition du chant d'église, qui remonterait, dit-on, aux prêtres de Cybèle ! L'appareil respiratoire se développe normalement, offrant une capacité pulmonaire bien supérieure à ce qui serait nécessaire pour ce type de voix. L'excédent de souffle permet l'exécution de sons filés prodigieux et d'interminables traits ou passages d'une seule haleine. Employés par la chapelle pontificale au XVIe siècle, les castrats règnent sans partage sur les scènes d'opéra jusqu'au milieu du XVIIIe siècle. Ils ont les premiers rôles, de sorte que les héros de la mythologie et de l'Antiquité, Orphée, Thésée, Alexandre, Néron, César, ont obligatoirement des voix de soprano ou d'alto dont ils font d'incroyables prouesses. Le premier rôle important qui ait été confié à un de ces *evirati* fut celui d'Orphée dans l'œuvre de Monteverdi. Le talent de ces virtuoses devait être immense pour qu'on ait supporté leurs exigences et leur extravagant comportement scénique.

Castro, Juan José

Avellaneda (Argentine), 7 mars 1895. – Buenos Aires, 3 septembre 1968.

Élève de V. d'Indy à Paris, il fut directeur musical du théâtre Colón à partir de 1929 et a fait une importante carrière de chef d'orchestre en Amérique latine. Il obtint le prix Verdi en 1951.

Plusieurs opéras, dont *Proserpina y el extranjero* (Scala de Milan, 1952), *Sinfonia biblica* pour chœur et orchestre, un concerto pour piano, de nombreuses œuvres de musique de chambre.

Cavalieri, Emilio de'

Rome, vers 1550. – Rome, 11 mars 1602.

Organiste de l'« Oratorio del Crocifisso » à Rome de 1578 à 1584, puis surintendant des arts à la cour de Ferdinand Ier de Médicis, à Florence, de 1588 à 1596. Là il fréquenta les réunions musicales de la Camerata Bardi (voir Caccini*) et fut peut-être le premier à composer dans le nouveau *stile rappresentativo* ou *recitar cantando*, immédiatement suivi par Caccini et Peri. Il fut aussi l'un des premiers utilisateurs de la basse continue, avant Viadana qui s'en attribuait l'invention. Son œuvre principale, la *Rappresentazione di Anima e di Corpo*, fut exécutée à Rome en 1600, à l'Oratorio della Vallicella institué en 1575 par saint Philippe Neri (1515-1595), le fondateur de la Congregazione dell'Oratorio. Cette communauté a donné son nom au genre de l'oratorio, dont l'œuvre de Cavalieri passe pour être la première illustration. En fait, cette célèbre *Rappresentazione* est une sorte d'opéra sacré, très éloigné de la forme de l'oratorio* classique (Schütz, Carissimi et leurs successeurs), qui est statique par définition. Dans une préface infiniment précieuse, le compositeur donne des indications pour les mouvements scéniques, l'instrumentation, la réalisation de la basse continue, les ornements vocaux. Peri* lui attribue la priorité dans la représentation de mélodrames.

Rappresentazione di Anima e di Corpo (1600), plusieurs pastorales dramatiques (en style nouveau), plusieurs *intermedii* (pièces de circonstance en style ancien), des madrigaux.

Cavalli, Francesco

Crema (Lombardie), 14 février 1602. – Venise, 14 janvier 1676.

Il s'appelait Caletti-Bruni et il était fils du chef de chœurs de la cathédrale de Crema, dont il apprit les premiers rudiments de musique. Un riche patricien vénitien (dont, par reconnaissance, il prit le nom) assura son éducation musicale et le fit entrer dans le chœur de Saint-Marc que dirigeait alors Monteverdi. Il devint plus tard second organiste de la célèbre basilique (1640), puis premier organiste (1665) et enfin maître de chapelle (1668). En 1660, sur la demande de Mazarin, il se rendit à Paris, où il fit représenter *Serse* au Louvre, à l'occasion des fêtes du mariage de Louis XIV.
Cavalli est avant tout un musicien de théâtre. De ce point de vue, son rôle fut presque aussi important que celui de Monteverdi, après lequel il devint le plus grand représentant de l'opéra vénitien au XVIIe siècle. Son art, servi par un génie mélodique particulièrement fécond, marque la transition entre le style dramatique de Monteverdi et le lyrisme du futur opéra napolitain.

Au moins quarante-deux opéras dont *Egisto, Ormindo, Giasone, Calisto* (Venise, 1643, 1644, 1649, 1651) ; une messe, des motets et psaumes (2 à 12 voix), un *Requiem* (8 voix) ; des *canzonette*, des sonates instrumentales.

Cavazzoni, Girolamo

Urbino ?, vers 1500. – Venise ou Mantoue, 1560.

[dit d'Urbino] Organiste. Il fut avec son père un des créateurs de la technique de clavier moderne et de la forme du *canzone* * instrumental. Dans ses *canzoni*, hymnes, *magnificat* et messes, la paraphrase s'affirme comme un genre majeur de l'orgue.

Deux recueils de *Recercari, Canzoni, Himni, Magnificati*, etc. pour orgue, le second comprenant trois « messes » [1542-1543].

Cavazzoni, Marc'Antonio

Bologne, vers 1480. – Venise ou Brescia, après 1559.

[dit da Bologna] Père du précédent. Organiste à la cour de Léon X, puis à la cathédrale de Chioggia et enfin chanteur à Saint-Marc de Venise où il devint ami de Willaert. Il fut le fondateur de l'école d'orgue italienne.

La musique de son recueil est d'une richesse remarquable si on considère sa date de publication. *Motetti* et *Canzoni* sont dans le style traditionnel ; les *Ricercari*, dans une forme plus libre, spécifiquement instrumentale.

Un recueil de *Recercari, motetti e canzoni* pour orgue [1523].

CAZZATI, MAURIZIO

Guastalla (Reggio Emilia), 1620. – Mantoue, 1677.

Maître de chapelle, successivement, à Mantoue, Ferrare, Bergame, Bologne, puis de nouveau à Mantoue (au service de la duchesse Anna Isabella de Gonzague). Maître de G. B. Vitali, il fut le créateur de l'école instrumentale de Bologne.

Oratorios, innombrables compositions religieuses (dont quarante-trois opus publiés), airs et madrigaux (huit opus publiés), compositions instrumentales (huit opus publiés : *Sonate, Canzoni da sonare*...).

CÉLESTA

Petit instrument à clavier, inventé en 1868 par le facteur d'harmoniums Mustel. Il se présente sous la forme d'un tout petit piano droit, d'une étendue de quatre octaves ; sous l'action des touches, les marteaux viennent frapper des lames d'acier, produisant un son doux et cristallin. Une pédale permet de manœuvrer les étouffoirs, comme sur le piano.

⊖▸ TCHAÏKOVSKY, *Casse-Noisette* (Danse de la Fée-Dragée) ; le célesta est traité ici en instrument soliste. – RAVEL, *Ma mère l'Oye* (Laideronette : chiffre 14).

CEREROLS, JUAN

Martorell (Catalogne), 9 septembre 1618. – Montserrat, 28 août 1676.

Moine de l'abbaye de Montserrat, où il a dirigé la célèbre Escolania (qui date au moins du XIIIe siècle) pendant trente ans. Ses élèves ont étendu sa renommée à toute l'Espagne.

(Édition intégrale par D. Pujol) Des messes (dont la célèbre *Missa de Batalla* à 3 chœurs), des hymnes, cantiques, antiennes pour l'office des moines, des *villancicos.*

Certon, Pierre

? – Paris, 22 février 1572.

« Maître des enfants », puis chapelain perpétuel à la Sainte-Chapelle. Ami de Sermisy et de Goudimel. Il obtint une prébende de chanoine de Notre-Dame de Melun (1560) et fut, vers la fin de sa vie, protégé du seigneur de Villeroy. Sa musique religieuse adopte le style traditionnel hérité du siècle précédent. Il est beaucoup plus original dans ses chansons qui obéissent aux principes défendus par la Pléiade pour la parfaite union entre poésie et musique.

Huit messes dans le style de Josquin, environ cinquante motets, cinquante psaumes, plus de deux cents chansons.

Cesti, Pietro Antonio

Arezzo, 5 août 1623. – Florence, 14 octobre 1669.

[dit Marc'Antonio] Il prit l'habit des frères mineurs dès l'âge de quatorze ans, mais il ressort des lettres de son ami Salvator Rosa qu'à la suite d'aventures peu compatibles avec son état il aurait été dégagé de ses vœux. Il fut élève à Rome (1640-1645) d'Abbatini et Carissimi. Appelé à la cour des Médicis à Florence, en 1650, il fut congédié un peu plus tard pour sa conduite inconvenante. Il partit alors comme maître de chapelle à la cour de Ferdinand d'Autriche à Innsbruck, puis à celle de Léopold Ier à Vienne ; mais ses fonctions lui laissèrent le loisir de nombreux voyages en Italie. Avant toutes choses, Cesti s'intéressait au théâtre, auquel il consacra presque toute son activité de compositeur. Ses opéras, créés pour la plupart à Venise, Innsbruck et Vienne, lui valurent une immense renommée. Plus encore que celle de Cavalli, son œuvre représente une évolution vers l'expression lyrique et le bel canto : art de synthèse (des styles de l'opéra vénitien et de la cantate napolitaine notamment) qui ne permet pas de rattacher nettement Cesti à une école régionale italienne.

De ses nombreux opéras, quatorze seulement nous sont connus, dont le célèbre *Pomo d'Oro* (Vienne, 1677) ; motets, cantates de chambre.

Chabrier, Emmanuel

Ambert (Puy-de-Dôme), 18 janvier 1841. – Paris, 13 septembre 1894.

Depuis l'âge de six ans, il avait étudié le piano en amateur et il manifestait des dons remarquables pour la composition lorsque, sur les instances de son père, qui le destinait à l'administration, il entreprit des études de droit. En 1862, il entra au ministère de l'Intérieur, d'où il ne démissionna qu'en 1880 pour se consacrer entièrement à la musique. Entre-temps, il avait étudié la composition avec A. Hignard, musicien obscur, s'était lié d'amitié avec Manet, Verlaine, Duparc et avait composé un petit chef-d'œuvre, débordant de vitalité et d'esprit : *L'Étoile.* Malgré son admiration passionnée pour Wagner, il jette, comme un défi en plein wagnérisme, les traits étincelants d'un esprit français, fait de jovialité, d'humour, de fine sensibilité voilée par l'ironie. L'influence de ce musicien exceptionnel fut considérable sur les compositeurs français des générations suivantes (notamment le groupe des Six et tout particulièrement Poulenc). Ses chefs-d'œuvre sont l'opéra-comique *Le Roi malgré lui* et les *Dix pièces pittoresques* pour piano.

Théâtre. *L'Étoile* (Bouffes-Parisiens, 1877), *Une éducation manquée* (Théâtre des Arts, 1913), *Gwendoline* (Bruxelles, la Monnaie, 1886), *Le Roi malgré lui* (Opéra-Comique, 1887), *Briseis* (inachevé) (Opéra de Berlin, 1899). – **Orchestre.** *España, Joyeuse marche, Ode à la musique* (avec chœurs). – Piano : *Dix Pièces pittoresques* (dont *Sous-Bois, Idylle, Scherzo-Valse* et *Danse villageoise* ont été orchestrés par Chabrier lui-même), *Bourrée fantasque,* cinq pièces posthumes. – **Chant.** Mélodies, « duos bouffes » (inédits).

Chaconne

La chaconne[1] était primitivement une danse populaire espagnole dont la véritable origine est douteuse mais probablement américaine (elle est « venue des Indes », selon un poème de Lope de Vega). Son nom bien espagnol (*chacona*) pourrait être une déformation du mot basque *chacuna* (« joli ») ou du mot français chanson (devenu chacon par suite de mauvaises lectures de manuscrits).

La chaconne apparaît en Espagne à la fin du XVIe siècle : danse à trois temps, animée, licencieuse, associée dans de nombreux textes à une autre danse licencieuse, la sarabande. Dans *La Ilustre Fregona* (vers

1. L'orthographe usuelle de ce mot, avec deux *n,* ne se justifie ni par l'étymologie espagnole (*chacona*), ni par l'italienne (*ciacona*). En vieil anglais, on disait *chacony.* L'omission d'un n n'est donc pas une faute.

1610), Cervantès nous donne une savoureuse description d'une chaconne, dansée par douze laquais et servantes, tandis qu'un muletier chante couplets et refrains, le tout accompagné par les castagnettes. Cette joyeuse danse populaire chantée est introduite en France au début du XVIIe siècle : elle y devient une danse de cour empreinte de gravité ! Dans le *Ballet des fées des forests de Saint-Germain* (1625), dansé par Louis XIII, il y a une *Entrée des chaconnistes espagnols.* Lully introduit des chaconnes dans les finales de ses opéras (chaconnes vives dans l'esprit d'origine) et plus tard Gluck en fait autant dans le finale de son *Orphée.* Dans la musique instrumentale, la chaconne apparaît en Italie d'abord (chez Monteverdi et Frescobaldi, notamment), puis en France, entre 1615 et 1630 : elle s'éloigne de plus en plus de sa source et prend la forme d'une série de variations, le plus souvent sur une basse de quatre à huit mesures (« basse obstinée » ou « ostinato »), tantôt à deux temps, tantôt à trois. Elle ressemble alors comme une sœur à la passacaille. L'ancienne chaconne populaire survécut seulement à Naples, jusqu'au milieu du XVIIIe siècle, sous le nom de *ciccone*; elle y fut ensuite supplantée par la tarantella.

→ PURCELL, *King Arthur*, grande chaconne finale. – BUXTEHUDE, *Deux Chaconnes.* – COUPERIN, *Chaconne.* – BACH : *Partita BWV 1004 pour violon solo en re mineur.* – HAENDEL, *11e Concerto pour orgue en sol mineur* (2e mouvement). – RAMEAU, *Dardanus* (finale). – GLUCK : *Orphée* (finale).

CHAILLEY, JACQUES

Paris, 24 mars 1910. – Montpellier, 21 janvier 1999.

Musicologue. Chef de chœurs (directeur de l'Alauda). Fils d'excellents musiciens ; élève de N. Boulanger, Cl. Delvincourt, H. Büsser (composition), et d'Y. Rokseth pour la musicologie. Spécialiste de la musique médiévale, il fut titulaire de la chaire de musicologie à la Sorbonne, et de la classe d'ensemble vocal au Conservatoire. Il a pris la succession de Daniel Lesur à la direction de la Schola cantorum.

Thyl de Flandre (Opéra, 1953), *Cantique du soleil* pour contralto et orchestre, une symphonie, des musiques de scène, un quatuor à cordes, des mélodies.

CHALUMEAUX

[ou Chalemeles] Famille d'instruments à vent du Moyen Âge, généralement à anche double. Les plus graves sont appelés « bombardes ». Une variété à tuyau plus étroit donnant un timbre voilé est appelée « douçaine ». La « muse » ou « musette » est composée d'un ensemble de 2, 3 ou 4 chalumeaux alimentés par un réservoir en peau, comme les cornemuses d'aujourd'hui. La famille des chalumeaux, bombardes et douçaines est appelée « hautx-bois » à partir du XVe siècle et joue un rôle de plus en plus grand dans la musique de plein air. Au XVIIe siècle, les « hautx-bois et musettes du Poitou » feront partie de la « Grande Écurie ».

Chambonnières, Jacques Champion de

?, 1602. – Paris, 1672.

Claveciniste, fils d'un claveciniste du roi. Il peut être considéré comme le chef de l'école française de clavecin, et son jeu, particulièrement raffiné et subtil, lui valut une réputation considérable dans toute l'Europe. Il succéda à son père comme claveciniste du roi (sous Louis XIII et Louis XIV) et fut quelque temps au service des cours de Suède et de Brandebourg. Dans sa musique, exclusivement destinée au clavecin, il hérite des luthistes et organistes de la génération précédente un style polyphonique dont l'archaïsme est compensé par une luxuriante ornementation et de « modernes » raffinements harmoniques. Toute sa musique se présente sous forme de suites de danses dans la manière des luthistes. Chambonnières fut le maître de Nivers, Cambert, Le Bègue, d'Anglebert, ainsi que des trois premiers Couperin (père et oncles de François « le Grand ») qu'il introduisit à Paris vers 1650.

Pièces de clavecin (deux livres publiés, dont le premier contient une précieuse table d'ornements).

Champagne, Claude

Montréal, 27 mai 1891. – Montréal, 21 décembre 1965.

Élève des conservatoires de Montréal et de Paris. Excellent pédagogue, maître de presque tous les compositeurs canadiens français de la première génération.

Des compositions pour chœurs et orchestre (dont une *Suite canadienne*), nombreuses harmonisations de chansons du folklore, *Symphonie gaspésienne*, concerto pour piano, musique de chambre, pièces pour piano.

CHARPENTIER, GUSTAVE

Dieuze (Lorraine), 25 juin 1860. – Paris, 18 février 1956.

Élève de Massenet au conservatoire de Paris, il remporte le grand prix de Rome en 1887. Son œuvre maîtresse, *Louise*, « roman musical » doit son immense succès à une veine mélodique facile, ainsi qu'au naturalisme et au sentimentalisme du livret (de Charpentier lui-même). Dans la perspective du socialisme naïvement romantique qui inspirait *Louise*, Charpentier fonde, en 1902, le « conservatoire populaire de Mimi Pinson », ayant pour but de doter les ouvrières parisiennes d'un théâtre musical populaire. Il y formera un orchestre de midinettes. En 1913, il est élu au fauteuil de Massenet à l'Institut.

Deux opéras : *Louise* (Opéra-Comique, 1900) et *Julien* (Opéra-Comique, 1913) ; *Impressions d'Italie* pour orchestre, *La Vie du poète* pour soli, chœurs et orchestre, des mélodies, avec accompagnement de piano ou d'orchestre.

CHARPENTIER, JACQUES

Paris, 18 octobre 1933.

Après un séjour en Inde, où la pensée religieuse et la musique classique traditionnelle ont orienté sa propre philosophie musicale, il a été l'élève de T. Aubin et de Messiaen. Il a été successivement inspecteur principal (1966), puis inspecteur général de la Musique (1974) et directeur de la musique au ministère de la Culture (1979-1981). Puis il a été directeur général de la musique de la ville de Nice.

Des compositions religieuses, dont *Te Deum* (1978) et *Messe sur le monde*; un opéra occitan, *Beatrix de Planissolas* (Aix, 1971) ; six symphonies (1958-1979) ; dix concertos pour instruments solistes et cordes, deux concertos pour ondes Martenot ; douze séries de 6 *Études karnatiques* pour piano ; un *Livre d'orgue* (1974).

CHARPENTIER, MARC-ANTOINE

Paris, 1643. – Paris, 24 février 1704.

Élève de Carissimi à Rome, où il demeura plusieurs années. À son retour, il fut invité par Molière, qui venait de rompre avec Lully, à collaborer aux représentations du Théâtre-Français (d'où naquirent les partitions pour *Le Mariage forcé* et *Le Malade imaginaire*). Puis il fut successivement maître de musique de la maison professe des jésuites et de la Sainte-Chapelle, en même temps qu'il enseignait la musique au duc d'Orléans (pour qui il écrivit un traité de composition et d'accompagnement).

Musicien plus cultivé, plus inspiré et plus raffiné que Lully, il avait certainement beaucoup moins le sens du théâtre, ce qui peut expliquer le peu de succès de sa musique dramatique. Son véritable génie se manifeste supérieurement, au contraire, dans la musique religieuse, où il adopte le style italien ; la qualité de son écriture vocale trahit particulièrement l'influence de son maître et des artistes romains.

Théâtre. Des Opéras (*Médée, David et Jonathas, Acis et Galatée*), des tragédies lyriques pour les jésuites, des pastorales, de la musique de scène. – **Musique religieuse.** *Histoires sacrées* (oratorios latins sur des sujets bibliques), douze messes, des cantates, psaumes, motets, *Te Deum, Magnificat, Leçons des ténèbres, Litanies de la Vierge.* – **Musique instrumentale.** *Ballets des saisons, Orphée* (ballet), un concert pour quatre violes, ouvertures, sérénades (28 vol, autographes à la BN).

Chausson, Ernest

Paris, 20 janvier 1855. – Limay, 10 juin 1899.

Après avoir poursuivi des études de droit, il n'entra au conservatoire de Paris (dans la classe de Massenet) qu'à l'âge de vingt-cinq ans. Mais la rigidité de l'enseignement officiel était incompatible avec son caractère ; après avoir été admis dans la classe d'orgue de Franck, il quitta le Conservatoire pour travailler à titre privé avec ce maître, dont le rapprochait plus d'une affinité. Très indépendant dans ses opinions esthétiques, il manifestait un parfait libéralisme à l'égard de celles des autres. De 1888 à sa mort, il s'employa activement, comme secrétaire général de la Société nationale de musique, à faire connaître la musique des jeunes compositeurs français. Il fut pour ses confrères, notamment pour Debussy, un ami extraordinairement dévoué. Chausson est mort à quarante-quatre ans des suites d'un accident de bicyclette (fracture du crâne).

Son œuvre est caractéristique de l'école franckiste, bien qu'on y découvre souvent des traces d'influence wagnérienne (*Symphonie*, par exemple) ; mais elle se distingue par un charme particulier et une harmonie raffinée qui annonce l'impressionnisme.

Le Roi Arthus, drame lyrique (Bruxelles, la Monnaie, 1903), huit motets, *Hymne védique* pour chœur et orchestre, *Poème de l'amour et de la mer* pour une voix et orchestre, symphonie en si ♭, poèmes symphoniques, *Poème* pour violon et orchestre, (son œuvre la plus célèbre), *Concert* pour violon, piano et quatuor à cordes, un quatuor avec piano et un quatuor à cordes (inachevé), de nombreuses mélodies.

Chávez, Carlos

Mexico, 13 juin 1899. – Mexico, 2 août 1978.

De père mexicain et de mère indienne, il étudia de bonne heure la musique avec son frère, puis avec Manuel Ponce. Il composa dès l'âge de dix ans des œuvres académiques, puis romantiques, puis impressionnistes. Mais sa personnalité se révéla lorsqu'il eut découvert, en 1921, son goût pour la musique traditionnelle mexicaine. En 1928, il fonda l'Orquestra sinfonica de Mexico et fut nommé directeur du conservatoire. Son œuvre, dont les caractères dominants sont l'austérité de l'écriture contrapuntique et l'importance des recherches rythmiques (le piano lui-même est souvent traité en instrument de percussion), est d'une remarquable diversité : musique d'inspiration folklorique et musique de machines, musique pure de tendance expérimentale et musique « engagée » reflétant des préoccupations politiques et sociales…

Llamadas (1934, *Sinfonia proletaria* pour chœurs et orchestre), quatre symphonies (dont *Sinfonia India*), quatre ballets (dont *Hija de Colquide*, créé par M. Graham sous le titre *Dark Meadow*), de la musique pour l'*Antigone* de Sophocle, des concertos (pour quatre cors, pour violon, pour piano), *Toccata* pour instruments de percussion, trois quatuors, des pièces pour piano, des mélodies et chansons mexicaines.

Chaynes, Charles

Toulouse, 11 juillet 1925.

Élève de Milhaud. Premier grand prix de Rome (1951). Il a été responsable des programmes de France Musique et chef de la création musicale à Radio-France. Son écriture est librement atonale.

Joie aux âmes (cantate), *Poèmes de Sappho* pour soprano et trio à cordes, une symphonie, deux concertos pour orchestre, plusieurs concertos, *Tarquinia*, pour ondes Martenot, piano et percussion, de la musique de chambre.

Cherubini, Luigi

Florence, 14 septembre 1760. – Paris, 15 mars 1842.

Dès l'âge de six ans, il apprit la musique avec son père, musicien au Teatro alla Pergola, et à seize ans il avait déjà écrit un nombre imposant de compositions religieuses. En 1778, le grand-duc de Toscane l'envoya travailler sous la direction de Sarti à Venise ; il y apprit principalement la rigueur du vieux style polyphonique italien. C'est à cette époque qu'il s'oriente vers le théâtre et commence de composer une série d'opéras dans le style de l'école napolitaine. Il en présente quatre à Londres, en 1784, sans grand succès ; mais il occupe pendant un an le poste de compositeur du roi d'Angleterre. En 1786, il s'installe à Paris et change radicalement sa manière en faveur d'un style d'opéra dramatique et expressif, sur des livrets français, style assez personnel, plus dans la ligne de la réforme gluckiste que dans la tradition picciniste. Le succès de ces œuvres nouvelles fut honorable, mais une situation financière précaire (puis l'antipathie de Napoléon) eut le malheur d'aigrir profondément le caractère de cet atrabilaire. À Paris, cependant, Cherubini fut successivement directeur du théâtre de Monsieur aux Tuileries, inspecteur de l'enseignement au Conservatoire tout récemment organisé, surintendant de la chapelle de Louis XVIII, professeur de composition puis directeur du Conservatoire. En 1805, il s'était rendu à Vienne, où Haydn et Beethoven lui avaient exprimé leur admiration pour ses opéras et sa musique religieuse. Il s'y trouvait lorsque éclata la guerre contre la France ; Napoléon occupa Vienne, et Cherubini fut chargé d'organiser les « soirées » de l'empereur à Schönbrunn (1806). De retour en France, il se consacra presque exclusivement à la musique religieuse. Un portrait de Cherubini par Ingres se trouve au musée du Louvre.

De nombreuses messes (dont deux *Requiem*), motets, œuvres religieuses diverses, dix-sept cantates et œuvres de circonstance (dont la cantate sur la mort de Haydn), treize opéras italiens (dont deux *pasticcios* en collaboration) et dix-huit opéras ou opéras-comiques français (dont quatre en collaboration), de nombreuses romances, airs, duos, des chants révolutionnaires, des œuvres instrumentales, des ouvrages d'enseignement.

Chevalet

Dans la plupart des instruments à cordes, pièce de bois dur qui a pour fonction de transmettre les vibrations à la table d'harmonie. Habituellement les cordes vibrent entre le chevalet et un petit support appelé sillet.

Famille du violon. Le chevalet est une pièce d'érable arquée, assez haute, joliment ajourée (ce qui a pour effet de réduire les harmoniques élevés en augmentant la souplesse) ; il est maintenu en position contre la table par la pression des cordes.

Piano. Long chevalet légèrement sinueux en épicéa, fixé sur la table d'harmonie en diagonale. Comme dans les instruments à archet, les vibrations se transmettent à la table par pression des cordes sur le chevalet.

LUTH ET GUITARE. Chevalet bas qui sert aussi d'attache. Ici les cordes exercent une *tension* sur le chevalet et non plus une pression.

Dans les instruments de la famille des cithares ou *psalterions* (*zither* autrichien, *k'in* chinois, *koto* japonais, *vinā* de l'Inde du Nord, etc.), ainsi que dans certains *virginals* (rectangulaires), les cordes sont parfois tendues entre deux grands chevalets. Le *koto* utilise aussi une série de chevalets mobiles.

CHOPIN, FRÉDÉRIC

Zelazowa-Wola (Varsovie), 1er mars 1810. – Paris, 17 octobre 1849.

[ou Fryderyk] Fils de Nicolas Chopin (1771-1844), professeur français d'ascendance vosgienne installé à Varsovie depuis 1787, et de Justyna Krzyzanowska (1782- ?). Enfant imaginatif, intelligent, doué du sens de l'humour, authentique petit prodige, il écrivait des vers à six ans, publiait sa première polonaise à sept ans et demi et donnait son premier concert public à neuf ans. Après d'excellentes études générales, il devint l'élève de J. Elsner, directeur du conservatoire de Varsovie, pour l'harmonie, le contrepoint et la composition ; au piano, il n'avait plus rien à apprendre et tout ce qu'il savait, il l'avait appris seul ou presque (exception faite des leçons d'un modeste professeur de musique, originaire de Bohême, Wojciech Zywny). Partie des salons de la capitale polonaise, qui s'arrachaient le jeune musicien, sa réputation s'étendit rapidement. Les deux concerts qu'il donna à Vienne en 1829 obtinrent un succès triomphal ; il parvint à y faire publier ses premières compositions, dont les *Variations op. 2* sur *La ci darem la mano*... qui, parvenues entre les mains de Schumann, furent l'occasion du célèbre article où il s'écria : « Chapeaux bas, messieurs, un génie ».
Déjà en pleine possession de son talent, Chopin quitte la Pologne en 1830 pour « un voyage d'étude », après avoir donné trois concerts triomphaux à Varsovie. Il passe par Breslau, Dresde, Prague, Vienne, Munich, Stuttgart (où il est bouleversé d'apprendre la défaite de l'insurrection à Varsovie) et arrive à Paris où, l'année suivante, il décide de se fixer définitivement. Son premier concert parisien (*Concerto en fa*, *Variations op. 2*, etc.) a peu de retentissement, mais la haute société se dispute ses leçons à prix d'or, et Chopin, satisfait de ce genre de vie qui le dote de revenus confortables, renonce presque totalement à une carrière de virtuose peu conforme à son tempérament (dans toute sa carrière, il ne donnera au total qu'une trentaine de concerts). Grâce à Liszt, il fait la connaissance de George Sand. Il la trouve d'abord peu sympa-

thique, mais elle le distrait d'une profonde déception sentimentale (son amour pour la charmante Maria Wodzinska, contrarié par les parents de la jeune fille qu'effrayait la santé déjà incertaine du musicien).

La curiosité que lui inspirait George Sand se transforma bientôt en passion : ce fut le début d'une liaison dont il est difficile d'assurer qu'elle fit le bonheur ou le malheur des intéressés. Ils passèrent l'hiver 1838 à Majorque, dans la Chartreuse de Valdemosa (à environ 10 kilomères de Palma), séjour néfaste pour la santé de Chopin chez qui les symptômes de la phtisie se précisaient. Puis chaque été, ils se retrouvaient à Nohant, près de Châteauroux, où la romancière recevait les plus illustres artistes et littérateurs : Liszt, Delacroix, Balzac, Arago, Quinet... L'objectif de George Sand était de soustraire son musicien à l'atmosphère débilitante des salons parisiens et de lui créer, dans sa propriété, de meilleures conditions de travail : effectivement, il ne sut jamais se concentrer à Paris et une bonne partie de son œuvre fut composée à Nohant. Malheureusement, les soins maternels dont cette femme dévorante entourait son « Chopinet », son « cher malade », eurent de fâcheuses conséquences, non seulement en retirant à Chopin ses possibilités naturelles de défense physique et psychologique, mais encore en créant autour de lui une légende absurde de poète agonisant, dénué de virilité, exhalant une sentimentalité morbide. Les raisons complexes de la rupture qui se produisit en 1847 furent d'ordre familial.

À partir de son installation à Paris (où il vit successivement rue de Chaillot, rue Pigalle, square d'Orléans, place Vendôme), Chopin voyage peu : de courts séjours en Allemagne où il rencontre Mendelssohn et Schumann (il leur accorde son amitié mais ne leur rend pas leur admiration), un séjour à Londres. En 1848, il donne son dernier concert à Paris (il y joue deux œuvres récentes, deux chefs-d'œuvre majeurs, la *Berceuse* et la *Barcarolle*). La même année, une de ses élèves, Jane Stirling, qui rêve de l'épouser, lui organise une tournée de concerts en Angleterre : Londres, Manchester, Glasgow, Édimbourg. L'année suivante, épuisé par la maladie, il meurt dans la nuit du 16 au 17 octobre dans l'appartement du 12, place Vendôme, où il venait de s'installer. Ses funérailles à la Madeleine n'eurent lieu que le 30 octobre, pour permettre d'organiser, selon son désir, une audition du *Requiem* de Mozart. Il fut enseveli au Père-Lachaise et son cœur fut transporté dans l'église de la Sainte-Croix à Varsovie.

Alliant la puissance à la douceur, le raffinement à la virilité, il fut un pianiste extraordinaire, sans doute le plus grand de son temps. Homme cultivé, mêlé à l'élite intellectuelle, il ne laissa jamais, comme le fit Schumann, sa culture littéraire envahir son art. Sa musique, pure et sobre, fait de lui un frère spirituel de Mozart, Schubert et, dans une certaine mesure, Bellini. La mélodie est le principe générateur de son œuvre ; rien n'y est ornementation gratuite, rien n'y est superflu, tout contribue à la beauté du dessin (notamment ces passages en « petites notes », dont on fait si souvent, hélas, des traits de virtuosité). Malgré l'originalité de son invention harmonique, qui annonce parfois Wagner, Brahms et même Bartók, Chopin est à bien des égards un classique. Son style était formé dès 1830 et les seules influences vraiment profondes qu'il ait subies furent celles de la musique polonaise et de J. S. Bach. Il aimait Mozart, mais par-dessus tout il admirait Bach, dont il jouait toujours une page pour lui-même avant chacun de ses concerts. Par contre, il détestait l'outrance d'un Meyerbeer ou même d'un Berlioz ; Beethoven l'impressionnait ; quant à la plupart de ses contemporains, il n'éprouvait pour leur œuvre que de l'indifférence (Bellini figure parmi les rares exceptions). La forme du génie de Chopin, son goût pour la mesure et surtout les racines profondes qui ont toujours fait de lui, face à l'oppression, le symbole du nationalisme polonais…, tout contredit les légendes mièvres et larmoyantes entretenues par d'innombrables « vies romancées » et par tant d'interprétations outrancières.

À l'exception de quelques œuvres de musique de chambre (dont un trio avec piano, une sonate pour violoncelle et piano, des variations pour flûte sur un thème de Rossini) et d'un recueil de dix-sept *Chants polonais*, toute l'œuvre de Chopin est destinée au piano. – **AVEC ORCHESTRE.** Variations sur *La ci darem la mono* (du *Don Juan* de Mozart), deux concertos (*fa* mineur et mi mineur), *Grande Polonaise* en mi ♭. – **PIANO SOLO.** Quatorze *Polonaises* (1817-46), cinquante et une *Mazurkas* (1824-49), vingt-six *Préludes*, dont les vingt-quatre de l'*op.* 28 (1836-39) et deux isolés (1834 et 1841), vingt *Nocturnes* (1827-47), vingt-sept *Études*, dont douze *op. 10* (1829-32), douze *op. 25* (1832-36) et *Trois Nouvelles Études* (1839, pour la méthode de Moscheles), dix-neuf *Valses*, dont deux inédites (1826-48), quatre *Ballades* (1836-42), quatre *Impromptus* (1834-42), quatre *Scherzos* (1835-43), trois *Sonates*, en ut mineur (1828), si ♭ mineur avec la marche funèbre (1839), si mineur (1844), quatre *Rondos*, quatre séries de variations et plusieurs compositions isolées parmi lesquelles la *Fantaisie-Impromptu* (1834), *la Fantaisie op. 49* (1840-41), la *Berceuse op. 57* (1843), la *Barcarolle op. 60* (1845-46).

CHORAL

Luther souhaitait qu'à l'église l'assemblée prît part au chant des hymnes. Jugeant le plain-chant traditionnel trop compliqué pour l'usage des fidèles, il entreprit avec ses principaux collaborateurs, Rupff et Walther, de doter l'église d'un vaste répertoire d'hymnes en langue allemande. Par *Choralgesang*, ils entendaient de façon très générale le chant collectif a cappella. Ce n'est que dans la deuxième moitié du XVIe siècle, lorsque le choral luthérien prit la physionomie très simple que nous lui connaissons, que le terme fut adopté pour désigner le genre particulier de ces chants d'assemblée. Les œuvres des premiers

« auteurs » de *chorals* (parmi lesquels on confond toujours poètes et musiciens) sont rarement des compositions originales. Luther lui-même traduisit, arrangea et adapta des mélodies de diverses provenances plus qu'il ne composa. Parmi les œuvres qui lui sont attribuées (paroles et musique), de façon bien incertaine toutefois, figurent : *Ein feste Burg ist unser Gott*, *Christ unser Herr zum Jordan kam*, *Nun komm der Heiden Heiland* (adapté de l'hymne *Veni redemptor gentium*), *Mit Fried und Freud ich fahr dahin* (de Walther), *Vater unser im Himmelreich*... Pour les autres, Luther et ses successeurs puisèrent dans trois sources principales, adaptant avec adresse les mélodies, tantôt à des paroles nouvelles, tantôt à des traductions ou arrangements des textes originaux.

1. Le plain-chant : *Herr Gott, dich loben wir* (*Te Deum*), *Komm heiliger Geist* (*Veni sancte Spiritus*), *Aus tiefer Not* (*De Profundis*).
2. Les cantiques populaires du Moyen Âge : *Christ ist erstanden* (qui date probablement du XIIe siècle), *Gelobet seist du, Jesus Christ* (Noël), *Christ lag in Todesbanden* (*Victimae Paschali laudes*), *Jesus Christus unser Heiland* (cantique de Hus).
3. Les chansons profanes : *O Christe Morgensterne* (chanson *Er ist der Morgensterne*), *Was mein Gott will*... (chanson française : Il me suffit de tous mes maulx), *O Welt ich muss dich lassen* (célèbre chanson d'Isaac : *Insbruck ! ich muss dich lassen*), *O Haupt voll Blut* (chanson d'amour de Hassler).

Dans les arrangements polyphoniques initiaux, les fidèles se contentaient de chanter la mélodie principale (placée primitivement au ténor) à l'unisson ; en même temps, ils en transformaient peu à peu le rythme, l'épurant en quelque sorte, au point d'obtenir une succession de durées égales dans un tempo lent. Cette simplification est analogue à celle qui s'est opérée dans le « chant grégorien ». Les mélodies, non pas appauvries mais idéalisées, des chorals eurent un rayonnement extraordinaire. La simplicité de leur structure[1], le caractère populaire que surent leur conserver ou leur donner les créateurs du genre (voir Lied*), l'unité de style réalisée par l'interprétation dans les églises évangéliques et les arrangements qu'elle suscita, ont permis à des éléments originellement disparates de constituer un tout homogène. Dans le choral traditionnel, tel qu'il s'est perpétué jusqu'à Bach (Passions et Cantates), les mélodies sont placées à la partie supérieure d'une polyphonie extrêmement simple, parfois note-contre-note.

Du XVIe au XVIIIe siècle, la plupart des compositeurs allemands, parmi lesquels Finck, Hassler, Schütz, Schein, Scheidt, Crüger, Albert, Rosenmüller et J. S. Bach, traitèrent des mélodies de choral en contrepoint libre

---

1. La plus fréquemment adoptée est la forme binaire A A′où A comporte généralement quatre mesures (répétées deux fois) et A′ huit mesures.

(choral figuré), c'est-à-dire dans l'esprit du motet*, soit pour les publier séparément, soit pour les introduire dans des œuvres de plus grande dimension (Passions). C'est dans l'œuvre de Bach que le choral trouve sa plus haute signification : il est l'âme de ses Passions et de ses Cantates. Sous sa forme la plus simple, il se présente comme une pure et sublime méditation (à laquelle participait le public), sanctification de l'œuvre d'art. Sous sa forme figurée, cantus firmus de vastes édifices polyphoniques, il semble représenter la pérennité de l'âme. Dans certaines cantates, Bach utilise non seulement la mélodie, mais aussi le texte d'un choral, qui est le thème de la composition et lui donne son nom. Il en est ainsi par exemple dans les chefs-d'œuvre que sont les cantates *Allein zu dir Herr Jesu Christ* (BWV 33), *Gelobet seist du* (BWV 91), *Lobe den Herren* (BWV 137), *Wo Gott der Herr, nicht bei uns halt* (BWV 178). Depuis la fin du XVIe siècle, clavecinistes et organistes se sont tournés vers le choral (Cabezón, Byrd, Frescobaldi, Sweelinck, Scheidt, Praetorius, Pachelbel, Buxtehude, Bach) ; il est en particulier un fondement de l'école d'orgue allemande qui lui doit d'avoir toujours échappé à la virtuosité gratuite. Les cent quarante-quatre chorals d'orgue de Bach, qu'annoncent les œuvres magistrales de Pachelbel, nous fournissent les plus admirables modèles du genre. Les thèmes de chorals, souvent simplifiés, y sont utilisés de différentes manières : choral « figuré » proprement dit (contrepoints fleuris autour du *cantus firmus*), choral en canon ou fugué, choral à variations. Malgré leur grande beauté, ces pièces furent souvent conçues dans le modeste propos de servir de préludes aux chorals (*Choralvorspiele*) ; certaines étaient destinées à accompagner le chant des fidèles, tels les cent chorals harmonisés à quatre parties que Scheidt publia en 1650 (*Tabulatur-Buch*, sa dernière œuvre d'orgue).

Le génie de Bach semble avoir épuisé la veine. Du moins ses successeurs, pour la plupart, renoncèrent-ils à perpétuer un genre qui paraissait avoir atteint ses limites. Parmi les exceptions figurent César Franck (*Trois Chorals pour orgue*, *Prélude, Choral et Fugue pour piano*), Brahms (onze *Choralvorspiele*, op. 122), Max Reger (quatre-vingt-trois *Choralvorspiele*, op. 67 et 135 ; *Fantaisie sur des Chorals*), Honegger (finale de la *Symphonie pour cordes*).

⊖› PACHELBEL, *Choralvorspiele*. – BUXTEHUDE, quatre *Choralvorspiele*. – BACH, *Passion selon saint Matthieu*. Premier chœur : en plus du double chœur, un groupe de soprani (*soprano ripieno*) chante l'admirable choral de Decius *O Lamm Gottes*... qui plane au-dessus de l'ensemble à partir de la mesure 30. Le célèbre choral *O Haupt voll Blut* de Gerhard (mélodie de Hassler) intervient cinq fois : n°s 21, 23, 53, 63, 72 (partition et disque). Par les changements de tonalités et de subtiles modifications dans l'harmonisation, Bach l'adapte chaque fois à l'actualité du drame de façon saisissante. Le choral n° 31 adopte la mélodie de *Was mein Gott will* (d'après une chanson française). Les chorals n°s 16, 44 adoptent la mélodie de *O Welt ich muss dich lassen* (d'après une chanson d'Isaac). – BACH, *Cantates. Choralvorspiele*. – FRANCK, *Trois Chorals*. – BRAHMS, *Choralvorspiele*.

Chostakovitch, Dmitri Dmitriévitch

Saint-Pétersbourg, 25 septembre 1906. – Moscou, 9 août 1975.

Pianiste et chef d'orchestre. Il fut l'élève de Nicolaïev (piano), de Steinberg et de Glazounov (composition) au conservatoire de Leningrad. Ses dons phénoménaux provoquèrent la stupéfaction de ses maîtres. Sa *Première Symphonie*, qui reste l'une de ses œuvres les plus populaires, fut écrite avant la fin de ses études au Conservatoire ; deux ans plus tard (1927), il recevait du gouvernement la commande d'une symphonie pour commémorer la révolution d'Octobre (*Symphonie n° 2*). C'était, à vingt et un ans, le début de sa carrière officielle de musicien soviétique, mêlé à la vie politique et sociale de son pays. La singularité de cette carrière aura été l'impressionnante alternance d'honneurs et de disgrâces : attaques virulentes de la *Pravda* contre l'opéra *Lady Macbeth de Mtsensk*, en 1936 (après deux ans de succès), prix Staline pour le *Quintette* en 1940, prix Staline en 1942 pour la *Septième Symphonie*, inspirée par la résistance du peuple de Leningrad (son exécution devant les plus hauts dignitaires soviétiques, au moment le plus tragique de la guerre, fut une apothéose) ; attaque virulente du comité central du Parti communiste en 1948 (notamment à propos de la *Neuvième Symphonie* créée en 1945) : on reproche à Chostakovitch son « formalisme », sa « soumission à la décadence bourgeoise », etc. ; retour en grâce et troisième prix Staline en 1949 pour l'oratorio *Le Chant des forêts* et la musique du film *La Chute de Berlin*...

Depuis la mort de Prokofiev, Chostakovitch a été le premier compositeur russe et l'un des plus grands musiciens de notre temps. Mais le meilleur et le pire voisinent dans l'œuvre étrangement disparate de ce compositeur ; on peut en trouver les raisons dans l'interférence irrégulière des éléments idéologiques, mais aussi dans la diversité des influences, musicales et intellectuelles.

Trois opéras (*Le Nez, Lady Macbeth de Mtsensk, Les Joueurs*), des ballets, de la musique de scène et de film, quinze symphonies (1925 à 1972), un concerto pour piano, trompette et cordes, un concerto pour piano, un concerto pour violon, vingt-quatre préludes pour piano, vingt-quatre préludes et fugues pour piano, deux sonates pour piano, de la musique de chambre (dont quinze quatuors à cordes), des mélodies.

Chromatique

1. Genre mélodique des Grecs, dans lequel chaque tétracorde du Grand Système Parfait présente, de l'aigu au grave, la succession d'intervalles : tierce mineure, demi-ton, demi-ton.

2. Se disait au XVIe siècle d'une écriture expressive, « colorée » (χρῶμα) par l'emploi fréquent de notes altérées.
3. Depuis le XIXe siècle, épithète qui s'applique à un intervalle, une gamme, ou un système musical, lorsque des notes placées sur un même degré ne diffèrent que par les altérations.
Ce qui est « chromatique » en musique tend à provoquer un changement de mode ou de tonalité ou, par métaphore, un changement de « couleur » : l'emploi de mots appartenant au vocabulaire des sensations visuelles a toujours tenté les musiciens.

INTERVALLE CHROMATIQUE. Rapport entre deux sons de même nom, dont l'un au moins est altéré. Ex. : ré ♯ – ré ♭ (plus petit que le ton mineur) ou do – do ♯ (1/2 ton chromatique : différent du 1/2 ton diatonique, do – ré ♭). Dans le tempérament il n'y a qu'une sorte de demi-ton.

GAMME CHROMATIQUE. Échelle de sons qui ne présentent entre eux que des intervalles de demi-tons, qu'ils soient chromatiques, diatoniques ou tempérés.

SYSTÈME CHROMATIQUE. Celui qui dérive d'un emploi systématique des intervalles chromatiques. Par extension, une composition ou un fragment de composition où interviennent de nombreuses altérations est dit aussi « chromatique » ; les successions d'intervalles chromatiques y sont appelées « chromatismes ».
Le système chromatique par excellence est le dodécaphonisme*.

→ MONTEVERDI, *Le Couronnement de Poppée* (trio des disciples de Sénèque). – MOZART, *Symphonie en sol mineur* (finale : 2e section). – WAGNER : *Tristan et Isolde.* – CHOPIN, *Étude op. 10, n° 2.* – DEBUSSY, *Prélude à l'après-midi d'un faune.* – SCHOENBERG, *Pièces pour piano.* – BARTÓK, *Musique pour cordes, percussion et célesta* (mouvements 1 et 3). – BERG, *Concerto pour violon.*

CHTCHÉDRINE, RODION

Moscou 1932.

Élève de Chaporine au conservatoire de Moscou. Sa musique est une synthèse du folklore russe, de l'écriture contrapuntique et des acquisitions instrumentales de notre temps.

Six opéras, des ballets, des oratorios, trois symphonies, deux concertos pour orchestre, un concerto pour violoncelle, un concerto pour trompette, trois concertos pour piano, deux sonates et vingt-quatre préludes et fugues pour piano.

Ciampi, Vincenzo Legrenzio

Plaisance ?, 1719. – Venise, 30 mars 1762.

Claveciniste. Élève de Durante et Leo à Naples, il fit représenter dans cette ville ses premiers opéras dès l'âge de dix-huit ans. De 1748 à 1756, il vécut à Londres comme chef d'une compagnie d'opéra italienne. En 1753, il fit un voyage à Paris, où son opéra bouffe *Bertoldo in Corte* fut représenté à l'Opéra (inspirant à Favart une « parodie » qui fut célèbre à l'époque : *Ninette à la cour*). En 1760, il est nommé maestro di cappella à l'Ospedale degli Incurabili de Venise.

Nombreux opéras et opéras bouffes (on en connaît une vingtaine), des œuvres religieuses polyphoniques, de la musique instrumentale (douze sonates pour 2 violons et basse, six sonates pour clavecin, six concertos à 6).

Ciconia, Johannes

Liège, 1335. – Padoue, décembre 1411.

Théoricien. Chanoine à Liège, puis (de 1401 à 1411) à Padoue et Venise. Il fut, dans l'Italie septentrionale, le plus remarquable compositeur de la période qui sépare Landini de Dufay. Sa musique utilise, tantôt le style isorythmique français, tantôt le style italien.

Dix fragments de messe, dix motets et une vingtaine de compositions profanes ont été identifiés.

Cilea, Francesco

Palmi (Calabre), 26 juillet 1866. – Varazza, 20 novembre 1950.

Élève de Cesi (piano) et Serrao (composition) au conservatoire de Naples. En 1897, la création de son opéra *L'Arlesiana* à Milan fut l'occasion du premier grand succès de Caruso.

Des opéras, dont le plus célèbre est *Adriana Lecouvreur* (Milan, 1902), des pièces pour piano, une sonate pour violoncelle et piano.

Cimarosa, Domenico

Aversa (Naples), 17 décembre 1749. – Venise, 11 janvier 1801.

Élève de Fenaroli et, peut-être, de Sacchini, au conservatoire napolitain de Santa Maria di Loreto (1761-1772). Il fit ses débuts à Naples, au moment du carnaval de 1772, avec l'opéra bouffe *Le Stravaganze del Conte* qui obtint un très vif succès. À partir de 1780, il était reconnu partout comme le rival de Paisiello, et ses œuvres étaient représentées non seulement à Naples et à Rome, mais aussi à Venise, Milan, Florence, Paris, Londres, Vienne, Dresde, etc. Appelé par Catherine II à Saint-Pétersbourg, il est, de 1787 à 1791, compositeur de la chambre de l'impératrice et du théâtre impérial. Au retour, il reste une année à Vienne comme Kapellmeister de Léopold II ; il y compose et y fait représenter en 1792, au Burg Theater, son immortel *Matrimonio Segreto* (*Mariage secret*), qui est ensuite représenté plus de cent fois consécutives au Teatro dei Fiorentini de Naples. Stendhal exprimera plus tard, en termes enthousiastes, son admiration pour ce chef-d'œuvre. Pendant l'éphémère « République parthénopéenne » (1799), Cimarosa accepte de diriger l'audition d'un hymne républicain, au cours d'une cérémonie organisée par les Français. Trois mois plus tard, le cardinal Ruffo reprenait la ville et faisait emprisonner le musicien, bien qu'il se fût empressé d'écrire une cantate pour le retour du roi Ferdinand IV. Il fut contraint à quitter le royaume et dut se réfugier à Venise, où il termina sa vie (empoisonné, dit-on). Il fut l'un des plus grands maîtres de l'opéra bouffe napolitain et ses « ensembles » étourdissants sont parfois dignes de ceux de Mozart.

Environ soixante-dix œuvres de théâtre, opéras bouffes pour la plupart (dont *La Finta Parigina, La Vanita delusa, Il Matrimonio segreto, I Traci amanti, Le Astuzie femminili*), six oratorios, sept cantates, des messes et autres œuvres religieuses, trente-deux sonates pour clavecin, un concerto pour piano, un concerto pour hautbois.

Cimbalom

Grand tympanon* d'Europe centrale (Hongrie, Slovaquie, Moravie). Sa dimension, sa forme et sa facture l'apparentent à un piano sans clavier, dont les cordes seraient frappées avec de fines baguettes. Certaines de ses cordes sont divisées en deux ou trois parties par des chevalets, leur permettant de donner trois sons différents.

Les cordes sont triples dans le grave, quadruples dans le medium et quintuples dans l'aigu.

→ Stravinsky, *Ragtime* et *Renard*. – Kodály, *Hary Janos*.

Cirillo, Francesco

Grumo Nevano (Naples), 4 février 1623. – Naples ?

Tenor. Membre de l'Accademia dei Febi Armonici qui fait découvrir l'opéra aux Napolitains en 1651 (représentation de l'*Incoronazione di Poppea*). *L'Orontea* de Cirillo est le plus ancien opéra napolitain qui nous soit parvenu.

Opéras, arrangements et pasticcios.

Cistre

Instrument à cordes pincées, très en vogue parmi les amateurs au XVIe et au début du XVIIe siècle. Issu de la citole médiévale, il s'apparente au luth par sa table et son manche, mais son dos est plat, comme celui de la guitare. Il est tendu de quatre groupes de cordes (3.3.2.2.) jouées avec un plectre.

Cithare

La seule véritable cithare est l'instrument national de la Grèce antique, dérivé de la lyre : caisse sonore tendue de cinq à onze cordes vibrant à vide. Mais, de nos jours, on a pris l'habitude, en France tout particulièrement, de désigner ainsi les instruments à cordes pincées sans manche (psaltérions), depuis des jouets d'enfant sans prétention artistique, jusqu'à de forts beaux instruments comme la « Zither », très populaire depuis longtemps en Autriche et en Bavière, mais révélée au reste du monde par la musique du film *Le Troisième Homme.* Cette « cithare » moderne, qui se joue posée sur une table, est constituée par une caisse de résonance plate, tendue de :

– 5 cordes « mélodiques » sur une touche analogue à celle de la guitare, avec des sillets de divisions par demi-tons.

– 27 à 40 cordes pincées à vide (c'est-à-dire vibrant sur toute leur longueur), accordées par quintes et quartes. La main gauche, placée sur la touche, modifie la longueur des cinq cordes ; le pouce de la main droite (sur lequel est fixé une sorte de plectre) exécute sur ces cordes la mélodie, tandis que les trois autres doigts, à l'exclusion du petit doigt, se chargent de l'accompagnement sur les cordes à vide.

Le plus célèbre virtuose sur cet instrument fut le Viennois Petzmayer (1803-1884). Il ne faut pas confondre la zither et le cistre, instrument tendu de quatre paires de cordes, comme la mandoline, très répandu en

Europe occidentale aux XVIe et XVIIe siècles (*cetra* en italien ; *cither* en allemand).

Clarinette

Instrument à vent de la famille des « bois », à anche* simple et à perce cylindrique, la clarinette fut inventée à Nuremberg vers 1700 par J. Chr. Denner. Elle procédait d'une ancienne famille d'instruments, les chalumeaux français (soprano, alto, ténor, basse) encore employés dans la première moitié du XVIIIe siècle. Dérivés peut-être du chalumeau champêtre en roseau ou de la *ciamarella* italienne, bien que ces instruments soient munis d'une anche double de hautbois, les chalumeaux pouvaient aussi se recommander de l'*arghoul*, très ancien instrument égyptien, dont un spécimen existe au musée du Conservatoire, et de l'*aulos* grec, dont on pense qu'il existait une variété à anche battante. Au lieu d'être enfermée dans une sorte de tube, traversé par le souffle de l'instrumentiste, l'anche de la clarinette fut montée directement sur le bec, l'ensemble étant tenu, comme aujourd'hui, entre les lèvres. L'extrémité fut munie d'un pavillon évasé. L'emplacement des trous fut modifié. Le nombre de clés passa progressivement de deux à six (1791) puis à treize (1812) : c'est alors seulement que l'instrument acquit ses qualités actuelles de justesse et de timbre. Le système Boehm (voir Flûte*) s'est imposé tardivement, non sans difficultés, car les instrumentistes, parfaitement satisfaits de la clarinette traditionnelle à treize clés, souhaitaient que l'on n'en modifiât point le doigté. La clarinette fut utilisée dans l'orchestre pour la première fois par Vivaldi (concertos RV 559, 560) et au théâtre par Rameau (*Zoroastre*, 1749) ; son usage semble avoir été pendant quelque temps une spécialité française, et c'est à Paris que beaucoup de musiciens du XVIIIe siècle en découvrirent les possibilités, notamment Mozart qui en fit l'essai en 1778 dans sa *Symphonie en ré majeur*, dite « parisienne ». L'imperfection de l'instrument, qui ne permettait pas encore de jouer toutes les notes altérées, nécessitait alors d'en fabriquer de diverses tonalités. Parmi ces variantes, le cor de basset, ou clarinette alto, en fa, fut utilisé fréquemment par Mozart, notamment dans le *Requiem* (son invention date de 1770).
Cinq modèles de clarinettes subsistent aujourd'hui. Seule la clarinette en ut fait entendre les notes écrites ; les autres sont des instruments transpositeurs (voir Instrumentation*). Tous sont construits en ébène (en ébonite pour les instruments bon marché). Ce sont :
– La clarinette en mi ♭ ou petite clarinette, à la sonorité crue et mordante (sonne une tierce mineure au-dessus de la notation).
– La clarinette en ut, au timbre brillant, mais parfois vulgaire (instrument très répandu au XIXe siècle, rarement utilisé aujourd'hui).

– La clarinette en si ♭ chaude et lumineuse, à laquelle va la préférence des musiciens actuels (sonne un ton plus bas).
– La clarinette en la, au timbre velouté, parfois dramatique (sonne une tierce mineure plus bas que la notation).
– La clarinette-basse, en si ♭ (rarement en la), aux sonorités graves et puissantes, qui sonne une octave plus bas que la clarinette du même ton. Verdi, dans *Aïda*, fut un des premiers à l'utiliser. La clarinette-basse est munie d'un pavillon métallique recourbé ; son extrémité supérieure est en col de cygne comme le saxophone-ténor. Les clarinettes sont des instruments « quintoyants », c'est-à-dire qu'en forçant le souffle on obtient la douzième (quinte de l'octave du son fondamental, et non l'octave, comme sur les flûtes). Cela est une particularité des tuyaux cylindriques fermés (l'anche se comporte comme une extrémité fermée) où les divisions de la colonne d'air ne peuvent donner que la série des harmoniques* impairs. La série des sons fondamentaux constitue le registre grave de la clarinette, appelé « chalumeau », en souvenir des origines de l'instrument. Le registre obtenu en faisant quintoyer l'instrument s'appelle le « clairon » ; il prolonge le « chalumeau », dont il est la transposition à la douzième supérieure. Le son brillant et cuivré de ce registre (du moins tant qu'une solution de continuité subsistait, avant l'invention de la clarinette à treize clés) a fait adopter le nom de l'instrument (petite « clarine » ou petite trompette).

⊖› MOZART, *Quintette avec clarinette* (clarinette en la). *Concerto pour clarinette* (clarinette en la). – SCHUBERT, *Symphonie en ut* (2e mouvement) ; mesure 17, la clarinette à l'unisson du hautbois. – BERLIOZ, *Symphonie fantastique* (Songe d'une nuit de Sabbat). Mesures 21 et 40 : thème de l'« Idée-Fixe », désidéalisé, « encanaillé », d'abord par la grande clarinette, puis la petite. – BRAHMS, *Première Symphonie* (3e mouvement), thème initial par la clarinette. – RAVEL, *Daphnis et Chloé* : *55*... 158 avec les altos... 160 petite clarinette faisant suite à piccolo. – STRAVINSKY, *Le Sacre du printemps*. Début 4 : petite clarinette (la partie est notée pour un instrument en ré, qui n'est plus utilisé). Rondes printanières 48 : clarinette basse et petite clarinette, à la double octave (la petite clarinette joue le rôle d'une quarte de nasard dans l'orgue). – DEBUSSY, *Iberia*. 4 mesures après 57, dans l'aigu. – PROKOFIEV, *Pierre et le Loup* (personnage du Chat) : clarinette en la.

CLARKE, JEREMIAH

?, vers 1673. – Londres, 1er décembre 1707.

Organiste et chef de chœur à la cathédrale Saint-Paul de Londres. Élève de Blow, sous la direction de qui il chanta comme enfant à la Chapel Royal. Son *Trumpet Voluntary* pour orgue a été attribué à Purcell.

Vingt *anthems*, deux *services*, des odes de circonstance, de la musique de scène, des pièces pour clavecin.

Clavecin

Instrument à clavier et à cordes pincées, que l'on considère trop souvent aujourd'hui comme un objet archaïque « dépassé » par le piano. Rien n'est plus faux, historiquement et techniquement, que l'idée d'une évolution, d'un progrès des instruments à clavier, de la plus minuscule épinette au dernier piano de concert, en passant par le grand clavecin et le clavicorde. Leurs qualités sont absolument différentes, comme leurs destinations.

Les uns et les autres ont un ancêtre commun, le psalterion médiéval, dont les cordes pouvaient être pincées ou frappées et qui, muni d'un clavier, donna naissance à deux familles d'instruments :

1. À cordes pincées : épinette et virginal d'une part, clavecin de l'autre, se distinguant par leurs dimensions et la complexité de leur facture, non par la dignité. Les premiers (à un seul jeu de cordes et au mécanisme simple), aisément transportables, ne furent pas détrônés par le clavecin (on regrette qu'ils l'aient été par le piano).
2. À cordes frappées : « clavicorde » (contemporain du clavecin) et « forte-piano ». La coexistence pacifique de ces deux instruments dura jusqu'au triomphe absolu du piano, au XIXe siècle (C. P. E. Bach trouvait au clavicorde plus de vertus pédagogiques qu'au piano).

Le clavecin est formé d'une caisse ayant les proportions d'une aile d'oiseau (d'où la dénomination allemande de *Flügel*) : le fond est en sapin et les côtés, ou « éclisses », en tilleul. Dans cette caisse est disposée une table d'harmonie en résineux, percée d'une « rose » en ivoire ou en métal, finement ciselée. Sur cette table sont tendus plusieurs jeux de cordes. De petites pièces de bois, les « sautereaux », s'élèvent entre les cordes sous l'action des touches, le bec de cuir (autrefois de plume de corbeau) dont ils sont munis sur le côté accrochant une corde en passant ; un mécanisme ingénieux permet au bec de ne pas accrocher de nouveau la corde lorsque le sautereau retombe. Au XVIIe siècle, âge d'or du clavecin, le clavier comprend généralement quarante-neuf touches (trente et une touches pour les petites épinettes), correspondant à une étendue de 4 octaves 1/2, dont une « octave courte » dans le grave : ce procédé consistait à condenser la dernière octave, en désaffectant quelques-unes de ses touches « noires » (qui sont blanches sur les clavecins) pour qu'elles remplacent des notes manquant dans le grave. Au XVIIIe siècle, on pratiqua sur les anciens clavecins des XVIe et XVIIe siècles l'opération appelée « ravalement » consistant à étendre le grave de ces instruments et à compléter les octaves courtes.

Chaque touche peut actionner un ou plusieurs sautereaux, correspon-

dant à différents jeux de cordes. Ces « jeux », dont la mise en œuvre séparée ou simultanée est commandée par des pédales (depuis le milieu du XVIIe siècle seulement) ou des tirettes, sont désignés, par analogie avec l'orgue, par les longueurs de tuyaux correspondant à leur registre. C'est ainsi qu'au 8′ ou « cymbalum » qui est la base de l'instrument s'ajoutent, dans les grands clavecins :
– un jeu à l'unisson (second 8′) ou « unisonus »,
– un jeu à l'octave supérieur (4′) ou « spinetta »,
– un jeu à l'octave grave (16′) ou « bourdon ».
Toujours à l'imitation de l'orgue, on construit depuis le XVIe siècle des instruments à deux claviers, pouvant s'accoupler. Par la façon dont ils se répartissent la registration, ils suppléent aux nuances dynamiques : l'impossibilité de faire directement un crescendo ou un decrescendo est en effet la faiblesse (ou la force ?) du clavecin comme de l'orgue. Du XVIe au XVIIe siècle, l'esprit inventif des facteurs produisit d'extravagantes merveilles pour enrichir l'instrument : timbres différents obtenus en variant le matériau ou même le mode d'attaque de la corde (archets et roues frottant les cordes, marteaux les frappant comme dans le clavicorde) ; tuyaux d'orgue incorporés à l'instrument (« clavecin organisé ») ; pédales expressives ouvrant une sorte de jalousie devant la table *(Venetian swell)* des clavecins de Broadwood), etc. Toutes ces diableries obtinrent un succès de curiosité mais n'abîmèrent pas, heureusement, les beaux instruments classiques, où le seul artifice subsistant est le « jeu de luth », dont le son court et le timbre voilé sont obtenus en attaquant les cordes d'un 8′ ou d'un 4′ tout près des sillets. Le plus ancien clavecin connu porte comme inscription : *Hieronymus Bononsiensis faciebat Romae MDXXI.* Mais les plus beaux instruments datent de la première moitié du XVIIe siècle, époque où travaillait la célèbre famille Ruckers : parfaite qualité musicale, excellence de la mécanique, beauté des formes et des décorations (souvent signées des plus grands peintres du temps). Le XVIIIe siècle est l'époque des ravalements de clavecins anciens et de la construction d'instruments à grosses cordes et à boîtes expressives, imitant maladroitement le piano : c'est la décadence. Une renaissance du clavecin et de sa facture s'est fait jour au XXe siècle où de beaux instruments sont fabriqués par Pleyel, Wittmayer, Neupert, etc. Le grand clavecin Pleyel comporte deux claviers (soixante et une touches chacun) : le premier fait parler un 8′, un 4′ et un 16′ (à cordes filées), le second un 8′ (soit en jeu normal, soit en jeu de luth). Sept pédales permettent d'introduire ou de supprimer les divers jeux, d'accoupler les deux claviers et de mettre la sourdine sur le 8′ du clavier II.
Jusqu'au milieu du XVIIIe siècle, le clavecin eut une triple fonction : de directeur (le chef était au clavecin), d'accompagnateur, d'instrument concertant. Comme accompagnateur, il paraissait aussi bien à l'église

qu'au théâtre (C. P. E. Bach le confirme dans son *Versuch über die wahre Art...*), contrairement à ce que pensent beaucoup d'organisateurs de concerts spirituels aujourd'hui. Il partageait avec l'orgue, selon le caractère de l'ouvrage, la charge de réaliser la basse continue*. Il devint ensuite essentiellement concertant avec une prépondérance sur ses coéquipiers, prépondérance qu'il légua au piano naissant : on composait ainsi, dans la seconde moitié du XVIIIe siècle, beaucoup de « pièces de clavecin avec accompagnement de divers instruments » ou « sonates pour le clavecin ou le forte-piano avec accompagnement de violon » (voir Sonate*). Le XIXe siècle rétablira, dans le cadre de la sonate, ou du concerto à plusieurs solistes, une parfaite égalité dans l'esprit concertant. *L'Art de toucher le clavecin* de Couperin, la Préface aux *Pièces de clavecin* (1724) de Rameau et le *Versuch über die wahre Art das Clavier zu spielen* de C. P. E. Bach donnent tous trois de précieux avis sur le jeu de l'instrument : il y est principalement question d'éviter la sécheresse, la dureté, par l'exercice d'un jeu fin, souple, bien lié... Avis aux pianistes qui jouent sur leur instrument les œuvre des clavecinistes !

⊖▸ **SOLISTE.** BULL, pièces de clavecin. – BYRD, pièces de clavecin. – COUPERIN, pièces de clavecin. – RAMEAU, pièces de clavecin. – BACH, *Clavier bien tempéré.* – SCARLATTI, sonates. – POULENC, *Concert champêtre.* – LIGETI, *Continuum.* – **DANS L'ORCHESTRE.** BACH, *Concertos brandebourgeois.* – FALLA, *Concerto pour clavecin et cinq instruments, Le Retable de Maître Pierre.*

CLAVICORDE

Instrument à clavier à cordes frappées, à peu près aussi ancien que le clavecin, C. P. E. Bach vantait ses qualités pédagogiques (voir description à la rubrique Piano*).

⊖▸ C. P. E. BACH, *Fantaisies.* – W. F. BACH, *Fantaisie.*

CLÉ

Signe que l'on place au début de la portée pour préciser la valeur d'intonation des lignes et dont le principe remonte au Xe siècle (voir Notation*). Les trois clés usuelles sont la clé de sol-2e ligne, la clé d'ut-3e ligne et la clé de fa-4e ligne ; voici un même ut, représenté successivement dans ces trois clés :

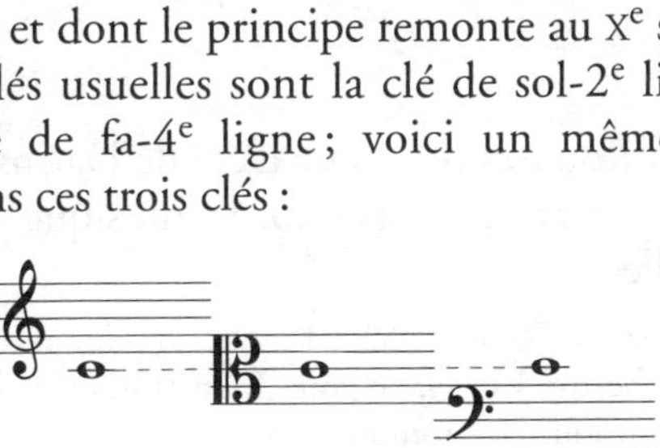

Le dessin de ces clés est issu de la stylisation et de la déformation des lettres-clés médiévales (*claves signatae*) empruntées à la notation* alphabétique : G = SOL, C = UT, F = FA.

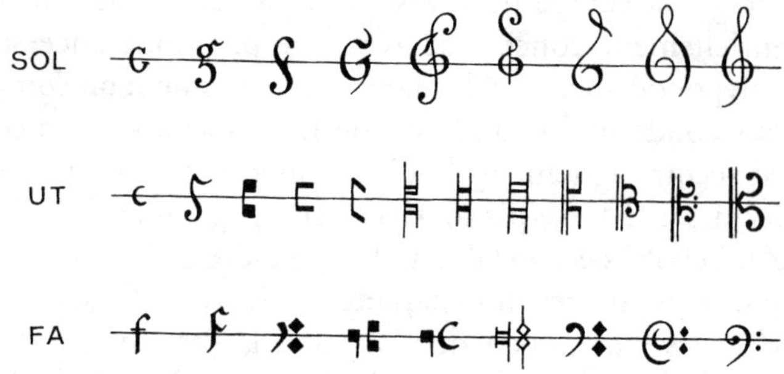

On appelle « armure » de la clé l'ensemble des signes d'altération* placés au début de la portée, selon la tonalité.
On appelle également clé le mécanisme qui, dans certains instruments à vent, sert à ouvrir ou fermer les trous latéraux (flûte, hautbois, clarinette, basson, etc.).

Clemens non Papa

Ypres, vers 1500. – Dixmude, vers 1556.

[Jacques Clément] Maître de chant à Bruges (Saint-Donatien). Il prit vers 1546 le surnom sous lequel il est passé à la postérité, sans doute pour se distinguer du poète Jacques Clément, natif d'Ypres, qui, ordonné prêtre, fut appelé « père Clément » ou *Clemens Papa* (et non, comme on l'affirme généralement, pour se distinguer du pape Clément VII, mort dix ans plus tôt).

Quinze messes, environ deux cent trente motets et de très nombreuses chansons polyphoniques dispersées dans la plupart des recueils du temps.

Clementi, Aldo

Catane, mai 1925.

Élève de Petrassi à Rome et des cours d'été de Darmstadt. Depuis 1967, il enseigne au conservatoire de Pesaro. Sa musique se rattache aux tendances post-sérielles.

Collage 1 (Action Musicale, Rome 1962) ; *Variante A* pour chœur et orchestre, *Episodi* et *Informel 3* pour orchestre, *Variante B* pour 36 instruments, des pièces pour piano et pour clavecin, de la musique électronique.

Clementi, Muzio

Rome, 23 janvier 1752. – Evesham (Worcestershire), 10 mars 1832.

Illustre pianiste. Enfant prodige, il était organiste à neuf ans et compositeur à douze (pièces polyphoniques, oratorio, messe à double chœur). En 1766, un gentilhomme du Dorset l'invita à parfaire sa culture musicale et générale en Angleterre. Il obtint un immense succès de virtuose, s'établit à Londres en 1773, y donna des récitals et dirigea pendant trois ans l'Opéra-Italien. En 1781, il entreprit une vaste tournée de concerts, qui le conduisit à Paris, à Munich et à Vienne, où l'empereur l'engagea dans une sorte de compétition musicale avec Mozart, compétition d'où il semble que personne ne soit sorti vainqueur. À son retour à Londres, il fut associé dans une affaire d'édition et de facture de pianos, puis s'installa à son compte en créant la florissante maison Clementi and Co. En 1802, il se rendit à Saint-Pétersbourg avec son élève Field et fit encore de nombreux voyages en Europe (Russie, France, Italie, Allemagne...). Son génie pédagogique et pianistique fait trop souvent oublier la qualité de ses compositions, dont certaines sont dignes de Haydn.

Plus de cent sonates (soixante-quatre pour piano, les autres pour piano et divers instruments), *Gradus ad Parnassum* (cent études pour piano), de nombreuses pièces isolées pour piano, quelques symphonies et ouvertures.

Clérambault, Louis-Nicolas

Paris, 19 décembre 1676. – Paris, 26 octobre 1749.

Organiste. Fils d'un membre des « vingt-quatre violons », Dominique Clérambault, mort en 1704. Élève de J.-B. Moreau et de A. Raison, il succède à celui-ci à l'orgue des jacobins de la rue Saint-Jacques ; puis il succède à Nivers en 1715 à la tribune de Saint-Sulpice. Clérambault a joué un rôle important dans l'histoire musicale en adaptant au goût français les formes de la cantate et de la sonate italiennes.

Cinq livres de *Cantates françaises* (le meilleur de son œuvre), *Histoire de la femme adultère* (oratorio), *Le Soleil vainqueur des nuages* (sorte de cantate allégorique avec représentation scénique) et plusieurs autres œuvres pour la scène ; des motets, des pièces d'orgue et de clavecin.

Cluster

Mot anglais, qui signifie « grappe », « amas ». En musique, il désigne littéralement une grappe de sons. Expérimentés d'abord sur le piano, dès 1919, par plusieurs musiciens américains, dont Charles Ives (grappes de notes exécutées avec le plat de la main ou l'avant-bras), ils furent fréquemment utilisés par les musiciens de jazz. Plus tard, le procédé s'est étendu à l'orchestre et aux chœurs. Les clusters peuvent alors se concevoir comme une nébuleuse de sons indéterminés en hauteur (pouvant donc présenter entre eux des micro-intervalles), l'intonation étant libre et mobile à l'intérieur d'un intervalle choisi. Si cet intervalle est sol-si, la notation est la suivante :

⊖ LIGETI, *Atmosphères.* – PENDERECKI, *Passion.*

Coleridge-Taylor, Samuel

Londres, 15 août 1875. – Londres, 1er septembre 1912.

Fils d'un médecin noir, originaire de Sierra Leone, qui avait épousé une Anglaise. Élève de Stanford ; c'est pendant ses années d'étude au Royal College of Music qu'il écrivit la première partie (*Hiawatha's Wedding Feast*) de son œuvre maîtresse, une grande trilogie intitulée *Song of Hiawatha.* En 1904, il devint chef de la Haendel Society.

Un opéra (*Thelma*), des grandes œuvres chorales (dont *Song of Hiawatha,* trilogie pour solo, chœurs et orchestre), musique de scène, *Symphonic Variations on an African Air,* concerto et sonate pour violon, pièces pour piano (dont vingt-quatre *Negro Melodies*).

Colin de Blamont, François

Versailles, 22 novembre 1690. – Versailles, 14 février 1760.

Élève de son père (membre de l'orchestre royal) et de Delalande qui lui fit obtenir, en 1719, le poste de surintendant de la musique royale. À la mort de son maître, il lui succéda comme « maître de la musique de la chambre ».

Une dizaine de divertissements et ballets, trois livres de cantates françaises à voix seule, des motets et *Essai sur les goûts anciens et modernes de la musique* où il réfute les idées de Rousseau.

Collasse, Pascal

Reims, janvier 1649. – Versailles, 17 juillet 1709.

Élève préféré de Lully, il collabora à plusieurs opéras de son maître, complétant les partitions qui ne comportaient que la ligne mélodique et la basse continue. Il fut « batteur de mesure » à l'Académie royale de musique ainsi que « maître de la musique et compositeur de la chambre ». À la fin de sa vie, il se ruina en cherchant la pierre philosophale.

Une douzaine d'opéras, *Le Ballet des Saisons* (premier opéra-ballet), des *Motets et Élévations pour la chapelle du roy*, un recueil de *Cantiques spirituels* de Racine, des airs et des vaudevilles.

Colonna, Giovanni Paolo

Bologne, 16 juin 1637. – Bologne, 29 novembre 1695.

Organiste et facteur d'orgues, fils du facteur d'orgues de Brescia, Antonio Colonna. Élève de Benevoli et Carissimi à Rome, il fut organiste et maestro di cappella de San Petronio à Bologne ainsi que de l'église des Filippini (« oratoriens »), Santa Maria di Galliera. Il construisit des orgues à Bologne et à Modène. Parmi ses nombreux élèves figurent Bononcini et Tosi. Couvert d'honneurs il a été inhumé dans la basilique San Petronio. Son œuvre ressortit aux deux styles, *osservato* (traditionnel) et *concertato* (moderne).

Quelques opéras, quinze oratorios, douze recueils de psaumes, des motets, litanies, messes, lamentations (1-8 voix dans l'un et l'autre styles).

Coloratura

Se dit des airs à vocalise et des artistes qui les exécutent (voix féminines plus particulièrement).

Au XIIIe siècle, le terme *color* désignait les embellissements d'une mélodie traditionnelle. À l'époque de la Renaissance, l'organiste allemand Leonhard Kleber dit qu'une pièce est *colloratum* ou *non colloratum*, selon qu'elle est ornée ou non. Le mot est d'ailleurs bien d'origine allemande (*Koloratur*) ; en italien, on aurait dit *colorazione*. Selon le *Traité*

d'Yssandon (1582), les passages ornés s'écrivent en notes de couleur, le texte ordinaire en notes blanches.
La voix de coloratura par excellence est le soprano léger : Lucia di Lammermoor, Lakmé, la Reine de la Nuit (*La Flûte enchantée*), etc.
Mais il existe aussi des voix de soprano dramatique coloratura (Donna Anna de *Don Giovanni* ou Fiordiligi de *Cosi fan tutte*) et même de mezzo coloratura (Rosine du *Barbier*, Cendrillon).

Comes, Juan Bautista

Valencia, 29 février 1568. – Valencia, 5 janvier 1643.

Élève de Perez. Maître de chapelle à la cathédrale de Valence, il est le meilleur représentant de l'école valencienne.

Plus de deux cents compositions sacrées de vastes proportions (4 à 17 voix, parfois avec important accompagnement instrumental).

Comma

De façon générale, on appelle « comma » les petits intervalles, inférieurs au 1/4 de ton, qui apparaissent dans la comparaison d'intervalles très peu différents (tons majeur et mineur, par exemple). Ce ne sont pas des intervalles négligeables comme on le croit souvent. Les commas usuels, supprimés dans le tempérament* égal, sont :
Le comma pythagoricien (531441/524288), dont diffèrent douze quintes de sept octaves, ou six tons majeurs d'une octave.
Le comma syntonique ou de Didyne (81/80), dont diffère le ton majeur du mineur. Ce comma est plus petit que le précédent d'un très petit intervalle appelé « schisma », qui représente environ 1/100 de ton.
Rameau fait état d'un troisième comma, encore d'un schisma plus petit, qui forme avec le précédent une « diesis » ou petit 1/4 de ton : c'est le diaschisma (2048/2025).
Dans la gamme « naturelle » de Zarlino, la différence entre les 1/2 tons diatonique (ré ♭) et chromatique (do ♯) n'est pas d'un comma, mais d'un 1/4 de ton. En effet : 16/15 : 25/24 = 128/125 (diesis ou 1/4 de ton).
Ce sont « l'apotome » et le « limma » pythagoriciens (do ♯ haut et ré ♭ bas) qui diffèrent d'un comma ; le do ♯ est alors plus haut que le ré ♭, disposition habituelle aux violonistes et aux chanteurs (voir page 339).
Tinctoris (théoricien du XVe siècle) écrivait : *Coma est illud in quo tonus superat duo semi-tonia minora*, ce qui est vrai dans la gamme de Pythagore, mais faux dans celle de Zarlino.

Compère, Loyset

?, vers 1450. – Saint-Quentin, 16 août 1518.

Probablement élève d'Okeghem, il fut l'un des plus grands maîtres de la génération de Josquin. Cependant on ne sait presque rien de sa vie, si ce n'est qu'il fut quelque temps au service du duc de Milan (1474-1475), puis chantre ordinaire du roi de France (vers 1486) et qu'il termina ses jours comme chanoine de la collégiale de Saint-Quentin.

(Édition complète par l'American Institute of Musicology). Messes, motets, *Magnificat*, et surtout une cinquantaine de chansons françaises et italiennes.

Composition

Au cinéma et dans les biographies romanesques, des compositeurs pauvres, hirsutes, amoureux, incompris, sont en proie à un étrange délire qu'on appelle l'inspiration. Les muses leur dictent des symphonies, des concertos, des opéras, qu'ils se hâtent de noter dans les transes de l'écriture automatique. La réalité est moins spectaculaire. Composer, c'est imaginer une musique possible dans un système déterminé, choisir les éléments en relation avec le tout et les noter éventuellement par des signes conventionnels. La complexité de notre musique (notre civilisation est vouée à la polyphonie*) rend ce travail très lent et délicat. Le compositeur est contraint de se donner des règles qui garantissent le résultat cherché. On peut appliquer des règles apprises, ou bien en inventer de nouvelles : d'une façon ou d'une autre les règles font gagner du temps.

Les choix du compositeur sont orientés par le système en cours et particulièrement par l'« échelle de base » du système. Dans la théorie occidentale, cette échelle est formée de douze demi-tons par octave, qui engendrent notamment vingt-quatre gammes diatoniques*, deux « gammes par tons » (voir Modes*) et une gamme chromatique*. Dès la naissance, notre sensibilité musicale est marquée par le système d'où procède toute musique et que l'enseignement imposera plus tard à la conscience de l'apprenti compositeur. Toute tentative d'échapper au système implique un refus et une ascèse.

L'art d'inventer ne s'enseigne pas : il appartient à l'imagination. L'art de composer, au sens littéral, est l'objet des traités. Ses méthodes, qui ressortissent à l'analyse des chefs-d'œuvre jugés « classiques », s'appuient sur un ensemble de connaissances que l'on pourrait schématiser ainsi :

1. Savoir lire : connaissance du matériau sonore et des signes de notation en usage : théorie, solfège et déchiffrage.

2. Savoir écrire : étude de l'harmonie, du contrepoint et de la fugue (théorie et pratique). Objet des « classes d'écriture ».
3. Savoir construire : analyse, étude de la forme, du style et du rythme, application pratique des connaissances acquises. Ceci est l'objet des classes de composition proprement dites ; l'étude de l'instrumentation en est le complément nécessaire.

Toujours l'apprenti compositeur trouve dans la musique de son temps un encouragement à transgresser les règles apprises à l'école. Ce n'est pas une raison pour souhaiter leur abolition : les lois de la musique n'étant pas des postulats a priori, il a fallu les dégager peu à peu de l'analyse des chefs-d'œuvre pour former le vaste ensemble cohérent et universel, qui permet seul de dispenser un enseignement collectif. L'édification d'un tel ensemble est évidemment très lente. L'intuition des novateurs de génie, beaucoup plus rapide, se trouve nécessairement en avance ; mais elle est elle-même alimentée par l'analyse des formes et des styles traditionnels... pour les perfectionner, pour les transformer, ou pour les refuser. Il est rare de pouvoir affirmer (comme on l'a fait à toutes les époques) que les novateurs se réfugient dans le non-conformisme par ignorance d'un art ancestral.
Si l'étude est nécessaire, elle n'est pas suffisante. L'imagination, l'inspiration, le génie ne s'apprennent pas. En devinant la personnalité de ses élèves, un maître intelligent peut seulement les aider à s'engager dans la voie qui leur convient. C'est ainsi qu'Olivier Messiaen, maître exceptionnel, a placé une génération de musiciens sur la voie indiquée par Webern, aux antipodes de son propre tempérament. Entre deux compositions de structure identique, il peut y avoir un abîme : tout, dans l'une, présente un caractère de nécessité, tandis que l'autre laisse paraître l'artifice et l'on s'enfuit comme Debussy en criant « Sauvons-nous, il va développer ! » Le but suprême, qui est d'émouvoir, sera atteint ou manqué selon que coïncideront ou non les formes musicales et le rythme intérieur du créateur.

Concerto

Composition de dimensions importantes qui oppose un ou plusieurs instruments solistes à l'orchestre. Le terme « concerto » apparaît à la fin du XVIe siècle ; il désigne alors des œuvres pour un ensemble de voix et d'instruments (« concerti » de Gabrieli et Banchieri). Il continue d'être utilisé fréquemment dans son sens littéral de « concert », c'est-à-dire musique d'ensemble, jusqu'au XVIIIe siècle.
Dans le « concerto grosso », un petit groupe d'instruments appelé

« concertino » dialogue avec une formation plus importante, appelée tutti ou concerto grosso ou *ripieno* ou grand chœur. Les premiers exemples connus de concertos sont ceux de Stradella (mort en 1682) : ce sont des concerti grossi, ce qui peut autoriser à placer historiquement ce genre avant le concerto de solistes, dont l'apparition, cependant, n'est que de peu postérieure. Torelli (1709) et surtout Corelli (1712) furent les principaux créateurs de la forme du concerto grosso, telle qu'elle fut traitée par Albinoni, Vivaldi, Bach, Haendel, Geminiani, Galuppi, etc. Née en Italie, elle demeure spécifiquement italienne, même sous la signature de Bach. À l'apparition de la forme-sonate, au milieu du XVIIIe siècle, elle tombe en désuétude, mais elle retrouve, au XXe siècle, la faveur du public et des compositeurs (Stravinsky, Bartók, Martinu).

Le concerto de solistes se distingue du concerto grosso principalement par son caractère spectaculaire, par l'intérêt qu'il donne à la virtuosité ou au lyrisme individuel. Habituellement, un seul instrumentiste est appelé à y donner la mesure de son talent. Mais cette singularité n'est pas essentielle ; elle admet des exceptions, rares il est vrai, où plusieurs solistes sont invités au « culte de la personnalité » : le *Concerto pour flûte et harpe* et les *Symphonies concertantes* de Mozart, le triple concerto de Beethoven et le double concerto de Brahms ne sont pas des concertos grossos... Torelli, Albinoni et surtout Vivaldi sont les créateurs du concerto de solistes ; et Mozart lui donna sa forme quasi définitive, les exceptions confirmant la règle :

– 1er mouvement : rapide, généralement en forme-sonate,
– 2e mouvement : lent, en forme-lied ou de thème-et-variations,
– 3e mouvement : rapide en forme de rondo.

Dans le premier mouvement (parfois aussi dans le dernier, rarement dans le second), vers la fin du dernier tutti, une « cadence » écrite ou improvisée est intercalée après un grand accord de quarte et sixte sur la dominante : destinée à faire briller le talent du soliste, elle s'inspire des motifs exposés dans le mouvement qui s'achève.

Jusqu'au dernier tiers du XVIIIe siècle, le violon fut l'instrument soliste de prédilection ; le piano lui ravit ensuite ce privilège. Il existe cependant de beaux concertos pour alto (Telemann, Berlioz, Bartók, Milhaud, Walton), violoncelle (Vivaldi, Haydn, Boccherini, Schumann, Dvořák, Prokofiev, Martinu, Milhaud, Honegger), contrebasse (Dittersdorf, Haydn, Henze), flûte (Vivaldi, Telemann, Leclair, Stamitz, Mozart, Milhaud, Jolivet), hautbois (Corelli, Albinoni, Leclair, Vivaldi, Telemann, Haendel, R. Strauss), clarinette (Mozart, Weber, Milhaud), basson (Vivaldi, Mozart, Weber, Jolivet), cor (Vivaldi, Haydn, Mozart, R. Strauss), trompette (Torelli, Bononcini, Telemann, Vivaldi, Haydn, Jolivet), tuba (Vaughan Williams), etc.

Le premier mouvement du *Troisième Concerto pour piano, en ut mineur* de Beethoven est un bon exemple d'adaptation de la forme-sonate au concerto :

EXPOSITION

– mes.	1	sujet A en ut mineur	TUTTI
– mes.	17	transition modulante	
– mes.	50	sujet B en mi ♭ (relatif) puis ut majeur	
– mes.	74	divertissement modulant et conclusion en ut majeur et mineur	
– mes.	112	sujet A en ut mineur	SOLO
– mes.	131	transition modulante	
– mes.	164	sujet B en mi ♭	
– mes.	186	conclusion en mi ♭	

DÉVELOPPEMENT

– mes.	227	transition conduisant à sol mineur (dominante)	TUTTI
– mes.	250	série de modulations par fa mineur, ré ♭, ut mineur, si ♭, et retour en ut mineur	SOLO

RÉEXPOSITION

– mes.	309	sujet A en ut mineur	TUTTI
– mes.	318	transition en ut mineur	SOLO
– mes.	340	sujet B en ut majeur	
– mes.	362	divertissement et conclusion en ut majeur	
– mes.	403	transition menant à la cadence	TUTTI
– mes.	417	coda (péroraison finale)	

⊖▸ TORELLI, *Concerti Grossi op. 8.* – CORELLI, *Concerti Grossi op. 6.* – ALBINONI, concertos pour hautbois. – VIVALDI, *Op. III, IV, VIII, IX, X, XII.* – BACH, *Concertos brandebourgeois.* – Six concertinos attribués à PERGOLESI. – MOZART, *Concerto en ut majeur K 503 pour piano, Concerto pour violon en sol majeur K 213.* – BEETHOVEN, concertos pour piano. – LISZT, concertos pour piano. – BARTÓK, *Concerto pour orchestre.* – DUTILLEUX, *Tout un monde lointain.*

Conduit

À partir du Xe siècle le *conductus* est une « composition » non liturgique, qui accompagne les déplacements pendant l'office. De façon générale, on appellera *conductus*, « chant de conduite », ou conduit, toute musique processionnelle : celle par exemple qui accompagne les mouvements scéniques importants dans les drames liturgiques et les « jeux ». Dans le *Jeu de Daniel* (XIIe siècle) les pièces processionnelles sont intitulées *conductus* sur le manuscrit : entrées ou sorties du roi, de la reine, de Daniel, transport des vases sacrés devant Balthazar, etc.
Dans la musique polyphonique, le conduit est une composition entièrement originale (sans *tenor* liturgique), à 2 ou 3 voix, exceptionnellement à 4 voix, toutes de même rythme et de même texte. Souvent les fins de séquence sont enrichies de ritournelles sans texte, appelées *caudae*, qui étaient peut-être confiées à des instruments. Trois conduits pour le sacre des rois de France à Reims sont justement célèbres : *Ver pacis aperit* à 2 voix pour le sacre de Philippe Auguste (1179), attribué à Gautier de Châtillon, *Beata nobis gaudia* à 1 voix pour le sacre de Louis VIII (1223) et *Gaude feux Francia* à 2 voix pour le sacre de Saint Louis (1226), ces deux derniers attribués à Pérotin avec une grande vraisemblance.
→ *Jeu de Daniel.*

Conon de Béthune

?, vers 1160. – 17 décembre 1219 ou 1220.

Trouvère et chevalier, fils du comte de Béthune et neveu de Huon d'Oisy qui lui enseigna l'art du « trouver ». Il participa aux troisième et quatrième croisades, devint sénéchal d'empire à Constantinople et fit fonction de régent en 1219.

Quatorze chansons, dont dix notées.

Consonance

Qualité d'un intervalle, d'un accord, d'une harmonie, qui se traduit pour l'auditeur par une obscure affinité entre les sons. Chacun peut éprouver cette impression d'intimité de certains sons, cette harmonie, cette sympathie qui règne entre eux (que les Grecs appelaient συμφονìα), mais les définitions qu'on en donne sont imprécises et souvent contradictoires

et les démonstrations toujours périlleuses. Pour les pythagoriciens, la consonance s'explique par la simplicité des rapports numériques (voir Intervalles*). L'ordre de perfection décroissante des consonances est alors le suivant : octave (2) – quinte (3/2) – quarte juste (4/3) – tierce majeure (5/4) – tierce mineure (6/5) – sixte majeure (5/3)... Cette hypothèse, quoique entachée de métaphysique peut se justifier par les unissons qui se produisent entre les harmoniques proches (dans la quinte, entre le 2e harmonique de la note supérieure et le 3e de la note inférieure) ; mais elle n'explique pas la consonance d'intervalles légèrement altérés, comme ceux de notre système tempéré. Les platoniciens définissent la consonance comme une fusion des sons en une impression unique (κρᾶσιζ), ne tenant pas compte du pouvoir d'analyse des oreilles exercées et refusant généralement la qualité de consonance à la tierce et à la sixte (mineures surtout). Rameau trouve les consonances dans les rapports des premiers harmoniques naturels d'un son, après réduction des octaves. L'étude des battements des harmoniques et des sons résultants (voir Acoustique*) a conduit Helmholtz à une démonstration séduisante. Sa théorie a l'avantage d'expliquer que le même intervalle puisse paraître consonant ou dissonant selon le registre où il est pris (modifiant les battements des sons résultants) ou le timbre (modifiant les battements des harmoniques) ; mais elle n'explique pas la consonance de l'accord parfait mineur. Quant à l'harmonie classique, elle verse parfois dans l'absurde quand certains auteurs admettent la consonance de l'accord de quinte diminuée, qui comporte un triton*, mais refusent cette qualité à l'accord de quinte augmentée qui ne comporte que tierces majeures et sixte mineure.
Enfin, il serait très inexact de dire qu'un accord ou un intervalle consonant est celui qui est agréable à l'oreille, car l'œuvre de Debussy (pour ne citer qu'un exemple particulièrement frappant) est riche de ces beaux accords de neuvième, éminemment dissonants, mais si bien disposés qu'ils sont agréables à l'oreille, et peuvent même paraître consonants. Robert Kemp écrivait jadis, à propos de Pelléas, que les secondes « ne se froissaient plus ni ne mordaient. Elles formaient des baisers serrés et les neuvièmes des sourires ».

Constant, Marius

Bucarest, 7 février 1925.

Élève de T. Aubin et O. Messiaen, au conservatoire de Paris, il étudia également sous la direction de N. Boulanger et Honegger. Il a remporté le prix Italia en 1952 pour *Le Joueur de flûte*, œuvre radiophonique transformée plus tard en ballet par J. Charrat.

Constant a été chef d'orchestre des Ballets Roland Petit (1957-1963) et directeur musical de l'Opéra de Paris (1973-1978). Depuis 1978, il est professeur au conservatoire de Paris (orchestration). Il est le fondateur et le chef permanent de l'ensemble Ars Nova qui a joué un rôle très important dans la musique d'aujourd'hui. Strictement indépendant, Constant partage les préoccupations de l'avant-garde post-wébernienne, sans s'être jamais imposé la sévère discipline sérielle. La mobilité de la forme, l'intervention de facteurs extra-musicaux, l'exceptionnelle virtuosité d'écriture instrumentale dans la recherche de timbres : telles sont les principales caractéristiques de l'art de Constant.

Le Souper, opéra pour un personnage et chœur (Besançon, 1969) ; *Le Jeu de sainte Agnès*, « cérémonial d'église » d'après un manuscrit provençal du XIVe siècle (Besançon, 1974) ; *Candide*, mimodrame de M. Marceau (Hambourg, 1971) ; des adaptations de *Carmen* et de *Pelléas et Mélisande* pour des spectacles de P. Brook ; de nombreux ballets dont *Éloge de la Folie* (R. Petit, 1966) et *Nana* (R. Petit, 1976) ; *Par le feu* pour soprano et orchestre (1968) ; *Vingt-quatre préludes* pour orchestre (1958), un concerto pour piano (1957), la remarquable Suite symphonique *Turner* (1961) ; *Cent Trois Regards dans l'eau* pour violon et orchestre (1981) ; *Chants de Maldoror* (1962) pour récitant, chorégraphe-chef d'orchestre et vingt-trois « improvisateurs » ; *Traits « Cadavres exquis »* (musique aléatoire, 1969).

Constantinescu, Pàl

Ploesti (Roumanie), 30 juin 1909. – Bucarest, 20 décembre 1963.

Élève de Jora au conservatoire de Bucarest, où il fut lui-même professeur d'harmonie, de contrepoint et de composition. Il est en Roumanie le compositeur le plus intéressant de sa génération.

L'opéra *La Nuit orageuse*, le ballet *Noces dans les Carpathes* (représenté dans toute l'Europe), liturgie byzantine, oratorio de Noël et passion, en style byzantin ; une symphonie, une suite roumaine pour orchestre, un concerto pour piano, des mélodies.

Contralto

Voix féminine la plus grave. Elle est assez rare.
Ambitus : $fa_2 - sol_4$
Tessiture : $si_2 - si_3$
Quelques rôles : Ulrica (*Un bal masqué*), Azucena (*Le Trouvère*), Orphée (de Gluck), Dalila, Erda (*L'Or du Rhin*)...
Quelques grands contraltos : K. Ferrier, E. Stignani, A. Heynis, S. Verrett, M. Horne.

CONTREBASSE

Instrument le plus grave du groupe des cordes, à l'octave inférieure du violoncelle, la contrebasse est seule à conserver la forme des violes*. C'est vers 1620, selon Praetorius (*Syntagma Musicum*, volume II, 1620), qu'elle aurait succédé au *violone* (ou contrebasse de viole). Praetorius fait sans doute allusion à l'énorme contrebasse de violon, que Mattheson qualifie d'*Ungeheuer* (« monstre »), d'un maniement si incommode qu'elle fut peu utilisée. On lui préféra le traditionnel *violone*, dont la lente évolution a formé la contrebasse moderne sans que fussent modifiés ses caractères essentiels. Le mot *violone* prévalut d'ailleurs en Italie jusqu'à la fin du XVIIIe siècle.
D'abord réservée à l'usage de l'église, où elle renforçait à merveille les « seize pieds » de l'orgue, la contrebasse (de violon ou de viole) ne fut introduite dans les orchestres de théâtre que dans la seconde moitié du XVIIe siècle. Au milieu du XVIIIe, l'Opéra de Paris n'en possédait qu'une : sa grosse voix se faisait entendre le vendredi, jour des spectacles brillants et des salles élégantes.
Le nombre des cordes de la contrebasse est passé de six (violone) à cinq (Praetorius, 1620), puis à trois, à quatre et de nouveau à cinq. Sur l'instrument à trois cordes (aujourd'hui pratiquement abandonné) l'accord était très variable (sol-ré-sol ; sol-ré-la ; la-ré-sol ; la-ré-la).
La contrebasse usuelle à quatre cordes est accordée, du grave à l'aigu : mi-la-ré-sol ; s'il y a une cinquième corde, elle produit l'ut grave, correspondant au « seize pieds » de l'orgue. Dans la musique classique, la contrebasse double le plus souvent les violoncelles à l'octave inférieure. Mais on s'aperçut heureusement que l'instrument avait d'autres possibilités, que les passages de virtuosité pouvaient être spectaculaires, les sons aigus fort beaux et les harmoniques naturels tout à fait excellents. La sourdine est employée beaucoup plus rarement que sur les autres instruments de la même famille.

→ HAYDN, concerto pour contrebasse. – BEETHOVEN, *Cinquième Symphonie* : trio du scherzo (unisson avec violoncelles). – BERLIOZ, *Symphonie fantastique* ; premier mouvement, mesures 12 et 14 : solo en pizzicato ; quatrième mouvement, début : accords par 4 contrebasses. – SCHUBERT, quintette *La Truite* (violon, alto, violoncelle, contrebasse, piano). – VERDI, *Otello* (acte V) : longue phrase des contrebasses soli quand Otello pénètre chez Desdémone... se termine par un trait violent. – SAINT-SAËNS, *Carnaval des animaux* (L'éléphant). – GOUBAÏDOULINA, sonate pour contrebasse. – GAGNEUX, concerto pour contrebasse.

Contrebasson

Équivalent de la contrebasse pour la famille des bois, il a l'aspect d'un très gros basson, généralement en bois, mais parfois en métal (« sarrusophone »), et sonne une octave plus bas. Dans le *Syntagma Musicum*, Praetorius fait mention d'un *Doppelfagott* ou *Quintfagott* sonnant à la quinte inférieure du *Choristfagott* (basson normal) et datant comme lui de la fin du XVIe siècle ; mais il ajoute qu'un facteur allemand travaille, à l'époque où il écrit (1620), à la construction d'un *Contrafagott*.
Le plus ancien exemple de l'utilisation du contrebasson est probablement l'hymne composé par Haendel pour le couronnement de George II (1727). *L'Ode funèbre* de Mozart, *La Création* et *Les Saisons* de Haydn, sont parmi les rares partitions, antérieures à Beethoven et Berlioz, où il soit apparu.

→ RAVEL, Concerto pour la main gauche (début) ; *Ma mère l'Oye (la Belle et la Bête)* (thème de la Bête).

Contrepoint

Technique de composition musicale consistant à superposer des lignes mélodiques. Dans l'écriture « contrapuntique », l'attention de l'auditeur est sollicitée par la progression simultanée des différentes « voix » ou parties et non par la qualité d'une succession d'instants harmoniques. C'est ce que l'on suggère parfaitement en opposant le caractère « horizontal » du contrepoint au caractère « vertical » de l'harmonie.
Le mot *contrapunctus* apparaît au début du XIVe siècle. Il est une simplification de *punctus contra punctum*, c'est-à-dire « point-contre-point » ou, par extension, mélodie-contre-mélodie. Mais l'art du contrepoint naît avec la polyphonie, dont il permet le prodigieux développement. Ses règles ont été explicitées avant celles de l'harmonie ; les deux disciplines sont cependant indissociables, l'aspect vertical d'un travail contrapuntique étant nécessairement conforme aux lois de l'harmonie. Le contrepoint d'école est un élément important de la formation du compositeur ; souvent décrié en raison de son rigorisme (pas d'intervalles augmentés ou diminués, pas de dissonances entre les parties, pas de fausses relations*, modulations rares et aux tons voisins, etc.), lui seul cependant permet d'acquérir la souplesse et la rapidité d'écriture. On dit d'un contrepoint qu'il est double, triple ou quadruple s'il est « renversable à l'octave », c'est-à-dire si deux, trois ou quatre parties peuvent permuter en changeant d'octave. Le contrepoint

est à la base de toutes les formes d'imitation* : canon*, ricercare*, fugue*, etc.

⊖› On trouvera les plus beaux exemples d'écriture contrapuntique (polyphonistes des XVe et XVIe siècles et J. S. Bach) en se reportant aux diverses rubriques évoquées ci-dessus ; ou, si l'on en veut découvrir une forme parfaitement simple, en écoutant : BEETHOVEN, *Neuvième Symphonie* (Scherzo). Trio (lettre L) : modèle de contrepoint à deux parties (cor et violons, puis basson et hautbois). – BERLIOZ, *Symphonie fantastique* (IV Marche au Supplice). Mesures 25 et suivantes : contre-chant du basson. – BIZET, *L'Arlésienne* (farandole).

CONTRE-TÉNOR

voir Haute-contre

COOKE, HENRY

Lichfield ?, vers 1616. – Hampton Court, 13 juillet 1672.

Chanteur (basse) et chef de chœurs. Pendant la guerre civile, il combattit dans les armées du roi ; il gagna des galons et passa à la postérité sous le nom de Captain Cooke. À la Restauration, il fut nommé maître des enfants de la chapelle royale, où il eut parmi ses jeunes élèves Blow et Purcell. Par son remarquable enseignement et son esprit d'initiative, il exerça une profonde influence sur l'école anglaise, au temps des derniers Stuarts.

Une trentaine d'*anthems* et de chants d'église.

COPERARIO, JOHN

?, vers 1575. – Londres, 1626.

[John Cooper] Luthiste et joueur de basse de viole. Maître de musique de Charles Ier. À la suite d'un voyage en Italie, vers 1604, il italianisa son nom et son style, et il donna l'impulsion initiale à la brillante carrière des fantaisies pour violes, dans l'Angleterre du XVIIe siècle.

Chansons et danses pour les *masques* de la cour, musique d'église, un recueil d'airs funèbres pour deux voix avec luth et basse de viole, et surtout d'admirables fantaisies et suites pour les violes.

Copland, Aaron

Brooklyn, 14 novembre 1900. – New York, 2 décembre 1990.

Élève de Goldmark et Nadia Boulanger. Il est le chef de file de la musique américaine contemporaine, à la diffusion de laquelle il a consacré une énergie et un dévouement infatigables : série de concerts avec R. Session de 1928 à 1932, direction de l'American Festival of Contemporary music à Yaddo (NY), grande activité au sein de la société des compositeurs américains et de la SIMC, nombreux articles et conférences sur la musique contemporaine… Dans sa musique au lyrisme vigoureux, une harmonie souvent âpre et austère colore une inspiration mélodique très personnelle (avec de fréquents mouvements ascendants de quarte, de septième ou de neuvième) où l'on retrouve des réminiscences du jazz et du folklore américain.

Ballets (dont *Appalachian Spring*), excellente musique de scène et de films, trois symphonies, diverses pièces symphoniques (dont *El Salon Mexico*), concerto pour piano, concerto pour clarinette, sonate pour piano.

Cor

Tel qu'il est utilisé dans l'orchestre symphonique, le cor est un instrument de cuivre consistant en un long tube conique plusieurs fois enroulé sur lui-même, se terminant à une extrémité par un large pavillon, à l'autre par une embouchure à « bassin » conique dans laquelle les lèvres jouent le rôle d'anche* double.

L'Antiquité et le Moyen Âge virent prospérer dans les contrées les plus diverses des instruments en corne d'animal, défense d'éléphant (d'où « oliphant ») et autres matériaux, réservés à la guerre et à la chasse : *keren* des Hébreux ou des Éthiopiens anciens, *cornu* des Romains, *cornes* diverses du Moyen Âge (« corn » en vieux français).

Au XVIe siècle, le « cor de chasse » semble avoir été encore un petit instrument primitif en forme de corne recourbée.

Ce n'est que vers 1630 qu'apparaît en France la grande « trompe de chasse » dont dérive le cor d'harmonie. Il en existait divers modèles, différant par leur diamètre et par le nombre de tours de leur tube : la plus répandue aujourd'hui est la « demi-trompe » à 3 tours 1/2 (en ré). En modifiant la pression des lèvres, ces instruments permettent de donner la série des harmoniques* naturels de 2 à 16. Il fallut attendre 1760 environ (le cor avait déjà fait son apparition dans les orchestres), pour qu'un corniste allemand s'aperçût par hasard qu'en introduisant la main dans le pavillon, on modifiait la hauteur du son : grâce à ces sons « bouchés », on réussit à compléter la série des harmoniques en produisant une partie des tons et demi-tons intermédiaires. On ne pouvait cependant jouer ainsi dans tous les tons, aussi eut-on recours, dès la même époque, à des petits segments de tubes, appelés « corps de rechange », qui, en allongeant ou raccourcissant l'instrument, modifiaient le son fondamental. Lorsque les partitions classiques indiquent « cor en fa, en si ♭, en ut », elles ne font pas état d'instruments différents mais des « corps de rechange » qu'il faut adapter au cor d'harmonie. Le cor est donc un instrument transpositeur (voir Instrumentation*) ; lorsqu'il lit un ut sur la partition, le corniste fait entendre avec la même émission et le même doigté un ut si le cor est en ut, un si ♭ s'il est en si ♭, un fa s'il est en fa, etc., ainsi que l'a voulu le compositeur. Faute d'utiliser le corps de rechange indiqué, il devra transposer lui-même. Depuis le XIXe siècle (invention de 1815 adoptée vers 1865), un système de deux, puis de trois pistons, abaissant plus ou moins la série des sons naturels, permet de jouer tous les degrés de la gamme chromatique sur le même instrument (cor à pistons ou « cor chromatique »). Cet instrument est le seul utilisé de nos jours dans les orchestres et les corps de rechange sont abandonnés. La plupart des cornistes ont adopté le cor en fa-si ♭ (où un quatrième piston opère le changement de tonalité) : ceci les oblige parfois à transposer leur partie, sauf dans la musique moderne, toujours écrite pour le cor en fa.

Si l'on excepte l'introduction épisodique de trompes de chasse dans les opéras du XVIIe siècle, on trouve les premiers exemples d'utilisation du cor à l'orchestre dans l'*Octavia* de Keiser (1705) et le *Tigrane* de Scarlatti (1715). De nombreux compositeurs l'ont utilisé en solo : Haydn (trois concertos), Mozart (quatre concertos), Schumann (*Concertstück* pour quatre cors), Beethoven (sonate), Weber (concertino), Strauss (deux concertos), Hindemith (sonate et concerto)...

Le cor offre une grande variété de timbres selon que l'on emploie les sons « ouverts » (timbre naturel), les sons « bouchés » dans la nuance piano (lointain, mystérieux), les sons « bouchés » et « cuivrés » (stridents), les sons « ouverts » et « cuivrés » (brillants) ou la sourdine (cône que l'on enfonce dans le pavillon pour obtenir des sons très doux).

⊖ **EN SOLISTE.** MOZART, Quatre concertos (Civil). – HAYDN, *Concerto pour deux cors* (Barboteu, Coursier). – **DANS L'ORCHESTRE.** BACH, *Concerto brandebourgeois n° 1.* – SCHUBERT, *Symphonie en ut* (début, exposition du thème par deux cors). – DEBUSSY, *La Mer, De l'aube à midi sur la mer* (chiffres 3 et 5 : quatre cors avec sourdines), *Jeux de vagues* (chiffre 29 : sons bouchés *pp* associés aux pizzicati). – RAVEL, *Pavane pour une infante défunte* (thème principal). – STRAVINSKY, *Le Sacre du Printemps* (chiffre 138 : quatre cors « pavillon en l'air », à 134, idem par deux cors. – PROKOFIEV : *Pierre et le Loup* (Le loup : trois cors). – STRAUSS, *Le Chevalier à la rose* (Prélude). Tout le début et particulièrement à 46″ : glissades en sons cuivrés.

Cor anglais

Cet instrument, que l'on appelait aussi, au XVIIIe siècle, *oboe da caccia* est un hautbois alto en fa, qui sonne une quinte en dessous du hautbois ordinaire. Parmi toutes les hypothèses qui ont été avancées pour expliquer sa curieuse dénomination, trois sont à retenir :
1. Une confusion qui aurait fait traduire *Englische Horn* par « cor anglais » au lieu de « cor angélique » (vieil allemand). Cette hypothèse n'explique pas l'ancienne appellation italienne *oboe da caccia* (hautbois de chasse).
2. L'analogie entre l'instrument du XVIIe siècle et le « cor de chasse » anglais semi-circulaire.
3. Les premiers « hautbois-ténors », apparus vers la fin du XVIIe siècle, avaient une forme arquée qui s'accentua encore par la suite et ne fut définitivement abandonnée que vers 1870. D'où « cor anglé ». Aujourd'hui, le cor anglais est un tube droit de « perce » conique comme le hautbois, dont il se distingue par son corps plus long et plus gros, son pavillon renflé en forme de bulbe et son embouchure (ou « bocal ») légèrement recourbée. C'est, en somme, un grand « hautbois d'amour ». Produisant avec le même mécanisme et le même doigté que le hautbois des sons à la quinte inférieure, c'est un instrument transpositeur*.
C'est probablement dans le *Dioclesian* de Purcell (1690) qu'apparut pour la première fois dans l'orchestre cette variété de hautbois. Sous sa dénomination actuelle, l'*Alceste* de Gluck offre le plus ancien exemple de son utilisation au théâtre (*corno englese* dans l'édition italienne de 1769).

⊖→ BACH, *Passion selon saint Matthieu* (2e partie). Récit et air d'alto *Ach Golgotha* : deux *oboe da caccia*. – BERLIOZ, *Symphonie fantastique* (scène aux champs). Début (en dialogue avec le hautbois) et fin (solo sur les terribles roulements de trois timbales) : exemple parfait. – FRANCK, *Symphonie* (2e mouvement, début). – DEBUSSY, *La Mer*, (« De l'aube à midi sur la mer ») quatrième mes. de 13 : chante à l'unisson avec deux violoncelles solos (timbre résultant admirable). – RAVEL, *Concerto en sol* (2e mouvement) chiffre 6 ; *Daphnis*, chiffre 133. – STRAVINSKY, *Le Sacre du Printemps*, début, après le solo de basson ; chiffre 129 (« Action rituelle des ancêtres »), à l'extrême grave de l'instrument, mystérieux, inquiétant. – WAGNER, *Tristan et Isolde* (acte III – scène 1) : célèbre solo, immédiatement après le prélude.

Corelli, Arcangelo

Fusignano (Ravenne), 17 février 1653. – Rome, 8 janvier 1713.

Violoniste. Il était membre d'une riche et très ancienne famille de Fusignano, qui compte encore des représentants de nos jours (descendants d'un de ses frères). Après avoir reçu un premier enseignement musical

d'un prêtre de Faenza, il partit étudier le violon à Bologne (1666-1670), auprès de musiciens de la célèbre école bolonaise. En 1670, son talent s'était affirmé au point de le faire admettre comme membre de l'illustre Accademia Filarmonica. On ne sait rien d'un hypothétique voyage en Allemagne qu'il aurait entrepris peu avant 1680. Mais à partir de 1675, il semble qu'il se soit définitivement fixé à Rome, où il a occupé très tôt une situation importante : il était reçu somptueusement chez Christine de Suède et chez le cardinal Ottoboni, neveu du pape et célèbre mécène, qui adopta le jeune musicien et lui réserva un appartement dans son palais. Sa carrière fut heureuse et sa vie paisible, au milieu de ses violons et de sa magnifique collection de tableaux. Il fut enseveli au Panthéon de Rome où le cardinal Ottoboni fit ériger sur sa tombe un splendide monument de marbre.
Dans son œuvre, Corelli a donné les premiers modèles parfaits de la sonate* préclassique et du concerto grosso. Il fut le véritable fondateur de l'école classique de violon. La qualité de son écriture repose sur une recherche de simplicité et sur le souci d'exploiter les qualités expressives de l'instrument : refus de la virtuosité inutile (en particulier des doubles cordes qui fascinaient les violonistes allemands du temps), tendance à rester dans les limites de la tessiture vocale (la main gauche ne dépasse pas normalement la troisième position), style essentiellement mélodique. Parmi ses nombreux élèves figurent Geminiani et Locatelli ; mais on peut considérer comme ses disciples spirituels la plupart des grands violonistes italiens du XVIIIe siècle.

Œuvre peu abondante, mais parfaite et homogène ; elle consiste exclusivement en six recueils de musique instrumentale : op. 1 : *XII Suonate a tre : due violini e violoncello, col basso per l'organo* [1681] (sonates d'église) ; op. 2 : *XII Suonate da camera a tre : due violini, violoncello e violone o cembalo* [1685] ; op. 3 : *XII Suonate a tre : due violini e arcileuto, col basso per l'organo* [1689] (sonates d'église) ; op. 4 : *XII Suonate da camera a tre : due violini e violone o cembalo* [1694] ; op. 5 : *XII Suonate a violino e violone o cembalo* [1700] (ces sonates pour violon et basse furent arrangées en concerti grossi par Geminiani) ; op. 6 : *Concerti grossi...* [posth., 1714].

CORNELIUS, PETER

Mayence, 24 décembre 1824. – Mayence, 26 octobre 1874.

Il fut acteur et poète avant d'être musicien. Après des études à Berlin, il se rendit à Weimar où il reçut des conseils de Liszt (qui dirigea la création houleuse de son *Barbier de Bagdad*) et rencontra Berlioz (dont il traduisit les œuvres). Il fut, dans la *Neue Zeitschrift für Musik*, un ardent défenseur de la musique nouvelle, telle que la concevait la jeune école allemande groupée autour de Liszt.

Deux opéras et un opéra-comique (*Le Barbier de Bagdad*, seule de ses œuvres dont la renommée se soit maintenue), de nombreux chœurs et mélodies, dont il écrivit la plupart des poèmes, un recueil de poésie (*Lyrische Poesien*).

CORNET

Les anciens cornets constituaient une famille d'instruments à vent, de perce conique, généralement en bois, munis d'une embouchure en ivoire ou en bois dur ; leur principe sonore les apparentait à la trompette, mais ils étaient percés d'une série de trous comme la flûte ou le chalumeau. Les plus petits cornets étaient droits ou légèrement courbes ; les plus graves affectaient la forme d'un « S », d'où l'appellation de « serpents ». Très répandus à la fin du XVIe et au XVIIe siècle, ces instruments ont survécu jusqu'au milieu du XVIIIe siècle.
Le « cornet à pistons » moderne est un instrument voisin du clairon, muni d'un système de trois pistons : il fait entendre la même échelle de sons que la trompette de même ton. On utilise généralement le cornet en si ♭ (instrument transpositeur*), plus rarement en ut. Un « corps de rechange » (voir Trompette* et Cor*) appelé « échelle » permet de changer la tonalité de ces instruments, respectivement en la et si ♭. L'émission est facile et permet l'exécution de passages de virtuosité. On reproche souvent au cornet son timbre vulgaire, mais les instrumentistes habiles détruisent ce préjugé né sur les places publiques. Il se distingue principalement de la trompette par un tube plus court et de perce conique sur les 3/4 de sa longueur (elle est principalement cylindrique sur la trompette).

⊖› MONTEVERDI, *Sonata sopra Sancta Maria* (copies de cornets anciens). – MOZART : *Sérénade en ré majeur K 320* (avec une partie de cor de poste). – DEBUSSY : *La Mer* (III. *Dialogue du vent et de la mer*). Quatrième mesure de 52 : *pp* sans sourdine ; 6 avant 58 : avec sourdines. – STRAVINSKY, *Petrouchka* (*Valse de la Ballerine*).

CORNET, PETER

? – Bruxelles ?, après 1633.

Organiste de l'archiduc Albert de 1593 à 1626. Il fut quelque temps chanoine de la collégiale de Saint-Vincent à Soignies. Ses œuvres, très belles et parfaitement construites, évoquent le style de l'école anglaise.

Pièces d'orgue (deux fantaisies, une toccata, un *Salve*, deux courantes) conservées à la bibliothèque de Berlin.

CORNYSHE, WILLIAM

Greenwich, vers 1468. – Hylden (Kent), octobre 1523

Poète, auteur dramatique, acteur, membre de la Chapel Royal sous Henry VII et Henry VIII, puis Master of the Children. À deux reprises il conduisit la Chapel Royal en France à la suite de Henry VIII : en 1513, lors des négociations avec Louis XII (il se fit alors entendre à Lille et Tournai) et de nouveau en 1520 au Camp du Drap d'or.

Six compositions religieuses à 5-6 voix, des madrigaux et *ayres*, quelques pièces instrumentales ; des ouvrages dramatiques dont aucun ne nous est parvenu.

CORRETTE, MICHEL

Rouen, 1709. – Paris, 22 janvier 1795.

Organiste, théoricien, pédagogue. Fils d'organiste, il fut lui-même organiste du « Grand prieur » de France, du collège des jésuites de la rue Saint-Antoine, du prince de Conti et du duc d'Angoulême. C'était un très bon connaisseur de la musique populaire, dont son œuvre profane est parsemée. Dans plusieurs traités, il fait allusion à des observations qu'il a faites en Angleterre. Mais on ne possède pas d'autre témoignage de ses voyages.

Des motets, quatre messes (2 voix et orgue), *Trois Leçons des Ténèbres*, de très nombreux vaudevilles, pantomimes, opéras-comiques, cantates profanes, ariettes pour les spectacles des foires Saint-Germain et Saint-Laurent, vingt-cinq *Concertos comiques* (3 violons et basse continue), *Six Symphonies en quatuor contenant les plus beaux noëls français et étrangers*, trois livres d'orgue, des pièces pour clavecin, pour violon et pour divers instruments, dont la musette et la vielle ; de nombreux ouvrages didactiques, méthodes de violon (l'*École d'Orphée*), de violoncelle, de contrebasse, de flûte, d'orgue, de chant, etc.

COSTELEY, GUILLAUME

Pont-Audemer ?, 1331. – Évreux, 1er février 1606.

Organiste de Charles IX et d'Henri III (de 1560 à 1585) et « valet de chambre » du roi, il est l'un des plus importants compositeurs de chansons françaises de la seconde moitié du XVIe siècle. Humaniste, familier du salon de la comtesse de Retz, il semble avoir eu un esprit brillant et naturellement curieux ; l'acoustique était certainement au nombre de ses préoccupations, car il a composé de la musique en tiers de ton !

Nombreuses chansons françaises (un important recueil, intitulé *Musique de Guillo urne Costeley, organiste...* et publié en 1570 chez Le Roy et Ballard, en contient 103, la plupart à 4 voix), quelques motets, des œuvres d'orgue (perdues, sauf une fantaisie conservée à la BN).

Les musiciens
de la famille Couperin

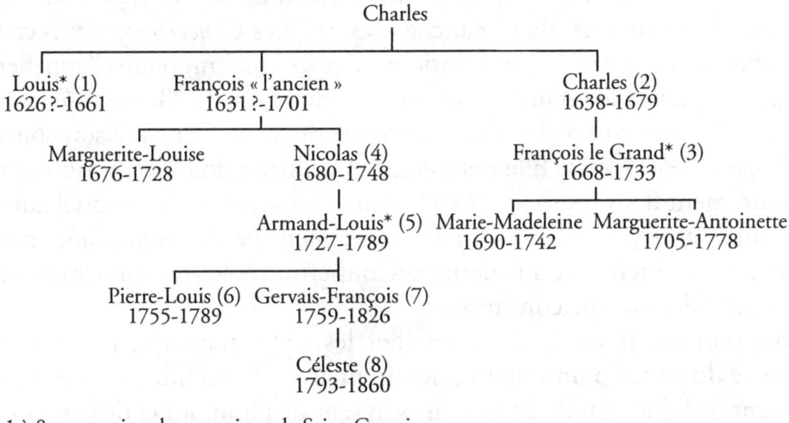

1 à 8 : succession des organistes de Saint-Gervais.

Couperin, Armand-Louis

Paris, 25 février 1727. – Paris, 2 février 1789.

L'un des plus grands organistes et experts en facture d'orgue de son temps. Successeur de son père, Nicolas Couperin, à Saint-Gervais, il fut aussi titulaire de plusieurs autres orgues parisiennes, dont celles de Saint-Merry et de la Sainte-Chapelle. Sa technique, qui impressionna vivement ses contemporains, rompait délibérément avec les traditions de l'orgue classique, à leur apogée sous François « le Grand ».

L'Amour médecin (cantatille), des motets, des pièces pour clavecin ou orgue, sonates pour clavecin et violon, sonates en trio : compositions agréables et faciles, qui placent le compositeur très en dessous de sa réputation de virtuose.

Couperin, François

Paris, 10 novembre 1668. – Paris, 12 septembre 1733.

[« Couperin le Grand »] Organiste et claveciniste. Âgé de onze ans à la mort de son père Charles, il hérita le poste d'organiste de Saint-Gervais ; mais Delalande assura l'intérim jusqu'à ce que l'enfant eût dix-sept ans (fin 1685). Élève de son père, puis de son oncle François, ainsi que de l'organiste Jacques Thomelin, ami de la famille, il devint rapidement célèbre. En 1690, il diffusa en copies manuscrites son œuvre d'orgue consistant en deux messes. En 1693-1694, il fut nommé organiste de la chapelle de Louis XIV (chargé surtout de composer de la musique religieuse, car le grand orgue de Versailles ne fut terminé qu'en 1736), puis « maître de clavecin des enfants de France » et « ordinaire de la musique du roi ». En 1714 et 1715, il distrait la vieillesse de Louis XIV en présentant aux « concerts du dimanche » ses célèbres *Concerts royaux*. À cette époque, il fait figure de gloire nationale, et ses contemporains l'appellent déjà Couperin « le Grand ». Malheureusement, en 1723, sa santé chancelante le contraint d'abandonner l'orgue de Saint-Gervais à son cousin Nicolas et, en 1730, sa fille Marguerite-Antoinette doit le remplacer temporairement dans ses fonctions à la cour. La correspondance qu'il aurait échangée avec J. S. Bach est malheureusement perdue (selon une tradition orale qui remonte aux derniers Couperin, ces lettres auraient servi à recouvrir des pots de confiture).

Couperin eut le génie de réconcilier les styles italien et français. Sa science du contrepoint, héritée de son maître Thomelin, faisait naturellement de lui un émule de Corelli ; son sens de l'humour et de la mesure, la simplicité et la fraîcheur de son invention mélodique en firent l'un des plus grands musiciens français de tous les temps. Il composa des sonates italiennes (sonates en trio), des suites françaises (*Concerts royaux*), de la musique d'église digne de Carissimi (l'une des plus belles parties de son œuvre, trop rarement jouée), enfin des œuvres qui réalisent la synthèse des styles français et italien (*Les Nations* et les deux *Apothéoses*). Son œuvre d'orgue, trop peu connue aussi, est le couronnement d'une tradition qui remonte à Titelouze. Quant à sa musique de clavecin, qu'il s'agisse de pièces de danse simples (1er *Livre*), de pièces pastorales (*Le Bavolet flottant*), de chaconnes et passacailles (*Passacaille* du 2e *Livre* et *Les Folies françaises*, un chef-d'œuvre), qu'elle soit inspirée de la musique populaire (*Les Fastes de la grande Menestrandise*), qu'elle soit burlesque (*La Pantomime*) ou sérieuse (*La Couperin*), elle constitue certainement le plus original de son œuvre et l'un des sommets de tout le répertoire de clavecin.

Musique vocale. *Six Élévations* (voix et basse continue), *Trois Leçons de ténèbres* (voix et basse continue) (six autres sont perdues), des motets pour voix et instruments (dans le style de Carissimi et Charpentier), des « airs sérieux » (pas sérieux du tout) pour 1, 2 ou 3 voix et basse continue. – **Musique de chambre.** Sonates en trio (dans le style des op. 3 et 4 de Corelli), quatorze *Concerts royaux* (dont les dix derniers publiés sous le titre *les Goûts réunis*), *Apothéose de Lully* et *Apothéose de Corelli* (grandes sonates à 3), *Les Nations* (quatre sonates à 3, suivies chacune d'une Suite de danses françaises). – **Musique d'orgue.** *Pièces d'orgue consistantes en deux Messes* : l'une *À l'usage ordinaire des paroisses pour les fêtes solennelles*, l'autre *Propre pour les couvents de religieux et reli-*

gieuses. – **Musique de clavecin.** Deux cent trente-trois pièces, groupées par tonalité en vingt-sept « ordres » (qui devraient chacun être joués en entier, comme une suite), le tout assemblé en quatre livres, publiés de 1713 à 1730. – **Œuvre théorique.** *L'Art de toucher le clavecin,* très important pour l'interprétation de la musique française du début du XVIIIe siècle.

Couperin, Louis

Chaumes-en-Brie, vers 1626. – Paris, 29 août 1661.

Organiste. Fils d'un marchand, excellent organiste amateur, il fut sans doute initié à la musique par son père. Un jour, vers 1650, en compagnie de ses frères François et Charles et de quelques amis musiciens, il offrit à l'illustre Chambonnières (qui habitait près de Chaumes) une aubade pour sa fête ; Louis en avait composé la musique. Le maître fut enchanté, si bien qu'il offrit d'emmener Louis à Paris pour l'y faire travailler et le présenter à la cour. En 1653, Chambonnières obtint pour son disciple le poste d'organiste de Saint-Gervais, qui allait être occupé par la famille Couperin pendant plus d'un siècle et demi. Couperin fut aussi « ordinaire de la musique du roi ». Il mourut jeune d'un mal inconnu. Dans sa musique, extraordinairement « moderne » (chromatismes, modulations hardies, fonction dramatique de l'accord de septième diminuée, comme chez Mozart ou Beethoven), on découvre un sens dramatique presque romantique, associé à une prédilection pour les vieilles formes contrapuntiques (chaconnes et passacailles pour clavier constituent le meilleur de son œuvre).

Trois « symphonies » pour instruments, cinq fantaisies pour deux violes, de nombreuses pièces d'orgue et de clavecin (dont près de cent cinquante nous sont parvenues).

Courante

Danse ancienne devenue l'un des mouvements traditionnels de la suite instrumentale. Il existe deux types de courantes, qui se rencontrent l'une et l'autre chez les grands musiciens classiques :

1. La courante française. Citée dès le début du XVIe siècle, elle aurait été à l'origine, selon Thoinot Arbeau (1589), une danse de rythme binaire (6/4 probablement) et de mouvement vif, comme la courante italienne. Elle est en grande vogue sous Louis XIV dans une forme lente à trois temps avec des paroles (Lisandre dans *Les Fâcheux*, chante un air de courante qu'il a composé) ; et d'Alembert dans ses *Éléments de musique* (éd. de 1779) la décrit comme « une sarabande fort lente ». Dans la suite instru-

mentale, c'est une pièce noble, généralement à 3/2, en valeurs inégales, mais parfois à 6/4 (en partie ou en totalité) ; elle se place normalement après l'allemande. Elle est en deux parties avec reprises (a) (b) (e).

2. LA COURANTE ITALIENNE. Connue dans la musique instrumentale dès le début du XVIIe siècle, elle est probablement une déformation de la courante française, dont elle se distingue par un rythme à 3/8 ou 3/4 et un mouvement rapide en croches ou doubles croches égales. Cette forme s'accorde mieux à la dénomination de cette danse, trompeuse dans le cas de la « courante » française ! (c) (d).

→ (a) FRESCOBALDI, Toccate... (1637).
(b) L. COUPERIN, *Courante.*
(c) BACH, *Suite pour orchestre nº 1.*
(d) BACH, *Partita nº 5.*
(e) BACH, *Suite anglaise nº 4.*

COWELL, HENRY

Menlo Park (Californie), 11 mars 1897.
Shady (New York), 10 décembre 1965.

Études à l'université de Californie et à Berlin (musicologie comparée). Il fut, avec Ives, l'un des promoteurs de l'emploi des clusters* au piano : exécution avec l'avant-bras ou la main à plat. Dans *Æolian Harp* (1924), les cordes du piano sont attaquées directement avec les doigts, sans l'intermédiaire du clavier. Sa musique est très américaine (inspiration folklorique et romantique).

Un opéra, *O'Higgins of Chile* (1949), vingt symphonies, un concerto pour piano, un concerto pour percussion, *Concerto brevis* pour accordéon. Nombreuses pièces pour piano.

CRÉQUILLON, THOMAS

?, vers 1480-1500. – Béthune, vers 1557.

Maître de chœur et compositeur de la chapelle de Charles Quint. Chanoine de Namur, Termonde et Béthune. Très grand musicien dont les motets, surtout, sont remarquables par la noblesse, la grandeur et la pureté du style d'imitation.

Cent seize motets, seize messes (4, 5, 6 voix), lamentations à 4 et 5 voix, environ deux cents chansons.

Croce, Giovanni

Chioggia (Venise), vers 1557. – Venise, 15 mai 1609.

Élève de Zarlino, qui le fit admettre à huit ou neuf ans comme choriste à Saint-Marc. En 1603, avec l'appui du doge M. Grimani (aux obsèques duquel fut joué le *Requiem* de Croce), il fut nommé maître de chapelle à Saint-Marc. L'un des plus éminents compositeurs de l'école vénitienne, il fut le principal collaborateur musical des festivals dramatiques qui battaient leur plein à cette époque dans la ville des doges. Ses deux madrigaux dramatiques sont parmi les premiers du genre ; ils sont composés sur des textes en dialecte vénitien et incorporent des chansons populaires. Sa musique religieuse adopte la tradition vénitienne du double chœur. Il est l'un des rares compositeurs vénitiens chez qui l'on perçoive la tendance « moderne » au style monodique.

Messes (à 5, 6, 8 voix), motets (4 et 8 voix), *Septem Psalmi paenitentialis,* madrigaux (5 et 6 voix), deux madrigaux dramatiques (*Mascherate piacevole e ridicolose* et *Triaca musicale*), *canzonette.*

Croft, William

Nether Ettington (Warwickshire), décembre 1678. – Bath, 14 août 1727.

Organiste de l'église Sainte-Anne (Soho), puis de la chapelle royale et enfin de Westminster Abbey, à la mort de son maître J. Blow, auquel il succéda également dans les fonctions de compositeur et maître des enfants de la chapelle royale.

Anthems, psaumes, un très beau service funèbre (encore fréquemment joué de nos jours en Angleterre) musique instrumentale, *ayres.*

Cromorne

Ancienne famille d'instruments à vent (XVe-XVIIe siècle) munis d'une anche double analogue à celle du basson. Leur corps, de perce cylindrique étroite, était recourbé à l'extrémité en forme de crochet, ce qui justifie une étymologie probable : *crump-horn* (en vieil anglais, *crump* signifie « tordu »).
Ces instruments ont donné leur nom et leur timbre mélancolique à un jeu d'orgue, connu depuis la seconde moitié du XVIe siècle.

Crüger, Johann

Gross-Breese (Prusse), 9 avril 1598. – Berlin, 23 février 1662.

Organiste, théoricien éminent, il fut pendant presque toute sa vie cantor de Saint-Nicolaus à Berlin. Aujourd'hui, il est surtout connu par ses mélodies de chorals, dont certaines sont devenues immortelles grâce au génie de Bach (*Nun danket alle Gott*; *Jesu meine Freude*; *Schmücke dich, o liebe Seele*).

Plusieurs recueils de cantiques (les uns à 1 voix avec basse, les autres à 4 voix et 2 instruments), des motets et des *magnificat*, un recueil de *Recreationes musicae* (trente-trois madrigaux ou chansons), des ouvrages théoriques (dont une méthode de basse chiffrée).

Crumb, George

Charleston (Virginie-Occidentale), 24 octobre 1929.

Fils d'un clarinettiste et d'une violoncelliste de l'orchestre de Charleston, élève de Ross Lee Finney et de Boris Blacher, il a été lui-même professeur aux universités du Colorado et de Pennsylvanie. Cultivé, curieux de tout, il refuse de considérer la composition comme une discipline académique. Pour lui, « la musique peut être définie comme un système de rapports au service d'un élan spirituel ».

Star Child pour soprano, chœurs, orgue, percussion et grand orchestre (1977), *Quatre Livres de Madrigaux* pour soprano et instruments, des poèmes de Garcia Lorca ; *A haunted Landscape* pour orchestre (1984) ; *Black Angels* pour quatuor à cordes électrifié (1970), *Vox Balaenae* pour flûte, violoncelle et piano électrifiés (1972), de nombreuses pièces pour piano.

Cui, César

Wilno (Lituanie), 18 janvier 1835. – Saint-Pétersbourg, 24 mars 1918.

Fils d'un officier français établi en Pologne et d'une Lituanienne. Élève occasionnel de Moniuszko, il fut principalement autodidacte et la musique ne fut que son second métier. Formé dans une célèbre école militaire de Saint-Pétersbourg, il devint une haute autorité en matière de fortification et termina sa carrière comme général. Sa plume brillante fit de lui le porte-parole du célèbre groupe des Cinq (qui comprenait en outre Balakirev, Borodine, Rimsky-Korsakov et Moussorgsky).

Onze opéras, plus de trois cents mélodies, quatre suites pour orchestre, de nombreuses pièces pour piano.

CZERNY, KARL

Vienne, 20 février 1791. – Vienne, 15 juillet 1857.

Pianiste et pédagogue. Grâce aux leçons de son père (excellent pianiste lui-même), il jouait par cœur, à dix ans, un important répertoire de maîtres classiques. Ses dons pédagogiques se révélèrent vite et, dès l'âge de quinze ans, il était déjà un maître recherché. Entre-temps (1800-1803), il avait été l'élève de Beethoven. Il donna très peu de concerts publics, se consacrant principalement à l'enseignement et à la composition ; Liszt compte parmi ses élèves.

(Plus de mille œuvres au total) : vingt-quatre messes, quatre *Requiem*, trois cents graduels et offertoires, des symphonies, ouvertures, concertos, de la musique de chambre, des mélodies et d'innombrables compositions pour piano (comprenant de nombreux recueils d'exercices et des arrangements d'opéras, d'oratorios, d'ouvertures, de symphonies, etc.).

D

DALAYRAC, NICOLAS

Muret (Languedoc), 8 juin 1753. – Paris, 27 novembre 1809.

Destiné d'abord aux carrières juridiques, puis incorporé comme sous-lieutenant dans la garde du comte d'Artois à Versailles, il s'initia à la musique en autodidacte. Ses premiers opéras-comiques furent créés en 1782, à la Comédie-Italienne, avec l'appui de Marie-Antoinette.

Environ soixante opéras-comiques.

DALL'ABACO, ÉVARISTE

Vérone, 12 juillet 1675. – Munich 12 juillet 1742.

Sans doute élève de Torelli à Vérone et peut-être aussi de Vitali à Modène. À partir de 1704, il est violoncelliste, puis maestro di cappella au service du prince-électeur de Bavière à Munich. Il fait plusieurs séjours aux Pays-

Bas et en France. Excellent compositeur, digne d'être comparé à Corelli, il a joué un rôle éminent dans la formation de la sonate classique.

Vingt-quatre *Sonate da camera* op. 1 et 4 ; douze *Sonate da camera e do chiesa a 3* op. 3 ; douze *Concerti a 4 da chiesa* op. 2 ; douze Concerti *a più istrumenti* op. 5 et 6.

Dallapiccola, Luigi

Pisino d'Istria (Trieste), 3 février 1904. – Florence, 19 février 1975.

Au moment de sa naissance, sa province natale faisant partie de l'Empire austro-hongrois, les Italiens et les éléments pro-italiens de la population étaient l'objet de mesures discriminatoires. En 1917, il fut exilé à Graz avec sa famille, son père ayant été déclaré *politisch unverlässlich* (« politiquement peu sûr ») : ce fut pour lui l'occasion de s'initier à la musique symphonique et à l'opéra allemands. Après la débâcle de l'armée autrichienne, il retourne à Pisino, libéré par les Italiens, et termine ses études musicales à Trieste, puis à Florence (Consolo et Frazzi). Il admire Debussy dont il a découvert *Pelléas* en 1919 à Bologne. À partir de 1930, il entreprend comme pianiste de nombreuses tournées de concerts avec le violoniste Materassi, se consacrant à défendre la musique moderne, notamment dans le cadre de la SIMC dont il devient le délégué italien. Il avait entendu *Pierrot lunaire* dirigé par Schoenberg en 1924, mais c'est de sa rencontre avec Berg, en 1933, que date son intérêt pour la technique dodécaphonique. Sa première œuvre influencée par cette technique est le *Divertimento in quattro esercizi* (1934). Disposant très librement des règles du développement sériel, il les adapte à son style personnel (classique et méditerranéen), étranger au néo-romantisme ou à l'expressionnisme des musiciens viennois. Dans le choix des séries, il évite les grands intervalles douloureux, chers à Webern et ses disciples, préférant les mouvements mélodiques conjoints, générateurs d'impressions tonales. Doué d'un remarquable sens dramatique et d'une parfaite technique d'écriture vocale, Dallapiccola a donné le meilleur de lui-même dans la musique vocale ; ses opéras *Vol de nuit* et surtout *Le Prisonnier* sont parmi les chefs-d'œuvre du théâtre musical contemporain.

Trois opéras, *Volo di notte*, d'après Saint-Exupéry (Florence, 1940), *Il Prigioniero* (Florence, 1950) et *Ulisse* (Berlin, 1968) ; le ballet *Marsia* ; de grandes œuvres chorales, dont *Job* (*sacra rappresentazione* pour soli, chœurs et orchestre), *Canti di prigionia* et *Canti di liberazione* ; *Sicut umbra* (1970) et *Commiato* (1972) pour chant et ensembles instrumentaux ; *Divertimento in quattro esercizi* pour soprano et 5 instruments, trois *Liriche greche* pour soprano et instruments, *Cinque canti* pour baryton et 8 instruments ; *Piccolo concerto per Muriel Couvreux* pour piano et orchestre de chambre, *Inni* pour 3 pianos, *Sonata canonica* et *Quaderno musicale di Anna Libera* pour piano solo.

Dandrieu, Jean-François

Paris, 1682. – Paris, 17 janvier 1738.

Organiste et claveciniste, élève de J.-B. Moreau. Il fut titulaire des orgues de Saint-Merry, de la chapelle royale et de Saint-Barthélemy (où il succéda à son oncle Pierre Dandrieu).

Les Caractères de la guerre, ou Suite de symphonies, trois livres de pièces pour clavecin, un livre d'orgue, un livre de sonates pour violon, un livre de sonates en trio et un ouvrage théorique (*Principes de l'accompagnement du clavecin*).

Daniel-Lesur

Paris, 19 novembre 1908.

Élève de Tournemire, Gallon et Caussade, il fut successivement organiste suppléant à Sainte-Clotilde, puis organiste des bénédictins de Paris, professeur de contrepoint à la Schola cantorum (1935-1939) et directeur de la célèbre école (1957-1962). Chargé de l'information musicale à la radio (1944), puis conseiller musical à la télévision, il y fonda le service de la Musique. Il a été administrateur intérimaire de la Réunion des Théâtres lyriques nationaux (1971-1972) et inspecteur général de la Musique (1973-1977). En 1936, il participait avec Jolivet, Messiaen et Baudrier à la fondation du groupe Jeune France. Sa musique est pure, sans compromission littéraire, ni angoisse esthétique ; elle fonde sa liberté sur la maîtrise, sa pérennité sur l'intelligence et la culture. Daniel-Lesur est membre de l'Institut (1982) et de l'Académie royale de Belgique.

Les opéras *André del Sarto* (1969), *Ondine* (1982) et *La Reine morte*; *Messe du Jubilé* (1962), *Cantique des Cantiques* et *Cantique des Colonnes* pour ensemble vocal, *Encore un instant de bonheur* (1989) pour chœur et orchestre, *Le Bal du Destin*, ballet (1965), *Suite française*, *Ricercare*, *Sérénade*, *Symphonie de danses* et *Symphonie d'ombre et de lumière* (1975) pour orchestre ; *Passacaille*, *Variations* et *Concerto da camera* pour piano et orchestre ; des œuvres de musique de chambre, des pièces pour piano et pour orgue, d'admirables recueils de mélodies (dont *Quatre Lieder* et *Chansons cambodgiennes*, avec orchestre de chambre).

Dao, Nguyên-Thiên

Hanoï, 3 juillet 1940.

Élève au conservatoire de Paris, il entre au Groupe de recherches musicales de l'ORTF. Son œuvre est le lieu de rencontre de la culture traditionnelle du Viet-Nam et des techniques les plus audacieuses de l'avant-garde musicale occidentale.

Deux opéras, *My Chan Trong* (Paris, 1978) et *Écouter-Mourir* (Avignon, 1980) ; *Khoc To Nhu* pour 12 voix a cappella (1971), *Hoang Hon* (1990) pour soprano et orchestre, l'extraordinaire *Koskom* (1971) pour grand orchestre, *Bà Me Vietnam* pour contrebasse et ensemble instrumental, *Phù Dông* pour voix, cuivres et percussion, *Gio Dông* pour voix seule.

Daquin, Louis

Paris, 4 juillet 1694. – Paris, 15 juin 1772.

Organiste. Élève de Bernier (composition) et de Marchand (orgue). Filleul d'E. Jacquet de La Guerre, il commença sa carrière à douze ans en suppléant Marin de La Guerre, organiste à la Sainte-Chapelle (à six ans, il avait joué devant Louis XIV). Il fut organiste de l'église Saint-Paul (1727 : sa candidature fut préférée à celle de Rameau), du couvent des Cordeliers (où il succéda, en 1732, à Marchand), de la chapelle royale (où il succéda à Dandrieu) et de Notre-Dame de Paris.

De la musique d'église, des divertissements, de nombreuses pièces d'orgue et de clavecin.

Dargomyjsky, Alexandre Sergueiévitch

Dargomyz (Tula), 14 février 1813. – Saint-Pétersbourg, 17 janvier 1869.

Il n'est d'abord qu'un excellent amateur, mais, lorsqu'en 1833, il rencontre Glinka qui l'introduit dans les milieux artistiques et l'aide à compléter sa formation musicale. Ses premiers opéras suivaient le style traditionnel d'Auber ou d'Halévy. Mais, après son voyage à Paris (1844-1845), il s'intéresse au folklore de son pays et aux problèmes de la déclamation de la langue russe : à partir de *Rusalka* (1856), il utilise avec un remarquable sens dramatique une forme de récitatif mélodique très personnel, qui annonce Moussorgsky. Il est, avec Glinka, l'un des fondateurs de l'école musicale russe.

Six opéras (dont *Le Convive de pierre*, d'après Pouchkine, son chef-d'œuvre), des fantaisies pour orchestre, de nombreuses mélodies.

Dauvergne, Antoine

Moulins, 2 octobre 1713. – Lyon, 11 février 1797.

Violoniste. Directeur du Concert spirituel et de l'Opéra ; surintendant de la musique du roi en 1764. Son interlude *Les Troqueurs* (1752) peut être considéré comme le premier exemple d'opéra-comique français.

Tragédies comiques, opéras-ballets, interludes et opéras-comiques, des motets, quatre *Concerts de symphonies*, des sonates en trio.

David, Félicien

Cadenet (Vaucluse), 13 avril 1810.
Saint-Germain-en-Laye, 29 août 1876.

Maître de chapelle à Aix aussitôt après ses études secondaires, il partit ensuite compléter au conservatoire de Paris une formation musicale d'autodidacte. En 1833-1835, il entreprit un voyage dans le Proche-Orient (Turquie, Égypte, Palestine) d'où il rapporta un goût pour l'orientalisme : c'est l'origine d'un exotisme musical qui s'est manifesté, avec plus ou moins de bonheur, pendant un siècle. Il fut le successeur de Berlioz à l'Institut, en 1869.

Opéras et opéras-comiques, symphonies descriptives avec voix (sortes d'oratorios, comme *Le Désert*, son œuvre la plus célèbre), deux symphonies, vingt-quatre quintettes, nombreuses mélodies.

Davies, Peter Maxwell

Manchester, 8 septembre 1934.

Chef d'orchestre et pédagogue. Après des études à l'université et au Royal College of Music de Manchester, il a été l'élève de Petrassi à Rome. Il forme avec Birtwistle et Goehr, le noyau du Groupe de Manchester, qui se distingue par une curieuse conjugaison de musique ancienne (Moyen Âge et Renaissance) et de techniques sérielles très sophistiquées. Davies a une particulière tendresse pour le plain-chant et pour John Taverner (début XVIe siècle). Avec ses complices de Manchester, il fonde les Pierrot Players (la formation de *Pierrot lunaire*), devenus en 1970 The Fires of London, sous la seule direction de Davies, parfois satirique et provocateur, toujours avec un humour poétique. Il s'installe alors dans l'archipel des Orcades, où il fonde le festival de Saint-Magnus.

Plusieurs ouvrages scéniques, dont les opéras *Taverner* (Covent Garden, 1972) et *The Lighthouse* (Paris, 1999), l'opéra de chambre *Le Martyre de Saint-Magnus* (Kirkwall, Orcades, 1977), le « masque » *Le Jongleur de Notre-Dame* (Kirkwall, 1978), ballets, musiques de films de Ken Russel ; nombreuses compositions religieuses inspirées par la musique des XVe et XVIe siècles, arrangements instrumentaux d'œuvres vocales anciennes (Machaut, Dunstable, Taverner, Dowland, Gabrieli, Purcell...), deux *Fantasias on an In Nomine of John Taverner* pour orchestre, un quatuor sur l'*Ave Maria*, des pièces pour piano et pour orgue.

DEBUSSY, ACHILLE CLAUDE

Saint-Germain-en-Laye, 22 août 1862. – Paris, 25 mars 1918.

Son père tenait un petit magasin de porcelaines et objets chinois, dans la rue au Pain, à Saint-Germain. Mais, en 1865, il fait faillite, et la famille s'installe à Paris. Les Debussy ne sont pas musiciens ; pourtant, sur l'avis d'une parente qui découvre les dons exceptionnels de l'enfant, ils lui font donner des leçons de piano et acceptent qu'il entre, a dix ans, au conservatoire de Paris. De 1873 à 1884, il y fréquente les classes de Marmontel (piano), de Lavignac (solfège), de Durand (harmonie), de Franck (orgue), de Massenet et de Guiraud (composition) et obtient, en 1884, le premier grand prix de Rome pour sa cantate *L'Enfant prodigue.* Auparavant, il avait été engagé comme pianiste par la baronne von Meck, amie et protectrice de Tchaïkovsky : il l'accompagna, trois étés consécutifs, dans ses voyages en Suisse, en Italie (où il rencontra Wagner), à Vienne et à Moscou, jouant à quatre mains avec la maîtresse de maison et donnant des leçons à ses filles. Peu après, il rencontra la ravissante Mme Vanier, excellente musicienne douée d'une jolie voix ; attaché à elle par un amour platonique, et devenu son accompagnateur attitré, il passait de longs moments dans sa bibliothèque. Ces relations furent décisives pour l'enrichissement de sa culture générale et la formation de son goût.

En 1885-1886, il séjourne à la villa Médicis, d'où ses « envois de Rome » scandalisent l'Institut : on lui reproche « d'être tourmenté du désir de faire du bizarre, de l'incompréhensible, de l'inexécutable », et l'on parle même d'« impressionnisme vague ». À son retour, il s'éprend d'une très jolie fille, Gabrielle Dupont, dite « Gaby aux yeux verts » : il s'installe avec elle dans un petit appartement, 42, rue de Londres. C'est l'époque où il fréquente de temps à autre les « mardis » de Mallarmé ; il y rencontre Pierre Louÿs, qui devient son ami, H. de Régnier, Laforgue, Verlaine, et un petit groupe de peintres et de musiciens, dont il retrouvera quelques-uns plus tard (vers 1900) aux « mercredis » de P. Louÿs et au café Weber. Casanier de nature, il ne quittera guère Paris, jusqu'à la fin de sa vie, exception faite de courts séjours à Londres, Vienne (où Brahms l'invite à dîner et à voir *Carmen*), Bayreuth (où il a la révélation de *Parsifal* et de *Tristan*) et, entre 1912 et 1914, d'une série de concerts à Vienne, Budapest, Moscou, Saint-Pétersbourg, Rome, Amsterdam. À l'influence des milieux littéraires et artistiques d'avant-garde s'ajoute celle de découvertes purement musicales : révélation de la musique javanaise à l'Exposition de 1889, de *Boris Godounov* que l'on déchiffre au piano chez les Chausson, rencontre de Satie, pianiste au cabaret du Chat Noir, qui prêche une certaine simplicité médiévale et enchaîne dans sa musique les accords de neuvième. Il ne faut pas se méprendre, cependant, sur la signification de l'« influence russe » ou du wagnérisme chez Debussy ; il était trop original pour imiter qui que ce fût et l'on ne peut rien trouver de russe ni de wagnérien dans *Pelléas.* Mais il est vrai que la richesse de l'harmonie et de l'instrumentation wagnérienne, la qualité expressive de la déclamation mélodique moussorgskienne, la couleur inhabituelle des musiques orientales ou le non-conformisme et la fausse naïveté du bonhomme Satie furent des stimulants ou des catalyseurs dans la formation du style debussyste. En 1899, Debussy épouse Rosalie (Lily) Texier, ravissante couturière, aimable mais peu cultivée, dont il divorce en 1905. Il épouse alors Mme Emma Bardac, avec qui il s'installe dans un hôtel particulier, au 24, square du Bois de Boulogne. De ce second mariage, il aura une fille, Claude-Emma (1905-1919), dite Chouchou, la dédicataire du *Children's Corner.*

Debussy n'occupa jamais aucun poste officiel et ne fut à aucun moment une « vedette », évitant le plus possible de se produire en public, bien qu'il fût un merveilleux pianiste. L'essentiel de sa vie professionnelle était la création de ses œuvres principales. L'événement capital en fut la création de *Pelléas et Mélisande* à l'Opéra-Comique (1902), sous la direction de Messager, avec Mary Garden et Jean Périer dans les rôles principaux (décors de Jusseaume). Bien des années plus tôt, Debussy avait défini le librettiste idéal : « Celui qui, disant les choses à demi, me permettra de greffer mon rêve sur le sien ; qui concevra des personnages dont l'histoire et la demeure ne seront d'aucun temps, d'aucun lieu ; qui ne m'imposera pas la scène à faire et me laissera libre, ici ou là, d'avoir plus d'art que lui, et de parachever son ouvrage… » Le drame de Maeterlinck correspondait à cet idéal : il permit à Debussy d'écrire une œuvre absolument neuve, qui se heurta à l'une des plus célèbres cabales de l'histoire musicale. Vers 1910, les premières manifestations d'un cancer affectèrent profondément sa santé : de nombreux projets durent être abandonnés, parmi lesquels la composition de plusieurs opéras. Après deux pénibles opérations, le mal s'aggrava rapidement. La mort de l'un des plus grands musiciens de tous les temps passa inaperçue, tandis que la Bertha bombardait Paris. Il fut enseveli au Père-Lachaise, mais, l'année suivante, ses restes furent transportés au cimetière de Passy où, selon son vœu, il repose toujours « parmi les arbres et les oiseaux ».

La profonde originalité du style de Debussy, son caractère d'exception, lui permet d'échapper à toute classification. C'est pourquoi il faut exprimer de prudentes réserves lorsqu'on tente un parallèle avec la peinture impressionniste ou la poésie symboliste. Cependant, dans une première « période » de son œuvre, Debussy se montre le plus pur, le plus authentique des « impressionnistes » : les contours mélodiques s'estompent dans le chatoiement d'harmonies lumineuses qui suggèrent une infinité de chants possibles, le sentiment se substitue à la rhétorique, la sensation à la forme, le rythme intérieur à l'organisation arithmétique des durées. Les chefs-d'œuvre de cette période sont le *Prélude à l'après-midi d'un faune, Soirée dans Grenade* et *Jardins sous la pluie* (n°s 2 et 3 des *Estampes*), *Nuages, La Mer*, et, dans une certaine mesure, ce chef-d'œuvre hors série qu'est *Pelléas.* Dans une seconde « période », Debussy adopte un style qui lui est propre et ne trouve son équivalent ni en musique ni dans les autres arts : style qui restera longtemps merveilleusement « moderne » et dont les meilleurs exemples se trouvent dans *Le Martyre de saint Sébastien*, dans les sonates, dans les *Préludes* et surtout les *Études* pour piano, enfin dans *Jeux*, ce chef-d'œuvre trop mal connu.

L'œuvre de Debussy a fait souffler sur la musique un vent de liberté, bouleversant les lois de l'harmonie, ignorant les conventions formelles, créant une nouvelle technique pianistique… Elle ouvre la voie à toutes les audaces et protège de tous les académismes.

MUSIQUE VOCALE. *Pelléas et Mélisande* (drame lyrique, Paris, 1902), *Le Martyre de saint Sébastien* (mystère de G. d'Annunzio, Paris, 1911), musique de scène pour *Le Roi Lear*, trois ballets (*Jeux, Khamma* et *La Boîte à joujoux*), trois cantates (*L'Enfant prodigue, La Damoiselle élue* et *Ode à la France*), *Trois Chansons de Charles d'Orléans* pour chœur mixte, de nombreuses mélodies (dont *Cinq poèmes de Baudelaire, Ariettes oubliées, Fêtes galantes, Chansons de Bilitis, Trois Ballades de Villon, Trois Poèmes de Mallarmé*). – **MUSIQUE SYMPHONIQUE.** *Prélude à l'après-midi d'un faune* (1894), *Trois Nocturnes* (1899), *La Mer* (1905) (trois esquisses symphoniques la symphonie de Debussy), *Images* (sans rapports avec les *Images* pour piano), *Fantaisie* pour piano et orchestre, *Danse sacrée et danse profane* pour harpe et cordes. – **MUSIQUE DE CHAMBRE.** Quatuor à cordes, sonate pour violoncelle et piano, sonate pour violon et piano, sonate pour flûte, alto et harpe. – **PIANO.** *Suite bergamasque* (dont *Clair de Lune*), suite *Pour le piano, Estampes* (dont *Soirée dans Grenade*), *L'Isle joyeuse*, deux cahiers *d'Images* (dont *Reflets dans l'eau*), *Children's Corner, vingt-quatre Préludes* (1909-1913), *douze Études* (1915), *En blanc et noir* pour 2 pianos. – **ÉCRITS.** Articles dans la *Revue Blanche, Gil Blas, Le Mercure de France, Le Figaro, Comœdia, Revue Sim*, etc., une partie réunie sous le titre de *Monsieur Croche anti-dilettante.*

Déchant

Nom que l'on donne dans l'organum* à la *vox organalis* lorsque apparaît le mouvement contraire (XIe siècle). La voix principale est au grave, la voix de déchant au-dessus. On étendra ensuite cette dénomination à la pratique polyphonique. On utilise aussi au Moyen Âge le verbe déchanter ; le chanteur qui improvise un déchant est un « déchanteur ».

Decoust, Michel

Paris, 19 novembre 1936.

Chef d'orchestre. Élève de Fourestier, Milhaud et Messiaen au conservatoire de Paris. Grand prix de Rome en 1963, il suit à son retour de Rome les cours de Pousseur et Stockhausen à Cologne. Il a été chargé de l'animation musicale dans les pays de Loire (maisons de la culture d'Angers, Rennes et Nantes). Responsable quelque temps du département pédagogique de l'IRCAM, il s'est écarté de l'avant-garde post-webernienne depuis les années 1980.

Polymorphie pour 105 instruments dispersés par petits groupes, *Et/ou* pour 44 pianistes (forme ouverte), *Actions* et *8 milliards* (partitions « verbales » pour un effectif indéterminé) sous l'influence de Cage, *Jambe* pour 12 instruments, *Concerto pour violon.*

Delalande, Michel-Richard

Paris, 15 décembre 1657. – Versailles, 18 juin 1726.

Organiste de l'église Saint-Louis-des-Grands-Jésuites, de Saint-Gervais (intérim de six ans avant que François Couperin soit d'âge à succéder à son père), de Saint-Jean-en-Grève. Il fit son apprentissage de musicien à la maîtrise de Saint-Germain-l'Auxerrois et apprit seul à jouer de plusieurs instruments. Musicien officiel, il cumula les charges à la cour (maître et compositeur de la chapelle royale, surintendant et compositeur de la musique de la chambre) et fut abondamment pensionné, décoré et armorié par Louis XIV et Louis XV. En 1684, il épousa la sœur du compositeur J.-F. Rebel, excellente chanteuse qui fut dotée et pensionnée elle aussi par le roi.
La musique de Delalande réalise une harmonieuse synthèse des styles français et italien. Plus habile contrapuntiste que Lully et meilleur mélodiste, il est le continuateur de l'œuvre de Charpentier. Ses grands motets, qui constituent le sommet de son œuvre, furent jusqu'à la fin

du XVIIIe siècle le fonds principal du répertoire du Concert spirituel, d'où ils eurent un rayonnement appréciable en Europe. Il est probable qu'ils exercèrent une influence sur l'œuvre de Haendel et peut-être même sur celle de Bach. Parmi les nombreux élèves de Delalande figurent Colin de Blamont et Destouches.

Un grand nombre de motets pour soli, chœurs et orchestre (la publication posthume de quarante-deux d'entre eux fut entreprise aux frais du roi), *Trois Leçons de ténèbres*, une vingtaine de ballets et divertissements pour les fêtes de la cour, quatre *Symphonie de noëls*, les *Symphonies pour les soupers du roy* (assemblées et copiées par Philidor, « garde de la bibliothèque de la musique du roi »).

Delannoy, Marcel

La Ferté-Alais, 9 juillet 1898. – Nantes, 16 septembre 1962.

Autodidacte, conseillé par Honegger et Roland-Manuel, il ne se consacra à la musique qu'à vingt ans, ayant d'abord étudié la peinture et l'architecture à l'École des Beaux-Arts. Dès la création à l'Opéra-Comique (1927) du *Poirier de misère*, qui reçut la vive approbation de Ravel, il s'imposa comme un musicien original, sans système, doué d'un génie mélodique fécond qui révèle parfois l'influence de la chanson populaire.

Puck (opéra féerique), *Le Poirier de misère* et *Ginevra* (opéras-comiques), *Philippine* (opéra bouffe), quatre ballets, deux symphonies, suites symphoniques, concerto pour piano, quatuor à cordes, mélodies (dont *État de veille*, avec orchestre).

Del Giovane, Gian Domenico

Nola (Naples), vers 1510. – Naples, 5 mai 1592.

Organiste de l'Annunziata à Naples et professeur au conservatoire Santa Maria di Loreto. Il est, avec G.T. Di Majo, l'un des meilleurs compositeurs de *villanelle* napolitaines.

Trois livres de *Canzoni villanesche* ou de *Villanelle alla napolitana*; deux livres de madrigaux à 4 et 5 voix, deux livres de *Motetti* (1 à 6 voix).

Delibes, Léo

Saint-Germain-du-Val (Sarthe), 21 février 1836. – Paris, 16 janvier 1891.

Élève d'Adam au conservatoire de Paris, il fut organiste à Saint-Pierre de Chaillot et à Saint-Jean-Saint-François et chef des chœurs à l'Opéra.

Prix de Rome, il succéda à Réber comme professeur au Conservatoire (1881) et au fauteuil de V. Massé à l'Institut (1884). Sa musique aimable et facile, mais de bonne qualité, ne mérite pas le dédain dont elle est souvent l'objet.

Six opéras-comiques (dont *Lakmé*), quinze opérettes (dont *Le Serpent à plumes*), quatre ballets (dont *Coppélia*, son chef-d'œuvre, et *Sylvia*), des œuvres religieuses, des chœurs et des mélodies.

Delius, Frederick

Bradford, 29 janvier 1862. – Grez-sur-Loing, 10 juin 1934.

Ses parents contrariant sa vocation musicale, il part, à vingt ans, pour la Floride cultiver les orangers. Pendant ses loisirs, il apprend seul la musique. Plus tard, il complète sa formation au conservatoire de Leipzig, sous la direction de Reinecke ; là il rencontre Grieg dont on sent l'influence dans ses premières œuvres. À partir de 1890, il s'établit définitivement en France, à Paris d'abord, puis en Seine-et-Marne, à Grez-sur-Loing. Ignorant totalement l'art de réussir, il n'a jamais appartenu à aucune école, à aucun mouvement musical et s'est tenu à l'écart des milieux musicaux parisiens (la France, où il vécut plus de quarante ans, l'ignore encore). Son art profondément original, au parfum poétique mystérieux, ne fut apprécié en Angleterre qu'après sa mort, grâce au zèle dévoué de son ami, Sir Th. Beecham.

Six opéras (dont *Romeo und Julia auf dem Dorfe*), de grandes œuvres chorales (*Eine Messe des Lebens* et *Requiem* d'après Nietzsche, *Appalachia* inspiré d'un vieux chant nègre, *Sea Drift*), des rhapsodies pour orchestre (dont *A Brigg Fair*, sur des thèmes populaires du Lincolnshire), des concertos (piano, piano et violoncelle, violon, violoncelle), trois sonates pour violon et piano, des mélodies.

Della Viola, Alfonso

Ferrare, vers 1508. – Ferrare ?, après 1567.

Maître de chapelle du duc de Ferrare, Ercole II. Il fut peut-être le premier qui mit en musique, entièrement, des œuvres dramatiques. Les dialogues et les intermèdes étaient écrits généralement dans le style du madrigal, mais, *Il Sacrifizio, favola pastorale* représentée en 1554, comportait, semble-t-il, une partie monodique, quarante ans avant l'apparition du *stile rappresentativo* (voir Opéra*).

Plusieurs tragédies et pastorales en musique (dont il ne subsiste que les livrets), des motets, des madrigaux à 5 voix.

DELVINCOURT, CLAUDE

Paris, 12 janvier 1888. – Orbetello (Italie), 5 avril 1954.

Élève de Caussade, Büsser et Widor, il obtint le premier grand prix de Rome en 1913, pour sa cantate *Faust et Hélène.* Il fut successivement directeur du conservatoire de Versailles (1931-1941) et du conservatoire de Paris (1941-1954), dont il a profondément rénové les méthodes et l'esprit.

Lucifer (mystère), *La Femme à barbe* (comédie musicale), *Œdipe-Roi* (oratorio), des œuvres symphoniques (*Bal vénitien, Radio-sérénade,* etc.), de la musique de chambre, des pièces pour piano.

DEMANTIUS, JOHANN CHRISTOPH

Reichenberg, 15 décembre 1567. – Freiberg (Saxe), 20 avril 1643.

Après des études à Wittenberg, il fut cantor à Zittau (1597) puis à Freiberg (1604). L'influence italienne est sensible dans sa musique, descriptive ou passionnée.

Nombreuses œuvres chorales, dont une *Passion selon Saint Jean* (6 voix), *Triades Sionæ Introituum Missarum et Prosarum* (5 à 8 voix) et *Tympanum militare* (vingt et un chants de triomphe, de 5 à 10 voix), ainsi que des recueils de danses polonaises et allemandes et plusieurs traités importants.

DENISOV, EDISON VASILIEVITCH

Tomsk, (Sibérie) 5 avril 1929. – Paris, 25 novembre 1996.

Il a étudié les mathématiques à l'université de Tomsk et la musique au conservatoire de Moscou, où il a enseigné depuis 1960 l'analyse et l'instrumentation. Il fut l'un des tout premiers compositeurs soviétiques à s'être intéressé aux techniques sérielles post-wéberniennes et aux formes ouvertes.

Plusieurs compositions pour voix et ensembles instrumentaux, dont *La Vie en rouge* (1973) d'après B. Vian, *Automne* pour treize voix solistes, *Chant d'automne* (1971) pour soprano et grand orchestre, une symphonie (1987), des concertos (pour violoncelle, clavecin, piano, et flûte), de la musique de chambre.

Desmarets, Henry

Paris, février 1661. – Lunéville, 7 septembre 1741.

Élève de Lully. En 1690, il succède à Charpentier comme maître de musique à la maison professe des jésuites. Quelques années plus tard, il est accusé de rapt et doit s'enfuir en Espagne où il entre au service de Philippe V. À partir de 1708, il est au service du duc de Lorraine à Nancy et à Lunéville.

Tragédies lyriques, ballets et divertissements, grands motets dans le style de Delalande.

Destouches, André Cardinal

Paris, avril 1672. – Paris, 3 février 1749.

Il débuta dans la vie, tout jeune élève des jésuites, en accompagnant le Père Tachard au Siam (1687) ; puis, à vingt ans, il prit part, comme mousquetaire du roi, au siège de Namur. Excellent musicien amateur, il fut quelque temps élève de Campra (1696-1697) et composa trois airs pour *L'Europe galante* de son maître. Avec son premier opéra *Issé*, représenté en 1697, il obtint aussitôt un succès décisif. Destouches fut inspecteur général (1713), puis directeur (1728) de l'Opéra (certains articles du règlement qu'il établit alors sont encore en vigueur), puis surintendant de la musique royale. Il est l'un des meilleurs compositeurs d'opéra français entre Lully et Rameau.

Dix opéras (dont *Les Éléments*, en collaboration avec Delalande), deux cantates, motets, *Te Deum*, *De profundis*.

Devienne, François

Joinville, 31 janvier 1759. – Charenton, 6 septembre 1803.

Flûtiste et bassoniste. Membre de l'orchestre du théâtre de Monsieur. Professeur au Conservatoire (1795-1803). Son talent d'instrumentiste et son génie mélodique lui valaient une très grande popularité.

Dix opéras-comiques (dont *Les Visitandines*, un immense succès), des airs et des romances, des concertos pour flûte et pour basson, de nombreuses compositions pour instruments à vent.

Diabelli, Anton

Mattsee (Salzbourg), 6 septembre 1781. – Vienne, 7 avril 1858.

Pianiste et pédagogue (piano et guitare). Élève de Michael Haydn. Sa musique religieuse est très répandue en Autriche ; la valeur pédagogique de ses pièces pour piano leur assure partout une vaste diffusion ; mais c'est principalement comme fondateur des éditions Diabelli and Co qu'il a joué un rôle historique. Cette firme a édité Haydn, Mozart et surtout Schubert (publiant un catalogue thématique de ses œuvres). On doit indirectement à Diabelli l'un des sommets de la musique : les *Variations sur une valse de Diabelli op. 120*, qui furent commandées à Beethoven en 1821.

(Œuvre innombrable) : messes, motets, airs, musique de théâtre, et de très nombreuses pièces pour piano.

Diapason

Fréquence-étalon, ou intonation absolue d'un son de référence servant à l'accord des instruments. On appelle aussi diapason un petit instrument fourchu destiné à reproduire le son de référence choisi : il fut inventé en 1711 par le luthiste anglais John Shore. Hélas ! rien ne semble plus difficile que de se mettre d'accord sur la valeur de cette fréquence-étalon (généralement de la_3, celui qui se trouve au milieu de la portée en clé de sol) ; au cours des siècles et même d'un pays à l'autre, elle n'a cessé de varier dans des proportions effrayantes. Si l'on fait abstraction de la fantaisie de certains facteurs d'orgues anciens, les principales causes de ces variations sont les suivantes

– Tendance instinctive des instrumentistes à monter, à « forcer la note » en recherchant une sonorité plus brillante.

– Fabrication d'instruments à vent un peu plus haut que le diapason adopté : le facteur espère ainsi mettre en valeur le timbre de ses produits.

– Considérations purement mathématiques poussant les théoriciens à choisir pour étalon des nombres qui leur sont commodes.

D'une époque à l'autre, ces variations rendent certaines œuvres vocales presque inchantables dans leur tonalité originale. Plusieurs tentatives ont été faites pour normaliser le diapason. Les principales sont : les arrêtés ministériels français de 1859 ($la_3 = 435$ Hz), la Conférence internationale de Vienne de 1885 (idem) et la Conférence internationale de Londres de 1953 fixant le la_3 à 440 Hz (± 0,5), du moins dans les dix pays participant à la conférence !

Dans le tableau qui suit, les diapasons extrêmes diffèrent d'une quinte ou, si l'on s'en tient aux données postérieures à l'invention de l'instrument appelé diapason, d'un ton au moins. Un certain nombre de ces chiffres (qui désignent bien tous la fréquence du la_3) sont empruntés aux travaux du mathématicien anglais Ellis cité par Grove.

N.B. Les physiciens conservent leur *la*, de 426,7 Hz qui donne pour fréquences des *ut* les puissances successives de 2.

1495	Cathédrale de Halberstadt	506
1511	Schlick (organiste à Heidelberg)	377
1543	Sainte-Catherine à Hambourg	481
1636	Mersenne : *ton de chapelle*	504
1636	Mersenne : *ton de chambre*	563
1640	Orgue des franciscains à Vienne	458
1648	Épinette de Mersenne	403
1688	Saint-Jacques à Hambourg	489
1700	Paris (diapason moyen)	404
1725	Diapason de Bach à Leipzig	440
1750	Frédéric II à Potsdam	455
1751	Haendel à Londres	423
1762	Mattheson à Hambourg	408
1780	Diapason de Mozart (?)	422
1810	Paris (diapason moyen)	423
1819	Cagniard de La Tour	434
1823	Opéra-Comique à Paris	428
1834	Scheibler (congrès de Stuttgart)	440
1856	Opéra de Paris (selon Berlioz)	449
1857	San Carlo à Naples	445
1859	*Diapason français normal* (arrêtés ministériels)	435
1859	Vienne	456
1863	*Tonempfindungen* de Helmholtz	440
1879	Pianos Steinway (USA)	457
1885	Conférence de Vienne	435
1899	Covent Garden	440
1939	Diapason international normal	440
1953	Conférence de Londres	440

Diatonique

1. Genre mélodique des Grecs, dans lequel chaque tétracorde du Grand Système Parfait présente (de l'aigu au grave) la succession d'intervalles : ton, ton, demi-ton.
2. Épithète qui s'applique à un intervalle, une gamme ou un système musical, dont les sons constitutifs sont voisins et tous de noms différents, quelles que soient les altérations éventuelles. Les intervalles diatoniques sont ceux dont est constituée la gamme diatonique usuelle (majeure ou mineure). Un système diatonique s'oppose à un système chromatique* parce qu'il n'emploie que des intervalles diatoniques. Le système tonal (voir Tonalité*) est essentiellement diatonique.

Diepenbrock, Alphons

Amsterdam, 2 septembre 1862. – Amsterdam, 5 avril 1921.

Docteur ès lettres (soutenance de thèse à l'université d'Amsterdam, sur la vie de Sénèque), professeur de philologie, il fut autodidacte en musique. Mais il subit l'influence de Wagner, puis de Debussy, de Mahler (dont il devint l'ami) et, dans une certaine mesure, des musiciens de la Renaissance.

Musique de scène (notamment pour le *Faust* de Goethe et l'*Elektra* de Sophocle), *Missa in die festo* (ténor, chœur, orgue), *Te Deum* (soli, chœurs et orchestre), lieder avec accompagnement d'orchestre et plusieurs autres œuvres vocales.

Dièse

Signe d'altération* qui élève d'un demi-ton les notes placées sur la même ligne (ou interligne) que lui. Le mot vient des Grecs qui, cependant, lui donnaient un tout autre sens. La *diesis* était le plus petit intervalle d'un système déterminé et plus particulièrement l'intervalle 128/125 équivalent à un petit quart-de-ton (ou grand cinquième de ton).

Dissonance

L'évolution de la musique occidentale ne nous permet plus de définir la dissonance par l'agression qu'elle ferait subir à l'ouïe. Il n'est pas possible non plus de retenir l'impression de diaphonie comme base de définition, car seule l'octave est perçue par la majorité des auditeurs sans expérience comme un son unique. Ne faut-il pas admettre avec Schoenberg qu'il n'y a pas de notion fondamentale de dissonance ? Dans la théorie classique, tous les intervalles autres que octave, quinte et quarte justes, tierces et sixtes majeures et mineures sont réputés dissonants. Le système harmonique fondé sur cette théorie est assez empirique et trouve davantage de justification dans la tradition que dans la physique. Dans ce système, toute dissonance exprime une tension, un déséquilibre, qui doit se « résoudre » par la consonance voisine. Il en est ainsi de l'appoggiature* et du retard*, comme de tout accord dissonant. Dans l'harmonie moderne du XXe siècle, découlant de ce qu'on a appelé « l'émancipation de la dissonance » à la fin du siècle dernier, c'est la consonance qui peut exprimer une tension (Bartók), un déséquilibre (Debussy), ou même être abolie (dodécaphonisme). Dans l'œuvre de Webern, des agrégations complexes, véritables « blocs sonores » issus de la série, ne sont plus perçues comme dissonances, mais comme des « mélodies » instantanées.

Il faut d'ailleurs remarquer que l'exception est toujours la consonance et non la dissonance. En effet, deux sons différents simultanés sont perçus dans le cas général, plus ou moins nettement comme un complexe hétérogène, que les Grecs appelaient Διαφωνὶα. Entre certains sons, la perception de cette « diaphonie » e st atténuée au point de disparaître : on dit alors que les sons forment une consonance. Ainsi la consonance et non la dissonance est un cas particulier de la diaphonie, que la théorie classique a privilégié parce qu'il était le moins probable.

Helmholtz fut le premier à tenter d'expliquer objectivement la consonance et la dissonance de deux sons par la considération des battements perceptibles entre leurs harmoniques*. Ces battements « produisent sur les nerfs de l'audition une impression dure et désagréable, parce que toute excitation intermittente de nos appareils nerveux agit plus vivement qu'une excitation régulière et durable ». Le nombre et l'intensité des battements entre harmoniques seraient donc la mesure du degré de dissonance. Mais Helmholtz exprime là une loi physiologique et non physique, puisque seuls sont caractéristiques d'une dissonance les battements qui sont perçus. La difficulté est de déterminer de façon absolue quels battements sont perçus par le plus grand nombre !

→ BACH, *Passion selon saint Matthieu*; récits d'alto *Erbam es Gott!* et *Ach Golgotha!* (voir Harmonie*). – BEETHOVEN, *Neuvième Symphonie* (finale). Accord précédant l'intervention du baryton : toutes les notes de la gamme de ré mineur ! – WAGNER, *Tristan et Isolde.* Nombreuses dissonances et notamment : prélude de l'acte II qui commence par un accord de septième majeure (non préparé). – STRAVINSKY, *Le Sacre du Printemps.* Chiffre 13 : accords répétés des cordes : mi ♭ sol si ♭ ré ♭ + fa ♭ la ♭ do ♭ – dissonance recherchée pour elle-même ; ne doit donc pas être analysée.

Ditters von Dittersdorf, Karl

Vienne, 2 novembre 1739. – Rothlhotta (Bohême), 24 octobre 1799.

Violoniste ; élève de Ziegler et Bonno à Vienne. Comme jeune virtuose, il fit, en compagnie de Gluck, une brillante tournée en Italie qui établit sa réputation. Puis il devint musicien et Kapellmeister de plusieurs cours princières et archiépiscopales, celles notamment du prince Esterhazy et du prince-archevêque de Breslau (grâce à qui il fut fait chevalier de l'Éperon d'or). Il était l'ami de Haydn et de Mozart.
Dittersdorf fut un des maîtres du classicisme viennois et ses meilleures compositions sont dignes de Haydn. Son *Singspiel « Doktor und Apotheker »* (1786), un petit chef-d'œuvre, éclipsa un moment dans la faveur du public viennois *Les Noces de Figaro.*

(Œuvre innombrable dans un style brillant qui allie l'influence italienne et celle de la musique populaire) : trente-cinq opéras (opéras bouffes italiens et *Singspiele* allemands), des oratorios, des messes, environ cent quarante symphonies, vingt-deux concertos pour divers instruments, d'innombrables œuvres pour piano, de la musique de chambre, des Mémoires.

Dodécaphonisme

Technique de composition créée par Arnold Schoenberg (*Komposition mit zwölf Tönen*) entre 1908 et 1923. Sa dénomination française usuelle est due à René Leibowitz, dont les intelligentes initiatives et le dévouement obstiné ont permis sa large diffusion parmi les jeunes musiciens. Depuis 1908 (trois *Pièces pour piano op. 11*), Schoenberg, considérant qu'il n'y a pas de notion fondamentale de dissonance, mais seulement un état de consonance plus ou moins lointain, se libérait de la hiérarchie du système tonal et s'appliquait dans ses compositions à conserver aux douze demi-tons de la gamme chromatique* une égale dignité harmonique. Il fut suivi par ses élèves, constituant ce qu'il est convenu d'appeler l'École viennoise. Esprit constructif, cependant, Schoenberg se préoccupa de créer des lois nouvelles, désirant ne pas laisser enfermer son système dans le refus de la tonalité. Le mot atonalité* l'irritait par son caractère purement négatif, qui ne rend compte que d'un aspect (non essentiel) du dodécaphonisme. C'est en 1923 que Schoenberg formula sa méthode de composition en douze sons égaux, reposant sur le principe nouveau de la « série », mieux nommée *Grundgestalt,* conçu par Hauer (voir page 311). Schoenberg venait d'utiliser l'écriture sérielle pour la première fois, dans la dernière pièce de son *op. 23.*

La série est une succession fondamentale de douze sons différents (les douze notes de la gamme chromatique), sans répétition et disposés par le compositeur dans un ordre qui déterminera le développement ultérieur. Chaque série peut se présenter sous quatre formes : originale, rétrograde, renversement de l'originale, rétrograde du renversement (voir Imitation*). Chacune de ces formes admet une transposition sur chacun des douze degrés de la gamme chromatique, ce qui fait un total de quarante-huit versions possibles d'une même série. Un thème peut se composer de plusieurs fragments mélodiques, constitués chacun par l'une des quarante-huit formules disponibles, chaque fragment étant harmonisé par des sons complémentaires empruntés à une autre version de la « série » génératrice (ex : notes du renversement accompagnant la forme originale). Le tout pourra être compliqué de formes transposées en contrepoint, de variations rythmiques, etc. Aucune note ne doit théoriquement occuper une position privilégiée.
Les pionniers de la musique dodécaphonique sont Schoenberg, Hauer, Berg, Webern et Křenek, mais on trouve des essais d'émancipation tonale chez Wagner (*Tristan et Iseult*) et surtout Scriabine (*Sonate op. 68*). L'emploi de la « série » chez Schoenberg et ses disciples a donné naissance à l'expression « musique sérielle », qu'il ne faut pas employer inconsidérément, car toute musique dodécaphonique n'est pas nécessairement « sérielle ». D'autre part, Berg, dans ses œuvres sérielles, se plaît fréquemment à rendre hommage à la tonalité : citation de *Tristan* dans la *Suite lyrique* (6e mouvement, mes. 26-27) ou d'un choral de Bach dans le *Concerto pour violon* (2e mouvement, mes. 136-157).

SCHOENBERG, *Klavierstük op. 33[a]*, dérive de la série :

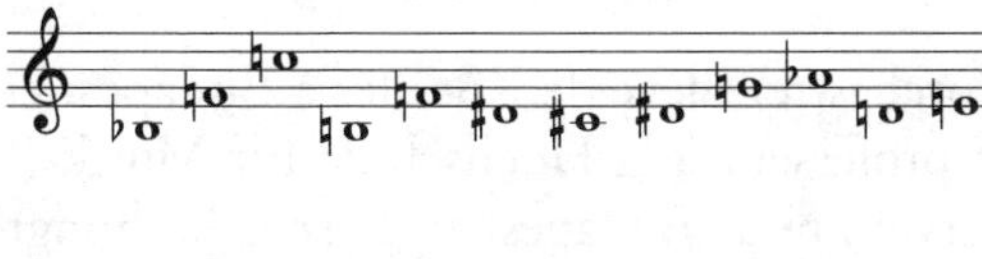

qui est divisée en trois tronçons (trois premiers accords) développés séparément :

A. BERG, *Concerto pour violon à la mémoire d'un ange*, fondé sur la série :

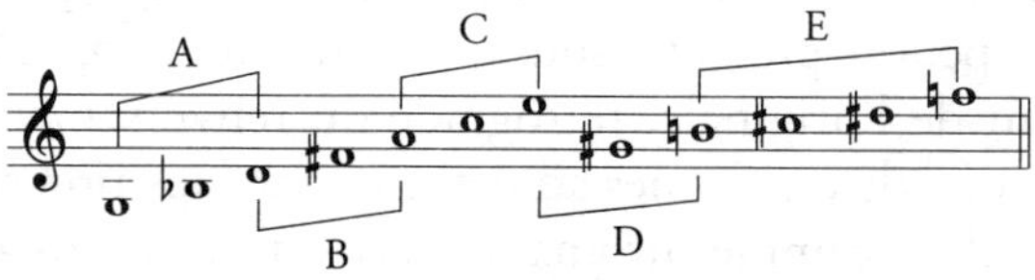

(remarquer que A = sol mineur, B = ré majeur, C = la mineur, D = mi majeur, E = gamme par tons).

WEBERN, *Symphonie op. 21*, composition essentiellement contrapuntique, dans la forme d'un double canon fondé sur la série suivante et son renversement :

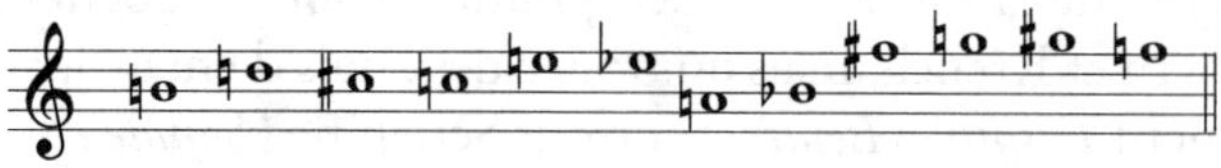

(remarquer que cette série ne donne que vingt-quatre versions possibles, car le mouvement rétrograde y est identique au mouvement direct, transposé d'une quarte augmentée).
(Voir Instrumentation*, page 337 : *Klangfarben Melodie.*)

DOHNÁNYI, ERNÖ

Pozsony (Bratislava), 27 juillet 1877. – New York, 11 février 1960.

Pianiste et chef d'orchestre. Élève de Koessler à Budapest et E. d'Albert à Berlin, il devint professeur à la Hochschule für Musik (Berlin), puis directeur du conservatoire de Budapest et de la radio hongroise. Considéré comme l'un des plus grands pianistes de son temps, il effectua de nombreuses tournées de concerts en Europe et aux USA. En 1948, il décida de quitter la Hongrie pour des raisons politiques et s'établit d'abord en Argentine, puis, un an plus tard, aux USA, où il enseigna la composition à l'université de Floride (Tallahassee). Bartók et Kodály, ses cadets de quatre et cinq ans, avaient subi plus ou moins son influence au début de leur carrière ; mais Dohnányi, fidèle à l'esthétique de Brahms, ne les suivit pas dans l'édification d'un art spécifiquement hongrois. Les traces de nationalisme musical se réduisent, dans son œuvre, à quelques citations d'un folklore dont il n'assimila pas les caractères fondamentaux.

Trois opéras, un ballet, *Missa in dedicatione Ecclesiae*, trois symphonies, des suites symphoniques sur « Ah, vous dirai-je maman », trois quatuors à cordes, deux quintettes avec piano, pièces pour piano, mélodies.

Dominante

Nom que l'on donne au cinquième degré de la gamme diatonique, quinte juste de la tonique, en raison de sa fonction primordiale dans l'harmonie tonale. La dominante de do est sol.
Dans les modes du plain-chant, cette dénomination est une source de malentendus. En effet, ces modes peuvent être définis par un son fondamental ou « finale » (comparable à notre tonique), qui est le premier degré des modes « authentiques » et le quatrième des modes « plagaux », et par une « teneur » (analogue à notre dominante) qui est le cinquième degré des modes « authentiques » et la tierce ou la quarte de la finale des « plagaux » (= 6^{e} ou 7e degré). Mais on prit l'habitude, au XVIIe siècle, de considérer que la dominante est le cinquième degré des modes « authentiques » (ce qui est exact) et le quatrième degré des « plagaux » (confusion probable avec la « finale »).
Soucieux d'éviter toute ambiguïté dans ses exposés, Rameau, dans sa *Génération harmonique* (1737), distingue :
a. La dominante, qui est « la quinte d'un son quelconque » (et par suite, la dominante d'une autre dominante).
b. La « dominante-tonique » qui est la dominante d'une tonique (autrement dit, la dominante de la tonalité principale).
Toute note autre que la tonique (essentiellement statique) et la sous-dominante (quinte diminuée de la sensible) est considérée par Rameau comme une dominante en puissance. Plus tard Honegger affirmera à son tour la primauté de la fonction de dominante. Tout son tend naturellement vers sa quarte supérieure ou sa quinte inférieure : un son isolé n'a jamais un caractère statique. Dans l'œuvre de Bartók, les notes de l'accord de septième diminuée construit sur la dominante ont aussi fonction de dominante (mi, si ♭, ré ♭, dans le ton de do, par exemple).

Donato, Baldassare

?, 1530. – Venise, 1603.

Chanteur. Il fut probablement l'élève de Willaert, dont il s'est montré le disciple et le continuateur. Attaché toute sa vie à Saint-Marc de Venise, il y exerça les fonctions de *musico e cantor* (Willaert étant maestro di cappella), de *maestro di cappella piccola* (C. de Rore étant maestro di cappella) et enfin (1590, à la mort de Zarlino) de maestro di cappella. En 1550, ses deux premiers recueils imprimés (un livre de *Napolitane e alcuni madrigali a 4 voci* et un livre de *Canzon villanesche alla napolitana*) lui valurent la célébrité ; le deuxième contient une *Canzon della gallina*, dont le thème fut repris par les clavecinistes (cf. *La Poule* de Rameau) et plus tard par Haydn (Symphonie n° 83 *La Poule*). Dans ces recueils, le style de Willaert est adapté à des motifs spécifiquement napolitains : cette approche d'un style plus universellement italien est un trait particulièrement original de l'œuvre de Donato, musicien vénitien.

Canzon villanesche alla napolitana a 4 voci, plusieurs recueils de madrigaux à 4, 5, 6 et 7 voix, un recueil de motets à 5, 6 et 8 voix et de nombreux madrigaux, psaumes, motets dispersés dans des recueils du temps.

DONIZETTI, GAETANO

Bergame, 29 novembre 1797. – Bergame, 8 avril 1848.

Élève du père Mattei (le maître de Rossini) à Bologne. Peu après ses premiers succès sur différentes scènes italiennes, il s'établit en 1827 à Naples où il devint professeur au Real Collegio di Musica, et fit représenter une moyenne de trois nouveaux opéras par an. Mais il quitta Naples en 1838, pour Paris, d'où il fit plusieurs voyages en Italie (en 1842, il dirigea à Bologne la première audition du *Stabat Mater* de Rossini) et à Vienne. Les dernières années de sa vie furent assombries par une paralysie générale et des troubles mentaux qui nécessitèrent son internement dans un hôpital psychiatrique d'Ivry en 1846 ; l'année suivante, il fut transporté à Bergame où il est mort.
L'incroyable rapidité de travail de Donizetti (certains opéras, livret et musique, furent composés en quinze jours) et sa débordante activité (il était souvent le maître de chant et le metteur en scène de ses spectacles) ne lui permirent pas d'édifier une œuvre homogène. Mais si la mise en partition est souvent bâclée, en revanche le brio, l'adéquation vocale, l'intelligence dramatique sont irrésistibles. Les chefs-d'œuvre de Donizetti, *L'Élixir d'amour* et *Don Pasquale* pour la comédie, *Lucie de Lammermoor* pour le drame, sont dignes de Rossini et Bellini.

Soixante et onze opéras (*serie* et *buffe*) dont les plus célèbres sont *Anna Bolena* (Milan, 1830, avec Pasta et Rubini), *Elisir d'amore* (Milan, 1832), *Lucrezia Borgia* (Scala de Milan, 1833), *Lucia di Lammermoor* (San Carlo de Naples, *1835*, avec Duprez et Persiani), *La Favorite* (Opéra de Paris, 1840), *Don Pasquale* (Théâtre-Italien de Paris, 1843)..., cent quinze compositions religieuses, des oratorios, des symphonies, de la musique de chambre.

Dowland, John

Londres ?, 1563. – Londres ?, 20 ou 21 janvier 1626.

Luthiste et chanteur. On ne sait rien de ses ascendants ni de son éducation. On le trouve au service de l'ambassadeur d'Angleterre à Paris (1580-1584), puis luthiste aux cours de Brunswick et de Hesse (1594-1598). De Nuremberg, en 1595, il se rend en Italie, dans le but d'étudier à Rome avec Marenzio ; à Venise, il devient l'ami de Giovanni Croce ; à Florence, il interrompt son voyage, par crainte d'être compromis avec les « papistes » anglais réfugiés en Italie, et retourne à Nuremberg. De 1598 à 1606, il est luthiste à la cour de Christian IV de Danemark, d'où il entreprend, en 1601, un voyage en Angleterre pour y acheter des instruments. Il s'établit ensuite à Londres et n'obtient qu'en 1612 son premier emploi à la cour d'Angleterre (second musician for the lutes), emploi dans lequel son fils Robert (vers 1586-1641) lui succédera. Comme virtuose, Dowland fut célèbre dans toute l'Europe et il est probable qu'il fut le plus grand luthiste de son temps. Mais il occupe surtout une place de premier plan dans l'histoire de la chanson et de la mélodie. Ses quatre livres d'*ayres* ou chansons au luth contiennent des chefs-d'œuvre, qui annoncent le lied romantique et la mélodie contemporaine, et où Dowland se révèle un des plus remarquables pionniers de la monodie accompagnée. Les deux premiers livres, comme l'indiquent les titres originaux, ressortissent à l'écriture polyphonique traditionnelle ; mais, la partie supérieure supportant tout l'intérêt mélodique, une réduction des parties complémentaires en tablature de luth a été prévue pour en permettre l'interprétation par une seule voix accompagnée. Les pièces des IIIe et IVe livres sont de pures monodies accompagnées. Dowland eut des prédécesseurs dans cette voie, notamment Milan et Byrd, mais la perfection de son invention mélodique, la maturité de son sens harmonique, la fine qualité poétique de son lyrisme personnel font de lui le premier grand compositeur de mélodies : *Flow my tears* (IIe livre), *Weep you no more, sad fountains* (IIIe livre) et *In silent night* (IVe livre) sont parmi les chefs-d'œuvre du genre.

First Booke of Songes or Ayres of Foure Partes with Tableture for the Lute (sic) [1597], *Second Booke of Songes or Ayres of 2, 4 and 5 parts* [1600], *Third and last Booke of Songes or Ayres* [1603]. *A Pilgrimes Solace… to be sung and plaid with the Lute and viols* (IVe livre) [1612], soit au total quatre-vingt-sept pièces ; *Lacrymae, or Seven Tears, figured in seven passionate Pavans* (suite pour un ensemble de 5 violes) [1604] ; *ayres*, pièces pour luth et pour violes, dispersées dans des recueils collectifs.

Draghi, Antonio

Rimini, 1635. – Vienne, 16 janvier 1700.

Comme *Intendente delle musiche teatrali*, puis directeur de la chapelle impériale, il fut pendant trente ans le maître absolu de la musique à la cour de Vienne. Sa collaboration avec l'architecte Burnacini favorisa un remarquable essor du théâtre musical viennois.

Environ cent soixante-quinze opéras (de qualité très inégale), environ quarante oratorios, de nombreuses œuvres de circonstance.

Du Caurroy, Eustache

Gerberoy (Oise), février 1549. – Paris, 7 août 1609.

Maître de la chapelle et compositeur de la chambre d'Henri IV, qui, en 1599, créa pour lui le poste de surintendant de la musique royale. Son œuvre exerça une profonde influence sur la musique de ses contemporains et, vingt-cinq ans après sa mort, Mersenne le tenait pour le véritable maître spirituel de tous les compositeurs français.

Preces ecclesiasticae (recueil de cinquante motets), *Meslanges de musique* (soixante-deux chansons, psaumes et motets), *Missa pro defunctis*, quarante-deux fantaisies instrumentales.

Dufay, Guillaume

?, vers 1400. – Cambrai, 27 novembre 1474.

[ou Du Fay] Après avoir appris la musique comme enfant de chœur à la cathédrale de Cambrai, il entra au service de Carbo Malatesta, souverain de Rimini (vers 1419-1426). Il fut ensuite chantre à la chapelle pontificale, à Rome (1428-1434), puis à Florence et à Bologne (1435-1437), et musicien du duc de Savoie (1434-1435 et 1437-1444). Il participe en 1436 à la consécration de la cathédrale de Florence en donnant un chef-d'œuvre : le motet *Nuper rosarum flores*. À partir de 1445, il semble avoir fait de Cambrai sa résidence principale, effectuant cependant d'assez nombreux, mais brefs voyages (notamment aux cours de Bourgogne et de Savoie, à Turin, à Besançon, dans le Bourbonnais). Sa renommée est alors considérable et son autorité musicale exerce une influence bénéfique sur une grande partie de l'Europe. En témoignage d'admiration, les plus illustres personnages lui accordent leur amitié (Charles le Témé-

raire figure parmi ses légataires), ainsi que des pensions, prébendes et titres lucratifs : il est cantor du duc de Bourgogne, chanoine à Tournai, Bruges, Lausanne, Mons et surtout (à partir de 1435) à Cambrai.
Ce fut en effet le plus grand musicien de la première moitié du XVe siècle, le plus grand aussi qu'ait connu jusqu'alors l'histoire de la musique. Homme d'une grande culture, il avait su, au cours de ses nombreux voyages, assimiler les techniques française, anglaise (faux-bourdon), italienne, pour en faire une éblouissante synthèse. Il a créé le modèle accompli de la messe polyphonique construite sur un *cantus firmus**, modèle dont la fécondité s'est manifestée jusqu'à la fin du XVIe siècle.

(Édition intégrale par l'American Institute of Musicology). Neuf messes (dont *Se la face ay pale, L'Homme armé, Caput, Ecce ancilla Domini, Ave Regina caelorum*), trente-cinq fragments de messe, cinq *magnificat*, environ quatre-vingts motets ou hymnes (sacrés et profanes), soixante-quinze chansons françaises.

DUHAMEL, ANTOINE

Paris, 30 juillet 1925.

Fils de l'écrivain Georges Duhamel et de la comédienne Blanche Albane, il a été l'élève de Messiaen et de Leibowitz. Après avoir payé son tribut à la discipline académique sérielle, il s'en est évadé au profit de musiques en liberté, intelligentes et sensibles. La plus grande partie de son œuvre est consacrée au cinéma et à la scène, dont il a contribué a renouveler l'esthétique musicale. Il a dirigé l'école municipale de musique de Villeurbanne (1980-1987) qu'il avait créée dans le but de rénover la pédagogie et il a enseigné le composition pour le film à l'École normale de Paris (1987-1991).

Une dizaine d'opéras, dont *Lundi Monsieur vous serez riche* (Paris, 1969), *Gambara* (Lyon, 1978), *Les Travaux d'Hercule* (Lyon, 1981), *Les Aventures de Sindbad le marin* (Atelier lyrique du Rhin, 1991) ; les ballets *Le Concile Féerique* (Nantes, 1982) et *Carmenmania* (Nice, 1994) ; de nombreuses musiques de films pour C. Barma, P. Condroyer, J.-L. Godard (*Pierrot le Fou, Week-end*), Tavernier (*Que la fête commence, Daddy nostalgie, La Mort en direct*), Truffaut (*Baisers volés, La Sirène du Mississippi, L'Enfant sauvage*) etc. ; des concertos (violon, alto, contrebasse, piano, vibraphone), *Territoires* pour 24 cordes, *Tombeau de Plilippe d'Orléans* pour 12 cordes, des pièces pour clavecin.

DUKAS, PAUL

Paris, 1er octobre 1865. – Paris, 17 mai 1935.

Élève de Guiraud et de Dubois au conservatoire de Paris, il remporta un deuxième prix de Rome. C'était un homme très doux, très modeste et si secret que ses amis eux-mêmes surent peu de chose de son existence, consacrée pour une grande part à l'enseignement. Il fut professeur de composition au conservatoire de Paris et à l'École normale de musique (parmi ses élèves : Jehan Alain, Duruflé, Messiaen, Tony Aubin...). Sa réputation date de 1897, l'année où furent donnés en première audition sa *Symphonie en ut majeur* et surtout (sous la direction du compositeur à la Société nationale) le célèbre *Apprenti sorcier* : cette œuvre admirable, mais peu représentative du talent de Dukas (si bien que sa gloire repose sur un malentendu) fit aussitôt le tour du monde. Comme beaucoup de ses contemporains, il a subi l'influence de Wagner, puis de Debussy (dont il admira d'emblée le *Pelléas*), mais un rare souci de perfection dans la construction, une sensibilité poétique très personnelle marquent son œuvre du sceau de l'originalité. En 1934, il succédait à Bruneau à l'Institut.

Le « conte lyrique » *Ariane et Barbe-Bleue*, son chef-d'œuvre (Paris 1907), *La Peri* (poème dansé, 1912), *Ouverture pour Polyeucte*, symphonie en ut ; sonate, *Variations sur un thème de Rameau* (autre chef-d'œuvre) et *Plainte au loin du faune...* pour piano, *Sonnet de Ronsard* pour chœur et piano. Exagérément soucieux de perfection, il détruisit de nombreuses partitions qu'il jugeait indignes d'être présentées au public ; parmi ces œuvres perdues, figuraient un drame musical (*Le Nouveau Monde*), deux ballets, une deuxième symphonie, un poème symphonique, une sonate pour violon et piano. On doit aussi à Dukas des écrits sur la musique et des révisions des œuvres de Rameau et Beethoven.

Du Mont, Henry

Villers-l'Évêque (près de Liège), 1610. – Paris, 8 mai 1684.

Il fit ses études musicales comme enfant de chœur à la collégiale de Maestricht, puis probablement à Liège. En 1638, il s'établit à Paris, où il devint plus tard claveciniste de la chambre du duc d'Anjou, puis maître et compositeur de la chapelle royale. Il est connu aujourd'hui par ses messes en plain-chant* (celle du premier ton surtout), chantées dans toutes les paroisses catholiques jusqu'en 1965 ; mais le plus intéressant de son œuvre réside dans ses motets – motets à 1, 2, 3 voix où il fait, en France, figure de précurseur, et grands motets à deux chœurs dont il perfectionne le style.

Cinq Messes royales en plain-chant musical, six livres de *Motets*, *Cantica Sacra* à 2, 3, 4 voix, airs à 4 parties sur la paraphrase des psaumes, trois livres de *Meslanges* (motets, chansons, pièces instrumentales, etc.).

Duni, Egidio Romoaldo

Matera (Basilicate), 9 février 1709. – Paris, 11 juin 1775.

Élève de Durante au conservatoire Santa Maria di Loreto de Naples. Il passa près de deux ans en Angleterre (1737-1738) pour y faire représenter ses opéras et devint ensuite maître de chapelle à Bari, puis à la cour de Parme. En 1757, son opéra-comique *Le Peintre amoureux de son modèle* lui valut à Paris un tel succès (mérité d'ailleurs) qu'il décida de s'y fixer. Collaborant alors avec les meilleurs librettistes (Favart, Vadé, Anseaume), il devint l'un des plus remarquables promoteurs de l'opéra-comique français. En 1761, il prit la direction de la Comédie-Italienne.

Vingt opéras-comiques français, quatorze opéras ou opéras bouffes italiens, un oratorio (*Giuseppe riconosciuto*).

Dunstable, John

?, vers 1380. – Londres, 24 décembre 1453.

On ne sait à peu près rien de la vie de ce grand musicien, si ce n'est qu'il s'occupa de mathématiques et d'astronomie et qu'il fut au service du duc de Bedford (frère d'Henry V). On suppose qu'après la bataille d'Azincourt il accompagna le duc sur le continent, car on a trouvé la plupart de ses manuscrits en Italie. Sa réputation, et son influence sur les musiciens de la première moitié du XVe siècle semblent avoir été considérables. Martin le Franc (dans *Le Champion des dames*, 1437) et Tinctonis (1477) le considéraient comme l'initiateur de la nouvelle école de contrepoint et le modèle de Dufay et Binchois. Il est vrai qu'après la crise de croissance que venait de traverser la musique, particulièrement en France et en Italie, le génie de Dunstable, contrastant singulièrement avec le formalisme de l'Ars Nova, apportait à l'art polyphonique l'air frais et ensoleillé dont il avait besoin. Par une heureuse conséquence de son insularité, l'Angleterre du XIVe siècle était restée indifférente aux réformes de l'Ars Nova : c'est ainsi que l'art de Pérotin, considérablement perfectionné sur le sol britannique, fut en quelque sorte réimporté deux siècles plus tard sur le continent par l'occupant anglais. Non seulement Dunstable fut le principal artisan de cette renaissance, mais il eut encore le mérite d'enrichir l'art polyphonique d'un certain sentiment harmonique (émancipation définitive de la tierce et de la sixte, considérées comme consonances, enchaînements systématiques d'« accords » de sixte).

Fragments de messes, trente-trois motets, deux chansons françaises.

Duparc, Henri Fouques

Paris, 21 janvier 1848. – Mont-de-Marsan, 12 février 1933.

Alors qu'il faisait ses études au collège des jésuites de Vaugirard, il eut pour professeur de piano le grand César Franck qui découvrit ses dons et lui enseigna la composition (en 1888, il lui dédia sa symphonie). Plus tard, Duparc eut pour amis V. d'Indy et Chabrier. En compagnie de ce dernier, il s'initia à l'art wagnérien et, au cours d'un voyage à Weimar, en 1869, il fit la connaissance de Liszt et de Wagner. Pendant de nombreuses années, il fut secrétaire de la Société nationale de musique, à la fondation de laquelle il fut activement mêlé (avec Franck, Saint-Saëns, Fauré, Chausson). En 1885, il cessa définitivement de composer, laissant une œuvre minuscule, dont les admirables mélodies constituent l'essentiel. On a souvent mis sur le compte de troubles mentaux graves cette soudaine stérilité, à l'âge de trente-huit ans. Cependant, ni sa correspondance, ni les conversations que nous rapportent ceux qui l'ont connu (notamment P. Landormy) ne révèlent des symptômes de démence; tout au plus une tendance psychasthénique que les événements accentuèrent pendant les quarante-huit années qui lui restaient à vivre. Plusieurs faits psychologiques et physiologiques ont été responsables de l'anéantissement de sa vocation créatrice. Le premier fut l'instinct critique exacerbé qui le conduisit à détruire quelques-unes de ses trop rares compositions (seul son recueil de treize mélodies trouvait grâce à ses yeux, à deux ou trois exceptions près). Vinrent ensuite des troubles visuels qui le mirent rapidement hors d'état de lire la musique : son champ de vision était devenu si limité en hauteur qu'en 1909 il se plaignait de ne pouvoir lire qu'une portée dans une partie de piano. Cette infirmité fut aggravée d'une cataracte, opérée sans succès en 1924. Enfin, le sentiment religieux qui habitait ce fervent catholique, en encourageant l'humilité du créateur exigeant et son renoncement devant l'infortune physique, assujettissait sa volonté et son imagination à une dévotion qui se fortifia pendant un pèlerinage à Lourdes avec Claudel et Jammes (1906) et devint bientôt l'unique préoccupation du musicien désemparé.

Ses mélodies, qui assurent à elles seules la renommée universelle de Duparc, comptent parmi les plus hauts chefs-d'œuvre du genre : puissance expressive, perfection de l'écriture vocale, splendeur de la partie de piano en font des modèles accomplis de mélodies françaises. Un motet, deux poèmes symphoniques, une suite pour piano (*Feuilles volantes*), un duo et seize mélodies (un recueil de cinq, puis un recueil de treize qui reprend deux mélodies du premier recueil).

Dupré, Marcel

Rouen, 3 mai 1886. – Meudon, 30 mai 1971.

Organiste. À douze ans, il fut nommé titulaire de l'orgue de Saint-Vivien à Rouen, avant d'entrer au conservatoire de Paris (classes de Diemer, Guilmant, Widor). Il obtint le grand prix de Rome en 1914. Assistant de Widor en 1906, il lui succéda en 1934 à l'orgue de Saint-Sulpice. Improvisateur extraordinaire, il enseignait l'orgue au conservatoire de Paris, dont il assuma la direction de 1954 à 1956.

Œuvres religieuses, *La France au calvaire* (oratorio), symphonie et concerto pour orchestre et orgue, pièces pour piano, mélodies, œuvres d'orgue (deux symphonies, soixante-dix-neuf chorals, *Le Tombeau de Titelouze...*), ainsi que plusieurs ouvrages pédagogiques (traité d'improvisation, cours d'harmonie, de contrepoint, de fugue).

Durante, Francesco

Frattamaggiore (Naples), 31 mars 1684. – Naples, 13 août 1755.

Élève de son oncle, don Angelo Durante, au conservatoire Sant' Onofrio de Naples et peut-être de Pitoni à Rome. Lui-même enseigna plus tard aux conservatoires napolitains des Poveri di Gesù Cristo (1728-1739), de Sant' Onofrio (1745-1755) et de Santa Maria di Loreto (1742-1755). Sa biographie est très incomplète : on perd sa trace notamment entre 1711 et 1728, époque à laquelle il séjourna probablement à Rome et peut-être en Saxe. Homme simple, intègre et sage, il était respecté autant pour son talent que pour la noblesse et l'égalité de son caractère. Marié trois fois, il perdit prématurément ses deux premières femmes. La première faillit le ruiner par passion du jeu et vendit un jour ses manuscrits, sans que fût troublée son humeur pacifique (il retranscrivit de mémoire les partitions vendues). La seconde, jolie et charmante, avait été sa servante ; il l'aimait tendrement, mais, lorsqu'elle mourut, il eut assez de sérénité pour composer et diriger une musique de funérailles qui fut exécutée dans sa maison, avant d'effectuer la mise en bière de ses propres mains. Selon Paisiello, Durante mourut d'une indigestion de melon. Sa réputation s'était étendue à toute l'Europe, comme en témoigne la dispersion de ses manuscrits (les plus importantes collections se trouvent à Vienne et surtout au conservatoire de Paris). Parmi ses nombreux élèves figurent Pergolesi, Traetta, Sacchini, Piccini, Paisiello. Contrairement aux autres musiciens napolitains de son temps, il n'écrivit pas pour le théâtre..., particularité qui tendrait à confirmer l'hypothèse d'une formation romaine, ou au moins d'un séjour prolongé à Rome. L'une des principales qualités de la musique de Durante réside dans la liberté et la pureté de l'invention mélodique, s'alliant à une certaine fantaisie dans la polyphonie par laquelle il s'opposait à son aîné L. Leo, gardien dans sa musique religieuse des plus sévères traditions contrapuntiques (en qualité de *durantisti* ou de *leisti*, leurs partisans et leurs élèves s'affrontèrent quelque temps dans une dispute esthétique sans gravité).

Trois oratorios (perdus), environ quatorze messes, environ cinquante motets, psaumes ou hymnes, six cantates profanes, dix-huit duos pour soprano et alto, huit *Quartetti concertanti*, un concerto pour clavecin, une sonate pour orgue, des œuvres pour clavecin (sonates, *divertimenti*, fugues, *partitas*).

DUREY, LOUIS

Paris, 27 mai 1888. – Saint-Tropez, 3 juillet 1979.

L'un des fondateurs du groupe des Six, il s'en détacha à partir de 1923 et ne subit que très passagèrement l'influence de Satie et Stravinsky, que Cocteau proposait en modèle aux jeunes musiciens. Après 1930, il n'a presque rien ajouté à une œuvre peu abondante, dominée par quelques recueils de mélodies.

Des recueils de mélodies dont les plus intéressants sont *Images à Crusoë*, *Le Bestiaire*, *Poème de la prison*, *six Madrigaux*; trois quatuors à cordes, un trio, des pièces pour piano et plusieurs œuvres qui ne sont jamais sorties de ses cartons (dont l'opéra en un acte *L'Occasion*). On lui doit aussi des harmonisations de chants populaires.

DURUFLÉ, MAURICE

Louviers, 11 janvier 1902. – Louveciennes, 16 juin 1986.

Organiste de Saint-Étienne-du-Mont à partir de 1930. Il fut élève de Tournemire, Vierne, P. Dukas, au conservatoire de Paris, où il a enseigné lui-même l'harmonie de 1943 à 1973.

Requiem (1947, son œuvre maîtresse, qui est entrée dans le grand répertoire), trois danses symphoniques, des pièces d'orgue.

DUSAPIN, PASCAL

Nancy, 29 mai 1955.

Après des études de musicologie à la Sorbonne et de composition avec Xenakis, il a été boursier de la villa Médicis à Rome (1981-1983). Son écriture complexe et rigoureuse, ouverte aux micro-intervalles, son style brillant et expressif, l'originalité de son instrumentation en font l'un des créateurs les plus intéressants de sa génération.

Roméo et Juliette (opéra, 1989), *To be sung* (opéra de chambre, 1993), *L'Homme aux liens* pour 2 sopranos et 3 violons ; *Timée* (1978), *La Rivière* (1980), *Extenso* (1994) pour grand orchestre, *Watt* (1994) pour trombone et orchestre, 5 quatuors à cordes.

DUŠEK, FRANTIŠEK XAVER

Chotěborky (Bohême), 8 décembre 1731. – Prague, 12 février 1799.

Pianiste. Élève de Wagenseil à Vienne. En 1777, à Salzbourg, il fait la connaissance de Mozart qui se lie d'amitié avec lui. Vingt ans plus tard, pour terminer *Don Giovanni*, celui-ci s'installera chez Dušek dans la campagne de Prague (actuelle villa Bertramka, c'est un émouvant musée Mozart). Sa femme Josefa (1753-1824) était cantatrice (soprano). Mozart composa pour elle deux airs de concert, parmi les plus beaux : *Ah lo previdi !* K 272 et *Bella mia fiamma, addio* K 528.

Une quarantaine de symphonies et de nombreuses compositions pour piano : concertos, sonates, variations, etc.

DUSSEK, JAN LADISLAV

Časlav (Bohême), 12 février 1760.
Saint-Germain-en-Laye, 20 mars 1812.

Illustre pianiste. Après des études théologiques à Prague, il devint organiste à Malines et à Berg-op-Zoom, puis commença sa carrière de pianiste à Amsterdam et La Haye. Il se fit entendre ensuite à Hambourg (où il reçut les conseils de C. P. E. Bach), Berlin, Saint-Pétersbourg, Paris (où il joua devant Marie-Antoinette). Il fonda ensuite à Londres une maison d'édition qui fit faillite, s'établit alors à Hambourg, puis à la cour de Prusse et enfin à Paris et Saint-Germain.

Quinze concertos et cinquante sonates pour piano, soixante sonates pour violon, de la musique de chambre (dont quatorze trios avec piano).

DUTILLEUX, HENRI

Angers, 22 janvier 1916.

Élève de Gallon, Busser, Emmanuel, prix de Rome (1938), il a été directeur du service des illustrations musicales à la radio (1945-1963), professeur de composition à l'École normale de musique et professeur associé au conservatoire de Paris. Sa renommée date de la magnifique *Sonate pour piano* (1947) que sa femme, Geneviève Joy, a fait connaître partout. Depuis, il n'a cessé d'évoluer, à la fois vers plus de rigueur et plus de liberté, échappant aux académismes d'hier et d'aujourd'hui et réunissant cependant les suffrages des Anciens et des Modernes. Cet humaniste, opposé à tout dogmatisme, ne s'est pas soumis à la discipline sérielle ; il a développé une technique audacieuse et personnelle, en marge des chapelles. Très exigeant, Dutilleux compose relativement lentement, mais chacune de ses œuvres est une étape importante dans l'évolution des formes musicales : celles du concerto grosso (*Symphonie n° 2*), de la variation (*Métaboles*), du concerto, du quatuor à cordes...

Des ballets, dont *Le Loup* (R. Petit, 1953) ; deux symphonies, *Métaboles* (1964), *Timbres, espace, mouvement* (1977, inspirée par La Nuit étoilée de Van Gogh), *The Shadow of Time* pour orchestre ; *Mystère de l'instant* pour cordes, cymbalum et percussion, *Tout un monde lointain* pour violoncelle et orchestre ; concerto pour violon (1985), *Trois Strophes sur le nom de Sacher* pour violoncelle (1982) ; sonate, *Tous les chemins* et *Résonances* pour piano ; *Ainsi la nuit* pour quatuor à cordes ; des mélodies.

DVOŘÁK, ANTONIN

Nelahozeves (Bohême), 8 septembre 1841. – Prague, 1er mai 1904.

Fils d'aubergiste, il manifesta des dons musicaux précoces et travailla avec l'instituteur organiste du village. Son père ayant envisagé pour lui un avenir dans l'hôtellerie et la boucherie, il eut beaucoup de peine à obtenir qu'on lui permît de poursuivre ses études musicales à l'excellente école d'organistes de Prague. Là, il acquit un solide métier dans toutes les branches de son art et, de surcroît, une connaissance approfondie des maîtres classiques. Mais l'absence de subsides paternels le contraignit à gagner péniblement sa vie comme violoniste dans des orchestres de second ordre. Heureusement, en 1862, il put trouver un emploi dans l'orchestre de l'Opéra national, récemment fondé. Il eut ainsi l'occasion d'entendre la musique de Smetana (il joua même, dit-on, sous sa direction) : l'audition de *La Fiancée vendue* (1866) lui révéla la nouveauté d'un nationalisme musical tchèque qui devint le fil conducteur de sa vocation. La chance de sa vie fut de susciter l'admiration et la sympathie de Brahms, qui remua ciel et terre pour lui ouvrir les portes du succès. Grâce aux relations de Brahms, bientôt les éditeurs se disputèrent les compositions de Dvořák que les plus grands chefs et virtuoses inscrivaient à leurs programmes (H. Richter, H. von Bülow, Liszt, Joachim...). Il devint alors rapidement célèbre, fit de nombreux voyages (en Angleterre surtout) pour diriger ses œuvres, fut nommé professeur de compo-

sition (1891), puis directeur (1901) du conservatoire de Prague, avec une interruption de trois ans pour prendre la direction du National Conservatory of Music de New York. Par son enseignement, il eut une influence déterminante sur l'évolution de l'école musicale tchèque dont il fut, avec Smetana et Janáček, l'un des promoteurs. Parmi ses élèves figurent Suk (qui devint son gendre) et Novák.
L'art de Dvořák s'apparente à ceux de Smetana pour l'inspiration slave, de Brahms pour le classicisme de la forme et pour l'optimisme qui transparaît dans une écriture harmonique et instrumentale rutilante, de Schubert pour la spontanéité de l'inspiration mélodique. Dans une grande partie de son œuvre, le sentiment national (ou slave plus exactement) s'exprime non seulement par l'attachement aux caractères mélodiques et rythmiques d'un certain folklore musical, mais aussi par une forme particulière de lyrisme qui s'alimente aux sources de la culture populaire tchèque.

Théâtre. Dix opéras, dont les plus importants sont : *Jakobin*, *Čert a Káca* (*Le Diable et Catherine*) et surtout *Rusalka*. – **Musique chorale**. *Sainte Ludmilla* (grand oratorio national), *Messe en ré majeur*, *Requiem*, *Te Deum*, *Stabat Mater*, pour soli, chœurs et orchestre, des chœurs a cappella. – **Musique symphonique.** Neuf symphonies (dont les plus belles sont la *Septième en ré mineur* et la *Neuvième* dite « *du Nouveau Monde* »), deux séries de *Danses slaves*, des poèmes symphoniques, des suites, des ouvertures, plusieurs concertos (pour piano, violon, violoncelle). – **Musique de chambre.** Douze quatuors à cordes, cinq quintettes (dont deux avec piano), un sextuor, des pièces pour violon et piano, de nombreuses pièces pour piano (huit *Humoresques* dont la septième est devenue célèbre dans une transcription pour violon de Kreisler, des valses, des mazurkas, *Treize Images poétiques*), une centaine de mélodies et de duos.

E

Eccard, Johann

Mühlhausen (Thuringe), 1553. – Berlin, 1611.

Élève de Lassus à Munich, il fut successivement *musicus* et Kapellmeister du margrave de Brandebourg à Königsberg, puis Kapellmeister de l'Électeur à Berlin.

Des messes, des motets et surtout d'admirables lieder polyphoniques (cent soixante-dix sacrés et quatre-vingts profanes).

Échelle

Ensemble théorique des sons constitutifs d'un système musical, disposés dans l'ordre des fréquences croissantes. Une échelle est définie par l'expression arithmétique des intervalles. Elle forme un répertoire des intervalles caractéristiques d'un système, d'une école, d'une civilisation. Elle est à la musique, en quelque sorte, ce qu'un inventaire alphabétique des phonèmes serait au langage.
Sa hauteur absolue est indéterminée. Elle n'est pas nécessairement limitée (à l'octave par exemple). Elle est théorique et n'est pas toujours jouable (échelle des *shruti*). C'est ce qui distingue une échelle d'une gamme. Chaque échelle engendre un certain nombre de gammes, concrètes, jouables, musicales, limitées, définies par les intervalles, mais aussi par la hauteur absolue. Exemples : l'échelle chromatique tempérée (à douze demi-tons égaux par octave) ; l'échelle pythagoricienne ou cyclique, déterminée par le cycle des quintes (voir Intervalles*) ; l'échelle harmonique, déterminée par les premiers harmoniques (la gamme de Zarlino en découle) ; échelle des *lyu* de la musique chinoise (les douze premiers *lyu* déterminent une gamme chromatique de type « pythagoricien ») ; échelle des *shruti* de la musique de l'Inde (22 *shruti* dans l'octave, dont sont formés tous les intervalles usuels).

Éclisses

Pièces de bois qui forment les côtés de la caisse dans un grand nombre d'instruments à cordes : familles des violons, des violes, des guitares. Dans le clavecin et le piano à queue, les côtés de la caisse forment ce qu'on appelle aussi la « ceinture ». Les caisses piriformes du luth et de la mandoline ne comportent pas d'éclisses.

Egk, Werner

Auchsesheim (Bavière), 17 mai 1901.
Inning-am-Ammersee (Bavière), 10 juillet 1983.

Chef d'orchestre de l'Opéra de Berlin (1935-1941), puis directeur de la Hochschule für Musik ; musicien quasi officiel du IIIe Reich. Autodidacte (sauf quelques études à Francfort et Munich), il est parmi les rares compositeurs allemands contemporains qui aient échappé à l'influence du style contrapuntique de Hindemith. Son art est tributaire du génie symphonique et dramatique de Strauss, tempéré par l'influence de la musique et de la culture françaises, par celle aussi de Stravinsky.

Sept opéras, dont *Der Revisor* (Schwetzingen, 1957), quatre ballets, des œuvres radiophoniques (de forme cantate ou opéra), une *Orchestersonate*, une *Französische Suite* d'après Rameau, *Geigenmusik* pour violon et orchestre, *La Tentation de saint Antoine* pour voix et quatuor à cordes, une sonate pour piano.

Eisler, Hanns

Leipzig, 6 juillet 1898. – Berlin, 6 septembre 1962.

Élève de Schoenberg et Webern à Vienne ; il n'adopta pas longtemps, à de rares exceptions près, la technique dodécaphonique. Ami de Brecht, il fut un authentique musicien « engagé ». De 1933 à 1948, Eisler a vécu aux USA, principalement à Hollywood, où il a étudié systématiquement les problèmes de la musique de film ; son ouvrage *Composing for the films* est peut-être ce que l'on a écrit de plus intelligent sur le sujet.

Un opéra (*Goliath*), de très nombreuses œuvres chorales (parmi lesquelles des cantates sur des textes de Brecht et Silone), de très nombreux lieder (parmi lesquels *Tagebuch* pour 3 voix de femmes, ténor, violon, piano, et *Hollywooder Liederbuch* qui contient environ deux cents mélodies), de la musique de scène pour des pièces de Shaw et de Brecht (*Galileo Gaulilei*), de la musique de film, une *Kammersymphonie*. Il a composé l'hymne de la République démocratique allemande.

Électroacoustique (Musique)

Dénomination proposée par Pierre Henry pour désigner l'ensemble des disciplines musicales fondées sur l'exploitation de certaines acquisitions scientifiques et techniques modernes : enregistrements, truquages et montages sur bandes magnétiques, lutherie électronique, « informatique », etc. Les compositions étant généralement liées à l'emploi de bandes magnétiques, les Américains les appellent *musics for tapes* (« musiques pour bandes »). Les pionniers de cette musique, que l'on qualifia longtemps d'« expérimentale », furent Varèse et Cage aux USA, Schaeffer et Henry en France, Eimert en Allemagne.
En même temps qu'elles apportent aux compositeurs de nouveaux moyens d'expression, les musiques électroacoustiques ouvrent la voie à une esthétique et à une dialectique musicales radicalement neuves. Des studios spécialement équipés se sont créés dans le monde entier, pour permettre à tous les compositeurs que ces techniques intéressent de réaliser leurs œuvres dans les meilleures conditions possibles.

→ Œuvres de Bayle, Berio, Henry, Malec, Stockhausen, etc.

Elgar, Sir Edward

Broadheath (Worcester), 2 juin 1857. – Worcester, 23 février 1934.

Autodidacte (sauf quelques leçons de violon tardives avec Pollitzer), il s'initia à la musique près de son père, qui était organiste et marchand de musique à Worcester. C'est ainsi qu'il apprit l'orgue, le violon, le basson, qu'il réussit à obtenir quelques emplois dans des orchestres locaux et qu'il devint le suppléant de son père à l'orgue de l'église Saint-George, avant de lui succéder en 1885. Il n'écrivait alors que des œuvres sans importance : il ne se consacra entièrement à la composition qu'à l'âge de trente-deux ans. Il acquit rapidement une grande réputation dans son pays, surtout après les premières auditions des variations *Enigma* (1899) et de l'oratorio *The Dream of Gerontius* (festival de Birmingham, 1900), l'une et l'autre sous la direction de H. Richter, qui fut son ami et fidèle interprète. Depuis le début du siècle, les Anglais considèrent Elgar comme l'un des plus grands compositeurs de son temps, et ses principales œuvres apparaissent régulièrement dans les programmes britanniques, alors qu'il est presque inconnu dans le reste de l'Europe. Ces deux attitudes extrêmes sont également injustifiées. L'œuvre d'Elgar, où se découvre l'influence de Wagner et de Brahms, comprend de très grandes pages, hautement inspirées (surtout dans *The Dream of Gerontius*, dans *Enigma*, dans *Falstaff*, dans le concerto pour violon) à côté de longs développements fastidieux.

Des oratorios (*The Dream of Gerontius*, *The Apostels*, etc.), hymnes, *anthems* et nombreux chœurs a cappella, de la musique de scène, deux symphonies, *Variations on an Original Theme* (*Enigma*) pour orchestre, *Falstaff* (études symphoniques), concerto pour violon, concerto pour violoncelle ; un quintette, un quatuor à cordes, de nombreuses mélodies.

Eloy, Jean-Claude

Mont-Saint-Aignan (Rouen), 15 juin 1938.

Élève de Milhaud au conservatoire de Paris et de Boulez à l'académie de musique de Bâle. En 1966, il est devenu professeur d'analyse musicale à l'université de Berkeley (Californie). Il associe dans son œuvre les tendances post-wéberniennes aux richesses de l'électronique et à des apports de la musique traditionnelle du Japon, où il a longuement séjourné.

Kamakala pour chœurs et trois orchestres, *Étude III*, *Polychronies* et *Fluctuante-Immuable* pour orchestre, *Équivalences* pour 18 instruments, *Chant pour une ombre* pour soprano et 9 instruments, *Shanti*, musique de méditation pour sons électroniques, la musique de *La Religieuse* et de *L'Amour fou*, films de J. Rivette.

Embouchure

Partie d'un instrument à vent qui est en contact avec la bouche de l'exécutant. Le type de l'embouchure est, avec la « perce » du tuyau, l'un des facteurs déterminants du caractère d'un instrument. Les principaux types d'embouchures sont :
– les embouchures de flûtes* ;
– les embouchures à anches* ;
– les embouchures à bassin (instruments de la famille des cuivres).

Emmanuel, Maurice

Bar-sur-Aube, 2 mai 1862. – Paris, 14 décembre 1938.

Musicologue. Son enfance en Bourgogne lui révéla le folklore musical de la région. Après ses études secondaires, il travailla au conservatoire de Paris (classes de Dubois et Delibes), tout en suivant les cours de l'École du Louvre et en préparant son doctorat ès lettres (thèse sur l'*Orchestrique grecque* soutenue avec succès). Il fut maître de chapelle à Sainte-Clotilde (1904-1907) et professeur d'histoire de la musique au Conservatoire (1907-1936). L'une des particularités de sa musique est l'intervention d'une écriture modale, où se manifeste son affection pour les vieux modes populaires, affection entretenue par des travaux sur le plain-chant et le folklore.

Deux opéras (*Prométhée enchaîné* et *Salamine*), deux symphonies, une *Suite française* pour orchestre, six sonatines et une *Suite bourguignonne* pour piano, des mélodies, des harmonisations de chansons bourguignonnes et des ouvrages musicologiques (dont une *Histoire de la langue musicale* et une remarquable étude sur le *Pelléas et Mélisande* de Claude Debussy).

Encina, Juan del

Encinas (Salamanque) ?, 12 juillet 1468. – Leon ?, 1529.

Poète et musicien de la cour du duc d'Albe, archidiacre à Malaga, il fit trois séjours à Rome (entre 1500 et 1516), suscitant l'intérêt du pape Léon X (qui le retint peut-être deux ans parmi ses *musici e canton segreti*). Il fut ordonné prêtre en 1519 et célébra sa première messe à Jérusalem au cours d'un pèlerinage.

Textes et musique de plusieurs *representaciones* » (ou « autos ») et *eglogas*, ainsi que de deux *sacre rappresentazioni* italiennes, la musique consistant en *canciones* et *villancicos* polyphoniques.

Enesco, Georges

Dorohoiû (Roumanie), 19 août 1881. – Paris, 4 mai 1955.

Violoniste et pianiste. Entré à sept ans au conservatoire de Vienne, il en sort à douze ans avec des premiers prix de violon et d'harmonie. Il termine alors ses études musicales au conservatoire de Paris (Massenet, Gédalge, Fauré). À dix-huit ans, il débute une éblouissante carrière de virtuose. Aussitôt après la Première Guerre mondiale, il s'établit à Paris, d'où il entreprend de nombreuses tournées internationales ; ses dons exceptionnels lui permettent même d'amorcer une carrière de pianiste (interprétation des sonates de Beethoven avec Thibaud). La musique d'Enesco est à la Roumanie ce que celle de Bartók est à la Hongrie ; il est le plus grand représentant de l'école roumaine contemporaine, dont il peut être considéré comme le fondateur.

L'opéra *Œdipe*, son chef-d'œuvre (Opéra de Paris, 1936), trois symphonies, deux rhapsodies roumaines, deux suites pour orchestre, trois sonates pour violon, trois sonates pour piano.

Enharmonie

Rapport entre les sons de noms différents qui sont rendus identiques par le tempérament* (ex. : do ♯ et ré ♭ ou ré ♯ et mi ♭). Comme synonyme d'identité, cette appellation est abusive, car, venant des Grecs, chez qui elle désignait un « genre » mélodique où intervenait le quart de ton, elle a été appliquée plus tard au rapport véritable (petit quart de ton) entre ces notes d'intonation voisine, mais de noms différents. En somme, l'enharmonie n'est identité que dans le système tempéré, pour les pianistes, par exemple, qui donnent le do ♯ et le ré ♭ avec la même touche.

L'équivoque résultant de l'enharmonie joue un rôle important dans l'art de la modulation*.

RAMEAU : Hippolyte et Aricie

ENREGISTREMENT SONORE (HISTORIQUE)

Si la première machine susceptible d'enregistrer puis de reproduire les sons ne date que de la fin du siècle dernier, la conservation des messages verbaux n'en est pas moins un vieux rêve de l'humanité, une géniale utopie des Anciens, comparable à la « pierre philosophale » des alchimistes ou au rêve d'Icare…
Environ 2000 av. J.-C. Une très vieille légende chinoise nous apprend qu'un empereur reçut d'un de ses sujets un message contenu dans un coffret mystérieux qui restituait la parole qu'on y avait enclose.
XIIIe siècle. La « tête parlante » d'Albert le Grand, moine dominicain.
1548. Dans *Pantagruel* (chap. LVI), Rabelais raconte que des paroles gelées pendant une bataille sur une mer glaciale « dégelaient » un peu plus tard. Et encore : « Je voulois quelques mots de gueule mettre en réserve dedans de l'huile, comme l'on garde la neige et la glace… »
1632. *Le Courrier véritable* d'Amsterdam publie le récit d'un navigateur, le capitaine Vostenloch, selon qui les tribus indiennes de l'extrême sud américain se transmettent des messages en parlant devant une éponge qui, pressée, restitue les paroles « enregistrées ».
1656. Cyrano de Bergerac dans l'*Histoire comique des Estats et des Empires de la Lune*, décrit le livre des Sélénites : boîte compliquée qui permet de lire avec les oreilles.
XVIIIe siècle. Un certain baron de Kempelen, fabricant d'automates cité par Hoffmann, construit un « Turc parlant ».
1807. Le physicien Young inscrit les vibrations d'un corps sonore sur un cylindre enduit de noir de fumée et animé d'un mouvement rotatif. (Duhamel, Wertheim, Lissajoux et quelques autres ont renouvelé ses expériences.)
1857. Léon Scott de Martinville invente le « phonautographe », appareil destiné à enregistrer les vibrations sonores, et prend un brevet. L'appareil ne prévoit pas encore la reproduction de ces sons, mais peut constituer, selon les termes de l'inventeur, un « accordeur universel » en permettant de comparer le tracé de plusieurs vibrations et de mesurer les longueurs d'onde.
1876. Construction des premiers microphones à contact par Bell et Manuel. Le principe en avait été imaginé plus de vingt ans auparavant et, dans un article de *L'Illustration* de 1854, Bourseult écrit : « Imaginez que vous parliez près d'une plaque mobile assez souple pour que celle-ci établisse et interrompe successivement le circuit d'une pile. On peut concevoir à distance une autre plaque reproduisant en même temps ces vibrations. » Ce principe, appliqué rapidement au téléphone, mit malheureusement assez longtemps à être utilisé pour l'enregistrement.

1877. Charles Cros (1842-1888), poète et savant, dépose à l'Académie des Sciences un pli cacheté d'une importance considérable. Il y expose le principe du premier appareil reproducteur de son, qu'il « paléophone » et qui repose sur le principe suivant : « Si une membrane munie d'un style trace un sillon sous l'action d'un son, ce sillon fera vibrer la membrane lorsque son style repassera dans le sillon et on retrouvera le son initial. » Ce principe nous paraît presque évident, mais personne ne semble y avoir pensé avant Charles Cros qu'il faut considérer comme le véritable inventeur du phonographe. On raconte qu'il en réalisa une maquette avec des objets hétéroclites et qu'il réussit, devant quelques amis, à lui faire reproduire un mot bref et historique, le premier mot qui fut confié au phonographe !

1877-1878. En Amérique, Edison (1847-1931) construit son premier « phonogramme ». Avait-il eu connaissance de l'invention de Cros ? Il est probable que non et que ces deux découvertes presque simultanées ne soient que le résultat d'une coïncidence. Malheureusement pour notre compatriote, il n'eut pas les moyens financiers de prendre un brevet et d'exploiter son invention, comme put le faire Edison. La nouveauté était si surprenante que lorsque l'appareil d'Edison fut présenté en 1878 à l'Académie des Sciences, les sages académiciens crurent un instant à une mystification. « Il y a un ventriloque dans la salle, s'écria le docteur Bouillaud, ancien médecin de Napoléon III. Qu'il sorte ! On ne se moque pas ainsi de l'Académie. »

1889 Le phono d'Edison est proposé au public à l'Exposition universelle : rouleaux de cire (remplaçant les cylindres recouverts d'étain), moteur électrique alimenté par piles (les moteurs mécaniques n'apparaissent qu'un peu plus tard), prix exorbitant. La même année, un collaborateur d'Edison fait l'essai, sans lendemain, de la photo animée et sonore (avec son synchrone !) : c'est le cinéma parlant, aussitôt relégué parmi les accessoires inutiles.

1890. Apparition des disques et rouleaux dans les foires : attraction sans précédent. Début de l'exploitation commerciale (duplication par copie : prix, 40 F le rouleau… puis par moulage : prix, 2,50 F le rouleau). Les « œuvres » enregistrées sont des polkas brillantes pour piston, des chansons grivoises ou sentimentales, des monologues troupiers *avé l'assent toulousain*. Bientôt on a l'idée de solliciter les vedettes à la mode : leur voix est méconnaissable, formidablement enrhumée, mais on ne cherche pas encore la perfection artistique et le phonographe n'est encore en somme (comme le cinéma à ses débuts) qu'un amuseur public. D'ailleurs la technique de « prise de son » n'en est qu'au balbutiement et les séances d'enregistrement ressemblent à des compétitions sportives, où l'artiste juché sur un échafaudage doit hurler son morceau dans un immense cornet acoustique chargé de diriger

le son sur la membrane vibrante appelée diaphragme, de fabrication rudimentaire.
1894. Le physicien Dussaud invente le « microphonographe » à pile, enregistreur et reproducteur. C'est l'ancêtre de l'enregistrement électrique et du pick-up, mais il lui manque encore l'amplificateur.
1898 Reprenant un principe exposé par Oberlin Smith (article dans *Electrical World* du 8 septembre 1888), l'ingénieur danois Valdemar Poulsen (1869-1942) met au point son « télégraphone », sorte d'enregistreur magnétique à fil d'acier. Cet appareil, qui existe toujours (à Hellerup, au Danemark) fait entendre la voix de l'empereur François Joseph Ier, enregistrée à l'occasion de sa visite à l'Exposition universelle de Vienne.
1902. Cinéma sonore (Gaumont) : principe de synchronisation.
1905. Cependant, le commerce des disques (qui supplantent définitivement les cylindres) s'organise et l'on assiste à la naissance de nombreuses firmes éditrices. Certaines optent pour la gravure latérale (disques à aiguille : procédé qui est généralisé plus tard), les autres pour la gravure verticale (disques à saphir : procédé Pathé, déjà employé sur rouleaux). On enregistre beaucoup de bel canto, les grands chanteurs d'alors jouant auprès du public le rôle des « étoiles » du cinéma aujourd'hui. La qualité augmente peu à peu avec celle des diaphragmes, mais les « phonos » ne sont capables de reproduire qu'une gamme de fréquence de l'ordre de trois ou quatre octaves.
1910. On songe à certaines normalisations indispensables : le diamètre des disques est fixé approximativement à ce qu'il est aujourd'hui ; la vitesse adoptée est de 80 tours/minute. Le perfectionnement du matériel (diaphragmes surtout) permet l'enregistrement de quelques grandes œuvres : intégrale de *Carmen* chez Pathé, *Concerto pour deux violons* de Bach par Kreisler et Zimbalist, etc.
1910. Laudet invente un amplificateur à air comprimé qui est adapté au « chronophone » Gaumont (accouplé électriquement au cinématographe).
1911. H. Lioret (qui depuis 1893 construisait un appareil appelé « lioretgraphe ») présente à l'Académie des Sciences, avec F. Ducretet et E. Roger, un système d'enregistrement à distance d'une transmission téléphonique. Ce même Lioret (1848-1938), travailleur infatigable, était titulaire d'un nombre imposant de brevets, comprenant un appareil de repérage des sous-marins, une trottinette à pédales, etc.
Vers 1913. Enregistrement de la *Cinquième Symphonie* de Beethoven sous la direction de Nikisch, réussite exceptionnelle pour l'époque.
1913-1915 Premiers essais d'enregistrement photographique du son par E. A. Lauste (1857-1935).
1920-1925. Invention de l'enregistrement électrique (ou plutôt, invention à peu de temps de distance de l'amplificateur et du graveur élec-

trique). On invente en même temps le *pick-up* qui repose sur un principe analogue à celui du graveur et qui est, en sens inverse, le siège des mêmes phénomènes. L'enregistrement électrique aurait pu faire faire immédiatement un progrès considérable au disque, si les amateurs s'étaient décidés à se débarrasser de leurs antiques phonographes à diaphragmes et à pavillons, pour les remplacer par des appareils équipés du nouveau pick-up. Malheureusement, cette dernière invention mit fort longtemps à se répandre dans le grand public et les fabricants de disques se virent obligés de renoncer encore à certains enrichissements de la prise de son (accroissement de la dynamique, par exemple) qui n'eussent pas été supportés par les appareils reproducteurs vétustes.
1921. Premiers enregistrements de Toscanini.
1926. Première projection de films sonores, précédée d'une courte allocution filmée et synchrone (New York)... Premier enregistrement important réalisé électriquement : *Le Messie* de Haendel, intégral, par 3500 exécutants. La dynamique (rapport d'intensité entre les sons les plus forts et les sons les plus faibles) reste faible ; elle demeurera insuffisante jusqu'à l'avènement du microsillon. Les fréquences enregistrées sont comprises entre 200 et 3 500 Hz environ, avec d'importants creux à certaines fréquences et d'importantes résonances à d'autres.
1927. Enregistrement de presque tout l'œuvre de Beethoven à l'occasion du centenaire de sa mort (en particulier les symphonies sous la direction du grand Weingartner). La vitesse de rotation des disques passe de 80 à 78 tours.
1928. Premier film à son photographique synchrone (procédé Pedersen-Poulsen) : *L'Eau du Nil.* Mauvaise qualité sonore due à l'imperfection du développement (distorsions) et à la mauvaise transparence de la pellicule (bruit de fond). Enregistrement à Bayreuth de plusieurs intégrales de Wagner.
1928-1936. Premiers disques de longue durée :

a. Disques professionnels pour le cinéma (vitesse : 33 tours ; diamètre : 40 et 30 cm ; durée : 8' à 12' par face) (sillons normaux).
b. Disques de l'American Braille Press pour les aveugles (diamètre : 31 cm ; vitesse : 33 tours ; sillons rapprochés jusqu'à 65/cm ; durée : jusqu'à 18' par face).

1929-1935. Nombreux enregistrements de musique contemporaine interprétée par les auteurs : Stravinsky, Milhaud, Ravel, Poulenc, Prokofiev, etc. Grands enregistrements du trio Cortot-Thibaud-Casals, du Quatuor Lener, du Quatuor Capet, et de tous les plus célèbres solistes (ceux qui avaient enregistré du temps de l'enregistrement acoustique recommencent leurs disques à succès).
1934. L'enregistreur magnétique Marconi-Stille, utilisé à la BBC, a des performances acoustiques remarquables (± 2 . de 100 à 7 000 Hz avec

un taux de distorsion inférieur à 1 %). Mais les bandes utilisées (3 mm de large, en métal) sont coûteuses et fragiles ; de plus, le bruit de fond est important et la reproduction des basses médiocre. La même année, à Ludwigshafen, la BASF fabrique les premières bandes magnétiques faites d'un support non magnétique (en l'occurrence de l'acétate de cellulose, remplacée plus tard par du chlorure de vinyle) recouvert d'un enduit magnétique constitué par des particules d'oxyde de fer. L'ère du magnétophone peut commencer dans un proche avenir.

1939. Premier essai de stéréophonie (trois pistes) sur pellicule de cinéma : *Fantasia* de Walt Disney. Trois micros répartis dans l'orchestre enregistrent chacun un tiers de la piste sonore.

1943. Fabrication des premières bandes magnétiques en vinyle enduit ainsi que du premier magnétophone digne d'un usage musical professionnel : la machine AEG « K-7 ». Hors d'Allemagne, les premiers magnétophones de qualité ne verront le jour qu'en 1947-1948.

1944. Decca en Angleterre lance le slogan *ffrr* (*full frequency range recording* : enregistrement de toute la gamme des fréquences). C'est alors que commence la course à la « haute fidélité », qui ne trouve son bon terrain de développement que dans le disque microsillon et l'enregistrement magnétique.

1945. Premiers disques 45 tours/minute de 17 cm de diamètre à microsillons (RCA).

1948. Premiers disques microsillons 33 tours/minute (Columbia).

1949. Premier disque microsillon en France. Couperin : *Apothéose de Lully* (Oiseau-Lyre OL-LD. 1 ; ingénieur : A. Charlin).

1950. Débuts de la stéréophonie sur bandes magnétiques (travail de laboratoire commercialisé un peu plus tard aux USA). Premières utilisations du son magnétique au cinéma.

1958. Premiers disques stéréophoniques en France.

1982. Première gravure numérique : le compact disc. Cette nouveauté représente une rupture radicale avec le principe exposé par Charles Cros en 1877 (voir page 220), principe qui a donné naissance à toutes les techniques d'enregistrement dites « analogiques ».

On qualifie de « numérique » (*digital* en anglais), par opposition à « analogique », la technique d'enregistrement où l'information acoustique est traduite en nombres représentés par des signaux électriques (numération binaire). Les machines enregistreuses et lectrices sont conçues pour coder et décoder les informations. La méthode met l'enregistrement à l'abri des distorsions et des phénomènes parasites (souffle, crachements, etc.). Elle permet d'étendre de façon importante la gamme des fréquences reproduites et l'ampleur de la dynamique… Quel progrès peut-on encore attendre dans le domaine de l'enregistrement des sons ?

Si l'objectif reste la reproduction des sons le plus fidèlement possible,

on est peut-être parvenu à une limite. Car la chaîne enregistreuse et reproductrice peut bien faire des progrès étonnants ; il reste que le dernier maillon de la chaîne, notre ouïe, ne progresse pas ! La « haute fidélité » obtenue en ce début de siècle semble avoir atteint la limite imposée par notre perception et nos conditions d'écoute. Un mieux est-il encore concevable ? Des multinationales annoncent des progrès stupéfiants. Mais, pour les apprécier, il faudrait que nous affinions notre perception et notre faculté d'intégrer dans notre plaisir des données si subtiles qu'elles en deviennent contingentes… même si l'augmentation vertigineuse du nombre de *bits* par seconde rend théoriquement plus fidèle la restitution du son.
Il semble que les seuls progrès appréciables par chacun de nous ne pourront être désormais que des aménagements de détails, en regard de l'objectif essentiel : la fidélité de l'enregistrement et de la reproduction, devenue presque parfaite. On pourra réduire les formats, informatiser les données, améliorer le stockage et la restitution des informations, associer l'image au son…
Il est possible qu'une certaine évolution de la perception et du goût intègre des combinaisons inouïes de sons et d'images de synthèse qui, dans le goût général, finiront par se substituer à la reproduction fidèle : on cherchera non pas à être fidèle au réel mais à le dépasser pour atteindre un monde sonore onirique sans frontières.

Épinette

Sorte de petit clavecin portatif, à un seul registre, dans la tessiture de huit pieds, couvrant quatre octaves et demie. Très répandue aux XVIIe et XVIIIe siècles, l'épinette est souvent l'objet d'un magnifique travail de décoration. Au XVIe siècle, les mots épinette et *spinetta* (du nom du facteur vénitien Spinetti) sont déjà employés en France et en Italie pour désigner n'importe quel petit instrument à clavier et à cordes pincées (voir Virginal*).

Erkel, Ferenc

Gyula, 7 novembre 1810. – Budapest, 15 juin 1893.

Premier chef d'orchestre du nouveau théâtre national de Pest (1838), créateur de l'opéra national hongrois. Il fut directeur de l'Académie royale de musique de Budapest et de l'Opéra national. Quatre de ses fils étaient musiciens.

Dix opéras dont *Hunyadi László* (Pest, 1844) et *Bank Ban* (Pest, 1861) toujours populaires en Hongrie, six opéras-comiques, l'hymne national hongrois.

ESPLÁ, OSCAR

Alicante, 5 août 1886. – Madrid, 6 janvier 1976.

Ingénieur et docteur en philosophie, homme de haute culture, il fut autodidacte en musique. Plus tard, il compléta en Allemagne sa formation de compositeur et entreprit de nombreux voyages d'information à travers l'Europe, s'intéressant particulièrement aux musiques populaires. Il fut délégué de l'Espagne à l'Unesco.

Les opéras *La Bella durmiente* et *Il pirata cautivo, La Nochebuena del Diablo* ; poèmes symphoniques, suite pour orchestre, *Sonata del Sur* pour piano et orchestre, sonate pour violon, sonate pour piano, pièces pour guitare.

ESTAMPIE

Terme qui désigne au Moyen Âge, à partir du XIIe siècle, les danses instrumentales, auxquelles des paroles sont généralement ajoutées avant 1250. On écrivait généralement *estampida* ou *istampita* (en Italie) ou *stantipes*. Cette danse est formée de plusieurs figures ou *puncta*. Les estampies notées sont assez rares. La plus fameuse est l'admirable *Kalenda Maya* du troubadour provençal Raimbaut de Vaqueiras. On trouve quelques estampies dans des manuscrits de la Bibliothèque nationale (fr. 844) et du British Museum (Add. 29987).

F

FAGO, NICOLA

Tarente, 26 février 1677. – Naples, 18 février 1745.

Élève de Provenzale et de Don Ursino au Conservatorio della Pietà dei Turchini à Naples (1693-1695). Il devint professeur à ce même conservatoire et fut célèbre pour son enseignement plus encore que pour sa musique ; parmi ses élèves figurent Leo, Jommelli, Sala, Feo, G. de Maio et son propre fils Lorenzo (1704-1793) qui devint à son tour un maître apprécié. Il occupa longtemps le poste de maître de chapelle au Tesoro di San Gennaro.

Quatre opéras, des oratorios, de nombreuses œuvres religieuses (messes, motets).

FALCONIERI, ANDREA

Naples, 1586. – Naples, 29 juillet 1656.

Luthiste du duc de Parme (1604-1614 et 1629-1635), puis luthiste à la chapelle royale de Naples (1639-1642) dont il devint maestro di cappella, à la mort de Trabaci (1647). Il mourut de la peste pendant la grande épidémie de 1656.

Un volume de *Villanelle* (1 à 3 voix avec accompagnement de guitare), deux volumes de *Musiche* (1 à 3 voix avec accompagnement de guitare), un volume de madrigaux (5 à 10 voix), un volume de *Canzoni, Sinfonie, Fantasie, Capricci...* et danses (1 à 3 violes ou violons et basse continue).

FALLA, MANUEL DE

Cadix, 23 novembre 1876. – Alta Gracia (Argentine), 14 novembre 1946.

Il était andalou par son père et catalan par sa mère. Celle-ci, pianiste de talent, dirigea ses premières études musicales. Il devint ensuite, au conservatoire de Madrid, l'élève de Trago (piano) et de Pedrell (composition). C'est Pedrell qui, le premier, pressentit son génie et le dissuada de poursuivre une carrière de pianiste qui s'annonçait cependant brillante ; il exerça sur le jeune compositeur une influence durable en l'initiant au folklore et à l'ancienne musique religieuse espagnole. De 1907 à 1914, Falla vécut à Paris dans des conditions économiques précaires, gagnant sa vie au hasard des leçons et des récitals de piano. C'est là qu'il réussit non sans mal à se faire un nom, parmi de prestigieux musiciens qui devinrent ses amis : Debussy, Dukas, Ravel, Albeniz et le pianiste R. Viñès (qui joua ses *Quatre pièces espagnoles* à la Société nationale). L'œuvre et l'amitié de Debussy contribuèrent utilement à l'évolution de son style, en lui révélant un univers harmonique fascinant et en lui faisant sentir l'importance de l'esprit, de l'*evocación*, dans la musique traditionnelle espagnole. Pendant la Première Guerre mondiale, il vit à Madrid, mais en 1921, il se fixe à Grenade où il organise en 1922 un mémorable festival de cante hondo. En 1925, il crée à Séville la Orquestra Bética de camara. Pendant les vingt dernières années de sa vie, il ne produit que très peu de chose, se consacrant principalement à la composition d'un monumental opéra-oratorio,

La Atlantida. Il considérait cette œuvre comme le couronnement de sa carrière, mais elle demeura inachevée (elle fut complétée au cours des années 50 par son élève et disciple E. Halffter). Falla est mort en Argentine, où il vivait chez sa sœur depuis 1940. Deux mois plus tard, sa dépouille fut ramenée à Cadix. Au cours de la cérémonie funèbre qui s'est déroulée à la cathédrale, l'*Officium defunctorum* de Victoria fut chanté avec l'approbation du pape, qui avait décerné au défunt le titre de « Fils de prédilection de l'Église ». Falla est enseveli dans la crypte de la cathédrale de Cadix.
Toute la musique de Falla est authentiquement espagnole. Ayant assimilé les caractères essentiels de la musique traditionnelle de son pays (principalement le folklore andalou), il s'est créé un style profondément original. Plus classique et concis que celui des grands compositeurs espagnols qui le précédèrent, ce style est cependant la meilleure expression de l'âme espagnole, sans doute parce qu'il tire sa substance de l'esprit même du folklore, plutôt que de l'exploitation systématique des mélodies et des rythmes populaires. Un souci de la forme au service d'une imagination féconde, un génie merveilleux de l'instrumentation (toujours d'une parfaite sobriété), une constante noblesse dans le traitement des sujets les plus divers font de Falla l'un des plus grands compositeurs de son temps.

MUSIQUE VOCALE. Deux opéras, *La Vida breve* (Nice, 1913) et *El Retablo de Maese Pedro* (Paris et Séville, 1923), l'opéra-oratorio *La Atlantida* (terminé par Halffter, Madrid, 1961), *Soneto a Córdoba* pour voix et orchestre, *Trois Mélodies*, *Psychè* pour voix et 5 instruments et *Siete canciones populares españolas.* – **MUSIQUE INSTRUMENTALE.** Deux ballets, *El Amor brujo* (*L'Amour sorcier*, Madrid, 1915) et *El Sombrero de tres picos* (*Le Tricorne*, Diaghilev, Londres, 1919 ; décors et costumes de Picasso), *Homenajes* pour orchestre, *Noches en los jardines de España* pour piano et orchestre, concerto pour clavecin et orchestre de chambre, *Homenaje pour le tombeau de Debussy*, pour guitare, *Quatre pièces espagnoles* et *Fantasia boetica* pour piano.

FANTAISIE

À l'époque de la Renaissance, et jusque vers 1650, pièce instrumentale en style d'imitation* semblable au ricercare. *Tiento* (Espagne), *Fancy* (Angleterre), *Canzone* (Italie) désignent des formes analogues. Au temps de Bach, la fantaisie est un prélude brillant assez libre pour les instruments à clavier. À la fin du XVIIIe et au début du XIXe siècle, elle a parfois l'aspect d'une sonate (Mozart, Schumann).

→ BYRD, *Fantaisies* et *In nomine.* – DU CAURROY, *Fantaisies.* – GIBBONS, *Fantaisies* et *In nomime.* – SWEELINCK, *Fantaisies.* – BACH, *Fantaisies et fugues pour orgue*, *Fantaisie chromatique pour clavecin.* – MOZART, *Fantaisie en ut mineur K 475*, *Fantaisie en fa mineur K 608.* – SCHUMANN, *Fantaisie.*

Farnaby, Giles

Vers 1565. – Londres, novembre 1640.

On ne sait presque rien de sa vie et sans doute a-t-il été, à l'époque élisabéthaine, le seul maître du clavier qui n'ait pas occupé de poste d'organiste. D'ailleurs, la plus grande partie de sa musique de clavier est, par l'écriture comme par le caractère, destinée sans équivoque aux instruments à cordes pincées (virginal, clavecin). Le charme tout particulier de cette musique réside dans son lyrisme quasi romantique, sa finesse, son caractère fantasque.

Psaumes et *canzonets* à 4 voix, pièces de virginal, dont environ cinquante ont été incluses dans le *Fitzwilliam Virginal Book* (publié en 1899).

Fasch, Carl Friedrich

Zerbst, 18 novembre 1736. – Berlin, 3 août 1800.

Élève de son père, Johann Friedrich. Assisté de C. P. E. Bach, il fut nommé, en 1756, claveciniste de Frédéric II de Prusse. En 1791, il fonda la célèbre Singakademie de Berlin ; après sa mort, cette académie donna à sa mémoire (et selon son vœu) la première audition berlinoise du *Requiem* de Mozart

Un oratorio (qu'il a détruit, avec d'autres œuvres), une messe à 16 voix, un *Requiem*, un grand nombre de cantates, motets, lieder.

Fasch, Johann Friedrich

Buttelstedt (Weimar), 15 avril 1688. – Zerbst, 5 décembre 1758.

Père du précédent. Élève de Krieger, comme choriste à la chapelle de la cour de Weissenfels, puis élève de Kuhnau à Saint-Thomas de Leipzig. Il devint maître de chapelle de la cour à Zerbst.

Trois opéras (perdus), des messes, des motets, une passion, de nombreuses cantates, des « ouvertures françaises » ou suites d'orchestre (dont cinq furent recopiées par Bach en témoignage d'admiration), des concertos.

Fauré, Gabriel

Pamiers (Ariège), 12 mai 1845. – Paris, 4 novembre 1924.

Sixième enfant d'un instituteur, il manifesta très tôt des dons exceptionnels pour la musique, bien que ses parents n'eussent jamais éprouvé le moindre goût pour cet art. Sur la recommandation de M. de Saubiac, député de l'Ariège, qui eut l'occasion d'entendre l'enfant, alors âgé de neuf ans, et en fut impressionné, Niedermeyer offrit de l'admettre gratuitement comme interne dans sa célèbre école de musique. À l'école Niedermeyer, dont il fut ainsi l'élève de 1855 à 1865, Fauré eut pour maître de piano Saint-Saëns, son aîné de dix ans. Il prétendit plus tard qu'il lui devait tout : en fait, le jeune maître et son élève se lièrent d'amitié et Saint-Saëns non seulement fit de Fauré un excellent pianiste, mais encore l'initia à la musique des maîtres classiques, lui ouvrant notamment des horizons nouveaux sur l'œuvre de J. S. Bach. Sitôt ses études terminées, Fauré fut nommé organiste de l'église Saint-Sauveur à Rennes (1866-1870), de Notre-Dame de Clignancourt (1870) puis, après la guerre (il s'était engagé dans l'infanterie) et la Commune, organiste de Saint-Honoré-d'Eylau. Parfois, il remplaçait Widor à Saint-Sulpice et Saint-Saëns à la Madeleine, tribune dont il deviendra titulaire en 1896. Vint l'époque de l'initiation à Liszt et Wagner qui marqua profondément presque tous les musiciens de sa génération. En 1877, Fauré accompagna son ami Saint-Saëns à Weimar, pour assister à la première représentation de *Samson et Dalila*, montée par Liszt. Les années suivantes, il se rendit à Cologne et à Munich pour assister aux représentations de la Tétralogie. Bien qu'il en reçût une impression très forte, l'esthétique de Liszt et de Wagner n'effleura pas sa musique… et l'on ignora longtemps l'existence d'un musicien si indifférent au goût du jour qui, à cinquante ans, n'avait encore écrit ni opéra, ni grande œuvre symphonique. Cependant, en 1896, année qui le voit accéder à l'orgue de la Madeleine, il est nommé professeur de composition au Conservatoire, étape décisive d'une remarquable carrière de pédagogue qui avait débuté discrètement, en 1872, à l'école Niedermeyer. Ses nombreux élèves (parmi lesquels Ravel, Kœchlin, Roger-Ducasse, F. Schmitt, Casella, Enesco, etc.) se féliciteront souvent de son enseignement lumineux et libéral.

Les consécrations officielles commencent alors à attirer l'attention des mélomanes sur ce demi-inconnu (il l'est toujours plus ou moins) : succession de Dubois à la direction du Conservatoire en 1905 (habilement, il élimine quelques fossiles parmi les plus gênants et il appelle un Debussy, un d'Indy), succession au fauteuil de Reyer à l'Institut en 1909, grand cordon de la Légion d'honneur en 1920. Il vécut ses dernières années dans l'isolement, atteint d'une surdité qui le contraignit en 1920, à donner sa démission du Conservatoire. Cependant, l'année même de sa mort, il réussit à terminer, à Annecy, l'un de ses plus grands chefs-d'œuvre, le *Quatuor à cordes.* On lui fit des funérailles nationales. L'art subtil, discret de Fauré, étranger à toutes les formes de grandiloquence, est proche de celui de Verlaine, tel qu'il est exprimé et illustré magistralement dans *L'Art poétique.* Hors de ses frontières, l'art fauréen est généralement considéré comme l'incarnation musicale de la culture française, dans ce qu'elle a de plus original, de plus inexportable par conséquent. Cet art aristocratique, déjà peu populaire en France, semble inassimilable aux mélomanes étrangers. Certes, la beauté et l'originalité de la musique de Fauré, dont les mélodies et les pièces pour piano constituent les plus parfaits exemples, ne se révèlent qu'à la longue ; elles sont la récompense de l'amateur cultivé qui saura découvrir dans la subtilité de l'écriture harmonique, dont généralement la mélodie fauréenne découle, le secret d'une sensibilité musicale peu commune ; sensibilité musicale entièrement absorbée par le complexe harmonie-mélodie, mais indifférente à l'aspect sensuel de la musique au point de confier à autrui des travaux d'orchestration (orchestration de *Pelléas* par Koechlin, de *Prométhée* par un obscur chef de musique).

THÉÂTRE. Des musiques de scène pour *Caligula, Shylock, Le Voile du bonheur* (G. Clemenceau) et surtout *Pelléas et Mélisande* de Maeterlinck (Londres, 1898) ; deux opéras, *Prométhée* (Béziers, 1900) et *Pénélope* (Monte-Carlo, 1913) ; un divertissement musical, *Masques et Bergamasques* (Monte-Carlo, 1919). – **MUSIQUE VOCALE.** *Requiem* (soli, chœurs et orchestre), *Messe basse* (3 voix de femme et orgue), *Cantique de Jean Racine* (chœurs, harmonium et cordes), diverses compositions religieuses, plusieurs œuvres pour chœurs et orchestre (*Les Djinns, La Naissance de Vénus, Madrigal, Pavane*) et surtout quatre-vingt-dix-sept mélodies, parmi lesquelles sont ses œuvres les plus célèbres et peut-être les plus parfaites (particulièrement les *cinq mélodies* de Verlaine et les cycles de *La Bonne Chanson,* de la *Chanson d'Ève,* du *Jardin clos,* de *L'Horizon chimérique*). – **PIANO.** *Ballade* (avec orchestre), *Fantaisie* (avec orchestre), trois *romances sans paroles,* six *Impromptus,* treize *Barcarolles,* treize *Nocturnes,* quatre *Valses-Caprices,* neuf *Préludes. Thème et Variations,* huit *Pièces brèves, Dolly* (4 mains). – **MUSIQUE DE CHAMBRE.** Un trio, deux quatuors et deux quintettes avec piano, un quatuor à cordes, deux sonates pour violon et piano, deux sonates pour violoncelle et piano.

FAUSSE-RELATION

Dans un enchaînement d'accords ressortissant à l'harmonie tonale, on dit qu'il y a fausse-relation entre deux notes placées à des parties différentes :

a. Lorsque ces notes ont le même nom mais diffèrent par l'altération = fausse-relation chromatique ou fausse-relation d'octave (transposée d'une ou plusieurs octaves, comme c'est souvent le cas dans la pratique).

b. Lorsque ces notes forment un intervalle de triton* = fausse-relation de triton.

L'impression, souvent désagréable, que produit la fausse-relation est due au manque de clarté et de rapidité de la perception des rapports harmoniques (si l'on répète le passage, cette impression finit par disparaître). Dans les exercices d'école, la fausse-relation est, en général, interdite, en vertu du principe selon lequel les altérations chromatiques doivent être introduites et résolues mélodiquement dans la même partie. Dans la pratique, on est moins strict et l'harmonie classique elle-même tolère certaines formes de fausse-relation. Dans les exemples qui suivent, les fausses-relations sont indiquées par une ligne en pointillé.

MAUVAIS

1. Dans une succession de deux accords ayant même tonique

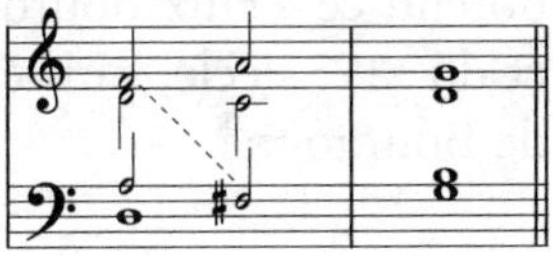

f.r. d'octave *f.r. de triton*

2. Entre les deux parties extrêmes

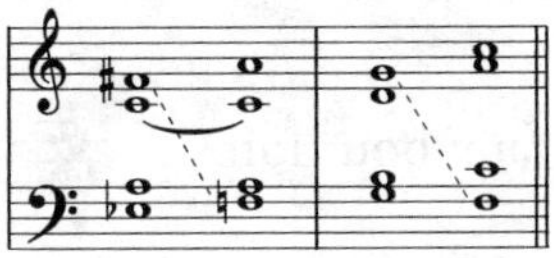

ACCEPTABLE

interv. de tierce *interv. de triton*

3. Dans une succession d'harmonies à distance de tierce ou de triton (dans cette dernière et délicate éventualité, la fausse-relation est nécessaire)

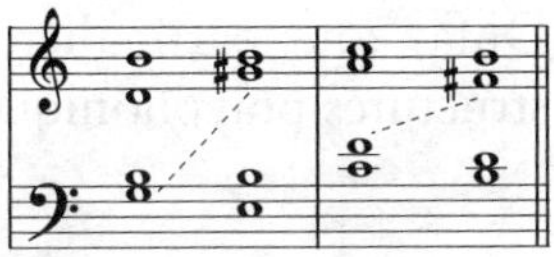

f.r. d'octave *f.r. de triton*

4. Entre deux parties intermédiaires, ou une partie intermédiaire et une partie extérieure

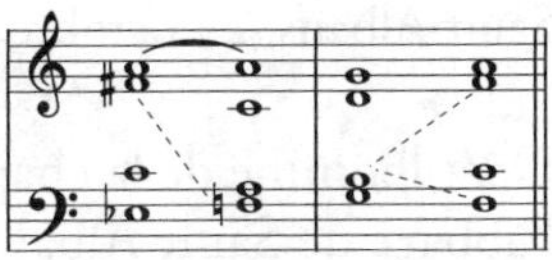

Dans l'harmonie polytonale ou atonale, la notion de fausse-relation n'a naturellement pas de sens.

Faux-bourdon

Forme élémentaire de polyphonie vocale, où les voix procèdent par séries de sixtes ou d'accords de trois sons dans leur premier renversement. Ce style très simple, note contre note, de chant à plusieurs voix (voir Homophonie) est très probablement d'origine anglaise. Dès le XIe siècle, les Anglais ont pratiqué une sorte d'organum* où les parties ne procèdent plus par quintes parallèles comme sur le continent, mais par tierces : c'est ce qu'on appelle le *gymel*. Cette pratique est probablement d'origine celtique. En ajoutant une troisième voix au gymel, on a obtenu ce « faux-bourdon », qui imprègne la musique anglaise du XIIIe et du XIVe siècle, puis est mis en vogue sur le continent par la chapelle de Bourgogne.

gymel :

faux-bourdon :

Dufay tout particulièrement a utilisé le faux-bourdon à l'intérieur de structures polyphoniques plus complexes.

Fayrfax, Robert

Deeping Gate (Lincolnshire), 23 avril 1464.
Saint-Albans, 24 octobre 1521.

Gentilhomme de la chapelle royale, puis organiste et *informator chori* de l'abbaye de Saint-Albans. Il était premier chanteur de la Chapel Royal, lorsque celle-ci fut amenée en France par Henry VIII, à l'occasion de l'entrevue du Camp du Drap d'or (1520) ; on raconte qu'alors la Chapel Royal se joignit à la chapelle de François Ier pour offrir une aubade aux deux souverains. Les œuvres de Fayrfax (œuvres religieuses surtout, d'importante dimension) étaient très appréciées de son temps, et on les retrouve dans des recueils collectifs jusqu'au début du XVIIe siècle.

(Édition complète par l'American Institute of Musicology). Six grandes messes, deux *magnificat*, treize grands motets à 4 et 5 voix, neuf chansons polyphoniques à 3 voix.

Feldman, Morton

New York, 12 janvier 1926. – Buffalo, 3 septembre 1987.

Il s'était d'abord consacré à la peinture et faisait de la musique en amateur, lorsque J. Cage le fit s'orienter vers la composition. Avec Cage, Earle Brown et le pianiste D. Tudor il donne, à partir de 1952, des concerts de musique nouvelle de tendance néo-dadaïste et inaugure la mode des musiques « graphiques » où la notation est remplacée par un dessin ou des indications générales (incitations musicales plutôt qu'œuvre). Après 1960, il est retourné à la notation traditionnelle mais sa musique conserve sa simplicité, sa lenteur, ses sonorités étranges, ses éléments répétitifs.

Séries de *Projections*, d'*Intersections*, d'*Extensions* pour divers groupes d'instruments, *The Swallows of Salagan* pour chœur et 23 instruments (1960), *Christian Wolff at Cambridge* pour chœur a cappella (1963), *The Viola in my life* (1970) pour alto et divers instruments, *The King of Denmark* pour percussion.

Fellegara, Vittorio

Milan, 4 novembre 1927.

Après des études scientifiques, il a été l'élève de Chailly à Milan. Il est secrétaire de la section italienne de la SIMC et professeur de composition à Bergame (Istituto Donizetti). Il a traité les grands thèmes humains dans une écriture sérielle post-wébernienne, accordant ses engagements esthétiques et philosophiques, à l'exemple de Nono ; puis son style s'est concentré dans l'expression d'un lyrisme intime.

Un ballet, *Mutazioni*, *Dies Irae*, *Requiem di Madrid* (Lorca) pour chœur et orchestre ; *Cantata* (Leopardi), *Notturno* (Verlaine), *Zwei Lieder* (Sachs), *Épitaphe* (Éluard), *Madrigale*, etc., pour divers ensembles vocaux et instrumentaux ; des œuvres symphoniques, *Criptografia* pour alto et orchestre, de la musique de chambre, des pièces pour piano.

Feo, Francesco

Naples, 1691. – Naples, 28 janvier 1761.

Élève de Fago au Conservatorio della Pietà dei Turchini, à Naples, il devint lui-même professeur dans deux autres conservatoires de cette ville (Sant'Onofrio et dei Poveri di Gesu Cristo). La bibliothèque musicale des PP. Filippini (couvent des Gerolomini) à Naples conserve environ cent cinquante manuscrits de ses œuvres, la plupart autographes.

Messes, motets, *Requiem*, huit oratorios, onze opéras, des intermèdes et des scènes bouffes (destinées à être insérées dans des *opere serie*).

Ferneyhough, Brian

Coventry, 16 janvier 1943.

Élève de Berkeley à Londres et de Ton de Leeuw à Amsterdam. En 1973, il devient l'assistant de Huber (composition) à la Musikhochschule de Fribourg-en-Brisgau. Sa musique s'efforce à la synthèse de l'académisme sériel et de la liberté expressive, de la rigueur et de la mobilité, avec des implications métaphysiques (il se définit comme un « mystique sceptique »). La grande difficulté de ses œuvres ne facilite pas leur diffusion.

Transit (1975) pour 6 voix et orchestre de chambre, *Missa brevis* pour 12 voix a cappella, *Firecycle bêta* (1971) et *La Terre est un homme* (1979) pour grand orchestre, *Funérailles I et II* (1977-1980) et *Épicycle* (1968) pour cordes, deux quatuors à cordes, sonate pour 2 pianos, *Lemma-Icon-Epigram* pour piano (1981), *Sieben Sterne* (1971) pour orgue.

Ferrabosco, Alfonso

Bologne, 18 janvier 1543. – Bologne, 12 août 1588.

Fils d'un maestro di cappella de Bologne, qui avait composé des madrigaux. Selon une lettre de 1564, où il parle de sa jeunesse consacrée depuis longtemps au service de la reine (Élisabeth), il semble qu'il soit allé très jeune en Angleterre. Il y demeura jusqu'en 1578, puis entra au service du duc de Savoie. Il est probable qu'il ait été une sorte d'espion au service d'Élisabeth ; il aurait effectué à ce titre plusieurs missions secrètes auprès de hauts personnages de l'Église romaine et du monde diplomatique, ce qui lui aurait valu quelques difficultés avec l'Inquisition. Il fut aussi accusé injustement de meurtre. Il termina sa vie mystérieuse et agitée au service du duc de Savoie, qu'il accompagna en Espagne en 1585.

Motets, madrigaux, pièces de luth.

Ferrabosco, Alfonso

Greenwich, vers 1575. – Greenwich, 11 mars 1628.

Chanteur et joueur de viole, fils du précédent. Il semble avoir été adopté par la reine, qui s'opposa à ce qu'il quittât l'Angleterre avec son père en 1578. Il fut musicien « pour les violons » de Jacques Ier, puis compositeur de la musique de Charles Ier. Il composa de la musique pour plusieurs *masques* de Ben Jonson, dont il fut l'ami.

Un livre d'*ayres* avec accompagnement de luth et basse de viole (dont une partie provient des *masques* de Ben Jonson), un livre de *Lessons for 1, 2, 3 viols* (courtes pièces de danse) et surtout d'admirables fantaisies et pavanes pour violes.

Ferrari, Luc

Paris, 5 février 1929.

Élève de Cortot, Honegger et Messiaen, il entre en 1958 au Groupe de musique concrète de Pierre Schaeffer et devient l'année suivante chef du Groupe de recherches musicales. Intelligent et cultivé son souci de la communication l'a incité non seulement à réaliser des films de télévision, mais à tenter d'exprimer des idées par la musique.

Quelques œuvres instrumentales ; un grand nombre de musiques pour bande, des montages et des reportages sonores remarquables.

Ferroud, Pierre-Octave

Chasselay (Rhône), 6 janvier 1900. – Debrecen (Hongrie), 17 août 1936.

Élève de Guy Ropartz et Florent Schmitt. Principal animateur de la société de musique contemporaine Le Triton. Il trouva la mort à trente-six ans dans un accident d'auto.

Un opéra bouffe (*Chirurgie*), un ballet, une symphonie, des poèmes symphoniques, un quatuor à cordes, des suites pour piano, des mélodies.

Fesch, Willem de

Alkmaar, août 1687. – Londres, 3 janvier 1761.

Maître de chapelle et organiste à la cathédrale d'Anvers, il vécut ensuite à Londres à partir de 1731 comme maître de violon.

Des oratorios, des *canzonette* italiennes, des *english songs*, et surtout une grande quantité d'œuvres instrumentales dans le style italien (concertos grossos et sonates pour diverses combinaisons d'instruments).

Festa, Costanzo

Villafranca (Turin), vers 1480. – Rome, 10 avril 1545.

Chanteur, au service de Constance de Avalos à Ischia (1510-1517), puis maître de la chapelle pontificale jusqu'à sa mort. Il fut l'un des tout premiers madrigalistes.

Un grand nombre de compositions religieuses (messes, hymnes, motets, etc.) ; deux livres de *madrigali à 3 voix* [1541-1543], des madrigaux à 4, 5, 6 voix.

Févin, Antoine de

Arras ?, 1474 ? – Blois, janvier 1512.

Fils d'un échevin d'Arras. Probablement élève (ou tout au moins disciple) de Josquin. On ignore presque tout de lui, excepté qu'il était, au moment de sa mort, musicien de Louis XII (qui vante son talent dans une lettre à G. de Montmorency). Moins subtil contrapuntiste que Josquin, il avait cependant un remarquable génie mélodique et peut être compté parmi les plus grands compositeurs de son temps.

Douze messes, vingt-neuf motets, des *magnificat*, des lamentations, des chansons françaises.

Fibich, Zdeněk

Šeboriče (Bohême), 21 décembre 1850. – Prague, 15 octobre 1900.

Il fut élève de Richter et Moscheles au conservatoire de Leipzig, puis compléta sa formation musicale à Paris et à Mannheim. Il fut, avec Janáček, le compositeur tchèque le plus original de sa génération : originalité dans la mélodie (qui est l'expression d'un lyrisme intensément subjectif), dans le rythme (mesures à 5/4 ou 7/4), dans l'harmonie (exemples de polytonalité et même d'atonalité épisodique), dans la subtilité des nuances dynamiques. C'est l'un des plus remarquables symphonistes tchèques.

Sept opéras dont les plus remarquables sont *Boure* (*La Tempête*, d'après Shakespeare) et *Sarka* ; cinq mélodrames (récitant et orchestre) plus la trilogie *Hippodamia* (ensemble de trois mélodrames scéniques) ; trois symphonies (très belles), des ouvertures, des poèmes symphoniques, des pièces pour piano, des mélodies.

Field, John

Dublin, 26 juillet 1782. – Moscou, 23 janvier 1837.

Pianiste. Fils et petit-fils de musiciens, il fut mis très jeune au piano, presque de force ; puis on le plaça comme apprenti chez Clementi and Co où il devint une sorte de représentant-démonstrateur de pianos. Pour prix de ses services, Clementi lui donnait des leçons. En 1802, il l'emmena en Russie, en passant par Paris et l'Allemagne. Mais en 1803, Clementi rentra seul à Londres et Field s'établit à Saint-Pétersbourg. Pendant trente ans, il y remporta, ainsi qu'à Moscou, d'immenses succès, tant comme virtuose que comme professeur. De 1832 à 1835, il entreprit d'importantes tournées (Londres, Paris, Milan, Venise, Naples) ; mais l'intempérance ayant ruiné sa santé, il tomba gravement malade à Naples et mourut peu après son retour à Moscou (après avoir remporté ses derniers succès à Vienne). En dépit d'une inspiration inégale, il ouvre la voie à Chopin, non seulement en inaugurant le genre du nocturne pour piano, mais aussi en créant un style pianistique original, plus près de Chopin que de Clementi.

Des compositions pour piano, dont sept concertos, quatre sonates, dix-huit nocturnes et quelques œuvres instrumentales avec piano.

Fink, Heinrich

Bamberg ?, 1444. – Vienne, 9 juin 1527.

Initié à la musique comme choriste à la cour de Cracovie, il poursuivit ensuite ses études à l'université de Leipzig. Bien qu'il puisse être considéré comme le plus grand compositeur allemand de son temps, tout ce qu'on sait de lui est qu'il fut musicus regius de la cour de Pologne, puis Kapellmeister du duc de Wurtemberg à Stuttgart et du futur empereur Ferdinand Ier à Vienne.

Messes, motets, lieder.

Fioravanti, Valentino

Rome, 11 septembre 1764. – Capoue, 16 juin 1837.

Élève de Sala à Naples, il fut l'un des plus grands maîtres de l'opéra bouffe : son chef-d'œuvre *Le Cantatrici villane*, le rendit célèbre dans toute l'Europe. Il fut quelque temps chef d'orchestre au théâtre São

Carlos à Lisbonne et, de 1817 à sa mort, il occupa le poste de maître de chapelle à Saint-Pierre de Rome. Son fils Vincenzo (1799-1877) fit une carrière de compositeur analogue à la sienne.

Nombreuses compositions religieuses (messes, motets, psaumes...) et environ soixante-quinze opéras bouffes (une quarantaine nous sont parvenus, parmi lesquels *Le Cantatrici villane* et *I Virtuosi ambulanti*).

FISCHER, JOHANN

Augsbourg, 25 septembre 1646. – Schwedt, vers 1716.

Violoniste. Copiste de Lully à Paris, de 1665 à 1670. Il occupa différents postes à Schwerin, Copenhague, Stettin, Stockholm et fut enfin maître de chapelle du margrave de Brandebourg-Schwedt.

Des recueils de *Tafel-Musik* et de *Musicalisches Divertissement* (ouvertures, chaconnes, suites), des *partitas* pour 2 violons, des lieder avec instruments (*Himmlische Seelenlust*).

FISCHER, JOHANN CASPAR

?, vers 1665. – Rastatt, 27 mars 1746.

Kapellmeister du margrave Louis de Bade, à Schlackenwerth (Bohême), puis à Rastatt. Ce fut peut-être le plus grand maître du clavecin entre Froberger et Bach.

Plusieurs recueils de musique religieuse (*Vesperae seu psalmi...*, *Litaniae Lauretanae*, etc.), des compositions pour orgue (préludes et fugues, *ricercari*), des suites pour clavecin (suites de danses à la manière allemande et à la manière française), *Le Journal du printemps* (suite instrumentale).

FLECHA, MATEO (LE JEUNE)

Prades, vers 1530. – Solsona (Lerida), 20 février 1604.

Élève de son oncle Mateo Flecha l'Aîné, il entre au service de Philippe II et de l'infante Maria qu'il accompagne à Vienne lorsqu'elle épouse Maximilien II. Appelé à Prague par celui-ci, il y demeure après la mort du souverain avec le titre de chapelain de Leurs Majestés Impériales. Carme comme son oncle, il reçut la prébende de l'abbaye de Tihany (Hongrie). En 1599, il retourna en Espagne et passa ses dernières années au monastère catalan de Portella (diocèse de Solsona) avec le titre d'abbé.

Un recueil de madrigaux italiens à 4-6 voix [1568], *Las Ensaladas de Flecha...* [1581] contenant aussi des *ensaladas* de son oncle, *Divinarum completarum Psalmi, Lectio brevis et Salve Regina cum alliquibus motetti* [1581].

FLORENTZ, JEAN-LOUIS

Asnières 19 décembre 1947.

Élève d'Olivier Messiaen, Pierre Schaeffer et Antoine Duhamel, il a poursuivi également des études universitaires de sciences naturelles, arabe littéraire et ethnomusicologie. Il a entrepris des voyages d'études ethnologiques, notamment au Kenya où il enseigna pendant deux années (1981 et 1982), et en Israël auprès de la communauté éthiopienne de Jérusalem ouest. Il a été pensionnaire à la villa Médicis à Rome (1979-1981) et à la casa Velásquez à Madrid (1983-1985), puis professeur d'analyse ethnomusicologique au conservatoire de Lyon. Il est membre de l'Institut (1995).

Requiem de la Vierge (1986-1988), conte liturgique pour la fête de l'Assomption, pour soli, chœurs et orchestre ; *Asmarâ* (1991-1992) pour chœur a cappella ; *Magnificat-Antiphone pour la Visitation* (1979-1980) pour ténor, chœurs et orchestre ; *Tenere-Incantation* et *Les Marches du Soleil* pour orchestre ; *Le Songe de Luc Alcari* pour violoncelle et orchestre ; des pièces d'orgue ; *Chant de Nyandarva* pour 4 violoncelles (1985).

FLOTOW, FRIEDRICH VON

Teutendorf (Mecklembourg), 26 avril 1812. – Darmstadt, 24 janvier 1883.

Il fut l'élève de Reicha à Paris. Après son premier succès à Paris avec *Le Naufrage de la Méduse*, il ne cessa de parcourir l'Europe pour faire applaudir ses opéras de caractère mi-parisien, mi-italien, au charme mélodique facile.

Près de trente opéras (dont *Martha*, resté célèbre), cinq ballets, de la musique de scène.

FLÛTE

Instrument le plus simple qui soit dans son principe, la flûte consiste en un tuyau, généralement cylindrique, muni à l'une de ses extrémités d'une « embouchure » rudimentaire. Quel que soit le type d'instrument considéré, un mince filet d'air, produit par le souffle de l'exécutant, s'y brise contre le bord taillé en biseau d'un petit orifice : cette « lame d'air » se comporte comme une lame vibrante, comme une sorte d'anche*

aérienne, animée d'un mouvement périodique solidairement avec la colonne d'air contenue dans le tuyau. La fréquence est inversement proportionnelle à la longueur de cette colonne d'air. Le son de la flûte dépend donc essentiellement de la nature et de la direction de la « lame d'air » d'une part, de la longueur de la « colonne d'air » d'autre part. On distingue deux grandes familles de flûtes : les flûtes à bec et les flûtes traversières. Les premières sont munies d'un bec percé d'un mince canal qui forme le filet d'air, dont l'instrumentiste (plaçant le bec entre ses lèvres comme il le ferait d'un simple sifflet) n'a pas à assurer la direction ni la qualité. Dans la flûte traversière, la lame d'air est entièrement fabriquée par les lèvres du flûtiste qui lui impriment une certaine vitesse et la dirigent contre le bord d'un orifice latéral (comme lorsqu'on siffle dans une clé !) ; la position de l'instrument que l'on est forcé de tenir « en travers » de la bouche, explique le qualificatif « traversière ». Tous les instruments sont percés de trous que les doigts bouchent et débouchent pour modifier la longueur de la colonne d'air (donc la hauteur du son). Les origines de l'un et l'autre instrument remontent à la plus haute antiquité. Malheureusement, les plus anciens spécimens que l'on ait découverts (cimetière d'Ur, environ 3 000 av. J.-C. et gisements magdaléniens, environ 10 000) sont privés d'embouchures, embouchures qui, seules, permettent de déterminer avec certitude la « famille » à laquelle ils appartiennent. Par contre, on a trouvé de beaux instruments, bien conservés, d'environ deux cents ans avant notre ère.
De la même époque, on a pu observer des représentations de flûtes traversières sur des bas-reliefs indiens ; il est très possible que la flûte traversière ait été en Europe un produit d'importation orientale.

Flûte à bec

Les deux espèces d'instruments ont fait pendant des siècles des carrières parallèles, mais, du Moyen Âge au XVIIIe siècle, la flûte à bec ou « flûte douce » était plus répandue. Construite en bois ou en ivoire, percée de six trous, puis de huit, elle constituait à l'époque classique une famille nombreuse (jusqu'à neuf membres). Les flûtes à bec baroque et moderne sont légèrement coniques (le plus grand diamètre du côté de l'embouchure). Cinq types de flûtes à bec subsistent encore de nos jours, particulièrement en Angleterre où les catalogues d'éditeurs proposent une abondante littérature, ancienne et même moderne, pour *recorders*. Ce sont :
LE SOPRANINO EN FA : fréquemment utilisé au XVIIIe siècle (Haendel, Bach, Vivaldi).
LE SOPRANO EN UT (*descant* en Angleterre) : rarement employé au XVIIIe siècle. C'est l'instrument le plus répandu en France ; on le trouve à un prix modique chez tous les marchands, mais il ne faut pas le

confondre avec l'horrible pipeau en matière moulée (qui n'a que six trous au lieu de huit).

L'ALTO EN FA (*treble* en anglais) : le principal représentant de la famille des flûtes à bec aux XVIIe et XVIIIe siècles. C'est à lui que sont destinées les parties de flûte de nombreuses œuvres de Purcell, Telemann, Bach, Haendel, Sammartini. Les Anglais lui ont conserve de nos jours sa priorité.

LE TÉNOR EN UT.

LA BASSE EN FA (munie d'un « bocal » en forme d'S comme le basson). Ces deux derniers instruments n'interviennent que dans la musique d'ensemble « pour les flûtes » (Chaconne de *Dioclesian* de Purcell).

Habituellement, la flûte douce est désignée sur les partitions par *flauto*, la flûte traversière étant *flauto traverso* ou *traverso*. En outre, Bach avait l'habitude de noter la première en clé de sol première ligne. On pense qu'il entendit pour la première fois les flûtes traversières à Dresde en 1717.

Flûte traversière

Cependant, dès le XIVe siècle, Machaut et Eustache Deschamps parlent dans leurs poèmes de *Flaustes traversaines*, et les premières descriptions de cet instrument se trouvent dans des textes du XVIe siècle : on l'appelle alors « flûte d'allemand ». Praetorius en mentionne trois types : basse en sol, ténor en ré, déchant en la, tous trois cylindriques et percés de six trous. En 1637, Mersenne décrit un instrument analogue. Mais c'est Lully qui, le premier, écrivit spécifiquement pour flûte traversière (*Triomphe de l'amour*, 1681). Jusqu'au XIXe siècle, la flûte se perfectionna empiriquement, non sans difficulté. La justesse de certaines notes laissait à désirer, ainsi que le déploraient Scarlatti, Bach, Mozart et bien d'autres. Des trous équidistants et de même dimension donnaient des intervalles plus ou moins faux selon le ton. On remédiait à cet inconvénient, soit en modifiant la position des lèvres et en obstruant incomplètement certains trous, ce qui demande beaucoup d'habileté, soit en apportant des « perfectionnements » à l'instrument : trous additionnels fermés par des clés ; modification du diamètre des trous ; pièces intermédiaires interchangeables pour jouer dans tous les tons avec les mêmes doigtés (ce sont des « corps de rechange » et l'instrument qui les utilise est une « flûte à registres »). Vers 1680, on adopta la « perce » conique qui subsista jusqu'au début du XIXe siècle (on appelle « perce » l'ensemble des rapports entre les dimensions intérieures d'un tuyau). À la même époque (la flûte était alors en ré) se généralisa la clé de ré ♯ ; elle fut suivie dans le courant du XVIIIe par celles de fa, sol ♯, si ♭, etc.

Au début du XIXe siècle, un certain Theobald Boehm, de Munich, s'avisa de l'intérêt qu'il y aurait à fonder sur une étude rationnelle des lois de l'acoustique le choix du nombre, de la dimension et de l'emplacement

des trous, en vue de produire avec une égale qualité tous les sons de la gamme chromatique. Ce problème étant résolu par le calcul, il fallait ensuite trouver un système de clés et de leviers permettant de fermer facilement des trous dont les positions « rationnelles » ne s'accordaient plus à la conformation de la main humaine. Or dans le système de Boehm, toutes les clés (sauf celle de ré ♯) restent ouvertes en position de repos : pour produire le son fondamental, il faut fermer simultanément quatorze trous avec neuf doigts (le dixième supportant l'instrument). Avec un merveilleux génie de la mécanique, Boehm trouva la solution dans un système complexe de clés, anneaux, tringles (des « correspondances » permettent d'agir sur une clé, soit directement, soit par l'intermédiaire d'une autre, si l'on désire fermer deux trous avec le même doigt). En 1847, Boehm mit au point son modèle définitif; la perce conique était abandonnée pour la perce cylindrique (du moins sur les 3/4 de la longueur du tuyau ; le dernier quart, constituant la « tête », est un corps parabolique). Comme matériau, il préconisait l'argent ou le maillechort, de préférence au bois. Le système Boehm est aujourd'hui d'un usage à peu près général pour la flûte. On tenta de l'adapter, avec un succès inégal, aux autres instruments de la famille des « bois » : le hautbois et le basson en ont retenu quelques principes, mais seule la clarinette en utilise le mécanisme et les doigtés.
Le son fondamental de la flûte est l'ut_3 (et non plus ré) à partir duquel l'étendue de l'instrument est de trois octaves, grâce aux harmoniques 2 et 4 (octave et double octave), dont l'émission, obtenue en modifiant la pression du souffle, est facilitée par des doigtés appropriés.

PETITE FLÛTE OU « PICCOLO » : mise en circulation à la fin du XVIIIe siècle, elle sonne à l'octave supérieure de la flûte normale. Les œuvres du début du XVIIIe faisant appel à une petite flûte étaient généralement destinées à la flûte à bec sopranino.
FLÛTE ALTO EN SOL : instrument transpositeur* sonnant à la quarte inférieure de la flûte normale. Peu sonore. Il est doué d'un beau timbre mystérieux dans le grave.

⊖› **SOLO (FLÛTE NORMALE).** BACH, *Sonates pour flûte et clavecin.* – VIVALDI, *Concertos opus X.* – MOZART, *Concertos.* – VARÈSE, *Densité 21. 5.* – **ORCHESTRE (FLÛTE NORMALE).** MOZART, *Zauberflöte* (finale acte II). – MENDELSSOHN, *Songe d'une nuit* d'été (scherzo). – RAVEL, *Daphnis et Chloé.* Chiffre 176 : long solo, le plus souvent dans la dernière octave. – **FLÛTE EN SOL.** RAVEL, *Daphnis et Chloé.* Chiffre 114. – STRAVINSKY, *Le Sacre du Printemps.* Chiffre 27 : pour imiter le cor (entendu peu avant) ; chiffre 131 : murmure de doubles croches. – **PICCOLO.** BEETHOVEN, *Cinquième Symphonie* (finale : doublure de la grande flûte dans les tutti et fusées en doubles croches avant la fin, premier exemple d'utilisation à l'orchestre). – RAVEL, *Concerto en sol* (1er mouvement, début : joue le thème en solo). – **FLÛTES A BEC.** VIVALDI, TELEMANN, HAENDEL, *Concertos* (M. Petri). – HAENDEL, *Acis et Galatea* (Airs *hush. ye pretty warbling choir* et

O ruddier than the cherry avec *flauto piccolo* obligé (sopranino). – BACH, *Cantates 106, 161, 119, 96*, etc.

FOLQUET DE MARSEILLE

?, vers 1150. – ?, 25 décembre 1231.

Troubadour, fils de marchands d'origine génoise. Il avait l'amitié de Raimon V de Toulouse et, selon sa *vida*, il aurait courtisé la femme de Barral, seigneur de Marseille, puis la femme de Guilhelm de Montpellier, qui était fille de l'empereur de Constantinople. En 1201, il entre dans l'ordre de Cîteaux avec sa femme et ses deux fils, fut fait abbé du Thoronet, puis évêque de Toulouse (1205) et prit part à la croisade contre les Albigeois. Dante le place au « ciel de Vénus » dans le Paradis de la *Divina Commedia* (Par. IX, 64-142) : dans ce long passage, « Folco » s'exprime dans le grand style de l'éloquence sacrée.

Dix-neuf chansons, dont treize notées (très belles, certaines en plusieurs versions).

FONDAMENTAL (SON)

Le son le plus grave que peut produire un tuyau ou une corde, vibrant sur toute sa longueur. C'est aussi, dans l'analyse d'un son musical, le son partiel le plus grave, dont tous les autres sont harmoniques : sa fréquence est donc le plus grand commun diviseur des fréquences de tous les harmoniques*. C'est la hauteur du fondamental que nous percevons comme la hauteur d'un son musical.

FORLANE

Danse à 6/4 ou 6/8, de mouvement modéré, originaire de la région d'Udine (près de Venise). En faveur chez les gondoliers vénitiens au début du XVIIe siècle, elle était jouée dans les bals publics de la ville, avant de pénétrer en France où elle devint danse noble. Campra fut le premier à l'introduire dans l'opéra (*l'Europe galante*, 1697) où elle sera employée assez fréquemment au XVIIIe siècle. La forlane ne figure dans la suite qu'à titre exceptionnel.

→ COUPERIN, *Quatrième Concert royal*. – BACH, *Suite n° 1*. – RAVEL, *Le Tombeau de Couperin*.

Forme

Manifestation supérieure d'une idée organisatrice, d'une intervention de l'intelligence contre le hasard, la forme est la condition de l'art. Si belle que soit la nature, l'art ne s'y manifeste pas, mais le photographe, lui, est un artiste : ne pouvant fixer sur la pellicule l'image de l'univers, ni même de l'étendue que découvre un regard circulaire, il définit son « sujet », son angle de prise de vue, son « cadrage », son éclairage, en fonction d'une forme préconçue.

Ainsi, dans l'infinité des sons possibles, la musique représente un choix que la forme doit justifier. Les sons choisis s'organisent en structures simples, elles-mêmes participant à des organisations d'un ordre supérieur, etc. Les unes n'apparaissent qu'après un effort d'analyse, les autres sont révélées par une perception globale. Ainsi, tout en donnant le sentiment d'une notion familière, l'expression « forme musicale » est équivoque : elle désigne indistinctement les genres musicaux, que Riemann appelle « formes concrètes », et les structures, ou « formes abstraites ».

La « forme abstraite », qui concerne la structure interne d'une œuvre, est susceptible d'être considérée comme un schéma intellectuel, hors de la réalité d'une composition déterminée. Se sont élevés ainsi à la dignité d'abstractions : la « forme-suite » (ou binaire), la « forme-lied », la « forme-variation », la « forme-sonate », le canon, la fugue, etc. Et de nouvelles formes se dégagent insensiblement de l'évolution de la musique dans cette seconde moitié du XXe siècle.

La « forme concrète », au contraire, est la configuration globale de l'œuvre achevée, l'expression de son identité, ce que les Allemands appellent *Gestalt.* Elle permet d'identifier une mélodie, un choral, un oratorio, une cantate, un opéra, une suite, une sonate, une symphonie, un concerto, un motet, etc. (dans la mesure où les définitions peuvent être posées sans ambiguïté). On évitera les malentendus en qualifiant de « genres musicaux » les « formes concrètes » de Riemann (malgré l'imperfection de cette dénomination), réservant « formes musicales » ou « structures » aux « formes abstraites » : on distinguera mieux, par exemple, le genre-sonate (qui n'utilise pas forcément la forme-sonate) de la forme-sonate, qui peut être utilisée dans des genres différents.

Répétitions, contrastes, symétrie ou asymétrie, attraction vers un pôle ou divergence à partir de foyers multiples sont autant de procédés formels variant indéfiniment avec les époques, les races, les tempéraments. Mais dans la diversité des formes musicales (à l'échelon des genres comme des structures), un principe majeur apparaît comme une sorte de constante psychologique : le souci d'unité. C'est de lui que découlent l'usage d'un cantus firmus ou d'une basse obstinée, l'imitation, les fonc-

tions tonales, le principe cyclique, l'idée de leitmotiv, de « série » dodécaphonique généralisée et de toutes structures unifiées du complexe hauteur-timbre-intensité-durée (musique moderne), etc., tous procédés qui conditionnent la forme musicale. Certaines grandes œuvres sont composées d'éléments assez disparates pour que leur forme (au sens de Gestalt) ne semble déterminée par aucun souci d'unité musicale. L'unité émotionnelle assure alors la cohésion de l'ensemble.
Les principaux « genres » musicaux sont l'objet de rubriques séparées. Quant aux « structures », il serait long et fastidieux d'en donner un aperçu historique et analytique complet. On trouvera seulement ici un rappel de quelques-unes des formes les plus importantes de la musique instrumentale, avec une explication sommaire de la forme-sonate. Historiquement, l'évolution des formes musicales pourrait se schématiser ainsi :
1. Formes mélodiques simples : litanie (répétition du même motif), forme binaire et forme-lied, forme-rondo, etc. (jusqu'au XIVe siècle inclus).
2. L'imitation* est le principe déterminant de toute forme musicale (XVe et XVIe siècle).
3. Le système tonal soumet toutes les formes connues et engendre la forme-sonate (XVIIe, XVIIIe, XIXe et début XXe siècle).
4. Faillite du système tonal (?), formalisme sériel, recherche de formes « ouvertes », etc. (à partir de 1930 environ) et retour à la tonalité(?).

FORME SUITE OU « BINAIRE » (AA′)

Deux sections bien distinctes séparées par une double barre de reprise : la première expose le thème et module vers un « ton voisin » (dominante* ou relatif*) ; la seconde commence dans ce ton voisin sur une imitation du thème (parfois son renversement) et module vers le ton principal (a) (b). Le thème n'est jamais réexposé pour finir (ce qui donnerait A A′ A). Cette forme est caractéristique des danses de la suite instrumentale (prises individuellement et non par paires) ; c'est aussi la forme la plus simple du choral et celle de nombreuses sonates de Scarlatti.

FORME-LIED

Cette appellation est impropre et prête d'autant plus aux confusions que sa définition varie selon les auteurs.
a. « Ternaire » à un thème (A A′ A) : dérivée de l'*aria da capo*, c'est la forme classique de la sonate « monothématique » (Corelli, Geminiani, Vivaldi, J. S. Bach, Leclair, etc.) (k).
b. À cinq sections (A A′ A A″ A) : certains mouvements lents des sonates de Beethoven (*op. 10* par exemple).
c. À deux thèmes (ABA ou AA′B ou AA′BA′A) : chanson médiévale, lied populaire, mouvements lents d'œuvres instrumentales, moments musicaux, nocturnes et valses pour piano (e) (i).

Sonate di-thématique primitive

(AA′BB′AB). D. Scarlatti, Leclair, C. P. E. Bach : 1er thème – court développement – 2e thème (ton voisin) et transition – réexposition des deux thèmes au ton principal (A^a B^a) ou chacun dans le ton initial de l'autre (A^b B^a) (d).

Forme-rondo

a. A B A C A... (couplets et refrains) : mouvement lent ou finale de sonate classique (2e couplet souvent en mineur) (c) (f) (k).

b. « Rondo-Sonate » : finale de sonate (Beethoven surtout).
   – Exposition : A (ton principal), B (ton voisin).
   – Développement : A (ton principal), C modulant (développement).
   – Réexposition : A, B^a, A^a, coda.

Cette forme peut suivre, du point de vue des tonalités, un principe analogue à celui-ci : A B A^b C A^c B^a A, etc. (f).

Variation

Série de présentations différentes d'un même thème qui tantôt se répétera, toujours identique à lui-même, mais sera entouré de contrepoints différents (passacaille, chaconne), tantôt se transformera au point de ne conserver de son aspect original qu'une subtile atmosphère harmonique. La variation exploite toutes les ressources du style d'imitation (y compris la fugue), celles de l'harmonie, de l'instrumentation, du rythme (h) (j). Elle offre des possibilités pratiquement illimitées dont toutes les époques ont fourni des exemples. Très souvent les thèmes ne sont pas originaux : mélodies à la mode, comme *La Folia* (ancienne danse espagnole qui inspira Corelli, A. Scarlatti, Frescobaldi, Bach, Vivaldi, Pergolesi, etc.), ou emprunts à l'œuvre d'un compositeur connu, dans l'esprit d'un hommage.

Forme-sonate ou « forme de premier mouvement »

Cette forme, qui se dégagea peu à peu des formes di-thématiques précédentes et dont on ne peut pas attribuer la paternité à un seul musicien, est caractéristique du premier mouvement de sonate, de symphonie, de quatuor, etc., à partir de 1760 environ. Mais les exemples ne manquent pas de deuxième, troisième ou quatrième mouvement en forme-sonate, ou, au contraire, de premiers mouvements qui ne le sont pas. Les caractères de la forme-sonate ont plus ou moins affecté toutes les autres formes, pendant cent cinquante ans, si bien qu'il est difficile d'en préciser les limites. Voici le plan de la forme-sonate traditionnelle, illustré par l'analyse du premier mouvement de la *Symphonie en sol mineur* de Mozart.

Exposition (deux fois dans cet exemple : à la barre de reprise, on reprend *da capo*) mes. 1, sujet A aux violons avec accompagnement des altos dans le ton principal de sol mineur. Conduit à un repos à la dominante.

mes. 20, seconde exposition de A en sol mineur, agrémentée cette fois d'une tenue des bois.

mes. 28, transition dans le ton relatif (si ♭) conduisant à un repos à la dominante de si ♭ (fa) ; le rythme vigoureux offre un heureux contraste avec les deux sujets.

mes. 43, après une mesure de pause, sujet B en si ♭, partagé entre les cordes et bois (thème merveilleux, typiquement mozartien) ; il est exposé deux fois, avec interversion des groupes instrumentaux. (Dans les pièces en mode majeur, ce deuxième sujet est généralement dans le ton de la dominante ; chez Beethoven, il est parfois dans le ton de la tierce majeure, supérieure ou inférieure).

mes. 58, conclusion de l'exposition, qui commence par une ritournelle en ré ♭, puis donne lieu à un travail d'imitation sur le sujet A pour conclure en si ♭. Un accord isolé (septième de dominante de sol) semble vouloir ramener la tonalité principale… Il la ramène une première fois (*da capo*) mais la seconde fois…

Développement

mes. 101, à cet accord isolé succèdent, après la double barre de reprise, deux accords enchaînés (sol mineur et septième diminuée ré-fa-sol ♯ -si) qui amènent la tonalité de fa ♯ mineur où s'expose A. Série de modulations à travers les tonalités de mi majeur, la majeur, si ♭ majeur, ré mineur, sur des imitations de A.

mes. 152, transition très habile où une pédale de dominante (cors, puis bassons) amène la réexposition au ton principal. (Chez Beethoven, le développement introduit parfois de nouveaux thèmes dérivés plus ou moins de A et B.)

Réexposition

mes. 164, sujet A exposé deux fois comme dans l'exposition, la première en sol mineur (avec un joli contre-chant de basson), la seconde débutant en sol mineur, mais modulant vers mi ♭ majeur ; une extraordinaire impression d'évidence accompagne ce changement d'« éclairage ».

mes. 191, même transition vigoureuse que dans l'exposition, mais transposée cette fois en mi ♭, et un peu plus développée pour permettre la modulation qui conduit, non plus à la dominante de si ♭, (fa), mais à la dominante de sol (ré).

mes. 227, après une mesure de silence, comme précédemment, le sujet B est réexposé, amplifié et varié, cette fois au ton principal de sol mineur (où il gagne singulièrement en intensité).

mes. 285, brève coda. (Parfois, chez les romantiques, un seul sujet est réexposé, mais la coda peut prendre des proportions importantes.)

À la forme-sonate se rattache le principe cyclique déjà esquissé par Beethoven (*Neuvième Symphonie, Sonate op. 110*) et exploité systématiquement par Franck et ses disciples : il consiste à assurer l'unité d'une œuvre de grandes dimensions par des thèmes ou des courts motifs qui réapparaissent dans les différents mouvements. La grande variation beethovénienne, dépassant de beaucoup la variation traditionnelle, est une construction exceptionnelle qui, parfois, s'apparente aussi à la forme « de premier mouvement ».

Le mouvement musical contemporain, considérant l'épuisement de la forme-sonate (sans aucune implication péjorative, cela va de soi) est toujours à la recherche de formes nouvelles. L'enseignement du dodécaphonisme sériel élimine les répétitions, donc les contrastes, et l'exemple ascétique de Webern a proposé aux générations suivantes de nouveaux éléments pour l'élaboration d'une nouvelle logique musicale : *Klangfarben Melodie* ou « mélodie de timbres » (voir Instrumentation*), valeur dynamique des silences, importance de l'espace sonore, asymétrie absolue. D'autre part, la forme qui, jusqu'alors, concernait principalement l'ordre des hauteurs (la mélodie) tend aujourd'hui à accorder une importance égale aux quatre éléments essentiels de la musique : les mêmes techniques (série ou autres) s'appliquent dans leur principe au complexe hauteur-durée-intensité timbres, sans privilège, donnant à ces quatre éléments une structure unifiée (l).

Enfin, la tendance à l'abstraction mathématique, aux « manipulations conscientes de lois et de notions pures et non pas d'objets concrets » (Y. Xenakis) modifie fatalement le matériau de base (sons disponibles) : exploitation de la « musique électronique », laquelle à son tour pourra suggérer de nouvelles techniques, etc. Après avoir été soumis à la rigueur des strictes disciplines sérielles, les compositeurs de la seconde moitié du XXe siècle ont fait souffler sur la musique le vent de liberté qui avait animé les mobiles de Calder… (m). Voir Aléatoire* et Ouvertes* (Formes).

- (a) BACH, *Suites anglaises* (les pièces de danse).
- (b) BACH, Première gavotte de la *Suite en ré, n° 3* la deuxième section imite le thème par mouvement contraire.
- (c) COUPERIN, *Pièces de clavecin.*
- (d) D. SCARLATTI, Sonates.
- (e) MOZART, *Quintette avec clarinette* (larghetto).
- (f) BEETHOVEN, *Sonate pathétique* (adagio : forme-rondo simple ; finale : forme-rondo-sonate).
- (g) BEETHOVEN, *Sonate op. 106* (1er mouvement) bel exemple de forme-sonate très développée.
- (h) BEETHOVEN, *Sonate op. 111.*
- (i) SCHUBERT, *Moments musicaux op. 94* (n° 4, forme-lied ABA simple ; n°s 2 et 5, forme-lied agrandie).
- (j) FRANCK, *Variations symphoniques* (union de la variation de la forme-sonate et du principe cyclique : cf. 3e partie).
- (k) CHOPIN, *Sonate en si mineur* (largo en forme-lied simple, finale en rondo).
- (l) œuvres de WEBERN (op. 21), BOULEZ, NONO, STOCKHAUSEN.
- (m) œuvres de XENAKIS, LIGETI, PENDERECKI, BERIO, BOUCOURECHLIEV, CONSTANT, etc.

FORMÉ, NICOLAS

Paris, 26 avril 1567. – Paris, 27 mai 1638.

Chantre (haute-contre) à la Sainte-Chapelle et à la chapelle du roi Henri IV, sous la direction de Du Caurroy, auquel il succède en 1609. Il est nommé chanoine à la Sainte-Chapelle en 1626. Il n'a pas été le créateur du motet à deux chœurs, comme il le prétendait ; mais il a contribué à lui donner sa physionomie classique, à la suite de Du Caurroy.

Une messe et des motets à deux chœurs. Un *Magnificat.*

FORQUERAY, ANTOINE

Paris, septembre 1672. – Mantes, 28 juin 1745.

Il joue de la basse de viole à cinq ans devant Louis XIV, devient page, puis musicien de la chambre. Il fut le maître du futur régent, ainsi que de l'électeur de Bavière. Son père et son fils jouaient également de la basse de viole.

Environ trois cents pièces pour viole et basse continue.

FORTNER, WOLFGANG

Leipzig, 12 octobre 1907. – Heildelberg, 5 septembre 1987.

Professeur de composition à l'Institut de musique protestante de Heidelberg, élevé lui-même dans les traditions de Max Reger, il est à la base d'un renouveau de la liturgie musicale luthérienne.

Cinq opéras dont *That time* d'après Beckett (Baden-Baden, 1977) ; *Deutsche Liedmesse* (a cappella), *chorals,* Psaume XLVI, cantates profanes ; un ballet ; une symphonie, plusieurs concertos (orgue, piano, 2 pianos, clavecin, violon, violoncelle, etc.), musique de chambre, pièces pour piano.

FRANÇAIX, JEAN

Le Mans, 23 mai 1912. – Paris, 22 septembre 1997.

Pianiste. Il commença ses études au conservatoire du Mans, dont son père était directeur, et les poursuivit à Paris, où il obtint un premier prix de piano. Il étudia parallèlement la composition avec Nadia Boulanger.

Son œuvre, dont les caractères principaux sont le classicisme et le raffinement de l'écriture, est dominée par *l'Apocalypse de saint Jean* pour soli, chœurs et deux orchestres.

Les opéras *La Main de la gloire* et *La Princesse de Clèves*; *Apocalypse de saint Jean* (oratorio), trois opéras-comiques (dont *Le Diable boiteux*), huit ballets, un concerto pour piano, un concerto pour accordéon, la musique du film *Si Versailles m'était conté.*

Francesco da Milano

Monza, 18 août 1497. –?, vers 1543.

[Francesco Canova] Luthiste de très grand talent, au service du duc de Mantoue, du cardinal de Médicis, du pape Paul III. Il a transcrit pour luth *La Guerre* de Janequin.

Plusieurs livres de tablatures de luth : *ricercari*, fantaisies, danses, transcriptions de motets et de chansons.

Franck, César

Liège, 10 décembre 1822. – Paris, 8 novembre 1890.

Son père était un modeste employé de banque, d'origine flamande, qui avait épousé une jeune fille d'Aix-la-Chapelle, Maria-Barbara Frings, et s'était fixé à Liège. Il destinait ses deux fils, César et Joseph, à des carrières de virtuoses et les fit inscrire au conservatoire de Liège. César, le plus doué, en sortit dès onze ans pour commencer des tournées de pianiste. Mais, en 1835, il fut emmené à Paris pour y travailler le contrepoint, la fugue et la composition avec Reicha. Cet excellent maître mourut l'année suivante et le jeune César fut admis au conservatoire de Paris, dans les classes de Zimmermann (piano), de Leborne (composition), puis de Benoist (orgue). En 1842, il se préparait au concours pour l'obtention du grand prix de Rome, lorsque son père le rappela à Liège, impatient de le voir poursuivre une carrière de virtuose. Mais il revint à Paris en 1844, comme professeur de piano. Dans l'intervalle, il publia ses *Trios op. 1 et 2*; parmi les souscripteurs figuraient Liszt, Chopin, Meyerbeer, Donizetti, Spontini.

Après avoir occupé à Paris divers postes d'organiste, Franck est nommé en 1858 maître de la chapelle et organiste titulaire de la nouvelle église Sainte-Clotilde ; l'année suivante, il y inaugure le grand orgue construit par Cavaillé-Coll, aux claviers duquel il fera toute sa carrière d'interprète et d'improvisateur. En 1872, il succède à Benoist à la classe d'orgue du Conservatoire, où son enseignement chaleureux dépasse largement le cadre d'une classe d'instrument. Il initie ses élèves au génie de Bach, s'attache à donner à ces apprentis improvisateurs le sens de la forme et finit par faire de sa classe d'orgue une véritable classe de composition. Duparc, d'Indy, Lekeu, Chausson, Ropartz, Pierné, Vierne, Tournemire et bien d'autres ont été ses élèves et l'on peut considérer qu'il a exercé une influence appréciable sur toute la génération de compositeurs français qui lui succéda. Sa vie, partagée entre son orgue, ses élèves et la composition, fut modeste, sérieuse et effacée. Peu d'artistes de son importance ont été aussi profondément méconnus. Les créations de ses œuvres passaient inaperçues, et ses qualités fondamentales de bonté, de naïveté et d'acharnement au travail n'étaient pas celles qui entretiennent la curiosité du public et l'estime des puissants. Franck ne connut son premier succès qu'à soixante-huit ans, l'année de sa mort, pour la première audition de son *Quatuor à cordes.* « Vous voyez, remarqua-t-il, le public commence à me comprendre. » Il mourut d'une pleurésie, compliquée des suites d'un accident (il avait été renversé par un omnibus).

V. d'Indy divise son œuvre en trois périodes : la première consacrée à la musique utilitaire, aux pièces pour piano faciles (1841-1852), la seconde à la musique d'église, de qualité très inégale (1858-1874), la troisième comprenant la plupart des chefs-d'œuvre (1876-1890). Ces chefs-d'œuvre sont : le *Quintette,* le *Quatuor,* la *Sonate pour piano et violon,* les *Trois chorals* et les *Six pièces pour orgue,* la *Symphonie,* les *Variations symphoniques.* Il y a de grandes beautés dans les pages symphoniques de *Rédemption* et des *Béatitudes,* mais ces deux grandes œuvres souffrent de la pauvreté de l'écriture chorale, et aussi d'un certain mauvais goût de Franck, dès qu'il entreprend une œuvre monumentale, mauvais goût dont il ne reste plus trace dans sa musique de chambre. L'inégalité de sa production, que l'on peut attribuer à sa modestie et à son universelle indulgence, n'empêcha pas Franck d'exercer une influence considérable sur l'évolution de la musique française : il est le fondateur de l'école d'orgue française contemporaine, il a révélé à ses disciples la nature profonde du génie de Bach, enfin il a donné le modèle d'une forme dite « cyclique » (symphonie, musique de chambre) où la réapparition, dans les divers mouvements, d'un thème ou d'un fragment mélodique assure la cohésion de l'œuvre.

Trois opéras, *Le Valet de ferme, Hulda, Ghisèle.* Musique religieuse d'intérêt secondaire, mis à part la *Messe à 3 voix* et le *Psaume CL.* Grandes œuvres chorales, dont *Rédemption* pour soprano, chœurs et orchestre (1871-1874), *Les Béatitudes* pour soli, chœurs et orchestre, oratorio en 8 parties (1869-1879), *Psyché* pour chœurs et orchestre (1886-1888) ; des poèmes symphoniques, *Symphonie en ré mineur* (1888), *Variations symphoniques* pour piano et orchestre (1885). Musique de chambre (dont le *Quintette,* le *Quatuor* et la *Sonate pour piano et violon,* qui sont peut-être ses chefs-d'œuvre) ; *Prélude, Choral et Fugue* (sorte d'hommage à Bach) et *Prélude, Aria et Final* (véritable sonate) pour piano. Œuvres d'orgue : *Six Pièces pour grand orgue* comprenant la *Grande Pièce symphonique* (1860-1862), *Trois pièces pour grand orgue* (1878), *Trois chorals* (1890).

Franck, Johann Wolfgang

Unterschwaningen (Franconie), juin 1644. – ?, après 1696.

Maître de chapelle de la cour d'Ansbach. Il fut l'un des premiers compositeurs d'opéras allemands. Coupable d'un meurtre passionnel, il se réfugia à Hambourg (1679), où il fut engagé au nouveau théâtre Am Gänsemarkt. Il a organisé des concerts à Londres, à Covent Garden, avec Robert King (1690-1696).

Une vingtaine d'opéras, de nombreuses cantates (perdues), des *Geistliche Lieder*, des lieder profanes.

Franck, Melchior

Zittau, vers 1575. – Cobourg, 1er juin 1639.

Peut-être élève de Hassler. Il vécut à Nuremberg comme pédagogue et fut Kapellmeister du duc de Cobourg, de 1603 à sa mort. Attaché aux traditions polyphoniques, il n'en contribua pas moins à améliorer l'écriture des accompagnements instrumentaux.

Nombreux recueils de *Melodiae Sacrae*, *Geistliche Gesänge*, etc., des lieder polyphoniques, plusieurs recueils de danses instrumentales.

Francœur, François

Paris, 28 septembre 1698. – Paris, 6 août 1787.

Violoniste. Admis dans l'orchestre de l'Opéra à l'âge de douze ans, il devint plus tard compositeur puis surintendant de la musique du roi, en même temps qu'inspecteur de l'Opéra, puis directeur de ce théâtre.

Une douzaine d'opéras, en collaboration avec Rebel, des symphonies, deux livres de sonates pour violon.

Frédéric II

Berlin, 24 janvier 1712. – Potsdam, 17 août 1786.

Roi de Prusse (1740-1786) et flûtiste, élève de Quantz. Il rendit à Berlin la place éminente qu'elle avait perdue dans l'Europe musicale, créant notamment dans sa capitale un opéra permanent. C. P. E. Bach fut attaché comme claveciniste à sa cour de 1740 à 1767, et Jean-Sébastien se rendit à Potsdam en 1747, sur l'invitation du roi qui lui proposa le thème de son *Offrande musicale.*

Cent vingt et une sonates pour flûte et clavecin, quatre concertos pour flûte et cordes, quelques airs d'opéras, notamment pour la *Mérope* de Voltaire.

Freitas Branco, Luis de

Lisbonne, 12 octobre 1890. – Lisbonne, 27 novembre 1955.

Critique et musicologue (recherches capitales pour la connaissance de la musique portugaise ancienne). Il fut professeur de composition et de science musicale au conservatoire de Lisbonne et rédacteur en chef des revues *Arte musical* et *Gazeta musical.* Son frère cadet Pedro (1896-1963) était un chef d'orchestre célèbre.

Des grandes œuvres chorales, cinq symphonies, des poèmes symphoniques de style « impressionniste » (dont *Paraisos artificiais*), deux sonates pour violon, des mélodies.

Frescobaldi, Girolamo

Ferrare, septembre 1583. – Rome, 1er mars 1643.

Le plus grand organiste du XVIIe siècle. Il fut élève du compositeur L. Luzzaschi, organiste de la cathédrale de Ferrare. Au retour d'un voyage dans les Flandres avec le cardinal Bentivoglio, il fut nommé organiste à Saint-Pierre de Rome en 1608 : il avait acquis déjà une telle réputation que trente mille personnes étaient venues l'entendre, dit-on, le jour où il inaugura ses nouvelles fonctions. Il conserva ce poste jusqu'à sa mort, sauf pendant les six années (1628-1634) qu'il passa à Florence comme organiste à la cour de Ferdinand de Médicis. Sa renommée, surtout après la publication des *Fiori Musicali* [1635] lui attira des élèves de toutes parts ; parmi ceux-ci, Froberger, organiste à la cour de Vienne, étudia près de lui de 1637 à 1641.

Son œuvre splendide est une des clés de voûte de la musique instrumentale classique ; elle est le trait d'union entre la riche école instrumentale italienne de la fin du XVIe siècle, dont elle hérite, et les prédécesseurs immédiats de Bach, presque tous tributaires (comme Bach lui-même d'ailleurs) du génie de Frescobaldi. Il conserve les dénominations archaïques héritées des générations précédentes (*ricercare, canzone*), mais fait éclater les formes anciennes au point que son œuvre contient en puissance tout l'art de la fugue, tel qu'il s'est épanoui dans l'œuvre de Bach.

VOCALE. Deux livres de madrigaux, deux livres d'*Arie musicali* (avec accompagnement de clavecin), quelques pièces religieuses (dont deux fragments de messes d'attribution douteuse). – **INSTRUMENTALE** (orgue ou clavecin, indistinctement, sauf indication contraire) : *Toccate... e Partite d'intavolatura, Fantasie a 4* (orgue), *Canzoni* (« pouvant être joués sur toutes sortes d'instruments »), *Ricercari e Canzoni francesi* ; *Capricci, Canzoni francesi ed arie*, et surtout les admirables *Fiori musicali* (comprenant trois messes pour orgue, paraphrasant les motifs du plain-chant). Il a composé aussi trois *Canzoni per quattro chitarroni o leuti.*

FRETTES

Petites pièces en métal, en bois ou en boyau, fixes (on dit alors aussi « filets » ou « sillets ») ou mobiles, qui divisent le manche d'un instrument à cordes en « cases » ou « touches » correspondant aux sons de l'échelle usuelle. La guitare, la mandoline, le luth, les violes ont un manche garni de frettes. Dans les instruments de la famille du violon, le manche est uni, sans frettes.

FRICKER, PETER RACINE

Londres, 5 septembre 1920. – Santa Barbara (Californie), 1er février 1990.

Élève du Royal College of Music, où il a enseigné lui-même, et de M. Seiber. Depuis 1964, il était professeur à l'université de Californie.

L'oratorio *The Vision of Judgment*, un grand *Magnificat*, le ballet *Canterbury Prologue*, cinq symphonies ; des concertos (violon, alto, cor anglais, cor, 3 pianos...), trois quatuors à cordes, une sonate pour violon et piano et des pièces pour piano.

FROBERGER, JOHANN JAKOB

Stuttgart, 18 mai 1616. – Héricourt, 7 mai 1667.

Organiste et claveciniste. De 1636 à 1657, il fut organiste de la cour à Vienne, d'où il fut envoyé à Rome (1637-1641) pour y étudier avec

Frescobaldi. De 1650 à 1652, il fit un séjour triomphal à Bruxelles et à Paris. En 1662, il se rendit à Londres, mais il y parvint dans un tel état de pauvreté (il avait été volé trois fois en route) qu'il dut accepter d'actionner les soufflets de l'orgue de Westminster Abbey où officiait Christopher Gibbons, fils du célèbre Orlando. Il mourut dans la demeure de la duchesse douairière de Wurtemberg, à Héricourt près de Montbéliard. Réalisant la fusion des styles français et italien avec le style allemand, Froberger fut l'un des principaux maillons de la chaîne qui relie Frescobaldi à Bach.

(Œuvre exclusivement pour clavecin ou orgue) : deux recueils de *Partite di Toccate*, des *Canzoni, Ricercari*..., un recueil de *Suites de clavecin*, diverses pièces d'orgue ou de clavecin en manuscrits isolés.

FROTTOLA

Type de chanson très populaire en Italie au début du XVIe siècle, en réaction contre la complexité de la grande musique polyphonique. La *frottola* fleurit dans l'entourage d'Isabelle d'Este ; elle se répandit dans toute la péninsule. C'est une chanson strophique, facile et gaie, dont seule la voix supérieure était chantée. Née sans doute dans la rue, comme les chants de carnaval, la *frottola* a perdu très vite sa spontanéité dans les cercles d'amateurs et dans l'édition : de 1504 à 1514, Petrucci en a publié onze livres, où figurent les noms de Josquin, Agricola, Compère, Festa et surtout Tromboncino, l'un des meilleurs spécialistes du genre.

Les poèmes restent d'inspiration populaire, ou se voulant tels (*strambotti, rispetti, barzelette*, etc.) ; mais sous l'influence des musiciens flamands établis en Italie, la *frottola* s'éloigne de sa source, en se rapprochant du grand style polyphonique. Elle devient madrigal*.

FUGUE

La fugue est la plus riche des formes de composition polyphoniques fondées sur l'imitation ; elle en exploite systématiquement les ressources, partant d'un thème principal appelé « sujet » et d'un ou plusieurs thèmes secondaires (non essentiels) qui sont appelés « contre-sujets » parce qu'ils sont présentés en contrepoint avec le sujet. On dit qu'une fugue est double ou triple lorsqu'un ou deux contre-sujets se prêtent à un développement fugué avec le sujet, les trois thèmes prenant des importances équivalentes.

Jusqu'à la fin du XVIIe siècle, tant que la forme n'en fut pas nettement définie, on qualifia indistinctement de fugue le canon et toutes les œuvres ressortissant à des techniques d'écriture analogues.

Dans son principe, la véritable fugue classique est effectivement un agrandissement et un perfectionnement du canon « à la quinte » et du vieux ricercare, mais elle s'en distingue par deux caractères principaux (si l'on ne s'est pas encore reporté à la rubrique imitation*, il est temps de le faire !)

a. Sa structure tonale. Dans l'« exposition » de fugue, l'antécédent (« sujet ») et le conséquent (« réponse ») sont exposés alternativement *dans la même tonalité*, malgré l'intervalle de quinte ou de quarte qui les sépare ce résultat ne peut être obtenu, dans la plupart des cas, qu'en renonçant à l'imitation stricte. Autrement dit, la réponse n'est pas la transposition rigoureuse du sujet ; on y introduit de petits changements appelés « mutations », qui passeront inaperçus dans la mesure où ils pourront être justifiés par le postulat d'équivalence des quartes et quintes (pour l'oreille non prévenue). Ainsi, lorsque, dans le sujet, un mouvement mélodique conduit de la dominante à la tonique, dans la réponse un mouvement d'aspect identique conduira de la tonique à la dominante, et inversement ; ou si le sujet commence par sol-do, la réponse commencera par do-sol. Voici un exemple (*Clavier bien tempéré*, Livre I, fugue 3) :

b. Tandis que le canon est fait d'une seule pièce, par un travail contrapuntique unique qui se recommence indéfiniment, la fugue est un édifice complexe dont le développement (inconnu dans le canon) est la partie principale.

Devenue l'une des disciplines qui préparent à la composition, la fugue d'école se conforme à un plan, auquel les grands maîtres se sont bien gardés d'assujettir strictement leurs œuvres :

1. Exposition

Sujet et réponse, alternativement, jusqu'à ce que toutes les « voix » soient entrées. On appelle conventionnellement celles-ci, de l'aigu au grave : soprano, alto, ténor, basse (cas d'une fugue à quatre voix). Chaque nouvelle entrée, à partir de la seconde, est accompagnée d'un « contre-sujet » en contrepoint double avec le sujet.

– Divertissement, ou épisode : on appelle ainsi les transitions, généralement modulantes, qui se placent entre les expositions pour distraire l'auditeur et entretenir ses dispositions attentives. Leur matériel thématique est emprunté au sujet ou au contre-sujet.

2. Contre-exposition

Réponse, puis sujet (une fois) ; accompagnement du contre-sujet.

– Divertissement.

3. Exposition au relatif

Sujet, puis réponse.

– Divertissement.

4. Promenade parmi les tons voisins

Conduisant finalement à une grande pédale* de dominante. On croit alors à l'imminence de la cadence finale, lorsque apparaît (pas plus opportunément que la *cadenza* dans le concerto) le *stretto* ou *strette.*

5. Strette

Sorte de da capo précipité où l'exposition initiale est reprise sans contre-sujet, mais en rapprochant les entrées de telle sorte que sujet et réponse empiètent continuellement l'un sur l'autre. Une série de strettes et « d'épisodes en strettes » peut être l'occasion d'une démonstration de virtuosité contrapuntique, qui fait appel à toutes les ressources de l'imitation : augmentation, diminution, mouvement contraire, etc., dont il s'agit d'épuiser les combinaisons.

6. Conclusion

Sur une pédale de tonique, qui est considérée comme le complément de la pédale de dominante précédant la strette. On entend une dernière fois sujet, réponse et contre-sujet.

⊖→ Voici un exemple qui permettra de mieux sentir l'organisation de la fugue.
Bach, *L'Art de la fugue* (fugue III). Exposition : Sujet au ténor : il commence par une quarte descendante (tonique-dominante). Réponse à l'alto : elle commence par une quinte descendante (dominante-tonique), contre-sujet chromatique au ténor. Sujet au soprano ; contre-sujet à l'alto. Réponse à la basse contre-sujet au soprano. – Développement : Fait entendre la réponse (dans une forme variée) en ré mineur, la mineur, fa

majeur (ton relatif), la mineur. Exposition « conclusive » (troisième entrée en manière de strette) : sujet à la basse, réponse variée à l'alto, sujet varié au soprano, réponse au ténor. Conclusion sur pédale de tonique. *Le Clavier bien tempéré* (I. fugue 4) : Fugue absolument grandiose, qui dépasse le cadre traditionnel. Deux contre-sujets y jouent un rôle de premier plan, formant triple-fugue. – BEETHOVEN, *Sonate op. 106* (fugue finale), mesure 240 : contre-sujet formant nouveau sujet (double fugue) ; mesure 269 : les deux sujets superposés ; mesure 284 : mouvement direct et mouvement contraire superposés. – FRANCK, *Prélude, choral et fugue.* – RAVEL, *Le Tombeau de Couperin.* – BARTÓK, *Musique pour cordes, percussion et célesta* (1er mouvement). *Concerto pour orchestre* (finale : chiffre 265 et suivants). – MESSIAEN, *Vingt regards de l'Enfant-Jésus* (VI. « Par lui tout a été fait »).

FUMET, DYNAM-VICTOR

Toulouse, 4 mai 1867. – Paris, 2 janvier 1949.

Organiste et poète. Élève de Guiraud et de Franck au conservatoire de Paris, il échoua au concours de Rome et commença modestement sa carrière comme assistant de Franck et comme pianiste au cabaret du Chat Noir (où il précéda son ami Satie). Ami et disciple de Louise Michel, il écrivit des vers pour le journal anarchiste *La Révolte*. De l'anarchisme, il sombra ensuite dans l'occultisme, puis, après une tentative de suicide, dans le mysticisme. Il s'inventa d'abord une étrange religion personnelle, puis devint un parfait catholique sous l'influence de Léon Bloy. Il fut alors nommé chef de chœurs au collège des oratoriens de Juilly et organiste de l'église Sainte-Anne où il se révéla merveilleux improvisateur (1910-1949). Sa musique noble, séduisante et sensible est laissée dans un oubli injustifié.

L'oratorio *Sancta Genovefa*, trois messes pour chœur et orgue, un *Requiem*, des poèmes symphoniques, de la musique de chambre, des pièces d'orgue.

FUX, JOHANN JOSEF

Hirtenfeld (Styrie), 1660. – Vienne, 14 février 1741.

Fils de paysans, autodidacte semble-t-il pour la musique, il parvint à être Kapellmeister de la cathédrale Saint-Étienne, puis de la cour (1715). Son *Gradus ad Parnassum* est sans doute le plus remarquable traité de contrepoint qui ait jamais été écrit et sa *Missa canonica* a cappella (1708) est un chef-d'œuvre où sont exploitées toutes les formes du canon.

Quatre cent cinq œuvres conservées aujourd'hui, dont cinquante messes, trois *Requiem*, deux cent trente-sept œuvres religieuses diverses, onze oratorios, dix-neuf opéras, vingt-neuf *partitas* et ouvertures, trente-six sonates à 3, et le *Gradus ad Parnassum* (dialogue en latin entre maître et élève, suivi d'exercices de composition).

G

Gabrieli, Andrea

Venise, vers 1520. – Venise, 30 août 1585.

Organiste. Élève de Willaert à Saint-Marc, où il dut être chantre après 1536. On sait très peu de chose de sa vie. Dans sa jeunesse, il semble avoir voyagé en Bohême et en Rhénanie : on le trouve avec Lassus dans la suite du duc de Bavière, lors du couronnement de l'empereur Maximilien II à Francfort. De retour à Venise, il est nommé second organiste (1564), puis premier organiste (1584) à Saint-Marc (son neveu Giovanni prend alors sa place au second orgue). Sa réputation s'étend à toute l'Europe : Lassus lui rend visite plusieurs fois et, parmi ses élèves, figurent plusieurs musiciens étrangers, dont Hassler et Aichinger.
Son génie universel et d'une profonde originalité ouvre la voie à son neveu Giovanni Gabrieli et à la génération de musiciens qui leur succède. Héritier de son maître Willaert (lui-même élève de Mouton, qui fut disciple de Josquin), il est le trait d'union entre l'ancien art polyphonique et la musique moderne qui allait naître au début du XVIIe siècle. Dans de nombreux domaines, il fait figure de novateur germes du futur opéra (chœurs pour une représentation de l'*Œdipe* de Sophocle, cantates semi-dramatiques commandées par la noblesse vénitienne) ; introduction des instruments dans les grandes œuvres chorales (concerti posthumes de 1587, *per voci instrumenti musicali* [sic], et *Psalmi poenitentiales... tum omnis generis instrumentarum tum ad vocis modulationem accommodati*) ; premiers exemples d'écriture « symphonique » dans les *Sonate a 5 instrumenti* [1586] où il emploie pour la première fois le terme *sonata*, et dans *L'Aria della Battaglia* (d'après *La Guerre* de Janequin), écrit pour les seuls instruments à vent ; premier exemple de musique sérieuse écrite sans équivoque pour les nouveaux violons (*concerti* de 1587 en collaboration avec Giovanni) ; germes de la fugue monothématique dans les *ricercari* et les *fantasie* pour orgue.

Musique vocale. Messes à 6 voix, *Cantiones Sacrae* de 4 à 16 voix [1562-1578], *psalmi poenitentiales* à 6 voix et instruments [1583], six livres de madrigaux à 3, 5, 6 voix, *concerti a 6-16 voci* avec ou sans instruments [1587] (avec Giovanni), chœurs pour *Œdipe roi* (Vicence, 1585), *Greghesche* (en patois levantin) et *Giustiniane* (en langue vénitienne), *Mascherate*. – **Musique instrumentale.** Deux livres de *Canzoni alla francese per l'organo* [1571-1605], trois livres de *Ricercari* pour orgue ou clavecin [posthume 1595-1596], *Sonate a cinque instrumenti.*

Gabrieli, Giovanni

Venise, 1557. – Venise, 12 août 1612.

Élève et disciple de son oncle Andrea Gabrieli, dont il publia presque toute l'œuvre conjointement à la sienne. De 1575 à 1579, il fut l'assistant de Lassus à la chapelle de la cour de Bavière. À Venise, il devint assistant de Merulo à Saint-Marc, puis titulaire du deuxième orgue en 1584. Il exerça une influence considérable sur l'évolution de la musique, notamment par l'intermédiaire de ses nombreux élèves ; parmi ceux-ci figuraient Hassler, Aichinger (tous deux élèves d'Andrea), les Danois Nielsen et Pederson, A. Grandi et surtout Heinrich Schütz. Héritier spirituel de son oncle, il enrichit et compléta l'apport d'Andrea à l'histoire de la musique. Leurs génies demeurent inséparables comme le furent leurs œuvres dans les publications communes. L'apport personnel de Giovanni cependant, l'originalité capitale de son œuvre, réside dans la qualité et la précision toute moderne de son instrumentation, qui réalise l'équilibre entre les voix et les groupes d'instruments avec une perfection jamais approchée auparavant. Les *canzoni e sonate* sont déjà des compositions « symphoniques », au sens que nous donnons aujourd'hui à cette épithète. Ailleurs, il réalise de saisissantes oppositions entre les cuivres et les cordes, comme dans la célèbre *Sonata pian' e forte* (extraite des *Sacrae symphoniae*), œuvre véritablement révolutionnaire. Les grands maîtres du XVIIe siècle, et particulièrement Schütz, Monteverdi, Praetorius, Hassler, Sweelinck, Frescobaldi, sont tous plus ou moins tributaires du génie des Gabrieli.

(Édition complète par l'American Institute of Musicology). **Musique vocale.** Deux livres des *Sacrea symphoniae* (ses chefs-d'œuvre) [1597-1615], *Concerti... a 6-16 voci* avec instruments [1587] (voir Andrea Gabrieli*), *Madrigali e ricercari a 4* [1587], des motets et madrigaux dans divers recueils collectifs du temps. – **Musique instrumentale.** *Canzoni et Sonate* de 3 à 22 voix [1615], *Intonazioni e ricercari per l'organo* (4 volumes) [1592-1595].

Gace Brulé

En Champagne, vers 1160. – ?, après 1213.

Trouvère, ami des troubadours Bertran de Born et Gaucelm Faidit. Tous trois avaient la protection du comte de Bretagne.

Soixante-neuf chansons, dont cinquante-sept avec la musique notée (souvent en plusieurs versions).

Gade, Niels

Copenhague, 22 février 1817. – Copenhague, 21 décembre 1890.

Après avoir débuté comme violoniste à seize ans, il attira l'attention du monde musical par une ouverture symphonique, *Échos d'Ossian*, qui fut primée par la nouvelle Musikforeningen de Copenhague et publiée peu après par Breitkopf. Sa *Première Symphonie* suscita l'intérêt de Mendelssohn, qui en donna la première audition au Gewandhaus de Leipzig (1843). Peu après, Gade fut nommé professeur au conservatoire de Leipzig et chef d'orchestre au Gewandhaus. De retour à Copenhague, il devint chef de la Musikforeningen et participa (avec Hartmann et Paulli) à la fondation du Conservatoire royal. L'œuvre de Gade est profondément influencée par celle de Mendelssohn, mais elle reste originale parce qu'elle est imprégnée de folklore danois.

Trois ballets, de la musique de scène, de nombreuses cantates profanes (dont la populaire *Elverskud*), huit symphonies, des ouvertures, de la musique de chambre, de ravissantes pièces pour piano.

Gagliano, Marco da

Gagliano (Florence), vers 1575. – Florence, 24 février 1642.

[Zenobi] Destiné à l'Église, il devint chanoine de San Lorenzo à Florence, puis protonotaire apostolique. Il occupa les postes de maestro di cappella à San Lorenzo et à la cour du grand-duc de Toscane. Pendant près de quarante ans, ce grand musicien oublié fut l'un des principaux animateurs (sinon le principal) de la vie musicale florentine. La première représentation à Mantoue (1607) de son opéra *Dafne* lui fit une réputation égale à celle de Peri, Caccini, Cavalieri ou Monteverdi. Dans une lettre au cardinal Gonzague, Peri salue cet ouvrage comme la meilleure adaptation musicale du célèbre poème de Rinuccini. Dans l'importante préface où il expose ses idées sur le théâtre musical, Gagliano fait l'éloge de l'*Euridice* de Peri et de l'*Arianna* de Monteverdi.

Six livres de madrigaux à 5 voix, *Officium Defunctorum* à 4 voix, *Missa et Sacrae Cantiones* à 6 voix, *Musiche a 1. 2, 3 voci…*, *Basso generalis sacrarum cantionum* (1 à 6 voix), *Responsoria Majoris hebdomadae* à 4 voix, les opéras *Dafne* et *Flora.* Plusieurs œuvres sont perdues, dont l'opéra *Il Medoro* (en collaboration avec Peri), et plusieurs opéras sacrés.

Gagnebin, Henri

Liège, 13 mars 1886. – Genève, 1er juin 1977.

Élève de Barblan à Lausanne, de Vierne et d'Indy à Paris (Schola), il occupa des postes d'organiste à Paris et à Lausanne, et devint professeur au conservatoire de Lausanne, avant d'être directeur du conservatoire de Genève.

Deux grands oratorios (*Saint François d'Assise* et *Requiem des vanités du monde*), quatre symphonies, concerto pour piano, concerto pour violoncelle, trois quatuors.

Gagneux, Renaud

Paris, 15 mai 1947.

Élève de Dutilleux, Jolivet, Messiaen et Stockhausen, stagiaire au Groupe de recherches musicales de l'ORTF. Depuis 1970, il est carillonneur de la mairie du 1er arrondissement de Paris. Il a reçu le prix Georges Enesco, le prix des compositeurs de la SACEM et le prix Verdaguer de l'Institut.

L'opéra *Orphée* (Opéra du Rhin, 1989), *Messe*, *Requiem*, *Magnificat* et *Golgotha* pour soli, chœur et orchestre, des pièces pour orchestre, concertos pour contrebasse, pour tuba, pour trombone, trois quatuors à cordes, sextuor à cordes, deux sonatines pour piano, des pièces pour carillon.

Gaillarde

Danse de cour de la Renaissance, à trois temps dans un mouvement animé, fournissant aux danseurs l'occasion d'éblouir leurs cavalières par une démonstration de force et d'agilité. Elle suivait presque toujours la pavane avec laquelle elle formait un agréable contraste. Tombée en désuétude au XVIIe siècle dans sa forme chorégraphique, elle subsiste dans les œuvres d'orgue et les suites instrumentales anciennes, où elle conserve généralement sa place après la pavane. Mais on ne la rencontre plus dans la suite « classique ».

→ Byrd, pavanes et gaillardes. – Bull, pavanes et gaillardes. – Frescobaldi, *Toccata...* (1637).

Galilei, Vincenzo

Santa Maria in Monte (Florence), 1520. – Florence, 29 juin 1591.

Luthiste. Père du célèbre astronome. Élève de Zarlino, dont il combattit plus tard le système d'intervalles musicaux, en faveur de celui de Pythagore, il fut l'un des principaux animateurs de la Camerata Bardi (voir Caccini, Peri*). Humaniste distingué, il publia le texte des trois hymnes apocryphes grecs attribués à Mésomède.

Deux livres de madrigaux, des pièces pour le luth, des ouvrages théoriques.

Gallus, Jacobus

Rybnica (Slovénie), 31 juillet 1550. – Prague, 18 juillet 1591.

[Handl Jakob] Moine cistercien, il vécut quelque temps dans les monastères de Melk et de Zwettl, parcourut la Moravie, la Silésie, fut maître de chapelle de l'évêque d'Olomouc, puis se fixa à Prague vers 1586 pour y diriger la publication de ses œuvres. Celles-ci sont d'une grande beauté ; elles se rattachent par leur style à l'école vénitienne.

Messes (7 et 8 voix), nombreux motets (4 à 12 voix), une passion à 8 voix, divers recueils de *Sacrae Cantiones, Moralia, Harmoniae variae.*

Galuppi, Baldassare

Burano (Venise), 18 octobre 1706. – Venise, 3 janvier 1785.

Élève de son père (barbier et violoniste de théâtre). Lorsqu'il eut seize ans, son premier opéra (*Gli amici rivali*) fut sifflé à Chioggia il résolut alors d'apprendre sérieusement son métier à l'école de Lotti. Il se remit à écrire des opéras en 1728, avec un certain succès, semble-t-il, car il en donna jusqu'à cinq dans la même année aux théâtres de Venise ; mais c'est entre 1750 et 1765 qu'il composa la plupart de ses véritables chefs-d'œuvre, les opéras bouffes sur des livrets de Goldoni (dont *Il Filosofo di campagna* et *Il Mondo della luna*). À l'exception de séjours à Londres (1741-1743) et à Saint-Pétersbourg (1766-1769), il vécut à Venise où il devint maître de chapelle de Saint-Marc et directeur du Conservatorio degli Incurabili.

Une centaine d'opéras (environ quarante « bouffes », dont vingt sur des livrets de Goldoni, et environ soixante « sérieux », ces derniers d'un intérêt moindre), contribution d'airs à de nombreux *pasticcios*, environ trente oratorios et sept cantates dramatiques, des sonates et concertos pour clavecin, des concertos grossos.

Gamelan

Orchestre indonésien traditionnel. La composition en est variable et chaque *gamelan* porte un nom qui précise son caractère et justifie sa composition l'orchestre de Bali est le *gamelan gong*. Un *gamelan* de Java ou de Malaisie peut se composer par exemple de :
– un xylophone (*gambang*), deux métallophones (*gender* et *saron*) ;
– trois jeux de gongs (*bonang*) ;
– une vièle (*rebab*), une cithare (*tjelempung*) ;
– une flûte ; des tambours et percussions diverses. Le *gong* balinais est généralement plus important. La complexité sonore obtenue par ces orchestres n'est pas une véritable polyphonie, au sens de la musique occidentale elle est le fruit de l'ornementation et du jeu des variations. En fait, tout le monde joue la même chose… mais chacun à sa façon. La maîtrise à laquelle parviennent les musiciens est remarquable ; on peut s'émerveiller, par exemple, de la perfection des accélérés et des ralentis.

⊖→ Le Gong Gédé de Batur (Bali), le Gong Semar Pegulingan (Bali), les Gamelans du palais de Jogjakarta (Java).

Gamme

Succession des notes appartenant à un mode* et à une tonalité* déterminés, disposées dans l'ordre des fréquences (acuités) croissantes et décroissantes. Dans notre système musical, il y a 12 gammes diatoniques majeures (une dans chaque tonalité), 12 gammes diatoniques mineures, une gamme chromatique (elle ne se transpose pas : on retomberait dans les mêmes notes), deux gammes par tons (mode à transpositions limitées, cher à Debussy). Tandis que la gamme est en principe limitée (elle s'étend de tonique à tonique), l'échelle est théoriquement illimitée ; mais les deux termes sont souvent utilisés comme synonymes. Guido d'Arezzo, au XIe siècle, adopta pour nommer chaque note de la gamme diatonique des syllabes correspondantes de l'hymne à saint Jean :

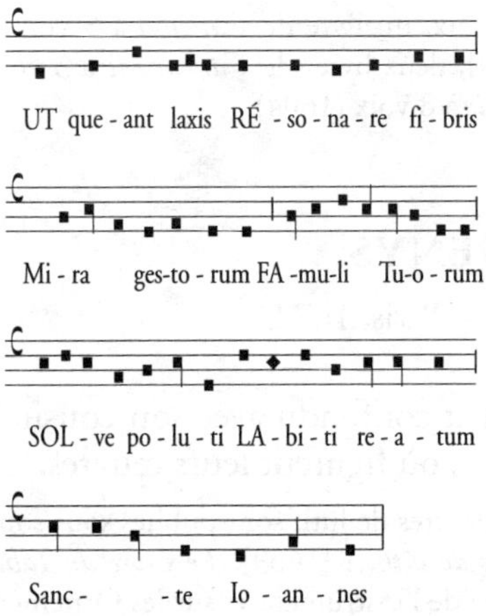

Gasparini, Francesco

Camaiore (Lucca), 5 mars 1668. – Rome, 22 mars 1727.

Élève de Corelli et Pasquini à Rome. De 1701 à 1720, il vécut à Venise : il était l'un des compositeurs d'opéras les plus populaires et enseignait à l'Ospedale della Pietà. D. Scarlatti, B. Marcello et J. J. Quantz furent ses élèves. Vivaldi (qui était alors maestro dei concerti à la Pietà) le remplaça peu à peu dans ses fonctions. Il s'établit ensuite à Rome où, en 1725, il fut nommé maestro di cappella à Saint-Jean-de-Latran. Un duel musical entre lui et A. Scarlatti donna lieu à un échange de cantates (dont un manuscrit est conservé à Naples).

Plus de soixante-cinq opéras et *intermezzi*, sept oratorios, des messes, psaumes, motets, cantates de chambre et un important traité de basse continue (*Armonico pratico al cembalo*).

Gastoldi, Giovanni Giacomo

Caravaggion, vers 1556. – Milan, 4 janvier 1609.

Chanteur à la cour de Mantoue en 1581, puis maître de la chapelle ducale de Santa Barbara (1582). Il a collaboré aux intermèdes de l'*Idropica* de Guarini avec Monteverdi et Pallavicino. À la fin de sa vie, il était maestro di cappella du duomo de Milan. Son style est proche de la comédie madrigalesque, illustré par Banchieri et Vecchi.

Nombreuses compositions religieuses dont trois livres de messes, *Officium defunctorum* à 4 voix et plusieurs recueils de psaumes, quatre livres de madrigaux à 5 voix, un livre de madrigaux à 6 voix, un livre de *Canzoni* à 5 voix [1581], *Balletti* à 5 voix [1591] et à 3 voix [1594], deux livres de *Canzonette* à 3 voix [1592-1595], *Concenti Musicali con le sue sinfonie* à 8 voix (1604).

GAULTIER, DENYS

Marseille ?, vers 1603. – Paris, 1672.

Luthiste, généralement confondu avec son cousin Ennemond, dans les très nombreux recueils où figurent leurs œuvres.

Quelques recueils de tablatures de luth sont publiés sous son nom : *La Rhétorique des dieux* [vers 1652], *Pièces de luth...* [1669], *Le Livre de Tablature* [vers 1672] contenant des notices sur le jeu de l'instrument et sur les Ornements.

GAULTIER, ENNEMOND

Villette (Dauphiné), vers 1575. – Nèves (Dauphiné), 11 décembre 1651.

Luthiste, cousin du précédent. Il fut valet de chambre de Marie de Médicis au début de la régence et maître de luth à la cour. Vers 1630, il joua en Angleterre devant le roi. En 1631, il se retira en Dauphiné.

Pièces pour luth (notamment des chaconnes), très fameuses à l'époque, dont aucune cependant n'a été publiée de son vivant, du moins sous son nom.

GAVOTTE

Danse française connue dès la fin du XVIe siècle et sans doute originaire de la région de Gap, dont elle tire son nom (les habitants de cette région étaient appelés « Gavots »). De rythme binaire (2/2) et de mouvement modéré, plutôt vif, elle est formée de deux sections avec reprises et commence sur le deuxième temps (ou troisième noire de la mesure). Dans la suite* instrumentale, sa place est normalement après la sarabande. Elle alterne souvent, chez Bach surtout, avec une seconde gavotte jouant le rôle de trio comme dans le menuet et la bourrée ; la seconde gavotte peut avoir le caractère d'une « musette » (composition sur une note de basse persistante).

⊖› BACH, *Suite n° 3*, *Suite anglaise n° 6* (avec « musette »). – HAENDEL, *3e et 11e Concertos pour orgue*. – PROKOFIEV, *Gavottes pour piano*.

Gaztambide, Joaquín

Tudela (Navarre), 7 février 1822. – Madrid, 18 mars 1870.

Directeur du Teatro Español de Madrid et l'un des meilleurs compositeurs de *zarzuelas*, avec Arrieta et Barbieri.

Quarante-quatre *zarzuelas* dont *Catalina* (1854) et *El Juramento* (1858). Une symphonie. Des compositions diverses.

Geminiani, Francesco

Lucca, décembre 1687. – Dublin, 17 septembre 1762.

Violoniste. Élève de Corelli à Rome, il fut, semble-t-il, un virtuose extraordinaire ; mais son style exubérant pouvait paraître excentrique si l'on se référait au noble classicisme du style de son maître. La grande vivacité de son tempérament, son manque de mesure lui fermèrent la carrière de maestro di cappella (il perdit la direction de l'opéra de Naples, où les musiciens ne pouvaient pas suivre sa battue fantaisiste). En 1714, il s'établit en Angleterre, où il se fait entendre avec grand succès, accompagné par Haendel. De 1733 à 1740, il vit à Dublin dans une magnifique maison agrémentée d'une salle de concert. Il y reçoit ses élèves et donne des concerts privés. Le reste du temps, sa résidence est à Londres jusqu'en 1749. Il s'installe alors à Paris où il monte aux Tuileries une pièce fantastique à grand spectacle, *La Forêt enchantée* (31 mars 1754). En 1755, il s'établit de nouveau à Londres et à Dublin. Geminiani perfectionna considérablement la technique du violon. Non seulement il jouait avec aisance les œuvres de Corelli qui passaient pour très difficiles à l'époque, mais il accumulait les audaces techniques dans ses propres œuvres. Parmi ses ouvrages théoriques se trouve un traité d'une importance considérable, car on y trouve tous les principes de la technique moderne du violon, *The Art of playing on the violin* : cet ouvrage, rédigé en anglais, fait de lui le maître de l'école de violon britannique. Dans ses compositions cependant, il est beaucoup moins original que ses grands contemporains italiens, Vivaldi ou Tartini, notamment. Il reste fidèle à l'ancienne forme de la sonate d'église que lui enseignait Corelli, mais sans jamais atteindre à la perfection et à la splendeur des œuvres de son maître.

Quarante-deux sonates pour violon, dix-huit concertos avec violon principal, des concertos grossos, des trios, des pièces pour clavecin (arrangements de concertos) et sept ouvrages théoriques.

GENET, ELZÉAR

Carpentras ? – Avignon, 14 juin 1548.

[dit « Carpentras »] Après cinq années passées à la cour de Louis XII (1508-1513), il a été maître de la chapelle pontificale à Rome (1513-1526). En 1526, il s'établit à Avignon, où il publia ses œuvres religieuses.

Cinq messes, deux *magnificat*, onze lamentations, vingt-cinq motets. Quelques œuvres profanes dans le style de la *frottola*.

GERSHWIN, GEORGE

Brooklyn, 25 septembre 1898. – Hollywood, 11 juillet 1937.

Né d'une famille très modeste, il découvrit tard sa vocation, apprit alors le piano et entra comme pianiste-démonstrateur chez un marchand de musique. Il étudia en même temps l'harmonie avec R. Goldmark. À vingt et un ans, il faisait représenter avec succès sa première comédie musicale, *La La Lucille*, et composait une chanson à succès, *Swanee*, qui allait être tirée à des millions d'exemplaires. Il découvrit à cette époque la richesse du jazz.
Ses œuvres importantes, a l'exception de *Rhapsody in blue*, n'eurent pas le succès qu'elles méritaient : le public des concerts et les musiciens ne prenaient pas au sérieux ce fabricant de chansonnettes. *An American in Paris* fit scandale lors de sa première audition en 1931, au festival de la SIMC à Londres ; *Porgy and Bess*, ce petit chef-d'œuvre, fut accueilli avec indifférence à Boston. Ravel, cependant, sut discerner immédiatement le talent du jeune Américain venu lui demander conseil : il lui déclara tout net qu'il n'avait rien à lui apprendre. La dernière année de sa vie, Gershwin vivait à Hollywood, où il désirait se consacrer à la musique de film.

L'opéra nègre *Porgy and Bess* (Boston, 1933), une douzaine de comédies musicales ; *Rhapsody in blue*, un concerto et une 2e *Rhapsody*, pour piano et orchestre. *An American in Paris* et *Cuban Overture* pour orchestre symphonique ; *Jazz piano preludes*, nombreuses chansons.

Gervais, Charles-Hubert

Paris, 19 février 1671. – Paris, 15 janvier 1744.

Surintendant de la musique du duc d'Orléans (lui-même excellent amateur). Ce fut un délicieux musicien de cour, dont l'œuvre au charme facile est caractéristique de l'époque de la Régence.

Quatre opéras, des motets (quarante-cinq volumes manuscrits), des cantates, des airs.

Gervaise, Claude

? – ?

On ne sait rien de sa vie, si ce n'est que son activité se situe à Paris au milieu du XVIe siècle, où Attaingnant publia ses célèbres *Danceries.* Celles-ci semblent conçues pour un ensemble de cordes et de bois, mais elles ne comportent aucune indication instrumentale.

Gesualdo, Carlo

Naples, vers 1560. – Gesualdo (Avellino), 8 septembre 1613.

[prince de Venosa] Membre d'une très noble famille de l'Italie méridionale, neveu de l'archevêque de Naples, Alfonso Gesualdo et de celui de Milan, Carlo Borromeo, il rencontrait dans la maison de son père, don Fabrizio, de nombreux musiciens, parmi lesquels son cousin Ettore Gesualdo, chanteur et luthiste, F. et S. Dentice, F. Filomarino, etc. Dans ce milieu, il apprit à devenir un excellent luthiste et fut probablement initié à la composition par Pomponio Nenna, de Bari. En 1586, il épouse donna Maria d'Avalos, sa cousine ; quatre ans plus tard, il la tue ainsi que son amant don Fabrizio Carafa. Le vice-roi Miranda fait classer l'affaire. Mais le remords accentuera les tendances névrotiques du musicien. Trois ans après le drame il épouse Leonora d'Este, nièce du duc de Ferrare Alfonso II et la même année paraissent ses deux premiers livres de madrigaux. Le prince entretenait cependant des liaisons notoires. Donna Leonora s'en est plainte dans des lettres à ses frères, Alessandro (le cardinal) et Cesare (le nouveau duc de Modène). Au cours d'un second voyage à Ferrare, Gesualdo fit escale à Florence, où il eut très probablement des relations avec la « camerata Bardi » (voir Caccini*, etc.). Incontestablement, il était au courant des idées nouvelles : certaines particularités de son style en témoignent ainsi que la présence du chanteur Scipione Palla, maître de Caccini, parmi les musiciens attachés à son service. Ses quatre premiers livres de madrigaux à 5 voix relèvent du grand style madrigalesque, tel qu'il fut illustré par ses contemporains, Marenzio et Monteverdi. Mais les œuvres ultérieures sont des créations d'avant-garde : Gesualdo y évolue avec une aisance superbe dans un univers harmonique absolument nouveau, qui peut paraître irrationnel si l'on y cherche une logique indépendante de l'imagination poétique. Il est guidé par son extrême sensibilité, sa grande intelligence des poèmes (Ariosto, Guarini, Tasso) et une science de la composition lui permettant de se jouer des règles d'autant plus librement que sa position sociale le dispensait de devoir plaire.

Six livres de madrigaux à 5 voix [1594-1611], un livre de madrigaux à 6 voix [posthumes, 1626], deux livres de *Sacrae Cantiones* (5, 6, 7 voix), *Responsoria* à 6 voix.

Ghedini, Giorgio Federico

Cuneo (Piemont), 11 juillet 1892. – Nervi, 25 mars 1965.

Élève du Liceo musicale de Bologne, il débuta comme chef d'orchestre à Turin, puis fut professeur d'harmonie et de composition à Turin, Parme et Milan et enfin directeur du conservatoire de Milan. À partir de 1936, il s'est créé un style très personnel, dont l'influence s'est fait sentir assez profondément dans la jeune génération : musique transparente et sereine, où la recherche de la qualité sonore n'obéit a aucun système préconçu, mais où se devine parfois le culte de Ghedini pour la musique italienne du XVIIe siècle.

Sept opéras, l'oratorio *La Messa del Venerdi Santo*, des cantates et concerts spirituels, le célèbre *Concerto dell'Albatro* (8 instruments soli, cordes, percussion, récitant), divers concertos (piano, 2 pianos, violon, alto), de la musique de chambre.

Gherardello

? – ?, vers 1365.

Un des premiers représentants de l'Ars Nova florentine. Sa musique, libre, riche en mélismes, est caractéristique des débuts du Trecento. Son frère et son fils étaient probablement musiciens.

Un *Gloria* et un *Agnus*, dix madrigaux à 2 voix, une *caccia* à 3 voix et 5 *ballate* à une voix.

Giardini, Felice de'

Turin, 12 avril 1716. – Moscou, 8 juin 1796.

Violoniste, dès douze ans, dans l'orchestre de l'opéra de Rome, puis de Naples. Pendant quarante années, il vécut à Londres où il eut un succès exceptionnel comme soliste et dirigea longtemps l'Opéra italien. En 1793, il s'établit en Russie où il mourut dans la misère.

Quatre opéras, des airs, de la musique scénique, de nombreuses œuvres instrumentales.

Gibbons, Orlando

Oxford, décembre 1583. – Canterbury, 5 juin 1625.

Son père, William Gibbons, était musicien et conseiller municipal d'Oxford ; il eut dix enfants, dont quatre musiciens. Orlando, le plus jeune, avait quatre ans lorsque la famille s'installa à Cambridge, où il fit toutes ses études. À douze ans, il fut admis dans le chœur de King's College, où il fut l'élève de son frère Edward. Ses études furent sanctionnées par le titre de bachelier en musique de l'université de Cambridge et plus tard par celui de docteur en musique d'Oxford.

Organiste de la chapelle royale de 1605 à sa mort, il fut aussi nommé par le roi *musician for the virginalles* (1619) et, en 1623, il prit la succession de John Parsons comme organiste de Westminster Abbey le 5 avril 1625, il y dirigea la musique pour les funérailles de Jacques Ier. Quelques semaines plus tard, il était envoyé à Canterbury, avec la chapelle royale au grand complet, pour accompagner le nouveau roi Charles Ier, venu y accueillir sa reine, Henriette de France. Celle-ci se fit attendre et Gibbons mourut entre-temps, d'une attaque d'apoplexie, à l'âge de quarante-deux ans. Il fut enseveli dans la cathédrale de Canterbury où s'élève un monument érigé à sa mémoire. Il laissa sept enfants, dont le second, Christopher, fut un excellent musicien, auteur de belles fantaisies pour cordes.

Ses madrigaux et ses fantaisies pour violes le placent, avec Byrd, au premier rang des musiciens élisabéthains. Ses *anthems* (*anthem* sorte de motet anglican) sont ses œuvres les plus populaires en Angleterre ; quinze d'entre eux (*full anthems*) sont des chefs-d'œuvre d'écriture polyphonique, les autres (*verse anthems*), où les chœurs alternent avec des soli accompagnés par l'orgue ou par les cordes, sont d'intéressantes expériences, dans lesquelles cependant Gibbons fut précédé par Byrd et largement dépassé cinquante ans plus tard, par Blow et Purcell.

Deux *services* complets et quarante *anthems*, vingt *Madrigals and motets... apt for viols and voyces* (profanes), trente fantaisies pour violes, plus de cinquante compositions pour clavier (orgue, clavecin ou virginal).

GIGAULT, NICOLAS

Paris, 1627. – Paris, 20 août 1707.

Organiste, successivement à Saint-Honoré, Saint-Nicolas-des-Champs et Saint-Martin-des-Champs. Il eut deux fils organistes et fut peut-être l'un des maîtres de Lully.

Deux recueils de *Noëls variés* (orgue et clavecin) et un *Livre d'orgue.*

GIGOUT, EUGÈNE

Nancy, 23 mars 1844. – Paris, 9 décembre 1925.

Organiste de Saint-Augustin pendant soixante-deux ans. Élève de Saint-Saëns à l'école Niedermeyer, où il fut à son tour le maître de Fauré et de Messager. En 1911, il succéda à Guilmant comme professeur d'orgue au Conservatoire.

Près de cinq cents pièces d'orgue, quelques motets, quelques pièces instrumentales (dont une sonate pour piano).

GIGUE

Ancienne danse, probablement originaire de Grande-Bretagne où elle était très répandue pendant l'époque élisabéthaine, avant de passer de là en France. Selon Grove, elle serait plutôt d'origine italienne. Dans le premier cas, son nom serait tiré de l'anglais *jig* (sans rapport, semble-t-il avec le *jigg*, sorte de farce qui se jouait au XVIIe siècle entre les actes des pièces sérieuses) ; dans le second cas, le mot gigue viendrait de l'italien *giga*, sorte de vièle à archet. Le rythme en est binaire ou ternaire, mais toujours en triolets ou en valeurs pointées (le plus souvent 3/8, 6/8, 6/4, 12/8..., parfois 2/2 ou 4/4) et le mouvement très vif. Elle est presque toujours l'occasion d'un habile travail d'imitation* et prend même souvent une forme fuguée (chez Bach notamment). Formée de deux sections avec reprises, elle est habituellement le dernier morceau de la suite*. Toutes les *Suites françaises* et *anglaises* de Bach, toutes les *partitas* (sauf la deuxième) se terminent par une gigue ; la plupart des suites pour clavecin de Haendel en contiennent.

→ BACH, *Suite n° 3, Partitas n° 3 et n° 4*; *Concertos brandebourgeois n°s 3, 5, 6* (finals dans le style de la gigue, sans en porter le nom). – COUPERIN : *Pièces de clavecin.* – RAMEAU, *Premier Livre de pièces de clavecin.*

GILLES, JEAN

Tarascon, 1669. – Avignon, 5 février 1705.

Maître de chapelle à Aix-en-Provence, Toulouse, Avignon. Il est célèbre pour sa belle *Messe des morts* qui a été jouée aux obsèques de Louis XV et à celles de Rameau.

Une *Messe des morts*, cinq *Motets à grand chœur et symphonie*, dix motets à voix seule, trois psaumes.

GILSON, PAUL

Bruxelles, 15 juin 1865. – Bruxelles, 3 avril 1942.

Critique musical (*Le Soir*, *Diapason*, *Le Midi*) ; fondateur de la *Revue musicale belge* (1924). Élève de Gevaert, il fut professeur d'harmonie aux conservatoires de Bruxelles et d'Anvers, puis inspecteur de l'enseignement musical. Il est l'un des chefs de l'école belge flamande.

Des opéras et des ballets, des oratorios (dont *Francesca da Rimini*), des grandes œuvres symphoniques.

GINASTERA, ALBERTO

Buenos Aires, 11 avril 1916. – Genève, 25 juin 1983.

Il a été professeur, puis directeur du conservatoire de la Plata (Buenos Aires) et directeur du centre latino-américain d'études musicales à l'institut Torcuato di Tella. S'inspirant d'abord du folklore argentin, dans un style franckiste, puis bartokien, il a évolué vers un style très libre et personnel, intégrant le principe sériel, les *clusters* et les principales acquisitions de la musique nouvelle. Il a exercé une influence majeure sur la formation des générations de compositeurs argentins qui lui ont succédé.

Les opéras *Don Rodriguo* (1964), *Beatrix Cenci* (1971) et *Barabbas* (1977) ; des cantates dramatiques, dont *Bomarzo* (1967) et *Milena* (1973) ; *Cantata para America magica* (1960) pour soprano et orchestre de percussions ; des ballets ; deux concertos pour piano et deux pour violoncelle, *Jubilum* pour orchestre (1980, pour le quatrième centenaire de Buenos Aires) ; trois quatuors à cordes ; une sonate pour piano.

Giordani, Tommaso

Naples, vers 1730. – Dublin, février 1806.

Il est souvent confondu avec un Giuseppe Giordani (sans parenté) ; beaucoup d'œuvres attribuées à ce dernier sont de Tommaso, mais un doute subsiste pour la célèbre canzonetta *Caro mio ben*... Le père de Tommaso (Giuseppe lui aussi) avait formé avec sa famille une compagnie d'opéra itinérante, qui quitta Naples vers 1745 et traversa l'Italie, pour aboutir à Graz, Francfort, Amsterdam et Londres (1753) ; Tommaso tenait le clavecin et composait des ouvertures ou des airs nouveaux pour les œuvres du répertoire (principalement des opéras bouffes napolitains). Après la dissolution de cette compagnie, Giordani s'établit à Londres et à Dublin, où il enseigna le piano...

Environ cinquante opéras (italiens et anglais), un oratorio (*Isaac*), un *Te Deum*, des cantates, des concertos et des sonates pour piano, beaucoup de musique instrumentale.

Giordano, Umberto

Foggia, 27 août 1867. – Milan, 12 novembre 1948.

L'un des principaux représentants du « vérisme » italien (avec Mascagni et Leoncavallo) ; sa veine mélodique féconde n'est pas exempte de vulgarité.

Une douzaine d'opéras dont les meilleurs sont *Andrea Chénier* et *Fedora*.

Giovanni da Cascia

XIVe siècle. – ?

[Johannes de Florentia] L'un des meilleurs et l'un des premiers compositeurs italiens du Trecento. De 1329 à 1351, il vivait à Vérone à la cour de Mastino II della Scala. Il est probable qu'il ait également été familier des Visconti à Milan.

Seize madrigaux à 2 voix, trois *caccie* à 3 voix, des *ballate* à une voix.

Giraud de Bornèlh

?, vers 1138. – ?, vers 1220.

Troubadour limousin de modeste origine. Sa grande réputation lui valait d'être appelé Maestre dels trobadors. Selon sa vida, il se partageait entre l'enseignement (l'hiver) et les tournées de châteaux (l'été). C'est lui que Dante appelle *quel di Lemosi* (Purg. XXVI, 120) opposant à son art simple celui plus raffiné d'Arnaud Daniel. Giraud prit part à la troisième croisade avec Richard Cœur de Lion. Il séjourna chez Alfonso II d'Aragon.

Environ quatre-vingt chansons, dont quatre seulement notées avec la musique (parmi celles-ci le magnifique *Rei glorios*).

Giroust, François

Paris, 1738. – Versailles, 28 août 1799.

Maître de chapelle de Louis XVI et surintendant de la musique du roi, ce qui ne le priva pas de fournir un *Hymne des Versaillais* aux fêtes révolutionnaires de 1793. Agréable musicien de second ordre, il jouit d'une certaine popularité depuis la découverte de sa messe *Gaudete*, destinée au sacre de Louis XVI.

Messes, motets, psaumes, oratorios et un opéra, *Télèphe*.

Glass, Philipp

Chicago, 31 janvier 1937.

Après des études à l'université de Chicago et à la Julliard School of Music (1964-1966), il a été l'élève de Nadia Boulanger, Milhaud et Ravi Shankar. La rencontre avec ce dernier maître fut une révélation : Glass détruisit ce qu'il avait composé jusqu'alors. Son intérêt pour la musique de l'Inde, approfondi à New York avec le joueur de tabla Alla Rakha, le conduisit à faire deux séjours en Inde. En 1968, il crée à New York un ensemble d'instruments amplifiés pour jouer sa musique. Il est l'un des inventeurs de la musique répétitive.

Huit opéras dont *Einstein on the beach* en collaboration avec Bob Wilson (Paris, Opéra-Comique, 1976) ; nombreuses œuvres instrumentales, dont *Music in 12 Parts* et *Dance*.

Glazounov, Alexandre Konstantinovitch

Saint-Pétersbourg, 10 août 1865. – Paris, 21 mars 1936.

Fils d'un éditeur, il fit de sérieuses études générales et de brèves études musicales avec Rimsky-Korsakov. Très exceptionnellement doué, encouragé par Balakirev (qui dirigea sa *Première Symphonie* composée à seize ans) et par Liszt, qui le fit connaître à l'étranger, il fut « lancé » rapidement comme peu de compositeurs ont eu la chance de l'être. Bélaiev fonda sa célèbre maison d'édition, principalement pour publier les œuvres de Glazounov. Celui-ci fut directeur du conservatoire de Saint-Pétersbourg (1906-1917), mais, en 1928, il quitta l'URSS pour s'installer à Paris, après des tournées comme chef d'orchestre en Europe et aux USA. Il est considéré aujourd'hui en URSS comme l'un des modèles du « classicisme » russe et l'un des maîtres de l'instrumentation.

Huit symphonies, trois ballets, des poèmes symphoniques, des ouvertures, des concertos (deux pour violon, deux pour piano, un pour violoncelle, un pour saxo et flûte), sept quatuors à cordes, de nombreuses pièces pour piano, vingt mélodies.

Glière, Reinhold Moritzovitch

Kiev, 11 janvier 1875. – Moscou, 23 juin 1956.

Élève de Taneiev et Ippolitov-Ivanov au conservatoire de Moscou, il commença lui-même, à peine sorti du Conservatoire, une importante carrière de professeur : parmi ses nombreux élèves figurent Miaskovsky, Prokofiev et Khatchaturian. En 1913, il est nommé directeur du conservatoire de Kiev, mais, en 1920, il s'installe à Moscou où il prend une part très active à la vie musicale, organisant notamment des concerts dans les usines. Son œuvre (où se combinent les influences des classiques russes et du folklore), ses travaux scientifiques (principalement sur les folklores d'Ukraine et d'Azerbaïdjan) et son influence lui valurent les plus hautes distinctions.

Trois opéras, six ballets, trois symphonies, des poèmes symphoniques et des ouvertures pour orchestre, trois quatuors à cordes, cent soixante-quinze pièces pour piano, cent vingt-trois mélodies.

Glinka, Mikhail Ivanovitch

Novospasskoïe (Smolensk), 1er juin 1804. – Berlin, 15 février 1857.

[ou Rousslan] Fils d'un officier de réserve, il appartenait à une famille de riches hobereaux et fut élevé à la campagne, dans l'atmosphère musicale des chansons et danses de paysans, qui marquèrent profondément sa sensibilité d'artiste. Sa vie fut une série d'entreprises inachevées : études fragmentaires avec une foule de professeurs (dont Field), nombreux voyages en Italie (où il rencontra Bellini et Donizetti), amitiés peu suivies, enthousiasmes dispersés. Cependant, la création en 1836 de *Une vie pour le tsar*, premier opéra national, peut être considérée comme la naissance de l'école musicale russe. Le succès fut immédiat, succès que ne connaîtra pas *Rousslan et Ludmilla* (1842), pourtant très supérieur du point de vue purement musical. Le milieu d'amateurs où vécut Glinka, le désordre de son éducation, sa santé fragile, sa déception après l'insuccès de *Rousslan*, tout cela peut expliquer qu'il ait donné si rarement le meilleur de lui-même (tel qu'il apparaît dans quelques pages prodigieuses de *Rousslan*). Il est cependant le père de l'école russe, qui lui doit l'assimilation d'un riche folklore, la création d'une harmonie spécifiquement russe s'y adaptant, le goût des rythmes impairs, etc., et le sentiment national en musique.

Les opéras *Une vie pour le tsar* (ou *Ivan Soussanine*) et *Rousslan et Ludmilla*, la musique de scène pour *Le Prince Kholmsky*, de la musique d'église (a cappella), des pièces symphoniques (dont *Kamarinskaïa*), une abondance d'œuvres de musique de chambre, de pièces pour piano, de mélodies, etc., et d'intéressants Mémoires.

Globokar, Vinko

Anderny (M. et M), 7 juillet 1934.

Excellent tromboniste, il étudia la composition avec Leibowitz et Berio. Depuis 1968, il est professeur à la Musikhochschule de Cologne et aux cours d'été de Darmstadt. Il a fondé en 1969 avec Drouet (percussion) et Portal (clarinette) le groupe d'improvisation New Phonic Art. Il est responsable du département instruments et voix à l'IRCAM.

L'opéra *Un jour comme les autres* (Avignon, 1979) ; *Traumdeutung* pour 4 chœurs a cappella ; des œuvres pour orchestre ; de très intéressantes compositions pour cuivres utilisant des timbres et des procédés inédits, etc.

GLOCKENSPIEL

Petit instrument à clavier dont le nom est parfois traduit en français (« jeu de timbres »). Des marteaux en bois actionnés par les touches frappent des lames de métal, imitant le son d'une série de clochettes. Il semble qu'il fut utilisé pour la première fois par Haendel (*Saül*, 1738).

⊖› MOZART, *La Flûte enchantée* (air de Papageno). – WAGNER, *Les Maîtres Chanteurs* (acte III danse des apprentis). – DEBUSSY, *La Mer* (double souvent les bois).

GLUCK, CHRISTOPH WILLIBALD

Erasbach (Ht-Palatinat), 2 juillet 1714. – Vienne, 15 novembre 1787.

Aucun document ne permet d'être affirmatif sur la nationalité de ce compositeur. Sa famille était, semble-t-il, originaire de Bohême ; lui-même fit une partie de ses études à Prague. Mais, au moment de Sa naissance, son père était inspecteur des forêts de l'Électeur de Bavière. On ignore comment il s'exprimait en tchèque ; par contre, il faisait toujours des fautes en écrivant l'allemand (peut-être parlait-il un dialecte, viennois ou autre) ; et ses langues d'élection dans la composition musicale furent l'italien et le français. On manque également de renseignements sur la première éducation que le jeune Gluck reçut en Bohême, où son père devint régisseur du comte Kinsky, puis du prince Lobkowitz. En 1732, il fut inscrit à l'université de Prague, où il gagna quelque peu sa vie en donnant des leçons de violoncelle et en jouant de l'orgue et du violon. À Prague, il entendit les plus récents opéras italiens, ceux de Hasse surtout qui, bien qu'allemand, était alors le principal représentant de l'école napolitaine dans cette partie de l'Europe. La profonde impression qu'il en reçut le décida sans doute à se rendre à Milan pour y étudier sous la direction de Sammartini. Il y demeura huit années et y fit représenter (ainsi qu'à Venise) ses premiers opéras italiens, avec un succès plus qu'honorable.
En 1745, il accepte une invitation à Londres pour accompagner le prince Lobkowitz. Il y rencontre peu de succès auprès d'un public habitué à la perfection d'écriture de Haendel. Gluck manque de « métier », et Haendel juge que son cuisinier connaît plus de contrepoint que son jeune confrère ; toutefois, il le reçoit aimablement et lui donne quelques conseils. Avant de s'installer définitivement à Vienne, Gluck fait encore de nombreux voyages, notamment comme chef d'orchestre itinérant d'une compagnie d'opéra italien de Hambourg, se produisant parfois lui-même en soliste sur le clavecin ou le « glass-harmonica ». (Il joue à

Londres un *Concerto sur 26 verres accordés par l'eau de source.*) En 1755, il est nommé directeur musical de la cour, à Vienne, grâce au comte Durazzo (directeur des théâtres impériaux), qui lui fait partager son goût pour le nouvel opéra-comique français, l'incite à en composer lui-même et contribue à l'éloigner des conventions de l'opéra italien traditionnel, où l'enfermaient les livrets de Metastasio. Le 5 octobre 1762 était représenté au Burg Theater *Orfeo ed Euridice* sur un livret de Calzabigi. À ce dernier (qui fournit aussi les livrets d'*Alceste* et de *Paride ed Elena*), Gluck dut une grande partie de la « réforme de l'opéra », entreprise depuis *Orfeo.* Calzabigi, formé au goût français pendant dix années passées à Paris, apportait dans ses livrets un esprit entièrement neuf. *Alceste* ne fut représenté au Burg Theater que le 16 décembre 1767. Entre-temps, Gluck avait beaucoup voyagé, notamment à Paris : voyage d'étude préparant une installation plus durable. À partir de 1773, il se partagea entre Vienne et Paris, donnant ici, le 19 avril 1774, son premier opéra français, *Iphigénie en Aulide,* avec l'appui de Marie-Antoinette qui avait été son élève à Vienne. Cette œuvre, puis la version française d'*Orfeo ed Euridice* (où le rôle principal n'est plus pour contralto mais pour ténor) eurent un grand succès. Mais, en 1776, les partisans de l'opéra italien opposèrent stupidement Piccinni à Gluck, bien que ni l'un ni l'autre des deux musiciens n'eut souhaité cette querelle, envenimée à plaisir par quelques dilettantes oisifs, par l'orgueil et le manque de libéralisme de Gluck aussi. La série de six grands opéras français fut complétée par la version française d'*Alceste* (sifflée par les « piccinnistes »), *Armide, Iphigénie en Tauride* (grand succès), *Écho et Narcisse.* L'échec de ce dernier opéra détermina Gluck à quitter définitivement la France. Plusieurs attaques d'apoplexie l'avaient en partie paralysé lorsqu'il mourut dans sa soixante-quatorzième année.

L'importance historique de Gluck et ses titres à la reconnaissance posthume reposent essentiellement sur les six grands opéras de la dernière manière, qui illustrent les principes exposés dans la célèbre dédicace d'*Alceste* (voir Opéra*). D'importantes réformes y apparaissent, qui exerceront une profonde influence sur l'opéra ultérieur : suppression des airs inutiles, comme des ornements superflus, remplacement du *recitativo secco* accompagné au clavecin par un récitatif mélodique accompagné par l'orchestre ; importance de l'ouverture, qui annonce et résume le drame ; fonction dramatique des chœurs. Cependant, le manque d'esprit de cet homme sérieux et sa maladresse dans l'écriture contrapuntique nous plongent parfois dans l'ennui, malgré son sens du théâtre.

Cent-sept opéras, parmi lesquels on connaît une quarantaine d'opéras italiens, une douzaine d'opéras-comiques et surtout six grands opéras français, *Iphigénie en Aulide* (Paris, 1774), *Orphée* (version française d'*Orfeo ed Euridice*, Paris 1774), *Alceste* (Paris,

1776), *Armide* (Paris, 1777), *Iphpgénie en Tauride* (Paris, 1779), *Echo et Narcisse* (Paris, 1779) ; des ballets et des pantomimes ; quelques œuvres religieuses et quelques pièces instrumentales.

Goehr, Alexander

Berlin, 10 août 1932.

Fils de Walter G. (1903-1960), chef d'orchestre et directeur des disques Columbia. Élève de Messiaen et d'Yvonne Loriod. Il a été nommé professeur à Leeds puis à Cambridge. Avec Birtwistle et Maxwell Davies, il a été l'un des membres du groupe de Manchester ; mais il s'en est vite détaché, n'en partageant pas l'esthétique.

Les opéras *Arden muss sterben* (Hambourg, 1967), *Sehet die Sonne* (Duisbourg, 1985), *Arianna* (Covent Garden, 1995) et quelques autres ouvrages destinés au théâtre ; un ballet d'après Janequin et Le Jeune, *La Belle Dame sans mercy* (Edimbourg, 1958) ; des cantates et mélodies avec orchestre ; *Little Symphony* et *Symphonie en un mouvement* pour orchestre, *In Memoriam Olivier Messiaen* (1988) pour orchestre de chambre, un concerto pour violon, deux quatuors à cordes, des pièces pour piano.

Golestan, Stan

Vaslui (Roumanie), 26 mai 1875. – Paris, 22 avril 1956.

Installé à Paris depuis son enfance, il y étudia avec d'Indy, Roussel, Dukas, fut critique du *Figuro* et attaché culturel à l'ambassade de Roumanie. Avec Enesco, il fut l'un des fondateurs de l'école roumaine contemporaine.

Deux Rhapsodies roumaines pour orchestre, un concerto pour piano (*Sur les cimes carpathiques*), *Concerto roumain* pour violon, *Concerto moldave* pour violoncelle.

Gombert, Nicolas

Bruges ?, vers 1505. – Tournai ?, 1556.

Disciple et peut-être élève de Josquin. Chantre de la chapelle privée de Charles Quint et « maître des enfants », il suivit l'empereur, avec ses jeunes chanteurs, en Espagne, en Italie et en Allemagne. Considéré par ses contemporains comme un novateur, il fut le plus grand musicien de sa génération, adaptant notamment avec une adresse rare en son temps le style de la musique au caractère des paroles.

Environ douze messes, cent soixante-dix motets et soixante chansons.

Gomes, Carlos

Campinas, 11 juillet 1836. – Belém, 16 septembre 1896.

Élève de L. Rossi à Milan, où il accomplit presque toute sa carrière comme compositeur dramatique. Son opéra *Lo Schiavo* est un manifeste en faveur de l'abolition de l'esclavage dans son pays. Il n'est rentré au Brésil que l'année de sa mort, pour prendre la direction du conservatoire de Belém.

Huit opéras italiens, deux opéras brésiliens, un oratorio, *Colombo.*

Górecki, Henryk

Czernica (Rybnik, Pologne), 6 décembre 1933.

Élève du conservatoire de Katowice, où il sera lui-même professeur et de Messiaen à Paris. Attiré d'abord par le dodécaphonisme sériel, il s'en est détaché en faveur d'une écriture personnelle, utilisant des masses instrumentales de densité différentes, des frictions, explosions, chuchotements, clusters hautement colorés, etc. Il plonge en outre ses racines dans la musique médiévale, la musique liturgique d'orgue, la polyphonie, Palestrina, l'œuvre de Beethoven, de Scriabine, de Messiaen.

Des chœurs, *Monodramma* pour soprano, percussion et ensemble instrumental, trois symphonies (dont n° 2 avec soli et chœurs, n° 3 avec soprano), *Scontri* (1960), *Refren* (1965) et *Canticum graduum* (1969) pour orchestre, un concerto pour clavecin (1980), *Canti strumentali* pour 15 instruments, deux sonates et quatre préludes pour piano.

Gossec, François-Joseph

Vergnies (Nord), 17 janvier 1734. – Passay, 16 février 1829.

Il fut chef de l'orchestre privé de La Poupelinière (sur la recommandation de Rameau), puis directeur des spectacles du prince de Conti, à Chantilly. Lors de la Révolution, il devint chef de la musique de la garde nationale et composa plusieurs hymnes révolutionnaires. En 1795, il fut l'un des fondateurs du Conservatoire national, où il enseigna la composition. Habile orchestrateur, ouvrant la voie à Berlioz, il fit sensation avec quelques œuvres religieuses où il avait imaginé (procédé cher à Verdi) de placer un groupe d'instruments à vent ou un chœur en dehors du lieu d'audition.

Une douzaine d'opéras et d'opéras-comiques, des messes, des motets, des oratorios, plus de trente symphonies, douze quatuors.

Goubaïdoulina, Sofia

Tchistopol (Kazan), 24 octobre 1931.

Élève des conservatoires de Kazan et de Moscou, elle n'a pu se faire connaître qu'assez tardivement dans le monde occidental, où elle a acquis une haute réputation. Elle a été influencée par la musique des Tatars, ainsi que par les mystiques orientales et chrétiennes.

La cantate *Rubayat* pour baryton et ensemble instrumental, *Hommage à Marina Tsvetaieva* pour chœur, *Hommage à T. S. Eliot* pour soprano et instruments ; des concertos pour piano (2), pour violon (*Offertorium*), pour alto, pour orchestre et ensemble de jazz, et un extraordinaire concerto pour basson et cordes graves (4 violoncelles et 3 contrebasses) ; des sonates pour contrebasse et piano, pour violon et violoncelle, pour accordéon.

Goudimel, Claude

Besançon, vers 1510. – Lyon, 27 août 1572.

On ne sait rien sur sa jeunesse ni sur ses maîtres. À partir de 1549, il vit à Paris où il publie des chansons et semble avoir été l'associé de l'éditeur Du Chemin. De 1557 à 1567 environ, il est à Metz, où il entre en relation avec les milieux huguenots ; il s'était intéressé déjà depuis plusieurs années à la traduction des psaumes par Marot et par Bèze, qu'il envisageait de mettre intégralement en musique. Vers 1560, il se rallie définitivement à la Réforme ; ses dernières œuvres catholiques, un *Magnificat* et quatre messes, sont publiées en 1557 et 1558. Vers la fin de sa vie, il quitte Metz pour Besançon, puis pour Lyon, où il est assassiné, trois jours après la Saint-Barthélemy, lors des massacres de huguenots. Une tradition selon laquelle Goudimel aurait fondé à Rome une école de musique, dont Palestrina aurait été l'élève, semble sans fondement.
Ses œuvres eurent une vaste popularité ; on les retrouve dans de nombreux recueils des XVIe, XVIIe et XVIIIe siècles. Sa réputation repose principalement sur le psautier huguenot, dont il a publié versions musicales complètes : l'une en style contrapuntique orné, avec la mélodie au soprano [1564], l'autre en style harmonique, presque note contre note, avec la mélodie au ténor [1565]. Cette dernière occupe une place importante dans la liturgie musicale du culte calviniste.

Cinq messes (*Il ne se trouve…*, *Audi fille*, *Tant plus je metz*, *De mes ennuis*, *Le bien que j'ay*) ; des *Magnificat*, motets, psaumes ; des chansons spirituelles et profanes.

Gounod, Charles

Paris, 18 juin 1818. – Saint-Cloud, 18 octobre 1893.

Fils d'un prix de Rome de peinture et d'une excellente pianiste. Il reçut ses premières leçons de musique de sa mère et de Reicha, puis, après ses études secondaires au lycée Saint-Louis, il entre en 1836 au Conservatoire (classes d'Halévy, de Paer, de Lesueur). En 1839, il obtient le grand prix de Rome. Son séjour dans la capitale italienne lui donne l'occasion d'étudier les vieux maîtres italiens (Palestrina surtout) et de faire entendre en l'église Saint-Louis-des-Français une messe pour trois voix et orchestre. Pendant le voyage de retour, via Vienne et Berlin, il découvre la musique des romantiques allemands et rencontre Mendelssohn. À Paris, il entreprend des études de théologie et envisage quelque temps d'entrer dans les ordres… Ce projet abandonné, il se tourne vers la musique de théâtre, sur quoi reposera sa renommée. Son premier opéra, *Sapho*, est représenté en 1851 à l'Opéra avec Pauline Viardot dans le rôle principal, avec un succès honorable. Mais les trois œuvres qui établissent définitivement sa réputation, après avoir été accueillies triomphalement, sont *Faust* (19 mars 1859), *Mireille* (19 mars 1864) et *Roméo et Juliette* (27 avril 1867), créées toutes les trois au Théâtre-Lyrique avec Marie Miolan-Carvalho dans le rôle principal. De 1870 à 1875, Gounod séjourne à Londres. Plus tard, pénétré d'un profond sentiment mystique, il se consacrera à la musique religieuse et écrira plusieurs oratorios pour les grands festivals anglais. Il était membre de l'Institut et grand officier de la Légion d'honneur. Sans surestimer le talent de Gounod, il faut rendre grâce à ce pur musicien français d'avoir assuré la pérennité de la musique de son pays en plein romantisme allemand, d'avoir sauvé l'opéra français du raz de marée wagnérien.

Une vingtaine de messes, deux *Requiem*, d'innombrables motets, cantiques, etc. ; douze opéras (dont un opéra-comique, *Le Médecin malgré lui*) ; des oratorios, chœurs et cantates (dont *Gallia*, *Rédemption*, *Mors et Vita*) ; deux symphonies, des pièces pour piano, environ cent quarante mélodies.

Grainger, Percy

Melbourne, 8 juillet 1882. – White Plains (NY), 20 février 1961.

Pianiste (tournées de concerts comme enfant prodige). Élève de Busoni à Berlin et disciple de Grieg, qui le prit en amitié à Londres et l'initia aux richesses du folklore (Grainger a recueilli et harmonisé des mélodies populaires britanniques). Il a vécu aux USA à partir de 1914. De nombreuses œuvres chorales (dont toute une série inspirée du *Jungle Book* de Kipling), des œuvres symphoniques et de la musique de chambre (œuvres utilisant fréquemment le folklore ou s'inspirant de légendes populaires).

Granados, Enrique

Lerida, 27 juillet 1867. – en mer, 24 mars 1916.

Élève de Pujol (piano) et de Pedrell (composition) à Barcelone, puis de Bériot à Paris (où, de 1887 à 1889, il partage l'appartement de R. Viñès). Son premier récital à Barcelone (1890) et l'audition de ses premières œuvres le firent remarquer d'emblée. Il fit une très brillante carrière de pianiste en Europe et aux USA, où il retourna en 1915 pour la création de son opéra *Goyescas* (adapté de ses suites pianistiques). Au retour, il périt avec sa femme dans le naufrage du *Sussex*, torpillé par un sous-marin allemand entre Dieppe et Folkestone. Sa musique, où l'on perçoit l'influence de Chopin, Grieg, Liszt, fait de lui le créateur de l'école de piano espagnole moderne. Son œuvre, très vite populaire, ses succès de virtuose et sa mort tragique contribuèrent à attirer l'attention de l'Europe sur la musique espagnole en général.

Sept opéras ou *zarzuelas* (dont *Goyescas*), des suites et poèmes symphoniques pour orchestre, des mélodies (dont quatre belles *Tonadillas*) et des chœurs, et surtout de nombreuses pièces pour piano, parmi lesquelles *Goyescas* (sept pièces constituant le sommet de son œuvre, en particulier l'admirable *Maja y el ruiseñor*, n° 6), *Danzas españolas, Escenas romanticas, Estudios expresivos.*

Grandi, Alessandro

Sicile ? – Bergame, 1630.

Il occupa des postes de maestro di cappella à Ferrare, Venise et Bergame (où il mourut de la peste avec sa famille). Spécialiste du motet concertant et du madrigal monodique, il fut le premier à utiliser le terme cantate pour désigner certaines œuvres vocales (en l'occurrence des pièces monodiques en plusieurs strophes variées sur une même basse).

Messes, motets, quatre livres de *Cantade et arie*, deux livres de *Madrigali concertati*.

Graun, Karl Heinrich

Wahrenbrück (près de Dresde), 7 mai 1701. – Berlin, 8 août 1759.

Chanteur. À l'âge de onze ans, il était *Ratsdiscantis* (approximativement « soprano municipal ! ») à Dresde. Il fut plus tard ténor à l'opéra de Brunswick, puis directeur musical du prince héritier de Prusse qui, devenu Frédéric le Grand, le nomma Kapellmeister de la cour. Il eut alors pour mission de créer à Berlin un opéra italien de premier ordre. Sa musique trahit l'influence des œuvres de Keiser et de Lotti.

Cinq opéras allemands, environ trente opéras italiens, des œuvres chorales (dont un beau *Te Deum* et la cantate-passion *Der Tod Jesu*), plus de cinquante cantates italiennes, des lieder allemands.

Graupner, Christoph

Hartmannsdorf (Saxe), 13 janvier 1683. – Darmstadt, 10 mai 1760.

Élève de Kuhnau à Saint-Thomas de Leipzig, où, à la mort de son maître, il serait devenu cantor à la place de Bach, s'il n'avait été lié, comme Kapellmeister, au landgrave de Hesse-Darmstadt.

Environ quinze opéras, mille trois cents œuvres religieuses, cent seize symphonies, des suites pour clavecin, des sonates pour différentes combinaisons instrumentales.

Greco, Gaetano

Naples, vers 1650. – Naples, vers 1728.

Élève du Conservatorio dei Poveri à Naples, où il enseigna à son tour ainsi qu'à Sant' Onofrio (parmi ses élèves Durante, Porpora, Vinci, Pergolesi).

Musique religieuse (dont *Litanie a 4 voci*) et musique de clavier (suites pour clavecin, *Toccate e Fughe* pour orgue).

GREENE, MAURICE

Londres, 12 août 1696. – Londres, 1er décembre 1755.

Organiste à la Chapel Royal et à la cathédrale Saint Paul, professeur à l'université de Cambridge et directeur de la King's band of music. Admirateur et ami de Haendel, c'était le plus grand compositeur anglais de sa génération. Avec Boyce et Festing, il fonda en 1738 la Royal Society of Musicians. Il consacra les dernières années de sa vie à une anthologie de la musique anglicane que W. Boyce termina et publia sous le titre de *Cathedral Music.*

Les oratorios *Jephta* (1737) et *The Force of Truth* (1744), un très beau *Te Deum* (1737), de nombreux *anthems*, de ravissantes mélodies (*Spenser's Amoretti*), six *Ouvertures* pour ensemble instrumental, des pièces pour clavier.

GRENON, NICOLAS

?, fin XIVe siècle. – ?, vers 1450.

Chanoine. Maître de grammaire et de musique à Cambrai (où Dufay fut probablement de ses élèves). En 1425-1427, il est chantre à la chapelle pontificale. Sa notoriété a souffert de la gloire de Dufay, dont il est pourtant un des plus remarquables précurseurs.

On ne connaît de lui que quatre motets, un *Gloria* et huit chansons à 3-4 voix.

GRETCHANINOV, ALEXANDRE TIKHONOVITCH

Moscou, 25 octobre 1864. – New York, 3 janvier 1956.

Élève des conservatoires de Moscou et de Saint-Pétersbourg (Rimsky-Korsakov). Malgré le succès de son premier opéra (*Dobrinia Nikitich*), avec Chaliapine dans le rôle principal, il s'est consacré principalement à la musique religieuse. En 1925, il quitte définitivement la Russie (où sa musique, jugée « bourgeoise », est peu appréciée) pour Paris, puis New York (où en 1946 il devient citoyen américain).

Deux opéras, de nombreuses compositions religieuses (dont deux liturgies de saint Jean Chrysostome et une belle *Missa oecumenia*), six symphonies, plus de deux cent cinquante mélodies.

GRÉTRY, ANDRÉ MODESTE

Liège, 8 février 1741. – Montmorency, 24 septembre 1813.

Fils d'un modeste violoniste d'église, il ne manifestait aucune disposition pour la musique. Pourtant il fut admis comme choriste à Saint-Denis de Liège, d'où il fut renvoyé au bout de deux ans ; il étudia ensuite de façon désordonnée avec plusieurs maîtres qui, à tour de rôle, renoncèrent à lui faire comprendre quoi que ce fût à l'harmonie, au contrepoint ou à l'orchestration. Sa vocation musicale, cependant, s'était décidée à l'audition des opéras bouffes napolitains qu'était venue représenter une compagnie italienne. Il devient en effet un musicien de théâtre et son talent, essentiellement mélodique, aura été de concilier le beau chant, tel qu'il est cultivé en Italie, et les impératifs de la prosodie française ou de la juste expression dramatique. De 1759 à 1766, une bourse lui permet de vivre à Rome ; il y travaille deux ans de suite avec Casali. Il part ensuite s'installer à Paris, via Genève, où, pendant un an, il est professeur de chant (il se lie d'amitié avec Voltaire qui lui trouve de l'esprit). À Paris, il débute par un échec ; puis, le succès venant rapidement avec les bons livrets (de Marmontel, notamment, et plus tard de Sedaine… un livret lui fut même fourni par le futur Louis XVIII, *La Caravane du Caire*), il compose régulièrement des ouvrages agréables pour la Comédie-Italienne, puis pour l'Opéra et l'Opéra-Comique.
« Il faisait de l'esprit et non de la musique », dit Méhul. Cependant, une abondante veine mélodique et un sens profond de l'expression dramatique lui valurent, en dépit d'une texture harmonique et d'une instrumentation très insuffisantes, de réussir quelques-uns des chefs-d'œuvre de l'opéra-comique français, tout particulièrement *Le Tableau parlant* et *Richard Cœur de Lion*. Il finit ses jours près de Montmorency, dans l'ermitage de J.-J. Rousseau, qu'il avait acheté.

Environ soixante-dix opéras-comiques et quelques opéras, plusieurs œuvres instrumentales (restées manuscrites), des œuvres littéraires, dont ses *Mémoires*.

GRIEG, EDVARD

Bergen, 15 juin 1843. – Bergen, 4 septembre 1907.

Fils du consul britannique à Bergen, Alexander Grieg (sujet norvégien, mais d'origine écossaise). Très jeune, il reçut ses premières leçons de piano de sa mère, puis, en 1858, sur le conseil du célèbre violoniste Ole Bull, émerveillé par les dons du jeune garçon, il fut envoyé à Leipzig où

il devint l'élève de Wenzel, Moscheles et Reinecke. Il y entendit beaucoup de bonne musique, notamment le concerto de Schumann interprété par Clara. En 1863, il part pour Copenhague où il reçoit les conseils et les encouragements de Niels Gade et où il rencontre sa cousine Nina Hagerup, excellente chanteuse, qui deviendra sa femme et sa meilleure interprète. À son retour, le jeune musicien Richard Nordraak (qui devait mourir en 1866 à l'âge de vingt-quatre ans) lui révèle le folklore norvégien : imprégné jusqu'alors de culture allemande et danoise, il se sent soudain profondément attaché à sa terre natale et rêve de créer avec Nordraak une école nationale norvégienne. Il s'installe à Christiana (Oslo), où il fonde en 1867 l'Académie norvégienne de musique et se lie d'amitié avec Ibsen et Björnson, dont il mettra de nombreux poèmes en musique.
Comme pianiste et chef d'orchestre, Grieg a fait de nombreux voyages en Allemagne, Italie, Angleterre, Pays-Bas, à Paris, Prague, Varsovie, etc., voyages au cours desquels il rencontra les plus grands compositeurs de son temps, notamment Liszt, Wagner, Tchaïkovsky, Brahms. Son génie mélodique, la qualité de son écriture pianistique, l'audace de ses harmonies, qui parfois annoncent Debussy, enfin son inspiration nationale font de Grieg, toutes proportions gardées, une sorte de Chopin scandinave.

Musique de scène pour *Sigurd Jorsalfar* de Björnson et *Peer Gynt* d'Ibsen (d'où il a tiré deux célèbres suites d'orchestre), un concerto et de nombreuses pièces pour piano (dont dix volumes de *Pièces lyriques* (*Lyriske Stykker*), qui contiennent des chefs-d'œuvre), trois sonates pour piano et violon, de très nombreuses mélodies (dont les merveilleux recueils *op. 21, op. 25. op. 33, op. 61, op. 67*).

GRIGNY, NICOLAS DE

Reims, 8 septembre 1672. – Reims, 30 novembre 1703.

Organiste, fils, petit-fils et neveu d'organistes rémois ; élève de Lebègue. Il occupa la tribune de l'abbatiale de Saint-Denis (1693-1695), puis celle de la cathédrale de Reims (1697-1703). Bien qu'il soit mort à trente-deux ans, il peut être considéré comme le plus grand maître français de l'orgue au temps de Louis XIV. J. S. Bach recopia intégralement son *Livre d'orgue.*

Livre d'orgue contenant une messe et les hymnes des principales festes de l'année.

GRISEY, GÉRARD

Belfort, 17 juin 1946. – Paris, 11 novembre 1998.

Élève de Messiaen et Dutilleux, boursier de la villa Médicis à Rome (1972-1974), il s'est intéressé à l'acoustique, à la théorie des intervalles et aux processus continus de transformation des sons.

Les Espaces acoustiques (1970-1981), vaste cycle instrumental commençant par *Prologue* (alto solo), chaque pièce augmentant l'effectif jusqu'au très grand orchestre (*Transitoires*) ; *Dérives* (1974) pour deux groupes d'orchestre ; *Vagues, Chemins, Le Souffle,* où l'orchestre entoure le public, *Tempus ex machina,* pour 6 percussionnistes.

GUARNIERI, CAMARGO

Tieté (São Paulo), 1er février 1907. – São Paulo, 13 janvier 1993.

Élève du conservatoire de São Paulo, puis de Koechlin et Munch à Paris. Son œuvre est une synthèse de la musique populaire du Brésil et de la tradition européenne issue de Debussy.

Des opéras en un acte, trois symphonies, des suites d'orchestre, des concertos pour piano et pour violon, des *Chôros* pour différents instruments avec orchestre, *Seresta* pour piano et orchestre, de la musique de chambre, des pièces pour piano, de nombreuses mélodies.

GUÉDRON, PIERRE

Châteaudun, 1565. – Paris ?, vers 1620.

Membre de la chapelle du cardinal de Guise, puis de celle d'Henri IV, enfin surintendant de la musique du roi. Dans la musique vocale qu'il écrivit pour les ballets de la cour, sous Henri IV et Louis XIII, il s'est révélé le meilleur artisan de l'avènement de la monodie en France.

Six livres d'*Airs de cour.*

GUERRERO, FRANCISCO

Séville, 4 octobre 1528. – Séville, 8 novembre 1599.

Élève de son frère aîné Pedro et de F. de Castilleja (maître de chapelle à la cathédrale de Séville). Il prit la succession de son maître à Séville et obtint un poste analogue à Malaga. Il entreprit un long voyage à Rome,

Venise et Jérusalem, qu'il raconta dans un livre précieux (*El viaje de Jerusalem...*, dont plusieurs éditions furent publiées aux XVIIe et XVIIIe siècles). Habile contrapuntiste, écrivant admirablement pour les voix, il est loin, cependant, d'avoir le génie de Morales qu'il admirait profondément et dont il se prétendait le disciple.

Dix-huit messes, des motets, psaumes, vêpres, des *Canciones y villanescas espirituales.*

GUGLIELMI, PIETRO ALESSANDRO

Massa di Carrara, 9 décembre 1728. – Rome, 18 novembre 1804.

Élève de Durante à Naples, où furent représentés ses premiers opéras. Il voyagea en Allemagne, vécut quelque temps à Londres, où il se lia avec J. C. Bach et fut engagé par le King's Theatre (1767-1772) ; enfin il fut nommé par Pie VI maître de chapelle à Saint-Pierre de Rome (1793).

Cinq oratorios, douze cantates, des motets et cent dix opéras (quarante-cinq sérieux et soixante-cinq comiques, environ), dont certains, bien qu'ils pèchent par un excès de facilité, sont dans la meilleure veine de l'opéra bouffe napolitain.

GUILMANT, ALEXANDRE

Boulogne-sur-Mer, 12 mars 1837. – Meudon, 29 mars 1911.

Organiste, élève de son père (organiste à Boulogne). Avant l'âge de vingt ans, il avait commencé une carrière d'organiste, de maître de chapelle et de professeur. Il fut organiste de la Trinité à Paris (1871-1901), professeur au Conservatoire (maître de Dupré) et l'un des fondateurs de la Schola cantorum.

Nombreuses œuvres d'orgue, dont deux symphonies avec orchestre, huit sonates, vingt-cinq suites de pièces.

GUITARE

La guitare appartient à la famille des instruments à cordes pincées munis d'un manche au lieu de vibrer sur toute leur longueur, les cordes peuvent être raccourcies par la pression des doigts de la main gauche sur ce manche.

Les origines en sont obscures. De nombreux instruments de même type étaient utilisés dans l'Antiquité : on en a découvert des représentations sur des bas-reliefs assyriens et hittites remontant à plus de mille ans avant notre ère. Cependant, la guitare emprunte son nom à des instruments sans manche (*Kettarah* assyrien, Κιθάρα grecque) d'où l'on a pu supposer que la guitare dérivait des cithares grecques et romaines auxquelles un manche aurait été ajouté au début de notre ère. Quoi qu'il en soit, il existait dès le XIe ou XIIe siècle deux types de « guitares » ou « guiternes » : la mauresque (*guitarra morisca*) à dos bombé, apparentée à la « mandore » (XIVe-XVIIIe siècle) et à la famille des luths, ainsi qu'à la mandoline ; la latine (*guitarra latina*) à fond plat comme la guitare actuelle, avec des éclisses reliant la table et le fond. La première plaide en faveur d'une origine orientale (une sorte de luth assyrien, passant par la Perse et l'Arabie, aurait conquis l'Espagne sous la domination mauresque) ; la seconde en faveur d'une origine gréco-latine. L'un et l'autre type d'instrument est représenté dans les miniatures des *Cantigas de Sancta Maria* attribuées à Alphonse X « le Sage » (vers 1270). Au XIVe siècle, Machaut et Eustache Deschamps citent la « guiterne » sans précision de type, mais il semble qu'il s'agisse de la guitare « latine », sa sœur mauresque étant devenue la « mandore ». Au XIVe siècle, apparaît une très riche littérature pour la guitare et surtout la *vihuela de mano*, sorte de grande guitare, connue en Espagne depuis le XIIIe siècle et qui, de 1520 à 1580 environ, éclipse la guitare avant d'être supplantée par cette dernière. Jusqu'au début du XVIIIe siècle, toute la musique de *vihuela* ou de guitare est notée en « tablature » (voir Luth*). C'est le cas des cinq *Livres de tabulature de guiterne* d'A. Le Roy, publiés en 1551 par son beau-frère l'éditeur Ballard, ainsi que du *Libro de musica de vihuela de mano intitulado El Maestro* de Milan [1536].

En 1586 apparut le premier traité de guitare. Il concerne un instrument à cinq doubles cordes (les guitares précédentes en avaient quatre, la *vihuela* six) que l'on appela vers cette époque « guitare espagnole ». La guitare classique, telle qu'elle est construite encore de nos jours, est munie de six cordes simples (sans doute depuis les dernières années du XVIIIe siècle, car Sor se sert déjà de la guitare à six cordes). Les trois aiguës sont en boyau ; les trois graves en soie recouverte de métal (cordes filées) ; leur accord est, du grave à l'aigu, mi-la-ré-sol-si-mi, donnant à l'instrument une étendue de trois octaves plus une quinte (mi_1 à si_4). Le manche est recouvert d'une « plaque de touches » divisée par des « filets » en dix-neuf « cases » ou « touches », correspondant aux demi-tons tempérés. Une grande diversité dans le timbre et l'expression peut être obtenue selon la manière dont on attaque la corde (avec l'ongle ou avec la chair, plus ou moins loin du chevalet) et selon que l'on utilise des artifices tels que notes coulées, trilles, vibrato, trémolo, sons harmoniques (même principe que pour les autres instruments à cordes), etc. Le jeu mélodique et contrapuntique de la guitare classique est qualifié de *punteado*, par opposition au jeu *rasgueado* (accords sèchement arpégés dans les deux sens) réservé généralement à la musique populaire.

Le plus illustre guitariste de tous les temps fut (en dehors de Paganini qui passe pour avoir joué de cet instrument aussi bien que du violon) Fernando Sor (1778-1839), auteur d'admirables compositions pour son instrument. Il fut suivi de D. Aguado y Garcia (estimé de Bellini, Paganini et Rossini), élève d'un certain Miguel Garcia qui reçut les ordres sous le nom de Padre Basilio, M. Giuliani (dont le talent fit l'admiration de Beethoven), et, plus récemment, F. Tarrega, M. Llobet, A. Segovia.
Les guitares anciennes (Stradivarius notamment en fit deux) n'offrent qu'un intérêt de collection. La grande facture est représentée principalement par A. de Torres (deuxième moitié du XIXe siècle).

⊖› ROSSINI, *Il Barbiere di Siviglia* (Acte I, Sérénade d'Almaviva). – BOCCHERINI, *Quintettes* [pour guitare et cordes]. – PAGANINI, *Douze Sonatines* [pour violon et guitare]. – FALLA, *Homenaje pour le tombeau de Claude Debussy.* – SCHOENBERG, *Sérénade op. 24* [pour basse et sept instruments]. – SOR, œuvres diverses (Williams). – Disque-récital de Segovia (Milan, Sor, Torroba, etc.). – RODRIGO, *Concerto de Aranjuez* [pour guitare et orchestre]. – TIPPETT, Sonate. – MURAIL, *Tellur.* – Guitare flamenca.

H

HÁBA, ALOIS

Vizovice (Moravie), 21 juin 1893. – Prague, 18 novembre 1973.

Il fut l'élève de Novák à Prague, de Schreker à Vienne et compléta ses études à Berlin (acoustique). Après avoir subi profondément l'influence de ses maîtres et plus encore celle de Schoenberg, il trouva sa vocation dans un atonalisme élargi reposant sur un système tempéré par 1/4 de ton ou 1/6 de ton (division de l'octave en 24 ou 36 intervalles égaux). Depuis 1923, il enseignait la musique en 1/4 de ton (*čtvrttónová hudba*) au conservatoire de Prague et il avait fait construire des instruments en 1/4 de ton (piano, trompette, clarinette) et 1/6 de ton (harmonium) ; mais sa classe fut supprimée en 1949. Il a formé des élèves (tchèques et yougoslaves surtout), il a créé un système de composition en 1/4 de ton, mais il ne semble pas que son œuvre et ses théories soient appelées à modifier le cours de l'histoire de la musique. Si les petits intervalles s'installent dans nos mœurs musicales, ce ne sera vraisemblablement pas par le moyen d'un académisme apparenté au dodécaphonisme sériel, mais plutôt grâce au récent foisonnement de libres « musiques expérimentales ».

MUSIQUE TRADITIONNELLE EN 1/2 TONS (DODÉCAPHONIQUE EN GÉNÉRAL). L'opéra *Nova Země* (*Nouveau Monde,* 1935), des chœurs pour voix d'homme, une cantate pour la paix ; *Cesta života* (*Le Chemin de la vie*) pour orchestre ; des pièces pour piano. – **MUSIQUE EN 1/4 DE TON.** L'opéra *Matka* (*La Mère*) (1931), des chœurs ; trois quatuors à cordes, suite pour clarinette, fantaisies pour clarinette et piano, pour alto et piano, pour violoncelle et piano ; cinq suites, dix fantaisies et une sonate pour piano, deux suites pour guitare, des mélodies avec accompagnement de guitare. – **MUSIQUE EN 1/6 DE TON.** L'opéra *Přijd kralovsti Tvé* (*Ton royaume approche*), un quatuor à cordes, six pièces pour harmonium. Il a publié un traité *Neue Harmonielehre des diatonischen, chromatischen, Viertel-, Drittel- und Zwölftel-Tonsystems* (Leipzig, 1927).

HABANERA

Danse espagnole chantée, d'origine afro-cubaine, introduite d'abord à La Havane (d'où son nom) par les esclaves noirs. Elle fut appelée aussi en Espagne *contradanza criolla.* Son rythme caractéristique est le suivant :

dans un mouvement assez lent (« assez lent et d'un rythme las », écrit Ravel dans sa *Rapsodie espagnole*).

⊖➔ BIZET, *Carmen* (Ier acte L'amour est enfant de Bohême...) – DEBUSSY, *Soirée dans Grenade* (extrait d'*Estampes*). – RAVEL, *Rapsodie espagnole* (3e mouvement : orchestration de la habanera des *Sites auriculaires*).

HAENDEL, GEORG FRIEDRICH

Halle, 23 février 1685. – Londres, 14 avril 1759.

Son père, Georg Haendel (1622-1697), barbier-chirurgien et chambellan du duc de Saxe-Weissenfels, entretenait des amitiés parmi les artistes de la cour, mais était lui-même peu porté sur les arts. Il épousa en secondes noces Dorothea Taust, fille de pasteur, qui lui donna quatre enfants ; Georg-Friedrich fut le second.
Le jeune Haendel fit de solides études générales au gymnasium de Halle (1692-1702) et, bien que son père fût opposé à sa vocation musicale, il réussit très jeune – avec la complicité de sa mère, semble-t-il – à apprendre l'orgue et le clavecin. À l'âge de sept ans, accompagnant son père à Weissenfels comme il avait coutume de le faire, il parvint à jouer de l'orgue dans la chapelle de la cour, en présence du duc et de son maître de chapelle, J. Ph. Krieger. Le duc émerveillé insista pour que le fils de son chambellan prit des leçons avec Zachau à Halle. En trois années, cet excellent maître avait appris au jeune garçon ce qui lui res-

tait à savoir du jeu des instruments à clavier et lui faisait découvrir les règles de la composition, dans l'analyse des sonates allemandes et italiennes. Peu après, Haendel était nommé organiste assistant (1697), puis titulaire (1702) à la cathédrale de Halle. À sa sortie du gymnasium en 1702, il s'inscrit à l'université pour y faire son droit, conformément à la volonté de son père (mort en 1697) ; il y noue une amitié durable avec Telemann. Mais, un an plus tard, poussé par une ferme ambition et une vocation qui réclament de plus vastes horizons, il quitte Halle, son orgue et son université, pour Hambourg, qui est alors l'une des premières capitales musicales d'Europe. Il y obtient une modeste place de violino di ripieno, puis celle, importante, de claveciniste dans l'orchestre de l'opéra, dirigé par le célèbre Keiser. Peu après son arrivée, il devient l'ami de Mattheson, en compagnie duquel il entreprend le voyage de Lübeck pour entendre Buxtehude. Tous deux briguent la succession de l'illustre organiste, désireux de prendre sa retraite, mais apprenant que celui-ci ne cédera l'orgue de la Marienkirche qu'au candidat qui épousera sa fille, les deux jeunes musiciens se retirent de la compétition (deux ans plus tard, J. S. Bach renoncera dans les mêmes circonstances aux attraits d'Anna Margreta Buxtehude).

En 1705, ses deux opéras, *Almira* et *Nero*, sont représentés à Hambourg avec un honnête succès. Cependant, l'avenir dans cette ville lui paraissant incertain, il décide en 1706 de partir pour l'Italie (dans des conditions financières qui n'ont jamais été élucidées). Il se fait entendre à Florence, où il compose des cantates italiennes et fait représenter, avec l'appui de Ferdinand de Médicis, son opéra *Rodrigo* ; à Rome, il fréquente le palais du cardinal Ottoboni et celui du prince Ruspoli, rencontre Corelli, les Scarlatti et Pasquini ; à Naples, où il passe près d'un an, le cardinal Grimani lui fournit le livret d'*Agrippina*, représentée triomphalement à Venise l'année suivante. En 1710, il quitte l'Italie pour Hanovre où, grâce à l'amitié et à l'influence de Steffani, il est nommé, en remplacement de ce dernier, Kapellmeister de l'Électeur Georg. À peine installé dans ses nouvelles fonctions, il obtient un congé pour visiter l'Angleterre où il a noué quelques relations grâce à l'ambassadeur britannique à Venise. Londres est alors (quinze ans après la mort de Purcell) un bastion de l'opéra italien. Haendel s'y crée un cercle d'admirateurs et obtient un énorme succès avec l'opéra *Rinaldo*, composé en quinze jours. Il retourne à Hanovre après une absence de six mois, dont son patron ne lui tient pas rigueur, puisque, en 1712, il lui accorde un nouveau congé pour se rendre à Londres (à condition qu'il revienne « dans un délai raisonnable »). Haendel y compose un *Te Deum* pour la paix d'Utrecht et une ode pour l'anniversaire de la reine Anne, entrant ainsi dans les bonnes grâces de la souveraine, si bien qu'il se voit gratifié d'une pension royale… et oublie totalement la cour de Hanovre. Or, à la mort de la reine Anne en 1714, son successeur George Ier n'est autre que son lointain cousin l'Électeur de Hanovre, naturellement mal disposé à l'égard de son infidèle Kapellmeister. Mais, fort du succès de ses premiers opéras londoniens et de la bienveillance du souverain, Haendel rentre en grâce très rapidement (la légende voudrait que ce fût à l'occasion d'une fête aquatique où l'on aurait joué quelques morceaux de la *Water Music*). La pension de la reine Anne est bientôt rétablie et doublée.

Après avoir occupé quelque temps les fonctions de maître de chapelle du duc de Chandos, Haendel (conjointement à Bononcini et Ariosti) prend en 1719 la direction de la nouvelle Royal Academy of Music qui s'installe au théâtre de Haymarket. Ce musicien allemand (qui se fera naturaliser anglais en 1726) va consacrer une bonne partie de sa carrière à écrire pour le public anglais des opéras italiens. Le succès de l'entreprise est d'abord total, mais bientôt les fabuleux cachets exigés par des vedettes comme la soprano Cuzzoni et le castrat Senesino compromettent l'équilibre financier de l'Academy. Et surtout de violentes querelles, nées de la jalousie, vont porter préjudice à la réputation de l'entreprise et à la qualité de ses spectacles. Haendel, soutenu par le roi, se voit opposer son propre associé Bononcini soutenu par le prince de Galles ; devant les succès du premier, Bononcini conçoit une amertume qui n'a d'égale que l'hostilité du prince de Galles à l'encontre du souverain. Des cabales s'organisent et, pour mettre le comble au désordre, Haendel, trop ambitieux, engage la célèbre Bordoni (épouse du compositeur Hasse) qu'il a la témérité de vouloir faire paraître sur scène avec la Cuzzoni, dans son opéra *Alessandro.* Comme il était à craindre, un pugilat met aux prises les deux *prime donne* pendant une représentation, malgré la présence dans la salle de la princesse de Galles. Le coup fatal est porté à l'entreprise de Haymarket en 1728 lorsque le *Beggar's Opera* de Pepusch est représenté à Lincoln's Inn Field, où depuis 1715 fonctionne un théâtre rival. Satire de l'opéra italien (Cuzzoni et Bordini ont pu se reconnaître dans Polly et Lucy), où des chansons populaires et des airs d'opéras à la mode sont habilement utilisés, cet ouvrage obtient un énorme succès. La Royal Academy of Music, dont le déficit devient inquiétant, se résigne à fermer ses portes.

Après de nouveaux essais sans lendemain dans la carrière de directeur de théâtre, Haendel, las des attaques de ses adversaires, se tourna sagement vers l'oratorio à partir de 1738. Hérité de Carissimi, mais transformé par le génie de Haendel au point de devenir un genre typiquement britannique, plus dramatique que religieux, l'oratorio présentait l'avantage d'être la seule forme de spectacle autorisée pendant le carême, ce qui, à cette période de l'année, réduisait considérablement la concurrence.

Entre les différentes parties de ses grands oratorios, l'auteur se ménageait des succès de virtuose en improvisant à l'orgue ou en interprétant des concertos. La première audition du *Messie* à Dublin en 1742 fut l'un des plus grands triomphes de sa carrière.

En 1750, au cours d'un voyage en Hollande et en Allemagne, la santé de Haendel fut gravement affectée par un accident de voiture. Bientôt sa vue baissa de façon inquiétante. Trois opérations furent tentées, les deux premières en 1752, par W. Bromfield, la troisième en 1758 par le célèbre chirurgien Taylor, qui avait opéré Bach sans succès. Devenu aveugle, il cessa de composer, mais continua, pendant les six dernières années de sa vie, à interpréter ses œuvres. Il mourut dans sa maison de Brook Street (Grosvenor Square) à l'aube du 14 avril 1759 et fut enterré le 20 dans Westminster Abbey, où une statue de Roubiliac fut érigée sur son tombeau. Il est considéré dans son pays d'adoption comme un musicien anglais.

Dans la grande variété de l'œuvre de Haendel, la musique de style allemand tient une place extrêmement réduite : deux Passions, deux recueils de lieder, une partie des pièces instrumentales. Son œuvre est constituée principalement par de la musique italienne (opéras, cantates, musique de chambre) et anglaise (oratorios, *Water Music*, concertos pour orgue). Les cantates sont de belles compositions dans le style de Leo ou Scarlatti. Les opéras sont des chefs-d'œuvre musicaux, dignes des meilleurs opéras italiens du temps, mais l'absurdité de leur conception dramatique (fruit du culte inconsidéré de la *prima donna* ou du *gran uomo*) et la médiocrité de presque tous leurs livrets ont conduit à leur oubli partiel ; depuis 1952, des efforts ont été faits dans plusieurs théâtres d'Europe (à Halle notamment) pour remettre ces ouvrages à la scène. Les oratorios, qui constituent probablement le meilleur de l'œuvre de Haendel, jouent en Angleterre le rôle de l'opéra national, presque inexistant dans ce pays. À vrai dire, ce sont plutôt des sortes d'opéras, sans mise en scène, et où les chœurs jouent généralement un rôle prépondérant. Haendel a créé avec ces grands oratorios un genre typiquement anglais dont le culte, presque religieux, se perpétue jusqu'à nos jours, à la faveur des grands festivals choraux (Birmingham, Gloucester, Hereford, Worcester…), institutions typiquement britanniques elles aussi. Selon Beethoven, Haendel était le plus grand compositeur de tous les temps : jugement excessif peut-être, mais dans les meilleures pages de ses oratorios, il se montre effectivement l'égal des plus grands.

(Œuvre publiée par la Haendel-Gesellschaft.) Quarante opéras italiens (1705-1741), dont *Rinaldo* (1710), *Ezio* et *Sosarme* (1732), *Alcina* (1735), *Arminio* (1737), *Serse* (1738). Un *masque* anglais, *Acis and Galatea* (petit chef-d'œuvre). Treize « pasticcios » arrangés par Haendel (musique de Haendel et d'autres compositeurs). Vingt-quatre oratorios (1708 et 1732-1757), dont *Saül*, *Israel in Egypt*, *Messiah*, *Belshazzar*, *Jephtha* (certains, comme *Semele*, sont presque des opéras) ; à l'exception des deux oratorios italiens de 1708, tous sont sur des textes anglais ; quinze d'entre eux ont des sujets bibliques, les autres des sujets profanes. Des odes de circonstance (pour l'anniversaire de la reine Anne, la fête de sainte Cécile, etc.) ; deux Passions en allemand (1704-1715) ; cent cantates italiennes, vingt-deux duos, douze *Deutsche Lieder*, sept *Airs françois*, vingt-quatre *Minuet Songs* ; vingt-quatre *anthems*, des psaumes, des motets, trois *Te Deum*. *Water Music* (suite pour orchestre en vingt parties), *Fireworks Music* (suite pour orchestre en six parties). Vingt concertos pour orgue et orchestre, vingt concertos grossos, des concertos divers, environ quarante sonates, trios, etc., pour divers instruments ; des pièces pour clavecin.

HAHN, REYNALDO

Caracas (Venezuela), 9 août 1875. – Paris, 28 janvier 1947.

Venu en France à l'âge de trois ans, il fut admis à onze ans au conservatoire de Paris (Lavignac, Dubois, Massenet) et publia ses premières œuvres à quatorze ans. Il fut chef d'orchestre au casino de Cannes, critique musical au *Figaro* et directeur de l'opéra de Paris (1945). Interprète apprécié de Mozart, il dirigea *Don Giovanni* à Salzbourg.

Opéras (dont *Le Marchand de Venise*), ballets (*Le Bal de Béatrice d'Este* et *La Fête chez Thérèse*), nombreuses opérettes (dont *Ciboulette*, la plus réussie et la plus célèbre), des musiques de scène et des comédies musicales (dont une aimable partition pour le discutable *Mozart* de Sacha Guitry) ; de la musique de chambre, des pièces pour piano et surtout de nombreuses et charmantes mélodies qu'il chantait lui-même au piano avec beaucoup de sensibilité et d'esprit.

HALÉVY, JACQUES FROMENTAL

Paris, 27 mai 1799. – Nices, 17 mars 1862.

[alias Lévy] Élève de Berton et Cherubini, grand prix de Rome (1819), il devint le maître, au conservatoire de Paris, de Gounod et de Bizet (son futur gendre). Il fut le successeur de Reicha à l'Institut (1836). Son neveu Ludovic, était un célèbre librettiste.

Trente-cinq opéras ou opéras-comiques, dont les plus intéressants sont, dans deux genres très différents, *La Juive* et *L'Éclair*, des cantates, de la musique liturgique pour le culte juif.

Halffter, Cristóbal

Madrid, 24 mars 1930.

Élève du conservatoire de Madrid, il en fut le directeur de 1964 à 1966. Il a enseigné la composition à Madrid et aux cours d'été de Darmstadt.

L'opéra *Mariana Pineda* (d'après Lorca), *Officium defunctorum* (1977) pour chœur et orchestre, *Noche pasiva del sentido* (1970) pour voix, percussion et quatre bandes magnétiques, d'après Jean de la Croix, *Llanto para las victimas de la violencia* (1971) pour orchestre de chambre et dispositif électroacoustique, des concertos pour violon, pour violoncelle (2), pour flûte, trois quatuors à cordes, des pièces pour orgue, *Versus* pour orchestre (1983).

Halffter, Ernesto

Madrid, 6 janvier 1905. – Madrid, 5 juillet 1989.

Chef d'orchestre, oncle du précédent. Élève et interprète de Falla. Au début de la guerre d'Espagne, il est parti pour les USA et s'est établi ensuite à Lisbonne. Il a achevé *L'Atlantida* de Falla.

L'opéra *La Muerte de Carmen*, des ballets, un *Canticum* en hommage à Jean XXIII, *Rapsodia portuguesa* pour piano et orchestre, *Fantasia* pour violoncelle et orchestre, des pièces pour piano, dont trois sonates.

Hamal, Jean-Noël

Liège, 23 décembre 1709. – Liège, 26 novembre 1778.

Fils et disciple d'Henri-Guillaume Hamal, compositeur et claveciniste liégeois. Il visita l'Italie à deux reprises, s'y liant d'amitié avec Jommelli et Durante, et séjourna longuement à Paris, où le fameux Concert spirituel lui inspira la création d'une organisation semblable à Liège. Hamal devint chapelain impérial et chanoine de l'église Saint-Gilles.

Plus de deux cent soixante-quinze œuvres religieuses, souvent remarquables, cinq opéras-comiques wallons, quinze symphonies, onze ouvertures, de nombreuses pièces pour clavecin.

Hambraeus, Bengt

Stockholm, 29 janvier 1928.

Organiste et musicologue, il a mis sa vaste culture musicale au service de recherches compositionnelles qui le placent à l'avant-garde des compositeurs de sa génération. Il est le premier à avoir traité l'orgue par les procédés de la musique électroacoustique, notamment dans les œuvres qu'il a réalisées au studio de Cologne en 1955 et à celui de Milan en 1959. Il enseigne à l'université de Montréal (1972).

Cantigas de Sancta Maria (3 voix et cordes), *Crystal Sequence* pour chœur féminin, concerto pour orgue et clavecin, de la musique d'orgue (dont *Constellations I, II, III, IV,* « travaillées » sur bande), *Rota* pour 3 orchestres et bande magnétique, etc., ainsi que des travaux de musicologie sur l'orgue baroque et sur la musique du XVIe siècle.

Hammerschmidt, Andreas

Brüx (Bohême), 1612. – Zittau, 29 octobre 1675.

Organiste à Zittau de 1639 à sa mort, c'était un des plus grands maîtres de la musique luthérienne au XVIIe siècle. Son œuvre, qui se rattache en partie à la tradition inaugurée en Allemagne par Schütz, a exercé une influence appréciable sur la génération suivante, notamment sur Bach.

Cinq volumes de *Musicalische Andachten* (157 pièces spirituelles, dont 21 dans le style italien avec basse continue, 105 dans le style polyphonique avec ou sans instrumentation ad libitum, 31 dans le style de Schütz avec des parties instrumentales obligées) ; dix-sept messes luthériennes (*Kyrie* et *Gloria*) ; trente-quatre *Dialoghi* « entre Dieu et une âme fervente » ; vingt motets latins ; *Fest-Buss und Dank-Lieder* (trente-deux hymnes pour 5 voix et 5 instruments, d'où proviennent plusieurs belles mélodies de chorals encore en usage dans l'église luthérienne) ; des *Liebesgesänge* profanes (avec instruments) ; un recueil de pièces pour 5 violes (pavanes, gaillardes, etc.).

Harant z Polžic, Kryštof

Klenovy (Klatovy), 1564. – Prague, 21 juin 1621.

Il étudie la musique comme page à la cour de Ferdinand à Innsbruck, puis à Prague avec Philippe de Monte. De 1593 à 1597, il se bat contre les Turcs dans l'armée impériale et, en 1598-1599, il se rend en pèlerinage en Terre Sainte. En 1618-1619, il fut un des chefs de la révolte de la noblesse en Bohême. Après la victoire impériale de la Montagne blanche (Bilá Hora), il fut condamné à mort et décapité en public sur la place de la vieille ville à Prague, avec les autres chefs de la révolte. Très cultivé, il était aussi écrivain et peintre.

Motets *Maria Kron* à 5 voix et *Qui confidunt in dominum* à 6 voix (composé à Jérusalem), messe à 5 voix sur le madrigal *Dolorosi Martir* de Marenzio, un récit en tchèque de son voyage en Terre Sainte.

Harmonica

1. Instrument composé d'une série de résonateurs en verre que l'on fait vibrer en frottant leurs bords avec les doigts mouillés. À l'origine (dans la première moitié du XVIIIe siècle), on utilisait des verres à boire que l'on accordait en y versant plus ou moins d'eau. Gluck a donné un concert à Londres en 1746 « sur vingt-six verres à boire, accordés avec de l'eau de source ». Il recommença en 1749 au Danemark. Vers 1761, B. Franklin eut l'idée de fixer sur un axe horizontal une série de trente ou quarante verres, aussi serrés que possible sans se toucher, les bords seuls étant apparents. L'ensemble était mis en rotation par une pédale, l'instrumentiste promenant ses doigts mouillés sur les bords, avec presque autant d'agilité que sur un clavier. En 1784, on fit d'ailleurs des tentatives infructueuses d'adaptation d'un clavier à l'harmonica. Mozart et Beethoven figurent parmi les compositeurs qui ont écrit pour cet instrument.

⊖→ MOZART, *Adagio et rondo pour harmonica K 617.*

2. Instrument à anches libres, inventé en 1821 par Fr. Buschmann, l'un des créateurs de l'accordéon. Les petites anches métalliques sont logées dans des minuscules porte-vent que l'on déplace devant sa bouche. Dans la même position on obtient des notes différentes en aspirant et en soufflant. Un levier donne les notes altérées de manière à obtenir tous les sons de la gamme chromatique. Cet instrument n'était guère plus qu'un jouet jusqu'à ce que les musiciens de jazz s'y soient intéressés.

Harmonie

On désigne par ce mot la science de la formation et de l'enchaînement des accords*. De façon générale l'harmonie est l'aspect « vertical » de la polyphonie par opposition au contrepoint qui en est l'aspect « horizontal ». Ces notions très artificielles, auxquelles on se réfère en parlant des qualités « harmoniques » ou « contrapuntiques » d'une œuvre musicale, sont naïvement déduites d'une particularité de la notation pour connaître, en un instant donné, la nature des notes superposées qui forment un accord, on doit lire verticalement, fixer son attention sur une tranche verticale de musique (« Ô temps, suspends ton vol… ») ; si au contraire on veut suivre une mélodie, ou plusieurs mélodies simultanées, on doit lire horizontalement de gauche à droite.

En fait, la musique n'est ni horizontale ni verticale, et il est rare qu'une œuvre puisse être considérée exclusivement sous son seul aspect harmonique ou contrapuntique. L'harmonie manque d'autonomie, nombre de ses principes étant déduits de la science du contrepoint ceux qui régissent, par exemple, la marche de chaque « voix » dans une succession d'accords. Née au XVIIe siècle seulement, lorsque le développement de la « monodie » a fourni l'occasion de déduire des lois nouvelles de la structure polyphonique, elle voit ses lois transgressées, dans certaines œuvres en imitation stricte qui obéissent à celles du contrepoint (canons à la quarte ou à la quinte, par exemple, qui introduisent une polytonalité). La technique dodécaphonique* aura eu le mérite de tendre à une synthèse. Rameau, le premier, l'avait tentée, au bénéfice de l'harmonie et en se fondant sur les lois de l'acoustique. Cependant, la considération momentanée d'un certain aspect vertical de la musique devient nécessaire dans plusieurs parties de la théorie et de l'enseignement de cet art ; c'est le domaine propre de l'harmonie :

1. Pour établir une nomenclature des accords fondamentaux et justifier (sinon expliquer) leur classification en accords consonants et accords dissonants.
2. Pour formuler clairement les règles générales de l'enchaînement des accords, dont dépendent notamment la modulation et la réalisation de formules de cadences.

Dans l'harmonie classique, les règles de la modulation font intervenir la notion de « tons voisins ». Les tons voisins auxquels il est plus facile et, généralement, préférable de moduler, sont ceux qui ont à la clé les mêmes altérations (« armure ») ou dont l'armure ne diffère que d'une altération. Les tons voisins d'une tonalité donnée sont donc : le relatif*, la quinte supérieure et son relatif, la quinte inférieure et son relatif. On pourra déduire du tableau suivant les tons voisins de chaque tonalité. La série des quintes montantes et celle des quintes descendantes ont été placées face à face pour montrer les équivalences par enharmonie*.

QUINTES MONTANTES (♯)				QUINTES DESCENDANTES (♭)		
Ton majeur	*relatif mineur*	*altérations*	*par enharmonie*	*altérations*	*relatif mineur*	*ton majeur*
si ♯	sol 𝄪	(2 ♯ + 5 𝄪) ^{0}	=	sans	la	do
mi ♯	do 𝄪	(3 ♯ + 4 𝄪) ^{0}	=	1 ♭	ré	fa
la ♯	fa 𝄪	(4 ♯ + 3 𝄪) ^{0}	=	2 ♭	sol	si ♭
ré ♯	si ♯	(5 ♯ + 2 𝄪) ^{0}	=	3 ♭	do	mi ♭
sol ♯	mi ♯	(6 ♯ + 1 𝄪) ^{0}	=	4 ♭	fa	la ♭
do ♯	la ♯	7 ♯	=	5 ♭	si ♭	ré ♭
fa ♯	ré ♯	6 ♯	=	6 ♭	mi ♭	sol ♭
si	sol ♯	5 ♯	=	7 ♭	la ♭	do ♭
mi	do ♯	4 ♯	=	(6 ♭ + 1 𝄫) ^{0}	ré ♭	fa ♭
la	fa ♯	3 ♯	=	(5 ♭ + 2 𝄫) ^{0}	sol ♭	si 𝄫
ré	si	2 ♯	=	(4 ♭ + 3 𝄫) ^{0}	do ♭	mi 𝄫
sol	mi	1 ♯	=	(3 ♭ + 4 𝄫) ^{0}	fa ♭	la 𝄫
do	la	sans	=	(2 ♭ + 5 𝄫) ^{0}	si 𝄫	ré 𝄫

^{0} = rarement utilisé

3. Pour nommer et classer les dissonances et pour décider si une dissonance est une individualité en tant qu'accord, ou résulte d'un phénomène accidentel : anticipation*, retard*, note de passage*, appoggiature*, ornements* divers. Dans le cas de la dissonance non fonctionnelle et non accidentelle, recherchée pour ses qualités intrinsèques, on se trouve dans le domaine de l'harmonie pure. On en trouve des exemples chez Bach, en particulier dans l'usage qu'il fait souvent de l'accord de septième diminuée au centre névralgique d'une œuvre, ou dans des successions d'accords dissonants tels qu'on en trouve dans plusieurs airs de la *Passion selon saint Matthieu.* Ces exemples anciens de l'« émancipation de la dissonance » ont été largement suivis, depuis Chopin, Liszt et Wagner surtout. Les premières étapes de cette émancipation ont été l'assouplissement progressif des règles de « préparation » et de « résolution » des dissonances : la première (qui consiste à faire entendre, dans l'accord précédent, la note produisant la dissonance) est pratiquement abandonnée dès le XVIIIe siècle et même dès Monteverdi pour certaines dissonances fondamentales ; la seconde, battue en brèche de plus en plus fréquemment depuis Beethoven, est en voie de disparition.
4. Pour analyser une partition dans son aspect harmonique ou vertical. Cette analyse est délicate et exige de celui qui la pratique une profonde connaissance de toutes les disciplines musicales. Dans une analyse superficielle qui isole des « tranches » verticales de musique, indifférente au contexte, tout accord fortuit peut être défini comme s'il était la création d'une volonté consciente et non une somme de coïncidences et l'on salue souvent ainsi une audace harmonique dans ce qui n'est peut-être que le fruit de la négligence… Une harmonie complexe peut, de

plus, donner lieu à plusieurs interprétations : c'est alors que l'intelligence du contexte, et notamment (ce qu'on oublie souvent) l'observation des caractères rythmiques, peut permettre de faire un choix juste.

L'harmonie classique se fonde en partie sur un phénomène naturel, celui de la résonance complexe des corps sonores. Le principe sommaire en est le suivant : l'observation de la nature, où tout son musical est la superposition de sons purs déterminés, doit inspirer nos propres assemblages de sons. Ce raisonnement est d'autant plus spécieux que l'art n'est pas la reproduction de la nature : l'art commence au contraire lorsque l'âme humaine impose à la nature ses propres lois. Paul Hindemith (*Unterweisung im Tonsatz*, 1937) a prétendu tirer d'une étude sommaire des phénomènes sonores une justification scientifique de son harmonie. Mais on ne peut raisonnablement le suivre dans ses propositions arbitraires et son raisonnement séduisant mais dénué de rigueur... Ces théories se heurtent toujours (dans l'état actuel de notre conception de l'harmonie) à plusieurs difficultés :

1. La série des harmoniques ne permet pas la justification de l'accord parfait mineur, construit sur la fondamentale.
2. Les harmoniques 7, 11, 13, 14, 17, 19, 21, 22, 23, 26, etc., sont réputés « faux » parce qu'ils n'entrent pas dans la plupart des systèmes (voir Intervalles*) [1].
3. Le tempérament*, qui fausse tous les intervalles et n'a aucun fondement naturel, devrait logiquement remettre en cause les principes d'une harmonie qui se veut « naturelle ».

-⊖› LASSUS, *Lamentations de Job* (audaces harmoniques étonnantes pour l'époque). – GESUALDO, *Madrigaux* (enchaînements inattendus, dissonances, audaces de toutes sortes). – BACH, *Passion selon saint Matthieu* (deuxième partie). L'exclamation de la foule : « Barabbam ! » est un accord de septième diminuée isolée du contexte. Les deux récits d'alto (*Erbam es Gott!* et *Ach Golgotha!*) utilisent environ trois fois plus de dissonances que de consonances, dans un but essentiellement dramatique ; le second de ces récits se termine par une dissonance non résolue (un sol bécarre à la partie de chant sur une harmonie de la ♭). – BEETHOVEN, *Neuvième Symphonie* (premier mouvement) mesure 313 et suivantes, au sommet de ce mouvement : résolution exceptionnelle (septième de dominante de mi ♭ se résout en ré mineur). – SCHUBERT, *Quintette en ut* (troisième mouvement) 3e mesure avant la fin : effet dramatique produit par l'accord parfait mineur du 2e degré chromatique (fa naturel). – DEBUSSY, *Pelléas et Mélisande*, Acte II, sc. 2 (« Toutes ces forêts... ») : enchaînement de neuvièmes de dominante. Acte III, sc. 1 (« Je ne vois plus le ciel... ») : enchaînement modulant d'accords parfaits. – STRAVINSKY, *Le Sacre du Printemps*. « Rondes Printanières » chiffre 53 : invention harmonique pure, relevant partiellement de la *polytonalité* et produisant un effet grandiose par une sorte d'intensification harmonique du thème exposé peu avant. – BARTÓK, *Musique pour cordes, percussion et célesta* (troisième mouvement, mesures 20

1. Les anciens théoriciens persans et arabes font état d'intervalles formés par ces harmoniques 18/17, 17/16, 15/14, 14/13, etc.

et suivantes) : impression de légèreté, de finesse extrême par les trilles et trémolos à distance de seconde : « Cela ressemble à de la soie qui se déchire », a dit Messiaen ! (Voir aussi exemples de Modulation*, Dissonances*, Accords*, Cadences*, etc.)

HARMONIQUES I

L'acoustique montre qu'un son musical (son complexe) peut toujours être décomposé en une série de sons « partiels[1] » ou « concomitants », qui sont des facteurs déterminants du timbre (voir page 20). Si le phénomène musical est entretenu (instruments à vent et à archet), les sons concomitants sont « harmoniques » leurs fréquences sont alors des multiples simples de la fréquence F du premier harmonique (h.1) et « son fondamental » : F, 2F, 3F… nF. Dans la plupart des cas, l'intensité relative du son fondamental est telle qu'il est le seul identifiable par une oreille non exercée : sa fréquence (sa « hauteur ») est celle que l'on attribue d'emblée au son musical considéré.
Voici la série des harmoniques naturels du son ut_1 ; cette série peut être poussée naturellement aussi loin que l'on veut, mais les sons seront de plus en plus voisins et ainsi peu d'entre eux pourront être notés. Entre h.80 et h.81, par exemple on trouvera l'intervalle d'un comma.

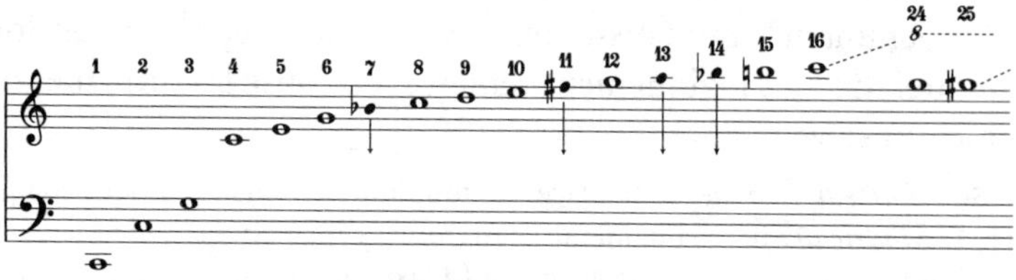

On observe que les harmoniques dont le rang est un nombre premier, à partir du septième, ne coïncident pas aux sons de notre échelle, de même que leurs octaves : dans l'exemple ci-dessus, ils sont plus bas que la notation.
L'observation de cette série permet de déterminer la valeur de tous les intervalles possibles, puisque le nombre désignant le rang de chaque harmonique est proportionnel à la fréquence. On trouve notamment les intervalles usuels d'octave (2), de quinte (3/2), de quarte (4/3), de tierce majeure (5/4) et mineure (6/5), de ton majeur (9/8) et mineur (10/9), de demi-ton diatonique (16/15) et chromatique (25/24), de

1. Appellation impropre, mais consacrée par l'usage. Les sons partiels sont, en vérité, les harmoniques instrumentaux obtenus lorsqu'un corps sonore vibre partiellement et non sur toute sa longueur.

sixte mineure (8/5) et majeure (5/3), de septième mineure (9/5 et 16/9) et majeure (15/8). Il faut pousser la série des harmoniques plus loin pour trouver le triton (45/32) ; l'intervalle (25/18) est une quarte augmentée faible.

Harmoniques inférieurs

On désigne ainsi la série descendante de sons présentant entre eux les mêmes intervalles que la série ascendante des harmoniques supérieurs naturels : par exemple ut$_4$ ut$_3$ fa$_2$ ut$_2$ la♭$_1$ fa$_1$. Cette série ne présente pas de réalité physique comme celle des harmoniques supérieurs et sa dénomination peut prêter à confusion. Ici le fondamental est un son qui, au lieu d'engendrer tous les autres, est lui-même engendré par chacun des sons de la série pris isolément : le « fondamental » d'une série d'harmoniques inférieurs est donc plutôt un harmonique commun aux divers sons. Ainsi l'ut$_4$ est h. 2 de ut$_3$, h.3 de fa$_2$, h.4 de ut$_2$, h.5 de la♭$_1$. Tandis que la série des harmoniques supérieurs engendre le mode* majeur, celle des « harmoniques inférieurs » engendre le mode mineur.

De nombreuses expériences simples permettent de mettre en évidence les harmoniques. En voici deux exemples :

1. Chanter *ou* sur un 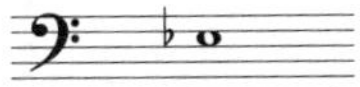

puis jouer doucement 

sur le piano et laisser mourir le son en chantant toujours : on continuera d'entendre dans la voix, mêlé au mi ♭ fondamental, le troisième harmonique si ♭.

2. Sur un clavier de piano, enfoncer doucement sans les faire jouer les touches correspondant à

 et 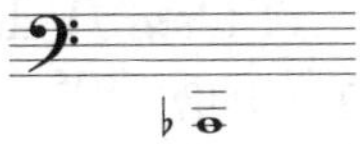

En même temps, attaquer sèchement de l'autre main la note

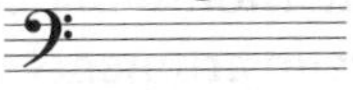

sans la tenir. Les cordes correspondant au fa et au la ♭ graves, dont les étouffoirs auront été libérés, résonneront partiellement en reproduisant, avec un timbre très pur, le do supérieur, leur harmonique commun. (Ce fa et ce la ♭ sont appelés « harmoniques inférieurs » de do.)

HARMONIQUES II (INSTRUMENTS)

Si l'on attaque normalement une corde avec un archet, un plectre ou les doigts, elle vibre sur toute sa longueur. Il se forme un « ventre » de vibration au milieu, un « nœud » à chaque extrémité et le son obtenu est le son fondamental de la corde (voir page 24 Acoustique*). Mais si, de l'autre main, on effleure la corde au point qui en est exactement la moitié, le 1/3, le 1/4, le 1/5 (ou les 2/5), on provoque artificiellement des nœuds de vibration et la corde vibre en se divisant en 2, 3, 4, 5 parties égales, produisant des sons très doux que l'on appelle les « sons harmoniques », car ils correspondent aux harmoniques 2, 3, 4, 5 du son fondamental.

Corde	Note effleurée*	Note obtenue	Harmo.
1/2	Octave	unisson de la note effleurée	h. 2 (8^{ve})
1/3	Quinte	octave de la note effleurée	h. 3 (12°)
1/4	Quarte	douzième de la note effleurée	h. 4 (15°)
1/5 2/5 (* ou *)	Tierce majeure	double octave de la note effleurée	h. 5 (17°)
	Sixte majeure	douzième de la note effleurée	id.

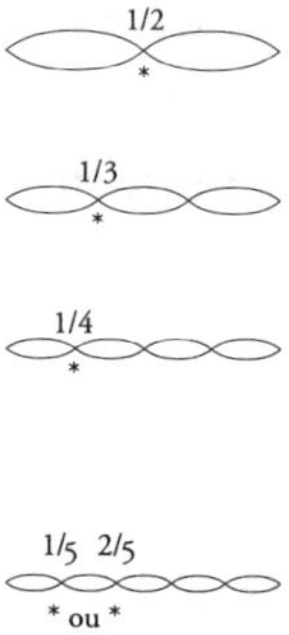

Tous ces harmoniques sont obtenus sur les instruments de la famille du violon. La harpe et la guitare utilisent seulement les harmoniques à l'octave (sauf exceptions rares pour la guitare).

On trouve le premier exemple de l'utilisation des sons harmoniques au violon dans l'*Opus IV* de Mondonville (vers 1738).

PIANO (voir page 305 l'expérience n° 2). Le seul exemple d'utilisation des sons harmoniques au piano est sans doute le n° 102 du *Mikrokosmos* de Bartók (quatrième volume).

INSTRUMENTS À VENT. La division de la colonne d'air étant le fondement de la technique de ces instruments (jusqu'à h.4 ou h.5 pour les « bois » ; jusqu'à h.16 pour les « cuivres »), les sons obtenus n'ont plus le même caractère exceptionnel que sur les instruments à cordes et ne sont pas qualifiés d'« harmoniques » dans le langage usuel.

ORGUE. On dit d'un jeu qu'il est « harmonique » lorsque ses tuyaux sont percés de trous latéraux provoquant la division de la colonne d'air en vibration, d'où l'émission de sons à l'octave ou à la douzième du son fondamental.

⊖→ RAVEL, *Ma Mère l'Oye* (II. « Le Petit Poucet » imitation d'un chant d'oiseau par des glissandos de violon en harmoniques), *Concerto pour piano en sol* (1er mouvement, chiffre 22 : harmoniques de harpe (thème) accompagnés de glissandos), *Tzigane* : nombreux exemples. – BARTÓK, *Danses roumaines* (n° 3), version pour violon entièrement en harmoniques.

HARMONIUM

Instrument à anches libres (sans tuyaux) et à clavier. Il est alimenté en air par des soufflets, actionnés à l'aide de deux pédales. À l'exemple de l'orgue, qu'il est souvent appelé à remplacer, l'harmonium dispose de plusieurs « jeux ». Son nom date de 1840 (A. Debain) ; mais l'instrument existe sous diverses dénominations depuis 1810.

⊖→ SCHOENBERG, *Herzgewächse* op. 20.

HARPE

Dérivée de l'arc musical primitif, la harpe était déjà connue du monde suméro-chaldéen, environ trois mille ans avant J.-C., comme en témoignent la peinture d'un vase de Bismaya et l'instrument découvert en 1928 au cimetière royal d'Ur. La harpe égyptienne existait dès la IVe dynastie (XXVIe siècle avant J.-C.) : de grandes dimensions, elle était tendue de six à huit cordes, nombre qui sera doublé au temps du Nouvel Empire. Ces instruments, ne comportant pas de colonne de soutien, étaient évidemment incapables de supporter de fortes tensions : le son en était donc doux et grave.
Aucun document ne permet de décrire, ni d'identifier avec certitude la harpe des Hébreux. Le « kinnôr », instrument de David, mentionné une quarantaine de fois dans la Bible[1], est-il seulement une harpe comme en ont décidé les traducteurs modernes ? Les anciens traducteurs grecs se contentaient de l'appeler χινυρα (forme grecque du mot hébreu) ou bien assimilaient le kinnôr à leur cithare nationale (version des Septante : χιθάρα latinisé dans la Vulgate). Certains spécialistes pensent que la pseudo-harpe biblique est une sorte de lyre (mais *nebel* est déjà

1. Genèse, 31, 27 ; I Samuel, 10, 5 ; II Samuel 6, 5 et 15 ; I Rois, 10, 12 ; II Rois, 3, 15 ; I Chroniques, 15, 21, et 24 ; Job, XXI, 12 et XXX, 31, Psaumes 137, 150, etc., Isaïe, 5, 12 et 23, 16…

traduit par « lyre »)… Au IXe siècle avant notre ère, apparaît pour la première fois, en Syrie, une harpe munie d'une colonne de soutien (troisième côté du triangle). Les Grecs imitèrent l'instrument syrien, ainsi qu'en témoignent des peintures de vases du IVe siècle avant J.-C. Ce sont eux, probablement, ou peut-être les Égyptiens, qui introduisirent la harpe en Europe occidentale, où l'Irlande semble avoir été la première à l'adopter, avant d'en faire un symbole national ; toutefois l'Écosse et le pays de Galles revendiquent aussi cette priorité.
Instrument des jongleurs, ménestrels, minnesänger, la harpe connut au Moyen Âge une très grande vogue, jusqu'à ce qu'elle fût détrônée au XVe siècle par le luth. Simplement diatonique, elle avait approximativement la forme de la harpe moderne, en plus petit, avec sa gracieuse console en col de cygne.
On ne sait à peu près rien de la musique qui lui était alors destinée. À partir de la fin du XVIe siècle, apparaissent en Espagne et en Italie les premiers exemples de musique expressément notée pour la harpe, mais c'est seulement dans l'*Orfeo* de Monteverdi (1607) qu'elle commence à être utilisée rationnellement, en fonction des particularités de sa technique. L'instrument dont l'usage semble s'être alors généralisé s'appelait *arpa doppia* : hérité des Irlandais et introduit en Italie vers 1580, il comportait deux rangées de cordes permettant de jouer tous les degrés de la gamme chromatique.
Cependant, la harpe fut l'objet d'une désaffection générale jusqu'au début du XVIIIe siècle. C'est alors qu'un luthier allemand, Hochbrucker, reprenant l'idée qu'avait eue, vers 1660, un petit artisan tyrolien, imagina de commander par des pédales, dont les tiges passaient dans la colonne, une série de petits crochets destinés à raccourcir chacune des cordes d'une longueur correspondant à un demi-ton, suppléant ainsi à la deuxième rangée de cordes de la *arpa doppia.* C'est pour ce nouvel instrument, perfectionné par les Français Georges et Jacques Cousineau, que Mozart écrivit, en 1778, son *Concerto pour flûte et harpe.*
À partir de 1786, Sébastien Érard remplaça le système de crochets (ou les « béquilles » de Cousineau) par des « fourchettes » montées sur de petits disques métalliques que l'action des pédales faisait tourner sur leur axe. En 1810, il fabrique les premières harpes « à double mouvement », où les cordes sont susceptibles d'être raccourcies deux fois d'un demi-ton par un double mouvement des pédales correspondantes : c'est le principe de l'instrument généralement adopté aujourd'hui et connu sous le nom de « harpe Érard ».
La harpe Érard est tendue de quarante-six cordes qui lui donnent une étendue de six octaves et demie (ut $\flat_{-1}$ à sol $\flat_{6}$). Les sept pédales agissent chacune sur toutes les octaves d'un même son et peuvent être enfoncées en deux fois, haussant chaque fois d'un demi-ton des notes

de même nom (tous les ré, ou tous les do, ou tous les si…). Normalement la harpe est accordée en ut ♭ majeur, mais, par le jeu des pédales, chacune de ses cordes peut produire trois sons : le bémol (pédale au repos), le bécarre (premier cran), le dièse (deuxième cran). L'emploi de la harpe à l'orchestre est encore rare au XVIIIe siècle (*Orfeo* de Gluck), mais, à partir de Berlioz (qui recommandait déjà l'emploi des sons harmoniques), elle est d'un usage courant.

L'effet de glissando aérien, irréel, qui n'appartient qu'à la harpe, a été mis à la mode principalement par Debussy et Ravel. Les sons harmoniques à l'octave, au timbre mystérieux, sont les seuls pratiqués : ils s'obtiennent en effleurant la corde en son milieu.

MONTEVERDI, *Orfeo* (acte III, Chant d'Orfeo et l'interlude). – MOZART, *Concerto pour flûte et harpe.* – WEBER-BERLIOZ, *Invitation à la valse* (passage brillant en croches après le grand thème de valse = 2 harpes doublant les flûtes). – RAVEL, *Concerto en sol* (1er mouvement, chiffre 22 : cadence de harpe) : glissando à la main droite et sons harmoniques à la main gauche. – JOLIVET, *Concerto pour harpe.* – Récitals Lily Laskine, Zabaleta, etc.

HARSANYI, TIBOR

Magyarkanizsa, 27 juin 1898. – Paris, 19 septembre 1954.

Élève de Kodály (composition) et de Kovacs (piano) à Budapest, il commença une brillante carrière de pianiste qui, en 1923, le conduisit à Paris où il décida de s'établir. C'est ainsi qu'il fit partie du groupe de musiciens étrangers séduits par la culture française que l'on désigne sous le nom d'École de Paris. Son style très personnel est marqué par les influences de Bartók, de Debussy et du jazz.

Deux opéras, trois ballets, une *Cantate de Noël*, une symphonie, un concerto pour violon, de nombreuses œuvres petit piano, dont un *Concerstück* et un concertino avec orchestre.

HARTMANN, JOHANN PETER EMILIUS

Copenhague, 14 mai 1805. – Copenhague, 10 mars 1900.

Fils et petit-fils d'organiste, organiste lui-même, il eut un fils organiste, Emil (1836-1898). L'un des chefs de l'école romantique danoise, avec Gade (qui devint son gendre), il participa à la fondation de la Musikforeningen, dont il fut le président de 1839 à 1892.

Opéras, ballets, nombreuses œuvres chorales (inspirées souvent des légendes danoises), symphonies, pièces pour piano, mélodies.

Hartmann, Karl Amadeus

Munich, 2 août 1905. – Munich, 5 décembre 1963.

Directeur de Musica Viva, association patronnée par l'Opéra de Munich, pour la diffusion de la musique nouvelle. Disciple spirituel d'Alban Berg, dont le rapproche son tempérament lyrique, il a utilisé dans ses œuvres un système dodécaphonique élargi, dans un style expressionniste d'une rare intensité.

Un opéra de chambre, *Simplicius Simplicissimus* (Cologne, 1949) ; des œuvres chorales, huit symphonies, un concerto pour violon, deux quatuors à cordes.

Hasse, Johann Adolph

Bergedorf (près de Hambourg), 25 mars 1699.
Venise, 16 décembre 1783.

Il commença sa carrière comme ténor, d'abord à Hambourg, sous la direction de Keiser, puis à Brunswick, où fut représenté en 1721 son premier opéra, *Antioco*. En 1722, il partit étudier à Naples avec Porpora et A. Scarlatti. Il devint un pur produit de l'école napolitaine et acquit rapidement une prestigieuse réputation, d'abord en Italie, où il était appelé *Il Sassone* (bien qu'il ne fût pas saxon) puis dans toute l'Europe. En 1730, il épousa à Venise la célèbre cantatrice Faustina Bordoni, alors au sommet de sa beauté et de sa gloire. L'année suivante, il fut nommé Kapellmeister à la cour de Dresde et sa femme *prima donna* à l'Opéra. Ils voyagèrent en Italie, à Londres, à Paris, à Vienne. Pendant le siège de Dresde en 1760, presque tous les manuscrits de Hasse furent détruits, et la victoire des Prussiens obligea le roi de Saxe, par mesure d'économie, à licencier ses musiciens. Les Hasse se retirèrent à Vienne, puis à Venise où Faustina mourut deux ans avant son mari. Un remarquable génie mélodique avait valu à ce musicien, injustement oublié aujourd'hui, un succès presque continu et une célébrité exceptionnelle.

Soixante opéras, treize *intermezzi*, douze oratorios, dix messes, trois *Requiem*, vingt-deux motets, des psaumes, litanies, etc., des œuvres instrumentales (concertos, trios, sonates).

HASSLER, HANS LEO

Nuremberg, 25 ou 26 octobre 1564. – Francfort, 8 juin 1612.

D'une famille d'organistes (son père et ses deux frères), il fut l'élève de son père avant d'être envoyé à Venise pour y étudier avec A. Gabrieli. Il fut successivement organiste de la cathédrale d'Augsbourg, de la Frauenkirche de Nuremberg, des chapelles privées de l'empereur Rodolphe II à Prague et de l'Électeur de Saxe à Dresde.

Cent motets, (*Cantiones Sacrae* et *Sacri Concentus*), huit messes, deux recueils de chorals (cinquante-deux compositions en imitation dans le style du motet sur des mélodies célèbres de chorals ; soixante-dix harmonisations simples à l'usage du culte) ; un recueil de *Canzonette*, un recueil de *Madrigali*, deux recueils de *Neue teutsche Gesänge* (où Bach puisa la mélodie du célèbre choral *O Haupt voll Blut*, qui intervient cinq fois dans la *Passion selon saint Matthieu*), des pièces d'orgue (*ricercari*, *canzoni*)

HAUER, JOSEF MATTHIAS

Wiener-Neustadt, 19 mars 1883. – Vienne, 22 novembre 1959.

Théoricien. Autodidacte en grande partie, il fut maître d'école, puis professeur de musique dans les écoles secondaires et passa la plus grande partie de sa vie à Vienne dans une réclusion austère et parfois une grande misère. Il ne connut son premier succès de compositeur qu'à l'âge de soixante-dix ans avec sa cantate *Der Menschen Weg*. Occupé depuis 1908 à l'édification d'un système atonal, il fut l'inventeur du principe de la « série » ou *Grundgestalt*, exploité par Schoenberg à partir de 1923. Son intéressant système repose sur la classification des très nombreuses « séries » possibles de 12 sons (12 ! = 479 001 600) en 44 « tropen » ou familles mélodiques qui joueraient dans la musique dodécaphonique le rôle des modes dans le plain-chant. Son œuvre, austère mais rarement agressive, contient des pages magnifiques (cantates et mélodies sur des poèmes de Hölderlin).

Deux messes, deux opéras, deux cantates (Hölderlin), huit suites symphoniques, plus de trente *Zwölftonspiele* pour orchestre, des concertos (piano, violon), six quatuors à cordes, de courtes pièces pour piano, six recueils de mélodies d'après Hölderlin, ainsi que plusieurs ouvrages théoriques. D'innombrables *Zwölftonspiele* (pour des formations diverses), restés manuscrits, sont en outre conservés à Darmstadt.

HAUTBOIS

Instrument à anche* double, en bois d'ébène ou de palissandre, dont le tuyau est de perce conique.
Ses origines semblent remonter à la plus haute antiquité, mais l'archéologie primitive se trouve toujours en présence d'instruments qui ont perdu leur embouchure, ce qui rend l'identification impossible. Il reste l'iconographie et la découverte d'une anche double en roseau datant de l'Ancien Empire, pour prouver que les instruments de la famille du hautbois étaient connus en Égypte plus de deux mille ans avant Jésus-Christ. Mais les ancêtres les plus directs de notre hautbois sont d'une part l'*aulos* des Grecs, qui devint la *tibia* romaine, et d'autre part le *zamr* égyptien. De nombreux auteurs grecs (en particulier Aristote et Aristoxène) nous ont laissé des descriptions détaillées de l'*aulos* à anche double (une variété à anche battante aurait été l'ancêtre de la clarinette ; l'aulos à embouchure de flûte était appelé plutôt « syrinx monocalame »). L'invention en est attribuée, selon les auteurs, à un roi de Lydie (vers 1500), à Pallas, Minerve ou même Apollon. La *tibia* donne naissance à toute une famille d'instruments à anche double et perce conique, répandus dès le Moyen Âge : chalumeau (ou « chalemie » ou « piffera », dont il existait une variété cylindrique à anche battante, ancêtre de la clarinette), « musette » (chalumeau muni d'un réservoir en peau de chèvre), « bombarde » et « douçaine » (instruments graves de la même famille).
Le mot hautbois (orthographié haut-bois ou, au pluriel, hautx-bois) apparaît, semble-t-il, au XVe siècle. Les « hautbois de Poitou », dont Philippe de Commines nous raconte qu'ils furent appelés à la cour pour distraire la mélancolie du roi Louis XI, comprenaient chalumeaux, musettes, cornemuses et bombardes.
Aux XVIIe et XVIIIe siècles, les « hautx-bois et musettes du Poitou » font partie de la musique de la Grande Écurie, aux côtés des « grands hautx-bois » (qui comprennent les bassons). C'est à cette époque seulement que le véritable hautbois apparaît à la cour de France. En dépit des perfectionnements apportés à l'instrument à sept trous (percement de nouveaux trous, augmentation du nombre de clés, corps de rechange destinés à améliorer la justesse), le hautbois reste, jusqu'au début du XIXe siècle, bien imparfait. C'est à l'école française qu'il doit sa perfection actuelle et en particulier à Frédéric Triebert, qui fut pour le hautbois ce que Boehm fut pour la flûte. De 1840 à 1878, il trouva la solution de tous les problèmes, établit le calcul définitif de la « perce » idéale et mit au point le système actuel de clés, tringles, anneaux, correspon-

dances (malgré les analogies, ce système est différent du système Boehm dont l'application au hautbois fut abandonnée).
Réservé d'abord aux fêtes champêtres, à la danse et à la musique militaire, le hautbois est admis dans l'orchestre dans la seconde moitié du XVIIe siècle (*Pomone* de Cambert, 1671). À l'exception de Bach, qui utilise l'*oboe d'amore* (alto) et l'*oboe da caccia* (haute-contre, aujourd'hui cor anglais), les compositeurs classiques ne conservent de l'ancienne famille de hautbois que le « dessus », dont l'étendue est de deux octaves et demie.
HAUTBOIS D'AMOUR EN LA. Instrument transpositeur* sonnant une tierce mineure plus bas que le hautbois naturel. Avec son bocal légèrement recourbé et son pavillon sphérique, il ressemble, en plus petit, au cor anglais. Bach l'a fréquemment utilisé et, de nos jours, Richard Strauss l'a introduit dans sa *Sinfonia domestica* et Ravel dans *Boléro.*
La famille du hautbois est représentée dans le monde entier par une grande diversité d'instruments traditionnels *kuan* et *sona* (Chine), *hichiriki* (Japon), *kén* (Viet-Nam), *shahnaï* (Inde du nord), *nāgasvāram* (Inde du sud), *pi-naï* (Cambodge), *sarunaï* (Indonésie), *sournaï* (Proche-Orient), *ghaïta* (Maghreb), *alghaïta* (Afrique noire), *zamr* (Égypte), *zourna* (Arménie, Turquie), etc. sans oublier *tanora* et *triple* catalans et nos variétés de *bombardes.*

⊖› ALBINONI, *Concertos pour hautbois.* – BACH, *Messe en si* (hautbois d'amour n°s 3, 9, 18). – BERLIOZ, *Symphonie fantastique* (Scène aux champs ; début) : dialogue avec cor anglais. – SCHUBERT, *Symphonie en ut* (deuxième mouvement, premier thème) seul, puis à la reprise unisson avec clarinette. – RAVEL, *Boléro* (3e mesure de 4, hautbois d'amour). – BARTÓK, *Concerto pour orchestre* (deuxième mouvement). – PROKOFIEV, *Pierre et le Loup* (le canard).

HAUTE-CONTRE

[ou « contre-ténor »] Voix de ténor qui dispose du registre du contralto grâce à une voix « de tête » ou « de fausset » (voix biphasée soigneusement travaillée (voir page 739). La dénomination de ce type de voix date du XIVe siècle. Jusqu'alors, la base de l'édifice polyphonique était le *tenor* (la partie la plus grave, en valeurs longues), surmonté du *motetus* (*duplum*), du *triplum* et parfois du *quadruplum.* Le sentiment « harmonique » naissant suscita l'adjonction au grave d'une partie supplémentaire qu'on appela *contratenor.* D'abord de même tessiture que le *tenor* avec lequel il se croisait sans cesse, il a occupé ensuite une position intermédiaire entre le *tenor* et le *duplum* (*contratenor altus,* d'où « haute-contre ») puis sous le tenor (*contratenor bassus,* qui est devenu la basse). Très appréciée du Moyen Âge à l'époque baroque, la voix de haute-contre est tombée ensuite en désuétude, jusqu'à sa résurrection à partir de 1950, grâce au talent et à l'enseignement d'Alfred Deller (1912-1979).

HAYDN, JOSEPH

Rohrau (Basse-Autriche), 1er avril 1732. – Vienne, 31 mai 1809.

Son père Matthias Haydn (1699-1763) était charron et fils de charron. Des origines slaves ont parfois été supposées, sans raisons solides. Le patronyme est bien allemand et se rencontre depuis le XIIe siècle. Sa mère, Maria Koller (1707-1754) était cuisinière du comte Harrach. Ils eurent douze enfants Joseph fut le second et Michael le sixième. Joseph Haydn épousa (1760) Maria Anna Keller (1729-1800), fille d'un perruquier, inintelligente et acariâtre. L'union fut malheureuse le ménage se sépara au bout de quelques années et n'eut pas d'enfant.
Bons, honnêtes, travailleurs, Matthias et sa femme aimaient la musique et chantaient, sans toutefois posséder la moindre culture musicale. Le petit Joseph les étonnait par ses dons et la justesse de sa voix. À six ans, il est envoyé chez un cousin, J. M. Franck, maître d'école à Hainburg, qui lui enseigne le chant et des rudiments de clavecin et de violon. En 1740, G. Reutter, Kapellmeister à la cathédrale Saint-Étienne, l'entend à Hainburg et l'emmène à Vienne comme choriste. Tout en y poursuivant ses études générales, il se perfectionne dans le jeu des instruments. La maîtrise chante à la cathédrale et à Schönbrunn, nouvellement construit, où le jeune Haydn attire l'attention de l'impératrice par son espièglerie (il se balance sur les échafaudages qui n'ont pas encore été retirés). Un jour, sa voix commence à muer ; sous le premier prétexte, une farce comme il aimait en faire, il est mis à la porte (1748). Sans ressources, il s'installe dans un grenier, grâce au secours d'un ancien confrère de la maîtrise, et s'absorbe dans l'étude solitaire des lois de la composition. Il découvre C. P. E. Bach, dont l'œuvre exerce une influence décisive sur sa formation. En 1751, il compose sa première messe, et un ami lui commande la musique d'une farce de son cru, *Der krumme Teufel* (sorte d'opérette). À la même époque, grâce à Metastasio, qui habitait les étages nobles de la même maison, il rencontre le célèbre Porpora qui l'engage comme accompagnateur et lui enseigne en contrepartie sa méthode de chant et l'art de la composition. En 1753, il suit son maître aux eaux de Mannersdorf : il y rencontre Wagenseil, Dittersdorf et Gluck, qui lui conseille d'aller étudier en Italie. Haydn rêvera longtemps à ce projet de voyage qu'il ne pourra jamais réaliser : il se contentera de dévorer le *Gradus ad Parnassum*

de Fux et d'écouter l'illustre Porpora. En 1755, un riche mécène, K. J. von Fürnberg, l'invite dans sa maison de campagne à Weinzierl, où se réunissaient des musiciens. Il compose pour cette assemblée sa première symphonie et ses douze premiers quatuors (*op. 1* et *2*), se faisant une réputation parmi les amateurs viennois, si bien qu'en 1759 il est nommé Musikdirektor du comte Morzin près de Pilzen (Bohême). Il trouve là un orchestre privé pour lequel il écrit un bon nombre de pièces instrumentales (dont une demi-douzaine de symphonies). En 1761, il entre au service des princes Esterházy, auxquels il demeurera attaché presque toute sa vie comme Kapellmeister, d'abord à Eisenstadt, puis à Esterház, près du lac de Neusiedler. Dans cette somptueuse demeure, dont on compara le luxe avec celui de Versailles, têtes couronnées et grands personnages étaient reçus de la façon la plus charmante. Deux théâtres (dont un de marionnettes), y fonctionnaient avec le concours des musiciens de la cour, de chanteurs italiens engagés à l'année et de virtuoses de passage. Haydn composa pour Esterhaz presque toutes ses œuvres de théâtre, la plus grande partie de ses symphonies et de sa musique de chambre. Coupé de Vienne et du monde, il était bien obligé, disait-il, de devenir original. Jusqu'à la mort du prince Nicolaus en 1790, il ne quitta pas Esterhaz, malgré sa célébrité grandissante, excepté quelques voyages à Vienne, notamment en 1769, lorsque toute la troupe du prince donna des représentations à Vienne et à Schönbrunn, et dans l'hiver 1781-1782 lorsqu'il rencontra Mozart pour la première fois (début d'une affection et d'une admiration mutuelles entre les deux musiciens).

Le successeur du prince Nicolaus se sépara de ses musiciens. Haydn conservait ses appointements et son titre, mais n'étant plus occupé il se sentait libre d'accepter une invitation à Londres, dont le violoniste Salomon avait pris l'initiative. Il était chargé pour l'occasion de composer une série de symphonies nouvelles : ce fut la première série de six symphonies « de Londres » (*n°s 93* à *98*). Londres fit au musicien un accueil triomphal. En 1794-1795, il entreprit un second voyage, qui se solda par une nouvelle série de symphonies « de Londres » (*n°s 99* à *104*) et de nouveaux triomphes. Lorsqu'il rentra à Vienne, sa renommée était universelle. Cette année-là, trois de ses symphonies londoniennes furent données à la Redoutensaal au cours d'un concert où Beethoven (qui avait été quelque temps son élève deux ans plus tôt) interpréta son premier concerto de piano ; trois semaines plus tard, dans la même salle, les deux grands musiciens participaient à un nouveau concert de leurs œuvres. Haydn avait été profondément impressionné en Angleterre par le *God save the King* ; aussi décida-t-il en 1797 de composer un hymne impérial dans le même esprit ; ce fut le fameux *Gott erhalte unsern Kaiser*, devenu l'hymne national allemand depuis 1922. Il aima, jusqu'à la fin de ses jours, cette belle mélodie qu'il introduisit avec des variations dans son *Quatuor op. 76 nº 3.*

En 1798 et 1801, le vieux maître donna au palais Schwarzenberg les premières auditions de deux grandes œuvres, admirables de jeunesse, de vitalité, de sérénité : les oratorios de *La Création* et des *Saisons.* Puis, fatigué et malade, il ne composa presque plus. Il recevait de nombreuses visites, parmi lesquelles celle de la veuve de Mozart, Constance, et de son fils Wolfgang ; celui-ci composa une cantate pour le soixante-treizième anniversaire de Haydn. En 1808, il fit sa dernière apparition en public à une audition de *La Création* dirigée par Salieri, qui se termina en apothéose. Son émotion fut telle qu'il dut quitter la salle après la première partie ; Beethoven alors se précipita pour lui baiser les mains. Peu après le bombardement de Vienne, il mourut en pleine occupation française, dans la nuit du 30 au 31 mai 1809. Au cours de l'importante cérémonie funèbre, le 15 juin, on joua le *Requiem* de Mozart ; les plus hauts dignitaires français étaient présents. Ses restes furent exhumés en 1820 et enterrés à Eisenstadt, sur la demande du prince Esterházy. Haydn avait eu la carrière la plus noble, la plus simple et la plus paisible qu'on puisse rêver ; il avait reçu avec une tranquille bonhomie des témoignages d'admiration comme peu d'artistes en ont jamais reçus.

La noblesse de son caractère n'avait d'égale que sa laideur physique (un polype sur le nez hérité de sa mère, des marques de variole sur une peau bistre, une grosse tête sur un petit corps et des jambes exagérément courtes). Mais un regard bienveillant reflétait son extrême bonté, sa modestie, sa compréhension d'autrui, avec un rien de malice enfantine. Les plus hautes vertus morales n'engendraient chez lui aucune raideur : le sens de l'humour et l'indulgence vraie les préservaient du pharisaïsme. L'œuvre immense de ce pur Viennois est à l'image de sa personnalité. La perfection soigneuse de son style, l'originalité et la spontanéité de son inépuisable invention mélodique suffisent à faire de Haydn un musicien de première grandeur, souvent sous-estimé. S'il n'est pas l'« inventeur » de la symphonie et de la sonate classiques (Vivaldi, Sammartini, Jommelli, Stamitz, C. P. E. Bach), il eut du moins le mérite d'en fixer le schéma presque parfait, en même temps qu'il imposait avec éclat la formation privilégiée du quatuor à cordes (pour laquelle il composa quelques-uns de ses plus purs chefs-d'œuvre) et qu'il agrandissait magistralement la symphonie, annonçant Beethoven.

Théâtre. Une opérette allemande, dix-sept opéras italiens, des opéras pour marionnettes, de la musique de scène. – **Église.** Quatorze messes (soli, chœurs et orchestre), deux grands *Te Deum* et un *Stabat Mater* (soli, chœurs, orchestre), des offertoires, cantiques, etc. – **Oratorios.** *Il rittorno di Tobia* (1775), *Die Schöpfung* (*La Création*) (1798), *Die Jahreszeiten* (*Les Saisons*) (1801). – **Autres œuvres vocales.** Chœurs et cantates de circonstance, cantates et airs italiens à une voix, quarante-sept lieder allemands, quatorze airs anglais, des duos, des trios et quatuors vocaux, environ cinquante canons (2 à 8 voix), arrangements de quatre cent cinquante chansons du folklore britannique. – **MUSIQUE SYMPHONIQUE.** Cent quatre symphonies (dont les plus belles sont les douze dernières, dites « de Londres »), seize ouvertures, *Die sieben Worte des Erlösers am Kreuz* (*Les Sept Paroles du Christ en croix* 1785), se composant de sept sonates, d'une introduction et d'une conclusion ; Haydn en fit deux arrangements, l'un pour chœurs et orchestre, l'autre pour quatuor à cordes ; trente-cinq danses allemandes, de nombreux concertos (quinze pour clavier, huit pour violon, cinq pour violoncelle, un pour contrebasse, deux pour cor, un pour trompette, deux pour hautbois, cinq pour deux lire da braccio). – **MUSIQUE DE CHAMBRE ET INSTRUMENTS SOLI.** Divertimenti, cassations, trios, etc., quatre-vingt-quatre quatuors à cordes (y compris les sept de l'*op. 51* d'après *Die sieben Worte*), trente et un trios avec piano, soixante sonates pour piano.

HAYDN, MICHAEL

Rohrau (Basse-Autriche), 14 septembre 1737. – Salzbourg, 10 août 1806.

Frère du précédent. Il remplaça son aîné dans le chœur de la cathédrale Saint-Étienne à Vienne, lorsque Joseph fut congédié ; il jouait aussi de l'orgue et du violon. Autodidacte, il étudia comme son frère le *Gradus ad parnassum* de Fux. Il devint, en 1762, Musikdirektor du prince-archevêque de Salzbourg en même temps qu'organiste de Sankt-Peter. Il eut pour confrères les Mozart, père et fils, au service du prince-archevêque, et il épousa la chanteuse M. M. Lipp qui participa aux représentations des premiers opéras du jeune Wolfgang. Il fut enseveli dans l'église Sankt. Dans la taverne de l'ancien monastère Sankt Peter, encore très fréquentée de nos jours, se trouve une *Haydn-Stübchen* qui était son quartier général.

Des opéras, de la musique religieuse (vingt-huit messes, deux *Requiem*, cent quatorze graduels, des vêpres, offertoires, litanies), de nombreux oratorios et cantates, trente symphonies et *partitas*.

HEINICHEN, JOHANN DAVID

Krössuln (Weissenfels), 17 avril 1683. – Dresde, 16 juillet 1729.

Élève de Schelle et Kuhnau à la Thomasschule de Leipzig, il dirigeait à treize ans ses propres compositions religieuses. Mais ce ne fut qu'à vingt-six ans qu'il décida de se consacrer à la musique (il était avocat) sur les conseils de Telemann, Keiser et Krieger. De 1710 à 1716, il vécut en Italie, principalement à Venise où il fut en relation avec Vivaldi. Puis il s'établit à Dresde comme Kapellmeister du prince-électeur. Il était en rapport avec J. S. Bach, chez qui il avait mis en dépôt à

Leipzig, en 1729, des exemplaires de son traité de basse chiffrée. Sa vaste production couvre tous les genres connus à l'époque ; mais le meilleur de son œuvre est la musique sacrée.

Douze messes, deux *Requiem*, huit *Magnificat*, trois *Te Deum*, sept *Lamentationes*, trente-cinq psaumes et motets, seize cantates sacrées, huit opéras, six sérénades, deux oratorios, soixante-trois cantates profanes, cinq *sinfonie*, deux *Ouvertüren*, vingt-quatre concertos pour divers instruments, sept sonates pour violon ou flûte à bec, neuf sonates à 3, deux sonates et une *Fantasia* pour clavier, des écrits théoriques.

HELLER, ISTVÁN

Budapest, 15 mai 1814. – Paris, 14 janvier 1888.

[ou Stéphane] Pianiste, élève de Czerny à Vienne. Il accomplit sa première grande tournée en 1828, mais la vie fatigante de virtuose international affecte sa santé et lui déplaît. Schumann l'encourage dans la carrière de compositeur et lui trouve un éditeur. En 1838, il s'installe à Paris où il devient l'ami de Liszt, de Berlioz et de Chopin, auquel Fétis le préfère, non sans exagération. Son style pianistique original et parfois étonnamment moderne exerça quelque influence sur les musiciens français, en particulier sur Fauré.

Environ trois cents pièces pour piano (157 numéros d'op.), dont quatre-vingts préludes, plus de cent études, quatre sonates, trois sonatines, des valses, mazurkas, nocturnes, pièces descriptives, transcriptions.

HENRY, PIERRE

Paris, 9 décembre 1927.

Élève de Messiaen et Nadia Boulanger, il entre en 1949 au Studio d'essai de la RTF où il crée, la même année, avec Pierre Schaeffer, un nouveau moyen d'expression sonore : la musique concrète. Excellent musicien, rompu aux techniques traditionnelles, il a consacré toute son activité de compositeur à l'art nouveau des musiques électroacoustiques*, réalisant la synthèse des langages musicaux de notre temps et des acquisitions des musiques concrètes et électroniques. Depuis 1960, il travaille dans son propre studio.

Symphonie pour un homme seul (avec Schaeffer, 1950) ; *Le Voile d'Orphée* (1953) ; *Le Voyage* (1962) ; *Variations pour une porte et un soupir* (1963) ; *Noces chymiques* (1980) ; ballets ; *La Reine verte* (spectacle Béjart, 1963) ; *Messe de Liverpool* et *Messe pour le temps présent* (1967) ; *Apocalypse de Jean* (1968) ; *Dieu, d'après Hugo* (1978) ; de nombreuses musiques de ballets, de scène, de films.

Henze, Hans Werner

Gütersloh (Westphalie), 1er juillet 1926.

Élève de Fortner et de Leibowitz, il s'est rallié au dodécaphonisme sériel, mais librement et temporairement, sans aliéner une personnalité qui fait de lui le plus intéressant musicien allemand de la génération d'après-guerre. Il a été directeur musical du Deutscher Theater à Constance, puis directeur artistique des ballets du théâtre de Wiesbaden. En 1953, il s'est établi en Italie où il a fondé, en 1976, le Cantiere Internazionale d'Arte de Montepulciano, festival ouvert, où des jeunes musiciens du monde entier présentent librement et gratuitement des réalisations nouvelles. Il a été nommé professeur à la Musikhochschule de Cologne (1980) et directeur artistique de l'Accademia Filarmonica Romana (1981).

Quinze opéras dont *Der Prinz von Homburg* (Hambourg, 1960), *Elegie für junge Liebende* (Schwetzingen, 1961), *Der junge Lord* (Berlin, 1965), *Die Bassariden* (Salzbourg, 1966), *We come to the river* (Covent garden, 1976), *Venus und Adonis* (Munich, 1997). Des ballets. L'oratorio *Le Radeau de la Méduse* (pour Che Guevara). Des cantates et des lieder avec instruments. Neuf symphonies ; *Antifone et Barcarola* pour orchestre. Des concertos pour piano (3), pour violon (2), pour violoncelle, pour contrebasse. *Requiem* pour piano et orchestre de chambre (1993), un quintette avec piano (1991), cinq quatuors à cordes. Des compositions pour piano, pour clavecin, pour guitare. Des musiques de films (Resnais, Schlöndorff).

Hérold, Ferdinand

Paris, 28 janvier 1791. – Paris, 19 janvier 1833.

Élève de son père (lui-même élève de C. P. E. Bach), puis de Kreutzer et Méhul au conservatoire de Paris. Prix de Rome (1812). Après son séjour à la villa Médicis, il passe un an à Naples où il se lie avec Paisiello et Zingarelli et admire l'école napolitaine d'opéras. Ce séjour lui fait trouver sa voie. Il aurait été un rival sérieux pour Meyerbeer s'il n'était mort de tuberculose à quarante-deux ans.

Cinq opéras et une douzaine d'opéras-comiques, dont *Zampa* (Paris, 1831) et *Le Pré-aux-Clercs* (Paris, 1832), quatre ballets dont *La Fille mal gardée* (Paris, 1828), deux symphonies, quatre concertos pour piano, trois quatuors à cordes.

HERSANT, PHILIPPE

Rome, 21 juin 1948.

Élève de Jolivet, il a été pensionnaire de la casa Velásquez à Madrid (1970-1972) et de la villa Médicis à Rome (1978-1980). Son œuvre lui a valu le prix Enesco (1982), le prix de la Ville de Paris (1990) et le prix des compositeurs de la SACEM (1991). C'est un des compositeurs les plus intéressants de sa génération.

Missa brevis (1986) pour 12 voix et orchestre ; opéras *Les Visites espacées* (Avignon, 1983) et *Le Château des Carpathes* (Montpellier, 1993) ; l'*Infinito* (1993) pour 12 voix a cappella ; des compositions pour orchestre (dont *Spirales, Aztlan* et *Stances*), *Méandres* pour violon et orchestre, concerto pour violoncelle, deux quatuors à cordes, *Mouvement* et *Mandala* pour piano.

HIDALGO, JUAN

?, XVIIe siècle. – Madrid, 1685.

On ne connaît rien de sa vie, si ce n'est qu'il était harpiste de la chapelle royale en 1633 et qu'il a composé, sur un livret de Calderón, la musique du premier opéra espagnol qui nous soit partiellement parvenu : *Celos aun del ayre matan* (Madrid 1660).

De la musique vocale, religieuse (tonos divinos) et profane (tonos humanos). Plusieurs *zarzuelas* ou musiques de scène pour des pièces de Calderón et de Juan Vélez.

HILDEGARD VON BINGEN

Bermersheim (Palatinat), 1098.
Rupertsberg (Bingen), 17 novembre 1179.

Mystique, poétesse de génie. D'origine noble, elle reçut une excellente éducation au couvent bénédictin de Disibodenberg, où elle prit le voile à quinze ans et devint supérieure à trente-huit ans. Vers 1150, elle fonda un monastère au Rupertsberg dans la vallée du Rhin, près de Bingen.

Son œuvre musicale consiste en deux grands ouvrages : *Symphonia armonie celestium revelationum*, contenant 77 chants spirituels (antiennes, répons, séquences, hymnes, fragments de messe, etc.) et *Ordo virtutum*, sorte de drame liturgique traitant de la séduction et du repentir de l'âme et contenant 82 chants sur des poèmes de Hidelgard. Nombreux écrits de théologie, esthétique, médecine, histoire naturelle ; des poèmes et une importante correspondance avec papes, empereurs, princes et évêques.

Hiller, Ferdinand

Francfort, 24 octobre 1811. – Cologne, 11 mai 1885.

Écrivain, pianiste, chef d'orchestre, élève de Hummel. Il vécut dans les principales capitales de la musique, où il devint l'ami de tous les plus grands musiciens de son temps, avant de s'établir à Cologne où il donna une impulsion remarquable au Conservatoire et à la vie artistique en général.

Six opéras, deux oratorios, de nombreuses compositions pour piano. Des ouvrages sur la musique.

Hiller, Johann Adam

Wendisch-Ossig (Silésie), 25 décembre 1728. – Leipzig, 16 juin 1804.

Il fait une partie de ses études à Leipzig où il s'installe définitivement ; il y donne des auditions des œuvres de Haendel et Hasse, ses auteurs favoris, et termine sa carrière comme cantor à Saint-Thomas. Il est le principal créateur du *Singspiel*, sorte d'opéra-comique allemand, fondé sur le lied populaire (lied dont il élargit la forme et la substance).

Quinze *Singspiele*, de la musique d'église, des cantates, des lieder, quelques œuvres instrumentales.

Hindemith, Paul

Hanau (Hesse), 16 novembre 1895. – Francfort, 28 décembre 1963.

L'opposition que suscite sa vocation musicale lui donne la témérité d'abandonner, à onze ans, le domicile familial. Il étudie sous la direction de A. Mendelssohn et B. Sekles au conservatoire de Francfort et, à vingt ans, il est nommé violon solo de l'opéra de Francfort. En 1923, il fonde le quatuor Amar-Hindemith, dont il est l'altiste. Il entreprend alors de nombreuses tournées, soit avec le quatuor, soit en soliste (il devient un remarquable virtuose de l'alto et donne en 1929 la première audition à Londres du *Concerto* de Walton). En même temps, il commence à se faire une réputation de compositeur, grâce à la SIMC et au festival de Donauerschingen. En 1927, il est nommé professeur à la Hochschule für Musik de Berlin. Mais, dès l'avènement du nazisme, il est jugé persona non grata. Non seulement il conserve des relations avec des musiciens de toutes tendances (y compris des Juifs), mais encore il

« pervertit de la manière la plus vile la musique allemande » et son succès « n'est d'aucune valeur pour notre mouvement » (*Die Musik*, janvier 1935). Goebbels lui-même intervient pour flétrir l'opéra *Neues Von Tage*, où le musicien « ose profaner la scène par les plus abominables dissonances, preuves d'impuissance musicale ». Hindemith perdit son poste à Berlin et l'on cessa de jouer sa musique en Allemagne. Il fit de nombreuses tournées à l'étranger, notamment en Turquie, où il fut chargé d'organiser la vie musicale, et en 1939 il s'installa définitivement aux USA où il fut chef du département musical à l'université de Yale, de 1942 à 1954. Il revint en Europe après la guerre, mais refusa le poste de directeur de la Hochschule de Berlin et fut nommé peu après chef du département musical à l'université de Zurich.

Sa musique est celle d'un homme sérieux, volontaire, en possession d'une grande technique, mais en même temps très éclectique et de tempérament joyeux. Ses premières œuvres, essentiellement contrapuntiques, relèvent d'un néo-classicisme froid et austère d'où toute sensualité est exclue (*Kammermusik n° 2* par exemple).

À partir de 1930 environ, le style de la pleine maturité se caractérise par plus d'ampleur et de chaude conviction et par l'exploitation d'un nouveau système personnel fondé (une fois de plus !) sur la série des premiers harmoniques naturels. Les principes fondamentaux de ce système, qui établit une hiérarchie très artificielle des intervalles, sont exposés dans l'ouvrage *Unterweisung im Tonsatz*. L'analyse de Hindemith, très incomplète du point de vue scientifique et philosophique, réédite la naïveté de Rousseau pour qui la Nature contient les seules justifications d'un système esthétique cohérent.

(Œuvre considérable) : huit opéras (dont *Mathis der Maler*, son chef-d'œuvre), trois ballets (dont *Nobilissima Visione*), de grandes œuvres chorales (dont *Apparebit repentita dies*), des chœurs a cappella, de nombreux lieder (avec piano ou ensemble instrumental), trois symphonies (plus la symphonie extraite de *Mathis der Mater*), *Métamorphoses symphoniques de thèmes de Weber*, de nombreux concertos (violon, alto, violoncelle, piano, clarinette, cor, trompette, orgue), six *Kammermusike* (concertos de chambre : *n° 1* pour cordes, *n° 2* pour piano, *n° 3* pour violoncelle, *n° 4* pour violon, *n° 5* pour alto, *n° 6* pour viole d'amour), *Les Quatre Tempéraments* (thème et variations pour quatuor avec piano), sept quatuors à cordes, quatre sonates pour violon, cinq sonates pour alto, des sonates pour divers instruments à vent, *Ludus Tonalis* pour piano (à intention didactique), de la *Gebrauchsmusik* (musique fonctionnelle), des œuvres pour orchestre d'amateurs.

Hoffmann, Ernst Theodor Amadeus

Königsberg, 24 janvier 1776. – Berlin, 25 juin 1822.

Magistrat, critique musical, chef d'orchestre, illustre littérateur… Avant d'écrire ses célèbres *Contes fantastiques*, il avait été directeur musical du théâtre de Bamberg et chef d'orchestre à Leipzig. Il écrivit de remarquables articles sur la musique instrumentale de Beethoven.

Des opéras, de la musique religieuse, des chœurs a cappella, une symphonie, quatre sonates pour piano, de la musique de chambre, des mélodies, ainsi que de nombreux écrits sur la musique.

Hofhaimer, Paul

Radstadt, 25 janvier 1459. – Salzbourg, 1537 ?

Organiste à la cour d'Innsbruck, puis à celle de l'empereur Maximilien Ier, enfin à la cathédrale de Salzbourg. Ami de Senfl qui compléta et publia son œuvre.

Nombreuses œuvres d'orgue (dont seulement un petit nombre nous est parvenu), lieder polyphoniques et un recueil d'*Harmoniae poeticae* sur des odes d'Horace (quarante-quatre pièces dont neuf par Senfl).

Holborne, Anthony

?, vers 1550. – Londres, 1602.

Joueur de cistre. À son recueil de pièces pour cistre (*The Cittharn Schoole…*) sont ajoutées six *canzonets* à 3 voix de son frère William.

The Cittharn Schoole… (Cinquante-sept pièces, préludes, pavanes, gaillardes, etc., dont vingt-cinq avec accompagnement de viole) [1597], un recueil de pavanes et gaillardes à cinq parties instrumentales [1599].

Holst, Gustav

Cheltenham, 21 septembre 1874. – Londres, 25 mai 1934.

Élève de Stanford au Royal College of Music, où il devint lui-même professeur en 1919 ; ami de Vaughan Williams. Il fut premier trombone dans l'orchestre de l'opéra de Carl Rosa et au Scottish Orchestra, puis organiste du Royal Opera de Londres. Original, doué d'une forte personnalité et d'un esprit curieux, il s'est beaucoup intéressé aux civilisations orientales et à la littérature védique. Admirable orchestrateur ; on prétend qu'à treize ans il avait déjà lu le traité d'instrumentation de Berlioz.

Sept opéras (dont *At the Boar's Head*), de grandes œuvres chorales (dont l'oratorio *The Hymn of Jesus* et la symphonie avec chœurs), la suite symphonique *The Planets*, un concerto pour 2 violons, des pièces pour piano, des mélodies.

HOLZBAUER, IGNAZ

Vienne, 17 septembre 1711. – Mannheim, 7 avril 1783.

Autodidacte. Kapellmeister à Vienne, à Stuttgart et à Mannheim, où il passa presque toute sa vie, exception faite de séjours en Italie et à Paris. Avec J. Stamitz, il a été un des chefs les plus réputés du fameux orchestre de Mannheim. Mozart a été impressionné par ses messes et par son opéra *Günther von Schwarzburg*, entendus à Mannheim en 1777.

Des opéras, des oratorios, de nombreuses messes, plus de soixante symphonies, des concertos, de la musique de chambre.

HOMILIUS, GOTTFRIED AUGUST

Rosenthal (Saxe), 2 février 1714. – Dresde, 5 juin 1785.

Élève de J. S. Bach à Leipzig où il fréquenta l'université. Titulaire du nouvel orgue de Silbermann à la Frauenkirche de Dresde, il fut nommé en 1755 cantor de la Kreuzschule et director musices des trois principales églises de Dresde. Très grand organiste dans la tradition de Pachelbel et Bach, il acquit une immense réputation. Ses œuvres présentent une heureuse combinaison de travail polyphonique savant, d'invention mélodique populaire et d'*Empfindsamkeit* (« sensibilité » préromantique au goût du jour). Il fut l'un des plus grand compositeurs de musique sacrée de la génération des fils de Bach.

Deux cent-huit cantates sacrées, soixante-six motets, huit *Magnificat*, de très nombreuses compositions pour orgue, dont deux cent-vingt-neuf chorals, quarante-cinq préludes, sept sonates en trio et deux fantaisies. L'un de ses chorals fut longtemps attribué à Bach (BWV 759).

Homophonie

Littéralement identité de sons. Latinisé, cela donne « unisson ». Ce terme s'oppose à polyphonie*, ou mieux à « hétérophonie ». Mais on l'emploie fréquemment pour désigner une hétérophonie très simple, note-contre-note, réservant le mot polyphonie à l'écriture contrapuntique et au style d'imitation*.

Honegger, Arthur

Le Havre, 10 mars 1892. – Paris, 27 novembre 1955.

Son père, importateur zurichois établi au Havre, et sa mère, excellente pianiste amateur, favorisèrent la vocation musicale de leur fils. Il fut envoyé à Zurich pour commencer ses études musicales qu'il acheva à Paris sous la direction de Capet (violon), de Gédalge (contrepoint et fugue), de Widor (composition) et de Vincent d'Indy (direction d'orchestre). Dans la classe de Gédalge au Conservatoire, il devint l'ami de Milhaud et d'Andrée Vaurabourg qui devait devenir sa femme. Sa première œuvre importante, *Le Dit des jeux du monde*, musique pour un divertissement de P. Méral, fut représentée en 1918 au Vieux-Colombier. Ce théâtre était alors le siège (depuis janvier 1918) de concerts donnés par un groupe d'amis qui s'intitulaient Les Nouveaux Jeunes, avant que le critique H. Collet ne les baptisât groupe des Six : Honegger, Milhaud, Poulenc, Auric, Durey et Germaine Tailleferre. Ces musiciens, dont Cocteau se fit le porte-parole en de brillants aphorismes, étaient aussi différents que possible, par le caractère comme par le talent. Honegger, tout particulièrement, demeura étranger aux principes esthétiques qui devaient assurer la cohésion du groupe des Six et en inspirer la propagande. Il précisait lui-même qu'il avait toujours préféré la musique de chambre et la symphonie à la musique de cirque et au music-hall, dont Cocteau exaltait les vertus démystifiantes. Honegger manifeste déjà sa parfaite indépendance vis-à-vis de ses amis dans *Le Roi David*, créé en 1921 au théâtre du Jorat, à Mézières (Suisse), étonnante préfiguration de son œuvre future. *Le Roi David* et *Pacific 231* font rapidement le tour du monde. Honegger est invité partout, des festivals de ses œuvres se multiplient et, avant d'avoir atteint trente-cinq ans, il est déjà universellement célèbre. Sa vie sera celle d'un honnête artisan d'où émane une impression de santé morale et aussi (du moins jusqu'à la crise cardiaque de 1947 dont il ne devait jamais se remettre) de santé physique. Son œuvre ne relève d'aucun système, d'aucune idée préconçue en matière de style. Le culte de Bach lui inspire le goût des fortes architectures sonores reposant sur les grandes formes classiques. Une écriture polyphonique complexe où se heurtent des tonalités différentes (sans que la polytonalité soit jamais recherchée pour elle-même) semble le mode d'expression le plus naturel de son lyrisme grave et vigoureux, teinté parfois de mysticisme.

GRANDES ŒUVRES DRAMATIQUES. *Antigone* (Bruxelles, 1927), *Judith* (Monte-Carlo, 1926), *Nicolas de Flue* (Neufchâtel, 1941), *Amphion* (Paris, 1931). – OPÉRETTES : *Les Aventures du roi Pausole, Les Petites Cardinal, La Belle de Meudon.* – **BALLETS-MUSIQUES DE FILMS.** Quatorze ballets, de nombreuses musiques de scène et de films (environ quarante films, dont *La Roue* et *Napoléon* d'Abel Gance). – **ORATORIOS.** *Le Roi David* (1921), *Les Cris du Monde* (1931), *La Danse des morts* (1938), *Jeanne au bûcher* (1935), les deux derniers sur des poèmes de Claudel. – **CANTATES.** *Cantique de Pâques, Cantique des Cantiques, Chant de libération, Cantate de Noël* (sa dernière grande œuvre) ; nombreuses mélodies et les admirables *Pâques à New York* pour voix et quatuor à cordes. – **ORCHESTRE.** Trois « mouvements symphoniques » (dont *Pacific 231* et *Rugby*), cinq symphonies (*n° 2* pour cordes, *n° 3* « Liturgique », *n° 4* « Deliciae Basiliensis », *n° 5* « Di tre re »), concertino pour piano, concerto pour violoncelle, concerto « da camera » pour flûte, cor anglais et cordes. – **MUSIQUE DE CHAMBRE.** Trois quatuors à cordes, deux sonates violon et piano, des pièces pour piano.

HOPKINS, ANTONY

Londres, 21 mars 1921.

Élève de Gordon Jacob. Il a enseigné à Morley College où Tippett, son collègue, eut une profonde influence sur la formation de son style. On lui doit d'excellents écrits sur la musique, notamment sur les symphonies de Beethoven. Il a fait aussi de nombreuses émissions à la BBC (*Talking about Music*), d'une parfaite intelligence pédagogique, sans démagogie et avec humour.

Deux grands opéras, *Lady Rohesia* (Sadler's Wells, 1948) et *The Man from Tuscani* (Canterbury Cathedral, 1851), plusieurs opéras de chambre en un acte pour *The Intimate Opera Company*, de nombreuses musiques de scène (notamment pour *Old Vic*), de films, de radio ; cantates, mélodies, nombreuses compositions pour les enfants, deux sonates pour piano.

HOQUET

Procédé d'allégement de la polyphonie qui consiste en l'alternance rapide des voix leur décalage fait se correspondre tour à tour les notes et les silences. Inauguré dans les motets du XIIIe siècle, le hoquet devient au XIVe siècle un style de composition courant. Mais il a disparu à l'époque d'Okeghem.

⊖› *Le Roman de Fauvel.* – MACHAUT, motets, ballades, virelais.

Hotteterre, Jacques

?, vers 1684. – Paris, 16 juillet 1762.

[dit le Romain] Fils de Martin Hotteterre, joueur de musette à la cour ; cousin de Louis (flûtiste) et Nicolas (hautboïste), célèbres musiciens de l'orchestre de Lully. Au retour d'un séjour prolongé à Rome, il fut nommé flûtiste, hautboïste et violoncelliste à la musique de la « Grande Écurie » (1705). Il a considérablement perfectionné la technique de la flûte traversière, favorisant son adoption définitive.

Deux livres de pièces pour flûte, des sonates et suites pour 2 flûtes et basse continue, des pièces pour musette et plusieurs traités (flûte, hautbois, musette).

Hüllmandel, Nicolas Joseph

Strasbourg, 23 mai 1756. – Londres, 19 décembre 1823.

Il reçut sa première éducation musicale comme enfant de chœur de la cathédrale, sous la direction de F. X. Richter, et l'on suppose qu'il devint ensuite l'élève de C. P. E. Bach à Hambourg.
Vers 1776 il s'établit à Paris, où il jouit d'une haute réputation de professeur de piano et de clavecin (en 1778, lors de son voyage à Paris, le jeune Mozart apprécia vivement les sonates de Hüllmandel). Mais lorsque éclata la Révolution, il décida d'émigrer : il élut domicile à Londres (où il avait déjà joué en public à l'âge de quinze ans).

Vingt-six sonates pour clavecin ou piano (avec et sans accompagnement de violon), deux recueils de suites et deux recueils d'airs pour clavecin ou piano, deux recueils pédagogiques.

Hummel, Johan Nepomuka

Presbourg (Bratislava), 14 novembre 1778. – Weimar, 17 octobre 1837.

Pianiste et chef d'orchestre. Il fut élève de son père, puis de Mozart qui, impressionné par les dons prodigieux de l'enfant, demanda qu'il lui soit confié (Hummel demeura ainsi pendant deux ans chez Mozart à Vienne), enfin d'Albrechtsberger et de Salieri. À neuf ans, il apparut en public pour la première fois dans un concert que donnait Mozart. Puis il entreprit une tournée en Bohême, Allemagne, Danemark, Écosse, Angleterre, Hollande, comme enfant prodige. En 1804, il fut nommé Kapellmeister du prince Esterhazy à Eisenstadt ; puis il occupa des postes analogues à Stuttgart et à Weimar (où il se lia d'amitié avec Goethe). Il eut avec Beethoven, son condisciple chez Albrechtsberger, des relations fort peu amicales. Parmi ses élèves figurent Czerny, Hiller et Thalberg.

Trois messes, cinq opéras, six ballets, diverses œuvres instrumentales et vocales, d'innombrables œuvres pour piano (dont cinq concertos et vingt-quatre études), et un ouvrage pédagogique *Klavierschule : … Anweisung zum Pianofortespiel* [1828].

HUMPERDINCK, ENGELBERT

Siegburg am Rhein, 1er septembre 1854. – Neustrelitz, 27 septembre 1921.

Élève de Hiller, Lachner et Rheinberger. Wagner, qu'il rencontre pendant un voyage à Naples en 1879, l'invite à Bayreuth où il collabore à la préparation de *Parsifal* (1880-1881). Il enseigne successivement aux conservatoires de Barcelone, Cologne et Berlin. Sa renommée repose entièrement sur l'opéra *Hänsel und Gretel* (créé à Weimar le 23 décembre 1893), où sont adroitement utilisées des chansons populaires de Westphalie.

Sept opéras, de la musique de scène pour des pièces de Shakespeare, des ballades pour chant et orchestre.

I

IBERT, JACQUES

Paris, 15 août 1890. – Paris, 5 février 1962.

Élève de Gédalge et Vidal, il remporta le premier grand prix de Rome et composa en Italie les trois *Escales* (Palerme, 1922) qui le firent rapidement connaître. Il devint directeur de l'Académie de France à Rome (villa Médicis) de 1937 à 1940, puis de 1946 à 1960 ; il prit pendant un an (1955-1956) la direction de l'Opéra et, en 1956, fut élu à l'Institut, succédant à Guy Ropartz.

Sept ouvrages lyriques (dont le charmant opéra bouffe *Angélique*), sept ballets (dont *Diane de Poitiers*, *Les Amours de Jupiter*, *Le Chevalier errant*), de la musique de scène, environ quarante musiques de film (du *Don Quichotte* de Pabst au *Macbeth* de Wells), *Chant de folie* pour soli, chœurs et orchestre, *Suite élisabéthaine* pour orchestre avec chœur féminin, *Escales* (trois pièces symphoniques), *Hommage à Mozart* pour orchestre, des concertos (violoncelle, saxo, flûte, hautbois), un très beau quatuor à cordes, des pièces pour piano (dont les célèbres *Histoires*).

IMITATION

Principe unificateur de la composition, ce procédé, fréquemment utilisé en musique (notamment dans la polyphonie des XVe et XVIe siècles) consiste à reproduire ou à imiter un motif mélodique aux différents étages de l'édifice sonore le « sujet » est énoncé par l'une des parties (ou « voix ») et repris « en imitation » par les autres. En architecture, le procédé équivalent a donné naissance à la rosace ; en musique, la fugue représente son plus haut degré d'élaboration.

L'imitation peut être :

– « régulière » si le motif imité (ou « conséquent ») reproduit exactement les intervalles caractéristiques du modèle (ou « antécédent ») ;

– « irrégulière » si la nature de ces intervalles se trouve modifiée dans le conséquent.

Si le conséquent est à l'unisson ou à l'octave de l'antécédent (ex. le célèbre canon *Frère Jacques*), l'imitation sera théoriquement régulière. Dans les autres cas, l'imitation (à la quinte, à la quarte, à la tierce, etc.) ne sera régulière que si le conséquent est la transposition (à la quinte, à la quarte, etc.) de l'antécédent ; les altérations nécessaires à cette transposition modifieront dans le conséquent les intervalles non conformes au modèle. C'est ainsi qu'une fugitive polytonalité* apparaîtra parfois dans l'œuvre des maîtres du XVe siècle ou même chez Bach. L'imitation peut se pratiquer sous diverses formes, dont les plus usuelles sont :

– le « mouvement direct » antécédent et conséquent sont « parallèles » et présentent la même physionomie, qui pourra donner le sentiment d'identité, même si l'imitation est irrégulière ;

– le « mouvement contraire » (ou « renversement ») les intervalles ascendants dans l'antécédent sont descendants dans le conséquent et vice versa. L'imitation est assimilable au reflet dans un miroir parallèle à la portée, si la nature des intervalles est respectée. Dans certains cas (quinte et quarte), un intervalle peut être « imité » dans le conséquent par son « renversement » proprement dit, une quinte ascendante engendrant une quarte descendante[1], par exemple :

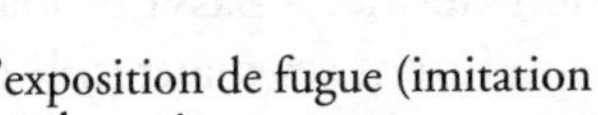

– le « mouvement rétrograde » (ou « à l'écrevisse ») : le conséquent imite l'antécédent à l'envers, en commençant par la dernière note ; il est son reflet dans une glace perpendiculaire à la portée ;

1. Même principe dans l'exposition de fugue (imitation à la quarte ou à la quinte, par mouvement direct) lorsque le « sujet » commence par une quarte ou une quinte.

– l'« augmentation » et la « diminution » des valeurs rythmiques,
– les combinaisons de ces divers procédés ; ainsi, en retournant la feuille de papier à musique pour lire l'antécédent par transparence, on obtient une forme combinée du mouvement contraire et du rétrograde. L'imitation échappe alors à la conscience de l'auditeur :

Les procédés de l'imitation peuvent intervenir dans la construction d'une phrase mélodique ; c'est ainsi que la seconde moitié d'une phrase est parfois le renversement (mouvement contraire) de la première ou son rétrograde ; une phrase peut encore être constituée par la reproduction d'un même motif sur différents degrés de l'échelle (voir Rosalie*). *Stretto* : ce mot italien, qui signifie « serré », désigne une écriture polyphonique en imitation où antécédent et conséquent (sujet et réponse) se succèdent à intervalles très rapprochés, le début de l'un se superposant à la fin de l'autre.

⊖› BACH, *Le Clavier bien tempéré* (I). Fugue 8 (mesures 62 et suivantes) : développement simultané du sujet par mouvement direct, par mouvement contraire, par augmentation. Fugue 15 (mesures 20 et suivantes) : tout de suite après l'exposition, nouvelle exposition par mouvement contraire. Fugue 20 (mesures14 et suivantes) : idem. – BACH, *L'Art de la Fugue.* Fugue VII : sujet par mouvement direct et contraire, en augmentation et diminution, dès l'exposition. – *Canone per augmentationem in contrario motu* : la deuxième voix imite le sujet par mouvement contraire et augmentation. – BEETHOVEN, *Sonate op. 106* (fugue finale), mesure 143 de la fugue : thème par mouvement rétrograde. – BERLIOZ, *Symphonie fantastique* (IV. Marche au supplice, mesure 49… : thème par mouvement contraire). – BRAHMS, *Première Symphonie* (3e mouvement) : la seconde moitié du thème est le renversement de la première.

INDIA, SIGISMONDO D'

Palerme, vers 1582. – Modène, 1629.

Issu d'une famille noble de Palerme, il passa probablement son enfance à Naples, mais on ignore qui furent ses maîtres. Il remplit diverses fonctions musicales, successivement, auprès du duc de Savoie (à Turin), du duc d'Este (à Modène) et du cardinal de Savoie (à Rome).

(Une grande partie de l'œuvre est perdue) : des pastorales en musique, une messe, huit livres de *Madrigali a 5 voci*, deux de *Villanelle a 2 e 5 voci*, un de *Musiche e Balli* (4 voix et basse continue), deux de *Sacri concenti a 2-6 voci*, quatre de *Musiche a 1-2 voci* (avec basse continue : contenant ses plus remarquables compositions).

Indy, Vincent d'

Paris, 27 mars 1851. – Paris, 2 décembre 1931.

D'abord élève de Marmontel et de Diemer (piano), puis de Lavignac (harmonie), il doit interrompre ses études lors de la guerre de 1870 pour prendre part, dans la garde nationale, à la défense de Paris. Aussitôt libéré, il complète sa formation musicale près de Franck au Conservatoire, fréquente les milieux musicaux d'avant-garde (Franck, Massenet, Saint-Saëns, Bizet) et contribue à l'essor de la Société nationale de musique. En 1874, il s'engage comme timbalier aux nouveaux Concerts Colonne (où il sera plus tard chef d'orchestre). La même année, Pasdeloup dirige une pièce symphonique de lui, qui constituera plus tard le second volet de la trilogie *Wallenstein*. En 1875, il est enthousiasmé par *Carmen* et, l'année suivante, il assiste à la première représentation de la tétralogie wagnérienne dans le nouveau théâtre de Bayreuth : il en reçoit une très profonde impression qui orientera sa vocation vers la recherche d'un équivalent français du drame wagnérien. À la mort de Franck, en 1890, il prend en main les destinées de la Société nationale et quatre ans plus tard, avec Bordes et Guilmant, il fonde la Schola cantorum, dont il devient professeur de composition et directeur. La célèbre école est bientôt un temple du franckisme, et d'Indy, fidèle jusqu'à sa mort au culte de son maître, prêche un peu partout la nouvelle religion musicale dont les dieux sont Bach, Beethoven, Wagner… et Franck. L'école qui se forme alors autour de V. d'Indy s'opposera systématiquement au debussysme, exaltant l'ordre et la rigueur face à la sensualité et à la liberté : prise de position d'autant plus regrettable que le maître de la Schola éprouvait personnellement de l'admiration et de l'amitié pour Debussy. Quelques-uns de ses disciples ont fait le plus grand tort à sa mémoire en l'opposant à Debussy et à Ravel dans une querelle qu'il n'a jamais envisagée. Sa carrière de chef d'orchestre (tournées en Europe, en Russie et aux USA) lui valut en 1912 d'être nommé professeur de direction d'orchestre au Conservatoire, charge qu'il cumula avec celles de la Schola. Parmi ses élèves les plus célèbres figurent Séverac, Roussel, Satie, Le Flem, Honegger, Auric.

Catholique intransigeant et patriote chauvin, bien connu pour sa droiture et son dévouement, d'Indy imposait le respect par sa noblesse de caractère. Son œuvre pourrait être répartie en trois périodes, dont les deux dernières ressortissent à l'esthétique franckiste. La première (1870-1885) est germanique, sous l'influence de Mendelssohn, Schumann et surtout Wagner : les principaux témoignages en sont *Le Chant de la cloche* et *Wallenstein.* La seconde (1885-1918), nationaliste et chrétienne, est animée par son amour des Cévennes et peut-être par l'influence personnelle de Duparc : *Symphonie cévenole, Jour d'été à la montagne,* ainsi que les opéras (ou « actions musicales ») *Fervaal* et *L'Étranger,* qui sont probablement ses chefs-d'œuvre. La troisième (1918-1931) tend vers la simplification, l'économie des moyens, le classicisme : *Diptyque méditerranéen, Quintette en sol mineur, 3ᵉ Quatuor.* Échappant à cette classification, la *Légende de saint Christophe,* « drame sacré », ouvrage gigantesque où se mêlent le meilleur et le pire, cache une profession de foi politique et religieuse.

Trois drames musicaux sur des livrets du compositeur (déjà cités), deux opéras-comiques ; des motets pour chœurs a cappella, de grandes œuvres chorales (dont *Le Chant de la cloche*) ; des poèmes symphoniques, *Wallenstein* (trilogie symphonique), *Jour d'été à la montagne* ; trois symphonies, *Diptyque méditerranéen,* pour orchestre, *Symphonie sur un chant montagnard français* (ou *cévenole*) pour piano et orchestre ; trois quatuors à cordes, un quintette, un sextuor, une sonate pour violon et piano, une sonate pour violoncelle et piano, des pièces pour piano (dont la série des *Tableaux de voyage* et une sonate), des mélodies, des arrangements de chansons populaires.

INGEGNERI, MARC'ANTONIO

Vérone, vers 1545. – Crémone, 1er juillet 1592.

Élève à Vérone de V. Ruffo et à Parme de C. de Rore (lui-même élève de Willaert, comme A. Gabrieli). Il fut maître de chœurs à la cathédrale de Crémone, où il eut Monteverdi pour élève. Son œuvre, à la fois raffinée et chaleureuse, se rattache en partie à l'école romaine (Palestrina), en partie à l'école vénitienne (C. de Rore, Gabrieli).

Vingt-sept *Responsoria* pour la semaine sainte (ses chefs-d'œuvre), deux livres de messes, quatre livres de motets (*Sacrae Cantiones*), un livre d'hymnes et huit livres de madrigaux (dont un est perdu).

INSANGUINE, GIACOMO

Monopoli (Bari), 22 mars 1728. – Naples, 1er février 1795.

[dit Monopoli] Élève de Contumacci au conservatoire Sant' Onofrio de Naples, où il enseigna à son tour. Il fut organiste et maître de chapelle à San Gennaro. Injustement oublié aujourd'hui, il était l'un des représentants les plus typiques de l'opéra bouffe napolitain.

Des messes, psaumes, motets et vingt opéras (onze *buffe* et neuf *serie*).

Instrumentation

Parmi les techniques impliquées dans la composition musicale, l'instrumentation n'est pas la moins complexe. Pour bien utiliser les possibilités des instruments, sans les sous-estimer ni les surestimer, il faut avoir une notion exacte de leurs timbres dans tous les registres, savoir ce qui est facile, difficile, impossible à chacun d'eux, quelle sorte de sons exceptionnels on peut en tirer, quelle qualité sonore nouvelle on peut obtenir en combinant leurs timbres, etc. Or le nombre d'instruments dont il faut ainsi connaître la facture et la technique est, aujourd'hui, imposant. Voici un essai de classification sommaire; les instruments suivis du signe (§) ne sont pas employés dans l'orchestre symphonique, si ce n'est (pour certains d'entre eux) à titre très exceptionnel.

Instruments à vent

1. À EMBOUCHURE DE FLÛTE
   a. Avec un bec : flûte douce (§) à perce[1] conique.
   b. Sans bec : flûte traversière, à perce cylindrique.

2. À ANCHE BATTANTE
   a. Perce cylindrique : clarinettes.
   b. Perce conique : saxophones.

3. À ANCHE DOUBLE
   a. Perce cylindrique : cromorne (§).
   b. Perce conique : hautbois, cor anglais, basson, contrebasson.

4. À ANCHES LIBRES : harmonica (§), harmonium (§), accordéon (§).

5. À ANCHES MEMBRANEUSES : (lèvres)
   a. Perce à peu près cylindrique : trompette, trombone.
   b. Perce à peu près conique : cor, cornet, tuba, saxhorns (§).

1. La « perce » est la forme intérieure d'un tuyau sonore. Elle est définie en supposant l'instrument déroulé (cuivres) et en ne tenant pas compte de l'embouchure, du pavillon, ni des mécanismes annexes (pistons).

6. ORGUE : instrument exceptionnel comprenant des tuyaux à bouche (ou embouchure de flûte) ouverts ou bouchés et des tuyaux à anche battante.

7. VOIX humaine (classée traditionnellement parmi les instruments « à vent », bien qu'il ait été démontré qu'elle est un phénomène purement neuromusculaire, où le courant d'air expiré n'est pas essentiel à la production du son).

Instruments à cordes

1. CORDES FROTTÉES
   a. Archet : violes (§), violon, alto, violoncelle, contrebasse, vièles médiévales et populaires (§).
   b. Roue : chifonie (§), vielle (§).

2. CORDES PINCÉES
   a. Munies d'un manche : guitare (§), luth (§), mandoline (§), vihuela de mano (§), balalaïka (§), etc.
   b. Sans manche : lyre (§), cithare (§), harpe.
   c. À clavier épinette : (§), virginal (§), clavecin.

3. CORDES FRAPPÉES (ces instruments n'ont pas de manche)
   a. Sans clavier (baguettes) : dulcimer (§), cimbalom hongrois (§).
   b. À clavier : clavicorde (§), piano.

Instruments à percussion

(Classification très simplifiée, car il faudrait distinguer les lames, les tubes, les plaques, les peaux...)

1. À HAUTEUR DÉTERMINÉE
   a. Sans clavier : timbales, cloches (tubes), xylophone, vibraphone.
   b. À clavier : célesta, glockenspiel.

2. À HAUTEUR INDÉTERMINÉE
   tambours de toutes sortes, cymbales, tam-tam (gong), triangle, castagnettes, etc. (voir Percussion*).

Instruments électriques

Ondes Martenot, « orgues électroniques » (tous à clavier).
Dans le vocabulaire usuel, on classe les instruments de l'orchestre en quatre grandes familles, qui sont (de haut en bas sur la partition) :

– les « bois » : familles des flûtes (bien que la grande flûte soit actuellement en métal), des hautbois, des clarinettes, des bassons et, par extension, des saxophones ;
– les « cuivres » : cor, trompette, cornet, trombone, tuba ;
– les instruments à clavier et les harpes qui jouent un rôle analogue et les instruments à percussion ;
– les « cordes » : violons, altos, violoncelles, contrebasses (ensemble que l'on appelle « le quintette » car il y a toujours deux parties de violon dans l'orchestre symphonique).

Instruments transpositeurs

Le ton d'un instrument à vent, déterminé par sa fondamentale théorique et correspondant à la technique d'émission la plus naturelle n'est pas nécessairement ut. On peut disposer de certains instruments dans des tons différents, au choix, soit en construisant des modèles de diverses grandeurs (flûtes, hautbois, clarinettes, saxophones, trompettes), soit en modifiant la longueur du tuyau (cornet et autrefois trompette et cor). D'un instrument à l'autre, cependant, le mécanisme demeure inchangé, aussi les mêmes doigtés donneront-ils des sons différents, équivalant à des transpositions automatiques : un ton plus bas (clarinette en si ♭), une tierce mineure plus bas (clarinette en la), une quinte plus bas (cor anglais). Pour permettre à l'instrumentiste de ne pas tenir compte de cette particularité, ce qui l'obligerait à changer de doigté (donc à transposer), on est convenu de noter sa partie de telle sorte qu'il puisse jouer ce qui est écrit comme s'il avait entre les mains un instrument en ut. En somme la notation n'indique pas les sons réels, mais commande les doigtés appropriés.
On notera par exemple un ton plus haut la partie de la clarinette en si ♭, qui sonne un ton plus bas que la notation ; cette partie comportera toujours à l'armure de sa clé deux dièses de plus ou deux bémols de moins que les instruments non transpositeurs… Voici la notation d'un ut et d'un ré pour plusieurs instruments transpositeurs, avec les armures (altérations) correspondant aux tons majeurs d'ut et de ré.
Des différentes manières de grouper les instruments de musique, les unes donnent naissance à l'orchestre, les autres à des ensembles instru-

mentaux qui ressortissent à la musique de chambre. On réserve le nom d'orchestre aux ensembles qui mobilisent plusieurs musiciens pour exécuter certaines parties (parties de cordes dans l'orchestre symphonique traditionnel).

Étendue des instruments et des voix

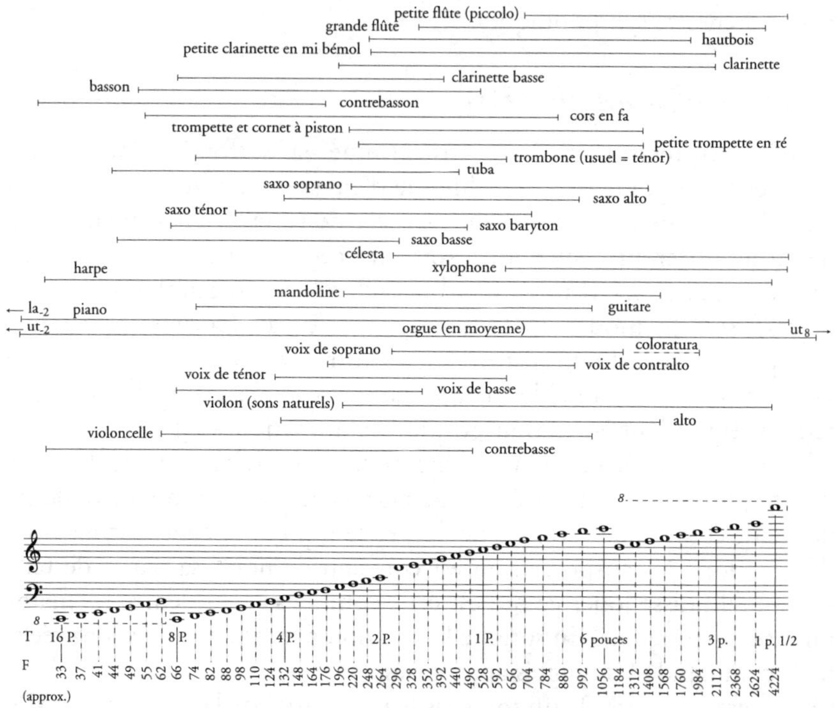

On a indiqué, sous la portée, les fréquences approximatives de chaque son (F) et la longueur des tuyaux d'orgue correspondants (T).

Jusqu'au XVIIe siècle, les compositeurs manifestent une singulière indifférence au timbre, qui se traduit par l'imprécision des indications instrumentales. Les musiciens du XVIIe siècle commencent à écrire des parties « obligées » (c'est-à-dire indispensables dans l'instrumentation prescrite), précisent les doublures des cordes par les bois, ménagent des fanfares pour les cuivres, etc. Bach et ses contemporains utilisent avec art et discernement des timbres beaucoup plus variés, corsant la masse instrumentale par l'appoint d'une petite trompette ou soulignant le caractère nostalgique, d'une aria en l'accompagnant d'une partie concertante de hautbois d'amour. Mais c'est surtout Haydn, Mozart, et leurs contemporains qui prendront conscience du caractère individuel des instruments pour en tirer largement parti. L'instrumentation de Bach et Haendel est comme une « registration » d'orgue très simple, choisie selon le caractère général d'un air, d'un chœur ou d'une « ouverture » : à l'intérieur de chaque morceau, la combinaison choisie est immuable. Haydn et Mozart au contraire ne séparent pas l'instrumentation de la composition et jouent sans cesse des oppositions et combinaisons de timbres. Les premiers placent des couleurs sur un dessin à la plume ; chez les seconds, le dessin est réalisé en couleurs. De décorative, l'instrumentation devient expressive.

La science de l'écriture d'orchestre (que l'on appelle « orchestration ») a fait au XIXe siècle des progrès considérables, particulièrement grâce à Beethoven, Berlioz (dont le *Traité* est un catéchisme), Rimsky-Korsakov, Ravel.

Quant aux formations traditionnelles de musique de chambre, dont le quatuor à cordes représente la plus haute perfection, il faut en chercher les origines à la fin du XVe siècle, lorsqu'on prit l'habitude d'utiliser certains instruments par familles : œuvres pour « les flûtes », « les cornets », « les violes », etc. Beaucoup de compositions sont destinées à quatre instruments de la même famille, que l'on appelle, à l'imitation du quatuor vocal, dessus ou « discantus », haute-contre ou « altus », taille ou « tenor », basse ou « bassus ». Le magnifique répertoire des *consorts of viols* anglais est de cette nature. Du point de vue de l'instrumentation, la musique de chambre n'a pas évolué depuis l'avènement du violon : le quatuor n'a jamais été détrôné, ni par les formations mixtes (instruments à cordes et à vent), ni par l'augmentation de l'effectif (jusqu'au « dixtuor »).

L'une des plus étonnantes acquisitions de l'instrumentation contemporaine est la *Klangfarben Melodie* (« mélodie de timbres ») : elle consiste en une succession de timbres différents soumise comme la succession des hauteurs (et comme peuvent l'être celles des durées et des intensités) aux règles du développement sériel (voir Dodécaphonisme*). Pressentie par Schoenberg dans les *Pièces pour orchestre* op. 16. (*n° 3*), la technique en fut mise au point par Webern.

Exemples de formations instrumentales. Mozart, *Symphonie en sol mineur* : 1 flûte, 2 hautbois, 2 clarinettes, 2 bassons/2 cors/cordes (environ 25). – Beethoven, *Cinquième Symphonie* : 1 petite flûte (finale), 2 flûtes, 2 hautbois, 2 clarinettes, 2 bassons, 1 contrebasson (finale)/2 cors, 2 trompettes, 3 trombones (finale)/ 1 paire de timbales/cordes (environ 40). – Berlioz, *Symphonie fantastique* : 2 flûtes (dont une prend la petite), 2 hautbois, 2 clarinettes, 4 bassons/4 cors, 2 trompettes, 2 cornets, 3 trombones, 2 tubas/2 harpes/2 timbales, cloches, grosse caisse, caisse claire, cymbales/cordes (environ 55). – Ravel, *Daphnis et Chloé* : 1 petite flûte, 2 flûtes, 1 flûte en sol, 2 hautbois, 1 cor anglais, 1 petite clarinette, 2 clarinettes, 2 clarinettes basses, 3 bassons, 1 contrebasson/4 cors, 4 trompettes, 3 trombones, 1 tuba/timbales, caisse claire, grosse caisse, cymbales, crotales (toutes petites cymbales), castagnettes, tambour de basque, tam-tam, triangle, célesta, glockenspiel, xylophone/2 harpes/cordes (60 à 70)/les chœurs. – WEBERN, *Symphonie op. 21* : exemple de *Klangfarben Melodie.*

INTERMÈDE

[ital. *intermezzo*] Au XVIe siècle scène musicale en style madrigalesque intercalée entre les actes ou les tableaux d'une comédie, d'une tragédie ou d'une fête spectaculaire. Lors du mariage d'Alfonso d'Este avec Maria Sforza (1493) des intermèdes en musique sont intercalés ainsi dans des comédies de Plaute : c'est probablement la première fois. Les fastueuses fêtes florentines de la Renaissance se font une spécialité de ces intermèdes, dont le succès durera jusqu'au début du XVIIe siècle. La musique, signée des plus grands compositeurs, est d'abord polyphonique. Puis elle adopte très vite le nouveau *stile rappresentativo*, prenant l'aspect d'un air ou d'une scène d'opéra.

Plus tard, on appellera *intermezzo* un opéra miniature, comique et léger, joué entre les actes d'un opéra seria. Le plus célèbre exemple est *La Serva padrona* de Pergolesi. Il ne faut pas confondre l'*intermezzo* et l'opéra bouffe napolitain. Ce dernier est un ouvrage d'importance normale écrit généralement en dialecte napolitain. Pergolesi a composé des *intermezzi* pour ses opéras sérieux et deux opéras bouffes en dialecte napolitain.

⊖› *La Pellegrina* (1589 : intermèdes polyphoniques et en *stile rappresentativo*). – PERGOLESI, *La Serva padrona.*

INTERVALLES

Subjectivement, l'intervalle est « la différence de hauteur » de deux sons. Physiquement, c'est leur rapport de fréquences. Un mode, une gamme, un accord, sont définis par les intervalles existant entre leurs sons constitutifs. Il y a une infinité d'intervalles puisqu'il y a une infinité de sons possibles (tels que les donne théoriquement la sirène). C'est pourquoi les physiciens préfèrent les désigner par leur expression mathématique, plus précise que les dénominations usuelles. Il y a plusieurs manières d'exprimer mathématiquement un intervalle :

a. Par une fraction représentant le rapport des fréquences des deux sons. Exemple : un son de 1500 Hz et un son de 1200 Hz présentent entre eux un intervalle de 1500/1200 = 5/4 que l'on appelle tierce majeure. Cette forme est claire et parle à l'imagination, mais ne permet pas la comparaison immédiate des intervalles, surtout s'ils sont représentés par des fractions compliquées.

b. Par une racine, lorsque l'octave est divisée en intervalles théoriquement égaux (voir Tempérament*). Ainsi $\sqrt[12]{2}$ = un demi-ton tempéré (il y en a 12 dans l'octave… dont l'expression mathématique est 2).
c. Par des unités logarithmiques
– logarithmes à base 2 de la valeur de l'intervalle.
– savart = log à base 10 × 1 000 (le savart est donc l'intervalle ayant pour logarithme 0,001).
– prony = log à base $\sqrt[12]{2}$ et son sous-multiple le centième (1/2 ton tempéré = 1 prony = 100 centièmes).
L'utilisation de ces unités logarithmiques permet de comparer immédiatement les intervalles les plus compliqués et simplifie les calculs. Puisque les intervalles sont des rapports, ils ne s'ajoutent ni ne se retranchent mais se multiplient ou se divisent ; tandis que les « hauteurs » (grandeurs subjectives variant comme le logarithme des intervalles) se prêtent à l'addition et à la soustraction. Ainsi, en permettant de remplacer une multiplication par une addition, une élévation à une puissance par une multiplication, les logarithmes sont conformes au caractère de la perception auditive.

Les intervalles peuvent être déterminés de plusieurs manières, en donnant naissance à différents systèmes musicaux voisins :

PAR LE « CYCLE DES QUINTES », ascendantes et descendantes (système de Pythagore), adopté aussi par les Chinois. À chaque fois que l'on élève une note d'une quinte, on multiplie sa fréquence par 3/2 ; si on l'abaisse d'une quinte, on multiplie par 2/3. En poussant assez loin l'échelle des quintes (voir Harmonie*, tableau, page 302) supérieures ou inférieures et en comparant chacune d'elles à la note fondamentale (haussée ou abaissée d'une ou plusieurs octaves pour rester dans la limite d'une octave), on obtient une série d'intervalles de la forme $3^n/2^m$ ou $2^p/3^n$. Dans ce système, la tierce majeure est $3^4/2^6$ = 81/64 (plus haute), la tierce mineure est $2^5/3^3$ = 32/27 (plus basse), le comma est $3^{12}/2^{19}$ = 531441/524288 (« comma pythagoricien »), l'apotome (1/2 ton chromatique plus haut) est $3^7/2^{11}$ = 2187/2048, le limma (1/2 ton diatonique plus bas) est $2^8/3^5$ = 256/243. La gamme engendrée par ce système est souvent appelée « gamme des violonistes », car ces derniers jouent naturellement la tierce plus grande (attraction vers la quarte) ; de plus ils ont tendance à jouer plus haut les notes diésées et plus bas les notes bémolisées (do ♯ plus haut que ré ♭). Dans le tableau suivant, tous les intervalles exprimés par une fraction dont les termes sont, l'un une puissance de 3, l'autre une puissance de 2 sont dits « pythagoriciens ».

PAR LA SÉRIE DES HARMONIQUES. Cette série pouvant être poussée aussi loin qu'on veut, on obtiendra, par comparaison, tous les intervalles qui peuvent être exprimés par une fraction. Le « système de Zarlino » (et de plusieurs théoriciens arabes) dérive de cette méthode. Rameau obtient les principaux intervalles du système de Zarlino en posant seulement les cinq premiers harmoniques, puis les cinq premiers harmoniques de chacun d'entre eux, et ainsi de suite : cette méthode se rapproche de celle des pythagoriciens, car elle équivaut à construire des séries de quintes sur chacun des termes d'une série de tierces (aux octaves près)[1]. La gamme utilisée théoriquement en musique (gamme « naturelle » ou gamme des physiciens) est empruntée au système de Zarlino.

1. Cette méthode que Rameau appelle « génération harmonique » désigne les intervalles par des fractions dont les deux termes sont des puissances de 2, 3 ou 5, ou des produits de ces nombres. Elle a l'avantage d'éliminer les intervalles fondés sur les harmoniques « faux » (7, 11, 13, etc. et leurs multiples).

VALEUR DE QUELQUES INTERVALLES

INTERVALLES	EXPRESSION	SAVARTS	NOTE	h	RELATIONS
Schisma (Z)	$\frac{32805}{32768}$	0,490			Q juste/Q tem.
Diaschisma ou Parve (Z)	2048/2025	4,905	ré 𝄫		Q dim./quarte aug.
Comma syntonique (Z)	81/80	5,395	do haut		ton M/ton m
Comma pythag. (P)	$\frac{531441}{524288}$	5,885	si #		12 Q/7 octaves
Diesis ou 1/4 ton (Z)	128/125	10,300	ré 𝄫		O/3 T
1/2 ton chromatique (Z)	25/24	17,729	do #		2 T/Q
Limma pythag. (P)	256/243	22,634	ré ♭ bas		3 O/5 Q
Demi-ton (t)	$\sqrt[12]{2}$	25,086	do # ré b		
1/2 ton diatonique (Z) (seconde mineure)	16/15	28,029	ré ♭		O/T. Q
Apotome (P)	2187/2048	28,519	do # haut		7 Q/4 O
Ton mineur (Z)	10/9	45,757	ré bas		T. O/2 Q
Ton (t)	$\sqrt[6]{2}$	50,172	ré		$(\frac{1}{2}$ ton temp.$)^2$
Ton majeur (Z) (P) (seconde majeure)	9/8	51,152	ré	9	T/ton m ou 2 Q/O
Tierce diminuée (Z)	144/125	61,452	mi 𝄫		2 Q/3 T
Seconde augmentée (Z)	75/64	68,881	ré #	75	2 T. Q/O
Tierce mineure (P)	32/27	73,786	mi ♭ bas		2 O/3Q
Tierce mineure (t)	$\sqrt[4]{2}$	75,257	mi ♭ ré #		$(\frac{1}{2}$ ton temp.$)^2$
Tierce mineure (Z)	6/5	79,181	mi ♭		Q/T
Tierce majeure (Z)	5/4	96,910	mi	5	T
Tierce majeure (t)	$\sqrt[3]{2}$	100,344	mi		$(\frac{1}{2}$ton t.$)^4$
Tierce majeure (P)	81/64	102,305	mi haut	81	4 Q/2 O
Quarte diminuée (Z)	32/25	107,210	fa ♭		O/2 T
Tierce augmentée (Z)	125/96	114,639	mi #		3 T/Q
Quarte juste (Z) (P)	4/3	124,939	fa		O/Q
Quarte (t)	$(\sqrt[12]{2})^5$	125,429	fa		$(\frac{1}{2}$ ton temp.$)^5$
Quarte forte (Z)	27/20	130,334	fa haut		3 Q/T. O
- harmonique 11 -	11/8	138,303		11	

PAR LE TEMPÉRAMENT égal, ou division de l'octave en intervalles égaux. Ces intervalles ne peuvent être exprimés par une fraction, mais par une racine de 2 et leur superposition s'exprime par une puissance. Le tempérament usuel divise théoriquement l'octave en douze demi-tons équivalant chacun à $\sqrt[12]{2}$. D'autres tempéraments ont été imaginés : en 53 neuvièmes de ton de $\sqrt[53]{2}$ (Holder, 1694), en 31 cinquièmes de ton de $\sqrt[31]{2}$ (Huygens, 1691), en 24 quarts de ton de $\sqrt[24]{2}$ (Haba et Wyschnegradsky, 1925)… en 6 tons de $\sqrt[6]{2}$ (mode par tons de Debussy).

RENVERSEMENTS. Un intervalle est « renversé » lorsque le son grave est monté d'une octave ou que le son aigu est baissé d'une octave. Ainsi, le renversement du demi-ton chromatique (25/24) est l'octave diminuée (48/25), celui du demi-ton diatonique (16/15) la septième majeure (15/8), celui du ton mineur (10/9) la septième mineure (9/5), etc. Le renversement d'un intervalle tempéré composé de x demi-tons est de la forme $(\sqrt[12]{2})^{12-x}$.

Quarte augmentée (Z)	45/32	148,062	fa #	45	2 Q. T/O
Triton (t)	$\sqrt{2}$	150,515	fa # sol ♭		$(\frac{1}{2}$ ton temp.$)^6$
Quinte diminuée (Z)	64/45	152,967	sol ♭		2 O/2 Q. T
Quarte augmentée (P)	729/512	153,457	fa #	729	6 Q/3 O
Quinte faible (Z)	40/27	170,696	sol bas		2 O. T/3 Q
Quinte (t)	$(\sqrt[12]{2})^7$	175,602	sol		$(\frac{1}{2}$ ton temp.$)^7$
Quinte juste (Z) (P)	3/2	176,091	sol	3	Q
Sixte diminuée (Z)	192/125	186,391	la 𝄫		Q. O/3 T
Quinte augmentée (Z)	25/16	193,820	sol #	25	2 T
Sixte mineure (P)	128/81	198,725	la ♭		3 O/4 Q
Sixte mineure (t)	$(\sqrt[3]{2})^2$	200,687	la ♭ sol #		$(\frac{1}{2}$ ton temp.$)^8$
Sixte mineure (Z)	8/5	204,120	la ♭		O/T
- harmonique 13 -	13/8	210,853		13	
Sixte majeure (Z)	5/3	221,849	la		O. T/Q
Sixte majeure (t)	$(\sqrt[4]{2})^3$	225,772	la		$(\frac{1}{2}$ ton temp.$)^9$
Sixte majeure (P)	27/16	227,244	la	27	3 Q/O
Septième diminuée (Z)	128/75	232,149	si 𝄫		2 O/2 T. Q
- harmonique 7 -	7/4	243,038		7	
Sixte augmentée (Z)	225/128	244,972	la #	225	2 T. 2 Q/O
Septième mineure (P)	16/9	249,877	si ♭		2 O/2 Q
Septième mineure (t)	$(\sqrt[6]{2})^5$	250,858	la # si ♭		$(\frac{1}{2}$ ton temp.$)^{10}$
Septième mineure (Z)	9/5	255,272	si ♭ haut		2 Q/T
Septième majeure (Z)	15/8	273,001	si	15	Q. T
Septième majeure (t)	$(\sqrt[12]{2})^{11}$	275,944	si		$(\frac{1}{2}$ ton temp.$)^{11}$
Septième majeure (P)	243/128	278,396	si	243	5 Q/2 O
Octave diminuée (Z)	48/25	283,301	do ♭		Q. O/2 T
Septième augmentée (Z)	125/64	290,730	si #	125	3 T
Octave (Z) (P) (t)	2	301,030	do	2	O

P = Pythagore Z = Zarlino t = tempérament M = majeur
m = mineur Q = quinte O = octave T = tierce majeure 5/4

INTERVALLES DÉFINISSANT LA GAMME DIATONIQUE, DITE « CYCLIQUE » (Pythagore)

F/E = C/B = 256/243	limma
D/C = E/D = G/F = A/G = B/A = 9/8	ton
F/D = G/E = C/A = D/B = 32/27	tierce mineure
E/C = A/F = B/G = 81/64	tierce majeure
F/C = G/D = A/E = C/G = E/B = 4/3	quarte juste
B/F = 729/512	quarte augmentée
F/B = 1024/729	quinte diminuée
A/D = G/C = B/E = C/F = D/G = E/A = 3/2	quinte juste
C/E = F/A = G/B = 128/81	sixte mineure
A/C = B/D = 27/16	sixte majeure
C/D = A/B = G/A = 16/9	septième mineure
B/C = E/F = 243/128	septième majeure

INTERVALLES DÉFINISSANT LA GAMME DIATONIQUE, DITE « NATURELLE » (Zarlino)

F/E = C/B = 16/15	demi-ton diatonique
E/D = A/G = 10/9	ton mineur
D/C = B/A = G/F = 9/8	ton majeur
F/D = 32/27	petite tierce mineure
G/E = C/A = D/B = 6/5	tierce mineure
E/C = A/F = B/G = 5/4	tierce majeure
F/C = G/D = A/E = C/G = E/B = 4/3	quarte juste
D/A = 27/20	quarte forte*
B/F = 45/32	quarte augmentée
F/B = 64/45	quinte diminuée
A/D = 40/27	quinte faible
G/C = B/E = C/F = D/G = E/A = 3/2	quinte juste
C/E = F/A = G/B = 8/5	sixte mineure
A/C = B/D = 5/3	sixte majeure
C/D = A/B = 16/9	septième mineure
G/A = 9/5	septième mineure haute
B/C = E/F = 15/8	septième majeure

* Si on veut avoir D/A = 4/3 dans la gamme mineure, on aura D/C = 10/9 et les intervalles formés avec D seront tous augmentés ou diminués d'un comma.

On aura pu observer que les intervalles doivent leurs dénominations (tierce, quarte, etc.) à leur rang dans la gamme diatonique.

Ireland, John

Bowdon (Cheshire), 13 août 1879. – Washington (GB), 12 juin 1962.

Fils de l'écrivain Alexander Ireland, il fut élève de Stanford au Royal College of Music où il devint plus tard le maître de nombreux musiciens anglais, dont Britten. Brahms, puis Debussy, Ravel et Stravinsky exercèrent une influence profonde sur la formation de son style.

De la musique d'église, des œuvres chorales, *These things shall be* (ténor, chœurs et orchestre) ; des pièces symphoniques (*Mai-Dun, London ouverture. Concertino pastorale pour cordes,* l'ouverture *Satyricon...*), concerto et *Legend* pour piano et orchestre, de nombreuses compositions pour piano (dont une belle sonate), de la musique de chambre, de très nombreuses mélodies.

ISAAC, HENRICUS

Brabant ou Flandres, vers 1450. – Florence, 26 mars 1517.

[dit Arrigo Tedesco] De 1475 à 1496, il est à Florence, où il succède à Squarcialupi comme organiste à la cour de Laurent le Magnifique, tout en assumant les fonctions de cantor et d'organiste dans diverses églises. De 1496 à 1513, il est compositeur à la cour de Maximilien, qui s'est établie à Vienne en 1496. Il voyage alors beaucoup, en suivant les déplacements de la cour (Augsbourg, Innsbruck, Constance), ou pour son propre compte (Florence et Ferrare, où il rencontre Josquin à la cour d'Ercole d'Este). À Innsbruck, il compose son fameux lied *Innsbruck, ich murs dich lassen*, dont la mélodie sera, soixante ans plus tard, celle du choral *O Welt, ich murs dich lassen* (Isaac ne fit sans doute que l'arrangement polyphonique de cette mélodie, d'origine vraisemblablement populaire). À Constance, il devient le maître de Senfl et fréquente Machiavel. Il passe les dernières années de sa vie à Florence, comme agent diplomatique de Maximilien.
Son ouvrage le plus important est le recueil de *Choralis Constantinus*, composé à la demande du chapître de la cathédrale de Constance, recueil inachevé qui fut complété (vers 1531) par son disciple Senfl et publié en 1550-1555. Une partie de son œuvre est malheureusement perdue, notamment les *canti carnascialeschi* et les *canzoni*; ces œuvres auraient été de précieux témoignages de la tradition homophone qui s'est perpétuée dans l'Italie du XVe siècle, au milieu d'un monde musical essentiellement polyphonique.

Une « représentation sacrée » *SS. Giovanni e Paolo* (1488) ; trente à quarante messes, cinquante motets et *Choralis Constantinus* consistant en cinquante-huit messes brèves (*Introït, Graduel. Séquence, Communion*) à 4 voix, sur des thèmes liturgiques traditionnels ; environ soixante lieder, chansons polyphoniques (allemandes, italiennes, françaises, flamandes), des *canti carnascialeschi* (chants de carnaval) sur des textes de Laurent le Magnifique (perdus), cinquante-huit pièces instrumentales à 3, 4, 5 voix, vingt-neuf pièces de *Hausmusik* à 2, 3, 4 voix.

Ives, Charles

Danbury (Connecticut), 20 octobre 1874. – New York, 19 mai 1954.

Fils d'un chef de musique municipale à Danbury, qui faisait défiler plusieurs fanfares aux sons de musiques différentes. Diplômé de Yale University, il préserva son indépendance en vivant à l'écart du monde musical et en dégageant son art des contingences économiques : il est devenu l'un des plus grands agents d'assurance des USA... ce qui lui valut d'être considéré comme un amateur par les musiciens de sa génération. Ives a été pourtant un extraordinaire pionnier il a utilisé la polytonalité* en 1894 (*Psalm* 67), les quarts-de-ton en 1903 (première des *Three quater-tone pieces* pour deux pianos), les formes ouvertes* en 1911 (*Hallowe'en* pour quatuor à cordes et piano), les clusters* à partir de 1916. Mais il n'allait jamais écouter ses propres œuvres. Sa notoriété musicale n'est véritablement mondiale que depuis 1950... bien qu'Ives ait cessé de composer en 1928 ! Cependant, son livre *The Amount to carry – Measuring the Prospect* (1912) est depuis longtemps une bible des agents d'assurance.

Des psaumes, de très nombreuses pièces vocales (mélodies, hymnes, ballades, chansons humoristiques, folk, etc.), quatre symphonies et une dizaine d'autres compositions symphoniques (dont les splendides *Three places in New England*), des pièces pour orchestre de chambre, deux quatuors à cordes (*Set* et *Hallowe'en* pour quatuor à cordes et piano), cinq sonates pour piano et violon, deux sonates pour piano (dont la très belle *Concord-Sonata*), des pièces pour orgue.

J

Jacopo da Bologna

Bologne ?, vers 1300. – ?

Musicien à la cour de Luchino Visconti à Milan, puis de Mastino II della Scala à Vérone ; maître de Francesco Landini, il fut, avec Giovanni da Cascia, l'un des promoteurs de l'Ars Nova florentine et sans doute le plus grand compositeur italien de son temps. C'est le premier Italien qui ait écrit des madrigaux à 3 voix (dont un avec trois textes) et des motets.

Nombreuses compositions dans le nouveau style florentin, dont nous sont parvenus trente madrigaux, deux motets, trois *caccie*, une *lauda* et un traité théorique.

Jacquet de La Guerre, Élisabeth

Paris, vers 1660. – Paris, 27 juin 1729.

Fille et sœur des organistes Claude et Nicolas Jacquet, elle épousa en 1684 Marin de La Guerre, organiste de Saint-Séverin puis de la Sainte-Chapelle. Elle-même, claveciniste depuis l'âge de cinq ans, s'attira tout enfant la protection de Louis XIV, auquel est dédiée la plus grande partie de son œuvre ; Madame de Montespan surveilla personnellement son éducation. Après son manage, elle s'établit dans l'île Saint-Louis où, de 1705 à 1716, elle donna des concerts réguliers.

L'opéra *Céphale et Procris*, des pastorales et des ballets pour la cour, seize cantates françaises, deux suites de pièces de clavecin, six sonates en trio, six sonates pour violon et clavecin.

Jambe de Fer, Philibert

Champlitte (Vesoul), ? – Lyon, 27 ou 28 août 1572.

Éditeur de musique. Il a composé la musique pour l'« entrée » à Lyon de Charles IX, à qui il avait dédié ses Psaumes [1564]. Protestant convaincu, il est mort victime de la Saint-Barthélemy.

Deux versions des 150 psaumes [1555 & 1564], un motet, deux chansons ; un important traité, *L'Epitome musical* [1556] qui contient des méthodes de chant, de flûte, de viole, de violon (c'est le premier texte connu consacré au violon).

Janáček, Leoš

Hukvaldy (près d'Ostrava), 3 juillet 1854.
Ostrava (Moravie), 12 août 1928.

Sa région natale (près de la frontière polonaise) possède un riche folklore, dont le caractère modal est peu fréquent en Tchécoslovaquie. Cette musique populaire marqua très profondément la sensibilité du futur musicien. Ses parents, très amateurs de musique, l'envoyèrent au monastère augustinien de Brno où il fut l'élève de Křižkovský. Plus tard, il étudia à l'école d'orgue de Prague, puis à Leipzig et à Vienne. Entre-temps, il avait été nommé maître de chœurs à la cathédrale d'Olomouc et chef de l'orchestre philharmonique de Brno. En 1881, il ouvrit à Brno une école d'orgue (c'est-à-dire un conservatoire) qu'il dirigea jusqu'en 1903. C'est l'époque de ses premières compositions

originales. Mais ses premiers chefs-d'œuvre sont postérieurs à 1900 : la cantate *Amarus* (1901) et *Jenufa* (1903).
Et il lui faudra attendre l'âge de soixante-deux ans pour connaître le succès (reprise de *Jenufa* à Prague en 1916).
Cette carrière peu précoce s'explique par la profonde originalité de Janáček. Cependant, il émane de chefs-d'œuvre comme *Jenufa* ou *De la maison des morts* une force dramatique, une puissance émotionnelle sans équivalent depuis *Boris Godounov* (il n'existe aucune ressemblance formelle entre Moussorgsky et Janáček, mais l'un et l'autre sont des anticonformistes et des isolés, conduits par un instinct sûr des possibilités dramatiques de leur art). Deux idées fondamentales sont liées au style très personnel de Janáček : la subordination des techniques de modulation au tempo et au rythme (l'emploi d'accords modulants est d'autant moins nécessaire que le mouvement est plus rapide) et d'autre part la nécessité dans la musique vocale d'emprunter au langage parlé la forme des cellules mélodiques de base. Les seules influences qu'il ait subies sont celles du folklore (qu'il ne cite pas dans ses œuvres, mais qu'il recrée) et, dans une bien moindre mesure, celles de Smetana et Dvořák.

THÉÂTRE. Un ballet, *Rákos Rákoczy*, et neuf opéras, dont ses chefs-d'œuvre : *Jeji pastorkyna* (ou *Jenufa*), *Kať a Kabanova Přihody Lišky Bystroušky* (*La Petite Renarde rusée*) et *Z mrtvého domu* (*De la maison des morts*). – **MUSIQUE CHORALE.** Une messe slavonne (*Glagolska mše*), des motets, trois cantates pour soli, chœurs et orchestre, de nombreux chœurs a cappella (admirables). – **CHANT SOLO.** Le recueil *Zápisnik zmizelého* (*Journal d'un disparu*, un chef-d'œuvre) pour ténor, alto, 3 voix féminines et piano, des recueils de chansons populaires. **MUSIQUE INSTRUMENTALE.** *Taras Bulba* (rhapsodie slave, pour orchestre), *Sinfonietta*, des poèmes ou ballades symphoniques, concertino et capriccio (main gauche) pour piano et orchestre de chambre, deux très beaux quatuors à cordes, une sonate pour violon, une sonate pour piano.

JANEQUIN, CLÉMENT

Châtellerault, vers 1485. – Paris, 1558.

Originaire du Poitou, il fut peut-être un disciple de Josquin, comme en témoigne Ronsard. On connaît peu de chose de sa vie. À partir de 1505 environ, il est dans le Bordelais, dans l'entourage de l'humaniste Lancelot Du Fau et de l'archevêque de Bordeaux. Il commence à collectionner les prébendes de chanoine et de curé. En 1529, il compose à Bordeaux une chanson pour célébrer la paix de Cambrai. Peu après, il s'établit en Anjou où il séjourne jusqu'en 1549. De 1534 à 1537, il est maître de la psallette de la cathédrale d'Angers et en 1548 il poursuit des études à l'université de cette ville. Il est nommé successivement curé d'Avrillé (près d'Angers), où il est à deux reprises parrain des enfants de F. de Gondi, en 1532 et 1537, curé de Brossay (près de Saumur), enfin curé d'Unverre

(près de Chartres). En 1549, il s'établit à Paris, rue de la Sorbonne. Il y fréquente l'Université, devient chapelain et musicien du duc de Guise et, vers la fin de sa vie, « chantre ordinaire de la chapelle du roi ».
Ce grand compositeur qui vécut modestement et mourut pauvre (son testament en fait foi), fut le chef incontesté de l'école parisienne de la chanson. Ses grandes fresques vocales sont, dans le domaine de la musique imitative, sans précédent dans l'histoire. La célèbre chanson *La Guerre* (dite *Bataille de Marignan*) fut adaptée pour un ensemble d'instruments à vent par A. Gabrieli, sous le titre d'*Aria della Battaglia.*

Deux messes (*La Bataille* et *L'Aveuglé Dieu*), plusieurs recueils de psaumes et « chansons spirituelles », des motets (perdus, sauf un) et plus de deux cent cinquante chansons françaises à 3, 4 et 5 voix.

JAQUES-DALCROZE, ÉMILE

Vienne, 6 juillet 1865. – Genève, 1er juillet 1950.

Élève de Delibes à Paris et de Bruckner à Vienne. Inventeur d'une méthode de « gymnastique rythmique » qui porte son nom, il a créé l'Institut Jaques-Dalcroze à Genève (1914) et fondé des écoles d'« eurythmie » dans la plupart des capitales.

Quatre opéras, de grandes œuvres chorales, deux concertos pour violon, trois quatuors à cordes et de nombreux recueils de chansons inspirées du folklore suisse.

JAUBERT, MAURICE

Nice, 3 janvier 1900. – Près de Baccarat, tué au combat, 19 juin 1940.

Il fut avocat avant de se vouer à la musique, devint directeur musical chez Pathé-Cinéma et fut le collaborateur de R. Clair, Duvivier, Carné, etc.

L'opéra de chambre *Contrebanda*, le ballet *Le Jour*; *Ballade* et *Suite française* pour orchestre (d'après Péguy) ; de nombreuses musiques de films (dont les excellentes partitions de *Quai des brumes* et *Carnet de bal.*

JAUFRÉ RUDEL

?, vers 1120. – ?, vers 1150.

Troubadour. « Prince de Blaia », seigneur de Pons et de Bergerac. Il suivit Louis VII à la croisade en 1147 et n'en revint pas. Selon sa *vida,* il s'était énamouré d'Odierne, comtesse de Tripoli, sans l'avoir jamais vue, se fit croisé pour la voir, tomba malade sur le bateau et vint mourir dans les bras de sa bien-aimée. Celle-ci, *a grand onor* le fit ensevelir dans la maison des Templiers ; puis elle se fit moniale, *se rendèt monia, per la dolor qu'avià de la mort d'el* ».

Une dizaine de chansons, dont quatre notées (parmi lesquelles le célèbre *Lanquan li jorn son lonc en mai*).

JAZZ

Musique profane du peuple noir des USA. Sa dénomination, qui date de 1917, recouvre aussi de nos jours toute la musique issue de celle des Noirs américains ou inspirée par elle.

Le jazz est apparu spontanément, autour de 1900, dans la région du delta du Mississippi. À l'origine c'est un folklore, le *blues*, que colportent avec leur guitare des chanteurs ambulants. Puis les Noirs ont découvert les instruments à vent, ont formé des petits orchestres, ont joué dans les enterrements, les bals, les dancings, les saloons… Enfin ils sont remontés vers le nord : Memphis, Saint Louis, Chicago. À la fin du XIXe siècle, les premiers orchestres noirs jouent une musique appelée *rag-time* ou *dixieland*. C'est de Chicago que se répand à partir de 1917 le style « New Orleans ». C'est à Chicago que se fait connaître le premier grand musicien de jazz, « King » Oliver (1885-1938), qui fait venir en 1922 un jeune joueur de cornet, Louis Armstrong (1900-1971). Tous les grands musiciens de jazz sont des improvisateurs, des somnambules de génie. À de très rares exceptions près (Duke Ellington) ils ne prennent pas place dans l'histoire comme compositeurs. Leur influence sur la musique « historique » n'est pas négligeable. Mais elle n'a pas l'importance qu'on lui attribue souvent, quelle que soit sa valeur technique et spirituelle. Les œuvres que le jazz a inspirées à Debussy (*Golliwog's Cake-walk*; *Minstrels*, *General Lavine*), à Ravel (*Blues* de la sonate pour violon), à Stravinsky (*Rag-time* pour petit orchestre, *Piano rag-music*), à Milhaud (*Création du monde*), et à bien d'autres, sont de très brillants pastiches, parfois des chefs-d'œuvre, mais sans l'assimilation profonde d'un style ni d'une sensibilité.

L'histoire du jazz peut se diviser approximativement en trois grandes périodes :

– 1865-1930. Naissance et jeunesse du jazz. Après l'abolition de l'esclavage, les *blues* se répandent dans les campagnes et des chorales professionnelles font entendre jusqu'en Europe les *spirituals* que chantent les communautés noires. Premier disque de spirituals (1902) et de jazz (1917 *Dixieland jass one-tep*). Débuts de quelques grands jazzmen et de la sublime Bessie Smith, « impératrice du blues » (1895-1937).

– 1930-1945. La période classique, dominée par les plus grands noms du jazz : Louis Armstrong, Sidney Bechet, Duke Ellington, Count Basie, Art Tatum, Lester Young. Mais c'est la fin du jazz sauvage. Captif de l'industrie du disque, il est soumis désormais aux impératifs commerciaux et techniques.
– Depuis 1945. La période moderne. Le jazz devient plus élitaire, un genre nouveau, le *be-bop* se distingue par son modernisme rythmes complexes, harmonies dissonantes, jeu tendu. Les maîtres du genre sont Charlie Parker (saxophone), Thelonious Monk (piano) et Dizzy Gillespie (trompette). Le merveilleux trompettiste Miles Davis invente un style personnel, subtil et raffiné. Les arrangements intègrent parfois les acquisitions de Debussy, Ravel, Stravinsky ou Schoenberg.
Vers 1960 apparaît le *free-jazz*, dont la liberté n'est pas purement formelle, car elle est liée aux aspirations des Noirs américains. L'évolution du jazz est imprévisible elle dépend du rapport de forces entre les exigences du show-business et l'idéal du Black Power.

Jehannot de Lescurel

?, XIIIe siècle. – Paris, pendu le 23 mai 1304.

Poète. Précurseur de l'Ars Nova. On ignore complètement sa biographie, mais il est rapporté qu'il fut condamné à la pendaison pour débauche.

Virelais, ballades et rondeaux (monodiques, sauf un rondeau à 3 voix), insérés dans le manuscrit du *Roman de Fauvel* (BN : ms. fr. 146). Ses poésies ont été étudiées au XIXe siècle, sous le titre : *34 Chansons, Ballades et Rondeaux.*

Jeremiaš, Otakar

Pisek, 17 octobre 1892. – Prague, 5 mars 1962.

Élève de Novák. Chef de l'orchestre de la radio de Prague, puis directeur de l'Opéra de Prague.

Deux opéras, deux cantates, des chœurs, deux symphonies, une fantaisie pour orchestre, des partitions de films, des mélodies.

Jirák, Karel Boleslav

Prague, 28 janvier 1891. – Chicago, 30 janvier 1972.

Élève de Novák et de Foerster. Chef d'orchestre aux opéras de Hambourg, Brno, Ostrava. Professeur au conservatoire de Prague et directeur musical à la radio tchécoslovaque. En 1947 il émigra aux USA.

Deux opéras, *Psaume XXIII*, cinq symphonies, sérénade pour cordes, rhapsodie pour violon et orchestre, sextuor à cordes avec contralto solo, des sonates (piano, violon et piano, alto et piano), des mélodies.

Jolas, Betsy

Paris, 5 août 1926.

Ses parents, tous deux littérateurs, lui ont permis d'acquérir une riche culture. Membre du Dessoff Choir pendant ses premières études aux USA, elle a découvert les polyphonistes flamands dont l'influence sur sa formation a été importante. Élève de Milhaud et Messiaen au conservatoire de Paris, elle y a enseigné l'analyse et la composition. Elle a également enseigné à l'université de Yale et à Mills College (Californie), succédant à Milhaud.

Trois opéras, *Le Pavillon au bord de la rivière* (Avignon, 1975), *Cyclope* (Avignon, 1986), *Schliemann* (Lyon, 1995) ; de nombreuses musiques de scène ; *Tales of a summer Sea* (1977-1995) pour orchestre, *Stances* pour piano et orchestre, *Trois Rencontres* pour trio à cordes et orchestre, *Points d'aube* pour alto et instruments à vent, des pièces pour piano et pour orgue.

Jolivet, André

Paris, 8 août 1905. – Paris, 20 décembre 1974.

Il étudie la peinture, le violoncelle, puis songe au théâtre (il monte et interprète des spectacles dramatiques), avant de se vouer à la musique. Ses études musicales, commencées à l'École normale d'instituteurs d'Auteuil, sont poursuivies avec Paul Le Flem (1927-1932) et Edgar Varèse (1930-1933). Le premier lui enseigne les disciplines classiques avec une intelligence et un libéralisme esthétique incomparables ; le second, pionnier de la musique « expérimentale », l'initie aux lois de l'acoustique et aux sortilèges de l'orchestration. En 1935, ses études à peine terminées, Jolivet compose une œuvre magistrale, révolutionnaire, où son style très personnel s'affirme d'emblée : *Mana*, suite de six courtes pièces pour piano, présentées peu après au public, à l'un des premiers concerts de la Spirale. Cette association de musique de chambre, fondée par Messiaen et Lesur, donne naissance l'année suivante au groupe Jeune France, grâce à l'intervention d'Yves Baudrier. Les quatre jeunes musiciens, liés principalement par l'amitié, n'ont d'autre programme que la défense des valeurs spirituelles dans la plus complète indépendance esthétique. Le premier concert de Jeune France a lieu en juin 1936 sous la direction de Désormière et le patronage de Duhamel, Mauriac, Valéry, etc. Les recherches mélodiques, harmoniques et rythmiques de Jolivet exercent alors une profonde influence sur l'évolution du style de Messiaen. En 1943, Jolivet est appelé à diriger la musique d'Honegger pour les représentations du *Soulier de satin* à la Comédie-Française, où il sera directeur de la musique pendant quinze ans (1945-1960). En 1960, il fonde à Aix-en-Provence un conservatoire international d'été, le Centre Français d'Humanisme Musical, consacré à l'enseignement supérieur de la musique, dans un esprit délibérément ouvert à toutes les recherches musicales de notre temps. Il était aussi professeur de composition au Conservatoire.

Jolivet voulait « rendre à la musique son caractère original antique lorsqu'elle était l'expression magique et incantatoire de la religiosité des groupes humains » d'où *Mana* (« la mana est cette force qui nous prolonge dans nos fétiches familiers »), *Cinq Danses rituelles*, *Cosmogonie*, etc. Sa musique peut encore exprimer plus simplement la condition humaine, dans sa tragique grandeur (*Trois Complaintes du soldat*, un chef-d'œuvre). Mais toujours s'impose à sa conscience la fonction sociale de la musique, qu'il n'a jamais voulu traiter comme un simple « art d'agrément ». Les innovations spectaculaires, l'originalité des moyens mis en œuvre (harmonie naturelle reposant sur les phénomènes de la résonance ; utilisation de « modes » nouveaux, de rythmes à la notation complexe, déterminés « par les phrases et les intensités du flux sonore »), ces éléments d'une subtile alchimie sonore disparaissent dans le champ de forces d'une volonté créatrice, qui exerce sur l'auditeur un pouvoir d'envoûtement singulièrement efficace.

L'opéra bouffe *Dolorès* (1962), l'opéra *Bogomile* (posthume 1982), l'oratorio *La Vérité de Jeanne* (1958), le ballet *Ariane*, deux messes, *Suite liturgique* (voix, hautbois, violoncelle, harpe), *Trois Complaintes du soldat* (voix et orchestre de chambre), *Poèmes intimes* (idem), *Épithalame* (pour « orchestre vocal ») ; des œuvres symphoniques (*Cinq Danses rituelles*, *Psyché*, *Cosmogonie*, *Suite transocéane*, quatre symphonies), des concertos pour divers instruments (ondes Martenot, piano, violon, trompette, flûte, harpe, basson, violoncelle, percussion), des musiques de scène pour la Comédie-Française et pour le TNP (*Antigone*) ; *Mana* et deux sonates pour piano, un quatuor à cordes, *Cérémonial* pour percussion, *Mandala* pour orgue.

Jommelli, Niccolò

Aversa (Naples), 10 septembre 1714. – Naples, 25 août 1774.

Élève de Prota et Leo à Naples, il fait représenter son premier opéra, l'*Errore amoroso*, en 1737 au Teatro Nuovo. Dans les années suivantes, ses œuvres sont accueillies avec un succès croissant à Venise (où il est nommé directeur du conservatoire des *Incurabili*), Turin, Padoue, Bologne, Rome, etc. En 1749, il fait un voyage à Vienne où il donne cinq opéras nouveaux. À son retour il est nommé maître adjoint de la chapelle pontificale et commence à écrire de la musique religieuse. De 1754 à 1769, il est Kapellmeister du duc de Wurtemberg à Stuttgart. Il y compose une passion, un *Requiem*, de nombreux opéras nouveaux, et perfectionne sa technique au contact de l'école allemande (écriture plus complexe, construction plus élaborée). À son retour définitif à Naples, en 1769, ses œuvres nouvelles rencontrent l'indifférence ; Mozart, cependant, assistait à la répétition et à la première représentation d'*Armida abbandonata*.
L'œuvre de Jommelli se distingue par la noblesse de l'inspiration mélodique (particulièrement dans sa musique religieuse), un remarquable sens dramatique (notamment dans l'utilisation du récitatif accompagné) et par la richesse de l'instrumentation.

Une passion, deux oratorios, de nombreuses œuvres religieuses (dont un *Requiem* et un *Miserere*, des chefs-d'œuvre), et près de soixante-dix opéras (sérieux pour la plus grande part).

Jones, Robert

?, vers 1577. – ?, XVIIe siècle.

On ne sait à peu près rien de sa vie, si ce n'est qu'il a créé une école et un théâtre pour les jeunes, mais il compte parmi les meilleurs luthistes de l'école élisabéthaine.

Une trentaine de madrigaux (3 à 8 voix), dont quinze seulement nous sont parvenus, plus de cent *ayres* (ou chansons au luth, pouvant être chantées également à 4 voix sans accompagnement), trois *anthems*.

Jongen, Joseph

Liège, 14 décembre 1873. – Sart-lez-Spa (près de Liège), 12 juillet 1953.

Professeur aux conservatoires de Liège et de Bruxelles (dont il fut directeur de 1925 à 1939), il est l'un des fondateurs de l'école belge contemporaine.

Une messe, des grandes œuvres chorales, trois suites pour orchestre (*Triptyque*), des concertos pour violon, pour orgue (*Symphonie concertante*), pour piano, pour harpe, trois quatuors à cordes, deux sonates pour piano et violon, de nombreuses pièces pour piano et orgue.

Josquin des Prés

?, vers 1440. – Condé-sur-l'Escaut, 27 août 1521.

Il reçut sa première éducation à la maîtrise de la collégiale de Saint-Quentin, puis fut sans doute élève ou au moins disciple d'Okeghem, dont il apprit les subtilités du vieux système proportionnel et les principes de l'imitation canonique. Mais son style fut également marqué par l'école d'Obrecht et Busnois, où il pouvait découvrir les secrets de l'expression sensible. Il commence sa carrière comme chantre au duomo de Milan (1459). Il est ensuite, successivement, au service du duc Sforza à Milan (1474), de la chapelle pontificale à Rome (1476-1499), d'où il entreprend des voyages en Italie avec le cardinal Sforza, du duc de Ferrare, Ercole (en l'honneur de qui il compose sa messe *Hercules dux Ferrariae*). On le trouve dans l'entourage de Louis XII et de Philippe le Beau, qu'il accompagne en Espagne. Il est quelque temps maître de chœurs aux cathédrales de Cambrai et Saint-Quentin. Les dates de la carrière de Josquin des Prés, et les itinéraires de ses voyages ne peuvent pas toujours être connus avec la précision souhaitable. Il vécut ses dix dernières années à Condé-sur-l'Escaut, en qualité de chanoine.
L'œuvre de Josquin étonna et émerveilla le monde jusqu'à l'avènement de Roland de Lassus et Palestrina, puis elle fut totalement oubliée jusqu'à la fin du XVIIIe siècle. C'est alors que Burney, puis Fétis attirèrent l'attention sur le premier musicien de l'histoire dont le génie paraît évident au public d'aujourd'hui. Continuateur de Dufay, avec un génie supérieur encore, Josquin des Prés, non seulement surpasse ses prédécesseurs sur le terrain de l'habileté contrapuntique, mais surtout il est le premier qui nous émeuve par la qualité de l'inspiration mélodique et la justesse de l'expression, particulièrement dans ses plus beaux motets (*Ave Maria*, *Stabat Mater*, et surtout l'admirable *Miserere*) ou encore dans la célèbre *Déploration de Jehan Okeghem.*

(Édition moderne complète par Smijers) : dix-neuf messes, cent vingt-neuf motets, hymnes, psaumes, quatre-vingt-six pièces profanes (chansons, etc.).

JOTA

Danse aragonaise, qui date probablement de la fin du XVIe ou du début du XVIIIe siècle. C'est une danse par couples, à trois temps, généralement chantée, avec accompagnement de guitares, bandurrias, tambours de basque, etc. La jota s'est étendue aux autres provinces d'Espagne. Il existe une tradition, sans fondement apparent, selon laquelle la jota aurait été introduite en Aragon au XIIe siècle par un Arabe nommé Aben Jot, expulsé de Valence pour ses chansons licencieuses. Plusieurs compositeurs espagnols se sont inspirés de la jota, ainsi que Glinka (*Jota aragonesa* pour orchestre) et Liszt (*Rhapsodie espagnole. Folies d'Espagne* et *Jota aragonesa*).

⊖➤ LISZT, Rhapsodie espagnole. – FALLA, *Chansons populaires espagnoles* (n° 4, *Jota*).

K

KABALEVSKY, DMITRI BORISOVITCH

Saint-Pétersbourg, 30 décembre 1904. – Moscou, 14 février 1987.

Élève de Vassilenko et Miaskovsky au conservatoire de Moscou, où il enseigne lui-même la composition. Secrétaire de l'Union des compositeurs.

Cinq opéras (dont *Colas Breugnon*, Léningrad, 1938), des ballets, de la musique de scène, des cantates, quatre symphonies (dont une avec chœurs), trois concertos de piano, un de violon, un de violoncelle, deux quatuors à cordes, de nombreuses pièces pour piano (dont trois sonates et vingt-quatre préludes), des mélodies.

KAGEL, MAURICIO

Buenos Aires, 24 décembre 1931.

Élève de Ginastera à Buenos Aires. Il a débuté comme chef de chœurs au théâtre Colon. En 1957, il s'est établi à Cologne où il travaille au studio de musique électronique de la WDR et dirige les Kölner Kurse für neue Musik. En 1974, il est nommé professeur de théorie musicale à la Musikhochschule de Cologne.
Il a cherché à introduire dans la musique un élément théâtral, dont le spectacle est dans l'exécution musicale elle-même. Son œuvre est une

continuelle expérimentation où l'on a parfois peine à démêler ce qui distingue le précurseur de l'humoriste.

Anagramma pour voix, chœur parlé et instruments (1958), *Antithèse* pour un acteur et bandes magnétiques (1962), *Prima Pista* pour diapositives et un nombre indéterminé de sources sonores (1964), *Staatstheater*, « composition scénique » (1967, cité comme modèle de théâtre instrumental), *Mare nostrum*, « spectacle musical » (1974), *Kantrimiusik* pour orchestre de chambre (1975), des compositions expérimentales de toute sorte, des films.

Kajanus, Robert

Helsinki, 2 décembre 1856. – Helsinki, 6 juillet 1933.

Chef d'orchestre, il fit comme tel de nombreuses tournées dans toute l'Europe. Élève de Richter et de Reinecke à Leipzig, puis de Svendsen à Paris, il fit ses débuts à Dresde (1881-1882) en dirigeant ses œuvres, fonda l'orchestre philharmonique d'Helsinki et organisa dans cette ville des séries de concerts populaires. Professeur à l'université d'Helsinki et à l'Académie royale de Stockholm, chef de nombreuses chorales, il exerça une influence considérable sur la vie musicale de son pays... et même sur celle des autres pays scandinaves (c'est sur son initiative que fut créé en 1919 le festival de Copenhague). Il a lutté avec un dévouement intelligent pour la diffusion de la musique finlandaise, tout particulièrement celle de Sibelius, dont il était l'ami et le plus éminent interprète.

Des cantates, *Aino* (poème symphonique avec chœurs), deux rhapsodies finlandaises, une *sinfonietta*, des pièces pour piano, des mélodies.

Kalomiris, Manolis

Smyrne, 26 décembre 1883. – Athènes, 3 avril 1962.

Fondateur et directeur du conservatoire national d'Athènes, il est le chef de l'école grecque contemporaine, le créateur d'une musique nationale, fondée sur le folklore, les légendes et l'esprit helléniques. Il est membre de l'Académie d'Athènes depuis 1945.

Quatre opéras, trois symphonies, des poèmes symphoniques, un concerto pour piano, un concertino pour violon, des pièces pour piano, de très belles mélodies, des harmonisations de chansons populaires.

KAMANTCHÉ

Petite vièle iranienne à 4 cordes. Sa caisse sphérique est munie d'une pique, autour de laquelle on fait pivoter l'instrument, tenu verticalement, pour présenter les cordes à l'archet, selon le principe du *rabāb* arabe, que l'on retrouve en Extrême-Orient : *kokyû* japonais, *tro* khmer, *sô* thaï.

KANTCHELI, GEORGES

Tbilissi (Géorgie), 10 août 1935.

Élève du conservatoire de Tbilissi, où il enseigne actuellement l'instrumentation. Il est directeur musical du théâtre dramatique géorgien.

Des opéras et des comédies musicales géorgiennes, des musiques de scène, six symphonies.

KEISER, REINHARD

Teuchern (près de Weissenfels), 9 janvier 1674.
Hambourg, 12 septembre 1739.

Élève de son père (organiste à Weissenfels), de Schelle à Saint-Thomas de Leipzig et de Kusser, il suivit ce dernier maître à Hambourg, après avoir été quelque temps chef d'orchestre et compositeur à la cour de Brunswick. À Hambourg, dont il entreprend de faire une capitale de la musique et de l'opéra, il règne bientôt en maître incontesté, compose régulièrement des opéras pour le Theater am Gänsemarkt (jusqu'à quatre ou cinq par an), fonde une série de concerts d'hiver, prend en 1703 la direction de l'Opéra (où il est en même temps compositeur, régisseur, metteur en scène, etc.) et devient en 1728 cantor de la cathédrale. Il fit plusieurs voyages à l'étranger, notamment au Danemark où il fut nommé chef d'orchestre du roi, à titre honoraire.

Environ cent vingt opéras allemands, des oratorios et de la musique religieuse (passions, cantates, motets, etc.), de la musique instrumentale.

Kelemen, Milko

Podravska Slatina (Croatie), 24 mars 1924.

Élève de Šulek à Zagreb et de Messiaen à Paris. Depuis 1953, il enseigne la composition à l'académie de musique de Zagreb. À partir de 1954 (séjour à Paris), il s'est rallié aux techniques sérielles. Il a été professeur à la Musikhochschule de Fribourg et à celle de Stuttgart.

Deux opéras, *Ubu roi* (1965) et *État de siège* d'après Camus (1971). *Monogatari* pour 12 voix solistes. Musique de scène pour *Le Nouveau Locataire* de Ionesco (1962). Des concertos ou œuvres concertantes pour piano, violon, alto, violoncelle, contrebasse, basson. Diverses pièces pour orchestre, une sonate pour piano.

Kerle, Jacob van

Ypres, 1531 ou 1532. – Prague, 7 janvier 1591.

De 1555 à 1562 il a été organiste à la cathédrale d'Orvieto et carillonneur de la ville. En 1561 il est chargé de mettre en musique les prières pour la dernière session du concile de Trente. Il accompagne le cardinal d'Augsbourg en qualité de maître de chapelle à Rome, Barcelone et Dillingen (1562-1565). Il est ensuite maître de chapelle à Ypres ; il est excommunié en 1567 ; l'année suivante, il devient chanoine, vicaire choral et organiste de la cathédrale d'Augsbourg. On le retrouve chanoine à Cambrai, de nouveau à Augsbourg, enfin au service de l'empereur à Vienne et à Prague (en compagnie de Philippe de Monte).

Une dizaine de messes à 4 et 5 voix, trois livres de motets, *Preces speciales* à 4 voix pour le concile de Trente, des hymnes, des madrigaux (perdus).

Kerll, Johann Caspar von

Adorf (Saxe), 9 avril 1627. – Munich, 16 février 1693.

Élève de Valentini à Vienne, puis de Carissimi à Rome. Il fut organiste et vice-Kapellmeister de l'Électeur de Bavière à Munich, puis à Vienne, organiste de la cathédrale Saint-Étienne et de la cour, jusqu'à son retour à Munich en 1684. La nouveauté de son style en fait un précurseur direct de Bach.

Des opéras italiens, des messes, un *Requiem*, un recueil de *Sacrae Cantiones*, de nombreuses œuvres d'orgue et de clavecin, diverses sonates.

Khatchaturian, Aram Ilyich

Tiflis, 6 juin 1903. – Moscou, 1er mai 1975.

Fils d'un relieur modeste, il ne montra pas de dons précoces et ne reçut aucune éducation musicale sérieuse avant dix-neuf ans ; mais il connaissait parfaitement le folklore caucasien qui avait bercé son enfance. En 1922, il étudia le violoncelle et la composition à l'école de musique Gnessin, puis devint l'élève de Miaskovsky et de Vassilenko au conservatoire de Moscou. Il a subi l'influence de la musique française et surtout des traditions culturelles de la Russie méridionale et orientale. Avant et après la dernière guerre, sa réputation s'est étendue à toute l'Europe, grâce au succès de son *Concerto pour piano*, de son *Concerto pour violon* et de la fameuse *Danse du sabre* extraite de son ballet *Gayaneh*.

Trois ballets, de la musique de scène et de film, un *Chant de Staline* pour chœurs et orchestre, deux symphonies, des concertos (pour piano, violon, violoncelle, et pour violon et violoncelle), une sonate pour violon et piano, des œuvres pour piano, des mélodies, ainsi que des arrangements de danses populaires, des pièces pour balalaïkas, des marches, hymnes populaires, chants patriotiques.

K'in

Instrument traditionnel chinois par excellence, à cordes pincées, de la famille des psaltérions. Sa caisse est allongée ; ses sept cordes sont tendues sur toute la longueur d'une table légèrement bombée.
Selon la légende, le *k'in* daterait de près de 5000 ans. Sa technique est subtile et variée, avec emploi des sons harmoniques et possibilité de pincer les cordes de part et d'autre des chevalets mobiles.
Par extension, les Chinois appellent *k'in* les instruments à cordes en général : le *hu-k'in* est une vièle à deux cordes, le *yu-k'in* une sorte de guitare populaire, le *yang-k'in* un tympanon (cordes frappées). Le *sê* à 25 cordes est un grand *k'in* sacré ; le *tcheng* (ne pas confondre avec le *sheng*), sorte de demi-*sê* à 13 cordes, est un instrument populaire. Au Japon, le *koto* national est un instrument similaire.

Klebe, Giselher

Mannheim, 28 juin 1925.

Établi à Berlin en 1947, il devient l'élève de B. Blacher, dont l'influence se conjugue dans sa musique avec celle de Webern. En 1957, il a succédé à Fortner (qui a beaucoup contribué à faire connaître Klebe) comme professeur de composition à l'académie de musique de Detmold.

Sept opéras, dont *Alkmene* d'après Kleist (Berlin, 1961) et *Figaro divorce* (Hambourg, 1963), des ballets, trois symphonies, un concerto pour violoncelle, deux sonates pour violon solo, deux quatuors, de la musique électronique.

KODÁLY, ZOLTÁN

Kecskemét, 16 décembre 1882. – Budapest, 4 mars 1967.

Folkloriste et musicologue. Sa première culture musicale lui vint des Tziganes de passage et des soirées familiales de musique de chambre. Sa mère jouait du piano et son père, chef de gare et violoniste amateur réunissait parfois quelques amis, amateurs comme lui, pour jouer les quatuors de Haydn. Le jeune Zoltán manifestant des dons précoces, on lui fait apprendre le piano et le violon. Il chante dans les chœurs de la cathédrale de Nagyszombat, profite de séjours dans cette ville pour lire des partitions à la bibliothèque et apprend seul à jouer du violoncelle. Après ses études secondaires, il entre à la faculté des lettres (thèse de doctorat en 1906 sur la structure des chansons populaires hongroises) et complète en même temps ses études musicales au conservatoire de Budapest, où il rencontre Bartók et noue avec lui des relations amicales. Soucieux de trouver la voie d'un style musical purement magyar, il décide d'étudier les caractères fondamentaux de la musique paysanne hongroise et entreprend en 1905 sa première expédition de collecte de musique populaire. L'année suivante, Bartók s'étant joint à lui, ils commencent leur longue et fructueuse collaboration, qui se soldera par d'innombrables publications, du plus haut intérêt artistique et scientifique. En 1913, ils publient un *Plan d'une nouvelle collection complète de chansons populaires* (dit *Memorandum de 1913*) qui est l'une des chartes de l'ethnographie musicale. Kodály séjourne en 1906 à Berlin et en 1907 à Paris, où il découvre la musique de Debussy. À son retour, il est nommé professeur de théorie musicale, puis de composition, au conservatoire de Budapest.
Cependant, sa renommée de compositeur grandit à l'étranger. Mais, en Hongrie, sa grande popularité date de l'audition de son *Psalmus Hungaricus* (1923), destiné à célébrer le 50e anniversaire de la réunion Buda-Pest. L'immense succès de cette œuvre admirable s'étend à toute l'Europe après son audition à Zurich en 1926 (festival de la SIMC). En octobre 1926, l'opéra *Háry János* assure à Kodály un triomphe (la suite d'orchestre qu'il en tire un peu plus tard deviendra son œuvre la plus populaire). Il a cumulé les fonctions pédagogiques, les titres honorifiques, les responsabilités professionnelles, imposant partout un tel res-

pect que les autorités nazies, en dépit d'un dossier qui l'eût condamné à la déportation, renoncèrent à l'inquiéter. Depuis 1947, il était président de l'Association des musiciens hongrois.
Son œuvre, classique par l'écriture, mais très personnelle dans la manière d'utiliser les techniques traditionnelles, dénote l'influence de Brahms et de Debussy dans la couleur harmonique, de l'école romaine du XVIe siècle dans l'admirable écriture des chœurs, du folklore magyar dans les structures mélodiques et rythmiques. Les sommets de cette œuvre, qui plonge ses racines au plus profond de la sensibilité populaire, sont les opéras *Háry János* et *Szekelyfono* (*La Chambre des fileuses*), le *Psalmus Hungaricus* et les *Variations sur une chanson populaire* (*Felszállott a páva...*).

Trois opéras hongrois, des grandes œuvres chorales (dont *Psalmus Hungaricus, Missa brevis* et *Te Deum*), d'innombrables chœurs a cappella (certains pour enfants), des mélodies avec accompagnement d'orchestre ou de piano, de nombreuses chansons populaires harmonisées ; Variations *Feszállott a páva...* pour orchestre, *Danses de Marosszèk* et *Danses de Galánta*, concerto pour orchestre, quelques œuvres de musique de chambre, des pièces pour piano ; des recueils pédagogiques (plus de mille mélodies pour les enfants sous forme de chœurs, chansons, exercices à solfier) et d'une masse énorme d'écrits musicologiques et scientifiques, comportant notamment la notation et l'étude comparée de centaines de mélodies paysannes.

KOECHLIN, CHARLES

Paris, 27 novembre 1867. – Le Canadel (Var), 31 décembre 1950.

D'une famille de protestants libéraux, industriels à la pointe du progrès social, il fut polytechnicien avant d'entrer à vingt-deux ans au conservatoire de Paris (Massenet, Gédalge, Fauré). Il est sans doute le plus injustement négligé des compositeurs du XXe siècle (son talent est comparable à celui d'un Roussel, mais la plus grande partie de ses œuvres n'est pas éditée). Il laisse cependant à ses nombreux disciples et à tous ceux qui l'ont connu le souvenir d'un grand sage, bon, indulgent, prodigieusement érudit, modeste et désintéressé.

Un opéra, quatre ballets, des œuvres chorales (dont *Le Livre de la jungle* et *L'Abbaye*), trois symphonies, des poèmes symphoniques, cinq chorals pour orchestre, *Hymne* pour ondes Martenot et orchestre, de la musique de chambre, de nombreuses pièces pour piano, environ cent mélodies, ainsi que de remarquables ouvrages pédagogiques (traités d'harmonie, d'orchestration, etc.).

Koering, René

Andlau, 27 mai 1940.

Autodidacte, mis à part la fréquentation des Ferienkursen de Darmstadt (Boulez, Stockhausen, Maderna). Il est situé à l'avant-garde des tendances post-sérielles.

Trois opéras, *Elseneur*, *Contes de la lune vague* et *La Marche de Radetzky*; *Ci-gît* pour voix et orchestre de chambre, *Musique pour une Passion* pour orchestre, *Triple et Trajectoires* pour 2 orchestres et piano, et deux quatuors à cordes.

Kokkonen, Joonas

Lisalmi (Finlande), 13 novembre 1921.

Élève de Palmgren à l'académie Sibelius d'Helsinki et de l'université pour la musicologie. Professeur de composition puis président de l'académie Sibelius, membre de l'Académie de Finlande, il est, à travers ses nombreux élèves, la personnalité musicale la plus influente de son pays.

L'opéra *Viimeiset Kiusaukset* (*Les Dernières Tentations*, 1975), quatre symphonies, un concerto pour violoncelle, trois quatuors à cordes, une sonate pour violoncelle et piano.

Kora

Magnifique instrument à cordes pincées d'Afrique occidentale, originaire de Guinée. La *kora* s'apparente au luth par sa caisse de résonance (très grosse demi-calebasse) et son manche. Mais ses 21 cordes, tendues sur deux plans verticaux, perpendiculaires à la table en peau, forment avec les côtés du grand chevalet (15 à 20 cm de haut) et le manche deux triangles qui suggèrent plutôt une harpe double. On qualifie souvent l'instrument de « harpe-luth ». Les cordes sont pincées avec les deux pouces, en tenant l'instrument la caisse contre le ventre et le manche devant soi. On trouve aussi en Guinée une kora à 19 cordes, appelée *seron.*

Korngold, Erich Wolfgang

Brno (Moravie), 29 mai 1897. – Hollywood, 29 novembre 1957.

Enfant prodige, il émerveille Mahler et Puccini et à treize ans fait représenter son premier ouvrage scénique devant la cour à Vienne.

Il a été chef d'orchestre au théâtre municipal de Hambourg et professeur à l'académie de musique de Vienne. En 1934, il s'est installé à Hollywood pour se consacrer à la musique de films.

Sept opéras, dont *Violanta* (Munich, 1916), des concertos (pour violon, pour violoncelle, pour piano), une symphonie, un sextuor à cordes, trois quatuors à cordes, deux sonates pour piano ; des musiques de films.

KOSMA, JOSEPH

Budapest, 22 octobre 1905. – La Roche-Guyon, 7 août 1969.

Il a fait ses études à l'académie F. Liszt de Budapest, puis à Berlin avec K. Weill et Eisler. Il s'est établi à Paris en 1933 où il s'est fait connaître par sa musique de films et par ses chansons sur des poèmes de Desnos, de Queneau et surtout de Prévert.

Un opéra, *La Révolte des canuts* (Lyon, 1964), un opéra bouffe, *Les Hussards* (Lyon, 1969), un oratorio, *Les Ponts de Paris*, des ballets, la musique de scène des *Mouches* de Sartre, la musique de nombreux films de Renoir, Carné, Christian-Jaque, Franju, Duvivier, Buñuel, Decoin…

KOTO

Instrument national japonais, équivalent du *tcheng* chinois, importé au VIIe siècle. C'est un psaltérion (on dit improprement « cithare ») à la caisse allongée tendue de 13 cordes (aujourd'hui souvent 17), dont on peut modifier l'accord en déplaçant des chevalets mobiles, ou en appuyant de la main gauche sur les cordes, entre sillet et chevalet, pour modifier la tension. Le *koto* se joue à genoux, avec des faux ongles à trois doigts de la main droite. Une ancienne variété à 6 cordes, le *yamato-koto* ou *wagon*, sert dans l'accompagnement du rituel *shinto*.

KOŽELUH, JAN ANTONIN

Velvary, 14 décembre 1738. – Prague, 3 février 1814.

Élève de Gluck et Hasse à Vienne. Maître de chœurs à Rakovnik, puis à la cathédrale de Prague.

Quarante-cinq messes, dix *Te Deum*, cinq *Requiem*, plus de trois cents compositions sacrées (offertoires, motets, etc.), deux opéras, deux oratorios, cinq symphonies, divers concertos au total plus de quatre cents œuvres vocales et instrumentales.

KRÁSA, HANS

Prague, 30 novembre 1899. – Auschwitz, 1944.

Élève de Zemlinsky à Prague, puis de Roussel à Paris. Il fut accompagnateur au nouveau théâtre allemand de Prague et assistant de Straram au festival Mozart de Paris en 1923. Zemlinsky l'orienta vers Malher et le premier Schoenberg ; puis il subit l'influence de la musique française et de Stravinsky. Interné par les nazis à Terežín en 1941, il fut déporté à Auschwitz le 16 octobre 1944.

L'opéra *Verlobung in Traum* (Prague, 1933), *Brundibár*, opéra pour enfants (camp de Terežín, 1943), la cantate *Der Erde ist des Herrn* (1932), *Kammermusik* pour clavecin et 7 instruments (1936), deux quatuors à cordes.

KREISLER, FRITZ

Vienne, 2 février 1875. – New York, 29 janvier 1962.

Le plus prestigieux violoniste de notre temps. Il obtint un premier prix de violon à dix ans au conservatoire de Vienne et un autre à douze ans au conservatoire de Paris (où il fut aussi élève de Delibes pour la composition). Après une première tournée aux USA en 1889, il entreprit des études de médecine et ne se consacra définitivement à la musique qu'en 1896. Chassé de Berlin par le nazisme, il vécut en France (1933-1939), puis aux USA.

Deux opérettes (*Sissi* et *Apfelblüten*), un concerto pour violon, d'innombrables pièces pour violon (y compris des transcriptions et des pastiches).

KŘENEK, ERNST

Vienne, 23 août 1900. – Palm Springs (Californie), 23 décembre 1991.

Élève de Schreker, à Vienne puis à Berlin, il évita de subir l'influence de son maître et celle de Mahler, dont il épousa la fille, préférant cultiver un contrepoint atonal particulièrement aride (qui trouve son austère épanouissement dans les *Deuxième* et *Troisième Symphonie*). Après une période d'instabilité où il subit l'influence du jazz puis adopta une manière néo-romantique (illustrée par quelques chefs-d'œuvre dans le prolongement de Schubert), il se convertit au dodécaphonisme sériel. Depuis 1938, il vivait aux USA, où il a enseigné dans diverses universités.

Quinze opéras (dont l'extravagant *Jonny spielt auf* et l'important *Karl V*), trois ballets, sept symphonies, des concertos (quatre pour piano, deux pour violon, un pour piano et violon, pour harpe, pour violoncelle, etc.), sept quatuors à cordes, de nombreuses œuvres pour piano (dont six sonates), des recueils de lieder (dont l'excellent *Reisebuch aus den österreichischen Alpen*, dans l'esprit des grands cycles schubertiens), ainsi que des ouvrages théoriques et quelques travaux musicologiques (dont une discutable édition de l'*Incoronazione di Poppea* de Monteverdi).

KREUTZER, RODOLPHE

Versailles, 16 novembre 1766. – Genève, 6 juin 1831.

Violoniste illustre, l'un des chefs de l'école de Paris (avec Viotti, Rode et Baillot). Il fut successivement premier violon à la chapelle royale, au Théâtre-Italien et à l'Opéra, puis violoniste de l'empereur, maître de chapelle de Louis XVIII et chef d'orchestre à l'Opéra.

Environ quarante opéras, de nombreux ballets, dix-neuf concertos et de nombreuses pièces pour violon (dont les célèbres *Quarante études*, chef-d'œuvre pédagogique).

KŘIČKA, JAROSLAV

Kelč (Moravie), 27 août 1882. – Prague, 23 janvier 1969.

Professeur de composition à Ekaterinoslav (Russie), puis chef de chœurs et professeur de composition à Prague. Sa féconde imagination, son optimisme et son sens de l'humour donnent à ses mélodies et à ses œuvres chorales un charme exceptionnel.

Trois opéras, quatre opéras-comiques, quatre petits opéras pour enfants, des cantates, des poèmes symphoniques, deux concertos pour violon, des petites pièces pour piano, de très nombreuses mélodies et harmonisations de chants populaires.

KRIEGER, ADAM

Driesen (Prusse), 7 janvier 1634. – Dresde, 30 juin 1666.

Élève de Scheidt et de Schütz, il fut organiste à la cour de l'électeur de Saxe après avoir sollicité en vain le cantorat de Saint-Thomas de Leipzig.

Cent *Arien von 1, 2 u. 3 Vokal-Stimmen…* avec des *Ritornellen* instrumentales entre les couplets (l'un des meilleurs recueils de lieder du XVIIe siècle).

Krieger, Johann

Nuremberg, 28 décembre 1651. – Zittau, 18 juillet 1735.

Frère cadet et élève de Johann Philipp. Il fut organiste de la cour à Bayreuth et directeur de la musique de la ville de Zittau. Haendel recommandait chaleureusement l'étude de son *Clavierübung* (où quelques pièces d'orgue sont dignes de J. S. Bach).

Neue musicalische Ergetzlichkeit (recueil de chants sacrés, « politiques » et dramatiques, à 3 voix) et autres compositions vocales, *Musicalische Partien* (suites pour le clavier), *Anmuthige Clavierübung...* (préludes, fugues, *ricercari*, etc., pour le clavier).

Krieger, Johann Philipp

Nuremberg, 25 février 1649. – Weissenfels, 7 février 1725.

Élève et assistant de l'organiste Johann Schröder à Copenhague, puis de Rosenmüller à Venise, il compléta ses études à Rome (Pasquini) et à Naples. Il fut pendant plus de quarante ans organiste et Kapellmeister à la cour de Saxe.

De nombreux opéras, sérénades ou intermèdes, *Musikalischer Seelenfriede* (recueil de vingt chants sacrés), douze sonates en trio, douze sonates pour violon et viole de gambe, *Lustige Feld-Musik* (suites ou *Partien* pour instruments à vent).

Křížkovský, Pavel

Holasovice (Silésie), 9 janvier 1820. – Brno, 8 mai 1885.

Fondateur de l'École morave, il a précédé Smetana dans la création d'une musique nationale tchèque fondée sur le folklore. Ordonné prêtre en 1848, chez les Augustins de Brno, il était directeur de la musique de la communauté. Dans ses chœurs admirables, injustement oubliés, il a profondément assimilé les caractères de la musique populaire morave, exerçant ainsi une influence décisive sur son élève Janáček. À partir de 1873, il était maître de chapelle de la cathédrale d'Olomouc.

Nombreuses compositions chorales, a cappella ou avec accompagnement d'un instrument à clavier.

Krommer-Kramarž, Franz

Kamenice, 27 novembre 1759. – Vienne, 8 janvier 1831.

Élève d'un oncle à Tuřany, près de Brno, il devint compositeur de la chambre de l'empereur François II, qu'il accompagna dans ses voyages en France et en Italie. Ses charmantes compositions instrumentales trahissent l'influence de Haydn et de Mozart.

Messes, symphonies, concertos (pour violon, clarinette, flûte, hautbois), de nombreux quatuors et quintettes.

Kuhlau, Daniel Friedrich Rudolph

Uelzen (Hanovre), 11 septembre 1786. – Copenhague, 12 mars 1832.

Pianiste et flûtiste. Menacé de conscription dans l'armée napoléonienne, il s'enfuit à Copenhague où, comme flûtiste, il devint Kammermusikus du roi. Au cours d'une tournée à Vienne en 1825, il rencontra Beethoven ; ils passèrent une agréable soirée ensemble, buvant du champagne et composant des canons impromptus.

Des opéras et d'importantes musiques de scène (dont *Everhoj*, très célèbre au Danemark), des chœurs, un concerto pour piano, de nombreuses œuvres de musique de chambre avec flûte et des sonatines pour piano (que plusieurs générations de jeunes pianistes ont rendues familières).

Kuhnau, Johann

Geising (Saxe), 6 avril 1660. – Leipzig, 5 juin 1722.

Après ses études (générales et musicales) à la Kreuzschule de Dresde, il fut nommé cantor à Zittau. Mais en 1682, il s'installe à Leipzig pour le reste de ses jours. Il y poursuit ses études (langues anciennes, droit, etc.), fonde un Collegium musicum (1688) et obtient les postes d'organiste à Saint-Thomas (1684), de directeur musical de l'Université (1700) et cantor à Saint-Thomas (1701) où lui succédera J. S. Bach. Son œuvre présente un grand intérêt historique le premier, il adapta au clavier, en 1695, les principes de la sonate* en trio italienne (plusieurs mouvements sans pièces de danses).

Passion selon saint Marc, motets et cantates d'église et surtout des œuvres pour le clavier : huit sonates, six *Biblische Historien* et vingt et une *partitas* (ou *Partien*) en deux recueils. On lui doit aussi des traductions de textes hébreux, latins, grecs, français, italiens, des poèmes satiriques et des écrits sur la musique.

Kurtág, György

Lugoj (Roumanie), 19 février 1926.

Élève de Kadosa au conservatoire de Budapest, de Milhaud et Messiaen à Paris. À partir de 1959 (quatuor à cordes), il opte pour une écriture sérielle subtile, tout en s'inspirant des formes des XVIIe et XVIIIe siècles. Sa musique est un modèle de raffinement et de concentration poétique.

Les Paroles de Péter Bornemisza pour soprano et piano (1968), *En souvenir d'un crépuscule d'hiver* pour soprano, violon et cimbalom, *Message de feu Mademoiselle Troussova* (1981) pour soprano et orchestre de chambre, de la musique de chambre, des pièces pour piano, pour guitare, pour cimbalom.

Kusser, Johann Sigismund

Presbourg (Bratislava), 13 février 1660. – Dublin, 1727.

[ou Jean Sigismond Cousser] Ami et disciple de Lully, dont il introduisit le style en Allemagne. Il fut Kapellmeister du duc de Brunswick-Wolfenbüttel, puis du duc de Wurtemberg à Stuttgart, directeur de l'opéra de Hambourg (où il exerça une influence sur Keiser, son successeur) et de l'opéra de Stuttgart, avant de s'établir à Dublin où il remplit plusieurs charges officielles.

Quatorze opéras allemands, un divertimento italien, vingt-quatre suites françaises (*Ouvertures de théâtre*) en quatre recueils, des sérénades de circonstance.

Kuula, Toivo

Vaasa (Finlande), 7 juillet 1883.
Pendant la guerre civile, Viipuri, 18 mai 1918.

Chef d'orchestre (Oulu, Helsinki, Viipuri). Élève de Wegelius et de Sibelius à Helsinki, de Bossi à Bologne, il a été fortement marqué par le folklore de son pays. Sa disparition prématurée a privé la musique scandinave d'un créateur de très grand talent.

Un *Stabat Mater*, des cantates dramatiques, deux suites pour orchestre, une symphonie, des pièces pour piano, des mélodies.

L

La Barre, Michel de

Paris, vers 1670. – Paris, vers 1743.

Flûtiste. Musicien de la chambre du roi et de l'orchestre de l'Opéra. Il accompagna le duc d'Anjou en Espagne, avec Delalande et Rebel. Son *Triomphe des Arts,* d'après Houdar de la Motte (1700) fut un des meilleurs ballets de son temps.

Des comédies-ballets, un recueil d'*Airs à boire,* douze livres de *Pièces pour flûte traversière avec la basse continue,* des pièces en trio.

Ladmirault, Paul

Nantes, 8 décembre 1877. – Camoël, 30 octobre 1944.

Élève de Gédalge et de Fauré au conservatoire de Paris, il enseigna la composition au conservatoire de Nantes, poursuivant dans cette ville la carrière difficile de compositeur régionaliste ; ses œuvres charmantes évoquent l'âme celte et les paysages bretons.

Deux opéras, musique de scène pour *Tristan*; *Suite bretonne* et *La Brière* pour orchestre ; sonate pour violon et piano, sonate pour violoncelle et piano, suites de pièces pour piano, des mélodies et de nombreuses harmonisations de folklore breton, écossais.

Laendler

Valse lente à 3/4 ou à 3/8, populaire en Autriche, en Bavière et en Bohême. Son nom vient peut-être de la région du Landel dans la vallée de l'Enns. Haydn, Mozart (K 606), Beethoven et surtout Schubert ont composé des laendler.

⊖› Mozart, *Six Laendler.* – Schubert, *Laendler.*

La Grotte, Nicolas de

?, vers 1530. – ?, vers 1600.

Luthiste et organiste d'Antoine de Bourbon, puis du roi Henri III. En 1582, il participa avec Cl. Le Jeune aux fêtes organisées pour le mariage du duc de Joyeuse.

Les Chansons de P. de Ronsard, Ph. Desportes et autres, (1569) un livre d'« airs » (1583).

Lajtha, László

Budapest, 30 juin 1892. – Budapest, 16 février 1963.

Après ses études à Budapest, Leipzig et Paris (V. d'Indy), il participe en 1910 aux collectes de chansons populaires entreprises par Bartók et Kodály, puis travaille pour son propre compte dans les régions non prospectées par ses collègues, complétant très utilement l'œuvre de ceux-ci. Il fut directeur de la musique à la radio hongroise, chef de la section musicale à la Commission internationale des arts et traditions populaires et professeur de recherches folkloriques à l'Académie de musique de Budapest. Dans son œuvre, les influences hongroises sont équilibrées par celles de la culture latine, et plus particulièrement française (fait exceptionnel chez un musicien hongrois).

Un opéra-comique, trois ballets, des musiques de films, deux messes pour chœur et orgue, six chansons de Ch. d'Orléans (a cappella), cinq symphonies, un concerto pour violon, huit quatuors à cordes, ainsi que d'importants travaux sur la musique populaire.

Lalo, Édouard

Lille, 27 janvier 1823. – Paris, 22 avril 1892.

Au conservatoire de Lille, il fut l'élève d'un violoncelliste allemand qui avait joué sous la direction de Beethoven. Il fréquenta ensuite, pendant six mois, la classe de Habeneck (violon) au conservatoire de Paris, mais ses maîtres spirituels furent alors Beethoven, Schubert et Schumann dont il étudiait assidûment les partitions. De 1855 à 1864, il fut altiste du quatuor Armingaud-Jacquard, menant une vie difficile et ne réussissant pas à imposer ses œuvres. Il ne connut le succès qu'en 1874 et 1875, lorsque son *Concerto de violon* et sa *Symphonie espagnole* furent créés par Sarasate. L'originalité de son style et la haute qualité de son instrumentation font de lui l'un des créateurs de l'école symphonique française.

Trois opéras (*Fiesque, Le Roi d'Ys, La Jacquerie,* œuvre inachevée), deux ballets (*Namouna* et *Néron*), trois symphonies (dont deux inédites), *Rhapsodie norvégienne* pour orchestre, des concertos (pour violon, violoncelle, piano), *Symphonie espagnole* et *Fantaisie norvégienne* pour violon et orchestre, de la musique de chambre, de nombreuses mélodies.

LAMBERT, CONSTANT

Londres, 23 août 1905. – Londres, 21 août 1951.

Chef d'orchestre et critique. Il était encore élève de Vaughan Williams au Royal College of Music lorsque Diaghilev lui commanda un ballet (*Romeo and Juliet,* Monte-Carlo, 1926). Il devint directeur musical des Ballets de Sadler's Wells. Son œuvre est fortement influencée par le jazz.

Summer's Last Will and Testament (oratorio pour baryton, chœurs et orchestre, son chef-d'œuvre), quatre ballets, des musiques de scène et de film, *The Rio Grande* (piano, chœurs et orchestre), une *Music for Orchestra,* un concerto et une sonate pour piano, ainsi que des arrangements d'œuvres anciennes (Purcell, Boyce, Haendel).

LANDI, STEFANO

Rome, vers 1590. – Rome, 28 octobre 1639.

Chanteur (haute-contre). Élève de Nanini, il fut maître de chapelle de l'évêque de Padoue puis de l'église Santa Maria dei Monti à Rome, et chantre à la Cappella Giulia (Saint-Pierre de Rome). Son opéra sacré *S. Alessio,* sur un livret du cardinal Rospigliosi, représenté dans le théâtre du palais Barberini, est un exemple rare d'opéra à sujet religieux… ce qui n'empêche pas que des épisodes bouffes soient intercalés dans le drame.

La Morte d'Orfeo (tragi-comédie pastorale, Padoue, 1619), *Il Sant'Alessio* (drame sacré, Rome, 1632), un livre de messes, deux livres de madrigaux, cinq livres d'arie.

LANDINI, FRANCESCO

Fiesole, (Florence) 1325. – Florence, 2 septembre 1397.

[ou Landino] Organiste, luthiste, flûtiste, joueur de viole et de rebec, poète, etc. ; disciple de Jacopo da Bologna. Devenu aveugle dès l'enfance, par suite de la variole, il acquit cependant une vaste culture et une exceptionnelle virtuosité sur tous les instruments (surtout sur son orgue portatif). Exception faite de séjours à Vérone (où il fut au service de Mastino della Scala) et à Milan (où il remporta en 1364 un tournoi poétique), il semble qu'il ait toujours vécu à Florence où il jouissait d'une très haute réputation. Il y fut enseveli dans l'église San Lorenzo, dont il avait été l'organiste. Son œuvre est le sommet de l'Ars Nova florentine.

Des *ballate* (équivalent du virelai français), des madrigaux et des *caccie* (2 et 3 voix).

LANDOWSKI, MARCEL

Pont-l'Abbé, 18 février 1915. – Paris, 22 décembre 1999.

Fils du sculpteur Paul Landowski. Élève d'Honegger, Monteux et Münch. Il a été successivement directeur de la musique à la Comédie-Française (1962-1965), Inspecteur général de l'enseignement musical (1964-1966) et directeur de la musique au ministère des Affaires culturelles (1966-1974), poste créé pour lui par André Malraux. Dans ces fonctions, il s'est voué à une réorganisation de la vie musicale en France, réformant son enseignement, favorisant sa décentralisation, créant en 1967, l'Orchestre de Paris. En 1975, il fut nommé directeur des affaires culturelles de la Ville de Paris. La même année, il fut élu au fauteuil d'Henri Busser à l'Académie des beaux-arts, dont il devint le secrétaire perpétuel (1986) avant d'être nommé chancelier de l'Institut. Ses beaux drames lyriques, qui mobilisent toutes les ressources du théâtre musical, sont l'expression d'une spiritualité fervente, attentive aux problèmes philosophiques d'hier et d'aujourd'hui.

Sept opéras dont *Le Fou* (Nancy, 1956), *Le Ventriloque* (Paris, 1957), *Montségur* (Toulouse, 1985) *Galina* (Paris, 1996) ; deux ballets, *Le Fantôme de l'Opéra* (1980) et *Les Hauts de Hurlevent* (1983) ; des oratorios dont *Messe de l'aurore* (1977) pour soli, chœurs et orchestre, *Un enfant appelle* (1979) pour soprano, violoncelle et orchestre ; cinq symphonies ; l'*Horloge* pour orchestre ; des concertos pour piano (deux), violon, violoncelle, martenot, flûte (deux), basson, trompette.

LANGLAIS, JEAN

La Fontenelle (Ille-et-Villaine), 15 février 1907. – Paris, 8 mai 1991.

Organiste aveugle, improvisateur remarquable. Élève de Marchal et de Dupré (orgue), de N. Gallon et de P. Dukas (composition). Il était organiste de Sainte-Clotilde depuis 1945.

Motets, psaumes, cantates, messes, concerto pour orgue, concerto pour piano et surtout d'admirables œuvres d'orgue (Trois *Paraphrases grégoriennes. Symphonie, Suite française*, etc.).

Lanier, Nicholas

Londres, septembre 1588. – Londres, février 1666.

Peintre et chanteur. Maître de la musique et conservateur des miniatures du roi, il collabore à de nombreux *masques* de la cour. Le *masque* « *Lovers made men* » de Ben Jonson, qu'il met entièrement en musique, peut être considéré comme le premier opéra anglais. Lanier passe pour y avoir introduit, pour la première fois en Angleterre, le *stile recitativo* des Italiens. Il ne s'agit encore que d'une forme personnelle de *stile rappresentativo.* Mais après un séjour de trois ans en Italie (envoyé par le roi pour y acheter des tableaux), il emploie parfois le véritable récitatif et l'aria strophique, nouveaux en Angleterre, ou encore une large déclamation chantée influencée par Monteverdi.

Des *masques* (dont plusieurs de Ben Jonson), des cantates dramatiques, des *ayres* ou chansons au luth.

Larigot

Sorte de petit flageolet, depuis longtemps abandonné, mais qui a donné son nom à un jeu d'orgue de 1 pied 1/3 (jeu de mutation simple). L'expression populaire « boire à tire-larigot » résulte vraisemblablement d'un malentendu. Il y avait à Rouen une cloche appelée « la Rigault » dont on peut supposer, soit qu'elle sonnait tout le temps (boire comme on tire « la Rigault »), soit que le sonneur s'altérait à son service.

Larsson, Lars Erik

Akarp (Suède), 15 mai 1908. – Helsingborg, 27 décembre 1986.

Élève de Berg à Vienne. Professeur d'instrumentation au conservatoire de Stockholm, il est l'un des compositeurs les plus joués en Suède.

L'opéra *Prinsessan pan Cypern*, des musiques de scène et de film, des œuvres chorales, trois symphonies, une *Serenade* et une *Sinfonietta* pour cordes, des concertos (pour saxo, pour violoncelle), des mélodies.

La Rue, Pierre de

Tournai, vers 1460. – Courtrai, 20 novembre 1518.

Peut-être élève d'Okeghem ou d'Obrecht, il a été chantre de la chapelle de Bourgogne, sous l'archiduc Maximilien, Philippe le Beau et Marguerite d'Autriche. En 1502, il accompagna Philippe le Beau en Espagne. Son œuvre, où la noblesse de l'inspiration et la rigueur du contrepoint sont les qualités dominantes, est souvent comparable à celle de Josquin et justifie la réputation dont il jouissait de son temps.

Trente-six messes, trente-huit motets, environ quarante chansons.

Laserna, Blas de

Corella (Navarre), février 1751. – Madrid, 8 août 1816.

Le plus important compositeur de théâtre espagnol de la fin du XVIIIe siècle. Il a défendu le théâtre musical de son pays contre la vogue de l'opéra italien ; mais il s'est lui-même parfois laissé séduire.

Un opéra, une *zarzuela*, cinq cents *tonadillas escénicas*, quatre-vingts *sainetes*, de très nombreuses musiques de scène, un concerto pour 2 trompes.

Lassus, Roland de

Mons, 1532. – Munich, 14 juin 1594.

Sa ravissante voix d'enfant attirait les amateurs dans l'église Saint-Nicolas à Mons et lui valut, à trois reprises, d'être l'objet de tentatives d'enlèvement. Le dernier de ces mélomanes entreprenants n'était autre que Ferdinand de Gonzague, vice-roi de Sicile, qui, avec l'assentiment obligé des parents, emmena l'enfant à Saint-Dizier (où il commandait les forces impériales), puis à Palerme et à Milan. Après sa mue, Lassus s'établit à Naples (1550-1553) au service du marquis della Terza. On ignore quels ont été ses maîtres, mais il est probable qu'il ait poursuivi ses études musicales, commencées à Mons, pendant ses longs séjours à Milan et Naples. Il devient ensuite maître de chœurs de Saint-Jean-de-Latran à Rome (1553-1555), puis s'installe à Anvers (1555-1556) où il fait publier ses premières œuvres, notamment un recueil de madrigaux à cinq voix qui révèlent déjà un grand métier et une forte personnalité. Sa renommée s'étend rapidement à toute l'Europe et les dédicaces des œuvres nombreuses de cette période montrent l'étendue de ses relations parmi les grands de ce monde.

En 1556, le duc de Bavière Albert V l'appelle comme chantre à sa cour, puis, en 1563, le nomme Kapellmeister, fonction qu'il conservera jusqu'à sa mort. La chapelle de Bavière devient alors une des plus prestigieuses d'Europe ; à son apogée, elle emploiera jusqu'à soixante chanteurs et trente instrumentistes. Lassus déploie à Munich une activité prodigieuse, édifiant une œuvre monumentale, participant à toutes les cérémonies, à toutes les fêtes religieuses, à toutes les réjouissances de la cour et trouvant encore le temps d'entreprendre de nombreux voyages en Italie et aux Pays-Bas (dans les conditions de rapidité et de confort que l'on imagine !), soit pour recruter des chanteurs, soit pour porter ses œuvres aux plus illustres dédicataires. Il se rend notamment à Venise, à Ferrare (pour offrir à Alphonse II son quatrième livre de madrigaux), à Mantoue, à Florence, à Rome (pour offrir un admirable recueil de messes, le deuxième livre de *Patrocinium musices*, au pape Grégoire XIII qui le fait chevalier de l'Éperon d'or), à Paris (où il est accueilli avec enthousiasme à la cour de Charles IX), etc. En 1570, il est anobli par l'empereur Maximilien. À la mort du duc Albert, son fils Guillaume lui succède (1579). Lassus entretenait avec ce prince des relations de parfaite amitié, illustrée par une correspondance où se donnent libre cours la fantaisie débridée, l'humour rabelaisien, mais aussi la fine sensibilité du musicien ; la plupart de ces lettres sont écrites dans un extraordinaire jargon fait d'un mélange de français, d'italien, d'allemand et de latin, langage de prédilection de ce vrai « Européen ». En 1590, son heureux naturel succombe à une crise aiguë de neurasthénie, qui affecte gravement son état général. Une amélioration considérable se produit en 1593, grâce aux soins d'un éminent médecin attaché à la cour, le Dr Mermann : Lassus reprend une activité à peu près normale. Le 24 mai 1594, il dédie sa dernière œuvre, *Lagrime di San Pietro*, au pape Clément VIII ; mais il meurt trois semaines plus tard, avant d'en voir la publication. De son mariage avec Regina Wäckinger, fille d'une dame d'honneur de la cour, il avait eu six enfants, quatre fils et deux filles : Ferdinand, Rudolf et Ernst furent musiciens à la cour de Bavière. Lassus fut le plus illustre musicien de la Renaissance ; sa gloire surpassa même celle de Palestrina, et ses contemporains pouvaient le considérer comme le plus grand compositeur qui ait existé jusqu'alors. Il reste aujourd'hui l'un des plus grands et des plus féconds de tous les temps. Dans son œuvre énorme (plus de deux mille compositions identifiées), il aborde avec une égale maîtrise tous les genres. Son génie universel est aussi à l'aise dans la plaisanterie gaillarde que dans le mysticisme et s'exprime aussi naturellement dans les formes polyphoniques les plus complexes que dans celles de la chanson populaire. Le contraste entre une foi sévère et une verve, truculente ou poétique, intarissable est l'un des traits caractéristiques de sa personnalité. Ce contraste apparaît fréquemment dans son œuvre, notamment dans les messes, où des thèmes de chansons (souvent fort lestes) servent de *cantus firmus* à des constructions polyphoniques de la plus haute inspiration religieuse (principe de la « messe-parodie », vainement condamné par les papes).

Édition moderne intégrale entreprise par Haberl et Sandberger (éditions Breitkopf, 1894-1927), complétée depuis 1956 par l'éditeur Bärenreiter. Cette œuvre comprend au moins : cinquante-trois messes (à 4, 5, 6, 8 voix), quatre passions, environ soixante *Magnificat*, mille motets et psaumes (2 à 12 voix), deux cents madrigaux ou *villanelle* italiens (3 à 10 voix), cent cinquante chansons françaises, cent lieder allemands.

LATILLA, GAETANO

Bari, 12 janvier 1711. – Naples, 15 janvier 1788.

Élève du conservatoire Sant' Onofrio de Naples. Il vécut principalement dans cette ville, composant pour le théâtre et donnant des leçons, exception faite d'un séjour à Rome et d'un autre à Venise où il occupa les postes de secondo maestro di cappella à Sainte-Marie-Majeure (1738-1741) et à Saint-Marc (1762-1772). Sa sœur Silvia devint la mère de N. Piccinni.

Cinquante opéras (*serie* et *buffe*), de la musique religieuse, un oratorio, des symphonies, six quatuors à cordes.

LAUDE

Mot féminin italien, qui s'écrit aussi bien *lauda* (pluriel : *laude*) ou *laude* (pluriel : *laudi*) et qui désignait au XIIIe siècle une forme religieuse de la poésie lyrique italienne, qui fleurissait particulièrement en Ombrie. Ces chansons pieuses sont apparues dans les confréries laïques que formaient les disciples de saint François d'Assise, d'où elles se sont répandues dans toute l'Italie. Le célèbre *Hymne au soleil* de saint François est une *laude*, dont on ne connaît malheureusement pas la musique.

Dans la seconde moitié du XVIe siècle, sous l'impulsion de saint Philippe Neri, le chant des *laudi* connaît un regain de popularité. Déjà Savonarole l'avait remis quelque temps à la mode à la fin du XVe siècle et Petrucci avait imprimé deux livres de *laudi* en 1508. L'apparition d'éléments narratifs et dramatiques dans les *laudi* des oratoires filippins est à l'origine du genre que nous appelons oratorio*.

Lawes, Henry

Dinton (Wilts), 5 janvier 1596. – Londres, 21 octobre 1662.

Chanteur. Élève de Coperario. Il composa la musique de plusieurs *masques*, notamment le *Comus* de John Milton ; en 1646, Milton lui consacra un très beau sonnet. La qualité de ses *ayres* où la musique, parfaitement adaptée aux vers anglais, tend à s'affranchir de l'influence italienne, lui vaut d'être considéré comme l'un des chefs de la nouvelle école anglaise, dont Blow et Purcell illustrent l'apogée.

Des *anthems*, des psaumes (avec son frère William), des chansons pour les *masques*, trois livres d'*ayres and dialogues*.

Lawes, William

Salisbury, avril 1602. – Chester, 24 septembre 1645.

Frère du précédent. Élève, lui aussi, de Coperario. Musicien de Charles Ier, il composa de la musique pour les *masques* de la cour ; mais il est grand surtout dans sa musique instrumentale qui annonce Purcell. Il fut tué pendant la guerre civile.

Des œuvres vocales (psaumes, *masques*, *ayres*), *Royal Consort* et *Great Consort* (deux recueils de suites instrumentales) et de belles fantaisies pour 5 ou 6 violes.

Lebègue, Nicolas

Laon, 1631. – Paris, 6 juillet 1702.

Organiste de Saint-Merry à Paris, puis de la chapelle royale (1678), succédant à La Barre. Il appartient à l'école de Chambonnières et a formé de nombreux élèves, parmi lesquels Grigny et d'Agincourt.

Trois livres d'orgue, deux livres de clavecin.

Lechner, Leonhard

Vallée de l'Adige, vers 1553. – Stuttgart, 9 septembre 1606.

Élève de Lassus comme enfant de chœur à la chapelle de Bavière, il resta toute sa vie un fervent admirateur de son maître, dont il contribua à publier les œuvres. Il fut Kapellmeister à la cour de Wurtemberg, à Stuttgart.

(Publication des œuvres entreprise par Bärenreiter en 1954, travail du plus haut intérêt, qui sortira de l'oubli ce remarquable musicien) : des messes, motets (ou *Sacrae Cantiones*), psaumes de la Pénitence, une *Passion selon saint Jean* et de nombreux lieder allemands dans la forme du madrigal.

LECLAIR, JEAN-MARIE

Lyon, 10 mai 1697. – Paris, 22 octobre 1764.

[dit l'Aîné] L'un des plus grands violonistes de son temps. Après un apprentissage dans la profession de son père (la passementerie), il devint danseur, tout en cultivant un talent de violoniste amateur. À Turin, où il se produisait comme premier danseur et maître de ballet, il rencontra le grand violoniste Somis, dont il devint l'élève. Établi à Paris en 1728, il y connut un succès immédiat au Concert spirituel et à la cour. Devenu membre de l'orchestre royal, dans des conditions qui ne lui convenaient pas, il donna sa démission deux ans plus tard, se rendit en Hollande pour y rencontrer Locatelli, passa un an à Chambéry près de l'infant d'Espagne, puis revint à Paris où il fut premier violon dans l'orchestre privé du duc de Gramont. Il fut assassiné dans la nuit du 22 au 23 octobre 1764 et l'on n'a jamais su l'auteur ni le mobile de ce crime. Il avait deux frères musiciens, Jean-Marie (« le Cadet ») et Pierre. Leclair fut le plus grand maître français du violon. Comme Couperin, il cherchait à réaliser la fusion des styles français et italien. Il y parvint dans une œuvre originale, d'une extrême élégance, où l'on ne sait ce qu'il faut admirer davantage le brio de l'écriture violonistique, la richesse de l'invention mélodique ou l'habileté du contrepoint.

(Édition moderne entreprise sous la direction de M. Pincherle) : l'opéra *Scylla et Glaucus*, des sonates pour violon seul, quarante-neuf sonates pour violon ou flûte et basse continue, douze sonates pour 2 violons seuls, des sonates en trio (2 violons et basse continue), onze concertos pour violon, un concerto pour flûte ou hautbois.

LECOCQ, CHARLES

Paris, 3 juin 1832. – Paris, 24 octobre 1918.

Élève d'Halévy (composition) et de Benoist (orgue) au conservatoire de Paris. Il découvrit sa vraie vocation à l'issue d'un concours d'opérettes organisé par Offenbach, dont il remporta le prix avec Bizet. Son plus grand succès, *La Fille de Madame Angot*, réussit la performance de cinq cents représentations consécutives.

Cinquante opérettes, quatre volumes de pièces de piano, cinq volumes de mélodies.

LEEUW, TON DE

Rotterdam, 16 novembre 1926.

Élève de Badings et de Messiaen. Professeur de composition aux conservatoires d'Amsterdam et d'Utrecht. La connaissance des musiques du sud-est asiatique s'est souvent combinée dans son œuvre aux techniques nouvelles de composition.

Un opéra *De Droom* ; une symphonie ; un concerto pour violon, un *Concerto grosso* pour cordes ; deux quatuors à cordes ; des pièces pour piano.

LE FLEM, PAUL

Radon (Orne), 18 mars 1881. – Tréguier, 31 juillet 1984.

Critique (*Comœdia* et *Écho de Paris*). Après des études générales poussées (licence de philosophie), il est l'élève de Roussel et d'Indy à la Schola cantorum où il est appelé lui-même à enseigner le contrepoint en 1925. Parmi ses élèves, Satie et Jolivet.

Des œuvres lyriques (dont *Le Rossignol de Saint-Malo* et *La Magicienne de la mer*), des chœurs, quatre symphonies, une fantaisie pour piano et orchestre, des pièces pour piano (inspirées de sa Bretagne).

LEGRENZI, GIOVANNI

Clusone (Bergame), août 1626. – Venise, 26 mai 1690.

Élève de son père. Il occupa les postes suivants : organiste de Sainte-Marie-Majeure à Bergame, maître de chapelle de l'église du Saint-Esprit à Ferrare, puis jusqu'à la fin de sa vie directeur du Conservatorio dei Mendicanti (1672) et maître de chapelle de Saint-Marc à Venise (1685). Il réorganisa complètement l'orchestre de Saint-Marc, dont il porta l'effectif à trente-quatre musiciens. Son œuvre admirable, qui illustre tous les genres, et son enseignement (parmi ses élèves : Lotti, Caldara, Gasparini, et probablement Vivaldi) contribuèrent à lui assurer une place importante dans l'histoire musicale. À divers points de vue, Legrenzi fut un novateur : création du genre de la sonate à trois (environ quinze ans avant Corelli, qui porta ce genre au plus haut degré de *perfection*), premier exemple de sonate pour violon en 3 mouvements (1667), écriture déjà « symphonique », au sens moderne du terme, dans ses opéras (à plusieurs parties réelles, avec un souci de couleur instrumentale définie, qui anticipe sur A. Scarlatti et Vivaldi).

Dix-huit opéras, quatre volumes de *Cantate e canzonette*, un volume de messes à 2 chœurs, cinq volumes de motets, deux volumes de psaumes, six oratorios, de la musique instrumentale (sonates diverses). Deux thèmes de Legrenzi ont été transmis à la postérité par Bach (Fugue en ut mineur sur un *Thema Legrenzianum elaboratum cum subjecto pedaliter*) et Haendel (mélodie d'un chœur de *Samson* emprunté à un motet de Legrenzi).

LEHAR, FRANZ

Komàrom, 30 avril 1870. – Ischl, 24 octobre 1948.

Il fut chef d'harmonie militaire à Losoncz, Pola, Trieste, Budapest, Vienne, avant que le succès de *La Veuve Joyeuse* (*Die lustige Witwe*, Vienne, 1905) l'eût orienté définitivement vers l'opérette viennoise.

Un opéra (*Kukuska*), environ trente-cinq opérettes (dont *La Veuve joyeuse*, *Le Comte de Luxembourg*, *Le Pays du sourire*), des pièces symphoniques.

LEIBOWITZ, RENÉ

Varsovie, 17 février 1913. – Paris, 29 août 1972.

Chef d'orchestre, théoricien, critique. Arrivé à Paris en 1925, il compose en autodidacte inexpérimenté un certain nombre de partitions, qu'il détruira plus tard, pour repartir à l'*opus 1* en 1939. Il découvre entre-temps des perspectives entièrement nouvelles en travaillant avec Webern à Vienne et Schoenberg à Berlin (1930-1933). Par ses écrits, ses concerts et son enseignement, avec un zèle obstiné et une profonde intelligence de l'histoire musicale, il a initié toute une génération de musiciens à la *Komposition mit zwölf Tönen*, ou dodécaphonisme (selon la dénomination qu'il a créée).

Trois opéras, *Tourist Death* (pour soprano et orchestre de chambre), *L'Explication des métaphores* (récitant, 2 pianos et percussion), deux symphonies (*op. 4* et *16*), *Concerto de chambre op. 10*, *Symphonie de chambre op. 16*, quintette à vent, huit quatuors à cordes, sonate pour piano et plusieurs ouvrages littéraires (dont la remarquable *Introduction à la musique de douze sons* et un *Schoenberg*).

LEITMOTIV

Inventé par un exégète de Wagner, Hans von Wolzogen, ce terme (« motif conducteur », en français) désigne un motif mélodique, harmonique ou rythmique, dont les apparitions, au cours d'un ouvrage musical, font surgir le souvenir d'une idée, d'une situation, d'un personnage, liés à sa première apparition.

L'utilisation de motifs caractéristiques chargés de symboles est assez fréquente dans l'histoire de la musique : on en trouve des exemples dans l'œuvre de Bach (rôle du choral* dans les cantates et les passions), de Mozart (l'ouverture de *Così* reprend un thème des *Noces de Figaro*, celui que chante Basile, dans le trio du premier acte, sur les mots : *Così fan tutte le belle*; la partition de *Don Giovanni* multiplie les allusions thématiques beaucoup plus subtiles), de Berlioz (thème de l'« idée-fixe » dans la *Symphonie fantastique*), etc. Mais jamais le principe du leitmotiv ne fut exploité aussi systématiquement que par Wagner dans les quatre ouvrages formant *L'Anneau du Nibelung*: il en use plus modérément dans *Tristan*, *Les Maîtres chanteurs* et *Parsifal*.
Il ne faut pas y chercher seulement ce clin d'œil complice de l'auteur, qui semble dire : « Vous avez deviné à quoi pense celui-ci » ou : « C'est donc Untel le personnage mystérieux dont il s'agit. » C'est par le chemin de l'inconscient que le procédé doit toucher l'auditeur. Celui qui guette le retour de thèmes préalablement inventoriés et classés fait fausse route : c'est hors de tout esprit d'analyse que les leitmotive produiront au moment opportun les associations d'idées voulues par l'auteur. Identifier un thème importe moins que de ressentir le caractère particulier que lui donne l'action : ce n'est pas le souvenir du passé, mais le reflet du passé dans le présent qui constitue le message des motifs-conducteurs, dans *L'Anneau du Nibelung*, leur permettant parfois de s'élever au ton de la prophétie.

→ WAGNER, *L'Anneau du Nibelung*.

LE JEUNE, CLAUDE

Valenciennes, 1528. – Paris, septembre 1600.

On sait fort peu de chose de sa vie. En 1554 paraît à Louvain son premier recueil de chansons. Vers 1580, il est maître de musique du duc d'Anjou. Lors de la Journée des barricades, en 1588, ses sympathies huguenotes l'incitent à fuir Paris avec ses manuscrits. Arrêté par les soldats de la Ligue, il doit son salut et la sauvegarde de ses œuvres (qui faillirent être brûlées) à son ami catholique le compositeur Mauduit. En 1598 paraît un de ses plus beaux recueils : le *Dodécachorde contenant 12 Psaumes de David* (version Marot et Bèze) ; selon la page de titre, il est alors « compositeur de la musique de chambre du roy » (privilège d'édition et haute fonction sans doute accordés par Henri IV en application de l'édit de Nantes). Dans une publication posthume, *Le Printemps*, contenant trente-neuf chansons, une importante préface *Sur la musique mesurée* précise que Le Jeune a réussi mieux que quiconque l'alliance de l'harmonie moderne et de la métrique antique, selon les principes d'Antoine de Baïf. Ce poète avait fondé en 1570 une académie pour encourager la composition de musique sur des vers français mesurés selon la prosodie classique (la métrique poétique, définie par la répartition des longues et des brèves, doit être considérée comme l'âme de la musique). Le dernier recueil de psaumes de Le Jeune (publié par sa sœur en 1613) fut largement diffusé dans l'église calviniste qui l'utilise encore de nos jours. La plupart des pièces de ce recueil sont traitées en contrepoint simple, note contre note, avec le thème principal au ténor. Dans leur sobriété, favorable au chant collectif, elles sont d'une réelle beauté ; mais les chefs-d'œuvre de Le Jeune sont les grands psaumes, magnifiquement élaborés, du recueil de 1598 (*Dodécachorde…*) et les chansons françaises, dont certaines atteignent des proportions considérables (par exemple : *Ma mignonne*, du recueil *Le Printemps*).

Environ cinq cents psaumes (dont au moins deux versions complètes du Psautier de Genève), des grands motets latins (dans les *Livres de meslanges*), plus de deux cents chansons françaises, une *Missa ad Placitum.*

LEKEU, GUILLAUME

Heusy (près de Verviers), 20 janvier 1870. – Angers, 21 janvier 1894.

Élève de Franck et d'Indy. À l'occasion du concours de Rome belge (où il n'obtint qu'un second prix), Ysaye apprécia hautement ses dons et lui commanda une *Sonate pour violon*, qui le fit rapidement connaître. Il mourut de la fièvre typhoïde à vingt-quatre ans, laissant plusieurs œuvres inachevées (d'Indy termina sa *Sonate pour violoncelle* et son beau *Quatuor avec piano*).

Des fragments d'un opéra et de deux symphonies, *Adagio* pour quatuor à cordes et orchestre, *Fantaisie sur deux airs angevins* pour orchestre, sonate pour violoncelle et piano, sonate pour violon et piano, quatuor à cordes, trio et quatuor avec piano, des pièces pour piano.

LEO, LEONARDO

San Vito dei Normanni (Brindisi), 5 août 1694.
Naples, 31 octobre 1744.

Élève de Fago au Conservatorio della Pietà dei Turchini à Naples. Il a certainement subi d'autre part l'influence d'A. Scarlatti, dont il est le plus remarquable émule ; mais il n'a jamais été son élève direct. Encore au Conservatoire, il a fait ses débuts de compositeur avec un drame sacré, l'*Infedeltà abbattuta*, interprété par ses condisciples (1712). Il devint organiste puis primo maestro de la chapelle royale et enseigna aux conservatoires napolitains della Pietà dei Turchini et de Sant' Onofrio, où il eut pour élèves Jommelli et Piccini. L'habileté de son écriture contrapuntique (admirables séquences fuguées dans ses messes ou ses psaumes), la noblesse de l'inspiration mélodique dans ses œuvres religieuses, sa verve étincelante dans le genre naissant de l'opéra bouffe (dont il est l'un des meilleurs représentants de sa génération) sont les principales qualités qui font de Leo l'un des plus grands maîtres de l'école napolitaine. Ses opéras sérieux sont d'un intérêt moindre.

Six oratorios (dont *La Morte di Abele* et *Santa Elena ai Calvario*), six messes pour chœurs et orchestre (dont une très belle, en ré majeur) et quatre *Credo* isolés, de nombreux motets, psaumes, etc. (dont l'admirable *Miserere en ut mineur* à double chœur), de nombreuses cantates à voix seule, plus de soixante-dix opéras (dont deux drames sacrés et vingt-deux opéras bouffes), de la musique instrumentale (concerto pour 4 violons, six concertos pour violoncelle, *toccate* pour clavecin).

Leoncavallo, Ruggiero

Naples, 8 mars 1858. – Montecatini, 9 août 1919.

Fils d'un magistrat, il fut élève de Lauro Rossi au conservatoire de Naples. Son seul grand succès fut l'opéra « vériste » *Pagliacci*, créé à Milan en 1892, suivi de *La Bohême*, qui suscita encore un certain intérêt, malgré la concurrence de Puccini. Ses autres œuvres ne réussirent pas à s'imposer. Sa musique est bien écrite pour la voix, elle ne manque pas d'efficacité dramatique, mais elle dénote une imagination pauvre qui tombe souvent dans la vulgarité ou dans l'effet facile.

Une vingtaine d'opéras (dont il a composé la plupart des livrets) et quelques œuvres symphoniques.

Léonin

? – XIIe siècle.

[ou Leoninus] Maître de chapelle de l'église de la Bienheureuse-Vierge-Marie (qui deviendra bientôt la cathédrale Notre-Dame de Paris), premier grand représentant de l'École de Notre-Dame, il passait pour le meilleur compositeur d'« organa » de son temps (voir Polyphonie*). On n'a retrouvé aucun document permettant d'établir sa biographie ni aucun manuscrit pouvant lui être attribué avec certitude. La paternité du *Magnus Liber Organi* (qui lui est attribué par un auteur anglais du

XIIIe) est encore discutée ; on ne connaît d'ailleurs cet ouvrage que par des copies un peu plus tardives.

Magnus Liber Organi de Gradali et Antiphonarii pro servitio divino multiplicando (vers 1160-1180), révisé et complété par son successeur Pérotin : plus de quatre-vingts « organa » à 2 voix, où tantôt la mélodie du plain-chant se présente en valeurs très longues, la seconde voix superposant ses arabesques, tantôt les deux voix se meuvent note contre note.

Le Roux, Maurice

Paris, 6 février 1923. – Avignon, 19 octobre 1992.

Élève de Messiaen et de Leibowitz. Il a consacré une bonne partie de son activité de chef d'orchestre à la défense de la musique nouvelle. Il adhère à la généralisation du principe sériel auquel sa nature chaleureuse et sensible est parvenue à donner de l'âme. Enthousiaste et bon pédagogue, il a produit à partir de 1968, une excellente émission d'initiation musicale, *Arcana.* En 1973, il a été nommé Inspecteur général de la musique.

Deux ballets, *Le Petit Prince* (1949) et *Sable* (1956) ; *Le Cercle des métamorphoses* (1951) ; *Divertissement pour Mozart* (1956) et *Un Koan* (1973), pour orchestre ; un cycle de mélodies, *Au pays de la magie* (1951). Nombreuses musiques de films : *Crin Blanc* et *Le Ballon rouge* de Lamorisse, *Amère Victoire* de N. Ray, *Le Petit Soldat* de Godard, *Vu du pont* de Lumet.

Le Roy, Adrian

Montreuil-sur-Mer, vers 1520. – Paris, 1598.

Luthiste et imprimeur de musique. Avec son cousin R. Ballard, il fonda l'une des plus importantes maisons d'édition de musique de son temps, qui bénéficia en France pendant de longues années d'un quasi-monopole et publia les œuvres des plus grands musiciens contemporains (notamment Lassus, son ami). Les Ballard se succédèrent dans cette entreprise jusqu'en 1788.

Un *Livre d'airs de cour mis sur le luth* [1571], un recueil de pièces « en forme de voix de ville », des transcriptions de chansons et de psaumes pour le luth, des méthodes de luth, de cistre, de guitare.

Lescurel

Voir Jehannot de Lescurel

Lesueur, Jean-François

Drucat (Somme), 15 février 1760. – Paris, 6 octobre 1837.

Maître de chapelle à Dijon, Le Mans, Tours et à Notre-Dame de Paris où il inaugura un style grandiose de musique religieuse (un critique lui reprocha d'avoir introduit l'opéra à l'église et la musique religieuse à l'Opéra) ; puis, successivement, directeur de la *musique impériale* et surintendant de la musique de Louis XVIII. Professeur de composition au Conservatoire, il a formé douze prix de Rome, dont Berlioz, A. Thomas et Gounod.

Huit opéras, trente-trois messes, des motets, psaumes, oratorios, cantates de circonstance.

Lesur, Daniel

voir Daniel-Lesur

Levinas, Michaël

Paris, 18 avril 1949.

Fils du philosophe Emmanuel Levinas, il a été élevé dans le culte des valeurs morales et intellectuelles. Excellent pianiste, il a été l'élève de Lazare Lévy, Yvonne Lefébure, Vlado Perlemuter et Yvonne Loriod, ainsi que de Messiaen pour la composition. Membre du Groupe de recherche de l'ORTF et du groupe L'Itinéraire, dont il fut l'un des fondateurs avec Murail et Grisey, il a été pensionnaire à la villa Médicis (1975-1977) et a reçu le prix Georges-Enesco de la SACEM (1980).

La Conférence des Oiseaux (opéra de chambre, 1985), *Les Réciproques* pour 12 voix à cappella (1986), deux *Concertos* pour un *piano-espace* (1977, 1980), *Dans un espace souterrain* pour ondes Martenot, piano et synthétiseur (1977), *Les Rires de Gilles* pour ensemble instrumental et bande (1981).

Liadov, Anatole Constantinovitch

Saint-Pétersbourg, 11 mai 1855. – Novgorod, 28 août 1914.

Élève de son père (maître de chapelle à la cour) et de Rimsky-Korsakov au conservatoire de Saint-Pétersbourg, où il enseigna lui-même plus tard. Il a collaboré, avec Balakirev, à des recherches sur le folklore russe.

Des poèmes symphoniques, huit chants populaires russes pour orchestre, des mélodies, des chœurs, de nombreux arrangements de chansons populaires, et surtout des pièces pour piano (influencées par le style de Chopin) dont certaines ont été orchestrées et transformées en ballets.

LIEBERMANN, ROLF

Zurich, 14 septembre 1910. – Paris, 2 janvier 1999.

Élève de W. Vogel et du chef d'orchestre H. Scherchen dont il a été quelque temps l'assistant à Vienne. Successivement, il a été directeur musical de Radio-Beromünster (1950), directeur de l'Opéra de Hambourg (1959-1972), puis de l'Opéra de Paris (1973-1980), puis de nouveau de l'opéra de Hambourg (1985-1987). Sa musique exploite avec souplesse la technique sérielle classique.

Quatre opéras, deux symphonies. Un *Concerto pour jazzband et orchestre* (1954). Une sonate pour piano.

LIED

Mot allemand (neutre – pluriel : *Lieder*) désignant une courte pièce vocale, et pouvant être traduit par chanson, air, mélodie. La fâcheuse limitation imposée par l'usage au sens des mots « chanson » (air populaire) et « mélodie » (air de salon) donne aux Français un curieux complexe linguistique en face du mot lied qu'ils estiment intraduisible. On finit par croire qu'il ne s'applique qu'à un genre particulier (le lied romantique) : il est seulement le terme qui manque aux Français pour désigner l'ensemble des formes vocales simples. Les chansons populaires sont des *Volkslieder*, les mélodies (au sens restreint) *Kunstlieder*, les cantiques *Geistliche Lieder*, etc. Et, bien que les lieder aient adopté les structures les plus diverses, on a pris l'habitude d'appeler forme-lied, dans la musique instrumentale, la construction ternaire du type A-B-A.
Jusqu'au XIVe siècle, le lied est représenté par les chansons de *Minnesänger*, inspirées dans une certaine mesure des chansons de troubadours et trouvères, et par des chants religieux dont certains ont été transmis jusqu'à nos jours (*Christ ist erstanden*, du XIIe siècle). À partir du XIVe siècle, et jusqu'au XVIIe, le lied devient polyphonique : très différent de la polyphonie française ou italienne, du moins jusqu'au XVIe siècle, il se distingue par un cantus firmus* emprunté au fonds populaire et placé toujours au ténor, à de rares exceptions près. Luther et ses disciples puisent au même fonds, ou s'en inspirent, pour créer le répertoire merveilleux des chorals*. Les principaux compositeurs de lieder polypho-

niques (entre 1480 et 1600) sont Isaac (qui subit l'influence de la *frottola* italienne), Greiter, Senfl (qui utilise, comme les auteurs de motets, deux siècles plus tôt, la pluralité des textes), Lechner, Hassler, Leonhard Schrœter, et l'universel Roland de Lassus. Au XVIIe siècle naît, avec la monodie, le *Kunstlied* dont le plus remarquable représentant est Heinrich Albert, un neveu de Schütz. Dans ses lieder à une voix et un instrument d'accompagnement, auxquels il aime attribuer des fonctions religieuses ou sociales (édification des fidèles ou encouragement à la bonne humeur), Albert s'inspire le plus souvent de la forme du choral protestant : il donne au lied allemand son caractère national. Schein et Krieger ont composé de belles mélodies dans un esprit analogue ; mais le plus grand musicien allemand du siècle, Heinrich Schütz, semble n'avoir pas écrit de lieder. La plupart des compositeurs du siècle suivant en cultiveront le genre ; il faut retenir tout particulièrement les noms de : Keiser (admirables compositions dans le style populaire, qui mériteraient de sortir de l'oubli où elles se trouvent), Telemann, C. P. E. Bach, Gluck (odes et lieder de Klopstock), Reichardt (véritable romantique, dans ses ballades de Goethe il annonce Schubert) et Mozart, dont les merveilleux airs de Papageno sont aussi des lieder.

Quant au lied romantique, de Schubert à Richard Strauss, en passant par Beethoven, Mendelssohn, Schumann, Liszt, Wagner, Brahms, Mahler, Wolf, etc., tout le monde en connaît l'extraordinaire floraison. Parmi cette rare abondance de chefs-d'œuvre de tout genre (pièces chorales comprises), une place de choix revient aux lieder de Schubert. La plupart des musiciens romantiques allemands furent des intellectuels, mêlés au mouvement littéraire contemporain. Schubert fait exception et c'est un peu là le secret de son génie : il est absolument pur. S'il a mis en musique, lorsqu'ils lui sont tombés sous la main, les poèmes de Goethe, Schiller, Heine, son choix ne fut pas toujours aussi heureux. Mais la richesse du verbe lui importe moins que le sentiment poétique, l'atmosphère générale : le poème est un fil conducteur psychologique, dont la musique, plus légère, s'approche ou s'éloigne à son gré. L'ineffable imagination mélodique de Schubert ne s'arrête pas, selon l'usage, à souligner les mots clés (amour, mort, douleur, joie, etc.) : elle appartient à l'univers des états spontanés, elle est la spontanéité, l'inexprimable et suit son chemin.

⊖› ISAAC, *Lieder.* – SENFL, *Lieder.* – LASSUS, *Lieder*, chansons, *madrigaux*, etc. – MOZART, *Lieder.* – SCHUBERT, très nombreux enregistrements, parmi lesquels ceux de Souzay, Fischer-Dieskau, Schwarzkopf, Ameling, Wunderlich, etc. – SCHUMANN, *Dichterliebe* ; *Amour et vie d'une femme.* – BRAHMS, *Chants sérieux.* – WOLF, *Lieder.*

LIGETI, GYÖRGY

Dicsöszentmárton (Transylvanie), 28 mai 1923.

Après avoir échappé par miracle à la déportation, il termina ses études au conservatoire de Budapest (Sándor Veress) au lendemain de la guerre, puis il parcourut la Hongrie et la Roumanie pour y étudier le folklore dont l'influence, jointe à celles de Bartók et Stravinsky, a marqué ses premières compositions. Il quitte Budapest en 1956, après avoir enseigné plusieurs années au Conservatoire, et séjourne à Vienne et à Cologne, où il travaille au studio de musique électronique, puis à Stockholm où Hambraeus lui fait découvrir un nouveau style d'orgue. En 1959, il s'établit à Vienne et depuis 1973 il est titulaire d'une chaire de composition à la Hochschule für Musik de Hambourg.
Sa musique, radicalement neuve, n'adopte aucun des procédés de développement connus. Par le traitement d'un complexe harmonique reposant sur l'emploi de gigantesques clusters*, qui peuvent englober jusqu'à cinq octaves, ou par une sorte de micro-polyphonie faite de brouillards de sons et de la superposition de formules répétitives (boucles) inégales toujours décalées, Ligeti parvient à tirer des sonorités inouïes de groupements instrumentaux traditionnels.

Un opéra, *Le Grand Macabre* (Stockholm, 1978), *Requiem* pour soli, chœurs et orchestre (1969), *Aventures* et *Nouvelles Aventures* (1962-1965) pour 3 voix et 7 instruments, *Lux aeterna* (1966) pour 16 voix a cappella ; *Apparitions, Atmosphères* et *Lontano* pour orchestre ; des concertos, pour violoncelle (1968), pour piano (1988), pour violon (1990) ; deux quatuors à cordes, *Continuum* pour clavecin, *Volumina* pour orgue, douze études pour piano, 1985.

LINDBLAD, ADOLF FREDERIK

Skänninge (près de Stockholm), 1er février 1801.
Linköpïng, 23 août 1878.

Sa réputation repose principalement sur ses émouvantes mélodies, chantées dans toute l'Europe par son élève, la célèbre Jenny Lind ; elles lui valurent le surnom de « Schubert nordique ».

Un opéra, de nombreuses mélodies, deux symphonies, des pièces pour piano, sept quatuors à cordes.

Linley, Thomas

Badminton (Avon), 17 janvier 1733. – Londres, 19 novembre 1795.

Fils d'un charpentier établi à Bath dans les années 1740, il étudie avec l'organiste de Bath Abbey, puis avec William Boyce à Londres. Pendant vingt ans, il dirige des oratorios à Bath pendant le Carême et se fait une réputation de professeur de chant. Il eut douze enfants dont huit musiciens. Gainsborough fit son portrait, ainsi que ceux de trois de ses enfants : Elisabeth (1754-1792), épouse de l'auteur dramatique Sheridan, Mary (1758-1787), toutes deux cantatrices, et Thomas (1756-1778), violoniste et compositeur. En 1774, Linley fut nommé directeur du théâtre londonien de Drury Lane, avec Sheridan. Il a été inhumé dans la cathédrale de Wells.

Une douzaine d'opéras, la plupart pour Drury Lane, des musiques de scène, chansons, ballades et autres compositions pour le théâtre.

Liszt, Franz

Raiding (Hongrie), 22 octobre 1811. – Bayreuth, 31 juillet 1886.

Son père, intendant des domaines du prince Esterhazy, excellent musicien amateur, lui donna ses premières leçons de piano. À neuf ans, il fit ses débuts publics à Presbourg (Bratislava), puis il se produisit à Vienne à onze ans. L'enthousiasme fut tel dans la capitale qu'un groupe de riches mécènes lui garantit pour six années une pension lui permettant de poursuivre ses études. Il devient l'élève, à Vienne, de Czerny pour le piano et de Salieri pour la composition. En 1823, ses parents l'emmènent à Paris, où Cherubini lui ayant refusé comme étranger l'accès au Conservatoire, il prend des leçons particulières avec Paer et Reicha. Pendant une dizaine d'années, sa résidence principale sera Paris ; mais, dès 1824, il se fait entendre avec un succès inimaginable en France, en Angleterre, en Suisse. En 1825 (il a quatorze ans), il fait représenter à l'Opéra un acte de sa composition, *Don Sanche*, qui ne tient pas l'affiche. Ces années parisiennes sont riches d'enseignement et d'émotions fertiles. Liszt s'enthousiasme pour l'idéal de la révolution de Juillet, s'intéresse au mouvement saint-simonien, assiste à la première audition de la *Symphonie fantastique* de Berlioz (1830), aux premiers concerts à Paris de Paganini (1831) et de Chopin (1832)... L'exemple de ces trois musiciens suscite son admiration et révèle sa nature généreuse et passionnée. Pendant cette période d'ardeur romantique et de travail acharné, il fréquente non seulement les musiciens, mais aussi les plus grands littérateurs du temps : Hugo, G. Sand, Heine, Lamartine, Lamennais. À un concert privé en décembre 1832, il rencontre la comtesse d'Agoult qui abandonne mari et enfants pour le suivre. De 1833 à 1840, ils vivent ensemble, principalement en Suisse et en Italie (où Liszt compose *Les Années de pèlerinage*) ; de cette liaison naissent un fils, Daniel, et deux filles, Blandine (qui épousera Émile Ollivier, futur ministre de Napoléon III) et Cosima (qui sera successivement la femme de H. von Bülow et de R. Wagner). De 1840 à 1847, Liszt est sans cesse en voyage : France, Allemagne, Belgique, Suisse, Italie, Angleterre, Espagne, Portugal, Autriche, Hongrie, Serbie, Bulgarie, Russie, Roumanie, Turquie ; toute l'Europe l'acclame comme le plus grand pianiste qu'on ait jamais connu. C'est l'époque de ses plus grands succès de virtuose, qu'il exploite souvent à des fins généreuses : aide aux victimes des inondations du Danube, aux paysans de son village natal, aux artistes indigents, subvention pour l'édification du monument Beethoven à Bonn, etc.

En 1848, il s'installe à Weimar, comme Kapellmeister de la cour. Il cesse alors complètement de donner des concerts à son profit, consacrant désormais son activité d'interprète (pianiste et chef d'orchestre) à ses contemporains, avec un dévouement qui ne tient compte ni de ses goûts ni de ses sympathies personnelles. Parmi les créations ou les reprises importantes dont il prend alors l'initiative, figurent *Lohengrin*, *Tannhäuser* et *Le Vaisseau fantôme* de Wagner (qu'il a connu en 1843 à Berlin et dont il devient le plus actif défenseur), *Benvenuto Cellini* et *Roméo et Juliette* de son ami Berlioz, *Geneviève* et *Manfred* de son ennemi Schumann, *Samson et Dalila* de Saint-Saëns, etc. Il réussit à faire de Weimar l'un des centres musicaux les plus prestigieux d'Europe. Il y organise notamment trois festivals Berlioz (1852, 1855 et 1856) et confie au musicien français le soin de diriger son propre *Concerto en mi* ♭, lui-même jouant la partie de piano. C'est l'époque de sa liaison avec la princesse Carolyne von Sayn-Wittgenstein. En 1868, ne trouvant plus à Weimar les conditions de travail souhaitées, Liszt démissionne de ses fonctions et part pour Rome retrouver et épouser Carolyne Wittgenstein, qui a fini par obtenir l'annulation de sa précédente union. Au dernier moment, le Vatican soulève de nouvelles difficultés : découragés, convaincus que Dieu s'oppose à leur mariage, ils renoncent et s'installent à Rome chacun de son côté. Liszt reçoit la tonsure et les ordres mineurs : il n'est pas consacré prêtre, mais il portera la soutane jusqu'à sa mort.

À partir de 1870, il partageait sa vie entre Rome, Weimar, Bayreuth, Paris et Budapest (où il fut élu président de la nouvelle Académie nationale de musique). Il continua de voyager intensément jusqu'à la fin de sa vie, remportant ses derniers triomphes en 1886 à Paris et à Londres, où des salles archicombles applaudirent sa *Légende de sainte Élisabeth.* Il prit froid dans le train qui le ramenait à Bayreuth pour la première représentation cette année-là de *Parsifal* : huit jours plus tard, il mourut d'une congestion pulmonaire.

Liszt a fixé pour des générations le type du grand virtuose international « pour qui l'art tient lieu de patrie ». Il parlait mieux allemand et surtout français (sa langue de prédilection) que hongrois, voyageait perpétuellement, se retrouvait chez lui partout. Inventeur du récital de piano, il était, selon les jugements de ses contemporains, un virtuose absolument phénoménal, terriblement cabotin. Il imposait le respect par sa générosité, son inlassable dévouement, sa noblesse de caractère et par son invraisemblable puissance de travail. Il eut de nombreux élèves, parmi lesquels Bülow, Tausig, Albeniz, d'Albert… Sa musique pianistique, et notamment les grandes études, inaugure la technique moderne du piano. Mais ce que Liszt a écrit de plus grand pour son instrument est la *Sonate.* Et les plus originales sont les œuvres des dernières années, qui annoncent Debussy et Bartók (troisième *Mephisto-Waltz*, *Nuages gris*, *La Lugubre Gondola*). Dans son œuvre symphonique, dominée par la *Faust-Symphonie*, Liszt est le créateur du poème symphonique moderne, fondé sur la transformation de thèmes (principe déjà exploité par Berlioz dans sa *Symphonie fantastique* et Schubert dans sa *Wanderer Fantasie* et qui est à l'origine du leitmotiv wagnérien).

(Plus de sept cents œuvres, en comptant chacun des grands recueils pianistiques pour une unité) : **Musique religieuse.** Cinq messes (dont *Messe de Gran* et *Messe hongroise du couronnement*), six grands psaumes, un *Requiem*, six oratorios (dont *Die Legende von der heiligen Elisabeth* et *Christus*), un grand nombre d'hymnes, cantiques, etc. – **Musique vocale profane.** Des chœurs (a cappella ou avec accompagnements divers) et soixante-dix-huit mélodies françaises, allemandes, italiennes, hongroises, anglaises. – **Orchestre.** Douze poèmes symphoniques (dont *Tasso*, les *Préludes*, *Orpheus*, *Prometheus*, *Mazeppa*), deux « symphonies » (*Faust* et *Dante*) qui sont encore des poèmes symphoniques, *Deux épisodes du Faust de Lenau* (avec la première *Mephisto-Waltz*), deuxième *Mephisto-Waltz*, ainsi que des orchestrations de ses propres œuvres pianistiques, de la *Wanderer Fantasie* de Schubert, etc. – **Piano.** Deux concertos et une *Totentanz*, pour piano et orchestre ; douze *Études d'exécution transcendante*, six *Études d'après Paganini* (dont *La Campanella* et *La Chasse*), *Années de pèlerinage* (trois années), *Harmonies poétiques et religieuses*, deux *Légendes*, une magnifique *Sonate* (qui n'est pas une sonate), dix-neuf *Rhapsodies hongroises* ; environ deux cents « réductions » pour piano, une centaine de fantaisies ou paraphrases sur des opéras connus. – **Divers.** Des arrangements, des révisions d'œuvres classiques, de nombreux écrits (correspondance, critique, analyse…).

LOCATELLI, PIETRO

Bergame, 3 septembre 1695. – Amsterdam, 30 mars 1764.

Violoniste. Élève de Corelli à Rome. On ignore presque tout de sa vie ; il semble qu'il ait beaucoup voyagé avant de s'établir à Amsterdam où il donnait des concerts publics réguliers. Dans ses concertos et ses sonates, il perpétue (avec moins de génie) la grande tradition de son maître ; mais, dans ses *Caprices*, il ne se préoccupe que de pure virtuosité instrumentale, avec une extravagance et une audace qui annoncent Paganini.

L'Arte del violino op. 3 (contenant douze *Concerti grossi* et vingt-quatre *Caprices*), six *Introduzioni teatrali* et six *Concerti op. 4*, six *Concerti a quattro op. 7* (où le nº 6 est l'admirable *Pianto d'Arianna*), *Contrasto armonico* (concertos à 4) op. 10, des sonates pour violon, des sonates pour flûte, des sonates en trio, des *Caprices énigmatiques*.

LOCKE, MATTHEW

Exeter, vers 1630. – Londres, août 1677.

Compositeur ordinaire de Charles II. Il est le plus grand musicien de théâtre anglais avant Purcell. Il composa la musique de plusieurs *masques*, dont l'un, *Cupid and Death*, est un véritable petit opéra (1653) ; il ne doit pas être considéré cependant comme le « premier compositeur d'opéra anglais » (voir Lanier*). Purcell composa une élégie sur sa mort.

Des *masques*, de la musique pour *The Tempest* de Shakespeare (« made into an opera » par Shadwell), vingt *anthems*, divers *consorts* pour 2, 3, 4 cordes, des pièces à 5 et 6 voix pour cornets et saquebutes.

LŒILLET, JEAN-BAPTISTE

Gand, 18 novembre 1680. – Londres, 19 juillet 1730.

[ou John] Claveciniste, hautboïste et surtout flûtiste. Il avait un père, un oncle, des cousins et deux frères musiciens ; leur généalogie, encore très incertaine, et plusieurs similitudes de prénoms ont provoqué bien des confusions. Lœillet fut musicien au Queen's Theatre à Londres, puis se consacra à l'enseignement.

Dix-huit sonates à 3, douze solos (dont six pour flûte à bec et six pour flûte traversière, 1729), des *Lessons* pour clavecin ou épinette, six *Suites or Lessons* pour clavecin (1723).

Lœwe, Karl

Löbejun (Saxe), 30 novembre 1796. – Kiel, 20 avril 1869.

Il débuta comme choriste à la chapelle de la cour de Cöthen, où sa jolie voix d'enfant fit l'admiration de Mme de Staël. Pendant quarante-six ans, il fut *cantor* et organiste de Sankt-Jacob, à Stettin. Il est connu surtout pour ses ballades naïves et simples, dont certaines sont entrées dans le folklore allemand.

Cinq opéras, seize oratorios, des symphonies, des concertos et trois cent soixante-huit lieder et ballades.

Logroscino, Nicola

Bitonto, octobre 1698. – Palerme, vers 1766.

Élève de Veneziano et Perugino au conservatoire Santa Maria di Loreto à Naples, il y demeura encore quelque temps après ses études comme professeur suppléant, mais fut mis à la porte en 1727 en raison de ses *male qualità*. Cela ne l'empêcha pas d'être nommé organiste de l'évêque de Conza, puis maestro di cappella au Conservatorio dei Figliuoli dispersi de Palerme. Surnommé *il dio dell'opera buffa*, il fut sans doute l'un des plus grands maîtres de ce genre, si l'on en juge par les très rares partitions de lui qui soient conservées.

Musique religieuse (des psaumes, deux *Stabat Mater*) et environ trente-six opéras, dont une trentaine d'opéras bouffes (perdus pour la plupart).

Lorenzani, Paolo

Rome, 1640. – Rome, 28 octobre 1713.

Élève de Benevoli. Maître de chapelle au Gesù à Rome (1672), puis à la cathédrale de Messine (1675). En 1678, il suit le maréchal de Vivonne, vice-roi de Sicile rappelé en France et il est introduit à la cour avec la protection de Madame de Montespan, sœur de Vivonne. Le roi lui permet d'acheter une charge de maître de la musique de la reine, succédant à Boesset. Malgré la mort de Lully (1687) l'hostilité des musiciens français le décide à retourner en Italie, où lui est offert en 1694 le poste de maestro della cappella Giulia (Saint-Pierre de Rome).

Des opéras, dont *Nicandro e Filene* (Fontainebleau, 1681) et *Orontée* (Chantilly, 1687), de grands motets dans le style français, des cantates, sérénades et airs italiens.

Lortzing, Albert

Berlin, 23 octobre 1801. – Berlin, 21 janvier 1851.

Comédien, chanteur d'opéra (ténor), instrumentiste, librettiste. D'une famille de comédiens et de musiciens, il eut une jeunesse mouvementée au cours de laquelle il apprit la musique en autodidacte ; il épousa lui-même une comédienne et mena une existence nomade au hasard des tournées. Au théâtre de Leipzig (1833-1837), il subit l'influence du répertoire d'opéra-comique français, dont il voulut réaliser un équivalent typiquement allemand.

Quatorze opéras ou opéras-comiques (dont son plus grand succès *Zar und Zimmermann*), des musiques de scène, deux oratorios.

Lotti, Antonio

Hanovre ?, 1667. – Venise, 5 janvier 1740.

Élève de Legrenzi à Venise, comme enfant de chœur à la chapelle des Doges. Il fut organiste, puis maître de chapelle à Saint-Marc. Parmi ses nombreux élèves figurent Marcello, Alberti, Bassani, Galuppi.

Messes, motets, cantates, un célèbre *Miserere*, un recueil de *Duetti, terzetti e madrigali*, quatre oratorios, environ vingt opéras.

Louvier, Alain

Paris, 13 septembre 1945.

Élève du conservatoire de Paris, il a été, en 1968, l'ultime grand prix de Rome : séjour à la villa Médicis de 1969 à 1972. Il est directeur de l'École nationale de musique de Boulogne-Billancourt.

Messe des Apôtres (1978), *Canto di Natale* (1976) pour plain-chant et 12 instruments, *Trois Atmosphères* pour clarinette et orchestre, *Suite en do* pour orchestre de chambre, *Duel*, *Shima* et *Candrakâla* pour percussion, *Études pour agresseurs*, grand cycle d'études et de recherches techniques sur le piano et le clavecin.

Lübeck, Vincenz

Padingbüttel (Hanovre), septembre 1654. – Hambourg, 9 février 1740.

Organiste à Stade, puis à Saint-Nicolas de Hambourg en 1702. Ses deux fils, Peter et Vincenz, lui ont succédé à Stade et Hambourg.

Trois cantates, une passion (perdue), des œuvres d'orgue : sept toccatas, six préludes et fugues, des fantaisies sur des chorals, etc.

Lully, Jean-Baptiste

Florence, 28 novembre 1632. – Paris, 22 mars 1687.

L'histoire de son enfance est un tissu de légendes qu'il a contribué lui-même à créer. Il semble qu'il n'ait reçu qu'une instruction générale et musicale élémentaire d'un moine cordelier. À l'âge de treize ans, il fut conduit à Paris par le chevalier de Guise, pour répondre au désir de sa nièce Mademoiselle de Montpensier, qui cherchait « un joli petit Italien » avec qui elle pût converser dans sa langue. Lully était loin d'être joli, mais il ne fut pas relégué aux cuisines comme on le prétend. Son aisance, son adresse, ses dons musicaux lui valurent d'être page de musique et garçon de la chambre de Mademoiselle : il devint bientôt l'un des meilleurs violonistes de l'orchestre privé de cette princesse. Après la Fronde, il quitta le service de Mademoiselle de Montpensier, sans doute en raison de la disgrâce où fut tenue la cousine du roi après les événements de 1652 ; mais on a prétendu qu'il avait été congédié pour avoir composé une chanson satirique. Le jeune Louis XIV le fit aussitôt engager aux « vingt-quatre violons ». Par son talent de violoniste, son habileté à la danse, son esprit courtisan et son prodigieux opportunisme, il sut si bien charmer et flatter le roi qu'il devint le monarque absolu de la musique à la cour. Chargé de la direction des « petits violons », récemment fondés, il fut nommé surintendant de la musique du roi en 1661, reçut la même année ses « lettres de naturalisation », puis fut élevé aux fonctions de maître de musique de la famille royale. Cupide et sans scrupule, il parvenait à éloigner tous les rivaux et aucune fête ne pouvait avoir lieu à la cour sans que l'on sollicitât son concours comme compositeur, violoniste et danseur. C'est à cette époque qu'il compléta sa culture musicale en prenant les conseils de Gigault.

En 1662, il devint l'ami de Molière, avec qui il collabora jusqu'en 1671 dans une série de pastorales ou de comédies-ballets, où la musique jouait un rôle de première importance : *Le Mariage forcé*, *L'Amour médecin*, *Monsieur de Pourceaugnac*, *Le Bourgeois gentilhomme* (où Lully jouait le rôle du Mufti dans la scène du Mamamouchi), etc. Son succès croissant, ses revenus imposants, ne suffisaient pas à satisfaire son énorme ambition. La faillite de l'Académie royale de musique exploitée par Cambert et Perrin lui fournit l'occasion d'augmenter son influence : il se chargea du passif de l'entreprise et obtint, avec la complicité de Madame de Montespan, que le privilège accordé en 1669 à l'abbé Perrin fût transféré à lui-même. Trahissant Molière, il sollicita de nouvelles lettres patentes lui assurant le monopole de fait du théâtre musical en France (aucun autre théâtre que le sien, par exemple, ne pouvait employer plus de six violons). Boileau le traite de « cœur bas », de « coquin ténébreux », de « bouffon odieux ».

C'est alors qu'il commença une collaboration de quatorze ans avec Quinault, faisant représenter les *Fêtes de l'Amour et de Bacchus* (1672), puis *Cadmus et Hermione*, le premier grand opéra français (1673). Le 8 janvier 1687, il se blessa au pied avec le grand bâton de direction, en conduisant son *Te Deum* pour célébrer la guérison de Louis XIV. L'abcès qui se forma provoqua la gangrène ; il en mourut trois mois et demi plus tard, dans sa maison, rue de la Ville-l'Évêque, laissant six enfants (dont trois fils musiciens) et une énorme fortune.

Lully fut le fondateur de l'opéra français. Il conserva les formes des opéras de Cavalli, très en faveur à la cour de France (pour lesquels il eut à composer des intermèdes) ; mais il adapta ces formes au rythme et à l'esprit de la poésie française. Le premier, il fit précéder ses opéras de véritables ouvertures très développées (une première partie lente et majestueuse, suivie d'un allegro de style fugué, puis d'une reprise abrégée de la première partie) qui, sous le nom d'« ouverture à la française », eurent un immense succès (les « suites » de Bach en élargissent la forme) et contribuèrent à engendrer la symphonie classique. La méconnaissance des règles d'interprétation du temps (notamment sur le plan des ornements, du rythme et du tempo) a souvent contribué à défigurer la musique de Lully au point de la rendre insipide et de n'en laisser paraître que les défauts (banalité de l'harmonie et de l'instrumentation, monotonie de la déclamation).

Des grands motets, dont *Te Deum*, *Miserere*, *Dies Irae* ; quatorze tragédies lyriques dont *Atys* (Saint Germain, 1676), *Psyché* (Opéra, 1678), *Amadis* (Opéra, 1684), *Roland* (Versailles, 1685), *Armide* son chef-d'œuvre (Opéra, 1686) ; quinze comédies-ballets et pastorales (la plupart avec Molière), dont *L'Amour médecin* (Versailles, 1665), *Monsieur de Pourceaugnac* (Chambord, 1669), *Les Amants magnifiques* (Saint-Germain, 1670), *Le Bourgeois gentilhomme* (Chambord, 1670), des ballets de cour, danses, ouvertures, une *Suite de symphonie et trio.*

LUTH

Ancien instrument à cordes pincées, qui occupe une place très importante dans la musique instrumentale des XVIe et XVIIIe siècles. Il descend en filiation directe d'un instrument persan ou arabe appelé *'ud*, apparenté à l'ancienne « guitare mauresque » (voir Guitare*) et introduit en Espagne au XIIe ou au XIIIe siècle (*Al-'ud* devient *laud* en espagnol puis *lut* en vieux français).
Sous sa forme définitive, adoptée depuis la fin du XIVe siècle, la caisse du luth a l'aspect d'une demi-poire. Son dos convexe est formé de 9 à 40 « côtes » en sycomore collées les unes aux autres. Dans la table, en sapin, est découpée une belle rose ornée. Le manche, à l'extrémité duquel le chevillier est placé perpendiculairement, est divisé en cases (« touches » ou « tons ») comme la guitare. L'instrument classique est tendu de cinq doubles cordes et d'une corde simple (la chanterelle), dont l'accord n'a cessé de varier. Le plus fréquemment adopté fut l'accord « vieux ton » au XVIe siècle (sol, do, fa, la, re, sol en montant) ou l'accord « nouveau » au XVIIe siècle (la, ré, fa, la, ré, fa). Des cordes supplémentaires de basse étaient parfois tendues en dehors de la touche, donnant naissance à une variété d'instruments plus importants à très long manche, munis de deux chevilliers : « archiluth », « théorbe », « chitarrone », souvent d'une grande beauté.
TABLATURE. La musique pour le luth est écrite dans un système de notation simplifiée, la tablature, qui consiste à représenter la position des doigts sur la touche. Six lignes parallèles représentent les six jeux de cordes (la chanterelle en haut dans la notation française et anglaise). Au-dessus de ces lignes sont placées des lettres (des chiffres en Italie) *a* indique la corde à vide, *b* le doigt sur la première touche (demi-ton plus haut), *c* le doigt sur la deuxième touche (un ton plus haut), etc. Au-dessus de l'ensemble sont placés les signes de durée, qui ne sont pas répétés lorsque des valeurs égales se succèdent : ♪ pour la plus longue valeur, 𝅘𝅥𝅯 la moitié, etc.

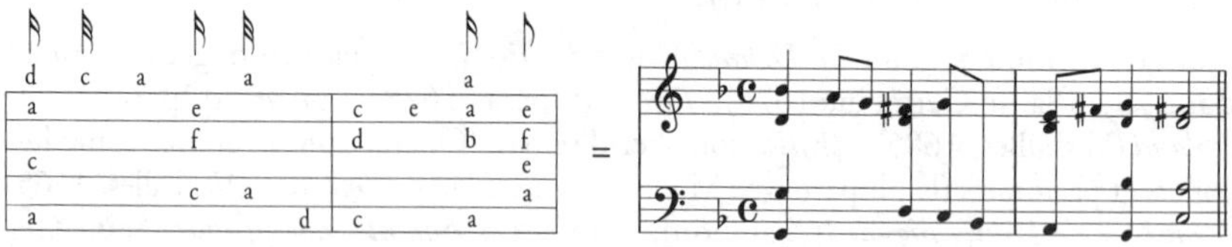

Accord « vieux ton »

Le répertoire de l'instrument comprend d'innombrables pièces pour luth seul (principalement des danses, des ricercari et des transcriptions de pièces vocales) et des mélodies accompagnées par le luth (« chansons au luth » ou *ayres*), genre que l'Anglais John Dowland porta à son plus haut degré de perfection. Le théorbe est utilisé au même titre que le clavecin pour la réalisation des basses* continues ; certains musiciens l'ont employé à l'orchestre, notamment Monteverdi (*Orfeo*) et Haendel (*Athalie* et *Esther*). Les premières tablatures de luth (dont le principe était connu depuis 1450 environ) furent imprimées par Petrucci au début du XVIe siècle.

⊖ DOWLAND, *Ayres*. – VIVALDI, *Concerto pour luth et orchestre à cordes*. – BACH : *Œuvres pour luth*.

LUTOSŁAWSKI, WITOLD

Varsovie, 25 janvier 1913. – Varsovie, 7 février 1994.

Après ses études au conservatoire de Varsovie, il a subi l'influence de Bartók, puis celle des jeunes écoles musicales européennes. En 1954, il participa au mouvement de libération artistique en Pologne et à partir de 1960, il s'est engagé sur la voie des musiques nouvelles (*Jeux vénitiens*).

Trois *Poèmes de Michaux* pour chœur et orchestre (1963), *Livre pour orchestre*, trois symphonies, *Variations symphoniques, Petite Suite, Musique funèbre à la mémoire de Bartók* (chef-d'œuvre), concerto pour orchestre, *Partita* et *Chain* pour violon et orchestre, trois *Jeux vénitiens* (biennale de Venise, 1961).

LUTYENS, ELISABETH

Londres, 6 juillet 1906. – Londres, 14 avril 1983.

Élève du Royal College of Music et du Conservatoire de Paris. Elle a occupé en Angleterre une position de pionnier de la musique dodécaphonique, pour laquelle elle a opté vers 1936.

Quatre opéras ; des cantates pour soli, chœurs et orchestre ; des mélodies avec piano ou ensemble instrumental ; un concerto pour alto ; *Music for piano and orchestra* ; *Lyric Piece* pour violon et orchestre ; six *Chamber concertos* ; six quatuors à cordes ; des pièces pour piano.

LYU

Dans la musique classique chinoise, série étalon de tuyaux sonores, qui fixent en même temps la hauteur absolue des sons (comme notre diapason) et la valeur des intervalles. La théorie des *lyu* est la base du système

musical. La série usuelle se compose de douze *lyu* donnant une gamme chromatique de type « pythagoricien » ou « cyclique », celle qui est obtenue par le cycle des quintes (voir page 339). Cette série représente une échelle de transposition et non une échelle mélodique : la musique chinoise n'est pas chromatique. Les cinq premiers *lyu* suffisent à déterminer la gamme pentaphonique usuelle.
Selon la tradition, un nommé Ling Luen, au XXVIIe siècle avant notre ère, aurait imaginé le principe des *lyu* en taillant des flûtes en roseau dont les rapports de longueur correspondaient à l'harmonie du ciel et de la terre (symbolisés respectivement par les nombres 3 et 2).

M

Macdowell, Edward

New York, 18 décembre 1861. – New York, 23 janvier 1908.

Pianiste. Élève de Savard et Marmontel au conservatoire de Paris et de Raff à Francfort, il fut surtout marqué par l'influence du maître allemand, pour lequel il éprouvait une profonde admiration. Il fut professeur au conservatoire de Darmstadt, puis, de retour aux USA en 1888, à la Columbia University. Il fut l'un des tout premiers à exploiter le riche folklore des « Indiens » d'Amérique.

Trois poèmes symphoniques, trois suites symphoniques (dont *Indian Suite*), deux concertos, de nombreuses pièces pour piano et des mélodies.

Machaut, Guillaume de

En Champagne, vers 1300. – Reims, avril 1377.

L'un des plus grands poètes du Moyen Âge. On ne sait rien de sa jeunesse ni de ses études, si ce n'est qu'il reçut les ordres mineurs assez tôt, qu'il étudia la théologie (probablement à l'université de Paris) et conquit le grade de *magister*. Dans divers documents, il est désigné aussi comme *clericus elimosinarius* (1330), *notarius* (1332), *secretarius* (1335). Vers 1323, il est au service de Jean de Luxembourg, roi de Bohême, qu'il accompagne jusqu'en 1340 dans ses expéditions en Pologne, en Lituanie, en Italie, etc. Lorsque Jean de Bohême est tué à Crécy (1346), Machaut passe au service de Bonne de Luxembourg, puis du roi de

Navarre, Charles le Mauvais, enfin du roi de France Charles V et du duc de Berry. Il termine sa vie comme chanoine à Reims, entouré du plus haut respect et admiré partout comme le plus grand poète et musicien de son temps. Il peut alors se consacrer à la poésie, à la musique, à la chasse et à une idylle avec la jeune Péronne d'Armentières, qui lui inspire *Le Dit de la Vérité* et de précieuses lettres (1362-1365).
Après la célèbre *Messe de Nostre Dame* (première messe* polyphonique homogène), les ballades sont les œuvres les plus intéressantes et originales de Machaut. Elles se composent de trois strophes versifiées, dans la forme A B A B C C D D (où D D, identique dans chaque strophe, forme le refrain) ; les sujets s'inspirent de l'esprit chevaleresque, la musique est expressive et lyrique. Les rondeaux et virelais s'apparentent aux ballades, mais les proportions en sont plus modestes et les sujets, plus légers, donnent la primauté à l'amour (ils annoncent l'air de cour français). Les lais sont de longs poèmes lyriques, composés de douze strophes ou paires de strophes, toutes différentes musicalement, sauf la première et la dernière.

(Œuvre entièrement conservée en trente-deux manuscrits) : dix-neuf lais (1 voix et accompagnement instrumental), vingt-trois motets (dix-sept en français, six en latin) dans la forme traditionnelle du motet isorythmique de Ph. de Vitry (3 ou 4 voix), un *hoquetus* : composition exploitant d'un bout à l'autre le procédé du « hoquet » (voir Polyphonie*) (3 voix), quarante-deux ballades (1 partie vocale et 1 ou 2 parties instrumentales, sauf une « double » et une « triple » ballades à 2 et 3 parties vocales), vingt et un rondeaux et trente-trois virelais (2, 3, 4 parties dont en principe une seule vocale), une messe à 4 voix, dédiée à Notre-Dame : la tradition veut, sans raison valable, qu'elle ait été composée pour le sacre de Charles V.

MÂCHE, FRANÇOIS BERNARD

Clermont-Ferrand, 4 avril 1935.

Normalien, agrégé de lettres, titulaire d'un diplôme d'études supérieures en archéologie grecque. En musique, élève de Messiaen. En 1958, il fut un des membres fondateurs du GRM (Groupe de recherches musicales de l'ORTF), où il a travaillé jusqu'en 1963. En 1968, il est nommé professeur de lettres au lycée Louis-le-Grand (terminales). La plupart de ses œuvres associent musique « vivante » et bande magnétique ; mais il s'intéresse davantage aux enregistrements de sons naturels qu'aux sons électroniques.

Théâtre musical : *Da Capo* (Avignon, 1976) et *Le Mangeur d'ombre* (Colmar, 1979) ; *Danaé* pour 12 voix et percussion ; *La Peau du silence* pour orchestre ; *Le Cycle mélanésien* (thème varié pour bande et diverses formations instrumentales) ; *Synergies* pour 21 instruments et bande ; *Solstice* pour clavecin et orgue ; *Areg* pour 2 pianos.

Macque, Giovanni de

Valenciennes, vers 1550. – Naples, septembre 1614.

Organiste. Depuis l'âge de quinze ans, il vécut en Italie : d'abord à Rome, où il devint l'élève de Ph. de Monte, puis à Naples où il fut nommé successivement second organiste à l'église de l'Annunziata, puis organiste (1594) et directeur (1599) de la Real Cappella, après avoir été quelque temps au service de Don Fabrizio Gesualdo (père du célèbre madrigaliste). Dernier des grands organistes flamands en Italie, il annonce dans son œuvre Banchieri et Frescobaldi.

Treize livres de madrigaux (4 à 6 voix), deux livres de *Madrigaletti e canzone napolitane* à 6 voix, des motets, de nombreuses pièces d'orgue.

Maderna, Bruno

Venise, 21 avril 1920. – Darmstadt, 13 novembre 1973.

Chef d'orchestre. Élève de Malipiero et de Hermann Scherchen. L'un des chefs de file de la jeune école italienne, il s'est engagé sur la voie tracée par Webern et consacra une grande part de son activité, depuis 1954, à la musique électronique. Il dirigeait le Studio di Fonologia de la RAI, à Milan (premier centre de musique expérimentale en Italie).

Une dizaine de compositions scéniques (opéras radiophoniques, ballets, musiques de scène), dont *Ritratto di Erasmo* (1970), *Ages* (1972) et *Satyricon* (1973) ; *Requiem* pour soli, chœurs et orchestre ; des concertos pour deux pianos, pour piano (deux), pour violon, pour hautbois (trois), pour flûte, *Composizione in tre tempi* et *Amanda* pour orchestre de chambre, des compositions électroniques pouvant éventuellement se combiner entre elles en offrant plusieurs « interprétations », des musiques de film.

Madrigal

Dès la fin du XIIIe siècle, Dante écrivait de courts poèmes lyriques où l'amour se mêlait au sentiment de la nature : on les appelait *madriali* ou *mandriali* et ils étaient destinés à être chantés, vraisemblablement sur la musique de ce Pietro Casella, ami de Dante, dont parle *La Divine Comédie.* Mais les premiers madrigaux en musique que nous connaissions datent des environs de 1330 ; apparentés au « conduit » français (voir Polyphonie*), ils sont la spécialité de cette Italie centrale où Florence, véritable capitale des arts, est déjà le foyer d'une première « Renaissance » musicale. Les principaux artisans de l'Ars Nova florentine, Giovanni da Cascia, Gherardello, Jacopo da Bologna, Piero (ou Paulo) da Firenze et Francesco Landini, nous ont laissé de beaux spécimens de ce madrigal primitif : généralement à deux voix, nettement contrastées au point de vue de l'écriture (ténor largement déclamé et cantus fleuri), ils sont remarquables par le caractère lyrique et souvent passionné de la mélodie. Des instruments y étaient probablement utilisés, en dialogue avec les voix ou même en remplacement de celles-ci[1]. Âge d'or de l'art polyphonique, le XVe siècle fut pour la musique italienne d'une inexplicable pauvreté. Seul subsista le répertoire léger des chants de carnaval, *villanelle*, *frottole*, etc. (mélodies d'inspiration populaire traitées en contrepoint rudimentaire), ou celui, aussi modeste, des *laudi spirituali* (voir Oratorio*). Rien ne subsiste plus de l'ancien madrigal lorsque paraît, en 1533, un recueil de *Madrigali nuovi da diversi eccellentissimi musici.*

Cette nouvelle forme du madrigal, qui sera, jusqu'au début du XVIIe siècle, la gloire de l'Italie et de l'Angleterre, est due à l'union de la *frottola* (chanson d'amour frivole, gentiment licencieuse) et de la polyphonie des maîtres franco-flamands, qui dominent alors depuis un siècle la vie musicale italienne. Les poètes imitateurs de Pétrarque (Pétrarque lui-même sera le poète préféré des madrigalistes) donnent à la frottola le raffinement qui lui manquait et les premiers compositeurs de madrigaux (Arcadelt, Willaert, Festa, Alfonso della Viola, Cyprien de Rore) lui confèrent sa dignité polyphonique. Le Flamand Cyprien de Rore, élève de Willaert, est le véritable créateur de ce madrigal italien dont les principaux caractères sont l'union avec le texte poétique et la liberté de la forme. Le souci d'illustrer le texte se traduit par des traits descriptifs auxquels on a donné le nom de « madrigalismes ». Les premiers représentants du genre, et même Lassus dans une partie de son œuvre, s'amusaient à une sorte de symbolisme naïf consistant, par exemple, à faire monter la mélodie sur les mots *cielo* ou *alto*, à la faire baisser sur *giù* (bas) ou *profondo*, à placer les mots *sol* (soleil), *si* (oui), *mi fa* (me fait) sur des notes homonymes, etc. La liberté se manifeste par l'absence de forme fixe, de voix prépondérante et par des audaces d'écriture qui trahissent un souci de « modernisme ».

Les premiers grands madrigalistes italiens ou italianisants, A. Gabrieli (élève de Willaert, lui aussi), Philippe de Monte, Roland de Lassus, Palestrina, sont les disciples spirituels (et peut-être réels) de C. de Rore. Dans leurs madrigaux, généralement à cinq voix, les procédés nouveaux

1. L'étymologie de ce mot est obscure. Se référant sans doute au caractère pastoral de certains poèmes, plusieurs philologues la rattachent aux mots italiens *mandra* ou *mandria* = troupeau (en latin et en grec : « mandra »). En latin médiéval, le mot « matricale » (de *mater* = mère) désignait une chanson populaire dans la langue maternelle, c'est-à-dire en dialecte (nous dirions aujourd'hui une chanson du « folklore »).

sont appliqués, de façon un peu systématique, au grand style polyphonique traditionnel ; mais, dans les successions chromatiques et les modulations imprévues qui en résultent, se manifeste déjà le sens harmonique qui sera l'originalité des maîtres de la génération suivante. Ceux-ci, Ingegneri (maître de Monteverdi), Marenzio, Vecchi, G. Gabrieli, Gesualdo (prince de Venosa) et Monteverdi portèrent l'art du madrigal à son plus haut degré de perfection ; chez certains d'entre eux, Gesualdo et Monteverdi en particulier, les audaces harmoniques dépassent tout ce qui pouvait être imaginé à l'époque. Les neuf Livres de madrigaux de Monteverdi illustrent admirablement l'évolution du genre, de son épanouissement à son déclin, en passant par son apogée (cinquième Livre). Aux madrigaux du cinquième Livre, encore polyphoniques et à cinq voix, comme les précédents, est adjointe une basse continue, signe des temps nouveaux où commence de triompher la monodie* accompagnée ; les septième, huitième et neuvième Livres (à une, deux, trois, quatre voix) contiennent de véritables petites cantates dramatiques.
Cependant, le premier recueil de madrigaux anglais avait été publié en 1588 (*Psalmes, sonets and songs of sadnes and pietie* [sic] de Byrd) ; la même année, un amateur britannique, N. Yonge, faisait paraître sous le titre de *Musica transalpina* une collection de cinquante-sept madrigaux italiens qu'il avait fait entendre chez lui. Inspiré d'abord des modèles italiens, le madrigal anglais acquit rapidement une parfaite originalité, déterminant une floraison de chefs-d'œuvre incomparables. Tous les plus grands musiciens anglais du temps, Byrd, Morley, Gibbons, en particulier, composèrent des madrigaux, mais ce sont Weelkes et surtout Wilbye qui atteignent la perfection dans le genre, mêlant avec une fantaisie toujours renouvelée un délicat parfum de folklore à un sens littéralement « impressionniste » de la composition. Au genre du madrigal pourrait être rattaché encore le merveilleux répertoire des « chansons françaises » où les plus hauts sommets ont été atteints par Janequin, puis par Claude Le Jeune et Roland de Lassus.
Comme le motet polyphonique, le madrigal ne survit pas longtemps à l'avènement de l'âge monodique ; la vogue de la cantate sacrée et profane fait entrer rapidement les deux genres dans le chapitre oublié de la musique ancienne.

MAGNARD, ALBÉRIC

Paris, 9 juin 1865. – Baron (Oise), 3 septembre 1914.

Élève de Dubois et de Massenet au conservatoire de Paris, puis de V. d'Indy. Les très rares exécutions de ses œuvres (graves, austères, fortement construites et parfois singulièrement émouvantes) suscitèrent l'enthousiasme sans réserve d'un petit groupe d'admirateurs, enthousiasme aussi excessif que l'indifférence du grand public.

Trois opéras (*Yolande*, *Guercœur* et *Bérénice*), quatre symphonies, un quatuor à cordes, une sonate pour piano et violon, quelques mélodies.

MAHLER, GUSTAV

Kališté (Moravie), 7 juillet 1860. – Vienne, 18 mai 1911.

L'un des plus grands chefs d'orchestre de tous les temps. Il fut l'élève du conservatoire de Vienne avant de rencontrer Bruckner, qui exerça une influence profonde sur la formation de son génie. Il entreprit ensuite, à l'Université, des études de philosophie et d'histoire de la musique qu'il ne termina pas. À partir de 1880, la plus grande partie de son temps (sauf l'été, réservé à la composition) est consacrée à une prestigieuse carrière de chef d'orchestre. Il est successivement Kapellmeister à Ljubljana, Olomouc, Kassel, Prague, Leipzig (où il est assistant de Nikisch), puis chef d'orchestre aux opéras de Budapest, de Hambourg et surtout de Vienne (dont il fait en dix ans, comme directeur artistique, l'un des premiers opéras d'Europe). Ses interprétations de *Don Giovanni* de Mozart, de *Fidelio* et de la *Neuvième Symphonie* de Beethoven deviennent des modèles insurpassables. De 1906 à 1910, il entreprend une série de tournées aux USA et dirige régulièrement pendant plus de deux ans au Metropolitan Opera des représentations mémorables d'œuvres de Mozart, de Beethoven et de Wagner. Après une dernière tournée de soixante-cinq concerts aux USA, il rentre à Vienne exténué et gravement malade (crise cardiaque, compliquée d'une maladie infectieuse non identifiée) : il est mort peu après dans sa cinquante et unième année. Il n'a pas eu d'élèves directs, du moins de façon régulière, mais parmi ses disciples figurent B. Walter (son assistant à Vienne), Mengelberg (qui fut, à la tête du Concertgebouw d'Amsterdam, le plus actif défenseur de sa musique), Schoenberg…

Artiste intransigeant, poussant le souci de perfection jusqu'à l'obsession, personnalité attachante et complexe, n'échappant aux tortures morales, à l'angoisse métaphysique, que dans la poursuite exaltante d'une vérité philosophique, dans le combat désespéré contre la routine et la corruption, il manifestait par son comportement une tendance à la schizophrénie (liée sans doute aux nombreux drames familiaux qui hantèrent son enfance). On a reproché à sa musique (où se discerne l'influence de Beethoven, de Bruckner et du Wagner de *Tristan*, mais aussi de Haydn et Mozart) la prolixité, la confusion, l'épaisseur instrumentale (critique absurde : voir ses révisions des symphonies de Schumann), la naïveté (mais est-ce un défaut ?). Cependant il est impossible de rester insensible à la grandeur, à la noblesse, à l'intense émotion qu'expriment chaleureusement ses plus belles œuvres : les *Kindertotenlieder*, les *Cinquième*, *Sixième*, *Huitième Symphonies* et surtout *Das Lied von der Erde* (*Le Chant de la terre*) et la *Neuvième Symphonie*, ses chefs-d'œuvre. Il a été à la fois le dernier grand symphoniste autrichien et le dernier grand romantique allemand.

Neuf symphonies et d'importantes esquisses d'une dixième (dont *nº 2* avec soprano, alto et chœurs, *nº 3* avec alto et chœur féminin, *nº 4* avec soprano, *nº 8* avec 2 sopranos, 2 altos, 2 ténors, 2 basses, double chœur, chœur d'enfants) ; *Das Lied von der Erde* (1908) pour contralto, ténor et orchestre ; plusieurs cycles de lieder, la plupart avec accompagnement d'orchestre, dont *Lieder eines fahrenden Gesellen* (poèmes de Mahler), (Rückert), *Kindertotenlieder* (Rückert, 1901-1904).

Majo, Gian Francesco di

Naples, 27 mars 1732. – Naples, 17 novembre 1770.

[ou De Maio] Élève de son père au conservatoire Sant'Onofrio de Naples. Il fut quelque temps organiste de la chapelle royale et semble avoir voyagé beaucoup pour faire représenter ses opéras (Rome, Turin, Venise, Vienne, Madrid). Il mourut tuberculeux à trente-huit ans.

Vingt opéras sérieux et de la musique religieuse (messes, psaumes, oratorios, etc.).

Majo, Giuseppe di

Naples, 5 décembre 1697. – Naples, 18 novembre 1771.

[ou De Maio] Père du précédent. Élève de Fago au Conservatorio della Pietà dei Turchini à Naples. Il succéda à Leo, en 1744, comme primo maestro della Real Cappella.

Trois *opere serie* et trois *opere buffe*, ainsi que de nombreuses œuvres religieuses.

Malec, Ivo

Zagreb, 30 mars 1925.

Il a fait ses études au conservatoire de Zagreb, mais son orientation musicale date de son installation à Paris en 1955. Il a travaillé au Service de la recherche de l'ORTF, où s'est révélé son sens dramatique avec une écriture d'une force et d'une clarté remarquables. Depuis 1972, il est professeur de composition au conservatoire de Paris.

Dodecameron pour 12 voix solistes et cordes (1970), *Operabus* pour récitant, chœurs, orchestre et bande (1962), *Victor Hugo-Un contre tous* pour acteurs, chœurs et orchestre (1971), *Cantate pour elle*, pour soprano, harpe et bande ; quatre ballets, des musiques de scène et de film, des pièces pour orchestre (*Oral*, *Mouvements*, *Sigma*, *Vocatif*, *Gammes* et *Therana*), *Séquences* pour vibraphone et cordes, compositions électroacoustiques.

MALIPIERO, GIAN FRANCESCO

Venise, 18 mars 1882. – Trévise, 1er août 1973.

Élève du conservatoire de Vienne, du Liceo musicale de Venise et de celui de Bologne. Après avoir été quelque temps professeur au conservatoire de Parme et directeur de l'Institut musical de Padoue, il fut, depuis 1939, directeur du Liceo musicale Marcello de Venise. Il a partagé son existence entre la composition, l'enseignement et les travaux musicologiques. Il a notamment assuré l'édition de l'œuvre intégrale de Monteverdi, de diverses œuvres de Galuppi, Jommelli, Marcello, Leo, etc., et collaboré à celle des œuvres complètes de Vivaldi. Sa musique dénote une nature romantique (goût du surnaturel, des mythes nordiques, etc.), tempérée par l'étude des maîtres du XVIIe et du XVIIIe siècle. Son style mélodique, très personnel, semble avoir son origine dans un compromis entre la mélopée « grégorienne » et la musique vénitienne du XVIe siècle : d'où sa noblesse, son ubiquité modale, sa liberté rythmique, son indifférence aux servitudes du développement thématique.

Vingt-cinq opéras (dont *Torneo notturno*, *L'Allegra brigata*, *Il figliuol prodigo*), quatre ballets, une *Missa pro mortuis* (baryton, chœur et orchestre), *La Passione* (soli, chœur et orchestre), des grands oratorios (ou « mystères »), neuf symphonies, des impressions symphoniques (*Impression del Vero*, *Pause del silenzio*), quatre concertos pour piano, sept quatuors à cordes, etc., ainsi que plusieurs ouvrages sur la musique.

MANCHICOURT, PIERRE DE

Béthune, vers 1510. – Madrid, 5 octobre 1564.

Choriste à la cathédrale d'Arras, puis maître de chœur à la cathédrale de Tournai et enfin maître de la chapelle de Philippe II à Madrid.

Environ quinze messes, de nombreux motets (*Cantiones sacrae*), plus de cinquante madrigaux et chansons.

Mancini, Francesco

Naples, 16 janvier 1672. – Naples, 22 septembre 1737.

Élève de Provenzale au Conservatorio della Pietà dei Turchini, à Naples. Il fut organiste de la cour, puis à la mort d'A. Scarlatti, primo maestro della real cappella (1725-1737) et primo maestro au conservatoire Santa Maria di Loreto (1728-1737).

Environ vingt-cinq opéras, des oratorios, quelques messes, motets, cantates, de la musique pour clavecin.

Mandoline

La « mandole » ou « mandore » était un instrument de la famille du luth, de forme analogue, mais de dimensions plus réduites. À partir de 1600 environ, on appellera en Italie *mandolino* une petite mandole. Sa caisse, comme celle du luth, est en forme de demi-poire : table plate percée d'une « rose » et dos plus fortement bombé que les instruments de la même famille (on fabrique cependant de nos jours des mandolines à dos plat). Elle est montée de quatre doubles cordes qui se grattent avec un « plectre » ou « mediator » et sont accordées comme celles du violon (sol-ré-la-mi).

Depuis le début du XVIIIe siècle, la facture des mandolines est une spécialité des luthiers napolitains, particulièrement de la famille Vinaccia. Il existe cependant une mandoline milanaise à cinq ou six doubles cordes, qui a toujours été beaucoup moins répandue.

⊖› VIVALDI, *Concertos pour une et deux mandolines.* – MOZART, *Don Giovanni* (acte II, sérénade avec accompagnement de mandoline). – BEETHOVEN, œuvres pour mandolines. – VERDI, *Otello* (acte II, chœur des Cypriotes). – SCHOENBERG, *Sérénade op. 24 pour basse et sept instruments.*

Mandore

[ou Mandole] Instrument de la famille des luths (caisse en forme de demi-poire, composée de côtes), dont elle se distingue par un chevillier dans le prolongement du manche et non recourbé en arrière comme celui du luth. Plusieurs modèles ont été utilisés, toujours plus petits que le luth : dans l'iconographie, on les voit souvent entre les mains des anges musiciens. L'accord des quatre doubles cordes a beaucoup varié. Le plus fréquent semble avoir été : do-sol-do-sol (comme l'alto). La mandoline n'est pas autre chose qu'une petite mandore, à dos plus fortement bombé. Le répertoire propre à l'instrument est presque inexistant : on jouait sans doute des airs et danses populaires.

Manfredini, Francesco

Pistoia, 1688. – ?, 1748.

Violoniste, élève de Torelli, il fut le digne continuateur de l'œuvre de son maître. Il remplit les fonctions de maestro di cappella à la cour du prince Antoine Ier de Monaco, puis au duomo de Pistoia. Il eut deux fils musiciens, Vincenzo (compositeur à la cour de Catherine II de Russie) et Giuseppe (célèbre castrat).

Des oratorios, douze *Sinfonie da chiesa op. 2*, douze *Concerti grossi op. 3*, divers concertos, des sonates en trio.

Manoury, Philippe

Tulle, 19 juin 1952.

Élève de Malec et Philippot au conservatoire de Paris. Son style est libre et personnel, son écriture est soignée et rigoureuse, souvent complexe ; il exploite avec intelligence les principales acquisitions musicales de l'époque. À partir de 1981, après un séjour au Brésil, il a travaillé à l'IRCAM.

L'opéra *60e Parallèle* (1997), *Puzzle* (1975) pour voix et orchestre, *Numéro huit* (1980) pour 2 orchestres, *Numéro cinq* pour piano et 12 instruments, un beau quatuor à cordes (1977), une sonate pour 2 pianos, *Cryptophonos* pour piano, *Jupiter* (1987), *Pluton.*

Marais, Marin

Paris, 31 mars 1656. – Paris, 15 août 1728.

Illustre joueur de viole, élève de Lully. Soliste dans l'orchestre royal et à l'Académie royale de musique, il était sans doute le plus grand violiste de son temps, avec Forqueray, et le meilleur compositeur pour cette famille d'instruments. Il est resté attaché dans sa musique à la tradition lulliste et subit peu l'influence italienne. Son génie mélodique et sa science de l'écriture instrumentale en font l'un des plus grands compositeurs français du XVIIe siècle.

Quatre opéras, cinq livres de pièces à 1 et 2 violes, des pièces en trio (flûte, violon, dessus de viole), *La Gamme* (suite de *sinfonie* pour violon, viole et clavecin).

Marazzoli, Marco

Parme, ? – Rome, 26 janvier 1662.

Élève d'Allegri. Chantre de la cathédrale de Parme et de la chapelle papale ; harpiste de Christine de Suède à Rome. En collaboration avec V. Mazzocchi, il a composé la première comédie en musique, sur un texte du cardinal Rospigliosi (futur Clément IX) : *Chi soffre speri*, représentée en 1639 au théâtre du palais Barberini à Rome, devant le poète Milton et Mazarin. Ce dernier invita Marazzoli à Paris en 1644.

Plusieurs opéras dont *Dol maie il bene* (Rome, 1653), des opéras sacrés ou des oratorios dont *Il Sant' Eustacchio* (Rome, 1643), des cantates, madrigaux, airs, etc.

Marcabrun

?, vers 1100. – ?, vers 1150.

Troubadour gascon. D'après sa *vida*, c'était un enfant abandonné, recueilli par un certain Aldric, seigneur et troubadour de Moissac. Il s'est fait jongleur et a beaucoup voyagé. Il serait mort assassiné : sa rudesse et sa franchise brutale (on l'a dit misogyne) lui avaient valu beaucoup d'ennemis.

Une cinquantaine de pièces, dont quatre notées.

Marcello, Alessandro

Venise, vers 1684. – Venise, vers 1750.

Violoniste, philosophe, peintre, poète, mathématicien, il était membre de l'Académie des Arcadiens de Rome sous le pseudonyme de Eterio Stinfalico. Fils du sénateur Agostino Marcello et de Paola Capello, il siégea avec son frère Benedetto au conseil des Quarante.

Douze cantates profanes pour soprano ou alto et b.c., des concertos pour divers instruments dont *La Cetra* (6 concertos pour hautbois ou flûte et violon principal, dans le nouveau style en trois mouvements) et un célèbre concerto pour hautbois transcrit pour clavecin par J. S. Bach (BWV 974), douze *Suonate a violino solo e basso continuo.*

Marcello, Benedetto

Venise, 1er août 1686. – Brescia, 24 juillet 1739.

Poète, avocat, membre du conseil des Quarante, *provveditore* de la ville de Pola (1730), *camerlingo* à Brescia (1738)… frère du précédent. Élève de Lotti et Gasparini, il devint un artiste exceptionnellement complet et l'un des meilleurs esprits de son temps.
Son *Estro poetico-armonico* est l'un des monuments de la musique italienne au XVIIIe siècle. Il s'est rendu célèbre aussi par son *Théâtre à la mode*, où, sous forme de conseils à rebours aux gens de théâtre (poètes, musiciens, chanteurs, figurants, souffleurs, protecteurs, mères, etc.), il fait un tableau ironique des excès et des routines dont le théâtre musical était alors affligé.

Estro poetico-armonico, parafrasi sopra i primi 50 psalmi, poesia di Girolamo Giustiniani à 1, 2, 3, 4 voix et basse continue (cinquante paraphrases réunies en huit grands volumes), deux opéras (*Dorinda* et *Arianna*), une pastorale (*Calisto in orsa*), des oratorios, des cantates, des *Canzoni madrigaleschi*, des concertos à 5 et une œuvre littéraire intéressante : *Il Teatro alla Moda* (pamphlet satirique), des livrets d'opéras, des recueils de poèmes.

Marchand, Louis

Lyon, 2 février 1669. – Paris, 17 février 1732.

Virtuose et improvisateur d'un talent exceptionnel. Successivement organiste de la cathédrale de Nevers (à quatorze ans), de la cathédrale d'Auxerre, de plusieurs églises de Paris, enfin de la chapelle royale (1706), il fut banni par le roi pendant plusieurs années pour sa vie déréglée et son mauvais caractère : il vécut alors en Allemagne (il n'est pas certain, comme on le raconte, qu'il se soit dérobé à une confrontation avec Bach en 1717 ; mais celui-ci copia des œuvres de Marchand). Son œuvre est inégale et n'atteint pas à la noblesse ou à l'élégance de celles de Couperin et de Grigny, mais elle fournit des exemples d'écriture remarquablement audacieuse pour l'époque.

Cinq livres d'orgue, deux livres de clavecin, quelques airs de cour, trois *Cantiques spirituels de Racine.*

Marenzio, Luca

Coccaglio (près de Brescia), 1553. – Rome, 22 août 1599.

On ne sait rien de ses origines ni de sa jeunesse. Il est probable qu'il a étudié à Rome, mais on ignore avec qui ; ses maîtres spirituels semblent avoir été Ingegneri et A. Gabrieli. De 1579 à 1586, il est à Rome, au service du cardinal d'Este, frère du duc de Ferrare. Il est probable qu'il accompagna le cardinal dans ses nombreux voyages à Ferrare, où il aurait été en relations personnelles avec Torquato Tasso. De 1588 à 1590, il est à la cour des Médicis à Florence ; il fréquente les musiciens de la Camerata Bardi et compose deux remarquables *intermedi* pour le mariage de Ferdinand de Médicis. Il est ensuite quelque temps au service de Virginio Orsini, puis passe trois ans à la cour de Pologne. En 1595, l'Anglais John Dowland fut son hôte et son élève à Rome. Marenzio mourut un an après son retour de Pologne, dans les jardins de la villa Médicis. Contrairement à la plupart des musiciens de son temps, il semble n'avoir occupé aucun poste d'église (en raison peut-être de l'antipathie de Palestrina).
Le plus grand maître du madrigal traditionnel ne fut pas un moderne comme Monteverdi ou Gesualdo ; mais, avec un génie et une habileté contrapuntique exceptionnels, il a su réaliser la synthèse des traditions flamande et italienne. Son œuvre considérable, qui ne présente aucune faiblesse, émerveille par sa variété, la miraculeuse aisance de la polyphonie, la justesse de la déclamation.

Plus de deux cents madrigaux à 4, 5 et 6 voix (publiés en dix-huit livres, de 1580 à 1599), cinq livres de *Villanelle ed Arie alla napoletana* (115 pièces), des motets, une messe à 8 voix.

Marini, Biaggio

Brescia, fin XVIe siècle. – Venise, 20 mars 1665.

Violoniste à Venise, à Brescia et à la cour de Parme, puis maître de la musique du duc de Bavière à Munich, maestro dell'Accademia della morte à Ferrare, maestro di cappella de Santa Maria-alla-Scala à Milan. Il fut l'un des premiers violonistes-compositeurs italiens et parmi les plus grands compositeurs de musique instrumentale au XVIIe siècle.

Un recueil de psaumes et un recueil de vêpres, pour toutes les fêtes de l'année ; plusieurs recueils de madrigaux, *arie, scherzi, canzonette* ; *Le Lagrime d'Erminia in stile recitativo* ; plusieurs recueils de *sinfonie, sonate da chiesa, sonate da camera, canzone, balletti*, pour diverses formations instrumentales.

Marschner, Heinrich

Zittau, 16 août 1795. – Hanovre, 14 février 1861.

Kapellmeister du prince Krasatkowitz, il est ensuite directeur de la musique à l'Opéra de Dresde (où son opéra *Heinrich IV und d'Aubigné* a été donné en 1820 sous la direction de Weber), puis chef d'orchestre à l'Opéra de Leipzig et enfin Kapellmeister à la cour de Hanovre.

Quatorze opéras dont *Der Vampyr* (Leipzig, 1828) et *Hans Heilling* (Berlin, 1833), des musiques de scène (dont *Le Prince de Hombourg* de Kleist), des œuvres chorales, environ 400 Lieder, de nombreuses pièces pour piano ; douze *Bagatelles* pour guitare.

Martin, Frank

Genève, 15 septembre 1890. – Nardenne (Pays-Bas), novembre 1974.

Élève de Lauber à Genève. De 1946 à sa mort, il a vécu à Amsterdam et il enseigne au conservatoire de Cologne à partir de 1950. L'originalité de l'œuvre de Martin réside en partie dans son attitude vis-à-vis de la technique dodécaphonique : il s'opposa d'emblée à l'aspect négatif du système schoenbergien, dont il a su découvrir et exploiter les ressources originales. Dans les œuvres postérieures à 1934, il associe les acquisitions fondamentales de la tonalité (débarrassée de tout formalisme) et les richesses nouvelles d'un univers sonore de douze sons.

Un opéra : *Der Sturm* (Opéra de Vienne, 1956) ; des oratorios (dont *Le Vin herbé* et *Golgotha*, son chef-d'œuvre), *Der Cornet* pour contralto et petit orchestre (d'après Rilke) ; une symphonie, une *Petite Symphonie concertante* (clavecin, harpe, piano et cordes ; œuvre justement célèbre), des concertos (pour piano, pour violon, pour clavecin, pour violoncelle), de la musique de chambre.

Martin y Soler, Vicente

Valence, 18 juin 1754. – Saint-Pétersbourg, 20 janvier 1806.

Après avoir été quelque temps organiste à Alicante, il se consacra presque exclusivement au théâtre, où il débuta en 1779 à Naples. Il travailla notamment avec le célèbre librettiste Da Ponte, à Vienne (1785-1788) et à Londres (1794-1798). Cinq opéras résultèrent de leur collaboration, dont *Una cosa rara* (1786) : le succès de cet ouvrage, dont Mozart cite un fragment dans le finale du IIe acte de *Don Giovanni*, éclipsa à Vienne celui des *Noces de Figaro*. À partir de 1788, Martin y

Soler est chef d'orchestre à la cour de Catherine II de Russie, puis conseiller du tsar Paul Ier.

Vingt et un opéras, cinq ballets, quelques compositions religieuses.

Martini, Giovanni Battista

Bologne, 24 avril 1706. – Bologne, 4 octobre 1784.

[dit Padre Martini] Théoricien. Il fit des études très poussées, non seulement en musique, mais aussi en philosophie, en théologie et en mathématiques. Il entra chez les franciscains et fut ordonné prêtre en 1729. Pendant de nombreuses années, il fut maître de chapelle de San Francesco à Bologne. Sa vaste érudition, sa connaissance profonde de l'histoire et de la théorie musicales, sa très riche bibliothèque (actuellement au Liceo musicale de Bologne) lui attirèrent de nombreux élèves et, de toute l'Europe, on venait le visiter et le consulter. En 1770, il reçut avec une extrême gentillesse le jeune Mozart, âgé de quatorze ans. De grands personnages, parmi lesquels Frédéric le Grand et le pape Clément XIV, le favorisaient de leur amitié.

Œuvres en grande partie manuscrites, au Liceo musicale de Bologne : des compositions religieuses (messes, *Requiem, litaniae...*), trois oratorios, trois *intermezzi* et une *farsetta* (petits opéras bouffes en un acte), des sonates pour orgue ou clavecin (*Duetti do camera*) ainsi que des ouvrages pédagogiques et théoriques (*Storia della musica,* op. inachevé, en trois volumes), un traité de contrepoint en deux volumes, et de nombreux textes manuscrits, représentant une somme de connaissances considérable.

Martinon, Jean

Lyon, 10 janvier 1910. – Neuilly, 1er mars 1976.

Chef d'orchestre. Élève de Roussel. Il écrivit en captivité les premières œuvres importantes qui attirèrent l'attention sur son nom : *Musique d'exil* et *Psaume CXXXVI*. Ses tournées de concerts en Europe et dans les deux Amériques lui furent toujours l'occasion de défendre la musique contemporaine. Depuis 1968, il était directeur de l'Orchestre national.

L'opéra *Hécube* (livret de Moreux, Strasbourg, 1956), *Psaume CXXXVI* (*Chant des captifs*), *Hymne à la vie* pour orchestre, *Concerto lyrique* pour quatuor à cordes et orchestre, deux concertos pour violon.

Martinů, Bohuslav

Polička (Bohême), 8 décembre 1890. – Liestal (Suisse), 28 août 1959.

Grâce aux leçons d'un amateur, il jouait passablement du violon à huit ans et composait à dix ans un *Quatuor à cordes*. Au conservatoire de Prague, il s'intéressait plus au théâtre qu'au contrepoint : il fut renvoyé et, bien qu'il fréquentât quelque temps la célèbre école d'orgue de Prague et prît des leçons de Suk, il fut en grande partie autodidacte. Après avoir été, de 1913 à 1923, violoniste à l'orchestre philharmonique tchèque, il partit pour Paris travailler avec Roussel. Il y vécut jusqu'en 1940, dans des conditions matérielles difficiles, épousa une Française et fit partie du groupe de musiciens étrangers que l'on a désigné sous le nom d'École de Paris. Grâce à Talich en Tchécoslovaquie, Ansermet et Sacher en Suisse, Münch en France, Koussevitzky aux USA, son œuvre s'est imposée peu à peu, mais il ne connut ses premiers grands succès publics qu'en 1938 lorsque furent créés son *Concerto grosso* et son *Double Concerto pour 2 orchestres à cordes*. Fuyant l'invasion nazie, il quitta Paris et, après avoir traversé la France et le Portugal, s'embarqua pour les USA. Là, Koussevitzky lui commanda sa *Première Symphonie*, M. Elman un *Concerto pour violon* et il écrivit des *Memorial Stanzas* pour violon et piano à l'intention d'Albert Einstein, bon violoniste amateur. Il devint citoyen américain et fut nommé professeur à l'université de Princeton. Après la guerre, il enseigna quelque temps au conservatoire de Prague, tout en conservant sa nouvelle nationalité, puis s'établit à Rome sous les auspices de l'American Academy.
Il est impossible de découvrir une unité de style dans l'œuvre imposante de Martinů : inégalité imputable à sa formation peu orthodoxe et à son caractère intransigeant, le meilleur étant représenté par certaines œuvres d'orchestre et par la musique de chambre (entre autres un très beau *Sextuor*), musique toujours séduisante par sa vitalité, son originalité et une habile écriture instrumentale.

Dix opéras, dix ballets, de la musique de film et de radio, *Messe sur le champ d'honneur* (*Polsi Mše*), *Nativité du Seigneur* pour chœurs et orchestre, cinq *Madrigaux tchèques*, *Concerto grosso, Double Concerto pour 2 orchestres à cordes*, six symphonies, trois *Inventions* pour orchestre, des poèmes symphoniques (dont *Lidice*, en hommage au village martyr), de nombreux concertos ou concertinos pour divers instruments, de la musique de chambre (sextuor, sept quatuors à cordes, trois sonates violon et piano, deux sonates violoncelle et piano), des pièces pour piano, des mélodies inspirées du folklore tchèque.

Mascagni, Pietro

Livourne, 7 décembre 1863. – Rome, 2 août 1945.

Élève de Ponchielli au conservatoire de Milan. À vingt-six ans, il n'était qu'un obscur professeur de musique à Cerignola (près de Foggia) lorsque son opéra en un acte, *Cavalleria rusticana*, représenté à Rome avec un inimaginable succès, le rendit immédiatement célèbre dans le monde entier. Cette œuvre adroite, farcie de bonnes recettes et de lieux communs plus ou moins vulgaires, fait de Mascagni l'initiateur du *verismo*, où un certain naturalisme se substitue aux affabulations traditionnelles, par réaction contre le fatras mythologique des anciens opéras. Les ouvrages suivants ne rencontrèrent qu'indifférence ou hostilité, et sa réputation déclina jusqu'à l'avènement de Mussolini : rallié au fascisme, il fut alors couvert d'honneurs.

Seize opéras dont *Cavalleria rusticana* (Rome, 1890) et *Amico Fritz* (Rome, 1891), musique de film (dont *Rapsodia satanica*), une messe, un *Requiem*.

Massenet, Jules

Montaud (près de Saint-Étienne), 12 mai 1842. – Paris, 13 août 1912.

Élève de sa mère (bonne pianiste amateur), puis de Savard, Reber et Thomas au conservatoire de Paris. Il obtint le Prix de Rome en 1863 et, pendant son séjour à la villa Médicis, il rencontra Liszt. Sa réputation s'affirma en 1873 lorsque son oratorio *Marie-Madeleine* fut créé par Colonne à l'Odéon, avec Pauline Viardot dans le rôle principal. À trente-six ans, plusieurs années avant la création de ses chefs-d'œuvre, il était élu à l'Académie des Beaux-Arts contre Saint-Saëns, devenant ainsi le plus jeune membre de l'Institut, et il était nommé professeur de composition au conservatoire de Paris, où il eut pour élèves A. Bruneau, G. Pierné, G. Charpentier, Fl. Schmitt.
Son goût du théâtre, et du public qu'il s'applique à charmer et à toucher, sa riche veine mélodique, sa parfaite connaissance des possibilités de la voix humaine lui ont valu un succès parfaitement justifié. Mais si l'on connaît *Manon* (un petit chef-d'œuvre en son genre) et *Werther* (ou *Thaïs*), on a fait le tour du génie de Massenet. Il ne se renouvelle guère et n'a pas assez d'envergure pour éviter le conventionnel, malgré son « métier », sa sensibilité charmante et son adresse à plaire. Considéré dans les limites de son génie, limites qu'il était assez fin pour connaître, c'est un exquis petit maître, dont l'influence est loin d'avoir été négligeable.

Vingt-six opéras (dont *Hérodiade, Manon, Le Cid, Werther, Thaïs, Sapho, Le Jongleur de Notre-Dame, Don Quichotte*), trois ballets, de la musique de scène, quatre oratorios, des cantates, sept suites symphoniques, un concerto pour piano, des mélodies.

MATTEO DA PERUGIA

Pérouse, ? – ?, avant 1418.

Il fut chantre (*biscantator*) à la cathédrale de Milan et à celle de Pavie. C'est l'un des meilleurs représentants italiens de l'Ars Nova décadente, subtile et complexe.

Six fragments de messe (3 et 4 voix) ; deux *ballate* italiennes à 3 voix, vingt-deux compositions en français à 2 et 3 voix, quatre ballades, des rondeaux, sept virelais et un canon.

MATTHESON, JOHANN

Hambourg, 28 septembre 1681. – Hambourg, 17 avril 1764.

Dès l'âge de neuf ans, il jouait de l'orgue et du clavecin, chantait, composait, ce qui ne l'empêcha pas de poursuivre des études générales très poussées, comprenant le droit, les sciences politiques… la danse et l'escrime : il était exceptionnellement doué en toutes choses. À quatorze ans, il débute comme chanteur (dans des rôles féminins) à l'opéra de Hambourg où il continuera de se produire jusqu'en 1705 (notamment dans les opéras de son ami Haendel). À dix-huit ans, il donne dans ce même théâtre son premier opéra. En 1703, il se rend avec Haendel à Lübeck ; attirés tous deux par la nouvelle que Buxtehude cherchait un successeur, ils retirent leurs candidatures plutôt que d'épouser la fille de l'illustre organiste, comme le prévoyait le contrat. L'année suivante, Mattheson manque de tuer Haendel au cours d'un duel. En 1715, il est nommé cantor et chanoine de la cathédrale de Hambourg, poste qu'il conservera jusqu'en 1728 lorsque, devenu sourd, il devra se consacrer exclusivement à des écrits critiques et théoriques.

Huit opéras, vingt-quatre oratorios et cantates, des sonates pour flûte ou violon, des suites pour clavier ainsi qu'un bon nombre d'ouvrages remarquables dont les principaux sont *Critica Musica* et *Grundlage einer Ehren-Pforte* (critique), *Grosse Generalbasschule* et *Der vollkommene Kapellmeister* (théorie).

Mauduit, Jacques

Paris, 16 septembre 1557. – Paris, 21 août 1627.

Greffier des requêtes au palais de justice. Il fit partie de la seconde académie d'A. de Baïf, dont il fut le principal collaborateur pour la mise en musique des vers « mesurés à l'antique » (voir Le Jeune*). Il fut ami intime de Ronsard (pour les funérailles duquel il composa un *Requiem*) et de Mersenne.

Messes, vêpres, psaumes, motets, chansons, *Chansonnettes mesurées* à 4 voix, musique instrumentale pour les ballets de la cour.

Mayuzumi, Toshiro

Yokohama, 20 février 1929.

Il a fait ses études à Tokyo et au Conservatoire de Paris (Tony Aubin). Il a fondé le groupe Ars nova japonica et travaille au studio de musique électronique de Tokyo.

Un oratorio, *U-So-Ri* (1959), une cantate bouddhique, *Pratidesana* (1963) ; des œuvres symphoniques (dont *Nirvana Symphony* avec chœurs, *Mandala Symphony* et *Incantation*) ; *Showa-Tempyo-Raku* pour orchestre gagaku ; *Bunraku* pour violoncelle seul, de la musique électronique ; de la musique pour les films de Mizoguchi et Imamura.

Mazzocchi, Domenico

Civita Castellana (Viterbo), 2 novembre 1592. – Rome, 20 janvier 1665.

Écrivain, auteur de mémoires historiques. En musique c'était un amateur autodidacte, hormis des leçons de Nanini dans sa prime jeunesse. Sa réputation repose sur l'opéra *La Catena d'Adone*, représenté à Rome en 1626 chez le duc de Poli, sous le patronage du cardinal Barberini. Dans la préface de cet ouvrage, publié à Venise la même année, il est précisé qu'on y a réparti des *mezz'arie* pour éviter au récitatif d'être lassant.

Deux opéras, des oratorios, des pièces polyphoniques sacrées et profanes.

Mazzocchi, Virgilio

Civita Castellana (Viterbo), 22 juillet 1597.
Civita Castellana, 3 octobre 1646.

Frère et élève du précédent. Il fut maestro di cappella à l'église du Gesù à Rome et à Saint-Jean-de-Latran en 1628-1629, puis à Saint-Pierre jusqu'à sa mort. Il a collaboré avec Marazzoli à la première comédie en musique, *Chi soffre speri* (Rome 1639).

Un opéra en collaboration ; des musiques de scène pour le théâtre des Barberini et pour le collège romain ; des oratorios, *Sacrae flores* à 2, 3, 4 voix ; des psaumes à double chœur.

Méfano, Paul

Bassorah (Irak), 6 mars 1937.

Élève de Milhaud et Messiaen au conservatoire de Paris, puis de Boulez et de Stockhausen à l'académie de musique de Bâle. De 1966 à 1968 il séjourna aux USA, où il rencontra J. Cage et E. Caner. Il a créé en 1972 le Collectif musical international de Champigny (ensemble « 2e 2m »). C'est un des compositeurs les plus originaux et les plus sensibles de sa génération.

L'opéra *Micromegas* (1979), *La Cérémonie* pour 3 voix, chœur parlé et orchestre, *La Messe des voleurs* pour 4 voix, ensemble instrumental et bande magnétique, *Madrigal* pour 3 voix et instruments, *Incidences* pour orchestre et piano, *Ondes/Espaces mouvants* pour 10 musiciens, des compositions où voix et instruments sont réinjectés dans des circuits électroacoustiques.

Méhul, Étienne

Givet (près de Mézières), 22 juin 1763. – Paris, 18 octobre 1817.

Après avoir été, à dix ans, organiste du monastère de Givet, il fut envoyé poursuivre ses études à Paris où la révélation d'*Iphigénie en Tauride* et les conseils paternels de Gluck eurent une influence décisive sur sa propre carrière, en l'orientant vers le théâtre. Son premier succès, *Euphrosine*, date de 1790. Devenu le meilleur compositeur français de sa génération, il a régénéré l'opéra-comique en combinant le goût mélodique italien à l'esthétique de Gluck.

Trente-cinq opéras et opéras-comiques, quatre ballets, des musiques de scène, quatre symphonies, des cantates de circonstance, des hymnes patriotiques (dont *Le Chant du départ*).

Melani, Alessandro

Pistoia, février 1639. – Rome, octobre 1703.

Fils d'un carillonneur de la cathédrale de Pistoia. Il fut maître de chapelle à Sainte-Marie-Majeure, à Saint-Louis-des-Français et à l'Oratorio del Crocifisso.

Des opéras, des oratorios ou opéras sacrés, des cantates, motets et *concerti spirituali.*

Melani, Jacopo

Pistoia, 6 juillet 1623. – Pistoia, 19 août 1676.

Frère du précédent. Il était l'aîné de sept frères musiciens. Quatre d'entre eux étaient des castrats, notamment Atto, créateur de l'*Orfeo* de Rossi et agent secret de Mazarin, et Francesco Maria (alias don Filippo) qui chanta dans la *Serse* de Cavalli le rôle de la reine Amnestris déguisée en homme. Jacopo était maître de chapelle à la cathédrale de Pistoia. Pour l'inauguration du Teatro della Pergola à Florence (1656), il fait représenter *La Tancia, ovvero Il Podestà di Colognole,* ravissant opéra bouffe qui assurera sa notoriété. Il est un des pionniers du genre. La qualité dramatique de ses récitatifs et de ses airs sur « basse obstinée » et la fraîcheur de sa veine mélodique sont remarquables.

Une douzaine d'opéras sérieux et bouffes dont *La Tancia* (Florence, 1656), *Il Vecchio burlato* (Florence, 1659), *Il Girello* (Florence, 1670), *Il Tiranno in Colco* (Prato, 1688), *Il Ritorno di Ulisse* (Pise, 1690).

Mendelssohn Bartholdy, Félix

Hambourg, 3 février 1809. – Leipzig, 4 novembre 1847.

Descendant d'une grande famille juive allemande où le culte des valeurs intellectuelles et morales fut toujours la préoccupation fondamentale. Son grand-père, Moses (1729-1786), grande figure intellectuelle de son temps, était poète et philosophe. Son père, Abraham (1776-1835), d'abord employé à la banque Fould à Paris, s'établit à son propre compte à Hambourg, avec son frère Joseph, puis à Berlin (1811) où ses affaires prospères lui rapportèrent une fortune considérable. Il se convertit à contrecœur au christianisme (culte réformé) dans l'idée de faciliter la carrière de son fils ; c'est alors qu'il ajouta à son nom celui de son beau-frère Bartholdy, pour distinguer sa famille des Mendelssohn demeurés dans la religion juive. La mère de Félix, Lea Salomon (1777-1843), sœur de Jacob Salomon-Bartholdy, dont elle hérita une grosse fortune, était fort intelligente et cultivée, mais modeste, calmement efficace, doucement soumise à la stricte autorité patriarcale.

À partir de 1811, la maison familiale devient l'un des plus brillants centres intellectuels de Berlin. L'intelligence et la sensibilité de Mendelssohn s'y développent dans des conditions matérielles et spirituelles exceptionnellement heureuses. Il a les meilleurs maîtres, fait d'excellentes études classiques, comprenant les langues anciennes et modernes et la musique, dans un climat harmonieux mais marqué par la rigidité d'une discipline de fer (lever à 5 heures du matin…). Ses dispositions pour la musique étaient exceptionnelles. À neuf ans, il faisait sa première apparition en public. À dix ans, il était admis à la Singakademie de Berlin. À quatorze ans, composant depuis plusieurs années à une vitesse folle, il avait à son actif une œuvre déjà imposante. Les concerts du dimanche chez les Mendelssohn comptaient parmi les événements importants de la vie musicale berlinoise. Félix y faisait entendre ses œuvres devant un public où se distinguaient des artistes en renom (dont Moscheles) et de hautes personnalités berlinoises ; il jouait du piano, ainsi que sa sœur Fanny ; sa sœur Rebecca chantait et son frère Paul jouait du violoncelle ; d'excellents musiciens se joignaient à eux. Toute la famille se rend à Paris en 1821 et 1825 : le jeune Mendelssohn y rencontre Halévy, Rossini, Meyerbeer et Cherubini, dont l'appréciation détermine Abraham à favoriser la vocation musicale de son fils. À seize ans, il est déjà un maître, si l'on en juge par l'*Octuor op. 20*, œuvre admirable, révélant une exceptionnelle maturité : seuls Schubert ou Mozart auraient pu composer au même âge une œuvre de cette qualité. La formation de Mendelssohn fut complétée par des cours de philosophie à l'Université de Berlin (Hegel) et par la rencontre de Goethe, qui éprouva aussitôt de la sympathie et de l'admiration pour lui et eut une influence directe sur l'évolution de son intelligence. En 1829, Mendelssohn prend une initiative considérable. Ayant eu la révélation de la *Passion selon saint Matthieu*, il réussit à en donner une mémorable exécution, la première sans doute depuis la mort du compositeur. Cet événement est à l'origine du culte dont J. S. Bach est toujours l'objet de nos jours. La carrière de Mendelssohn est ensuite exceptionnellement chargée. De nombreux voyages le conduisent à Vienne, Venise, Rome, Naples, Milan, Munich, Paris, Londres (où il se rend un grand nombre de fois, jouant un rôle décisif dans la vie musicale britannique), etc. Il dirige ses œuvres avec un succès considérable (notamment l'ouverture d'*Un songe d'une nuit d'été*, composée à dix-sept ans), se produit aussi au piano ou à l'orgue, et partout son intelligence et son charme personnel lui attirent tous les suffrages.

Sa réputation précoce et sa situation sociale lui permettent d'occuper très jeune des postes enviés. Il est successivement chef d'orchestre du Festival rhénan, directeur musical du théâtre de Düsseldorf, directeur du Gewandhaus de Leipzig, directeur général de la musique de Prusse et Kapellmeister du roi. Ce sont autant d'occasions pour lui de défendre la musique de son temps (il donne notamment la première audition posthume, en 1839, de la grande *Symphonie en ut* de Schubert), de faire mieux connaître les chefs-d'œuvre négligés de Bach et Haendel, ou de donner des interprétations modèles des symphonies de Beethoven et des opéras de Mozart. Leipzig, sa ville de prédilection, devient grâce à lui la capitale musicale de l'Allemagne ; il y fonde le Conservatoire et confie à Schumann l'enseignement du piano et de la composition. En 1846, la première audition à Birmingham de l'oratorio *Elias* inaugure un genre monumental de composition chorale qui appartient depuis au rituel des traditions britanniques. Accablé de fatigue, il était, depuis la mort de sa sœur Fanny surtout, sujet à des crises de dépression, lorsqu'il mourut d'une hémorragie cérébrale dans sa trente-neuvième année. Ses obsèques prirent le caractère de funérailles nationales.

Peu d'artistes ont été aussi favorisés par le sort : riche, séduisant, entouré d'affection et d'estime, il était fort cultivé, et ses dons surprenants s'appliquaient aux domaines les plus divers (lettres, peinture, philosophie, natation, équitation). Pour les raisons que l'on a vues, il a exercé une influence considérable sur la vie musicale en Europe. De nombreux musiciens, dont Berlioz, Chopin, Hiller, Bennett, Gade, Schumann, Wagner, lui doivent plus ou moins une partie de leur carrière. Il a fait connaître à ses contemporains Lassus, Palestrina, Leo, Lotti, Durante, Bach, Haendel. Pour être un très grand artiste, il manqua seulement d'obstacles à renverser : son œuvre pâtit de sa facilité. Le simple souci de plaire lui tient lieu de principe esthétique, mais il a le bon goût de réaliser son programme dans la sobriété et la clarté. Sa science très subtile de l'instrumentation (merveilleusement efficace dans sa simplicité) préserve ses œuvres symphoniques et sa musique de chambre des dangers de cette facilité naturelle auxquels succombe souvent sa musique de piano. Sa sensibilité poétique est celle d'un vrai romantique, mais, par son style, il peut être considéré comme le dernier musicien classique.

Musique vocale. Deux grands oratorios (*Paulus* et *Elias*), des cantates, des psaumes pour soli, chœurs et orchestre, des chœurs pour la liturgie anglicane, de nombreux chœurs a cappella, environ cent lieder. – **Musique symphonique.** Des musiques de scène (pour *Un songe d'une nuit d'été*, pour *Athalie*), des ouvertures de concert, cinq symphonies (plus douze symphonies de jeunesse, inédites), deux concertos pour piano, un concerto pour violon. – **Musique de chambre et de clavier.** Un octuor pour cordes, un sextuor, deux quintettes, six quatuors à cordes, deux sonates pour violoncelle, quarante-huit *Romances sans paroles* pour piano, de nombreuses autres compositions pour piano, six sonates pour orgue (de très nombreuses compositions de jeunesse, non mentionnées ici, dont cinq opéras, sont restées manuscrites).

MENOTTI, GIAN CARLO

Cadegliano (Varese), 7 juillet 1911.

Il apprit la musique très jeune, avec sa mère, puis au conservatoire de Milan ; ses parents l'emmenaient fréquemment à la Scala où se fortifiait son goût du théâtre. En 1928, grâce à T. Serafin, qui était alors chef d'orchestre au Metropolitan Opera, il obtient une bourse pour étudier au Curtis Institute de Philadelphie, sous la direction de Rosano Scalero. Depuis cette date, il vit principalement aux USA où il est devenu lui-même professeur au Curtis Institute. C'est là que fut créé en 1937 son premier opéra, *Amelia goes to the Ball* (on peut négliger deux opéras maladroits de sa prime jeunesse) : le succès fut immédiat et, par la suite, toutes ses œuvres (sauf *The Island God*) firent une carrière sensationnelle, en particulier *Le Médium*, qui fit l'objet d'un excellent film (réalisé par le compositeur lui-même), et *Le Consul* qui a été traduit en huit langues.
La qualité intrinsèque de sa musique, qui emprunte aux styles les plus divers et n'évite pas toujours la vulgarité, ne justifie pas cette réussite. Mais si l'on juge la musique en fonction de l'action dramatique, Menotti (qui écrit tous ses livrets, en anglais, et dirige habituellement la mise en scène) apparaît comme un homme de théâtre complet. Ses œuvres, qui constituent un prolongement modernisé du *verismo*, frappent par leur vitalité, leur efficacité dramatique, leur relation étroite avec les besoins du public contemporain : dans cette mesure, elles apportent une solution originale à la « crise du théâtre lyrique ».

OPÉRAS. *Amelia goes to the Ball* (1937), *The Old Maid and the Thief* (1939), *The Island God* (1942), *The Medium* (1946), *The Telephone* (1947), *The Consul* (1950), *Amahl and the Night Visitors* (spectacle TV, 1951), *The Saint of Bleecker Street* (1954), *The Three Sundays of a Poet*, opéra madrigalesque, inspiré d'O. Vecchi (1958), *Mario Golovine* (Exposition Bruxelles, 1958), *Le Dernier Sauvage* (1963), *Tamu-Tamu* (1973), *Juana la Loca* (1979). – **DIVERS.** Deux ballets, *Apocalypse* pour orchestre, concerto pour piano, concerto pour violon, musique de chambre, pièces pour piano et pour carillon.

MENUET

Danse noble et gracieuse, à trois temps, dont l'origine serait le bransle de Poitou (selon Rameau et quelques autres ; mais on ne voit guère de ressemblance entre ces danses) ou la gaillarde. Dans la deuxième moitié du XVIIe siècle, le menuet est très en faveur à la cour et Louis XIV lui-même danse ceux que Lully compose à son intention. Au siècle suivant, perdant son caractère noble, cette danse devient gaie, dans un mouvement rapide (selon Brossard) ou modéré (selon d'Alembert).

Dans la suite* instrumentale du XVIIIe siècle, on trouve le menuet immédiatement avant la gigue finale, alternant le plus souvent avec un deuxième menuet. Celui-ci est habituellement écrit à trois voix et porte alors l'indication « trio ». Dans les menuets des sonates et des symphonies l'appellation abusive de trio désignera, quelle qu'en soit l'écriture, l'épisode central remplaçant ce deuxième menuet. Le menuet n'est pas un des mouvements fondamentaux de la suite : il s'insère entre la sarabande et la gigue comme les bourrées, les gavottes ou les passe-pieds. Seule danse de l'ancienne suite à être adoptée par la sonate* classique, avant de céder la place au scherzo beethovénien, le menuet est introduit par Stamitz et Haydn dans la symphonie et la sonate ; c'est alors le troisième et avant-dernier mouvement.

⊖➔ BACH, *Suite n° 2* (un seul menuet) ; *Suite n° 4* (deux menuets dans le même ton) ; *Partita n° 1* (deux menuets dans le même ton) ; *Suite anglaise n° 4* (menuet I en fa majeur, II en ré mineur : nouveauté, généralement adoptée ensuite) ; *Concerto brandebourgeois n° 1*, finale (menuet pompeux, dans le style du XVIIe siècle, avec trois trios alternant avec la reprise du menuet. Menuet en fa majeur, premier trio en ré mineur, deuxième trio, baptisé *polacca*, en fa majeur, troisième trio en la mineur). – MOZART, *Don Giovanni* (finale du Ier acte). – BEETHOVEN, *Huitième Symphonie.*

MERCADANTE, SAVERIO

Altamura (Bari), septembre 1795. – Naples, 17 décembre 1870.

Élève de Zingarelli, dont il fut le successeur à la direction du conservatoire de Naples. L'enseignement, les voyages (Vienne, Lisbonne, Madrid, Paris, etc.), les fonctions de maître de chapelle à la cathédrale de Novara et l'ophtalmie qui devait le rendre aveugle en 1862 ne ralentirent pas son activité créatrice.

Soixante opéras (dont *Elisa e Claudio*, *I Briganti*, *La Vestale*), de nombreuses œuvres religieuses, des fantaisies pour orchestre.

MERCURE, PIERRE

Montréal, 21 février 1927. – Lyon, 30 janvier 1966.

Bassoniste à l'orchestre de Montréal. Élève de Champagne, puis de N. Boulanger et Milhaud. Il s'est initié à la musique concrète au Studio d'essai de la RTF et au principe sériel avec Dallapiccola. En 1962-1963, il a fréquenté les Ferienkurse de Darmstadt et s'est lié avec Pousseur, Maderna, Nana, Berio.

Cantate pour une joie pour soprano, chœurs et orchestre ; *Psaume pour abri* pour récitant, bande, 2 chœurs et orchestre ; des compositions pour orchestre ; des œuvres électroacoustiques (synthèse des ressources instrumentales et de celles de l'électronique).

MERULA, TARQUINIO

Crémone, vers 1590-1595. – Crémone, 10 décembre 1665.

Organiste à la cour de Pologne (1624-1627), puis à Sant' Agata de Crémone (1628) ; maestro di cappella à Santa Maria Maggiore de Bergame (1631-1640) et au duomo de Crémone (à partir de 1652). En 1643, on le trouve à Venise. Remarquables pour l'époque, ses œuvres sont des exemples intéressants de la combinaison des voix et des instruments. Une partie de son œuvre instrumentale adopte le nouveau style de la sonate à trois avec basse continue, faisant de lui un lien important entre deux âges.

Trois livres de *Salmi e Messe concertati* à 2-12 voix, *Motteti e Sonate concertati a 2, 3, 4, 5 voci col basso per l'organo* op. 6 [1624], deux livres de *Madrigali concertati* à 4-8 voix avec b.c. op. 5 et 10 [1624-1633], quatre livres de *Canzoni* ou *Sonate* à 4 voix pour instruments et b.c.

MERULO, CLAUDIO

Correggio, avril 1533. – Parme, 4 mai 1604.

Très grand organiste (à Brescia, à Saint-Marc de Venise, à la cour du duc de Parme). Tant comme interprète (si l'on en croit le jugement des contemporains) que comme compositeur, il était le père spirituel de Frescobaldi. En 1574, *La Tragedia* du poète Frangipani fut représentée à Venise devant le roi de France Henri III, avec une musique de Merulo.

Messes (5, 8, 12 voix), motets, *Sacrae Cantiones, Sacri concentus* (4 à 16 voix), quelques musiques scéniques et surtout une œuvre d'orgue comprenant une messe, des *canzoni, ricercari, toccate* (admirables).

Messager, André

Montluçon, 30 décembre 1853. – Paris, 24 février 1929.

Chef d'orchestre. Il fut l'élève de Gigout à l'école Niedermeyer, puis de Saint-Saëns. Après avoir occupé plusieurs postes d'organiste et de maître de chapelle à Paris, il fut nommé directeur musical de l'Opéra-Comique (1898-1903 : il y créa *Louise* et *Pelléas*), directeur artistique de Covent Garden (1901-1906), codirecteur de l'Opéra (1907-1913 : il y monta le *Ring* de Wagner). La qualité musicale de ses opérettes en fait les modèles d'un genre qui s'est rarement astreint à une aussi haute tenue artistique.

Vingt opérettes dont *La Basachs*, *Véronique* et *Monsieur Beaucaire*. Cinq ballets, une féerie (*Isoline*), des mélodies.

Messe

Considérée comme une individualité musicale, la messe se compose des chants de l'« ordinaire » (Kyrie, Gloria, Credo, Sanctus, Agnus), formant un ensemble plus ou moins homogène[1]. La première messe complète présentant un certain caractère d'homogénéité musicale (ne serait-ce que par l'unité de création) est polyphonique : c'est la *Messe Nostre-Dame* de Guillaume de Machaut, qui a l'aspect d'une série de motets* à tenor liturgique. Auparavant, le plain-chant comme la polyphonie n'avaient produit que de nombreuses versions isolées des chants de l'ordinaire, réunies par les copistes selon les besoins du culte (la célèbre *Messe de Tournai* est un assemblage, par le copiste, d'éléments de provenances diverses). Aux XVe et XVIe siècles, l'unité de la messe polyphonique était assurée par l'adoption d'un cantus firmus*, liturgique ou profane, qui donnait son nom à l'ensemble : messes *L'Homme armé*, *Ave Maria Stella*, etc. (Dufay, Okeghem, Josquin, Lassus, Palestrina, etc.).

Cependant, la messe n'a jamais constitué une forme musicale autonome : assimilable à une série de motets jusqu'à Palestrina, elle adopte, à partir du XVIIIe siècle, la forme de l'oratorio ou de la cantate dont elle suit l'évolution. Certaines parties de la messe (notamment le Credo) sont parfois développées au point d'être individuellement des cantates complètes, avec la succession habituelle des airs, duos, chœurs. C'est le cas de la prodigieuse *Messe en si* de J. S. Bach dont le Gloria et le Credo

1. Le « propre » du jour utilise toujours les mélodies liturgiques traditionnelles. Seule fait exception la *missa pro defunctis* (*Requiem*) dont de nombreux compositeurs ont mis en musique les Introït, Graduel, etc.

se composent chacun de huit parties. Les grandes messes de Haydn, Mozart, Beethoven sont construites de manière analogue, sans atteindre les proportions de l'œuvre de Bach : celle-ci, comme la *Messe en ré* de Beethoven, est mieux adaptée au concert spirituel qu'à la célébration du culte. D'autres caractères tendent à éloigner la messe musicale de sa destination normale, notamment l'adoption fréquente de la forme-sonate (surtout pour le Credo) et parfois l'influence trop évidente du style d'opéra (Rossini, Verdi, Puccini).

⊖ MACHAUT, *Messe.* – OKEGHEM, *Missa Ecce Ancilla Domini.* – VICTORIA, *Messes.* – JOSQUIN, *Messe Pange Lingua.* – CHARPENTIER, *Messe de Minuit.* – VIVALDI, *Sacrum.* – BACH, *Messe en si.* – HAYDN, *Theresienmesse.* – MOZART, *Messe en ut mineur.* – BEETHOVEN, *Messe en ré.* – BERLIOZ, *Grande Messe des Morts.* – VERDI, *Requiem.* – STRAVINSKY, *Messe.*

MESSIAEN, OLIVIER

Avignon, 10 décembre 1908. – Paris, 28 avril 1992.

Organiste (église de la Trinité à Paris, depuis 1931) et pédagogue. Fils de Pierre Messiaen (professeur de lettres et traducteur de Shakespeare) et de la poétesse Cécile Sauvage, il se développe dans un climat d'intelligence esthétique et son prodigieux instinct musical se manifeste dès huit ans dans ses premiers essais de composition. À onze ans, il entre au conservatoire de Paris où il aura pour maîtres J. et N. Gallon (harmonie), Caussade (fugue), Dupré (orgue), Emmanuel (histoire), Dukas (composition) ; il y recueille cinq premiers prix. Parallèlement, il étudie le plain-chant, la rythmique hindoue, la musique en quarts de ton, le chant des oiseaux, les Livres saints, la poésie surréaliste… Sa réputation grandit vite ; on se presse à la Trinité pour entendre ses improvisations inhabituelles et, depuis les *Offrandes oubliées* données en 1931 aux concerts Straram, les milieux musicaux attendent ses œuvres nouvelles avec curiosité. En 1936, il découvre la profonde originalité de la musique de Jolivet et participe à la fondation du groupe Jeune France (voir Jolivet*, Lesur*, Baudrier*). Prisonnier pendant la guerre au Stalag VIII A à Görlitz (1940-1942), il y compose un de ses chefs-d'œuvre, le *Quatuor pour la fin du temps* (donné en première audition au camp en 1941). Aussitôt après la guerre, ses œuvres nouvelles (et surtout les *Trois Petites Liturgies de la Présence divine*) déchaînent dans la presse musicale une tempête hostile dont la violence injurieuse est probablement sans équivalent dans l'histoire de la critique. On s'attaque moins d'ailleurs à sa musique qu'à ses commentaires religieux et poétiques. Cependant, son influence sur les jeunes générations de musiciens devient considérable : depuis 1942, il est professeur d'harmonie au Conservatoire, où l'on crée pour lui en 1947 une classe d'analyse et d'esthétique musicales qui se transforme bientôt en classe de composition. Certains de ses élèves, comme Boulez, le quittent quelque temps pour se soumettre aux disciplines ascétiques enseignées par Leibowitz, grand prêtre du dodécaphonisme. Mais, en 1949, une petite étude pour piano de Messiaen (*Mode de valeurs et d'intensités*) lui rend la confiance des disciples infidèles et ouvre la voie aux jeunes musiciens d'avant-garde dont Boulez s'est fait le parrain aux concerts du Domaine musical : musique neuve qui fait éclater le cadre de la technique sérielle et s'inscrit aussi bien dans la perspective de la révolution ébauchée par Webern que dans celle des principes esthétiques et techniques de Messiaen lui-même.

Ces principes, trop complexes pour être exposés ici, Messiaen les a développés dans son ouvrage *Technique de mon langage musical* (1944). Sa première originalité a été d'avoir « élargi, amplifié certaines notions anciennes » (notions de pédale, d'accent, de cellule rythmique) et cherché « des règles universelles, des principes unificateurs » : règles qui s'appliquent à la fois à la mélodie, à l'harmonie, au rythme (valeurs ajoutées, pédales, principes de variation, de développement). De cette idée d'unification est né son dernier style (*Mode de valeurs et d'intensités, Livre d'orgue, Chronochromie*) où des règles de développement issues de la technique sérielle, ou d'autres techniques plus personnelles, s'appliquent non plus seulement à l'élément mélodique de la musique (hauteurs des sons), mais aussi au rythme (durées), aux nuances (intensités), à l'instrumentation (timbres).

La richesse mélodique, harmonique et rythmique dans la musique de Messiaen est inépuisable. Alors que ses élèves sont engagés dans un sérialisme totalitaire, il reste souverainement libre et compose d'extraordinaires concerts d'oiseaux : *Réveil des oiseaux* (1953), *Oiseaux exotiques* (1955), *Catalogue d'oiseaux* (1958). Cet empirisme naturaliste est complémentaire de sa foi religieuse. Sa musique est « théologique », précise-t-il, c'est-à-dire qu'elle est une relation à Dieu.

En 1967, Messiaen est entré à l'Institut de France. En 1977, son nom a été donné à une montagne de l'Utah. Ses chefs-d'œuvre, *Turangalîla-Symphonie, La Transfiguration, Des Canyons aux Étoiles,* figurent déjà parmi les monuments de notre civilisation. Et l'influence exercée sur ses très nombreux élèves a décidé de l'évolution de la musique dans la deuxième moitié de notre siècle.

MUSIQUE VOCALE. *Poèmes pour Mi, Chants de terre et de ciel, Harawi, Petites Liturgies de la Présence divine* (chœur de femmes et orchestre, 1944), *Cinq Rechants* pour 12 voix a cappella (1949), *La Transfiguration* (1969) pour chœurs et grand orchestre, l'opéra *Saint François d'Assise* (Paris, 1983). – **MUSIQUE SYMPHONIQUE.** *Offrandes oubliées* (1930), *L'Ascension* (1934), *Turangalîla-Symphonie*, en dix mouvements (1948), *Réveil des oiseaux* (1953) et *Oiseaux exotiques* (1956) pour piano et orchestre,

Chronochromie (1960), *Et expecto resurrectionem mortuorum* (1967). *Des Canyons aux Étoiles* avec piano solo (1974). – **Musique de chambre.** *Quatuor pour la fin du temps* pour piano, violon, clarinette, violoncelle (1941). – **Piano.** *Huit Préludes* (1929), *Visions de l'Amen* pour 2 pianos (1943), *Vingt Regards sur l'Enfant Jésus* (1944), *Mode de valeurs et d'intensités, Neumes rythmiques, île de feu* (1949-50), *Catalogue d'oiseaux* (1960). – **Orgue.** *Le Banquet céleste* (1928), *Apparition de l'Église éternelle* (1932), *L'Ascension* (1933), *La Nativité* (1935), *Les Corps glorieux* (1939), *Messe de la Pentecôte* (1950), *Le Livre d'orgue* (1951).

Mesure

Manière de diviser et de subdiviser le temps musical, en opposant à la liberté du rythme* un ordre périodique. La mesure détermine en musique la durée du temps, comme dans les arts géométriques elle détermine l'étendue de l'espace. Le plain-chant, tel qu'il fut noté, et en dépit des règles hypothétiques d'interprétation, est une musique non mesurée (*sine mensura*). Il en est de même du récitatif d'opéra, où l'absence de mesure traduit le souci d'adaptation de la musique au rythme souple du langage. Par contre, la métrique des Grecs est une espèce de mesure : chaque vers y est composé de « pieds » semblables, eux-mêmes formés de longues et de brèves. Leur musique était mesurée de façon analogue. Dans la théorie des « modes rythmiques » du XIIIe siècle qui s'inspire de la métrique grecque, le mot *modus* peut être traduit par « mesure », au sens le plus large du terme (manière de répartir les durées).
Dès le XIIIe siècle, des barres verticales furent utilisées pour indiquer des pauses, mais c'est à la fin du XVIe siècle seulement que la « barre de mesure » fut appelée à symboliser sur la portée des divisions égales du temps musical. Chaque période comprise entre deux barres est alors appelée « mesure » et vaut un certain nombre d'unités déterminées, précisé au début du morceau (après la clé et son armure) par une fraction caractéristique. Les mesures usuelles sont les suivantes :

Mesures binaires (deux ou quatre unités)

a. Subdivision binaire (l'unité vaut deux sous-unités) :
2/2 (ou ₵) 2/4, 2/8 = 2𝅗𝅥, 2♩, 2♪
4/2, 4/4, (ou C) = 4𝅗𝅥, 4♩

L'indication *alla breve* dans un mouvement à 4/4 signifie que la blanche prend désormais la valeur de la noire : on obtient un 2/2 et le temps est doublé.

b. Subdivision ternaire (l'unité vaut trois sous-unités) :
6/4, 6/8 = 2𝅗𝅥., 2♩.   12/8, 12/16 = 4♩., 4♪.   etc.

Mesures ternaires (trois unités)

a. Subdivision binaire :
3/2, 3/4, 3/8, 3/16 = 3𝅗𝅥, 3♩, 3♪, 3𝅘𝅥𝅯
b. Subdivision ternaire :
9/4, 9/8, 9/16 = 3𝅗𝅥., 3♩., 3♪.

Mesures à cinq, sept, dix, onze temps

Mesures groupées

a. Le scherzo de la *Neuvième Symphonie* de Beethoven, de tempo très rapide, porte l'indication 3/4 ; mais l'allure de la phrase musicale montre que les mesures constituent chacune un temps et se groupent naturellement par deux pour former une mesure à 6/4 que le chef bat à deux temps. Un peu plus loin la partition porte l'indication *ritmo di tre battute*, puis *ritmo di quattro battute*, ce qui signifie que les mesures apparentes doivent être groupées alors par trois puis par quatre pour former la mesure réelle à 9/4 puis à 12/4.
b. Dans la musique moderne, une indication du type : 5/8 + 3/8 signifie que la mesure apparemment à 8/8 (ou 4/4) doit être considérée rythmiquement comme la juxtaposition de deux mesures inégales.

MÉTRONOME

Appareil servant à indiquer le tempo*, auquel doit être jouée une composition musicale. Il a été inventé en 1806 par Johann Nepomuk Maelzel (1772-1838), mécanicien allemand qui avait ouvert à Vienne un atelier de construction d'instruments de musique mécaniques. Une masselote coulissant le long de la tige du balancier permet de régler la période d'oscillation, c'est-à-dire la fréquence des battements. La tige porte des graduations (de 40 à 208) qui indiquent le nombre de battements par minute du métronome. À 60, le métronome bat la seconde ; à 120 la demi-seconde.

Meyerbeer, Giacomo

Berlin, 5 septembre 1791. – Paris, 2 mai 1864.

[Jakob Liebmann Beer] Fils d'un riche banquier berlinois. Élève de Clementi et de l'abbé Vogler, il alla, sur le conseil de Salieri, compléter sa formation en Italie (1815-1824). Il eut la révélation de la musique de Rossini à la Fenice et composa plusieurs opéras italiens. De 1826 à 1842, il vit à Paris où il découvre sa voie dans le mélodrame historique. Synthèse artificielle des styles italien, allemand et français, sa nouvelle « manière » utilise les meilleures recettes pour recueillir des applaudissements ; il a le sens de l'effet dramatique spectaculaire et de l'écriture vocale flatteuse, mais il n'évite ni la grandiloquence, ni la banalité. Sur la plupart des scènes lyriques d'Europe, il vient en tête des compositeurs à succès et sa fortune lui permet de surmonter bien des obstacles et de triompher des rivaux gênants. Le premier de ces mélodrames romantiques, *Robert le Diable*, fut représenté à l'Opéra en 1831. En 1842, Meyerbeer fut nommé Generalmusikdirektor de Frédéric-Guillaume IV, à Berlin, mais il continua de venir fréquemment à Paris, où il fut élu membre de l'Institut.

Seize opéras (quatre allemands, six italiens, six français dont le meilleur est *L'Africaine*), plusieurs ballets et cantates dramatiques, des grandes œuvres religieuses, des mélodies.

Mezzo-soprano

Voix féminine, intermédiaire entre soprano et contralto.
Ambitus : $la_2 – la_4$
Tessiture : $ut_3 – ut_4$
Quelques rôles : Didon (*Dido and Æneas* de Purcell), Chérubin (*Noces de Figaro*), Despina (*Così*), Adalgisa (*Norma*), Octavian (*Chevalier à la rose*)… Rosina (*Le Barbier*) et Cendrillon sont des rôles de mezzo-soprano coloratura.
Quelques grands mezzo-sopranos : Moedl, Jurinac, Ludwig, Baker, Troyanos, Minton, von Stade, Berganza.

Miaskovsky, Nicolaï Jakovlevitch

Novo-Georgievsk, 20 avril 1881. – Moscou, 9 août 1950.

Destiné à la carrière militaire, il n'étudia d'abord la musique qu'en amateur. Puis, diplômé de l'Académie militaire et en poste à Moscou, il devint l'élève de Glière. Il donna sa démission de l'armée en 1907 et poursuivit alors ses études au conservatoire de Saint-Pétersbourg, sous la direction de Liadov. En 1921, il fut nommé professeur au conservatoire de Moscou, où il exerça par son enseignement une profonde influence sur les compositeurs soviétiques de la jeune génération (parmi ses élèves figure notamment Khatchaturian). Ses symphonies, qui révèlent une science profonde de l'orchestration, ont été longtemps considérées comme des modèles de l'art russe officiel (à l'exception des cinq premières, profondément marquées par l'influence de Tchaïkovsky).

Vingt-sept symphonies, des poèmes symphoniques, un concerto pour violon, un concerto pour violoncelle, neuf quatuors à cordes, de nombreuses œuvres pour piano (dont six sonates), des mélodies, des chœurs.

Michna z Otradovič, Adam Václav

Jindřichuv Hradec (Bohême), 1600. – Jindřichuv Hradec (Bohême), 1676.

Organiste. Il fut, avec Vejvanovsky, l'un des meilleurs compositeurs tchèques du XVIIe siècle. Dans sa musique, l'influence italienne se conjugue à celle des mélodies populaires de Bohême.

Trois recueils d'hymnes sur des poèmes tchèques de sa composition. *Sacrae et Litaniae* à 5-8 voix et instruments (contenant 5 messes et un *Requiem*), deux autres recueils (perdus) de musique religieuse pour voix et instruments, *Missa S. Venceslai* à 6 voix et instruments, *Magnificat I toni* à 16 voix et 10 instruments, *Lautna Česká* (« Le luth tchèque », 1653).

Migot, Georges

Paris, 27 février 1891. – Levallois, 5 janvier 1976.

Élève de C. M. Widor et de V. d'Indy. Grand blessé de la guerre 1914-1918, il fut contraint quelque temps à une immobilité profitable à son activité créatrice. En 1921, il reçut le prix Blumenthal pour l'ensemble de son œuvre. De 1948 à 1960, il fut conservateur du Musée des instruments anciens au conservatoire de Paris. Son œuvre comprend environ deux cents numéros, dans un style contrapuntique qui le rattache aux polyphonistes du XVe siècle.

Dix oratorios (dont *Saint-Germain d'Auxerre* pour soli et 3 chœurs a cappella), un *Requiem*, des opéras de chambre, cinq symphonies, *Sinfonia do chiesa* (pour 85 instruments à vent), des suites pour orchestre, pour piano et orchestre, pour violon et orchestre.

Mihalovici, Marcel

Bucarest, 22 octobre 1898. – Paris, 12 août 1985.

Élève de V. d'Indy à Paris, il devint, après la Première Guerre mondiale, l'un des principaux animateurs du groupe de musiciens étrangers connu sous le nom d'École de Paris. Il n'en conserva pas moins des attaches profondes avec la culture musicale roumaine et peut être considéré comme un des plus dignes successeurs d'Enesco. Il a épousé la pianiste Monique Haas.

Cinq opéras (dont *Krapp*, un chef-d'œuvre), des ballets, cinq symphonies, trois quatuors à cordes, des pièces pour piano, des mélodies, des chœurs a cappella.

Milan, Luis de

Valence, vers 1500. – Valence, vers 1562.

Vihuéliste (la *vihuela** est une sorte de guitare très répandue en Espagne au XVIe siècle qui se notait en tablature de luth). On ne sait presque rien de ce musicien. Il occupe cependant une place importante dans l'histoire musicale grâce à son *Libro de musica de vihuela de mano, intitulado El Maestro* (1536), premier recueil espagnol en tablature de luth, qui dénote une technique extrêmement brillante et variée. Les pièces vocales de ce recueil sont de véritables solos accompagnés et non des transcriptions de pièces polyphoniques comme c'était alors l'usage.

El Maestro (*villancicos* et *sonetos* chantés ; *tientos*, pavanes et fantaisies instrumentales).

Milhaud, Darius

Marseille, 4 septembre 1892. – Genève, 24 juin 1974.

Descendant d'une grande famille juive établie de longue date en Provence et dans le Comtat Venaissin, il eut une enfance heureuse dans un milieu propice à son développement moral et intellectuel. Ses dons précoces n'étaient contrariés que par une santé délicate. À sept ans, il apprend le violon et à douze ans il est membre d'un quatuor à cordes aixois. Ses parents le destinent à une carrière de violoniste et l'envoient à Paris, en 1909, avec son ami Lunel. Cependant, il rêve d'être compositeur et fréquente, au conservatoire de Paris, les classes de Leroux (harmonie), Widor (fugue), Gédalge (contrepoint). Il écrit beaucoup de musique (qu'il détruira plus tard) sous l'influence de Debussy et Moussorgsky. Il étudie aussi, en privé, avec Koechlin, auquel il doit l'essentiel de sa formation musicale. Il a vingt ans lorsqu'il rencontre Jammes et Claudel. Celui-ci, nommé ambassadeur de France à Rio, engage Milhaud comme secrétaire. Il séjourne au Brésil en cette qualité en 1917-1918 et subit profondément le charme du folklore sud-américain. L'influence tonifiante de cet art populaire sera complétée un peu plus tard par celle du jazz qu'il découvre à Paris d'abord, puis au cours d'un voyage aux USA (1923). À son retour, il se joint à quelques jeunes compositeurs (Auric, Durey, Honegger, Poulenc, G. Tailleferre) qui se voient régulièrement le samedi soir. Leur ami Cocteau leur propose de défendre la musique française contre l'intrusion d'éléments jugés contraires à l'esprit gaulois, tels que le wagnérisme et l'impressionnisme (« Vive le Coq ! À bas l'Arlequin ! », s'écriait-il). Érik Satie, promu chef d'école par Cocteau, les fascine par la simplicité ascétique de sa musique, par son non-conformisme, sa philosophie bienveillante, son regard de vieux faune attendri. Par analogie avec les Cinq Russes, ces jeunes musiciens, qu'unissent seulement l'amitié et quelques dégoûts communs, deviennent un beau jour sous la plume d'H. Collet (*Comœdia*, janvier 1920) le groupe des Six.

Comme la plupart de ses camarades (Honegger surtout), Milhaud ne soumet pas sa forte personnalité aux modèles esthétiques nés de quelques aphorismes intelligents. S'il s'amuse dans *Le Bœuf sur le toit* à illustrer certaines idées communes (avec quelle virtuosité, d'ailleurs !), il est profondément original dans les œuvres grandioses que sont *Les Choéphores* et *Les Euménides* (composées entre 1915 et 1922). Pendant les quinze années qui précèdent la guerre, réservant à la composition les séjours paisibles à Aix, il voyage énormément : Vienne (où il rencontre Schoenberg), Hollande, Italie, Espagne, Portugal, URSS, USA, etc. Il épouse en 1925 sa cousine Madeleine qui sera une admirable collaboratrice. En 1940, les progrès du nazisme le déterminent à s'expatrier, avec sa femme et son fils Daniel (qui se fera bientôt connaître comme peintre). À la douleur de quitter sa chère maison d'Aix s'ajoute celle de la mort tragique de sa mère. Plus méditerranéen que jamais, comme en témoignent les œuvres de cette époque, il s'installe à Oakland, en Californie, où il enseigne la composition à Mills College. En 1947, il est nommé professeur au conservatoire de Paris ; il partage son temps, chaque année, entre Paris et Oakland.

Son œuvre gigantesque illustre presque tous les genres, toutes les formes, toutes les combinaisons instrumentales. On lui reproche d'avoir trop écrit, d'avoir accumulé pêle-mêle le rare et banal. Mais le miracle de son génie est précisément une féconde spontanéité, une intarissable joie de créer, dénuée de toute vanité. Rien n'est plus éloigné du tempérament de Milhaud que la mégalomanie ; comme Mozart, il est à l'abri des maladies de l'intelligence et de la sensibilité. Et s'il ne peut être sublime tout le temps, il l'est du moins assez souvent pour se classer parmi les très grands compositeurs de notre temps. Les caractéristiques principales de son œuvre sont l'importance prédominante de l'écriture contrapuntique (impliquant une exploitation rationnelle de la polytonalité) et le rôle essentiel attribué à l'invention mélodique. L'ensemble de cette œuvre est à l'image d'un caractère généreux et droit qui établit entre le cœur et l'esprit un harmonieux équilibre. Il a subi l'influence de Debussy, Moussorgsky, Satie, Koechlin, Stravinsky. Il a aimé Berlioz, Bizet, Chabrier, Roussel ; guère Schumann, Wagner, Franck ; il avait horreur de l'art prétentieux, de l'art froid, mécanisé.

(Œuvre complète impossible à dénombrer exactement ; l'op. 400 était dépassé en 1963.) Seize opéras (dont trois opéras-minutes et trois opéras pour enfants) : *Les Malheurs d'Orphée* (Bruxelles, 1926), *Esther de Carpentras* (Opéra-Comique, 1938), *Christophe Colomb* (Opéra, Berlin, 1930), *Bolivar* (Opéra, Paris, 1950), *David* (Scala, 1955), etc. ; quatorze ballets dont *L'Homme et son Désir* (1918), *Le Bœuf sur le toit* (1919), *La Création du monde* (1923), *Salade* (1924) ; nombreuses musiques de scène dont une œuvre de proportions inaccoutumées : *L'Orestie* d'Eschyle, traduite par Claudel (I *Agamemnon*, II *Les Choéphores*, III *Les Euménides*) ; des psaumes, de nombreuses cantates (sacrées et profanes) et *Pacem in terris*, « symphonie chorale » sur l'Encyclique de Jean XXIII ; de nombreuses compositions pour chœurs a cappella, environ deux cents mélodies (dont *Poèmes juifs*, *Soirées de Petrograd*, *Chants populaires hébraïques*, *Prières journalières*, *Le Voyage d'été. Fontaines et Sources*) ; douze symphonies, de nombreuses suites symphoniques, *Carnaval d'Aix* pour piano et orchestre, cinq concertos pour piano, deux pour violon, deux pour alto, deux pour violoncelle, d'autres pour percussion, pour flûte, pour trombone, pour harmonica, pour harpe, pour marimba, etc. ; dix-huit quatuors à cordes, trois sonates pour violon, deux sonates pour alto, deux sonates pour piano et plusieurs suites de courtes pièces pour piano.

Minnesänger

Poètes musiciens d'Allemagne, qui ont adopté l'art des troubadours* au XIIe siècle, sous l'influence de Béatrice de Bourgogne (femme de Frédéric Barberousse) et de poètes germaniques revenus des croisades. Les *Minnesänger* ont adapté à la langue et au génie allemands les genres et les thèmes d'inspiration des troubadours. Mais ils s'en sont distingués ensuite sous l'influence du roman celtique. Le mouvement des *Minnesänger* s'est prolongé jusqu'au XIXe siècle. Cela représente une très riche moisson poétique ; mais les notations musicales sont malheureusement très rares. En dehors de Walther von der Vogelweide (vers 1170 – vers 1230), le plus grand des *Minnesänger*, les plus célèbres ont été Tannhäuser et Wolfram von Eschenbach, dont le fameux *Sängerkrieg* disputé à la Wartburg a inspiré Wagner.

Mode

Littéralement, le mode est une manière d'être et de faire (comme dans « mode de vie »), dont un des aspects essentiels en musique est le choix d'une échelle fondamentale. Dans une acception courante, ce terme désigne improprement cette seule échelle type, limitée à l'octave. Appliqué aux *armoniai* de la Grèce antique, aux *rāga* de l'Inde, aux *diêu* du Vietnam, aux *āvazat* arabes et persans, le mot MODE doit être compris dans le sens plus large. Dans la théorie musicale des Grecs, les *armoniai* représentaient les accords fondamentaux de la lyre à sept cordes et, en même temps, la manière d'utiliser ces accords en fonction de leur *ethos*, de leur caractère moral particulier. L'*armonia* est à la fois *modus* (manière d'être et de faire) et *species* (aspect de l'octave) ; substance et apparence. On se réfère couramment aux seuls aspects d'octave, définis dans le « genre diatonique », lorsqu'il est question des « modes » grecs. Au sens propre et de façon générale, les principaux éléments de définition et d'identification d'un mode sont :

– la gamme ou l'échelle modale, dans laquelle sont établies des relations hiérarchiques entre les degrés ;
– les formules mélodiques caractéristiques ;
– un certain *ethos* lié au mode, qui en règle plus ou moins strictement l'emploi ;
– parfois un style particulier d'exécution, notamment pour les ornements.

Il est donc insuffisant de définir un mode, au sens où l'entendent les Asiatiques, par une gamme, ou une échelle modale. Deux modes différents peuvent d'ailleurs utiliser la même échelle.

On ignore dans quelles conditions le plain-chant* adopta les octaves modales grecques pour en faire les « tons ecclésiastiques ». Les sources d'information sont postérieures à la refonte du vieux répertoire romain, d'origine grecque assurément, mais dont la nature nous est mal connue. Toujours est-il que les « modes » du plain-chant, tels qu'ils nous sont parvenus, sont fondés sur les mêmes échelles de huit sons que les *armoniai* grecques du genre diatonique[1], mais sont affublés de faux noms, par suite d'une confusion dans les nomenclatures. On ne connaît pas le

1. Les *armoniai* et les systèmes que nous appelons modes étaient utilisés selon trois « genres » mélodiques, caractérisés par la hauteur de plusieurs sons mobiles de l'échelle : le « diatonique » (genre parfait que nous a transmis le plain-chant) divise l'octave en cinq tons et deux demi-tons ; le « chromatique » en un ton, quatre demi-tons, deux tierces mineures ; l'« enharmonique » en un ton, quatre quarts de ton, deux tierces majeures.

responsable de cette curieuse erreur (attribuée à tort à Boèce), et les théoriciens n'ont jamais jugé utile de la corriger ! C'est ainsi que le dorien national des Grecs (octave mi-mi) est devenu le « mode de ré » (de ré à ré sur les touches blanches du piano) en conservant, comme « premier ton » ecclésiastique, une primauté que plus rien ne justifie. Les théoriciens du Moyen Âge ont adapté, très librement, le principe de la tonique et du son central (teneure ou ton de récitation). Mais ils ne se soucièrent pas de la hauteur absolue (*tonos* des Grecs, plaçant tous les systèmes dans la tessiture moyenne des voix) ; aussi, la notation carrée des mélodies du plain-chant n'eut-elle pas à s'encombrer d'altérations superflues... Chaque mode pouvant être énoncé sans altération (sur les seules touches blanches du clavier), on prit plus tard l'habitude de désigner les tons ecclésiastiques par les notes extrêmes ou *ambitus* du mode non altéré (premier ton = mode de ré ; deuxième ton = mode de la ; etc.). Il y a huit principaux modes ou tons du plain-chant : quatre d'entre eux (de rang impair) sont dits *authentes* ; les quatre autres (de rang pair : dénomination en « hypo ») sont dits *plagaux*. La tradition qui attribue les premiers à saint Ambroise et les seconds à saint Grégoire est sans fondement. Au XVIe siècle, on trouva bon d'en ajouter quatre autres que l'on affubla de nouveaux noms grecs (empruntés à la terminologie des *tonoï*). En voici la liste avec pour chacun l'indication de l'*ambitus* (pratiquement, la note d'où il faut partir pour jouer l'octave modale sur les touches blanches du piano), de la finale et de la teneure ; le point de départ des octaves diatoniques correspondant à la vraie nomenclature grecque est porté en regard à gauche, en italique[1].

GRECS			AMBITUS	FINALE	TENEURE
mi	1er ton	= dorien (h)	ré	ré	la
la	2e ton	= hypodorien	la	ré	fa
ré	3e ton	= phrygien (c)	mi	mi	si
sol	4e ton	= hypophrygien	si	mi	la
do	5e ton	= lydien (o)	fa	fa	do
fa	6e ton	= hypolydien (b)	do	fa	la
si	7e ton	= mixolydien (j)	sol	sol	ré
	8e ton	= hypomixolydien	ré	sol	do

1. Le plain-chant adoptait-il le seul genre diatonique dans lequel ces modes sont notés ou les vieux répertoires ambrosiens et grégoriens étaient-ils pratiqués dans les trois genres ? Des doctrines contradictoires sont professées.

MODES TARDIFS	AMBITUS	FINALE	TENEURE
9e ton = éolien (d) (notre mineur)	la	la	mi
10e ton = hypoéolien	mi	la	do
11e ton = ionien (notre majeur)	do	do	sol
12e ton = hypoionien	sol	do	mi

Après d'innombrables modifications (la première étant l'introduction du si ♭ toutes les fois que la quarte augmentée fa-si, ou *diabolus in musica*, était à redouter), les modes du plain-chant donnèrent naissance au majeur et au mineur de notre système tonal.

MAJEUR

MINEUR

1. « Harmonique » (mineur usuel : mode de la avec sensible) :

2. « Mélodique » (mode de ré avec sensible) :

Un inventaire des modes utilisés dans les cinq continents constituerait la matière d'une encyclopédie. La plupart ne peuvent être représentés convenablement dans notre système de notation, car ils comportent des intervalles que nous n'utilisons pas. Le lecteur que la question intéresse pourra se reporter aux travaux d'ethnomusicologues spécialisés et aux rares ouvrages des théoriciens arabes ou persans qui aient été traduits (notamment Avicenne, *Le Livre de science*, t. II). On ne trouvera donc ici que quelques exemples d'échelles modales qui se rencontrent, avec le majeur, le mineur et les anciens modes du plain-chant, dans la musique occidentale.

Gamme par ton. Ce mode, cher à Debussy, engendre l'accord de quinte augmentée :

(i)

MODE PENTAPHONIQUE (emprunté aux Chinois) :

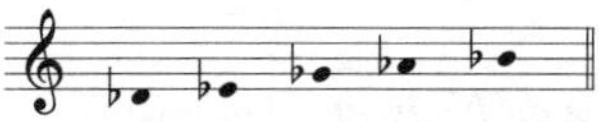
(i)

MODES TZIGANES (formes approximatives utilisées par les compositeurs) :

MODE ANDALOU fréquemment utilisé dans la musique espagnole :

(o)

MODES PARTICULIERS À CERTAINS COMPOSITEURS. Verdi, dans l'Ave Maria des *Pezzi Sacri*, utilise les sons de l'échelle :

Bartók adopte une grande variété de modes du type de :

(l) (m)

Messiaen fait un emploi systématique de sept modes « à transpositions limitées » (les transpositions successives, de demi-ton en demi-ton, conduisent à retomber très vite dans les mêmes notes, rendant impossible la série des douze transpositions auxquelles se prêtent nos modes majeur et mineur). Les meilleurs exemples en sont le mode par ton (deux fois transposable) et celui-ci (trois fois transposable) :

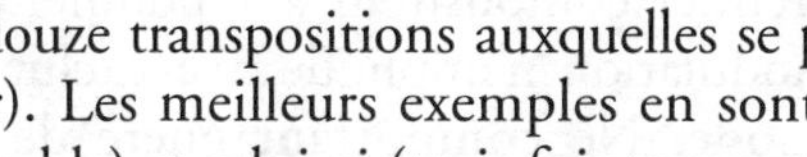
(n)

(a) BEETHOVEN, *Neuvième Symphonie* (scherzo), section centrale (le trio) : majeur contrastant avec mineur.

(b) BEETHOVEN, *Quatuor op. 132* (« Chant de reconnaissance dans le mode lydien ») : en fait, plus hypolydien que lydien.

(c) BRAHMS, *Quatrième Symphonie* (andante) : exposition du thème en mode phrygien.

(d) DVOŘÁK, *Symphonie du Nouveau Monde* (finale), premier thème (exposé par les cuivres) : mode éolien.

(e) LISZT, *Rapsodie n° 9* (finale).

(f) LISZT, *Rapsodie n° 13* (début) et *Sonate* (seconde gamme descendante).

(g) VERDI, *Pezzi Sacri* (Ave Maria).

(b) DEBUSSY : *Pelléas et Mélisande*, mesures d'ouverture : mode dorien.

(i) DEBUSSY, *Préludes* (*Voiles*) : mode par tons et, dans la partie centrale, mode pentaphonique.

(j) STRAVINSKY, *Le Sacre du Printemps*, chiffre 61, deux trompettes : mixolydien.

(k) BARTÓK, *Danse roumaine n° 3*.

(l) BARTÓK, *Concerto pour orchestre* (*Intermezzo* et *Finale*).

(m) BARTÓK, *Sonate pour deux pianos et percussion* (troisième mouvement) : le premier thème est la gamme du mode-type de Bartók.

(n) MESSIAEN, *La Nativité* (voir *Les Enfants de Dieu*) et *Les Corps glorieux* (I. *Subtilité des Corps glorieux*).

(o) FALLA, *Le Retable de Maître Pierre*, chiffre 59 : conclusion en mode de fa d'un passage d'une mystérieuse beauté. – *L'Amour sorcier* : mode andalou.

(p) JOLIVET, *Concerto de piano*, premier mouvement : premier mode tzigane cité.

MODULATION

Dans le langage usuel, on appelle modulation le passage d'une tonalité à une autre, à l'intérieur d'une composition musicale. Étymologiquement, moduler (*modulari* de saint Augustin), c'est conduire convenablement un chant, dans le mode qui convient ou, par extension, passer d'un mode dans un autre.
Dans l'acception courante du terme, qui date de la fin du XVIe siècle (Willaert fut le premier compositeur à « moduler » au sens où nous l'entendons), la modulation n'implique ni n'exclut l'éventualité d'un changement de mode. Ne comportant guère de règles limitatives strictes, ce procédé offre d'innombrables possibilités de développement (voir Forme*) : l'harmonie classique admet théoriquement toutes les modulations, à condition qu'elles soient habilement préparées ou justifiées par le caractère de la composition, pour ne pas surprendre désa-

gréablement, et que la nouvelle tonalité soit bien affirmée pour qu'aucune équivoque ne persiste.

De façon générale, il faut, pour moduler, faire entendre une note de la nouvelle tonalité qui soit étrangère à l'ancienne. Cette note sera la « note caractéristique » de la nouvelle tonalité : fa ♯ dans la modulation ut-sol, si ♭, dans la modulation ut-fa.

Modulation aux tons voisins

Des tons sont dits voisins s'ils ne diffèrent pas par plus d'une altération. Chaque tonalité a cinq tons voisins : son relatif *, sa quinte supérieure et son relatif, sa quinte inférieure et son relatif (voir tableau page 302). Le procédé n'offre ici aucune difficulté : on fera entendre la note caractéristique de la nouvelle tonalité qui est sa sous-dominante* si l'on module « vers les bémols » (*i.e.* vers une tonalité comportant un bémol de plus ou un dièse de moins) ou sa sensible* si l'on module « vers les dièses » (*i.e.* vers une tonalité comportant un dièse de plus ou un bémol de moins). Si l'on se trouve, par exemple, en la majeur (trois dièses), l'apparition d'un ré ♯ indique généralement une modulation vers mi majeur… d'un sol ♮ vers ré majeur, d'un mi ♯ vers fa ♯ mineur. En mi ♭ majeur, un ré ♭ indique une modulation en la ♭ majeur, un la ♮ une modulation en si ♭ majeur, un si ♮ une modulation en ut mineur. On peut remarquer que la sous-dominante et la sensible sont les notes tonales par excellence : elles ne peuvent appartenir ensemble qu'à une seule tonalité. L'une et l'autre sont présentes dans l'accord de septième de dominante.

Modulation aux tons éloignés

Deux tonalités sont d'autant plus éloignées qu'elles diffèrent par un plus grand nombre d'altérations : elles le sont au maximum lorsqu'elles sont dans un rapport de triton (quarte augmentée ou quinte diminuée). Parfois, la recherche d'effets dramatiques justifiera le passage brutal dans une tonalité éloignée : simple juxtaposition de tonalités. Mais, dans la plupart des cas, l'harmonie classique prescrit de recourir à des notes ou à des harmonies de transition. Voici quelques méthodes simples inspirées de ce principe pour la modulation aux tons éloignés.

1. Succession de modulations à des tons voisins. On ira, par exemple, d'ut à fa ♯ en passant par sol, ré, la, mi, si ; ou par fa, si ♭, mi ♭, la ♭, ré ♭, sol ♭ (= fa ♯ par enharmonie*). Cette méthode est facile et naturelle, mais ne permet pas les modulations rapides (c) (d).
2. Changement de mode. On ira par exemple d'ut majeur à fa ♯ majeur en passant par la mineur (relatif d'ut), la majeur (changement de mode), fa ♯ mineur (relatif de la), fa ♯ majeur (changement de mode) (f).

3. Principe des notes-pivots ou des accords-pivots (c) (d) (e). On appelle ainsi des notes ou des accords en relation avec plusieurs tonalités et que l'on fait entendre avec une certaine insistance pour créer l'équivoque dont on profite pour moduler. Parmi les accords modulants comportant une ou plusieurs notes-pivots, les plus fréquemment utilisés sont les accords de sixte placés sur les degrés 1, 2, 4 (sixte napolitaine) (c), ou 5 de la tonalité initiale et les accords ambigus (septième diminuée, quinte diminuée, quinte augmentée) (b) (voir Accords*). On peut ainsi passer d'ut à fa ♯ en utilisant la sixte napolitaine (fa-la ♭-ré ♭), accord de la dominante de sol ♭ (= fa ♯ par enharmonie) ; ou bien l'accord de septième diminuée* selon le schéma suivant :

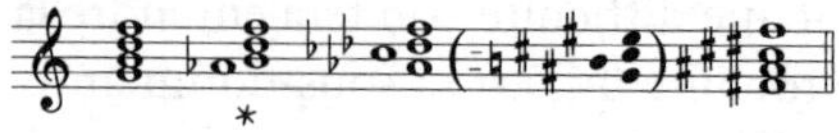

4. Sous-entendu d'un accord-pivot ou d'un changement de mode. C'est ainsi que l'on peut s'autoriser à passer directement d'ut majeur à ré ♭ (ton de la sixte napolitaine) ou à ré (omission de l'accord-pivot la-do-mi-sol) ainsi qu'à mi, mi ♭, la, la ♭ (omission du changement de mode facilitant la modulation*). L'amateur pourra sentir d'instinct la parenté qui existe entre ces tons avant d'en connaître la théorie (b) (c) (d) (g).
Il existe naturellement une infinité de modulations exceptionnelles,

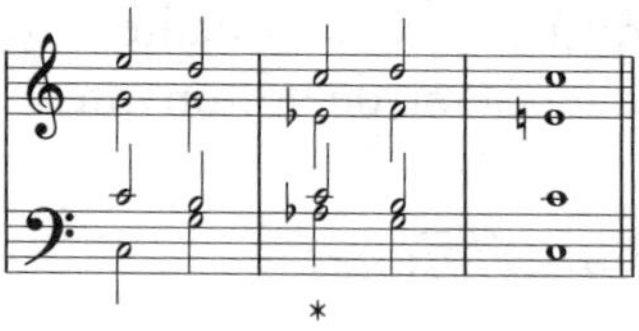

consistant soit à passer de façon inattendue à une tonalité éloignée, soit à enchaîner des accords-pivots qui déplacent sans cesse le sentiment tonal, la « résolution attendue » (ex. : succession de septièmes de dominante chez Haydn, Mozart et parfois Bach) (a) (c). La notion de modulation, liée à celle de tonalité, est naturellement étrangère aux systèmes impliquant l'atonalité*.

⊖› (a) BACH, *Le Clavecin bien tempéré* I (Prélude I), série d'accords-pivots, semblant préparer une modulation, qui ne se produit pas (on se rendra mieux compte de ces enchaînements en jouant simultanément toutes les notes de chaque mesure).

(b) MOZART, *Don Giovanni.* Récit de Donna Anna lorsqu'elle découvre le cadavre de son père (nº 2, mesures 17-25) : à partir de *Quel sangue… quella piaga*, modulation rapide à fa ♯ majeur par ré majeur et mi majeur (omission de tons voisins intermédiaires). Finale acte I (mesures 468 et suivantes) :

l'accord de dominante de mi ♭ sur *ajuto*! introduit mi ♭; l'accord de septième diminuée (la do mi ♭ sol ♭) sur *scelerato* introduit si ♭ mineur; l'accord de septième diminuée (si ré fa la ♭) sur le second *scelerato* introduit ut mineur, puis majeur. (Il est inutile d'insister sur la prodigieuse intensité dramatique de ces modulations : ce sont des sommets de la musique.)

(c) BEETHOVEN, *Sonate op. 106* (adagio sostenuto). Mesures 13-14 : modulation directe de fa ♯ mineur à sol majeur (ton de la sixte napolitaine) par un enchaînement de trois accords : do ♯ majeur – do majeur avec septième diminuée – sol majeur; mesures 76-85 : modulation de mi ♭ majeur à fa ♯ mineur par une succession d'accords-pivots faisant attendre la modulation : mi ♭ majeur – la ♭ majeur (= sol ♯) – do ♯ mineur – fa ♯ mineur.

(d) SCHUBERT, *Symphonie en ut* (troisième mouvement). Mesures 239-247 : note-pivot (mi) répétée avec insistance pour moduler d'ut majeur à la majeur.

(e) CHOPIN, *Prélude n° 15* : la prétendue « goutte d'eau » (la ♭-sol ♯) est une note-pivot particulièrement insistante qui favorise de brèves modulations autour de ré ♭ majeur et do ♯ mineur.

(f) VERDI, *Requiem* (*Dies Irae*), modulation directe de mi mineur à sol mineur entre « Confutatis » et reprise de « Dies Irae » (omission de l'intermédiaire normal, sol majeur).

(g) VERDI, *Aïda* (célèbre marche de l'acte II), modulation par enharmonie de la ♭ (= sol ♯) à si majeur pour faire déboucher un nouveau groupe de figurants.

(h) RAVEL, *Boléro*. L'œuvre n'a pas bougé de la tonalité obsédante d'ut majeur, lorsque intervient à la fin une brusque modulation à mi majeur.

MOESCHINGER, ALBERT

Bâle, 10 janvier 1897. – Thun, 25 septembre 1985.

Élève du conservatoire de Berne où il enseigna lui-même jusqu'en 1943. Il est l'une des personnalités les plus originales de l'école alémanique.

Très nombreuses œuvres chorales, trois symphonies, trois concertos pour piano, un concerto pour violon, six quatuors à cordes, des pièces pour piano, pour orgue.

MOMPOU, FEDERICO

Barcelone, 16 avril 1893. – Barcelone, 30 juin 1987.

Autodidacte, il s'est créé un style très personnel qu'il qualifie lui-même de *primitivista* : abandon des barres de mesure et des armures de clés, harmonie claire et subtile, affranchie des résolutions et cadences, poésie discrète et naïve de l'inspiration mélodique. Il est l'un des plus purs poètes du piano depuis Chopin et Debussy. C'est à Paris que ce Catalan médiéval et debussyste conquit sa réputation, comme interprète de ses propres œuvres, dans les années 20.

L'Ocell daurat (cantate scénique enfantine) ; des chœurs pour le temps de l'Avent ; nombreuses mélodies sur des poèmes catalans, espagnols et français (Valéry) ; des pièces pour guitare, pour orgue et surtout pour piano.

MONDONVILLE, JOSEPH CASSANÉA DE

Narbonne, décembre 1711. – Paris, 8 octobre 1772.

Violoniste. Après de brillants succès de virtuose, notamment à Paris et à Lille, il fut nommé en 1744 surintendant de la chapelle du roi. Protégé de Mme de Pompadour, il fut, lors de la Querelle des bouffons, le champion du « coin du roi », c'est-à-dire de l'école française. De 1755 à 1762, il occupa le poste de directeur du Concert spirituel.

Une dizaine d'opéras (dont *Daphnis et Alcimadure* où sont utilisés la langue d'oc et le folklore provençal), des oratorios, motets, sonates en trio, sonates pour violon et clavecin, des pièces pour clavecin.

MONIUSZKO, STANISLAW

Ubiel (Minsk), 5 mai 1819. – Varsovie, 4 juin 1872.

Élève de la Singakademie de Berlin, il eut l'occasion d'entendre de nombreux opéras classiques dirigés par Spontini. Très jeune, sa vocation était d'écrire pour le théâtre : il réussit à créer un style national parfaitement original qui a fait de lui le grand maître de l'opéra polonais. Cependant, son véritable génie s'affirme plutôt dans sa musique religieuse et surtout dans ses admirables mélodies qui, sans emprunts au folklore, expriment la quintessence de l'âme polonaise. Il a été chef d'orchestre à l'opéra de Varsovie (1858-1872) et professeur au Conservatoire.

Environ vingt opéras (dont *Halka, Hrabina, Straszny dwor*), six messes, un *Requiem*, quatre *Litanie ostrobramskie*, des cantates, deux cent soixante-dix mélodies.

MONOCORDE

Instrument dont le nom indique suffisamment qu'il ne devrait avoir qu'une seule corde. Pourtant Jean de Muris, en 1323, se flatte de posséder un « monocorde » de dix-neuf cordes ! Le monocorde ou manicordion est souvent mentionné au Moyen Âge. À l'origine, c'est un instrument scientifique destiné à l'évaluation des intervalles : un chevalet mobile, se déplaçant le long d'une échelle graduée, permet de mesurer la longueur de corde correspondant, pour une même tension, aux sons que l'on veut comparer. À partir du XIe ou XIIe siècle, le monocorde apparaît dans l'iconographie comme instrument de musique. Au XIIe siècle, il est tendu de plusieurs cordes, sans changer de dénomination. On le jouait normalement avec un plectre. Mais, dès le XIIe siècle, une variante à archet (et à une seule corde), le *Trumscheit*, était joué en sons harmoniques comme le sera la « trompette marine » à partir du siècle suivant.

MONODIE

Monodie s'oppose à polyphonie* pour désigner le chant à une voix seule, avec ou sans accompagnement, tel qu'il fut pratiqué depuis l'Antiquité (plain-chant ; troubadours, trouvères et Minnesänger ; chanson populaire[1]).

Mais on qualifie aussi de « monodique » un style de composition, vocale ou instrumentale, apparu dans la seconde moitié du XVIe siècle par réaction contre la polyphonie : une partie principale, caractérisée par la continuité de la ligne mélodique, y constitue l'essentiel de l'œuvre, les autres parties tendant de plus en plus à prendre la fonction d'accompagnement. Cette tendance nouvelle encouragea les amateurs, en nombre sans cesse croissant, à interpréter des madrigaux et des motets pour une voix seule, les autres étant jouées sur un instrument (luth, notamment). En même temps, les humanistes prêchaient le retour à l'antique et certains musiciens, parmi lesquels Galilei, père du célèbre astronome, plaçaient très haut la musique des Grecs qu'ils ne connaissaient guère qu'à travers les théoriciens, mais dont ils savaient qu'elle était monodique (Galilei avait donné la transcription de trois hymnes citharodiques, attribués aujourd'hui à Mésomède, musicien du IIe siècle de notre ère). De leur côté, les mathématiciens estimaient que la musique pouvait se réduire à une voix supérieure et une basse, le reste découlant de la connaissance de l'« harmonie naturelle » : c'est le principe de la formule d'accompagnement connue sous le nom de basse* continue. Tout portait à condamner le style d'imitation, et même le concile de Trente s'était élevé contre la trop grande complexité des chants d'église.

La souveraineté de la monodie s'est imposée à l'apparition du *stile rappresentativo*, né dans les cénacles florentins et romains, qui engendrera l'opéra, l'oratorio, la cantate. Mais déjà dans toute l'Europe les courtes

1. Les pièces pour une voix et instrument, très en faveur au XIVe siècle, étaient de structure nettement polyphonique, c'est-à-dire contrapuntique.

pièces à une voix, issues du madrigal ou héritées de la monodie médiévale, se multipliaient dans les premiers recueils imprimés. Le grand style d'imitation polyphonique brillera encore d'un éclat exceptionnel dans les œuvres de J. S. Bach. Pressenti au XIVe siècle, l'âge monodique, commencé avec la Renaissance, se poursuit jusqu'au début du XXe siècle, où s'annonce un renouveau de l'esprit contrapuntique.

MONSIGNY, PIERRE-ALEXANDRE

Fauquembergue (Saint-Omer), 17 octobre 1729. – Paris, 14 janvier 1817.

Après ses études classiques, au cours desquelles il avait appris le violon en amateur, il trouva un emploi à la Chambre des comptes du clergé. Il devint ensuite intendant de la maison du duc d'Orléans, puis inspecteur général des canaux. Ce n'est qu'en 1754, après une représentation de *La Serva Padrona* de Pergolesi, qu'il décida de se consacrer à la composition, tout en conservant ses fonctions administratives.

Il compléta sa formation musicale avec un contrebassiste de l'Opéra et, en 1759, fit représenter son premier opéra-comique, *Les Aveux indiscrets*, à la Foire Saint-Germain, avec un grand succès. Mais l'accueil exceptionnellement enthousiaste qui fut réservé en 1777 à son quinzième ouvrage, *Félix*, lui inspira la prudence de renoncer pour toujours à la composition. Il avait acquis une grosse fortune, mais la Révolution le priva de presque toutes ses ressources et il aurait été réduit à la misère si l'Opéra-Comique ne lui avait fait une pension à partir de 1798. En 1813, il succéda à Grétry à l'Institut. L'un des créateurs de l'opéra-comique* français, il mérite notre attentive sympathie pour sa sensibilité dramatique et la qualité de sa veine mélodique (qui font le prix de son chef-d'œuvre, *Le Déserteur*) ; mais un certain manque d'aisance, une harmonie maladroite, une instrumentation pauvre trahissent trop souvent l'insuffisance de son « métier ».

Dix-sept opéras-comiques (dont deux non représentés).

MONTE, PHILIPPE DE

Région de Malines, 1521. – Prague, 4 juillet 1603.

Après un long séjour à Naples (vers 1540-1554), où il était au service de la famille Pinelli et où sans doute il était membre d'un chœur (il avait une belle voix de basse), il accompagna Philippe II en Angleterre, comme membre de la chapelle royale de Madrid. Il s'y lia d'amitié avec

W. Byrd et, plus tard, les deux musiciens échangèrent des manuscrits de leurs œuvres. Il mena ensuite pendant quelques années une vie itinérante en Italie. De 1568 à sa mort, il fut Kapellmeister de la cour impériale, à Vienne, puis à Prague. Ce très grand musicien, exceptionnellement fertile, est digne d'être comparé à Palestrina pour sa musique religieuse, ou à Lassus (dont il se distingue par un style plus italien) pour ses madrigaux. La publication complète de ses œuvres, entreprise en 1924 par J. Van Nuffel, lui donnera peut-être, un jour, la réputation qu'il mérite.

Quarante-huit messes (dont vingt-quatre ont survécu), plus de trois cents motets (*Sacrae Cantiones*, etc.), environ mille deux cents madrigaux, villanelles et chansons françaises (dont les *Sonnets de Ronsard*).

MONTÉCLAIR, MICHEL PIGNOLET DE

Andelot (Haute-Marne), décembre 1667.
Saint-Denis, 27 septembre 1737.

Élève de Moreau à la maîtrise de la cathédrale de Langres, il chanta dans diverses autres églises, puis il entra comme maître de musique au service du prince de Vaudémont qu'il accompagna en Italie. En 1700, il s'établit à Paris, où il fut le premier contrebassiste de l'Opéra. Il y fit représenter deux opéras, *Les Festes de l'été* et *Jephté* qui provoqua les foudres de l'archevêque de Paris.

Deux opéras, des motets, des cantates françaises, des pièces en trio, *Concerts* pour flûte et basse continue, ainsi que des ouvrages didactiques (dont les *Principes de musique*).

MONTEVERDI, CLAUDIO

Crémone, bapt. 15 mai 1567. – Venise, 29 novembre 1643.

Il appartenait à une famille aisée de cinq enfants. Son père, Baldassare Monteverdi, était un médecin réputé. L'un de ses frères, Giulio Cesare (1573- ?), compositeur de talent, devint son assistant à la cour de Mantoue et contribua activement à la diffusion de son œuvre. Claudio fut l'élève d'un des plus remarquables maîtres du temps, M. A. Ingegneri, *musicae perfectus* de la cathédrale de Crémone depuis 1576 : il s'initia ainsi à la grande tradition polyphonique de la Renaissance italienne. À quinze ans, il publia ses premières œuvres (*Sacrae Cantiunculae tribus vocibus*), suivies des *Madrigali spirituali* [1583] et des *Canzonette* à trois voix [1594]. Il n'avait pas encore vingt ans (1587) lorsque parut son premier Livre de Madrigaux à cinq voix. Ce recueil témoigne d'une maîtrise extraordinaire : Monteverdi n'avait plus rien à apprendre dans le domaine de la polyphonie traditionnelle. En 1590, il est engagé par le duc de Mantoue, Vincenzo Gonzaga, comme joueur de viole et chanteur ; il sera nommé maestro di cappella en 1602, après la mort de Pallavicino. Il passera plus de vingt années à la cour de Mantoue, où il épouse en 1595 la chanteuse Claudia Cattaneo, qui meurt en 1607, en lui laissant deux fils. Il accompagne le duc dans plusieurs de ses déplacements, notamment dans sa campagne contre les Turcs en Hongrie (1595-1596) – il y entend probablement de la musique turque et magyare, dont le musicologue hongrois Szabolcsi signale des réminiscences dans les *Scherzi Musicali* et le huitième Livre de Madrigaux –, ainsi que dans son voyage en Flandres (1599). En 1600, le duc assiste à la représentation de l'*Euridice* de Peri, à l'occasion des fêtes que donne le grand-duc de Toscane pour célébrer le mariage de sa fille Marie avec le roi de France Henri IV. S'il n'est pas prouvé que Monteverdi y ait été convié, le duc Vincenzo n'a pu manquer, de toute façon, d'en faire un compte rendu à son musicien. Quelques années plus tard, soucieux d'être à l'avant-garde du progrès artistique, Vincenzo et ses fils commandent à Monteverdi un spectacle en musique, dans la nouvelle manière inaugurée à Florence par Peri : il en résulte un chef-d'œuvre, *La Favola d'Orfeo*, premier « opéra » digne de ce nom, représenté à l'Academia degli Invaghiti le 22 février 1607. L'année suivante, au cours des fêtes somptueuses données à l'occasion du mariage de Francesco Gonzaga, Monteverdi fait jouer deux nouveaux opéras, *Arianna* (malheureusement perdu, à l'exception du célèbre *Lamento*) et *Il Ballo delle Ingrate*.

Entre-temps, la publication des quatrième et cinquième Livres de Madrigaux [1603-1605] et des *Scherzi Musicali* [1607] avait fait de lui le plus grand compositeur « moderne » de son temps et sa réputation s'étendait considérablement. Quelques années avant la publication de ces recueils qui marquent le sommet de l'art madrigalesque, le chanoine bolonais G. M. Artusi, qui avait eu connaissance de quelques-uns de ces madrigaux par des copies manuscrites, attaqua violemment la musique de Monteverdi dans un pamphlet intitulé : *L'Artusi, ovvero delle imperfettioni della musica moderna* (1600), suivi de trois autres essais du même genre. Cet intransigeant conservateur, disciple de Zarlino, passe au crible de la censure académique neuf madrigaux et *scherzi* (dont l'admirable *Cruda Amarilli* du cinquième Livre) pour en souligner les irrégularités. « Les sens sont devenus fous », écrit-il. « Les nouvelles règles... rendent la musique moderne désagréable à l'oreille. » Monteverdi publie l'essentiel de ses arguments en faveur de cette même musique moderne dans la préface de son cinquième Livre de Madrigaux, arguments développés par son frère Giulio Cesare dans une *Dichiarazione* publiée en annexe aux *Scherzi Musicali*. Ces deux textes, fort intéressants, soulignent l'antithèse de la *prima prattica* (le vieux style polyphonique) et de la *seconda prattica* (le nouveau style révolutionnaire où le texte poétique « commande à l'harmonie »). À la mort de Vincenzo Gonzaga, en 1612, son successeur Francesco se sépare brusquement de Monteverdi, qui n'était guère satisfait lui-même de ses conditions de travail. Il retourne à Crémone, célèbre et pauvre. Mais, l'année suivante, il est élu maestro di cappella à Saint-Marc de Venise et maître de musique de la Sérénissime République. Il y passera les trente dernières années de sa vie, ne s'absentant que rarement pour de brefs séjours à Mantoue et Crémone, organisant magistralement la liturgie musicale de Saint-Marc, pour laquelle il a composé la plus grande partie de sa musique religieuse. De nombreux malheurs s'abattent sur lui et sa famille pendant cette période : guerre pour la succession du duché de Mantoue (plusieurs de ses manuscrits disparaissent pendant le sac de la ville en 1630), épidémie de peste (il perd son fils Francesco), arrestation de son fils Massimiliano, médecin et astrologue, par l'Inquisition… En 1632, il entre dans les ordres. Il était resté une dizaine d'années sans écrire pour le théâtre lorsqu'en 1637 l'ouverture du premier théâtre d'opéra vénitien (San Cassiano) stimule de nouveau son génie dramatique. À ce théâtre, et au SS. Giovanni e Paulo qui ouvre peu après, Monteverdi donne quatre nouveaux opéras. Deux de ces ouvrages, qui inaugurent l'ère du bel canto, ont survécu : *Il Ritorno d'Ulisse in patria* et ce grand chef-d'œuvre qu'est *L'Incoronazione di Poppea.* Monteverdi est mort peu après un dernier voyage à Crémone. On lui fit des obsèques somptueuses, simultanément à San Marco et à Santa Maria dei Frari où il est inhumé. Parmi ses élèves, le plus célèbre est Francesco Cavalli ; mais la plupart des musiciens qui vivaient à Venise au début du XVIIe siècle ont subi son influence, notamment Schütz (qui rencontra certainement Monteverdi en 1628).

On peut distinguer plusieurs styles dans l'œuvre de Monteverdi, en employant sa propre terminologie :

– *Prima prattica* (les quatre premiers Livres de Madrigaux et les deux messes) : exploitation de toutes les possibilités du style polyphonique traditionnel.

– *Seconda prattica* (Madrigaux, Livres V et VI, *Orfeo*, *Vêpres*) : principe révolutionnaire de la subordination de la musique au texte poétique, qui crée une rupture avec les règles complexes de la polyphonie traditionnelle et nécessite la création d'un style mélodique nouveau ; usage de la basse continue dans les madrigaux ; somptuosité de l'instrumentation dans les œuvres pour le théâtre ou pour l'église.

– *Stile concitato* (Madrigaux, Livres VII et VIII, derniers opéras) : annoncé dans la préface du Livre VIII, ce style consacre le triomphe de la monodie* accompagnée ; l'instrumentation est à la fois sobre et plus subtile ; la mélodie, plus souple, « imite » plus parfaitement les sentiments.

Dès l'*Orfeo*, qui dépasse de loin tout ce qui avait été tenté auparavant dans le même genre, Monteverdi s'impose comme le vrai créateur de l'opéra, le seul capable d'exploiter les essais de la « camerata » florentine (voir Opéra*), en y ajoutant la richesse instrumentale des *intermedii* de la Renaissance, l'importance dramatique des chœurs, la nouveauté de l'*aria da capo* (air d'Orphée *Vi ricordo boschi oscuri*, par exemple). Trente-cinq ans plus tard, *L'Incoronazione di Poppea*, où s'annonce le bel canto, peut être considéré comme le premier grand drame lyrique de l'histoire musicale. *Orfeo* conserve des attaches avec le XVIe siècle ; *Poppea* appartient complètement à l'avenir. Les styles nouveaux transforment le madrigal, à partir du sixième Livre, en cantate dramatique ou même en petit opéra (*Tirsi e Clori* du septième Livre et *Il Combattimento...* du huitième). La musique religieuse est dans l'ensemble plus traditionnelle, exception faite du chef-d'œuvre révolutionnaire que constituent les *Vêpres* (*Vespro della Beata Vergine*)... Héritier des grands madrigalistes, visionnaire de l'art nouveau, Monteverdi est l'un des grands réformateurs de la musique. Avec lui commence l'histoire de la musique moderne.

OPÉRAS. Dix-huit au total dont douze ont disparu en 1630 pendant le sac de Mantoue (parmi lesquels *Arianna*, l'opéra bouffe *La Finta pazza Licori* et *Armida*, dont l'importance ressort de la correspondance de Monteverdi). Les six œuvres existantes sont : *La Favola d'Orfeo* (Mantoue, 1607), *Il Ballo delle ingrate* (Mantoue, 1608), *Tirsi e Clori* (Madrigaux, VIIe Livre) (Mantoue, 1616), *Il Combattimento di Tancredi e Clorinda* (Madrigaux, VIIIe Livre) (Venise, 1624), *Il Ritorno d'Ulisse in Patria* (Venise, 1641), *L'Incoronazione di Poppea* (Venise, 1642). **MUSIQUE RELIGIEUSE.** *Sacrae Cantiunculae* à 3 voix, *Madrigali Spirituali* à 4 voix, *Vespro della Beata Vergine da concerto...* (1 à 8 voix : suite de motets avec instruments), deux messes a cappella (4 voix et 6 voix), *Selva morale* (1 à 8 voix avec instruments). **MADRIGAUX.** Un livre de *canzonette* (à 3 voix), deux livres de *scherzi musicali* (à 3 voix et instruments – à 1 et 2 voix avec basse continue), neuf Livres de Madrigaux proprement dits (Livres I à IV, à 5 voix a cappella ; Livres V et VI, à 5 voix, avec basse continue ; Livre VII, à 1, 2, 3, 4, 6 voix et basse continue, avec parfois instruments obligés ; Livre VIII, *Madrigali guerrieri ed amorosi in genere rappresentativo*, 1 à 8 voix, avec basse continue ou instruments ; Livre IX posthume, à 2 et 3 voix, avec basse continue).

MORALES, CRISTÓBAL DE

Séville, vers 1500. – Malaga (ou Marchena), 1553.

Il reçut une éducation très complète (ses préfaces dénotent une excellente connaissance du latin) et fut probablement élève d'Escobar, comme enfant de chœur à la cathédrale de Séville. De 1526 à 1530, il est maître de chapelle à la cathédrale d'Avila. Grâce à l'intérêt que lui témoigne le pape Paul III, il est admis comme chanteur, en 1535, dans la chapelle pontificale à Rome ; situation favorable à la diffusion de sa musique,

qu'il peut faire entendre aux grands de ce monde, tant à Rome qu'à l'occasion des déplacements du chœur. C'est ainsi qu'à Nice, pour célébrer la trêve conclue (sur les instances de Paul III) entre François Ier et Charles Quint (1538), Morales fait exécuter par les chanteurs qui accompagnent le pape un grand motet, *Jubilate Deo.* À Rome, le chœur pontifical se produit le plus souvent à la Chapelle Pauline, mais aussi dans diverses églises de la ville et à la chapelle Sixtine, où Michel-Ange travaille alors à ses célèbres fresques. En 1545, Morales quitte Rome définitivement, après y avoir fait publier, ainsi qu'à Venise, la plus grande partie de ses œuvres. Il est nommé maître de chapelle de la cathédrale de Tolède, mais, malade et endetté, il donne sa démission deux ans plus tard. Il accepte un poste analogue, en 1551, à la cathédrale de Malaga ; ne réussissant pas cependant à s'acclimater aux conditions de travail en Espagne et se trouvant, à Malaga, plus malheureux encore qu'à Tolède, il sollicite de reprendre dans cette ville ses anciennes fonctions à la cathédrale ; mais il meurt avant d'avoir pu obtenir satisfaction.
Célèbre dans toute l'Europe, et même au-delà (sa musique fut jouée à Mexico, en 1559, au service commémoratif de Charles Quint), il fut le plus grand des musiciens espagnols qui précédèrent Victoria. Il sut concilier dans son œuvre le goût de la complexité polyphonique (écriture en canon ou en fugue de plusieurs de ses messes) et les nécessités de l'expression et de l'intelligibilité.

Vingt-cinq messes à 4, 5, 6 voix (ses chefs-d'œuvre, plus encore que les célèbres motets), plusieurs *Magnificat*, cent motets ou hymnes (3 à 8 voix), des cantates de circonstance, quelques madrigaux.

Moreau, Jean-Baptiste

Angers, 1656. – Paris, 24 août 1733.

Élève à la maîtrise de la cathédrale d'Angers, il fut quelque temps maître de chapelle aux cathédrales de Langres et de Dijon avant de venir à Paris où il s'attira les bonnes grâces de la dauphine. Grâce à la protection de celle-ci, il obtint du roi la commande de plusieurs divertissements et fut choisi pour composer les chœurs et les intermèdes d'*Esther* et d'*Athalie* de Racine. Il devint ainsi le musicien officiel de l'institution de jeunes filles de Saint-Cyr. Professeur de chant réputé, il eut parmi ses élèves Montéclair, Dandrieu, Clérambault, ainsi que deux célèbres chanteuses, sa propre fille Marie-Claude et Marguerite-Louise Couperin.

Musique pour plusieurs tragédies de Saint-Cyr (dont *Esther* et *Athalie*), pastorales pour la cour, *Te Deum*, *Requiem*, cantiques, motets, chansons libertines.

Morin, Jean-Baptiste

Orléans, 1677. – Paris, 1745.

Musicien du duc d'Orléans et maître de chapelle de l'abbesse de Chelles. Il fut le premier compositeur de cantates françaises (1706). Dans plusieurs compositions isolées, il eut en outre l'idée d'agrandir cette forme pour en faire « le pendant profane du motet à grand chœur ».

Trois livres de cantates françaises (1 à 3 voix), quelques cantates de grande dimension (dont la célèbre *Chasse du cerf*), deux livres de motets, un livre d'*Airs à boire à 2 voix.*

Morley, Thomas

Norwich, 1557. – Londres, octobre 1602.

Organiste et théoricien. Son maître, W. Byrd, lui enseigna non seulement la théorie et la pratique de la musique, mais aussi les mathématiques. Il était organiste de Saint-Paul vers 1591, époque à laquelle il semble avoir joué le rôle d'agent politique pour le compte des catholiques. Il est nommé gentilhomme de la chapelle royale en 1592 et reçoit, en 1598, un privilège de vingt et un ans pour l'édition musicale. Dans le peu qui nous soit parvenu de musique originale pour les pièces de Shakespeare, figurent deux chansons de Morley. On en induit hâtivement qu'il était en relation avec le grand poète.
L'un des plus admirables compositeurs de l'époque élisabéthaine, Morley est incontestablement le maître des formes vocales légères, *canzonets* et *balletts*, où la vivacité et la profusion de son génie mélodique font merveille. Dans ses *balletts*, imités de Gastoldi, il introduit, pour la première fois en Angleterre, le genre du *balletto* italien. L'influence des Italiens (dont il publia un certain nombre de madrigaux) est d'ailleurs sensible dans toutes ses œuvres vocales profanes. En 1601, il publia *The Triumphes of Oriana*, recueil collectif de madrigaux en hommage à la reine Élisabeth, imité d'un recueil italien légèrement antérieur, *Il Trionfo di Diori.*

Cinq *anthems*, quatre *services*, un service funèbre (*Burial Anthem*), huit motets latins, soixante *canzonets* (2 à 6 voix), vingt *balletts* à 5 voix, vingt-quatre madrigaux à 4 voix, quatorze *ayres* (ou chansons au luth), des fantaisies pour 2 violes, des pièces pour virginal (dans divers recueils collectifs), et un remarquable traité, présenté sous forme de dialogue entre maître et élève, *Plaine and Easie Introduction to practicall musicke* [1597].

Mortari, Virgilio

Passirana di Lainate (Milan), 6 décembre 1902.
Rome, 6 septembre 1993.

Élève de Bossi et Pizzetti à Milan. Il a été successivement professeur aux conservatoires de Venise et de Rome, et directeur du théâtre de la Fenice à Venise de 1955 à 1959.

Quatre opéras, *Trittico* pour soli, chœurs et orchestre, un *Stabat Mater*, un concerto pour piano, un concerto pour quatuor à cordes et orchestre, de ravissantes mélodies.

Moscheles, Ignaz

Prague, 30 mai 1794. – Leipzig, 10 mars 1870.

Pianiste et chef d'orchestre. Sa prodigieuse carrière de virtuose, comparable à celle de Liszt, débuta à l'âge de quatorze ans. En 1843, Mendelssohn l'appela comme professeur au conservatoire qu'il venait de fonder à Leipzig.

Très nombreuses compositions pour piano, dont sept concertos, des sonates, des études.

Mossolov, Alexandre Vassilievitch

Kiev, 10 août 1900. – Moscou, 11 juillet 1973.

Pianiste. Élève de Glière (composition) et de Prokofiev (piano). Jusqu'en 1935, environ, sa musique est marquée par l'influence de Prokofiev et d'Hindemith et par l'enthousiasme pour les idées constructivistes en art ; de ces idées est née *Fonderie d'acier*, une « musique de machines » qui a fait la réputation de Mossolov. Depuis, son art est devenu plus national, en s'inspirant du folklore. En 1927, il a été nommé secrétaire de la section russe de la SIMC.

Quatre opéras, des cantates patriotiques, cinq symphonies, des poèmes symphoniques (dont *Fonderie d'acier* et *L'Ukraine*), des concertos (pour violon, pour violoncelle, pour harpe, et deux pour piano), cinq sonates pour piano, des mélodies.

MOTET

C'est au début du XIIIe siècle qu'apparut le terme « motet », latinisé en *motetus*, pour désigner, dans la polyphonie, la voix « organale » (ou de « déchant ») lorsqu'elle comportait un texte. D'abord vocalisée pour servir d'ornement au thème liturgique de la partie principale (tenor ou teneur), cette voix était bientôt pourvue d'un poème (selon le principe des tropes*) on prit l'habitude de chanter la mélodie avec les mots, en dépit de leur destination purement mnémotechnique, d'où la dénomination de *motetus*. Presque simultanément, la composition elle-même prit le titre de motetus. Au XIIIe siècle, époque de l'École de Notre-Dame et du motet classique, les voix, au nombre de deux, trois ou quatre, portent du grave à l'aigu les noms suivants « tenor », *duplum* (ou *motetus*), *triplum*, *quadruplum*. Le tenor, vraisemblablement instrumental dans la plupart des cas, est un fragment de thème liturgique sans texte cantus* firmus immuable, il est le fondement de l'édifice. Les autres parties, au contraire, sont composées sur des textes originaux plus souvent profanes que sacrés. Supplantant peu à peu le conduit*, le motet parvient au XIVe siècle à son maximum de complexité (nombreux « doubles » et « triples » motets, où des mélodies sur deux ou trois textes différents se superposent). Souvent, une partie de « contratenor » est ajoutée située dans la même tessiture que le tenor et se croisant fréquemment avec lui, elle complète la polyphonie dans un esprit qui révèle déjà chez les musiciens de l'Ars Nova un réel sens harmonique. Le contratenor donne naissance, au XVe siècle, à la partie de basse, dépossédant le tenor de sa position fondamentale (voir Haute-contre).

Le motet du XIVe siècle est souvent qualifié d'« isorythmique » depuis Philippe de Vitry. Il s'agit d'un intéressant principe unificateur fondé sur la répétition invariable dans une même voix (primitivement dans la seule partie de tenor), d'une succession de valeurs rythmiques appelée *talea*, quelles que soient les phrases mélodiques successives. Libérée des « modes rythmiques » médiévaux, la *talea* est une structure inventée librement. Chez Machaut, l'isorythmie peut être étendue à d'autre voix que le tenor et à d'autres genres que le motet. Il peut même se produire une remarquable polyrythmie entre des *taleae* différentes.

Seule forme héritée de l'École de Notre-Dame, le motet se sépare alors définitivement de ses origines, en renonçant de plus en plus aux textes multiples[1] et en devenant l'un des terrains de prédilection du style

1. Lorsque les musiciens du XVe siècle en font usage, à titre exceptionnel, c'est de façon moins systématique et dans un but symbolique. Ex. déploration de Josquin sur la mort d'Okeghem *(Nymphes des bois... Requiem æternam).*

d'imitation*. Dunstable, Dufay, Okeghem, Josquin des Prés (plus de cent motets), Roland de Lassus (plus de cinq cents), Palestrina, Marenzio, Tallis, Victoria, etc., portent ce style à un rare degré de perfection, dans les admirables motets qu'ils écrivent de 1420 à 1620 environ. Le cantus firmus – liturgique, populaire ou, le plus souvent, original – passe en imitation d'une voix à l'autre, retirant au tenor son importance traditionnelle, et finit par se perdre dans la riche trame polyphonique. Le nombre de voix se multiplie au point d'atteindre trente-six dans un motet d'Okeghem et quarante dans le *Spem in alium* de Tallis (plusieurs chœurs sont alors traités en canon). Le motet de la Renaissance, pièce religieuse ou profane en style contrapuntique, est en quelque sorte un madrigal latin de caractère solennel. Comme le madrigal, il devient la proie des arrangeurs qui l'accommodent au goût du jour pour une voix seule, un instrument se chargeant des autres parties. Au XVIIe siècle, le triomphe de la monodie* accompagnée, qui donne naissance à l'opéra, à l'oratorio, à la cantate, met fin à l'histoire du véritable motet. On continuera cependant de qualifier ainsi des compositions à une, deux ou trois voix et basse continue sur des textes latins (religieux seulement), agrémentées bientôt de chœurs, duos, trios, interludes instrumentaux, comme la cantate et l'oratorio. Ces motets, qui atteignent parfois des proportions importantes, furent, en France surtout, dès le milieu du XVIIe siècle et jusqu'à la fin du XVIIIe, la forme principale de musique religieuse, identique dans les grandes lignes à ce que les contemporains appelèrent *anthem* en Angleterre et *Kantate* en Allemagne (Carissimi, Charpentier, Delalande, Couperin, Mozart). Les motets polyphoniques de A. Scarlatti, J. S. Bach, et plus tard Brahms font figure d'exceptions. Le motet, qui suit l'évolution de la cantate et ne s'en distingue guère désormais, prend souvent, au XIXe siècle, la forme d'une vaste fresque religieuse où une importante masse chorale est accompagnée par l'orchestre ou par l'orgue (Mendelssohn, Gounod, Liszt, Saint-Saëns, Bruckner...). Mais il existe aussi des motets à une ou deux voix, de sorte que toutes les compositions religieuses qui ne sont ni des messes, ni des oratorios pourraient entrer dans cette catégorie.

⊖ *Le Roman de Fauvel.* – DUFAY, motets. – VICTORIA, motets. – SCHÜTZ, motets à double chœur. – COUPERIN, *Leçons des Ténèbres.* – DELALANDE, motets *Exaltabo* et *Nisi Dominus.* – BACH, motets. Voir aussi Monteverdi, *Sonata a 8 sopra Sancta Maria* (in *Vêpres*) : cette magnifique composition est un motet à rebours, car le cantus firmus y est seul chanté, les autres parties étant instrumentales.

Moulinié, Étienne

Languedoc, début XVIIe siècle – ?, vers 1670.

Maître de la musique de Gaston d'Orléans, puis des États du Languedoc. Il participa en même temps que Molière aux divertissements donnés, en 1652, aux États du Languedoc, tenus à Carcassonne.

Missa pro defunctis, des motets, quelques ballets, six livres d'*Airs de cour* à 4 ou 5 voix, cinq livres d'*Airs de cour* avec accompagnement de luth, trois *Fantaisies* pour violes.

Mouret, Jean-Joseph

Avignon, 16 avril 1682. – Charenton, 22 décembre 1738.

Nommé surintendant de la musique de la duchesse du Maine, il fut l'animateur des célèbres Grandes Nuits de Sceaux. Il fut aussi chef d'orchestre à l'Opéra et à la Comédie-Italienne et directeur artistique du Concert spirituel (1728-1734).

Une dizaine d'opéras-ballets (dont *Les Festes de Thalie*), une messe, trois livres de motets, des cantates, six livres de *Divertissements* pour la Comédie-Italienne, des *Suites de symphonies*, des fanfares, deux *Concerts de chambre.*

Moussorgsky, Modeste Petrovitch

Karevo (Pskov), 21 mars 1839. – Saint-Pétersbourg, 28 mars 1881.

Descendant des princes Smolensky, l'une des plus vieilles familles russes (il y avait un Romane Moussorgsky au XVIe siècle), il était fils d'un petit propriétaire terrien, lui-même fils de serve, dont la situation était liée aux conditions du servage. De sa grand-mère paternelle, Moussorgsky tenait aussi bien son manque de raffinement que ses principales qualités. Tout jeune, il apprend le piano avec sa mère, bonne musicienne, et sa nourrice l'initie aux vieux contes russes, source d'inspiration féconde (selon son propre témoignage) d'où jaillissent de maladroites improvisations pianistiques. Il reçoit une éducation générale très sérieuse à l'européenne et, par tradition familiale, il est intégré d'office à la bonne société russe et à la Garde impériale. Mais il se dégagera de l'une et de l'autre, sa curiosité naturelle et son tempérament révolté le poussant à devenir un *narodnik.* À Saint-Pétersbourg, encore jeune lieutenant, il fréquente le salon de Dargomyjsky, disciple de Glinka, où il rencontre Cui, Balakirev et le critique Stassov. C'est le premier noyau du fameux groupe des Cinq (Moussorgsky,

Balakirev, Cui, Rimsky-Korsakov, Borodine), dont Stassov est le porte-parole et Balakirev l'esthéticien tyrannique. Les préoccupations du groupe sont d'ordre très général : progrès social, athéisme, démocratisation de l'art, etc., toutes idées qui trouvent une résonance profonde chez Moussorgsky, dont la personnalité s'est éveillée subitement (c'était auparavant un jeune homme séduisant et conventionnel) après de fortes crises de dépression nerveuse en 1858-1859. En dehors de quelques leçons de Balakirev (lui-même autodidacte) consacrées à l'analyse des œuvres des maîtres classiques, il ne sait rien du métier de compositeur mais compose activement. En 1863, il prend un emploi aux Ponts et Chaussées et s'installe à Saint-Pétersbourg dans un grand appartement avec cinq autres jeunes artistes et intellectuels qui échangent des idées d'avant-garde sur l'art, la religion, la philosophie, la politique ; ils s'intitulent La Commune. Mais, deux ans plus tard, une crise de delirium, première manifestation spectaculaire de sa dipsomanie, nécessite son transfert chez son frère. En 1868, il reprend du service dans l'administration (Eaux et Forêts) et compose un acte du *Mariage* mettant directement en musique le texte prosaïque de Gogol : cet opéra d'avant-garde, où il déclare la guerre à la musique « pure » et met en pratique ses idées sur la « vérité artistique », effarouche ses amis, sauf Stassov qui devient son défenseur et son conseiller. Il entreprend la même année *Boris Godounov*, dont la première version, terminée en 1869, est refusée par le théâtre Marie. Une seconde version (celle que nous connaissons) subit le même sort en 1872, mais finit par être représentée avec succès en 1874. Le mariage de Rimsky-Korsakov (1872), avec qui il habitait depuis un an, les jugements désobligeants de Borodine et de Balakirev sur *Boris* et sur l'inexpérience de son auteur, affectent sa sensibilité et le font sombrer dans l'alcoolisme. Il travaille très difficilement à *La Khovantchina* et à *La Foire de Sorotchinsy*, entre des crises d'épilepsie (ou de delirium ?) qui le conduisent, en février 1881, à l'hôpital militaire Nikolaïevsky. Profitant d'une amélioration temporaire, il lit le *Traité d'instrumentation* de Berlioz, tandis que Repine exécute son célèbre portrait. Mais le 16 mars à 5 heures du matin (28 mars, calendrier grégorien), on le trouve mort : il avait bu du cognac pour fêter son anniversaire comme il l'entendait. Il fut enterré deux jours plus tard au cimetière A. Nevsky.

L'esthétique de Moussorgsky est fondée sur la « vérité artistique » qui implique le dédain de la beauté formelle, la subordination de l'art à la vie : l'art est d'abord un moyen de communiquer avec autrui. Pessimiste, mais en même temps révolté par l'injustice humaine (ce n'est pas un révolutionnaire, cependant ; il ne croit pas au progrès), artiste isolé dans le monde musical de son temps, Moussorgsky appartient à la même famille spirituelle que Dostoïevsky (n'est-il pas de la race des Karamazov ?) ou que des peintres comme Surikov ou Repine. Son œuvre (où domine la musique vocale) comporte une part de lyrisme et une part de naturalisme, qui coexistent en parfait équilibre dans *Boris* et *La Khovantchina.* L'élément lyrique s'alimente le plus souvent aux sources du folklore russe ; il révèle un génie mélodique, dont on méconnaît trop la richesse (cf. la splendide *Sérénade*, n° 2 des *Chants et Danses de la mort*). L'élément naturaliste, ou expressionniste, subordonne la mélodie à l'idée, l'accompagnant d'une harmonie et d'une instrumentation empiriques et non orthodoxes, prodigieusement efficaces.

Rimsky-Korsakov s'est chargé de la révision d'une grande partie des œuvres de Moussorgsky pour la publication (posthume en majorité), notamment *La Nuit sur le mont Chauve* (entièrement récrite, de manière admirable), *La Khovantchina* (terminée et orchestrée) et *Boris Godounov* (réorchestré et révisé, avec coupures et déplorable interversion des deux dernières scènes). En corrigeant les « maladresses » géniales de Moussorgsky, son ami, avec un talent et une conscience incomparables, s'est employé à combler une partie du gouffre qui sépare *Boris* de l'opéra traditionnel, à rendre l'harmonie plus orthodoxe, à enrichir l'instrumentation. Cela « sonne » merveilleusement, mais le génie de Moussorgsky y perd une grande part de son originalité, de sa sincérité ; il a l'air emprunté, dans son habit trop raffiné. Les graves contresens de Rimsky dans sa révision de *Boris* ont déclenché, depuis 1908 environ, une vague de protestations, souvent excessives, contre les « massacres » du « professeur Rimsky-Korsakov », protestations qui ont abouti en URSS à la publication complète de l'œuvre de Moussorgsky dans les versions originales (édition critique en huit grands volumes entreprise en 1928 sous la direction de Paul Lamm).

Des opéras : *Le Mariage* (inachevé, Saint-Pétersbourg, 1909) ; *Boris Godounov* (1re version, Leningrad, 1928 ; 2e version, Saint-Pétersbourg, 1874 ; version révisée par Rimsky, Moscou, 1898) ; *La Khovantchina* (terminée par Rimsky, Saint-Pétersbourg, 1886) ; *La Foire de Sorotchinsy* (terminée par Liadov et Karatigin, Moscou, 1913), plusieurs fragments (*Salammbô* et *Mlada*) ou projets d'opéras ; quelques chœurs et soixante-trois admirables mélodies qui sont des chefs-d'œuvre au même titre que *Boris* ; quelques pièces symphoniques, dont *Nuit de saint Jean sur le mont Chauve* (qui n'a que des rapports lointains avec *La Nuit sur le mont Chauve*, partition établie par Rimsky, d'après des œuvres de Moussorgsky) ; des pièces pour piano, dont les *Tableaux d'une exposition*, orchestrés ultérieurement par Ravel.

Mouton, Charles

?, vers 1626. – ?, vers 1700.

Luthiste, élève de D. Gaultier. Il vécut à la cour de Turin, puis s'établit vers 1678 à Paris où il était précédé d'une haute réputation. F. de Troy a peint son portrait (musée du Louvre).

Quatre livres de *Pièces de luth sur différents modes* (dont deux sont conservés), quelques compositions religieuses.

MOUTON, JEAN

Haut-Wignes, près de Samer (Pas-de-Calais), vers 1460.
Saint-Quentin, 30 octobre 1522.

[Jean de Hollingue] Le plus grand polyphoniste de la génération qui sépare Josquin (son maître) de Willaert (son élève). Il fut membre de la chapelle de Louis XII et de François Ier, chanoine de Thérouanne et de Saint-Quentin.

Environ quinze messes, environ cent motets et psaumes (dont un *Salvum fac regem* pour le sacre de François Ier), des chansons françaises.

MOUVEMENT

Allure dans laquelle une pièce musicale doit être exécutée. Le métronome* sert à donner le mouvement ; on dit aussi le *tempo*. Il fixe le nombre d'unités de durée musicale par minute.

On appelle aussi mouvement* chacune des parties successives des compositions instrumentales. On leur donne généralement des noms italiens qui ont pour fonction d'indiquer l'allure générale du morceau. Mais leur emploi est souvent impropre ainsi *allegro* (gai) indique un mouvement rapide qui peut aussi bien être sombre ou violent.

MOZART, LEOPOLD

Augsbourg, 14 novembre 1719. – Salzbourg, 28 mai 1787.

Théoricien et chef d'orchestre. Il étudia pendant deux ans la théologie à l'université de Salzbourg avant de se consacrer à la musique. Il fut musicien et chambellan du comte de Tour et Taxis, puis violoniste, compositeur et second Kapellmeister à la cour du prince-archevêque de Salzbourg. Mais, à partir de 1760, il consacra la plus grande partie de son temps à l'éducation et à la carrière de ses enfants, Maria Anna (« Nannerl ») et Wolfgang. Maître exceptionnel, auquel Wolfgang dut l'essentiel de sa formation, il a toutefois été sévèrement critiqué pour la manière dont il exhibait ses enfants prodiges à travers le monde au préjudice de leur santé morale et physique.

Musique religieuse, symphonies, concertos, *divertimenti,* sonates pour piano et un très remarquable traité de violon : *Versuch einer gründlichen Violinschule* (1756).

MOZART, WOLFGANG AMADEUS

Salzbourg, 27 janvier 1756. – Vienne, 5 décembre 1791.

Dernier enfant de Leopold Mozart, compositeur, et de Maria Anna Pertl (1720-1778), délicate, douce et peu instruite. Mariés en 1747, ils eurent sept enfants dont deux seulement survécurent : Maria Anna, dite « Nannerl » (1751-1829), excellente claveciniste et pianiste, et Wolfgang Amadeus. Celui-ci épousera en 1782 Constanze Weber (1762-1842), insouciante, charmante, généreuse, qui se remariera en 1809 avec G. K. Nissen, diplomate danois, biographe de Mozart. Wolfgang et Constanze auront six enfants, dont deux seulement survivront : Carl Thomas (1784-1858), commerçant et fonctionnaire, Franz Xaver Wolfgang (1791-1844), compositeur et pianiste.

Malgré tout ce qu'on en a dit, un phénomène comme celui de Mozart demeure inexplicable. Des hommes aussi sérieux que Goethe, Grimm, Haydn, Wagner, Kierkegaard, Ghéon, Karl Barth se sont exprimés à son sujet sans prudence, sans mesure, à force d'hyperboles. Il doit y avoir, selon le pasteur Barth, « une relation directe et très spéciale entre Dieu et cet homme [...] Chez Mozart, je pressens un art que je ne discerne chez aucun autre. » Dès l'âge de trois ans, il manifestait d'exceptionnelles dispositions musicales, assistant avec intérêt aux leçons de sa sœur et cherchant à son tour sur le clavecin « les notes qui s'aiment ». Aussitôt que son père découvrit son instinct musical infaillible, sa mémoire prodigieuse, la finesse et la justesse absolue de son ouïe, il décida d'en faire un musicien et de consacrer son existence à l'éducation de ses enfants. Wolfgang n'eut pas d'autre maître. À six ans, il improvisait des petites pièces que son père notait soigneusement (*Menuets K 1, 2, 3, 4, 5*) ; Leopold résolut de l'exhiber, avec sa sœur, à travers l'Europe.

La première tournée (1762) les conduit à Linz, Munich et Vienne : réception enthousiaste à la cour de l'Électeur de Bavière et surtout à celle de l'empereur ; Wolfgang nomme les notes qu'on lui fait entendre, joue sous un tissu qui recouvre le clavier, saute au cou de l'impératrice, rend folles les dames de la cour. Ces exhibitions ridicules (que l'on ne pardonnerait pas à Leopold s'il n'avait été un père dévoué et le maître admirable qui aida Wolfgang à devenir Mozart), ces exhibitions sont bientôt l'objet d'une seconde tournée, beaucoup plus importante (1763-1766) : Munich, Augsbourg, Mannheim, Mayence, Francfort (où il émerveille le jeune Goethe), Aix-la-Chapelle, Bruxelles, Paris (où il joue devant la cour et bénéficie de la protection de Grimm), Londres (où il devient l'ami de J. C. Bach), La Haye, Amsterdam, Paris, Dijon, Lyon, Genève (où il ne réussit pas à voir Voltaire malade), Zurich, Munich, Salzbourg. Décoré et adulé par les empereurs et les rois, exhibé partout comme un animal savant (à Londres, on peut entendre les enfants en privé : entrée 2/6d. par personne), il semble avoir échappé par miracle à toute dégradation du goût et de la sensibilité. C'est déjà l'enfant supérieur qu'il restera toute sa vie. Rentré à Salzbourg, il étudie, sous la direction de son père, le sévère *Gradus ad Parnassum* de Fux et compose ses premières œuvres véritablement inspirées : *Bastien und Bastienne* (à douze ans), les *Messes K 65* et *66* et la *Sérénade K100* (à treize ans), et surtout l'admirable *Quatuor en sol majeur* (à quatorze ans). Il semble que les compositions antérieures, qui ne présentent d'ailleurs pas un grand intérêt musical, aient été plus ou moins corrigées par Leopold. De 1769 à 1771, père et fils entreprennent une grande tournée en Italie, par Innsbruck, Vérone, Mantoue, Milan (où le vénérable Sammartini soumet l'enfant à diverses épreuves), Lodi (où il compose le beau quatuor dont il vient d'être question), Bologne (où il fait sans effort les exercices de fugue et de contrepoint que lui propose le père Martini et où il est élu membre de l'Accademia Filarmonica), Florence (où il accompagne le célèbre violoniste Nardini), Rome (où il note de mémoire le célèbre *Miserere* d'Allegri, appartenant au répertoire secret de la chapelle pontificale ; le pape le fait chevalier de l'Éperon d'or), Naples, Venise, etc. À seize ans, il est en pleine possession de son génie ; à dix-neuf ans, il compose *Il Re Pastore* et les six admirables concertos pour violon.

Le second voyage à Paris ne lui apporte que tristesses et déceptions : mort subite de sa mère, indifférence des salons parisiens qu'avaient amusés un temps les exploits de l'enfant prodige, amour déçu pour la jeune et remarquable chanteuse Aloysia Weber, rencontrée à Mannheim… Il reprend les fonctions de Konzertmeister (premier violon) qu'il remplit depuis l'âge de douze ans à la cour archiépiscopale de Salzbourg, cour qu'il déteste et qu'il espérait quitter pour toujours. En 1781, il suit l'insupportable prince-archevêque Hyeronimus à Vienne, où il est au régime des laquais ; mais, après une altercation un peu vive où il est insulté et jeté dehors comme un vaurien, il s'installe quelque temps chez les Weber, fixés depuis peu à Vienne, avant de s'établir à son propre compte dans le Graben.

Il découvre les inconvénients du célibat, et un mois après la création de *L'Enlèvement au sérail*, il épouse Constanze Weber (sœur cadette d'Aloysia) : « *Entführung aus dem Auge Gottes*[1] », déclare-t-il. Le jeune couple s'installe Grosse Schulestrasse et commence aussitôt à connaître les dif-

1. Allusion probable à une pieuse inscription de la maison des Weber.

ficultés financières qui ne les laisseront pas. Très sociables, ils reçoivent tous les dimanches matin ; on bavarde, on fait de la musique, on boit du punch. Leopold, qui était hostile au mariage, vient cependant leur rendre visite en 1785. À cette occasion, Mozart convie son ami Haydn à une petite réunion amicale pour lui présenter les six nouveaux quatuors qu'il veut lui dédier. Haydn (premier violon), Dittersdorf (second violon), Mozart (alto) et Vaňhal (violoncelle) déchiffrent ces chefs-d'œuvre, à la suite de quoi Haydn déclare au vieux Leopold ravi : « Je vous le jure sur mon honneur, votre fils est le plus grand compositeur que je connaisse, de nom ou personnellement. » Les emplois fixes demeurent introuvables, cependant, et les concerts, malgré leur succès, ne permettent pas à Wolfgang et Constanze d'équilibrer leur budget. Le célèbre abbé Da Ponte soumet à l'empereur le projet d'un livret d'opéra pour Mozart, d'après *Le Mariage de Figaro* de Beaumarchais. Il obtient l'approbation impériale et *Le Nozze di Figaro* sont représentées triomphalement le 1er mai 1786. Mais bientôt le succès de l'ouvrage est éclipsé par celui de plusieurs pièces nouvelles, parmi lesquelles *Una Cosa rara* de Martin y Soler (dont Mozart cite un fragment dans le deuxième finale de *Don Giovanni*). À Prague, cependant, *Figaro* triomphe de façon plus durable et l'on en chante les airs jusque dans la rue. Mozart est fêté dans la capitale bohémienne comme rarement il l'a été ; ses concerts (où il se révèle de plus en plus un improvisateur de génie) provoquent des enthousiasmes délirants, et l'imprésario Bondini lui propose cent ducats (3 000 euros) pour composer un nouvel opéra. Un an plus tard, en septembre 1787, Mozart s'installe de nouveau à Prague avec sa femme, pour finir de composer *Don Giovanni* (sur un livret qu'il a demandé à Da Ponte) et en diriger les répétitions. Il travaille dans la villa de son ami Dušek (actuellement appelée Bertramka, c'est un incomparable lieu de pèlerinage mozartien, où l'âme de Mozart semble plus présente que partout ailleurs). La première représentation, le 29 octobre 1787, est triomphale. Au retour à Vienne, cependant, sa situation financière ne fait qu'empirer, et la mauvaise santé de sa femme l'aggrave encore. Il succède à Gluck comme « compositeur de la chambre de l'empereur », mais avec des appointements minuscules. Bien qu'elles aient été les plus pénibles sur le plan matériel et moral, les trois dernières années de sa vie furent, sur le plan artistique, fécondes et intéressantes. Ses trois dernières symphonies, les plus belles, ont été composées en six semaines (1788), *Cosi fan tutte* est créé à Vienne en 1790 et trois ouvrages considérables sont entrepris simultanément en 1791 : *La Flûte enchantée*, commandée par Schikaneder, directeur de théâtre et auteur du livret (créée le 30 septembre), *La Clemenza di Tito*, commandée pour le couronnement de Leopold II à Prague (créée le 6 septembre) et le *Requiem*, commandé par un personnage mystérieux qui souhaitait conserver l'anonymat – un amateur, le comte Walsegg, qui, désireux d'être pris pour un grand compositeur, fit exécuter plus tard le *Requiem* sous son nom. Après le surmenage de l'été, Mozart subit une profonde crise de dépression. Devenu sujet à des évanouissements, il était persuadé qu'il travaillait à son propre *Requiem*, que ses jours étaient comptés, qu'on l'avait empoisonné (de fait l'hypothèse du poison fut retenue pour expliquer sa mort et Salieri fut directement soupçonné). À la fin de novembre, il se coucha et travailla encore un peu à son *Requiem* ; mais, parvenu au *Lacrymosa*, il fondit en larmes en disant qu'il ne pourrait pas terminer son travail. Sans doute donna-t-il des instructions à son ami Süssmayr qui ne le quittait pas depuis quelques mois. Avec un talent et un respect admirables, Süssmayr, après la mort de Mozart, combla les lacunes des morceaux notés (seuls le *Requiem* et le *Kyrie* étaient entièrement achevés) et écrivit complètement le *Sanctus* et l'*Agnus* (répétant très opportunément, à la fin, la fugue du *Kyrie* sur les mots *Cum sanctis tuis*). Agé de trente-six ans, le plus extraordinaire génie de l'histoire musicale s'éteignit dans la nuit du 4 au 5 décembre vers une heure du matin. Les causes de sa mort restent incertaines et peuvent avoir été multiples. Dès l'enfance, sa santé fragile, soumise à rude épreuve, a été affectée par de nombreuses maladies (scarlatine, variole, typhoïde, infections diverses). Mais au début de 1791, il semble en bonne santé, plein de vie et d'énergie, et pendant presque toute cette année chargée il paraît en excellente forme. Le certificat de décès fait état de *eine hitziges Frieselfieber* (« une fièvre miliaire aiguë »). Les médecins de notre temps penchent, les uns pour la néphrite chronique (mal de Bright), les autres pour une fièvre rhumatismale aiguë qui aurait entraîné des troubles cardiaques graves. Peut-être les deux maladies se sont-elles conjuguées. La crise d'hydropisie (un « enflement ») dont a témoigné sa belle-sœur Sophie, serait caractéristique d'une défaillance terminale des reins. Le docteur Davies, cité par Robin Landon, croit pouvoir aussi diagnostiquer une hémorragie cérébrale, deux heures avant sa mort, responsable d'une hémiplégie qui se serait ajoutée à ce tableau désastreux.

Le 6 décembre vers 15 heures, son corps fut transporté à Saint-Étienne pour une très modeste cérémonie funèbre, sans musique. Puis il fut enseveli au cimetière Saint-Marx, à une bonne heure du centre. Constanze, la tête perdue, n'était pas en état de sortir. La tempête de neige qui aurait fait rebrousser chemin au cortège funèbre est une légende. Mais il est sûr qu'aucun parent ou ami n'accompagna le corbillard jusqu'au cimetière où Mozart fut enterré dans une fosse collective (impossible à situer avec précision), conformément aux recommandations d'économie de l'empereur. Un monument fut érigé en 1859 sur l'emplacement présumé.

Rien dans l'aspect de Mozart n'était particulièrement frappant. Très petit, très maigre, très pâle, très nerveux, avec une abondante chevelure blonde dont il était fier, il était extrêmement sociable, riait facilement (il riait malgré tout) ; mais, peu cultivé, il ne s'intéressait qu'à la musique, ou à des futilités (le billard, les quilles, la danse, les contes enfantins...). Si ardemment que l'on s'efforce de cerner sa personnalité, de découvrir le secret de son art, la raison capitule. « Le plus prodigieux génie l'a élevé au-dessus de tous les maîtres, dans tous les arts et dans tous les temps », écrivait Wagner. Quelle explication faut-il ajouter ? Comment décrire le génie, cette forme de révélation qui dépasse le savoir ? Ici aucune révolution n'est opérée, aucun manifeste n'est publié, aucun système nouveau n'est mis en œuvre... Et la musique de Mozart, presque toujours conventionnelle dans la forme, n'est même jamais ni un message, ni une confession... Elle chante spontanément, librement, et cette liberté dispense l'auditeur de toute espèce d'attitude esthétique. Le Mozart « démoniaque » et tragique que, de nos jours, on a tenté de substituer au « petit Mozart » pur et délicieux, imaginé par le XIXe siècle, est tout aussi absurde. La découverte – ou simplement le pressentiment – de l'univers mozartien, dans sa singularité, se situe au-delà de l'analyse, si intéressante et enrichissante soit-elle. Pour l'auditeur attentif et sensible, les sources de cette révélation mozartienne pourront se trouver dans *Don Giovanni* ou *Cosi fan tutte*, dans *La Flûte enchantée*, dans l'*Ave Verum* ou dans la *Messe en ut mineur*, dans la *Cantate maçonnique*, dans les grands concertos pour piano ou les juvéniles concertos pour violon, dans les quintettes, ou simplement dans quelque page miraculeuse d'un divertissement ou d'une sérénade. Dans les opéras, Mozart donne aux ensembles un intérêt sans précédent. Lieux d'intersection des passions et des destinées, ces ensembles réalisent une extraordinaire concentration de l'intérêt musical et dramatique, parce que la musique y reste souveraine et qu'en imposant son organisation polyphonique à la scène, elle permet un contrepoint de passions, exprimées ou non, que ne connaît pas le théâtre parlé. Les finals d'actes deviennent de vastes scènes d'opéra continu, pouvant excéder la demi-heure. Parfois une ligne mélodique s'en dégage, dessinant le contour d'une âme éperdue de désir ou d'angoisse. Quant à l'œuvre religieuse, pour qui s'ouvre pleinement au sens de la musique, attentif à des résonances ineffables, irrationnelles, étrangères aux catégories mentales, aux concepts culturels, elle est la suprême manifestation musicale de la spiritualité.

Édition intégrale entreprise par Breitkopf (1877-1905) et nouvelle édition intégrale par Bärenreiter (1955-1991). Catalogue chronologique et thématique établi par Köchel (1862) : plus de six cents œuvres authentiques, sans tenir compte de nombreuses attributions douteuses. **THÉÂTRE.** *La Finta semplice* (Salzbourg, 1769), *Bastien und Bastienne* (Vienne, 1768), *Mitridate, rè di Ponte* (Milan, 1770), *Lucio Silla* (Milan, 1772), *La Finta giardiniera* (Munich, 1775), *Il Re pastore* (Salzbourg, 1775), *Idomeneo, ré di Creta* (Munich, 1781), *Die Entführung aus dem Serail* (*L'Enlèvement au sérail*, Vienne, 1782), *Der Schauspieldirektor* (Schönbrunn, 1786), *Le Nozze di Figaro* (Vienne, 1786), *Don Giovanni* (Prague, 1787), *Cosi fan tutte* (Vienne, 1790), *Die Zauberflöte* (*La Flûte enchan-*

tée, Vienne, 1791), *La Clemenza di Tito* (Prague, 1791). À quoi il faut ajouter deux compositions de la prime jeunesse, deux *serenate* (œuvres de circonstance), le ballet *Les Petits Riens* et quatre compositions inachevées. **ÉGLISE.** Huit grandes messes dont *Couronnement K317*, *ut majeur K337*, *ut mineur K427*, dix « messes brèves » (dont *fa majeur K192* et *ré majeur K 194*), le *Requiem K626*, *Vesperae de Dominica* et *Vesperae solemnes de confessore*, deux *Litaniae Lauretanae* et deux *Litaniae de Venerabili*, les motets *Exultate Jubilate* (soprano solo et orchestre) et *Ave Verum* (chœurs et cordes), huit *Kyrie*, sept offertoires, quinze hymnes, psaumes, etc. (généralement à 4 voix et orchestre ou orgue). N.B. L'hymne *Adoramus te* attribué à Mozart est de Q. Gasparini. **AUTRE MUSIQUE VOCALE.** Cinquante-six grands airs de concert ou airs d'opéras séparés (avec orchestre), trente-cinq canons a cappella, trente-deux lieder allemands (admirables, trop peu connus), deux airs italiens, deux airs français. **ORCHESTRE.** Quarante-sept symphonies, soixante-cinq divertissements, marches, sérénades, dont *Eine kleine Nachtmusik* (*Une petite musique de nuit*), deux cent trois danses (dont cent seize menuets et quarante-neuf danses allemandes), une admirable ode funèbre (*Maurerische Trauermusik*). **CONCERTOS.** Vingt et un pour piano (dont *K466*, *467*, *491*, *503*), un pour 2 pianos, un pour 3 pianos, six pour violon (et un rondo en ut majeur), deux pour flûte, un pour flûte et harpe, un pour clarinette, un pour basson, quatre pour cor (et un rondo), un *Concertone* pour 2 violons, *Sinfonia concertante* pour violon et alto, *Sinfonia concertante* pour hautbois, clarinette, basson et cor. **MUSIQUE DE CHAMBRE.** Six quintettes à cordes, vingt-quatre quatuors à cordes, deux quatuors avec piano, sept trios, un quintette avec clarinette, des quatuors (avec flûte, hautbois), trente-cinq sonates pour violon et piano. **PIANO.** Vingt sonates (et six incomplètes, arrangées ou d'attribution douteuse), quinze séries de variations, cinq fantaisies, environ soixante-dix pièces diverses (menuets, rondos).

MUFFAT, GEORG

Megève, mai 1653. – Passau, 23 février 1704.

Organiste du chapitre de la cathédrale de Strasbourg, puis de l'archevêque de Salzbourg et enfin Kapellmeister de l'évêque de Passau. Il étudia la musique de Lully en France et fut l'élève de Pasquini à Rome.

Des suites d'orchestre, des concertos grossos, des pièces d'orgue.

MUFFAT, GOTTLIEB

Passau, bapt. 25 avril 1690. – Vienne, 9 décembre 1770.

Fils de Georg Muffat. À la mort de son père, il rejoint son frère aîné à Vienne où il est l'élève de Fux et devient organiste de la cour. Très apprécié comme maître de clavecin, il eut parmi ses élèves Wagenseil et le couple impérial. Après Bach et Haendel, c'était le plus grand compositeur allemand pour le clavecin dans la première moitié du XVIIIe siècle.

72 *Versetl sammt 12 Toccaten…* (pièces d'orgue pour le liturgique dans les 12 modes ecclésiastiques, 1726), six *partitas* et une chaconne, avec 38 variations in *Componi-*

menti musicali per il cembalo (vers 1738-1739), deux messes pour orgue, nombreuses pièces pour clavecin dans les styles ancien et moderne.

MURAIL, TRISTAN

Le Havre, 11 mars 1947.

Parallèlement à des études universitaires (licence de sciences économiques et diplôme de l'École des langues orientales), il a été l'élève de Messiaen au conservatoire de Paris. Pensionnaire de la villa Médicis (1971-1973), il a participé, à son retour de Rome, à la fondation de l'ensemble L'Itinéraire et à l'inauguration d'un courant dit « spectral ». Opposé au sérialisme post-wébernien, il a été davantage influencé par Messiaen, puis par Ligeti.

Les Sept Paroles du Christ en croix (1980) pour chœur et orchestre, *Cosmos privé* (1973), *Sables* (1975) et *Gondwana* (1980) pour orchestre, *Les Courants de l'espace* pour ondes Martenot, synthétiseur et petit orchestre (1979), *Tellur* pour guitare.

MUSETTE

Instrument à vent, qui date au moins du XIIIe siècle et qui a été très en vogue en France aux XVIIe et XVIIIe siècles. Semblable aux cornemuses et aux binious, la musette s'en distinguait par le raffinement de sa facture et de sa technique et par le soufflet qui remplaçait les poumons de l'instrumentiste. Elle se composait d'un réservoir d'air couvert de soierie et orné de broderies et de franges, du soufflet actionné par un bras et de tuyaux en bois ou en ivoire, richement sculptés et ornés. Les tuyaux étaient cylindriques, étroits, munis d'anches doubles : deux tuyaux mélodiques (« grand chalumeau » à 8 trous et 7 clés ; « petit chalumeau » à 6 clés) et un curieux ensemble de bourdons* accordables, aux tuyaux repliés sur eux-mêmes dans un petit cylindre.

Hotteterre, J. Aubert et Boismortier ont composé pour la musette… et l'auteur des six sonates attribuées à Vivaldi sous le titre de *Pastor fido*, op. XIII.

MUSIQUE

« L'art d'assembler les sons de manière agréable à l'oreille. » Cette définition de J.-J. Rousseau, trop largement répandue, pèche par manque de rigueur. Mais on n'évite sa désinvolture qu'en tombant dans le pédantisme. Nombreux sont ceux qui ont cherché la définition impos-

sible !… Il semble que nous soyons généralement d'accord pour appeler musique un système sonore de communication non référentiel, présentant les caractéristiques suivantes :
– c'est une structure sonore dont le sens lui est immanent, ou, du moins, dont l'essence n'est pas dans une éventuelle signification (ce n'est pas un langage) ;
– c'est le fruit d'une activité projective plus ou moins consciente, c'est un « artefact » (il n'y a pas de musique « naturelle », ni purement aléatoire) ;
– c'est une organisation communicable fondée sur un ensemble de conventions qui permettent une interprétation commune du « sens » de l'organisation.

Il est généralement admis que la musique est le privilège de l'espèce humaine. Le son musical est une variation *périodique* de pression, dont il n'existe pas d'exemple dans la nature. Étant formé d'éléments « harmoniques », donc présentant un ordre arithmétique appréciable, il était improbable dans la nature. Aussi a-t-il exigé une activité projective, un apport d'information : dès l'origine, c'était un artefact. L'homme l'a créé pour convenir non seulement à son ouïe, adaptée à tous les phénomènes sonores indistinctement, mais aussi à son cerveau, ce qui nous reporte à une période relativement récente de l'évolution de l'espèce.

Appliquant à la musique ce qu'écrivait Jacques Monod à propos du langage, on peut estimer qu'elle est apparue lorsque « des combinaisons créatrices, des associations *nouvelles*, réalisées chez un individu, ont pu, transmises à d'autres, ne plus périr avec lui » (*Le Hasard et la Nécessité*). Cela peut remonter à la fin du paléolithique moyen, il y a 50 000 ou 60 000 ans ! Mais les plus anciens témoignages de civilisations musicales qui nous soient parvenus datent plus modestement du IVe millénaire avant notre ère (Égypte, Mésopotamie). Le *modus operandi* de la musique, son moyen d'action sur notre physiologie et notre psychologie, se révèle plus mystérieux que celui des autres arts. C'est peut-être ce qui fait croire à certains que la musique leur est inaccessible. Ainsi Freud prétend ne pas pouvoir jouir de la musique, parce qu'il ne peut « saisir par où elle produit de l'effet »… « Une disposition rationaliste ou peut-être analytique lutte en moi contre l'émotion quand je ne puis savoir pourquoi je suis ému » (S. Freud, *Über der Moses des Michelangelo*). Cependant la musique a eu dans toutes les civilisations une fonction sociale : religieuse, thérapeutique, pédagogique, politique, ludique…

L'histoire de la musique dépasse le cadre d'un dictionnaire. Il ne serait même pas possible d'indiquer les grands tournants de cette histoire, car il faudrait expliquer les conséquences des transformations majeures que l'on choisirait de décrire. Il est intéressant toutefois de rappeler que, si l'histoire générale de la musique commence vraisemblablement au paléolithique moyen, l'origine de la pratique musicale occidentale se situe approximativement à la fin de l'époque carolingienne, au Xᵉ siècle. De cette époque datent en effet les premiers signes de « réification » de la musique : premières « compositions » musicales (tropes), recherche de précision dans la notation. C'est aussi de cette époque que datent le plus ancien répertoire musical qui nous soit parvenu (voir Plain-chant*) et les débuts d'une exploitation savante du principe polyphonique. Coupée désormais de l'Antiquité dont elle s'était nourrie, la musique occidentale, constamment moderne, s'engage dans un processus évolutif original, dans le sens de la complexité croissante. Le XIIᵉ siècle sera pour notre musique un temps de renaissance (troubadours, théâtre musical, organum* « fleuri »), le XIIIᵉ siècle celui d'un classicisme (apogée du motet médiéval) ; le XIVᵉ est le siècle d'une révolution qui se qualifie d'*ars nova*... les XVᵉ et XVIᵉ siècles sont à nouveau un temps de renaissance, le XVIIᵉ et le XVIIIᵉ de classicisme, le XIXᵉ et le XXᵉ de révolution esthétique...

Mvet

Harpe-cithare d'Afrique équatoriale. Ses quatre cordes, tendues dans un plan vertical, sont faites de l'écorce, simplement soulevée, de la tige de palmier qui forme le corps de l'instrument. C'est un instrument « parlant », dont le rôle est primordial dans l'accompagnement des récits légendaires. Son aspect est presque identique à celui d'un instrument populaire du nord de l'Inde : la *kinnari-vinā*.

Mysliveček, Josef

Prague, 9 mars 1737. – Rome, 4 février 1781.

Fils de riches minotiers, ruinés par les guerres prussiennes. Élève de Seger à Prague, puis de Pescetti à Venise, il s'établit en Italie, à partir de 1763. Il vécut à Parme (où il s'éprit de la célèbre cantatrice Lucrezia Aguiari), Venise, Naples, Bologne, Rome... Incapables de prononcer son nom, les Italiens l'appelaient *Il divino Boemo*. C'est à Naples qu'il obtint son premier grand succès, avec *Bellerofonte* (San Carlo, 1767). Il était tant apprécié dans cette ville qu'il y fut réinvité une dizaine de fois ; et c'est sur ses conseils que San Carlo monta, en 1774, l'*Orfeo* de Gluck. À Bologne, il fut reçu membre de l'Accademia filarmonica et rencontra pour la première fois les Mozart, avec lesquels il devint très lié (comme en témoigne une lettre de Leopold Mozart). En 1777, il fit un long séjour à Munich où il faillit succomber à une maladie vénérienne et où il perdit son nez par la maladresse d'un chirurgien. Il termina sa vie à Rome, d'abord dans un luxe somptueux, avant de se ruiner complètement. Par son œuvre, aussi bien vocale qu'instrumentale, il se rattache à l'école italienne ; ses concertos et ses *sinfonie* rappellent Jean-Chrétien Bach (trois mouvements enchaînés comme dans l'ouverture italienne).

Trente opéras, des oratorios, des messes, de nombreuses symphonies et concertos, des sonates pour clavecin.

N

NABOKOV, NICOLAS

Lubtcha (Minsk), 17 avril 1903. – New York, 13 avril 1978.

Élève de Busoni à Berlin. De 1924 à 1933, il a vécu à Paris, où Diaghilev lui commanda son premier ballet : *Ode* (1928). Il émigra aux États-Unis en 1933, où il a été naturalisé américain. En 1952 il a organisé à Paris le Festival du XXe siècle.

Deux opéras, *The Holy Devil* (Louisville, 1958) et *Peines d'amour perdues* (Bruxelles, Monnaie, 1973) ; l'oratorio *Job* (1932) ; cinq ballets ; trois symphonies ; un concerto pour piano, des pièces pour piano.

NANCARROW, CONLON

Texarkara (Arkansas), 27 octobre 1912. – Mexico, 10 août 1997.

Élève de Sessions et Piston, il s'est spécialisé dans la composition pour pianos mécaniques, *player piano* et autres « pianolas », approfondissant les possibilités infinies de polyrythmies obtenues grâce à la précision des rouleaux perforés. Il a mis au point une technique de composition directement sur le rouleau (*Stanzmachine*).

27 Studies for Player Piano est son œuvre principale : certaines « études » sont de très habiles canons rythmiques.

NANINI, GIOVANNI MARIA

Tivoli, 1545 ? – Rome, 11 mars 1607.

[ou Nanino] L'un des plus brillants représentants de l'« école romaine », élève de Palestrina, il fut successivement maître de chapelle à Saint-

Louis-des-Français, à Sainte-Marie-Majeure (où il succéda à son maître) et à la chapelle Sixtine. Il ouvrit, avec Palestrina, la première école de musique de Rome (où fut formé G. Allegri).

De nombreux motets, trois livres de madrigaux, de nombreuses *canzonette*, *157 Contrappunti e canoni a 2-11 voci.*

NARDINI, PIETRO

Livourne, 12 avril 1722. – Florence, 7 mai 1793.

Célèbre violoniste, apprécié tout particulièrement pour la qualité expressive de son jeu ; le meilleur élève de Tartini. Il fut successivement violoniste à la cour de Stuttgart, puis directeur de la musique du duc de Toscane.

Six concertos, six sonates et six solos pour violon, six sonates et six duos pour 2 violons, six quatuors.

NAUMANN, JOHANN GOTTLIEB

Blasewitz (Dresde), 17 avril 1741. – Dresde, 23 octobre 1801.

Élève de la Kreuzschule à Dresde. Il fut compositeur de la chambre, puis Kapellmeister de la cour de Dresde. Appelé à Stockholm par le roi Gustave III pour y organiser sa chapelle, il composa plusieurs opéras suédois, dont *Gustaf Vasa*, d'après une pièce du roi (adaptée par Kellgren). Il organisa également la chapelle royale de Copenhague.

Vingt-trois opéras (qui annoncent le romantisme), de nombreuses compositions religieuses (treize oratorios, vingt et une messes, un très beau *Vater unser*).

NEUKOMM, SIGISMUND

Salzbourg, 10 juillet 1778. – Paris, 3 avril 1858.

Pianiste et chef d'orchestre. Élève de Michael et Joseph Haydn. Chef d'orchestre et imprésario du théâtre du tsar, à Saint-Pétersbourg, puis pianiste attitré de Talleyrand à Paris. Il accompagna ce dernier au congrès de Vienne et là il composa un *Requiem* à la mémoire de Louis XVI, dont une audition solennelle eut lieu dans la cathédrale Saint-Étienne. Il remplit quelque temps les fonctions de maître de chapelle de Dom Pedro à Rio de Janeiro.

(Environ mille œuvres) : huit oratorios, quinze messes, un grand nombre de motets, psaumes, cantates, des opéras, des symphonies et ouvertures, environ deux cents lieder.

NEUMES

Signes de notation utilisés dans la musique occidentale du IXe au XIIIe siècle (peut-être un peu avant). Dans les manuscrits qui nous sont parvenus, les premiers neumes identifiables datent de la seconde moitié du IXe siècle ; mais ils ne sont guère déchiffrables directement avant le milieu du Xe siècle (voir page 473 : Histoire de la notation). L'écriture neumatique n'a pas la précision du système auquel nous sommes habitués. Sa fonction était seulement d'aider la mémoire des chanteurs à retrouver des mélodies connues.
L'étymologie du mot neume est controversée. Les érudits se réfèrent au grec νεῦμα (*neuma* : signe de tête), mais aussi à πνεῦμα (*pneuma* : souffle), mot qui désignait au IXe siècle les longues vocalises sur la voyelle finale d'une phrase ou de certains mots, comme *alleluia*, vocalises qu'il était impératif, justement, de noter.

NEUSIEDLER, HANS

Presbourg (Bratislava), vers 1509. – Nuremberg, 2 février 1563.

Luthiste. Il vivait à Nuremberg où il semble avoir eu, ainsi que son frère Melchior (1507-1590), une grande réputation.

Deux livres de luth (fantaisies, préludes, chansons, danses, arrangements de motets, et une intéressante pièce descriptive, *La Bataille de Pavie*).

NICOLAI, OTTO

Königsberg, 9 juin 1810. – Berlin, 11 mai 1849.

Chef d'orchestre du Kärntnertor Theatre à Vienne (1837), puis, après un séjour de trois ans en Italie, Kapellmeister de la cour impériale, enfin chef d'orchestre de l'opéra de Berlin. Sa renommée repose principalement sur l'excellent opéra-comique *Les Joyeuses Commères de Windsor*.

Des opéras allemands (dont *Die lustigen Weiber von Windsor*) et italiens, une messe, un *Requiem*, des œuvres symphoniques.

NICOLO

Malte, 6 décembre 1775. – Paris, 23 mars 1818.

[Nicolas Isouard] Après avoir fait à Paris des études qui le destinaient à l'artillerie navale, il entreprit des études musicales, principalement à Naples (Sala et Guglielmi), tout en occupant divers emplois dans le commerce. En 1794, il se consacra définitivement à la composition et fit représenter à Florence son premier opéra. Il devint maître de chapelle de l'ordre de Malte (jusqu'à l'occupation de l'île par les Français) et, en 1800, il s'installa à Paris où il bénéficia de la protection de Kreutzer. Une riche veine mélodique, un art facile mais exempt de vulgarité, une parfaite compréhension du public français lui valurent un succès durable.

Sept opéras italiens, trente-deux opéras ou opéras-comiques français (dont *Jeannot et Colin*), des messes, cantates, motets, psaumes.

NICULESCU, STEFAN

Moreni (Roumanie), 21 juillet 1927.

Homme de grande culture (musicale, littéraire et scientifique), il est un des meilleurs représentants d'une nouvelle musique roumaine qui se réclame de la pensée structuraliste. Aux influences d'Enesco et de Messiaen, s'est ajoutée depuis 1966 celle des cours d'été de Darmstadt. Il est un adepte des formes ouvertes*.

Aphorismes d'Héraclite pour chœur à 20 voix, *Symphonie*, *Carrefour*, *Formants*, *Hétéromorphie* pour orchestre, *Échos* pour violon solo, *Inventions* pour clarinette et piano.

NIEDERMEYER, LOUIS

Nyon (Suisse), 27 avril 1802. – Paris, 14 mars 1861.

Élève de Moscheles à Vienne, Fioravanti à Rome et Zingarelli à Naples (où il devint l'ami intime de Rossini). Établi à Paris en 1825, il y fonda en 1853 (sur les bases d'une école créée par Choron en 1818) l'école de musique classique et religieuse Niedermeyer, où enseigna Saint-Saëns et où furent formés Fauré et Messager.

Des compositions religieuses surtout et quelques opéras.

NIELSEN, CARL

Nørre Lyndelse (Odense), 9 juin 1865. – Copenhague, 2 octobre 1931.

Petit pâtre issu d'une très pauvre famille d'artisans, il reçut ses premières leçons de musique de l'instituteur de son village, puis réussit à se faire admettre dans la fanfare d'Odense. Enfin, des amis parvinrent à le faire entrer au conservatoire de Copenhague (1884-1886) et trois ans plus tard il obtint une bourse d'études en Allemagne, en France et en Italie. Il débuta comme violoniste à l'opéra de Copenhague, où il succéda à Svendsen comme chef d'orchestre (1908). En 1915, il fut nommé directeur du Conservatoire. Ses admirables mélodies, au charme particulier, sont très populaires en Scandinavie, et son opéra-comique *Maskarade* est pour les Danois ce que *La Fiancée vendue* de Smetana est pour les Tchèques.

Saul og David (opéra), *Maskarade* (opéra-comique), des musiques de scène, douze cantates profanes, six symphonies, des concertos (violon, flûte, clarinette), six quatuors à cordes, des pièces pour piano, des mélodies.

NIGG, SERGE

Paris, 6 juin 1924.

Élève de Messiaen et de Leibowitz. Après avoir été, sous l'influence de ce dernier, un adepte du dodécaphonisme, il s'en détacha radicalement vers 1948, poussé par son propre tempérament lyrique, autant que par son engagement passager au sein de l'Association française des musiciens progressistes.

Le Fusillé inconnu (oratorio), *Le Chant du dépossédé* (cantate), des poèmes symphoniques ; des concertos (2 pour piano, un pour violon, un pour flûte), plusieurs œuvres pour piano et orchestre et 2 sonates pour piano.

NIN, JOAQUÍN

La Havane, 29 septembre 1879. – La Havane, 24 octobre 1949.

Pianiste et musicologue. Il a fait ses études à Barcelone et à Paris où il s'est installé en 1902. Il y travailla avec Moszlowski et à la Schola cantorum, où il devint professeur de 1905 à 1908. Mais, dès l'âge de quinze ans, il avait commencé des tournées de concerts qui le conduisirent dans la plupart des pays d'Europe et d'Amérique latine. Il séjourna quelque temps à La Havane (pour y fonder un conservatoire), à Bruxelles et à Berlin et, à la déclaration de guerre en 1939, il quitta définitivement Paris pour son pays.

Un mimodrame, un ballet, des pièces pour piano et pour violon (d'inspiration espagnole), trois mélodies avec orchestre et surtout de nombreuses et admirables harmonisations de chansons populaires espagnoles. On lui doit aussi des éditions de musique espagnole ancienne.

NIVERS, GUILLAUME

Paris, 1632. – Paris, 30 novembre 1714.

Organiste de Saint-Sulpice dès sa jeunesse, il fut nommé en 1678 organiste du roi et maître de musique de la reine, puis organiste et maître de musique à Saint-Cyr. Intensément dévot, il ne s'intéressait qu'à la musique religieuse. Il fut probablement élève de Chambonnières et de Dumont.

Motets, *Chants d'église* pour Saint-Sulpice et pour Saint-Cyr, nombreuses pièces d'orgue. Il a publié des recueils de plain-chant et des ouvrages didactiques.

NONO, LUIGI

Venise, 29 janvier 1924. – Venise, 8 mai 1990.

Élève de Scherchen (direction d'orchestre) et de Maderna (composition). Il opta dès ses débuts (aux festivals de Darmstadt et Donaueschingen) pour le dodécaphonisme sériel et suivit la voie du « sérialisme généralisé », sans renoncer à exprimer son engagement politique. Il est un des rares qui aient osé accorder les idées révolutionnaires et la révolution musicale. Les subtilités d'écriture ne privent pas sa musique du lyrisme qui en fait la grandeur (cf. l'admirable *Canto sospeso*). C'est en cela qu'il est, avec Boulez, le plus grand musicien de cette école qui, de Darmstadt au Domaine musical, aura représenté longtemps l'avant-garde de la musique en Europe. Il a épousé la fille d'A. Schoenberg.

L'opéra *Intolleranza 60* (Venise, 1961), des cantates pour soli, chœurs et instruments (dont *España en el corazon*, *La Terra e la Campagna*, *La Terra promessa*, *Il Canto sospeso*), *Fabbrica illiminata* pour voix, instrument et bande, *Due espressioni* pour orchestre, *Canti per 13 strumenti*, *Incontri* pour 24 instruments, quatuor à cordes.

Notation

Fixer la réalité fugitive des sons procède du vieux rêve de retenir la fuite du temps. Pourtant, il ne semble pas qu'un système de notation musicale ait été en usage avant une époque relativement récente… et dans une bonne partie du monde, le besoin ne s'en est jamais fait sentir. Les riches civilisations musicales de l'Antiquité, dont nous avons conservé des témoignages remontant à plus de six mille ans, ne nous ont pas légué de musique notée. Dans l'iconographie, on ne trouve d'ailleurs jamais de musicien « lisant ». Les peuples anciens ne paraissent pas s'être souciés de la transmission exacte d'un patrimoine d'objets musicaux, pas plus qu'aujourd'hui les musiciens classiques de l'Inde. Le système d'origine védique dont ceux-ci disposent est limité à des fonctions théoriques et pédagogiques. Quant aux Chinois, ils auraient utilisé, dès le IIe millénaire avant notre ère, dit-on, des symboles représentant les sons de leur échelle ; mais on ne connaît chez eux aucun document musical noté antérieur au XVIe siècle de notre ère.

Le plus ancien système de notation musicale que nous connaissions est celui des Grecs. Complexe et incommode (au point d'être inutilisable dans la pratique), ce système était l'expression graphique de la « catapycnose », division théorique du tétracorde en dix *diesis* égales. Les signes étaient les lettres d'un alphabet archaïque, droites ou diversement inclinées, dont la signification pouvait varier d'un ton à l'autre ou d'un genre à l'autre et il existait des systèmes distincts pour la musique instrumentale et pour la musique vocale.

Les rares documents notés qui nous soient parvenus (une dizaine) sont insuffisants et trop tardifs pour permettre de se faire une idée précise de la musique des Grecs et de leur éventuelle façon de l'écrire. Si l'usage de la notation avait été répandu, il est certain que la civilisation hellénique, dont la poésie lyrique, la tragédie, la philosophie sont connues par d'abondantes sources littéraires, nous eût laissé des témoignages nombreux de son patrimoine musical, au lieu de ces quelques fragments peu significatifs.

Des musiciens lisant n'apparaissent dans l'iconographie qu'au XVe siècle de notre ère, dans la civilisation occidentale, où la notation est alors devenue pratique et indispensable.

Jusqu'à l'époque carolingienne, il n'était pas nécessaire d'employer des symboles graphiques pour conserver et transmettre les mélodies liturgiques. N'ayant pas été atrophiée comme la nôtre par le recours constant à l'écriture, la mémoire était probablement vaste et fidèle. Mais lorsque l'usage des tropes* suscita une riche floraison de mélodies nouvelles, au

moment même où Charlemagne imposait à l'Empire l'unité du culte, on s'avisa d'aider la mémoire des chanteurs en plaçant au-dessus des syllabes du texte des signes suggérant l'allure de la mélodie. Ils seront appelés neumes*. On les a probablement utilisés dès la fin du VIIIe siècle.
Les premiers neumes étaient dérivés des signes d'accentuation du langage : accent aigu (élévation de la voix), accent grave (abaissement de la voix), accents circonflexe et anticirconflexe (double inflexion). Les deux signes fondamentaux de la notation neumatique seront la *virga*, indiquant un son plus aigu, et le *punctum*, indiquant un son plus grave. Groupés par deux ou par trois, ces signes serviront à former tous les autres (voir tableau page 475). Tant qu'ils sont alignés, ils sont indéchiffrables et ne peuvent aujourd'hui que nous aider à recouper des hypothèses.
Au début du Xe siècle, en raison d'un curieux sentiment d'analogie entre sensations visuelles et auditives, on imagina de placer les signes à des hauteurs différentes selon qu'ils désignaient des sons plus ou moins aigus (plus ou moins « hauts ») : on obtenait une guirlande dont l'allure pouvait évoquer la « courbe » de la mélodie. Encore très imprécise, cette notation, improprement qualifiée de diastématique (de *diastema* : intervalle) fut enrichie de deux sortes d'indications complémentaires :

1. Adjonction aux neumes de lettres latines (notation alphabétique très simplifiée) pour en préciser l'intonation, selon le principe resté en usage en Angleterre et en Allemagne[1]

A	B	C	D	E	F	G
la	si	do	ré	mi	fa	sol

Selon l'échelle adoptée, deux sortes de B pouvaient être utilisés, correspondant à notre si naturel et à notre si ♭ : le premier était représenté par un B anguleux (b quadratum ou carré), le second par un B arrondi (b rotundum ou molle) qui sont à l'origine du bécarre et du bémol.

2. Répartition de la notation autour d'une ligne qui situait la note fa (F). Bientôt on traça plusieurs lignes-repères (rudiments de notre portée) dont les valeurs d'intonation étaient précisées par des lettres-clés empruntées à la notation alphabétique ; en se déformant, ces lettres donnèrent naissance à nos clés*.

À la fin du XIIe siècle, l'usage de la plume d'oie à bec large fit prendre aux neumes, en les simplifiant, l'aspect caractéristique de la « notation carrée » (restée en usage pour le plain-chant latin) : les points se transformèrent en carrés ou en losanges, les ligatures en gros traits pleins.

1. L'emploi du H en Allemagne pour désigner le si naturel (B devenant si ♭) résulte d'une confusion entre le B carré et le H gothique.

Exemples de notation médiévale

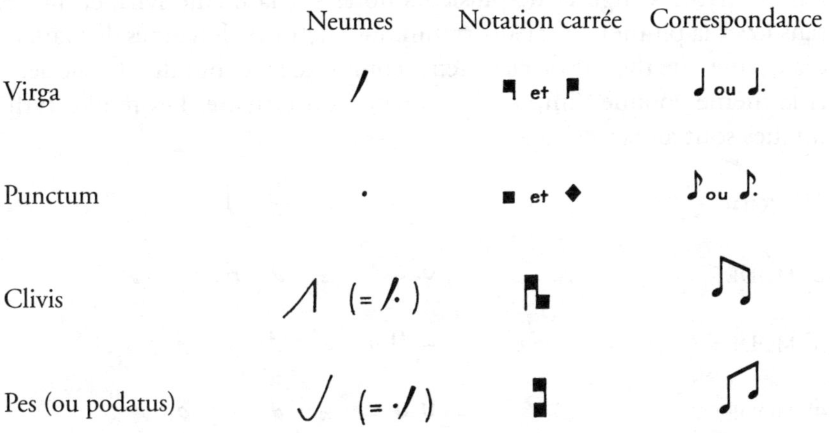

L'adoption de la portée de quatre lignes, étagées de tierce en tierce, et la transformation des neumes en « notation carrée », permettaient désormais de noter les intervalles sans ambiguïté. En revanche, l'interprétation rythmique n'était pas déterminée. Or le développement de la polyphonie rendait nécessaire la détermination rigoureuse des valeurs rythmiques. Les solutions successives à ce problème délicat ont été les suivantes :

1. Modes rythmiques

Depuis le milieu du XIe siècle, on adopte un système de rythmes stéréotypés, inspirés de la métrique latine. Ces « modes rythmiques » sont formés de mesures semblables, analogues aux « pieds » de la métrique classique. Le mode choisi est en principe conservé jusqu'à la fin, dans une même voix. L'identification de celui-ci est facilitée par l'attribution aux différentes ligatures (figures de plusieurs notes sur la même syllabe, tracées sans lever la plume) de valeurs rythmiques définies. Johannes de Garlandia donne une théorie de ce système complexe au début du XIIIe siècle. À la même époque s'impose la primauté du ternaire. Les modes rythmiques sont alors :

1er MODE	– ∪	=	𝅗𝅥 ♩
2e MODE	∪ –	=	♩ 𝅗𝅥
3e MODE	– ∪ ∪	=	𝅗𝅥. ♩ 𝅗𝅥
4e MODE	∪ ∪ –	=	♩ 𝅗𝅥 𝅗𝅥.
5e MODE	– – –	=	𝅗𝅥. 𝅗𝅥. 𝅗𝅥.
6e MODE	∪ ∪ ∪	=	♩ ♩ ♩

2. *Notation proportionnelle*

Toujours au début du XIIIe siècle, de nouvelles figures de notes apparaissent, représentant des durées relatives, des *proportions* constantes : d'où l'appellation de « notation proportionnelle ».

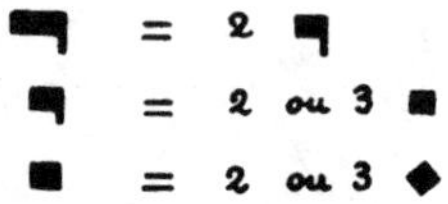

Cette notation est dite « franconienne » parce que l'*Ars cantus mensurabilis* de Francon (vers 1260) en a établi la théorie. Elle nous a conservé, avec une précision satisfaisante, de nombreuses compositions polyphoniques du XIIIe et du début du XIVe siècle, parmi lesquelles les rondeaux d'Adam de la Halle, les motets du manuscrit de Montpellier, ceux du *Roman de Fauvel*.

3. *Ars nova*

Dans son célèbre traité *Ars nova musicae* (vers 1325), Philippe de Vitry révise la théorie franconienne, enrichie depuis peu d'une valeur nouvelle, la *minime* ♦, et rétablit l'usage du rythme binaire. Les éléments essentiels de notre système de notation se trouvent déjà dans celui de l'*Ars nova* du XIVe siècle, tel qu'il est résumé dans le tableau suivant

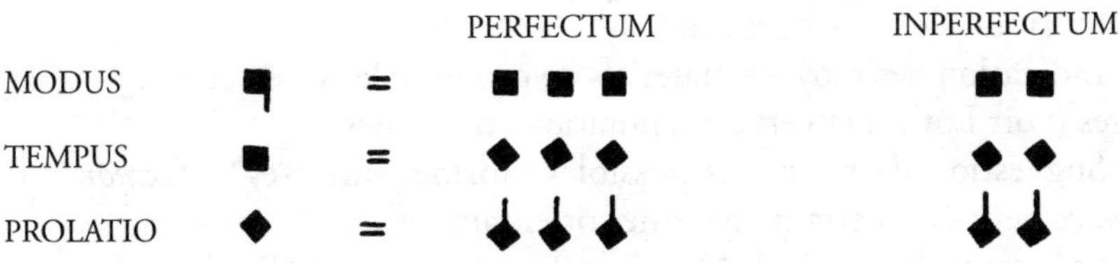

Les subdivisions de la minime sont binaires : 
Les quatre combinaisons possibles d'un *tempus* avec une *prolatio* forment les quatre principaux types de « mesures » ou *tempora* du XIVe siècle.
Il faut attendre le XVe siècle pour que soit généralisé l'emploi des notes blanches et noires qui, simplifiées par les premiers imprimeurs, puis arrondies à la fin du XVIe siècle par les graveurs, donnent naissance au système de notation actuel.
L'usage du point et de la barre de mesure, dans leurs significations modernes, remonte – respectivement – à la fin des XIVe et XVIe siècles.
À l'exception du chiffrage de la basse* continue, des signes d'ornements* et des tablatures de luth*, les plus ingénieuses méthodes de simplification de la notation sont restées sans lendemain.
L'évolution n'est cependant pas terminée : non seulement notre système est impropre à la notation des petits intervalles (musique en 1/4, 1/3, 1/6 de ton), mais un simple coup d'œil sur la partition du *Sacre du printemps*, sur celle d'*Arcana* de Varèse, ou sur celles, plus récentes, de Messiaen ou Boulez, montre que la complexité croissante des rythmes nécessiterait encore des perfectionnements nouveaux. Quant aux musiques électroacoustiques, elles posent des problèmes de notation complexes, qui ne peuvent être résolus dans le cadre du système traditionnel.
Le musicologue J. Handschin (1886-1955) suggère que l'apparition d'un système de notation est le symptôme d'un affaiblissement du sens musical. Il est vrai que la mémoire décline, que la spécialisation s'accentue, que l'écriture impose des limites et des contraintes… Finalement, la musique est contrainte à devenir telle qu'elle puisse être notée. La musique occidentale est exposée au danger dénoncé par Saussure : que l'écriture ne contamine la langue.

On peut classer les différents types de notation selon l'information reçue :
1. Représentation symbolique du son
– méthode analytique : notation traditionnelle. Marge d'interprétation restreinte ; toutes les caractéristiques de la musique souhaitée sont indiquées le plus exactement possible ;

– méthode globale : certains signes d'ornements, certaines notations nouvelles (clusters* par exemple). Marge d'interprétation assez large ;
– méthode schématique ou analogique : neumes* et certaines notations de musique électroacoustique*.
2. Indication des moyens matériels de produire les sons : certaines tablatures (voir Luth*) et certaines notations nouvelles.
3. Suggestion de musiques possibles : formes ouvertes*, *Textkomposition* et peut-être certains systèmes orientaux.
Dans la seconde moitié du XXe siècle, la musique nouvelle n'a pas apporté de transformation fondamentale à notre conception de l'écriture musicale. Sa seule originalité à cet égard est le refus de s'adapter aux particularités du système traditionnel, créant au jour le jour les moyens qui lui sont nécessaires... ce qui ne s'était pas vu depuis cinq siècles.

NOUBA

Grande suite de pièces instrumentales et vocales, propre à la musique classique arabo-andalouse du Maghreb. Les différents mouvements de la *nouba* (dont le nombre ne dépasse pas cinq) sont dans le même mode et dans des rythmes différents.
Selon la tradition, cette forme d'origine persane aurait été introduite en Espagne musulmane par Ali Ibn Nafi, dit Ziriāb, le fondateur de l'école andalouse, exilé de Bagdad. Il existait vingt-quatre *noubet* traditionnelles, correspondant à vingt-quatre familles modales. On en connaît aujourd'hui onze au Maroc, quinze en Algérie, treize en Tunisie et en Libye.

NOVÁK, VITĚZSLAV

Kamenice, 5 décembre 1870. – Skuteč, 16 juillet 1949.

Élève de Jiranek et Dvořák au conservatoire de Prague, où il devint professeur en 1909. De 1919 à 1939, il enseigna à l'école de maîtrise de Prague. Il fut dans son pays l'un des maîtres les plus influents de ce siècle. En 1945, il reçut le titre d'Artiste national.
Dans sa musique, où se distinguent les influences de Brahms, de Dvořák, de l'impressionnisme français et du folklore morave, un lyrisme poétique très personnel emprunte sa substance à l'érotisme, à l'amour de la nature et aux caractères originaux de l'âme populaire tchèque.

Cinq opéras, deux ballets, de nombreuses œuvres chorales, des poèmes symphoniques, trois quatuors à cordes, une sonate pour violoncelle et piano, un grand nombre de pièces pour piano, de mélodies (avec orchestre ou piano) et d'harmonisations de chansons populaires.

Nunes Garcia, José Mauricio

Rio de Janeiro, 20 septembre 1767. – Rio de Janeiro, 18 avril 1830.

Prêtre et théologien. Bien que métis d'origine modeste, il réussit à se faire une situation brillante comme maître de chapelle de la cathédrale de Rio, prédicateur de la cour et inspecteur de la chapelle royale, grâce à la protection du roi du Portugal, réfugié au Brésil lors de l'invasion française.

Nombreuses compositions religieuses.

O

Obrecht, Jacob

Berg-op-Zoom, 22 novembre 1452. – Ferrare, 1505.

Il fit ses études à la maîtrise de Berg-op-Zoom et à l'université de Louvain (1470). Quelques années plus tard, il entra dans les ordres (sa première messe fut célébrée en 1480). Successivement, il remplit les fonctions de maître des enfants à la cathédrale de Cambrai (1484-1485), *succentor* au chapitre de Saint-Donatien à Bruges (1485-1491 ; il aurait eu pour élève Érasme, à Bruges ou à Cambrai), maître de chœur à la cathédrale d'Anvers (1491-1496). En 1487, il fit un séjour à la cour de Ferrare, où il avait peut-être été chantre vers 1475. À partir de 1496, il vécut dans une semi-retraite, assez gravement malade, et, en 1504, il retourna à la cour de Ferrare où il mourut de la peste l'année suivante. Son œuvre est un trait d'union entre celles d'Okeghem et de Josquin. La souplesse expressive et la suavité de son écriture polyphonique, souvent audacieuse, le sentiment de plénitude « harmonique » qui en émane appartiennent déjà à la Renaissance et font de lui l'un des trois plus grands musiciens de sa génération (avec Isaac et Josquin). La *Passion* à quatre voix (selon saint Matthieu) qui lui est attribuée est en fait une composition anonyme du début du XIe.

(Édition complète par F. Wolf, 1912-1921) : de nombreuses messes dont une douzaine nous sont connues (parmi lesquelles surtout *Sub tuum praesidium*, *Fortuna desperata* et *Super Maria zart*), des motets et des hymnes, quelques chansons.

Octave

Intervalle que forme avec la tonique le huitième degré d'une gamme diatonique. L'octave est la plus parfaite des consonances. Deux notes formant un intervalle d'octave portent le même nom ; aussi distingue-t-on les octaves successives en les numérotant à partir d'ut :

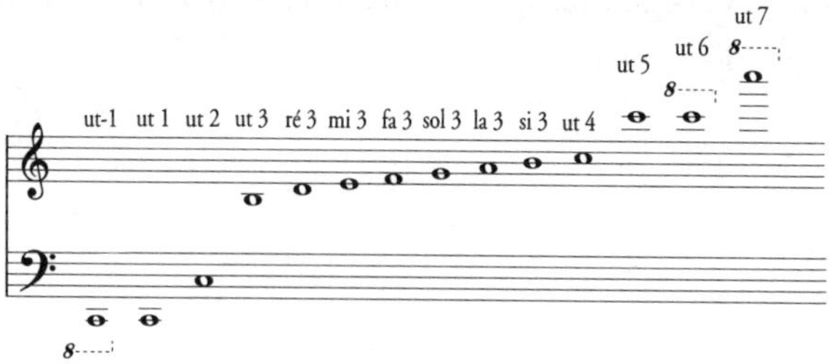

Offenbach, Jacques

Cologne, 20 juin 1819. – Paris, 5 octobre 1880.

[Jacob Eberst] Son père, cantor de la synagogue de Cologne, était originaire d'Offenbach (près de Francfort), d'où son pseudonyme. Très tôt, il manifesta des dons exceptionnels et il était déjà habile violoncelliste lorsqu'il fut admis, à quatorze ans, au conservatoire de Paris. Élève indiscipliné, il quitte l'établissement au bout d'un an et trouve une place dans l'orchestre de l'Opéra-Comique. Le succès d'une série de chansonnettes contribue à lui faire obtenir, en 1847, le poste de chef d'orchestre au Théâtre-Français. Il s'y fait remarquer en composant une *Chanson de Fortunio* pour *Le Chandelier* de Musset et commence à écrire des opérettes qu'il fait représenter au petit théâtre des Champs-Élysées. En 1855, il prend la gestion du théâtre Comte (passage Choiseul) qu'il baptise « Bouffes-Parisiens » et où il produira une grande partie de ses opérettes, avec un succès qui lui ouvrira les portes de l'Opéra-Comique, de l'Opéra, du Palais-Royal, des Variétés et de plusieurs scènes étrangères (Vienne, Ems, Londres, Baden-Baden). Ce succès fait bientôt de lui le type de la « personnalité bien parisienne », l'incarnation de la gaieté parisienne sous le second Empire : les chansons et les danses de ses opérettes (notamment le fameux « cancan » apparu dans *Orphée aux enfers*) sont arrangées et diffusées sous toutes les formes. De 1872 à 1875, il prend la gestion du théâtre de la Gaieté, qui le conduit à un désastre financier : il vend une partie de ses biens et entreprend une tournée aux États-Unis pour payer ses dettes. Il est mort des suites de la goutte, pendant la nuit du 4 au 5 octobre 1880, à son domicile du boulevard des Capucines, sans avoir pu voir la création de son ouvrage préféré, à peine achevé (Guiraud compléta l'orchestration), *Les Contes d'Hoffmann*, représentés plus de cent fois la première année. Sa musique est la plus joyeuse, la plus spirituelle, la plus brillante, la plus soignée aussi, qui ait été écrite pour le genre de l'opérette. Verve, cocasserie, truculence n'excluent jamais chez lui la qualité musicale.

L'opéra *Les Contes d'Hoffmann* (Opéra-Comique, 1881), quatre-vingt-quinze opérettes, dont *Orphée aux enfers* (Bouffes-Parisiens, 1858), *La Belle Hélène* (Variétés, 1864), *La Vie parisienne* (Palais-Royal, 1866), *La Grande Duchesse de Gérolstein* (Variétés, 1867), *La Périchole* (Variétés, 1868), cinq ballets et pantomimes, etc.

OHANA, MAURICE

Casablanca, 12 juin 1914. – Paris, 13 novembre 1992.

Élève de Lazare-Lévy (piano), Casella et Lesur (composition). Andalou par ses origines, français par sa culture, il a échappé aux influences esthétiques qui ont dominé la musique depuis 1950. Davantage influencé par l'œuvre de Debussy et de Falla et par sa connaissance de certaines musiques traditionnelles (flamenca, africaine, japonaise), il s'est créé un style très personnel fait de rythmes et de sonorités rares, de nouvelles formes d'expression vocale et d'un libre emploi des principales acquisitions musicales de notre temps (telles que clusters* et micro-intervalles).

L'opéra *La Célestine* (Opéra de Paris, 1988) ; *Llanto por I. Sanchez Mejias* (oratorio sur le poème de Lorca, 1950) ; *Office des Oracles* (1974) pour 3 ensembles choraux et instrumentaux ; *Cantigas*, *Cris* et *Lys de Madrigaux* pour ensemble vocal ; les opéras de chambre *Syllabaire pour Phèdre* (1967) et *Trois Contes de l'Honorable Fleur* (1978) ; *Tombeau de Debussy* (1962) pour cithare en 1/3 de ton, voix et orchestre de chambre ; *Livre des Prodiges* (1979) pour grand orchestre ; *Trois Graphiques* pour guitare et orchestre, *Synaxis* pour 2 pianos et orchestre, *Concerto* pour piano (1980) ; *Pentocles* pour clavecin et orchestre, *Signes* (1965) pour flûte, piano, cithare et percussion ; *Études chorégraphiques* (4 percussions, 1955), deux quatuors à cordes (1963 et 1980), *Vingt-quatre Préludes* pour piano (1973) et *Douze Études d'interprétation* (1982-1985) pour piano.

OKEGHEM, JOANNES

Flandres ?, vers 1430. – Tours, 6 février 1497.

[ou Ockeghem] Il reçut sa première formation musicale à la maîtrise de la cathédrale d'Anvers, et il est probable qu'il étudia avec Dufay, à Cambrai en 1449. Vers 1446-1448, il était chantre du duc Charles de Bourbon à Moulins et, vers 1452, il entra au service des rois de France (il est

mentionné comme « Johannes Hoquegan, premier chapelain »). Jusqu'à sa mort, il est resté au service des rois Charles VII, Louis XI et Charles VIII, avec, à partir de 1465, le titre de « maître de la chapelle de chant du roy ». Depuis 1459, il était trésorier de l'abbaye Saint-Martin de Tours, cité où il résida une partie de sa vie, à la faveur des séjours du roi à Plessis-lez-Tours. En 1470, il voyagea en Espagne aux frais du roi. Lorsqu'il mourut, le poète Guillaume Cretin consacra plus de quatre cents vers à son panégyrique.
Théoricien et virtuose du contrepoint, il est le fondateur de la nouvelle école polyphonique franco-flamande qui succéda à celle de Dufay et Binchois. Par ses élèves (notamment Josquin et La Rue) et les disciples de ceux-ci, il exerça une influence considérable sur l'évolution de la musique en Europe, comme en témoigne, par exemple, la filiation (spirituelle ou magistrale) : Okeghem, Josquin, Mouton, Willaert, A. et G. Gabrieli, Schütz.

(Édition complète par l'American Institute of Musicology) : dix-neuf messes (dont *L'Homme armé* et *Mymy quarti toni*), des motets (dont un *Deo gratias* en canon énigmatique à 36 voix), dix-neuf chansons françaises.

Ondes Martenot

Le seul des instruments à oscillations électriques qui ait été admis dans l'orchestre symphonique. Baptisé à sa naissance « ondes musicales », il fut inventé par Maurice Martenot (1898-1981) et présenté pour la première fois au public en 1928.
Le son y est produit par les battements entre deux circuits oscillants groupés (principe de l'oscillateur hétérodyne). Les différentes fréquences sont obtenues en agissant sur le condensateur variable d'un des circuits, les différents timbres par le jeu de filtres qui éliminent certains harmoniques. Les oscillations électriques sont transformées et amplifiées par les procédés habituels (amplificateur-haut-parleur). Pour régler la hauteur du son, l'instrumentiste dispose d'un clavier (oscillant pour permettre le vibrato) et d'un ruban muni d'un anneau qui, en se déplaçant devant le clavier, permet de réaliser des glissandos sans discontinuité.
À portée de la main gauche, se trouve une sorte de tiroir qui supporte :
a. Une grosse touche destinée à l'émission du son, avec toutes les nuances imaginables dans l'attaque comme dans l'intensité.
b. Une série de boutons de registration servant à composer le timbre (qui n'est pas nécessairement l'imitation d'un instrument d'orchestre).
L'étendue est de sept octaves (d'ut_{-1} à si_6), presque l'étendue du piano.
La plupart des compositeurs français contemporains ont écrit pour les ondes Martenot qui font l'objet d'une classe au conservatoire de Paris.

⊖→ MESSIAEN, *Trois Petites Liturgies de la présence divine.* Les ondes sont utilisées tout au long de la partition et, principalement : III, chiffre 9 (au ruban, vibrato très large) ; 1, 6e mes. de 5 (au clavier). – JOLIVET, *Concerto pour ondes Martenot et orchestre.* – LANDOWSKI, *Concerto pour ondes Martenot et orchestre.*

ONSLOW, GEORGES

Clermont-Ferrand, 27 juillet 1784. – Clermont-Ferrand, 3 octobre 1853.

Élève, pour le piano, de Hüllmandel, Dussek et Cramer, il composa beaucoup en amateur, avant d'étudier sérieusement avec Reicha. Élu membre de l'Institut en 1842, au fauteuil de Cherubini, il contribua au développement de la musique de chambre en France.

Quatre ouvrages lyriques, quatre symphonies, trente-quatre quintettes (ses meilleures œuvres), trente-six quatuors, nombreuses pièces pour piano.

OPÉRA

Le mot italien *opera* (œuvre) s'est imposé pour désigner de façon générale le drame lyrique, que les Italiens appelèrent d'abord *dramma per musica*, puis *opera seria*, par opposition à *opera buffa*. Le vocabulaire français a retenu « opéra bouffe » pour un ouvrage léger sur un thème de comédie. Mais par « opéra-comique », il désigne un genre mixte où les dialogues parlés alternent avec les scènes chantées : distinction assez absurde car de supposés « opéras-comiques » ne manquent pas de gravité (*Tom Jones* de Philidor ou *Richard Cœur de Lion* de Grétry, par exemple). Et en dépit des dialogues parlés, ni *La Flûte enchantée*, ni *Fidelio*, ni *Carmen* ne sont des opéras-comiques !

L'opéra est né dans les cercles humanistes de Florence à la fin du XVIe siècle. Mais depuis l'Antiquité, la musique a souvent été associée aux représentations dramatiques, pour en rehausser l'éclat ou souligner l'importance des situations. Aux XIe et XIIe siècles, les drames liturgiques et les jeux, d'où procède une grande partie du théâtre européen, sont d'authentiques précurseurs de l'opéra. Plus tard, les fêtes et les « entrées » de la Renaissance ont été grandes consommatrices de musique vocale et instrumentale, associée aux défilés ou aux jeux scéniques : intermèdes chantés pendant les fêtes de Florence et de Ferrare, *Maskes* à la cour des Tudor, ballets à la cour de France, chœurs d'A. Gabrieli pour la représentation d'*Œdipe roi* à Vicence…

De 1576 à 1587, le comte Bardi, mécène érudit, philologue, mathématicien, platonicien militant, réunissait dans son palais florentin la fine fleur des philosophes, poètes et musiciens, tous hellénistes ou se croyant tels. Parmi les musiciens de la Camerata Bardi figuraient Vincenzo Galilei, père du grand astronome, et Giulio Caccini, célèbre chanteur. Adversaires du style madrigalesque [1], ils préconisaient un type de chant expressif, inspiré de la musique grecque ou, du moins, de ce qu'ils croyaient en connaître grâce aux travaux de Galilei. Aux savantes constructions de la polyphonie, on voulait substituer la libre expression musicale des passions. Il fallait *imitar con canto chi parla* : d'où la nécessité de créer un style musical dans lequel on puisse, selon la préface des *Nuove musiche* de Caccini, *in armonia favellare* (« parler en musique »). À partir de 1590 environ, Jacopo Corsi, devenu le nouveau mécène influent à la faveur d'un changement de régime, organise à son tour chez lui des réunions littéraires et musicales, que fréquentent le poète Torquato Tasso et le compositeur Emilio de' Cavalieri. Celui-ci compose une série de pastorales en musique, dans le style nouveau, malheureusement perdues. Se fondant sur ces essais, Corsi fait appel à Jacopo Peri, un musicien de la cour, pour mettre *entièrement* en musique la *Dafne* du poète Rinuccini, dans le nouveau style dramatique, intermédiaire entre la déclamation et le chant, que l'on qualifiera bientôt de *rappresentativo* ou *recitativo.* De cette *Dafne*, représentée en 1595 et 1597, il ne subsiste que deux courts fragments. L'année 1600 est décisive pour la formation du futur opéra. En février, Cavalieri fait représenter à Rome, dans l'oratoire de la Vallicella, sa *Rappresentazione di Anima e di Corpo*, mélodrame religieux en *stile rappresentativo*, avec décors, costumes et jeu scénique... qui n'est donc pas, à proprement parler, un oratorio*. En octobre de la même année 1600, une « tragédie » de Rinuccini mise en musique par Jacopo Peri est représentée au palais Pitti, à l'occasion du mariage de Marie de Médicis avec le roi de France Henri IV : c'est la fameuse *Euridice*, premier mélodrame qui nous soit parvenu en entier. Cette œuvre de toute beauté a souffert d'un préjugé défavorable, qui date peut-être de la rivalité entre Peri et Caccini.

Après avoir assisté à la représentation d'*Euridice*, le duc de Mantoue commandait à Claudio Monteverdi un ouvrage sur le même sujet. C'est *La Favola d'Orfeo*, premier grand chef-d'œuvre de l'histoire de l'opéra, représenté en 1607. Dépassant la simple conception humaniste du théâtre, qui produisait une sorte de composition assez marginale à l'époque, Monteverdi créait un genre musical universel.

La vogue de l'opéra se répand à Venise, où le premier théâtre public d'opéra (le San Cassiano) est ouvert en 1637, puis à Rome, Naples, Paris,

1. C'est dans la forme madrigalesque qu'Alfonso della Viola composa ses pastorales pour la cour de Ferrare, et l'*Amfiparnaso* de Vecchi (1594) n'est qu'une série de madrigaux, chantés par les protagonistes d'une action rudimentaire. Il est donc inexact de présenter l'un ou l'autre de ces musiciens comme le père de l'opéra.

Londres, Vienne. À la suite de Monteverdi, Cavalli, Cesti, Legrenzi, Rossi, Provenzale, Scarlatti créent la grande tradition du chant italien, où la virtuosité n'a d'égale que l'extravagance des comportements scéniques et les prouesses des machinistes.

Dans la seconde moitié du XVIIe siècle, le centre d'où l'opéra rayonne est Naples, où, à la suite d'Alessandro Scarlatti, une prodigieuse pléiade de musiciens assurera, jusqu'à la fin du XIXe siècle, la pérennité du bel canto (originalement *buon canto*), ce chant grisé de lui-même dont on trouve les prémices dans l'œuvre de Caccini. A. Scarlatti est le véritable créateur d'un style d'opéra dont héritera Mozart : au *stile rappresentativo*, il substitue un *recitativo secco*, qui supporte l'action, interrompu par des *arie* qui la commentent. L'orchestre, auquel sont confiées des parties indépendantes, présente les caractéristiques de l'orchestre classique ; la forme de l'ouverture italienne est fixée. Puis Niccolò Piccini crée le genre des grands finales d'actes que Mozart a portés à la perfection.

Cependant, un Florentin, Lulli(y), renonçant aux sortilèges du buon canto, édifiait l'opéra français sur le principe de l'obéissance au texte, créant un style de chant adapté à la langue française, avec le même souci de pureté qui présidait aux travaux de la Camerata. Mais, si l'autonomie du chant était jugée contraire à l'intérêt dramatique, les ornements « expressifs », soigneusement codifiés, étaient multipliés à l'infini ; et la tragédie lulliste ne renonçait pas à l'attrait des machines, des ballets, des allégories, dont l'absurdité dramatique est évidente. Au XVIIIe siècle, le génie de Rameau domine l'opéra français, toujours tributaire de l'esthétique de Lully et de la tradition fastueuse des fêtes royales. Lassé de cet opéra versaillais, une partie du public parisien s'enthousiasme, au milieu du siècle, pour la comédie mêlée d'ariettes que l'on représente à la foire Saint-Germain, puis au Théâtre-Italien et qui deviendra l'opéra-comique. C'est alors que la fameuse Querelle des Bouffons, suscitée par des représentations de comédies musicales napolitaines (dont *La Servante maîtresse* de Pergolesi), divise la France en deux camps hostiles : les partisans de la musique française, soutenus par le roi et Rameau, et ceux de la musique italienne, soutenus par la reine, Rousseau et les Encyclopédistes. Le prétexte est mince, les arguments fragiles de part et d'autre, s'égarant dans les habituels malentendus sur les rapports de la musique et du langage.

Vingt ans plus tard, le chevalier Gluck décide, à soixante ans, de réformer l'opéra, en se fondant comme Lully sur les qualités expressives que l'on prête à la musique. Le « véritable office » de la musique est, selon Gluck, de « servir la poésie dans l'expression et dans les situations dramatiques, sans interrompre l'action ou la refroidir par des ornements inutiles ». Bien qu'il n'ait jamais été démontré que la musique doive servir la poésie et le drame, cette prétendue exigence du théâtre lyrique est le principe de toutes les « réformes » et le prétexte d'éternels débats.

Le génie de Mozart met fin à ces disputes. Il proclame la souveraineté de la musique et démontre par des chefs-d'œuvre que le « véritable office » de son art est dans la communication de l'inexprimable. La musique peut être le moteur de l'action, s'y superposer comme le contrepoint de la fatalité, ou représenter une réalité morale sous-jacente, un sentiment esthétique, un élément magique...

L'ensemble d'opéra est un des apports les plus originaux de la musique au théâtre. Point d'intersection des passions et des destinées, il réalise une extraordinaire concentration de l'intérêt musical et dramatique, précisément parce que la musique y reste souveraine et qu'en imposant son organisation polyphonique à la scène elle permet un contrepoint d'idées que ne connaît pas le théâtre parlé. On en trouve les plus beaux exemples dans *Les Noces de Figaro* (finale acte II, sextuor acte III), *Don Giovanni* (quatuor et finale acte I, trio du balcon, sextuor et finale acte II), *Cosi fan tutte* (double quintette et finale acte I), *Le Mariage secret* (finales actes I et II), *Le Barbier* (finale acte I, quintette acte II), *Cendrillon* (finale acte I, sextuor acte II), *Les Troyens* (septuor), *Les Maîtres chanteurs* (quintette acte III), *Rigoletto* (quatuor acte III), *Falstaff* (finales actes II et III), *La Fiancée vendue* (sextuor acte III), *Le Chevalier à la rose* (« lever de la Maréchale » acte I, tout l'acte III)...

Le théâtre lyrique du XIXe et du XXe siècle n'a pas suscité de grands débats esthétiques et techniques. Le romantisme a fait éclater les cadres traditionnels de l'opéra, sans que des écoles antagonistes se soient battues pour imposer leur conception de l'opéra nouveau. Les mouvements antiwagnériens étaient dirigés contre la « musique de l'avenir » en général. Les cabales fameuses ont toujours été le fruit de malveillances, sans fondement esthétique. Il ne semble pas que les nouvelles esthétiques du drame musical aient rencontré des hostilités fondamentales. Souvent même, elles ont été portées par le public et la critique. À la division en numéros (récits, airs, ensembles) tend à se substituer une continuité musicale et dramatique, dont Wagner a donné le modèle. L'agrandissement des théâtres et des orchestres exige des voix exceptionnelles, auxquelles Verdi et Wagner demandent de se surpasser, créant des types vocaux inconnus jusqu'alors. L'essor des nationalismes propose des thèmes et un esprit nouveaux et incite les compositeurs à s'inspirer de la musique populaire. Enfin, la réalité contemporaine sous tous ses aspects devient sujet d'opéra, ouvrant au théâtre musical des perspectives infinies.

Chronologie succincte

1600 *Rappresentazione di Anima e di Corpo* de Cavalieri à Rome. (Vallicella) et *Euridice* de Peri à Florence (palazzo Pitti).

1607 *L'Orfeo* de Monteverdi à Mantoue.

1609 *The Masque of the Queens* de Ben Jonson et Ferrabosco à Londres.
1627 *Dafne* de Schütz à Torgau (ouvrage perdu).
1637 Premier théâtre d'opéra public : San Cassiano à Venise.
1639 *Chi soffre speri* de Mazzocchi et Marazzoli : premier opéra bouffe.
1642 *L'Incoronazione di Poppea* de Monteverdi à Venise.
1647 *L'Orfeo* de Rossi à Paris (dispositif scénique de Torelli).
1655 *Le Triomphe de l'Amour* de M. de La Guerre au Louvre : première pièce française entièrement chantée.
1656 Inauguration de la Pergola à Florence : *La Tancia* de Melani.
1660 Premier opéra espagnol : *Celos aun del ayre matan* de Calderón et Hidalgo.
1661 Inauguration du théâtre de Lincoln's Inn Fields à Londres.
1671 Inauguration de l'Académie royale de Musique à Paris : *Pomone* de Cambert.
1673 Lully chasse Molière de la salle du Palais-Royal, devenant le monarque absolu de l'opéra français.
1674 *Alceste* de Lully à Paris.
1686 *Armide* de Lully à Paris.
1689 *Dido and Æneas* de Purcell à Londres.
1697 *L'Europe galante* de Campra à Paris.
1714 Vivaldi imprésario du théâtre Sant' Angelo.
1715 *Tigrane* de Scarlatti à Naples.
1720 Haendel directeur de la Royal Academy of Music, à Haymarket puis à Covent Garden.
1733 *Hippolyte et Aricie* de Rameau à Paris.
1735 *Les Indes galantes* de Rameau à Paris.
1735 *Alcina* de Haendel à Londres.
1752-1754 Querelle des Bouffons.
1759 *Blaise le Savetier* de Philidor à Paris (Foire Saint-Germain).
1762 *Orfeo ed Euridice* de Gluck à Vienne (Burgtheater).
1774 *Iphigénie* de Gluck à Paris : Rousseau est conquis.
1781-1791 Les opéras de Mozart à Munich, Vienne et Prague.
1805 *Fidelio* de Beethoven à Vienne (An der Wien).
1807 *La Vestale* de Spontini à Paris (premier grand opéra romantique).
1816 *Il Barbiere di Siviglia* de Rossini à Rome.
1821 *Der Freischütz* de Weber à Berlin.
1829 *Guillaume Tell* de Rossini à Paris.
1831 *Norma* de Bellini à Milan (Scala) avec Pasta et Grisi.
1836 *Une vie pour le tsar* de Glinka à Saint-Pétersbourg.
1845 *Tannhäuser* à Dresde.

1850 *Lohengrin* à Weimar (direction Liszt).
1853 *La Traviata* à Venise (Fenice).
1858 *Orphée aux enfers* d'Offenbach à Paris (Bouffes-Parisiens).
1859 *Faust* au Théâtre-Lyrique.
1863 *Les Troyens à Carthage* de Berlioz au Théâtre-Lyrique.
1865 *Tristan* à Munich.
1866 *La Fiancée vendue* de Smetana à Prague.
1868 *Les Maîtres chanteurs* à Munich.
1871 *Aïda* au Caire.
1874 *Boris Godounov* à Saint-Pétersbourg.
1875 *Carmen* à l'Opéra-Comique.
1875 Inauguration du palais Garnier.
1876 Inauguration du théâtre de Bayreuth : *Der Ring des Nibelungen.*
1879 *Eugène Onéguine* à Moscou.
1881 *Les Contes d'Hoffmann* d'Offenbach à l'Opéra-Comique.
1882 *Parsifal* à Bayreuth.
1887 *Otello* de Verdi à la Scala.
1890 *Le Prince Igor* de Borodine à Saint-Pétersbourg.
1892 *Werther* de Massenet à Vienne.
1893 *Falstaff* à la Scala.
1896 *La Bohême* à Turin (direction Toscanini).
1900 *Tosca* à Rome.
1902 *Pelléas et Mélisande* à l'Opéra-Comique.
1904 *Jenufa* de Janáček à Brno.
1904 *Madama Butterfly* à la Scala.
1905 *Salomé* de Strauss à Dresde.
1909 *Le Coq d'Or* de Rimsky-Korsakov à Moscou.
1910 *La Fanciulla del West* de Puccini à New York (avec Caruso, dir. Toscanini).
1911 *Le Chevalier à la rose* de Strauss à Dresde.
1911 *L'Heure espagnole* de Ravel, à l'Opéra-Comique.
1913 *La Vida breve* de Falla à Nice.
1914 *Rossignol* de Stravinsky à l'Opéra de Paris.
1921 *L'Amour des Trois Oranges* de Prokofiev à Chicago.
1924 *Erwartung* de Schoenberg à Prague.
1925 *Wozzeck* à Berlin (Staatsoper).
1925 *L'Enfant et les Sortilèges* de Ravel à Monte-Carlo.
1928 *L'Opéra de quat' sous* de Brecht et Weill à Berlin.
1930 *Christophe Colomb* de Milhaud à Berlin.
1934 *Lady Macbeth de Mtsensk* de Chostakovitch à Moscou.
1937 *Lulu* de Berg à Zurich.
1940 *Vol de nuit* de Dallapiccola à Florence.
1942 *Capriccio* de Strauss à Munich.

1945 *Peter Grimes* de Britten à Sadler's Wells.
1951 *The Rake's progress* de Stravinsky à la Fenice.
1954 *The Turn of the screw* de Britten à la Fenice.
1955 *L'Ange de feu* de Prokofiev à la Fenice (création posthume).
1957 *Moïse et Aaron* de Schoenberg à Zurich (création posthume).
1957 *Dialogue des carmélites* de Poulenc à la Scala.
1961 *Intolleranza* de Nono à la Fenice.
1965 *Les Soldats* de Zimmermann à Cologne.
1969 *André del Santo* de Daniel Lesur à Marseille.
1969 *Les Diables de Loudun* de Penderecki à Hambourg.
1969 *Votre Faust* de Pousseur à Milan (Piccola Scala).
1970 *Opéra* de Berio à Santa Fe.
1973 *Death in Venice* de Britten à Aldeburgh.
1975 *Le Pavillon au bord de la rivière* de B. Jolas à Avignon.
1975 *Al gran sole carico d'amore* de Nono à la Scala.
1977 *The Ice Break* de Tippett à Covent Garden.
1978 *Le Grand Macabre* de Ligeti à Stockholm.
1978 *Le Nom d'Œdipe* de Boucourechliev à Avignon.
1979 *Orpheus* de Henze à Stuttgart.
1980 *Pollicino* de Henze (opéra pour enfants) à Montepulciano.
1984 *Saint François d'Assise* de Messiaen à Paris (Opéra).
1984 *Un Re in ascolto* de Berio à Salzbourg.
1985 *Montségur* de Landowski à Toulouse.
1985 *La Vera Storia* de Berio à l'Opéra de Paris.
1988 *La Célestine* d'Ohana à Paris.
1991 *Ubu Rex* de Penderecki à Munich.

Opera buffa

Genre lyrique spécifiquement napolitain, du moins à sa naissance, l'*opera buffa* ou *chélleta pe' mmuseca* prend sa source dans les scènes bouffonnes des opéras de Monteverdi et Cavalli qui apportaient aux drames musicaux un élément de contraste. De ce principe shakespearien procèdent les *intermezzi* comiques intercalés entre les actes des opéras sérieux. Si on unifiait leurs intrigues, les deux *intermezzi* d'un même spectacle pouvaient former une pièce autonome : deux actes, auxquels s'ajoutait souvent une *farsa* indépendante, en guise de troisième acte.
Telle est l'origine de l'*opera buffa*. Mais c'est au début du XVIIIe siècle seulement qu'elle devient un théâtre musical populaire en dialecte napolitain, où les décors et les personnages sont familiers, la langue celle de tous les jours, l'intrigue inspirée des sentiments et des aventures de chacun. Pendant un siècle, ce genre nouveau inspire à Giovanni Veneziano,

Leonardo Vinci, Giuseppe di Majo, Pietro Guglielmi, Giovanni Battista Pergolesi beaucoup de petits chefs-d'œuvre. Pergolesi n'a composé que deux *opere buffe* en dialecte napolitain ; *Lo frate' nnamorato* et *Flaminio.* La célèbre *Serva Padrona* est un *intermezzo* en langue toscane, destiné à l'entracte d'un opéra de Pergolesi, *Il Prigioniero superbo.*
Le terme *opera buffa* a été utilisé par la suite pour désigner des ouvrages lyriques sur des sujets comiques. En France, au XIXe siècle, opéra bouffe est parfois synonyme d'opérette.

Opéra-comique

Genre lyrique spécifiquement français, apparu au début du XVIIIe siècle sur les tréteaux des foires Saint-Germain et Saint-Laurent. Selon les termes de l'arrêt de 1716 qui autorisait ces représentations, il s'agissait de « spectacles mêlés de chant, de danse et de symphonies sous le nom d'opéras-comiques ». En passant du théâtre de la foire au Théâtre-Italien en 1762, l'opéra-comique s'est policé. Mais il a toujours conservé les dialogues parlés qui deviennent sa caractéristique principale..., au point que l'on a considéré abusivement comme des opéras-comiques des ouvrages sérieux ou même dramatiques, où se mêlent la parole et le chant. S'appuyant sur le monopole obtenu par Lully, un siècle plus tôt, et sur une longue jurisprudence, l'Opéra faisait interdire aux autres théâtres les représentations « qui forment des ouvrages de musique suivie » : c'était une bonne raison pour conserver l'alternance du chant et des dialogues parlés. La principale conséquence de la Querelle des Bouffons aura été de stimuler le zèle et l'imagination des créateurs de l'opéra-comique. Jusqu'au début du XIXe siècle, le genre nouveau a connu un âge d'or, illustré principalement par Duni, Philidor, Monsigny, Boieldieu et quelques autres, pour la musique, et par Charles Simon Favart (1710-1792) pour les livrets.

⊖› PHILIDOR, *Le Sorcier, Tom Jones.* – GRÉTRY, *Lucile, Zémire et Azor, Richard Cœur de Lion.* – BOIELDIEU, *La Dame blanche.*

Opérette

Genre d'opéra-comique léger, apparu en France au XIXe siècle. Antithèse ou réplique ironique du grand opéra, c'est une comédie un peu folle où tout est prétexte à chansons. Offenbach a été le principal créateur et le meilleur représentant du genre. Après lui, le talent de Messager (sa « comédie lyrique » *Fortunio* est une réussite) n'empêche pas l'opérette de dégénérer.

-⊖› Offenbach, *Orphée aux enfers, La Belle Hélène, La Vie parisienne, La Grande Duchesse de Gérolstein, La Périchole.* – Messager, *Véronique.*

Opus

[pluriel *opera*] Mot latin qui signifie œuvre, au sens le plus large. Depuis la seconde moitié du XVIIe siècle, beaucoup de compositeurs numérotent leurs œuvres éditées dans l'ordre chronologique de la publication, en faisant précéder le numéro d'ordre du mot *opus*, ou de son abréviation *op*. Exemples : les concertos pour flûte op. 10 de Vivaldi, la sonate op. 106 de Beethoven, l'opus 33 de Schoenberg…

Oratorio

Sorte d'opéra sacré sans mise en scène ; par extension, on appelle improprement oratorio les cantates de grande dimension et les drames lyriques privés de mise en scène, que les sujets en soient sacrés ou profanes.
Dès le Xe siècle, l'usage s'était répandu, dans les églises d'Europe occidentale, de chanter et de mimer des scènes de l'Écriture, à l'occasion de certaines grandes fêtes. La rareté des documents nous prive de connaître la musique du plus grand nombre de ces drames liturgiques, extrapolation du répertoire grégorien. Les sujets favoris sont les Prophètes, la Nativité, la Passion et la Résurrection du Christ. Les plus fameux manuscrits dont la musique a pu être déchiffrée proviennent de Saint-Martial de Limoges et de Saint-Benoît-sur-Loire. Il faut citer aussi le *Codex Buranus* du XIIIe siècle, conservé à la bibliothèque de Munich : des poèmes en latin et en bas-allemand, certains fort gaillards (*Carmina Burana*), y voisinent avec deux versions de la Passion, inspirées assez librement du texte de la Vulgate, la première sans musique, la seconde accompagnée de neumes (malheureusement trop imprécis pour être déchiffrés). Vers la fin du Moyen Âge, ces drames liturgiques tendent à tomber en désuétude, mais la tradition se perpétue de mettre en musique la Passion : le pseudo-Obrecht[1], Victoria, Byrd et surtout Lassus (composition dialoguée annonçant la future Passion-oratorio) en ont laissé la preuve.
Cependant, saint Philippe Neri (1515-1595), fondateur de la Congregazione dell'Oratorio (oratoriens), croyait fortement aux vertus édifiantes de l'art sacré sous toutes ses formes. Dans son nouvel oratoire de

1. Il a été démontré (1935) que la « Passion d'Obrecht » n'est pas d'Obrecht, mais l'œuvre reste connue sous cette attribution.

Santa Maria in Vallicella à Rome, il organisait de pieuses soirées, au cours desquelles l'instruction était précédée et suivie du chant des *laudi* spirituali*, composées spécialement par d'excellents musiciens, parmi lesquels, dit-on, Palestrina (*Madrigali spirituali* de 1594 ?) ; cette pratique devint l'occasion d'interprétations naïves des scènes de l'Écriture, alternant avec des commentaires sous une forme adaptée au niveau de l'auditoire (principalement des jeunes, de condition très modeste). Le succès de ces divertissements sacrés fut tel que la mode s'en répandit et l'on désigna simplement par oratorio le chant des *Laudi* « dans l'esprit de l'Oratoire ». Après la mort de saint Philippc, l'oratorio poursuivit sa carrière, parallèlement à celle de l'opéra, s'adaptant au style nouveau de la monodie. Et au cours de la même année 1600, le premier opéra véritable (*Euridice* de Peri) allait être représenté au palais Pitti à Florence, en octobre, tandis qu'en février un grand drame sacré était présenté aux fidèles de l'oratoire de la Vallicella à Rome.
Cet ouvrage est la *Rappresentazione di Anima e di Corpo* d'Emilio de' Cavalieri, composé dans le nouveau *stile rappresentativo* (dont Cavalieri fut l'un des promoteurs). Une abondante préface précise l'instrumentation souhaitée et donne des indications de mise en scène : on y lit en particulier que les *ritornelli*, où intervenaient un grand nombre d'instruments supplémentaires, devaient être dansées, de préférence sur un pas de courante ; d'autres danses pouvaient être improvisées, notamment la gaillarde. Le dernier chœur pouvait aussi être accompagné de pas. L'orchestre étant caché aux yeux des spectateurs, chaque personnage portait un instrument, dont il feignait d'accompagner ses mouvements et son chant, de même que les ritournelles dansées. On voit que ce n'est pas un oratorio au sens que nous donnons aujourd'hui à ce mot, mais un drame sacré.
En 1622, les cérémonies de canonisation de saint Ignace de Loyola et de saint François-Xavier furent l'occasion de nombreuses et somptueuses représentations d'un drame sacré sur les héros du jour. L'œuvre (de Kapsberger), assez médiocre musicalement, fit néanmoins progresser le genre dans le sens de l'importance des moyens mis en œuvre. À la même époque, en Allemagne, les premiers oratorios de Schütz voyaient le jour (notamment l'*Histoire de la Résurrection*, publiée à Dresde en 1623). Conjugaison de la vieille tradition des musiques de Passion allemandes et du style nouveau, appris à Venise à l'école de Gabrieli, les chefs-d'œuvre de Schütz, en dépit d'une démarche mélodique qui évoque Monteverdi, annoncent, par leur conception dramatique, les grandes compositions de J. S. Bach. Ils surclassent les œuvres italiennes des successeurs de Cavalieri.
Le premier grand maître de l'oratorio en Italie fut Carissimi. Tandis que Schütz, donnant une fonction dramatique au chœur, traçait les plans de l'édifice imposant qui sera achevé par J. S. Bach, Carissimi inaugu-

rait la série des grands oratorios brillants qui trouvera son épanouissement dans *Le Messie* de Haendel. Dans cette première moitié du XVIIe siècle, un personnage extérieur, nommé *historicus* (aujourd'hui « récitant »), commente désormais l'action, pour aider le public à en suivre les péripéties en l'absence de toute mise en scène. Cette méthode, héritée de l'ancienne Passion dialoguée, est adoptée par Schütz, Carissimi et leurs successeurs, ainsi que par l'énigmatique Stradella.

Carissimi (dont le chef-d'œuvre est *Jephté*) eut pour disciples M.-A. Charpentier (*Histoires sacrées*) et, indirectement, Alessandro Scarlatti (environ vingt-cinq oratorios, dont une magnifique *Passion selon saint Jean*). Ses œuvres servirent aussi de modèle à toute l'école italienne jusqu'à la fin du XVIIIe siècle, à Caldara, à Lotti et surtout aux Napolitains qui conserveront pendant près d'un siècle le quasi-monopole de l'opéra et de l'oratorio en Italie. C'est l'époque de ce qu'on pourrait appeler l'oratorio baroque. La forme de l'*aria da capo* ornée, fixée par Scarlatti, y alterne, pour les monologues dramatiques ou les commentaires, avec des récitatifs qui suivent le rythme de l'action.

Les deux *Passions* de Bach (il n'est pas question de l'*Oratorio de Noël* qui est une suite de cantates) sont restées des chefs-d'œuvre inimitables qu'on s'est bien gardé d'imiter. En revanche, les grands oratorios de Haendel – dont on doit l'existence aux persécutions de ses rivaux sur le terrain de l'opéra – et particulièrement *Le Messie*, son chef-d'œuvre, déclenchèrent une vogue de l'oratorio qui a duré jusqu'à nos jours. Les grands festivals qui se multiplièrent en Angleterre en ont toujours fait une consommation énorme (Mendelssohn et Dvořák, notamment, y apportèrent leur contribution). Il est certain que le goût du public britannique pour le chant choral contribua pour beaucoup à donner aux chœurs, négligés par les Italiens, la place qu'ils occupent dans les oratorios de Haendel et de ses successeurs ; ces chœurs, cependant, ne peuvent être comparés, simples spectateurs ou commentateurs de l'action, à ceux des *Passions* de Bach qui vivent l'action, ni aux chorals qui la sanctifient et l'humanisent. On ne sait que citer dans un répertoire touffu, extrêmement hétérogène, où l'on fait entrer des cantates et même des compositions profanes (*Les Saisons* de Haydn, *Œdipus-Rex* de Stravinsky). Haendel avait amplifié et porté à la perfection les modèles laissés par ses devanciers. Ses successeurs se contenteront généralement de ces mêmes modèles, auxquels ils n'apporteront aucune modification essentielle de structure, si ce n'est l'augmentation considérable des effectifs instrumentaux et vocaux C. P. E. Bach, Haydn, Mendelssohn (trois oratorios, dont *Élie*, très populaire en Angleterre), Beethoven (*Le Christ au mont des Oliviers*), Berlioz (*L'Enfance du Christ*), Liszt (*Sainte Élisabeth* et *Christus*), Brahms (*Eine Deutsche Requiem*, sur une traduction luthérienne de textes bibliques), Dvořák (*Sainte Ludmilla*), etc. Cependant, la haute inspiration des *Béatitudes* de Franck rejoint en quelque sorte l'esprit qui animait les œuvres de J. S. Bach.

Enfin, les compositeurs du XXe siècle, Debussy, Stravinsky, Schoenberg, Martin, Honegger, Milhaud, Walton, Tippett, Jolivet... tendent à restituer à l'oratorio son caractère dramatique.

→ CARISSIMI, *Jephte, Dives Malus.* – CHARPENTIER, *Le Jugement dernier, Filius prodigus.* – STRADELLA, *La Susanna.* – SCARLATTI, *Passion selon saint Jean.* – VIVALDI, *Juditha triumphans.* – BACH, *Passions.* – HAENDEL, *Le Messie, Jephta.* – HAYDN, *La Création.* – BERLIOZ, *L'Enfance du Christ.* – LISZT, *Christus, Légende de sainte Élisabeth.* – STRAVINSKY, *Œdipus-Rex.* – HONEGGER, *Le Roi David.*

ORBÓN, JULIÁN

Avilès (Espagne), 7 août 1925.

Élève du conservatoire d'Oviedo et de Copland aux USA, il s'est fixé très jeune à Cuba où il a fait partie, de 1942 à 1949, du Grupo Renovación Musical fondé par José Ardévol.

Himnus ad Galli cantum et *Tres Cantigas del Rey* pour soprano et ensemble instrumental, *Homenaje a la Tonadilla. Tres Versions sinfonicas* et *Danzas sinfonicas* pour orchestre, un quatuor à cordes.

ORCHESTRATION

Organisation de la composition et préparation de la partition* en fonction des caractéristiques instrumentales de l'orchestre. On parlera d'« instrumentation » s'il s'agit d'un ensemble restreint. Pour bien orchestrer, il faut bien connaître l'instrumentation*, c'est-à-dire les possibilités de tous les instruments, en étendue, en nuances, en articulation. Il faut connaître la bonne tessiture*, les bonnes et les mauvaises notes de chacun, les limites techniques, imaginer la « couleur » de tel ou tel mélange de timbres. Pour dissiper les doutes, il est prudent d'avoir un bon traité à portée de main. Le *Grand Traité d'instrumentation et d'orchestration modernes* de Berlioz reste un chef-d'œuvre, même s'il n'est plus tout à fait à jour.

OREILLE ABSOLUE

Faculté d'apprécier directement la hauteur absolue d'un son : nommer une note isolée ou donner l'intonation juste, sans repère sonore, d'une note déterminée. Tous les musiciens n'ont pas cette faculté ; en revanche,

certains amateurs en sont doués. Bien que l'oreille absolue jouisse d'un certain prestige, c'est une faculté qui ne présente pas que des avantages. Elle dirige l'attention sur des valeurs absolues (diapason, tonalité d'un morceau), au préjudice de l'attention requise pour apprécier des rapports de grandeurs, qui sont l'essence de la musique : intervalles*, nuances, rythmes…
Il ne faut pas oublier que, jusqu'au milieu du XVIIe siècle environ, on était indifférent à la hauteur du diapason, aussi bien qu'à la tonalité des compositions. Le compositeur était bien obligé de noter dans une tonalité déterminée, choisie pour son *ethos* particulier et en fonction des possibilités instrumentales et vocales des interprètes. Mais cette tonalité n'avait rien d'absolu, pas plus qu'aujourd'hui celle d'une chanson populaire.

ORFF, CARL

Munich, 10 juillet 1895. – Munich, 29 mars 1982.

Élève de l'Akademie der Tonkunst de Munich, puis de H. Kaminski. En 1925, il participe à la fondation de la Günther Schule, où il enseigne jusqu'en 1936 selon des principes qui s'apparentent à la méthode Jacques-Dalcroze. Dans le *Schulwerk*, qui résume son enseignement, il expose ses idées sur le rythme comme fondement de l'éducation musicale. Ses premières œuvres sont des transcriptions libres de Monteverdi ; mais sa première composition originale est *Carmina burana*, « cantate scénique » sur des poèmes (latins et bas-allemands) du XIIIe siècle. Le dynamisme de cette œuvre séduisante, son extrême simplicité de structure, le caractère hiératique ou populaire des mélodies firent une impression profonde. Orff est resté fidèle à ce style personnel dans les œuvres suivantes, notamment *Die Kluge*, son plus grand succès. Il a voulu rendre au théâtre musical la simplicité d'expression primitive et maintenir le contact avec le plus large public possible. Dans cette perspective, il s'adresse aux facultés élémentaires de l'auditeur, il fait appel, systématiquement, à l'action physiologique et magique de l'art des sons. La fonction primordiale revient au rythme, facteur d'équilibre entre sentiment et intellect ; c'est le rythme, et non l'harmonie, qui doit engendrer la mélodie. D'où le nombre énorme d'instruments de percussion dans certaines de ses œuvres (cinquante-neuf dans *Antigonae*). Le développement mélodique ou harmonique, l'élaboration contrapuntique, la construction de formes complexes, tout ce qui pourrait, en somme, retarder la perception esthétique est délibérément exclu. Il procède par envoûtement. Depuis 1950, il était professeur de composition au conservatoire de Munich.

Trois grandes cantates ou *Trionfi* (*Carmina burana, Catulli carmina, Trionfo di Afrodite*), six opéras dont *Die Kluge* (Francfort, 1943), *Antigonae* (Salzbourg, 1949) et *Œdipus* (Stuttgart, 1959), quelques compositions symphoniques, des arrangements de Monteverdi (*Orfeo, Lamento d'Arianna* et *Il Ballo delle Ingrate*).

Organum

Mot latin médiéval dont l'étymologie reste mystérieuse (οργανον veut dire « outil » ou par extension « instrument de musique »), qui désignait les premières formes polyphoniques jusqu'au XIIIe siècle. Formé d'abord de deux voix parallèles, à intervalle de quarte ou quinte, l'organum découvre le mouvement contraire, s'enrichit de vocalises (organum « fleuri »), puis d'une troisième et d'une quatrième voix (organa triple et quadruple) (voir Polyphonie*).

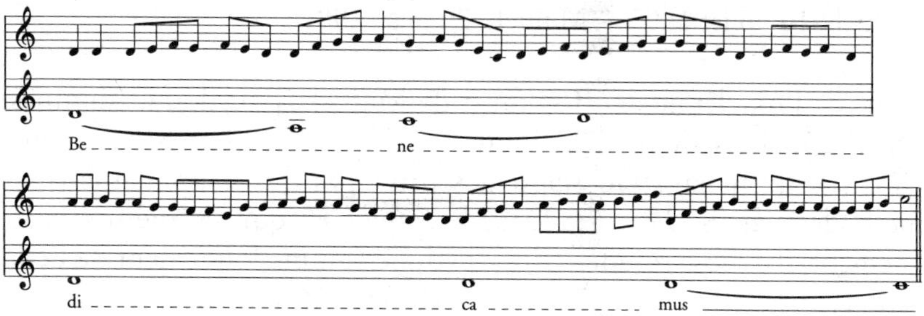

L'organum se distingue des autres formes apparues aux XIIe et XIIIe siècles par un tenor* liturgique au grave (incomplet, en valeurs longues) portant son texte original et une ou plusieurs voix « organales » vocalisées. Au Moyen Âge on appelait *organista* un compositeur ou chanteur d'organa. Léonin et Pérotin n'étaient pas des organistes !

Orgue

Historique

Le plus ancien orgue que nous ait révélé l'archéologie date du IIIe siècle avant notre ère. C'est l'*hydraulis*, orgue hydraulique dont l'invention est attribuée à un certain Ktésibios, Grec d'Alexandrie. Celui-ci eut l'idée d'un système hydraulique très ingénieux, permettant d'assurer à l'air comprimé une pression constante. Une petite maquette d'hydraule en terre cuite est conservée au musée de Carthage.
À l'origine, l'*hydraulis* était un petit instrument, composé d'un, deux ou trois rangs de tuyaux, dont le son devait être assez faible. Sous l'Empire

romain, on en construisit de très importants, qui intervenaient bruyamment dans toutes les occasions festivales. Il semble que le mécanisme de Ktésibios ait fait une longue carrière, notamment grâce aux Arabes. On en suit les progrès à travers Tertullien, Julien l'Apostat, saint Augustin, etc. Les vestiges d'un instrument du IIIe siècle de notre ère ont été découverts sur l'emplacement de l'ancienne Aquincum (environ de Budapest) : treize touches y faisaient parler quatre rangs de tuyaux. Byzance fut le premier centre de facture d'orgue au Moyen Âge et c'est là sans doute que furent construits les premiers orgues pneumatiques. Un instrument de ce type est représenté sur un obélisque byzantin du IVe siècle. L'orgue pneumatique accompagnait les cérémonies de l'Empire byzantin et même le bain de l'impératrice ! Beaucoup moins lourd et encombrant que l'*hydraulis*, ce nouvel *organon pneumatikon* était transportable sur un chariot et l'on en fabriquait de petits modèles que le musicien pouvait porter lui-même et que les ambassadeurs introduisaient partout. Les orgues qu'abritaient les villas romaines furent détruits par les grandes invasions, mais au VIe siècle un orgue pneumatique est de nouveau décrit par Cassiodore. On en fabrique désormais en Occident : en Espagne dès le Ve siècle et en Angleterre à partir de 700, Constantinople restant le centre le plus fameux.

VIIIe SIÈCLE. Un orgue fut offert à Pépin le Bref par l'empereur byzantin Constantin Copronyme (757) : clavier de planchettes coulissantes introduisant l'air d'une machine pneumatique dans des tuyaux en cuivre ou en bronze (un ou plusieurs rangs). Au siècle suivant, Charlemagne commanda une réplique de cet instrument qui fut mise en place à Aix-la-Chapelle par Louis le Débonnaire (822).

Xe SIÈCLE. La ville de Winchester (ou Westminster ou Windsor, selon les auteurs) possède un orgue de quatre cents tuyaux, nécessitant le concours de soixante-dix souffleurs et deux organistes ! Parmi les orgues de petite dimension, on distinguait les « positifs », dont l'installation était fixe, sur des pieds appropriés, et les « portatifs », qui pouvaient être joués dans une procession ou posés sur une table.

XIe-XIIIe SIÈCLE. Essais de répartition des tuyaux en « jeux », certains de plusieurs rangs (monumentaux plein-jeux de dix rangs et plus). Augmentation du nombre de touches ; devenant de plus en plus dures à mesure que l'instrument se complique, elles étaient actionnées avec les poings. Introduction de l'orgue dans les églises.

XIVe SIÈCLE. Apparition du clavier de pédale (ou « pédalier »). Le clavier manuel prend l'aspect que nous connaissons et permet de jouer tous les demi-tons. Invention des principaux jeux d'anche*. L'orgue d'Halberstadt (décrit par Praetorius au XVIIe siècle) possède un jeu de trente-deux pieds. Premières œuvres écrites spécifiquement pour l'orgue (en Angleterre). Landini organiste à Florence.

XVe SIÈCLE. Le nombre de tuyaux atteint parfois deux mille (Amiens, Reims). Certains instruments ont trois claviers (« grand-orgue », « positif », « récit ») plus le pédalier. Paumann organiste à Nuremberg.

XVIe SIÈCLE. Invention de nombreux jeux nouveaux (en particulier les jeux bouchés). Premiers « sommiers » à « registres » et « gravures » (voir plus loin). Agrandissement des claviers (quatre octaves). J. Mouton organiste à Notre-Dame de Paris. J. Titelouze organiste à Rouen. Merulo organiste à Venise. Cabezón organiste de Charles Quint.

XVIIe SIÈCLE. Adjonction d'un quatrième clavier manuel (« écho »). Invention des flûtes et des gambes, perfectionnement des mixtures. Mode passagère de jeux accessoires tels que grelots, tambours, coucou, ours, etc. ! Premiers instruments des Thierry (Invalides) et des Clicquot (château de Versailles). Saint-Nicolas de Hambourg possède un orgue de soixante-sept jeux. Fr. Couperin organiste à Saint-Gervais et N. de Grigny à Reims ; Frescobaldi à Saint-Pierre de Rome et Buxtehude à Lübeck.

XVIIIe SIÈCLE. Adjonction d'un cinquième clavier manuel (« bombarde »). Invention de la « boîte expressive » dans laquelle sont enfermés les tuyaux du « positif » ; le crescendo est obtenu en ouvrant des jalousies à l'aide d'une pédale placée sous la console. Grande facture française (Thierry, Clicquot, Lefebvre) et allemande (Silbermann). Daquin organiste à Notre-Dame de Paris et Bach à Weimar.

XIXe SIÈCLE. Perfectionnements nombreux dans le mécanisme de l'orgue (levier pneumatique Barker, application de l'électricité à la soufflerie puis aux commandes, etc.). Augmentation du nombre de jeux (jusqu'à cent et plus) et du nombre de touches des claviers (cinq octaves). Magnifiques instruments de Cavaillé-Coll (Saint-Denis, Notre-Dame de Paris, Saint-Sulpice, Rouen, Nancy, conservatoire de Bruxelles, etc.). Certains organiers ont une fâcheuse tendance à restreindre les mixtures, à multiplier les anches et à abuser des fortes pressions et des tuyaux étroits. Le congrès de Malines (1864) normalise les dimensions des principaux organes de la console. Saint-Saëns organiste à la Madeleine, Franck à Sainte-Clotilde, Widor à Saint-Sulpice, Guilmant à la Trinité, Vierne à Notre-Dame (1900).

Principe général

L'air fourni par la soufflerie est envoyé dans une série de réservoirs à plis compensateurs, d'où les « porte-vents » le conduisent aux « sommiers ». Les sommiers sont de grands caissons de bois, dont la partie inférieure (« laye ») reçoit l'air sous pression. La partie supérieure est divisée dans toute sa largeur en une série de couloirs appelés « gravures », pouvant être mis chacun en communication avec la laye par une soupape qu'actionne une touche du clavier. Des trous pratiqués dans le dessus du sommier reçoivent le pied des tuyaux (maintenus par des grilles ou « faux-sommiers ») ; mais ces trous, qui mettent les tuyaux en communication avec les gravures, sont obturés tant qu'un « registre » n'est pas tiré (dans les orgues mécaniques, règles percées de trous pouvant coulisser dans le sens perpendiculaire aux gravures). Sur chaque sommier, les rangs de tuyaux perpendiculaires aux gravures correspondent donc aux différents « jeux », tandis que les séries de tuyaux considérées dans le sens des gravures dépendent chacune d'une même touche. Ainsi, pour qu'un tuyau parle, il faut :
1. Qu'un registre soit tiré, mettant en communication tous les tuyaux d'un même jeu, chacun avec une gravure.
2. Qu'en appuyant sur une touche on introduise l'air dans la gravure correspondant à la note désirée.
Tous les tuyaux ne sont pas montés directement sur les sommiers. Certains (notamment les plus gros) sont placés sur des blocs de bois, appelés « pièces gravées », alimentés par des porte-vent ; ils sont dits « postés ».

La console

Pupitre de commande de l'organiste, elle comprend :
1. De un à cinq claviers manuels (cinquante-six à soixante et une touches chacun, sur les instruments modernes) et un clavier de pédale (trente-deux touches). La distribution des claviers manuels varie selon les facteurs. On peut avoir, de bas en haut : grand-orgue, positif, récit, bombarde, écho ; ou grand-chœur, grand-orgue, positif, récit, solo ; ou positif, grand-orgue, récit, bombarde, écho (pays anglo-saxons) ; ou, sur un plus petit instrument, grand-orgue, positif, récit.
2. Les commandes de registres (tiges de bois ou dominos basculants) disposées de chaque côté des claviers.
3. Une série de pédales ou de « champignons » disposés juste au-dessus du « pédalier », comprenant principalement :
– les pédales d'expression (ou de crescendo) : larges pédales à bascule, en nombre variable (parfois une par clavier) ;

– les accouplements (des claviers entre eux) et les tirasses (accouplement de chaque clavier avec le pédalier[1]) ;
– les appels, permettant d'introduire, par un seul mouvement du pied, des jeux préparés à l'avance ;
– les transmissions, ou emprunts, permettant d'utiliser sur un clavier les jeux d'un autre, sans les accoupler ;
– les effets accessoires (trémolo, orage et autres monstruosités).

Dans les orgues modernes, un système de commandes électro-pneumatiques remplace les mécanismes complexes qui mettaient en relation claviers et soupapes, boutons de registres et registres coulissants, claviers entre eux (accouplements), etc.

Les jeux

Les différents jeux se distinguent principalement selon :
– le mode de production du son : tuyaux à anches* ou à « bouche » ;
– la forme des tuyaux : perce large ou étroite, cylindrique ou conique, extrémité ouverte ou fermée, etc.
Le matériau de fabrication des tuyaux (bois ou métal) n'agit pas de manière sensible sur la qualité du timbre. À Manille (Philippines) existe un orgue de bambous datant de la fin du XVIIIe siècle.
Voici l'étendue des jeux d'orgue :

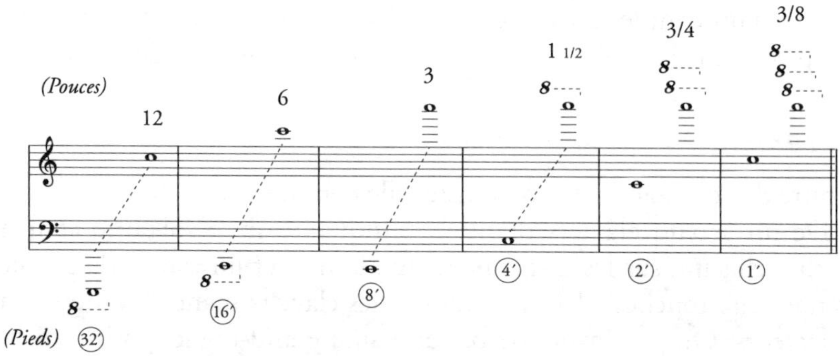

On ajoute à la dénomination usuelle d'un jeu la mesure de son plus grand tuyau, calculée en pieds (1 pied = 12 pouces = 0,324 m). Cela s'indique 32′, 16′, 8′, etc. Les plus grand tuyaux (ut_{-2}) mesurent 32 pieds, soit environ 10,40 m ; les plus petits mesurent 3/4 de pouce (ut_8) ou

1. Tout se passe comme si chaque clavier commandait un orgue séparé, dont les jeux ne peuvent parler normalement que sur ce clavier. Les « accouplements » permettent, sur un seul clavier, d'en actionner plusieurs simultanément (sur les orgues mécaniques, on voit s'enfoncer toutes seules les touches des claviers accouplés).

même parfois 3/8 de pouce (ut$_9$), soit environ deux cm ou un cm ; le spectre total est de dix octaves.

La notation de la musique d'orgue est fondée sur le 8′ : un 16′ sonnera une octave plus bas, un 4′ une octave plus haut, en enfonçant les mêmes touches du clavier.

Voici la classification et la nomenclature des principaux jeux :

- JEUX À BOUCHE
  - DE FOND
    - OUVERTS
      1. *Flûtes* (tuyaux larges) : son doux et rond.
      2. *Montres* (largeur moyenne) : son clair et puissant. Tuyaux en façade.
      3. *Gambes* (étroits) : son mordant et voilé.
      4. *Flûtes à pavillon* (coniques) : très timbrés.
    - BOUCHÉS
      5. Entièrement (*Bourdons*) : son voilé.
      6. Avec cheminée : son plus clair (5 et 6 sonnent une octave plus bas que les tuyaux ouverts de même longueur).
  - MIXTURES
      7. Simples (*mutation*) : ne s'emploient jamais seuls et donnent les harmoniques des « fonds » auxquels on les associe.
      8. *Mixtures composées* : plusieurs rangs de tuyaux associés.

JEUX D'ANCHES (tuyaux ouverts) :
anches libres (abandonnées aujourd'hui) ou battantes.

1. *Flûtes* (16′, 8′, 4′), flûte harmonique (8′, 4′) dont les tuyaux sont percés de plusieurs trous latéraux qui leur permettent de donner leurs harmoniques (très beau son), octavin (2′).

2. *Montres*, contrebasse (16′), diapason (16′, 8′, 4′), principals (32′, 16′, 8′), prestant (4′) qui est une flûte de 4′ en montre (de *prae stans* : se tenant devant), doublette (2′).

3. *Gambes*, violone (32′, 16′), violon (16′, 8′, 4′), salicional (16′, 8′, 4′), violoncelle (8′), dulciane (8′, 4′) à tuyaux coniques, viole de gambe (8′), viole d'amour (4′), gemshorn (8′, 4′) à tuyaux coniques, voix céleste et unda maris (deux rangs de gambes légèrement faussées pour produire des battements).

4. *Flûtes à pavillon*, corno dolce (16′, 8′), flûte à pavillon (8′).

5. *Bourdons* (32′, 16′, 8′), cor de nuit (8′, 4′), quintaton (16′, 8′) qui fait entendre clairement l'harmonique 3 (*quintam tenens*), soubasse (32′, 16′), flûte douce (4′).

6. *Bourdons à cheminée*, flûte à cheminée (16′, 8′).

7. *Jeux de mutation*. Ils ne font pas entendre les sons correspondant aux touches enfoncées, mais leurs harmoniques* (12e, 17e, etc.).

AVEC 8′	AVEC 16′	AVEC 32′	HARM. ET INTERVALLES
Prestant (4′)	*Principal* (8′)	*Principal* (16′)	= h. 2 (octv.)
Nasard (2′2/3)	Gros nasard (5′1/3)	Grande quinte (10′2/3)	= h. 3 (12ᵉ)
Quarte de nasard (2′)	*Prestant* (4′)	*Principal* (8′)	= h. 4 (15ᵉ)
Tierce (1′3/5)	Tierce (3′1/5)	Grosse tierce (6′2/5)	= h. 5 (17ᵉ)
Larigot (1′1/3)	Nasard (2′2/7)	Gros nasard (5′1/3)	= h. 6 (19ᵉ)
Septième (1′1/7)	Septième (2′2/7)	Septième (4′4/7)	= h. 7 (21ᵉ)
Piccolo (1′)	Quarte de nasard (2′)	*Prestant* (4′)	= h. 8 (22ᵉ)
	Tierce (1′3/5)	Tierce (3′1/5)	= h. 10 (24ᵉ)
	Larigot (1′1/3)	Nasard (2′2/3)	= h. 12 (26ᵉ)

Ils sont toujours associés à des jeux de fond de 8′, 16′ ou 32′ qui constituent les fondamentales, de la manière ci-dessus (en italique, les jeux de fond pouvant compléter la série des harmoniques). On peut remarquer que ces jeux sont 2, 3, 4, 5, 6, 7, 8… fois plus petits que les fonds auxquels ils s'associent. En renforçant les harmoniques, cette association a pour but de modifier le timbre[1]. Une série harmonique complète, au moins jusqu'à h. 5, avec la fondamentale, s'appelle un « cornet » (voir ci-dessous).

8. *Mixtures composées.*

a. Plein-jeu, fournitures, cymbales, carillon, sesquialtera : ces mixtures comprennent de trois à sept rangs de tuyaux par jeu, généralement sans fondamentale (elles ne peuvent être employées seules).

b. Cornets (de cinq à dix rangs) : mixtures comprenant la fondamentale. Voici un exemple de cornet de cinq rangs :

Bourdon ou principal (8′)	fondamentale (h. 1)
Cor de nuit ou prestant (4′)	h. 2
Nasard (2′2/3)	h. 3
Quarte de nasard (2′)	h. 4
Tierce (1′3/5)	h. 5 (caractéristique des cornets)

9. *Anche libre,* clarinette à anche libre (16′, 8′), cor anglais à anche libre (16′, 8′) : jeux désuets.

10. *Anche battante,* bombarde (16′), trompette (16′, 8′), clairon (4′), trompette harmonique (8′), trombone (16′), tuba (16′, 8′), cor d'harmonie (16′, 8′, 4′), basson (16′, 8′), basson-hautbois (8′), cromorne (8′), clarinette (16′, 8′, 4′), cor anglais (16′, 8′), musette (8′) aux tuyaux munis d'un petit résonateur. À l'exception des clarinettes et cromornes, ces jeux ont des tuyaux de perce conique.

N.B. Les instruments qu'on appelle pompeusement « orgues électroniques » ne sont pas des orgues, malgré leurs deux claviers manuels, leur

1. On associe parfois un 8′ et un 5′1/3 ou un 16′ et un 10′2/3. Il se produit un phénomène de « sons résultants » (voir Acoustique*), donnant l'illusion d'un 16′ et d'un 32′, respectivement. Ce procédé permet d'étoffer dans le grave les petits instruments.

pédalier, leurs commandes de registres, d'accouplements, etc. Le timbre de ces instruments est tout à fait différent, en dépit d'une technique de synthèse sonore raffinée visant à imiter les instruments à tuyaux. Un instrument sans tuyaux ne peut pas être un orgue !

→ Titelouze, *Hymnes* et *Magnificat*. – Frescobaldi, *Fiori musicali*. – Buxtehude, *Œuvre d'orgue*. – Couperin, *Deux Messes*. – Grigny, *Livre d'orgue*. – Bach, *Œuvre d'orgue*. – Haendel, *Concertos pour orgue*. – Franck, *Trois Chorals*. – Messiaen, *Œuvre d'orgue* (et spécialement *La Nativité, Messe de la Pentecôte, Méditations sur la Sainte Trinité*).

Ornements

Dès l'Antiquité, les chanteurs et les instrumentistes apportaient à l'œuvre apprise ou notée des variantes destinées à embellir la mélodie ou à enrichir l'expression. Par ailleurs, certaines formules du plain-chant (*quilisma, torculus, climacus* : voir Notation*), les longs mélismes des alléluias, les « organa » à vocalises de l'École de Notre-Dame et les riches compositions baroques du XIVe siècle sont autant d'exemples notés de chant orné médiéval. De la fin du XVIe siècle au milieu du XVIIIe, l'art des ornements atteint à une complexité extrême. D'abord improvisés, les ornements (ou agréments, broderies, colorature, embellissements, passages) sont de plus en plus fréquemment notés, soit entièrement, soit par le moyen de signes spéciaux[1]. Les compositeurs français, italiens et allemands, soucieux de limiter les abus pouvant naître de l'ignorance ou du mauvais goût des interprètes, publient des « tables d'agréments », dont la diversité est parfois déconcertante. Il n'est possible ici que d'effleurer le sujet en renvoyant le lecteur aux quatre-vingt-trois pages de R. Donington dans le dictionnaire de Grove (cent vingt-cinq signes y sont répertoriés, qui ont des significations différentes selon les auteurs), aux ouvrages de C. P. E. Bach, Quantz, Couperin, Tartini, etc. On trouvera ci-après une liste des ornements les plus fréquemment utilisés dans la musique des XVIIe et XVIIIe siècles.

Appoggiature*. L'usage d'exécuter l'appoggiature brève ♪ avant le temps date du XIXe siècle et ne se justifie aujourd'hui que pour la musique postérieure à Beethoven.

1. L'improvisation des ornements restera une spécialité des Italiens : violonistes des XVIIe et XVIIIe siècles (Corelli, Tartini, Nardini) et virtuoses du « bel canto », tout particulièrement. Les écrits des témoins nous apprennent l'extraordinaire talent de certains, mais aussi le mauvais goût barbare de quelques autres.

PORT DE VOIX. Appoggiature inférieure assimilable parfois au retard*.

COULÉ. Port de voix entre deux notes à intervalle de tierce (il n'est pas toujours noté, surtout dans les mouvements lents où il est obligatoire)[1].

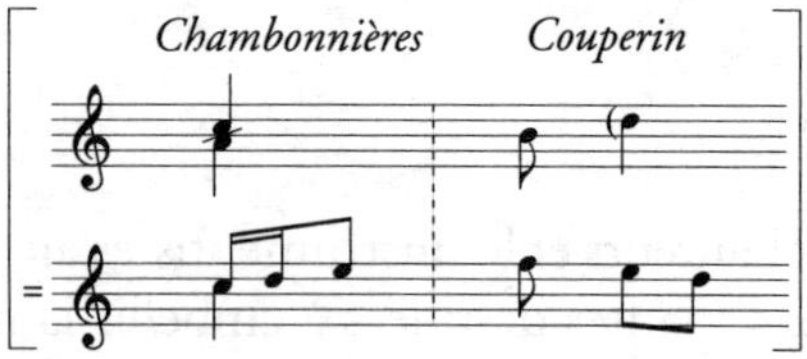

ACCIACCATURA. Sorte d'appoggiature brève que les clavecins jouaient en même temps que la note « appoggiaturée », mais sans la tenir. Les deux touches sont enfoncées simultanément, mais celle qui correspond à la « petite note » est immédiatement lâchée (aussi « pincé étouffé »).

TRÉMOLO. Renforcement périodique, ou répétition rapide d'un son. Souvent indiqué par le signe *tr*, il ne peut être alors distingué du trille que par une sérieuse connaissance des styles (cf. Monteverdi : *Vêpres* et musique dramatique).

VIBRATO (ou battement). Légère fluctuation de hauteur, mais qui n'atteint pas le demi-ton, comme le trille.

TRILLE. Alternance rapide de deux sons voisins.
tr = trille ordinaire non mesuré (commence par la note supérieure dans la musique ancienne).

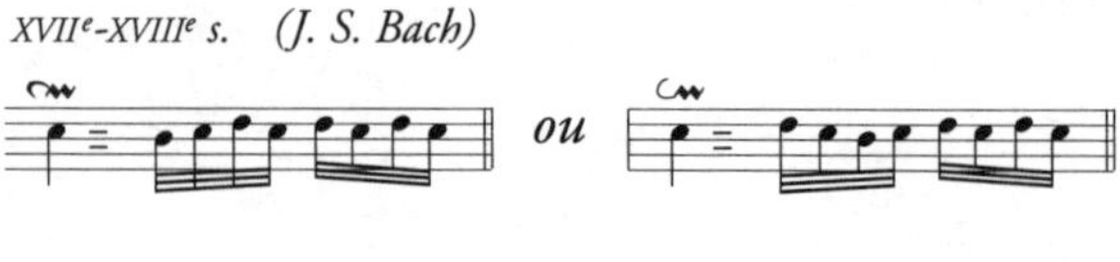

1. Il peut être indiqué par une croix + ; mais ce signe est extrêmement ambigu et peut désigner, selon les hauteurs, un doublé, un trille, un pincé, un doublé, un port de voix, etc.

TREMBLEMENT OU CADENCE. Trille bref et mesuré.

MORDANT OU PINCEMENT. Très fréquent dans la musique du XVIIe et XVIIIe, cet ornement ne se rencontre plus dans la musique du XIXe siècle.

GROUPE OU DOUBLÉ OU DOUBLE-CADENCE OU TOUR DE GOSIER.

ARPÉGEMENT ou, dans l'orthographe initiale, harpègement.

Ces indications minimes aideront peut-être l'amateur dans l'interprétation de la musique ancienne, dont les éditions modernes restituent parfois les ornements de façon incomplète. À partir de Beethoven, les seuls signes utilisés sont ceux du trille, du tremblé et de l'appoggiature brève. Le groupe (ou *gruppetto*) est de plus en plus souvent noté entièrement en petites notes. Dans l'œuvre de Chopin et de Liszt, les longues ornementations en petites notes, héritées du bel canto et des violonistes italiens, n'ont donné lieu à aucune règle précise d'interprétation : la plus élémentaire décence commande de ne pas se « faire les doigts » sur ces arabesques qui, chez Chopin particulièrement, sont le plus souvent d'admirables mélodies, mises entre parenthèses, avec une sorte de pudeur dont il faut s'inspirer.

Ortiz, Diego

Tolède, vers 1520. – ?

Maître de la chapelle royale napolitaine de 1555 à 1570. Il fut l'un des premiers à écrire des séries de variations instrumentales (*glosas*) sur un thème donné.

Tratado de glosas sobre clausulas... (variations pour clavecin et basse de viole avec voix), un recueil de *Musicae* (hymnes, psaumes, motets, *Magnificat*).

Ostinato

Abréviation de *basso ostinato* (basse obstinée). Ce mot désigne une basse formée d'un court motif mélodique qui se répète continuellement. Le premier modèle d'*ostinato* était le « tenor » de la polyphonie médiévale (organum, motet du XIIIe siècle, etc.). La « basse obstinée » ou « basse contrainte » a été très en faveur aux XVIIe et XVIIIe siècles (chez Monteverdi, Cavalli, Purcell, Rameau, Haendel, Bach, en particulier). Chaconnes* et passacailles* dérivent de son principe. Après Bach et Haendel, l'emploi de l'ostinato est relativement rare.

→ Purcell, *Dido and Æneas* (dernier air de Didon). – Bach, *Messe en si* (« Crucifixus ». – Haendel, *Concerto pour orgue n° 11* (2e mouvement). – Chopin, *Berceuse.* – Bizet, *L'Arlésienne* (Carillon).

Ouverte (Forme)

En 1957 une pièce pour piano de Stockhausen, *Klavierstück XI*, suivie de peu de la *Troisième Sonate* de Boulez, admettent dans la notation des facteurs d'indétermination des combinaisons sérielles, proposant les premiers exemples de « formes ouvertes ».

De façon générale, la forme ouverte est une structure mobile qui laisse aux interprètes – éventuellement au compositeur lui-même – la possibilité d'intervenir dans la composition. Au moment de l'exécution, le choix entre les variantes et les combinaisons possibles d'un certain nombre de « formants » est laissé à l'initiative des interprètes. Le compositeur leur délègue une part plus ou moins grande de responsabilité dans la création. La forme est mobile ; elle n'est pas aléatoire, car elle est définie par la structure des formants, que les interprètes explorent de différentes façons, en choisissant parmi des itinéraires proposés, comme on choisirait dans un archipel entre plusieurs cours de navigation (voir Boucourechliev*).

Plus tard, le compositeur peut aussi introduire dans sa composition de nouveaux formants ou de nouvelles règles de combinaison. L'œuvre est en perpétuel devenir, ce qu'exprime la dénomination devenue usuelle de *work in progress*, empruntée à Joyce. Une partie importante des compositions de Boulez depuis 1957 se réfère à cette notion d'œuvre en évolution : *Troisième Sonate*, *Pli selon Pli*, *Éclat/Multiples*, *cummings ist der dichter*, par exemple.
Le principe de la forme ouverte peut engager la musique sur la voie d'une abolition de l'œuvre, concept dont on s'est d'ailleurs longtemps passé. Mais l'auditeur d'aujourd'hui, dans la diversité des techniques et des styles, pourra-t-il surmonter la difficulté d'assimilation d'une musique en perpétuel devenir, qui est expérimentale à chaque exécution et qui ne pourra lui devenir familière qu'au prix d'un long effort ? L'enregistrement permet la répétition d'une même exécution, d'une même « version ». Mais c'est une information sur une action passée, alors que l'essence de l'œuvre ouverte est d'être une action en cours, à la découverte d'un futur qu'elle ignore.

⊖→ STOCKHAUSEN, *Klavierstück XI*; *Trans.* – BOULEZ, *Troisième sonate, Pli selon Pli, Structures II.* – BOUCOURECHLIEV, *Archipel I, IV, V* – BERIO, *Epifanie.* – CONSTANT, *Traits.*

OUVERTURE

Les premiers opéras débutaient par un madrigal ou par un récitatif qui tenait lieu de prologue. La *Rappresentazione di Anima et di Corpo*, par exemple, est précédée d'un madrigal accompagné d'instruments, après quoi le rideau se lève et deux enfants récitent le prologue. Dans l'*Orfeo* de Monteverdi (1607), une petite fanfare intitulée *toccata* tient lieu d'ouverture et, pendant plus d'un demi-siècle, on trouvera ainsi au début des opéras de brèves *toccate*, *sinfonie*, *sonate* ou *canzone*, n'ayant d'autre office que d'annoncer le début du spectacle.
Lully composa pour ses opéras (1672-1686) de véritables ouvertures, dont la forme particulière connut, sous le nom d'« ouverture à la française », un immense succès (les quatre *Ouvertüren* de Bach, que nous appelons *Suites*, en sont les modèles accomplis). Une première partie, lente et majestueuse, s'enchaîne à un allegro de style fugué, suivi, pour conclure, de la reprise abrégée de la première partie et, parfois, d'une ou deux danses. Purcell, Rameau et Haendel adopteront à leur tour l'ouverture lulliste.
Parallèlement à celle-ci, une autre forme d'ouverture se développe en Italie. Inaugurée par Cesti en 1667 puis perfectionnée et généralisée par A. Scarlatti, l'« ouverture italienne », généralement qualifiée de sinfonia, adopte la disposition inverse : allegro (souvent de style fugué), largo,

vivace (en mesure ternaire)[1]. L'une et l'autre forme, cultivées en dehors de l'opéra, ont donné naissance à la sonate* et à la symphonie*.
Les belles ouvertures françaises de Lully et Purcell, ou italiennes de Cavalli, Scarlatti, Jommelli n'ont, à de rares exceptions près (Purcell, *Dido and Æneas*, notamment), aucun rapport avec le drame qui se prépare derrière le rideau. Gluck fut le premier à comprendre l'importance dramatique de l'ouverture. Dans la dédicace d'*Alceste*, il soutient que l'ouverture doit « prévenir les spectateurs de l'action qui se prépare et en former, pour ainsi dire, l'argument ». La démonstration de ce principe est plus convaincante dans la magnifique ouverture d'*Iphigénie en Aulide* que dans celle d'*Alceste*. Enchaînée directement à la première scène (comme la plupart des ouvertures de Gluck), elle esquisse le lieu psychologique de l'action comme le décor en précise le lieu géographique. Dans *La Flûte enchantée*, *Figaro*, *Cosi fan tutte* et surtout dans *Don Giovanni* (1787), Mozart porte à un degré de perfection inégalé ce que Gluck avait seulement esquissé. L'ouverture de *Don Juan* n'est pas un raccourci du drame, comme on l'écrit souvent : c'est l'affirmation de sa raison d'être, sa justification métaphysique, sa signification psychologique, imposées, comme par hypnose, à l'auditeur. « Et elle n'est pas arrivée à ce point, écrit Kierkegaard, en suçant le sang de l'opéra ; au contraire, elle est en face de lui une prophétie. » Beethoven, au contraire, emprunte à l'opéra *Fidelio* la matière des trois ouvertures de *Leonor*. Les deux dernières sont de véritables poèmes symphoniques qui résument le sujet. En dépit de leur grande beauté, elles sont manquées comme ouvertures, car elles en disent trop dès l'abord et affaiblissent en particulier l'effet dramatique de l'air de Leonore. Si Beethoven leur préféra pour la version définitive (1814) un prélude brillant, beaucoup moins beau, mais plus bref et plus secret (il ne nuit pas au drame s'il ne le sert pas), sans doute avait-il eu conscience du danger. L'ouverture-résumé, empruntant ainsi sa substance mélodique à l'opéra, est représentée principalement par Weber, Berlioz, puis Wagner dans la première moitié de son œuvre : le plus parfait exemple du genre est la vaste ouverture des *Maîtres chanteurs*, modestement appelée « prélude ». Mais *Tristan* inaugure, en lui donnant sa forme la plus accomplie, un genre de « prélude » typiquement wagnérien (le mot ouverture est abandonné, car il s'agit de quelque chose de nouveau) : l'orchestre participant à l'action, et cela dès les premières notes, le morceau symphonique qui précède le lever du rideau ne saurait être dissocié de la scène qui lui fait suite ; ou, plus exactement, l'acte commence lorsque la première note se fait entendre. Chaque acte peut ainsi avoir son prélude, sans que la continuité de l'action en soit jamais affectée. À la même époque, Berlioz, dans *Les Troyens à Car-*

1. L'opéra *Il Trigane* d'A. Scarlatti débute par une sinfonia pour trompettes, hautbois et cordes, suivie d'une sonate à trois et d'un ballet.

thage, s'est préoccupé des fonctions dramatiques de l'ouverture : avant le lever du rideau, l'orchestre évoque la tempête qui, poussant Énée sur les rives de Carthage, prélude véritablement à l'action dramatique.
En Italie, Rossini est presque toujours fidèle à une manière de pot-pourri sur les thèmes de l'opéra (*Guillaume Tell*, exceptionnellement, est doté d'une grande ouverture dans l'esprit de Weber) ; ce genre a donné parfois, sans le génie de Rossini, des chefs-d'œuvre de mauvais goût[1]. Mais Verdi, dans la plupart de ses opéras, montre souvent la même désaffection que Wagner vis-à-vis de l'ouverture conventionnelle (le 1er acte d'*Otello* commence directement, sans ouverture, mais un très beau prélude précède le dernier). Il deviendra de plus en plus rare, aux XIXe et XXe siècles, de commencer un opéra par une pièce symphonique complète, soit dans l'esprit de Mozart (forme-sonate ou apparentée et presque pas d'emprunts directs à l'ouvrage), soit dans l'esprit de Weber (résumé thématique). Les modèles les plus généralement suivis seront ceux de Rossini (divertissements symphoniques) et de Wagner (courts préludes liés directement à l'action ou à la situation psychologique). Puccini (*La Tosca, La Bohême*) supprime complètement l'ouverture. Par contre, le succès obtenu au concert par les ouvertures détachées des opéras célèbres incite les compositeurs romantiques (Beethoven, Berlioz, Mendelssohn, Brahms, etc.) à écrire des pièces symphoniques qui, sous le titre d'ouverture, sont plutôt, même lorsqu'elles sont destinées au théâtre (*Egmont, Coriolan, Le Songe d'une nuit d'été*), des sortes de poèmes symphoniques ou de symphonies en un mouvement.

⊖→ BACH, *Ouvertüren* (ou *Suites*), nº 3 surtout. – PURCELL, *Dido and Æneas.* – MOZART, Ouvertures. – BEETHOVEN, Ouvertures. – WAGNER, Ouverture des *Maîtres chanteurs.* Prélude de *Tristan et Isolde.* – ROSSINI, Ouvertures. – VERDI, Ouvertures. – SMETANA, *La Fiancée vendue.* – BIZET, *Carmen.* – STRAUSS, *Le Chevalier à la rose.*

1. L'admirable ouverture du *Barbier*, miraculeusement adaptée à son objet, était primitivement destinée à une œuvre tragique : *Elisabetta regina d'Inghilterra*! Cela dénote une parfaite indifférence aux fonctions dramatiques de l'ouverture, indifférence dont on peut imaginer les méfaits chez des compositeurs médiocres.

P

PABLO, LUIS DE

Bilbao, 28 janvier 1930.

Élève de M. Ohana et des cours d'été de Darmstadt (Messiaen, Boulez), mais en grande partie autodidacte. Il a fondé à Madrid les concerts Tiempo y Musica (1960) et la Biennale de musique contemporaine (1964). Il dirige le groupe Alea. Depuis 1960, son influence sur la vie musicale espagnole a été très importante.

Escena pour chœur et orchestre de chambre ; *Glosa* et *Ein Wort* pour contralto et orchestre de chambre ; *Modulos I et II*, *Iniciativas* et *Tréboles* pour orchestre ; *Modulos III* pour 17 instruments ; *Ejercicio* pour quatuor à cordes.

PACHELBEL, JOHANN

Nuremberg, août 1653. – Nuremberg, 6 ou 7 mars 1706.

Organiste. Élève et assistant de J. Caspar Kerll à Vienne (1672-1677). Il occupa ensuite des postes d'organiste, successivement à la cour d'Eisenach (1677), à la Predigerkirche d'Erfurt (1678), aux cours de Stuttgart et de Gotha (1690-1695), enfin, de 1695 à sa mort, à la tribune de Sankt-Sebaldus à Nuremberg. Son originalité réside dans la pureté et la grandiose simplicité de son style, contrastant avec le style virtuose des organistes de l'Allemagne du Nord. Ses admirables chorals figurés ou variés pour l'orgue ont exercé une influence profonde sur J. S. Bach, dont il est l'ancêtre spirituel le plus authentique. Mais pour le grand public de notre temps, sa notoriété repose principalement sur une pièce pour cordes au succès inespéré : *Canon a 3 con suo basso und Gigue*. Son fils Wilhelm Hieronymus (1685-1764) fut excellent organiste et compositeur.

Motets et cantates, *partitas* pour 2 violons et basse continue (*Musikalisches Ergötzen*) et surtout de nombreuses compositions pour orgue et clavecin : *Etlicher Choräle* (chorals figurés ou *Choralvorspiele*), *Musicalische Sterbens-Gedancken* (variations sur des chorals), *Hexachordum Apollinis* (six séries de variations), ainsi que des chaconnes, suites, toccatas, fugues, restées manuscrites ou dispersées dans des recueils collectifs.

Paderewski, Ignace

Kurylowka (Podolie), 6 novembre 1860. – New York, 29 juin 1941.

Pianiste et homme d'État. Entré à douze ans au conservatoire de Varsovie, il y fut nommé professeur à dix-huit ans. Il compléta ses études, par la suite, au conservatoire de Berlin et à Vienne avec Leschetizky. En 1885, il fut nommé professeur au conservatoire de Strasbourg. Il commença vers cette époque une triomphale carrière de virtuose dans le monde entier. Son nationalisme constructif, son dévouement à l'indépendance polonaise, son action diplomatique en 1914-1918 pour défendre la cause de son pays auprès des Alliés lui valurent d'être nommé, en 1919, président du Conseil et ministre des Affaires étrangères : il participa, ès qualités, à la signature du traité de Versailles. Après la chute de la Pologne, en 1939, il fut élu président du gouvernement polonais en exil, avec les prérogatives d'un président de la République. Il mourut dans sa quatre-vingt-unième année au cours d'un dernier voyage aux USA pour plaider la cause polonaise.

L'opéra *Manru* (Dresde, 1901), une symphonie, vingt-deux mélodies et surtout de nombreuses pièces pour piano (concerto, six *Danses polonaises*, six *Humoresques de concert*, *Album de mai*, etc.).

Paer, Ferdinando

Parme, 1er juin 1771. – Paris, 3 mai 1839.

Maestro di cappella à Venise, de 1791 à 1797, il menait une vie passablement dissolue tout en composant énormément. Après un long séjour à Vienne, où il fit représenter *Camilla*, son meilleur opéra, il occupa un poste de Kapellmeister à Dresde (1803-1806). En 1806, il accompagna Napoléon à Varsovie et à Poznan et devint, en 1807, le maître de la musique de l'empereur. Il occupera des fonctions analogues, en 1832, sous Louis-Philippe. Succédant à Spontini, il fut, de 1812 à 1827, chef d'orchestre du Théâtre-Italien.

Un oratorio (*Il Santo Sepolcro*), une Passion, des messes, motets, cantates, quarante-deux opéras ou opéras-comiques (dont sept français).

PAGANINI, NICCOLÒ

Gênes, 27 octobre 1782. – Nice, 27 mai 1840.

Le plus prestigieux violoniste de tous les temps. Après avoir étudié avec son père (mandoliniste amateur) et l'obscur maître de chapelle de la cathédrale de Gênes, il fit des débuts en public à neuf ans, suscitant l'enthousiasme par l'exécution de ses variations sur *La Carmagnole*. Il perfectionna sa technique auprès du célèbre violoniste Rolla à Parme, et travailla la composition avec Ghiretti, le maître de Paer : l'un et l'autre estimèrent n'avoir rien à apprendre au jeune prodige. Au cours de sa première tournée de récitals en Italie, il dut vendre son violon pour payer des dettes de jeu ; mais un amateur français rencontré à Livourne lui offrit un admirable Guarneri, qui resta toute sa vie son violon préféré. Le jeu et les femmes faillirent compromettre sa santé et sa carrière. De 1801 à 1804, il vécut avec une femme de la haute société toscane, abandonnant son violon pour la guitare. Mais en 1805 il accepta de diriger la musique privée de la princesse di Lucca e Piombo, sœur de Napoléon, et reprit ses tournées. Sa technique fabuleuse s'était encore enrichie, suscitant des enthousiasmes délirants et entretenant les légendes extravagantes que l'aspect diabolique du virtuose avait permis d'accréditer. Pendant plus de trois ans (1828-1832), il parcourut l'Europe, amassant une grosse fortune, dont une partie fut investie dans sa propriété des environs de Parme (villa Gaiona). Sa réputation d'avarice est démentie par le cadeau somptueux de 20 000 francs (60 000 euros) qu'il fit en 1838 à Berlioz (voir les *Mémoires* de ce dernier, chap. 49), deux ans après avoir perdu une somme considérable dans la faillite d'un établissement de jeu parisien, le Casino Paganini. Il mourut à Nice, où il avait espéré rétablir sa santé, d'une affection du larynx (tuberculose ? ou plus probablement tumeur cancéreuse ?). Malgré ses déboires financiers, il laissa à son fils Achillino (qu'il eut en 1826 de la danseuse Antonia Bianchi) une fortune estimée à 2 millions de lires (environ 6 millions d'euros). La ville de Gênes hérita de son précieux Guarneri (il possédait d'autres violons de Guarneri et Amati ; un violon, un alto et un violoncelle de Stradivarius, etc.). Son œuvre était fonction de son talent de virtuose : il créait les difficultés qu'il voulait vaincre. Il généralisa des procédés qui n'avaient jusqu'alors qu'un caractère exceptionnel : emploi des harmoniques (on n'employait guère avant lui que les harmoniques sur les cordes à vide), *scordatura* (modification de l'accord de l'instrument), accompagnement en pizzicati de la main gauche, etc. Comme compositeur, il n'appartenait à aucune école et ne laissa aucun disciple : ses *Capricci* sont vraiment uniques en leur genre. L'originalité expressive de ces œuvres inspira Liszt (six *Études-Paganini* pour piano), Schumann (deux séries d'*Études* pour piano *op. 3* et *10*), Brahms (deux séries de variations sur le *Capriccio* en la mineur), Rachmaninov (*Rhapsodie* pour piano et orchestre sur le même *Capriccio*), Dallapiccola (*Sonata canonica* pour piano).

Vingt-quatre *Capricci* (violon seul) ; cinq concertos, *Sonata appassionata* et plusieurs autres sonates pour violon et orchestre ; douze sonates pour violon et guitare, deux sonates et deux sonatines pour guitare, quatorze quatuors pour violon, alto, violoncelle et guitare, un quatuor à cordes.

Paisiello, Giovanni

Tarente, 9 mai 1740. – Naples, 5 juin 1816.

[ou Paesiello] Fils d'un vétérinaire de Tarente, il fit ses études chez les jésuites où sa jolie voix fut remarquée : on lui enseigna la musique. À quatorze ans, il fut envoyé à Naples, où, de 1754 à 1763, il devint l'élève du vieux Durante (pendant un an), puis de Cotumacci et Abos. Ses premiers opéras furent écrits en 1764 et 1765 pour Bologne, Venise, Modène et Parme. En 1766, il s'installe à Naples où il devient le rival opiniâtre de Piccini et Guglielmi : égoïste et jaloux, il fera souvent appel aux intrigues pour assurer sa suprématie. Appelé par Catherine II à Saint-Pétersbourg (1776-1784), il y fait représenter ses deux plus célèbres ouvrages, *La Serva Padrona* (livret utilisé cinquante ans plus tôt par Pergolesi) et *Il Barbiere di Siviglia*, dont le succès sera tel que le public romain de 1816 ne voudra pas prêter attention au chef-d'œuvre de Rossini. À son retour, il est nommé maestro di cappella de Ferdinand IV à Naples (1784-1799), réussit à se faire nommer « directeur de la musique nationale » sous la « République parthénopéenne » de 1799, perd sa place quelques mois plus tard au retour de Ferdinand IV, mais réussit à la recouvrer par l'intrigue. Il organise la musique du premier consul à Paris (1802-1804), retrouve son poste à la cour de Naples sous Joseph Bonaparte et Murat, mais retombe en disgrâce à la Restauration de 1815 ; il conservera cependant les appointements de maestro di cappella.
L'élégante simplicité, la variété, la qualité expressive de ses airs constituent le principal attrait de ses opéras-comiques (opéras bouffes ou *drammi giocosi*), la meilleure partie de son œuvre, mais ses ensembles n'atteignent pas à la perfection musicale et dramatique de ceux de Cimarosa ou Fioravanti. Beethoven écrivit des variations pour piano sur un beau duetto de *La Molinara*.

Plus de cent opéras (soixante comiques, trente-deux sérieux et quelques mascarades ou pastorales), une vingtaine de sérénades et de cantates profanes, de nombreuses compositions religieuses (trente-cinq messes, une passion, deux *Requiem*, des oratorios, des cantates, un *Miserere* à 5 voix), douze « Symphonies », six concertos de clavecin, un *Te Deum* et une messe pour le sacre de Napoléon.

PALESTRINA, GIOVANNI

Palestrina, 1525. – Rome, 2 février 1594.

[Pierluigi da Palestrina] Il prit son nom de sa ville natale (la Praeneste des Romains), 40 km à l'est de Rome. Il reçut son éducation musicale à la maîtrise de Sainte-Marie-Majeure, où il semble être resté après sa mue. De 1544 à 1551, il occupa le poste d'*organista e maestro di canto* à la cathédrale de Palestrina. Lorsque son évêque devint pape, sous le nom de Jules III, il fut appelé à Rome comme maestro della cappella Giulia, puis élevé à la très honorable situation de membre du chœur pontifical en remerciement de la dédicace du premier Livre de Messes, 1554. Un an plus tard, à la mort de Jules III, le pape Marcel II lui succède. Il meurt à son tour, après trois semaines de règne, au cours desquelles il avait eu l'occasion de recommander plus de simplicité et d'intelligibilité dans la musique polyphonique d'église. Ce vœu, auquel répond dans une certaine mesure la célèbre *Missa Papae Marcelli*, est confirmé un peu plus tard par le concile de Trente. Paul IV, successeur de Marcel II, ayant exigé la démission des chanteurs de la chapelle pontificale qui se seraient mariés ou auraient commis des madrigaux, Palestrina, coupable de l'un et l'autre forfait, accepte la direction de la cantoria de Saint-Jean-de-Latran (1555-1560), puis de celle de Sainte-Marie-Majeure (1561-1568). Parallèlement, il enseigne la musique au séminaire de Rome et organise, l'été, les festivités musicales du cardinal d'Este, dans sa villa de Tivoli, récemment achevée. En 1570, il accepte de reprendre ses anciennes fonctions à la cappella Giulia, avec des émoluments augmentés. Il est chargé, quelques années plus tard, sur l'ordre de Grégoire XIII, de la réforme du répertoire grégorien, dénaturé par plusieurs siècles d'interprétations abusives et de copies maladroites : tâche impossible, en l'absence de documents originaux, et qui fut abandonnée après quelques années. Pendant cette période, Palestrina perd sa femme, deux de ses trois fils et ses deux frères, dans les graves épidémies consécutives aux guerres. Il obtient alors l'autorisation papale d'entrer dans les ordres ; mais, moins d'un an plus tard, il épouse une riche veuve, dont il gère avec succès le commerce de peaux pendant au moins dix ans. Il s'ensuit une période de grande aisance, qui lui permet de publier régulièrement sa musique ; période de ses plus belles œuvres, période où sa réputation est à son apogée. Il meurt subitement, alors qu'il s'apprêtait à se retirer à Palestrina.

Une curieuse légende s'est alors construite autour de son œuvre et de sa personnalité dans le milieu jésuite de Rome. Par la grâce de son génie, Palestrina aurait dissuadé le souverain pontife d'interdire la musique à l'église ! À l'audition de la messe qui porte son nom, le pape Marcel aurait compris que les erreurs dans la musique sacrée sont imputables aux musiciens, non à leur art. On a dit aussi que Palestrina composa en hâte des messes polyphoniques « où il montrait que les paroles pouvaient être comprises en conservant la symphonie », réussissant à convaincre le pape (Paul IV cette fois) qu'il ne fallait pas supprimer la musique, mais seulement la contrôler. Le père Cressolles affirmait tenir cette histoire d'un autre jésuite, qui la tenait lui-même de Palestrina. Après deux siècles d'embellissements absurdes, un ouvrage de l'abbé G. Baini (1828) fait de Palestrina le premier musicien authentiquement inspiré, le fondateur de la musique italienne. Et Victor Hugo, dans un poème intitulé « Que la musique date du XVIe siècle » n'hésite pas à en faire l'inventeur de toute musique ! Selon une autre invention de l'abbé Baini, Palestrina aurait été le principal collaborateur de Filippo Neri à son oratoire de la Vallicella et serait même mort dans les bras du saint. La seule chose sûre est que Palestrina fut l'ami et le conseiller musical de la congrégation de l'Oratoire.

Vers 1588, il avait fondé à Rome la Vertuosa Compagnia, première association pour la défense des intérêts professionnels des musiciens ; elle est à l'origine de la Congregazione di Santa Cecilia, qui donna naissance, au XIXe siècle, à l'Accademia di Santa Cecilia.

L'importance de son œuvre est stupéfiante, compte tenu du soin qu'il apportait à la composition. L'absolue perfection de son écriture polyphonique, dans laquelle, le plus souvent, de courts motifs sont traités en imitation, avec de subtiles variations rythmiques très caractéristiques, est l'aboutissement des remarquables acquisitions des deux derniers siècles ; il s'y ajoute un sens exceptionnel de l'« orchestration vocale ».

Cent messes (dont l'*Assumpta est Maria*, son chef-d'œuvre), environ six cents motets, psaumes, hymnes (dont *Sicut cervus*, *Super flumina Babylonis*, *Hodie Christus natus est*, *Stabat Mater*), soixante madrigaux spirituels, cent madrigaux profanes.

Pallavicini, Carlo

Salò, vers 1630. – Dresde, 29 janvier 1688.

Organiste. Il fut appelé à la cour de Dresde comme assistant de Schütz, en même temps que Bontempi. De 1675 à 1685, il fut maestro di cappella de l'Ospedale degli Incurabili à Venise.

Des opéras, dont une douzaine ont été conservés, un oratorio *Il Trionfo della castità*, des messes et des motets.

Palmgren, Selim

Pari (Finlande), 16 février 1878. – Helsinki, 13 décembre 1951.

Pianiste et chef d'orchestre. Élève de Wegelius au conservatoire d'Helsinki, puis de Busoni à Berlin. Il fut professeur à l'Eastman School of Music de Rochester (New York), puis au conservatoire d'Helsinki.

Deux opéras, des œuvres chorales, des mélodies, cinq concertos pour piano, une fantaisie concertante pour violon et orchestre, plus de deux cents pièces pour piano (le meilleur de son œuvre).

Panufnik, Andrzej

Varsovie, 24 septembre 1914.

Élève du conservatoire de Varsovie, puis de Weingartner à Vienne. Il a été chef de l'orchestre philharmonique de Cracovie (1945), puis de Varsovie (1964) et vice-président du Conseil international de la musique à l'Unesco, avant de s'établir en Angleterre, où il a été, de 1957 à 1959, directeur musical de l'orchestre de Birmingham.

Des ouvertures symphoniques (dont *Uwertura tragiczna*), *Nocturne* pour orchestre, concertos pour piano et pour trompette, *Suite polonaise ancienne* pour cordes, *Suita Polska* pour soprano et piano.

Papineau-Couture, Jean

Outremont (Montréal), 12 novembre 1916.

Petit-fils de Guillaume Couture, un des pionniers de la musique canadienne. Élève de Nadia Boulanger à Boston. Professeur au conservatoire et à l'université de Montréal (contrepoint, composition, acoustique).

Psaume 150 pour soli, chœurs et instruments à vent, concertos pour piano et pour violon, *Concerto grosso*, une symphonie, deux quatuors à cordes, une suite pour violon solo.

Parry, Hubert

Bournemouth, 27 février 1848. – Rustington, 7 octobre 1918.

Élève de Macfarren à Londres et de Pierson à Stuttgart, il devint professeur de composition et d'histoire de la musique au Royal College of Music, puis directeur de cet établissement à partir de 1894. Sa musique, typiquement victorienne, s'est révélée inexportable, mais il a exercé une profonde influence par son enseignement. Son *Prometheus Unbound* est le premier spécimen d'une série d'immenses oratorios (selon le modèle de l'*Elias* de Mendelssohn) qui devinrent une spécialité britannique et furent intimement associés au renouveau musical de ce pays.

Beaucoup de grandes œuvres chorales, douze recueils d'*English Lyrics* et nombre d'autres mélodies, cinq symphonies, des poèmes symphoniques, un concerto pour piano, de la musique de chambre.

PÄRT, ARVO

Paide (Estonie), 11 septembre 1935.

Élève du conservatoire de Tallin. Après des débuts traditionnels et une courte période sérielle, il s'est créé un style personnel, lumineux, très diversifié, intégrant le principe sériel, l'ancienne écriture polyphonique, la mélodie grégorienne et parfois la technique du « collage ». En 1980, il s'est établi à Vienne.

Des œuvres chorales, dont *Te Deum* pour 3 chœurs et cordes, *Passion selon saint Jean* pour 4 voix d'hommes, chœurs et orchestre, la cantate *Laul armastatule* et *Psalmen*; trois symphonies et *Perpetuum mobile* pour orchestre, *Pro et contra* (1966) pour violoncelle et orchestre, *Concerto de Noël* (1980) pour violon, violoncelle et orchestre de chambre, des musiques de scène et de film, deux quatuors à cordes, deux sonatines pour piano.

PARTITA

Participe passé de *partire*, partager (latin et italien). Synonyme de suite ou de sonate de chambre chez les musiciens italiens et allemands des XVIIe et XVIIIe siècles. Ce mot au pluriel a désigné aussi des séries de variations pour clavier (*Partite d'intavolatura*).

→ FRESCOBALDI, *Toccate e Partite d'intavolatura.* – PACHELBEL, *Partita sopra Christus der ist mein Leben.* – BACH, six *Partitas* pour clavecin, trois *Partitas* pour violon seul.

PARTITION

Livre ou cahier de musique où sont notées, sur des portées superposées, toutes les parties, vocales ou instrumentales, simultanées d'une composition pour chœurs ou orchestre. La partition permet au chef de suivre à tout instant la partie de chaque exécutant et la concordance des parties entre elles. Utiliser le mot « partition » pour désigner un recueil de pièces pour piano est un abus de langage : on devrait dire comme autrefois « livre » ou « cahier ». La plus ancienne partition imprimée que nous connaissions date de 1577 (madrigaux de C. de Rore). Mais, jusqu'à l'époque de Haydn et de Mozart, on se contentait le plus souvent de publier les parties séparées, sans la partition.

Pasquini, Bernardo

Massa di Valdi-Nievole (Lucca), 7 décembre 1637.
Rome, 21 novembre 1710.

Claveciniste. Élève de Cesti à Rome, c'est aussi dans l'étude des œuvres de Palestrina qu'il apprit une bonne part de son remarquable « métier ». Il fut quelque temps organiste de Santa Maria Maggiore, puis de Santa Maria d'Aracoeli ; il fit, avec le cardinal Chigi, un voyage à Paris, où il joua du clavecin devant Louis XIV, fut maître des concerts de Christine de Suède à Rome, claveciniste chez le prince Borghèse et au théâtre Capranica (où il retrouvait souvent Corelli dans l'orchestre). Parmi ses nombreux élèves figuraient Gasparini, Krieger et peut-être A. Scarlatti. Sa musique, qui annonce Bach, Haendel et Domenico Scarlatti, allie la perfection de la forme à la spontanéité et à l'originalité. Il peut être compté surtout parmi les plus grands maîtres du clavecin.

Dix oratorios, environ quinze opéras, des *arie e cantate* et de nombreuses pièces de clavecin (*Sonate per gravicembalo*, *Toccate et Suittes pour le clavessin*, etc.) ou d'orgue.

Passacaille

Danse d'origine espagnole à trois temps, dont le nom, dérivé des mots espagnols *pasar* et *calle*, évoque les musiciens ambulants qui, vers la fin du XVIe siècle, jouaient les *pasacalle* dans les rues des villes espagnoles. C'étaient des petites marches courtes dont on variait les répétitions pour éviter la monotonie. Au XVIIe siècle, la passacaille fut, en France, une danse de cour appréciée, apparaissant, comme la chaconne, dans le finale des opéras-ballets. Dans la musique instrumentale, elle n'est pas intégrée à la suite et s'éloigne rapidement de son origine chorégraphique.
Écrite pour clavecin ou orgue, le plus souvent à trois temps, elle est construite, comme la chaconne, sur un thème court répété autant de fois qu'il faut pour servir de prétexte à une série de variations. Ces deux formes instrumentales sont presque identiques : dans la passacaille, cependant, le thème peut passer à l'une des parties supérieures (se perdant parfois dans la trame complexe de l'écriture contrapuntique), tan-

dis que dans la chaconne il demeure en principe à la basse (« basse obstinée »). Mais trop d'œuvres échappent à cette distinction (cf. chaconnes de Haendel) pour qu'il en soit fait une règle stricte. Mattheson précise que la chaconne est plus lente que la passacaille, mais d'Alembert indique le contraire ! Les Italiens furent les premiers, dès le début du XVIIe siècle, à composer des passacailles instrumentales à variations, suivis bientôt par les Espagnols, les Français et les Allemands, qui en élargirent considérablement la forme jusqu'à en faire ce monument de la musique qu'est la grande *Passacaille en ut mineur* de Bach. On trouve encore aux XIXe et XXe siècles quelques beaux exemples de passacailles.

⊖→ L. COUPERIN, *Passacaille*. – BACH, *Passacaille (et fugue) en ut mineur* (de loin le plus haut modèle du genre). – BRAHMS, *Symphonie n° 4* (finale). – RAVEL, *Trio*. – BERG, *Wozzeck* (acte I). – SCHOENBERG, *Pierrot lunaire* (*n° 8 Nuit*).

PASSAGE (NOTE DE)

Dans la théorie classique, note mélodique étrangère qui relie par degrés conjoints deux notes appartenant à l'harmonie. La continuité de la ligne mélodique mobilise l'attention de l'auditeur, de sorte que la dissonance provoquée par une note de passage n'est généralement pas perçue dans les mouvements rapides :

Il n'en est pas toujours de même dans les mouvements lents.

⊖→ BEETHOVEN, *Sonate au clair de lune*, mouvement initial, mesure 2 (le si de la main gauche est note de passage).

PASSEPIED

Danse vive à 3/4 ou 3/8, dont la paternité lointaine est attribuée aux marins bretons. Elle aurait été dansée pour la première fois à Paris en 1587. Sous le règne de Louis XIV, les compositeurs de ballets l'adoptent fréquemment comme divertissement ou *intermezzo*, en marge de l'action. Dans la musique instrumentale, le passepied, composé généralement de deux parties (rarement trois ou quatre) avec reprises, s'apparente au menuet, dont il diffère par un mouvement plus vif et léger attaqué toujours sur le troisième temps. Comme la bourrée, la gavotte et le menuet, il n'est pas un élément fondamental de la suite classique, mais il y est parfois inséré entre la sarabande et la gigue, alternant le plus souvent avec un second passepied. Dans les œuvres de Bach, cependant, le passepied occupe aussi d'autres places.

→ BACH, *Suite nº 1, Partita nº 5*. – DELALANDE, *Symphonies pour les soupers du Roi*. – DEBUSSY, *Suite Bergamasque*.

PASSEREAU

? – ?, XVIe siècle.

On ignore tout de la biographie de cet excellent compositeur de chansons françaises (dans la manière de Janequin), qui fut peut-être membre de la chapelle du duc d'Angoulême (futur François Ier).

Seulement un motet et vingt-trois chansons à 4 voix nous sont parvenus.

PAUMANN, CONRAD

Nuremberg, vers 1410. – Munich, 24 janvier 1473.

Organiste et luthiste, aveugle de naissance, il jouissait d'une très haute réputation. Il fut organiste de Sankt-Sebald à Nuremberg (1444-1450) et du duc Albrecht III à Munich (1467-1473). On lui attribue l'invention de la tablature de luth.

Des œuvres d'orgue (dont le recueil *Fundamentum organisandi*…, 1452).

PAVANE

Danse de cour cérémonieuse, à 2/4 ou 4/4, en vogue dans toute l'Europe à l'époque de la Renaissance et particulièrement en Italie (jusqu'au milieu du XVIe siècle), en France et en Angleterre (jusqu'au début du XVIe siècle). Elle est probablement d'origine italienne et son nom viendrait alors de la ville de Padova (Padoue). Un recueil de 1508 – *Intabolatura de Lauto* (*Libro quarto*) – imprimé par Petrucci contient des « Padoane diverse » pour luth, les unes dites *ala venetiana*, d'autres *ala ferrarese* : ce sont sans doute les plus vieux exemples connus de pavanes. L'étymologie selon laquelle pavane dériverait du latin *pavo* (paon) est très contestable : le verbe italien *pavoneggiare* se rencontre d'ailleurs dans la description de diverses autres danses. Thoinot Arbeau cite dans son *Orchésographie* (1587) un bel exemple de pavane chantée : *Belle qui tiens ma vie*, qui figure dans plusieurs anthologies modernes.

À l'imitation des pavanes dansées qui ouvraient solennellement les bals, les anciennes pavanes instrumentales italiennes qui étaient placées au commencement des suites (comme plus tard les allemandes) étaient généralement suivies d'une danse vive appelée *saltarello*, remplacée vers le milieu du siècle par le *cinque-pas* ou gaillarde. Lorsque ces danses tombèrent en désuétude vers 1600, leurs formes instrumentales survécurent jusqu'à la fin du XVIIe siècle, en conservant le plus souvent la tradition de l'association pavane-gaillarde. Les plus grands maîtres dans le genre furent alors les Anglais Byrd, Dowland, Gibbons (pavanes pour les violes) et Bull. Au XVIIIe siècle, la pavane avait complètement disparu. Elle ne reparaîtra qu'exceptionnellement dans l'œuvre de Ravel.

→ ARBEAU, *Orchésographie*. – *Estampies et Pavanes*. – BYRD, *Pavanes et Gaillardes*. – DOWLAND, *Lacrymae* (*Pavanes et Gaillardes*). – BULL, *Pavanes et Gaillardes*. – RAVEL, *Pavane pour une infante défunte*.

PAZ, JUAN CARLOS

Buenos Aires, 5 août 1901. – Buenos Aires, 25 août 1972.

Élève de V. d'Indy à la Schola cantorum, mais principalement autodidacte. Influencé par Franck, puis par Stravinsky, par le jazz puis par Schoenberg, il fut l'introducteur en Argentine de la technique sérielle qu'il adopta en 1934, mais qu'il abandonna après 1950, estimant qu'elle ne lui apportait plus rien. En 1929, il avait participé à la fondation du Grupo Renovación, puis il avait fondé les Conciertos de la Nueva Música. On lui doit des recherches intéressantes dans le domaine théorique et esthétique.

Preludio y fuga, *Superposiciones* et *Transformaciones canonicas* pour orchestre, *Passacaglia* pour cordes, deux concertos pour piano, trois quatuors à cordes, *Música* pour piano, *Galaxia 64* pour orgue.

PÉDALE

Note tenue obstinément (le plus souvent tonique ou dominante) quelles que soient les harmonies qui se succèdent aux autres parties. De pratique courante, notamment dans la dernière partie de la fugue, la pédale trouve son origine dans la formule d'accompagnement continu de certains instruments populaires (familles des vielles à roue, cornemuses, binious, etc.). Elle affirme la tonalité, en en faisant attendre plus ou moins longtemps la confirmation dans l'accord parfait (a). Par extension, on appelle parfois aujourd'hui « pédale mélodique » (dont l'ostinato* est un cas particulier) (b) (c) (e), « pédale rythmique » (f) et

« pédale harmonique » (d), un motif, une formule rythmique et une succession d'accords se répétant indéfiniment, quels que soient les mélodies, rythmes et harmonies qui peuvent s'y superposer. Messiaen, le premier, a précisé et exploité systématiquement ces notions. En superposant, de façon continue, des pédales de valeurs différentes (une mélodie de 5 notes, 7 valeurs rythmiques et 11 accords, par exemple), il obtient un renouvellement perpétuel des combinaisons, en sauvegardant le principe d'unité.

⊖→ (a) VIVALDI, *Concerto l'Inverno, op. 8 nº 4* (finale).
(b) HAENDEL, *Concerto pour orgue nº 11 en sol mineur* (2e mouvement) : ostinato.
(c) BIZET, *L'Arlésienne* (Carillon) : ostinato de trois notes.
(d) CHOPIN, *Marche funèbre* (main gauche).
(e) JOLIVET, *Concerto pour piano* (3e mouvement, à partir de deux mesures avant 2).
(f) MESSIAEN, *Les Bergers* (*Nativité nº 2*) : double pédale rythmique.

PEDRELL, CARLOS

Minas (Uruguay), 16 octobre 1878. – Montrouge, 9 mars 1941.

Élève de son oncle Felipe Pedrell à Barcelone, puis de V. d'Indy à la Schola. Il vécut à Buenos Aires (1906-1920) comme inspecteur de l'enseignement musical et subit l'influence du folklore argentin.

Trois opéras, un ballet, des œuvres symphoniques, des mélodies.

PEDRELL, FELIPE

Tortosa, 19 février 1841. – Barcelone, 19 août 1922.

Célèbre pour son érudition, bien qu'il fût autodidacte, il enseigna l'histoire et l'esthétique musicales au conservatoire de Madrid. Ses premières œuvres furent publiées en 1871 (avant celles d'Albeniz et Granados) et il peut être considéré comme le chef de l'école moderne espagnole. Il a fondé le renouveau musical de son pays sur la recherche des caractères authentiques du folklore et l'étude des maîtres espagnols de l'âge d'or (contribution particulièrement importante à la connaissance de Victoria). Il fut le maître de Granados et de Falla.

Dix opéras, de la musique religieuse, des cantates profanes, des poèmes symphoniques, des mélodies. On lui doit aussi l'édition complète des œuvres de Victoria et plusieurs écrits (sur Victoria, les organistes espagnols, le folklore).

Peeters, Flor

Tielen (près de Turnhout), 4 juillet 1903. – Anvers, 4 juillet 1986.

Organiste de la cathédrale de Malines depuis 1923. Élève de l'institut Lemmens, où il est devenu professeur en 1923, puis de M. Dupré à Paris, il a enseigné également aux conservatoires de Gand, d'Anvers et de Tilburg. Il était directeur du conservatoire d'Anvers depuis 1952.

Messes, cantates, motets, environ deux cents mélodies, un concerto pour orgue, un concerto pour piano, et surtout une importante œuvre d'orgue (*Variations sur un noël flamand*, soixante-dix chorals préludes, *Sinfonia*), ainsi qu'une remarquable méthode d'orgue en trois volumes (*Ars organi*).

Peire Vidal

Toulouse ?, vers 1160. – ?, vers 1205.

Troubadour. Fils d'un pelletier toulousain, il fut quelque temps à la cour de Raimon V de Toulouse et à celle d'Alfonso II d'Aragon. Il entreprit de grands voyages (Proche-Orient, Balkans, Hongrie...) et participa à la troisième croisade en Terre sainte avec Richard Cœur de Lion. Selon sa *vida*, il aurait été banni de Provence pour un baiser dérobé à Alazaïs, femme du vicomte Barrai de Marseille. Peu avant la fin de sa vie aventureuse, il aurait épousé une Grecque qui lui apportait, croyait-il, des droits sur la couronne impériale de Constantinople ! C'était un excellent poète, plein de fantaisie.

On connaît de lui quarante-cinq chansons, dont 13 avec la musique notée.

Peñalosa, Francisco de

Talavera de la Reina, vers 1470. – Séville, 1er avril 1528.

Chantre et maestro de capilla à la cour d'Aragón jusqu'en 1516 et chanoine de la cathédrale de Séville. Il fut ensuite au service de la cour pontificale. Son œuvre réalise la synthèse des traditions espagnoles et de la science flamande.

Six messes (dont trois sur des thèmes de chansons castillanes), de nombreuses compositions profanes (chansons, *villancicos*, etc.) et quelques motets d'attribution incertaine.

Penderecki, Krzysztof

Debica, 23 novembre 1933.

Élève du conservatoire de Cracovie, où il enseigne maintenant la composition, il s'est acquis une remarquable notoriété par son style captivant. Avec un sens aigu de l'éclat sonore et de l'expression dramatique, il réalise une synthèse libre des principales acquisitions musicales récentes : « sérialisme », quarts de ton, *clusters*, électroacoustique... Surtout il explore toutes les possibilités sonores et dramatiques des voix et des instruments.

Opéras. *Les Diables de Loudun* (Hambourg, 1969), *Paradise lost* (Chicago, 1978), *Die Schwarze Maske* (Salzbourg, 1986), *Ubu Rex* (Munich, (1991). **Grandes œuvres chorales.** *Psaumes de David* (1958), *Passion selon saint Luc* (1966), *Utrenja* (ou *Messe russe*, 1969-1971), *Dies Irae* (1967), *Canticum Canticorum* (1973), *Magnificat* (1974), *Te Deum* (1979), etc. **Pour orchestre.** *Threne pour les victimes d'Hiroshima*, *Anaklasis*, *Fluorescences*, *De natura sonoris*, *Quand Jacob s'est éveillé*, sept symphonies, *Canon* pour 52 instruments à cordes et bande magnétique, concertos pour violoncelle, pour violon (2), pour alto, pour flûte, pour hautbois (*Capriccio*), deux quatuors à cordes, deux sonates pour violon et piano, *Capriccio per tuba.*

Pentaphonique

Se dit d'une échelle ou d'un système musical qui compte cinq sons par octave. L'adjectif « pentatonique », souvent utilisé, est impropre. L'échelle pentaphonique la plus familière est celle dont on peut se faire une idée en ne jouant que sur les touches noires du piano. Cette échelle est caractéristique de la musique chinoise et des civilisations musicales influencées par la Chine (Corée, Japon, Vietnam). On en trouve aussi des variantes en Afrique et dans la musique populaire de plusieurs pays d'Europe. Debussy, Ravel et bon nombre de leurs contemporains l'ont souvent adoptée. Dans le système chinois, il y a 60 gammes pentaphoniques : 5 gammes modales différentes dans chacune des douze « tonalités » de l'échelle chromatique.

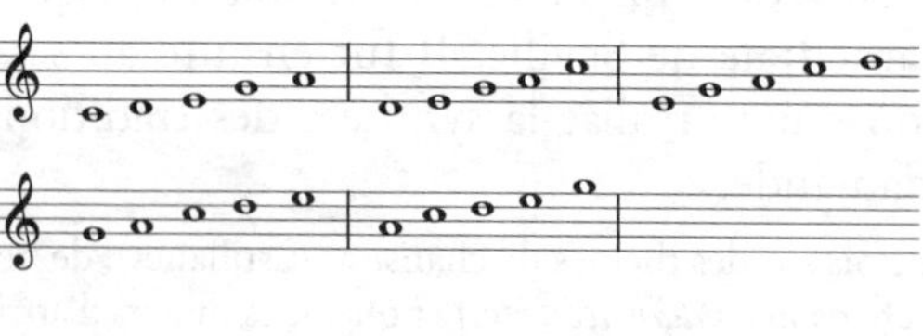

Il existe également en Asie du Sud-Est des gammes « équipentaphoniques », qui divisent l'octave en cinq intervalles égaux et quelques autres gammes particulières aux civilisations thaï-khmer et indonésienne. Elles sont étrangères à tous les systèmes musicaux connus et leur origine est mystérieuse.

Pepusch, John Christopher

Berlin, 1667. – Londres, 20 juillet 1752.

Organiste à la cour de Prusse depuis l'âge de quatorze ans, humaniste spécialisé dans l'étude des anciens auteurs grecs, il quitta son pays vers 1700 pour s'établir en Hollande, puis à Londres. Il y participa à la fondation de l'Academy of Ancient Music et devint directeur du théâtre de Lincoln's Inn Fields, pour lequel il composa de nombreux *masques.* Il y produisit, en 1728, le célèbre *Beggar's Opera,* qui servit de modèle, deux siècles plus tard, à *L'Opéra de quat' sous* de K. Weill : adaptation de 69 airs à la mode à un texte satirique de J. Gay, c'était une violente satire de l'opéra italien et de la société anglaise du temps.

Des *masques,* des *ballad-operas* (dont le *Beggar's Opera* est le premier spécimen), quelques motets latins, des odes de circonstance, des œuvres instrumentales.

Percussion

Les instruments frappés, entrechoqués, grattés, secoués, etc., sont innombrables. Dans ce domaine, l'imagination des hommes semble intarissable, dès le plus jeune âge. Dans l'orchestre européen, « la percussion » est le groupe hétéroclite des instruments qui n'appartiennent ni aux « cordes » ni aux « vents ». Le mot « batterie », utilisé surtout par les musiciens de jazz, désigne plus particulièrement un ensemble d'instruments à percussion joués par un seul musicien.

Les instruments à percussion de l'orchestre symphonique peuvent être divisés en deux catégories, selon qu'ils produisent ou non des sons déterminés (de hauteur appréciable).

Instruments à son déterminé

1. Timbales (généralement de deux à quatre) : une série de clés ou poignées agissent sur la tension de la peau pour réaliser l'accord. Des timbales mécaniques munies d'une pédale permettent des changements d'accords rapides et des effets de glissando. Les timbales sont frappées avec des mailloches de qualités diverses.
2. Glockenspiel ou « jeu de timbres » et célesta : à clavier.
3. Xylophone, vibraphone, métallophone, etc., constitués par une série

de lames de bois ou de métal de différentes longueurs, que l'on frappe avec des baguettes ou mailloches.
4. Cloches : série de tubes métalliques de longueurs différentes, suspendus à un portique et frappés.

Instruments à son indéterminé

TAMBOURS (PEAU)

1. Tambour militaire.
2. Caisse claire (plus petite et très plate).
3. Caissc roulante (plus haute que la caisse claire) : son plus sourd. Ces deux caisses peuvent être munies d'un « timbre », double corde en boyau ou en métal, tendue plus ou moins pour vibrer contre la peau, en donnant du mordant à la percussion. Ces instruments sont frappés avec des baguettes en bois.
4. Grosse caisse : frappée avec des mailloches.
5. Tambourin : tambour au corps très allongé, frappé généralement avec les mains.
6. Tambour de basque : instrument d'origine orientale sans attaches avec le Pays basque. On l'utilise, soit en le frappant, soit en faisant vibrer les petites cymbales de sa périphérie.

MÉTAL FRAPPÉ

7. Triangle : tige métallique deux fois coudée.
8. Cymbales : tantôt elles sont entrechoquées, tantôt l'on frappe une cymbale suspendue avec une mailloche.
9. Crotales : minuscules cymbales, donnant un son très clair.
10. Tam-tam : grand gong en bronze martelé, de facture chinoise. Les beaux tam-tams sont rares et d'un prix très élevé.

BOIS FRAPPÉ

11. Bloc de bois, ou wood-block, frappé.
12. Castagnettes (montées sur un manche pour la commodité du jeu à l'orchestre).
13. Fouet (deux planchettes entrechoquées).
14. Baguettes de caisse claire entrechoquées.

BRUITS DIVERS

15. Maracas : sorte de hochets, faits d'une calebasse séchée.
16. Crécelles, raclettes (guitcharo), grelots, etc.
17. Machines à imiter le vent (« éoliphone »), la fusillade, etc.

Un grand nombre de ces instruments est d'origine asiatique ou africaine : l'Europe, il est vrai, conserve dans ce domaine une nette infériorité et nos plus grands percussionnistes reconnaissent pour maîtres les musiciens africains.

-⊖› BERLIOZ, *Requiem* (*Tuba Mirum*) : huit paires de timbales et dix timbaliers. – DEBUSSY, *Pelléas et Mélisande* (scène de la Grotte). – RAVEL, *Daphnis et Chloé* : I, II, III, 2, 4, 6, 7, 8, 9, 10, 12, 17 (éoliphone). – BARTÓK, *Musique pour cordes, percussion et célesta*, adagio (3e mouvement) : débute par des notes répétées de xylophone et des glissandos de timbales mécaniques : I, II, III, 2, 4, 8, 10. – ORFF, *Carmina burana* : I, II (3 glockenspiele), III, IV, 2, 4, 6, 7, 8, 9, 10,12, 16. – VARÈSE, *Ionisation* pour orchestre de percussion. Le très grand nombre d'instruments de percussion nécessite le concours de treize exécutants : IV, 1, 2, 3, 4, 6, 7, 8, 10, 11, 12, 13, 14, 15, cloches de vaches, bongos, sirènes, grelots, enclumes, etc. (certains instruments, comme les tam-tams, les cymbales et les tambours figurant à plusieurs exemplaires). – MILHAUD, *Les Choéphores* (mouvements IV, V, VII) : 1, 2, 3, 4, 5, 6, 7, 8, 10, 12, 13, 16, 17. – JOLIVET, *Concerto pour piano* : I, II, III, 1, 2, 4, 5, 6, 7, 8, 9, 10, 11, 13, 15, 16 + blocs chinois de divers types, cymbale chinoise, « cymbale Charleston », « Derbouka », etc.

PEREZ, DAVIDE

Naples, 1711. – Lisbonne, 30 octobre 1778.

Élève de Francesco Mancini au conservatoire Santa Maria di Loreto à Naples (1728-1733). Dès ses débuts à l'opéra il obtint un succès qui lui valut d'être nommé vice-maestro di cappella à Palerme (1738-1748). Il voyagea ensuite pour donner des opéras à Rome, Venise, Vienne, Milan, Gênes et enfin Lisbonne, où il s'établit en 1752.

Huit messes (4-8 voix et orchestre), *Lamentazioni e Responsorii* pour les offices des ténèbres, l'oratorio *Il Martirio di San Bartolomeo*, douze psaumes, *Magnificat* et autres musiques sacrées avec orchestre ; trente-six opéras dont *Allessandro nell'Indie* (Gênes, Falcone, 1744) et *Solimano* (Lisbonne, 1757), cinq *Serenate*.

PERGOLESI, GIOVANNI BATTISTA

Jesi (près d'Ancône), 4 janvier 1710. – Pozzuoli, 16 mars 1736.

Il commença ses études musicales à Jesi et les poursuivit à Naples au Conservatorio dei Poveri, avec Greco et Durante (1726-1730). Il s'y montrait adroit violoniste dans les sérénades que les élèves portaient aux quatre coins de la ville lors du carnaval ou d'autres occasions festivales. Mais il ne semble pas avoir été un enfant prodige et il n'occupa que des postes secondaires : maestro di cappella du prince de Stigliano et du duc de Maddaloni, puis assistant du maestro di cappella de Naples. Atteint de tuberculose pulmonaire, il mourut à Pozzuoli, où il était allé se soigner, à l'âge de vingt-six ans : il venait juste de terminer son beau *Stabat Mater.* Ses parents étaient morts jeunes, ses trois frères et sœurs étaient morts en bas âge ; lui-même, délicat depuis l'enfance, était affligé d'une déformation de la jambe gauche, peut-être d'origine tuberculeuse.

Si l'on songe que ses études musicales se poursuivirent jusqu'en 1730 et que ses premières œuvres n'eurent aucun retentissement, on demeure stupéfait de la prospérité d'une carrière musicale longue de cinq années à peine. Il attira l'attention sur lui en 1732 par l'exécution d'une messe à double chœur destinée à invoquer la protection céleste après de terribles tremblements de terre : d'après la légende, le célèbre L. Leo l'embrassa publiquement après la cérémonie. La même année, l'opéra bouffe *Lo Frate 'nnammorato* (un petit chef-d'œuvre) remportait un grand succès. Dans les représentations d'opéras sérieux, cependant, seuls les *intermezzi* comiques étaient accueillis favorablement.

Le véritable succès de Pergolesi commence après sa mort. Ses œuvres sont représentées partout, même à l'étranger, et *La Serva Padrona* (*La Servante maîtresse*) jouera le rôle qu'on sait dans les débuts de l'opéra-comique français, en déclenchant la Querelle des Bouffons (1752). Les éditeurs peu scrupuleux lui attribuent les œuvres dont ils veulent assurer la vente ; et aujourd'hui encore, il n'est pas toujours possible de distinguer avec certitude les œuvres authentiques des attributions abusives. Cet invraisemblable succès posthume a provoqué, par réaction, l'injuste sévérité de quelques critiques. Si la gloire, quasi exclusive, de *La Serva Padrona* peut paraître excessive, certaines œuvres comme *Lo Frate 'nnammorato* ou *L'Olimpiade* (*opera seria*) comptent parmi les plus admirables productions de l'école napolitaine. Et le *Stabat,* malgré ses faiblesses (comment ne pas lui préférer les compositions religieuses de Scarlatti, Leo ou Durante ?), justifie sa réputation par la sincérité, la naïveté de son lyrisme.

(Les *opera omnia* publiés à Rome en 1940-1942 contiennent beaucoup de fausses attributions, voir Auletta*). Quatre *opere serie* (dont *L'Olimpiade* est le plus beau), trois *intermezzi* (dont *La Serva Padrona*), deux opéras bouffes en dialecte napolitain (*Lo frate' nnammorato* et *Flaminio*), six oratorios, dix cantates profanes (dont l'admirable *Orfeo*), de nombreuses messes (dont trois seulement d'authenticité certaine), des motets, des psaumes, un *Stabat Mater*; un nombre impossible à préciser d'œuvres instrumentales (les six magnifiques *Concertini* sont apocryphes).

PERI, JACOPO

Rome, 20 août 1561. – Florence, 12 août 1633.

Chanteur. Vers 1590, il est musicien à la cour des Médicis à Florence, avec des appointements supérieurs à ceux de Caccini. Il écrit des *inter-*

medii pour le mariage du grand-duc Ferdinand Ier et les chante lui-même avec grand talent, accompagné au chitarrone. Bientôt toute l'Italie admire sa manière de *recitar cantando*. Il devient la personnalité dominante des réunions d'humanistes et de musiciens qui, à l'exemple de la Camerata Bardi (voir Caccini*), se tenaient dans le palais florentin du mécène Jacopo Corsi, bon compositeur et claveciniste amateur. L'un des objectifs de ces Académies proliférantes était de ressusciter ce que ces humanistes croyaient avoir été la récitation lyrique de l'antique tragédie grecque : ils créent le récitatif moderne et font triompher la monodie accompagnée. Les premières monodies dans le nouveau *stile rappresentativo* sont dues à Galilei, Cavalieri et Caccini (*Nuove Musiche*). Peri les surpasse sur le plan de la qualité dramatique avec sa *Dafne*, représentée en 1597 au Palazzo Corsi (des fragments seulement en sont conservés). Le succès en est tel qu'on lui demande un ouvrage du même genre à l'occasion du mariage d'Henri IV et de Marie de Médicis : c'est *Euridice* (représentée en 1600 au Palazzo Pitti), le premier opéra* dont la musique nous soit parvenue intégralement. Peri est nommé directeur de la musique du grand-duc, puis Camerlengo generale. Il écrit alors de nombreux *balli*, *intermedii*, *feste*, malheureusement perdus. Son art, moins lyrique et brillant que celui de Caccini, lui a valu moins de succès posthume. Mais il a contribué, plus que son rival, à la création de l'opéra moderne.

Plusieurs mélodrames ou pré-opéras (dont *Dafne* et *Euridice* : les autres sont perdus et ne furent peut-être jamais représentés), *Le Varie Musiche* (1 à 3 voix et basse continue dans le style nouveau), plusieurs œuvres séparées (monodies et madrigaux traditionnels).

PEROSI, LORENZO

Toilons, 20 décembre 1672. – Rome, 12 octobre 1956.

Après avoir été organiste au Monte Cassino et maître de chœurs à Saint-Marc de Venise, il fut nommé directeur des chœurs de la chapelle Sixtine (1898-1915). Il avait été ordonné prêtre en 1896. On estime qu'il eut une influence déterminante sur la réforme du chant d'église, telle qu'elle est définie par le *Motu proprio* de Pie X. Dans un style très composite (où l'orchestration moderne se combine aux formes mélodiques du plain-chant et à l'écriture polyphonique) il a contribué à la renaissance de l'oratorio en Italie.

Dix oratorios (dont *Il Giudizio Universale*), vingt-six messes, des motets, psaumes, quelques ouvrages symphoniques et de la musique d'orgue.

Pérotin

?, vers 1170. – ?, vers 1230.

On ne possède guère de renseignements biographiques sur ce musicien remarquable. Son nom apparaît dans deux traités du XVIIIe siècle en qualité d'« *organista* », c'est-à-dire compositeur d'*organa* (voir Polyphonie*). Il occupe peut-être des fonctions analogues à celles de maître de chapelle à la nouvelle église Notre-Dame de Paris dont il a vu achever la construction. Qualifié de *Pérotinus Magnus*, il est réputé pour avoir remanié le *Magnus Liber* de son prédécesseur Maître Léonin, l'enrichissant de compositions personnelles, extraordinairement savantes et audacieuses pour l'époque. Autour de Léonin et Pérotin ont dû graviter de nombreux élèves anonymes dont on a retrouvé quelques œuvres et que l'on désigne sous l'appellation d'École de Notre-Dame. Ces musiciens cultivaient les genres de l'*organum**, du motet* et du conduit*.

Seules sept compositions ont été identifiées avec certitude :
– 4 *organa* : *Viderunt omnes* (à 4 voix pour la Nativité), *Sederunt principes* (à 4 voix), *Alleluia posui* (à 3 voix), *Alleluia Nativitas* (à 3 voix pour la Nativité de la Vierge) ;
– 3 conduits : *Beata viscera* (à 1 voix), *Salvatoris hodie* et *Dum sigillum Patris* (à 2 voix).
On peut ajouter 2 conduits d'attribution vraisemblable : *Beata nobis gaudia* (à 1 voix) pour le sacre de Louis VIII et *Gaude felix Francia* (à 2 voix) pour le sacre de Louis IX.

Perti, Giacomo Antonio

Bologne, 6 juin 1661. – Bologne, 10 avril 1756.

Des succès précoces le font admettre très jeune comme compositeur à l'Accademia Filarmonica de Bologne et en 1696 il devient maestro di cappella de la basilique San Petronio, poste qu'il conservera jusqu'à sa mort à quatre-vingt-quinze ans, ne s'éloignant de Bologne que pour de brefs séjours à Florence, Rome ou Naples. Pédagogue réputé, il fut notamment le maître de Torelli, Manfredini et du Padre Martini.

Nombreuses messes et fragments de messes, cent vingt psaumes, cinquante-quatre motets, etc. pour chœurs, basse continue et instruments concertants, vingt-six opéras (dont sept seulement subsistent), vingt oratorios, quatre-vingt-treize cantates profanes, vingt-deux *Sinfonie* pour l'Église.

Petrassi, Goffredo

Zagarolo (Rome), 16 juillet 1904.

Venu tard à la composition, il étudia à l'Accademia Santa Cecilia de Rome (1925-1933). L'amitié de Casella contribua à éveiller son goût de la construction et à le placer sous l'influence de Hindemith et du Stravinsky de 1930. Dans ses grandes compositions chorales (la meilleure partie de son œuvre), il exploite aussi l'héritage de Monteverdi. Il a été professeur de composition à l'Accademia Santa Cecilia, surintendant du théâtre de la Fenice à Venise, président de la section italienne de la SIMC.

Deux opéras, deux ballets, des musiques de film (dont l'admirable *Riso amaro* de De Santis), des œuvres chorales (*Salmo IX*, *Coro di Morti*, *Notte oscura*), huit concertos pour orchestre, concerto pour piano et orchestre, *Sonata da camera* pour clavecin et 10 instruments, *Due liriche di Saffo* pour voix et 11 instruments, des mélodies.

Petridis, Petros

Nidgé (Cappadoce), 23 juillet 1892. – Athènes, 20 août 1978.

Alors qu'il étudiait le droit à Paris, il décida subitement de se consacrer à la composition : A. Wolff et A. Roussel complétèrent sa formation d'autodidacte. En attendant que ses œuvres eussent attiré l'attention sur sa forte personnalité et assuré sa subsistance, il fut secrétaire au service de presse de l'ambassade grecque à Londres, journaliste, professeur de grec moderne. Son art, essentiellement contrapuntique, est fortement marqué par l'influence de l'école française, mais rend de fréquents hommages à la culture grecque.

L'oratorio *Saint Paul*, *Requiem byzantin*, cinq symphonies, *Suite grecque*, *Suite ionienne*, deux concertos pour piano, un concerto pour violon, un concerto pour violoncelle, *Le Clavier modal* (recueil de pièces pour piano, destiné à montrer toutes les possibilités d'exploitation polyphonique des vieux modes).

Pfitzner, Hans

Moscou, 5 mai 1869. – Salzbourg, 22 mai 1949.

Chef d'orchestre. Élève du conservatoire de Francfort, il enseigna successivement à Coblence, Berlin et Munich et fut, de 1908 à 1916, directeur musical du théâtre de Strasbourg. En 1917, son opéra *Palestrina*, créé à Munich, fut considéré par une partie de la critique germanique comme un nouveau *Parsifal*; mais l'œuvre ne s'imposa pas à l'étranger. Romantique attardé, dont la philosophie de l'art prend sa source chez Wagner et Schopenhauer, il a été dans son pays le champion de la réaction contre les tendances nouvelles de la musique.

Cinq opéras, des œuvres chorales (dont *Von deutsche Seele*, sa plus belle œuvre), deux symphonies, divers concertos, plus de cent mélodies.

Philidor, André

?, vers 1647. – Dreux, 11 août 1730.

[dit l'Aîné] Fils de musicien, lui-même membre de la « grande écurie » et de la chapelle royale (il joue de toutes sortes d'instruments, particulièrement du basson et du cromorne), puis bibliothécaire du roi ; en cette qualité, il a rassemblé une importante collection de pièces instrumentales. Parmi ses vingt et un enfants, quatre devinrent musiciens, dont le célèbre François-André. Son frère Jacques et quatre fils de ce dernier furent également musiciens à la cour.

Des opéras-ballets, des divertissements et des mascarades pour la cour de Louis XIV, quelques pièces instrumentales, des marches militaires.

Philidor, François-André

Dreux, 7 septembre 1726. – Londres, 24 août 1795.

Illustre joueur d'échecs. Il entre tout jeune comme page à la chapelle royale, puis devient l'élève de Campra. Livré à lui-même, il est découragé par les difficultés de la vie d'artiste (leçons et travaux de copie musicale ne lui suffisent pas pour vivre) et décide de se produire comme joueur d'échecs dans plusieurs pays : il est bientôt considéré comme le premier joueur de son temps. À Londres, il publie une remarquable *Analyse du jeu des échecs* [1749], et gagne trois parties simultanées, sans voir les échiquiers, contre des joueurs de première force. À la prière de ses amis parisiens (dont Diderot), il rentre à Paris et entreprend de composer des motets à grand chœur, sous l'influence des oratorios de Haendel, entendus à Londres. Ces œuvres ne lui ayant pas valu, comme il l'espérait, le poste de surintendant de la musique, il se tourne vers l'opéra-comique : le succès de *Blaise le savetier* décide de sa réputation de compositeur, digne de celle qu'il avait acquise dans les clubs d'échecs londoniens. Supérieur à Monsigny ou Grétry pour l'originalité de l'invention mélodique, la qualité de l'harmonie et de l'instrumentation, il est peut-être le meilleur représentant de l'opéra-comique français avant Boieldieu.

Trente opéras-comiques dont *Blaise le savetier* (1759) et *Tom Jones* (1765), cinq tragédies lyriques, *Carmen Saeculare* (oratorio profane d'après Horace), des motets, un *Requiem*, un *Te Deum*.

Philippe d'Orléans

Saint-Cloud, 4 août 1674. – Paris, 25 décembre 1723.

Régent de France. Élève de Charpentier et de Campra. En dehors des deux opéras qui lui sont généralement attribués, il aurait collaboré à la *Philomèle* de Charpentier.

Les opéras *Penthée* (Palais-Royal, 1705) et *Jérusalem délivrée* (Fontainebleau, 1711).

Philippe de Vitry

Vitry (Champagne), 31 octobre 1291. – Meaux, 2 juin 1361.

Poète, théoricien, diplomate, secrétaire des rois Charles IV et Philippe VI. Il cumule les prébendes de chanoine (Cambrai, Verdun, Soissons, Saint-Quentin...) et devient évêque de Meaux en 1351. Son célèbre traité, *Ars nova musicae* (vers 1325), expose les principes de la révolution musicale qui s'opère en France, et lui donne son nom. Un mouvement analogue prend naissance à Florence, mais il se développe dans un sens différent. Il ne semble pas qu'une influence de l'école florentine ait pu intervenir dans la formation de la technique française de l'Ars Nova : Philippe de Vitry fait figure de pionnier et peut être considéré comme le créateur du motet isorythmique, dont Machaut a donné les plus beaux modèles.

Une dizaine de motets seulement ont pu être identifiés.

Philippot, Michel

Verzy (Marne), 2 février 1925. – Vincennes, 28 juillet 1996.

Il a complété sa formation musicale classique auprès de Leibowitz, puis au Groupe de recherches musicales de l'ORTF. Esprit éclectique, curieux de mathématiques appliquées, organisateur imaginatif, théoricien lucide, il a occupé plusieurs fonctions importantes dont celle de Directeur de la musique à la radio française (1964-1972). Il a été professeur de composition au conservatoire de Paris, chargé de cours à l'université Paris-IV et doyen de la faculté de musique de l'université de São Paulo, où il a enseigné pendant plusieurs années.

Variations pour 10 instruments (1956), *Composition pour cordes* (1959), *Composition pour double orchestre* (1960), *Passacaille* pour 12 instruments (1973), *Transformations triangulaires* pour 10 instruments, quatre quatuors à cordes, trois sonates pour piano, trois pièces pour violon seul, des écrits sur la musique et l'esthétique.

PHILIPS, PETER

?, 1561. – Bruxelles, 1628.

Il a vécu à Rome, à partir de 1582, au service du cardinal Farnèse, puis d'un certain Lord Paget qui l'emmena en Espagne, en France, aux Pays-Bas. Il s'établit en 1590 à Anvers (d'où il se rendit à Amsterdam pour y rencontrer Sweelinck), puis fut appelé à Bruxelles, en 1597, comme organiste de l'archiduc Albert. Sa réputation semble avoir été considérable à l'époque. L'un des tableaux de Jan Bruegel représentant les cinq sens (« l'Ouïe », conservé au musée du Prado) montre sur une épinette une copie des madrigaux à six voix de Philips.

Cantiones Sacrae (1 à 5 voix avec basse continue), des messes, madrigaux (4, 6 et 8 voix), pièces de virginal (dix-neuf dans le *Fitzwilliam Virginal Book*).

PHRASÉ

Mise en valeur des périodes, phrases et motifs du discours musical, par l'observation et la compréhension des indications de l'auteur et de la ponctuation naturelle. La souplesse de notre système de notation n'est pas telle qu'elle puisse assurer une rigoureuse traduction des intentions du compositeur : l'intelligence musicale de l'interprète en est le complément nécessaire.

Dans la musique vocale, le phrasé, imposé par la construction littéraire, n'offre pas de difficultés ; il n'en est pas de même dans la musique instrumentale. Le musicien débutant, pris au piège des barres de mesure, sera tenté de voir dans la mesure l'unité organique, à laquelle seront liés les motifs constitutifs ou les groupes mélodiques de la phrase musicale. Il devra apprendre à distinguer dans ces motifs l'accent, précédé d'un groupe préparatoire ou « anacrouse » et d'un groupe conclusif ou « désinence ». L'un de ces groupes peut faire défaut. Parfois ils sont l'objet d'amplifications importantes (Messiaen) et l'on peut être en présence d'une anacrouse, d'une désinence, voire d'un « accent », occupant une ou plusieurs mesures. Les accents ne tombent pas nécessairement sur les temps forts, même dans la musique classique, et les liaisons de part et d'autre d'une barre de mesure peuvent égarer l'interprète inattentif…
Par ailleurs, les procédés d'imitation* (augmentation, diminution, ren-

versement…) ne doivent pas faire perdre de vue les motifs mélodiques qui en sont l'objet… Autant de difficultés que la théorie ne ferait que compliquer, mais qu'une solide culture musicale et une sensibilité esthétique intacte parviendront seules à aplanir.

PIANO

Il existe des instruments à cordes frappées depuis des temps très lointains : *santūr* d'Iran et d'Iraq, arcs musicaux africains… peut-être aussi une variété du *psalterion* des Grecs et le *pesanterîn* du Livre de Daniel. Mais l'ancêtre le plus authentique du piano est le psalterion* médiéval, apparu au XIe ou XIIe siècle. Il a existé – au moins depuis le début du XIVe siècle – deux façons d'en jouer : en pinçant les cordes ou en les frappant. Vers 1350, vraisemblablement en Angleterre, le psaltérion est doté d'un clavier, donnant ainsi naissance à l'*échiquier*. Cet instrument, que Machaut appelle « eschaquier d'Engleterre », fonctionnait probablement selon le principe des cordes frappées qui n'exigeait pas un mécanisme trop complexe. À partir du XVe siècle, une grande variété d'instruments procédant du psaltérion à cordes frappées se répand en Europe, sous les appellations de « tympanon » (souvent pris comme terme générique), « douce-mère », « doucemelle », « dulcimer », « cymbalum », etc. Certains utilisent des baguettes terminées en cuiller, dont on frappe les cordes ; d'autres sont munis d'un clavier et d'un mécanisme ingénieux, grâce auquel le marteau retombe de lui-même après avoir frappé la corde, évitant ainsi d'étouffer le son (principe de l'échappement qui ne fut retrouvé par Érard que deux siècles plus tard).

Du perfectionnement de ces instruments est né le « clavicorde », dont la première description précise date de la fin du XVe siècle. Aussi ancien que l'épinette et les autres instruments de la famille du clavecin, le clavicorde ne doit pas être confondu avec le piano. C'est un autre instrument, dont les cordes (tendues parallèlement au clavier) sont heurtées selon un dispositif qui permet en même temps de les diviser, chaque corde étant affectée à plusieurs notes : le clavicorde est alors dit « lié ». L'élément percutant, petite pièce métallique appelée « tangente », est fiché sur les queues de touches et frappe en un point déterminé de division de la corde. Le plus ancien clavicorde que l'on possède date de 1543 ; il est doté d'un clavier de quarante-cinq touches pour vingt-deux doubles cordes (accordées par paires à l'unisson) ; jusqu'au XVIIIe siècle, époque de la suppression des dernières cordes « liées », le *gebundenes Clavichord* comportera moins de cordes (ou paires de cordes) que de touches.

L'instrument est apparu en France au XVIe siècle, sous le nom de « manicordion » (voir Rabelais) qui était encore en usage à la fin du

XVIIe siècle. Très répandu en Allemagne aux XVIIe et XVIIIe siècles, il n'est supplanté par le piano que lorsque celui-ci a pu compenser l'inconvénient d'un encombrement et d'un poids accrus par une augmentation très sensible du volume sonore. Dans son *Versuch über die wahre Art das Klavier zu spielen* [1753], C. P. E. Bach compare les qualités de l'orgue, du clavecin, du clavicorde et du « forte-piano », qu'il nous représente comme les instruments d'accompagnement les plus répandus de son temps. Au point de vue pédagogique, il pense que le clavicorde a de plus grandes qualités que le clavecin et le nouveau forte-piano : sur le clavicorde, en effet, la simplicité de la mécanique met l'interprète en contact direct avec la corde ; elle lui permet de mieux lier l'expression au toucher et d'exécuter même un certain vibrato (*Bebung*). Nous ne sommes pas obligés aujourd'hui de partager cette préférence ; mais il est intéressant d'observer la coexistence, au milieu du XVIIIe siècle, du clavecin, du clavicorde et du piano, qui n'illustrent pas, comme on le croit parfois, l'évolution de l'instrument à clavier.

L'inventeur du piano est vraisemblablement Bartolomeo Cristofori qui construisit à Florence en 1709 son premier « *Gravicembalo col piano e forte* ». Ses instruments utilisent une mécanique qui les apparente au piano actuel plus qu'au clavicorde. Mais les réalisations de Cristofori ne passèrent pas les frontières de l'Italie et c'est au Saxon Silbermann que revient le mérite d'avoir développé et propagé la facture du nouvel instrument. Celui-ci toutefois mit assez longtemps à gagner la faveur des musiciens. J. S. Bach, en particulier, était assez peu favorable aux instruments de Silbermann et il semble que ses contemporains et ses successeurs immédiats furent, sinon hostiles, du moins indifférents. De façon générale, on peut considérer que l'ère du piano ne commence que vers 1765-1770 (époque des premières sonates de Haydn et de Clementi) : à de très rares exceptions près, les compositions pour clavier antérieures à cette époque étaient destinées à l'orgue, au clavecin ou au clavicorde. À partir de 1773, le facteur anglais John Broadwood perfectionne considérablement la mécanique Cristofori-Silbermann et, de 1796 à 1823, le Français Érard invente la mécanique dite « à échappement », puis à « double échappement », sur le principe duquel sont construits les pianos modernes. Cette mécanique permet une plus grande précision dans l'attaque et rend possibles les répétitions rapides, en évitant que les marteaux ne se posent en étouffoirs sur les cordes. À vrai dire l'idée n'en était pas nouvelle : certaines variétés de tympanons au XVIe siècle et les instruments de Cristofori dès 1726 étaient équipés de mécaniques analogues. Mais l'ingéniosité et la régularité de fonctionnement de la mécanique d'Érard ont fait de ce grand facteur le véritable créateur, avec Broadwood, du piano moderne. Les perfectionnements ultérieurs n'ont été que des perfectionnements de détail : invention du piano droit (Angleterre, 1807), du cadre métallique

(1825, aux USA), du principe des cordes croisées (1832, aux USA), feutrage des marteaux, agrandissement du clavier, etc.
Le piano se compose essentiellement d'une table de résonance ou « table d'harmonie » en épicéa, montée sur une charpente appelée « barrage ». Les cordes sont tendues sur un chevalet placé sur cette table. Elles sont fixées, d'un côté au « sommier d'attache », de l'autre au « sommier de chevilles » en hêtre ou en érable ; les pianos modernes sont pourvus d'un cadre en fer fondu, d'une seule pièce, renforçant ou remplaçant les sommiers. Les cordes, triples sauf dans le grave, exercent sur ce cadre une tension de l'ordre de vingt tonnes ! Chaque touche du clavier (en tilleul recouvert d'ivoire ou en ébène pour les touches noires) commande un marteau et, simultanément, un étouffoir, par l'intermédiaire d'un mécanisme qu'il serait fastidieux de décrire.
Les deux pédales, appelées improprement pédales « douce » et « forte », ont des fonctions de nature bien différente et peuvent être employées chacune dans la nuance « piano » comme dans la nuance « forte ». La pédale de gauche (indication « una corda ») déplace légèrement la mécanique vers la droite, de sorte que chaque marteau ne frappe plus qu'une ou deux cordes d'un groupe : le son devient plus doux, moins timbré. La pédale de droite éloigne tous les étouffoirs : les cordes frappées continuent alors de vibrer lorsque les mains quittent le clavier et, de surcroît, plusieurs autres cordes vibrent doucement par sympathie. Sur les pianos à queue modernes, une troisième pédale, centrale, permet de maintenir un ou plusieurs étouffoirs levés. L'étendue du piano est actuellement de sept octaves un quart, soit du la_{-2} (dans la première octave d'un jeu d'orgue de 32′) à l'ut_7 (tuyau d'un pouce et demi).

PICCINNI, NICCOLÒ

Bari, 16 janvier 1728. – Passy (Paris), 7 mai 1800.

Son père était musicien, et sa mère était sœur du compositeur G. Latilla. D'abord destiné à la prêtrise, c'est sur la recommandation de l'évêque de Bari qu'il fut envoyé au conservatoire Sant' Onofrio de Naples où il devint l'élève de Leo et de Durante (1742-1754). Il commença sa carrière de compositeur de théâtre en 1754, et le succès de *La Cecchina, ossia La Buona Figliuola* (Rome, 1760) fit de cet opéra bouffe l'un des plus populaires de son temps. Il fut représenté dans toute l'Europe, suscitant partout le même enthousiasme. *L'Olimpiade* (opéra sérieux), huit ans plus tard, eut plus de succès que n'eurent jamais les œuvres de Caldara, Vivaldi, Leo, Pergolesi, Galuppi, Hasse, Traetta, Jommelli, sur le même sujet.

En 1776, assuré de la protection de Marie-Antoinette, il part pour Paris, où Marmontel s'emploie à lui apprendre le français. La composition de son premier opéra français, *Roland*, l'occupe toute l'année 1777. À la même époque commence la ridicule guerre de pamphlets connue comme la Querelle des gluckistes et des piccinnistes. Piccinni est choisi malgré lui, par quelques amateurs qu'exaspérait le parti pris exclusif des admirateurs de Gluck, pour représenter l'opposition au gluckisme. *Roland* triomphe, à la fureur des gluckistes, et Gluck se montre assez mauvais joueur. Piccinni, toujours en faveur chez la reine, donne à la souveraine des leçons de chant et on lui confie la direction de la troupe italienne qui se produit à l'Opéra ; un peu plus tard, en 1784, il est nommé professeur à l'École royale de chant et de déclamation. Lors de la Révolution, en 1789, il perd ses différents emplois et retourne à Naples, où il est bientôt dénoncé comme jacobin (sa fille avait épousé un républicain français) et placé en résidence surveillée. Après quatre années de misère, il peut regagner Paris, la paix ayant été signée entre le royaume de Naples et la République française : il y est accueilli avec enthousiasme.
Homme affable, pacifique, étranger aux intrigues, il fut naturellement surestimé par ses amis et ses partisans, mais la postérité, par réaction peut-être, a souvent été injuste à son égard. L'élégance de ses mélodies, la qualité de ses ensembles, son instinct du théâtre rendent ses opéras extrêmement séduisants et certaines de ses comédies (dont *La Buona Figliuola*, *Le Finte Gemelle*) sont dans la meilleure tradition de l'opéra bouffe napolitain. Surtout il a donné au finale d'acte une variété et une importance nouvelles, annonçant les grands finales mozartiens.

Trente-trois opéras sérieux italiens, soixante-seize opéras-comiques (opéras bouffes, *intermezzi*, *drammi giocosi*, *commedie*) italiens, neuf opéras sérieux français, six opéras-comiques français, trois oratorios, une messe, des psaumes.

PIERNÉ, GABRIEL

Metz, 16 août 1863. – Ploujean (Finistère), 17 juillet 1937.

Chef d'orchestre. Élève de Lavignac, Massenet et Franck, Prix de Rome en 1882. Il succéda à Franck aux orgues de Sainte-Clotilde (1890-1898) et à Colonne au pupitre de l'association symphonique qu'il avait fondée (1910-1933). Il fut élu membre de l'Institut en 1924. Son œuvre touche à tous les genres, mais il excelle particulièrement dans la verve légère où son talent d'orchestrateur fait merveille. Défenseur infatigable de la musique moderne, il fut un remarquable interprète de Debussy.

Sept opéras-comiques, dix ballets (dont *Cydalise et le Chèvre-pied*, son œuvre la plus célèbre), des cantates, un oratorio (*Les Fioretti de saint François d'Assise*), un concerto et un *Poème symphonique* pour piano et orchestre, des suites symphoniques, des pièces pour violon, violoncelle, piano, orgue, de nombreuses mélodies.

Pijper, Willem

Zeist, 8 septembre 1894. – Leidschendam, 19 mars 1947.

Élève de Wagenaar à Utrecht (1911-1916), il a subi très profondément l'influence de la littérature et de la musique françaises (particulièrement Verlaine et Debussy), puis, dans une plus faible mesure, celle de Mahler, Schoenberg et Stravinsky. Professeur au conservatoire d'Amsterdam, puis directeur du conservatoire de Rotterdam (1930-1947), il a joué un rôle considérable dans l'essor de la vie musicale néerlandaise. Badings et Landré figurent parmi ses nombreux élèves. Il a exercé aussi les fonctions de critique à l'*Utrechts Dagblad* et de rédacteur en chef de la revue *De Musiek.*

L'opéra *Halewijn,* d'importantes musiques de scène (dont celle pour *Antigone* de Sophocle), des chœurs, des mélodies, trois symphonies, des concertos (pour piano, violon, violoncelle), cinq beaux quatuors à cordes, deux sonates pour violon, deux sonates pour violoncelle, trois sonatines pour piano.

Pilkington, Francis

Vers, 1562. – Chester, 1638.

Clergyman. Il fut choriste à la cathédrale de Chester à partir de 1602. Ses meilleures œuvres se trouvent dans un recueil d'*ayres* accompagnés d'une tablature de luth, ceux-ci peuvent être chantés, soit à quatre voix, soit en solo accompagné par le luth et la basse de viole.

Un livre d'*ayres,* deux livres de madrigaux (quarante-six pièces, de 3 à 6 voix), des pièces pour le luth (qui comptent parmi les meilleures de l'école élisabéthaine).

Piston, Walter

Rockland (Maine), 20 janvier 1894.
Belmont (Massachusetts), 12 novembre 1976.

Il ne commença l'étude sérieuse de la musique, à Harvard (où il enseigne depuis 1944), puis à Paris avec Nadia Boulanger, qu'à l'âge de vingt-six ans : il s'était d'abord destiné aux arts plastiques. Excellent pédagogue, il a formé aux strictes disciplines classiques un grand nombre de jeunes compositeurs américains.

Sept symphonies, un concerto pour violon, cinq quatuors à cordes, une sonatine pour violon et clavecin.

Pizzetti, Ildebrando

Parme, 20 septembre 1880. – Rome, 13 février 1968.

Au conservatoire de Parme, il étudia très attentivement la musique italienne des XVe et XVIe siècles. Il acquit ainsi une profonde connaissance du grand art polyphonique qui, jointe au goût qu'il manifesta très tôt pour le théâtre, eut une influence profonde sur sa formation d'artiste. Son rêve était de composer un opéra : l'occasion se présenta grâce à l'amitié de G. D'Annunzio qui adapta pour lui sa nouvelle tragédie *Fedra.* Par la suite, il écrira lui-même tous ses livrets, pour mieux réaliser la synthèse des idées et des sons, qui est pour lui la condition essentielle du drame musical. Il est nommé successivement professeur au conservatoire de Parme (1907), professeur puis directeur de l'Istituto musicale de Florence, directeur du conservatoire de Milan ; et, à partir de 1936, il est professeur de composition à l'Accademia Santa Cecilia de Rome. Depuis son magnifique *Debora e Jaele* (Scala, 1922, sous la direction de Toscanini), il a renouvelé l'esthétique du théâtre lyrique italien, en créant une forme personnelle de drame musical, reposant sur une déclamation continue, très expressive. D'une façon générale, la musique vocale constitue la partie la plus importante et la plus intéressante de son œuvre : les opéras *Debora e Jaele, Lo Straniero, Assassinio nella Cattedrale,* les œuvres chorales où se révèle un admirable talent de polyphoniste, les mélodies *I Pastori, San Basilio, Oscuro è il ciel.* Animé d'un très haut idéal esthétique et d'une spiritualité d'apôtre, il est soucieux dans sa musique de servir la noblesse humaine, d'associer une éthique à son œuvre. Celle-ci est à l'image d'un grand caractère.

Treize opéras, des musiques de scène, de nombreuses œuvres chorales, des mélodies, une symphonie, *Concerto dell'estate* pour orchestre, *Canti della stagione alto* pour piano et orchestre, concerto pour violon, concerto pour violoncelle, ainsi qu'une édition des madrigaux à 5 voix de Gesualdo et de nombreux écrits sur la musique (notamment sur l'esthétique du drame musical).

Pizzicato

Ce mot italien signifiant « pincé » appartient exclusivement à la technique des instruments à archet. Il s'applique aux sons produits en pinçant les cordes avec les doigts. Les pizzicati s'exécutent normalement avec la main droite, mais les violonistes virtuoses, à partir de 1750 environ, ont imaginé d'en exécuter également de la main gauche, en pinçant par conséquent la corde sur la touche. On peut ainsi, soit accompagner en pizzicato une mélodie jouée avec l'archet, soit alterner dans un trait rapide des notes « arco » et pizzicati : les doigts disponibles de la main gauche se placent normalement sur la touche dans leur fonction habituelle. Paganini fut le plus illustre adepte de cette technique. Les premières utilisations du pizzicato à l'orchestre se situent aux environs de 1700.

⊖▸ PAGANINI, *Concerto n° 1* et *Capriccii.* – FRANCK, *Symphonie* (2e mouvement). – TCHAÏKOVSKY, *Quatrième Symphonie* (scherzo). – PAGANINI, SARASATE, KREISLER, etc. – RAVEL, *Tzigane.* – BARTÓK, *Musique pour cordes…* (2e mouvement : pizzicati glissés).

PLAIN-CHANT

Terme qui s'applique à l'ensemble des mélodies en langue latine de la liturgie chrétienne d'Occident. Cette dénomination est sujette à plusieurs interprétations. Au Xe siècle, *planus* qualifiait un chant dans le registre grave ; mais au XIIIe siècle, la *musica plana*, de rythme libre, s'opposait à la *musica mensurata.* Pratiquement, le plain-chant s'identifie au chant dit « grégorien ». En effet les rituels occidentaux non conformes à la liturgie romaine (ambrosien, gallican, mozarabe) ont été abolis par les efforts conjugués des rois et des papes.
Le plain-chant n'est plus exécuté que dans les monastères et dans les studios d'enregistrement depuis l'abolition de la liturgie latine par le pape Paul VI. Il se distingue fondamentalement des liturgies orientales (grecque, libanaise, syrienne, etc.) qui n'emploient pas le latin et se réfèrent à un système modal différent.
Contrairement à une croyance répandue, le chant « grégorien » qui nous est parvenu n'est pas l'œuvre de saint Grégoire. À la fin du VIe siècle, ce pontife s'est illustré par une réforme de la liturgie fondée sur le chant romain, dont il a voulu imposer les caractères spécifiques à toute la chrétienté occidentale… mais sans le secours de la notation : des missionnaires allaient enseigner la « bonne » musique et en contrôler l'orthodoxie. Deux siècles plus tard, Charlemagne – toujours sans notation – imposait à ses États un répertoire qu'il prenait pour le « grégorien » authentique : en fait ce répertoire s'était constitué dans les églises franques sur le modèle d'un chant romain en constante évolution, qui n'était connu que par une tradition orale incertaine. C'est de ce répertoire carolingien qu'est issu notre plain-chant. Il a certainement subi encore d'importantes transformations du fait des progrès de la notation : simplification des ornements et des vocalises, rythmes stéréotypés ou égalisation des durées…
Les premiers textes déchiffrables et complets datent du milieu du Xe siècle

et une grande partie des mélodies que nous connaissons ont été transcrites d'après des manuscrits encore plus tardifs (XIIe et XIIIe siècles). Beaucoup d'entre elles cependant devaient être en usage depuis longtemps lorsqu'elles ont été notées. Au XVIe et au XVIIe siècle, le répertoire « grégorien » s'est enrichi de compositions nouvelles qui ne sont que d'habiles pastiches.
En dehors des chants de l'ordinaire de la Messe (Kyrie, Gloria, Credo, Sanctus, Agnus), tantôt simples récitatifs, tantôt plus ornés, le plain-chant offre une incroyable variété de mélodies de toute beauté. Les genres principaux sont les suivants :

ANTIENNES. Refrains assez simples alternant (antiphonie) avec des versets de psaumes. Cette pratique fut importée d'Antioche à Milan par saint Ambroise : *Introït*, *Offertoire*, *Communion*, antiennes ornées à la Vierge dont le *Regina Coeli* et le *Salve Regina*, grandes antiennes de l'Avent, *Antiennes à Magnificat*, chants de procession, etc. Ces pièces (comme les « traits » et « graduels ») empruntent généralement leurs textes aux psaumes (un ou plusieurs versets).

RÉPONS. Sorte d'interludes en trois parties (refrain, versets, refrain) généralement très ornés. À cette catégorie se rattachent musicalement les traits, graduels et alleluias, aux longues vocalises (*jubilus*). Parmi les répons célèbres figure le *Libera* et le *Requiem aeternam* de l'office des défunts.

HYMNES. Répertoire hétérogène de pièces versifiées (*Pange lingua*, *Te Deum*, *Ave Maria Stella*...). En passant, latinisé, dans l'Église chrétienne par l'initiative de saint Ambroise, ce mot grec prend la signification générale de louange. L'hymne grec du IIIe siècle retrouvé à Oxyrhynchos (Égypte) est le plus ancien texte musical chrétien que nous connaissions.

PROSES ET SÉQUENCES. Formes nées au IXe siècle de l'usage des tropes*, inauguré au VIIIe siècle par les moines de Jumièges. Supprimés par le concile de Trente, les tropes étaient des textes mnémotechniques adaptés, à raison d'une syllabe par note, aux longues vocalises jubilatoires des graduels et des alleluias, puis chantés à la place de celles-ci (*pro sequentia*) d'où l'abréviation « pro sā » qui donna *prosa*. Les « séquences » tropées finirent par se séparer complètement de la mélodie principale, formant un genre indépendant pour lequel on composera des mélodies nouvelles. Les proses et séquences les plus célèbres sont l'*Inviolata* (tirée d'un trope du *Gaude Maria Virgo*), *Lauda Sion*, *Stabat Mater*...

On trouvera à la rubrique Mode* la nomenclature des « tons ecclésiastiques ». Pour plus de détails sur le chant chrétien d'avant la polyphonie, cf. mon *Histoire universelle de la musique* (Seuil, 1978, t. I, p. 190-220). Voir aussi Notation*.

Play-back

(En anglais : la lecture ou la relecture d'un enregistrement.)
1. Accompagnement, préalablement enregistré, qui est d'un usage courant dans les enregistrements de variétés.
2. Enregistrement préalable des rôles chantés d'un film musical. Lors du tournage, les interprètes, libérés de tout souci vocal, doivent chanter leur partie (ou la mimer) en synchronisme avec le play-back. Cette méthode a l'avantage de concilier les exigences de la musique et celles du cinéma : elle permet d'enregistrer et de monter la bande sonore avec tout le soin nécessaire, sans se soucier des prises de vues, puis de réaliser celles-ci sans les restrictions multiples (ni les grimaces) qu'imposeraient « en direct » les difficultés du chant.

Pleyel, Ignace

Ruppersthal, 1er juin 1757. – Paris, 14 novembre 1831.

Élève de Vaňhal et de Haydn. Maître de chapelle de la cathédrale de Strasbourg de 1783 à 1792. Il s'établit comme marchand de musique à Paris en 1795 (il publie la première édition complète des quatuors de Haydn) et fonde en 1807 la célèbre fabrique de pianos qui porte son nom.

Très nombreuses œuvres instrumentales (symphonies, concertos, quintettes, quatuors, trios), imitées de Haydn, des sonates pour piano, quelques œuvres vocales.

Polonaise

Danse nationale polonaise, dont le nom français (adopté même en Pologne) date du début du XVIIe siècle. Sous ses diverses formes, elle conserve toujours sa mesure à 3/4 et son mouvement modéré. Certains historiens lui attribuent une origine populaire (les paysans polonais pratiquent depuis fort longtemps des danses chantées de même allure), d'autres une origine aristocratique et purement instrumentale (élection au trône de Pologne d'Henri de Valois en 1574).
Introduite en Allemagne d'abord (où Telemann fut un de ses plus actifs propagateurs), puis dans le reste de l'Europe, la polonaise connut une vogue extraordinaire aux XVIIIe et XIXe siècles. Elle fut adoptée par Bach dans la suite, Mozart dans la sonate, Beethoven dans le concerto, Tchaïkovsky dans l'opéra, revêtant des formes assez mal définies. Enfin, dans les chefs-d'œuvre pianistiques qu'ils lui ont consacrés, Weber, Chopin

et Liszt lui ont donné une allure héroïque et un rythme d'accompagnement caractéristique.

⊖→ BACH, *Suite n° 2* (avec variations pour la flûte) ; *Concerto brandebourgeois n° 1* (2e trio du menuet final). – MOZART, *Sonate pour piano en ré, K 284* (finale : « Rondeau en polonaise »). – CHOPIN, polonaises pour piano (il existe aussi une polonaise de Chopin pour violoncelle et piano). – LISZT, deux polonaises pour piano.

POLYPHONIE

Étymologiquement et dans le sens le plus large, la polyphonie est l'émission simultanée de plusieurs sons de hauteurs différentes. Mais dans le vocabulaire musical courant, ce terme qui date de la seconde moitié du XIXe siècle ne s'applique qu'à la superposition de plusieurs « voix » traitées selon les règles du contrepoint*, et plus particulièrement à la musique vocale du XIIe au XVIe siècle. Le principe inverse est celui de la monodie* qui ne fait intervenir qu'une seule voix, ou plusieurs voix à l'unisson. Par extension, on désigne par « monodie » le chant accompagné harmoniquement, en raison de son opposition au caractère traditionnellement « contrapuntique » de la polyphonie (« écriture monodique », « écriture polyphonique »).

Sous une forme rudimentaire, telle qu'elle se manifeste dans certaines musiques traditionnelles, la polyphonie fut sans doute pratiquée spontanément dès les premiers âges de l'humanité : tandis que les voix aiguës et les voix graves se maintiennent à l'octave les unes des autres, les voix moyennes se placent parfois d'instinct à la quarte ou à la quinte dans leur bonne tessiture (avec le sentiment d'être à l'unisson) et les instruments à sons fixes s'efforcent d'exploiter harmonieusement les variantes imposées par leur conformation particulière. De façon semi-consciente, il est possible que la polyphonie ait été pratiquée dès l'Antiquité. Les flûtes doubles, dont on a trouvé des spécimens datant de 3 000 ans avant Jésus-Christ (cimetière d'Ur), permettaient l'émission de sons simultanés et auraient pu se prêter à un « accompagnement » rudimentaire, pratiqué aussi sur la lyre et consistant par exemple dans la tenue du « son central » d'un mode*. Des ensembles de chanteurs, flûtistes et harpistes existaient en Égypte dès l'Ancien Empire. Et les orchestres importants décrits dans la Bible et représentés sur divers bas-reliefs comportaient une suffisante variété d'instruments pour qu'on se soit vraisemblablement trouvé dans la nécessité de leur confier des parties différentes adaptées aux possibilités de chacun. Au premier siècle avant notre ère, Cicéron (*Le Songe de Scipion*, XVIII) fait allusion à « l'harmonie des sphères », où « les sons plus aigus se mêlant aux plus graves, des accords harmonieusement variés en résultent (*varios aequabiliter concentus*) ».

Mais surtout, l'observation de polyphonies primitives chez les peuples d'Afrique ou d'Océanie et même chez les paysans de certaines régions d'Europe méridionale (Corse, Sardaigne, Calabre, Albanie, Portugal) suggère l'hypothèse que c'est depuis très longtemps une pratique populaire spontanée, consciente ou non. La monodie aurait été alors davantage l'apanage historique des musiques savantes. La différence, principe de la polyphonie, n'est-elle pas statistiquement plus probable que la ressemblance (principe de la monodie) ?
Aucun document d'interprétation certaine ne permet de situer le début d'un art polyphonique « savant » avant la fin du IXe siècle. De cette époque date la plus ancienne notation polyphonique qui nous soit parvenue : c'est une courte invocation à deux voix, *Rex Coeli, Domine Maris,* notée dans un traité, le *Musica Enchiriadis* attribué à Hucbald. Dans ce document, la mélodie portant le texte est à la partie supérieure ; l'autre partie (sans paroles) s'éloigne de la première pour se maintenir à la quarte inférieure, puis revient pour conclure à l'unisson. Le texte précise que les successions de quintes valent les successions de quartes et qu'en conséquence deux autres voix peuvent chanter à l'octave des deux premières. Ce système s'appelle l'organum*. Pendant un siècle il s'est perfectionné et l'on découvrit un principe qui est à l'origine du contrepoint moderne : celui du mouvement contraire, où, les parties cessant d'être parallèles, l'une monte lorsque l'autre descend. Cette nouveauté est à l'origine du déchant* au XIe siècle. À chaque note de la voix principale, généralement à la basse (mais parfois à la partie supérieure), la seconde voix, ou « voix organale » (qui sera appelée longtemps encore « discantus »), pourra opposer une seule note ou plusieurs : bientôt le dédiant souvent improvisé entourera le thème liturgique de souples et gracieuses arabesques, faisant songer aux lettres ornées des manuscrits et, au XIIe siècle, Jean Cotton laisse même entrevoir la possibilité du croisement de voix. Les longues vocalises de la partie de déchant furent parfois affublées de mots (peut-être à des fins mnémotechniques) et l'on prit rapidement l'habitude de chanter effectivement ce texte, parfois sans rapport avec le texte principal. Cette pratique a donné naissance au motet*, dans lequel la voix principale ou *tenor*[1] ne porte que quelques mots situant l'origine du cantus firmus (fragment de mélodie liturgique) ; bien souvent même, le tenor devient instrumental. L'art du motet à deux, trois et quatre voix, à textes multiples, s'épanouit dans les manuscrits enluminés des XIIIe et XIVe siècles, en même temps que celui, plus rudimentaire, du conduit*. Le terme d'organum désigne alors, de façon générale, les compositions polyphoniques dont les parties de déchant ne portent pas de mots, par opposition au motet. Quant au terme de déchant, auquel est liée une

1. Ainsi nommée *quia discantus tenet.*

notion d'improvisation, qui reporte à un ou deux siècles en arrière, il tend à être abandonné dès la fin du XIIIe siècle. Il est probable que dans les organa du temps de Pérotin, où le style d'imitation* commençait à être pratiqué, une ou plusieurs voix étaient fréquemment jouées par des instruments, comme le cantus firmus du motet et, plus tard, au XVe siècle, celui de la messe.

Tandis que tous les genres musicaux revêtaient peu à peu la forme polyphonique – même le rondeau populaire – vers 1320 une vague de modernisme affecta l'Europe musicale. Il en est découlé un art nouveau, que ses promoteurs ont eux-mêmes baptisé Ars Nova. En voici les principaux caractères :

1. Émancipation du rythme. Les besoins de l'écriture à trois et quatre parties nécessitent des perfectionnements de la notation qui eux-mêmes favorisent un enrichissement de la matière musicale. En particulier le désir se fait sentir de s'évader des formules rythmiques stéréotypées ou « modes rythmiques » (au XIIIe siècle, la formule la plus fréquente est l'équivalent de notre 6/8).
2. Recherche de plus grande indépendance des parties, tant sur le plan mélodique que rythmique. Si cette indépendance, jointe à la complexité des différentes parties, risque d'amener la confusion dans l'ensemble, la composition est allégée (chez Machaut particulièrement) par le procédé du « hoquet » qui consiste à décaler, dans les différentes parties, les notes et les silences, de sorte que les voix s'arrêtent et reprennent en alternance rapide, comme dans les Amen du Gloria et du Credo de la Messe de Machaut.
3. Éveil de la conscience harmonique. La crainte du triton*, crainte héritée des siècles précédents, est la première manifestation confuse d'une conscience harmonique. Dès les XIe et XIIe siècles, cette crainte, jointe au désir possible de rendre la partie d'organum identique à l'original, avait conduit à hausser le quatrième degré dans les successions de quintes (fa ♯) et à baisser le septième degré dans les successions de quartes (si ♭). Plus tard on sentit que les cadences et les changements de modes prenaient plus de force si le septième degré était haussé d'un demi-ton (voir Sensible*). Mais à la faveur de ces modifications, le triton appelé *diabolus in musica* apparaissait ailleurs et il fallait le chasser par de nouvelles altérations. Le résultat de ces combinaisons, généralisées par Philippe de Vitry, fut appelé *musica ficta.* Au si ♭ et au fa ♯, l'Ars Nova ajoute do ♯, sol ♯ et, exceptionnellement, ré ♯. Ce n'est cependant qu'à la fin du XVe siècle que naîtra un système harmonique vraiment cohérent et conscient ; mais on verra à la rubrique tempérament* que le développement des instruments à son fixe restreint alors l'emploi des tonalités altérées.
4. La tierce s'impose définitivement comme consonance, tandis que les

successions de quartes et de quintes sont prohibées, sauf dans les cadences [1]. Les XVe et XVIe siècles ont été, pour toute l'Europe (particulièrement l'Angleterre, les pays flamands, la France et l'Italie), un prodigieux Âge d'Or de la polyphonie vocale dont le prestige est tel, aujourd'hui encore, que l'on a tendance à désigner par « musique polyphonique » la seule musique vocale de ces deux siècles de perfection. Tous les procédés d'imitation, dont le germe existait déjà chez Machaut, sont portés à un rare degré de perfection (augmentation, diminution, mouvement contraire, etc.). La tonalité se substitue de plus en plus au système des modes ecclésiastiques. Enfin le genre nouveau de la messe polyphonique, inauguré par Machaut, atteint immédiatement son apogée avec Dufay et Josquin des Prés surtout : elle offre la particularité d'être construite sur un *tenor* (ou « teneur »), parfois liturgique, mais souvent profane, qui assure l'unité de l'œuvre et lui donne son nom. Cette teneur était normalement jouée par des instruments. Parallèlement à la messe et au motet, deux genres polyphoniques absolument nouveaux s'épanouissent dans cette époque bénie : la chanson française (genre savant sans rapport avec la chanson populaire) cultivée principalement par Janequin, Le Jeune et Lassus, et le madrigal*, spécialité des Italiens et des Anglais.
Tous les genres connus à l'époque atteignent peut-être leur sommet dans l'œuvre de Roland de Lassus, dont le génie éclectique porta chacun d'eux à la perfection : dans son grand motet à douze voix, il atteint le maximum de la complexité polyphonique. Seul le grand J. S. Bach retrouvera le sens de cet art difficile. La réaction imposée par la Réforme puis par le concile de Trente, d'une part, et, d'autre part, la glorification du soliste au XVIIe siècle dans l'opéra et la musique instrumentale mettent fin à cette féconde complexité qui est pour nous synonyme de polyphonie. Il reste pourtant que, par son principe, la polyphonie vocale a engendré le grand art instrumental, en permettant à la musique de se libérer de la suzeraineté de la poésie et de la danse et de donner la mesure de sa dignité.

→ « L'École de Notre-Dame ». – ADAM DE LA HALLE, *Rondeaux à trois voix.* – MACHAUT, messe *Notre-Dame.* – OKEGHEM et OBRECHT, messes. – DUFAY, messe et hymnes. – JANEQUIN, chansons. – LASSUS, messes, motets, chansons. – VICTORIA, messes et motets.

1. Dès le XIe siècle, les Anglais pratiquaient systématiquement une sorte d'organum, procédant par tierces parallèles : le « gymel ». Une pratique analogue ne se répandit sur le continent que vers 1430 : c'est le faux-bourdon* en tierces et sixtes parallèles, dont l'usage se perdit à partir du XVIe siècle.

POLYRYTHMIE

Superposition de plusieurs formules rythmiques différentes, parfois dans des mesures différentes. Il s'ensuit une impression de naturel, les coïncidences paraissant fortuites, comme lorsque plusieurs cloches de dimensions différentes sonnent ensemble dans le même clocher. La forme la plus élémentaire de polyrythmie est le « trois pour deux », particulièrement fréquent dans la musique pour piano des XVIIIe et XIXe siècles.

⊖› MOZART, *Don Giovanni* (scène du bal, finale acte I). Trois petits orchestres jouent trois danses différentes qui se superposent en un ensemble extraordinaire. 1. Menuet à 3/4 (Ottavio, Anna) : débute mesure 406 (à la mesure 430, l'orchestre 2 s'accorde) ; 2. Contredanse à 2/4 (Don Giovanni, Zerline) : débute mesure 439 (à la mesure 446, l'orchestre 3 s'accorde) ; 3. Valse à 3/8 (Leporello, Masetto) : débute mesure 454. – STRAVINSKY, *Le Sacre du printemps* (introduction). – MESSIAEN, *Trois Petites Liturgies de la Présence divine* (1) ; *Chronochromie* « Epode » ; *Livre d'orgue* (v. *Pièce en trio*). – JOLIVET, *Concerto pour piano* (2e mouvement, chiffre 22).

POLYTONALITÉ

Emploi simultané de mélodies ou d'harmonies appartenant à des tonalités différentes. On peut trouver une amorce de bitonalité dans le canon* strict à la quarte ou à la quinte et exceptionnellement dans la fugue* lorsque la réponse est la transposition exacte du sujet sans « mutations ». Mais ici la rencontre fortuite de deux tonalités est un phénomène secondaire, tandis que dans la vraie polytonalité elle est provoquée à des fins décoratives ou dramatiques. Ce procédé, dont Darius Milhaud s'est montré le partisan le plus résolu, a été pratiqué systématiquement par de nombreux compositeurs, entre 1910 et 1935 ; il tournait même à la manie, immédiatement après la Première Guerre mondiale, dans les œuvres du groupe des Six. Déjà Saint-Saëns, scandalisé, reprochait au bon Pierné de jouer au Châtelet les œuvres « polytonales » des jeunes d'alors. Bien utilisée, la polytonalité peut produire un heureux effet d'ironie ou, au contraire, accentuer le caractère dramatique d'une œuvre en donnant une impression de déchirement. Dans une écriture complexe, elle permet de souligner la multiplicité de l'intérêt musical. Par analogie, on a créé plus récemment le mot « polymodalité » qui désigne l'emploi simultané de plusieurs modes différents.

⊖› WAGNER, *Tristan et Isolde* (début scène I de l'acte II) : les cors jouent simultanément en ut et en fa. – RAVEL *Concerto en sol* (début) : le piccolo (thème) et la main droite du piano sont en sol majeur tandis que la main gauche est en fa ♯. – STRAVINSKY, *Le Sacre du printemps*. Chiffre 61 : trompettes en ut majeur ; basse en si majeur. Chiffre 132 : trompettes en fa ♯ majeur ; basses en sol mineur ; flûte-en-sol en ré mineur.

– STRAVINSKY, *Petrouchka.* Chiffre 49 (Petrouchka est à terre, au début du 2e tableau) ; les deux clarinettes jouent, l'une en do, l'autre en fa ♯. Chiffre 100 (danse de l'ours et mort de Petrouchka) : même polytonalité do-fa ♯, caractéristique de l'œuvre. – MILHAUD, *Les Choéphores* : presque toute la partition et notamment : « Vociférations funèbres » (commence en ut et, à la 4e mesure, les cors jouent en mi et les cordes en si) ; III. « Incantation » (début) ; VI. « La Justice et la Lumière ». – FALLA, *Le Retable de Maître Pierre.* Chiffre 10, la majeur (flûte) et mi ♭ majeur (trompette). Chiffre 25 : les trompettes passent en si ♭ majeur tandis que les cors continuent en ré mineur.

PONCE, MANUEL

Fresnillo (Zacatecas), 8 décembre 1882. – Mexico, 24 avril 1948.

Après avoir étudié à Bologne et à Berlin, il devint professeur au conservatoire de Mexico dont il fut plus tard directeur. À quarante-trois ans, il se mit modestement à l'école de Dukas : il vécut à Paris de 1925 à 1933. Chávez fut son élève. Sa musique est marquée par sa profonde connaissance du folklore mexicain et de l'impressionnisme français.

Des concertos (piano, violon, guitare), des pièces symphoniques (dont *Chapultepec*), des pièces pour piano, des mélodies, de nombreux arrangements de chants populaires mexicains.

PONCHIELLI, AMILCARE

Paderno Fasolaro (Crémone), 1er septembre 1834.
Milan, 16 janvier 1886.

Il fit ses études au conservatoire de Milan où il enseigna lui-même à la fin de sa vie et eut Puccini parmi ses élèves. En 1881, il fut nommé maître de chapelle à Bergame. Ses opéras, représentés avec grand succès, se réclament de la tradition de Verdi.

Des opéras, dont *La Gioconda* (Scala, 1876).

POOT, MARCEL

Vilvoorde (près Bruxelles), 7 mai 1901. – Bruxelles, 12 juin 1988.

Élève du conservatoire de Bruxelles, dont il devint plus tard professeur, puis directeur (1949). Intelligent et cultivé, il est peut-être le meilleur compositeur belge actuel. Pendant des années, il a été critique musical aux journaux *Le Peuple* et *La Nation belge*, et il fonda la *Revue musicale belge* avec P. Gilson.

Deux opéras, une opérette, deux ballets, deux oratorios, deux symphonies, des concertos.

PORPORA, NICOLA

Naples, 17 août 1686. – Naples, 3 mars 1768.

Fils d'un libraire, il fut admis à dix ans au Conservatorio dei Poveri à Naples, où il fut probablement l'élève de Greco. Son premier opéra, *Agrippina*, fut représenté en 1708, pour la fête de Charles III d'Espagne (roi de Naples puis empereur d'Allemagne). Il venait d'être nommé maestro di cappella du prince de Hesse-Darmstadt (commandant des armées impériales à Naples et gouverneur de Mantoue). De 1715 à 1722, il était *primo maestro* au Conservatorio Sant' Onofrio de Naples. Il avait aussi des élèves privés et commençait à acquérir une immense réputation comme professeur de chant : parmi ses élèves figuraient les célèbres castrats Farinelli et Caffarelli, ainsi que le librettiste Metastasio. Il s'établit ensuite à Venise où il fut nommé professeur à l'Ospedale degli Incurabili, conservatoire pour jeunes filles (1726-1733). En 1733, il fut invité à Londres comme compositeur de l'Opera of the Nobility : il y fut le rival de Haendel et y produisit, dans plusieurs de ses opéras ou sérénades, son élève vedette Farinelli. Tout en se consacrant à ses élèves privés et à la composition, il fut ensuite successivement *primo maestro* au conservatoire Santa Maria di Loreto à Naples (1739-1741), à l'Ospedale della Pietà et à l'Ospedaletto à Venise (1742-1747), maître de chant de la princesse Maria Antonia à Dresde (1747-1751). Vers 1752, il s'établit à Vienne, où le jeune Haydn, qui habite une soupente dans la même maison que Metastasio, devient son élève et son Maître Jacques (valet, accompagnateur, etc.). Il retourne à Naples en 1758, où il occupe les fonctions de *primo maestro straordinario* à Santa Maria di Loreto et maître de chapelle de la cathédrale. Mais il termine ses jours dans l'indigence la plus totale. Marqué peut-être par le goût d'une époque, son art de l'écriture vocale est un des meilleurs exemples de la décadence du bel canto, où une ornementation délirante dissout l'intérêt mélodique.

Cinquante opéras (tous sérieux, sauf cinq, et où les principaux rôles masculins, surchargés de vocalises et d'ornements de toutes sortes, sont généralement confiés à des castrats, soprani ou alti), des sérénades, environ douze oratorios, cantates ou drames sacrés, six messes, environ cinquante motets, six duos latins sur la Passion (magnifiques), six *Sinfonie da camera*, un concerto pour violoncelle, douze sonates pour violon.

Porta, Costanzo

Crémone, 1529. – Padoue, 26 mai 1601.

Élève de Willaert à Venise. Devenu ensuite frère mineur, il fut successivement maître de chœurs à Padoue, Ravenne, Loreto et de nouveau à Padoue (Basilica Antoniana). C'était l'un des plus savants contrapuntistes de son temps et l'un de ceux qui réalisèrent le plus adroitement la synthèse des styles flamand et italien.

Trois Livres de messes (4 à 6 voix), trois Livres de motets (4 à 8 voix), un livre d'*Introitus Missarum*, cinq livres de madrigaux (4 à 5 voix) et de nombreuses œuvres dispersées dans des recueils collectifs (dont *Il Trionfo di Dori*, célèbre recueil de madrigaux).

Portée

Ensemble de lignes sur lesquelles et entre lesquelles s'inscrivent les signes de notre notation musicale. Dans la notation classique traditionnelle, ces lignes sont au nombre de cinq ; la notation carrée du plain-chant est restée fidèle à la portée médiévale de quatre lignes.

Au Xe siècle, l'adoption dans la notation* du principe « diastématique » (voir Neumes*) suggéra aux scribes de répartir les signes autour d'une ligne rouge situant la note fa. Peu après, une seconde ligne était ajoutée, colorée en jaune et correspondant à do. On en a tracé ensuite plusieurs autres, sous l'impulsion de Guido d'Arezzo, jusqu'à ce que chaque ligne et chaque interligne corresponde à un seul son… Vers la fin du XIe siècle, la portée de quatre lignes était adoptée. La cinquième ligne s'est généralisée à partir du XIVe siècle, sauf pour le plain-chant. Une seule lettre clé suffisait à fixer l'intonation correspondant à une des lignes, les autres s'en déduisant de proche en proche. Ces lettres, placées au début d'une ligne, ont donné naissance en se déformant à nos clés*.

Portugal, Marcos Antonio (da Fonseca)

Lisbonne, 24 mars 1762. – Rio de Janeiro, 7 février 1830.

Élève de Sousa Carvalho qui avait été formé lui-même dans la tradition de l'école napolitaine. Il vécut successivement en Italie (1792-1800), à Lisbonne (1800-1810) comme directeur du théâtre San Carlos et maître de chapelle du régent, et enfin à Rio de Janeiro où il rejoignit la cour en exil et ouvrit le Teatro São João.

Plus de cinquante opéras (*serie* et *buffe*), un grand nombre de messes, motets, psaumes, etc.

POULENC, FRANCIS

Paris, 7 janvier 1899. – Paris, 30 janvier 1963.

Pianiste. En même temps qu'il parcourait le cycle normal d'études secondaires, il était devenu l'élève de R. Viñès (piano) et de Ch. Koechlin (composition, orchestration). À dix-huit ans, il fait entendre une étonnante *Rhapsodie nègre* à un concert de jeunes, organisé par Jane Bathori au Vieux-Colombier : technique encore incertaine, mais utilisation habile des nouveaux rythmes du « jazz-band », originalité mélodique, intuition de ce qui « sonne bien ». L'année suivante, il donne dans des conditions analogues ses ravissants *Mouvements perpétuels* pour piano, encouragé par Satie, qui exerce sur lui une influence déterminante en l'éloignant de la séduction « impressionniste ». Cette influence et son goût de l'indépendance esthétique le rapprochent du groupe de jeunes musiciens qu'on allait bientôt appeler groupe des Six pour l'éternité : Poulenc, Honegger, Milhaud, Auric, Durey, Germaine Tailleferre. Ils sont réunis, non par un programme, mais par l'amitié et quelques goûts communs : ils aiment le cirque, le music-hall, le jazz, la mélodie populaire, l'ironie, la vraie sensibilité ; ils redoutent le lyrisme, la boursouflure, l'art savant, le wagnérisme, l'impressionnisme. Chacun s'est immédiatement orienté selon son propre tempérament. Poulenc a choisi la tendre ironie, l'union subtile de l'humour et de la gravité, la qualité irréprochable de la matière sonore. Il eut le génie du naturel, aussi bien dans l'invention mélodique que dans le choix des enchaînements harmoniques, et son originalité, qui ne laisse pas de doute, a consisté principalement à réinventer le classicisme. Mais dans sa musique vocale (le meilleur de son œuvre) il est un peu l'équivalent de Schubert pour la France du XXe siècle.

Dialogues des carmélites, opéra (Scala, 1957), d'après les dialogues de Bernanos pour le film de Ph. Agostini, *Les Mamelles de Tirésias*, opéra bouffe (Florence, 1947), *La Voix humaine*, monodrame (1959), *La Dame de Monte-Carlo*, scène lyrique (1961) ; quatre ballets, dont *Les Biches* (Diaghilev, Monte-Carlo, 1924), et *Les Animaux modèles* (Opéra, 1945), de la musique de scène et de film (dont *Le Voyageur sans bagages* d'Anouilh) ; *Le Bal masqué* (cantate profane), des œuvres chorales (messe, *Salve Regina, Stabat Mater, Gloria*, l'admirable *Figure humaine*, un chef-d'œuvre) ; *Concert champêtre* pour clavecin, concerto pour 2 pianos, concerto pour orgue, *Aubade* pour piano et 18 instruments, des pièces pour piano, plus de cent mélodies (dont les *Cinq Poèmes d'Éluard, Le Bestiaire, Chansons gaillardes, Fiançailles pour rire*).

Pousseur, Henri

Malmédy, 23 juin 1929.

Élève du grand organiste belge P. Froidebise au conservatoire de Liège, et de Souris à Bruxelles, il est fasciné d'emblée par l'œuvre de Webern. Il fréquente les studios de musique électronique de Cologne et de Milan et crée en 1958 celui de Bruxelles. Depuis 1970, il est professeur à l'université de Liège. Très attaché au principe de la forme ouverte*, il crée avec le concours de M. Butor un opéra « mobile » ou « interactif », *Votre Faust*, dans lequel l'intervention du public décide du cours de l'action.

L'opéra *Votre Faust* (Piccola Scala, 1969), *Trois Chants sacrés*, *Symphonie* pour 15 instruments, *Traits* pour 15 archets, *Couleurs croisées* pour orchestre, *Rimes* pour orchestre de chambre et bande, *Quintette* à la mémoire de Webern, *Répons* pour 7 musiciens, *Ode* pour quatuor à cordes, *Mobile* pour 2 pianos, *Apostrophe et Six Réflexions* et *Caractères* pour piano, musique électronique.

Power, Leonel

?, vers 1370-1380. – Canterbury, 5 juin 1445.

Frère bénédictin du monastère de Saint-Augustin à Canterbury. Ses compositions sont conservées dans le manuscrit d'Old Hall et dans plusieurs manuscrits sur le continent. Sa *Missa Alma redemptoris mater* est le premier exemple connu de messe cyclique (où les différentes parties de l'ordinaire sont thématiquement liées). Son écriture est analogue à celle de Dunstable, avec lequel on l'a souvent confondu.

Deux messes et vingt-trois fragments de messes, dix-sept motets, un traité.

Praetorius, Hieronymus

Hambourg, 10 août 1560. – Hambourg, 27 janvier 1629.

Organiste. Cantor à Erfurt, puis à Hambourg, où il succède à son père. Il est, avec Hassler, l'un des meilleurs représentants de la tradition vénitienne en Allemagne.

Trois volumes de *Cantiones Sacrae* (quatre-vingt-dix-huit motets, de 5 à 20 voix), cinq *Magnificat* (8 à 12 voix), six messes (5 à 8 voix).

PRAETORIUS, MICHAEL

Kreuzberg (Thuringe), 15 février 1571. – Wolfenbüttel, 15 février 1621.

Fils d'un pasteur luthérien, il a fait ses études à l'université de Francfort-sur-l'Oder. Après avoir débuté comme Kapellmeister à Lüneburg, il est devenu organiste, Kapellmeister et secrétaire du duc de Brunswick. Praetorius est l'un des plus grands compositeurs luthériens, et son œuvre est monumentale. Cependant, il est célèbre surtout comme auteur du *Syntagma musicum* : magnifique encyclopédie qui traite en détail des genres musicaux pratiqués depuis l'Antiquité, des instruments de musique (étude très complète d'un intérêt considérable), des formes et de la pratique musicales au début du XVIIe siècle (1614-1620).

Seize volumes de *Musae Sioniae* (1 244 motets), quinze volumes de *Polyhymnia*, neuf volumes de *Musa Aonia* (profanes), des pièces instrumentales et *Syntagma musicum*.

PRÉVOST, ANDRÉ

Saint Jérôme (Montréal), 30 juillet 1934.

Élève de Pépin à Montréal, de Messiaen et Dutilleux à Paris, il a complété plus tard sa formation auprès de Philippot. Créateur original, il prend ce qui lui convient dans les techniques de notre temps, sans se lier à un système ou à une chapelle.

Terre des hommes (1967) pour récitants, chœurs et orchestre, *Fantasmes* pour orchestre, *Pyknon* pour violon et orchestre, de la musique de chambre, trois mélodies…

PREY, CLAUDE

Fleury-sur-Andelle (Eure), 30 mai 1925. – Paris, 13 février 1998.

Élève de P. M. Masson (musicologie) à l'université de Paris, de Milhaud et Messiaen au Conservatoire. Son œuvre, dédiée à l'expression vocale sous toutes ses formes, renouvelle le théâtre musical (souvent avec la collaboration de Pierre Barrat), dans un style éclectique où se multiplient les citations, les associations d'idées, les références littéraires et musicales, les calembours.

Des compositions pour la scène (opéras ou spectacles en musique) *Le Cœur révélateur* (prix Italia, 1963), *La Noirceur du lait* (1967), *On veut la lumière ? Allons-y !* (Angers, 1968), *Donna mobile* (Avignon, 1972), *Les Liaisons dangereuses* (Opéra du Rhin,

1974), *L'Homme occis* (Paris, 1975), *La Grand'mère française* (Avignon, 1976), *Utopopolis* (Paris, 1980), *L'Escalier de Chambord* (Tours, 1981), etc.

Prokofiev, Sergueï Sergueïévitch

Sontsovka (Ukraine), 23 avril 1891. – Moscou, 5 mars 1953.

Ses dons extraordinairement précoces furent encouragés par sa mère, excellente pianiste amateur : elle fut son premier maître. À six ans, il jouait assez bien du piano et composait, très empiriquement, des petites pièces pour son instrument. Entre neuf et quatorze ans, il écrivit quatre opéras (l'un était entièrement pour piano ; un autre comportait une ouverture qui représentait à elle seule la moitié de l'œuvre), une symphonie, une sonate pour violon, deux sonates pour piano, une suite symphonique. Il commença ses études de composition avec Glière (1902-1903), qui venait passer l'été chez les Prokofiev à Sontsovka, puis il fut admis au conservatoire de Saint-Pétersbourg où il devint l'élève de Rimsky-Korsakov, Liadov, Tcherepnine, A. Essipova (1904-1914). Il y obtint, surtout comme pianiste, les plus hautes récompenses.
Les premières exécutions publiques de ses œuvres (1908-1910) attirent principalement l'attention sur son admirable talent d'interprète. En 1916, il dirige sa *Suite scythe* à Saint-Pétersbourg et provoque un scandale : Glazounov quitte ostensiblement la salle. La Révolution le laisse à peu près indifférent et, s'il quitte la Russie en 1918, c'est avant tout pour chercher des conditions matérielles de travail qu'il ne trouve pas dans son pays à feu et à sang. Des préoccupations du même ordre le rappelleront quinze ans plus tard : il cherchera en URSS la possibilité de se consacrer exclusivement à la composition, las d'une carrière de virtuose qui lui aura été imposée par sa réputation de pianiste et la nécessité de gagner sa vie. De 1918 à 1922, il vit aux USA. Son opéra *L'Amour des trois oranges* est créé à l'opéra de Chicago que dirige alors Mary Garden (la première Mélisande). De 1923 à 1933, son port d'attache est Paris d'où il entreprend une série de voyages : en Allemagne et aux USA (1925), en Italie (1926), en URSS (1927 : tournée triomphale à l'occasion de laquelle il adopte le statut de citoyen soviétique), aux USA, au Canada et à Cuba (1930), en URSS (1932). À Paris, où l'activité musicale est intense, il est l'un des compositeurs à la mode. Il s'intéresse peu à la musique française mais participe cependant à la fondation du « Triton » et noue quelques amitiés solides. C'est à Paris qu'il compose l'opéra *L'Ange de feu*, dont Koussevitzky donne le premier acte au concert. Cet ouvrage remarquable ne sera interprété intégralement, au concert, qu'en 1953 (à Paris) et sa première représentation scénique n'aura lieu qu'en

1955 (à Venise). En 1933, il s'installe définitivement en URSS et, après 1938, il ne quittera plus son pays.

Pendant les quinze premières années de sa carrière soviétique, il est considéré comme le plus grand compositeur de son pays ; il est l'objet de nombreux honneurs officiels et de la faveur du comité central du Parti. Mais en 1948, après la création de son opéra *Un homme authentique*, il subit (comme Chostakovitch pour sa *Lady Macbeth*) les attaques violentes de l'Union des compositeurs soviétiques, aux destinées de laquelle présidait déjà T. Khrennikov. Le comité central met en garde l'opinion contre le « formalisme bourgeois » de certaines œuvres soviétiques et Prokofiev figure sur une liste noire, en compagnie de Chostakovitch, Khatchaturian, Miaskovsky, etc. L'oratorio *La Garde de la paix* lui permet de rentrer en faveur deux ans plus tard et lui vaut le prix Staline (1951). Il est mort d'une hémorragie cérébrale deux jours avant Staline (le jour même où la presse soviétique annonçait la maladie du chef d'État) : la mort du musicien passa presque inaperçue.

Extérieurement, Prokofiev ressemblait plus à un ingénieur qu'à un artiste. Il était précis, méthodique, rigoureux, travaillait à heures fixes et sa curiosité le portait moins vers les arts que vers la technique, les découvertes scientifiques, la gastronomie, le jardinage (art où Miaskovsky fut probablement son maître), le jeu. Il jouait bien au bridge et très bien aux échecs (il disputa plusieurs tournois, notamment contre David Oïstrakh). Sa musique, dont les qualités principales sont la franchise des idées mélodiques, la clarté de l'écriture, le dynamisme irrésistible, réussit à être parfaitement originale (on ne la confond avec aucune autre) sans apporter d'innovation notable à l'art de la composition. Il est impossible de définir une évolution de son style, au cours des trois « périodes » de sa carrière : l'américaine (néo-classicisme très personnel), la parisienne (exploitation, toujours très personnelle, de la polytonalité), la soviétique (diatonisme, simplicité, grandeur). Sans jamais tomber dans la facilité ou le conventionnel vulgaire, la musique de Prokofiev est peut-être, dans tout le grand répertoire moderne, la plus proche de la sensibilité populaire, la plus directement accessible au plus grand nombre sous toutes les latitudes.

Huit opéras, dont *Le Joueur* (Bruxelles, 1929), *L'Amour des trois oranges* (Chicago, 1921), *L'Ange de feu* (Venise, Fenice, 1955), *Guerre et Paix* (Leningrad, 1955). Ces quatre chefs-d'œuvre ont attendu des années leur première représentation. Sept ballets, dont *Le Bouffon* (Ballets russes, 1921), *Pas d'acier* (Ballets russes, 1927), *Le Fils prodigue* (Paris, 1929, chorégraphie : Balanchine), *Roméo et Juliette* (Brno, 1938). Musiques de scène et musiques de film (dont *Alexandre Nevsky* et *Ivan le terrible* d'Eisenstein). Des grandes œuvres chorales, dont les cantates *Alexandre Nevsky* (d'après la musique du film), *Sept ils sont sept* et *La Garde de la Paix*. Sept symphonies, des suites symphoniques, *Pierre et le loup* (musique pour enfants avec récitant), cinq concertos pour piano, deux concertos pour violon, deux concertos pour violoncelle (dont un transformé en *Symphonie concertante*), deux quatuors à cordes, deux sonates pour violon et piano, onze sonates pour piano (les deux dernières inachevées), de nombreuses pièces pour piano, des mélodies.

PROSE

Contraction de *pro sequentia* (*pro sa*). Dans la liturgie chrétienne, on désigne ainsi les textes adaptés à la *sequentia* vocalisée, qui sont chantés *pro sequentia*. Par extension, on appelle prose la *sequentia* séparée avec son texte (voir Séquence*).

PROVENZALE, FRANCESCO

Naples, 1627. – Naples, 6 septembre 1704.

Élève de dom G. M. Sabino, organiste à l'Annunziata. Il enseigna lui-même au conservatoire Santa Maria di Loreto (1663-1674), puis au Conservatorio della Pietà dei Turchini dont il fut directeur (1673-1701). Son enseignement attirait, particulièrement aux Turchini, un grand nombre d'élèves ; il leur faisait représenter, chaque année, des drames sacrés de sa composition. L'influence de ce musicien effacé s'étendit aux autres conservatoires napolitains, si bien qu'il est souvent considéré comme le fondateur de l'école napolitaine. Il portait les titres de *Maestro di camera del Vicerè, Maestro della Fedelissima Cittá di Napoli, Maestro del Tesoro di San Gennaro* et *Maestro onorario della Cappella Reale*, avec obligation de remplacer – ce qu'il fit presque continuellement – le maître de la chapelle royale en titre, A. Scarlatti.

Douze opéras (*serie* et *buffe*, dont trois seulement ont été retrouvés), trois drames sacrés (dont *Il Martirio di S. Gennaro*), de la musique religieuse.

PSALTÉRION

Famille d'instruments à cordes sans manche, dont le nom rappelle l'origine grecque antique. Au Moyen Âge, le psaltérion, qui apparaît au XIIe siècle sur une sculpture de la cathédrale de Saint-Jacques-de-Compostelle, se compose d'une caisse de résonance plate, de forme généralement trapézoïdale, au-dessus de laquelle sont tendues un nombre de cordes variable, de longueurs inégales. La table d'harmonie (dessus de la caisse) est percée d'une « rose ».
Dès le Moyen Âge – et peut-être même dès l'Antiquité – les techniques

de pincement et de percussion des cordes ont été utilisées l'une et l'autre sur le psaltérion.

LE PSALTÉRION À CORDES PINCÉES, psaltérion proprement dit, subsiste aujourd'hui sous différentes formes : le *zither* autrichien et bavarois (instrument du film *Le Troisième Homme*, improprement appelé « cithare »), le *Qānun* des pays arabes à 24 triples cordes (dont l'Europe du Moyen Âge a fait « canon » et « micanon »), le *k'in* traditionnel chinois à 7 cordes et le *Sê*, grand *k'in* à 25 cordes, le *koto* japonais à 13 ou 17 cordes... et le clavecin*.

LE PSALTÉRION À CORDES FRAPPÉES, appelé au Moyen Âge « tympanon » ou « douce-mère », est l'ancêtre du clavicorde et du piano*. Il existe encore sous la forme du *cimbalom* hongrois et du *santur* d'Iran.

Les anciens psaltérions se présentaient parfois sous la forme d'un demi-trapèze, ou trapèze rectangle, appelé *micanon*, qui préfigurait la forme d'aile du clavecin et du piano. Au XIVe siècle, un clavier rudimentaire a été adapté à l'instrument, donnant naissance à l'*échiquier* dont parle Machaut. Cet instrument a probablement utilisé une technique de percussion des cordes, plus facile à concevoir et à mettre au point qu'une technique de pincement.

PUCCINI, GIACOMO

Lucca, 22 décembre 1858. – Bruxelles, 29 novembre 1924.

Musiciens de père en fils, depuis Giacomo Puccini (1712-1781), trisaïeul de l'illustre compositeur, les Puccini avaient tous collaboré au festival de la *Giornata delle tasche*, qui se tenait chaque année à Lucca au moment des élections municipales. À dix ans, Giacomo était soprano dans la maîtrise de San Martino. Puis il étudia l'orgue et la composition auprès de musiciens de Lucca et fut organiste dans plusieurs églises de la ville. Une représentation d'*Aïda* à Pise, en 1875, lui donna la révélation de sa vocation : il n'occuperait jamais le poste envié de maître de chapelle à la cathédrale, mais serait compositeur d'opéras. En 1876, il compose une *Messa di Gloria* pour son admission à l'Istituto musicale de Lucca, qu'il quitte trois ans plus tard pour entrer au conservatoire de Milan, où il devient l'élève de Ponchielli. À la fin de ses études, en 1884, son premier opéra, *Le Villi*, est représenté au Teatro dal Verme, sur la recommandation de Boito ; huit mois plus tard, il est monté à la Scala. *Edgar* (Scala, 1889) confirmera sa jeune réputation. Après une période de grande pauvreté à Milan, Puccini s'installe, grâce à ses premiers droits d'auteur, à Torre del Lago, près de Viareggio, où il fonde avec des amis fantaisistes le Club de la Bohême et partage son temps entre la composition, la chasse et, plus tard, l'automobile.

Manon Lescaut lui vaut en 1893 son premier grand succès. Cet ouvrage marque le début de la carrière triomphale de Puccini. Il est suivi de *La Bohême* (Turin, 1896), son premier chef-d'œuvre authentique ; *Tosca* (Rome, 1900), œuvre étonnamment audacieuse à laquelle Schoenberg a rendu plusieurs fois hommage ; *Madama Butterfly* (Milan, Scala, 1904), qui échoue à la Scala mais triomphe quelques mois plus tard à Brescia ; *La Fanciulla del West* (New York, Metropolitan, 1910), l'œuvre la plus originale de Puccini, que certains considèrent comme son chef-d'œuvre ; conçue pendant son voyage aux USA (1907), elle a obtenu à New York un succès qui ne s'est malheureusement pas étendu à l'Europe ; *La Rondine* (Monte-Carlo, 1917) ; *Il Trittico*, trois opéras en un acte : *Il Tabarro, Suor Angelica, Gianni Schicchi* (New York, Metropolitan, 1918) ; *Turandot* (première posthume, Scala, 1926). Atteint d'un cancer à la gorge, il se fait opérer à Bruxelles le 24 novembre 1924 : il meurt d'une crise cardiaque cinq jours après l'opération. Il avait emporté le dernier duo de *Turandot*, auquel il comptait travailler, mais cet opéra est resté inachevé. Alfano fut chargé de compléter la partition d'après les notes et les brouillons de Puccini : il s'acquitta de cette tâche avec beaucoup de respect et de talent.

Des interprétations caricaturales, qui exagèrent certaines « facilités », ont souvent défiguré les ouvrages les plus populaires, *La Bohême, Tosca* et *Madama Butterfly* (Toscanini avait pourtant donné des modèles d'interprétation). *La Fanciulla del West* et *Turandot*, ces deux chefs-d'œuvre, ne sont presque jamais joués. Enfin, la gloire de Puccini repose sur un malentendu : on rabâche les grands airs (air de Mimi, « prière » de *Tosca*, « Sur la mer calmée »), qui n'ont pas un rôle essentiel et sont rigoureusement inséparables du contexte. Puccini est sûrement le plus grand représentant du « vérisme » italien, mais il est tellement supérieur à Mascagni et Leoncavallo que la comparaison est impossible. Les qualités fondamentales de son art sont, d'une part, une remarquable efficacité dramatique (ses œuvres ne doivent pas être morcelées : elles sont faites pour le théâtre où il est impossible de rester insensible à la chaleur humaine, au réalisme poétique qui s'y exprime) ; d'autre part, une orchestration et une écriture vocale somptueuses. Puccini n'est pas resté indifférent, comme on le croit souvent, aux acquisitions techniques de son temps (il est allé, notamment, entendre *Pierrot lunaire* à Florence et se tenait au courant des mouvements musicaux d'avant-garde). Les audaces de *Tosca*, de *Butterfly* et surtout de *La Fanciulla* et de *Turandot*, où souvent le cadre de la tonalité éclate (comme l'ont montré

Schoenberg et Leibowitz), situent ces ouvrages parmi les chefs-d'œuvre d'opéra de notre siècle.

Douze opéras, une messe, *Capriccio sinfonico*, quelques œuvres de musique de chambre, quelques mélodies.

Pugnani, Gaetano

Turin, 27 novembre 1731. – Turin, 15 juillet 1798.

Violoniste. Élève de Somis (lui-même élève de Corelli) et de Tartini, il fut un des meilleurs représentants de l'école de violon italienne de la seconde moitié du XVIIIe siècle. Violoniste de la chapelle royale à Turin, il a fait de nombreuses tournées (notamment avec Viotti).

Neuf opéras, des ballets, douze symphonies, neuf concertos pour violon, de nombreuses sonates pour violon, duos, trios, quatuors, quintettes.

Purcell, Henry

Londres, 1659. – Londres, 21 novembre 1695.

Il appartenait à une famille de musiciens : père, oncle, deux frères, un fils, un petit-fils. Son père Thomas (?-1682), Gentleman of the Chapel royal, le fit entrer très jeune dans le chœur des enfants de la chapelle royale que dirigeait H. Cooke. Celui-ci fut sans doute le premier maître de Purcell. En 1672, P. Humfrey succède au « Captain Cooke » et se propose d'initier ses élèves aux nouveaux styles français et italien. À sa mue, Purcell devient l'élève de Blow. Ces trois excellents maîtres ont su développer ses dons étonnamment précoces : il écrit ses premières œuvres dès l'âge de onze ans. En 1679, il est nommé compositeur du roi pour les violons et remplace Blow à l'orgue de Westminster Abbey (Blow reprendra son poste à la mort de son élève). En 1682, il est organiste de la Chapel royal. Il compose avec une facilité prodigieuse un nombre énorme d'*anthems*, d'odes de circonstance, de musiques de scène ; mais sa première œuvre publiée [1683] est le recueil de *Douze Sonates à 3*, qui trahissent l'influence de l'op. 5 de Vitali [1669] et dépassent leur modèle. En 1689, *Dido and Æneas*, le chef-d'œuvre de Purcell, est représenté par les pensionnaires d'un collège de jeunes filles de Chelsea, auxquelles l'œuvre était destinée. C'est un des sommets de la musique dramatique, et plus on en connaît la partition, plus on s'émerveille de la perfection des moindres détails. On ignore de quoi Purcell est mort à l'âge de trente-six ans (les diverses hypothèses sur sa maladie sont sans fondement). Il fut enterré le 26 novembre au pied de l'orgue de Westminster Abbey et, pendant la cérémonie funèbre, on joua le magnifique *anthem* qu'il avait composé pour les obsèques de la reine Mary.

Des chefs-d'œuvre comme *Dido and Æneas*, l'hymne à sainte Cécile *Hailbright Cecilia*, et l'anthem *Save me O God* font de lui non seulement le plus grand musicien anglais, mais l'un des plus authentiques génies de l'histoire musicale. L'abondance de sa production, l'originalité et la variété de ses styles sont stupéfiants quand on songe à la brièveté de sa carrière. Dans tous les styles et dans tous les genres qu'il a abordés, il s'est approché de la perfection : le vieux *consort of viols* polyphonique (fantaisies pour violes), la sonate italienne, la nouvelle musique d'église au goût de la Restauration (après la révolution puritaine, la musique d'église moderne tourne le dos à l'esprit monastique, à la polyphonie modale : elle prend un caractère séculier), l'opéra véritable et même le pseudo-opéra au goût du jour. Ce qu'on appelait « opera » en Angleterre était alors une combinaison hybride du théâtre dramatique et du *masque*, où la musique n'était qu'un accessoire au même titre que les ballets et les machines. Dans la préface de *Fairy Queen* (un de ces « pseudo-opéras », où Purcell introduit de l'admirable musique), le compositeur se plaint de la situation du théâtre musical en Angleterre, comparé à l'opéra italien et français. Seul *Dido and Æneas*, composé pour une représentation privée, lui a permis de réaliser son idéal dramatique.

Les caractères les plus frappants de sa musique sont : la fraîcheur et la spontanéité de l'inspiration mélodique (jamais on n'a mieux fait chanter la langue anglaise) ; l'utilisation fréquente et très habile des basses obstinées dont la rigueur fait ressortir la souplesse du chant ; une certaine ambiguïté modale, où majeur et mineur se composent fréquemment, au point de donner naissance, par le jeu de l'écriture polyphonique, à un langage harmonique audacieux et personnel. Mais surtout, Purcell est l'un des tout premiers compositeurs « modernes », c'est-à-dire un des premiers auxquels puissent s'appliquer les critères modernes d'analyse. Sa mort fut aussi celle de la musique anglaise, qui ne ressuscitera que deux siècles plus tard. Mais le rayonnement de son œuvre, qui a exercé une influence importante sur le génie de Haendel, n'a jamais cessé d'être entretenu par le concert et l'édition.

Théâtre. Un opéra, *Dido and Æneas* (Londres, 1689), cinq pseudo-opéras (*Dioclesian*, l'admirable *King Arthur*, *The Fairy Queen*, *The Indian Queen* et *The Tempest*), des chansons et compositions instrumentales pour près de cinquante pièces de théâtre. – **Église.** Soixante *anthems* (forme analogue au grand motet français du XVIIe), *Morning and Evening Service* pour soli, chœurs et orgue, *Te Deum and Jubilate* (*service* grandiose pour soli, chœurs, trompettes, cordes et orgue), des hymnes, psaumes, canons sacrés pour chœurs a cappella, des cantiques à 1 ou 2 voix et basse continue. **Musique vocale profane.** Vingt-cinq odes de circonstance (dont quatre pour le festival de Sainte-Cécile, six pour les anniversaires de la reine Mary, cinq en l'honneur de

Charles II), des cantates profanes, des « catches » (sortes de canons, typiquement anglais), cent cinquante chansons à 1 ou 2 voix et basse continue. **Musique instrumentale.** Quinze fantaisies pour violes (3 à 7 voix), vingt-deux sonates pour 2 violons et basse, de nombreuses pièces pour clavecin, trois *voluntaries* pour orgue.

Q

Qānun

Instrument arabe, à cordes pincées, de la famille des psaltérions. Sa caisse en forme de trapèze rectangle est tendue de 24 triples cordes. Il se joue avec les deux index, munis de faux ongles, et sert principalement à l'accompagnement du chant classique.

Quagliati, Paolo

Chioggia, vers 1555. – Rome, 16 novembre 1628.

Organiste de Santa Maria Maggiore à Rome (1601-1628), il était aussi au service du cardinal O. Farnèse. Grégoire XV le fit protonotaire apostolique et camérier secret. Ses madrigaux représentent un intéressant compromis entre les styles polyphonique et monodique.

Motets, psaumes (4 à 12 voix), *Canzonette a 3*, *Madrigali a 4*, *Carro di fedeltà d'amore* (action dramatique à 5 voix et instruments), *La Sfera armoniosa* (1 à 2 voix et instruments).

Quantz, Johann Joachim

Oberscheden (Göttingen), 30 janvier 1697. – Potsdam, 12 juillet 1773.

Flûtiste et théoricien. Il fit des études musicales très complètes à Merseburg, Dresde et Vienne (avec Zelenka), mais il n'apprit la flûte, l'instrument qui le rendit célèbre, qu'à l'âge de vingt-deux ans, alors qu'il était hautboïste à la chapelle royale de Dresde. De 1724 à 1727, il visita Prague (où il entendit Tartini), Rome (où il étudia le contrepoint avec Gasparini), Naples (où il fréquenta les Scarlatti, Hasse et Leo), Parme, Milan, Turin, Lyon, Paris, Londres. À partir de 1718, il se rendait régulièrement à Berlin pour enseigner la flûte au prince héritier, le futur Frédéric le Grand, qui, devenu roi en 1741, nomma Quantz *Kammermusikus* et compositeur de la cour.

Environ trois cents concertos pour 1 ou 2 flûtes et environ deux cents pièces instrumentales diverses, ainsi qu'un remarquable traité de flûte (ouvrage capital pour la connaissance des règles de l'interprétation musicale au XVIIIe siècle).

Quarte

Intervalle que forme avec la tonique le quatrième degré d'une gamme diatonique. Cet intervalle peut se présenter sous trois formes : juste (do-fa), augmentée (do-fa ♯), diminuée (do-fa ♭) (voir Intervalles* et Sous-dominante*).

Quatuor

Lorsqu'il est employé sans autre précision, ce mot désigne habituellement le quatuor d'instruments à archet, dit « quatuor à cordes », formation privilégiée de la musique de chambre. Curieusement, cette formation, qui nous paraît si bien équilibrée, se compose de deux sopranos (violons I et II), d'un alto et d'une basse (violoncelle). Il manque le tenor de la famille, qui a disparu au XVIIIe siècle. Les *Sonate a quattro* d'A. Scarlatti sont les premières compositions pour le quatuor à cordes classique.

⊖› Quatuors de Haydn, Boccherini, Mozart, Beethoven, Schubert, Schumann, Brahms, Fauré, Debussy, Ravel, Schoenberg, Berg, Weber, Bartók, Boulez.

Quinte

Intervalle que forme avec la tonique le cinquième degré d'une gamme diatonique. Cet intervalle peut se présenter sous trois formes : juste (do-sol), augmentée (do-sol ♯), diminuée (do-sol ♭) (voir Intervalles*, Dominantes*, Accords*, Harmonie*, cycle des quintes).

R

Rābab

Instrument à archet très répandu dans le monde arabe. Sa petite caisse, généralement sphérique, est munie d'une pique (comme notre violoncelle), autour de laquelle on fait pivoter l'instrument, tenu verticalement, pour présenter les cordes à l'archet sous le bon angle. Le rābab est généralement tendu de 2 ou 3 cordes. La musique traditionnelle iranienne utilise un instrument à 4 cordes de la même famille, appelé kamantché*.

Rabaud, Henri

Paris, 10 novembre 1873. – Paris, 11 septembre 1949.

Petit-fils et fils de musiciens, élève de Massenet, prix de Rome (1894), il fut membre de l'Institut (1918) et succéda à Fauré comme directeur du conservatoire de Paris (1920-1941).

Six opéras et opéras-comiques, dont *Marouf* (Paris, 1914) au succès durable ; des musiques de scène et de films ; *Procession nocturne* pour orchestre, *Prélude et Toccata* pour piano et orchestre, un quatuor à cordes, des mélodies.

Rachmaninov, Sergueï Vassilievitch

Oneg (Novgorod), 1er avril 1873. – Beverly Hills, 28 mars 1943.

Pianiste. Élève de Siloti (piano) et de Taneiev (composition) au conservatoire de Moscou, il ne se sentait attiré ni par l'école nationaliste fondée par Balakirev, ni par les perspectives nouvelles que dévoilait l'art de son maître Taneiev ; mais il éprouvait une admiration sans bornes pour Tchaïkovsky. En quittant le Conservatoire, en 1892, avec une médaille d'or, il partit pour sa première tournée de concerts en Russie et publia la même année ses *Cinq Pièces pour piano op. 3*, dont une, le célèbre *Prélude en do dièse mineur*, obtint d'emblée un immense succès et devint un peu partout son morceau de bravoure. L'échec de sa *Première Symphonie* en 1897 provoqua chez lui une grave dépression : il doutait de plus en plus qu'il pût faire une carrière de compositeur, lorsque le succès de son *Deuxième Concerto* lui fit reprendre confiance. Il entreprit alors plusieurs tournées triomphales, notamment en Grande-Bretagne

(1909 et 1910) et aux USA (1909). En 1917, lorsque éclata la Révolution, il décida de quitter la Russie, en passant par la Scandinavie où il séjourna près d'un an. Il vécut ensuite, alternativement, aux USA et en Suisse (sur les bords du lac de Lucerne), donnant d'innombrables concerts dans les deux continents. Deux mois avant sa mort, il était devenu citoyen américain.
Ce très grand pianiste est un compositeur très conventionnel qui n'appartient ni à son temps, ni à une école déterminée. Sa musique est solidement construite et brillamment écrite pour le piano, mais le lyrisme généreux qui a valu à deux de ses œuvres (*Deuxième Concerto* et *Prélude en do dièse mineur*) un prodigieux succès populaire se réclame d'un romantisme désuet. Contemporain de Fl. Schmitt, Schoenberg et Ravel, il semble être resté totalement indifférent aux acquisitions musicales de son temps (Debussy était né onze ans avant lui) ; il est remarquable qu'un musicien aussi doué ait pu se contenter des formules les plus usées pour exploiter une invention mélodique agréablement fertile et une inspiration non dépourvue de grandeur.

Trois opéras, des œuvres chorales, trois symphonies, quatre concertos pour piano, *Rhapsodie sur un thème de Paganini* (piano et orchestre), de nombreuses compositions pour piano seul (deux sonates, vingt-quatre préludes, quinze *Études-tableaux*), soixante-quinze mélodies (quelques-unes fort belles).

Radif

Forme traditionnelle de la musique persane, se présentant comme une suite de pièces vocales et instrumentales contrastées. Expression la plus parfaite du système musical, le *radif* est construit sur une série de *gushè* (séquences mélodiques caractéristiques d'un mode), dont l'ensemble définit un *avāz* (système modal complexe comprenant l'ensemble des mélodies qui caractérisent le mode). Introduite au IXe siècle en Andalousie musulmane, cette forme a donné naissance à la nouba* des pays du Maghreb.

Raff, Joachim

Lachen (Suisse), 27 mai 1822. – Francfort, 25 juin 1882.

Autodidacte très cultivé, il fut encouragé dans la composition par Mendelssohn et Liszt ; ce dernier l'engagea comme secrétaire musical à Weimar et contribua avec dévouement à la réussite de sa carrière. Raff dirigea le conservatoire de Francfort, de 1877 à sa mort.

Quelques opéras, des grandes œuvres chorales, onze symphonies (parmi lesquelles ses plus belles œuvres), des concertos (deux pour violon, un pour violoncelle, un pour piano), huit quatuors à cordes, des pièces pour violon (dont la célèbre et insignifiante *Cavatine*), de très nombreuses pièces pour piano.

Raimbaut de Vaqueiràs

Vaqueiras (Vaucluse), vers 1170. – ?, vers 1210.

Troubadour provençal. Il suivit Boniface de Montferrat en Sicile (1194), puis à la quatrième croisade (1202). Il s'est épris de Beatrix, sœur de son protecteur, pour laquelle il composa sa célèbre estampie chantée *Calenda maia.* Il a disputé une *tenso* (joute poétique et musicale) avec le trouvère Conon de Béthune.

Trente-trois chansons, dont sept avec la musique notée.

Raison, André

? – Paris, 1719.

Organiste de l'abbaye de Sainte-Geneviève, probablement élève de Titelouze. Son œuvre, trop peu connue, le place parmi les plus grands organistes compositeurs de son temps.

Deux Livres d'orgue (contenant cinq messes, un *Magnificat, Offerte du 5e ton,* des Noëls variés).

Rameau, Jean-Philippe

Dijon, 25 septembre 1683. – Paris, 12 septembre 1764.

Théoricien éminent et l'un des plus grands musiciens français. Son père, organiste de Notre-Dame de Dijon, a peut-être été son premier maître ; mais nous ne savons presque rien de l'enfance et de l'adolescence de Jean-Philippe. Au collège des jésuites où il fait ses humanités, il est suffisamment mauvais élève pour être abandonné à la carrière musicale. Son père l'envoie en Italie pour parfaire sa formation, mais il ne s'intéresse pas à la musique italienne et retourne très vite en France, avec une troupe de comédiens dont il est le violoniste. Il devient organiste en Avignon (1702), puis à Clermont-Ferrand. En 1705, il va s'établir à Paris, où il obtient deux petits emplois d'organiste. Mais il ne réussit pas à s'y faire une situation intéressante, malgré la publication [1706] de son *Premier livre de pièces de clavecin.* Il retourne à Dijon, où il succède à son père comme organiste de Notre-Dame (1708-1714). De 1715 à 1722, il est organiste à Clermont-Ferrand, de nouveau ; il consacre le meilleur de lui-même à ses travaux théoriques, en marge desquels il considère la composition comme une activité complémentaire. Lorsqu'il retourne à Paris en 1722, âgé de près de quarante ans, il est pratiquement inconnu et n'a presque rien écrit. La publication de son *Traité de l'harmonie* [1722] et de son *Deuxième livre de clavecin* [1724] attire l'attention sur lui et lui vaut peu à peu d'être considéré comme le meilleur maître de musique de la capitale. Mais seule lui est encore acquise une réputation de théoricien et de pédagogue. Vers 1730, il rencontre le fermier général La Pouplinière, qui le nomme directeur de sa musique particulière, lui fait connaître Voltaire (qui lui donnera quatre livrets) et fait ouvrir les portes de l'Opéra à son *Hippolyte et Aricie* (1733). Fidèles à l'opéra de Lully, les musiciens conservateurs s'élèvent contre les audaces harmoniques, l'importance de l'orchestre et les « italianismes » qu'ils découvrent dans l'œuvre de Rameau. Mais le verdict du public est favorable et se trouve confirmé triomphalement dans les années suivantes, qui voient naître ses plus grands chefs-d'œuvre : *Les Indes galantes* (1735), *Castor et Pollux* (1737) et *Dardanus* (1739). En 1745, Rameau, si peu courtisan, est nommé compositeur de la chambre du roi et *La Princesse de Navarre* (en collaboration avec Voltaire) est donnée en grande pompe à Versailles pour le mariage du dauphin. La gloire du musicien est à son sommet.

En 1752, cependant, l'année où paraissaient ses *Nouvelles Réflexions*, la Querelle des Bouffons le précipite dans l'arène malgré lui. Il sert de cible aux partisans de la musique italienne, dont les porte-parole sont Grimm et Rousseau, soutenus par les Encyclopédistes (lui qui avait été accusé d'italianisme quelques années plus tôt). Si Rousseau et Grimm avaient été vraiment musiciens, ils auraient aperçu ce que l'œuvre de Rameau contient de lyrisme, de génie mélodique, de splendeur instrumentale, dignes de l'Italie (en dépit de son insistance théorique sur la suprématie de l'harmonie). Ils auraient vu aussi que *La Serva Padrona* n'est ni le chef-d'œuvre de Pergolesi, ni l'œuvre particulièrement représentative du génie italien, susceptible d'être opposée à *Castor* ou à *Dardanus* et que, de surcroît, Rameau eût été plus qualifié qu'eux-mêmes pour défendre l'admirable musique qui se faisait en Italie. Cette querelle, qui avait pris naissance dans des esprits insuffisamment cultivés musicalement, ne troubla pas la sérénité de Rameau, ce grand sage de la musique (qui avait plus d'une ressemblance, même physique, avec son ami Voltaire). Avec une parfaite honnêteté intellectuelle et une argumentation solide, il s'attaqua à la rhétorique spécieuse de Rousseau, montrant la gratuité de ses affirmations et la grossièreté de ses sophismes. Mais il eut la maladresse de dénoncer les inexactitudes ou les niaiseries de l'*Encyclopédie* sur le chapitre de la musique, ce qui eut pour effet de renforcer l'animosité de ses adversaires. Ceux-ci furent en grande partie responsables de ce que, quinze ans après sa mort, aucun de ses opéras ne figurait plus au répertoire, malgré des succès confirmés par la multiplicité des reprises jusqu'en 1775. Rameau mourut d'une typhoïde compliquée de scorbut, à l'âge de quatre-vingt-un ans.

Ami de Voltaire, patronné par un représentant puissant de la nouvelle bourgeoisie, c'était bien un homme nouveau, que les progressistes d'alors eurent la folie de ne pas reconnaître. Ses opéras (particulièrement les chefs-d'œuvre créés entre 1733 et 1745) représentent sur le plan musical un renouveau de l'opéra classique français, en dépit de sujets et de mises en scène conventionnels qui les rattachent aux « pompes versaillaises ». On y remarque notamment certaines acquisitions italiennes (*aria da capo*, grandes mélodies du bel canto, importance de l'orchestre) : art beaucoup plus audacieux et varié que celui de Lully, tant au point de vue mélodique qu'harmonique. Les pièces descriptives, particulièrement remarquables, relèvent d'un art tout à fait nouveau (le tremblement de terre des *Indes galantes* par exemple). La musique religieuse, par contre, adopte de manière assez conventionnelle le grand style italien : il semble que Rameau, contrairement à ses prédécesseurs, ait considéré la composition pour l'église comme une obligation fastidieuse. La musique instrumentale est très intéressante, particulièrement les *Pièces de clavecin en concert* (clavecin, un violon ou flûte et une viole ou un second violon). Pour la première fois dans une œuvre de ce genre, le clavecin n'est ni un *continuo*, ni un instrument polyphonique comme chez Bach, mais un soliste virtuose (ces pièces annoncent en cela Haydn et Mozart). La forme française de la suite de danses y est abandonnée au profit d'une forme apparentée au concerto italien en trois mouvements.

Parmi les innovations de Rameau il faut noter : dans l'harmonie, l'emploi systématique d'accords dissonants par superpositions de tierces et d'accords avec sixtes, quartes ou septièmes ajoutées ; dans l'instrumentation, l'introduction des clarinettes dans l'orchestre (*Zoroastre*, 1749), l'emploi à l'orchestre des doubles cordes et des pizzicati ; dans la forme, l'importance donnée à l'ouverture dans ses opéras (il annonce l'ouverture à programme des romantiques). Son œuvre de théoricien repose sur l'observation du phénomène naturel de la résonance des corps sonores (voir page 26). Sur le plan pédagogique, nous sommes encore tributaires de son génie : sa théorie des renversements a simplifié prodigieusement l'enseignement de l'harmonie, empêtré jusqu'alors dans un effroyable galimatias. Il fut aussi un partisan résolu du tempérament égal.

Trente-deux opéras (tragédies lyriques, comédies-ballets, opéras-comiques) ; cinq motets pour soli, chœurs et orchestre, sept cantates profanes ; cinq séries de *Pièces de clavecin en concert*, soixante-deux pièces de clavecin, une vingtaine d'écrits théoriques (dont les plus importants sont le *Traité de l'harmonie réduite à ses principes naturels* et *La Génération harmonique*).

Ransgtröm, Ture

Stockholm, 30 novembre 1884. – Stockholm, 11 mai 1947.

Élève de Pfitzner à Munich, mais surtout autodidacte, il considérait Strindberg comme son maître spirituel (il dédia sa *Première Symphonie* à la mémoire du grand écrivain). D'abord influencé par l'impressionnisme français, il se créa un style très personnel, coloré et sensible, purement suédois.

Trois opéras (dont *Kronbruden*, d'après Strindberg), quatre symphonies, des suites symphoniques, plus de deux cents admirables mélodies.

Ravel, Maurice

Ciboure (Pyrénées-Atlantique), 7 mars 1875. – Paris, 28 décembre 1937.

Fils de Joseph Ravel (1832-1908), ingénieur, inventeur d'un moteur thermique. Originaire de Haute-Savoie, mais suisse par son père qui s'était fait naturaliser, Joseph Ravel était un bon musicien amateur. Il avait épousé Maria Deluarte (1840-1917), basquaise.

La famille s'installe à Paris, trois mois après la naissance de Maurice. Ayant pris des leçons de piano depuis l'âge de sept ans, il entre au conservatoire de Paris où ses maîtres sont Ch. de Beriot (piano), Pessard (harmonie), Gédalge (contrepoint) et Fauré (composition) (1889-1901). Il obtient un Second Prix de Rome en 1901 (c'est Caplet qui obtient le premier prix), mais tente vainement, en 1902 et 1903, d'obtenir la plus haute recompense. Lorsqu'il décide de se représenter une dernière fois au concours de Rome en 1905, il est déclaré inéligible : il ne sait rien, se moque de l'Institut, etc. Cependant, le candidat pitoyable a déjà publié et fait exécuter la *Pavane pour une infante défunte*, *Jeux d'eau* et le *Quatuor à cordes*! La décision du jury provoque une levée de boucliers à laquelle prend part Romain Rolland dans une belle lettre furieuse au directeur du Conservatoire. Celui-ci, Th. Dubois, pris à partie par la majorité des critiques, est contraint de démissionner. La même année, Ravel terminait les *Miroirs*, la *Sonatine* et *Introduction et Allegro*. Deux ans plus tard (1907), la première audition des *Histoires naturelles* provoquait une nouvelle polémique, à l'occasion de laquelle était lancé le slogan ridicule et tenace de Ravel imitateur de Debussy. Mais Ravel était devenu célèbre… Sa biographie présente ensuite peu d'événements notables en dehors des créations de ses œuvres. Le point culminant dans la première partie de sa vie (avant la guerre) est la « première » de *Daphnis et Chloé*, son chef-d'œuvre, par les Ballets russes de Diaghilev (1912) : Nijinsky et Karsavina dans les rôles principaux, Monteux au pupitre, décors de Bakst. Réformé pour sa faiblesse de constitution, il parvient néanmoins a s'engager dans le train des équipages. Après la guerre s'ouvre pour lui une époque nouvelle, tant au point de vue de son œuvre que de sa personnalité. Il achète une belle maison à Montfort-l'Amaury, où il s'installe définitivement en 1920 pour y vivre à l'écart du monde, entouré de nombreux chats siamois, de quelques vrais amis et d'une collection de jouets mécaniques. La même année, il fait scandale en refusant la Légion d'honneur. Sa réputation l'oblige cependant à de nombreux voyages, notamment aux États-Unis (1928), en Angleterre (1922, 1928, 1929), puis à partir de 1932, dans la plupart des pays d'Europe pour interpréter son *Concerto en sol* avec Marguerite Long. Sa dernière œuvre, les trois chansons de *Don Quichotte à Dulcinée*, sont le résultat d'une commande pour un film (avec Chaliapine dans le rôle principal) ; le contrat ayant été rompu dans des conditions qui n'ont pas été éclaircies, Ravel poursuit la compagnie de production qui confie la musique du film à Jacques Ibert. En 1932, il est victime d'un accident de taxi. Les conséquences du traumatisme ne se révèlent pas immédiatement, mais bientôt il est affecté de troubles du langage et de la motricité, perd de plus en plus la mémoire et ne peut absolument plus travailler, bien que son intelligence soit intacte. Son état s'aggravant, une intervention chirurgicale est tentée par le professeur Vincent ; mais Ravel meurt huit jours plus tard, sans avoir repris connaissance.

Le style très personnel de Ravel s'impose dès ses premiers essais de composition, combiné à l'influence des maîtres qu'il a étudiés avec le plus d'intérêt : Liszt, Chabrier, Satie, les Russes, Fauré, ses contemporains. De bonne heure également, deux idées fausses particulièrement coriaces nourrissent déjà une certaine exégèse ravélienne malveillante ou innocente. Selon la première, Ravel est un émule de Debussy, il fait du debussysme ! Comme les meilleurs de ses contemporains, il a forcément été fasciné par les perspectives infinies qu'offrait, avec la liberté, l'art debussyste. « C'est en entendant pour la première fois *L'Après-midi d'un faune* que je compris ce qu'était la musique », affirmera-t-il plus tard. Mais il est également probable que le Debussy des *Images*, des *Préludes* et des *Études* (1905-1915) a subi l'influence de l'auteur de *Jeux d'eau*, *Miroirs* et *Gaspard de la nuit* (1901-1908). Ces deux grands musiciens, qui dominent leur époque, ne pouvaient s'ignorer : Ravel est debussyste comme Debussy est ravélien. Debussy a le privilège d'être né treize ans plus tôt, mais la personnalité de Ravel s'est affirmée de façon bien plus précoce. Si rien n'indique de manière évidente qu'un de ces musiciens doive être tenu pour supérieur à l'autre, tout s'oppose à l'idée que le plus jeune ait été l'émule de son aîné : différences profondes de caractère, d'éducation, de goûts, opposition radicale dans l'écriture comme dans le sentiment esthétique ; classicisme, conscience, précision, dur éclat du diamant font la singularité de Ravel par rapport à l'art debussyste. Ce qui les rapproche, par contre, ce n'est pas l'emploi de certains accords dissonants, mais plutôt une sensibilité fine et pudique par quoi ils sont l'un et l'autre si typiquement représentatifs de la musique française. On est tenté de voir en eux les héritiers les plus légitimes de l'art de Couperin et Rameau. La seconde idée fausse, dont s'est abreuvée une certaine musicographie, se rapporte à cette exquise sensibilité ravélienne qui n'aurait existé que dans l'imagination de ses amis : il avait une mécanique en guise de cœur et préférait les insectes aux femmes !... Mais on oublie d'ajouter qu'il adorait les enfants et se sentait des leurs (aime-t-on à ce point les enfants quand on n'a pas de cœur ?), qu'il parlait « chat » avec une extrême tendresse, qu'il connaissait l'art de donner une âme aux choses. Horreur de l'autobiographie et pudeur des sentiments ont fortifié cet humour ravélien qui cache aux sensibilités myopes ou indifférentes l'émotion incluse dans le Martin-Pêcheur des *Histoires naturelles*, le Gibet de *Gaspard de la nuit*, Oiseaux tristes des *Miroirs*, surtout certaines pages de *L'Enfant et les Sortilèges* ou de *Ma Mère l'oye*. Comment ne pas sentir encore les effusions chaleureuses ou la sensualité, parfois si intenses, dans *Daphnis*, le *Concerto pour la main gauche*, *La Valse*. La perfection du « métier » chez Ravel (chacun sait qu'il fut peut-être le plus prodigieux orchestrateur de tous les temps), ce métier qui féconde la sensibilité en la rendant créatrice, n'a pas été suffisamment reconnue comme une des sources de son génie ; on a préféré y voir le signe de l'inertie affective. Si la liberté est la noblesse de Debussy, la rigueur est celle de Ravel.

THÉÂTRE. *L'Heure espagnole*, comédie musicale (Opéra-Comique, 1911) ; *L'Enfant et les Sortilèges*, fantaisie lyrique (Monte-Carlo, 1925). Quatre ballets : *Adélaïde ou le Langage des fleurs* (orchestration des *Valses nobles et sentimentales*), *Daphnis et Chloé* (Ballets russes, 1912), *Ma Mère l'oye* (orchestration de l'œuvre pour piano à 4 mains), *La Valse*. – **ORCHESTRE.** Orchestration d'œuvres pour piano (voir ci-dessous : titres marqués d'une étoile*) ; *Daphnis et Chloé*, *La Valse*, *Rhapsodie espagnole*, *Boléro*, deux concertos pour piano et *Shéhérazade* (chant et orchestre) ; l'orchestration des *Tableaux d'une exposition* de Moussorgsky. – **MUSIQUE DE CHAMBRE.** Quatuor à cordes, *Introduction et Allegro* (harpe, flûte, clarinette et quatuor à cordes), trio avec piano, sonate pour violon et violoncelle, sonate pour violon et piano, *Tzigane** pour violon et piano, *Berceuse sur le nom de Fauré* pour violon et piano. – **PIANO.** *Pavane pour une infante défunte**, *Jeux d'eau*, *Sonatine*, *Miroirs* (dont *Alborada del Gracioso**), *Gaspard de la nuit* (1908), *Valses nobles et sentimentales**, *Le Tombeau de Couperin**, *Ma Mère l'oye** (4 mains), et les deux concertos. – **CHANT.** *Trois chansons pour chœurs a cappella*, *Shéhérazade* (chant et orchestre), *Trois poèmes de Mallarmé* (acc. : piano, 2 flûtes, 2 clarinettes et quatuor à cordes), *Chansons madécasses* (avec flûte, violoncelle et piano), *Histoires naturelles*, *Cinq Mélodies populaires grecques*, *Don Quichotte à Dulcinée*.

Ravenscroft, Thomas

Vers 1590. – Vers 1633.

Théoricien. Il fut choriste à la cathédrale Saint-Paul à Londres et maître de musique à Christ's Hospital. Il est très représentatif de la musique vocale élisabéthaine dans ses formes les plus populaires (équivalent anglais de la *frottola* italienne).

Quarante-huit psaumes et plus de cent cinquante pièces profanes (*catches, rounds, free-men' s songs, phansies,* etc. : 3 à 10 voix) et un important traité.

Rawsthorne, Alan

Haslingden (Lancashire), 2 mai 1905. – Cambridge, 24 juillet 1971.

Il abandonna des études de dentiste à vingt ans pour entrer au Royal Manchester College of Music. Son succès fut très rapide, mais il doit principalement sa réputation à ses concertos pour piano qui ont été joués dans le monde entier. Son style, très personnel, réalise une certaine ambiguïté tonale sans franchir les bornes d'une harmonie rassurante : sa musique est donc souvent pantonale, sinon atonale.

L'oratorio *A Canticle of man,* beaucoup de musiques de film, trois symphonies, des *Symphonic Studies,* trois concertos pour piano, deux concertos pour violon, un concerto pour clarinette, une sonate pour alto et piano, une sonate pour violoncelle et piano, des mélodies.

Réalisation

Dans l'édition et l'interprétation de la musique baroque, c'est l'opération qui consiste à compléter un accompagnement dont seule la basse* continue est notée, à transcrire les ornements, les nuances et de façon générale tout ce que le compositeur n'a pas jugé utile de noter, se fiant au talent de l'interprète et à sa connaissance des règles en usage. Jadis la réalisation était improvisée directement à chaque exécution. Aujourd'hui elle est entièrement écrite et l'auteur de la réalisation est généralement cité dans les notices. S'il existe un chiffrage du compositeur, il doit naturellement être maintenu dans l'édition.

Rebec

Petite vièle médiévale à deux ou trois cordes, d'origine orientale (*rebāb*), qui est restée en usage jusqu'au XVIIe siècle. Sa caisse piriforme, s'amincissant pour former le manche, lui donne l'aspect d'un petit luth allongé.

Rebel, Jean-Féry

Paris, bapt. 18 avril 1666. – Paris, 2 janvier 1747.

Élève de son père (chanteur à la cour) et de Lully. Il fut claveciniste puis chef d'orchestre à l'Opéra, membre des « vingt-quatre violons » et « compositeur de la chambre du roi ». Sa sœur Anne épousa Delalande en 1684. Rebel fut, après Couperin, l'un des premiers compositeurs français de sonates.

L'opéra *Ulysse*, *Six Leçons de ténèbres* (avec Delalande), des « symphonies chorégraphiques » (dont *Les Éléments*), deux recueils de sonates instrumentales.

Récitatif

Type de chant non mesuré, qui s'adapte à l'intonation et au rythme du langage parlé. Dans l'opéra traditionnel, il porte la partie du texte (en prose) qui conduit l'action, tandis que les airs et les ensembles (généralement en vers) en sont les commentaires lyriques.
On peut distinguer le *recitativo secco*, dont l'accompagnement se réduit à des accords de clavecin, de théorbe ou d'orgue, et le *recitativo accompagnato* (ou *arioso*) avec un accompagnement continu d'orchestre.

Récurrence

[de *recurrens* : qui revient en arrière] Procédé d'imitation* appelé aussi « mouvement rétrograde », où le sujet (ou « antécédent ») est lu à reculons en commençant par la dernière note. La récurrence est généralement difficile à reconnaître à l'oreille. Elle est utilisée dans les grandes formes polyphoniques classiques et dans la musique sérielle.

Régale

Sorte de petit orgue portatif ne comportant à l'origine que des tuyaux à anches. L'étymologie de son nom se réfère sans doute au latin *regula* (l'instrument sert à « régler » le chant) plutôt qu'à *regalis* (« royal »). La régale a probablement été inventée en 1460 par H. Traxdorff à Nuremberg. Son succès lui valut d'être introduite comme jeu d'anche dans la composition des orgues. À partir du XVIe siècle, on lui adjoint souvent des tuyaux à bouche, parfois une mixture.

Reger, Max

Brand (Bavière), 19 mars 1873. – Leipzig, 11 mai 1916.

Ses parents lui enseignèrent la musique selon les principes de H. Riemann, et ses progrès furent tels qu'à treize ans il était organiste de l'église catholique de Weiden. De 1890 à 1895, il devient l'élève direct de Riemann qu'il suit à Wiesbaden où il enseigne à son tour. Il est ensuite professeur aux conservatoires de Munich (1904-1906) et de Leipzig (1907-1916). Il est mort d'une crise cardiaque, à quarante-trois ans, laissant une œuvre exceptionnellement abondante où voisinent le meilleur et le pire. Dans une large mesure il perpétue la tradition néo-classique de Brahms, mais il appartient aussi au groupe de musiciens audacieux qui ont assuré la transition entre les derniers romantiques et Hindemith. Il a eu le mérite de retourner aux sources intarissables du choral luthérien et de la chanson populaire, à une époque où l'Allemagne musicale était vouée aux fresques musicales gigantesques et wagnériennes.

Très nombreuses œuvres chorales, sacrées ou profanes (dont *Requiem* et *Psaume C*), environ deux cent quatre-vingts lieder, quelques poèmes symphoniques, un concerto pour violon, un concerto pour piano, six quatuors à cordes, sept sonates pour violon et piano, onze sonates pour violon seul, quatre sonates pour violoncelle et piano et d'innombrables pièces d'orgue et de piano.

Regnart, Jacob

Douai, vers 1540. – Prague, 16 octobre 1599.

Enfant de chœur à la chapelle de l'archiduc Maximilien à Prague, il devint précepteur des enfants de chœur, vice-maître de la chapelle impériale et, temporairement, maître de chapelle de l'archiduc Ferdinand à Innsbrück. Sa musique est une synthèse des traditions franco-flamande et italienne.

Deux recueils de messes à 4-10 voix [1602-1603], plus une vingtaine de messes manuscrites. Plusieurs recueils de *Sacrae Cantiones.* De nombreux Lieder à 3, 4, 5 voix, deux livres de *Canzone italiane.*

Reich, Steve

New York, 3 octobre 1936.

Élève de la Juilliard School, puis de Milhaud et Berio à Mills College (Californie). Percussionniste, il s'est initié au tambourinage africain au Ghana et, aux USA, aux instruments du *gamelan* indonésien. Il est le promoteur et l'un des représentants les plus réputés de la tendance « répétitive », se fondant sur la superposition de motifs répétés, continuellement décalés. Depuis 1970, il interprète lui-même ses œuvres avec son ensemble « Steve Reich and Musicians ».

Violin phase (1967) pour 4 violons dont 3 enregistrés, *Six pianos* (1973), *Four organs* (1969) pour 4 orgues électriques, *Drumming* (1971) pour percussion, piccolo, voix et magnétophone, *Music for large ensemble* (1978), *Variations* pour vents, cordes et clavier (1981) avec superposition des sons directs enregistrés ; *Desert Music* (1984) pour chœurs et orchestre, *The Cave* (1993, théâtre musical).

Reicha, Antonín

Prague, 26 février 1770. – Paris, 28 mai 1836.

Autodidacte, il commença sa carrière comme flûtiste dans l'orchestre de Maximilien d'Autriche à Bonn, où Beethoven, qui tenait une partie d'alto, devint son ami. Il tente ensuite de s'établir comme compositeur à Hambourg (1794-1799), Paris (1799-1802), Vienne (1802-1808), où il fréquente Haydn, Beethoven, Salieri, et enfin se fixe à Paris en 1808. Il y est nommé professeur au Conservatoire (1818), obtient sa naturalisation (1829) et succède à Boieldieu à l'Institut. Son enseignement très réputé lui valut de nombreux élèves, parmi lesquels Berlioz, Liszt et Gounod.

Six opéras, des symphonies, vingt-six quintettes à vent superbes, six quintettes à cordes, vingt quatuors à cordes, trente-six fugues pour piano et quelques excellents ouvrages pédagogiques.

Reichardt, Johann Friedrich

Königsberg, 25 novembre 1752.
Giebichenstein (près de Halle), 27 juin 1814.

Après des études excessivement variées mais désordonnées, il eut la fortune d'obtenir, après s'être adressé directement au souverain, le poste tant convoité de Kapellmeister de Frédéric le Grand et compositeur de la cour. Il déploya une formidable activité de compositeur, chef d'orchestre, organisateur de concerts (Concert spirituel sur le modèle parisien), critique, éditeur, etc. Ses sympathies pour la Révolution française lui valurent en 1794 d'être relevé de ses fonctions. En 1808, il fut Kapellmeister de Jérôme Bonaparte, roi de Westphalie, à Kassel.

Vingt-cinq opéras ou *Singspiele*, des cantates, de nombreux lieder, des symphonies, de la musique de chambre.

Reimann, Aribert

Berlin, 4 mars 1936.

Fils d'un musicien d'église, il a étudié à la Hochschule für Musik de Berlin-Ouest avec Boris Blacher. Pianiste, il a été l'accompagnateur de Fischer-Dieskau. Ses premières œuvres étaient dans le sillage de Webern ; mais il abandonna le sérialisme en 1967, sous l'influence de la musique classique de l'Inde. Il a enseigné à la Musikhochschule de Hambourg (1974-1983), puis à la Hochschule der Künste de Berlin.

Requiem (1981) ; cinq opéras, *Ein Traumspiel* (1965), *Melusine* (1971), *Lear* (1978) d'après Shakespeare, *Troades* (1985) ; *Bernarda Albas Haus* (2000) ; la cantate *Verrà la morte* (1966) d'après Pavese, *Zyklus* (1971) pour baryton et orchestre ; deux concertos pour piano, *Rondes et Variations* pour orchestre.

Reinken, Johann Adam

Wilshausen (Alsace), 27 avril 1623. – Hambourg, 24 novembre 1722.

Organiste de l'église Sainte-Catherine à Hambourg. Remarquable virtuose et improvisateur, il peut être considéré comme le meilleur représentant de l'école d'organistes de l'Allemagne du Nord au XVIIe siècle (si l'on en excepte le Danois Buxtehude). Bach vint plusieurs fois de Lüneburg (1700 et 1703) et Köthen (1720) pour l'entendre. Il est enterré à côté de Buxtehude dans la Marienkirche de Lübeck.

Très peu d'œuvres nous sont parvenues : quelques pièces d'orgue ou de clavecin (variations, toccatas, fugues, *Choralvospiele*) et *Hortus musicus* (suite de pièces pour 2 violons, viole de gambe et basse).

Relatif

Deux tons, l'un majeur, l'autre mineur (voir Modes*), sont dits *relatifs* lorsqu'ils comportent à la clé les mêmes altérations (la même « armure ») ; dans l'usage du ton mineur apparaîtra une altération accidentelle, qui sera toujours un dièse ou un bécarre (même dans les tons à bémols), élevant le septième degré à la dignité de sensible*. Ainsi, dans le ton de sol mineur, relatif de si ♭ majeur (deux bémols), le septième degré sera fa ♯. Les tons relatifs sont toujours entre eux à un intervalle de tierce mineure. (Voir tableau des tons majeurs et mineurs à la rubrique Harmonie*.)

Renversement

1. Le renversement d'un intervalle* est l'intervalle obtenu en inversant ses deux termes, c'est-à-dire en haussant d'une octave la note inférieure ou en baissant d'une octave la note supérieure. Exemple : le renversement de la quinte (3/2) est la quarte (4/3), le renversement de la sixte majeure (5/3) est la tierce min. (6/5).

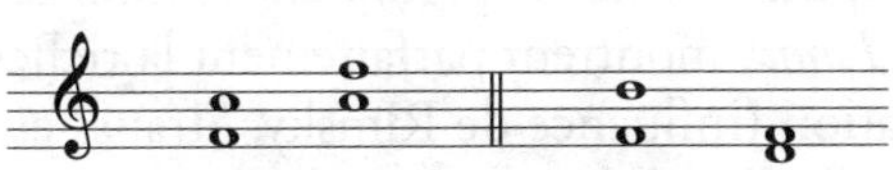

3/2 4/3 5/3 6/5

2. Le renversement d'un accord* est une disposition dans laquelle une ou plusieurs notes ne sont plus au-dessus de la note « fondamentale ».
3. Le renversement (ou « mouvement contraire ») d'un motif mélodique est le motif obtenu en remplaçant chaque intervalle ascendant par le même intervalle descendant et vice versa. Les intervalles du nouveau motif ne sont donc pas les renversements des intervalles de l'original, ce qui peut prêter à confusion. Exception : la quinte se transforme quelquefois en quarte et réciproquement (voir Imitation*).

Résolution

Enchaînement harmonique qui, dans l'harmonie classique, fait succéder obligatoirement une consonance à une dissonance. On dit que la résolution est évitée lorsqu'un accord dissonant est suivi d'un autre accord dissonant, exigeant à son tour d'être « résolu » normalement (voir les exemples d'Appoggiature* et de Retard*).

Respighi, Ottorino

Bologne, 9 juillet 1879. – Rome, 18 avril 1936.

Élève de Sarti et Martucci au Liceo musicale de Bologne, puis de Rimsky-Korsakov à Saint-Pétersbourg, où il fut quelque temps altiste à l'Opéra. Il reçut aussi quelques conseils de Max Bruch à Berlin, mais il renonça au projet de devenir son élève, en raison, semble-t-il, d'une incompatibilité d'humeurs esthétiques. En 1913, il fut nommé professeur à l'Accademia Santa Cecilia et dirigea ce conservatoire pendant deux années (1923-1925). Respighi appartient à la génération de musiciens italiens qui, las des débordements du vérisme, ont cherché à renouer avec les plus hautes traditions musicales de leur pays, notamment dans le domaine de la musique instrumentale (Alfano, Casella, Malipiero, Pizzetti). Les deux œuvres qui (grâce à Toscanini en particulier) ont fait la réputation de Respighi dans le monde entier, *Fontane di Roma* et *Pini di Roma*, montrent parfaitement la richesse et la sensualité de son orchestration (influence de Rimsky, Strauss et des « impressionnistes » français). Par esprit humaniste plus que par recherche de singularité, il fait souvent appel aux vieux modes du plain-chant, ou bien retrouve l'esprit du grand classicisme italien.

Neuf opéras (dont *La Belle au bois dormant* pour marionnettes), trois ballets (dont *La Boutique fantasque* d'après Rossini), des grandes fresques symphoniques (*Fontane di Roma, Pini di Roma, Vetrate di chiesa, Trittico botticelliano*), *Concerto gregoriano* pour violon, *Concerto mixolydien* pour piano, de la musique de chambre, de nombreuses mélodies (avec piano et avec orchestre), ainsi que des adaptations d'œuvres italiennes classiques.

Retard

Un procédé d'écriture fréquent consiste à retarder l'émission d'une note (ou plusieurs) d'un accord, remplacée momentanément par la prolongation d'une note voisine de l'accord précédent :

Contraire de l'anticipation*, le retard est assimilable, dans la majorité des cas, à une appoggiature* préparée. Si la note de remplacement est répétée au lieu d'être prolongée, l'ensemble prend un caractère d'appoggiature marqué.

⊖› MONTEVERDI, *8e Livre de Madrigaux* nombreuses cadences. – BACH, *Messe en si* (Crucifixus) : presque à chaque mesure. *Passion selon saint Matthieu*: cadence finale du 1er chœur. – SCHUBERT, *Moment musical no 6 en la bémol majeur*: mesures 1, 3, 7, etc. (1er temps) : retard assimilable à une appoggiature si on accentue les premiers temps (la note prolongée est répétée). – BERLIOZ, *Symphonie fantastique* (finale) : mesures 477-478 : retard du ré dans l'accord sol-si-ré-fa (remplacé par la prolongation d'un mi aux deuxièmes violons, flûte et hautbois).

REUTTER, GEORG

Vienne, avril 1708. – Vienne, 11 mars 1772.

Élève de son père qui était organiste et Kapellmeister à la cathédrale Saint-Étienne, et de Caldara. À la mort de son père, il lui succéda (1738) puis devint Kapellmeister de la cour (1747). Haydn enfant chanta sous sa direction à la maîtrise de la cathédrale.

Quatre-vingts messes, neuf oratorios, des cantates et motets, trente-deux opéras.

REUTTER, HERMANN

Stuttgart, 17 juin 1900. – Stuttgart, 1er janvier 1985.

Directeur de la Hochschule für Musik de Stuttgart. Élevé dans les traditions de l'école néo-romantique de Munich (Pfitzner), il s'est ensuite trouvé, grâce au festival de musique de chambre de Donaueschingen, sous l'influence de Hindemith et de Honegger. Dans ce climat musical, vivifié par son goût de la chanson populaire allemande, il a composé sa plus belle œuvre, l'oratorio *Der grosse Kalender* (1933). Malheureusement, la personnalité de ce très bon musicien s'est dissoute, à partir de 1936, dans l'esthétique vulgaire imposée par le régime nazi.

Quatorze opéras, une dizaine d'oratorios et cantates profanes, quatre concertos pour piano, un concerto pour violon, de la musique de chambre et surtout de nombreux cycles d'excellents lieder.

Reyer, Ernest

Marseille, 1er décembre 1823. – Le Lavandou, 15 janvier 1909.

[Louis Étienne Rey] Autodidacte, hormis de brèves études dans un conservatoire privé de Marseille, il était fonctionnaire en Algérie lorsqu'il composa sa première œuvre notable, une messe pour l'arrivée du duc d'Aumale à Alger. Il fit ses débuts devant le grand public en 1850 avec une ode symphonique, *Le Sélam*, dont Berlioz fit un compte rendu très favorable. Son œuvre maîtresse, *Sigurd*, créée en 1884, exploite très habilement la légende des Nibelungen, quelques années après la création de la Tétralogie wagnérienne : dans cette œuvre, l'influence de Berlioz et surtout de Wagner, notamment dans la technique du leitmotiv, est évidente. Il fut élu membre de l'Institut en 1876.

Six opéras (dont *Sigurd* et *Salammbô*), des œuvres religieuses, des mélodies et d'excellents articles de critique réunis sous le titre *Notes de musique* (1875).

Ricci, Luigi

Naples, 8 juillet 1805. – Prague, 21 décembre 1859.

Élève de Zingarelli à Naples. Il avait déjà fait représenter vingt opéras lorsqu'il fut nommé, à trente ans, maître de chapelle de la cathédrale de Trieste. En collaboration avec son frère Federico (1809-1877), il a composé quatre opéras, dont *Crispino e la Comare*, l'une des meilleurs comédies musicales italiennes depuis l'âge d'or de l'opéra bouffe napolitain. De graves symptômes d'aliénation mentale nécessitèrent son hospitalisation dans un asile de Prague (ville natale de sa femme) où il mourut.

Trente opéras (dont quatre avec Federico), de la musique religieuse (plus de vingt messes), deux volumes de mélodies.

Ricciotti, Carlo

?, 1681. – La Haye, juillet 1756.

Il est entré dans l'histoire de la musique par un recueil de six *Concerti armonici* admirables, publiés à La Haye en 1740 sous sa responsabilité. Mais il existe d'autre part un manuscrit de ces concertos les attribuant à Pergolesi sous le titre de *Concertini.* Dans la dédicace de l'édition originale, Ricciotti déclare qu'ils sont l'œuvre d'« un' illustre mano », appréciée par le dédicataire le comte Bentinck. On continue toujours à attribuer ces chefs-d'œuvre, tantôt à Pergolesi, tantôt à Ricciotti, en attendant que soit identifiée cette « main illustre », vraisemblablement napolitaine (voir Pergolesi*).

Ricercare

L'une des nombreuses dénominations, aux XVIe et XVIIe siècles, des compositions instrumentales dans un style d'imitation* inspiré de la polyphonie vocale. Pour ne pas limiter leur répertoire aux transcriptions de motets et de madrigaux, les organistes et les luthistes improvisaient ou composaient pour leur instrument des pièces de ce style : un ou plusieurs thèmes y étaient traités en contrepoint serré, invitant l'auditeur à les « rechercher » (*ricercare*) dans la trame de la polyphonie. On ne faisait à l'origine aucune distinction précise entre les ricercari, les *canzoni*, les *capricci* et les *fantasie*, mais chez Frescobaldi et chez ses contemporains, le ricercare devient une forme particulièrement évoluée d'écriture polyphonique où le caractère noble et sérieux semble de rigueur. En donnant naissance à la fugue*, le ricercare tombe rapidement en désuétude ; il apparaît encore dans l'œuvre de Bach, mais c'est l'utilisation exceptionnelle d'une forme déjà archaïque.

→ Gabrieli et son époque. – FRESCOBALDI, *Fiori Musicali*. – BACH, *L'Offrande musicale*.

Richafort, Jean

?, vers 1480. – ?, vers 1548.

Magister cantus à Malines (1507-1509), chantre de Marie de Hongrie à Bruxelles, maître de chapelle de Saint-Gilles à Bruges (1542-1548), il est cité par Ronsard parmi les disciples de Josquin.

Quatre messes, *Requiem*, cinquante-huit motets, douze chansons françaises dispersées dans plusieurs publications collectives.

Richter, Franz Xaver

Holešov, 1er décembre 1709. – Strasbourg, 12 septembre 1789.

Maître de chapelle du prince-abbé de Kempten, chanteur et violoniste à la cour de Mannheim, sous la direction de J. Stamitz, puis (1769-1789) maître de chapelle de la cathédrale de Strasbourg. Il est l'un des meilleurs représentants de l'École de Mannheim.

Trente messes, environ cinquante motets, psaumes, etc., soixante-quatre symphonies.

Ries, Ferdinand

Bonn, 28 novembre 1784. – Francfort-sur-le-Main, 13 janvier 1838.

Pianiste, violoniste, violoncelliste. Son père, célèbre violoniste, fut le maître de Beethoven. Lui-même devint, à Vienne l'élève de Beethoven qui l'aida matériellement dans ses débuts très difficiles. Il mena une existence incertaine et itinérante entre Paris, Vienne, Saint-Pétersbourg et Stockholm et finit par s'établir à Londres où il vécut douze ans, s'enrichissant par la réussite d'une triple carrière de compositeur, pianiste et pédagogue. Il s'établit à Francfort en 1826 et dirigea plusieurs années le festival rhénan.

Deux oratorios, trois opéras, six symphonies, neuf concertos pour piano, de la musique de chambre. On lui doit de remarquables *Notices biographiques sur L. van Beethoven.*

Rieti, Vittorio

Alexandrie (Égypte), 28 janvier 1898. – New York, 19 février 1994.

Élève de Respighi. Il vécut longtemps à Paris dans le climat musical du groupe des Six (son art s'apparente à celui de Poulenc, avec une influence plus marquée de Stravinsky) et commença sa carrière en écrivant pour les Ballets russes : *Barabau* et *Le Bal.* Depuis 1939, il vivait aux États-Unis. Il fut professeur à Chicago, puis au New York College of Music.

Six opéras, dont l'opéra de chambre *Teresa nel bosco,* onze ballets (le meilleur de sa production), de la musique de scène pour Jouvet, cinq symphonies, deux concertos pour piano, un *Concerto napoletano* pour violon, une *partita* pour clavecin et six instruments, des pièces pour piano, de la musique de chambre.

Rigaudon

Danse animée, à 2/4 ou 2/2, originaire de la Provence ou du Languedoc. Rousseau fait état sans conviction d'une hypothèse selon laquelle un maître à danser du nom de Rigaud en serait l'inventeur. Dansé en France dès le temps de Louis XIII, le rigaudon apparaît dans le ballet et la suite de clavecin à la fin du XVIIe siècle. Bien qu'il soit toujours en vogue au XVIIIe siècle, il n'est introduit que rarement dans la suite* traditionnelle : il s'intercale alors de préférence entre la sarabande et la gigue et peut alterner avec un second rigaudon.

⊖→ Couperin, 4e *Concert royal.* – Rameau, *Pièces de clavecin.* – Ravel, *Le Tombeau de Couperin.*

Rihm, Wolfgang

Karlsruhe, 13 mars 1952.

Élève de Fortner et de Stockhausen. Sa musique, expressive et sensuelle, prend le contre-pied de l'intellectualisme académique sériel, avec la volonté de lever les inhibitions créées par les mouvements esthétiques antérieurs. Il se dit influencé par Hölderlin, Nietzsche et Artaud.

Six opéras, dont *Faust und Yorick* d'après Jean Tardieu (Hanovre 1977) et *Die Hamletmachine* (Mannheim, 1987) ; de nombreuses compositions symphoniques dont trois symphonies, *Dis-Kontur* et *Sub-Kontur* pour orchestre, *Ländler* et *Nature morte* pour cordes, concerto pour alto, sept quatuors à cordes, des pièces pour piano et orgue.

Riisager, Knudaage

Port Kunda (Estonie), 6 mars 1897. – Copenhague, 26 décembre 1974.

Diplômé d'économie politique, après de brillantes études à l'Université de Copenhague, il décida subitement, à vingt-cinq ans, de s'orienter vers la musique. Il apprit l'harmonie et le violon, puis se rendit à Paris où il devint l'élève de Roussel et de Le Flem. Il a été président de l'Union des compositeurs danois à partir de 1937 et directeur du conservatoire de Copenhague à partir de 1956. Ses œuvres, particulièrement ses ballets, sont très caractéristiques de la musique danoise contemporaine (thèmes d'inspiration nationale, tendances expressionnistes dans la musique de théâtre et le ballet, économie et franchise de l'écriture, sentiment général optimiste) ; mais l'influence de Dukas et de Roussel est souvent perceptible.

L'opéra bouffe *Susanne*, dix ballets (dont le spirituel *Slaraffenland* et le fascinant *Qarrtsiluni*) ; de la musique de scène, des œuvres chorales, quatre symphonies, d'importantes ouvertures de concert, concerto pour violon, concerto pour trompette, de la musique de chambre (dont cinq quatuors à cordes), des pièces pour piano, des mélodies.

Rimsky-Korsakov, Nicolaï Andreïevitch

Tikhvin (Novgorod), 18 mars 1844.
Liubensk (Saint-Pétersbourg), 21 juin 1908.

Il appartenait à une famille aristocratique et fut élevé dans le domaine paternel, où ses premières impressions musicales furent les danses populaires qu'exécutait, à l'occasion des fêtes domestiques, un petit ensemble de quatre musiciens juifs (deux violons, cymbales et tambourin). Sa sensibilité musicale s'étant manifestée exceptionnellement tôt, on lui fit apprendre le piano à six ans, et à neuf ans il tentait ses premiers essais de composition. Ses dispositions étaient évidentes et ne manquaient pas d'émerveiller son entourage, mais un jeune homme de bonne famille se devant de porter le sabre, on le fit entrer à douze ans à l'école des cadets de la marine à Saint-Pétersbourg. Dans l'éducation qu'il y reçut jusqu'en 1862, rien ne favorisait l'épanouissement de ses dons, mais il réussit à étudier piano et violoncelle le dimanche et pendant les vacances. En 1861, il rencontre Balakirev, décide de compléter auprès de lui sa formation musicale très sommaire et se joint au groupe de jeunes musiciens (Cui, Moussorgsky, Borodine), tous à peu près autodidactes, qui se sont groupés autour de Balakirev pour promouvoir un nationalisme musical russe : ils forment l'élite et l'avant-garde de la nouvelle musique russe, ce fameux groupe des Cinq qui ne tardera pas à faire parler de lui. Rimsky-Korsakov, obligé de naviguer autour du monde avant d'avoir pu profiter pleinement de l'enseignement de Balakirev, compose non sans mal une *Symphonie op. 1* qui, corrigée par son aîné, est jouée avec un vif succès à Saint-Pétersbourg (1865). Plusieurs œuvres suivent qui valent au jeune marin stupéfait d'être nommé professeur de composition au conservatoire de Saint-Pétersbourg. Il deviendra un maître réputé et comptera parmi ses élèves Liadov, Gretchaninov, Glazounov, Stravinsky, Respighi. Mais le bagage du nouveau professeur est encore très insuffisant ; il le sait, s'astreint entre ses cours à une étude très approfondie du contrepoint, de l'harmonie, de l'instrumentation et devient, par un travail acharné, le plus savant musicien de sa génération. Il est nommé inspecteur des musiques de la flotte, ce qui lui évite d'avoir à donner sa démission de la marine. Dans les années suivantes, il devient directeur des concerts du conservatoire libre (1874-1881) et directeur des concerts symphoniques russes fondés par l'éditeur Bélaïev (1886-1900). Il donne alors, comme chef d'orchestre, de nombreux concerts à l'étranger, notamment à Paris dans le cadre de l'Exposition universelle de 1889, où la musique russe est une révélation pour les jeunes musiciens français. En 1905, il est démis de ses fonctions de pédagogue à la suite de la publication d'une lettre protestant contre l'ingérence des pouvoirs publics dans l'administration du Conservatoire. Aussitôt, Glazounov et Liadov donnent leur démission et le scandale impose une réorganisation de l'établissement, sous la direction de Glazounov qui réintègre dans ses fonctions l'illustre professeur.

On a beaucoup critiqué ses interventions dans le travail d'autrui (réorchestration du *Convive de pierre* de Dargomyjsky, d'une partie du *Prince Igor* de Borodine, des deux grandes œuvres de Moussorgsky *Boris Godounov* et *La Khovantchina* qu'il s'est chargé de terminer, mise en partition d'*Une nuit sur le mont Chauve*). Elles n'ont certes pas été toujours habiles du point de vue des intentions originales (voir Moussorgsky*), mais elles témoignent d'une conscience et d'un dévouement auxquels on n'a pas assez rendu hommage. Tout a été dit par contre sur la splendide « palette » orchestrale de Rimsky, et le vocabulaire emprunté aux arts plastiques s'est rarement révélé aussi convenable. Le souci de peindre en musique est un des caractères dominants de son génie symphonique, et toutes ses œuvres instrumentales notables relèvent de la « musique à programme ». Mais on ne connaît pas assez ses opéras qui sont ses meilleurs titres de gloire. Il y réalise magistralement la fusion intime des techniques occidentales et de l'inspiration russe (légendes populaires et thèmes nationaux, vieux modes ecclésiastiques et gammes orientales), fusion préconisée par Glinka (« fusion intime des chants populaires russes et de la fugue originaire d'Occident »).

Quinze opéras (dont *Sniegourotchka*, *Le Coq d'or* et son chef-d'œuvre : *La Légende de la ville invisible de Kitèje*), de nombreuses œuvres chorales, trois symphonies (dont *n° 2 : Antar*), de grandes ouvertures ou suites symphoniques (*Capriccio espagnol*, *Shéhérazade*, *La Grande Pâque russe*), un concerto pour piano, de la musique de chambre, des pièces pour piano, près de cent mélodies. On lui doit aussi l'harmonisation d'environ cent cinquante chansons populaires russes, l'édition de l'œuvre complète de Glinka, la correction ou l'orchestration d'un certain nombre d'œuvres de ses contemporains.

Rinaldo da Capua

Naples ou Capoue, vers 1710. – ?, vers 1772.

Fils naturel d'un très grand seigneur napolitain dont on ne connaît pas le nom. On ignore tout de sa vie. Il a peut-être séjourné à Vienne vers 1736, mais la plupart de ses ouvrages ont été représentés à Rome. Les « Bouffons » donnèrent à Paris en 1753 un *intermezzo* de lui, *La Zingara*, d'où est tirée la célèbre aria « *Tre Giorni son' che Nina* ».

Cantata per la Natività della Beata Vergine et environ trente opéras (dont seuls *La Zingara*, et *Gli Impostori* nous sont parvenus intégralement).

Rivier, Jean

Villemomble, 21 juillet 1896. – Aubagne, 6 novembre 1987.

Élève de Gallon, Caussade et Emmanuel. Depuis 1947, il était professeur de composition au conservatoire de Paris. Son art vigoureux, dans la tradition de Schmitt et de Roussel, tend à assimiler intelligemment certaines techniques nouvelles de la musique, depuis 1950.

Psaume LVI, *Requiem*, huit symphonies, des concertos (pour piano, pour violon, pour alto, pour flûte), de la musique de chambre, des mélodies.

Roberday, François

Paris, 1624. – Auffargis (Rambouillet), vers 1670.

Fils d'un orfèvre renommé, lui-même orfèvre du roi. Organiste des Petits-Pères à Paris, valet de chambre des reines Anne et Marie-Thérèse d'Autriche. Il a peut-être été l'un des maîtres de Lully.

Un livre de *Fugues et Caprices* à 4 parties pour orgue.

Robert, Pierre

Louvres (Val-d'Oise), vers 1618. – Paris, inh. 30 décembre 1699.

Il étudie la musique à la maîtrise de Notre-Dame de Paris, est ordonné prêtre, puis occupe les fonctions de maître de chapelle, successivement, aux cathédrales de Senlis, de Chartres et à Notre-Dame de Paris. En 1663, il est nommé sous-maître de la chapelle royale et il partage avec Du Mont, à partir de 1672, la charge de « compositeur de la musique de la chapelle et de la chambre du roi ». Ses grands motets, dans le style de ceux de Lully et de Du Mont, forment avec ceux-ci l'essentiel du répertoire de la chapelle royale sous Louis XIV. Ses petits motets cependant sont la partie la plus originale de son œuvre.

Vingt-quatre grands *Motets pour la chapelle du Roy* à 2 chœurs avec instruments, dix « petits motets » à 2-4 voix et basse continue.

Rock and Roll

Événement sans équivalent aux autres époques et dans les autres civilisations, le rock'n'roll est le fruit d'une combinaison de facteurs musicaux, économiques et sociaux :

– un style populaire de jazz, appelé *rhythm and blues*, mêlé de folklore américain ;
– les nouveaux instruments électriques (guitare, « orgue ») ;
– les « idées nouvelles » : la violence et son inséparable contraire la non-violence, la libération sexuelle, la drogue, etc. ;
– le pouvoir d'achat des jeunes, qui forment une nouvelle classe de consommateurs à partir des années 50.

C'est en 1955 que le jeune guitariste noir Chuck Berry lance le rock and roll. Les premières idoles sont Elvis Presley et Gene Vincent. En s'intéressant au folklore, à la poésie et à certains procédés des nouvelles musiques, le rock a donné naissance à la pop music en 1962 (Beatles et Rolling Stones).

Rodrigo, Joaquin

Sagunto (Valencia), 22 novembre 1902. – Madrid, 6 juillet 1999.

Aveugle depuis l'âge de trois ans, il a fait ses études à Valence, puis à Paris (Dukas, Emmanuel, Pirro). Il y vécut de 1927 à 1936, hormis plusieurs voyages en Europe. Il fut professeur d'histoire musicale à l'université de Madrid.

Ausencias de Dulcinea (baryton, chœurs de femmes et orchestre), des mélodies espagnoles, quelques pièces symphoniques, concerto pour piano, concerto pour violon, concerto pour violoncelle, *Concerto de Aranjuez* et *Fantasia para un Gentilhombre* pour guitare et orchestre, des pièces pour guitare.

Roessler, F.-A.

voir Rössler.

Roland-Manuel, Alexis

Paris, 22 mars 1891. – Paris, 3 novembre 1966.

[Roland Alexis Manuel Lévy] Élève de Roussel ; ami et biographe de Ravel, dont son œuvre trahit l'influence. Il fut professeur d'esthétique au conservatoire de Paris, président du Conseil de la musique de l'Unesco (1949) et réalisateur de l'émission radiophonique *Plaisir de la musique.*

Deux opéras bouffes, trois ballets, des musiques de film (dont *Remorques* et *Les Inconnus dans la maison*), des oratorios (dont *Jeanne d'Arc*), un concerto pour piano, des mélodies.

Roman, Johan Helmich

Stockholm, 26 octobre 1694. – Haraldsmåla (Kalmar), 19 octobre 1758.

Il descendait d'un Johannes Raumanus, né à Raumo en Finlande vers 1560 et venu s'établir en Suède, comme professeur à Uppsala et pasteur

à Stockholm. Il fit ses débuts comme violoniste à sept ans et il était, à dix-sept ans, violon et hautbois solo dans l'orchestre de la cour, dirigé par Andreas Düben. Ayant fait, cependant, des études générales, il connaissait parfaitement le français, l'anglais, l'italien, l'allemand, le latin et le grec. En 1714, il fut envoyé, aux frais de la princesse (et future reine) Ulrika Eleonora, à Londres, où il devint l'élève de Pepusch et d'Ariosti, rencontra Haendel et Geminiani, et joua dans l'orchestre du King's Theatre. En 1717, le duc de Newcastle réussit à s'assurer les services du *swedish virtuoso*, mais celui-ci fut rappelé à Stockholm en 1720 pour y devenir chef d'orchestre adjoint, puis (succédant à trois générations de Düben) directeur de la musique de la cour, Hofkapellmästare. De 1735 à 1737, il fit un grand voyage (pour soigner à Ischia une affection de l'oreille et pour rapporter à Stockholm de la musique nouvelle) Londres, Paris, Rome, Naples, Ischia, Bologne, Venise, Vienne, Munich, Berlin. Sa mauvaise santé et le chagrin consécutif à la mort de sa seconde femme le déterminèrent à se retirer en 1745 dans sa propriété de Haraldsmåla.
Surnommé « le père de la musique suédoise », il a considérablement développé les ressources locales en créant des chœurs et des orchestres excellents et en formant des élèves qui continuèrent son œuvre ; il a traduit en suédois de nombreux ouvrages théoriques et des œuvres vocales de musiciens étrangers ; il a composé les premières œuvres importantes sur des textes suédois (particulièrement une grande messe suédoise pour soli, chœurs et orchestre) ; enfin, il a organisé avec son élève Per Brandt les premiers concerts publics en Suède (Pâques 1731, dans la grande salle de la maison de la noblesse : on joua la *Brockespassion*, de Haendel).

Une messe suédoise, environ cent motets et psaumes, des cantates profanes, vingt et une symphonies, trois *Sinfonie da chiesa*, onze ouvertures et suites (dont la ravissante *Drottningholmmusik*), cinq concertos pour violon, douze sonates pour flûte, basse et clavecin, douze suites et douze sonates pour clavecin, de nombreuses pièces pour violon (dont les *Assaggi a violino solo*).

Rondeau

Composition musicale fondée sur l'alternance d'un refrain et de plusieurs couplets. Cette forme très simple est issue du « rondeau » chanté et dansé, qui au XVIIe siècle servait à mener la ronde. Cependant, le principe en est vraisemblablement plus ancien et correspond à un instinct naturel de l'homme musicien : celui de la répétition (voir Machaut*). Dans son orthographe française et sa forme la plus simple, le rondeau connaît une grande vogue dans la musique de clavecin des XVIIe et XVIIIe siècles, où son principe est adapté aux danses traditionnelles. Il est introduit dans la suite* instrumentale, puis dans l'opéra-ballet avant de donner sa forme aux ensembles d'opéras-comiques (où il se confond souvent avec la chanson populaire) et parfois au grand air d'opéra (air de Don Juan). L'orthographe italienne se généralise, lorsque le « rondo » devient, au milieu du XVIIIe siècle, la forme traditionnelle du finale de sonate. Tantôt simple, tantôt combiné à la forme-sonate, le rondo est généralement gai et fantaisiste ; parfois le caractère inattendu des couplets introduit une note humoristique.

⊖› BACH, *Concerto brandebourgeois n° 1* (le menuet final avec ses deux trios peut être assimilé à un rondo plein d'imprévu). – MOZART, *Concerto de violon en sol majeur* (finale) ; *Don Giovanni* (air de Don Juan « Fin ch'han dal vino »). – BEETHOVEN, *Sonate pathétique* (adagio et finale). – TCHAÏKOVSKY, *Quatrième Symphonie* (finale). – BARTÓK, *Sonate pour 2 pianos et percussions* (finale).

ROPARTZ, GUY

Guingamp, 15 juin 1864. – Lanloup (C-du-N.), 22 novembre 1955.

Élève de Dubois et de Massenet, au conservatoire de Paris, puis de C. Franck dont l'influence fut prédominante. Il a dirigé les conservatoires de Nancy (1894-1919) et de Strasbourg (1919-1929), avant de s'établir définitivement en Bretagne. Dans son œuvre considérable, la source d'inspiration essentielle est cette terre bretonne qu'il a chantée mieux que personne. Depuis 1949, il était membre de l'Institut.

Un drame musical, *Le Pays*, de la musique de scène, deux ballets ; musique religieuse (messes, motets, psaumes, un *Requiem*), environ quarante mélodies ; cinq symphonies, des poèmes symphoniques sur des sujets bretons ; beaucoup de musique de chambre (dont six quatuors et trois sonates pour violon et piano), des pièces d'orgue.

RORE, CYPRIEN DE

Malines, 1516. – Parme, 1565.

Il commença sans doute ses études à Anvers puis, entre 1535 et 1540, partit pour Venise où il fut chantre à Saint-Marc sous la direction de son compatriote Willaert ; celui-ci le forma aux plus hautes disciplines de la polyphonie. À l'exception de deux voyages à Anvers, Rore semble avoir passé toute son existence en Italie, où il a occupé les postes de maestro di cappella à la cour de Ferrare (1547-1559), à la cour de Parme (1560-1565) et à Saint-Marc de Venise (1563-1564, succédant à Willaert). Les premiers grands madrigalistes furent tous des disciples spirituels (voire réels) de Rore, qui peut être considéré comme le véritable créateur du madrigal italien de la Renaissance. Sa position dans le monde musical de son temps était considérable si l'on en juge par les témoignages de contemporains qui admiraient en lui un innovateur génial ; un recueil de madrigaux « chromatiques » (c'est-à-dire soulignant le texte par d'audacieuses modulations) justifie cette opinion. Lassus appréciait hautement la musique de son aîné et la faisait exécuter fréquemment par la chapelle ducale de Munich.

Deux passions, messe *Doulce Memoyre*, de nombreux motets et madrigaux à 4 et 5 voix.

Rosalie

Formule mélodique constituée par la répétition d'un même motif sur des degrés successifs. Si la répétition est exacte, c'est-à-dire si les intervalles sont respectés, la tonalité est en perpétuel changement, comme dans la chanson populaire italienne *Rosalia, mia cara*, d'où la formule tire son nom familier :

Dans la musique classique, ce procédé, qui relève de l'imitation*, est employé avec précaution et, généralement, sans que la tonalité en soit affectée.

⊖› Bach, *Clavecin bien tempéré* (I) (fugue 4, mes. 36 à 40, etc., 2e sujet). – Schumann, *Quatrième Symphonie* (trio du scherzo). – Gounod, *Faust*, « Salut, demeure chaste et pure ». – Wagner, *Les Maîtres chanteurs* (acte III, scène 5, début de la danse des apprentis). – Mendelssohn, *Songe d'une nuit d'été* (solo de flûte du scherzo).

Rosenberg, Hilding

Bosjökloster (Skåne), 21 juin 1892. – Stockholm, 19 mai 1985.

Il étudia la composition auprès d'Ellberg, puis de Stenhammar à Stockholm et se perfectionna à Dresde, Berlin, Vienne et Paris. Il a été pendant de nombreuses années chef d'orchestre du théâtre royal de Stockholm. Ce musicien traditionaliste au métier remarquable s'est fait une position de premier plan dans la vie musicale de son pays par son œuvre considérable, par l'influence qu'il a exercée sur ses nombreux élèves et par son activité en faveur des anciens maîtres suédois (Roman, en particulier). Cette vocation d'humaniste, qui s'appuie sur une solide culture musicale, se révèle dans les formes classiques de beaucoup de ses compositions.

Neuf opéras (dont la tétralogie *Joseph och hans bröder*, d'après Th. Mann), deux ballets, quatre oratorios, huit symphonies (dont *n° 4 : Johannes Uppenbarelse*, véritable oratorio sur une adaptation de l'Apocalypse), des concertos pour divers instruments (violon, trompette, violoncelle, alto, etc.), douze quatuors à cordes, une suite pour violon et piano, quatre sonates pour piano, de nombreuses mélodies.

Rosenmüller, Johann

Ölsnitz (Vogtland), vers 1620. – Wolfenbüttel, 11 septembre 1684.

Après avoir étudié à l'université de Leipzig, il devint l'adjoint du cantor de Saint-Thomas, T. Michael, avec la promesse d'être appelé à lui succéder à ce poste éminent. Mais il fut emprisonné en 1655, sur une accusation d'atteinte à la morale publique. Ayant réussi à s'évader, il se réfugia à Hambourg, puis à Venise, où il demeura de nombreuses années et eut parmi ses élèves J. Ph. Krieger. En 1674, cependant, le duc de Brunswick l'engagea comme Kapellmeister.

De nombreuses cantates, un recueil de quarante motets (3 à 7 voix avec instruments), des suites de danses instrumentales et des sonates (2 à 5 voix).

Rosseter, Philip

?, 1568. – Londres, 5 mai 1623.

Luthiste. On ne sait presque rien de sa vie, si ce n'est qu'il fut l'ami intime du poète compositeur Th. Campian. Ses *ayres* (chansons au luth) sont remarquables pour leur simplicité et leur pureté.

Un livre d'*ayres* (vingt et un par Campian et vingt et un par Rosseter), un recueil de *Lessons for the consort* en sextuor.

Rossi, Lauro

Macerata, 19 février 1810. – Crémone, 5 mai 1885.

Élève de Zingarelli, il fut l'un des derniers représentants de l'école napolitaine. Après avoir passé plusieurs années au Mexique, il fut directeur du conservatoire de Milan (1850), puis du conservatoire de Naples (1870).

Vingt-neuf opéras dont *La Casa disabitata, ossia I falsi monetari* (Scala, 1834), *Il domino nero* (Milan, Canobbiana, 1849) et *La Contessa di Mons* (Turin, 1874) ; un oratorio, *Saul*.

Rossi, Luigi

Torremaggiore (Foggia), vers 1597. – Rome, 19 février 1653.

Après avoir été, à Naples, l'élève de G. de Macque (maître de la chapelle royale espagnole), il vint à Rome comme chanteur, guitariste, claveciniste, d'abord au service de M. A. Borghèse, neveu du pape Paul V, puis à celui du cardinal Barberini (de 1641 à sa mort). Sa cantate *Un ferito cavaliere* sur la mort de Gustave-Adolphe (1632) avait étendu sa renommée à toute l'Europe et l'année suivante il était nommé organiste de Saint-Louis-des-Français. En 1644, Innocent X succède à Urbain VIII. Le nouveau pape étant un adversaire des Barberini, ceux-ci vont se mettre sous la protection de leur ami Mazarin. Rossi les suit à Paris où son *Orfeo*, représenté au Palais-Royal devant les souverains français, ressuscite les fastes romains du palais Barberini. Le succès fut complet, mais éphémère, les adversaires de Mazarin en ayant fait le prétexte de violentes critiques sur des plans religieux, politique et économique. Cette hostilité détermina le cardinal Barberini à se retirer en Provence où Rossi le rejoignit en 1649, avant de retourner à Rome. Le génie de Rossi est lyrique plus que dramatique : ses opéras sont des collections d'airs admirables sans liens sérieux. Il est un des créateurs de la cantate italienne et de la forme de l'aria da capo.

Deux opéras (*Il Palazzo d'Atlante incantoto* et *Orfeo*), quelques oratorios et près de quatre cents *cantate, arie, canzoni, serenate.*

Rossi, Salomone

Mantoue, vers 1570. – ?, vers 1630.

Violoniste à la chapelle du duc de Mantoue depuis 1587 environ, il y fut le collègue de Monteverdi. Compositeur très original, il joua un rôle important dans la formation de la sonate et le développement de la technique du violon.

Salmi e cantici a 4-8 voci en hébreu, à double-chœur dans le style vénitien [1622] ; sept livres de madrigaux ; trois livres de *Sinfonie e Gagliarde* et un livre de *Varie Sonate.*

Rossini, Gioacchino

Pesaro, 29 février 1792. – Paris, 13 novembre 1868.

Né un 29 février, mort un vendredi 13, célèbre dans toute l'Europe à vingt-quatre ans, assez fou ou assez sage pour abandonner sa carrière à quarante ans et se condamner au silence pendant les trente-six dernières années de sa vie, il a commencé son existence peu commune plus ou moins livré à lui-même, son père et sa mère étant respectivement corniste et cantatrice de théâtre et perpétuellement en tournées (son père avait été trompette municipal et inspecteur des abattoirs, mais ses idées républicaines l'avaient fait licencier). Un charcutier de Bologne, à qui l'enfant avait été confié, lui fit donner des leçons de musique, si bien qu'à treize ans il trouvait des petits emplois au théâtre comme chanteur ou comme instrumentiste. Un riche protecteur lui permit enfin d'entrer au Liceo musicale de Bologne où il compléta ses connaissances auprès de Tesei (chant) et du Padre Mattei (contrepoint et composition). En 1808, une cantate de lui est jouée en public et, en 1810, son premier opéra, *La Cambiale di Matrimonio*, est représenté au théâtre San Moisè, à Venise. Plusieurs autres opéras (bouffes pour la plupart, sauf *Tancredi*) sont représentés les années suivantes, principalement à Venise, et huit ouvrages voient le jour dans les seules années 1812-1813 ; l'engouement des Vénitiens pour *Tancredi* touche à la folie. En 1815, Rossini accepte la direction musicale de San Carlo, avec obligation de composer pour ce théâtre un opéra chaque année. C'est ainsi que Naples deviendra son port d'attache pendant sept ans, en dehors de nombreux déplacements à Rome et Milan. C'est à Rome qu'il fait représenter *Il Barbiere di Siviglia* en 1816. Au nom du culte qu'ils vouaient à Paisiello et à son propre *Barbiere*, les Romains firent échouer la pièce du jeune audacieux qui avait osé traiter le même sujet. Mais les représentations suivantes triomphèrent, et l'ouvrage devint rapidement dans toute l'Europe l'opéra-comique le plus populaire de tous les temps. Rossini quitte Naples après la révolte des Carbonari et, dans le même climat triomphal, se rend à Vienne (où il rencontre Beethoven), puis à Londres et enfin à Paris où il s'établit en 1824 comme directeur du Théâtre-Italien. Il est ensuite nommé premier compositeur du roi et inspecteur général du chant en France. La création de *Moïse* en 1827 (adaptation française de *Mosè in Egitto*) lui assure une position considérable, mais *Guillaume Tell* (le premier d'une série de cinq opéras composés pour Paris) est mal accueilli. Cet échec lui est très pénible, les événements politiques de 1830 lui font perdre sa situation officielle, enfin l'ascension vertigineuse de Meyerbeer au firmament de la gloire éclipse l'astre rossinien (on commençait à ne plus jouer que des actes séparés de *Guillaume Tell* en lever de rideau)... C'est ce qui détermina sans doute Rossini à cesser de composer. De 1836 à 1855, il vécut en Italie (Bologne, puis Florence) et ne rompit son vœu de silence que pour achever son beau *Stabat Mater* et bâcler un hymne à Pie IX. En 1855, il vint s'installer définitivement à Paris. Dans son appartement du 2, rue de la Chaussée-d'Antin et dans sa belle villa de Passy, il donnait des dîners somptueux (officiant souvent lui-même à la cuisine), dîners où se pressaient le Tout-Paris littéraire et

artistique et d'illustres étrangers comme Liszt, Wagner, Clara Schumann, Adelina Patti. Pendant ces longues années, il ne composa qu'une *Petite Messe solennelle* pour le banquier Pillet-Will et des petites pièces pour piano, ironiques ou insignifiantes. Mais on composait pour lui toutes sortes de pots-pourris, arrangements ou *pasticcios* de ses œuvres (souvent sans autorisation), de sorte qu'il ne fut pas seul à s'enrichir de son talent. Aux somptueuses funérailles qui lui furent faites en l'église de la Trinité, dix-huit grandes vedettes du chant (dont Alboni, Patti, Nilsson, Duprez) chantèrent avec les élèves du Conservatoire la prière de *Moïse*, et des fragments du *Stabat Mater* furent interprétés par Patti et Alboni.
L'imperturbable bonne humeur de Rossini anime toute sa musique. Dans son œuvre, où culminent les deux chefs-d'œuvre que sont *Il Barbiere* et *Cenerentola*, il a réussi à trouver l'équivalent musical de son légendaire sens de l'humour. L'habitude d'emprunter des airs entiers à ses ouvrages antérieurs engendre souvent un certain manque d'unité (même dans *Le Barbier*, merveilleux d'un bout à l'autre, l'ouverture et cinq airs viennent d'ailleurs) ; mais cet autoplagiat est peut-être une habile concession au goût du public qui retrouve toujours avec joie ses airs favoris.

Trente-neuf opéras, dont *La Scala di seta* (Fenice, 1812), *La Pietra del paragone* (Scala, 1813), *Tancredi* (Fenice, 1813), *L'Italiana in Algeri* (Venise, San Benedetto, 1813), *Il Turco in Italia* (Scala, 1814), *Il Barbiere di Siviglia* (Rome, Argentina, 1816), *Otello* (Naples, 1816), *Cenerentola* (Rome, Valle, 1817), *La Gazza ladra* (Scala, 1817), *Mosè in Egitto* (San Carlo, 1818), *La Donna del lago* (San Carlo, 1819), *Semiramide* (Fenice, 1823), *Il Viaggio a Reims* (Paris, Théâtre-Italien, 1825), *Guillaume Tell* (Paris, Opéra, 1829) ; des compositions religieuses, dont le *Stabat Mater*, de nombreuses pièces vocales, hymnes et cantates de circonstance, quelques pièces symphoniques, cinq quatuors à cordes, de nombreuses pièces humoristiques pour piano.

RÖSSLER, FRANZ ANTON

Mimoň (Bohême), bapt. 26 octobre 1746. – Ludwigslust, 30 juin 1792.

[Francesco Antonio Rosetti] Contrebassiste et Kapellmeister à la cour du duc de Mecklenburg-Schwerin à Ludwigslust. Son œuvre riche et originale représente une des étapes importantes du classicisme.

Un *Requiem*, deux opéras italiens, deux oratorios et une cantate dramatique ; trente-quatre symphonies, de nombreux concertos (pour flûte, hautbois, clarinette, basson, cor, piano, violon), des quatuors à cordes, des trios avec piano.

Rota, Nino

Milan, 3 décembre 1911. – Rome, 10 avril 1979.

Admis à douze ans au conservatoire de Milan, il fut ensuite élève de Pizzetti et Casella à Rome, et soutint une thèse de doctorat sur Zarlino à l'université de Milan. Il a été professeur de théorie à Tarente et directeur du conservatoire de Bari. Célèbre principalement pour la musique des films de Fellini, il a composé dans tous les genres une musique agréable, souvent pleine d'humour.

Une dizaine d'opéras, dont *Il Capello di paglia di Firenze* (Palerme, 1955) d'après Labiche, *La Visita meravigliosa* (Palerme, 1970) et *Napoli miglionaria* (Spolète, 1977) ; des ballets, des œuvres chorales, trois symphonies, des concertos pour piano, pour violon (2), pour violoncelle, pour basson, pour trombone, de très nombreuses musiques de films.

Rousseau, Jean-Jacques

Genève, 28 juin 1712. – Ermenonville, 2 juillet 1778.

Les études musicales de l'illustre écrivain semblent avoir été sommaires, car il fut toute sa vie déplorable lecteur et médiocre harmoniste. Il exerça cependant une profonde influence sur la musique française en favorisant la naissance de l'opéra-comique. Son *Devin du village*, charmante pastorale sans mérite exceptionnel, représentée devant le roi à Fontainebleau en 1752, eut pendant soixante ans un succès considérable. La production de cette œuvre coïncidait avec la célèbre Querelle des Bouffons, absurde guerre de pamphlets qui opposait les partisans de la musique italienne à ceux de la musique française. Les antagonistes se seraient probablement contentés de spirituelles escarmouches et le combat se serait terminé à l'honneur des deux partis, si Jean-Jacques n'était entré en lice avec une violence inattendue, frappant d'anathème les meilleurs musiciens (dont Rameau) et mettant à défendre des idées estimables tant d'entêtement, tant d'ignorance et tant d'arguments spécieux qu'il en aurait gâté, malgré son talent et son esprit, n'importe quelle cause gagnée d'avance. Il est mort d'une congestion cérébrale, un mois après Voltaire.

Les Muses galantes (opéra), *Le Devin du village* (intermezzo), *Pygmalion* (scène lyrique parlée avec accompagnement musical), *Daphnis et Chloé* (opéra inachevé), cinq motets, environ cent romances et pièces diverses. On lui doit aussi des écrits sur la musique dont le *Dictionnaire de musique*, les articles sur la musique dans l'*Encyclopédie* (dont Rameau a dénoncé les erreurs), *Lettre sur la musique française* (qui démontre que cette musique française n'a jamais existé et n'existera jamais).

Roussel, Albert

Tourcoing, 5 avril 1869. – Royan, 23 août 1937.

Bien qu'il manifestât d'évidentes dispositions pour la musique et qu'il eût appris sagement le piano, il rêvait de la carrière de marin. Reçu en 1887 à l'École navale, il embarque sur le *Borda* à Brest, puis sur la frégate-école *Iphigénie* (Dakar... Alexandrie...) et, devenu aspirant de 1re classe, sur le cuirassé *Dévastation* et sur la belle frégate à voiles *Melpomène*; enfin, comme enseigne de vaisseau, il prend part à une expédition en Extrême-Orient sur la canonnière cuirassée le *Styx.* Après quelques essais timides de composition, il entreprend des études musicales sérieuses, sur les instances de J. Koszul, directeur du conservatoire de Roubaix, et donne sa démission d'officier de marine (1894). Il s'installe à Paris où il travaille l'orgue, l'harmonie, le contrepoint et la fugue avec E. Gigout, puis la composition avec V. d'Indy à la Schola (1898-1905). Il devient lui-même professeur de contrepoint dans cet établissement, où pendant douze années d'enseignement (1902-1914) il aura parmi ses élèves Satie, Varèse, Le Flem, Roland-Manuel, Martinů. Ses premières œuvres importantes, un *Trio avec piano* et *Résurrection* pour orchestre, datent respectivement de 1902 et 1903. En 1908, il entreprend un voyage au Cambodge et aux Indes, dont il rapporte des impressions musicales fécondes et la certitude que d'inépuisables richesses invitent à s'évader du majeur et du mineur. Sa vie est ensuite rythmée par son activité créatrice, interrompue seulement par la guerre (il s'engage au convoi automobile, bien que réformé) et un voyage en Amérique en 1930. C'était un homme d'une qualité exceptionnelle : équité, sens de la mesure, respect de la personnalité, culte des valeurs spirituelles..., tout cela se lisait dans son regard clair et se retrouve dans sa musique. Son style unit aux qualités de mesure et de goût le sens de la vérité et de la grandeur. Dans la première partie de son œuvre (où culminent *Le Festin de l'araignée* et *Évocations*), l'influence franckiste (à travers d'Indy) et celle de Debussy se combinent à un goût très personnel de la forme classique; la sensualité et la rigueur formelle y sont réconciliées. Roussel, qui s'était ainsi maintenu en marge de l'impressionnisme, révéla toute l'originalité de son génie à partir de la guerre. Les *Symphonies nos 2, 3, 4*, la *Suite en fa* et *Bacchus et Ariane* (son chef-d'œuvre) sont caractéristiques d'un art plus sévère, plus concis, à la franche musculature rythmique, aux grandes phrases mélodiques (caractérisées par leur ambiguïté modale), où l'activité contrapuntique reprend ses droits. Une imagination très fantaisiste *y* est toujours assujettie au cadre rigide de la forme classique.

Théâtre. *Le Festin de l'araignée, Bacchus et Ariane, Æneas,* ballets ; *Padmâvatî,* opéra-ballet ; *La Naissance de la lyre,* opéra ; *Le Testament de tante Caroline,* opéra bouffe ; des musiques de scène. **Musique vocale.** *Évocations* pour soli, chœurs et orchestre ; *Psaume LXXX,* pour ténor, chœurs et orchestre, des chœurs a cappella, quarante mélodies. **Orchestre.** Quatre symphonies, *Suite en fa, Sinfonietta* pour cordes, concerto pour piano, concertino pour violoncelle. **Musique de chambre.** Trio avec piano, trio à cordes, quatuor à cordes, deux sonates pour violon et piano, pièces pour flûte, pièces pour piano (dont *Suite op. 14* et *Sonatine*).

Rubato

Ce mot italien (littéralement, « volé », « dérobé ») qualifie un style d'exécution musicale dans lequel le tempo de la partie mélodique est fluctuant, sans que théoriquement la durée en soit altérée. Une précipitation (tempo rubato) est compensée par un ralentissement : ainsi le temps « volé » momentanément est restitué peu après.

Rubbra, Edmund

Northampton, 23 mai 1901. – Gerard's Cross, 13 février 1986.

Élève de Holst à l'université de Reading, il a enseigné à son tour à l'université d'Oxford (1947-1968). Sa musique est à la fois traditionnelle par le choix des moyens (influence du folklore, du plain-chant, du grand style polyphonique) et originale par l'usage qui en est fait (enchaînements harmoniques inattendus).

De la musique religieuse, neuf symphonies, des concertos pour pianos (2), pour violon, pour alto, des quatuors à cordes, des préludes pour piano.

Rubinstein, Anton Grigorievitch

Vykhvatinets (Volhynia), 28 novembre 1829.
Peterhof (Saint-Pétersbourg), 20 novembre 1894.

Pianiste illustre, il fit comme tel des tournées triomphales en Europe et en Amérique et il fut considéré comme le seul rival de Liszt (qui le conseilla lors de ses débuts à Paris, à l'âge de dix ans). Nommé directeur de la musique impériale, il fonda, avec l'appui de la grande-duchesse Hélène, les conservatoires de Saint-Pétersbourg (1862) et de Moscou (1867). Son frère Nicolas (1835-1881) fit aussi une brillante carrière de pianiste et chef d'orchestre.

Dix-neuf opéras et oratorios dramatiques (dont *Le Démon*), des chœurs, deux cantates, six symphonies, cinq concertos pour piano, quatre sonates, dix quatuors à cordes, plus de cent mélodies.

Ruffo, Vincenzo

Vérone, vers 1510. – Sacile (Udine), 9 février 1587.

Prêtre au service du gouverneur de Milan, directeur musical de l'Accademia Filarmonica de Vérone, maestro di cappella de la cathédrale, où il a été le maître d'Ingegneri, puis maestro di cappella des cathédrales de Milan, Pistoia et Sacile. Il a été l'un des compositeurs les plus attentifs aux prescriptions de la Contre-Réforme.

Sept Livres de messes à 5-6 voix, deux Livres de motets à 5-6 voix, deux Livres de psaumes à 4-5 voix, des recueils de répons, hymnes, magnificat. Huit Livres de madrigaux à 4-8 voix. Des *Capricci* instrumentaux.

Ruggles, Carl

Mario (Mass.), 11 mars 1876. – Bennington (Vermont), 24 octobre 1971.

Très doué, dans les domaines les plus divers, peintre de talent (il a fait une carrière honorable à partir de 1929), c'était une personnalité exceptionnelle. Comme ses amis Henry Cowell et Charles Ives, il était à la fois un pur musicien yankee et un créateur prophétique. Terriblement exigeant, se livrant à une continuelle autocritique, il reprenait ses œuvres des années durant, les révisait, les épurait, corrigeait un détail avec une rigueur vigilante et refusait de rendre publiques celles qui ne le satisfaisaient pas (un grand nombre).

L'opéra *The Sunken Bell* (détruit par l'auteur), *Vox clamans in deserto* pour mezzo et orchestre de chambre ; trois symphonies de chambre (*Men & Angels*, *Men & Mountains* et *Portals*), *Sun and Treader* et *Organum* pour orchestre, *Evocations* pour chant et piano.

Ryba, Jakub Jan

Přeštice (Bohême), 26 octobre 1765. – Rožmitál (Bohême), 8 avril 1815.

Remarquablement doué, il jouait tout jeune de plusieurs instruments et fut autodidacte en musique. Son œuvre, influencée par Haydn et Mozart, est imprégnée de folklore tchèque. Depuis 1788, jusqu'à son suicide en 1815, il était instituteur et chef de chœur à l'église de Rožmitál. Ouvert aux idées libérales qu'il tentait vainement de répandre autour de lui, il s'est battu en faveur de la primauté de la langue tchèque dans la vie musicale de la Bohême.

Un millier d'œuvres. Nombreuses compositions religieuses, dont environ cent vingt messes (plusieurs en tchèque, sur des thèmes populaires) et environ cent motets ; une symphonie, un concerto pour violon, un concerto pour violoncelle, des quatuors à cordes, des mélodies tchèques.

Rythme

Vincent d'Indy donne une belle définition générale, un peu littéraire : le rythme est « l'Ordre et la Proportion dans l'Espace et le Temps ». Plus particulièrement, le rythme est l'expression du « temps musical », en concordance avec le « temps psychologique » ou le « temps physiologique », et sans commune mesure avec le temps d'horloge. On peut prétendre que le rythme est essentiellement l'attribut de la musique, car celle-ci ne prend naissance qu'autant que les sons se succèdent, et toute succession de sons est assimilable à la musique. Le rythme est fonction de la répartition des durées relatives, mais aussi :
– de la mesure, organisation schématique et périodique de la durée, division arbitraire du temps musical. Une musique peut être rythmée sans être mesurée (récitatifs), mais la mesure agit sur le rythme, en l'accentuant ou en le contrariant ;
– de l'accentuation qui renforce certains sons, répartissant inégalement l'intérêt musical et modifiant par conséquent le temps psychologique ;
– du tempo, ou valeur absolue de l'ensemble des durées musicales.
Des pulsations égales ne constituent pas un rythme : toute musique trop régulièrement accentuée n'est plus rythmée. C'est le cas de certaines musiques commerciales : souvent même l'effet dynamique de la syncope* (note émise sur la partie faible d'un temps et prolongée sur le temps suivant) y est détruit par un emploi continuel.
Cependant, le rythme nous est si nécessaire (fonctions magiques et thérapeutiques dans l'Antiquité, etc.) que notre esprit tend à rythmer tout ce qui précisément est trop régulier : les pas du marcheur, le bruit du train sur les éclisses, les battements du cœur, etc.
Réciproquement, une simple cellule rythmique peut suffire à suggérer un thème connu, avec son instrumentation :

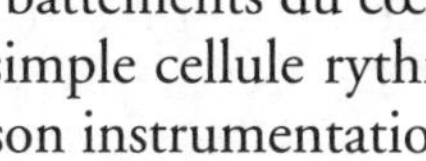

La conception du rythme a beaucoup évolué depuis les origines de notre culture musicale. La Grèce nous avait légué une théorie où les accents et

les rapports de durées devaient obéir aux règles de la métrique poétique. La danse elle-même s'y conformait. Plus tard, l'admirable floraison de mélodies liturgiques dites « grégoriennes » ne nous a pas livré le secret de son rythme. L'interprétation de la notation médiévale reste à cet égard hypothétique, dans la plupart des cas. Pourtant, dès l'apparition de la polyphonie savante, la parfaite concordance des voix exigeait des conventions rythmiques précises. À partir du XIe siècle, un système de rythmes stéréotypés, semblables aux « pieds » de la métrique antique, est appliqué à la polyphonie. Le choix de ces « modes rythmiques » est fonction du caractère mélodique, de la prosodie et des circonstances. Le mode choisi est en principe conservé jusqu'à la fin. Peu à peu des conventions sont instituées pour indiquer plus sûrement les modes rythmiques requis. Ainsi, on attribue aux différentes ligatures (figures formées de plusieurs notes sur la même syllabe) des valeurs rythmiques déterminées. Le ternaire domine; d'ailleurs la cellule ternaire est appelée *perfectio.* Au XIIIe siècle, l'apparition de nouvelles figures de notes représentant des proportions constantes (« notation proportionnelle », voir page 476) permet de diversifier les rythmes, en combinant les divisions binaires et ternaires. Au XIVe siècle, les quatre principaux types de « mesures » correspondent à nos 2/4, 6/8, 3/4, 9/8. Ainsi, pendant plusieurs siècles, l'invention rythmique paraît liée au progrès de la notation. Au cours des siècles qui suivent, jusqu'à l'aube de notre temps, ni l'une ni l'autre ne s'est notablement enrichie. Mais le XXe siècle, entre autres métamorphoses, a transformé l'attitude du compositeur vis-à-vis du rythme : au lieu de soumettre son invention à l'écriture, il soumet l'écriture à son invention. Debussy, dès 1894 (thème fluide du *Prélude à l'après-midi d'un faune*), libère la musique de l'isochronisme institué par les « modes rythmiques », de cette répartition régulière des temps forts dont certains croyaient ne plus pouvoir se passer. À sa suite, nos contemporains ont redécouvert le monde illimité de l'invention rythmique.
Olivier Messiaen, dont la culture et la sensibilité sont grandes dans ce domaine, attribue un charme particulier (le « charme des impossibilités ») à des rythmes dits « non rétrogradables », parce que leur forme rétrograde est identique à la forme directe (ils ont un axe de symétrie). Dans l'exemple suivant les sections a et b sont des rythmes non rétrogradables :

La musique post-wébernienne s'est dotée de rythmes d'une extrême complexité, susceptibles d'être soumis aux méthodes de développement sériel*.

⊖→ PÉROTIN, *Viderunt omnes.* – BERLIOZ, *Symphonie fantastique* (1er mouvement) (voir même thème : mouvements 2 et 4). – BEETHOVEN, *Cinquième Symphonie* (1er mouvement). – DEBUSSY, *Prélude à l'après-midi d'un faune* ; *La Mer.* – MESSIAEN, *Petites Liturgies de la Présence divine* (I). – *Livre d'Orgue* (I, V surtout, VII). – *Les Corps glorieux* (voir *Force et agilité des Corps glorieux*). – (Voir aussi Polyrythmie*, Pédale* rythmique, Canon* rythmique.)

S

SABINO, GIOVANNI MARIA

Turi (Bari), ? – Naples, 1649.

Maître de chapelle et organiste de plusieurs églises de Naples, il enseigna quelque temps le chant aux enfants de l'institution della Pietà dei Turchini, qui allait devenir un des quatre grands conservatoires de Naples. L'un des fondateurs de l'École napolitaine, il fut le maître de Provenzale.

Seul un livre de motets à 2 voix nous est parvenu.

SACCHINI, ANTONIO GASPARE

Florence, 14 juin 1730. – Paris, 6 octobre 1786.

Élève de Durante au conservatoire Santa Maria di Loreto à Naples où, à la mort de son maître, il fut nommé *maestro straordinario di canto.* Après avoir fait représenter plus de vingt opéras, principalement à Naples, Venise et Rome (où il a vécu six années), il est nommé directeur du conservatoire de l'Ospedaletto, à Venise. Mais, l'année suivante, il abandonne son poste pour faire un voyage en Allemagne et, de 1772 à 1782, il s'installe à Londres où il est d'abord chaleureusement accueilli. Mais ses mœurs inquiètent ses amis (surtout ses relations avec le sopraniste Rauzzini) et aident ses rivaux à ruiner sa popularité. En 1782, il s'établit à Paris avec une recommandation de Joseph II d'Autriche, frère de Marie-Antoinette. Son arrivée parut suspecte aux partisans de Gluck, et les amis de Piccini, d'autre part, s'en méfièrent comme d'un rival protégé par la reine. Quand cette protection vint à lui faire défaut, il se coucha et mourut trois mois plus tard d'une attaque de goutte.

Sa mélodie est fort élégante, son harmonie transparente, mais la qualité majeure de ses opéras (notamment de son chef-d'œuvre, *Œdipe à Colone*) réside dans l'admirable écriture des chœurs et de l'orchestre.

Quarante-cinq opéras – *serie* et *buffe* – (dont une quinzaine sont perdus), quatre oratorios, deux symphonies, six trios et six quatuors à cordes, douze sonates pour clavecin.

Saint-Georges, Joseph-Boulogne (Chevalier de)

La Guadeloupe, 1739. – Paris, 9 juin 1799.

Violoniste, escrimeur, poète, comédien, gendarme de la garde du roi, fondateur du corps des « hussards américains », directeur des concerts du Cercle de l'harmonie. Excellent amateur, il est un des premiers en France à avoir écrit des quatuors à cordes.

Des comédies à ariettes, deux symphonies, douze concertos pour violon, des symphonies concertantes pour 2 violons, douze quatuors à cordes.

Saint-Saëns, Camille

Paris, 9 octobre 1835. – Alger, 16 décembre 1921.

Pianiste et organiste. Tout enfant, il apprit le piano. Il avait une facilité extraordinaire sur cet instrument, une immense mémoire musicale, une oreille remarquablement fine et juste. À cinq ans, il composait d'instinct ; à sept ans, il devenait l'élève de Stamaty pour le piano ; à onze ans, il donnait son premier concert salle Pleyel (interprétant à la perfection le *Concerto en mi bémol K 450* de Mozart) et, à treize ans, il entrait au Conservatoire dans la classe d'orgue de Benoist, puis dans la classe de composition d'Halévy. C'est à cette époque qu'il rencontra Liszt pour la première fois. De 1853 à 1857, il est organiste à Saint-Merri et, de 1857 à 1877, à la Madeleine. À vingt-cinq ans, sa situation est établie, sa réputation est universelle, il suscite l'admiration de Liszt, Berlioz, Bülow. C'est sur l'initiative de Liszt que *Samson et Dalila* sera créé en 1877 à Weimar. De 1861 à 1865, il est professeur à l'école Niedermeyer, où Fauré, Messager, Gigout sont ses élèves. En 1871, il participe à la fondation de la Société nationale de musique dont l'objet est la défense de la jeune musique instrumentale française (avec la devise Ars Gallica). Par son enseignement et par cette activité en faveur de la musique nouvelle, Saint-Saëns fut à la base du renouveau qui mène à Debussy et Ravel. À quarante-sept ans, il était élu membre de l'Institut.

Sa formidable activité ne se ralentit jamais jusqu'à sa mort, survenue à Alger, où il venait de s'établir, dans sa quatre-vingt-septième année. Non seulement il avait entrepris, à partir de 1880 surtout, des tournées triomphales dans le monde entier, mais il voyageait encore pour son plaisir et s'inventait d'innombrables occupations dans les branches les plus diverses, où son esprit éclectique l'incitait à s'instruire : philosophie, théâtre, archéologie, peinture, etc. Phénoménalement doué, il était bon caricaturiste, honnête écrivain et il laissa des ouvrages et des articles sur tous les sujets auxquels il s'était intéressé. Le classicisme, la froide perfection formelle de son œuvre, eut sur la musique française une influence modératrice en plein engouement wagnérien. Mais la sécheresse de son caractère, autant que l'académisme de son art, a nourri dans les générations suivantes un préjugé si défavorable que l'on a souvent méconnu l'enseignement remarquable qu'illustrent ses meilleures compositions.

Douze opéras (dont *Samson et Dalila*), de la musique de scène, des compositions religieuses (dont un *Requiem*, deux psaumes pour chœurs et orchestre, trente-six motets), de nombreuses œuvres chorales, trois symphonies (la *Troisième* avec orgue), des poèmes symphoniques à la manière de Liszt (dont la *Danse macabre*), une *Suite algérienne* pour orchestre, cinq concertos pour piano, trois concertos pour violon, deux concertos pour violoncelle, un septuor pour trompette, cordes et piano, des pièces d'orgue et de piano, plus de cent mélodies.

SAINTE-COLOMBE (prénom inconnu)

?, vers 1630. – Paris ?, vers 1700.

L'un des plus grands virtuoses de la basse de viole à Paris ; il était aussi luthiste. Élève de Nicolas Hotman, il eut lui-même pour élève Marin Marais. Ses deux filles, avec lesquelles il se produisait en public, et son fils jouaient aussi de la basse de viole. On lui prête nombre de perfectionnements techniques et le développement d'un style plus souple, avec une main gauche plus virtuose et un archet plus chantant.

Soixante-sept *Concerts à deux violes esgales* pour 2 basses de viole sans basse continue (chacun comprenant 3 à 6 mouvements).

SALA, NICOLA

Tocco-Caudio (Benevento), 7 avril 1713. – Naples, 31 août 1801.

Élève de Fago et Leo au conservatoire napolitain della Pietà dei Turchini (1732-1740), où il enseigna lui-même de 1787 à 1799.

Quatre opéras, un oratorio, des cantates de circonstance, une messe à 4 voix, diverses autres compositions religieuses, d'admirables fugues à dessein pédagogique, etc., ainsi qu'un très important traité de contrepoint (trois gros volumes).

Salieri, Antonio

Legnago (Vérone), 18 août 1750. – Vienne, 7 mai 1825.

Alors qu'il faisait ses études à Venise, il rencontra Gassmann, ex-Kapellmeister de l'empereur, qui l'emmena à Vienne, lui enseigna la composition et le présenta à Metastasio. Il devint compositeur de la cour et directeur de l'Opéra, puis Kapellmeister de l'empereur. Il se rendit à Paris, Milan, Venise et Rome pour les représentations de ses opéras, fut l'ami de Haydn et le maître de Schubert. Bien qu'il fût très bon et généreux, on prétend qu'il intrigua bassement auprès de l'empereur pour éliminer le rival dangereux qu'était Mozart ; on l'accusa même d'avoir été responsable de la mort de celui-ci (soupçons dont l'absurdité fut reconnue un peu plus tard).

Trente-trois opéras italiens (dont l'excellent opéra bouffe *La Gratta di Trofonio*), trois *Singspiele* allemands, quatre opéras français, des cantates, des oratorios (dont *Le Jugement dernier*), six messes, des motets, des œuvres instrumentales.

Sallinen, Aulis

Salmi (Finlande), 9 avril 1935.

Élève de Merikanto et Kokkonen à l'Académie Sibelius de Helsinki, où il enseigne à son tour la théorie et la composition (1963-1976). Sa musique, de caractère contemplatif, est tonale, selon des principes structuraux personnels ; il utilise aussi les clusters* à la façon de Ligeti, dont l'influence est appréciable en Finlande. Sallinen est sans doute le compositeur finlandais le plus remarquable de sa génération : il a su créer une manière tout à fait originale avec des principes simples et des moyens traditionnels.

Six opéras, des compositions vocales sur des vieux poèmes finnois, quatre symphonies, des concertos pour violon et pour violoncelle, cinq quatuors à cordes.

SALVATORE, GIOVANNI (DOM)

Castelvenere (Benevento), ? – Naples, vers 1688.

Il peut être considéré comme l'un des fondateurs de l'École napolitaine des XVIIe et XVIIIe siècles, avec Sabino (dont il fut l'élève) et Provenzale. De sa vie, l'on sait seulement qu'il enseigna aux conservatoires, récemment fondés, dei Poveri di Gesù Cristo et della Pietà dei Turchini.

Une trentaine de compositions religieuses (en manuscrit à la bibliothèque des PP. Filippini à Naples).

SAMMARTINI, GIOVANNI BATTISTA

Milan, 1698. – Milan, 15 janvier 1775.

Il appartenait à une famille musicienne (son père et son frère furent hautboïstes), probablement d'origine française. Il passa presque toute sa vie à Milan où il acquit d'abord une réputation de musicien d'église, cumulant les postes d'organiste et de maestro di cappella jusqu'à la fin de sa vie (l'année du voyage de Mozart, en 1770, son activité s'étendait à dix églises… sur les cent quatre-vingt-douze que possédait la ville). Mais il s'intéressa aussi aux combinaisons purement instrumentales et plus particulièrement à la symphonie, dont la forme était encore mal établie dans les œuvres des pionniers, Scarlatti, Albinoni, Telemann…, et même Vivaldi. Sans être le créateur du genre (Vivaldi le serait davantage), il a contribué de façon prépondérante à mettre au point la forme de la symphonie classique : en 1734, il écrivit sa *Première Symphonie* en quatre mouvements, qui suscita un vif intérêt. Sa réputation s'était étendue à toute l'Europe : Gluck fut son élève (1737-1741) et de nombreux musiciens de passage à Milan subirent son influence, parmi lesquels Mozart (*Quatuors K 155-160*) et Mysliveček.

(Environ 2800 œuvres en partie perdues dont le catalogue n'a jamais été dressé) trois opéras (peut-être plus), des oratorios, d'innombrables compositions religieuses (dont nous sont parvenus quelques messes, des psaumes et un admirable *Magnificat*), des symphonies, des concertos grossos, des sonates à trois.

Santa-Cruz Wilson, Domingo

La Cruz (Chili), 5 juillet 1899. – Santiago, 6 janvier 1987.

Il était destiné à la carrière diplomatique, qu'il abandonna dès 1927 pour la musique. Professeur au conservatoire de Santiago, doyen de la faculté des Beaux-Arts (1932), président du Conseil international de la musique (1957-1958), il a été le principal animateur de la vie musicale dans son pays.

Cantata de los rios de Chile et *Eglogue* pour chœurs et orchestre, trois symphonies, *Variaciones* pour piano et orchestre, *Sinfonia concertante* pour flûte et orchestre, des quatuors à cordes, des pièces pour piano.

Santūr

Tympanon* du Moyen-Orient, dont l'origine (peut-être assyrienne) semble très lointaine. C'est le *pesanterîn* du Livre de Daniel. Son nom actuel serait d'origine araméenne. Le *santūr* iranien est tendu de 18 quadruples-cordes, soutenues par 18 chevalets mobiles. Le *santūr* irakien a de 11 à 23 quadruples-cordes, avec trois séries de chevalets. Les cordes sont frappées avec de fines baguettes de noyer ou de buis.

Sanza

Instrument spécifiquement africain, ne se rattachant à aucune famille instrumentale. Elle est constituée d'une petite caisse de résonance rectangulaire, sur laquelle sont fixées 10 à 30 lames en bambou, pétiole de palmier ou métal, dont on pince les extrémités avec les pouces, en tenant la *sanza* dans les deux mains. Cet instrument au son très agréable est répandu dans presque toute l'Afrique ; il est appelé aussi *mbira.*

Sarabande

Admirable danse lente, à 3/2 ou 3/4, d'origine espagnole (son inventeur présumé serait le danseur Zarabanda) ou peut-être orientale. Elle était pratiquée en Espagne, au milieu du XVIe siècle, dans un style lascif qui rend vraisemblable son origine orientale. Dans son *Tratado contra los juegos publicos,* le padre Mariana (1536-1623) écrit que la *zarabanda* est « si lascive dans ses paroles, si impudique dans ses mouvements qu'elle suffit à mettre le feu, même aux personnes les plus honnêtes ». Attaquée par Cervantès, défendue par Lope de Vega, elle est interdite à la fin du règne de Philippe II (sans cesser pourtant d'être pratiquée). La sarabande est introduite à la cour de France en 1588 où elle adopte une allure noble et compassée : plus tard Richelieu la dansera devant Anne d'Autriche !

Dès le XVIe siècle, la musique instrumentale de la plupart des pays d'Europe exploite le succès de cette danse. Des sarabandes rapides ou modérées, d'un caractère nouveau, se rencontrent au XVIIe siècle chez les Italiens, les Anglais et les Allemands (Praetorius). Mais c'est la sarabande grave, souvent richement ornée, qui est définitivement adoptée au XVIIIe siècle dans la suite* classique, dont elle constitue l'un des éléments fondamentaux, futur mouvement lent de la sonate*. Sa place est immédiatement après la courante. Son rythme caractéristique est souvent :

L. COUPERIN, *Pièces de clavecin.* – COUPERIN, *Concert royal nº 4.* – BACH, *Suite pour orchestre nº 2* (l'un des plus beaux exemples qui soient) ; *Suites anglaises nos 2 et 3.* – RAMEAU, pièces de clavecin. – BEETHOVEN, ouverture d'*Egmont* les premières mesures sont exactement dans le rythme de la sarabande (voulu probablement par Beethoven pour évoquer une Espagne tragique à laquelle s'opposera son héros). BEETHOVEN, *Sonate op. 109* : « *Andante* » – DEBUSSY, suite *Pour le piano.*

SARANGĪ

Principal instrument à archet de l'Inde. Sur un manche court et très large, sont tendues trois ou quatre cordes principales, jouées avec un archet courbe, et treize cordes sympathiques placées sous les cordes principales. La caisse est rectangulaire dans le Sud, arrondie en forme de luth dans le Nord.

SARASATE, PABLO DE

Pampelune, 10 mars 1844. – Biarritz, 20 septembre 1908.

Un des plus grands violonistes de tous les temps, élève d'Alard (violon) et Reber (harmonie) au conservatoire de Paris. Très tôt il abandonna la composition pour une prestigieuse carrière de virtuose qui lui fit parcourir toute l'Europe et les deux Amériques.

Jota de San Fermin pour orchestre et des œuvres pour violon (romances, fantaisies, arrangements de chansons et danses espagnoles).

Sarode

Instrument à cordes pincées de l'Inde du Nord, à la sonorité superbe. C'est une sorte de sitār*, dont la caisse est tendue d'une peau portant le chevalet et dont le manche, plus court, est recouvert d'une plaque de touches.

Sarro, Domenico

Trani (Bari), 24 décembre 1679. – Naples, 25 janvier 1744.

[ou Sarri] Élève du conservatoire Sant' Onofrio de Naples. maestro di cappella de la cour de Naples. Un opéra de Sarro, *Achille in Sciro,* a été représenté en 1737 pour l'inauguration du théâtre San Carlo.

Une quarantaine d'opéras (sérieux et bouffons), des oratorios, messes, cantates, un concerto pour flûte.

Sarti, Giuseppe

Faenza, bapt. 1er décembre 1729. – Berlin, 28 juillet 1802.

Élève du père Martini à Bologne. Il fut successivement organiste de la cathédrale de Faenza, puis directeur de la musique à la cour de Danemark et directeur de l'Opéra-Italien de Copenhague (1754-1775), directeur du conservatoire de l'Ospedaletto à Venise (1775-1779), maestro di cappella du duomo de Milan (1779-1784), enfin et surtout maître de chapelle de Catherine II à Saint-Pétersbourg. Passant par Vienne, il rencontra Mozart ; celui-ci devait adopter un air de l'opéra *Fra i due litiganti* de Sarti (*Come un agnello*) comme thème d'une série de variations (*K 460*), puis introduire ce même air dans *Don Juan* (musique pendant le souper du 2e acte). Sarti eut une influence importante en Russie par son enseignement (fondant une école de chant en Ukraine et un conservatoire à Saint-Pétersbourg). Passionné de physique, il inventa un appareil pour mesurer les fréquences ; cet appareil lui servit à fixer le diapason de son orchestre ($la_3 = 436$ Hz).

Trois messes, deux oratorios, des motets, un *Te Deum* en hommage à Potemkine (avec intervention de canon et feu d'artifice), un *Requiem* pour Louis XVI, environ soixante-quinze opéras, des symphonies, six sonates pour piano.

Satie, Erik

Honfleur, 17 mai 1866. – Paris, 1er juillet 1925.

Il était concitoyen d'Alphonse Allais dont les parents fréquentaient les siens. Un humour subtil et tendre achève de rapprocher ces deux enfants bénis de la jolie petite ville de Honfleur. Le père de Satie était courtier maritime ; sa mère, anglaise, était d'origine écossaise. Devenu veuf, son père s'établit à Paris comme papetier puis comme éditeur de musique, perdant dans ces commerces et dans quelques autres tout ce qu'il possédait. Le jeune Erik fut confié à son grand-père et à son oncle Adrien, d'aimables fantaisistes l'un et l'autre. Il apprit la musique, d'abord avec Guilmant, puis au conservatoire de Paris. Ses études, tant musicales que générales, révélaient une nature indisciplinée et peu studieuse. Il détestait l'enseignement scolaire, mais il lisait beaucoup.

Sa première composition pour piano, publiée en 1887 avec la mention *op. 62*, lui attire les foudres académiques. C'est à cette époque qu'il se lie avec le « Sâr » Peladan et s'affilie à la secte médiévale de la Rose-Croix, avant de fonder l'« église métropolitaine de Jésus Conducteur », dont il est parcier, maître de chapelle et seul fidèle. Du haut de son « abbatiale » (une petite chambre au 6, rue Cortot), il adresse des protestations publiques aux fauteurs de la « décadence esthétique et morale de notre époque ». À vingt-six ans, il pose pour la première fois sa candidature à l'Académie (au troisième échec, il enverra à Saint-Saëns une lettre de protestation désopilante). Il fréquente les cafés de Montmartre où il trouve des emplois de pianiste, au Chat Noir, puis à l'Auberge du Clou. C'est là qu'il rencontre Debussy dont il devient l'ami, exerçant une certaine influence sur l'orientation du génie de notre grand musicien. En 1898, il s'installe à Arcueil-Cachan définitivement ; nul n'est jamais entré chez lui.

À quarante ans, las d'être traité d'amateur, Satie devient élève de la Schola où il étudie le contrepoint avec Roussel et Le Flem : il y reçoit un beau diplôme avec la mention « très bien ». Beaucoup de jeunes artistes, cependant, commencent à le prendre au sérieux au point d'en faire, à l'instigation de Cocteau, une sorte de directeur de conscience artistique dont l'ironie, la simplicité, la pudeur représentent l'antidote du wagnérisme, du lyrisme grandiloquent et aussi du debussysme. Il devient l'ami de Cocteau, de Diaghilev, de Picasso, puis de Milhaud et des musiciens du groupe des Six, et il est plus ou moins associé aux mouvements artistiques d'avant-garde : cubisme, dadaïsme, surréalisme, néo-classicisme. Quelques jeunes musiciens, sur le conseil de Milhaud, deviennent ses élèves, parmi lesquels Sauguet. Lui-même refuse de se prendre au sérieux et cultive la mystification comme un art, dans d'innombrables dessins et inscriptions. Porté aux nues sans mesure par quelques amis, totalement incompris par le plus grand nombre, il vécut emmitouflé dans son ironie. Sa solitude était à la mesure de son grand cœur, de son exquise sensibilité. Il mourut dans le complet dénuement d'où il n'était jamais sorti. Trois « périodes » peuvent être distinguées dans son œuvre.

JUSQU'EN 1898. Musique modale, a-mesurée, aux beaux enchaînements harmoniques sans relations internes (période de mysticisme).

1898-1916. Réaction contre le lyrisme et contre la séduction harmonique, recherche de simplicité mélodique et contrapuntique, dissimulation pudique de sa sensibilité artistique sous des titres et des commentaires humoristiques.

APRÈS 1916. Musique objective, décorative, fonctionnelle ; période de ses plus belles œuvres (*Parade*, *Socrate*, *Nocturnes* pour piano). Satie ne fut sans doute qu'un petit maître, mais son influence sur les Six et sur Stravinsky fut certainement considérable ; de plus, on lui doit au moins une grande page, celle qui, dans son *Socrate*, accompagne la mort du sage, très émouvante dans sa simplicité.

Trois opérettes ; cinq ballets, dont *Parade* (avec Cocteau et Picasso : Ballets russes, 1917), *Mercure* (décors de Picasso : Soirées de Paris du comte de Beaumont, 1924) et *Relâche* (avec décors de Picabia et *Entr'acte* cinématographique de René Clair, Ballets suédois, 1924) ; *Messe des pauvres* pour voix et orgue, *Socrate* pour 4 sopranos et orchestre de chambre, quinze mélodies (dont les charmants *Ludions* de Fargue), quelques petites pièces d'orchestre, des pièces pour piano, dont trois *Gymnopédies* (orchestrées par Debussy), *Préludes flasques*, *Descriptions automatiques*, *Embryons desséchés*, *Sports et Divertissements*, *Nocturnes*.

SAUGUET, HENRI

Bordeaux, 18 mai 1901. – Paris, 21 juin 1989.

Élève de Canteloube à Bordeaux, puis de Koechlin à Paris, il fut aussi, de 1922 à 1925, disciple de Satie. Le premier événement important de sa carrière fut la création, en 1927, du ballet *La Chatte* par les Ballets russes de Diaghilev ; et son œuvre la plus célèbre est un autre ballet, *Les Forains* (Ballets Roland Petit, 1945). Étranger à tout système et à toute école (son talent s'apparente dans une certaine mesure à celui de Poulenc), il écrit spontanément une musique séduisante qui n'a d'autre objet que de plaire.

L'opéra *La Chartreuse de Parme* (son œuvre maîtresse), trois opéras-comiques, quatorze ballets, beaucoup de musique de scène et de film (dont *Premier de cordée*), une belle *Symphonie expiatoire*, trois concertos pour piano, de nombreuses mélodies.

Saxophone

Famille d'instruments à vent en cuivre, à anche* battante, qui ont été inventés par Adolphe Sax entre 1840 et 1845. Ils s'apparentent à la clarinette par le bec et l'anche, mais ils s'en distinguent fondamentalement par leur corps très large, de « perce » conique (la section longitudinale en est plus exactement une parabole) : il en résulte que l'instrument ne « quintoie » pas comme la clarinette quand on force le son, mais « octavie ». Mécanisme et doigté présentent des analogies avec ceux du hautbois et avec le système Boehm (voir Flûte*). Les sept variétés de saxophones sont :

Le sopranino en mi ♭, dont la tessiture moyenne est celle de la petite clarinette[1] (b).
Le soprano en si ♭ (une quarte plus bas), de même tessiture moyenne que la clarinette ordinaire[1] (b) (c) (e).
L'alto en mi ♭ (une quinte plus bas) (a) (d) (e).
Le ténor en si ♭ (une quarte plus bas), de même tessiture moyenne que la clarinette-basse[1] (b) (e).
Le baryton en mi ♭ (une quinte plus bas) (e).
La basse en si ♭ (une quarte plus bas).
La contrebasse en mi ♭ (une quinte plus bas).
} employés seulement dans les orchestres militaires

L'ensemble de ces sept instruments représente une étendue totale de 5 octaves 1/2 (de ré$_{-1}$ à fa ♯$_5$), chacun se limitant à 2 octaves 1/2. Les deux plus aigus ont un corps droit comme le hautbois ; les autres sont recourbés aux deux extrémités à la façon des pipes de paysans bavarois. Ces instruments sont tous « transpositeurs » (voir Instrumentation*). Le son admirable des saxophones, leur articulation claire favorisant aussi bien les traits d'agilité que les chants expressifs ont fait l'objet d'éloges dithyrambiques, notamment de Berlioz, Rossini et Meyerbeer. Pendant longtemps toutefois les musiciens français furent les seuls à les utiliser à l'orchestre ; en Allemagne, ils ne pénétrèrent guère avant le début du XXe siècle. Quant aux musiciens de jazz, ils ne donnèrent au saxophone l'importance que l'on sait qu'à partir de 1920 environ ; dans les années 1915-1920, on voyait bien parfois un ténor soutenir le trombone, ou un soprano la clarinette, mais sans jamais occuper le premier plan.

1. L'étendue des clarinettes étant beaucoup plus importante, la petite clarinette équivaut à soprano + sopranino (et au-delà dans l'aigu), la clarinette en la à alto + soprano + sopranino, la clarinette-basse à baryton + ténor.

(a) BIZET, *L'Arlésienne* (Prélude, 2e partie ; trio du menuet).

(b) RAVEL, *Boléro* : successivement, ténor, sopranino, soprano (voir Instrumentation*).

(c) MOUSSORGSKY-RAVEL, *Tableaux d'une exposition* (II, *Il vecchio castello*).

(d) MILHAUD, *La Création du monde* (Prélude, 1er et 4e tableaux).

(e) Enregistrements de Sydney Bechet (soprano), Charlie Parker (alto), Lester Young et John Coltrane (ténors), Lars Gullin (baryton), etc.

SCANDELLO, ANTONIO

Brescia, 17 janvier 1517. – Dresde, 18 janvier 1580.

Musicien, puis Kapellmeister à la cour du prince-électeur de Saxe, à Dresde. Il fut le premier à mettre en musique l'histoire de la Résurrection. Dans son *Auferstehungsgeschichte* (1560), comme dans sa *Johannispassion*, les différents protagonistes sont représentés par une polyphonie vocale à 2, 3, 4 voix, sans accompagnement, exception faite du récit de l'évangéliste ; les chœurs sont à 5 voix.

Passion selon saint Jean et *Histoire de la Résurrection*, deux livres de *Canzoni napoletane*, trois livres de lieder allemands (sacrés et profanes).

Quelques musiciens de la famille Scarlatti

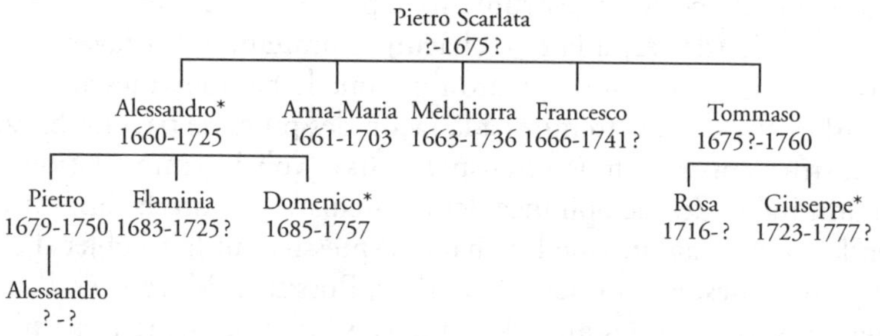

SCARLATTI, ALESSANDRO

Palerme, 2 mai 1660. – Naples, 22 octobre 1725.

Né de parents siciliens, il appartiendrait, selon certains généalogistes, à la branche sicilienne d'une très ancienne famille d'origine toscane. Il était l'aîné de sept enfants dont plusieurs sont devenus musiciens : Anna

Maria, Melchiorra et Tommaso, chanteurs ; Francesco, compositeur. Vers l'âge de douze ans, il est envoyé sur le continent avec ses deux sœurs, et les trois enfants s'établissent chez des parents à Rome (peut-être dès 1672, mais au plus tard en 1677). On ignore tout de leur première jeunesse et de leur éducation. Il est très probable qu'Alessandro soit devenu à Rome l'élève de Foggia et Pasquini (plutôt que de Carissimi, mort en janvier 1674, ou du Napolitain Provenzale). En 1678, il se marie et l'année suivante son premier opéra *Gli equivoci nel sembiante* est représenté au petit théâtre du Collegio Clementino, sur l'initiative de la reine Christine de Suède ; celle-ci demande au jeune musicien d'être son maestro di cappella privé et acceptera, en 1684, d'être la marraine de son cinquième enfant (il en aura dix). Il quitte Rome en 1683 avec plusieurs chanteurs et se rend à Naples pour y faire représenter ses œuvres. Sa sœur Melchiorra l'y a précédé en 1682 ; elle est devenue la maîtresse du secrétaire de justice du vice-roi. Cette position lui permet de faire nommer son frère maestro di cappella de la chapelle royale, poste qui serait revenu de droit à Provenzale, maître réputé et secondo maestro de la chapelle royale : ce dernier démissionne, l'affaire fait scandale, le secrétaire de justice est révoqué, mais Scarlatti conserve son poste. Devenu rapidement le musicien en vogue dans l'aristocratie napolitaine, il prend part régulièrement à la plupart des fêtes publiques et privées, compose d'innombrables cantates de chambre, des pièces de circonstance et des opéras pour San Bartolomeo et le théâtre du Palais-Royal.

La plus grande partie de sa carrière est centrée à Naples, mais il fait deux longs séjours à Rome : le premier (1702-1708) à la faveur d'un congé de quatre mois (!), obtenu pour se rendre à Florence avec son fils Domenico sur l'invitation de Ferdinand de Médicis ; le second (1717-1722) avec un congé de six mois, pour faire représenter ses œuvres pendant la saison du carnaval. En 1702, après les quatre mois passés à Florence, il avait préféré ne pas rentrer à Naples, par crainte de troubles politiques consécutifs à la guerre de Succession d'Espagne : il avait accepté le poste de secondo maestro à Sainte-Marie-Majeure et celui de maître de la musique privée du cardinal Ottoboni. Il était allé à Venise en 1707 pour la représentation de deux ouvrages très importants : *Mitridate Eupatore* et *Il Trionfo della Libertà*. En 1708, le nouveau gouvernement autrichien le rappelle à Naples où il est réintégré dans ses anciennes fonctions. Il est au faîte de sa carrière et les dix années consécutives qu'il passe alors à Naples sont, tant pour lui que pour sa famille, une période d'intense activité artistique. Après son deuxième séjour prolongé à Rome (prolongation sans autre motif, semble-t-il, que de convenance personnelle), il termina ses jours à Naples dans une demi-retraite. Il fut enseveli dans l'église de Montesanto à Naples. L'attribution de nombreux élèves à A. Scarlatti est une pure invention, colportée depuis un siècle. Il a enseigné au conservatoire Santa Maria di Loreto, mais pendant un mois seulement, en 1689, et il n'eut (en dehors de son fils Domenico) que quelques élèves privés à la fin de sa vie dont Hasse qu'il considérait comme un fils. Bien qu'il n'ait pas été le « fondateur de l'École napolitaine », celle-ci lui doit beaucoup de son originalité et de son rayonnement. Il fut surtout l'un des premiers grands musiciens classiques, en quoi il peut être considéré comme un précurseur direct de Mozart (voir Symphonie*). Ses œuvres de jeunesse, par leur charmante spontanéité, par l'élégance de l'invention mélodique et de l'écriture polyphonique, font penser à Purcell. Entre vingt-cinq et quarante ans, l'engouement dont il était l'objet à Naples le fit succomber à la tentation de facilité, particulièrement dans le domaine de l'opéra. Les meilleures œuvres de cette période, *La Rosaura* et *Laodicea e Berenice*, n'échappent pas entièrement à cette attitude négligente. Cette période est pourtant celle où A. Scarlatti mit au point l'aria da capo, avec reprise ornée, qu'il adopta comme seul type d'air d'opéra, et celle où il utilisa pour la première fois l'ouverture* dite « italienne ». C'est aussi l'époque où se perfectionna le genre de la cantate de chambre, genre dont l'apogée se situe vers 1700 et dont A. Scarlatti fut le maître incontesté : il déployait dans cette musique essentiellement intime et raffinée une remarquable virtuosité de plume. Les dernières vingt-cinq années de sa vie furent la période des plus grands chefs-d'œuvre dans tous les genres. Dans les plus beaux opéras de cette période (*Mitridate Eupatore*, *Tigrane*, *Cambise* et *Griselda*), le grand style classique d'opéra est à son sommet ; et le délicieux opéra-comique *Il Trionfo dell'onore* contient des pages dignes de Mozart.

Cent quinze opéras, presque tous sérieux (on ne peut en citer que soixante-dix environ dont on ait retrouvé, soit la partition complète, soit des airs détachés, soit seulement le livret) ; environ trente oratorios, soixante motets, dix messes ; plus de six cents cantates de chambre, vingt et une sérénades ou cantates de circonstance ; douze *Sinfonie di concerto grosso*, des *Sonate a 4* (premiers exemples de quatuors à cordes), deux suites pour flûte et clavecin, des sonates pour 1, 2, 3 flûtes et basse continue, et quelques ouvrages théoriques.

Scarlatti, Domenico

Naples, 26 octobre 1685. – Madrid, 23 juillet 1757.

Claveciniste. Élève de son père, Alessandro, puis de Gasparini à Venise en 1708 ; entre-temps, il a peut-être étudié au conservatoire dei Poveri di Gesù Cristo avec Greco, dont il a manifestement subi l'influence. En 1701, il était déjà organiste de la chapelle royale de Naples, où son père était maestro di cappella. Après un bref séjour, en compagnie de ce dernier, à la cour de Toscane (1702), il fait ses études à Naples comme compositeur d'opéra. En 1705, il part pour Venise, où il se lie d'amitié avec Haendel (toute leur vie, les deux musiciens conserveront l'un pour l'autre une profonde admiration). Un peu plus tard, on le trouve à Rome ; de 1709 à 1714, il est au service de la reine Maria Casimira de Pologne, pour qui il compose une série de sept opéras, puis il devient maestro di cappella de l'ambassadeur portugais et de la cappella Giulia (1715-1719). Il quitte ce poste au Vatican en 1719 sous prétexte d'un voyage en Angleterre (où venait de s'établir son oncle Francesco), mais rien ne prouve qu'il y soit réellement allé.

En 1720, il est au Portugal, mais sa nomination de maître de chapelle de la cour ne date que de 1728. Entre-temps, il retourne en Italie (à Rome, où il se marie, et à Naples). À peine établi dans ses nouvelles fonctions à Lisbonne, il accepte de suivre à la cour de Madrid, où il passera le reste de ses jours en qualité de maître de musique (1729-1757), l'infante Maria Barbara qui vient d'épouser le prince des Asturies (fils de Philippe V). Pendant les vingt-huit années de sa carrière espagnole, au cours desquelles son existence matérielle est perpétuellement compliquée par sa passion du jeu, malgré les libéralités de la reine, il semble s'être exclusivement consacré à son œuvre pour clavecin, exception faite d'un *Salve Regina*, composé dans les dernières années de sa vie.

Domenico Scarlatti fut dans une large mesure le principal artisan de la technique moderne du clavier et son influence s'étend jusqu'à Liszt. Ses « sonates » pour clavecin n'ont de sonate que le nom ; mais chacune des trente pièces du recueil d'*Essercizi* (première et seule publication de son vivant) est déjà intitulée *Sonata*, et cette dénomination prévaudra dans les publications ultérieures. Dans leur merveilleuse diversité, ces pièces s'inspirent des genres les plus variés, mais n'appartiennent définitivement à aucun. La plupart sont de coupe binaire comme les morceaux de la suite, mais elles s'en distinguent par la prodigieuse richesse harmonique, par la virtuosité et la fantaisie dans l'écriture instrumentale, par l'originalité du rythme, souvent aussi par l'utilisation très libre de deux thèmes. Dans certains recueils, le rangement de ces courtes pièces semble inviter à les grouper deux à deux ou trois à trois pour l'exécution, en fonction de leurs parentés tonales et des possibilités de contrastes rythmiques : elles formeraient ainsi des petites sonates* de forme libre, dans l'acception moderne du terme. Certaines pièces sont écrites à deux voix et comportent un chiffrage de la basse : elles étaient vraisemblablement destinées à un instrument de solo (violon probablement) accompagné par le *continuo*.

La principale source des sonates de Scarlatti est une collection de quinze volumes manuscrits (non autographes) contenant 496 sonates ; ils appartenaient à la reine Maria Barbara et sont actuellement conservés à la bibliothèque Marcienne de Venise (ms 9770-9784). D'autres manuscrits sont à Parme, Münster et Vienne. Une réédition moderne de 545 sonates a été publiée par Ricordi, sous la direction de Longo (la numérotation de cette édition a longtemps prévalu pour la désignation des sonates, mais le musicologue et claveciniste américain Kirkpatrick a établi une nouvelle numérotation où il s'est efforcé de reconstituer l'ordre chronologique de composition).

Cinq cent cinquante-cinq sonates, douze opéras et un *intermezzo*, une messe à 4 voix, quelques motets, quelques oratorios, sérénades et cantates de circonstance, environ cinquante cantates de chambre. Il y a peut-être lieu d'ajouter diverses œuvres vocales et instrumentales d'attribution douteuse.

Scarlatti, Francesco

Palerme, 5 décembre 1666. – Dublin ?, après 1741.

Il était violoniste dans l'orchestre de la cour de Naples, en 1684, sous la direction de son frère Alessandro. Il fut ensuite, pendant plus de vingt ans (vers 1691-1715), maestro di cappella à Palerme ; mais ses opinions pro-autrichiennes lui firent perdre sa place. Il sollicita vainement le poste vacant de maestro di cappella du duomo de Milan (1714), puis partit pour Vienne où il ne réussit pas mieux à obtenir celui de vice-Kapellmeister. En 1719, il s'établit à Londres, où il donna plusieurs concerts de ses œuvres jusqu'en 1724, après quoi l'on perd sa trace. Il semble qu'il ait terminé ses jours en Irlande (un concert fut donné à Dublin, en 1741, au bénéfice d'un Signior Scarlotti).

De la musique religieuse (dont une messe et un beau *Miserere*), des oratorios, des cantates, quelques opéras bouffes en dialecte napolitain.

Scarlatti, Giuseppe

Naples, 18 juin 1723 ? – Vienne, 17 août 1777.

Ce musicien, dont les opéras furent représentés avec succès de 1740 à 1770, passa les vingt dernières années de sa vie à Vienne. Il avait épousé en 1747 (à Florence ou à Lucca) la chanteuse florentine Barbara Stabili… Ce sont à peu près les seules informations sûres qui nous soient parvenues sur ce compositeur, en dehors des dates et lieux de représentation de ses œuvres, bien qu'il fût célèbre en son temps ; et l'on n'a jamais pu établir avec certitude sa filiation. Parmi les Giuseppe Scarlatti dont on connaît l'état civil, le seul qui puisse être identifié à notre musicien est le plus jeune fils (né à Naples le 18 juin 1723) de Tommaso Scarlatti. C'est l'hypothèse du professeur Prota-Giurleo, souvent combattue (pour de mauvaises raisons qu'il est impossible de discuter ici), mais présentant le maximum de vraisemblance. Giuseppe Scarlatti serait alors le frère de la cantatrice Rosa Scarlatti, qui se produisit à Venise en 1747 et fit ensuite une brillante carrière à Vienne.

Trente-deux opéras (vingt-deux sérieux et dix comiques), deux cantates (ou représentations sacrées), divers *arie* à 1 ou 2 voix avec basse continue. Plusieurs airs, extraits de ses opéras, ont été faussement attribués à D. Scarlatti.

SCELSI, GIACINTO

La Spezia, 8 janvier 1905. – Rome, 9 août 1988.

Petit-fils d'un héros du Risorgimento et fils d'un pionnier de l'aviation. Élève de Respighi et Casella, il a été l'un des premiers représentants de l'écriture sérielle en Italie, mais il s'en est détaché au profit d'une technique et d'une esthétique personnelles où peuvent se reconnaître Ligeti ou Penderecki. Son univers sonore étonnant a été découvert tardivement.

L'oratorio *La Naissance du Verbe*, des pièces pour orchestre, *Rotative* pour 3 pianos, vents et percussion, *Ballata* pour violoncelle et orchestre, deux trios avec piano, cinq quatuors à cordes, quatre sonates et onze suites pour piano, un volume de poèmes en français (Paris, 1950).

SCHAEFFER, PIERRE

Nancy, 14 août 1910. – Les Milles, 19 août 1995.

Fils de musicien, ancien polytechnicien, il entre comme ingénieur du son à la RTF. Il y crée, en 1948-1949 (dans le cadre du Studio d'essai et avec la collaboration de Pierre Henry), un langage sonore radicalement neuf qu'il baptise « musique concrète ». Un Groupe de recherche de musique concrète fonctionne sous sa direction à la RTF pour exploiter les ressources du nouveau moyen d'expression, dont le principe consiste en manipulations électroacoustiques plus ou moins complexes d'enregistrements sonores élémentaires (ou « objets sonores »). En 1968 une classe a été créée pour lui au Conservatoire de Paris.

Nombreuses réalisations de « musique concrète » dont la célèbre *Symphonie pour un homme seul* (avec P. Henry) et *Phèdre* (1961), des ouvrages théoriques dont *Traité des objets musicaux*.

Schat, Peter

Utrecht, 5 juin 1935.

Après des études musicales classiques dans son pays, il travailla avec Boulez à Bâle (1960-1961). Il est avec Ton de Leeuw le chef de file de l'avant-garde musicale aux Pays-Bas. L'un des premiers, il a cherché une alternative au concert traditionnel, pour assurer une participation plus étroite du public à l'action musicale. Dans cette perspective, il a créé en 1967 l'Amsterdam Electrisch Circus, sorte de cirque musical itinérant.

Les opéras *Labyrinth* (1966), *Reconstruction* (opéra-collectif, 1969), *Houdini* (1976, étonnant opéra-cirque), diverses œuvres vocales, une symphonie (1978), *Concerto da camera* pour piano et orchestre de chambre, des pièces pour piano, pour percussion, pour instruments à vent, de la musique électroacoustique.

Scheibe, Johann Adolph

Leipzig, 3 mai 1708. – Copenhague, 22 avril 1776.

Théoricien. Il fut maître de chapelle du margrave de Brandebourg-Kulmbach, puis directeur de l'Opéra de la cour à Copenhague. Il était célèbre comme champion de l'opéra allemand (contre les conventions de l'opéra italien) et par ses attaques contre J. S. Bach.

Un opéra, deux oratorios, près de deux cents compositions religieuses, cent cinquante concertos pour flûte, environ soixante-dix compositions instrumentales, ainsi que plusieurs ouvrages théoriques et des articles dans sa revue *Der Critische Musikus.*

Scheidt, Samuel

Halle, bapt. 3 novembre 1587. – Halle, 30 mars 1654.

Organiste. Élève de Sweelinck à Amsterdam. Il a passé toute sa vie à Halle où il fut organiste de la Moritzkirche, Kapellmeister du margrave de Brandebourg et administrateur protestant de l'archevêché de Magdebourg (mais résidant à Halle). La guerre de Trente Ans ne semble pas avoir compromis sa position. Remarquable surtout par son œuvre d'orgue, qui marque un pas en avant dans l'évolution de la technique de l'instrument, il est avec Frescobaldi (mais sans le génie de celui-ci) l'un des fondateurs de l'école moderne d'orgue. Son œuvre est une synthèse des acquisitions néerlandaises et italiennes. Il a d'autre part étendu les prérogatives de l'orgue dans les cérémonies du culte : ses *Tabulatura nova* représentent l'équivalent, pour l'Église réformée, des *Fiori Musicali* de Frescobaldi, où l'orgue est élevé à des fonctions traditionnellement dévolues aux chœurs.

Trente-neuf *Cantiones Sacrae* à 8 voix, quatre livres de *Geistliche Concerten* (avec accompagnement instrumental), trois livres de *Tabulatura nova* (pièces d'orgue sacrées et profanes), *Tabulatur-Buch* (cent *Choralvorspiele* pour orgue), un recueil de pavanes, gaillardes, etc. (instrumentales).

SCHEIN, JOHANN HERMANN

Grünhain (Saxe), 20 janvier 1586. – Leipzig, 19 novembre 1630.

Kapellmeister à la cour de Weimar (1613-1615), puis cantor à Saint-Thomas de Leipzig (1616-1630). Avec Praetorius et Schütz, il fut l'un des pionniers, en Allemagne, du nouveau style monodique italien et celui qui subit le plus profondément l'influence de la musique italienne. Il est mort de la peste à l'une des périodes les plus dramatiques de la guerre de Trente Ans. Son ami Schütz a composé un beau motet à sa mémoire.

Cantional... (plus de deux cents chorals, à 4, 5, 6 voix), *Cymbalum Sionium* (trente motets dans le style vénitien de 5 à 12 voix), deux livres de *Geistliche Concerten* (soixante-deux motets : 3 à 6 parties, vocales et instrumentales, avec basse continue), *Venus Kräntzlein* (vingt-cinq lieder à 5 voix dans l'esprit de la *canzonetta* ou de la *villanella* italiennes), *Diletti pastorali* (quinze madrigaux), divers autres recueils, de motets et de madrigaux, *Banchetto Musicale* (vingt suites à 5 instruments), quelques pièces d'orgue.

SCHLICK, ARNOLT

?, vers 1450. – Heidelberg, vers 1520.

Organiste aveugle, il joua probablement au couronnement de l'empereur Maximilien Ier à Francfort en 1486 et peut-être à celui de Charles Quint en 1520. Expert célèbre en matière d'orgues, il a publié en 1511 le premier traité de facture d'orgues.

Un recueil de *Tabulaturen* [1512] contenant quatorze pièces d'orgue, douze chansons au luth, trois pièces pour luth ; huit *Canones sine pausis.*

SCHMELZER, JOHANN HEINRICH

Scheibbs (Autriche), vers 1620. – Prague, mars 1680.

Le plus grand compositeur autrichien de musique instrumentale avant Biber, violoniste dans l'orchestre de la cour à Vienne, puis Kapellmeister. Anobli par l'empereur Leopold Ier, il ajouta « von Ehrenruef » à son nom. Il est mort de la peste à Prague, où la cour s'était réfugiée pour fuir l'épidémie, laissant trois fils musiciens et une grande fortune.

Environ deux cents compositions religieuses (aux trois quarts perdues), quelques œuvres scéniques et serenate ; *Duodena selectarum sonatarum*, douze sonates pour 2 violons, viole de gambe et basse continue [1659] ; *Sacro-profanus consentus musicus*, treize sonates à 2-8 instruments et b.c. [1662] ; *Sonate unarum fidium*, six sonates pour violon et b.c. [1664] ; de nombreuses suites de danses et sonates en manuscrits.

Schmitt, Florent

Blamont (Meurthe-et-Moselle), 28 septembre 1870.
Neuilly-sur-Seine, 17 août 1958.

Élève de Massenet et Fauré (dans la classe de qui il fut condisciple de Ravel) au conservatoire de Paris ; premier grand prix de Rome en 1900. Après son séjour à la villa Médicis, d'où il s'acquitta de nombreux « envois de Rome » (dont le *Psaume XLVII*), il entreprit une série de voyages en Italie, en Espagne, en Allemagne, en Autriche, et jusqu'en Turquie, voyages dont il rapporta des pièces descriptives ou évocatrices pour piano. Il servit activement la cause de la musique contemporaine, aux comités de la Société musicale indépendante et de la Société nationale et comme critique (notamment au journal *Le Temps*). De 1921 à 1924, il fut directeur du conservatoire de Lyon. En 1936, il fut élu à l'Institut au fauteuil de Paul Dukas. Farouchement indépendant, il est toujours resté à l'écart des chapelles et des systèmes. Né entre Debussy et Ravel, il n'a jamais été un émule de qui que ce fût. Dans sa musique vigoureuse, brillante, souvent passionnée, il voit large… trop large même parfois, ce qui entraîne certaines œuvres (particulièrement dans la musique de chambre) à l'hypertrophie ou à l'excessive complexité d'écriture. Son influence sur les jeunes compositeurs (sur Honegger par exemple) n'est pas négligeable.

Trois ballets (dont la *Tragédie de Salomé*), des musiques de scène (dont *Antoine et Cléopâtre*) et de film (dont *Salammbô*) ; le *Psaume XLVII*, et d'autres œuvres chorales ; des poèmes symphoniques et des pièces descriptives ou humoristiques pour orchestre, *Habeyssée* pour violon et orchestre ; deux quatuors à cordes, trio à cordes, un très beau quintette avec piano, *Suite en rocaille* pour flûte, violon, alto, violoncelle, harpe, de nombreuses pièces pour piano, de nombreuses mélodies (avec accompagnement de piano ou d'orchestre).

Schnebel, Dieter

Lahr (Allemagne), 14 mars 1930.

Après avoir étudié la théologie et la musicologie à Tübingen, il est nommé pasteur à Kaiserslauten (1960) puis à Francfort (1963). Les exécutions de ses œuvres sont des sortes de fêtes dadaïstes où tout a sa place : gestes, mots, bruits ambiants, décors, auditeurs… et musique assez souvent. Adepte un temps de la musique « à voir », il a « composé » pour chef d'orchestre solo (*Nostalgie*) et pour auditeur solo (*Mo-no*, « musique à lire »). Au-delà du canular voulait-il donner à la composition musicale un temps de récréation ou de réflexion ? Après 1972, il s'est intéressé particulièrement à la « spacialisation » des dispositifs sonores et à la composition collective dans le cadre de la Hochschule der Künste de Berlin, où il enseigne la musique expérimentale et la musicologie.

Missa (1988) pour soli, 2 chœurs et orchestre, *Totentanz* (1995) pour soli, chœurs et orchestre, *Le Procès* pour voix et instruments, *Körpersprache* pour 3 à 9 exécutants, *Für Stimmen* (voix parlées, chantées, respirations), *Webern-Variationen* (1972) pour ensemble variable, *Schubert-Fantasie* (1978) pour grand orchestre, *Hymnus* pour piano et orchestre (1992), *5 Inventionen* et *Zeitfragen* pour violoncelle solo.

Schnitke, Alfred Garrievitch

Engels (Saratov), 24 novembre 1934. – Hambourg, 3 août 1998.

Élève de Goloubiev au conservatoire de Moscou, où il a enseigné lui-même jusqu'en 1972. Depuis 1980, il était professeur à la Musikhochschule de Vienne. On peut distinguer trois périodes dans son œuvre, placée successivement sous l'influence de Prokofiev, de la technique sérielle, avant la constitution d'un style qui intègre le classicisme et les techniques contemporaines dont le « collage ». Il est le musicien russe contemporain le plus connu à l'étranger. Sa deuxième symphonie avec chœurs (*Missa invisibilia*, 1980) résulte d'une commande de la BBC et la troisième d'une commande du Gewandhaus de Leipzig.

Un opéra, *Le Onzième Commandement* ; des oratorios ; des musiques de scène (dont une pour *Don Carlos* de Schiller) ; cinq symphonies, des concertos pour violon (4), pour alto, pour violoncelle, pour piano ; *Concerto grosso* pour 2 violons, clavecin, piano préparé et 21 cordes ; deux sonates violon et piano ; trois quatuors à cordes ; un quintette avec piano.

Schobert, Johann

?, vers 1730. – Paris, 28 août 1767.

Claveciniste. Il s'établit à Paris en 1760, au service du prince de Conti, et se fit une grande réputation de virtuose et de compositeur dans les salons de la capitale. Il mourut, avec toute sa famille, empoisonné par des champignons.

Six *Sinfonie* pour clavecin, violon et cor ; six concertos et dix-huit sonates pour clavecin.

Schoeck, Othmar

Brunnen (Schwyz), 1er septembre 1886. – Zurich, 8 mars 1957.

Élève du conservatoire de Zurich, puis de Max Reger à Leipzig. Après avoir dirigé plusieurs chorales, il fut nommé chef des concerts symphoniques de Saint-Gall (1917-1944). Avec Honegger et Martin, il est l'une des trois plus fortes personnalités musicales suisses. Admirable compositeur de lieder, il est l'un des derniers héritiers de la lignée qui va de Schubert à Wolf.

Cinq opéras, des œuvres chorales, environ deux cent cinquante lieder (dont quelques-uns avec orchestre ou ensemble instrumental), des concertos (violon, violoncelle, cor), deux quatuors à cordes,

Schoenberg, Arnold

Vienne, 13 septembre 1874. – Los Angeles, 13 juillet 1951.

Bien qu'il fût exceptionnellement doué et qu'il apprît le violon à l'âge de huit ans, ses parents ne le destinèrent pas à la musique. Il travailla la composition en autodidacte, exception faite de quelques leçons de contrepoint avec Zemlinsky, dont il épousa la sœur. Sa première œuvre exécutée en public, en 1897, fut un quatuor à cordes (perdu), suivi de peu par des mélodies et par le sextuor *Verklärte Nacht*, avec un certain succès. De 1901 à 1903, il s'établit à Berlin où il dirige des opérettes (qu'il doit parfois orchestrer) au Buntes Theater. De retour à Vienne, il commence sa longue carrière pédagogique… extraordinaire aventure qui marquera plus ou moins profondément toute la musique du XXe siècle. Berg et Webern sont parmi ses premiers élèves. Ses œuvres, de plus en plus libérées des fonctions tonales et des conventions du développement thématique, suscitent des réactions tumultueuses. R. Strauss lui ayant fait obtenir un

poste de professeur au conservatoire Stern, il passe deux ans à Berlin (1910-1912) et y fait exécuter son *Pierrot lunaire* qui fait scandale, moins peut-être par son écriture atonale que par son raffinement instrumental et l'introduction d'une forme nouvelle d'expression vocale, à mi-chemin entre le chant et la déclamation : le *Sprechgesang*. Devenu célèbre, Schoenberg commence à présenter ses œuvres (surtout les *Gurrelieder* et *Pierrot lunaire*) dans de nombreuses capitales européennes. En 1917, il fonde à Vienne une école de musique qui devient sous son impulsion le célèbre *Verein für musikalische Privataufführungen*, où sont créées de nombreuses œuvres contemporaines. De 1924 à 1933, il est de nouveau à Berlin, en qualité de professeur à l'Akademie der Kunste. Relevé de ses fonctions en 1933 par le nouveau ministre de l'Éducation national-socialiste, il se rend à Paris où il retourne à la religion israélite, abandonnée depuis 1921. La même année, il part définitivement pour les USA, où il prendra la nationalité américaine en 1941. Après avoir occupé plusieurs postes de professeur à Boston et à New York, il est nommé en 1936 directeur du département musical à l'université de Californie. Schoenberg fut aussi un peintre estimable : il avait appartenu au mouvement artistique *Blaue Reiter* fondé à Munich par Kandinsky.
Dès 1906 (*Symphonie de chambre*), Schoenberg avait écrit des œuvres révolutionnaires qui le plaçaient à l'avant-garde des musiciens de son temps ; mais sa première œuvre atonale date de 1908 (*Pièces pour piano op. 11*) et sa première œuvre dodécaphonique de 1922 (dernière pièce de l'*op. 23* pour piano, construite sur une « série » de douze sons). Le dodécaphonisme* (*Komposition mit zwölf Tönen*) est une technique de composition créée par Schoenberg entre 1908 et 1923, technique reposant sur le principe nouveau de la « série » (*Grundgestalt*), imaginé par Hauer*. La moindre réminiscence de l'ancienne harmonie est gênante parce qu'elle crée de fausses espérances : d'où la sévérité et la rigueur du système. « Rien n'est apporté par cette méthode, prévient Schoenberg, par contre bien des choses se trouvent retirées » : le dodécaphonisme est un classicisme. Les meilleurs exemples d'écriture « sérielle » chez Schoenberg sont les *Variations op. 31*, les *Pièces pour piano op. 33*, le *Quatrième Quatuor*, le *Trio*, et les deux opéras (fondés chacun sur une seule série) *Von Heute auf Morgen* et *Moses und Aaron* (son chef-d'œuvre). Schoenberg s'est avéré capable cependant d'écrire des œuvres admirables plus ou moins liées à la tonalité : non seulement les œuvres tonales d'avant 1908 (dont les plus remarquables sont *Verklärte Nacht* et les prodigieux *Gurrelieder*) mais encore quelques compositions des douze dernières années (*Kol Nidrei*, *Symphonie de chambre n° 2*, *Concerto pour piano*).

OPÉRAS. *Erwartung* (Prague, 1924), *Die Glückliche Hand* (Vienne, 1924), *Von Heute auf Morgen* (Francfort, 1930), *Moses und Aaron* (Zurich, 1957). – **ŒUVRES VOCALES.** *Gurrelieder* (soli, chœurs et orchestre énorme), des chœurs, des lieder avec orchestre (*op. 8* et *22*), quarante-deux lieder avec piano, *Kol Nidrei* (récitant, chœurs et orchestre), *Ode à Napoléon* (récitant et orchestre à cordes), *Un survivant de Varsovie* (récitant, chœurs et orchestre), *Pierrot lunaire* (voix, piano, flûte, clarinette, violon, violoncelle). – **ORCHESTRE.** *Pelléas et Mélisande* (poème symphonique), *Cinq Pièces op. 16*, *Variations op. 31*, deux symphonies de chambre, concerto pour violon, concerto pour piano. – **MUSIQUE DE CHAMBRE.** Quatre quatuors à cordes, *Verklärte Nacht* (sextuor à cordes), *Sérénade op. 24*, *Quintette op. 26*, *Trio op. 45*, *Pièces pour piano* (*op. 11*, *19*, *23*, *25*, *33*). Ajoutons des transcriptions d'œuvres de Bach, Haendel, Brahms, etc., et de nombreux écrits théoriques (dont le *Harmonielehre* de 1911).

SCHREKER, FRANZ

Munich, 23 mars 1878. – Berlin, 21 mars 1934.

Fondateur du Chœur philharmonique de Vienne (1908), professeur au conservatoire de Vienne (1912-1920), puis directeur de la Hochschule für Musik de Berlin (1920-1932), il fut forcé par le régime nazi d'abandonner ses fonctions en 1932. Parmi ses très nombreux élèves figurent Hába et Křenek.

Neuf opéras (dont *Der Ferne Klang*), trois ballets, *Kammersinfonie* et *Kleine Suite* pour orchestre de chambre, des lieder.

SCHUBERT, FRANZ

Vienne, 31 janvier 1797. – Vienne, 19 novembre 1828.

Son père, Franz-Theodor (1763-1830), descendait de paysans moraves ; bon maître d'école, très pieux, très honnête, c'était un violoncelliste amateur. Il avait épousé en 1785 Elisabeth Vietz (1756-1812), domestique jusqu'à son mariage. Ils eurent quatorze enfants ; cinq seulement vécurent, dont deux firent des carrières de musicien : Franz et son frère aîné Ferdinand (1794-1859). Un certain Franz Schubert, de Dresde (1808-1878), qui a écrit des pièces pour violon (dont *L'Abeille*), n'a aucune parenté avec notre compositeur.
L'enfance de Schubert, dans l'école que son père avait achetée et où la famille s'était installée en 1801, s'écoula pauvrement, mais dans un climat de bonté, de dignité, de chaleur familiale. Malgré ses dons musicaux exceptionnels, son père voulait qu'il fût plus tard son assistant à l'école. Il lui apprit cependant le violon et lui fit étudier, vers neuf ou dix ans, l'orgue, le piano, le chant et l'harmonie avec l'organiste de la paroisse, M. Holzer. Celui-ci constata que son élève savait déjà d'instinct tout ce qu'il se proposait de lui apprendre : il bavardait avec lui et l'observait avec stupéfaction. En 1808, sa jolie voix et son habileté au déchiffrage le font

admettre dans la chapelle de la cour, avec l'avantage de l'enseignement gratuit au Séminaire impérial et royal. Ses études (1809-1813) y sont très satisfaisantes, contrairement à la légende (il s'intéresse peu aux matières d'enseignement général, mais sa facilité lui épargne tout effort). Ses dons musicaux et ses qualités morales impressionnent profondément ses maîtres, parmi lesquels Salieri qui dirige quelque temps son apprentissage de compositeur. Il est premier violon de l'orchestre d'étudiants formé par l'un d'entre eux, J. von Spaun, qui devient son ami intime. Dès l'âge de douze ans, il compose, mais ces premières œuvres sont perdues. Pendant les vacances, un quatuor familial est formé : Ferdinand et Ignace aux violons, Franz à l'alto et le père au violoncelle. Les premiers quatuors de Schubert qui nous soient parvenus (à partir de 1811-1812) étaient destinés à ces réunions intimes. Ses études générales terminées, il devient l'assistant de son père, métier pour lequel il ne se sent ni goût ni aptitude. Il continue de composer, produisant déjà d'authentiques chefs-d'œuvre, dont l'immortelle *Gretchen am Spinnrade* (*Marguerite au rouet*, 1814). Pendant la seule année 1815, il écrit un opéra, quatre opérettes, deux messes, une vingtaine d'œuvres chorales, deux symphonies (*n°s 2* et *3*), un quatuor en sol mineur, de nombreuses pièces pour piano (dont deux sonates) et environ cent quarante-cinq lieder, dont le célèbre *Erlkönig* (*Roi des aulnes*) ! En 1816, il s'installe avec son ami Schober et compose cette année-là presque autant que l'année précédente (notamment son admirable *Cinquième Symphonie*). Le célèbre chanteur Vogl commence à faire entendre ses lieder dans des cercles privés. En 1818, il quitte l'école de son père. À l'exception de deux séjours chez les Esterhazy, comme professeur de musique de leurs deux filles, et de vacances particulièrement heureuses passées aux environs de Vienne avec un groupe d'amis, sa vie s'écoulera entièrement à Vienne, où il aura pour seules ressources la générosité de ses amis et les prix de cession misérables d'une faible partie de ses œuvres à quelques éditeurs inconscients. Il change constamment de domicile, habitant avec des amis (les poètes Mayrhofer et Schober, le peintre Schwind, etc.) ou chez son père. Son emploi du temps se partage entre le travail (le matin, souvent depuis 6 heures) et les réunions amicales (ou « Schubertiades »), soit devant un piano chez l'un ou l'autre de ses amis, soit au café où l'on fume en discutant pendant des heures. En 1822, il est très gravement atteint par la syphilis (ce mal fut peut-être la cause de l'abandon de la *Huitième Symphonie* « inachevée » : l'hypersensible Schubert aurait répugné à reprendre une œuvre associée aux événements qui provoquèrent la maladie). Au bout d'un an, il se croit guéri, mais sa santé continue à être minée en profondeur, et son caractère en est affecté : il est déprimé, déçu, se croit un raté et sombre dans la mélancolie aussitôt qu'il se trouve seul. À la fin de 1827, il souffre de forts maux de tête et d'étourdissements ; l'énorme travail de 1828 achève de l'épuiser (la production de cette dernière année constitue peut-être le sommet de son œuvre). À la fin d'octobre, il est atteint de « typhus abdominalis » (probablement la typhoïde et non le typhus) ; il meurt trois semaines plus tard chez son frère Ferdinand. Il est enseveli au cimetière de Währing puis transféré au cimetière central de Vienne, non loin de Beethoven (comme il en avait exprimé le désir).

Depuis trois années, il avait connu un réel succès à Vienne, où un concert de ses œuvres avait été donné à la Gesellschaft der Musikfreunde, mais sa fragile renommée ne lui survécut pas. La plupart de ses œuvres restaient inédites (la première édition complète fut entreprise par Breitkopf entre 1885 et 1897) et beaucoup n'avaient jamais été exécutées en public. La grande *Symphonie en ut* (découverte par Schumann chez Ferdinand Schubert) fut créée en 1839 sous la direction de Mendelssohn, l'opéra *Alfonso und Estrella* en 1854 sous la direction de Liszt, la *Symphonie « inachevée »* en 1865... Une grande partie de son œuvre ne fut découverte qu'en 1867, sous une épaisse couche de poussière, par Grove et Sullivan. Et il aura fallu cent ans pour que le grand public considérât Schubert comme un maître de première grandeur.

Très petit et rond, très myope (mais avec des yeux mobiles et expressifs), il était extrêmement bohême, vivant dans une perpétuelle improvisation, incapable de prévoir, d'organiser, de s'astreindre à la moindre ponctualité. Son très profond sentiment d'indépendance lui donnait l'air excessivement timide : il était plutôt ennuyé, soucieux de sa liberté, glacé par tout ce qui est convenu dans les relations mondaines. Il détestait également les éloges et les critiques s'ils ne provenaient pas de vrais amis. Avec Mozart, il fut le plus pur génie musical de l'histoire, une sorte de voyant ; il écrivait sans piano (n'en ayant pas possédé pendant longtemps), d'un seul trait, généralement sans ratures, aussi vite que pouvait aller sa plume. Ayant manqué, dit-on, de l'éducation adéquate à son génie (qui aurait pu enseigner pareil élève, joignant à des dons exceptionnels une pratique assidue de la musique vivante ? Si Mozart avait vécu !...), il avait peu le sens de l'organisation dans la « composition » des œuvres de grande dimension ; il ne savait pas se reculer pour prendre une vue d'ensemble de l'œuvre. Certes il vivait exclusivement dans le présent, dans l'émotion extra-temporelle. L'un des charmes particuliers de ses lieder provient de ce que Schubert ne fait pas de mot à mot avec les poèmes. Que ceux-ci soient excellents (Goethe, Schiller, Heine) ou plus modestes (Mayrhofer, Schober, Rellstab, Müller), c'est le sentiment poétique général qui régit principalement l'inspiration musicale : celle-ci est pure de toute compromission intellectuelle.

Quinze opéras ou « Singspiele » (de qualité très inégale) et trois musiques de scène (dont la belle partition de *Rosamunde*) ; six messes et de nombreuses œuvres religieuses ; de très nombreuses œuvres chorales ; quelques ravissants quatuors et trios vocaux (dont *Nach-*

tigal, avec guitare) ; environ six cents lieder, qui adoptent les formes les plus diverses, depuis la simple chanson strophique (*Heidenröslein*) jusqu'à la véritable scène dramatique (*Erlkönig*) et à la cantate (*Viola*). Les plus beaux ? Il y en a cinq cents : *Gretchen am Spinnrade. Erlkönig, Rastlose Liebe, Gesang des Harfners, Aufenthalt, An die Musik, Die Forelle* (*La Truite*), *Der Musensohn, Prometheus, Im Walde, Geheimes, Das sie hier gewesen, Viola, Im Abendrot, Nacht und Traüme, Nachtstück,* les cycles entiers de *Die schöne Müllerin* (*La Belle Meunière*) et du *Winterreise* (*Le Voyage d'hiver*), la célèbre *Serenade, Am Meer, Der Doppelgänger... On* voudrait tout citer. Neuf symphonies (dont les plus belles sont les *Deuxième, Cinquième. Huitième « inachevée »* et surtout l'immense *Neuvième*), seize quatuors (dont les plus beaux : *sol majeur* et *ré mineur, La Jeune Fille et la Mort*), un quintette avec piano (*La Truite*), un admirable quintette à cordes, autre chef-d'œuvre, trois trios avec piano, un trio à cordes, quatre sonates violon et piano. **POUR PIANO.** Vingt-trois sonates (les plus belles en *la mineur* op. 143 et *si*♭ posthume), huit *Impromptus,* six *Moments musicaux,* de nombreuses danses (*Ländler* valses, etc.).

SCHULZ, JOHANN ABRAHAM PETER

Lüneburg, 31 mars 1747. – Schwedt, 10 juin 1800.

Après avoir voyagé en France, Italie, Autriche, comme pianiste de la princesse Sapieha, il fut successivement directeur musical du théâtre français de Berlin, maître de chapelle du prince Henri de Prusse et compositeur de la cour à Copenhague (1787-1795).

Des opéras, de la musique religieuse, des pièces pour piano et surtout d'excellents lieder (dans le style du *Volkslied*).

SCHUMAN, WILLIAM

New York, 4 août 1910.

Élève de Roy Harris et du Mozarteum de Salzbourg. Depuis 1945, il a été président de la Julliard School of Music et du Lincoln Center de New York. C'est un des meilleurs symphonistes américains.

Un « base-ball opera » (*The Mighty Casey*), des ballets, des œuvres chorales, six symphonies (dont la belle *Symphonie n° 5 pour cordes*), concerto pour piano, concerto pour violon, quatre quatuors à cordes.

SCHUMANN, CLARA

Leipzig, 13 septembre 1819. – Francfort, 20 mai 1896.

[née Wieck] Épouse de Robert Schumann. Admirable pianiste, elle fut une des meilleures interprètes de Beethoven, Chopin, et particulièrement de son mari (qui lui dédia son concerto). En 1878, elle devint professeur au conservatoire de Francfort. Elle fut l'amie de Brahms, avec qui elle échangea une importante correspondance, et auprès de qui elle se rangea pour la croisade contre la « musique de l'avenir ».

Des œuvres pour piano (dont un concerto), de la musique de chambre, environ vingt-cinq lieder (le tout représentant vingt-trois numéros d'opus).

SCHUMANN, ROBERT

Zwickau (Saxe), 8 juin 1810. – Endenich (près de Bonn), 29 juillet 1856.

Fils d'August Schumann (1773-1826) et de Johanna Christiana Schnabel (1771-1836), mariés en 1795. Son père, fils de pasteur, était libraire, éditeur et auteur ; vers 1810, il fut atteint de troubles mentaux. Sa mère, fille de chirurgien, était intelligente, hypersensible, mais dénuée d'imagination. Robert épousera en 1840 la ravissante pianiste Clara Wieck, dont il aura huit enfants.

Il commence l'étude du piano à l'école, sans dispositions exceptionnelles. Mais en 1819, un concert de Moscheles et une représentation de *La Flûte enchantée* décident de sa vocation. Au Lyceum de Zwickau, il participe aux concerts d'élèves comme pianiste et comme compositeur (même un grand *Psaume CL* pour soli, piano et orchestre fut péniblement mis sur pied par l'écolier de douze ans qui ne connaissait rien du métier). À treize ans, il écrit de courts articles pour une publication de son père, puis il compose des poèmes et quelques pièces de théâtre. Il lit énormément dans la librairie paternelle et s'enthousiasme pour Jean-Paul. Celui-ci devient son modèle littéraire, cependant que la découverte de Schubert lui inspire ses premiers lieder. Après un brillant examen de fin d'études (1828), il est envoyé à l'université de Leipzig pour y étudier le droit. Mais il néglige ces études pour la musique et la littérature ; il apprend le piano sous la direction de Friedrich Wieck (maître excellent dont la fille Clara, âgée de neuf ans, est une enfant prodige) et participe à des séances de musique de chambre chez un certain docteur Carus dont il courtise la femme. Il manifeste déjà à cette époque quelques symptômes légers de troubles mentaux. Un an plus tard, il quitte l'université de Leipzig pour celle de Heidelberg, où il travaille énormément son piano et néglige complètement le droit ; il se produit même en public avec grand succès.

Ayant arraché le consentement de sa mère, il abandonne l'Université en 1830, s'installe chez Wieck à Leipzig et se met sérieusement au travail pour devenir un virtuose. Mais son maître lui semblant trop absorbé par la carrière de sa fille Clara, il entreprend des études théoriques avec le chef d'orchestre du théâtre : il les poursuit pendant un an et complète seul sa formation de compositeur en étudiant Bach. Après avoir abandonné Wieck, il continue, seul également, l'étude du piano dans la perspective d'une carrière de virtuose, mais, en essayant de fortifier le quatrième doigt de la main droite avec un appareil de son invention, il provoque une demi-paralysie. Cet accident stupide lui retire tout espoir de devenir pianiste : il consacrera donc désormais toute son activité à la critique musicale (en 1834 il fonde avec Wieck et quelques amis la *Neue Zeitschrift für Musik* qu'il dirigera pendant dix ans). En 1835, il se lie d'amitié avec Mendelssohn qui vient de s'établir à Leipzig. La même année se déclare son amour pour Clara, devenue une ravissante jeune fille de seize ans et une remarquable pianiste. Celle-ci ayant répondu favorablement aux sentiments de Schumann, Wieck interdit aux jeunes gens de se voir et s'oppose à leur projet de mariage avec une extrême violence. Pendant cinq années de lutte et de séparation constantes, leur amour ne faiblit pas, malgré l'hostilité de Wieck qui multipliait les tournées avec sa fille, se répandait en propos diffamatoires sur Schumann et feignait de subordonner son accord à des conditions financières fantastiques. Schumann introduisit une action judiciaire pénible, à l'issue de laquelle il eut gain de cause : le mariage eut lieu en septembre 1840. Cette période tourmentée fut de loin la plus productive de sa carrière de compositeur. Robert et Clara formèrent un couple modèle et ils firent de nombreuses tournées ensemble, notamment en Russie. En 1843, Schumann est engagé comme professeur de piano et de composition au nouveau conservatoire de Leipzig fondé par Mendelssohn. Très mauvais pédagogue, il abandonne son poste au bout d'un an et part pour Dresde où il est atteint d'une grave crise de dépression nerveuse. En 1850, il participe à la fondation de la Bach Gesellschaft et accepte un poste de directeur des concerts à Düsseldorf. Déplorable chef d'orchestre, il ne réussit pas à s'imposer et souffre de troubles nerveux et psychiques de plus en plus graves : aphasie, ataxie, troubles auditifs, étourdissements. En 1854, le couple fait la connaissance du jeune Brahms auquel Schumann consacre un article dithyrambique. Un matin de 1854, il interrompt brusquement son travail et va se jeter dans le Rhin. Sauvé par des pêcheurs, il est admis dans l'asile d'aliénés du Dr Richarz, près de Bonn. Une amélioration sensible lui permet de correspondre avec Clara, ainsi qu'avec Brahms et Joachim. Il reçoit même des visites de ces deux amis, mais Clara n'est autorisée à le voir qu'en juillet 1856 (après plus de deux ans d'hospitalisation). Il est alors occupé à dresser des listes alphabétiques de villes. Il reconnaît sa femme, parvient à l'embrasser (« Je ne donnerais pas cette étreinte pour tout l'or du monde », écrira Clara), mais ne réussit pas à articuler des paroles intelligibles. Le 28 juillet, Brahms et Clara ne le quittent pas. Il meurt dans l'après-midi du 29 ; il n'a que quarante-six ans.

Son père souffrait de troubles nerveux, sa mère était hypersensible, une de ses sœurs (invalide physique et mentale) s'était suicidée en 1826. D'autres facteurs cependant, s'ajoutant à l'hérédité, provoquèrent la tragédie qui compromit sa carrière et mit fin à ses jours. Ce fut d'abord l'incertitude sur sa vocation (juriste ? pianiste ? compositeur ? poète ? critique ? éditeur ?) qui fit de cet égocentrique taciturne un indécis, doutant de lui-même, entreprenant vingt choses à la fois, les abandonnant, les reprenant. L'accident au doigt et la longue lutte pour l'amour de Clara furent des stimulants salutaires, correspondant à la période d'intense activité créatrice (1832-1840) sur laquelle sa gloire se fonde essentiellement. Après son mariage, une sorte de complexe d'infériorité vis-à-vis de Clara accentua profondément sa mélancolie. Pianiste raté, mauvais chef d'orchestre, marié à l'une des plus prestigieuses virtuoses de l'époque, il avait le sentiment d'être l'ombre de sa femme dans les nombreuses tournées qu'ils entreprenaient ensemble (ce sentiment avait pris sa source dans l'attitude méprisante de Wieck, depuis l'époque où celui-ci s'intéressait davantage à sa petite fille prodige qu'à son élève Schumann).
La culture littéraire de Schumann, son extrême sensibilité et, dans une certaine mesure, sa maladie ont fait de lui le typique musicien « romantique ». Aux grandes formes classiques qui paralysent son inspiration, il substitue de préférence un découpage psychologique ou littéraire et se contente de structures musicales simples. Il procède le plus souvent par juxtaposition d'idées comme dans une improvisation et, dans les compositions plus étendues, marque une prédilection pour la variation. Il est littérateur autant que musicien (dans le lied, c'est peut-être sa faiblesse par rapport à Schubert) : les symboles et les allusions de toutes sortes (souvent peu perceptibles) abondent dans sa musique. Ses œuvres les plus belles et les plus originales sont les pièces pour piano et les lieder de la période 1832-1840 (cent trente lieder en 1840, dont les chefs-d'œuvre sur des poèmes de Heine et Eichendorff). Pour piano : *Papillons*, *Carnaval*, *Fantasiestücke*, *Études symphoniques*, *Kinderszenen*, *Kreisleriana*, *Fantaisie*. Parmi les lieder : les cycles *Liederkreis op. 24*, *Liederkreis op. 39*, *Frauenliebe und Leben* (*L'Amour et la Vie d'une femme*), *Dichterliebe* (*Les Amours du poète*). Sa musique de chambre et sa musique symphonique (en dépit des beautés du concerto pour piano, du sublime quintette avec piano et de la *Symphonie « rhénane » n° 3*) sont moins intéressantes : l'orchestration est généralement banale et laisse souvent apparaître le caractère essentiellement pianistique de son invention musicale. L'improvisation au piano fut le principal stimulant de son inspiration, même dans les compositions symphoniques et la musique de chambre, où l'instrumentation semble une opération extérieur à la composition.

L'opéra *Genoveva* (Leipzig, 1850), une musique de scène pour *Manfred*, une vingtaine d'œuvres pour chœurs et orchestre (dont *Das Parodies und die Peri* et le beau *Requiem für Mignon*), quatre symphonies complètes (1841, 1846, 1850, 1851), et deux incomplètes, un concerto et un *Concertstück* pour piano et orchestre, une fantaisie et un concerto pour violon et orchestre, un concerto pour violoncelle, un quintette, deux quatuors et deux trios avec piano, trois quatuors à cordes, d'innombrables œuvres pour piano (dont les chefs-d'œuvre cités plus haut), trois sonates, deux cent soixante lieder, un grand nombre de duos, trios, quatuors avec piano et de chœurs a cappella, ainsi que de nombreux écrits sur la musique.

SCHÜTZ, HEINRICH

Köstritz (Saxe), 4 octobre 1585. – Dresde, 6 novembre 1672.

Parallèlement à d'excellentes études générales, il apprend la musique comme choriste dans la chapelle du landgrave de Hesse-Kassel. Celui-ci l'envoie en 1609 à Venise pour y étudier sous la direction de G. Gabrieli. Il y demeure jusqu'à la mort de son maître en 1612 et y publie ses premières œuvres (un livre de madrigaux italiens). Il devient alors organiste du landgrave à Kassel, puis Kapellmeister de l'Électeur de Saxe à Dresde (de 1617 à sa mort). Ici, son premier soin est d'organiser la chapelle électorale sur le modèle italien, afin d'y introduire le nouveau style concertant : il fait venir des instrumentistes d'Italie et y envoie quelques chanteurs de la chapelle pour s'y perfectionner. En 1627, sa *Dafne* (le premier opéra allemand) est représentée à Torgau, à l'occasion du mariage d'une fille de l'Électeur avec le margrave de Hesse-Darmstadt. Schütz entreprit en 1628 un second voyage en Italie, pour s'y familiariser davantage avec le nouveau style monodique et particulièrement pour y étudier la technique du célèbre Monteverdi. Il rencontra celui-ci à Venise et subit très profondément son influence, mais il ne devint pas directement son élève. La guerre de Trente Ans ayant fait provisoirement de la Saxe le théâtre des combats, la chapelle électorale s'en trouva désorganisée et Schütz, de 1633 à 1645, chercha refuge tantôt à la cour du Danemark, tantôt près de différentes cours d'Allemagne, retournant de temps à autre à Dresde. Il réorganisa la chapelle électorale avec un dévouement admirable, contribuant même personnellement aux augmentations de salaire des musiciens et, ses offres de démission ayant été refusées à plusieurs reprises, il conserva son poste jusqu'à sa mort (d'une attaque d'apoplexie) à l'âge de quatre-vingt-sept ans. Le prédicateur de la cour fit son éloge funèbre.

Sa vie s'étend sur deux époques de l'histoire musicale et s'alimente à deux sources culturelles. Élevé dans les traditions allemandes et dans l'esprit de la Renaissance, il s'est imprégné de l'art italien de l'époque dite « baroque ». Il assimila les techniques de Gabrieli et Monteverdi, pour lesquelles il éprouvait une profonde admiration (monodie, style concer-

tant, écriture à plusieurs chœurs imitée des Vénitiens), sans cesser d'être attaché au style polyphonique ancien, auquel il est retourné dans ses vieux jours : cf. les belles *Passions.* En réalisant une magistrale synthèse des deux cultures antagonistes, il a occupé une position considérable dans l'histoire de la musique, ouvrant la voie, un siècle à l'avance, à J. S. Bach.
En adaptant magistralement le nouveau style monodiquc à l'esprit et au rythme de la langue allemande, il a créée un style de cantate (*Symphoniae Sacrae*) et un style d'oratorio (*Oratorio de Noël*) que Bach allait porter à la perfection ; il fut le premier en Allemagne à traiter les instruments dans un esprit symphonique donnant aux cuivres, notamment, une importance et un éclat inaccoutumés (influence de Gabrieli) ; il fut l'auteur du premier opéra allemand (perdu).

(Édition complète par Breitkopf en 18 volumes, 1885-1927) : *Dafne* (opéra), *Auferstehung Jesu Christi* [1623] (oratorio de Pâques dans le style allemand traditionnel, pour soli, chœurs, 4 violes de gambe et orgue), *Die sieben Worte Jesu Christi,* manuscrit (petit ensemble vocal et instrumental), *Musicalische Exequien* [1636] (trois pièces funèbres, pour soli, chœurs et basse continue), *Weihnachtshistorie* [1664] (oratorio de Noël pour soli, chœurs et instruments, un chef-d'œuvre considérable), quatre Passions a cappella manuscrites (merveilles de simplicité et de perfection d'écriture), vingt-six *Psalmen Davids...* [1619] (grand style vénitien à 2, 3 et 4 chœurs vocaux et instruments), un Psautier complet [1628-1661] (à 4 voix, note contre note, dans le style des psautiers français), trois recueils de *Symphoniae Sacrae* [1629-1647-1650] (3 à 5 voix, vocales et instrumentales les volumes I et III contiennent les plus grandes pages de Schütz dans le style italien), *Geistliche Chormusik* [1648] (29 motets allemands à 5, 6, 7 voix, vocales et instrumentales, dans le plus pur style polyphonique), quarante-huit *Kleine Geistliche Concerten* [1636-1639] (soli et basse : œuvres d'intimité).

SCIORTINO, PATRICE

Paris, 26 juillet 1922.

Écrivain, metteur en scène, théoricien, pédagogue, il a travaillé au groupe de recherches musicales de l'ORTF et s'est intéressé aux problèmes de la musique de films. Son œuvre majeure est un cycle d'opéras de caractères divers, entrepris en 1969 sous le titre général *Les Déliriques.* Il a été professeur au conservatoire européen de Paris.

Le cycle lyrique *Les Déliriques* (1969-1980), des ballets, des musiques de scène et de films, *Malédictions et Lumières* pour chœurs et orchestre, *La Mort jubilatoire* pour quatuor vocal et cordes, trois symphonies, des pièces pour orchestre, *Plurial* (double concerto pour piano et violon), *Concert* pour piano et cordes, *La Nuit* pour violon et cordes, des pièces pour piano... plus une œuvre littéraire comprenant une vingtaine de pièces de théâtre.

Scordatura

[Italien : « désaccordage »] Modification de l'accord habituel des instruments à cordes. Ce procédé était employé par les luthistes et les joueurs de violes, pour s'adapter aux tonalités, avant d'être appliqué à la famille du violon, vers le milieu du XVIIe siècle. Ce fut alors la spécialité de l'Allemagne du Sud (Biber, particulièrement). Vivaldi l'emploie dans plusieurs de ses concertos pour violon (notamment les n°s 6 et 12 de l'Opus IX) et Bach dans la cinquième suite pour violoncelle. Paganini obtient des effets spectaculaires en montant sa 4e corde d'une tierce mineure ou majeure…

Scott, Cyril

Oxton (Cheshire), 27 septembre 1879. – Eastbourne, 31 décembre 1970.

Élève du conservatoire de Francfort. Esprit original, poète, passionné pour les philosophies orientales. Une certaine liberté tonale et rythmique et l'importance de la couleur harmonique l'ont parfois fait comparer à Debussy.

Trois opéras, des œuvres chorales, trois symphonies, des concertos (piano, violon, violoncelle, clavecin), de la musique de chambre, de nombreuses petites pièces pour piano, plus de cent mélodies.

Scriabine, Alexandre Nicolaïevitch

Moscou, 6 janvier 1872. – Moscou, 27 avril 1915.

Pianiste. Élève de Taneiev au conservatoire de Moscou, où il sera lui-même professeur de piano (1898-1904). Après avoir subi profondément l'influence de Chopin et de Liszt, il découvre Wagner, puis Debussy et Ravel. Il s'enthousiasme pour la théosophie et pour les philosophies orientales et bientôt édifie une métaphysique extravagante, mais en partie géniale, dont une grande majorité de ses œuvres porte le témoignage. S'identifiant au surhomme de Nietzsche, « créateur total », il veut « accéder par l'Extase à la fusion avec le Cosmos », « faire résonner l'accord final de notre race, en la réunissant à l'Esprit ». Son œuvre, profondément originale, notamment du point de vue harmonique (on y trouve des exemples étonnants d'écriture atonale), est trop peu répandue.

Trois symphonies, *Le Poème de l'extase* pour orchestre, *Prometheus* pour piano, chœurs et orchestre, et surtout de nombreuses compositions pour piano, dont un concerto, dix sonates (dont la belle *n° 9*), des préludes, impromptus, études.

Searle, Humphrey

Oxford, 26 août 1915. – Londres, 12 mai 1982.

Élève de G. Jacob et J. Ireland à Londres, et de Webern à Vienne. Sous l'influence de ce dernier, il est devenu l'un des meilleurs représentants du dodécaphonisme en Angleterre. Après la guerre, qu'il fit en partie dans l'Intelligence Service, il collabora au livre de Trevor-Roper *Les Derniers Jours de Hitler*.

Une grande trilogie (*Gold Coast Customs, The Riverrun, The Shadow of Cain*) pour récitant, chœurs et orchestre, trois opéras, cinq symphonies, *Poem* pour cordes, deux concertos de piano, de la musique de chambre, une très belle sonate pour piano.

Seconde

Intervalle qui peut se présenter sous trois formes : majeure (do-ré), mineure (do-ré ♭), augmentée (do-ré ♯). (Voir Intervalles*.)

Seiber, Mátyás

Budapest, 4 mai 1905. – Capetown, 24 septembre 1960.

Élève de Kodály au conservatoire de Budapest (1919-1924). Il visita les trois Amériques comme musicien sur un paquebot, parcourut une partie de l'Europe comme violoncelliste, critique et professeur (notamment au conservatoire de Francfort où il créa une classe de jazz). En 1935, il s'établit à Londres. Extrêmement intelligent et curieux, il s'intéressa à toutes les branches de la musique, combinant dans son œuvre l'influence des musiques nouvelles, du jazz et du folklore.

Un opéra-comique (*Eva spielt mit Puppen*), des musiques de scène et de film (surtout dessins animés), plusieurs cantates (dont *Ulysse*), des mélodies et des arrangements de chansons populaires, trois quatuors à cordes, de curieuses pièces pour piano et de nombreux écrits (notamment sur le jazz et sur Kodály).

Seixas, Carlos de

Coimbra, 11 juin 1704. – Lisbonne, 25 août 1742.

Organiste et claveciniste. Après avoir été très jeune titulaire des orgues de la cathédrale de Coimbra, il fut nommé à l'église patriarcale de Lisbonne en 1720. À la cour portugaise, il rencontra Domenico Scarlatti, qui exerça une influence profonde sur son œuvre pour clavecin. Mais il conserva un style très personnel et brillant, qui fait de lui le plus grand compositeur portugais pour le clavecin.

Nombreuses sonates et compositions diverses pour clavecin et orgue, un concerto pour clavecin et cordes, deux *Sinfonie* et de la musique religieuse.

Selle, Thomas

Zörbig (Saxe-Anhalt), 23 mars 1599. – Hambourg, 2 juillet 1663.

Élève de l'université de Leipzig et probablement de la Thomasschule, sous l'influence de Schein, il fut successivement cantor à Heide (1624), recteur à Wesselburen (1625), cantor à Itzehoe (1634), puis au Johanneum de Hambourg (1641) où il mena une action importante en faveur de la musique nouvelle.

Deux Passions, selon saint Matthieu (1636) et saint Jean (1643), cette dernière inaugurant le genre de la passion-oratorio, de nombreux concerts spirituels, des histoires sacrées (oratorios dans la manière de Schütz), cent dix cantiques de Rist, dix *Pastorellen* à 3 voix, un canon à 36 voix, des pièces pour orgue.

Selmer, Johan Peter

Christiania, 20 janvier 1844. – Venise, 21 juillet 1910.

Élève d'A. Thomas à Paris (où pendant la Commune il fut nommé membre d'une commission musicale) et de F. Richter à Leipzig. Sa musique, intensément romantique, a exercé une influence profonde sur les compositeurs norvégiens des générations suivantes.

Des oratorios, des chœurs a cappella, environ cent dix mélodies, des poèmes symphoniques.

Senaillé, Jean-Baptiste

Paris, 23 novembre 1687. – Paris, 15 octobre 1730.

Violoniste, fils d'un des « vingt-quatre violons du roi ». Élève d'un élève de Corelli, J. B. Anet, puis de T. A. Vitali (fils du célèbre compositeur) à Modène. À son retour en France, muni d'une recommandation de la duchesse de Modène, fille du duc d'Orléans, il obtint une position importante dans l'orchestre de la cour et se fit entendre avec succès au

Concert spirituel de 1728 à 1730. Ses sonates pour violon dénotent une technique remarquable pour l'époque.

Cinq livres de sonates pour violon et basse continue (cinquante sonates au total), trahissant l'influence italienne.

SENFL, LUDWIG

Bâle, vers 1486. – Munich, 1543.

Très jeune, il fut membre de la chapelle de l'empereur Maximilien Ier à Constance. Il y devint l'élève d'Isaac, qu'il accompagna à Florence en 1515 et auquel il succéda comme compositeur de la cour de Maximilien. En 1520, on le trouve à Augsbourg, où il est reçu par Charles Quint, puis à Munich où il est jusqu'à sa mort *musicus intonator* et *musicus primarius* (?) du duc de Bavière.

Des messes, des motets, environ cent cinquante remarquables lieder polyphoniques (où il utilise parfois, comme les auteurs de motets du XIVe siècle, la pluralité des textes). Il a complété le monumental *Choralis Constantinus* d'Isaac.

SENSIBLE

Nom que l'on donne dans le système tonal au septième degré de la gamme diatonique usuelle : c'est la septième majeure de la tonique ou la tierce majeure de la dominante*. Cette sensible ou « note sensible » (que les Allemands et les Anglais appellent « note pilote ») doit sa dénomination à une sorte d'instabilité naturelle : elle donne à l'oreille insatisfaite un sentiment de suspension qui appelle instamment la tonique, vers laquelle la sensible tend à monter d'un demi-ton (et non à descendre d'une septième majeure). Cette attraction vers la tonique, déjà évidente dans le cas d'une simple ligne mélodique, prend toute sa force lorsque la sensible est placée au-dessus d'un accord de septième de dominante (ré-fa-sol-si, par exemple). Note la plus caractéristique de l'échelle tonale, elle n'existait pas dans la plupart des modes du plain-chant, avant les profondes modifications que ceux-ci ont subies au XIVe siècle. Les qualités dynamiques de la sensible jouent un grand rôle dans la modulation : lorsque, dans un ton donné, on introduit un dièse supplémentaire (ou que l'on supprime un bémol) la note altérée prend la valeur d'une sensible, désignant une nouvelle tonique au demi-ton supérieur (ainsi l'irruption de fa ♯ ou ré ♯ favorise la modulation à sol ou mi). Par extension, on appelle parfois « sensible supérieure » le ton de la « sixte napolitaine » (voir Accord*, Modulation*), ou deuxième degré mineur qui tend à descendre d'un demi-ton sur la tonique.

On peut donc compléter la règle précédente, relative aux altérations : tout bémol accidentel donne à la note qui en est affectée la valeur d'une « sensible supérieure », désignant une tonique au demi-ton inférieur (un mi ♭ ou un la ♭ imprévus prédisposent à moduler en ré ou en sol). En conclusion, toute altération accidentelle crée une sensible[1]. Si, au contraire, on détruit une sensible (en baissant d'un demi-ton le septième degré majeur), on obtient la sous-dominante d'un ton voisin.

Septième

Intervalle que forme avec la tonique le septième degré d'une échelle diatonique. Il se présente sous trois formes : majeure (do-si), mineure (do-si ♭), diminuée (do-si 𝄫). (Voir Intervalles*, Accords*, Sensible*.)

Séquence

Au Moyen Âge, on appelait *sequentiae* ou *sequelae* les vocalises jubilatoires des alleluias et des graduels. On appelle de nos jours « séquence », dans la liturgie romaine, une *sequentia* pourvue d'un texte, selon le principe du trope*, et détachée de son contexte. Les structures étaient strophiques, pour permettre la respiration et faciliter la mémorisation. En ajoutant des strophes, à raison d'une syllabe par note, on obtenait un genre de pièce lyrique en vers, dont l'abbaye Saint-Martial de Limoges a réuni un précieux florilège aux Xᵉ et XIᵉ siècles. Le succès des séquences a suscité une floraison de véritables compositions musicales, indépendantes de la liturgie, où non seulement le texte mais aussi la mélodie est originale : on les appelle *versus.* Le concile de Trente n'a retenu dans la liturgie que quatre séquences : *Victimae paschali laudes* (XVᵉ siècle), *Lauda Sion, Veni Sancte Spiritus* et *Dies Irae* (XIIIᵉ siècle probablement). Le *Stabat Mater* ne sera admis qu'en 1727, avec cinq autres séquences. Mais bien d'autres pièces ont survécu à la Contre-Réforme, notamment les séquences *Inviolata, Ave Verum, O filii,* et des tropes de *Kyrie,* d'*Introït,* d'*Alleluia,* etc.

1. La sensible créée par un dièse est fortifiée dans son dynamisme naturel par sa coïncidence avec la note caractéristique de la tonalité qu'elle impose (voir Modulation*). La « sensible supérieure » créée par un bémol établit une équivoque, car elle est en même temps note caractéristique d'une autre tonalité (ex. mi ♭, sensible supérieure de ré, est note caractéristique de si ♭).

Ces belles mélodies faciles, aux allures de chansons ou de chorals, s'insèrent dans la liturgie entre les chants réguliers.

⊖› « Chants à la vierge » (*Stabat Mater*), Messe des Morts (*Dies Irae*), Messe de Pâques (*Victimae paschali*).

Sériel

Relatif au principe de la série (voir Hauer), sur lequel Schoenberg a fondé sa méthode de composition dodécaphonique*. Le principe de la série pourrait s'appliquer à d'autres systèmes pantonaux, ou tonalement indéterminés : systèmes de six tons ou de vingt-quatre quarts de ton, par exemple. Il s'est étendu, après 1950, à des successions de durées, d'intensités, de timbres. De façon générale, la série est une succession d'éléments qui effectueront dans la composition les permutations permises par la règle du jeu. Les règles du développement sériel pourraient être encore étendues à des séries de séries.

Sermisy, Claudin de

?, vers 1490. – Paris, 13 octobre 1562.

En qualité de membre de la chapelle de musique du roi (chantre, puis « sous-maître » à partir de 1532), il prit part aux funérailles de Louis XII (1515) et de François Ier (1547), ainsi qu'à plusieurs rencontres historiques : celle de François Ier et du pape Léon X à Bologne (1515), celles de François Ier et de Henry VIII au camp du Drap d'or (1520), puis à Boulogne (1532). En 1533, il devint chanoine de la Sainte-Chapelle, dont il avait été « clerc musicien » en 1508. Sermisy était l'un des compositeurs les plus publiés de son temps et le maître de la musique religieuse en France. Ses chansons d'amour, cependant, sont parmi les plus raffinées et les plus délicates qui aient été écrites au XVIe siècle.

Onze messes à 4 voix, quatre livres de motets (3 à 6 voix) et beaucoup d'autres, environ deux cents chansons (la plupart à 4 voix), une *Passion selon saint Matthieu* à 4 voix.

Serocki, Kazimierz

Torum, 3 mars 1922.

Élève de Sikorski à Lodz, puis de Nadia Boulanger à Paris. De 1950 à 1952, il donna des concerts comme pianiste dans plusieurs pays d'Europe. Il fut l'un des promoteurs du festival « l'Automne à Varsovie » en 1956, et il est actuellement, avec Penderecki, l'un des chefs de file de l'école polonaise contemporaine. Dans une partie de son œuvre, il utilise un système sériel généralisé (voir Boulez*), tel qu'il est pratiqué par les disciples de Webern ; dans une autre, il se tourne vers la recherche de timbres et de complexes harmoniques.

Niobé, pour 2 récitants, chœurs et orchestre ; trois symphonies, des *Fresques symphoniques*, *Épisodes*, *Segmenti* et *Musica concertante* pour orchestre ; des cycles de mélodies, etc.

Serov, Alexandre Nicolaïevitch

Saint-Pétersbourg, 23 janvier 1820. – Saint-Pétersbourg, 1er février 1871.

Juriste et critique musical, autodidacte en musique, il fut le premier « poulain » du célèbre critique Stassov (conseiller et défenseur du groupe des Cinq). Après avoir découvert la musique de Wagner, dont l'influence est sensible dans toute son œuvre, il eut l'ambition de créer un équivalent russe du drame musical wagnérien.

Trois opéras (*Judith*, *Rogneda* et *La Puissance du mal*), *Stabat Mater*, *Ave Maria*, *Cantique de Noël*.

Sessions, Roger

Brooklyn, 28 décembre 1896. – Princeton, 16 mars 1985.

Élève de E. Bloch et de Nadia Boulanger. Professeur aux universités de Berkeley (1944-1952), de Princeton (1953-1965) et de Harvard (1968-1969). Sa musique, dense et difficile, a d'abord été influencée par celle de Bloch, avant d'adopter la technique sérielle (à partir de 1952).

Deux opéras, des musiques de scène ; neuf symphonies, concerto pour piano, concerto pour violon ; un quintette et deux quatuors à cordes ; trois sonates pour piano, une sonate pour violon solo. Des écrits sur la musique.

Setār

[littéralement : « 3 cordes »] Petit luth iranien, formé d'une caisse arrondie en mûrier et d'un long manche fin en noyer, avec 25 ligatures. Il est tendu de 3 cordes, plus une quatrièmc corde vibrant par sympathie, ajoutée au début du siècle. Il est issu de l'ancien *tanbur*, luth à long manche, encore utilisé en Turquie. Le setār se joue avec l'ongle de l'index.

SÉVERAC, DÉODAT DE

Saint-Félix-de-Caraman (Lauragais), 20 juillet 1872.
Céret (P.-O.), 24 mars 1921.

Fils du peintre Gilbert de Séverac, il appartenait à une vieille famille du Languedoc. Après ses études secondaires et de brefs passages aux conservatoires de Toulouse et de Paris, il entra à la Schola cantorum où il fut l'élève de Magnard et de Vincent d'Indy. Il était peut-être le musicien le plus original de sa génération. « Sa musique sent bon », disait Debussy.

Deux opéras-comiques, de la musique de scène, des poèmes symphoniques, d'admirables pièces pour piano (dont ses chefs-d'œuvre : *En Languedoc, Baigneuses au soleil, Cerdana*), quelques pièces d'orgue, des mélodies.

SHAHNĀI

Instrument du Nord de l'Inde, de la famille du hautbois. La qualité du son en est particulièrement admirable, mais il est difficile à jouer. Son corps conique, percé de trous, est muni à une extrémité d'une anche double en roseau, à l'autre d'un pavillon évasé en métal. Un instrument analogue, utilisé dans le Sud, est appelé *nāgasvāram.*

SHAMISEN

Petite guitare japonaise à 3 cordes, au manche fin et long, dérivée du *sanhsien* chinois. La petite caisse carrée est tendue de peau de chat. Cet instrument, très populaire, qui joue un rôle primordial dans les théâtres *kabuki* et *bunraku,* est aussi l'instrument de prédilection des geishas. On le trouve partout et des modèles bon marché sont fabriqués aujourd'hui en série.

SHEPPARD, JOHN

?, vers 1515. – ?, vers 1560.

On ne sait presque rien de sa vie, si ce n'est qu'il fut *Informator choristarum* au Magdalen College d'Oxford (1543-1548), qu'il fit partie des Gentlemen of the Chapel Royal et qu'il participa, en cette qualité, aux cérémonies du couronnement d'Elisabeth le 17 janvier 1559. Injustement oublié, Sheppard est l'un des compositeurs anglais les plus importants de sa génération, parfois très audacieux.

Cinq grandes messes polyphoniques sur *cantus firmi*, deux *Magnificat*, soixante-cinq motets, des *services* anglicans et de nombreux *anthems*.

SIBELIUS, JEAN

Hämeenlinna (Finlande), 8 décembre 1865.
Järvenpää (près d'Helsinki), 20 septembre 1957.

Après s'être orienté vers le droit, il étudia la musique, d'abord au conservatoire d'Helsinki, avec Wegelius, puis à Berlin et à Vienne. Dès ses premières œuvres, inspirées du folklore et des légendes du *Kalevala*, il s'imposa comme le chef de l'école nationale finlandaise.
Le grand compositeur Kajanus, qui dirigeait l'exécution de ses premières œuvres en 1892, décida de ne plus composer et devint l'interprète dévoué de son jeune confrère. En 1893, Sibelius fut nommé professeur de violon et de théorie musicale au conservatoire d'Helsinki. Quatre ans plus tard, une pension à vie lui était garantie par l'État pour lui permettre de se consacrer exclusivement à la composition. Ainsi son existence fut paisible et féconde, sans autres événements marquants que ses tournées régulières à l'étranger (notamment aux USA où, en 1914, il enseigna quelque temps au conservatoire de Boston). Vénéré dans son pays comme peu de compositeurs l'ont été, Sibelius est le symbole du nationalisme finnois en musique. Chaque fois que le patriotisme des Finlandais a été mis à l'épreuve, certaines de ses compositions ont pris la valeur de chants de partisans (notamment *Finlandia*). À partir de 1910 environ, son style est devenu plus international, mais on y perçoit encore un parfum mélodique finnois. Si les œuvres d'inspiration nationale de Sibelius peuvent être mal comprises à l'étranger, ses symphonies en revanche (notamment les *Quatrième, Cinquième, Septième*) et son concerto de violon mériteraient une beaucoup plus large diffusion.

L'opéra *Jungfruburen*, de la musique de scène (dont la musique pour *Kuolema* de Järnefelt d'où fut extraite la célèbre *Valse triste*) ; de grandes œuvres pour chœurs et orchestre (dont le beau *Jordens sang*, « Chant de la terre »), une centaine de mélodies (la plupart en langue suédoise), sept symphonies, de nombreux poèmes symphoniques (dont *En Saga, Finlandia)* et quatre légendes d'après le *Kalevala* (le nº 2 est *Tuonela joutsen* : *Le Cygne de Tuonela*), un concerto et deux sérénades pour violon et orchestre, de la musique de chambre (dont le quatuor à cordes *Voces intimae*), environ cent vingt compositions pour piano.

SICILIENNE

Rythme de danse, à 6/8 ou 12/8, très modéré, utilisé fréquemment dans l'opéra et la musique instrumentale au XVIIIe siècle. On n'en connaît pas les origines chorégraphiques (populaires et siciliennes vraisemblablement). Fréquemment adoptée par les compositeurs italiens (ou italianisants) comme mouvement lent des concertos, la sicilienne revêt un caractère de douceur un peu triste, auquel contribuent l'usage habituel du mode mineur et la faible accentuation du rythme caractéristique.

⊖› BACH, *Sonate pour violon en sol mineur.* – VIVALDI, *Concerto pour flûte op. 10 n° 3, Il Cardellino*; *Concerto pour flûte op. 10 n° 5.* – Attribué à PERGOLESI, *Concertino n° 6.* – BIZET, *L'Arlésienne, Suite n° 1* (« Carillon » – section centrale). – ROUSSEL, *Suite op. 14.*

SILLET

Petite pièce d'érable ou d'ivoire sur laquelle s'appuient les cordes en haut de la touche des instruments de la famille du violon (ou des vièles) et de la guitare (ou des luths). À vide, c'est-à-dire lorsque aucun doigt n'est posé sur la touche, les cordes vibrent entre le sillet et le chevalet.

SINDING, CHRISTIAN

Kongsberg, 11 janvier 1856. – Oslo, 3 décembre 1941.

Pianiste. Frère du peintre Otto Sinding et du sculpteur Stefan Sinding. Il fit ses études musicales, grâce à une bourse royale, à Leipzig, Berlin, Dresde et Munich. Pendant deux ans (1920-1921), il enseigna à l'Eastman School of Music de Rochester (New York). Sa musique de piano, très romantique, eut un succès excessif, qui porta préjudice à des compositions de plus haute qualité (comme sa *Troisième Symphonie*).

Deux opéras, environ deux cents mélodies, trois symphonies, un concerto pour piano, deux concertos pour violon, des œuvres pour violon et orchestre (*Suite*, *Légende*, *Romance*) et pour violon et piano, de très nombreuses pièces pour piano.

Sinopoli, Giuseppe

Venise, 2 novembre 1946.

Chef d'orchestre. Il a mené de front des études musicales au conservatoire de Venise, complétées auprès de Maderna et Stockhausen en 1968 à Darmstadt, et des études médicales, terminées en 1971 par une thèse en psychiatrie. Il s'est installé à Venise en 1972 ; il enseigne au conservatoire de cette ville, où il a fondé en 1975 l'ensemble Bruno Maderna spécialisé dans la musique contemporaine.

Requiem Ashirim (1976) pour chœur a cappella, *Souvenirs à la mémoire* (1974) pour 2 sopranos, haute-contre et orchestre, *Symphonie imaginaire* (1973) pour 3 orchestres, chœurs, et 10 voix d'enfants ; *Tombeau d'Armor* pour orchestre ; concerto pour piano ; une sonate pour piano, un quatuor à cordes.

Sitār

Instrument très répandu dans l'Inde du Nord, c'est une sorte de grand luth à la caisse hémisphérique et au très long manche, garni de frettes mobiles (9 par octave), qui permettent l'adaptation aux différents *thāta* ou gammes modales. Le *sitār* est tendu de six ou sept cordes principales, dont deux de bourdon, et de treize cordes sympathiques, vibrant par résonance. Pour l'exécution de glissandi ou d'ornements, le *sitār*, comme la *vinā*, utilise une technique très particulière, consistant à tirer les cordes de côté. Ravi Shankar, grand musicien de Benarès, a introduit le *sitār* indien en Europe… pour le meilleur et pour le pire !

Sixte

Intervalle que forme avec la tonique le sixième degré d'une échelle diatonique. Il se présente sous quatre formes : majeure (do-la), mineure (do-la ♭), augmentée (do-la ♯), diminuée (do-la 𝄫) (voir Intervalles*, Accords*).

Skalkottas, Nikos

Chalkis (île d'Eubée), 8 mars 1904. – Athènes, 19 septembre 1949.

Il commença ses études au conservatoire d'Athènes et les acheva à la Hochschule für Musik de Berlin où il devint le disciple de Schoenberg.

Pendant les douze années qu'il passa en Allemagne (1920-1932), il fut aussi quelque temps l'élève de K. Weill. Il mourut à quarante-cinq ans, laissant plus de cent cinquante compositions qu'il ne s'était jamais soucié de faire exécuter ou publier, si bien que leur découverte posthume prit un caractère sensationnel. Sans le zèle de quelques amis dévoués, ce compositeur de talent, unique dans l'histoire musicale par sa modestie, serait demeuré inconnu.

Deux ballets, trente-six *Danses grecques* pour orchestre, deux suites symphoniques, une *Sinfonietta*, trois concertos pour piano, des concertos pour violon, violoncelle, violon et alto, quatre quatuors à cordes, quatre suites pour piano, des mélodies.

Slonimsky, Sergueï Mikhaïlovitch

Leningrad, 12 août 1932.

Élève du conservatoire de Leningrad, où il enseigne à son tour la composition. Son ouvrage sur les symphonies de Prokofiev (Leningrad, 1964) et ses articles théoriques lui ont fait une réputation d'exégète de la musique contemporaine.

Trois opéras, un ballet, deux symphonies, *Concerto-bouffe* pour flûte, trompette et cordes, *Antiphones* pour quatuor à cordes, des sonates pour piano, pour violon, pour alto, des mélodies sur des poèmes du folklore russe et d'après des chansons de troubadours.

Smetana, Bedřich

Litomyšl (Bohême), 2 mars 1824. – Prague, 12 mai 1884.

[ou Friedrich] Enfant prodige, il pouvait tenir sa partie, à cinq ans, dans un quatuor de Haydn ; à six ans, il faisait ses débuts en public comme pianiste et à huit ans il commençait à composer, ayant seulement reçu de son père (violoniste amateur) une éducation musicale sommaire. Après de très sérieuses études générales, notamment à Plzeň, il partit pour Prague en 1843 pour y perfectionner son piano (le seul enseignement musical sérieux qu'il ait subi) ; il y fut engagé comme maître de musique du comte Leopold Thun, chez qui il composa ses premières œuvres importantes. Les mouvements révolutionnaires de 1848 (qui affectèrent violemment Vienne et la Hongrie) fortifièrent le nationalisme bohémien. Avec ferveur, Smetana épousa la cause des patriotes tchèques opprimés qui revendiquaient l'indépendance. En 1849, encouragé par Liszt et Clara Schumann, il fonde à Prague une école de musique privée. Mais quelques années plus tard, il décide de s'expatrier plutôt que de subir plus longtemps la domination autrichienne.

De 1856 à 1861, il vit en Suède où il dirige la société philharmonique de Göteborg (Harmoniska Sällskapet). Quand il regagne son pays, les récentes victoires franco-piémontaises sur l'empereur François-Joseph ont considérablement atténué le caractère oppressif et répressif du régime, et le sentiment national a gagné tous ses compatriotes. Smetana prend part à la fondation de plusieurs organismes musicaux bohémiens et tout particulièrement à la création du premier théâtre tchèque (Théâtre provisoire, puis Théâtre bohémien de Prague) destiné à la représentation de pièces en langue tchèque. Il en sera le chef d'orchestre régulier de 1866 à 1874. C'est là qu'il donne en 1866 le premier de ses huit opéras nationaux, *Braniboři v Čechàch* (*Les Brandebourgeois en Bohême*), suivi quelques mois plus tard de son chef-d'œuvre, l'éblouissante *Prodaná Nevěsta* (*La Fiancée vendue*). L'immense popularité de cette œuvre, aussi tchèque que *Boris* ou *Khovantchina* sont russes, n'a jamais cessé : c'est un véritable hymne national en trois actes. À partir de 1873 se manifeste un début de surdité, accompagné de maux de tête violents et de troubles nerveux. Cet état s'aggrave rapidement jusqu'à la surdité complète. À la suite d'une forte dépression nerveuse, l'état mental de Smetana nécessite son hospitalisation dans un asile d'aliénés où il est mort à l'âge de soixante ans. Il fut inhumé au cimetière du Vyšehrad à Prague. En 1924, son centenaire fut commémoré jusque dans le moindre petit village de Tchécoslovaquie.
Non seulement Smetana fut le père de la musique tchèque moderne, mais il contribua par son œuvre à la libération de son pays et peut être considéré comme le symbole de la liberté tchèque. Son génie, qui va bien au-delà de la simple imitation du folklore, permet à une œuvre d'inspiration nationale d'atteindre à l'universalité : l'ouverture de *La Fiancée vendue* et le cycle de poèmes symphoniques *Má Vlast* (*Ma patrie*), qui contient la célèbre *Vltava* (*Moldau*), sont encore joués dans le monde entier. À l'influence de Liszt s'ajoutent dans son œuvre celles de la vie paysanne, des paysages de Bohême et surtout le souvenir d'une enfance heureuse que les souffrances ultérieures n'effaceront jamais. Des chefs-d'œuvre comme *La Fiancée vendue*, *Le Baiser* ou *Ma patrie* en apportent le merveilleux témoignage.

Huit opéras dont *Prodaná Nevěsta* (*La Fiancée vendue*, Prague 1966), *Dalibor* (Prague, 1868) et *Hubička* (*Le Baiser*, Prague, 1876) ; des chœurs et des mélodies, souvent d'inspiration folklorique, des poèmes symphoniques (dont les six qui composent *Má Vlast*), un trio avec piano, deux quatuors à cordes, de nombreuses œuvres pour piano, dont les polkas et danses tchèques.

SMYTH, ETHEL (DAME)

Londres, 23 avril 1858. – Woking (Surrey), 9 mai 1944.

Élève de Reinecke au conservatoire de Leipzig, amie intime de l'impératricc Eugénie, militante féministe, elle est plus connue en Angleterre par sa personnalité vigoureuse et par ses dix volumes de Mémoires (1919-1939) d'une haute qualité littéraire que par son œuvre musicale, pourtant remarquable.

Six opéras, dont *Der Wald* (Berlin, 1902) et *The Wreckers*, son chef-d'œuvre (Leipzig, 1906) ; des œuvres chorales ; des mélodies, de la musique de chambre, des pièces pour orgue.

SÖDERMAN, AUGUST

Stockholm, 17 juillet 1832. – Stockholm, 10 février 1876.

Après avoir débuté très jeune dans la carrière de marin, il partit étudier la musique à Leipzig en 1856, puis devint chef d'orchestre du Théâtre royal de Stockholm. Il publia pendant quelques années avec son ami Grieg la revue *Nordiska Musikblad.*

Musique sacrée (dont une *Missa solemnis*), quatre opérettes, environ quatre-vingts musiques de scène, chœurs a cappella, lieder avec orchestre ou piano.

SOLER, ANTONIO (PADRE)

Olot (Catalogne), 3 décembre 1729. – L'Escurial, 20 décembre 1783.

Après avoir étudié la musique au monastère de Montserrat avec un élève de Cabanilles, il fut nommé très jeune maître de chapelle à la cathédrale de Lerida. En 1752, il devint moine de l'ordre de saint Jérôme et organiste du monastère royal de l'Escurial. Il aurait été alors pendant quelques années l'élève de Scarlatti, dont les sonates du Padre trahissent l'influence.

Des motets, messes, psaumes, etc., de la musique de scène pour des œuvres de Calderón, six quintettes pour orgue et cordes, six concertos pour 2 orgues, et surtout un très grand nombre de *sonatas* et *tientos* pour orgue et clavecin. On lui doit aussi un remarquable traité : *Clave de la modulación.*

Sonate

Ce terme a une double signification. Il peut désigner :
1. Un genre de composition instrumentale en plusieurs « mouvements » : c'est dans cette acception particulière qu'il faut l'entendre ici.
2. Une forme* classique, régissant la structure interne d'un ou plusieurs mouvements de la sonate, de la symphonie, du concerto, des œuvres de musique de chambre, de l'ouverture ; mais il existe des sonates dont aucun mouvement n'est précisément en forme-sonate (Beethoven : *op. 26*).
À l'origine, la sonate est une pièce « sonnée », c'est-à-dire jouée sur des instruments, par opposition à la cantate ou pièce « chantée ». Mais, tout au long du XVIe siècle, les *canzoni da sonar* (qui sont donc « sonnées » sur des instruments) ne sont que des adaptations instrumentales du style de la polyphonie vocale. En 1615, sont publiées des *Canzoni e sonate a 3, 5, 6, 7... 22 voci ; per sonar con ogni sorte de instrumenti...* de Giovanni Gabrieli, dont certaines s'affranchissent suffisamment du style vocal pour être considérées comme les ancêtres de la symphonie et de la sonate. À la même époque, les danses à la mode, transcrites pour luth ou divers instruments, sont groupées dans un ordre déterminé pour former des suites*. Le succès de ces arrangements leur vaut de pénétrer toutes les formes de la musique instrumentale, si bien qu'il sera toujours difficile de distinguer une suite d'une sonate dans la musique du XVIIe siècle, du moins jusque vers 1660.
Les sonates primitives n'ont pas de forme bien définie. Leur trait commun est d'accuser l'individualité d'un ou plusieurs instruments accompagnés par la basse continue. Le violon prend une place prépondérante qu'il conservera pendant un siècle et demi. Mais la forme la plus répandue restera longtemps celle de la « sonate à trois » : deux violons concertants, plus la basse... ce qui fait en réalité quatre instruments avec le clavecin chargé de la réalisation*. De la même façon, une sonate *a violino solo* comporte une basse continue, sauf indication contraire : elle exige donc trois exécutants ! Après G. Gabrieli, les principaux créateurs de la sonate ont été Frescobaldi (magnifiques *canzoni* en trois ou quatre sections de 1628), Salomone Rossi, Biaggio Marini et Marco Uccellini.
La sonate naissante, à laquelle la suite a imposé son caractère, trouve aussitôt sa place à l'église dans les intervalles de la liturgie ; or il paraîtrait indécent d'y faire entendre des airs de danse. On composera donc des « sonates d'église », conformes aux exigences de la piété, tandis qu'on appellera « sonate de chambre » la forme profane. Dans les *Canzoni ovvero Sonate concertate per chiesa e camera* (1637) de Tarquinio

Merula, cette terminologie apparaît pour la première fois et dans l'*Opus 4* d'Uccellini, on trouve les deux types de sonates clairement distingués. La *Sonata da chiesa* comporte de trois à six sections contrastées, le plus souvent quatre (lent-vif-lent-vif), généralement dans le style d'imitation de la canzone, sauf le troisième mouvement. La *Sonata da camera* se confond d'abord avec la suite, dont elle ne se détachera que lentement. La succession la plus fréquente est : prélude, allemande, courante, sarabande, gigue.

Les premiers chefs-d'œuvre de la sonate « baroque » apparaissent dans le dernier quart du XVIIe siècle : sonates de Biber, de G. B. Vitali, de Veracini, de Kuhnau, qui le premier adapte au clavecin le type de la sonate d'église, et surtout de Purcell et de Corelli. Les vingt-deux sonates en trio de Purcell exploitent le modèle *da chiesa* avec une fraîcheur d'invention mélodique, une fantaisie et parfois une audace harmonique saisissante.

L'œuvre de Corelli est une sorte de bible de la musique instrumentale et de la technique du violon : toute l'évolution ultérieure part de lui, il a fondé le classicisme. Les recueils op. 1 et op. 3 contiennent chacun douze sonates en trio du type da chiesa ; l'op. 2 et l'op. 4 chacun douze sonates en trio du type da camera ; l'op. 5, douze sonates pour violon et basse continue, dont six da chiesa, cinq da camera – modèles de la sonate jusqu'au milieu du XVIIIe siècle – et une suite de variations sur la *Folia.* Tout ce qui se compose dans le genre est nourri des principes illustrés par cet *opus 5* de Corelli. Albinoni, Vivaldi, Bach, Haendel, Tartini, Locatelli, Leclair, lui ont été directement redevables. Bien qu'on ait continué pendant deux générations à composer de temps en temps des sonates en trio, le genre à la mode après 1700 est (avec le concerto) la sonate pour violon et basse, du moins jusqu'à la disparition de la basse continue et la revanche éclatante de l'instrument à clavier à partir de 1740 environ. Le violon sera réintroduit dans la sonate comme accompagnateur du clavecin (voir la page de titre des premières sonates de Mozart).

Une légende tenace fait de Domenico Scarlatti le père de la sonate pour clavecin. Pourtant ce grand musicien n'avait pas besoin d'une gloire usurpée, tandis que Johann Kuhnau qui mérite justement ce titre de pionnier est trop peu connu. Certes, chacune des pièces du recueil d'*Essercizi*, première publication de Scarlatti, est intitulée déjà *Sonata*, mais aucune n'en a le caractère ; ces pièces s'inspirent des genres les plus variés, mais n'appartiennent définitivement à aucun.

Pour la plupart, elles sont de coupe binaire comme les morceaux de la suite*, mais elles s'en distinguent par la richesse harmonique, par la fantaisie dans l'écriture instrumentale, par l'originalité rythmique et souvent par l'utilisation très libre de deux thèmes. Il est extrêmement intéressant de remarquer que, dans certains recueils, le rangement de ces courtes pièces semble inviter à les grouper deux à deux ou trois à trois pour l'exécution, en fonction de leurs parentés tonales et des possibilités de contrastes rythmiques[1] : elles auraient ainsi formé des petites « sonates » dans une forme libre.

La forme-sonate à deux thèmes n'est définitivement adoptée que vers 1760. Il est difficile d'en attribuer la paternité à un seul compositeur. Tandis que Scarlatti introduisait un second thème dans une forme assez exceptionnelle dès 1735 environ, il semble que, dans la première moitié du XVIIIe siècle, Sammartini dans ses symphonies, Telemann et Leclair dans leurs sonates aient inauguré simultanément la forme dithématique classique, suivis par Stamitz et par C. P. E. Bach. La « forme-sonate » est un agrandissement de cette structure dithématique. Beethoven lui donnera sa vraie signification en exploitant le contraste dramatique entre les deux thèmes : ils deviennent deux « idées », entre lesquelles s'établit une dialectique sans précédent en musique.

La forme-sonate est théoriquement caractéristique du premier mouvement ; mais les exceptions ne manquent pas. La forme-lied (AA′A) est une des plus fréquemment utilisées dans le mouvement lent, avec la variation. La forme rondo (ABACA), consistant en couplets et refrains, est caractéristique du dernier mouvement à partir de Haydn. Albinoni, dans les six *Sinfonie a 4* (vers 1735) inaugure d'introduire un menuet avec trio entre le mouvement lent et le finale. Mais ce mouvement supplémentaire ne deviendra habituel qu'après 1745.

Le plan de la sonate classique, telle que Haydn l'héritera, la portera à maturité et la transmettra à ses successeurs, est désormais le suivant :

I. Mouvement rapide ou modéré, dont l'origine est l'allemande de la suite. Généralement très développé, dans la forme-sonate, il est quelquefois précédé d'une introduction lente.

II. Mouvement lent et expressif, dans la forme-lied, dont l'origine est la sarabande de la suite. Haydn emploie souvent à cette place un thème varié.

III. Menuet avec trio et da capo. Toujours à trois temps, il est naïf et joyeux chez Haydn, noble chez Mozart, conformément à son origine. Beethoven, dès la période de jeunesse, le remplace par une pièce vive, fantastique, inquiétante, parfois tragique, curieusement appelée *scherzo* ; il lui arrivera de placer ce mouvement avant le mouvement lent et souvent il le supprimera.

1. Une édition de 1744 présente douze *Concertos* de D. Scarlatti. Ce sont des arrangements pour sept instruments de plusieurs sonates pour clavecin, groupées quatre à quatre pour former des concertos dans la disposition : lent-vif-lent-vif (cf. le remarquable ouvrage de R. Kirkpatrick). Une autre édition est intitulée *XLII Suites de pièces pour clavecin…* : elle comprend des sonates du recueil d'*Essercizi* et des pièces nouvelles de forme analogue.

IV. Mouvement rapide ou très rapide qui, dans la suite, était presque toujours une gigue. La structure la plus courante est celle du rondo ; Beethoven l'amplifiera en y introduisant le type de développement de la forme-sonate.
Les mouvements I. III. IV. sont généralement dans la même tonalité, le mouvement lent étant dans une tonalité voisine.
Libre et radieux, le génie de Haydn, pourtant profondément classique, s'est souvent échappé de ce moule. Ses sonates pour piano ne comportent que deux ou trois mouvements, le dernier étant souvent un menuet. Il arrive à Mozart de remplacer le premier mouvement par un thème varié et le mouvement lent par un menuet (K 331) ou de se contenter de deux mouvements seulement (K 547) ; parfois plusieurs mouvements sont en forme-sonate, parfois aucun. Chez Haydn et Mozart, c'est dans la musique de chambre (quatuors, quintettes) que la forme est la plus stricte. Quant à Beethoven, tantôt il bouleverse à son gré la forme récemment établie au point de la rendre méconnaissable (*op. 26*, *op. 54*, *op. 90*, *op. 109*, *op. 111*), tantôt il l'agrandit de façon surhumaine, comme dans l'*op. 106* qui est bien le plus haut sommet jamais atteint par la forme-sonate… À vrai dire, le principe de la sonate n'est-il pas plus esprit que forme ? La puissance des conceptions beethovéniennes a marqué ce genre de composition, au point de rendre presque impossible l'évolution ultérieure. Dès les œuvres de la période de jeunesse (*op. 2* à *23*), le mouvement lent prend la proportion d'une profonde méditation où l'âme est à nu. Dans les œuvres de la maturité (« 2e période » : *op. 26* à *96*), le deuxième thème du mouvement initial, de caractère mélodique, prend une importance remarquable et s'oppose au premier, de caractère rythmique. Le plus souvent le scherzo est supprimé, tandis que le finale est très développé. Les dernières sonates poussent à son paroxysme cette spiritualisation de la forme (« 3e période » : *op. 102* à *111*) ; toutes les normes sont dépassées, à commencer par les possibilités, que l'on croyait limitées, du piano (*op. 106* et *111*) et les formes les plus diverses participent à cet apogée (variation, récitatif, fugue, etc.).
Rien de profondément nouveau ne fut ajouté à la sonate depuis Beethoven. Weber, Schubert et Chopin ont écrit de belles sonates où ils ont mis le meilleur d'eux-mêmes. La sonate en fa ♯ mineur de Schumann est une intéressante tentative d'adaptation de la fougue romantique à cette forme classique. Comme Chopin, il s'est soumis, à regret semble-t-il, à la stricte discipline de la sonate : chez l'un comme chez l'autre, une solide formation classique contrôlait l'expression du tempérament romantique, n'autorisant pas celui-ci à rompre les digues de la raison. Liszt, au contraire, comme Beethoven, donne libre cours à son instinct ; mais son chef-d'œuvre pianistique n'a de sonate que le nom et peut être consi-

déré plutôt comme une immense fantaisie. Enfin, les sonates de Brahms et, plus encore, celles de Franck (*Sonate pour violon* et *Grande pièce symphonique* pour orgue) et de ses successeurs présentent une particularité connue sous le nom de « cyclisme », dont le germe existait déjà chez Corelli : des cellules mélodiques caractéristiques reparaissent dans chacune des pièces, assurant la cohésion de l'ensemble.
Le XXe siècle n'a pas fait évoluer la sonate. Bien des libertés ont été prises avec sa forme, mais transgresser une loi suppose sa validité. Et, si des structures nouvelles s'insèrent dans le cadre classique (la forme-sonate, fondée sur les relations tonales, serait incompatible, par exemple, avec le dodécaphonisme*), l'esprit de la sonate moderne (de Debussy et Ravel, à Jolivet et à Dutilleux) est celui de Haydn, Mozart et Beethoven.

Soprano

Voix féminine aiguë. Ambitus ut_3 – mi_5 (exceptionnellement jusqu'à ut_6).
Tessiture mi_3 – sol_4.
Quelques rôles :
a. soprano léger et coloratura : la Reine de la Nuit (*La Flûte enchantée*), Gilda (*Rigoletto*), Lakmé, Olympia (*Contes d'Hoffmann*) ;
b. soprano lyrique : Suzanne (*Noces de Figaro*), Elvira (*Don Giovanni*), Pamina (*Flûte enchantée*), Aïda, La Maréchale (*Chevalier à la rose*) ;
c. soprano dramatique : Isolde, Brünnhilde (*Ring des Nibelungen*), Kundry (*Parsifal*), Tosca, Turandot, Salomé, Elektra.
Quelques grands sopranos : (a) M. Robin, J. Micheau (s. légers) ; (b) Lotte Lehmann, Schwarzkopf, Tebaldi, Price, Montserrat-Caballé, Callas, Seefried, Vichnievskaïa, Crespin, Freni, Cotrubas, K. Te Kanawa, J. Norman (s. lyriques) ; (c) G. Lubin, Flagstad, Nilsson, G. Jones (s. dramatiques).

Sor, Fernando

Barcelone, 14 février 1778. – Paris, 8 juillet 1839.

Guitariste. Comme le Padre Soler, il fut élève de l'Escolania de Montserrat. En 1809, ses sympathies pour l'envahisseur français le contraignirent à fuir l'Espagne. Il s'établit d'abord à Londres, puis (en 1813) à Paris. Dans les deux capitales, il éveilla l'intérêt du public cultivé pour la guitare et devint le maître à la mode. Ses études sont au répertoire de tout guitariste sérieux.

Des opéras, deux ballets, de nombreuses compositions pour guitare et une excellente méthode pour cet instrument.

SORIANO, FRANCESCO DI

Soriano sul Cimino (Viterbo), 1549. – Rome ?, vers 1621.

Élève de Nanini et de Palestrina. Il fut maître de chapelle à Saint-Louis-des-Français, puis à la cour de Mantoue et enfin, successivement, à Sainte-Marie-Majeure, Saint-Jean-de-Latran et Saint-Pierre.

Un livre de messes, deux livres de psaumes et motets (à 8, 12, 16 voix), cent dix canons sur l'*Ave Maris Stella*, quatre livres de madrigaux (4-5 voix).

SOURDINE

INSTRUMENTS À CORDES

Petit appareil de corne ou de métal qui se place sur le chevalet pour en atténuer les vibrations (la sourdine ne limite donc pas l'amplitude de vibration des cordes elles-mêmes).

→ VIVALDI, *Concertos pour flûte nos 2* et *5*. – BEETHOVEN, *Fidelio* (scène de la Prison). – BERLIOZ, *Symphonie fantastique* (1er mouvement), tout le début. – BARTÓK, *Musique pour cordes, percussion et célesta* (1er mouvement) : dans cette fugue, tous les instruments à cordes sont munis de sourdines (les « entrées » des différents groupes se succèdent dans l'ordre suivant : altos, violons, violoncelles, violons, contrebasses).

CUIVRES

Cône en fibre ou en carton bouilli (autrefois en bois) que l'on introduit dans le pavillon.

→ HAYDN, *Symphonie no 102* (2e mouvement) : cors et trompettes. – DEBUSSY, *La Mer*, 1er mouvement, chiffres 3 et 5 : cors ; 3e mouvement, chiffre 44 : trompette. – RAVEL, *Concerto pour la main gauche* (chiffre 31) : sourdines au trombone.

BOIS

L'adaptation de sourdines aux instruments de la famille des bois est extrêmement rare et relève du bricolage. Au XVIIe siècle, on enfonçait parfois un tampon de laine ou de papier dans le pavillon du hautbois. Certains instrumentistes usent de procédés analogues pour obtenir sur le basson des pianissimi dans l'extrême grave. Enfin Berlioz, dans son monodrame *Lélio*, écrit une partie de clarinette « avec sourdine » et explique qu'il faut envelopper l'instrument dans un sac en toile ou en peau !

Piano
Sur certains pianos droits, la pédale gauche permet d'intercaler une sourdine en feutre entre les marteaux et les cordes.

Souris, André

Marchienne-au-Pont (Belgique), 10 juillet 1899. – Paris, 12 février 1970.

Chef d'orchestre et critique. Élève du conservatoire de Bruxelles, puis de P. Gilson (orchestration) et H. Scherchen (direction d'orchestre). Il fut successivement professeur au conservatoire de Charleroi, chef d'orchestre à l'INR (1937-1946), directeur du studio musical du Séminaire des arts (1945-1948). Il fut en outre président de la section belge de la SIMC. Mêlé à la plupart des mouvements artistiques d'avant-garde, il a joué un rôle très important dans la vie musicale de son pays.

Le Marchand d'images pour soli, chœurs et orchestres, de la musique de films et de radio, des œuvres pour ensemble vocal et instrumental, *Avertissement* pour récitant et percussion, *Symphonies* pour orchestre, ainsi que de nombreux articles et un recueil de poèmes (*Bribes*).

Sousa Carvalho, João de

Estremoz (Portugal), 22 février 1745. – Alentejo, 1798.

Il commence ses études à Villa Viçosa, puis est envoyé avec une bourse royale au conservatoire Sant' Onofrio de Naples. À son retour au Portugal, il devient membre de la fraternité de Sainte-Cécile à Lisbonne (1767) et est nommé professeur de contrepoint et maître de chapelle au Seminario Patriarcal. En 1778, il succède à Davide Perez comme maître de la famille royale. C'est le meilleur compositeur portugais de son temps et l'un des plus grands de l'histoire du Portugal.

Quinze opéras italiens, de nombreuses compositions sacrées, certaines superbes dans le style de Jommelli, un volume de *Sonate per clavicembalo.*

Sous-dominante

Nom que l'on donne au 4e degré de la gamme diatonique ou quinte inférieure de la tonique. Dans la musique tonale, la sous-dominante tend à descendre d'un demi-ton sur le 3e degré, ou « médiante », mais la force d'attraction est ici moins grande qu'entre la sensible* et la tonique. Elle participe, avec la sensible, à l'accord de septième de dominante : conjugaison qui accuse fortement la tonalité (voir Modulation*). Si l'on hausse de un demi-ton la sous-dominante, on obtient la sensible d'un ton voisin (fa devenant fa ♯ = sensible de sol) ; inversement, si l'on baisse d'un demi-ton la sensible, on obtient la sous-dominante d'un ton voisin (si devenant si ♭ = sous-dominante de fa).

Spohr, Louis

Brunswick, 5 avril 1784. – Kassel, 22 octobre 1859.

L'un des plus grands violonistes de tous les temps. Il fut l'élève de deux obscurs musiciens, mais il se considérait comme un disciple de Mozart dont il avait soigneusement étudié les partitions. Il fut successivement musicien du duc de Brunswick, premier violon dans l'orchestre du duc de Gotha, puis dans celui du Theater an der Wien à Vienne (où il entra en relation avec Beethoven) et enfin (1822-1857) Hofkapellmeister de l'Électeur de Hesse-Kassel. Ce mozartien fervent s'enthousiasma pour les premiers opéras de Wagner, mais jugea sévèrement (dans son autobiographie) les dernières œuvres de Beethoven.

Dix opéras, quatre oratorios, une messe, des psaumes pour soli, chœurs et orchestre, neuf symphonies, quinze concertos et d'autres œuvres concertantes pour violon et orchestre, de nombreuses œuvres de musique de chambre (dont trente-trois quatuors à cordes), des compositions pour violon et piano ou violon et harpe, près de cent lieder.

Spontini, Gaspare

Majolati (Ancône), 14 novembre 1774. – Majolati, 24 janvier 1851.

Élève de Sala et Tritto au Conservatorio della Pietà dei Turchini à Naples, d'où il s'enfuit pour une raison inconnue. Il avait déjà composé plusieurs opéras bouffes lorsque, en 1798 – la cour s'étant réfugiée à Palerme devant la menace française, et Cimarosa, maître de chapelle en titre, ayant refusé de quitter Naples – Spontini fut mis temporairement à la place de ce dernier. Mais il ne passa qu'une année à Palerme et s'établit à Paris en 1803. Après y avoir fait représenter sans succès quelques opéras-comiques, il obtint un triomphe à l'Opéra avec *La Vestale*, malgré la cabale qui entoura les répétitions, et fut nommé « compositeur particulier » de l'impératrice Joséphine. Deux ans plus tard, un accueil encore plus chaud fut réservé à *Fernand Cortez* (qui est peut-être son chef-d'œuvre). C'est le grand style dramatique de ces deux ouvrages qui valut à Spontini de passer à la postérité. Nommé en 1810 chef d'orchestre du

Théâtre de l'Impératrice (fusion du Théâtre-Italien et de la Comédie-Française), il eut le grand mérite d'y donner en 1811 la première représentation parisienne de *Don Giovanni* dans sa version originale avec Niccolò Tacchinardi dans le rôle titre. En 1820, il s'installe à Berlin, comme Kapellmeister et superintendant général de la musique du roi Frédéric-Guillaume III. Il commençait à y devenir tout-puissant lorsque le succès du *Freischütz* fit pâlir son étoile, le privant du soutien d'une grande partie de l'élite intellectuelle. Son caractère intransigeant, ses indélicatesses qui multipliaient le nombre de ses ennemis et une accusation de lèse-majesté portée contre lui le contraignirent à quitter Berlin en 1842, épuisé physiquement et moralement. Il s'établit quelque temps à Paris, où il avait été élu membre de l'Institut en 1838, et, en 1848, il se retira à Jesi, puis dans son village natal où il mourut.

Un grand opéra et treize opéras bouffes italiens, quatre grands opéras et trois opéras-comiques français, cinq opéras allemands, quelques interludes chorégraphiques.

Sprechgesang

Mode d'expression vocal intermédiaire entre la parole et le chant (« chant parlé »), utilisé par Schoenberg à partir des *Gurrelieder* (1901) et dont *Pierrot lunaire* fournit l'exemple type. L'interprète doit suivre exactement le rythme noté et suggérer les intervalles mélodiques, sans tenir les notes justes.

Stamitz, Johann

Deutschbrod (aujourd'hui Havličkuv Brod), 19 juin 1717.
Mannheim, 27 mars 1757.

[Stamic Jan] D'une vieille famille originaire de Marbourg (aujourd'hui Maribor, en Slovénie). Il fut l'élève de son père Antonin (1687-1765), organiste, établi en Bohême depuis 1710. Engagé comme violoniste à la cour de Mannheim en 1741, il s'y fit une rapide réputation de virtuose qui lui valut d'être nommé, en 1745, Konzertmeister (premier violon) et directeur de la musique de chambre. C'est principalement à lui que l'orchestre du prince Électeur dut la réputation d'être le meilleur au monde. Pendant son séjour à Paris (1754-1755), il exerça une influence appréciable sur la formation des orchestres français. L'importance historique de Stamitz est considérable, car il a achevé de fixer (à la suite de Vivaldi, Sammartini et Jommelli) la forme de la symphonie classique, telle que l'ont utilisée Haydn et Mozart, en partant des formes instrumentales italiennes.

Ses principaux apports ont été l'exploitation systématique des contrastes expressifs dans la forme-sonate (influence de Jommelli), la mobilité des basses (fin du règne de la basse continue), l'instrumentation enrichie et rigoureusement déterminée, l'adoption définitive de la coupe en quatre mouvements (avec menuet) et, sur le plan de l'interprétation, la création d'un nouveau style d'orchestre rigoureux et équilibré. Après sa mort prématurée (à quarante ans), son élève Cannabich lui succéda.

Soixante-quatorze symphonies, six concertos pour clavecin, quatorze concertos pour violon, huit concertos pour flûte, un concerto pour hautbois, un concerto pour clarinette (le premier, vraisemblablement, qui ait été écrit), de nombreuses sonates pour divers instruments et quelques compositions religieuses.

Stamitz, Karl

Mannheim, 7 mai 1745. – Iéna, 9 novembre 1801.

Fils du précédent. Violoniste et virtuose de la viole d'amour. Il fut l'élève de son père, puis de F. X. Richter. Après avoir été violoniste dans l'orchestre de Mannheim (1762-1770), il suivit Richter à Strasbourg. Ce fut le point de départ d'une carrière itinérante de virtuose : Paris (où en 1778 il rencontre Mozart), Londres, Saint-Pétersbourg, Prague, Nuremberg, Kassel, etc. En 1785, il était premier violon dans l'orchestre du duc de Noailles à Paris et, de 1794 à sa mort, il occupait un poste similaire à Iéna. Sans avoir la valeur de celles de son père, ses œuvres séduisent par le charme et la variété de l'invention mélodique.

Deux opéras (perdus), environ soixante-dix symphonies, de nombreux concertos (clavecin, violon, alto, violoncelle, flûte, hautbois, clarinette), des quatuors à cordes, des sonates en trio.

Stanford, Charles Villiers

Dublin, 30 septembre 1852. – Londres, 29 mars 1924.

Après avoir commencé ses études musicales au Queen's College de Cambridge et s'être fait de bonne heure une réputation d'organiste et de chef d'orchestre, il alla compléter ses connaissances en Allemagne, où il fut l'élève de Reinecke et Kiel. Par sa culture et son intelligence, il exerça une profonde influence sur la musique anglaise du début du siècle ; la plupart des compositeurs de la génération qui lui succéda furent ses élèves. Il ressuscita l'opéra anglais et rendit sa vitalité à la grande musique d'église anglicane.

Onze opéras, de la musique de scène, sept *services* complets, cinq messes, d'innombrables œuvres chorales (religieuses et profanes), six symphonies, trois concertos pour piano, six *Irish Rhapsodies* pour violon et orchestre, huit quatuors, des pièces pour piano et pour orgue, environ deux cents mélodies et harmonisations de chansons populaires.

STEFFANI, AGOSTINO

Castelfranco (Trévise), 25 juillet 1654. – Francfort, 12 février 1728.

Il était encore jeune choriste à Saint-Marc de Venise lorsqu'il fut emmené à Munich, en 1667, pour y étudier, aux frais de l'Électeur, avec Kerll puis avec Bernabei. Il fut bientôt nommé Kammermusikus et organiste de la cour. Il avait poursuivi cependant des études de mathématiques, de philosophie et de théologie et, après avoir été ordonné prêtre en 1680, il fut nommé abbé de Lipsing. Après plus de vingt années passées à Munich, hautement considéré et somptueusement rémunéré, il se laissa tenter par le poste de Kapellmeister à la cour de Hanovre (où la présence de Leibniz maintenait un niveau intellectuel élevé). Le duc-électeur, sur l'avis favorable de Leibniz, lui confia une série de missions diplomatiques près de différentes cours allemandes et près du pape qui le nomma évêque (*in partibus infidelium*) de Spire. Il fut ensuite conseiller secret et président du gouvernement de l'Électeur palatin. C'est au cours d'une mission à Rome (1708-1709) qu'il rencontra Haendel et l'invita à Hanovre, où il le fit nommer Kapellmeister, fonction que lui-même ne pouvait plus assumer. L'œuvre de ce très grand musicien est, hélas, très mal connue.

Des motets, un *Stabat Mater* (chœurs et orchestre), des *Duetti da camera* (sortes de cantates à 2 voix et basse continue, très populaires au XVIIIe siècle), environ vingt opéras, des *Sonate da camera*.

STENHAMMAR, WILHELM

Stockholm, 7 février 1871. – Stockholm, 20 novembre 1927.

Fils de Per Ulrik Stenhammar (1829-1875), architecte et compositeur. Il fut successivement chef d'orchestre au Théâtre royal de Stockholm et à la Société philharmonique de Göteborg. La grande beauté de ses œuvres chorales et de ses mélodies ainsi que leur caractère typiquement suédois lui assurent une place exceptionnelle dans l'histoire musicale de son pays.

Deux opéras, des grandes œuvres chorales (dont *Sverige*, qui a joué le rôle d'un hymne national), de nombreuses mélodies, deux symphonies, deux concertos pour piano, six quatuors à cordes, quatre sonates pour piano.

Stockhausen, Karlheinz

Mödrath (Cologne), 22 août 1928.

Il étudia au Conservatoire et à l'université de Cologne, puis a suivi le cours d'analyse de Messiaen à Paris et s'est initié à la musique concrète auprès de P. Schaeffer. Depuis 1953, il enseigne aux cours d'été de Darmstadt (*Ferienkurse für neue Musik*) et en 1971 il a été nommé professeur au conservatoire de Cologne. Il dirige le studio de musique électronique de la radio de Cologne. Avec Boulez, il est une des personnalités dominantes de sa génération. Sa constante démarche expérimentale est servie par un remarquable esprit inventif : superposition de tempi (*Zeitmasse*), facteurs aléatoires et formes ouvertes (*Klavierstücke XI*, la première œuvre « ouverte », *Zyklus, Momente II, Mantra*), organisation spatiale (*Gruppen, Carré*), mélange de sons naturels (vocaux et instrumentaux) et de leur « réinjection » dans des circuits électroniques (*Kontakte, Stimmung, Aus den sieben Tagen, Trans*), etc. L'audace condamne sa production à être inégale, la provocation a pu parfois lui tenir lieu d'esthétique. Mais des œuvres comme *Carré, Momente*, ou *Hymnen*, comptent parmi les œuvres capitales de notre temps.

Un grand cycle de sept opéras, *Licht*; des œuvres vocales, dont *Momente* (soprano, quatre groupes vocaux et treize instruments) et *Carré* (quatre orchestres et quatre chœurs) ; des œuvres pour orchestre dont *Gruppen* (trois orchestres), *Punkte* et *Trans* (avec bande) ; *Kontrapunkte* pour dix instruments, *Zeitmasse* pour cinq instruments à vent, *Zyklus* pour percussion ; des pièces pour piano, des compositions électroniques.

Stoelzel, Gottfried Heinrich

Grünstädtel (Erzgebirge), 13 janvier 1690. – Gotha, 27 novembre 1749.

[ou Stöltzel] Après ses études à Gera et Leipzig, il occupa divers postes d'enseignement, voyagea en Italie, puis fut nommé Kapellmeister de la cour à Gotha. En 1739, il devint membre de la savante Société des sciences musicales de Mizler, où Bach le rejoindra huit ans plus tard. Très célèbre de son vivant, il est injustement oublié aujourd'hui. Un air d'une de ses cantates (*Bist du bei mir*), qui figure dans le second *Notenbuch* pour Anna Magdalena Bach, a été attribué à Jean-Sébastien (BWV 508).

Quatorze Passions, huit cycles de cantates, des messes et motets ; vingt-deux opéras allemands, quatre concertos grossos, des sonates en trio, sérénades, etc.

Stoltzer, Thomas

Schweidnitz (Silésie), vers 1480/1485. – Ofen (Buda), 1526 ?

Probablement élève de Finck. Prêtre du chapitre de la cathédrale de Breslau, il sympathisa avec la Réforme. Il fut maître de chapelle de la cour de Hongrie à Ofen. Sa musique est le modèle d'un grand style polyphonique spécifiquement allemand.

Environ cent cinquante compositions religieuses, dont plusieurs psaumes (traduits par Luther), des fantaisies et variations instrumentales (*Octo tonorum melodiae*).

Stradella, Alessandro

Rome, 1er octobre 1644. – Gênes, 25 février 1682.

Chanteur et violoniste. De sa vie agitée, peu de faits authentiques nous sont connus : mais les légendes dont il est devenu le héros sont probablement en deçà de la réalité. On ne sait rien de ses études et l'on ignore les dates de la plupart de ses compositions. Il enseignait le chant à Venise lorsqu'il enleva une certaine Ortensia, fiancée d'un sénateur, avec laquelle il s'enfuit, probablement pas à Rome (comme le veut la tradition) mais à Turin, où il aurait été quelque temps au service de la régente Marie de Nemours et où, selon un document de l'époque, il aurait échappé à une tentative d'assassinat. Selon la légende, il s'était enfui à Rome avec la maîtresse d'un puissant patricien vénitien. Là, des tueurs à gages lancés à leur poursuite auraient renoncé à leur projet criminel, après une audition de l'oratorio *San Giovanni Battista* qui les avait bouleversés (à Saint-Jean-de-Latran) et ils avaient averti le couple du danger qu'il courait ! Stradella se serait alors enfui à Turin avec sa dame et il aurait été assassiné en des lieux et à des dates qui varient selon ses biographies. Il est aujourd'hui prouvé qu'il mourut à Gênes en 1682 et il est très probable qu'il ait été assassiné (mais on ignore pour quel motif).

Son œuvre, en grande partie, est assez caractéristique de l'école napolitaine à ses débuts (ce qui permet de supposer qu'il a fait des études à Naples). Sa remarquable invention mélodique, au lyrisme intense, le classe parmi les plus grands maîtres italiens de son temps. Dans le genre de l'oratorio, qu'il a considérablement enrichi, il est le principal trait d'union entre Carissimi et Haendel ; et il ouvre la voie à Scarlatti dans ses cantates de chambre.

Des opéras et des sérénades, des arias, duos et cantates (1 à 3 voix avec instruments ou basse continue), des grands oratorios (dont *S. Giovanni Battista* son chef-d'œuvre), des motets (1 à 5 voix avec instruments), des madrigaux, des concertos pour cordes.

Straus, Oscar

Vienne, 6 avril 1870. – Ischl, 11 janvier 1954.

Élève de Max Bruch à Berlin. Il s'est rendu célèbre comme auteur d'opérettes viennoises. Dans l'opérette *Trois Valses*, créée en 1937, la musique des deux premiers actes était de Johann Strauss, père et fils, celle du troisième acte d'Oscar Straus.

Des opéras, des opérettes (dont *Rêves de valse*), la musique du film *Der Reigen*, quelques pièces pour orchestre.

Strauss, Johann, père

Vienne, 14 mars 1804. – Vienne, 25 septembre 1849.

Fils d'aubergiste, autodidacte. À quinze ans, il s'engagea dans l'orchestre de danse de Lanner, qu'il quitta en 1825 pour former son propre orchestre. Il se fit entendre pendant plusieurs années au Sperl (brasserie-dancing en plein air) où de nombreux visiteurs étrangers, dont le jeune Chopin et le jeune Wagner, furent fascinés par la nouveauté de la valse viennoise. Avec son orchestre de vingt-huit musiciens, il parcourut l'Allemagne, la Belgique, la Hollande, la France, l'Angleterre… En 1835, il fut nommé directeur des bals de la cour. Il mourut de la scarlatine à quarante-cinq ans.

Cent cinquante valses, quatorze polkas, vingt-huit galops, trente-cinq quadrilles, dix-neuf marches. Ses œuvres sont presque toujours attribuées à son fils.

Strauss, Johann, fils

Vienne, 25 octobre 1825. – Vienne, 3 juin 1899.

Il compose sa première valse à six ans, mais, conformément au désir de son père, il devient employé de banque après avoir fait de sérieuses études générales et musicales (violon et théorie). À dix-neuf ans, il forme un ensemble de quinze musiciens dont le succès immédiat est tel qu'il devient un concurrent dangereux de celui de son père. À la mort de ce dernier, les deux orchestres s'unissent sous la direction du jeune Johann. Il entreprend des tournées dans toute l'Europe et aux États-

Unis : partout il est acclamé comme le « roi de la valse » et les plus grands musiciens (Liszt, Bülow, Wagner, Brahms... et plus tard Ravel) saluent son exceptionnel talent. En 1863, il est nommé directeur des bals de la cour. La même année, il abandonne son orchestre à ses frères Joseph (1827-1870) et Édouard (1835-1916) et se consacre à l'opérette. Strauss a porté la valse viennoise à son plus haut degré de perfection. Son art, plus raffiné, plus aristocratique que celui de son père, est le symbole musical de la plus brillante période de la monarchie des Habsbourg. Mais ses œuvres de théâtre (à l'exception de *La Chauve-Souris* et du *Baron tzigane*) ne s'élèvent pas au-dessus d'une honnête moyenne et ne peuvent donc rivaliser avec celles d'Offenbach.

Un opéra (*Ritter Pazman*), quinze opérettes, près de deux cents valses (souvent dédiées à des personnalités comme J. Lind, Brahms, Bülow, la reine Victoria, l'impératrice de Russie), environ soixante-dix quadrilles, cent quarante polkas, quarante-cinq marches.

Strauss, Richard

Munich, 11 juin 1864. – Garmisch, 8 septembre 1949.

Illustre chef d'orchestre (il fut aussi grand interprète que créateur). Son père, excellent cor solo à l'opéra de Munich, était célèbre pour son antiwagnérisme militant. Strauss manifesta des dons précoces pour la musique, mais son apprentissage dans cet art fut complété par de sérieuses études générales qui se terminèrent en 1883 à l'université de Munich. Depuis 1881, il avait fait publier et interpréter plusieurs œuvres qui attirèrent l'attention de H. von Bülow. Celui-ci facilita les débuts de Strauss comme chef d'orchestre et le choisit pour lui succéder, en 1885, comme directeur de l'orchestre de Meiningen. Il fut ensuite assistant chef d'orchestre à l'opéra de Munich (1886) et à la cour de Weimar (1889). Les poèmes symphoniques *Don Juan* et *Tod und Verklärung* (*Mort et Transfiguration*) datent de cette époque. Leur audace, tant du point de vue de la forme que de celui de l'harmonie, suscitèrent de violentes controverses ; mais celles-ci atteignirent leur paroxysme lors de la création de *Salomé* (1905), œuvre volcanique, cruelle, sensuelle à l'extrême, servie par des moyens orchestraux terribles et qui fut interdite jusqu'en 1910 sur les scènes de Grande-Bretagne ! En 1892, Strauss succède à Bülow comme directeur des concerts philharmoniques de Berlin et, en 1898, il est nommé chef d'orchestre de l'opéra de Berlin : il est alors un des plus célèbres chefs allemands et entreprend d'importantes tournées européennes. En Allemagne, où son prestige est considérable, il devient une figure presque légendaire. À partir de 1910, son existence est presque exclusivement consacrée à la composition. Il accepte cependant

d'enseigner à la Hochschule für Musik de Berlin (1917-1920), puis, à l'avènement du nazisme, il devient président d'une Reichmusikkammer et succède à Bruno Walter comme directeur musical de l'orchestre du Gewandhaus de Leipzig. Mais la condamnation officielle de son opéra *Die schweigsame Frau* (en collaboration avec S. Zweig, écrivain juif) met fin à ses bonnes relations avec le régime. Bien qu'étant entré en conflit avec les autorités à propos de cet opéra, il n'est pas inquiété, mais sa situation devient intenable. Il doit bientôt renoncer à toute fonction publique et se retirer dans sa belle maison de Garmisch, qu'il quittera après la guerre pour aller vivre en Suisse.
Sa carrière de compositeur s'étend sur soixante années (1885-1945). Pendant les trente premières, il a étonné le monde par la nouveauté, la force et l'éclat de ses œuvres ; pendant les trente dernières, il a déçu ses plus fervents admirateurs. À de très rares exceptions près (les opéras *Arabella* et *Capriccio* et les *Métamorphoses*), tous ses chefs-d'œuvre furent composés avant 1915 : les opéras *Salome*, *Elektra*, *Rosenkavalier*, *Ariadne auf Naxos*, toutes les principales œuvres symphoniques (les célèbres poèmes symphoniques sont antérieurs à 1900) et la plus grande partie des lieder. Après avoir subi fortement l'influence de Brahms, il est devenu un adepte de la nouvelle école allemande, dont l'« expression » était le souci principal, faisant lui-même profession d'être un *Ausdrucksmusiker.* Mais sa somptueuse palette orchestrale ne se galvaude pas dans une musique descriptive ou narrative. Son « expression », essentiellement musicale, consiste à provoquer chez l'auditeur les états d'âme normalement associés aux idées qu'il prend pour prétextes. Enfin, de 1905 à 1915, époque de ses plus beaux opéras, il s'est forgé un style puissamment personnel, d'abord complexe et violent (*Salome* et *Elektra*, ces extraordinaires anti-opéras où la voix est traitée de façon inhumaine), puis tendant à la simplification et au classicisme (*Rosenkavalier* et *Ariadne*). Par la suite, il s'est répété avec plus ou moins de bonheur : d'année en année, ses œuvres nouvelles paraissaient de plus en plus conventionnelles (en dépit de leur grande qualité de facture) pour les raisons mêmes qui avaient fait de Strauss, au début du siècle, un musicien révolutionnaire.

Quinze opéras dont *Salome* (Dresde, 1905), *Elektra* (Dresde, 1909), *Der Rosenkavalier* (Dresde, 1911), *Ariadne auf Naxos* (Stuttgart, 1912), *Die Frau ohne Schatten* (Vienne, 1919), *Arabella* (Dresde, 1933), *Capriccio* (Munich, 1942), trois ballets, huit très beaux poèmes symphoniques (*Aus Italien*, *Don Juan*, *Macbeth*, *Tod und Verklärung*, *Till Eulenspiegel*, *Also sprach Zarathustra*, *Don Quixote* et *Ein Heldenleben*), *Symphonia domestica*, *Alpensinfonie*, *Burleske* pour piano et orchestre, deux concertos pour cor, un concerto pour violon, un concerto pour hautbois, *Metamorphosen* pour 23 instruments à cordes, quinze lieder avec orchestre dont les quatre admirables *Letzte Lieder* (1948) et cent quarante avec piano (dont *Allerseelen*, *Morgen*, *Ruhe neine Seele*, *Wiegenlied*).

STRAVINSKY, IGOR FEDOROVITCH

Oranienbaum (Saint-Pétersbourg), 17 juin 1882. – New York, 6 avril 1971.

Son père Fedor (1843-1902) était une célèbre basse de l'Opéra de Saint-Pétersbourg : il créa le rôle de Moroz dans la *Sniegourotchka* de Rimsky-Korsakov et fut un excellent Varlaam dans *Boris Godounov* (succédant à Petrov, créateur du rôle). C'était de surcroît un collectionneur cultivé et un bon peintre amateur. Igor étudia le piano dès l'âge de neuf ans et se familiarisa très jeune, à l'Opéra de Saint-Pétersbourg, avec les grands opéras russes. Il fit cependant des études générales complètes, suivies par des études de droit, jusqu'à vingt-trois ans. Mais, de 1902 à 1908, il fut l'élève de Rimsky-Korsakov, dont le plus jeune fils Vladimir était son condisciple à l'Université. En 1908, une de ses œuvres (la *Symphonie en mi♭*) fut jouée pour la première fois en public sur la recommandation de Rimsky. Au cours d'un deuxième concert de ses œuvres, où fut créé notamment *Feux d'artifice*, Diaghilev était présent : son prodigieux instinct lui suggéra de commander au jeune compositeur le ballet *L'Oiseau de feu*. La création de cette œuvre, qui fut pour Stravinsky l'occasion de son premier voyage à Paris, rendit immédiatement célèbre dans le monde entier le nom du compositeur de vingt-huit ans. L'évidence de son génie éclatait aux oreilles de tous les musiciens, notamment de Debussy qui, après la représentation, se précipita dans les coulisses pour l'embrasser. Ce génie atteignit peu après son apogée avec *Petrouchka* et *Le Sacre du printemps* (1911 et 1913). Ces deux œuvres, dont toute une génération de musiciens est plus ou moins redevable, inauguraient une étape nouvelle de la musique européenne. La première du *Sacre*, au théâtre des Champs-Élysées flambant neuf, dégénéra dans une des plus fameuses batailles de l'histoire de l'art. Le chahut était si intense dès le début qu'on entendit à peine l'orchestre, ce qui prouve bien que le public avait été choqué davantage par la chorégraphie que par la musique. Celle-ci et celle de *Petrouchka* s'imposèrent rapidement au concert et, dès le premier soir, quelques musiciens, dont Debussy, Ravel, Schmitt, Roland-Manuel, savaient qu'ils avaient assisté à un grand événement de l'histoire musicale… mais Saint-Saëns quitta bruyamment le théâtre avant la fin. Après avoir passé les années de guerre en Suisse, Stravinsky s'établit à Paris en 1919 avec sa famille (son fils Soulima y commencera bientôt une carrière de pianiste) et devient citoyen français en 1934. Il vit à Paris pendant vingt années, au cours desquelles il entreprend de nombreuses tournées en Europe et aux USA pour diriger ses œuvres. En 1939, il part pour les États-Unis, sur l'invitation de l'université d'Harvard, s'installe définitivement à Hollywood et se fait naturaliser améri-

cain en 1945. À l'occasion de son quatre-vingtième anniversaire, en 1962, il a fait un voyage triomphal dans son pays natal.
Après *Le Sacre*, Stravinsky semble perpétuellement préoccupé par des problèmes de style et de forme. Sa carrière est une suite de mutations surprenantes où se révèle une singulière nature d'épigone, tout à fait inattendue chez un musicien qui, à trente ans, avait imposé si magistralement un style puissamment original. Les principales étapes de cette carrière peuvent être schématisées de la façon suivante.

JUSQU'À 1910. Ses œuvres, profondément russes, trahissent l'influence de Rimsky, notamment dans la rutilante orchestration. L'aboutissement de cette période est *L'Oiseau de feu*, un chef-d'œuvre où sa vraie personnalité se révèle pour la première fois.

DE 1911 À 1914. Toujours russe, mais totalement original, il est avec Debussy, Ravel et Schoenberg l'une des quatre forces rayonnantes où presque toute la musique de la première moitié du XXe siècle a trouvé ses modèles. C'est l'apogée de son génie, l'époque de ses deux chefs-d'œuvre, *Petrouchka* et *Le Sacre*, et de l'admirable opéra *Le Rossignol*, trop peu connu.

DE 1914 À 1920. Il devient cosmopolite, mais reste original. Après avoir généreusement dispensé ses richesses harmoniques, rythmiques et instrumentales, brusquement il opte pour la simplicité, la logique, la clarté. L'*Histoire du soldat*, *Pribaoutki*, *Renard* et *Noces* (créées en 1923, mais commencées bien avant) sont de petits chefs-d'œuvre, raffinés et souvent agressifs, dont la nouveauté insolente représente pour l'élite cultivée des années 20 l'avant-garde du progrès musical. C'est l'époque où son ami Cocteau, dans *Le Coq et l'Arlequin*, recommande la simplicité linéaire dont il trouve le modèle chez Satie, en réaction contre les sortilèges de Wagner et de Debussy ; contre un certain « hypnotisme » aussi, que l'ambiance créée autour de l'exécution du *Sacre* contribue à perpétuer. Stravinsky ne subit pas l'influence de Satie, mais il réagit instinctivement dans le sens que recommande Cocteau et annexe lui aussi les procédés du jazz qui fascinent les jeunes musiciens du groupe des Six. C'est sur le plan de l'instrumentation que s'est fortement exercée l'influence des œuvres de cette période : très petites formations instrumentales, aux timbres nettement différenciés, se prêtant à l'écriture contrapuntique et souvent polytonale.

DE 1920 À 1953. Pendant cette longue période, Stravinsky se fait inexplicablement le défenseur méthodique de la tradition : c'est la période des « retours à… ». À trente années de distance, *Pulcinella* et *The Rake's*

Progress se réfèrent au baroque italien ; *Œdipus Rex* s'inscrit dans le prolongement du grand oratorio haendelien, le *Concerto pour piano* et la *Symphonie en trois mouvements* évoquent un faux Bach sec et froid musique objective, rigoureuse, écrite au tire-ligne avec une phénoménale virtuosité. Trois œuvres remarquables et hors série dominent cette période déconcertante de trente-deux années : la *Symphonie de psaumes* (1930), le ballet *Orpheus* (1947) et la *Messe* (1951).

DEPUIS 1953. Stravinsky semble avoir attendu que le dodécaphonisme sériel soit devenu un académisme pour se faire soudainement un épigone de Webern. *Canticum Sacrum* en l'honneur de saint Marc, *Threni* et *Movements* (piano et orchestre) démontrent une fois de plus son extraordinaire maîtrise et sa faculté d'adaptation, mais ces œuvres placent l'illustre vieillard à une certaine distance dans le sillage de la jeune génération des post-wéberniens, sans que son art supérieur lui donne la sincérité, l'audace et l'originalité d'un Boulez, d'un Nono ou d'un Henze. Le bref *In memoriam Dylan Thomas* domine les œuvres de cette dernière période.

BALLET. *L'Oiseau de feu* (Ballets russes de Diaghilev, Paris, 1910), *Petrouchka* (Diaghilev, Paris, 1911), *Le Sacre du printemps* (Diaghilev, Paris, 1913), *Le Chant du rossignol* (Diaghilev, Paris, 1920, décors et costumes de Matisse), *Pulcinella* (Diaghilev, Paris, 1920, décors et costumes de Picasso), *Renard* (Diaghilev, Paris 1922), *Noces* (Diaghilev, Paris, 1923), *Apollon musagète* (Diaghilev, Paris, 1928), *Le Baiser de la fée* (Paris, 1928), *Jeu de cartes* (New York, 1937), *Orpheus* (New York, 1948), *Agon* (Paris, 1957). –**THÉÂTRE LYRIQUE.** *Le Rossignol* (Opéra de Paris, 1914), *Histoire du soldat*, « Histoire lue, jouée et dansée » (Lausanne, 1918), *Mavra*, opéra-comique (Opéra de Paris, 1922), *The Rake's Progress* (Venise, Fenice, 1951). – **ŒUVRES VOCALES.** *Œdipus Rex* (opéra-oratorio, texte de Cocteau), *Symphonies de psaumes, Perséphone* (mélodrame), *Canticum Sacrum, Threni*, plusieurs œuvres religieuses dont une messe ; plusieurs œuvres pour une voix et petit ensemble instrumental (*Trois Poésies de la lyrique japonaise, Pribaoutki. Berceuse du chat*, l'émouvant *In Memoriam Dylan Thomas*, etc.), des mélodies russes. – **ŒUVRES INSTRUMENTALES.** Quatre symphonies, *Dumbarton Oaks concerto* (16 instruments à vent), *Danses concertantes* (orchestre de chambre), *Ebony concerto* (orchestre de jazz), concerto pour piano, concerto pour violon, *Capriccio* et *Movements* pour piano et orchestre, concerto pour 2 pianos, diverses œuvres pour piano.

STRETTE

Formule d'écriture en imitation* où les différentes voix entrent à intervalles rapprochés, serrés (de l'italien *stretto* = « serré »). Dans la fugue d'école, une strette figure traditionnellement avant la fin, entre une pédale de dominante, qui semble annoncer la cadence finale, et une pédale de tonique qui amène la fin : il est impossible de trouver de justification esthétique à cet usage dont les œuvres des maîtres nous fournissent peu d'exemples.

Striggio, Alessandro

Mantoue, 1535. – Mantoue, 29 février 1592.

Organiste, luthiste, violiste. Il fut attaché à la cour des Médicis à Florence, de 1560 à 1574, puis devint maestro di cappella à la cour de Mantoue. Il fut l'un des premiers compositeurs d'*intermedi* en musique pour les représentations de la cour florentine, *intermedi* qui donneront plus tard naissance à l'opéra italien. Cette musique de théâtre était richement instrumentée (flûtes, cornets, trombones, violes, luths, clavecins...) ; par ailleurs, un motet de Striggio (pour le mariage de Guillaume VI de Bavière) est écrit à quarante parties vocales et instrumentales (huit trombones, huit grandes flûtes, huit violes, un instrument à plectre et un archiluth).

Messes, motets, *intermedi*, madrigaux (deux livres à 6 voix et cinq à 5 voix), *Il Cicalamento delle donne al bucato e la caccia* (à 4, 5, 6, 7 voix), comparable au *Caquet des femmes* de Janequin, comme style et comme esprit.

Suite

Succession de pièces instrumentales, de même tonalité, mais de caractères et de rythmes différents. Les principaux éléments de la suite étant généralement d'origine chorégraphique, ces petits concerts devraient s'appeler « suites de danses instrumentales ».
Dès le Moyen Âge, certaines danses étaient groupées deux à deux (une lente, une vive) ; d'autres, comme « l'estampie », étaient composées de cinq ou six *puncta* (points ou sections) assurant une agréable diversité de mouvement. Plus tard, au XVIe siècle, ce souci de variété s'illustrera notamment par l'accouplement traditionnel de la pavane et de la gaillarde. De façon générale, presque toutes les œuvres en plusieurs mouvements des XVIe et XVIIe siècles sont des suites, même parfois lorsqu'elles sont baptisées « sonate » (*sonata da camera*), ou « symphonie ». Elles commencent souvent par une introduction très libre, qui trouve son origine dans le prélude improvisé grâce auquel les luthistes vérifiaient l'accord de leur instrument et se « faisaient les doigts » avant de commencer à jouer. Les clavecinistes conservèrent l'usage du prélude et les maîtres français du XVIIe siècle les écrivaient souvent sans barres de mesure, confirmant ainsi leur caractère improvisé et leur liberté ryth-

mique. Lorsque aucun prélude n'était écrit, il était d'usage de commencer la suite par une courte improvisation, procédant généralement par gammes et arpèges répartis entre les deux mains.
En plus du couple traditionnel pavane-gaillarde ou *padovana-saltarello*, on trouve dans la musique instrumentale des XVe et XVIe siècles des suites de danses participant d'un souci d'organisation évident. Exemple : pavane-saltarello – *piva* (danse vive à 6/8 ou 12/8) et *saltarello* – « basse danse » (comprenant : air, branle, reprise, etc.). Dans la première moitié du XVIIe siècle, la pavane est fréquemment suivie d'une gaillarde, d'une allemande et d'une courante à l'italienne. Frescobaldi fait suivre une pièce initiale assez développée (*balletto, canzone*) d'une courante et d'une passacaille... Jusqu'au milieu du siècle, la suite instrumentale a encore une forme assez indécise et porte les noms les plus divers : *sonata da camera, lesson* (Angleterre), *partita* (Allemagne, Italie), « ordre » (France), etc. Une ou plusieurs danses peuvent être supprimées ou remplacées par d'autres selon le goût de l'interprète. C'est dans la deuxième moitié du XVIIe siècle seulement que s'organise la suite classique, telle que l'ont pressentie Lully et Froberger et telle que Bach l'a portée à un haut degré de perfection dans ses *Suites anglaises*.

Plan de la suite classique

1. Introduction facultative (prélude, intrada, sinfonia, canzone, ouverture, toccata, fantaisie, etc.) généralement de forme assez libre, et dans le style d'une improvisation, mais parfois très développée et allant jusqu'à revêtir la forme de l'ouverture française (lent-allegro fugué-lent).
2. Allemande à 4/4.
3. Courante (italienne ou française) à 3/2 ou 3/4.
4. Sarabande, souvent la pièce la plus importante de la suite.
5. Un ou plusieurs mouvements supplémentaires (que les Allemands appelaient parfois *Galanterien* et les Italiens *intermezzi*), agréables concessions au goût du public[1]. À cette place se trouvent le plus fréquemment les menuets, gavottes, bourrées, passe-pieds, rigaudons : ces danses sont presque toujours doubles, c'est-à-dire qu'un deuxième menuet, une deuxième gavotte, etc. (généralement écrits à trois parties : *trio*) alternent avec le premier menuet, la première gavotte, etc. Mais c'est à cette place aussi que les musiciens, donnant libre cours à leur caprice, introduisent des danses moins courantes, des pièces de caractère léger (rondeau, capriccio, scherzo, etc. : Bach, *Partitas n°s 2* et *3*), des arie ou des « pièces de genre ». Ces dernières, véritables petits tableaux musicaux

1. C'est dans le même esprit que le menuet est introduit entre le mouvement lent et le finale de la sonate.

portant des titres suggestifs, furent une des spécialités du grand Couperin : *La Lutine, Les Nonnettes, Le Bavolet flottant, Les Vieux Galans et les Trésorières surannées, Les Petites Crémières de Bagnolet*, etc.
6. Gigue à 6/8.

Parmi les autres danses héritées des siècles précédents, la pavane, la gaillarde, la forlane, la polonaise et la sicilienne sont exclues, à de rares exceptions près, de la suite classique. La chaconne et la passacaille également : on ne les trouve que dans des suites de forme très libre (Frescobaldi, Couperin, Haendel) généralement pour conclure ; leur carrière, comme pièces indépendantes, se poursuit en revanche avec éclat.

La suite classique, semblable à la *sonata da camera*, annonce la sonate* classique, dont les quatre mouvements sont pressentis dans la succession : allemande-sarabande-menuet-gigue. Mais elle s'en distingue par trois caractères principaux :
a. Elle est constituée d'une série de danses, conservant chacune son rythme particulier.
b. Chacune de ces danses est de forme simple, en deux parties (la première se terminant à la dominante, la seconde revenant à la tonique) et construite sur un seul sujet qui ne module pas (voir Forme*).
c. Tous les morceaux sont dans la même tonalité.

Suk, Josef

Křecoviče, 4 janvier 1874. – Benešov (près de Prague), 20 mai 1935.

Violoniste. Élève de Bennewitz (violon), de Foerster et de Dvořák (composition), au conservatoire de Prague, où il devient professeur de composition en 1922. Il est avec Novák l'un des fondateurs de l'école tchèque moderne.

Une messe, des chœurs d'inspiration populaire, *Épilogue* pour baryton, chœurs et orchestre, deux symphonies, des poèmes symphoniques (dont *Prague* et *Zrani*), de la musique de chambre, de charmantes pièces pour piano.

Sullivan, Arthur

Londres, 13 mai 1842. – Londres, 22 novembre 1900.

Élève de Bennet à la Royal Academy of Music, puis du conservatoire de Leipzig. En 1871 débuta sa collaboration avec un célèbre humoriste, William S. Gilbert, qui écrivit les livrets de presque toutes ses opérettes.

Pendant vingt-cinq ans, leurs noms furent associés (Gilbert and Sullivan) dans la production de pièces charmantes, qui peuvent être considérées comme l'équivalent britannique des œuvres de Strauss ou d'Offenbach. Avec son ami Sir George Grove, il retrouva à Vienne, en 1867, les manuscrits perdus de *Rosamunde* de Schubert et de quelques lieder. Il fut aussi très actif comme chef d'orchestre, notamment au festival annuel de Leeds.

Un opéra, vingt-deux opérettes, de la musique de scène pour des pièces de Shakespeare, de nombreuses œuvres chorales (dont soixante-dix hymnes), une symphonie, des pièces pour piano, de nombreuses mélodies.

SUPPÉ, FRANZ VON

Split (Dalmatie), 18 avril 1819. – Vienne, 21 mai 1895.

Il fit des études de médecine à l'université de Padoue, puis de musique au conservatoire de Vienne. Il fut successivement chef d'orchestre aux Josephstadt Theater, Theater an der Wien et Leopoldstadt Theater.

Environ trente opérettes (dont *La Belle Galatée*, *Poète et Paysan* et *Cavalerie légère* sont restées célèbres par leurs ouvertures) et cent quatre-vingts *Possen*, farces, vaudevilles, etc., ainsi que deux opéras, une messe, un *Requiem*.

SUSATO, TIELMAN

Cologne ?, vers 1500. – Anvers, vers 1562.

Calligraphe de musique, puis musicien de ville (*Stadsspeelieden*) à Anvers (1531-1549). En 1543, il obtint un privilège d'imprimeur de musique, qui lui permit de publier 57 volumes de musique, sacrée et profane, dont ses propres compositions. Il a également publié en 1545 des chansons de Lassus et de Clemens non Papa, ainsi que la *Bataille de Marignan* de Janequin avec une cinquième voix ajoutée par Verdelot.

Une messe, sept motets, dix *Souter-Liedekens* (psaumes flamands), quatre-vingt-dix-sept chansons, cinquante-huit danses instrumentales.

SÜSSMAYR, FRANZ XAVER

Schwanenstadt, 1766. – Vienne, 16 septembre 1803.

Élève de Salieri et de Mozart. Devenu l'ami de ce dernier, il ne le quitta presque pas le dernier mois de sa vie et fut près de lui le soir qui précéda sa mort, notant ses instructions pour l'achèvement du *Requiem*. De cette tâche impressionnante, il s'acquitta avec respect, talent et intelligence.

De la musique d'église, environ vingt opéras et opéras bouffes, un concerto pour clarinette, quelques pièces instrumentales.

Sutermeister, Heinrich

Feuerthalen (Schaffouse), 12 août 1910. – Morges (Vaud), 16 mars 1995.

Élève de Pfitzner et de C. Orff au conservatoire de Munich. Son exceptionnel sens du théâtre, sa connaissance de l'œuvre de Verdi (il admire particulièrement *Otello* et *Falstaff*), ainsi que les influences de C. Orff et W. Egk, contribuent à faire de lui un des meilleurs compositeurs d'opéras de sa génération.

Douze opéras (dont *Romeo und Julia* et *Le Roi Bérenger*), des œuvres radiophoniques, des cantates, trois concertos pour piano et quelques œuvres instrumentales.

Svendsen, Johan

Christiania, 30 septembre 1840. – Copenhague, 14 juin 1911.

Après avoir commencé très jeune à composer, diriger, jouer de la flûte, de la clarinette, et du violon (à quinze ans, il faisait partie d'une harmonie militaire), il alla compléter ses études à Leipzig, puis voyagea dans toute l'Europe comme violoniste et chef d'orchestre. Il fut chef d'orchestre de l'Association musicale de Christiania, puis de la cour de Copenhague. Sa musique, qui peut être considérée comme le complément de celle de Grieg, a exercé une profonde influence sur l'école norvégienne contemporaine.

Deux belles symphonies, quatre *Rhapsodies norvégiennes*, un concerto pour violon, un concerto pour violoncelle, des ouvertures, de la musique de chambre.

Sweelinck, Jan Peterszoon

Deventer, bapt. 26 mai 1562. – Amsterdam, 16 octobre 1621.

L'un des plus fameux organistes de son temps. Il fut l'élève de son père, organiste de l'Oude Kerk à Amsterdam, ainsi que d'un modeste musicien de la ville, mais certainement pas de Zarlino à Venise, comme le prétendit Mattheson en 1720. Il est prouvé qu'il passa toute son existence à Amsterdam, ne s'éloignant jamais plus de quelques jours pour des expertises d'orgues ou des achats de clavecins, à Anvers, Rotterdam, etc. Il fut pendant quarante-quatre ans (de 1577 à sa mort), l'organiste de l'Oude Kerk, où il succéda à son père et où son fils Dirck (1591-1652) lui succéda. Sa renommée s'étendit à toute l'Europe, comme en témoignent ses manuscrits retrouvés en Angleterre, en France, en Suède, en Italie, en Hongrie, etc. Parmi ses nombreux élèves, qui furent les précurseurs de Bach, figure S. Scheidt. Sweelinck peut être considéré comme le plus grand compositeur hollandais, avec Obrecht. Sa musique vocale, synthèse de toutes les techniques connues au XVIe siècle, est admirable, mais c'est principalement son œuvre instrumentale (exclusivement pour clavier) qui lui assigne une place de première importance dans l'histoire de la musique. Cette œuvre présente des affinités avec celle des virginalistes anglais (il connut probablement Bull, exilé aux Pays-Bas), mais procède également des grandes formes contrapuntiques italiennes. Quelques-unes de ses fantaisies, perfectionnement du ricercare italien, sont de véritables fugues instrumentales, les premières, semble-t-il, que l'on ait écrites.

Édition moderne en dix volumes, par la Société hollandaise de musicologie (1894-1901) : **VOCALE.** Vingt-deux *Chansons françaises*, vingt-huit *Rimes françaises*, quatre *Madrigaux italiens*, sept *Canons latins*, trente-sept *Cantiones Sacrae* (motets avec basse continue), cent cinquante-trois psaumes. – **INSTRUMENTALE** (clavecin ou orgue). Dix-neuf fantaisies, treize toccatas, vingt-quatre chorals variés (parmi les premiers du genre), douze séries de variations sur des thèmes populaires (parmi les fantaisies et les variations sur des chansons se trouvent les plus remarquables compositions de Sweelinck).

SYMPHONIE

Au sens où nous l'entendons depuis le milieu du XVIIIe siècle, la symphonie est une sonate* pour orchestre. D'abord identique à « l'ouverture française » et à l'ancienne *sinfonia* italienne (simples préludes ou interludes instrumentaux), elle doit son évolution à l'institution du concert public, seul cadre possible pour l'agrandissement des formes purement instrumentales. Lorsque cette formule fit son apparition en Angleterre (Banister, 1673), en Allemagne (*Collegia Musica* de Telemann, 1704), et en France (*Concerts spirituels* de Philidor, 1725), on était accoutumé d'entendre la grande musique vocale et instrumentale à l'église ou au théâtre, la « musique de chambre » étant réservée à l'usage domestique. Entre 1730 et 1750 apparaissent les premières symphonies de coupe classique.

L'origine lointaine de la symphonie se découvre au XVe siècle, dans la chanson instrumentale ou *Canzona per sonar* (Obrecht, Isaac, Josquin), issue elle-même du motet et de la chanson polyphonique, dont on confiait parfois l'interprétation à des instruments. Toutefois, le caractère de ces compositions était, jusqu'à la fin du XVIe siècle, celui de la musique

vocale. C'est le génie de Giovanni Gabrieli qui concevra les premières compositions instrumentales véritablement « symphoniques » : *Canzoni e Sonate* de 1615 et la célèbre *Sonata pian' e forte* des *Sacrae Symphoniae.* En 1629, H. Schütz publiait à son tour à Venise, où il avait été l'élève de Gabrieli, son premier recueil de *Symphoniae Sacrae.* Des œuvres de cette importance sont encore relativement rares au XVIIIe siècle, mais, jusqu'au début du XVIIIe siècle, le terme *sinfonia* sera utilisé dans l'opéra, la cantate d'église, l'oratorio pour désigner les préludes et interludes instrumentaux[1]. Et lorsque G. B. Vitali, Bassani, Corelli auront établi la forme de la *sonata da chiesa* en trois ou quatre parties (grave-allegro fugué-andante-presto), celle-ci prendra dans la musique vocale (au théâtre et à l'église) la place de la sinfonia mais aussi son nom. Sous l'impulsion d'Alessandro Scarlatti, cette sorte de sinfonia devient la spécialité de l'école napolitaine. Celle-ci abandonne le premier mouvement lent de la *sonata da chiesa* et conserve la succession vif-lent-vif dont héritera la symphonie pré-classique. Mais Vivaldi, dans ses *Sinfonie* et ses *Concerti* à 4, a le premier réalisé une écriture de cordes vraiment symphonique, donnant à l'instrumentation une dimension nouvelle : celle de l'orchestre classique. En France, cependant, Lully avait inauguré une nouvelle forme d'ouverture dont le succès s'étendit à toute l'Europe : « l'ouverture française » comprenant un premier mouvement lent et majestueux, suivi d'un allegro généralement fugué, puis d'une reprise du mouvement lent. Les plus célèbres exemples en sont les quatre *Suites pour orchestre* de Bach, dont le titre original est *Ouvertüren* (indiquant la prééminence de l'ouverture initiale). Par leur forme et leur caractère, ces grands triptyques symphoniques préfigurent l'allegro de la symphonie classique[2].
Lully, Scarlatti et surtout Vivaldi peuvent donc revendiquer la paternité de la symphonie, dont l'orchestre de la cour de Mannheim permettra le développement. Comme celui de Dresde (pour qui Vivaldi a composé), cet orchestre était fameux sous l'électorat de Karl Theodor (1724-1799) et sous la direction d'une pléiade d'excellents musiciens dont le premier en date fut Johann Stamitz venu de Bohême. Les œuvres de Sammartini et Vivaldi étaient alors célèbres dans toute l'Allemagne et le Napolitain Jommelli, établi à Stuttgart, passe pour avoir exercé une influence directe sur Stamitz en montrant notamment toutes les possibilités de l'expression instrumentale. L'École de Mannheim fixa la forme de la symphonie en apportant d'importantes modifications aux modèles italiens :

1. On trouvera également des « sinfonie » dans les cantates de chambre et les suites instrumentales. Ce sont alors des pièces « dans le style d'une *sinfonia* », c'est-à-dire homophonique par opposition à la *sonata*, généralement polyphonique.
2. Les *Symphonies pour les soupers du roi* de Delalande sont des suites et non des symphonies.

– Adoption définitive du menuet, suivant l'exemple de Sammartini, les quatre mouvements se succédant dans l'ordre invariable : allegro-andante-menuet-presto. Tous les mouvements sont dans la même tonalité, à l'exception du mouvement lent, généralement au ton relatif*.
– Instrumentation étoffée (Stamitz introduit les clarinettes dans l'orchestre, à peu près en même temps que Vivaldi) et rigoureusement déterminée : aucune initiative dans le choix des instruments n'est laissée à l'interprète qui se conformera aux indications instrumentales d'une partition d'orchestre entièrement réalisée et disposée avec méthode. L'orchestre se compose de deux flûtes, deux hautbois, deux clarinettes, deux bassons, deux ou quatre cors, deux trompettes, une paire de timbales et les cordes. À la même époque Carl Philipp Emanuel Bach adapte la forme-sonate à l'allegro de la symphonie. C'est à ce modèle presque parfait que se conforment Haydn et Mozart dans leurs nombreuses symphonies, dont l'éloge, et même l'inventaire, dépasseraient le cadre de cette étude. Dès 1765 (*Symphonie n° 31*), Haydn adopte la coupe classique en quatre mouvements. Mozart enfant s'était d'abord donné pour modèle les symphonies italiennes en trois mouvements de Jean Chrétien Bach, entendues à Londres, et les merveilleuses symphonies de Sammartini que l'on jouait fréquemment à Salzbourg dans ce temps-là ; ses symphonies de 1772 (époque de la maturité : Mozart avait seize ans !) sont les plus beaux exemples de cette première manière. Mais l'influence allemande et l'admiration éprouvée par Mozart pour les symphonies de Haydn entendues à Vienne en 1773 (admiration réciproque d'ailleurs) lui firent adopter à son tour le menuet traditionnel. En partant de ce modèle, que Mozart porta à son plus haut degré de perfection dans ses trois dernières symphonies, Beethoven composa les chefs-d'œuvre que l'on connaît. La succession de ses neuf symphonies (composées entre 1800 et 1824) forme la transition entre la symphonie classique et la symphonie romantique ou moderne. Ses apports essentiels ont consisté à enrichir l'instrumentation, à agrandir considérablement le développement et à donner une importance nouvelle aux deux derniers mouvements (le menuet devient scherzo, dans un esprit shakespearien et le finale, souvent construit dans la forme-sonate, un digne pendant du premier mouvement). Depuis Beethoven, la symphonie est promue à une sorte de dignité qui inspire le respect aux plus grands maîtres : la composition d'une symphonie est souvent le couronnement d'une carrière. Quant à la forme, elle est restée à peu près la même : les intentions descriptives, l'évolution de la couleur harmonique et instrumentale, l'intervention de chœurs ou de solistes et même l'utilisation de thèmes « cycliques » (voir Forme*), ne constituent pas des modifications fondamentales. Ce sont, en somme, les symphonies de Beethoven qui ont plus ou moins directement servi de modèle aux neuf symphonies de Schubert (1813-1828), à celles de Berlioz (*Fantastique*, *Harold*

en Italie, Symphonie funèbre et triomphale, Roméo et Juliette), aux cinq symphonies de Mendelssohn (1824-1842), aux quatre symphonies de Schumann (1841-1850), aux deux symphonies de Liszt (*Faust-Symphonie* et *Dante-Symphonie*), aux neuf symphonies de Bruckner (1866-1896), aux six symphonies de Tchaïkovsky (1867-1893), aux quatre symphonies de Brahms (1876-1885) et même à celles de Bizet, Saint-Saëns, Dvořák, Franck, Mahler, Sibelius, Roussel, Prokofiev, Honegger, Jolivet, etc., sinon aux trois sommets de la symphonie du XXe siècle : *La Mer* de Debussy, la *Neuvième* de Mahler et la *Turangâlila* de Messiaen.

Syncope

Prolongation sur un temps fort d'une note accentuée sur un temps faible ou sur la partie faible d'un temps :

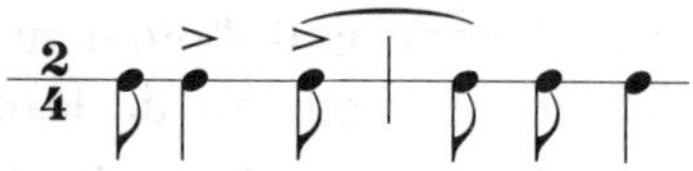

Sans rapport avec l'arrêt du cœur, la syncope musicale est au contraire un élément de relance de l'énergie rythmique. Elle a joué un rôle important dans la musique de jazz, mais on la rencontre tout au long de l'histoire de la musique.

Synthétiseur

Cet effroyable néologisme désigne un ensemble d'appareils électroacoustiques permettant de faire des synthèses de sons à partir de leurs éléments, de transformer des éléments, de les mettre en mémoire, de mettre en mémoire des règles de composition, etc. Il peut réaliser des synthèses sonores en temps réel, selon les programmes préparés par un musicien, et fonctionner comme un instrument de musique (à la fois compositeur et exécutant), ou bien servir à transformer des sons pour la production hors temps de musiques électroacoustiques… À la différence des « orgues électroniques » et autres instruments électriques, il n'est pas programmé par le constructeur, mais par l'utilisateur. Autour du synthétiseur proprement dit, avec ses claviers et sa console, de nombreux éléments périphériques permettent d'effectuer toute espèce d'opérations électroacoustiques… sans parler du traitement informatique plus ou moins sophistiqué. Les premiers essais ont été effectués en 1955 par Harry Olson et Herbert Belar, de la RCA, à l'université de Princeton : ils cherchaient à réaliser la synthèse de la voix humaine, pour faire « parler » les robots. Dix ans plus tard Moog fabriquait ses premiers appareils.

Szałowski, Antoni

Varsovie, 21 avril 1907. – Paris, 21 mars 1973.

Fils du violoniste Bonifacy Szałowski. Après avoir étudié au conservatoire de Varsovie, il vint à Paris où il fut l'élève de Nadia Boulanger (1931-1936). Il s'est établi depuis en France, subissant l'influence de l'école française.

Une symphonie, un concerto pour cordes, un concerto pour piano, un concerto pour violon, trois quatuors, des pièces pour piano.

Szymanowski, Karol

Timoshovka (Ukraine), 6 octobre 1882. – Lausanne, 29 mars 1937.

Il commence ses études musicales avec son père et sa tante (excellents amateurs), les poursuit en autodidacte et les termine avec Noskowski à Varsovie. Là, il se lie d'amitié avec le chef d'orchestre G. Fitelberg et le pianiste A. Rubinstein (qui deviennent les défenseurs actifs de son œuvre) et milite au sein du mouvement musical Jeune Pologne, qui veut réagir contre le traditionalisme et l'inertie artistique polonaise. Ces jeunes musiciens ont leur quartier général à Berlin : Szymanowski s'y établit pendant deux ans (1906-1908) et y étudie la musique de Wagner, Reger et Strauss, dont les influences sont très sensibles dans sa *Première Symphonie.* Se heurtant à l'incompréhension du public polonais, il décide de vivre quelque temps à Vienne (1912-1914), où son ami Fitelberg est devenu chef d'orchestre de l'Opéra. Il y entend *Petrouchka* de Stravinsky et les dernières œuvres de Debussy et Ravel : les unes et les autres le fascinent et le détournent radicalement de ses idoles germaniques et même de Scriabine dont le culte avait inspiré sa *Deuxième Symphonie.* À l'influence de Stravinsky et de la musique française s'ajoute bientôt celle du folklore polonais, comme en témoigne son ballet *Harnasie.* En 1919, après avoir beaucoup voyagé, il quitte définitivement l'Ukraine pour Varsovie, où il est nommé en 1926 directeur du Conservatoire. Mais la tuberculose pulmonaire l'oblige à donner sa démission en 1929 pour se soigner. Malgré des traitements prolongés à Zakopane (dans les Tatra), puis à Cannes, Grasse, Davos et Lausanne, la maladie l'emporta. Il fut le plus grand musicien polonais après Chopin, le créateur d'un art symphonique polonais et le chef de l'école polonaise moderne.

Deux opéras, deux ballets (*Harnasie* et un « ballet grotesque », *Mandragora*, pour *Le Bourgeois gentilhomme*), de grandes œuvres pour soli, chœur et orchestre (dont un très beau *Stabat Mater*), trois symphonies (dont la *Troisième* avec chœurs), deux concertos pour violon et une *Symphonie concertante* pour piano et orchestre, deux quatuors à cordes, *Mythes* pour violon et piano (qui contient la célèbre *Fontaine d'Aréthuse*), trois sonates et autres compositions pour piano (seize études, vingt-deux mazurkas, etc.), de nombreuses mélodies. On lui doit aussi des œuvres littéraires.

T

Tablā

Couple d'instruments à membrane, très important dans la musique classique de l'Inde. Il comprend :
1. un petit tambour vertical à une peau, frappé de la main droite et donnant un son sec : c'est le *tablā* proprement dit qui donne généralement le son fondamental ;
2. une petite timbale à son sourd, appelée *bāyā*, jouée de la main gauche. La virtuosité des bons joueurs de tablā leur permet d'obtenir une variété de timbres et d'articulations extraordinaire.

Tablature

Système simplifié de notation musicale qui substitue parfois aux représentations symboliques traditionnelles l'indication des moyens de produire le son. Apparues au XIVe siècle pour noter les transcriptions instrumentales de pièces polyphoniques, les tablatures emploient des chiffres, des lettres, des traits (horizontaux ou verticaux), associés ou non à des signes traditionnels (pour la partie supérieure ou *cantus*) et généralement disposés sur des diagrammes de lignes ou des grilles, selon des conventions variables. La notation est « directe », si la tablature représente la façon de produire les sons. Ainsi, la tablature de luth* représente la position des doigts sur la touche.

Tailleferre, Germaine

Saint-Maur, 19 avril 1892. – Paris, 7 novembre 1983.

Amie de Darius Milhaud, auprès de qui elle compléta la formation reçue au conservatoire de Paris, elle a fait partie du célèbre groupe des Six (avec Milhaud, Honegger, Auric, Poulenc, Durey). Sa *Pastorale* pour petit orchestre avait produit à cette époque une très favorable impression ; mais son exquise personnalité, très féminine, s'est révélée pleinement lors de la création aux Ballets suédois (1923) du ravissant *Marchand d'oiseaux*. En 1942, elle émigra aux États-Unis.

Trois opéras-comiques (*Le Fou sensé*, *Le Marin du Bolivar* et *Il était un petit navire*), quatre ballets, *Cantate du Narcisse* (d'après Valéry), un concerto et une ballade pour piano et orchestre, un concerto pour harpe, de la musique de chambre, des pièces pour piano.

Takemitsu, Toru

Tokyo, 8 octobre 1930. – Tokyo, 20 février 1996.

En grande partie autodidacte, c'est un chercheur subtil et audacieux qui anime de sa sensibilité poétique, profondément japonaise, les recherches les plus avancées. Il associe les instruments traditionnels de son pays aux techniques nouvelles de la musique occidentale.

Coral Island pour soprano et orchestre, des œuvres pour orchestre, dont *Asterism*, *November steps* (avec shakuhashi et biwa), *Requiem* ; *Riverrun* pour piano et orchestre, un concerto pour guitare, *Gémeaux* pour hautbois, trompette et deux orchestres ; de la musique électronique ; plusieurs musiques de films (notamment pour Kurosawa et Oshima).

Tallis, Thomas

Leicestershire ?, 1505. – Greenwich, 23 novembre 1585.

On sait fort peu de chose de sa vie, et de façon peu précise. Il était *joculator organorum* au prieuré de Douvres en 1532, *conduct* de Saint Mary-at-Hill à Londres en 1537, organiste ou chef de chœur de l'abbaye de la Sainte-Croix à Waltham (Essex) de 1530 environ à 1540 et enfin *gentleman of the chapel*, puis organiste de ladite chapelle royale (conjointement avec Byrd) à partir de 1542. Il fut donc probablement au service de la cour sous Henry VIII, Édouard VI, Mary et Élisabeth. En 1575, il obtint avec Byrd le privilège exclusif pour toute l'Angleterre de l'édition musicale. Cette industrie, qui devint plus tard si prospère grâce à la vogue du madrigal, se solda par un déficit qui ne put être comblé qu'avec le secours de la reine. La musique de Tallis relève du plus grand style polyphonique. Ses grands motets peuvent figurer, au côté des œuvres de ses plus illustres contemporains, parmi les chefs-d'œuvre de la musique religieuse.

Deux messes (4 et 5 voix), cinquante-deux motets latins (4 à 40 voix) ; des *services*, psaumes, litanies, *preces*, etc., pour le culte anglican, vingt *anthems*, des œuvres pour orgue (fantaisie, paraphrases de thèmes liturgiques, arrangements de motets).

Tambour

Terme désignant communément depuis le Moyen Âge (« tabour ») les instruments à membrane frappée. Son étymologie est incertaine. Vient-il de l'arabe *tabl* (gros tambour à deux peaux) ou du persan *tabir*, ou du *tanbur* arabe (mais il s'agit d'un instrument à cordes) ? L'incertitude nous prive d'une définition exacte et restrictive du tambour. Si c'est un « membranophone », l'extension aux « idiophones » que sont les tambours de bois d'Afrique et d'Océanie (appelés aussi *tam-tam*), les tambours de jade chinois ou les tambours de bronze indonésiens est abusive… Par une autre extension abusive, on qualifie de « tambour à friction » la *pignate* provençale, la *caccavella* napolitaine et le *rommelpot* flamand, instruments populaires ou enfantins que l'on retrouve dans plusieurs pays d'Afrique et d'Amérique latine : sur l'ouverture d'un récipient en terre cuite, en bois ou en métal est tendue une peau, traversée par une tige souple ou une corde que l'on met en vibration par friction, produisant une sorte de grognement. Ce ne sont donc pas des instruments à percussion. Il existe d'innombrables variétés de tambours, au sens usuel du terme. Ils se distinguent par le nombre de membranes, la forme, le matériau, le mode de fixation des membranes, etc. Tambours à une membrane sur cadre (comme le « tambour-de-basque »), ou tendue sur l'ouverture d'un récipient de bois, de terre cuite ou de métal, dont la forme varie à l'infini. Tambours à deux membranes, cylindriques (caisse claire, grosse caisse, « tambourin » provençal, etc.) ou en forme de sablier (*tzutzumi* japonais, « tambours d'aisselle » africains, dont le réseau de tendeurs permet de modifier en jouant la tension des peaux). Les membranes peuvent être collées, cloutées, lacées…, ou, comme sur nos timbales, tendues sur une double couronne métallique, munie de clés de serrage. Le tambour existait certainement au néolithique, après l'invention de la poterie. Peut-être même existait-il bien avant sous des formes plus rudimentaires ; mais les matériaux périssables dont il aurait été construit ne permettaient pas qu'il nous en soit conservés des vestiges.

Tāmpurā

Luth à quatre cordes, qui est, du nord au sud de l'Inde, l'élément fondamental de l'accompagnement du chant et des autres instruments à cordes. Il n'a jamais de rôle mélodique. Sa forme est analogue à celle du *sitār*, mais sa facture est plus simple, sa touche est lisse (sans frettes) et il ne possède pas de cordes sympathiques.

Taneiev, Serguei Ivanovitch

Gouv. de Vladimir, 25 novembre 1856. – Moscou, 19 juin 1915.

Pianiste. Élève de N. Rubinstein (piano) et Tchaïkovsky (composition) au conservatoire de Moscou, où il devint à son tour professeur d'harmonie et d'instrumentation, puis directeur. Il fut le maître de Scriabine et de Rachmaninov.

Une grande trilogie dramatique, *Oresteia*, des cantates, trois symphonies, six quatuors à cordes, de nombreuses mélodies.

Tansman, Alexandre

Łódź, 12 juin 1897. – Nice, 15 novembre 1986.

Après avoir étudié et fait ses débuts de compositeur à Varsovie, il vient s'établir à Paris en 1921, où avec Martinů, Harsanyi, Mihalovici, il forme le groupe amical connu sous le nom d'École de Paris.

Sept opéras, neuf ballets, de la musique de scène et de radio, deux oratorios, neuf symphonies, deux concertos pour piano, concerto pour alto, de la musique de chambre (dont huit quatuors à cordes), des mélodies.

Tār

Grand luth iranien à 5 ou 6 cordes. Le mot *tār* veut dire « corde » l'instrument est en réalité un *panchtār* (5 cordes) ou un *shastār* (6 cordes). Il se distingue par une curieuse caisse en bois de mûrier à double renflement, dont la table en peau affecte la forme d'un huit. Le long manche en noyer est garni de vingt-cinq frettes mobiles.

Tarchi, Angelo

Naples, 1760. – Paris, 19 août 1814.

Élève de Fago et Sala au Conservatorio dei Turchini à Naples. Il fut quelque temps célèbre dans toute l'Europe comme compositeur d'opéras et vint à Paris (1797) où il écrivit des opéras-comiques français.

Trente-trois opéras sérieux et vingt-deux opéras bouffes (ou *intermezzi, commedie*, etc.), dont sept opéras-comiques français et *Il Cavaliere errante* (Paris 1790).

Tarrega, Francisco

Villareal, 21 novembre 1852. – Barcelone, 15 décembre 1909.

Remarquable guitariste, fondateur de l'école moderne de guitare. Il a considérablement perfectionné la technique de cet instrument et a contribué à sa diffusion en Europe.

Nombreuses compositions pour la guitare, ainsi que des transcriptions de Bach, Mozart, Haydn, Albeniz.

Tartini, Giuseppe

Pirano (Trieste), 8 avril 1692. – Padoue, 26 février 1770.

Violoniste et théoricien. Il fut élevé chez les pères, à Capo d'Istria, où il commença l'étude du violon, puis il fit des études de droit à l'université de Padoue (1709-1713). Là, il se fit une grande réputation d'escrimeur et de violoniste. À la suite de son mariage secret avec une protégée du cardinal Cornaro, il fut l'objet d'un mandat d'arrêt et s'enfuit déguisé en moine. Il trouva refuge au monastère d'Assise (1713-1715) où il compléta ses études musicales avec un franciscain tchèque et composa sa célèbre sonate *Trille du diable.* Son jeu émerveillait les moines et les visiteurs, mais il restait toujours caché derrière un rideau afin que personne ne pût découvrir son identité. Cependant, il fut surpris et reconnu par des concitoyens lors d'une cérémonie : apprenant que l'hostilité du cardinal avait cessé, il se laissa convaincre de regagner Padoue où sa femme l'attendait dans l'angoisse depuis deux ans. Il y devint premier violon de la Cappella del Santo, s'établit quelque temps à Prague sur l'invitation du comte Kinsky, chancelier de Bohême (1723-1726), puis rentra définitivement à Padoue, où il fonda en 1728 sa célèbre école de violon. Il y demeura jusqu'à sa mort, malgré les propositions somptueuses qui lui étaient faites ailleurs. On lui doit d'importants perfectionnements dans la technique du violon ; il préconisa notamment l'emploi de cordes plus grosses et d'un archet plus léger et plus long. Le plus illustre de ses élèves fut Nardini.

Environ cent quarante concertos, plus de cent sonates, cinquante trios, etc. On lui doit aussi plusieurs ouvrages théoriques, dont le *Trattato di musica secondo la vera scienza dell'armonia* [1754], ouvrage où il met en évidence l'existence des sons résultants (*terzi tuoni*), indépendamment des travaux antérieurs de Sorge. Mais il n'avait pas une formation scientifique qui lui permît d'en faire une théorie cohérente : celle-ci fut plus tard l'œuvre de Helmholtz (1862).

Tavener, John

Londres, 28 janvier 1944.

Élève de Lennox Berkeley, il est organiste à Saint John (Kensington) et professeur au Trinity College of Music à Londres. Son œuvre, où l'on perçoit l'influence de Stravinsky et Messiaen, associe les techniques les plus avancées aux traditions du plain-chant et de la mystique de l'Inde. Elle est principalement consacrée à la musique religieuse. Tavener s'est converti à l'Église orthodoxe en 1978.

De nombreuses compositions religieuses, dont plusieurs cantates bibliques, trois *Requiem* et *Glory to God for Everything* pour soli, chœurs et orchestre ; *Coplas* pour chœur d'après Jean de la Croix, où il introduit des citations de la *Messe en si* de Bach ; *Concerto* et *Palintropos* pour piano et orchestre, un concerto pour orchestre, *In Memoriam Igor Stravinsky* pour 2 flûtes, alto, orgue et cloches ; 2 opéras.

Taverner, John

?, vers 1495. – Boston, 25 octobre 1545.

Organiste. De 1526 à 1530, il était maître de chœur au nouveau collège d'Oxford, fondé par le cardinal Wolsey (futur Christ Church College). Le collège devint un berceau du luthéranisme en Angleterre, et Taverner, militant de la première heure, emprisonné en 1528 pour hérésie (mais gracié par le cardinal), participa aux persécutions et à la destruction des monastères et finit par abandonner la musique pour se livrer entièrement à son zèle religieux. Il fut cependant le plus grand musicien anglais de sa génération (celle qui précéda Tye et Tallis) ; son style appartient en même temps à la fin du Moyen Âge et au début de la Renaissance.

Huit messes (dont la messe *Western Wind*), des fragments de messes, *Te Deum*, *Magnificat*, etc., vingt-huit motets (dont l'admirable *Dum transisset Sabbatum*), quatre pièces profanes.

TCHAÏKOVSKY, PIOTR ILYITCH

Kamsko (Viatka), 7 mai 1840. – Saint-Pétersbourg, 18 novembre 1893.

Son père (inspecteur des mines) et sa mère, parfaitement indifférents à la musique, ne devinent pas ses dons. En dehors de ses études générales, il apprend cependant le piano, mais il est destiné aux carrières juridiques. C'est un enfant intelligent, fragile et hypersensible. Clerc de première classe au ministère de la Justice, de 1859 à 1863, il poursuit en dilettante ses études musicales, mais ce n'est qu'à vingt-trois ans (1863) qu'il quitte l'administration pour embrasser la profession de musicien et qu'il étudie sérieusement la composition avec Anton Rubinstein. Ces études terminées en 1866, Nicolas Rubinstein, frère de son maître, lui offre le poste de professeur d'harmonie au conservatoire de Moscou et fait connaître ses premières œuvres. Suit une époque de grande activité créatrice, au cours de laquelle Tchaïkovsky rencontre Balakirev et Rimsky, dont le nationalisme musical exerce une profonde (bien que temporaire) influence sur son inspiration : entre 1868 et 1875, il compose les *Symphonies n°s 2* et *3* (la *Deuxième* sur des thèmes populaires ukrainiens), quatre opéras, l'ouverture de *Roméo et Juliette*, le *Premier Concerto* pour piano, de la musique de chambre. Mais, déséquilibré nerveusement, sujet aux insomnies, aux paniques injustifiées et aux crises de dépression, il est déjà l'angoissé qu'il restera toute sa vie. Surtout il est terrorisé par une tendance à l'homosexualité, soigneusement dissimulée, dont il croit peut-être se libérer lorsqu'en 1877 il se laisse épouser par une étudiante du Conservatoire, passablement hystérique, qu'il n'aime pas le moins du monde et qu'il fuit après deux mois d'union. Cette aventure compromet sérieusement sa santé nerveuse et sa sensibilité, déjà affectées par l'insuccès de ses œuvres. Mais, à la même époque, il découvre un ange gardien en la personne de Mme von Meck, chez qui Debussy séjournera entre 1880 et 1882.

Cette riche veuve de quarante-cinq ans, intelligente et équilibrée, réussit, avec un tact extrême, à devenir la confidente indispensable du musicien et à lui épargner tout souci matériel pour lui permettre de se consacrer exclusivement à la composition. Leur liaison demeura épistolaire, car ils étaient convenus de ne jamais chercher à se rencontrer. Cette étrange amitié, si favorable à l'activité créatrice de Tchaïkovsky, dura treize ans. Mme von Meck y mit brutalement fin en 1890, sous le prétexte fallacieux qu'elle était ruinée ; et, bien qu'il eût protesté de son désintéressement, le musicien n'entendit plus parler d'elle. Elle mourut deux mois après lui. Depuis 1887, il avait entrepris une carrière de chef d'orchestre, dirigeant ses œuvres dans toute l'Europe, malgré un « mal du pays » qui faisait de ses tournées de véritables calvaires. La rupture avec son « ange gardien » l'incita, en 1891, à accepter une invitation aux États-Unis : au cours de cette tournée triomphale, il participa à l'inauguration de Carnegie Hall. Mais ni la réussite de ce voyage, ni les honneurs officiels qui commençaient à pleuvoir sur lui, ni les succès qui couronnaient finalement ses œuvres (particulièrement *La Dame de pique*) ne parvenaient à dissiper sa profonde mélancolie. L'enthousiasme avec lequel il travailla à sa *Sixième Symphonie* (qu'il considérait comme son chef-d'œuvre) le débarrassa quelque temps de son angoisse et jamais sa santé n'avait été aussi bonne lorsqu'il fut emporté par le choléra en cinq jours.

L'évolution de son style est indéfinissable. L'art symphonique traditionnel y alterne avec les formes libres (modernes) de musique à programme, l'esprit cosmopolite occidental avec le nationalisme russe, sans esthétique définie. C'est dans l'expression lyrique de son âme inquiète, assujettie à des formes traditionnelles, que se révèle son génie. Sa passion pour Mozart et sa familiarité, depuis l'enfance, avec l'opéra italien l'ont préservé de l'influence de Wagner et de Brahms, dominante chez la plupart de ses contemporains. Pour Chostakovitch, l'œuvre de Tchaïkovsky est « une des pierres angulaires de la culture musicale russe ».

Dix opéras dont les plus beaux sont *Eugène Oneguine* (Moscou, 1879) et *La Dame de pique* (Saint-Pétersbourg, 1890), trois ballets (*Lac des cygnes, Belle au bois dormant* et *Casse-Noisette*), une vingtaine d'œuvres chorales, six symphonies (dont la *Sixième*, baptisée « Pathétique » par le frère de Tchaïkovsky), plusieurs ouvertures symphoniques, trois concertos pour piano, un concerto pour violon, diverses compositions pour violon et orchestre et pour violoncelle et orchestre, trois quatuors à cordes, un trio avec piano, un sextuor (*Souvenirs de Florence*), de nombreuses pièces pour piano, plus de cent mélodies.

TCHEREPNINE, ALEXANDRE NIKOLAÏEVITCH

Saint-Pétersbourg, 21 janvier 1899. – Paris, 29 septembre 1977.

Pianiste. Élève de son père et de Liadov, puis à Paris (où il vécut de 1921 à 1949) de Philipp. Il épousa une pianiste chinoise et fit connaître en Europe la musique contemporaine d'Extrême-Orient. Depuis 1949, il était professeur à l'université De Paul de Chicago.

Trois opéras, dix ballets, des œuvres symphoniques, six concertos de piano, des pièces pour piano, de nombreuses mélodies.

Tcherepnine, Nikolaï Nikolaïevitch

Saint-Pétersbourg, 14 mai 1873. – Issy-les-Moulineaux, 26 juin 1945.

Chef d'orchestre ; père du précédent. Il fut l'élève de Rimsky-Korsakov au conservatoire de Saint-Pétersbourg, où il devint lui-même professeur (Prokofiev y fut son élève). Il s'établit à Paris en 1921.

Deux opéras, cinq ballets, un oratorio (*La Passion de Notre-Dame*), des poèmes symphoniques, un concerto et de nombreuses pièces pour piano, des mélodies.

Telemann, Georg Philipp

Magdebourg, 14 mars 1681. – Hambourg, 25 juin 1767.

Fils de pasteur. Il apprit seul la musique en étudiant les œuvres des maîtres (particulièrement Lully et Campra). À l'université de Leipzig, où il poursuivait des études de langues modernes et de sciences, il fonda, en 1704, parmi ses condisciples, un Collegium Musicum, société qui donna les premiers concerts publics en Allemagne. La même année, il fut nommé organiste de l'église Neuve. Il occupa plus tard diverses fonctions de Kapellmeister, et fit plusieurs voyages (notamment à Berlin et à Paris) avant de s'établir définitivement à Hambourg comme cantor du Johanneum et Musikdirector des cinq principales églises de la ville. Avec Mattheson et Keiser, il fit la renommée de la brillante école hambourgeoise du XVIIIe siècle. Son style peu original réalise l'union du contrepoint traditionnel (où il se montra d'une adresse exceptionnelle) et de l'air d'opéra italien. Une extraordinaire facilité et une maîtrise de toutes les formes et techniques de son temps lui permirent d'écrire une quantité inimaginable de compositions de toutes sortes, qu'il se déclarait lui-même incapable de dénombrer.

Douze séries complètes de cantates d'église pour tous les dimanches et fêtes, quarante-quatre passions, cent onze services religieux pour diverses occasions, de très nombreux oratorios, plus de mille cantates diverses, quarante opéras, une innombrable œuvre instrumentale comprenant notamment six cents *Ouvertures françaises* (suites).

TEMPÉRAMENT

Dans l'infinité des sons possibles, les civilisations musicales ont opéré des choix fondamentaux dans l'ordre des intervalles*, choix qui déterminent les échelles* fondamentales. Le postulat de l'équivalence des octaves, que l'expérience paraît confirmer, nous fait adopter cet intervalle pour base des systèmes. Mais, à l'intérieur de l'octave, il y a différentes évaluations possibles des intervalles, donnant plusieurs valeurs très voisines d'une même note. Ainsi, le mi obtenu par quatre quintes successives à partir de do est supérieur d'un comma* au mi 5ᵉ harmonique* du même do (a)[1]. Ou bien : trois tierces majeures forment un intervalle (do-si ♯) inférieur à l'octave d'une *diesis* (petit quart-de-ton) ou supérieur d'un comma pythagoricien selon le type de tierce majeure considéré (mi haut ou mi bas) (b)[1]. Ou encore : douze quintes successives à partir de do donnent encore un si ♯ supérieur d'un comma pythagoricien à la septième octave de do (c)[1] (nous avons là deux si ♯ différents, tous deux différents de do !!). Le chanteur et le violoniste n'ont pas à s'occuper de ces subtilités : ils donneront naturellement l'intervalle juste en fonction du contexte. Mais on conçoit bien que l'accord des instruments à clavier, trop délicat pour être modifié en cours d'exécution, exige que l'on adopte une seule valeur pour chaque note (douze par octave dans notre système), donc que les notes très voisines soient confondues : si ♯ et do, mi ♯ et fa, do ♯ et ré ♭ etc. Les tempéraments sont des méthodes proposées pour résoudre théoriquement ce problème.

Historique

Déjà les anciens Chinois avaient tenté de fausser les quintes pour que la douzième, après réduction d'octaves, fût identique au son fondamental. Et Aristoxène de Tarente préconisait la division du ton en deux demi-tons égaux. Mais le problème est resté dans le domaine des spéculations théoriques jusqu'à ce que l'évolution de la polyphonie et l'emploi des notes altérées aient fait surgir des difficultés nouvelles pour l'accord des instruments à sons fixes. Vers 1510, l'organiste Arnolt Schlick recommande d'accorder les instruments à clavier et les harpes par quintes ascendantes jusqu'à do ♯ et par quintes descendantes jusqu'à la ♭. Cette méthode donne un excellent tempérament, où toutes les quintes sont justes, sauf une (do ♯, la ♭) trop faible d'un comma. C'est la gamme des

1. (a) $(3/2)^4 : 5 = 81/80$ (comma syntonique)
(b) $2 : (5/4)^3 = 128/125$ (diesis)
ou $(81/64)^3 : 2 = 531\,441/524\,288$ (comma pythagoricien)
(c) $(3/2)^{12} : 2^7 = 531\,441/524\,288$ (comma pythagoricien).

violonistes et de tous les instrumentistes qui s'accordent par quintes... En 1519, Willaert compose une œuvre chromatique, *Quid non ebrietas*, qu'il présente comme une énigme, avec l'idée de prouver par l'absurde qu'il faut égaliser les demi-tons. Tous les théoriciens du XVIe siècle discutent de cette nouvelle quadrature du cercle, tandis que les instrumentistes cherchent empiriquement leurs solutions personnelles... solutions approximatives qui ne garantissent pas l'identité de la gamme. Or, cette identité est l'obsession des théoriciens, qui ne voient pas que le problème est insoluble tel qu'ils le posent. À défaut d'une théorie mathématique cohérente, assortie d'une méthode d'accord, la solution pratique la plus répandue à la fin du XVIe et au XVIIe siècle est un invraisemblable...

... *Tempérament inégal*

comportant les tierces et quintes suivantes (au quart de comma près parce que les quintes sont faussées) :
– huit tierces majeures « harmoniques » 5/4 : do.mi, fa.la, sol.si, si ♭.ré, mi ♭.sol, ré.fa ♯, mi.sol ♯, la.do ♯;
– quatre fausses tierces ou quartes diminuées 32/25 (excédant la tierce majeure d'un petit quart-de-ton ou *diesis*) : do ♯.fa, fa ♯.si ♭, sol ♯.do, si.mi ♭;
– onze quintes légèrement faibles (d'un quart de comma) : toutes sauf la suivante;
– une quinte très forte (d'une *diesis*), la « quinte du loup » sol ♯. mi ♭.
Cet accord est celui de la plupart des orgues du XVIIe siècle. Son imperfection (qui interdit certaines tonalités et certaines modulations) est imputable à l'adoption, préconisée par Zarlino, de la tierce « harmonique ». Il n'est à peu près juste qu'en do majeur et beaucoup de clavecinistes trouvent plus simple d'accorder avec justesse les notes de cette gamme, choisissant des valeurs moyennes approximatives pour les notes altérées voisines (nos touches noires) !

Tempérament égal

À la fin du XVIIe siècle, le développement de l'harmonie et le succès des instruments à clavier rendent le problème de plus en plus aigu. On veut accorder les clavecins de façon à pouvoir jouer dans tous les tons et moduler à sa convenance. De nombreuses solutions sont proposées. Christiaan Huygens, Hollandais de Paris, est partisan d'une division théorique de l'octave en trente et un intervalles : l'unité de la division est assez voisine de la *diesis*, dont diffèrent les deux sortes de demi-tons, ce qui donne une bonne approximation des intervalles « naturels »... Mais ce système, comme celui de Holder qui divise théoriquement l'octave en

53 neuvièmes de ton, intéresse davantage le physicien que le musicien ! L'une des solutions approchées par Andreas Werckmeister dans sa *Musicalische Temperatur* (1686) et son *Erweiterte Orgelprobe* (1698) suscitera davantage d'intérêt. C'est une théorie du tempérament égal à douze demi-tons par octave... sans la manière d'accorder les instruments à sons fixes d'après ce système.

La division de l'octave en douze demi-tons égaux est une démarche purement arithmétique. Le rapport des fréquences de deux sons en relation d'octave étant 2, le rapport de demi-ton sera théoriquement $\sqrt[12]{2}$ et les différents intervalles tempérés s'exprimeront par des puissances de ce nombre irrationnel, totalement inappréciable comme rapport de grandeurs physiques. Il est évidemment impossible d'accorder les quintes dans un tempérament égal en leur donnant directement leur valeur exacte, soit $(\sqrt[12]{2})^7$. Dans la pratique, elles doivent être faussées (en comptant les battements) de $1/12^e$ de comma pour que 12 quintes recouvrent exactement 7 octaves.

Le tempérament égal crée l'identité entre les notes altérées très voisines. Si l'on continue à les distinguer dans la notation et la nomenclature, c'est pour affirmer leur fonction tonale : la sensible de fa ♯ est mi ♯ et non fa ♮, la dominante de la ♭, est mi ♭, et non ré ♯...

Par son admirable *Wohltemperierte Klavier*, Bach propose une série de pièces dans toutes les tonalités majeures et mineures, que seul un « clavier bien tempéré » permet de jouer de façon satisfaisante. Cela ne prouve pas que Bach ait préconisé un tempérament *égal*. Faut-il en effet que toutes les gammes soient rigoureusement identiques, comme les théoriciens l'ont cru nécessaire ? N'est-il pas suffisant qu'elles soient analogues ?... L'échelle cyclique, formée par la méthode de Schlick (voir p. 685), ou mieux en prenant les six premières quintes ascendantes et les cinq premières quintes descendantes, offre une excellente solution au tempérament, très favorable aux modulations (onze quintes sont justes, la douzième étant trop faible d'un comma). Ce tempérament, facile à réaliser dans l'accord des instruments, a d'ailleurs l'avantage d'être conforme à l'échelle employée par l'orchestre, comme celui de l'accordeur Serge Cordier, qui conserve les quintes justes et augmente les octaves de $1/7^e$ de comma. Le tempérament égal théorique, s'il était réalisable, présenterait les inconvénients suivants :

– Les échelles seraient déterminées par des séries arithmétiques non harmoniques : tous les intervalles sont impurs sauf l'octave. Les accords sont dénaturés, notamment l'accord parfait avec sa tierce corrompue ; et les consonances perdent leur caractère spécifique par l'apparition de battements entre les harmoniques communs dont l'unisson est imparfait.

– Les intervalles seraient inexpressifs : est-ce par une réaction instinctive à ce défaut que les pianistes font tant de contorsions inutiles lorsqu'ils veulent faire chanter un thème pathétique ?

– La modulation deviendrait une transposition stricte. Une fois installé dans la nouvelle tonalité, l'effet de surprise passé, tout se passe comme si on avait changé de diapason : le sentiment, la « couleur » ne change pas. Rameau redoutait cet inconvénient.

– Les instruments à cordes de l'orchestre s'accordent par quintes justes, les instruments à vent donnent des séries harmoniques : leurs intonations naturelles doivent être constamment corrigées pour jouer avec un piano accordé selon le tempérament égal.

TEMPO

Le « tempo » ou « mouvement », c'est-à-dire la vitesse moyenne d'exécution d'une œuvre musicale, échappe aux déterminations rigoureuses et met en défaut notre manière d'évaluer les durées. En musique, le temps est un paramètre variable, lié à l'importance et à la qualité de l'orchestre, au tempérament du chef, aux caractéristiques de la salle, aux réactions du public, etc. Un même tempo pourra sembler trop vite ou trop lent selon l'interprète et les conditions de l'audition ; aussi est-il bien difficile d'affirmer, comme tant de gens le font négligemment, que celui-ci ou celui-là a pris le mouvement juste.

« Chacun décide lui-même, selon le texte et l'harmonie, s'il convient de jouer lent ou vite », écrivait Praetorius vers 1700. Sans être aussi libéraux, la plupart des compositeurs de jadis renonçaient à imposer à leurs interprètes des mouvements rigoureux. Le pouls humain était leur système de référence habituel. Mais, en 1806, le mécanicien allemand Maelzel prit un brevet pour la construction du métronome. Beethoven, l'un des premiers, s'enthousiasma pour l'instrument diabolique : il s'acharnait à noter ses indications métronomiques, bien qu'elles lui fissent régulièrement douter, un peu plus tard, du bon fonctionnement de son métronome. Pour le premier mouvement de la *Neuvième Symphonie,* il avait noté d'abord « 108 oder 120 Maelzel », tempo parfaitement dément, incompatible avec l'indication *Allegro ma non troppo un poco maestoso* ; plus tard, il opta pour 88, ce qui correspond encore à un mouvement plus rapide que celui de beaucoup de chefs d'orchestre. Cette incertitude n'a rien d'exceptionnel et la vanité des indications métronomiques devient évidente lorsqu'un compositeur est l'interprète de ses propres œuvres... Ici la vérité doit être recherchée dans l'exemple plutôt que dans la doctrine. Les termes italiens, apparus vers 1600, éclairent utilement l'interprète sur les intentions du compositeur ; mais ils concernent le caractère général du mouvement et ne peuvent constituer une indication de tempo. La bonne compréhension de ce vocabulaire est indispensable au compositeur comme à l'interprète. ADAGIO (adverbe) = doucement, à l'aise ; ALLEGRO = gai, joyeux ; ANDANTE (participe présent du verbe aller) = allant ; PIÙ ANDANTE = plus allant, c'est-à-dire plus vite (et non plus lent, comme on le croit parfois) ; ASSAI = beaucoup, très (et non « assez », « modérément ») ; MAESTOSO = majestueux ; MOSSO = mouvementé ou ému ; RUBATO = volé (le TEMPO RUBATO est littéralement une durée escamotée).

Tenor

1. (aussi : *teneur*) Dans l'organum* : « voix » principale, en valeurs longues, sur laquelle s'improvise ou se compose le « déchant ». Le *tenor* est ainsi nommé, *quia discantus tenet.* À partir du XIIIe siècle, c'est le fragment mélodique en valeurs longues qui sert de base à l'édifice polyphonique dans le motet*. Le *tenor* donnera son nom à la voix masculine de tessiture comparable. Une voix supplémentaire sera ajoutée à la polyphonie au XIVe siècle, d'abord au-dessus du tenor (*contratenor altus*, ou « haute-contre »), puis en dessous (*contratenor bassus*, ou « basse-contre ») dans la tessiture de la voix de basse.
2. Voix masculine aiguë.
Ambitus : ut_2 – ut_4
Tessiture : sol_2 – sol_3
Quelques rôles :
a. Ténor léger : Ottavio (*D. Giovanni*), Ferrando (*Cosi*), Almaviva (*Le Barbier*), Alfredo (*La Traviata*).
b. Ténor lyrique : Tamino (*La Flûte enchantée*), le Duc (*Rigoletto*), Rodolfo (*La Bohême*), Walther (*Les Maîtres chanteurs*), Des Grieux (*Manon*).
c. Ténor « lirico spinto » : Radames (*Aïda*), Mario (*Tosca*), Lohengrin (*Parsifal*), Énée (*Les Troyens*) ; Don José (*Carmen*).
d. Fort ténor (*Heldentenor*) : Otello, Tristan, Siegfried.
Quelques grands ténors : (a) Simoneau, Alva, Gedda ; (b) Dermota, Burrows, Björling, Domingo ; (c) Till, Caruso, del Monaco, Vickers, Pavarotti, Bergonzi ; (d) Windgassen, Suthaus.

Terradellas, Domingo

Barcelone, bapt. 13 février 1713. – Rome, 20 mai 1751.

[Terradeglias Domenico] Élève de Durante au conservatoire dei Poveri di Gesù Cristo à Naples (1732-1737), il fut maître de chapelle de San

Giacomo dei Spagnuoli à Rome (1748-1751). En 1746-1747, il fit un voyage à Londres et à Paris.

De la musique religieuse, deux oratorios, douze opéras.

TESSITURE

Dérivé de l'italien *tessitura* (« tissage », « trame »), ce terme désigne le fragment de l'échelle sonore qui convient le mieux à une voix déterminée ou, par extension, le registre moyen d'une composition musicale par rapport à l'étendue d'une voix ou d'un instrument (tessiture grave, moyenne, aiguë).

THALBERG, SIGISMOND

Pâquis (près de Genève), 8 janvier 1812. – Naples, 27 avril 1871.

Pianiste. Destiné à la carrière diplomatique, il étudia à l'École polytechnique de Vienne, avant de devenir l'élève de Hummel. Virtuose exceptionnel, devenu le rival de Liszt, il fut acclamé dans toute l'Europe, ainsi qu'au Brésil et aux USA, suscitant une véritable adoration. Il termina sa vie comme viticulteur à Naples, où il avait acheté une belle propriété sur le Posilippe, en 1858.

Deux opéras, de très nombreuses pièces pour piano, cinquante-quatre lieder.

THEILE, JOHANN

Naumburg (Saxe), 29 juillet 1646. – Naumburg, juin 1724.

Chanteur et joueur de viole. Élève de Schütz à Weissenfels. Il enseigna la musique à Stettin et à Lübeck, où Buxtehude (pourtant son aîné de 9 ans) aurait été son élève. De 1676 à 1685, il s'établit à Hambourg, où l'opéra du Gänsemarkt est inauguré en 1678 avec son *Adam und Eva.* Il fut ensuite Kapellmeister à Wolfenbüttel et à Merseburg.

Deux opéras (dont on ne connaît que le livret), une *Passion selon saint Matthieu*, des messes, un recueil de *Weltliche Arien und Canzonetten*, plusieurs traités de contrepoint.

Théorbe

Sorte de grand luth à double chevillier, comportant de trois à cinq doubles-cordes graves supplémentaires, tendues en dehors de la touche et jouées à vide. L'archiluth et le chitarrone sont des variantes à très long manche. Au XVIIe siècle, ces instruments étaient principalement employés pour l'accompagnement du chant et la réalisation des basses continues.

Thibaud IV de Champagne

Troyes, 30 mai 1201. – Pampelune, 7 juillet 1253.

[ou Thibaut] Trouvère. Arrière-petit-fils d'Aliénor d'Aquitaine, il descend ainsi en ligne directe de Guillaume IX d'Aquitaine, grand-père d'Aliénor, le premier troubadour connu. Il assiste, à treize ans, à la bataille de Bouvines ; il accède au trône de Navarre en 1234 ; il commande la sixième croisade de 1239-1240. Admirable poète lyrique, il est considéré comme le prince des trouvères. Dante le cite trois fois dans le *De vulgari eloquentia.*

Une soixantaine de pièces, presque toutes notées.

Thomas, Ambroise

Metz, 5 août 1811. – Paris, 12 février 1896.

Élève de Kalkbrenner (piano) et Lesueur (composition). Grand prix de Rome en 1832. Il fut membre de l'Institut (1851) et directeur du conservatoire de Paris (1871).

Vingt opéras et opéras-comiques (dont *Mignon* et *Hamlet*), trois ballets, un *Requiem*, des messes, cantates, motets, de la musique de chambre.

Thomson, Virgil

Kansas City, 25 novembre 1896.

Critique musical (*New York Herald Tribune*). Il étudia à l'université de Harvard, puis à Paris avec N. Boulanger. De 1925 à 1932, il vécut de nouveau à Paris, où il fut lié au groupe des Six, mais subit surtout l'influence de Satie.

Trois opéras, deux ballets, de la musique de scène et de film, des œuvres chorales, deux symphonies, deux suites d'orchestre (*Portraits*), de la musique de chambre, de la musique pour piano (quatre sonates, quarante *Portraits*, dix études), des mélodies.

Tierce

Intervalle que forme avec la tonique le troisième degré d'une échelle diatonique. La tierce se présente sous quatre formes : majeure (do-mi), mineure (do-mi ♭), augmentée (do-mi ♯), diminuée (do-mi 𝄫). (Voir Intervalles*.)

Timbale

Sorte de tambour à une peau, en forme de grande bassine hémisphérique. La peau est tendue sur une double couronne métallique, qui permet de modifier la tension et d'accorder l'instrument, par l'intermédiaire de clés placées sur la périphérie ou d'un mécanisme à pédale. Dans l'orchestre classique, les timbales forment habituellement une paire, rarement deux ; mais Berlioz en emploie huit paires dans le *Tuba Mirum* de son *Requiem*. La timbale mécanique, munie d'une pédale, permet des effets de glissando.

⊖› HAYDN, *Symphonie nº 103* (commence par un roulement de timbales). – BEETHOVEN, *Symphonies* (une paire, accordée tonique-dominante et spécialement le scherzo de la *Neuvième*). – BERLIOZ, *Requiem* (*Tuba Mirum*). – BARTÓK, *Musique pour cordes, percussion et célesta* (3e mouvement : glissandi).

Tinctoris, Johannes

?, vers 1445. – Nivelle (Bruxelles), 12 octobre 1511.

Illustre théoricien. Il fit ses études de droit et de théologie à Louvain, puis devint prêtre et chanoine de Nivelle. À partir de 1475, il était chapelain et chantre de Ferdinand d'Aragon, roi de Naples, qui le traitait avec beaucoup de respect et l'envoya en France et en Allemagne (1487) pour y recruter des chanteurs. Il composa la plus grande partie de son œuvre à Naples et y fonda une école de musique qui fut le berceau de l'école napolitaine.

Seules ont été retrouvées une *Missa « L'Homme armé »*, une *Missa trium vocum*, une messe incomplète *Virgo dei trono*, quelques pièces sacrées à 3 voix, une chanson à 3 voix, une *Lamentation* à 4 voix. On lui doit aussi douze traités théoriques de la plus haute importance (dont le premier lexique des termes musicaux).

Tippett, Sir Michael

Londres, 2 janvier 1905. – Londres, 8 janvier 1998.

Élève du Royal College of Music. Directeur de Morley College, il y enseigna l'art choral du XVIe siècle, dirigea des concerts éducatifs et défendit courageusement ses idées libérales et humanitaires (*A Child of our Time* exprime son hostilité à une civilisation qui rend possible la persécution). Sa science remarquable de l'écriture polyphonique, son lyrisme convaincant, un certain dynamisme intérieur (que traduit la richesse rythmique de sa musique) font de ce compositeur profondément original l'une des personnalités les plus intéressantes de l'école anglaise contemporaine.

Cinq opéras : *The Midsummer Marriage* (Covent Garden, 1955), *King Priam* (Covent Garden, 1962), *The Knot Garden* (Covent Garden, 1970), *The Ice Break* (Covent Garden, 1977), *New Year* (Houston, 1989) ; les magnifiques oratorios *The Vision of S. Augustine*, *A Child of our Time* et *The Mask of Time*; quatre symphonies et *The Rose Lake* pour orchestre, concerto pour double orchestre à cordes, concerto pour orchestre, concerto pour piano, cinq quatuors à cordes, cinq sonates pour piano, sonate pour guitare.

Tisné, Antoine

Lourdes, 29 novembre 1932. – Paris, 21 juillet 1998.

Élève de Milhaud, Jolivet et Rivier au conservatoire de Paris. Inspecteur principal de la musique au ministère des Affaires culturelles (1968). Son œuvre, lyrique et chaleureuse, intègre avec une parfaite indépendance les acquisitions de la musique sérielle et postsérielle. En 1983, l'association à la poésie de D. Niemann a fait prendre à son œuvre une orientation nouvelle, prolongement de sa recherche philosophique.

Célébration pour trois chœurs et trois orchestres (1975), des chœurs a cappella ; *Cosmogonies* pour trois orchestres (1967), deux symphonies, *Mouvements symphoniques*, *Arborescences*, etc. pour orchestre ; des concertos pour piano (trois), pour violon, pour violoncelle, pour ondes Martenot, deux quatuors à cordes, des pièces pour piano, pour clavecin, pour orgue, pour ondes Martenot.

Titelouze, Jean

Saint-Omer, 1563. – Rouen, 25 octobre 1633.

Organiste, descendant d'une famille de musiciens établis à Saint-Omer depuis le début du XVIe siècle. Au collège des jésuites de Douai, où l'on suppose qu'il a fait ses études, il fut probablement en contact avec des musiciens catholiques anglais émigrés, qui lui auraient fait connaître l'art des grands virginalistes et organistes de leur pays, dont on sent l'influence dans son œuvre ; il est même possible qu'il ait rencontré Bull, Philips et Dowland. Il avait certainement été formé d'autre part à la discipline des polyphonistes franco-flamands, mais on ignore quels furent ses maîtres directs. Nommé, à Rouen, organiste de l'église Saint-Jean (1585), puis de la cathédrale (1588), il acquit une très haute réputation d'improvisateur. Son art, un peu sévère, relève du style contrapuntique traditionnel, dans l'esprit du motet.

Deux grands recueils pour l'orgue (*Hymnes… avec les fugues et recherches sur leur plain-chant* et *Magnificat ou Cantiques de la Vierge…*), plusieurs messes, diverses œuvres vocales.

TOCCATA

Composition instrumentale, généralement brillante, dont l'origine est inconnue et la forme incertaine. Son nom dérive de l'italien *toccare.* De même que la cantate est une pièce à chanter et la sonate une pièce à « sonner », la toccata serait une pièce à « toucher » ; on peut entendre par là qu'elle est destinée à mettre en valeur l'habileté de l'exécutant. Dès le XVIe siècle, époque des premiers spécimens connus, la toccata est généralement réservée aux instruments à clavier.

Les premiers grands compositeurs de toccate sont G. Gabrieli et Merulo, puis Frescobaldi et Sweelinck : compositions généralement homorythmiques, prétextes fréquents à des courses rapides en notes égales d'un bout à l'autre du clavier. Alessandro Scarlatti puis surtout J. S. Bach perfectionnèrent la formule et certaines toccate de Bach sont des compositions élaborées où se trouvent juxtaposés des morceaux de styles différents. La virtuosité y est toujours de rigueur et sera jusqu'à nos jours la caractéristique principale des œuvres brillantes pour le piano que l'on baptise *toccata.*

→ FRESCOBALDI, *Fiori Musicali.* – BACH, *Toccata pour orgue en ut majeur.* – RAVEL, *Tombeau de Couperin* (version piano seulement). – DEBUSSY, suite *Pour le piano.*

TOCH, ERNST

Vienne, 7 décembre 1887. – Los Angeles, 1er octobre 1964.

Il apprit seul le métier de compositeur, tout en poursuivant des études de médecine et de philosophie. À partir de 1934, il vécut aux USA, d'abord à New York où il enseigna au New School for Social Research, puis à Hollywood.

Quatre opéras, de la musique de scène, de radio et de film, six symphonies, deux concertos pour piano et orchestre, treize quatuors à cordes, une sonate et des études pour piano.

TOGNI, CAMILLO

Gussago (Brescia), 18 octobre 1922.

Élève de Casella et des cours d'été de Darmstadt, il fut l'un des premiers en Italie à suivre les nouvelles tendances post-wébernienne, après avoir dès 1940 subi fortement l'influence de l'expressionnisme schoenbergien.

Cori di T. S. Eliot pour chœur a cappella, *Ricerca* pour baryton et 5 instruments (d'après *La Nausée* de Sartre), *Helian di Trakl* pour soprano et orchestre de chambre, *Sel Notturni* pour contralto et ensemble instrumental; *Meditazione* et *Some other where* pour orchestre; deux quatuors à cordes, des pièces pour piano, etc.

TOMAŠEK, VÁCLAV JAROMIR

Skuč (Bohême), 17 avril 1774. – Prague, 3 avril 1850.

En grande partie autodidacte, il acquit une profonde connaissance, non seulement pratique mais aussi scientifique, de la musique et fut très célèbre à Prague comme professeur et comme pianiste. Sa maison devint le centre de la vie musicale dans la capitale tchèque. Son admiration sans bornes pour Beethoven eut une influence profonde sur son œuvre.

Trois messes, deux *Requiem*, trois opéras, trois symphonies, un concerto pour piano, des sonates et de nombreux recueils de pièces pour piano (sept recueils d'*Églogues*, deux de *Dithyrambes*, etc.), des lieder.

TOMASI, HENRI

Marseille, 17 août 1901. – Paris, 13 janvier 1971.

Chef d'orchestre. Élève de d'Indy et Gaubert. Il fut directeur musical à la radio avant la guerre et chef d'orchestre de l'opéra de Monte-Carlo de 1946 à 1950.

Quatre opéras, des ballets, un oratorio (*François d'Assise*), des pièces symphoniques (souvent inspirées de sujets orientaux), divers concertos (alto, flûte, trompette, saxophone, cor), des mélodies.

TOMKINS, THOMAS

Saint-David's, 1572. – près de Worcester, 8 juin 1656.

Membre d'une grande famille de musiciens : son père, trois de ses frères (trois autres furent de bons amateurs), son fils, deux neveux. Élève de Byrd. Il fut organiste à la cathédrale de Worcester (1596-1646) et à la Chapel Royal. Admirable madrigaliste, il se rattachait par son style à l'époque élisabéthaine.

Sept *services*, cent *anthems*, vingt-cinq madrigaux (baptisés *Songs*), de nombreuses pièces pour virginal et pour violes.

TOMMASINI, VINCENZO

Rome, 17 septembre 1878. – Rome, 23 décembre 1950.

Il fit ses études à Rome, puis en Allemagne avec M. Bruch. Il devint célèbre en 1917, lorsque Diaghilev monta à New York son ravissant ballet *Le Donne di buon umore* (qui utilise des sonates de Scarlatti, admirablement orchestrées et adaptées au sujet).

Deux opéras, trois ballets, des chœurs, des tableaux symphoniques, des concertos (pour violon, pour violoncelle, pour piano, pour quatuor à cordes), trois quatuors, une sonate pour piano et violon.

TON

La gamme de Zarlino (voir Intervalles*) distingue deux sortes de tons et deux sortes de demi-tons :
– le ton majeur (do-ré) plus grand que le ton mineur d'un comma (9/8) ;
– le ton mineur (ré-mi) formé d'un demi-ton chromatique et d'un demi-ton diatonique (10/9) ;
– le demi-ton diatonique (do-ré ♭) entre deux notes de noms différents (16/15) : il dépasse le demi-ton chromatique d'une diesis ou 1/4 de ton ;
– le demi-ton chromatique (do-do ♯) entre deux notes de même nom (25/24).
Dans la gamme de Pythagore, il n'y a qu'une sorte de ton (9/8), mais deux sortes de demi-tons :
– l'apotome (do-do ♯) qui dépasse le limma d'un comma (2 187/2 048) ;
– le limma (do-ré ♭) qui forme un ton avec l'apotome (256/243).

On voit ainsi que, dans le système de Pythagore, do ♯ est au-dessus de ré ♭.
Ces distinctions disparaissent dans le tempérament égal où les demi-tons sont égaux.

Tonadilla

Sorte de petit opéra-comique espagnol dérivé de la *tonada* (ballade chantée castillane). Généralement brève et mettant en scène un petit nombre de chanteurs, la *tonadilla* est comparable à l'*intermezzo* italien. Son succès n'a duré qu'un peu plus d'un demi-siècle (1750 à 1825 environ). Le plus célèbre compositeur de tonadillas a été Blas de Laserna.

Tonalité

Dans la diversité des significations que l'on attribue, depuis le XVIIIe siècle, au mot tonalité, trois ont été consacrées par l'usage :
1. C'est l'équilibre particulier (perçu plus ou moins consciemment par tout auditeur) obtenu en donnant aux notes d'un système musical des fonctions en rapport avec un centre d'attraction appelé « tonique ». Cette notion de tonalité dont le contraire est l'atonalité* est, dans son principe, un produit de la pensée harmonique à l'intérieur d'un système diatonique.
2. C'est l'ensemble des caractères qui distinguent les modes* majeur et mineur de tous les autres modes. Selon cette acception, une musique n'est pas « tonale » dans un mode quelconque ; elle n'est certes pas nécessairement atonale, aussi dit-on qu'elle est « modale ». Les modes* médiévaux (modes du plain-chant) ont donné naissance à la « tonalité » par l'usage de certaines altérations. Le si ♭ fait du mode dorien un éolien transposé (notre mineur) ; le si ♭ en lydien et le fa ♯ en mixolydien donnent des transpositions du ionien (notre majeur) ; etc.
3. C'est la détermination de l'ensemble des sons d'un système (en valeur absolue pour un même diapason) par le choix du degré de l'échelle chromatique où doit être placée la tonique. On complète l'indication de la « tonalité » ainsi définie par celle du mode (majeur ou mineur). Par exemple : le premier chœur de la *Passion selon saint Matthieu* de Bach est « en mi mineur » (tonalité de mi et mode mineur). Cette sorte d'indication concerne la tonalité principale d'une œuvre musicale, autour de laquelle sont construites les modulations* : proposée par la dominante* et la sensible*, la tonalité est confirmée par la tonique*.
Presque toute la musique classique étant « tonale » aux sens définis en

1 et 2, c'est de la tonalité-hauteur qu'il sera le plus fréquemment question. Il est remarquable que les musiciens modernes y attachent tant d'importance depuis que le tempérament* égal a rendu THÉORIQUEMENT toutes les tonalités identiques, à la hauteur absolue près. Cependant, ils s'accorderont pour attribuer à chacune d'elles une qualité esthétique particulière. Et si le diapason variait d'un demi-ton, ces spécifications seraient inchangées ! Helmholtz en fait la constatation sur deux pianos accordés à des hauteurs différentes : « Le ré ♭ de l'instrument le plus grave est à l'unisson de l'ut de l'instrument le plus aigu, et cependant les deux tons d'ut majeur conservent leur harmonie claire et énergique, ceux de ré ♭, majeur leur caractère doux et voilé. »
Pour le musicologue allemand H. Riemann, les « qualités » des différentes tonalités seraient le fruit de préjugés dus à notre système de notation : aux tonalités avec dièses (notes altérées haussées) on attribue inconsciemment éclat et vigueur, aux tonalités avec bémols (notes baissées), douceur ou tristesse. Si ce préjugé est général, les œuvres composées dans une même tonalité auront toutes a priori les qualités qu'on attribue à cette tonalité. La seule explication physique de ces qualités est l'existence de différences légères entre les gammes des différentes tonalités. Sur un piano accordé selon le tempérament égal, les différences entre les tonalités sont aussi dues a des différences de doigté. De ce point de vue, la transposition n'est donc pas indifférente dans le tempérament égal ; de la même façon, pour la famille du violon, elle entraîne des changements de corde et de « position », ou pour certains cuivres des difficultés d'émission qui affectent le timbre et le phrasé.

➜ Par leur diversité, les exemples suivants montreront la relativité des qualités « tonales ». **UT MAJEUR.** *Suite n° 1* de Bach, air *J'ai perdu mon Eurydice* de l'*Orphée* de Gluck, *Symphonie fantastique* (mouvements 1 et 5) de Berlioz, *Quintette à cordes* de Schubert. – **UT ♯ MINEUR.** *Sonate « au clair de lune »* de Beethoven, *Rhapsodie hongroise n° 2* de Liszt. – **MI ♭ MAJEUR.** *Quintette K 614* de Mozart, *3ᵉ Symphonie* de Beethoven, prélude de *L'Or du Rhin* de Wagner. – **SOL MAJEUR.** *Concerto brandebourgeois n° 4* de Bach, *Concerto pour piano n° 4* de Beethoven. – **SI ♭ MAJEUR.** *4ᵉ Symphonie* de Beethoven, *Concerto brandebourgeois n° 6*, *Don Juan*, acte I : dramatique entrée de Donna Anna au début, mystérieux quatuor « Non fidar », trio des Masques. – **SI ♭ MINEUR.** Sonate op. 35, de Chopin, *Concerto pour piano n° 1* de Tchaïkovsky – **SI MINEUR.** *Suite n° 2* de Bach, *Symphonie inachevée* de Schubert.

TONIQUE

Note principale et centre de gravité de la tonalité qui porte son nom. Sa prééminence lui vaut d'occuper le premier degré de la gamme diatonique. Toute composition classique se termine par la tonique qui est l'équivalent du son final et de la *mèse* dans la musique des Grecs ; et, dans l'harmonie traditionnelle, seul l'accord parfait construit sur la tonique donne le sentiment d'un repos définitif. Contrairement à la dominante et à la sensible qui sont des notes dynamiques, annonciatrices d'une tonique, cette dernière est parfaitement statique.

Torelli, Giuseppe

Vérone, 22 avril 1658. – Bologne, 8 février 1709.

Il était joueur de viole à l'église San Petronio de Bologne (1686-1697), puis premier violon de l'orchestre du margrave de Brandebourg-Ansbach. Il se rendit ensuite à Vienne où il fit représenter un oratorio de sa composition (perdu). En 1701, il était de nouveau à Bologne où, malgré sa réputation, il accepta un poste de simple violoniste à San Petronio. On attribue parfois à Torelli une priorité dans la création du concerto. Dans son *Opus 8*, publié en 1709, six concertos adoptent la forme traditionnelle du concerto grosso, utilisée par Corelli, Albinoni, Vivaldi, Haendel et les six autres sont déjà des esquisses de concertos de soliste en trois mouvements (de même que certains concertos manuscrits conservés à San Petronio).

Huit recueils publiés d'œuvres pour instruments à cordes : *Sonate a 3* (op. 1), Concerto da camera (op. 2), *Sinfonie* (op. 3), *Concertino per camera* (op. 4), *Sinfonie a 3 e Concerti a 4* (op. 5), *Concerti musicali a 4* (op. 6), (op. 7 perdu), *Concerti grossi* (op. 8), ainsi que des *Sinfonie* manuscrites qui s'apparentent à l'ouverture italienne et sont richement instrumentées (hautbois, basson, trompettes, trombones, timbales, cordes et orgue).

Tosi, Pier Francesco

Cesena, 1654. – Faenza, avril 1732.

Après avoir beaucoup voyagé et acquis une réputation de chanteur (contraltiste), il s'établit à Londres en 1682 comme maître de chant. Il y vécut jusqu'en 1727, à l'exception de quelques années passées à la cour de Joseph Ier d'Autriche (1705-1711).

Oratorios, nombreuses cantates de chambre et un très important traité de chant *Opinioni de' cantori antichi e moderni...*

TOURNEMIRE, CHARLES

Bordeaux, 22 janvier 1870. – Arcachon, 3 novembre 1939.

Organiste. Élève de Franck, Widor et d'Indy. Il prit la succession de Pierné en 1898 à l'orgue de Sainte-Clotilde et fut nommé professeur de musique d'ensemble au conservatoire de Paris en 1919. Remarquable improvisateur, il fut un musicien inspiré dans la tradition des anciens maîtres de l'orgue.

Deux opéras, des grandes œuvres chorales, huit symphonies pour orchestre, de la musique de chambre, des pièces pour piano, de nombreuses compositions pour l'orgue (dont l'*Orgue mystique*, comprenant deux cent cinquante-cinq pièces pour les cinquante et un offices de l'année liturgique).

TRABACI, GIOVANNI MARIA

Montepeloso (Potenza), vers 1575. – Naples, 31 décembre 1647.

Élève du Flamand Giovanni de Macque à Naples, il fut organiste de l'oratoire des Filippini, puis organiste et maestro di cappella de la cour de Naples. Souvent très audacieuses, ses pièces pour orgue et clavecin annoncent, avec quelques années d'avance, celles de Frescobaldi.

Quatre passions, plusieurs livres de messes, psaumes, motets et madrigaux, un livre de *Villanelle ed Arie alla Napolitana* et deux livres particulièrement intéressants de *Ricercare, Canzone francese, Capricci*... pour clavier [1603 et 1615].

TRAETTA, TOMMASO

Bitonto (Bari), 30 mars 1727. – Venise, 6 avril 1779.

Élève de Durante au conservatoire Santa Maria di Loreto de Naples. Après le triomphe de son premier opéra, *Farnace*, en 1751, sa réputation s'étendit à toute l'Europe. Il fut successivement maestro di cappella du duc de Parme (1759-1765), directeur du Conservatorio dell' Ospedaletto à Venise (1765-1768), maestro di corte de Catherine II de Russie, en remplacement de Galuppi (1768-1775). Il vécut ensuite deux ans à Londres, où il ne put lutter contre son rival Sacchini, solidement en place, sa santé et son génie ayant été durement affectés par le climat russe. Très grand musicien, fort intelligent, doué d'un sens dramatique digne de Gluck, il est aujourd'hui très injustement négligé.

Quarante opéras dont *Ifigenia in Tauride* et *Il Cavaliere errante*, un oratorio (*Salomone*), un *Stabat Mater*, des cantates et « arie ».

Trait

Dans le répertoire du plain-chant liturgique, on désigne ainsi des psaumes ou fragments de psaumes chantés d'un trait (*tractim*), sans répétition ni refrain, par le seul soliste. Pièces ornementales aux riches vocalises, les traits se placent entre les lectures de la messe, principalement pendant le temps pascal. Ils sont généralement dans le 2e ou 8e ton. Exemples : *Sicut cervus, Commovisti Domine terram, Absolve Domine* (Messe des Morts), *Nunc dimittis, Domine exaudi*...

Transitoires

Phénomènes non périodiques caractérisant la mise en vibration d'un corps sonore (attaque d'un son musical) et son retour au repos (extinction du son). Les transitoires jouent un grand rôle dans notre identification d'une source sonore. Ainsi, une note de piano enregistrée sur bande magnétique est méconnaissable si on coupe l'attaque. La reproduction fidèle des transitoires est indispensable à la qualité d'une prise de son.

Transpositeurs (Instruments)

Lorsque plusieurs instruments à vent de la même famille ont des longueurs (donc des fondamentales) différentes, ceux dont la fondamentale n'est pas un *ut* sont dits « transpositeurs ». Pour éviter aux instrumentistes de changer de doigté (donc de transposer) lorsqu'ils changent d'instrument, il est convenu de transposer leurs parties, c'est-à-dire de les noter de façon à donner les sons voulus, en jouant ce qui est écrit avec les doigtés de l'instrument en ut (voir page 335).

Transposition

Notation ou exécution d'une composition musicale dans une tonalité différente de l'original. La transposition modifie la hauteur absolue de tous les sons, tout en conservant les mêmes intervalles (si les intervalles étaient modifiés, il y aurait changement de mode*). Ce que l'on appelle improprement modulation s'apparente à la transposition, dans la mesure où une idée musicale (phrase mélodique ou enchaînement d'accords) est exposée successivement dans diverses tonalités. S'il est utile aux instrumentistes de savoir transposer à vue (ce qui n'est pas toujours facile), cette faculté est aussi nécessaire aux chefs d'orchestre, appelés à déchiffrer des partitions. En effet, la notation des instruments transpositeurs*, qui ne correspond pas aux sons réels, doit être transposée à la lecture si l'on veut prendre connaissance de l'ensemble.

Tremblay, Gilles

Arvida (Québec), 6 septembre 1932.

Élève de Champagne à Montréal, de Messiaen et Yvonne Loriod à Paris. En 1960-1961, il a fait un stage au Groupe de recherches musicales de l'ORTF. Professeur d'analyse et de composition au conservatoire de Montréal (1962-1966), il est un des chefs de file de l'avant-garde musicale dans son pays.

Cantique de durées pour orchestre (1960), *Champs I et II* pour ensembles instrumentaux, *Kekoba* pour percussion, ondes Martenot et trio vocal (1965), *Phases* et *Réseaux* pour piano.

Triton

Nom donné à l'intervalle de quarte augmentée qui est égal à trois tons. Dans le tempérament égal, il est la moitié de l'octave et son expression mathématique théorique est $\sqrt{2}$. Considéré au XIVe siècle comme la plus redoutable des dissonances, le triton était alors appelé *diabolus in musica.* Exemple : do-fa ♯. On appelle accord* de triton le troisième renversement de l'accord de septième de dominante (voir aussi Fausse*-Relation).

⊖→ Bach, *Clavecin bien tempéré.* I, Préludes, mesures 20 et 21. – Schumann, *Carnaval* (« Arlequin » et « Valse noble » commencent par un triton ascendant). – Beethoven, *Sixième Symphonie* (cellule do-sol ♭-fa du 4e mouvement).

Tritto, Giacomo

Altamura (Bari), 2 avril 1733. – Naples, 16 septembre 1824.

Élève d'Abos et de Cafaro au Conservatorio dei Turchini à Naples (1752-1760 environ), où il devint lui-même secondo maestro en 1785 et primo maestro en 1799. Lorsqu'en 1807 ce conservatoire devint le Collegio Reale di Musica, Tritto en fut codirecteur (avec Paisiello et Fenaroli) et continua d'y enseigner la composition jusqu'à sa mort. En 1816, il succéda à Paisiello comme maestro di cappella de la cour. Il fut le maître de Bellini et Spontini.

Cinquante-trois opéras (quarante bouffes et treize sérieux) et un très grand nombre de compositions religieuses.

Tromboncino, Bartolomeo

Vérone, vers 1470. – ?, vers 1540.

Il fut au service des cours de Mantoue, Vicence et Ferrare une grande partie de sa vie. Il était célèbre à son époque, non seulement comme un des meilleurs compositeurs de *frottole* et de *barzellette* (chansons polyphoniques de caractère populaire), mais aussi comme meurtrier de sa femme.

Quelques pièces religieuses et de nombreuses *frottole.*

Trombone

La singularité de cet instrument de cuivre, de perce cylindrique comme la trompette, est une coulisse télescopique, permettant d'abaisser progressivement le son fondamental en allongeant la colonne d'air. Le trombone ne semble pas avoir été connu des Anciens[1] ; cependant, dès le Moyen Âge, il existe sous le nom de « sacquebute » et donne naissance, au XVIe siècle, à toute une famille d'instruments semblables au trombone actuel (en observant les groupes d'instruments représentés sur des peintures du XVIe, on constate que seuls les trombones n'ont pas changé).

Les principaux membres de la famille du trombone sont :

LE PICCOLO (octave supérieur du ténor) et LE SOPRANO (quinte du ténor) inutilisés dans l'orchestre symphonique.

L'ALTO (tierce mineure du ténor).

LE TÉNOR qui est aujourd'hui le trombone officiel.

LA BASSE (tierce mineure plus grave que le ténor), presque abandonnée en dépit de sa sonorité splendide.

LE TÉNOR-BASSE, instrument mixte inventé en Allemagne vers 1840. Il est muni d'un piston de transposition qui baisse la fondamentale d'une quarte.

LA CONTREBASSE (octave grave du ténor), instrument imposant dont le

1. Une audacieuse traduction a fait parfois de la *tuba ductilis* des Romains une « trompette à coulisse ». Il est plus probable qu'il s'agit d'une *tuba* (voir Trompette) en métal martelé et non fondu.

tube étendu et déroulé mesurerait cinq mètres. Autrefois presque inutilisable (il devait être monté sur un affût!), il avait entièrement disparu lorsqu'il fut réinventé en 1855 : Wagner l'utilise dans la Tétralogie. Aux XVIIIe et XIXe siècles, le trio traditionnel se composait d'un alto, d'un ténor et d'une basse. Au XXe siècle, on utilise seulement : en France et en Italie, trois ténors ; en Grande-Bretagne, deux ténors et une basse ; en Allemagne et aux USA, un ténor et deux ténors-basse. Ces groupes sont souvent complétés par un tuba qui renforce la sonorité dans le grave. La coulisse, dont le principe permet des effets de glissando, est assujettie, dans le jeu normal, à sept « positions » bien définies, donnant chacune une fondamentale un demi-ton plus grave que la précédente (la première position correspond à la coulisse entièrement rentrée, la septième à la coulisse entièrement tirée). Pour monter une gamme, il faut combiner les harmoniques* obtenus par la pression des lèvres dans les différentes positions (jusqu'à h. 10 et exceptionnellement h. 12). Monteverdi (*Orfeo*), Cesti (*Pomo d'oro*), Schütz (*Symphoniae Sacrae*), Gabrieli (*Canzoni e Sonate*) furent les premiers à confier des parties importantes aux trombones. Ils furent suivis par Haendel (*Saül*), Gluck, Haydn et Mozart.

⊖› MONTEVERDI, *Orfeo* (acte III : prélude et scène 2). – MOZART, *Requiem* (*Tuba Mirum* solo), *Don Giovanni* (pour la première fois depuis le début de l'œuvre trois trombones apparaissent dans la scène du cimetière : acte II, scène 11) pour accompagner la statue du Commandeur. – BERLIOZ, *Requiem* (« Tuba Mirum »). – RAVEL, *Concerto pour la main gauche*, chiffre 31 avec sourdine. – RAVEL, *Boléro*, 3e mesure de 10. – ROTA, *Concerto*. – DUSAPIN, *Watt* pour trombone et orchestre.

TROMPETTE

Instrument à vent muni d'une embouchure curviligne[1], la trompette doit son timbre clair et brillant à la perce étroite, principalement cylindrique, de son tube (le cornet, au contraire, est de perce conique comme le clairon). C'est un des instruments les plus difficiles à jouer. Tandis que l'origine des instruments de perce conique doit être recherchée dans les conques marines (« strombos » en grec, d'où « trompe » et – fort improprement – trompette) ou dans les cornes d'animal, les instruments cylindriques, eux, prennent naissance dans les tuyaux sonores en bois, en bambou ou en roseau. Ceux-ci, munis d'une embouchure grossière et d'une corne d'animal en guise de pavillon, sont les ancêtres (préhistoriques) de la trompette. La trompette métallique, réplique de ces instruments primitifs, est connue depuis la plus haute Antiquité (on a découvert en Égypte une trompette en bronze datant du deuxième millénaire avant notre ère). Au temps de Moïse

---

1. Le bassin de l'embouchure de cor est conique, tandis que celui de l'embouchure de trompette, de cornet à pistons et de trombone est de profil parabolique.

et de Josué (XIIIe siècle avant Jésus-Christ ?), les Hébreux revêtaient l'instrument d'un caractère sacré, dont la Bible porte le resplendissant témoignage, sous réserve des erreurs de traduction possibles : Lévitique XXIII, 24 ; Nombres X, 1-11 ; II Chroniques V, 12-13 ; Apocalypse VIII à XI, etc. ; les « trompettes » de Jericho sont des cors (schophar). La *salpinx* des Grecs est une petite trompette courte, réservée à l'usage militaire et aux cérémonies ; il en est de même du *lituus*, longue trompette de cavalerie romaine, au pavillon recourbé en forme de J (la *tuba* utilisée dans l'infanterie s'apparente plutôt à notre clairon : tube conique).
La chrétienté semble n'avoir utilisé aucun instrument de ce genre avant l'adoption de la grande trompette sarrasine, au XIIIe siècle, sous le nom de « buisine » puis « trompette » (ou « clarino » lorsqu'elle est chargée d'une partie aiguë). Longtemps droite, la trompette fut recourbée en forme d'S au XVe siècle, mais l'art d'enrouler le tube sur lui-même ne fut connu qu'à la fin du XVIe siècle : l'instrument prit alors à peu près la forme que nous lui connaissons. Aux XVIIe et XVIIIe siècles, on construisit des trompettes de modèles et de tons différents et vers 1770 on leur adapta des « corps de rechange » (voir Cor*) destinés à modifier la longueur du tube, donc la tonalité. La trompette à pistons apparut vers 1815 ; permettant de parcourir chromatiquement une étendue de 2 octaves 1/2, elle supplanta rapidement l'ancien modèle appelé « trompette d'harmonie » dont les possibilités se limitaient aux seuls harmoniques* naturels (jusqu'à h. 16). On obtient sur les trompettes à pistons, en modifiant la pression des lèvres, les harmoniques de 2 à 9, chacun de ces sons pouvant être abaissé plus ou moins par le jeu des trois pistons (les sons h. 10 et 12 sont exceptionnels ; h. 1, la fondamentale, est injouable en raison de la perce étroite de l'instrument).

Les principales variétés de trompettes à pistons sont :
LES PETITES TROMPETTES en si ♭, fa ou ré, créées au XIXe siècle pour jouer les œuvres de Bach et Haendel[1] : fondamentales si $\flat_2$, fa_2 et $ré_2$. Une autre petite trompette, en mi ♭ celle-ci (fondamentale mi $\flat_2$), est utilisée dans le *Concerto* de Haydn et le *Septuor* de Saint-Saëns.
LES TROMPETTES USUELLES en ut et en si ♭, la première pouvant être munie d'un corps de rechange ou « échelle de si ♭ » opérant la transformation. En France et en Espagne, on joue surtout la trompette en ut ; dans les autres pays, celle en si ♭. Fondamentales : ut_2 et si $\flat_1$.

1. La tessiture des parties de trompettes chez Bach et Haendel a toujours surpris les musiciens, depuis Mozart qui crut devoir réorchestrer *Le Messie*. Ou l'on se trompe d'une octave dans la lecture (la trompette en fa, par exemple, sonnerait une quinte plus bas que la notation et non une quarte plus haut), ou les instrumentistes du temps étaient d'extraordinaires virtuoses, capables d'exécuter dans l'aigu des passages réputés injouables cinquante et même cent ans plus tard sur les instruments usuels.

LA TROMPETTE EN FA GRAVE (abandonnée aujourd'hui). Fondamentale : fa_1.
LA TROMPETTE-BASSE en ut ou en si ♭ qui est jouée par un tromboniste. Fondamentale ut_1 ou si $♭_{-1}$. Cet instrument exceptionnel date de Wagner.

La trompette en ut ou en si ♭ est le prototype de la trompette moderne. La petite trompette en ré (plus rarement en fa ou en si ♭) continue d'être utilisée dans la musique de Bach pour assurer une émission claire et juste. Ces instruments sont transpositeurs* (la trompette est le plus ancien des instruments transpositeurs) : les sons ne coïncident avec la notation que lorsqu'on utilise le modèle en ut. La sourdine est employée depuis le XVIIe siècle (le jazz en a créé de spéciales).
On ne connaît pas de musique notée pour la trompette antérieurement au XVIIe siècle (fanfares d'ouverture de l'*Orfeo* de Monteverdi, 1607). Jusqu'au milieu du siècle, elle sera surtout traitée en fanfares, notamment dans les opéras italiens et français, les cornets lui étant généralement préférés pour les parties concertantes. Cependant, elle apparaît déjà, mêlée aux autres instruments de l'orchestre, dans certaines œuvres religieuses de Schütz (*Symphoniae Sacrae*) et Praetorius (*Musae Sioniae*). La trompette marine, tant prisée par Monsieur Jourdain (*Bourgeois Gentilhomme*, acte II, scène I), n'est pas une formidable conque de Triton, comme le croit le public qui rit toujours à cet endroit. C'est un grand instrument muni d'une seule corde que l'on fait vibrer avec un archet : on ne se sert que des sons harmoniques, à partir de la fondamentale ut (seize pieds). Dans sa vanité, Monsieur Jourdain souhaitait posséder cet instrument en raison de sa grande taille (deux mètres) : c'est là que se trouve le ridicule.

⊖→ BACH, *Concerto Brandebourgeois nº 2* (trompette en fa). – TELEMANN, *Concerto pour trompette* (trompette en ré). – HAYDN, *Concerto* (trompette en mi ♭). – WAGNER, *Crépuscule des Dieux, Marche funèbre* (environ une minute avant la fin : trompette-basse solo). – DEBUSSY, *La Mer*, 1re partie, chiffre 1 et chiffre 12 : trompette avec sourdine et cor anglais à l'unisson ; 3e partie, chiffre 44 : trompette avec sourdine, *forte*. – STRAVINSKY, *Le Sacre du printemps*, chiffre 28 : thème par quatre trompettes ; chiffre 61 : deux trompettes avec sourdine ; chiffre 139 : trompette-basse avec sourdine. – JOLIVET, *Concertino pour trompette et cordes*. – Et enregistrements de musiciens noirs : ARMSTRONG, GILLESPIE, MILES DAVIS, etc.

TROPE

Addition, substitution ou interpolation d'un texte poétique, musical ou poétique et musical, dans les mélodies traditionnelles du plain-chant*. Les mélodies « tropées », détachées du contexte, ont donné naissance à un riche répertoire de pièces syllabiques (voir Séquence*).

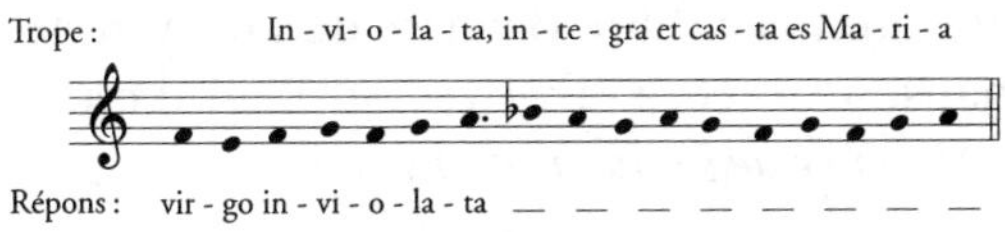

Le mot trope semble avoir une double étymologie. Le latin *tropus* (du grec *tropos*) signifie « manière » et désigne par extension une « figure » qui modifie le sens des mots ou procède d'un transfert de signification. D'autre part, en latin médiéval, *tropare* signifie « composer », d'où le *trobar* de langue d'oc (« trouver », inventer une poésie, une mélodie).

Troubadours

Poètes musiciens des pays de langue d'oc, inspirés par cet esprit « courtois », qui a suscité au XIIe siècle une merveilleuse Renaissance. Née dans le Midi de la France, d'où elle s'étendra dans toutes les directions, la *cortezia* est la qualité essentielle d'une vie de cour, faite de sociabilité, de nobles sentiments, de prodigalité. Ces bonnes manières, dont les poètes rédigent le code, bouleversent la mentalité des seigneurs belliqueux.

Poète et musicien savant, le *trobador*, habile à « trouver » (*tro bar*) vers et mélodies, est souvent un homme de haut rang et de grande notoriété. Même si son origine est modeste, il s'élève au niveau social que confèrent l'indépendance, la supériorité intellectuelle, la qualification professionnelle. Tantôt les troubadours sont leurs propres interprètes, tantôt ce qu'ils « trouvent » est colporté par les jongleurs, musiciens itinérants à talent multiple.

L'art du *trobar*, dont le premier foyer a été le Limousin, s'est répandu dans tout le Midi, jusqu'en Italie, en Espagne, au Portugal, puis dans les provinces du Nord (trouvères*) et en Allemagne (*Minnesänger**). Contrairement à ce qu'on croit, l'inspiration populaire n'apparaît pas dans la chanson savante des troubadours avant une époque tardive. L'influence de la mélodie postgrégorienne est largement dominante, enrichie peu à peu de raffinements qui sont peut-être empruntés à la lyrique arabe.

Les plus célèbres troubadours ont été : Bernard de Ventadour (vers 1125-vers 1195) (vingt chansons nous sont parvenues avec la notation, dont *Quand vei la lauseta mover*) ; Bertran de Born (vers 1140-vers 1215) (quatre chansons notées, dont *Ai, Lemosins, francha terra cortesa*) ; Giraud de Borneilh (seconde moitié du XIIe siècle) (quatre chansons notées, dont l'admirable *Reis glorios*) ; Arnaud Daniel (seconde moitié du XIIe siècle) (deux chansons notées) ; Folquet de Marseille (?-1231) (treize chansons notées)... Les quatre derniers ont eu l'honneur d'être évoqués par Dante dans *La Divina Commedia.* Il y eut aussi quelques femmes *trobairitz*, dont la célèbre Beatrice de Die. On ne connaît d'elle qu'une seule chanson notée, mais c'est un chef-d'œuvre poétique et musical : *A chantar m'èr de so qu'eu non volria.*

TROUVÈRES

Poètes musiciens des régions au nord de la Loire (langue d'oïl). Ils ont été les premiers émules des troubadours à utiliser le parler local, à partir de 1160 environ. Marie de Champagne et Aélis de Blois, filles d'Aliénor d'Aquitaine et arrière-petites-filles de Guillaume d'Aquitaine, le premier troubadour, encouragèrent l'esprit courtois et introduisirent à leur cour l'art du « trouver ». Leur demi-frère Richard Cœur de Lion écrira lui-même des chansons en langue d'oïl et le petit-fils de Marie, Thibaut de Champagne (1201-1253), sera le plus célèbre et l'un des derniers trouvères. Parmi ses prédécesseurs, les plus importants ont été Conon de Béthune, le châtelain de Coucy et le grand Gace Brûlé dont le talent sera souligné par Dante dans *De vulgari eloquentia.* L'excellent Adam de la Halle a d'autres titres de gloires : il fut un médiocre trouvère.

TUBA

Nom que l'on donne aujourd'hui aux instruments graves de la famille des saxhorns, inventés vers 1845 par A. Sax. Comme basses du groupe des cuivres, ils ont remplacé avantageusement l'ophicléide, issu des anciens « serpents » (voir Cornet*), ainsi que les premiers tubas allemands, lourds et incommodes, que Berlioz fut un des premiers à employer (*Symphonie fantastique*).
Les principaux tubas utilisés dans l'orchestre symphonique sont les basses en ut (France) ou en fa (Allemagne) et la contrebasse en ut (l'ut du 16 pieds d'orgue auquel les pistons ajoutent une quinte dans le grave). Ces instruments, dont l'étendue est de trois et demi à quatre octaves, se prêtent aussi bien aux nuances forte que piano et sont capables d'une agilité surprenante. Dans l'orchestre, ils servent presque toujours de basse aux trombones.
« WAGNER-TUBEN » : instruments conçus spécialement pour les représentations de la Tétralogie. De forme elliptique comme les cors allemands, mais avec le pavillon en haut, ils forment habituellement un groupe indépendant de quatre instruments (deux ténors et deux basses) qui s'apparentent davantage au cor qu'au vrai tuba ; ils sont d'ailleurs joués par des cornistes, avec une embouchure de cor.

→ BERLIOZ, *Symphonie fantastique* (Songe d'une nuit de sabbat), mesure 127 : thème du *Dies Irae* (deux tubas et basson). – MOUSSORGSKY-RAVEL, *Tableaux d'une exposition*, IV. « Bydlo » : solo de tuba (basse) – WAGNER, *Le Crépuscule des Dieux*. – BRUCKNER, *Septième Symphonie* (adagio) : quatre tubas wagnériens. – PENDERECKI, *Capriccio per tuba*. – GAGNEUX, concerto.

TUNDER, FRANZ

Ile de Fehmarn (Baltique), 1614. – Lübeck, 5 novembre 1667.

Il a peut-être été l'élève de Frescobaldi à Rome vers 1640, avant d'être nommé organiste de la Marienkirche de Lübeck (1641), où il fonde les célèbres Abendmusiken. Buxtehude lui succédera en épousant sa fille… condition imposée par Tunder et que Buxtehude à son tour imposera à son successeur. Tunder a été le principal fondateur de l'école d'orgue d'Allemagne du Nord, y introduisant le triptyque prélude-fugue-coda.

Des *Choralkantaten*, des motets latins et des œuvres d'orgue, dont nous ont été conservés quatre « préludes » et sept fantaisies sur des chorals.

TURINA, JOAQUIN

Séville, 9 décembre 1882. – Madrid, 14 janvier 1949.

Après ses premières études musicales dans sa ville natale, il devint l'élève de d'Indy et de Moszkowski à Paris, où il vécut de 1905 à 1913. Il y noua des relations amicales avec Albeniz, Falla, Debussy, Ravel. Ensuite, presque toute son existence s'écoula à Madrid, où il fut nommé professeur au Conservatoire en 1931. Turina était, avec Falla, le plus grand compositeur espagnol de la génération qui suivit celle d'Albeniz et Granados. Pur musicien andalou, il a su découvrir les caractères essentiels de sa ville natale, débarrassés de tout pittoresque de pacotille ; avec une sensibilité merveilleuse, délicate et un peu austère, il évoque les jeux d'ombres et de lumière dans les patios de Séville au son d'une guitare lointaine. Son ami, le poète andalou Manuel Machado, a exprimé le charme de cette musique dans son poème *Turina canta*.

Deux comédies lyriques, de grandes fresques symphoniques (*La Procesion del Rocio, Danzas fantasticas, Sinfonia sevillana*), *Canto a Sevilla* pour soprano et orchestre, des mélodies, des pièces pour guitare (dont une très belle sonate), de nombreuses pièces pour piano (le plus original de son œuvre).

TYE, CHRISTOPHER

?, vers 1500. – Doddington ?, vers 1573.

À partir de 1541 ou 1542, il fut magister choristarum et organiste à la cathédrale d'Ely, puis, après avoir été ordonné prêtre en 1560, recteur de Doddington, près d'Ely. Il semble avoir été également le maître de musique d'Édouard VI et peut-être des jeunes princesses Mary et Élisabeth. Dans un style simple, direct, parfois presque populaire, il a contribué à créer les grandes formes de la musique anglicane.

Trois messes, des motets latins, des *services* et *anthems* anglicans (dont une version à 4 voix des quatorze premiers chapitres des *Actes des apôtres*).

TYMPANON

Nom que l'on donne depuis le Moyen Âge au psaltérion* à cordes frappées. Dans l'Antiquité grecque, le mot *tympanon* désigne un tambour sur cadre, ancêtre de notre « tambour de basque ».

U

UCCELLINI, MARCO

Forlimpopoli, vers 1603. – Forlimpopoli, 10 septembre 1680.

Prêtre, *capo degl'instrumentisti* au service du duc de Modène, puis maestro di cappella à la cour de Parme. Excellent violoniste, il est l'un des fondateurs de la technique moderne du violon : il emploie la 6e « position » et il est un des premiers à faire usage de la *scordatura**. Dans son recueil de 1639, les deux types de sonates sont clairement distingués.

Un recueil de psaumes ; un opéra, *L'Eventi di Filandro ed Edessa* (Parme, 1675) et deux intermèdes ; trois volumes de *Sonate, Sinfonie, Arie e Correnti... da camera come da chiesa* [1639, 1642, 1645] ; des sonates, des *canzoni* et des *Sinfonie boscarecie* pour violon et basse continue ; *Canto dell'ozio regio* pour violon et divers instruments, etc.

ULTRASONS

Phénomène vibratoire de même nature que le son (vibrations élastiques), mais dont la fréquence est trop élevée pour qu'il soit perçu par l'ouïe. Nous pouvons toutefois, dans certaines conditions, en avoir une perception cénesthésique : migraine, impression de vertige… Par définition, les ultrasons commencent à l'aigu des sons audibles, où l'oreille la plus fine cesse d'entendre, c'est-à-dire vers 16 000 Hz. Leur fréquence n'est limitée pratiquement dans l'aigu que par les caractéristiques des sources d'ultrasons et du milieu de propagation.

UTTINI, FRANCESCO

Bologne, 1723. – Stockholm, 25 octobre 1795.

Élève de Perti et du padre Martini. Il s'établit en Suède en 1755 et fit représenter des opéras à Drottningholm et à Stockholm. De 1767 à 1787, il fut maître de chapelle de la cour.

Cinq opéras italiens, deux opéras-ballets suédois, des opéras-comiques français, trois « symphonies » pour 4, 6 et 8 instruments, dix-huit sonates et neuf trios pour 2 violons et basse continue, six sonates pour clavecin.

V

VACHON, PIERRE

Arles, juin 1731. – Berlin, 7 octobre 1803.

Violoniste, il joue un concerto de lui au Concert spirituel le 24 décembre 1756 et s'y produit encore à plusieurs reprises en 1758. Il est, en 1761, premier violon dans l'orchestre du prince de Conti, passe une dizaine d'années à Londres (1774-1784), puis devient premier violon de l'orchestre royal de Berlin. Excellent compositeur, injustement oublié, il fut un des premiers en France à écrire des quatuors à cordes.

Cinq opéras, six symphonies, deux concertos pour violon, des sonates pour violon, une trentaine de quatuors à cordes.

Valentini, Giuseppe

Rome ?, 1681. – Florence, vers 1746.

Compositeur et violoniste du grand-duc de Toscane, puis du prince de Caserte. Son œuvre se distingue par la fantaisie et la liberté de la forme.

Douze *Sinfonie a 3*, des *Bizzarrerie*, *Fantasie*, *Suonate* et *Idee per camera* pour 3 instruments à cordes et basse continue, des concertos grossos, ainsi qu'un opéra, *La Costanza in amore*, et des oratorios.

Valentini, Pietro Francesco

Rome, vers 1570. – Rome, 1654.

Élève de Nanini. Remarquable contrapuntiste, il fut l'un des plus grands musiciens de l'école romaine. Son habileté à inventer des canons* énigmatiques fut exceptionnelle. Deux d'entre eux sont particulièrement fameux : le *Canone nel modo di Salomone* à quatre-vingt-seize voix qui peut être varié *ad infinitum* et le *Canone sopra le parole del Salve Regina* qui, selon Kirchner, comporte trois mille résolutions (Valentini en propose plus de deux mille) !

Deux *favole* (ouvrages scéniques avec *intermezzi*), vingt livres de madrigaux, motets, *canzonetti spirituali*, *sonetti*, *arie* (1 à 5 voix avec basse continue ou instruments), des *canoni musicali*, des ouvrages théoriques.

Valiha

Cithare tubulaire de Madagascar qui est une sorte d'instrument national. Le valiha (nom masculin, qui se prononce « valî ») est formé d'un gros tube de bambou, sectionné de façon qu'il y ait un nœud naturel à chaque extrémité de l'instrument. L'écorce est incisée en fines bandelettes d'un nœud à l'autre sur toute la circonférence et ces bandelettes sont soulevées pour former les cordes (de 9 à 20). Celles-ci sont maintenues écartées par des petits chevalets mobiles qui servent à l'accord. Aujourd'hui les cordes sont le plus souvent en métal et le succès de l'instrument a suscité une fabrication commerciale.

VALLS, FRANCISCO

Barcelone, 1665. – Barcelone, 2 février 1747.

Maître de chapelle à Mataró, puis à la cathédrale de Gérone et à la cathédrale de Barcelone. En 1717, Alessandro Scarlatti écrit un *Discorso sopra un caso particolare in arte*, où il critique une neuvième non préparée dans la *Missa Scala aretina* de Valls. On trouve dans ses messes (des chefs-d'œuvre) de fréquents exemples d'audaces harmoniques.

Douze messes, vingt-deux répons, seize *Magnificat*, quatorze psaumes, des motets, villancicos, etc. Dans un important traité, *Mapa armónico prático*, il défend la spécificité de la musique espagnole.

VALSE

Danse à trois temps dont la popularité prestigieuse, au XIXe siècle, provoqua l'abandon de presque toutes les autres danses. L'origine de la valse est très peu claire. On la suppose allemande, sa dénomination provenant du mot *waltzen* (qui donna *Waltz* puis *Waltzer*), équivalent allemand du latin *volvere*, tourner sur soi-même ; ce mot *Waltz* était utilisé en Allemagne bien avant d'être associé à une danse giratoire. Lors de son apparition (en Bavière, semble-t-il) vers 1765-1770, elle s'apparente au *Ländler* autrichien et aux anciennes « danses allemandes » à trois temps qu'illustra si bien Mozart. Par son caractère populaire, elle s'oppose à l'aristocratique menuet* et la génération d'après la Révolution française consacrera sa victoire en mêlant dans ses joyeux tournoiements toutes les classes sociales.
Mozart, Beethoven, Schubert et, plus tard, Brahms ont écrit des petites pièces charmantes dans le style naïf, tendre ou gai de ces démocratiques waltzer : ils illustrent la valse plus spécifiquement allemande. Mais peu à peu, à Vienne surtout, la danse devenait plus souple, plus brillante, avec le premier temps bien marqué, et prenait l'allure caractéristique immortalisée par les chefs-d'œuvre de Johann Strauss, père et fils. Le premier exemple remarquable de cette valse tourbillonnante, enivrée d'elle-même, fut l'*Aufforderung zum Tanz* (*Invitation à la danse*) de Weber, écrite pour piano, puis orchestrée magistralement par Berlioz. Presque tous les compositeurs romantiques et post-romantiques subirent l'attrait de cette danse, devenue, dès 1825 environ, une spécialité viennoise. Ils écrivirent des valses pour piano (Beethoven, Schubert, Weber, Chopin, Liszt, Smetana, Brahms, Fauré), pour orchestre (Berlioz, Tchaïkovsky et surtout Johann Strauss… puis plus tard Sibelius, Saint-Saëns, Richard

Strauss) ; ils en introduisirent même dans les opéras (*Faust*, *Les Maîtres chanteurs*, *Parsifal*, *Salomé*, *Le Chevalier à la rose*, *La Bohême*...). Toujours en faveur dans la première moitié du XXe siècle, la valse s'est prêtée aux styles les plus divers, depuis Ravel et Schmitt jusqu'à Schoenberg et Berg, Chostakovitch et Britten.

→ MOZART, *Don Juan* (final acte I, scène du bal), mesure 455 du finale : admirable exemple du contraste entre le menuet et la valse (joués ici *simultanément*!) : c'est le monde de Don Juan et celui de Masetto qui s'opposent. – WEBER, *Invitation à la danse* (orchestration Berlioz). – BERLIOZ, *Symphonie fantastique* (2e mouvement, Un bal) : première en date des valses symphoniques. – CHOPIN, *Valses*. – BRAHMS, *Valses op. 39*. – WAGNER, *Les Maîtres chanteurs* (acte III, Valse des apprentis). – J. STRAUSS, toutes ses valses ! – R. STRAUSS, *Le Chevalier à la rose*, fin acte II, début acte III, milieu acte III – RAVEL, *Valses nobles et sentimentales*. – BERG, *Wozzeck*.

VAŇHAL, JAN KŘTITEL

Nechanice (Bohême), 12 mai 1739. – Vienne, 26 août 1813.

[Jean-Baptiste Wanhall] À dix-huit ans, il occupait plusieurs postes d'organiste ; mais il alla pourtant compléter sa formation à Vienne avec Dittersdorf. Après un séjour en Italie (où il rencontra Gluck), il s'établit définitivement à Vienne, où il subit profondément l'influence de Haydn.

Deux opéras, un oratorio, un grand nombre de compositions religieuses (dont vingt-six messes), plus de cent symphonies, de nombreux concertos, environ cent quatuors à cordes, des pièces pour piano.

VARÈSE, EDGAR

Paris, 22 décembre 1883. – New York, 6 novembre 1965.

Après avoir fait de sérieuses études scientifiques, il devint l'élève de V. d'Indy et de Roussel à la Schola cantorum, ainsi que de Widor au Conservatoire. Il créa un chœur de l'université populaire à Paris et un *Symphonische Chor* à Berlin. Réformé à la suite d'une grave maladie, il partit en 1916 pour les États-Unis, où il devait s'établir définitivement et prendre, en 1926, la nationalité américaine. Il s'est préoccupé très tôt (en particulier sous l'influence de Busoni qu'il avait connu à Berlin) des transformations radicales qui permettraient l'évolution rapide de la musique moderne. Sa formation scientifique lui facilitant l'analyse du phénomène musical, il devint le pionnier de la musique de notre temps. Deux œuvres datant de 1931, *Ionisation* (pour quarante instruments de percussion) et *Intégrales* (pour percussion et instruments à vent), furent

des anticipations prophétiques du mouvement musical d'après 1950. La plupart de ses œuvres apportent des solutions nouvelles dans les domaines du rythme et du timbre, il fut l'un des premiers à utiliser dans l'orchestre les instruments électroniques et, dans *Déserts*, il associe pour la première fois une bande magnétique à l'orchestre. La première audition de cette œuvre superbe le 2 décembre 1954 au Théâtre des Champs-Élysées, sous la direction de Scherchen, a provoqué un chahut mémorable, digne de la première du *Sacre*. Mais le plus extraordinaire est que Varèse ait réalisé avec l'orchestre des effets sonores qui seront plus tard le domaine des musiques électroacoustiques : impression de ralenti ou d'accéléré, de filtrage, de superposition de phénomènes sonores indépendants, de bande sonore passée à l'envers, etc.
L'alchimie sonore de Varèse, avec ces notes répétées comme des appels et ces chants d'oiseaux d'Apocalypse, sa rythmique viscérale, son instrumentation grouillante de chuchotements et de cris, déchirée de terribles clameurs, son harmonie traitée comme timbre, tout cela nous fait pressentir, non seulement Jolivet ou Messiaen, mais Xenakis.

Nocturnal (1961) pour soprano, chœur d'hommes et orchestre, *Offrandes* (1921) pour soprano, instruments à vent et percussion ; *Amériques* et *Arcana* pour grand orchestre ; *Hyperprism* et *Intégrales* pour instruments à vent et percussion, *Octandre* pour instruments à vent et une contrebasse ; *Ionisation* pour orchestre de percussions, *Densité 21,5* pour flûte solo ; *Déserts* pour quatorze instruments à vent, percussion et bande magnétique ; *Poème électronique* (musique électroacoustique).

VAUGHAN WILLIAMS, RALPH

Down Ampney (Gloucestershire), 12 octobre 1872.
Londres, 26 août 1958.

Il fut l'élève de Parry et de Stanford au Royal College of Music, puis de Max Bruch à Berlin. En 1896, il eut à Bayreuth la révélation de Wagner, mais l'attrait des chants populaires britanniques le préserva de l'intoxication wagnérienne. En 1901, après avoir passé son doctorat en musique à Cambridge, il se plongea dans l'étude du folklore, devint membre de la Folk-Song Society et commença à recueillir des chansons et danses du Norfolk, s'intéressant activement aux festivals-concours de la région. À l'influence déterminante de la musique populaire de son pays s'ajouta celle de l'œuvre de Purcell, qu'il eut l'occasion d'approfondir en collaborant aux éditions de la Purcell Society. En 1909, il fit un séjour à Paris pour s'y perfectionner au contact de Ravel. Après la guerre, qu'il fit en Macédoine et en France, il devint professeur au Royal College of Music (1919) et directeur du Bach Choir (1920). Vaughan Williams fut le premier musicien authentiquement anglais depuis Purcell, le premier qui ait su couper les ponts, radicalement, avec l'Italie et l'Allemagne. De ses études à l'étranger (Max Bruch, Ravel), il rapporta une technique, mais son style très personnel prend racine dans le folklore. L'esprit des mélodies populaires (il ne s'est pas contenté de les citer accessoirement) anime sa musique, qui réalise une synthèse des éléments fondamentaux de la culture nationale. Son nationalisme intelligent (exempt de chauvinisme) n'est pas sans analogie avec celui de Bartók. Grâce à lui (et dans une moindre mesure à Holst), des musiciens comme Walton, Britten ou Tippett ont pu illustrer avec éclat la vitalité de l'école anglaise contemporaine.

Six opéras, opéras-ballades ou mystères (dont *Hugh the Drover*, *The Pilgrim's Progress* et *The First Nowell*), quatre ballets, des musiques de scène et de film ; de très nombreuses œuvres chorales, religieuses et profanes, de nombreuses mélodies et adaptations de chansons populaires ; neuf symphonies (dont : *n° 1 A Sea Symph.* avec soli et chœurs, *n° 2 A London Symph.*, *n° 3 A Pastoral Symph.*, *n° 7 Sinfonia Antarctica*), *Fantasia on a Theme by Talus*, une *Partita* et un *Concerto grosso* pour orchestre à cordes, des concertos ou œuvres concertantes pour piano, violon, alto, hautbois, tuba ; deux quatuors, quelques pièces pour piano et pour orgue.

Vecchi, Orazio

Modène, bapt. 6 décembre 1550. – Modène, 19 février 1605.

Poète (il écrivit les poèmes d'un certain nombre de ses madrigaux). On ne sait presque rien de la première moitié de sa vie, si ce n'est qu'il était apparemment de condition modeste, qu'il avait de perpétuelles difficultés financières et qu'il fut ordonné prêtre. Il occupa les postes de maître de chapelle à la cathédrale de Reggio Emilia et à celle de Modène et il fut chanoine, puis archidiacre (jusqu'en 1595) de la cathédrale de Correggio. Son œuvre la plus célèbre, *L'Amfiparnaso* (*commedia harmonica*) [1594], ne fut pas, comme on l'a si souvent prétendu, le « premier opéra ». C'est une sorte d'interprétation musicale de la commedia dell'arte, sous forme d'une série de madrigaux, groupés en trois actes et précédés d'un prologue, où il est clairement exposé que l'œuvre est destinée à l'audition et non à la représentation. Le principe de ces tableaux vivants, évoqués sous la forme madrigalesque, n'est d'ailleurs pas nouveau (voir Janequin et Striggio). Cela ne diminue en rien la richesse particulièrement séduisante des madrigaux de Vecchi.

Une messe, deux livres de *Sacrarum Cantionum* (4-8 voix), un livre de *Lamentaciones* (4 voix), six livres de *canzonette* (3 à 6 voix), trois livres de madrigaux (5 à 8 voix) et surtout quatre volumes de divertissements madrigalesques (*L'Amfiparnaso, Selva di varia recreatione, Convinto musicale* et *Le Veglie di Siena*).

Vejvanovský, Pavel

Hlučin (Bohême) ou Hucvaldy (Moravie), vers 1640.
Kroměřiž, 22 juin 1694.

Il fit ses études musicales à Vienne (probablement avec Schmelzer) et fut ensuite *tibicen campestris* (« trompettiste de campagne » !), puis directeur de la chapelle du prince-évêque de Kroměřiž. C'est peut-être le plus grand compositeur tchèque de l'ère baroque.

Environ vingt messes, quatre *Requiem*, des vêpres, litanies et offertoires, plus de trente *sonate da chiesa*, des ballets, sérénades, etc., pour la cour épiscopale.

Vellones, Pierre

Paris, 29 mars 1889. – Paris, 17 juillet 1939.

[de son vrai nom Pierre Rousseau] Docteur en médecine ; autodidacte en musique. Les timbres et combinaisons de timbres rares sont un des attraits de son œuvre. Il a été notamment l'un des premiers à écrire pour le groupe des saxophones et pour les ondes Martenot.

Un oratorio *Le Roi Salomon*, des mélodies avec orchestre, avec piano, avec diverses formations de chambre ; un ballet *Le Paradis d'Amitabha* ; *Ballade* pour piano et orchestre, un concerto pour saxo alto, *Rastelli* pour quatuor de saxophones et orchestre, de nombreuses compositions pour piano, pour saxophones, pour ondes.

Veneziano, Gaetano

Bisceglie (Bari), 1656. – Naples, 15 juillet 1716.

Élève de Provenzale au conservatoire Santa Maria di Loreto à Naples, où il enseigna lui-même de 1695 à sa mort. Il fut nommé organiste (1679), puis maestro di cappella (1703) de la chapelle royale. Mais, resté fidèle au duc d'Anjou (Philippe V d'Espagne) et au vice-roi duc d'Ascalona, il fut remplacé par Mancini (partisan de l'Autriche) lorsque les troupes archiducales eurent occupé Naples en 1707. Son fils Giovanni (1683-1742) a été l'un des premiers compositeurs d'opéras bouffes en langue napolitaine.

Environ soixante compositions sacrées (en manuscrits à la bibliothèque des PP. Filippini).

VERACINI, FRANCESCO MARIA

Florence, 1er février 1690. – Florence, 31 octobre 1768.

Violoniste. Élève de Gasparini, il acquit rapidement une virtuosité si remarquable qu'après l'avoir entendu à Crémone en 1716, Tartini se retira à Ancône pour travailler dans l'ombre. Il fut successivement directeur de l'Opéra-Italien à Londres (1714-1720), virtuose à la cour de Dresde (1720-1722), puis au service du comte Kinsky à Prague (1723- ?). Après un séjour en Italie, il s'établit de nouveau à Londres, en 1735, où il remporta de grands succès comme compositeur d'opéras, mais fut éclipsé, comme violoniste, par Geminiani. En 1746, il se retira à Pise, puis à Florence.

Cinq opéras, des symphonies, des concertos et surtout de très belles sonates pour violon.

VERDELOT, PHILIPPE

? – Florence, vers 1560.

Il semble s'être établi très jeune en Italie, où il fut, entre 1520 et 1540 environ, chantre à Saint-Marc de Venise et maestro di musica à San Giovanni de Florence. Il prouva son habileté dans l'art du contrepoint en ajoutant une cinquième voix à *La Guerre* de Janequin. Il fut l'un des créateurs du madrigal en Italie.

Une messe, des motets et environ cent madrigaux à 4, 5, 6 voix.

VERDI, GIUSEPPE

Le Roncole (Parme), 10 octobre 1813. – Milan, 27 janvier 1901.

Fils de l'aubergiste des Roncole (hameau dépendant de Busseto), adjoint au maire, mais illettré. Il apprend la musique avec l'organiste du village, puis, grâce à l'appui d'un mécène intelligent, avec deux bons musiciens de la petite ville de Busseto. Il complète cette formation rudimentaire en étudiant des méthodes de piano et des traités d'harmonie, si bien qu'il est capable, à seize ans, d'enseigner à l'école de musique locale, de tenir l'orgue, de diriger les répétitions de la société philharmonique, de donner des récitals comme pianiste et de composer une grande quantité d'œuvres (détruites par la suite). En 1832, le conservatoire de Milan rejette sa demande d'admission ; mais, grâce à la générosité de son protecteur, A. Barezzi (dont il épousera la fille en 1836), il passe cependant trois années à Milan où il devient l'élève privé de Lavigna. Au retour, il est nommé maestro di musica de la commune de Busseto. En 1839, grâce à l'appui d'un ami milanais, il fait représenter son premier opéra, *Oberto*, à la Scala, avec grand succès, et l'imprésario de ce théâtre lui signe aussitôt un contrat pour trois autres ouvrages. L'un d'eux, *Nabucodonosor* (dit *Nabucco*) est accueilli triomphalement : ce premier chef-d'œuvre contient des pages dignes du plus grand Verdi. *Nabucco* et l'ouvrage suivant, *I Lombardi*, étendent sa réputation à toute l'Europe et l'esprit patriotique dans lequel sont traités ces deux sujets (propices aux allusions politiques) fait bientôt du compositeur un porte-drapeau du Risorgimento. Il ne cache pas d'ailleurs sa sympathie pour les insurgés lors des événements révolutionnaires de 1848, et semble s'intéresser davantage à la politique qu'à son métier, qu'il assimile aux travaux forcés. En 1849, après avoir erré quelque temps entre Milan, Rome, Paris et Londres, il achète une propriété près de Busseto, qui devient la villa Verdi et où il s'établit en 1851 avec la chanteuse Giuseppina Strepponi (qui avait contribué au succès de ses premiers opéras). Elle exerce sur le musicien une excellente influence (lui donnant notamment le goût de la vie simple à la campagne) et sera pour lui, jusqu'à sa mort en 1897, une compagne admirable ; ils se marient en 1859. La même année, il s'enthousiasme pour l'action de Garibaldi, ayant toujours rêvé d'une Italie libre et unifiée. Son nom devint un symbole et, lorsque les murs se couvraient de « Viva Verdi », les patriotes traduisaient « Viva Vittorio Emmanuele Re D'Italia ». Quand le duché de Parme eut voté pour l'union avec le Piémont, Verdi fut l'un des ambassadeurs qui se rendirent à Turin porter à Victor-Emmanuel le résultat du plébiscite ; et Cavour insista pour que le musicien fît partie du premier parlement italien. C'est ainsi qu'il fut député de Fidenza jusqu'en 1865. Ces événements ralentirent l'activité créatrice de Verdi qui, jusqu'en 1857, avait fait représenter un ou deux opéras chaque année. Seulement sept opéras nouveaux verront le jour dans les trente-cinq dernières années de sa vie ; mais ce sont des œuvres considérables. En 1861 et 1862, il se rend à Londres, à Paris et deux fois à Saint-Pétersbourg (pour la création de *La Forza del Destino*). De 1865 à 1867, il vit principalement à Paris (où est créé *Don Carlos*). En 1871, *Aïda* est représentée au nouveau théâtre du Caire, pour célébrer (avec un peu de retard) l'ouverture du canal de Suez. Très touché par la mort de Manzoni en 1873, il décide d'écrire un *Requiem* à sa mémoire. Ce sera l'un de ses trois plus grands chefs-d'œuvre, avec *Otello* qui est représenté en 1887 après une longue période improductive, et *Falstaff*, cet extraordinaire témoignage de la santé intellectuelle et de la vitalité du musicien octogénaire. Il ne se remit pas de la perte de Giuseppina en

1897. Il mourut quatre ans plus tard, âgé de quatre-vingt-sept ans, à la suite d'une attaque.
Otello et *Falstaff* représentent l'apogée du drame lyrique et de l'opéra-comique italiens. Après le premier chef-d'œuvre que fut *Nabucco*, la qualité des opéras de Verdi est tombée très bas (travail rapide que l'on pourrait qualifier de « commercial »), puis sa production lyrique a suivi une courbe toujours ascendante, dont les points les plus remarquables sont : *Macbeth* (Florence, Pergola, 1847), *Rigoletto* (Venise, Fenice, 1851), *Il Trovatore* (Rome, Apollo, 1853), *La Traviata* (Fenice, 1853), *Un Ballo in Maschera* (Apollo, 1859), *La Forza del Destino* (Saint-Pétersbourg, 1862), *Don Carlos* (Opéra de Paris, 1867), *Aïda* (Le Caire, 1871), *Otello* (Scala 1887), *Falstaff* (Scala, 1893). Paysan peu cultivé, il avait un génie sûr du théâtre lyrique, d'un théâtre lyrique foncièrement italien, grâce auquel il corrigea certaines erreurs de jugement. Comme tout compositeur italien, il avait le don mélodique ; mais il surpassait ses prédécesseurs par l'efficacité dramatique de ce don infaillible et par une habileté remarquable dans l'utilisation des chœurs. Il échappa d'instinct à l'influence de son exact contemporain Wagner, qu'il admirait pourtant profondément. L'homme était aussi exceptionnel que le musicien. Son humanité, sa grandeur morale apparaissent non seulement dans sa musique (où s'exprime si souvent le sentiment profond de la souffrance humaine), mais encore dans de nombreuses réalisations généreuses, par lesquelles il fut le bienfaiteur de sa région natale, où il avait choisi de vivre : travaux d'irrigation ou d'assèchement, plantations, construction d'un hôpital, etc.

Vingt-six opéras (sans compter les différentes versions de certains d'entre eux), *Requiem*, trois *Pezzi sacri* (*Ave Maria*, *Stabat Mater* et *Te Deum*), un quatuor à cordes, vingt mélodies, quelques œuvres de circonstance.

VIADANA, LODOVICO GROSSI DA

Viadana, vers 1560. – Gualtieri sul Po, 2 mai 1645.

Frère franciscain, il fut maître de chapelle aux cathédrales de Mantoue et de Fano. L'un des premiers, il fit usage de la basse continue (non chiffrée) dans ses *Concerti ecclesiastici* (publiés en 1602, mais composés vers 1595) ; mais il ne fut certainement pas, comme il le prétendait, l'« inventeur » de la basse continue.

Messes, psaumes, *canzonette*, madrigaux et cent *Concerti ecclesiastici* (1 à 4 voix avec basse continue).

VICTORIA, TOMÁS LUIS DE

Avila, vers 1548-1550. – Madrid, 27 août 1611.

[en Italie : Tommaso Lodovico da Vittoria] Sa vie est très mal connue. On ne sait rien notamment de son enfance ni de sa formation musicale initiale. Il fut peut-être l'élève d'Escobedo (sûrement pas de Morales) et connut probablement sainte Thérèse, qui était en relation avec un de ses frères, Augustin. Il vécut une trentaine d'années à Rome où, de 1565 à 1569, il poursuivit ses études au Collegium Germanicum ; études théologiques plus que musicales qui devaient le mener à la prêtrise (il fut ordonné en 1575) ; il était chanteur, cependant, au Collegium et il y devint maître de chapelle (1573-1578), après avoir été quelque temps le successeur de Palestrina au Séminaire romain (1571-1572). De 1578 à 1585, il est chapelain de San Girolamo della Carità et se trouve en étroite association avec San Filippo Neri. Sans doute a-t-il fait ensuite un ou plusieurs voyages en Espagne, mais il n'y retourne définitivement qu'en 1596. Il est alors nommé chanteur, puis organiste du couvent des Descalzas Reales de Madrid, où s'était retirée sa protectrice, l'impératrice Marie (sœur de Philippe II). C'est là qu'il mourut et qu'il fut inhumé.

Il est surprenant qu'un si grand musicien, bénéficiant de protections considérables (les belles éditions de ses œuvres en témoignent) ait terminé sa vie de façon aussi obscure. Mais Victoria était de la race des grands mystiques espagnols et se souciait peu de succès. Toute son œuvre est consacrée à la gloire de Dieu. Non seulement il n'a jamais écrit de madrigaux ni de *canzonette*, mais il n'a jamais utilisé de thèmes profanes, comme il était d'usage à l'époque, dans les messes polyphoniques : les siennes sont construites sur des thèmes empruntés à ses propres motets, ou sur des mélodies du vieux plain-chant mozarabe. Ayant longtemps vécu à Rome, il a subi l'influence de Palestrina et il exerça lui-même une certaine influence sur son aîné. Mais il se distingue fondamentalement de celui-ci et des autres musiciens de l'école romaine par un intense lyrisme mystique spécifiquement espagnol. Plus sincère et plus austère que Palestrina, il ne fait jamais un usage inutile de son adresse à manier le contrepoint vocal. Il subordonne toujours l'écriture à l'expression et ne craint pas les chromatismes ou les rencontres dissonantes, tout à fait inhabituels chez les musiciens de l'école romaine. Ses compositions sont peu nombreuses (cent quatre-vingts) si on le compare à certains de ses contemporains, notamment à Palestrina, mais toutes sont d'une exceptionnelle qualité. Cette œuvre splendide, trop peu connue, est celle d'un des plus grands musiciens mystiques de tous les temps.

Officium Defunctorum et *Officium Hebdomadae Sanctae* (ses deux œuvres les plus considérables), vingt messes (4 à 12 voix), quarante-six motets (4 à 8 voix), trente-cinq hymnes, des *Litaniae de Beata Virgine*, des psaumes, antiennes à la Vierge, cantiques.

Vièle

Terme désignant les différentes sortes d'instruments à archet du Moyen Âge, à partir du IXe siècle lorsque l'archet fait son apparition en Europe. Ces instruments de formes diverses étaient tendus de une à cinq cordes et ils étaient tenus de diverses manières, la caisse posée sur l'épaule ou sur le genou. Ces vièles étaient les ancêtres des violes. On utilise aujourd'hui le mot « vièle » comme nom générique des instruments à archet, tant dans la musique populaire d'Europe que dans les musiques savantes traditionnelles d'Afrique et d'Asie, principalement celles des pays d'influence islamique. Pour l'ethnomusicologie, tout instrument à manche et à cordes frottées est une vièle (*fiddle* en anglais).

Vielle à roue

Instrument apparu au Xe siècle sous le nom d'*organistrum.* C'est une sorte de vièle où l'archet est remplacé par une roue enduite de résine qui frotte les cordes sous l'action d'une manivelle. Les cordes sont raccourcies non par les doigts directement, mais par un clavier. L'instrument s'est appelé aussi « chifonie » (déformation de symphonie). Mis à part un entichement momentané parmi la noblesse française au temps de Louis XV, la vielle à roue appartient au folklore depuis le début du XVIIe siècle. On la trouve notamment en France (Bretagne, Limousin, Auvergne), en Allemagne, en Hongrie, en Moravie, en Bohême, en Ukraine, etc.

Vierne, Louis

Poitiers, 8 octobre 1870. – Paris, 2 juin 1937.

Organiste aveugle. Élève de Franck et de Widor au conservatoire de Paris, après avoir commencé ses études à l'Institution des jeunes aveugles. En 1892, il fut nommé assistant de Widor à Saint-Sulpice, puis, en 1900, organiste de Notre-Dame. Son œuvre d'orgue, où l'influence de ses maîtres s'associe à un lyrisme sombre très personnel, marque l'apogée du style symphonique.

Symphonie pour orchestre, poèmes symphoniques, quatuor à cordes, quintette avec piano, pièces pour piano, mélodies, et surtout des œuvres d'orgue (six *Symphonies*, vingt-quatre *Pièces en style libre*, vingt-quatre *Pièces de fantaisie*, un *Triptyque*).

Vieuxtemps, Henri

Verviers, 17 décembre 1820. – Mustapha (Alger), 6 juin 1881.

Illustre violoniste, il accomplit des tournées triomphales en Europe et en Amérique, enseigna à Saint-Pétersbourg (1846-1852) et à Bruxelles (1871-1873) et dirigea les Concerts Populaires. Parmi ses élèves figure Eugène Ysaye.

(Œuvre entièrement consacrée au violon.) Six concertos, plusieurs *Concertinos*, *Fantaisies*, *Caprices* avec orchestre ; des pièces pour violon et piano, dont une sonate.

Vihuela

Instrument à cordes pincées, à caisse plate, spécifiquement espagnol. C'est une sorte de grande guitare, qui emprunte au luth son chevillier incliné en arrière, la répartition et l'accord de ses cordes, sa tablature. Apparue vers la fin du XIIIe siècle, la vihuela disparut à la fin du XVIe devant le succès croissant de la guitare. On distinguait la *vihuela de arco* (jouée avec l'archet), la *vihuela de pendola* (jouée avec un plectre) et la *vihuela de mano*, la plus répandue (jouée avec les doigts). Le plus beau recueil destiné à l'instrument est le *Libro de musica de vihuela de mano intitulado El Maestro* (1536) de Luis de Milan.

Villa-Lobos, Heitor

Rio de Janeiro, 5 mars 1887. – Rio de Janeiro, 17 novembre 1959.

Tout enfant, il apprit à jouer d'un alto que son père avait transformé en violoncelle, puis du piano et de la clarinette. Les chansons de la rue constituaient son répertoire favori, et les « chorôes » (musiciens populaires) étaient ses maîtres. À seize ans, sa mère voulant lui faire faire des études de médecine, il s'enfuit et mène pendant quatre ans l'existence nomade des musiciens ambulants, parcourant le Brésil en tous sens et assimilant profondément la musique populaire des régions traversées, particulièrement la musique afro-brésilienne du Nord. Il joue de la guitare, du violoncelle et de plusieurs instruments à vent. Il ne s'établit définitivement à Rio qu'en 1913 et complète sa formation d'autodidacte en

lisant les œuvres des maîtres et en compulsant sans enthousiasme des traités didactiques (d'Indy notamment). Mais il est guidé par son instinct, sa connaissance du folklore brésilien et son admiration pour Bach. Deux longs séjours à Paris (1923-1925 et 1927-1930) révèlent à la vieille Europe raffinée et stupéfaite un art sauvage, sensuel et irrationnel. L'audition à Paris de ses premiers *Chôros*, « nouvelle forme de composition musicale qui synthétise les différentes modalités de la musique brésilienne, indienne et populaire », fait sensation. À partir de 1930, son admiration pour Bach se manifeste dans la série des *Bachianas Brasileiras*, où son inspiration essentiellement brésilienne s'adapte à des formes classiques et à l'écriture contrapuntique. De cette synthèse de deux cultures si distantes sont nées des œuvres exceptionnellement originales.
En 1932, Villa-Lobos est nommé surintendant de l'Éducation musicale pour l'État de Rio. Il entreprend alors une remarquable œuvre pédagogique (probablement sans équivalent) qui aboutit en 1942 à la fondation de son Conservatorio Nacional de Canto Orfeônico et à la création d'innombrables chorales populaires, surtout dans les écoles (où il permet aux enfants de hurler, battre des mains et taper des pieds pendant les répétitions). Il parvient à réunir 40 000 chanteurs dans un concert donné au stade Vasco de Gama ! Ayant réussi à former aussi son propre orchestre symphonique, il fait découvrir au public populaire brésilien des œuvres comme la *Messe en si* de Bach et la *Missa solemnis* de Beethoven, avec des ensembles vocaux et instrumentaux monstres, composés principalement d'amateurs. Doué d'une vitalité peu commune, il composait à une vitesse extraordinaire et menait de front de multiples activités, avec un enthousiasme communicatif et sans jamais donner le moindre signe de fatigue ou de découragement.

Cinq opéras, quinze ballets, des compositions religieuses (dont la grande *Missa São Sebasto*), neuf *Bachianas Brasileiras* et seize *Chôros* (pour les formations les plus diverses : piano ou guitare solo, musique de chambre, voix et orchestre, chœurs, grand orchestre), onze symphonies, des poèmes symphoniques, des concertos (violon, violoncelle, piano, etc.), dix quatuors à cordes, des pièces pour guitare, d'innombrables pièces pour piano, de nombreuses mélodies (avec accompagnement de piano ou d'orchestre), soit un total d'environ mille cinq cents œuvres.

Villanella

Composition polyphonique, d'origine napolitaine, très répandue en Italie aux XVe et XVIe siècles. Primitivement, c'était un genre populaire, traité dans un style homophone simple, chanté en langue napolitaine avec accompagnement d'instruments. Mais la *villanella* s'est dénaturée en quittant la rue pour les palais. Les recueils qui nous sont parvenus, où la langue napolitaine est abandonnée, sont dus à la plume de madrigalistes comme Willaert, Lassus ou Marenzio. Les *villotte*, *canzonette*, *balletti* qui fleurissent jusqu'au début du XVIIe siècle ne se distinguent de la villanella madrigalesque que par le nom.

VINĀ

Instrument classique de l'Inde, dont l'origine est très ancienne. Selon la légende, elle aurait été inventée par le dieu Shiva et Bouddha en aurait joué. Il existe deux types très différents de vinā, l'un et l'autre tendus de sept cordes : dans l'Inde du Nord, c'est une cithare sur bâton, avec deux résonateurs en calebasse fixés sous le corps en bambou de l'instrument (*rudra vinā*), dans l'Inde du Sud, c'est une sorte de grand luth à la caisse ronde (presque semi-sphérique) avec un résonateur en calebasse fixé sous le manche vers l'extrémité supérieure (*sarasvatī vinā*). Une variante populaire de la *vinā* du Nord, la *kinnari-vinā*, est identique à la harpe-cithare mvet* d'Afrique équatoriale ! Elle porte trois résonateurs en calebasse et ses deux cordes sont tendues dans un plan vertical au-dessus de la tige de bambou.

VINCI, LEONARDO

Strongoli (Calabre), vers 1696. – Naples, 27 mai 1730.

Élève de Greco au Conservatorio dei Poveri di Gesù Cristo de Naples (1708-1718). Il commença sa carrière dans l'opéra bouffe napolitain, puis se tourna vers l'opéra sérieux et partagea sa vie entre Rome et Naples, où furent créées la plupart de ses œuvres. Après avoir été maestro di cappella du prince de Sansevero, il fut nommé *pro-vice-maestro* de la chapelle royale à la mort de Scarlatti (1725). En 1728, il fut quelques mois directeur du Conservatorio dei Poveri, puis entra au monastère de Santa Caterina a Formiello (congrégation du Rosaire) en qualité de *confrate* et remplit les fonctions de maître de chapelle de la congrégation ; mais il ne fut pas ordonné prêtre. Il fut l'un des premiers compositeurs d'opéras bouffes napolitains et l'un des plus grands parmi les successeurs de Scarlatti dans le domaine de l'*opera serta.* Il a notamment perfectionné la forme de l'*aria da capo*, héritée de Scarlatti (contraste très marqué entre les deux sujets de l'exposition comme dans un allegro de sonate de Haydn ou Mozart).

Quinze opéras bouffes, vingt-cinq *opere serie*, une cantate dramatique, quelques pièces instrumentales.

VINCI, PIETRO

Nicosia (Enna, Sicile), vers 1535. – Nicosia, 1584.

Après avoir voyagé dans toute l'Italie, il devint maestro di cappella de l'église Santa Maria Maggiore à Bergame (1568-1580), puis il retourna dans sa ville natale où il occupa jusqu'à sa mort une fonction analogue. Il fut le chef d'une école de madrigalistes siciliens qui mériterait d'être mieux connue, et transmit à ses élèves les qualités de simplicité et de clarté de son style.

Dix messes (4 à 8 voix), cinq livres de motets (4 à 8 voix), des *Sonetti spirituali*, dix livres de madrigaux (3 à 6 voix).

VIOLES

Famille d'instruments à archet, qui ont dominé la vie musicale européenne dès le XVe siècle. Malgré la concurrence du violon* et de sa famille qui, à partir du XVIIe siècle surtout, menaça sérieusement leur pérennité, ils subsistèrent jusqu'au temps de J. S. Bach, la basse de viole continuant même d'être utilisée en soliste après 1750.

Les violes succédèrent à la vièle* à archet du Moyen Âge (qu'il ne faut pas confondre avec la vielle à roue, encore en usage en Bretagne et dans le Centre). L'origine de la vièle est très confuse et l'on ne peut la découvrir ni dans l'iconographie ni dans la poésie du Moyen Âge où abondent les représentations et les dénominations fantaisistes. Il semble que l'archet, utilisé en Orient depuis des millénaires, n'ait été connu en Europe qu'au VIe siècle de notre ère et l'on ne le trouve associé au « crwth » gallois (sorte de lyre) et au « rebec » (instrument en forme de demi-poire allongée sans manche séparé) qu'à partir du IXe siècle. Tels seraient les antécédents directs des vièles et des violes, en négligeant les nombreuses variantes.

Les principaux caractères qui distinguent la famille des violes de celle des violons sont les suivants :

– six cordes (exceptionnellement sept) accordées selon les mêmes intervalles que le luth* (accord « vieux ton ») : quarte-quarte-tierce majeure-quarte-quarte ;

– touche large divisée en cases (comme le luth) par des morceaux de corde en boyau, appelés « frettes » ;

– ouïes généralement en forme de C ;

– tenue des instruments : les plus petits sur les genoux, les plus grands

entre les genoux. De là vient le nom de *viola da gamba* donné à toute la famille (et pas seulement à la basse de viole) ; on appelait, au contraire, *viole da braccio* les premiers instruments de la famille du violon (voir Violon* et Altos*) ;
– tenue de l'archet, le dos de la main tourné vers le bas. La baguette était courbée à la façon d'un arc et la tension des crins pouvait être contrôlée et modifiée par les doigts de l'artiste.

Les principaux types de violes :

1. LE PARDESSUS DE VIOLE (accordé, du grave à l'aigu, sol, do, fa, la, ré, sol) : même tessiture que notre violon et même sol grave.
2. LE DESSUS DE VIOLE (une quarte plus bas).
3. L'ALTO (un ton plus bas) : tessiture de notre alto.
4. LE TÉNOR (une quarte plus bas).
5. LA BASSE (une quarte plus bas) : tessiture du violoncelle.
6. LA CONTREBASSE OU VIOLONE (une octave plus bas) : tessiture de notre contrebasse. D'apparition plus tardive : deuxième moitié du XVIe siècle.

Le plus vaste et le plus admirable répertoire pour des ensembles de trois, quatre, cinq, six, sept violes (*consorts of viols*) est dû aux compositeurs anglais des XVIe et XVIIe siècles : le grand maître du genre est Orlando Gibbons. Dans les autres pays, la basse de viole tend à éclipser les autres violes, se mêlant souvent aux instruments de la famille du violon, soit en soliste, soit dans le rôle de basse continue. Certains instruments hybrides ont aussi été utilisés en solistes aux XVIIe et XVIIIe siècles, notamment :
« VIOLE D'AMOUR », sorte de viole alto *da braccio* (se tenant sous le menton) munie de six ou sept cordes principales et d'un certain nombre de cordes sympathiques (vibrant par résonance), passant sous la touche et à travers le chevalet. Sa table est percée d'une rosace en plus des ouïes. Une viole d'amour basse, appelée « baryton » ou « barretone », était utilisée en Angleterre et en Allemagne, puis en France aux XVIIe et XVIIIe siècles.
« VIOLA BASTARDA », petite basse de viole d'accord variable, parfois munie de cordes sympathiques ; instrument de virtuose par excellence, elle donnait lieu à un usage systématique des accords et du pizzicato.
« VIOLA POMPOSA », instrument dû à l'initiative de J. S. Bach. Ce n'est pas une viole, mais un petit violoncelle (le *violoncello piccolo*) muni de cinq cordes, accordées comme celles du violoncelle, avec une corde de mi aigu en plus. C'est à cet instrument que fut probablement destinée la *6e Suite pour violoncelle seul* de Bach.

→ DOWLAND, *Lacrymae*. – PURCELL, *Quinze fantaisies* pour 3, 4, 5, 6, 7 violes (chez

Purcell, compositeur « moderne », cela est un hommage aux grands musiciens de l'époque madrigalesque). – M. MARAIS, *Suite des pièces de viole* (basse de viole solo). – VIVALDI, *Concerto pour viole d'amour et luth.*

VIOLON

Tout à fait différents des violes classiques, ou « violes de gambe », les premiers représentants de la famille du violon sont nés au début du XVIe siècle, sous la dénomination de *viole da braccio*[1]. Ces « violes à bras », dérivées de la *lira da braccio*, présentent dès l'origine les mêmes caractères essentiels qui distinguent les violons des *viole da gamba* :
– quatre cordes accordées par quintes ;
– chevalet plus haut et plus arqué supportant une plus forte tension des cordes ;
– touche uniforme (sans cases) ; du fait de la hauteur du chevalet, le manche (terminé par une volute) est légèrement incliné en arrière, de sorte que l'extrémité de la touche soit soulevée au-dessus de la table ;
– ouïes en forme de *ff*;
– caisse très échancrée sur les côtés, en forme de C, avec des angles accentués ; elle est, en outre, beaucoup plus plate (éclisses basses), le fond et la table sont légèrement bombés, enfin la partie supérieure se raccorde au manche en formant approximativement un angle droit (au lieu de s'infléchir doucement comme sur les violes). Cette forme, telle que nous la connaissons, fut établie définitivement, après de nombreux tâtonnements, par les grands luthiers de Crémone. Toutefois la contrebasse est encore apparentée, par la forme de sa caisse, à la contrebasse de viole (*violone*) ;
– les plus petits instruments se tiennent la caisse sous le menton et non plus posés sur les genoux.

Au début du XVIe siècle, il existe au moins trois types de *viole da braccio* (chacun est ici précédé d'un numéro d'ordre correspondant au rangement, de l'aigu au grave, de tous les membres de la famille) :
(4) SOPRANO VIOLA DA BRACCIO : accordé comme notre alto (do-sol-ré-la), il lui est identique, à peu de chose près. Au XVIIe siècle, on l'appellera simplement *viola* (les Anglais et les Italiens ont conservé ce nom). Les Allemands appellent l'alto *Bratsche*, déformation de *braccio.*
(5) TÉNOR (accordé une quinte ou une quarte plus bas) : instrument qui disparaît malheureusement à la fin du XVIIe siècle[2].

1. V. Galilei, dans son *Dialogo... della musica antica e della moderna* (1581), déclare que la « viola da braccio » était appelée « lira » dans un passé relativement récent.
2. Le quatuor à cordes normal devrait se composer d'un violon (soprano), d'un alto, d'un ténor et d'un violoncelle (basse), à l'image du quatuor vocal. Ces instruments

(6) BASSE (une quinte plus bas que le ténor) : à l'époque de la disparition du ténor, vers 1700, elle prend le nom de « violoncello » ou « petit violone » et son accord est définitivement do-sol-ré-la (à l'octave grave de l'alto).

Dans la seconde moitié du XVIe siècle et les premières années du XVIIe apparaissent de nouveaux instruments, successivement :
(3) LE VIOLINO (une quinte au-dessus du soprano) : baptisé *violino ordinario da braccio* dans l'*Orfeo* de Monteverdi, il est identique à notre violon, comme il ressort de la description qu'en donne Praetorius en 1718. Son nom n'est pas nouveau, car le mot « vyollon » est apparu pour la première fois en France en 1529 pour désigner l'ensemble de la famille (comptes de la cour de France)[1].
(2) LE VIOLINO PICCOLO, qualifié de *alla francese* dans l'*Orfeo* de Monteverdi. Abandonné au XVIIIe siècle, il était accordé une quarte au-dessus du *violino.*
(1) LA POCHETTE des maîtres à danser, à la caisse étroite et allongée, accordée à l'octave supérieure du *violino.*
(7) LA CONTREBASSE n'apparaissant (selon Praetorius) que vers 1620, la famille des *viole da braccio* fut d'abord complétée dans l'extrême grave par le *violone* ou contrebasse de viole. En fait l'usage et le nom du *violone* subsistèrent encore longtemps (voir Contrebasse*) et il faut attendre la fin du XVIIIe siècle pour voir diminuer le nombre de cordes et disparaître les « frettes » (séparations sur la touche).
Plusieurs de ces instruments sont mentionnés dans la partition de l'*Orfeo* de Monteverdi : *2 violini piccoli alla francese, 10 viole da brazzo* (sans doute soprano et ténor), *3 bassi da gamba, 2 contrabassi di viola.* Comme on a vu plus haut, les Français furent les premiers à utiliser le mot violon (ou « vyollon ») ; appliqué plus particulièrement au vrai violon, dès 1560 environ, il continua cependant au XVIIe siècle à désigner toute la famille (« Bande des 24 violons du Roi »). En Italie, le terme générique fut longtemps *viola da braccio* ou *viola senza tasti* (c'est-à-dire sans « frettes » sur la touche) ; *viola* désignait plus particulièrement le soprano de l'ancienne famille (actuel alto), tandis que le diminutif *violetta* était parfois appliqué au vrai *violino.*

---

seraient accordés à la quinte les uns des autres, se complétant à merveille. Or, dans le quatuor classique, les deux premiers instruments sont identiques (deux violons), le troisième (alto) est une quinte plus bas et le quatrième (violoncelle) une octave plus bas que le troisième. L'absence du ténor crée une très regrettable solution de continuité.

1. Violino est évidemment un diminutif de viola, mais on ignore l'origine de ce dernier mot. Il est possible que le latin « fides » (instrument à cordes) ait donné les mots « fiddle » (anglais) et « fiedel » (vieil allemand) qui désignaient des instruments à cordes au Moyen Âge ; d'où vièle (traduction de « fiddle ») et viole.

Tel qu'il est sorti des mains des grands luthiers de Crémone et tel que le construisent encore les luthiers modernes, le violon, sous ses apparences simples, est un instrument très complexe où l'on peut dénombrer jusqu'à soixante-dix pièces séparées ! Ce sont :

LA TABLE (en sapin) percée de deux ouïes en forme de *ff*. Son galbe n'est pas obtenu par gaufrage, mais par façonnage à la gouge (1 ou 2 pièces).

LE FOND (en érable) : même procédé de façonnage (1 ou 2 pièces).

LES ÉCLISSES (en érable) qui constituent les côtés de la caisse. Elles sont courbées à chaud (6 pièces).

LES CONTRE-ÉCLISSES (en sapin) : renforcent les éclisses à l'intérieur (12 pièces).

LES COINS (sapin) : renforcent la caisse et les joints des éclisses, aux angles des échancrures en C (4 pièces).

LES TASSEAUX (sapin) : idem, aux deux autres extrémités (2 pièces).

L'ÂME (sapin) : petit cylindre maintenu entre le fond et la table, à peu près sous le pied droit du chevalet (côté corde de mi) : elle permet à la table de résister à la pression du chevalet. Elle n'est jamais collée et son placement a une grande influence sur la qualité du son (1 pièce).

LA BARRE (sapin) : même fonction que l'âme du côté opposé (corde de sol). C'est une longue tige collée sous la table parallèlement aux cordes, pour l'aider à supporter la pression du pied gauche du chevalet (1 pièce).

LES FILETS (bois divers) : simples ornements (24 pièces, généralement).

LE MANCHE (érable) s'appuyant sur le tasseau supérieur (1 pièce).

LA TOUCHE (ébène) collée sur le manche (1 pièce).

LES CHEVILLES (ébène) servant à l'accord (4 pièces).

LE SILLET (ébène) sur lequel s'appuient les cordes entre les chevilles et le manche (1 pièce).

LE CHEVALET (érable) sur lequel s'appuient les cordes au centre de la table. C'est lui qui communique à la table les vibrations des cordes (1 pièce).

LES CORDES (sol et ré en boyau de mouton ou en métal filé ; la et mi en boyau ; mi parfois en acier) : à vide, elles vibrent entre le chevalet et le sillet (4 pièces).

LE CORDIER (ébène) où sont fixées les cordes (2 pièces).

LE BOUTON (ébène) et L'ATTACHE (corde de boyau) servant à fixer le cordier (2 pièces).

L'archet, dont la facture délicate est confiée à des artisans spécialisés, les « archetiers » (les plus célèbres furent les Français Tourte et Voirin), est composé d'une BAGUETTE en bois de Pernambouc et d'une MÈCHE en crins de cheval. Celle-ci est enduite de COLOPHANE, résine obtenue par distillation de l'essence de térébenthine et recherchée pour une propriété exceptionnelle : son coefficient de frottement variant énormément avec la vitesse relative des surfaces en contact, elle assure à l'archet une parfaite adhérence (un parfait mordant) lorsqu'il est tiré ou poussé lentement, tandis qu'au contraire elle agit comme lubrifiant lorsque le mouvement devient rapide.

L'histoire de la lutherie et l'évolution de la technique du violon sont l'objet de nombreux ouvrages. Il n'est peut-être pas inutile de rappeler cependant que les fondateurs des grandes écoles de lutherie italiennes furent Gasparo da Saló (1542-1609 = école de Brescia) et Andrea Amati (1535-1612 = école de Crémone). Le plus illustre élève de G. da Saló fut G. P. Maggini, génial artisan qui pourrait être considéré comme le père du violon moderne et dont les altos, en particulier, sont très recherchés. Après lui, l'école de Brescia fut éclipsée par l'école de Crémone où les principaux successeurs de A. Amati furent : son petit-fils Nicolo Amati (1596-1684), l'élève de celui-ci Antonio Stradivarius (1644-1737), le plus célèbre luthier de tous les temps, enfin Giuseppe Guarneri « del Jesu » (1698-1744). La plupart des instruments de ces maîtres illustres appartiennent à des particuliers, mais il s'en trouve cependant d'admirables au musée du conservatoire de Paris. Il faut citer encore, au XVIIe siècle, Jacob Stainer, chef de l'école de lutherie tyrolienne et, au XVIIIe siècle, Nicolas Lupot, le plus grand maître de la lutherie française.

L'emploi du violon, tant en soliste qu'à l'orchestre, est aujourd'hui tellement familier qu'on a peine à croire au mépris dont il fut l'objet pendant trois quarts de siècle. Au XVIe siècle, on le trouvait bruyant, aigre et tout juste bon à faire danser dans les tavernes. On ne lui reconnaissait que deux qualités principales : celles d'être facile à accorder et à transporter. Les premiers exemples de musique écrite sans équivoque pour les violons sont de provenance italienne : *Concerti a 6-16 voci* d'A. et G. Gabrieli (1587), *Orfeo* de Monteverdi (1607), etc. Le *Combattimento di Tancredi e Clorinda* (1624) fait appel déjà à une technique évoluée : tremolo, pizzicato, etc. L'usage de la sourdine n'apparaît à l'orchestre que dans le dernier quart du XVIIe siècle (en solo pas avant le milieu du XVIIIe siècle). Enfin, il appartiendra aux grands violonistes italiens des XVIIe-XVIIIe siècles (Corelli, Torelli, Legrenzi, Vitali, Albinoni, Vivaldi, Geminiani...), aux Tchèques (von Biber, Konicek, Benda, Mysliveček, Stamitz...) et aux Français (Rebel, Leclair, Mondonville, Gavinies... et Viotti annexé à l'école française) de faire du violon l'instrument soliste incomparable dont héritèrent les grands virtuoses du XIXe siècle : Paganini, Slavik, Joachim, Ysaïe... (voir Concerto* et Sonate*).

La formule du quatuor à cordes classique, héritée des anciens concerts de violes, apparaît au début du XVIIIe siècle (Alessandro Scarlatti : *Sonate... a quattro, Due violini, Violetta e Violoncello, senza Cembalo...*) ; auparavant de tels ensembles, diversement composés d'ailleurs, étaient généralement accompagnés d'une basse* continue.

→ BACH, *Sonates et Partitions* pour violon seul. – Les concertos de VIVALDI, MOZART, BEETHOVEN, MENDELSSOHN, BRAHMS, etc., PAGANINI, *Caprices*. – SARASATE, *Airs bohémiens*. – RAVEL, *Tzigane* : démonstration magistrale de toutes les possibilités du violon (pizzicato de la main gauche, harmoniques, etc.). – RAVEL, *Ma Mère l'Oye* (II *Le Petit Poucet*), chiffre 5 : curieux effet de glissando en sons harmoniques pour imiter un oiseau ; *Quatuor*, 3e mouvement (« modérément animé » = partie centrale) *sul tasto*, c'est-à-dire sur la touche (son doux et voilé). – BARTÓK, *Concerto pour orchestre*, 3e mouvement (5e mesure de 93) : violons *forte* sur la corde de sol dans l'aigu (sonorité tragique) ; 5e mouvement (chiffre 482) : *sul ponticello* (c'est-à-dire en jouant tout près du chevalet), son métallique ; *Sonate* pour violon solo.

VIOLONCELLE

La basse de l'actuelle famille des cordes fut appelée *violoncello* (petit *violone* : voir Contrebasse*) dans la deuxième moitié du XVIIe siècle. Le terme *violoncino* avait été utilisé auparavant (1641 ; édition posthume des œuvres de Fontana). Pratiquement, l'instrument existait vers 1570 : les basses de *viola da braccio* construites par G. da Saló, Maggini et les Amati, dans la seconde moitié du XVIe siècle, sont déjà des violoncelles (voir Violes* et Violon*). Mais c'est Antonio Stradivarius qui en fixa le « patron » vers 1680.

Le nouvel instrument fut adopté beaucoup plus tard que le violon : dérivé de la basse de viole classique[1], il eut à souffrir longtemps de la concurrence de celle-ci, tant comme soliste que comme basse de la famille des violons. En France, particulièrement, la « viole de gambe » fut généralement préférée au violoncelle, jusqu'au milieu du XVIIIe siècle. Marais, Caix d'Herveloix et Forqueray furent, au XVIIIe siècle, les plus illustres virtuoses sur l'ancien instrument. En 1740, un certain Hubert Le Blanc publia à Amsterdam une *Défense de la basse de viole contre les entreprises du violon et les prétentions du violoncelle.* Introduit en France vers 1725, le violoncelle ne commença d'y être apprécié qu'à l'époque où Boccherini vint à Paris et se fit entendre en soliste aux Concerts spirituels (1768).

Il est impossible de déterminer où et quand le violoncelle s'est substitué à la basse de viole pour doubler la basse continue. Mais c'est en Italie, dans des œuvres de deux violoncellistes bolonais, qu'il semble avoir été utilisé en soliste pour la première fois (*Ricercari* et *Canzone* de Domenico Gabrieli et *Sonates* de Jacchini, en 1689). Dans l'orchestre les qualités mélodiques du violoncelle ne furent guère exploitées avant Beethoven. En dehors de parties « obligées » (c'est-à-dire concertantes) dans des airs

1. Qui monopolise l'appellation générique de « viole de gambe » après le déclin des autres membres de la famille (voir Violes*).

de cantates ou d'opéras, les grands musiciens du XVIIIe siècle ne lui permirent pas, habituellement, d'échapper aux humbles fonctions qui lui étaient assignées à l'octave de la contrebasse, fonctions essentiellement harmoniques ou rythmiques et non mélodiques. Les symphonies de Beethoven furent, comme pour l'alto, l'occasion de son émancipation.

Le violoncelle s'accorde à l'octave grave de l'alto (do-sol-ré-la). Mais, jusqu'à la fin du XVIIe siècle, c'est-à-dire avant la disparition du ténor (intermédiaire logique entre la basse et l'alto dans la famille des *viole da braccio* ou des violons), la basse était le plus souvent accordée un ton plus bas. Le pizzicato est d'un excellent effet et les sons harmoniques* sont meilleurs que sur le violon, les cordes étant plus grosses : ils permettent de porter l'étendue de l'instrument à plus de cinq octaves (jusqu'au fa_6 dans le *Premier concerto* de Saint-Saëns, c'est-à-dire l'extrême aigu du violon en sons naturels).

→ **EN SOLISTE.** BACH, *Suites pour violoncelle seul.* – HAYDN et BOCCHERINI, Concertos. – BEETHOVEN, Sonates. – DVOŘÁK, Concerto. – PROKOFIEV, *Symphonie concertante.* – **À L'ORCHESTRE.** BEETHOVEN, *Cinquième Symphonie* (andante) : les altos interviennent pour ajouter de la rondeur au timbre des violoncelles qui est prédominant ; *Neuvième Symphonie* (trio du scherzo) : même remarque. – LIGETI, *Concerto.* – DUSAPIN, *Concerto.* – FLORENTZ, *Le Songe de Luc Alcari* – HERSANT, deux concertos.

VIOTTI, GIOVANNI BATTISTA

Fontanetto Po (Vercelli), 12 mai 1755. – Londres, 3 mars 1824.

Le plus grand, peut-être, des violonistes classiques, en même temps que le fondateur de l'école moderne de violon. Élève de Pugnani, il entreprit avec son maître (1780-1782) une vaste tournée de concerts qui le fit connaître dans toute l'Europe : Genève, Berne, Dresde, Berlin, Varsovie, Saint-Pétersbourg, Paris. De 1782 à 1792, il vécut à Paris, où, après avoir remporté de grands succès au Concert spirituel, il décida de vouer exclusivement son talent au service de Marie-Antoinette. Il fut chargé, avec le coiffeur de la reine, Léonard, d'administrer le théâtre de Monsieur, mais la Révolution ne lui laissa pas le temps d'y réaliser le théâtre lyrique de ses rêves.

En 1792, il émigra à Londres, d'où il fut banni en 1798, sous l'accusation d'amitiés révolutionnaires et de conjuration contre le roi. Il se retira trois années près de Hambourg, puis fut autorisé à regagner l'Angleterre, dont il fit sa seconde patrie, entouré d'amis et d'admirateurs (dont Mme Vigée-Lebrun, qui fit son portrait). Il s'y consacra principalement au commerce des vins, qui le ruina. De 1818 à 1822, il fut directeur de l'Opéra-Italien à Paris, grâce à la protection de Louis XVIII. Le théâtre ferma ses portes en 1820 après avoir été le cadre de l'assassinat du duc de

Berry, et Viotti, ayant échoué dans la réorganisation de ce théâtre, salle Favart et salle Louvois, perdit son poste et regagna Londres.

Vingt-neuf concertos pour violon, dix concertos pour piano, deux symphonies concertantes pour 2 violons, un très grand nombre d'œuvres de musique de chambre (quatuors, trios, duos).

VIRGINAL

Jusqu'à la fin du XVIIe siècle, ce mot semble avoir désigné en Angleterre tous les instruments à clavier et à cordes pincées. C'est donc assez tardivement que se serait établie la distinction entre *harpsichord* (clavecin*) et virginal (qui devient alors synonyme d'épinette*). La dénomination de virginal, qui se rencontre déjà au début du XVIe siècle, provient sans doute d'un petit instrument joué par les jeunes filles (Schütz fait intervenir dans une de ses œuvres un instrument nommé *Frauenzimmer*, dont l'origine pourrait être analogue). Les virginals anglais ont le plus souvent la forme de boîtes rectangulaires, avec le clavier sur le côté

VISÉE, ROBERT DE

?, vers 1650. – ?, vers 1725.

Guitariste, luthiste et théorbiste. Il fut maître de guitare du dauphin et musicien de la chambre du roi jusqu'en 1721.

Deux *Livres de guitare* (dont le premier est dédié au roi), un livre de *Pièces de théorbe et de luth mises en partition*, ainsi que de nombreuses pièces de luth, en tablature manuscrite.

VITALI, FILIPPO

Florence, vers 1590. – Florence, 1653.

Prêtre et chanteur. De 1631 à 1642, il était ténor dans la chapelle pontificale à Rome. Il succéda, en 1642, à Marco da Gagliano comme maestro di cappella à San Lorenzo et à la cour du grand-duc.

L'Aretusa (*favola in musica* : l'un des premiers drames musicaux représentés à Rome), trois livres de madrigaux à 5 voix, quatre livres *d'Arie* à 3 voix, cinq livres de *Varie Musiche* (1, 2, 3 et 6 voix avec importantes parties instrumentales), hymnes, psaumes, *Cantiones Sacrae.*

VITALI, GIOVANNI BATTISTA

Bologne, 18 février 1632. – Modène, 12 octobre 1692.

Il fut successivement musico di violone da brazzo (contrebasse) à l'église San Petronio de Bologne, et maestro di cappella à l'église du Rosaire (1666-1674), puis vice-maestro di cappella du duc de Modène. Ses très belles sonates, qui servirent probablement de modèle à Corelli et Purcell (particulièrement l'*op. 5*), constituent une étape importante dans l'évolution de cette forme.

Plusieurs oratorios, un recueil de *Salmi concertati* (2 à 5 voix avec instruments, *op. 6*), un recueil d'*Inni Sacri* (1 voix et 5 instruments, *op. 10*), trois livres de *Sonate a 2 e 3* (*op. 2, 9, 14*), un livre de *Sonate a 2, 3, 4 e 5* (*op. 5*), un livre de *Sonate a 6* (*op. 11*), une grande quantité de *correnti, balletti, gagliarde, gighe* et autres pièces de danse pour 2 violons et basse continue, des *Artificii musicali* (canons, inventions, etc., pour divers instruments).

VITALI, TOMMASO ANTONIO

Bologne, 7 mars 1663. – Modène, 9 mai 1745.

Violoniste. Fils du précédent. Il fut membre de l'orchestre ducal de Modène, puis directeur de cet orchestre. Bien qu'il n'eût pas le génie de son père, il conserve aujourd'hui une plus haute renommée grâce à sa belle chaconne.

Sonates à 2 violons et basse continue, ou à 2 violons, violoncelle et basse continue, un recueil intitulé *Concerto di Sonate* (violon, violoncelle et clavecin) et quelques pièces de violon séparées, dont la célèbre *Ciaccona* (violon solo et basse continue).

VIVALDI, ANTONIO

Venise, 4 mars 1678. – Vienne, 28 juillet 1741.

Fils de Giovanni Battista Vivaldi (1655-1736), barbier puis violoniste à la chapelle ducale de Saint-Marc, dont le talent était signalé aux touristes de l'époque, en même temps que celui d'Antonio, dans un *Guide des étrangers à Venise* (1713). Aîné de neuf enfants et seul musicien, il fut probablement l'élève de son père ; peut-être aussi, brièvement, de Legrenzi (mort alors que le jeune Vivaldi avait douze ans). Il a dû se former, en tout cas, au sein de la chapelle ducale dont l'influence est sensible dans son œuvre, conjuguée à celle du théâtre. Son père le destine à la prêtrise et, depuis l'âge de dix ans, il s'y prépare sous les auspices du clergé de la paroisse San Geminiano. Ayant reçu les ordres mineurs de 1693 à 1696, il est ordonné prêtre en 1703 et sa chevelure rousse lui vaut le surnom de *Prete rosso.* Un mal mystérieux, dont il sera question toute sa vie, le contraindra trois ans plus tard à renoncer à célébrer la messe. Il serait atteint d'« étroitesse de poitrine » (*stretezza di petto* selon ses propres termes) : il s'agissait sans doute de crises d'asthme, ou peut-être d'angine de poitrine, d'un sentiment d'angoisse ou d'oppression, de « serrement de poitrine » (*stretta di petto* et non *stretezza* : ce que les anciens appelaient *strictura pectoris*).

De 1703 à 1740, à quelques interruptions près, il est maître dc violon et de composition, puis maestro dei concerti et maestro di coro à l'Ospedale de la Pietà, l'un des quatre fameux couvents-conservatoires de Venise pour jeunes filles orphelines, bâtardes ou abandonnées. Ces demoiselles chantent et jouent de tous les instruments possibles, sous l'autorité des meilleurs maîtres, si bien que leurs exécutions sont célèbres dans toute l'Europe. En 1705 paraît le premier recueil imprimé des œuvres du Prêtre roux : 12 *Suonate da camera a tre* assez conventionnelles. Mais il est probable que ses premiers concertos commençaient à circuler en manuscrit, lui valant à la Pietà sa promotion à des postes enviés. Ce sera toute sa vie le pôle principal de l'activité de don Antonio. Sa rémunération y était dérisoire, mais il disposait là en permanence d'un groupe de parfaites musiciennes qui lui offraient la possibilité de contrôler à son gré les représentations de son imagination musicale. La Pietà était son secteur de pureté, le lieu où il cultivait l'amour de l'art. Les concerts dirigés, violon en main, par le *Prete rosso*, au cours desquels il donnait des démonstrations de sa propre virtuosité attiraient les illustres visiteurs d'Europe.

À partir de 1713, Vivaldi poursuit une seconde activité, moins désintéressée : celle d'impresario de ses propres opéras, principalement au théâtre Sant'Angelo à Venise, recrutant les chanteurs, dirigeant les répétitions, contrôlant les recettes. Cette activité était assez obscure et le maître de la Pietà n'en faisait pas un fondement de sa réputation.

À plusieurs reprises, Vivaldi s'est absenté de Venise : en 1711-1712 pour participer avec son père à des exécutions musicales à Brescia, en 1713 pour la création de son premier opéra à Vicence, de 1718 à 1720 en qualité de *Maestro di cappella di camera* du Landgrave Philippe de Hesse-Darmstadt, en 1723 et 1724 pour monter ses opéras à Rome et se faire entendre par le pape, probablement à Prague en 1730-1731, à plusieurs reprises à Vérone… En 1740, il décide de quitter Venise, pour longtemps semble t-il car il vend ses concertos à bas prix avant de partir. On ignore le but de ce voyage que la mort interrompt l'été suivant à Vienne, dans une maison d'un obscur sujet de Sa Majesté Impériale (louée sans doute), à proximité du Kärntnertor Theater. Après avoir été célèbre dans toute l'Europe, cet artiste extraordinaire, subitement oublié, termine sa vie pauvre et solitaire, lui qui se flattait d'entretenir une correspondance avec neuf altesses et à qui l'empereur aurait plus parlé en quinze jours à Trieste qu'à ses ministres en deux ans.

L'oubli s'est prolongé pendant plus d'un siècle. Il aura fallu attendre la résurrection de l'œuvre de Bach au XIXe siècle pour que les Allemands découvrent les concertos d'un certain Vivaldi que transcrivait autour de 1715 l'illustre Konzertmeister du duc de Weimar. La mise au jour de l'œuvre énorme du *Prete rosso* aura duré une grande partie du XXe siècle et chaque année la découverte de nouveaux documents éclaire des épisodes de sa vie et des aspects de sa personnalité.

Vivaldi a donné sa forme et sa perfection définitive au concerto de soliste, en confirmant la division tripartite, en affirmant l'opposition des tutti et des soli et surtout en introduisant dans les parties solistes un lyrisme, une intensité expressive qu'on ne trouvait alors que dans l'opéra. Cet individualisme des solistes s'affirme dans un style qui n'est pas sans parenté avec le bel canto de l'époque. Par ailleurs ses *sinfonie* et ses *concerti ripieni* ou *concerti a 4* (sans soliste) font de Vivaldi le créateur de la symphonie classique : division des violons, adoption des violoncelles, tessitures moyennes optimales, technique d'archet souple et naturelle, dessins mélodiques tombant sous les doigts de façon relativement normale assurent à la masse des cordes cette belle sonorité fine et homogène qui constituera l'essentiel de l'orchestre classique. Dans toute sa musique instrumentale, une imprévisible fantaisie, une vitalité euphorique éviteront toujours à l'œuvre de Vivaldi de vieillir. Ses opéras, que l'on a commencé tardivement à découvrir, sont assez conventionnels dans la forme et les sujets ; mais ils sont de la même veine musicale, personnelle et irrésistiblement séduisante, et ils contiennent des pages d'anthologie. La découverte, relativement tardive elle aussi, de la musique religieuse a révélé quelques chefs-d'œuvre de première grandeur, tels que les deux *Gloria*, le grand *Dixit Dominus* RV 594, le *Kyrie* RV 587 ou le *Stabat Mater* pour alto et cordes.

Une quarantaine d'opéras (Vivaldi déclarait en avoir composé 94) dont l'*Incoronazione di Dario* (Sant' Angelo, 1717), *Tito Manlio* (Mantoue, 1719), *La Verità in cimento* (Sant' Angelo, 1720) *Il Giustino* (Rome, 1724), *Dorilla in tempe* (Sant' Angelo, 1726), *Orlando* (Sant' Angelo, 1727), *La fida Ninfa* (Vérone, 1732), *L'Olimpiade* (Sant' Angelo, 1734), *La Griselda* (Venise, San Samuele, 1735), *Catone in Utica* (Vérone, 1737), cinq oratorios, une cinquantaine de compositions religieuses (dont les chefs-d'œuvre cités plus haut), une cinquantaine de *cantate* et *serenate* profanes ; près de cent sonates et cinq cent trente-sept concertos et *sinfonie*, dont deux cent quarante-huit avec un violon solo, quatre-vingts pour diverses combinaisons de cordes, huit pour viole d'amour, vingt-trois pour flûte, trente-neuf pour basson, soixante et un pour orchestre à cordes (sans soliste), etc. Ont été publiés du vivant de Vivaldi, et sous son contrôle, trois recueils de sonates (op. 1, 2 et 5) et neuf recueils de concertos (op. 3, 4, 6-12) dont *L'Estro armonico* op. 3, *La Stravaganza* op. 4, *Il Cimento dell'armonia e dell'invenzione* op. 8 (contenant les « Quatre Saisons »), *La Cetra* op. 9 et l'Opus 10 pour flûte.

VOGEL, VLADIMIR

Moscou, 29 février 1896. – Zurich, 19 juin 1984.

Il subit l'influence de Scriabine à Moscou, où il fit ses premières études, puis fut l'élève de Busoni à Berlin, où la découverte de l'œuvre de Schoenberg le convertit à la technique des douze sons. En 1933, il émigra d'abord en France, puis en Belgique et en Suisse.

Oratorios, madrigaux pour chœurs a cappella, *Sinfonischer Vorgang*, *Sinfonia fugata* et *Tripartita* pour orchestre, concerto pour violon, pièces pour piano.

VOGLER, GEORG JOSEPH (ABBÉ)

Pleichach (Würzburg), 15 juin 1749. – Darmstadt, 6 mai 1814.

Élève du père Martini à Bologne. En 1781-1783, il se produit comme claveciniste au Concert Spirituel, il expose sa théorie de la formation des accords devant l'académie des Sciences de Paris, puis devant la Royal Society de Londres. Il a été Kapellmeister à la cour de Bavière et à celle de Suède et il a entrepris de nombreux voyages, étudiant les folklores et fondant des écoles de musique. Weber et Meyerbeer furent ses élèves.

Douze opéras (allemands, français, italiens, suédois), une centaine de compositions religieuses, trois symphonies, neuf concertos pour piano, un concerto pour 2 clavecins, *Polymelos* (22 pièces pour piano et quatuor à cordes dans différents styles nationaux), de la musique de chambre, de nombreuses pièces pour orgue et pour piano.

VOIX

L'étude approfondie de la voix humaine relève de la physiologie générale, de la neurologie, de la laryngologie, de l'hormonologie, de l'acoustique… et de la musique ; accessoirement de la psychopathologie. Depuis l'invention du laryngoscope, en 1855, par le chanteur Manuel Garcia (junior) jusqu'à ces toutes dernières années, une série d'observations extrêmement intéressantes (notamment grâce à la tomographie, à la laryngoscopie stroboscopique et à la chronaximétrie) ont permis aux chercheurs de bien connaître le processus complexe de la phonation et de lui consacrer une science nouvelle, la « phoniatrie ». Parmi les travaux récents, les plus intéressants sont ceux de P. Dumont, E. Lindemann, A. Moulonguet, P. Laget, K. Gœrttler, Raoul Husson et Édouard Garde. C'est à ce dernier que j'emprunte la plupart des renseignements sur les théories modernes de la phonation.

Pratiquement, la voix se forme au niveau du larynx[1], organe cartilagineux, très mobile, qui surmonte la trachée et qui chez l'homme forme plus ou moins saillie à l'extérieur (pomme d'Adam que l'on voit monter pendant la déglutition et s'abaisser pendant le bâillement). Aux cartilages du larynx (plus exactement à la paire « aryténoïdes ») se fixent les ligaments vocaux appelés « cordes vocales », susceptibles de s'écarter ou de se rapprocher, ouvrant ou fermant plus ou moins la « glotte », orifice circonscrit par leur bord libre. Pendant la respiration, la glotte est ouverte. Pendant la phonation, elle est presque fermée : la formation de la voix est alors liée à une série de contractions des ligaments qui, en obturant l'orifice glottique, modifient périodiquement la pression dans la cavité pharyngo-buccale, à la fréquence du son que l'on veut émettre. Ces contractions sont commandées par les nerfs moteurs du larynx (nerfs « récurrents » issus du pneumogastrique), stimulés par une activité nerveuse périodique de cellules motrices du cortex cérébral (zone voisine du centre auditif), du moins dans la voix chantée. Ce que l'on appelle la « vibration des cordes vocales » n'est donc pas comparable aux vibrations des lèvres du corniste ou du trompettiste, produites non plus par stimulation encéphalique, mais par simple action mécanique du courant d'air : les lèvres constituent une anche* double, les cordes vocales pas.

Qualité de son

1. La hauteur d'intonation est déterminée exclusivement au niveau du cerveau. Contrairement aux théories morphologiques acceptées naguère, il résulte d'expériences récentes que le facteur déterminant du classement des voix en étendue (voir plus loin) est l'excitabilité (chronaxie) du récurrent. À une chronaxie faible, donc à une vitesse de propagation élevée de l'influx nerveux, correspond une tessiture haute (soprano ou ténor) et vice versa.

Dans l'émission de la « voix de tête », le récurrent est le siège d'un double influx nerveux déphasé, communiquant des vibrations alternatives aux cordes vocales : c'est ce qu'on appelle le régime récurrentiel biphasé, dont le résultat est comparable à la production de l'harmonique* 2. Les sopranos légers possèdent un registre suraigu correspondant à un régime tri-

1. Le larynx n'est pas primitivement l'organe de la voix. Son rôle dans le mécanisme de la respiration est primordial, et la voix n'est que le fruit d'une adaptation fonctionnelle secondaire ; c'est du moins ce que révèle la physiologie comparée.

phasé, sorte d'h. 3[1]. En matière vocale, ce qui distingue principalement les hommes des femmes est la prédominance de la voix monophasée chez les premiers, de la voix bi et triphasée chez les secondes.

2. L'INTENSITÉ augmente avec la pression sous-glottique, commandée par le diaphragme et les autres muscles abdominaux. Elle est aussi fonction du tonus des cordes vocales, de la résistance qu'elles sont capables d'opposer au passage de l'air.

3. ON FAIT VARIER LE TIMBRE de la voix (production des voyelles par exemple) en modifiant la forme de la cavité pharyngo-buccale (favorisant certains harmoniques : voir page 21). Cependant, le caractère particulier de chaque voix est déterminé, non seulement par la conformation individuelle du larynx, mais aussi par les caractéristiques endocriniennes du sujet : action des hormones cortico-surrénales, thyroïdiennes, sexuelles, etc.
Au moment de la puberté, les modifications de l'équilibre endocrinien affectent profondément le timbre et la tessiture des voix d'enfants : la discrimination vocale des sexes en est la conséquence immédiate. Chez les garçons, la voix de poitrine monophasée tend à se substituer à la voix de tête ou « de fausset » biphasée (mue). Les filles, au contraire, conservent leur régime biphasé et ne doivent utiliser la voix de poitrine qu'avec beaucoup de précautions. Mais la ménopause sera pour elles l'occasion de perturbations plus importantes dans le régime récurrentiel. C'est alors que la plupart des voix féminines subissent leur véritable mue.

Classification usuelle

(Les notes noires délimitent l'étendue totale de chaque type de voix, les notes blanches leur tessiture* moyenne dans les conditions normales.)

1. À partir de 500 Hz environ, la souplesse limitée des cordes vocales ne leur permet pas de vibrer assez vite : d'où la nécessité d'une division des fibrilles musculaires en deux groupes qui se contractent alternativement (trois groupes à partir de 1 000 Hz).

Cette manière artificielle de classer les voix est relativement récente. Jusqu'au XVIIIe un individu ne disait pas « je suis soprano » ou « je suis ténor ». On désignait par superius, altus, tenor, bassus ; ou dessus, haute-contre, taille, basse ; ou soprano, alto, tenor, basso... la tessiture relative des parties à distribuer entre les voix ou les instruments et non la qualité des chanteurs participant à l'exécution. Pour éviter les lignes supplémentaires au-dessus ou au-dessous de la portée, on utilisait pour chaque partie la clé* convenant le mieux à sa tessiture : un simple coup d'œil sur ces clés permettait de déterminer la nature des voix ou des instruments désirables (soprano en clé d'ut première ligne, ténor en clé d'ut 4e, contralto en clé d'ut 3e, basse en clé de fa 4e, etc.).
La virtuosité vocale qui caractérise le « beau chant » (*bel canto*) semble avoir été recherchée à toutes les époques. Dès le début du IVe siècle, saint Sylvestre fondait à Rome une Schola cantorum dont la renommée s'étendit rapidement en dehors de la péninsule, établissant pour des siècles la suprématie des chanteurs italiens. Les longues vocalises jubilatoires des alléluias (voir Plain-chant*), le chant orné des troubadours, les grands mélismes dans l'œuvre de Machaut et des musiciens de l'Ars Nova florentine sont autant de témoignages médiévaux de l'art du bel canto. Ce n'est cependant qu'au XVIIe siècle qu'apparaissent les premiers grands chanteurs dont les noms nous soient parvenus. Ils inaugurent un âge d'or du chant qui dure environ deux siècles. C'est l'époque des grands castrats et des turbulentes prime donne, artistes extravagants, mais doués de voix exceptionnelles, si l'on en juge par les arie que leur destinaient Porpora, Veracini, Scarlatti, Leo, Hasse, Haendel, etc. : étendue de plus de deux octaves (aux siècles précédents, on ne dépassait pas une octave et demie), technique respiratoire phénoménale, souplesse et agilité de la flûte[1]. À partir du XIXe siècle, l'art du chant est en décadence, malgré le talent de certains grands artistes : lacunes dans la formation musicale des chanteurs, manie du vibrato, du trémolo et du port de voix (en nette régression depuis 1925-1930), méthodes pseudo-scientifiques d'enseignement créant des réflexes désastreux ou même des inhibitions complètes, abus d'une certaine voix de sinus (« voix dans le masque ») qui donne au chanteur (et à lui seul) l'illusion d'une voix bien timbrée, alors qu'elle dénature la voix et peut provoquer dangereusement l'abaissement intempestif du voile du palais.

1. À toutes les époques, il y eut des phénomènes vocaux. Lucrecia Aguiari dite « la Bastardella » étonna Mozart en chantant devant lui un ut_6 (voir p. 480 la numérotation des octaves). La Banti (née vers 1756) était douée de trois octaves (sol_2 à sol_5) lui donnant toute l'étendue du contralto et du soprano, ce qui est presque le cas d'Ebe Stignani à notre époque (fa_2 à ut_5 comme la célèbre Alboni). L'illustre Lablache (basse) atteignait le contre-mi du ténor. Et de nos jours Mado Robin détenait un record absolu dans l'aigu en étant capable de donner le $ré_6$ (!) tandis que les basses profondes russes atteignent le sol_{-1}.

Vycpálek, Ladislav

Prague, 23 février 1882. – Prague, 9 janvier 1969.

Esprit sérieux et cultivé, il étudia le piano et le violon tout en préparant son doctorat de philologie à l'université de Prague. Il devint ensuite élève de Novák au Conservatoire. De 1922 à 1942, il fut conservateur du département de la musique à la Bibliothèque nationale de Prague. Sa musique noble et austère traduit les qualités morales du compositeur, son attachement au folklore tchèque et son admiration pour Bach.

Trois magnifiques cantates, de nombreux chœurs a cappella, *Sursum corda* (variations pour orchestre), *Chvàla housli* (sonate pour mezzo soprano, violon et piano), des mélodies et des arrangements de chants populaires.

W

Wagenaar, Johan

Utrecht, 1er novembre 1862. – La Haye, 17 juin 1941.

Élève du conservatoire de La Haye et de la Hochschule für Musik de Berlin. Il fut organiste de la cathédrale d'Utrecht, directeur de l'école de musique de cette ville, puis directeur du conservatoire de La Haye. Parmi ses nombreux élèves figure W. Pijper.

Jupiter amans pour soli, chœurs et orchestre, des cantates, des poèmes symphoniques, des ouvertures de théâtre.

Wagenseil, Georg Christoph

Vienne, 15 janvier 1715. – Vienne, 1er mars 1777.

Claveciniste. Élève de Fux. De 1739 à sa mort, il fut compositeur de la cour et maître de musique de l'impératrice Marie-Thérèse. Lorsque Mozart, âgé de six ans, fut présenté à la cour, il joua un concerto de Wagenseil et voulut absolument que le maître lui tournât les pages.

Environ vingt opéras italiens, musique religieuse (dans le style napolitain), oratorios, cantates, nombreuses compositions instrumentales (symphonies, concertos, divertissements, quatuors, trios).

Wagner, Richard

Leipzig, 22 mai 1813. – Venise, 13 février 1883.

Son père, Karl Friedrich Wilhelm Wagner (1770-1813), aktuarius au Conseil de la ville, descendait d'une vieille famille saxonne dont on remonte la filiation jusqu'au XVIIe siècle. Le frère de celui-ci, Adolf (1774-1835), publia des ouvrages sur la poésie grecque et une bonne anthologie des vieux poètes italiens ; il eut une certaine influence sur son neveu Richard. Karl Friedrich épousa en 1798 Johanna Rosina Patz (1774-1848), émotive, enthousiaste, un peu mystique. Ils eurent neuf enfants, dont deux chanteurs, deux comédiens et Richard, le dernier, qui croyait être le fils naturel de Ludwig Geyer (1780-1821), un acteur. R. Wagner épousa en 1836 Minna Planer (1809-1866), puis, en 1870, Cosima Liszt (1838-1930), d'abord mariée à H. von Bülow. De son premier mariage il n'eut pas d'enfant ; de Cosima il eut trois enfants illégitimes, avant le divorce de celle-ci : Isolde (1865-1919), Eva (1867-1942) et Siegfried (1869-1930), compositeur.

Richard avait juste six mois lorsque son père mourut du typhus pendant l'épidémie qui suivit la « bataille des Nations ». Neuf mois plus tard, Johanna épousait Geyer qui s'attacha profondément à l'enfant, le traita comme son fils et envisagea pour lui une carrière artistique. Richard avait huit ans lorsqu'il eut la douleur de perdre ce second père. Jusqu'en 1830, il fit de bonnes études générales à la Kreuzschule de Dresde et à la Nicolaïschule de Leipzig. Il prenait aussi des leçons de piano régulières ; mais sa vocation musicale, qu'éveilla la découverte admirative de Beethoven, ne prit pas ce caractère impérieux qui annonce habituellement la formation d'un génie romantique. Il était davantage fasciné par le théâtre. À partir de 1828, cependant, il étudie sérieusement la composition dans les ouvrages théoriques et les partitions des maîtres (particulièrement les symphonies de Beethoven et le *Don Giovanni* de Mozart) et compose quelques œuvres instrumentales, dont une symphonie et deux ouvertures qu'il réussit à faire exécuter au Gewandhaus de Leipzig. Il perfectionne sa formation à l'université de Leipzig (philosophie et esthétique) et chez le cantor de Saint-Thomas (composition). Soucieux d'acquérir son indépendance, il réussit à obtenir le poste de Chor-Repetitor au théâtre de Würzburg, puis celui de directeur musical de l'opéra de Magdebourg (1834-1836). Il y fait représenter *Das Liebesverbot* (son second opéra, car il avait d'abord écrit *Die Feen* qui attendra plus de cinquante ans sa création à Munich) : représentation catastrophique, qui aboutit à la démission de Wagner et hâte son mariage avec Minna Planer, chanteuse au théâtre, dont il se croit amoureux. Richard est mauvais mari, Minna le trompe, et cette union sera troublée par de nombreuses ruptures.

Après avoir été trois années (1836-1839) Kapellmeister à Riga, où il compose *Rienzi*, il quitte brusquement la ville sous la menace de ses créanciers et s'embarque clandestinement avec sa femme sur un navire se dirigeant vers l'Angleterre. Le but du voyage est Paris, où Wagner croit trouver le chemin de la gloire. Il y vit de 1839 à 1842, mais ne parvient qu'à augmenter ses dettes, qui le conduisent en prison à Clichy pendant trois semaines. Cependant, il compose à Paris *Le Vaisseau fantôme*, fait la connaissance de Heine et de Liszt, et entend une de ses ouvertures jouée au Conservatoire par Habeneck. *Rienzi* triomphe à Dresde en 1842, ce qui vaut à Wagner plusieurs engagements avec son interprète (très admirée), Wilhelmine Schröder-Devrient ; mais l'année suivante, *Le Vaisseau fantôme* « échoue » lamentablement dans le même théâtre. Wagner, pourtant, est nommé Hofkapellmeister, avec des appointements qui devraient lui assurer une certaine sécurité. En 1845, il fait représenter *Tannhäuser* avec un honnête succès et il donne l'année suivante une remarquable exécution de la *Neuvième Symphonie* de Beethoven qui devient le cheval de bataille de sa carrière de chef d'orchestre. À Dresde également, il termine *Lohengrin* et commence *Les Maîtres chanteurs.*

Cependant, les idées libérales et républicaines qu'il avait adoptées avec enthousiasme pendant ses dernières années d'études à Leipzig se trouvent fortifiées par les chicaneries de l'administration royale. Il se fait le champion d'une Saxe indépendante et républicaine, écrit des articles combatifs, se lie avec des esprits « dangereux » et prend une part active aux mouvements révolutionnaires de mai 1849, si bien que, menacé d'arrestation, il doit fuir Dresde avec Minna, son chien et son perroquet. Il trouve refuge à Weimar, chez Liszt, dont la générosité à son égard s'est déjà manifestée en d'autres circonstances. Mais, contraint de s'exiler hors d'Allemagne, il s'établit à Zurich sans avoir pu assister à la création de *Lohengrin* sous la direction de Liszt.

Pendant les années de ce premier séjour en Suisse (1849-1859), il publie plusieurs écrits importants (dont *Die Kunst und die Revolution*) et conçoit la totalité de son œuvre dramatique future, dont les divers éléments seront parvenus à maturation dans son esprit, lorsqu'il les portera successivement sur le papier à musique. Il effectue aussi de nombreux déplacements : à Paris (où il retrouve Liszt et ses deux filles, Blandine et Cosima), à Londres (où il dirige la Philharmonic Society et rencontre Berlioz), en Italie (où il s'établit à Venise pour plusieurs mois). Les succès lui arrivent enfin, comme compositeur, chef d'orchestre et écrivain. Après un séjour à Lucerne, où il termine *Tristan*, il s'établit à Paris (1859-1862) où les représentations de *Tannhäuser*, en 1861, se heurtent à la cabale montée par le Jockey Club et quelques nationalistes hostiles ou viscéralement réactionnaires. C'est pour Wagner l'occasion de compter ses partisans, parmi lesquels se trouvent Gounod, Saint-Saëns, Rossini, Baudelaire, Tolstoï... La même année 1861 se produit la rupture définitive avec Minna (qui mourra en 1866). Il voyage alors énormément, pendant trois ans : en Allemagne (qui lui est de nouveau ouverte, à l'exception de la Saxe), à Venise, Prague, Saint-Pétersbourg, Budapest, Vienne (où il passe un an), donnant des concerts pour tenter d'améliorer son inextricable situation financière. Celle-ci se serait encore aggravée sans l'intervention du roi Louis II de Bavière, qui vouait au musicien révolutionnaire et romantique un culte passionné ; il l'appela à Munich en 1864 et fit représenter *Tristan* l'année suivante à l'Opéra royal. Mais une certaine agitation provoquée par ses ennemis politiques contraignit Wagner à quitter Munich, sur la demande du roi, qui l'assurait toutefois de son éternelle affection. Après quelques mois de voyages indécis (Vevey, Genève, Lyon, Marseille...), il s'établit à Triebschen sur le lac de Lucerne où il allait vivre jusqu'en 1872. Cosima Liszt, mariée depuis 1857 à Hans von Bülow, vint l'y rejoindre : ils s'étaient retrouvés en 1863 à Berlin et avaient découvert qu'ils ne pouvaient vivre l'un sans l'autre. Bülow demanda le divorce, qu'il obtint en 1870 ; la même année, Richard épousait Cosima, qui lui avait déjà donné trois enfants. Le séjour à Triebschen fut remarquablement fécond. Wagner y termina *Les Maîtres chanteurs* et la tétralogie du *Ring*; il dicta de surcroît sa célèbre autobiographie, *Mein Leben*, à Cosima (qui devait la publier en 1911, après en avoir assuré la rédaction définitive). À Munich, Louis II, qui avait visité son dieu exilé aux bords du lac de Lucerne, faisait représenter *Les Maîtres chanteurs* et les deux premiers opéras du *Ring* (*L'Or du Rhin* et *La Walkyrie*). Mais Wagner rêvait de présenter au public la tétralogie complète dans un théâtre spécialement construit à cet effet. Il jeta son dévolu sur Bayreuth. La première pierre fut posée en 1872 et, après d'innombrables difficultés, l'inauguration solennelle eut lieu le 13 août 1876, en présence de l'empereur et du roi Louis II. Le déficit du festival fut énorme, malgré la réussite de cette apothéose, mais le roi consentit un prêt, et les Wagner décidèrent de s'établir à Bayreuth dans une maison au luxe tapageur. Cependant Wagner savait que *Parsifal*, créé en 1882, serait sa dernière œuvre. Depuis quelque temps déjà, sa santé nécessitait de fréquents voyages en Italie (au cours de l'un d'entre eux, à Palerme, Renoir fit son célèbre portrait). L'année de *Parsifal*, plusieurs crises cardiaques le déterminèrent à quitter Bayreuth pour Venise. Il y mourut subitement cinq mois plus tard au palais Vendramin où il avait loué un appartement. Son corps fut transporté à Bayreuth où lui furent faites des funérailles somptueuses.

Mû par un orgueil délirant et la conscience d'être investi d'une mission, Wagner s'est voulu le mage d'un art-religion, d'un art total enraciné dans la culture germanique, culture dont la supériorité lui était apparue évidente. « Avec lui, écrit M. Schneider, le sacerdoce du génie passe de l'utopie à la réalité. » Mais son ambition demande trop à son intelligence, et sa culture (très étendue mais superficielle) lui donne seulement l'illusion de la sagesse. Il est incapable surtout d'opérer un choix parmi les idées reçues, confond toutes les valeurs et ne se rend pas compte de la faiblesse d'une synthèse d'idées, prétendue supérieure, qui n'est qu'un mélange anarchique. C'est ainsi, par exemple, qu'après avoir affiché des idées libérales et milité au sein du mouvement Jeune Allemagne de Heine (proscrit par la diète fédérale de 1835), il se fait plus tard l'apôtre d'une sorte de pangermanisme et soutient la primauté de la culture et de la race allemandes. Cette position, jointe aux théories racistes qui s'expriment dans son *Heldentum und Christentum* (sans doute sous l'influence de Gobineau, qu'il rencontra en Italie et dont il lut l'*Essai sur l'inégalité des races humaines*), lui a valu d'être enrôlé par les maîtres de l'idéologie nazie. Mais cette promotion n'a rien ajouté ni retranché à sa gloire... ce qui prouve l'échec de son œuvre en tant qu'art-religion et l'intérêt du public d'aujourd'hui pour son seul génie musical.

La principale originalité du génie wagnérien est la création, à partir de 1850, d'un « drame musical » qui ne veut pas être un divertissement comme l'opéra traditionnel (auquel se rattachent malgré tout les ouvrages précédents), mais une action sacrée. Les quatre ouvrages constituant *Der Ring des Nibelungen* et l'action sacrée par excellence, *Parsifal*, sont les témoignages essentiels de la « réforme wagnérienne ». *Tristan* et *Les Maîtres chanteurs* sont deux chefs-d'œuvre isolés (ses chefs-d'œuvre peut-être), merveilleux antidotes à une mythologie toxique. Sur le plan technique, Wagner n'a pas été un novateur, mais il a trouvé dans le système musical existant des ressources insoupçonnées. Dans le domaine mélodique, il a exploité, comme jamais on ne l'avait fait avant lui, la puissance expressive du chromatisme. Son harmonie épuise les immenses possibilités du système tonal (surtout dans *Tristan* et *Parsifal*) et laisse entrevoir des horizons nouveaux. Quant à l'orchestre wagnérien (beaucoup moins révolutionnaire qu'on ne le croit), il est une formidable extension de l'orchestre de Beethoven et de Berlioz. Mais, surtout, Wagner lui donne une fonction dramatique continue, d'une extraordinaire importance, exerçant en cela une influence directe sur Debussy et Schoenberg.

Opéras et drames lyriques (dans l'ordre de composition) : *Die Feen* (Munich, 1888), *Das Liebesverbot* (Magdebourg, 1836), *Rienzi* (Dresde, 1842), *Der Fliegende Holländer* (*Le Vaisseau fantôme*) (Dresde, 1843), *Tannhäuser* (Dresde, 1845), *Lohengrin* (Weimar, 1850), *Der Ring des Nibelungen* : *Das Rheingold*, *Die Walküre*, *Siegfried*, *Götterdämmerung* (Bayreuth, 1876), *Tristan und Isolde* (Munich, 1865), *Die Meistersinger von Nürnberg* (Munich, 1868), *Parsifal* (Bayreuth, 1882). – **Musique vocale.** Plusieurs œuvres chorales, une vingtaine de lieder (dont *Fünf Gedichte von Mathilde Wesendonk*). – **Musique instrumentale.** Neuf ouvertures, deux symphonies, *Sieg-*

fried Idyll et plusieurs œuvres de circonstance, des pièces pour piano (dont trois sonates), *Albumblatt* pour violon et piano. **Écrits.** Dix volumes (publ. 1871-1885), contenant de très nombreux essais sur la musique, le théâtre, la politique, la religion, et leurs relations, les livrets de ses opéras, etc., et *Mein Leben* (autobiographie).

Waldteufel, Émile

Strasbourg, 9 décembre 1837. – Paris, 16 février 1915.

Élève de Marmontel au conservatoire de Paris, il devint pianiste de l'impératrice Eugénie et chef d'orchestre des bals de la cour. Il fut à la valse française, toutes proportions gardées, ce que J. Strauss fut à la valse viennoise.

Nombreuses valses (destinées à la danse, non au concert).

Walther, Johann

Kahla (Thuringe), 1496. – Torgau, 24 avril 1570.

Il était chanteur (basse) à la cour du duc de Saxe, lorsqu'en 1525 Luther le fit venir à Wittenberg pour être son conseiller musical. Il fut ensuite nommé cantor de la ville de Torgau (1526), puis Kapellmeister de l'Électeur de Saxe (1548). Walther est le véritable fondateur de la liturgie musicale luthérienne.

Geystliche Gesangk Buchleyn (le plus ancien recueil de cantiques polyphoniques protestants), plusieurs recueils de mélodies de chorals, un *Magnificat*, des motets.

Walther, Johann Gottfried

Erfurt, 18 septembre 1684. – Weimar, 23 mars 1748.

Cousin de J. S. Bach, dont la mère était la demi-sœur du grand-père de Walther. Élève à Erfurt de J. Bernhard Bach, l'organiste de la Kaufmannskirche, il devient lui-même organiste de Saint-Thomas d'Erfurt ; puis, après une série de voyages d'études, il est nommé organiste de Saint-Pierre-et-Saint-Paul à Weimar, poste qu'il occupe jusqu'à sa mort. Une grande amitié le lie à J. S. Bach qui arrive à Weimar en 1708. En 1732, il publie à Leipzig un important *Musicalisches Lexicon*, premier dictionnaire comprenant les termes musicaux et les biographies des compositeurs passés et présents.

Nombreuses compositions pour orgue, en majorité sur des chorals (brefs préludes, variations de chorals, fugues, grandes partitas). Des 92 pièces vocales mentionnées dans son autobiographie, seul subsiste un Kyrie à 4 voix. Son autobiographie a été publiée par Mattheson dans *Grundlage einer Ehren-Pforte* (1740).

Walther von der Vogelweide

?, vers 1170. – Würzburg vers, 1230.

Le plus grand des Minnesänger. Il étudia à Vienne, voyagea en Allemagne, en France et en Italie, vécut quelque temps à la Wartburg du landgrave de Thuringe, puis s'établit à Würzburg, où l'empereur Frédéric lui donna un petit fief. Ses *Minnelieder* (chansons d'amour) et ses *Sprüche* (chansons politiques ou *sirventès*) sont considérés comme des modèles poétiques.

Une centaine de pièces dont on ne connaît malheureusement que huit mélodies.

Walton, Sir William

Oldham, 29 mars 1902. – Ischia (Naples), 8 mars 1983.

Malgré un contact précoce avec la musique (à l'âge de dix ans, à l'école de chant choral de Christ Church à Oxford), il eut une formation d'autodidacte, complétée seulement par les conseils de H. Allen, Busoni et Ansermet. Son existence a été presque entièrement consacrée à la composition, sa première œuvre importante étant un Quatuor avec piano (écrit sous l'influence de Brahms et Fauré). En 1922, *Façade*, un petit chef-d'œuvre très adroit et original pour récitant et six instruments, le rend célèbre dans son pays et le *Concerto d'alto*, créé en 1929 (avec P. Hindemith en soliste), étend cette renommée au monde entier. Aussitôt après la guerre, il a commencé une carrière de chef d'orchestre et entrepris plusieurs tournées à l'étranger pour diriger ses œuvres, notamment en Scandinavie (1945) et en Argentine (1948) où il s'est marié. Il fut anobli en 1951. La création de chacune de ses œuvres fut un événement longuement attendu, car, dans chaque genre, dans chaque forme, il cherchait à créer, avec un soin exceptionnel, le modèle définitif (le plus souvent unique) de son idéal de perfection. Étranger à toute école et à tout système, il révèle sa maîtrise et son originalité dans l'exploitation de formes traditionnelles. Sa musique de film, dont certaines pages sont entrées au répertoire des concerts (prélude et fugue du *Spitfire* dans *First of the few*, suite d'*Henry V* comprenant l'admirable mort de Falstaff), est digne d'être comparée à celle de Prokofiev, tant pour sa qualité propre que pour l'importance exceptionnelle de sa contribution à l'œuvre cinématographique (cf. surtout la magnifique partition de 65 mn inséparable du succès d'*Henry V*, de Laurence Olivier).

Deux opéras : *Troilus and Cressida* (Covent Garden, 1954) et *The Bear* (Aldeburgh, 1967), *The Quest* (ballet), une musique de scène pour *Macbeth*, une douzaine de musiques de film (dont les trois grands films shakespeariens de Laurence Olivier : *Henry V*, *Hamlet* et *Richard III*), l'oratorio *Belshazzar's Feast*, deux symphonies, *Partita* pour orchestre, *Sinfonia concertante* pour piano et orchestre, concerto pour alto, concerto pour violon, concerto pour violoncelle, *Façade* (récitant et 6 instruments ; Walton en a tiré deux suites d'orchestre), quatuor à cordes, sonate pour violon et piano, quelques mélodies.

WARD, JOHN

Canterbury, bapt. 8 septembre 1571. – ?, août 1638.

Employé au Trésor public à Londres, où un haut fonctionnaire, Sir Fanshawe, l'engage comme musicien privé. Ce fut l'un des meilleurs madrigalistes de sa génération. Sa musique pour les violes est également remarquable. Il y est fait un emploi surprenant du chromatisme et des dissonances.

Trois *services*, vingt-deux *anthems*, un recueil de madrigaux à 3-6 voix « *apt for viols and voyces…* » [Londres, 1613], de nombreuses pièces pour violes, dont quarante-deux fantaisies à 4, 5, 6 voix.

WARLOCK, PETER

Londres, 30 octobre 1894. – Londres, 17 décembre 1930.

[Heseltine Philip] Critique et musicologue (particulièrement XVIe et XVIIe siècles) sous son vrai nom. Chez un oncle, à Grez-sur-Loing, il rencontra Delius qui devint un ami et un conseiller précieux ; mais il fut principalement autodidacte. Il fut le meilleur compositeur anglais de mélodies depuis Purcell, dans un style qui s'inspire de Dowland, tout en trahissant l'influence de Delius.

Serenade et *Capriol Suite* pour orchestre à cordes, *Folksong Preludes* pour piano et surtout une quantité d'œuvres chorales et de mélodies.

WEBER, KARL MARIA VON

Eutin (près de Lübeck), 18 novembre 1786. – Londres, 5 juin 1826.

Pianiste et chef d'orchestre remarquable. Il était le cousin germain de Constanze Weber, la femme de Mozart. Son père, Franz Anton Weber (1734-1812), violoniste et contrebassiste, devenu directeur d'une compagnie dramatique, conduisait sa famille de ville en ville au hasard des tournées, et le jeune Karl Maria grandit dans les coulisses des théâtres et reçut une éducation fragmentaire. Son père décida de faire de lui un musicien, bien qu'il ne présentât d'abord aucun don. Il étudia à l'école de chant choral de Salzbourg avec Michael Haydn (1796), puis à Munich avec l'organiste de la cour (1798) et plus tard (1803) à Vienne avec l'abbé Vogler. Entre-temps, il parcourut l'Allemagne, obtint quelques succès modestes de pianiste, s'intéressa vivement à la lithographie et composa ses premières œuvres (deux opéras, des mélodies, des pièces pour piano, etc., ne révélant pas un génie particulier). En 1804, l'abbé Vogler lui obtient le poste de Kapellmeister du théâtre de Breslau ; mais, inexpérimenté, maladroit et négligent, il suscite de vives oppositions et doit donner sa démission deux ans plus tard. Ces deux années furent cependant très instructives, lui permettant de mieux connaître le théâtre, de découvrir son grand talent de chef d'orchestre, de perfectionner celui de pianiste, d'apprendre la guitare, etc. Il perd malheureusement sa belle voix en buvant par mégarde… de l'acide nitrique. Après un court séjour en Silésie comme directeur de la musique du duc Eugène de Wurtemberg, il devient pendant trois ans secrétaire privé du frère de celui-ci, le duc Ludwig, à Stuttgart. Mais, dans l'ambiance néfaste de cette cour frivole (où cependant il se cultive énormément), il accumule les imprudences, indispose contre lui le roi Frédéric, se fait accuser (injustement) d'escroquerie et, après quelques jours de prison, se fait expulser du Wurtemberg. Il séjourne alors à Mannheim, puis à Darmstadt, où il déploie une grande activité de critique et, de 1811 à 1813, entreprend une vaste tournée de concerts qui le conduit dans la plupart des grandes villes allemandes. À Prague, sur le point de poursuivre ses voyages en France et en Italie, il est engagé comme Kapellmeister du théâtre, poste qu'il occupe jusqu'en 1816. Il devient alors, jusqu'à sa mort, directeur de l'opéra allemand de Dresde. Pendant les dix dernières années de sa vie, il composa ses plus grands ouvrages dramatiques et réussit à édifier un théâtre national d'opéra, comparable aux meilleurs opéras italiens, qui étaient alors, dans la plupart des villes d'Allemagne (et notamment à Dresde), les foyers de l'art lyrique. La création du *Freischütz* à Berlin, en 1821, lui valut l'un des plus grands triomphes que connût jamais un musicien, triomphe qui se renouvela dans toute l'Europe. *Euryanthe* fut aussi chaleureusement accueilli, mais son succès fut de courte durée, le public s'étant peut-être fatigué d'une œuvre splendide, mais interminable (c'est le plus grand opéra de Weber, tant par sa qualité que par ses dimensions, et le seul à ne pas comporter de dialogues parlés). En 1825, il fut invité par Covent Garden à composer un opéra en anglais. Il étudia sérieusement la langue, travailla avec ardeur à ce dernier ouvrage et, malgré l'interdic-

tion des médecins, se rendit à Londres, épuisé par la tuberculose pulmonaire et par sa brûlure du larynx. Il ne survécut que quelques semaines au triomphe d'*Oberon* et mourut dans la nuit du 4 au 5 juin 1826, alors qu'il s'apprêtait à regagner Dresde. Il fut d'abord inhumé à Londres, mais son corps fut transporté en Allemagne en 1844 et, à cette occasion, Wagner prononça l'éloge du défunt.
Wagner, qui lui devait tant, le considérait comme le plus germanique des musiciens allemands. Avec *Der Freischütz*, il a créé le modèle de l'opéra romantique allemand, exerçant une influence profonde sur la génération suivante. Dans cette œuvre et dans les suivantes, son remarquable sens dramatique se manifeste dans la fermeté des caractères, l'efficacité descriptive de l'orchestre, la tendance au leitmotiv, l'admirable unité de l'ensemble. Sa musique pour piano est celle d'un très grand exécutant, indépendant des écoles pianistiques d'alors. La forme est généralement imparfaite, et ses sonates ont souvent l'allure d'une improvisation, mais la qualité poétique de cette musique est remarquable.

Opéras. *Peter Schmoll und seine Nachbarn* (Augsbourg, 1803), *Rübezahl* (inachevé), *Silvana* (Francfort, 1810), *Abu Hassan* (Munich, 1811), *Preciosa* (Berlin, 1821), *Der Freischütz* (Berlin. 1821), *Die drei Pintos* (terminé par Mahler, Leipzig, 1888), *Euryanthe* (Vienne, 1823), *Oberon* (Londres, 1826). – **Musique vocale.** Trois messes, deux offertoires, sept cantates, soixante-dix-huit lieder allemands (avec accompagnement de piano ou de guitare), des arrangements de chants écossais, des chœurs. – **Orchestre.** Des musiques de scène, deux symphonies, des ouvertures symphoniques, des concertos ou œuvres concertantes : trois pour piano (dont le *Konzertstück op. 79*), trois pour clarinette, d'autres pour flûte, basson, cor. – **Musique instrumentale.** Un quatuor avec piano, un quintette avec clarinette, six sonates pour violon, et de nombreuses compositions pour piano (dont quatre sonates, dix séries de variations et la célèbre *Aufforderung zum Tanz*).

Webern, Anton von

Vienne, 3 décembre 1883. – Mittersill (Salzbourg), 15 septembre 1945.

Il étudia d'abord la musicologie sous la direction de G. Adler, à Vienne, et soutint brillamment sa thèse de doctorat à l'Université en 1906 (sur H. Isaac). De 1904 à 1910, il était l'élève de Schoenberg pour la composition, en même temps que Berg et Wellesz (mais il fut certainement le premier et le plus fidèle disciple de son maître). Après avoir occupé divers postes obscurs de chef d'orchestre en Allemagne et à Prague, il collabora, après la Première Guerre, aux concerts organisés à Vienne par Schoenberg, puis fut le chef d'orchestre attitré d'une association symphonique ouvrière, créée à Vienne par la municipalité socialiste. Mais à cette vie publique, d'ailleurs modeste, il préférait la solitude de sa maison de Mödling, où il menait une existence simple et sans gloire, se consacrant presque uniquement à la composition et à l'enseignement. Lorsque son pays devint allemand, le régime nazi eut à peine besoin de condamner sa musique pour « bolchevisme culturel » tant elle était peu connue. Il n'eut pas le droit d'enseigner ni de se produire en public et dut accepter pour vivre un poste de correcteur d'épreuves chez un éditeur de musique. Vers la fin de la guerre, il alla s'installer à la campagne aux environs de Salzbourg. C'est là qu'il fut tué par une sentinelle américaine, au moment où il sortait de chez lui après l'heure du couvre-feu. À l'exception de ses *op. 1* et *2*, toutes les œuvres de Webern sont atonales. Son style très personnel, prodigieusement concis, pur et transparent, s'est affirmé presque à ses débuts. Certaines œuvres, comme les admirables *Cinq Pièces op. 10* pour orchestre, ou les *Six Bagatelles* pour quatuor, sont si brèves et si subtiles qu'elles évoquent le style des « haï-kaï » japonais. Mais, une fois surmontée la surprise que peut provoquer une désintégration de la mélodie, de l'harmonie, du rythme, du timbre, poussée à une limite au-delà de laquelle la musique cesserait d'exister, l'auditeur sans préjugés découvre dans cet art un lyrisme secret, extraordinairement pénétrant. À partir de 1924 (*Geistlische Volkslieder op. 17*), Webern, dont l'atonalisme se fondait jusqu'alors sur une technique très personnelle, adopte strictement la technique sérielle de Schoenberg et y reste fidèle. Cette discipline lui permet de concevoir des œuvres plus longues, comme la *Symphonie op. 21*. Dans cette intéressante composition, il exploite le principe de la *Klangfarben-Melodie* (où une succession de timbres est soumise, comme la succession des hauteurs, aux règles du développement sériel), principe que Schoenberg a esquissé à la fin de son *Harmonielehre* et tenté d'appliquer dans la troisième de ses *Pièces pour orchestre op. 16*. Dans ses trois dernières œuvres (deux *Cantates* et *Variations op. 30*), le style de Webern se fait plus expressif, plus continu ; la *Deuxième Cantate* est son œuvre la plus vaste, tant par la durée que par l'effectif instrumental. Son idéalisme, sa simplicité, son absolu indépendance et l'aspect radical de sa technique ont exercé une fascination sur les jeunes compositeurs d'après la dernière guerre, particulièrement en France et en Italie. Il a représenté alors, selon le mot de Boulez, la « tradition » des musiciens d'avant-garde.

Quelques œuvres chorales (dont les deux cantates), vingt lieder avec accompagnement de piano, vingt-huit lieder avec accompagnement de petites formations instrumentales, des compositions pour orchestre (*Six pièces op. 6*, *Cinq pièces op. 10*, *Symphonie op. 21*, *Variations op. 30*, etc.), *Six Bagatelles op. 9* pour quatuor à cordes, *Trio à cordes op. 20*, *Quatuor à cordes op. 28*, *Concerto pour 9 instruments op. 24*, *Variations op. 27* pour piano.

Weelkes, Thomas

Elsted (Sussex), bapt. 25 octobre 1576. – Londres, 30 novembre 1623.

On ne sait presque rien de son existence, si ce n'est qu'il fut organiste à Winchester College (1598-1601), puis organiste et maître des chœurs à la cathédrale de Chichester (1601-1617) ; mais, qualifié d'ivrogne et de blasphémateur par son évêque, il fut congédié. Il était, avec Wilbye, l'un des deux plus grands compositeurs de madrigaux anglais. Son œuvre, par sa diversité, par son audace, par son lyrisme tendre ou fantastique, le situe parmi les meilleurs madrigalistes de son temps (particulièrement le madrigal à cinq voix, *O care, thou wilt despatch* et l'admirable élégie à six voix à la mémoire de son ami Morley, qui termine le recueil d'*Ayres of Phantasticke Spirites*).

Cinq *services*, quatre *Magnificat*, un *Te Deum*, de nombreux *anthems* et surtout une centaine de madrigaux, *ballets* et *ayres* (3 à 6 voix).

Weill, Kurt

Dessau, 2 mars 1900. – New York, 3 avril 1950.

Après avoir fait ses études à la Hochschule für Musik de Berlin, il fut quelque temps chef d'orchestre de théâtre, puis s'établit, en 1921, à Berlin où il devint l'élève de Busoni. Parti d'un style expressionniste d'avant-garde, il évolua rapidement vers une forme d'art plus réaliste et plus populaire, vers ce *Zeitoper* dont le célèbre *Dreigroschenoper* (*Opéra de quat' sous*, habile transposition du *Beggar's Opera* de Gay et Pepusch*) est le meilleur exemple. Mais l'orientation politique de sa collaboration avec Bertolt Brecht le contraignit à quitter l'Allemagne après l'avènement de Hitler. Après des séjours à Paris et à Londres, il s'établit définitivement à New York en 1935, et prit la nationalité américaine. Il préparait un opéra d'après *Huckleberry Finn* de M. Twain, lorsqu'il mourut d'une crise cardiaque.

Seize opéras ou *Singspiele* ou *musical comedies* (dont *Die Dreigroschenoper*, *Happy End*, *Mahagonny* et *Der Jasager*, tous quatre en collaboration avec Brecht), deux ballets, de la musique de scène (pour Strindberg, J. Green, Brecht, etc.), quelques musiques de film (dont *Salut à la France* de Renoir), un concerto pour violon, des lieder avec accompagnement d'orchestre.

WELLESZ, EGON

Vienne, 21 octobre 1885. – Oxford, 9 novembre 1974.

Musicologue. Élève de G. Adler (musicologie) et de Schoenberg (composition). Il enseigna l'histoire de la musique à l'université de Vienne (1913-1938) et à l'université d'Oxford (depuis 1939). Autant que l'influence de Mahler, Schoenberg et Debussy, ses travaux de musicologie (notamment sur l'opéra du XVIIe et sur la musique byzantine) ont marqué son activité créatrice. Contrairement aux autres élèves de Schoenberg, il n'a pas adopté la technique dodécaphonique ; mais il a réalisé la synthèse des meilleurs éléments puisés dans les formes du passé, particulièrement dans ses opéras, où il réussit une excellente stylisation de l'opéra baroque, avec ses chœurs, ses ballets-pantomimes et ses airs à vocalises. Après 1939 il vécut en Angleterre, partageant son temps entre la musicologie, la composition, l'enseignement et les tournées de conférences.

Six opéras, quatre ballets, des œuvres chorales, neuf symphonies, un concerto pour piano, sept quatuors à cordes, des mélodies (avec accompagnement de piano, d'ensembles instrumentaux ou d'orchestre).

WERT, JACHES DE

Anvers ?, 1535. – Mantoue, 6 mai 1596.

Après divers emplois comme enfant de chœur et chantre, il fut l'élève de son compatriote C. de Rore à Parme. Il devint maestro di cappella du gouverneur de Milan puis du duc de Mantoue, Guglielmo Gonzaga. Gastoldi fut son élève et Monteverdi joua de la viole sous sa direction.

Nombreux intermèdes (perdus) pour la cour de Mantoue, plusieurs livres d'hymnes et de motets, onze livres de madrigaux (4-7 voix), un livre de *Canzonette villanelle a 5 voix.*

WIDOR, CHARLES-MARIE

Lyon, 21 février 1844. – Paris, 12 mars 1937.

Organiste. Élève de son père (organiste de Saint-François à Lyon), puis de Lemmens à Bruxelles. Il fut nommé organiste de Saint-Sulpice à vingt-cinq ans et devint plus tard professeur d'orgue et de composition au conservatoire de Paris. Depuis 1914, il était secrétaire perpétuel de l'Académie des Beaux-Arts. Ses œuvres pour orgue, dont certaines sont très populaires (*Toccata* de la *Cinquième Symphonie*), sont représentatives d'une conception symphoniste de l'instrument qui témoigne de son attachement à l'esthétique des grands instruments de Cavaillé-Coll (Saint-Sulpice). Excellent pédagogue, il a exercé une influence profonde sur l'école française d'organistes : Tournemire, Vierne, Dupré, etc.

Psaume CXII pour chœurs, orchestre et orgue, messe à double chœur, trois opéras et un ballet, deux symphonies pour orchestre, des concertos (piano, violon, violoncelle), de la musique de chambre, de nombreuses pièces pour piano et surtout dix symphonies pour orgue et *Sinfonia sacra* pour orgue et orchestre.

Wieniawski, Henryk

Lublin, 10 juillet 1835. – Moscou, 2 avril 1880.

Violoniste, le plus grand peut-être depuis Paganini. Entré au conservatoire de Paris à huit ans, il y obtint un premier prix à onze ans et reçut de l'empereur de Russie un superbe Guarneri. Il fit aussitôt des tournées triomphales dans toute l'Europe avec son frère Jozef, pianiste, fut ensuite nommé virtuose de la cour à Saint-Pétersbourg (1860-1871), puis reprit ses tournées à travers le monde (notamment aux USA avec Anton Rubinstein).

Vingt-huit compositions pour violon, dont deux concertos.

Wikmanson, Johan

Stockholm, 28 décembre 1753. – Stockholm, 16 janvier 1800.

Après avoir étudié simultanément le piano, les mathématiques et la facture instrumentale à Copenhague, il devint organiste de l'église Saint-Nicolas à Stockholm, puis professeur à l'Académie de musique. Il fut aussi excellent violoniste et violoncelliste.

Plusieurs très beaux quatuors à cordes, des pièces pour violoncelle, trois sonatines pour cithare, des œuvres pour piano.

Wilbye, John

Diss (Norfolk), bapt. 7 mars 1574. – Colchester, septembre 1638.

Vers 1595, il entra comme musicien au service de Sir Thomas Kytson, au manoir de Hengrave (Suffolk) et bénéficia toute sa vie de la protection de cette famille cultivée. Après la mort de Sir et Lady Kytson, il passa les dix dernières années de sa vie à Colchester, chez Lady Rivers, fille de Sir Thomas. Bien qu'il soit inexplicablement oublié hors de son pays, ce fut le plus grand madrigaliste anglais ; il nous a laissé une œuvre peu nombreuse, mais exceptionnellement égale dans la perfection, qui mérite d'être comparée à celle de son grand devancier italien Marenzio.

Deux motets latins, deux motets anglais et soixante-cinq madrigaux de 3 à 6 voix (parmi lesquels *Adieu sweet Amaryllis*, *Flora gave me fairest flowers*, *Draw on, sweet night*, *Sweet honey sucking bees*).

Willaert, Adriaan

Bruges, vers 1480. – Venise, 17 décembre 1562.

Il fut envoyé à Paris en 1514 pour y étudier le droit, mais il s'orienta bientôt vers la musique et devint élève de Jean Mouton (lui-même disciple, sinon élève, de Josquin). Il voyagea ensuite en Italie et semble avoir été quelque temps au service du duc de Ferrare, avant d'être élu, en 1527, maître de chapelle de Saint-Marc de Venise. Sa nomination à ce poste éminent, qu'il conserva jusqu'à sa mort, est à l'origine de la prestigieuse école vénitienne. Ce Flamand eut en effet un rayonnement considérable et fonda une célèbre école de chant, d'où devait sortir une pléiade de grands musiciens, parmi lesquels les propres élèves de Willaert : Zarlino, C. de Rore et A. Gabrieli.
Il porta à un très haut degré de perfection la tradition héritée de Josquin. Plus que les hardiesses d'écriture, il recherchait la pureté sonore, l'équilibre des proportions et la somptuosité de l'écriture à double chœur, que favorisait la disposition des deux tribunes de Saint-Marc (avec chacune son orgue et son chœur) et dont il fit la spécialité de l'école vénitienne.

(Œuvre très nombreuse, en cours de publication intégrale) : messes, motets, psaumes, hymnes, madrigaux, chansons françaises et *Canzone villanesche alla napoletana*, ainsi que d'admirables *fantasie* et *ricercari* instrumentaux.

Wirén, Dag

Noraberg (Orebrolän), 15 octobre 1905.

Après ses études au conservatoire de Stockholm, il alla compléter ses connaissances à Paris de 1932 à 1934. Il est vice-président de l'Association des compositeurs suédois et membre influent de la société de musique de chambre Fylkingen. Son œuvre témoigne de l'influence de Nielsen et de Stravinsky.

Des opéras radiophoniques, trois symphonies, des concertos (violon, violoncelle, piano), une belle sérénade pour cordes.

WOLF, HUGO

Windischgräz (auj. Slovenjgradec, Slovénie), 13 mars 1860.
Vienne, 22 février 1903.

Très jeune, il apprit le piano et le violon avec son père, un tanneur, excellent musicien amateur, qui ne le destinait pas cependant à une carrière musicale. On lui fit entreprendre des études générales sérieuses, mais, incapable de se fixer, ne s'intéressant qu'à la musique, il fut chassé successivement de trois écoles. En 1875, son père consentit à ce qu'il s'établît chez une tante, à Vienne, pour étudier au Conservatoire ; mais deux ans plus tard, il fut renvoyé de cet établissement où il s'était disputé avec le directeur. Soutenu par quelques amis (dont le chef d'orchestre Mottl et le docteur Breuer, un des premiers collaborateurs de Freud), il subsista tant bien que mal en donnant des leçons, bien qu'il fût un déplorable pédagogue. On lui procura en 1881 un poste de second Kapellmeister au théâtre de Salzbourg, mais il quitta la place au bout de deux mois après s'être encore disputé avec le directeur.

Hypernerveux, exalté, susceptible, il fut toujours incapable de gagner sa vie et de se fixer quelque part, exception faite des trois années au cours desquelles il fut critique de l'insignifiant *Wiener Salonblatt* et attira l'attention sur lui par la violence de ses articles contre Brahms (réaction puérile du wagnérien passionné qu'il était devenu, contre les articles antiwagnériens de Hanslick et Speidel). Il se fit des ennemis, dont les sarcasmes le blessèrent profondément. Toutes ses entreprises échouèrent misérablement, mais, à partir de 1888, une profusion de lieder admirables se mirent subitement à sortir de sa plume. Enthousiasmé par son propre génie, se comparant lui-même à Schubert et à Schumann, il mit en musique quarante-trois poèmes de Möricke en trois mois, puis, les trois mois suivants, cinquante poèmes de Goethe. Quelques auditions publiques de ses lieder lui apportèrent un succès d'estime, mais la création de son opéra, *Der Corregidor* (composé fiévreusement en trois mois), à Mannheim, fut un échec.

Des troubles mentaux (agitation, mythomanie, substitution de personnalité) nécessitent brusquement son hospitalisation en 1897. Au bout de quatre mois, il semble guéri ; mais, un an plus tard, il tente de se noyer. Il demande lui-même à être interné à l'hôpital psychiatrique de Vienne où il est mort, à quarante-trois ans, après plus de quatre années de souffrances, atteint de paralysie générale et de complète infirmité mentale. Il fut inhumé au cimetière central de Vienne, près de Beethoven et de Schubert.

Ses grandes œuvres, longues, souvent peu originales, sont presque toujours ennuyeuses, sauf le beau poème symphonique *Penthesilea* (malheureusement mutilé lors de la publication posthume). *Der Corregidor* est une succession de lieder admirables, mais manque d'intérêt dramatique. Le génie de Wolf par contre se manifeste pleinement dans ses nombreux lieder (sur de beaux poèmes pour la plupart), où il se montre le digne successeur de Schubert et de Schumann.

Deux opéras (*Der Corregidor* et *Manuel Venegas*, inachevé), le poème symphonique *Penthesilea*, une *Italienische Serenade* pour quatuor à cordes (orchestrée ensuite), un quatuor à cordes, plusieurs œuvres instrumentales inachevées, plus de trois cents lieder (poèmes de Goethe, Lenau, Heine, Eichendorff, Mörike) et une vingtaine d'œuvres chorales.

WOLF-FERRARI, ERMANNO

Venise, 12 janvier 1876. – Venise, 21 janvier 1948.

Après avoir fréquenté une école de beaux-arts à Rome, il s'orienta vers la musique et fut envoyé à Munich pour y faire ses études. À son retour, en 1899, un oratorio de sa composition fut joué à Venise et, l'année suivante, son premier opéra, *La Cenerentola.* De 1902 à 1912, il fut directeur du lycée musical Benedetto Marcello de Venise. Sa réputation repose essentiellement sur cinq opéras-comiques d'après Goldoni (dont *I quattro rusteghi* et *Il Campiello*), où il réalise une agréable synthèse de l'écriture moderne et du style mélodique du XVIIIe siècle.

Treize opéras (deux sérieux, onze comiques), quatre *rispetti* pour soprano et piano, une *sinfonia da camera*, un concerto de violon, des pièces pour violoncelle.

WOLKENSTEIN, OSWALD VON

Schöneck (Tyrol), vers 1377. – Merano, 2 août 1445.

D'une famille noble qui prit le nom de son domaine de Wolkenstein dans le Tyrol oriental, il mène une vie aventureuse, voyage beaucoup en missions diplomatiques pour l'empereur Sigismond, intervient aux conciles de Constance et de Bâle (ce qui lui vaut plusieurs emprisonnements)… et finit par s'établir au château de Hauerstein, près de Merano (Haut-Adige), dont il a hérité. Il tombe amoureux d'une certaine Anna Hausmann, cohéritière avec laquelle il était en conflit. Elle restera l'inspiratrice de ses lieder, même après le mariage d'Oswald avec Margarete von Schwangau en 1417. Le style personnel assez savant de ses lieder, où un grand soin est apporté à la correspondance poésie-musique, distingue ce premier grand polyphoniste allemand des derniers *Minnesänger*, à la tradition desquels il se rattache toutefois dans ses lieder monodiques.

Environ cent cinquante lieder à 1, 2, 3, 4 voix, dont il composait les poèmes.

Wyschnegradsky, Ivan

Saint-Pétersbourg, 14 mai 1893. – Paris, 28 septembre 1979.

Élève au conservatoire et à l'université (philosophie) de Saint-Pétersbourg, il subit profondément l'influence libératrice des dernières œuvres de Scriabine, mais, dès 1918, il s'oriente vers l'ultrachromatisme, c'est-à-dire les micro-intervalles, domaine où il a été un pionnier remarquable (voir Intervalles*). En 1922, il rencontre à Berlin Alois Hába, avec qui il étudie la construction d'un piano en 1/4 de ton. Sa conception d'un univers sonore en expansion procède davantage de la révolution harmonique de Scriabine que de la révolution sérielle et polyphonique de Schoenberg.

Une symphonie (*Ainsi parlait Zarathoustra*), *Variations sans thème*, et deux *Fragments symphoniques* pour orchestre, *Acte chorégraphique* pour 4 pianos, percussion et chœur ; un quatuor à cordes, de nombreuses compositions pour 2 ou 4 pianos... (toutes ces compositions utilisent l'échelle des 1/4 de ton) ; *Arc-en-ciel* pour 6 pianos (en douzièmes de ton), un *Manuel d'harmonie à quart de ton.*

X

Xenakis, Yannis

Braïla (Roumanie), 29 mai 1922.

Parallèlement à des études d'ingénieur à l'École polytechnique d'Athènes, il combat dans la résistance anti-nazie, puis anti-anglaise, et il est gravement blessé au visage ; il est obligé de quitter la Grèce en 1947 et de se réfugier en France. Il est alors l'élève de Messiaen et l'assistant de l'architecte Le Corbusier. Intelligent et sensible, il met à profit sa double culture musicale et mathématique pour trouver une alternative à la polyphonie sérielle dont il pressent la faillite. À l'époque où les néo-sériels travaillent à la loupe dans leurs jardins minuscules et représentent l'avant-garde musicale, Xenakis les juge dépassés et préfère brasser des nuages et des galaxies. Dès ses premières œuvres, il revendique le foisonnement. Les mathématiques sont le talisman qui préserve sa musique des compromissions et des facilités. Pour se diriger dans l'immensité du possible, il se fonde sur le Calcul des Probabilités, sur la Théorie des Ensembles, sur la Théorie des Jeux, utilisant occasionnellement l'ordinateur, mais sans illusion sur les capacités inventives inexistantes de l'instrument. Xenakis est avant tout un humaniste, dont l'œuvre hérite une culture millénaire et embrasse l'imprévisible. Continuel inventeur, il a créé d'étonnantes fêtes de lumières et de sons qu'il appelle « Polytopes », à Osaka, Chiraz, Paris (musée de Cluny), Montréal, Mycènes...

Cendrées pour chœurs et orchestre (1973) ; *Metastasis*, *Pzthoprakta*, *Eridanos*, *Noomena*, *Empreintes*, *Jonchaies*, pour orchestre ; *Terretektorh* et *Nomos Gamma* pour grand orchestre dispersé dans le public ; *Duel* et *Stratégie*, « jeux » pour deux orchestres ; musiques de scène pour l'*Oresteia* d'Eschyle et la *Medea* de Sénèque ; des musiques de ballets, dont *Kraanerg* et *Antikhthon* ; *Nuits* pour 12 voix mixtes (1967) ; *Synaphai* (1969) et *Erikhthon* (1974) pour piano et orchestre, *Eonta* pour piano et cinq cuivres ; *Thallein* pour orchestre de chambre, *Aroura* pour douze cordes, *Persephassa* pour percussion ; *Nomos Alpha* pour violoncelle seul et *Mikka* pour violon seul, *Ergma* (1993) pour quatuor à cordes ; *Herma* (1961) et *Evryali* (1973) pour piano, des « œuvres stochastiques » calculées sur ordinateur, etc.

XYLOPHONE

Cet instrument est probablement d'origine sud-asiatique : on le trouve représenté sur une sculpture javanaise du XIVe siècle. Cependant, ce sont les Africains qui l'introduisirent en Amérique du Sud. Le xylophone, comme l'indique son étymologie grecque, est composé d'une série de lames de bois dur sous lesquelles sont placés des résonateurs cylindriques. Disposées à la manière des touches d'un clavier, ces lames sont frappées avec des baguettes dures.
Construit sur le même principe, le MÉTALLOPHONE a donné naissance au VIBRAPHONE, dans lequel un moteur électrique fait tourner des petits volets qui obturent périodiquement les résonateurs, produisant un « vibrato » caractéristique.

→ SAINT-SAËNS, *Danse macabre*. – RAVEL, *Ma Mère l'Oye* (« Laideronette impératrice des pagodes »). – BARTÓK, *Musique pour cordes, percussion et célesta.*

Y

Ysaye, Eugène

Liège, 16 juillet 1858. – Bruxelles, 12 mai 1931.

Violoniste et chef d'orchestre. Deuxième prix du conservatoire de Liège à neuf ans, il débuta en public à onze ans, puis alla se perfectionner à Paris avec Wieniawski et Vieuxtemps. Il entreprit de nombreuses tournées en Europe et aux USA et fonda en 1894 son célèbre quatuor. Il remplit les fonctions de professeur au conservatoire de Bruxelles (1886-1897) et de maître de chapelle de la cour.

Un opéra en dialecte wallon et de nombreuses compositions pour violon.

Yun, Isang

Tongyong (Corée du Sud), 17 septembre 1917. – Berlin, 3 novembre 1995.

Après des études au Japon, il enseigna la composition dans son pays, puis alla se perfectionner à Paris, à Berlin, et aux cours d'été de Darmstadt. En 1967, il fut arrêté à Berlin, par les services secrets sud-coréens, puis séquestré à l'ambassade sud-coréenne et transféré à Séoul où il fut traduit en justice, avec plusieurs autres intellectuels, sous l'inculpation absurde d'atteinte à la « sécurité de l'État ». Il fut condamné à la prison à vie, après que la peine de mort eut été requise, mais sa peine fut ramenée à quinze ans après le procès en révision, seule l'accusation de visite à Pyong-Yang ayant été retenue. D'innombrables pétitions et protestations internationales sont parvenues à le faire libérer en 1969. Sa musique, raffinée et audacieuse, trahit l'influence de la musique européenne nouvelle entendue à Darmstadt, mêlée au souvenir des anciennes traditions musicales coréennes.

Trois opéras (d'après des légendes chinoises), *Om mani padme hum* pour soli, chœurs et orchestre, *Bara, Fluctuations* et *Réak* (un chef-d'œuvre) pour orchestre, diverses pièces instrumentales, *Tuyaux sonores*, pour orgue, etc.

Z

Zandonai, Riccardo

Sacco (Trente), 28 mai 1883. – Pesaro, 5 juin 1944.

Il fut l'élève de Mascagni, au Liceo musicale de Pesaro, dont il devint plus tard directeur (1939). Il a été considéré en Italie comme le successeur de Puccini.

Dix opéras (dont *Francesca da Rimini* et *Giulietta e Romeo*), *Requiem*, poèmes symphoniques, *Concerto romancito* pour violon, *Concerto andaloso* pour violoncelle.

Zarb

Tambour iranien à une peau, en forme de calice. Une technique très raffinée permet une variété de timbres et une virtuosité extraordinaires. L'instrument est utilisé aussi bien en soliste que pour l'accompagnement.

Zarlino, Gioseffe

Chioggia, 22 mars 1517. – Venise, 14 février 1590.

Illustre théoricien (voir Intervalles*). Tout en poursuivant des études supérieures de théologie, de philosophie, de mathématiques et de langues anciennes (latin, grec, hébreu), il fut à Venise l'élève de Willaert et le condisciple de C. de Rore, auquel il succéda comme maître de chapelle à Saint-Marc (1565-1590).

Nombreuses compositions religieuses et profanes. On lui doit aussi trois traités célèbres : *Istitutioni armoniche*, *Dimostrationi armoniche* et *Sopplementi musicali*.

Zarzuela

Sorte d'opéra bouffe espagnol, où alternent les airs et les dialogues parlés. Les créateurs du genre ont été le grand écrivain Calderón de la Barca et le compositeur Juan Hidalgo.
La Zarzuela (de *zarza*, ronce) était une résidence des souverains espagnols dans la campagne madrilène. Philippe IV s'y faisait donner ces comédies en musique que l'on appela *zarzuelas*. Au XVIIIe siècle, le genre

prend un caractère populaire, sans échapper pourtant à l'influence italienne. Après une période d'oubli, il renaît avec un énorme succès au milieu du XIXe siècle (Albeniz et Falla y débuteront).

ZELENKA, JAN DISMAS

Lounovice, 16 octobre 1679. – Dresde, 23 décembre 1745.

Élève de Fux à Vienne et de Lotti à Dresde. Il fut contrebassiste dans l'orchestre de Dresde, puis directeur de la musique d'église et compositeur de la cour. Sa musique, très séduisante, unit la rigueur de l'écriture contrapuntique à la fantaisie du style baroque tchèque, avec, dans l'inspiration mélodique, un souvenir du folklore de Bohême.

Vingt et une messes, trois *Requiem*, deux *Te Deum*, un très beau mélodrame latin (*Sub olea pacis et palma virtutis*), trois oratorios italiens, cent huit psaumes, motets, etc.

ZIELENSKI, MIKOLAJ

?, vers 1550. – ?, vers 1615.

Organiste. De 1608 à 1615, il fut maître de chapelle de l'archevêque Baranowski, primat de Pologne, à Lowicz. Dans beaucoup de ses œuvres, il adopte l'écriture à double chœur des Vénitiens. C'est un des plus grands compositeurs polonais.

Cent vingt et une compositions religieuses (motets, psaumes, hymnes, dont un grand *Magnificat* à 3 chœurs et 3 orgues).

ZIMMERMANN, BERND ALOIS

Bliesheim (Cologne), 20 mars 1918.
Grösskönigsdorf (Cologne), 10 août 1970.

Élève des conservatoires de Cologne et Berlin, puis de Fortner et Leibowitz à Darmstadt. Il a enseigné lui-même à l'université de Cologne (musicologie) et à la Musikhochschule (composition). Sa musique, puissamment expressive, en fait une des plus fortes personnalités musicales de notre temps. Mais il ne parvint à une notoriété internationale qu'après la création à Cologne en 1965 de *Die Soldaten*, l'un des chefs-d'œuvre d'opéra, de la deuxième moitié du XXe siècle. Sa sensibilité aux drames contemporains le conduisit au suicide.

L'opéra *Die Soldaten* (Cologne, 1965), des musiques de ballets (dont *Pour les Soupers du roi Ubu*) ; *Requiem pour un jeune poète* (1969) ; une *Sinfonie* et un *Impromptu* pour orchestre ; des concertos (pour violon, pour hautbois, pour 2 pianos, pour violoncelle, pour trompette) ; une sonate pour violon solo, une sonate pour violoncelle, superbe.

Zingarelli, Niccolò Antonio

Naples, 4 avril 1752. – Torre del Greco (Naples), 5 mai 1837.

Élève de Fenaroli au conservatoire Santa Maria di Loreto à Naples (1759-1769). De 1785 à 1794, il vécut à Milan où, grâce à la protection de l'archiduchesse Béatrice d'Autriche, il fit représenter un bon nombre d'opéras à la Scala et fut nommé maître de chapelle de la cathédrale (1792). Il fut ensuite maître de chapelle à Loreto (1794-1804), puis à la chapelle Sixtine de Rome (1804-1811). Quand Napoléon, après avoir baptisé son fils roi de Rome, ordonna de grandes réjouissances dans les régions sous son contrôle, un *Te Deum* à Saint-Pierre fut ordonné ; mais le maître de chapelle refusa de paraître. Arrêté et transféré à Paris sur l'ordre de l'empereur, qui admirait sa musique, Zingarelli fut aussitôt libéré et pensionné par celui-ci. À son retour, il fut nommé directeur du conservatoire de Naples (1813) et maître de chapelle de la cathédrale (1816).

Nombreuses messes, oratorios, cantates, trente-deux opéras sérieux, six opéras bouffes, ainsi que cinq cent quarante et une compositions inaccessibles, conservées à la Santa Casa de Loreto et faisant partie du très secret *Annuale di Loreto.*

Zipoli, Domenico

Prato (Florence), 15 octobre 1688.
Santa Catalina (Argentine), 2 janvier 1726.

Organiste. Après avoir été nommé à l'église des jésuites de Rome, il fut ordonné prêtre de l'illustre Compagnie, s'embarqua pour l'Amérique du Sud et fut, de 1718 à sa mort, organiste de l'église des jésuites à Cordoba.

Quelques oratorios et un admirable recueil de *Sonate d'intavolaturaper organo e cimbalo.*

Bibliographie

Histoires
Encyclopédies
Dictionnaires

A. Basso, *Dizionario enciclopedico universale della musica e dei musicisti*, 13 vol., Turin, UTET, 1992.
R. de Candé, *Histoire universelle de la musique*, 2 vol., Seuil, 1988.
R. de Candé, *Dictionnaire des compositeurs*, Seuil, 1996.
R. de Candé, *Les Chefs-d'œuvre classiques de la musique*, Seuil, 2000.
W. W. Cobbett, *Dictionnaire encyclopédique de la musique de chambre*, 2 vol., Laffont, « Bouquins », 1999.
F. Ferrand, *Guide de la musique du Moyen Âge*, Fayard, 1999.
B. & J. Massin, *Histoire de la musique occidentale*, Fayard, 1987.
G. Reese, *Music in the Renaissance*, Londres, Dent, 1959.

Dictionnaire encyclopédique de la musique (« Oxford Companion to Music »), trad., 2 vol., Laffont, « Bouquins », 1988.
Encyclopédie de la musique, 2 vol., Bordas, 1998.
Histoire de la musique de « La Pléiade », 2 vol., Gallimard, 1963.
New Grove's Dictionnary of Music and Musicians, 29 vol., Londres, MacMillan, 2001.
New Grove's Dictionnary of Opera, 4 vol., Londres, MacMillan, 1992.
New Oxford History of Music, 10 vol., Oxford Univ. Press, 1954-1990.

Théorie
Esthétique
Sociologie

Th. Adorno, *Philosophie de la nouvelle musique*, Gallimard, 1979.
P. Y. Asselin, *Musique et Tempérament*, Costallat, 1988.
H. Barraud, *Pour comprendre les musiques d'aujourd'hui*, Seuil, 1990.
A. Boucourechliev, *Le Langage musical*, Fayard, 1993.
J. Chailley, *Traité historique d'analyse harmonique*, Leduc, 1977.

M. Chion, *La Musique électroacoustique*, PUF, 1982.
J. B. Condat, *Nombre d'or et Musique*, New York, Peter Lang, 1988.
A. Danielou, *Traité de musicologie comparée*, Hermann, 1987.
D. Devie, *Le Tempérament musical*, Société de Musicologie de Languedoc, 1990.
D. Diderot, *Écrits sur la musique*, Lattès, 1987.
J. B. Dufourt (dir.), *L'Esprit de la musique*, Klincksieck, 1992.
V. Jankélévitch, *La Musique et l'Ineffable*, Seuil, 1983.
R. Leibowitz, *Introduction à la musique de douze sons*, L'Arche, 1981.
E. Leipp, *Acoustique et Musique*, Masson, 1996.
Cl. Lévi-Strauss, *Le Cru et le Cuit*, Plon, 1964.
Ch. Rosen, *Aux confins du sens*, Seuil, 1998.
J. Roy, *Le Groupe des Six*, Seuil, 1994.
N. Ruwet, *Langage, Musique, Poésie*, Seuil, 1972.
P. Schaeffer, *Traité des objets musicaux*, Seuil, 1997.
A. Schoenberg, *Le Style et l'Idée*, Buchet-Chastel, 1986.
A. Storr, *Music and the Mind*, Harper Collins, 1992.
A. Webern, *Chemins vers la nouvelle musique*, Lattès, 1985.

Formes et Instruments

H. Barraud, *Les Cinq Grands Opéras*, Seuil, 1972.
M. Beaufils, *Le Lied romantique allemand*, Gallimard, 1982.
M. Bitsch, *La Fugue*, Combre, 1993.
M. F. Castarède, *La Voix et ses sortilèges*, Les Belles Lettres, 1987.
J. Chailley, *Les Chorals pour orgue de J. S. Bach*, Leduc, 1974.
G. Cornut, *La Voix*, PUF, 1983.
M. Deschaussées, *L'Homme et le Piano*, Van de Velde, 1983.
B. Fournier, *L'Esthétique du quatuor à cordes*, Fayard, 1998.
R, Galleras, *Histoire de la flûte*, Capderot-Duvivier, 1977.
E. Garde, *La Voix*, PUF, 1970.
A. Geoffroy Dechaume, *Le Langage du clavecin*, Van de Velde, 1986.
G. Gill (dir.), *Le Grand Livre du piano*, Van de Velde, 1981.
J. Guillou, *L'Orgue, souvenir et avenir*, Buchet-Chastel, 1996.
G. Joppig, *Hautbois et Basson. Histoire, famille, répertoire*, Payot-Lausanne, 1982.
G. Kobbé, *Tout l'Opéra*, Laffont, « Bouquins », 1999.
H. I. Marrou, *Les Troubadours*, Seuil, 1980.
B. Ott, *Liszt et la Pédagogie du piano*, EAP, 1978.
J. & B. Ott, *La Pédagogie de la voix*, EAP, 1981.
J. P. Rampal, *La Flûte*, Denoël, 1978.
A. Schaeffner, *Origine des instruments de musique*, École des Hautes Études en sciences sociales, 1994.

E. Tarr, *La Trompette de l'Antiquité à nos jours*, Payot-Lausanne, 1977.
F. R. Tranchefort, *Les Instruments de musique dans le monde*, 2 vol., Seuil, 1980.
F. R. Tranchefort, *L'Opéra*, Seuil, 1983.
A. Tubeuf, *Le Chant retrouvé*, Fayard, 1979.
Las Cançons dels Trobadors (*opera omnia*), Toulouse, Institut d'études occitanes, 1979.

COMPOSITEURS

Albinoni
M. Talbot, *Albinoni Leben und Werk*, Adliswill, 1980.

J. S. Bach
A. Basso, *J. S. Bach*, 2 vol., Fayard, 1985.
R. de Candé, *Jean-Sébastien Bach*, Seuil, 2000.
G. Cantagrel, *Bach en son temps* (textes et doc.), Fayard, 1997.
G. Cantagrel, *Le Moulin et la Rivière*, Fayard, 1998.
R. Kirkpatrick, *Le Clavier bien tempéré*, Lattès, 1985.
A. Dürr, *Die Kantaten von J. S. Bach*, 2 vol., Bärenreiter, 1971.

Bartók
P. Citron, *Bartók*, Seuil, 1994.
B. Szalbolcsi (dir.), *Bartók, sa vie, son œuvre*, Budapest, Corvina, 1968.
Y. Queffelec, *Bartók*, Stock, 1993.

Beethoven
H. Berlioz, *Beethoven*, Buchet-Chastel, 1980.
A. Boucourechliev, *Beethoven*, Seuil, 1994.
B. Cooper (dir.), *Dictionnaire Beethoven*, Lattès, 1991.
B. & J. Massin, *Beethoven*, Fayard, 1967.
R. Rolland, *Beethoven*, Albin Michel, 1992.
M. Solomon, *Beethoven*, Lattès, 1985.

Bellini
P. Brunel, *Vincenzo Bellini*, Fayard, 1981.

Berg
E. Barilier, *Alban Berg : essai d'interprétation*, L'Age d'homme, 1978.
M. Carner, *Alban Berg*, Lattès, 1979.
D. Jameux, *Berg*, Seuil, 1980.

Berlioz
C. Ballif, *Berlioz*, Seuil, 1984.
H. Barraud, *Hector Berlioz*, Fayard, 1989.
P. Bloom (dir.), *Berlioz Studies*, Cambridge University Press, 1992.

A. Ramaut, *Hector Berlioz, compositeur romantique français*, Actes Sud, 1993.

Bizet
M. Cardoze, *Georges Bizet*, Mazarine, 1982.
J. Roy, *Bizet*, Seuil, 1983.

Boulez
D. Jameux, *Pierre Boulez*, Fayard, 1984.

Brahms
K. Geiringer, *Brahms, sa vie et son œuvre*, Buchet-Chastel, 1998.
J. Horton, *La Musique d'orchestre de Brahms*, Actes Sud, 1989.
C. Rostand, *Brahms*, Fayard, 1990.

Britten
P. Evans, *The Music of Benjamin Britten*, Londres, Dent, 1989.
A. Kendall, *Benjamin Britten*, Londres, MacMillan, 1973.

Bruckner
P. Barford, *Les Symphonies de Bruckner*, Actes Sud, 1991.
J. Gallois, *Bruckner*, Seuil, 1971.
P. G. Langevin, *Anton Bruckner*, L'Age d'homme, 1977.

Chabrier
R. Delage, *Emmanuel Chabrier*, Fayard, 1999.

Charpentier
C. Cessac, *Marc-Antoine Charpentier*, Fayard, 1988.
H. W. Hitchcok, *Les Œuvres de Marc-Antoine Charpentier*, Picard, 1982.

Chausson
J. Gallois, *Ernest Chausson*, Fayard, 1994.

Chopin
A. Boucourechliev, *Regard sur Chopin*, Fayard, 1996.
C. Bourniquel, *Chopin*, Seuil, 1994.
B. Gavoty, *Frédéric Chopin*, Grasset, 1974.
T. A. Zieliński, *Frédéric Chopin*, Fayard, 1995.

Chostakovitch
K. Meyer, *Dmitri Chostakovitch*, Fayard, 1974.

Couperin
Ph. Beaussant, *François Couperin*, Fayard, 1980.
P. Citron, *Couperin*, Seuil, 1996.

Debussy
J. Barraqué, *Debussy*, Seuil,1994.
V. Jankélévitch, *Debussy et le Mystère de l'instant*, Plon, 1989.
E. Lockspeiser & H. Halbreich, *Debussy, sa vie et sa pensée*, Fayard, 1989.

Donizetti
G. Tintori (dir.), *Gaetano Donizetti*, Milan, Nuove Edizioni, 1983.

Dufay
D. Fallows, *Dufay*, Londres, Dent, 1987.

Dutilleux
D. Humbert, *Henri Dutilleux, l'œuvre et le style musical*, Slatkine, 1985.
P. Mari, *Henri Dutilleux*, Zurfluh, 1998.

Dvořák
J. Clapham, *Dvořák*, New York, Riverrum Press, 1993.

Falla
J. C. Hoffelé, *Manuel de Falla*, Fayard, 1992.

Fauré
V. Jankélévitch, *Fauré et l'Inexprimable*, Pocket, 1988.
J. M. Nectoux, *Fauré*, Seuil, 1995.
J. M. Nectoux, *Gabriel Fauré, les voix du clair-obscur*, Flammarion, 1990.

Franck
J. M. Fauquet, *César Franck*, Fayard, 1999.
J. Gallois, *Franck*, Seuil, 1980.

Grieg
J. Horton, *Edvard Grieg*, Fayard, 1989.

Haendel
J. Gallois, *Haendel*, Seuil, 1980.
C. Hogwood, *Haendel*, Lattès, 1985.
J. Keates, *Georg Friedrich Haendel*, Fayard, 1995.
J. Rolland, *Haendel*, Albin Michel, 1975.

Haydn
K. Geiringer, *Haydn*, Gallimard, 1984.
R. Hugues, *Les Quatuors de Haydn*, Actes Sud, 1989.
M. Vignal, *Haydn*, Fayard, 1988.

Hindemith
G. Schubert, *Paul Hindemith*, Actes Sud, 1997.

Honegger
H. Halbreich, *Arthur Honegger : un musicien dans la cité des hommes*, Fayard, 1992.
P. Meylan, *Honegger, son œuvre et son message*, L'Age d'homme, 1982.

Janáček
G. Erismann, *Janáček ou la Passion de la vérité*, Seuil, 1980.

Jolivet
L. Kayas et L. Chassain-Dolliou (dir.), *André Jolivet : Portraits*, Actes Sud, 1994.

Josquin
E. E. Lowinsky, *Josquin des Prés*, Londres, 1976.
J. P. Ouvrard, *Josquin Desprez et ses contemporains*, Actes Sud, 1986.

Lassus
J. A. Bernstein, *Orlande de Lassus*, New York, Garland, 1987-1988.

Ligeti
P. Michel, *György Ligeti*, Minerve, 1995.

Liszt
R. de Candé, *La Vie selon Franz Liszt*, Seuil, 1998.
S. Gut, *Franz Liszt*, De Fallois - L'Age d'homme, 1989.
P. A. Huré & C. Knepper, *Liszt en son temps*, Hachette, 1987.
V. Jankélévitch, *Liszt et la Rhapsodie : 1. Essai sur la virtuosité*, Plon, 1989. 2. *Rhapsodie et improvisation*, Flammarion, 1998.
R. Stricker, *Franz Liszt : Les ténèbres de la gloire*, Gallimard, 1993.
A. Walker, *Franz Liszt*, 3 vol., Londres, Faber & Faber, 1983-1996.

Lully
Ph. Beaussant, *Lully ou le Musicien du Soleil*, Gallimard, 1991.

Mahler
W. Adorno, *Mahler : une physionomie musicale*, Éd. de Minuit, 1976.
H. L. de La Grange, *Mahler*, 3 vol., Fayard, 1980-1984.
M. Vignal, *Mahler*, Seuil, 1995.

Mendelssohn
R. Jacobs, *Mendelssohn*, Seuil, 1977.
P. Radcliffe, *Mendelssohn*, Londres, Dent, 1990.

Messiaen
H. Halbreich, *Olivier Messiaen*, Fayard, 1980.
A. Périer, *Messiaen*, Seuil, 1979.
M. Reverdy, *L'Œuvre pour piano d'Olivier Messiaen*, Leduc, 1978.

M. Reverdy, *L'Œuvre pour orchestre d'Olivier Messiaen*, Leduc, 1988.
Cl. Samuel, *Permanences d'Olivier Messiaen*, Actes Sud, 1999.

Milhaud
P. Collaer, *Darius Milhaud*, Genève, Slatkine, 1982.
J. Drake, *The Operas of Darius Milhaud*, New York, Garland, 1989.

Monteverdi
P. Fabbri, *Monteverdi*, Turin, Musica, 1985.
C. Sartori, *Monteverdi*, Brescia, Scuola Editrice, 1953.
L. Schrade, *Monteverdi*, Pocket, 1991.
R. Tellart, *Monteverdi*, Fayard, 1997.

Moussorgsky
M. Le Roux, *Boris Godounov*, Aubier-Montaigne, 1982.
M. Marnat, *Moussorgsky*, Seuil, 1994.

Mozart
N. Elias, *Mozart. Sociologie d'un génie*, Seuil, 1991.
J. V. Hocquard, *Mozart, l'amour, la mort*, Lattès, 1992.
J. V. Hocquard, *Mozart*, Seuil, 1994.
J. V. Hocquard, *Les Grands Opéras de Mozart*, Les Belles Lettres, 1995.
H. C. R. Landon, *Mozart en son âge d'or*, Fayard, 1996.
J. & B. Massin, *Wolfgang Amadeus Mozart*, Fayard, 1990.
B. Massin, *Guide des opéras de Mozart*, Fayard, 1991.
A. Paradis, *Mozart, l'opéra réenchanté*, Fayard, 1999.

Offenbach
R. Pourvoyeur, *Offenbach*, Seuil, 1994.
D. Rissin, *Jacques Offenbach*, Fayard, 1980.

Paganini
X. Rey, *Niccolò Paganini : le romantique italien*, L'Harmattan, 1999.

Palestrina
L. Bianchi, *Giovanni Pierluigi da Palestrina*, Fayard, 1994.
J. F. Gautier, *Palestrina, ou l'Esthétique de l'âme du monde*, Actes Sud, 1994.

Poulenc
H. Hell, *Francis Poulenc, musicien français*, Fayard, 1978.
R. Machart, *Poulenc*, Seuil, 1995.
W. Mellers, *Francis Poulenc*, Oxford University Press, 1993.

Prokofiev
M. Dorigné, *Serge Prokofiev*, Fayard, 1994.
C. Samuel, *Prokofiev*, Seuil, 1995.

Puccini
M. Carner, *Puccini*, Lattès, 1984.
C. Casini, *Puccini*, Turin, EDT, 1977.
A. Gauthier, *Puccini*, Seuil, 1998.

Purcell
M. Campbell, *Henry Purcell*, Londres, Hutchinson, 1993.
F. B. Zimmermann, *Henry Purcell*, Londres, Garland, 1989.

Rachmaninov
J. E. Fousnaquer, *Rachmaninov*, Seuil, 1994.

Rameau
Ph. Beaussant, *Rameau de A à Z*, Fayard, 1983.
J. Malignon, *Rameau*, Seuil, 1978.

Ravel
V. Jankélévitch, *Ravel*, Seuil, 1995.
M. Marnat, *Maurice Ravel*, Fayard, 1986.
H. Stuckenschmidt, *Ravel. Variations sur l'homme et l'œuvre*, Lattès, 1981.

Rossini
A. Kendal, *Rossini*, Londres, Gollancz, 1992.
Stendhal, *La Vie de Rossini*, Gallimard-Folio, 1992.
F. Vitoux, *Gioacchino Rossini*, Seuil, 1996.

Satie
M. Bredel, *Erik Satie*, Mazarine, 1982.
A. Rey, *Satie*, Seuil, 1995.

Scarlatti
A. de Chambure, *Catalogue analytique de l'œuvre pour clavier de Domenico Scarlatti*, Costallat, 1987.
R. Kirkpatrick, *Domenico Scarlatti*, Lattès, 1982.

Schoenberg
R. Leibowitz, *Schoenberg*, Seuil, 1984.
C. Rosen, *Schoenberg*, Éd. de Minuit, 1980.
H. H. Stuckenschmidt et A. Poirier, *Arnold Schoenberg*, Fayard, 1993.

Schubert
J. Drillon, *Schubert et l'Infini*, Actes Sud, 1996.
B. Massin, *Franz Schubert*, Fayard, 1993.
M. Schneider, *Schubert*, Seuil, 1994.

Schumann
A. Boucourechliev, *Schumann*, Seuil, 1995.

R. Stricker, *Robert Schumann, le musicien et la folie*, Gallimard, 1996.
H. Pousseur, *Schumann, le poète*, Méridiens-Klincksieck, 1993.

Schütz
M. Gregor-Dellin, *Heinrich Schütz*, Fayard, 1986.

Scriabine
F. Gorenstein, *Scriabine*, Calmann-Lévy, 1993.
M. Kelkel, *Alexandre Scriabine*, Fayard, 1999.

Sibelius
T. Howell, *Jean Sibelius*, New York, Garland, 1990.

Smetana
G. Erismann, *Smetana, l'éveilleur*, Actes Sud, 1993.

Strauss
D. Jameux, *Richard Strauss*, Hachette, 1986.
N. del Mar, *Richard Strauss*, 3 vol., Faber, 1986.
A. Tubeuf, *Richard Strauss ou le Voyageur et son ombre*, Albin Michel, 1980.

Stravinsky
A. Boucourechliev, *Igor Stravinsky*, Fayard, 1989.
M. Druskin, *Igor Stravinsky : his Life, Works and Views*, Cambridge University Press, 1983.
M. Marnat, *Stravinsky*, Seuil, 1995.
E. W. White, *Stravinsky : le compositeur et son œuvre*, Flammarion, 1983.

Szymanowski
C. Palmer, *Szymanowski : un compositeur à la croisée des chemins*, Actes Sud, 1987.

Tchaïkovsky
N. Berberova, *Tchaïkovsky*, Actes Sud, 1987.
A. Lischké, *Piotr Ilitch Tchaïkovsky*, Fayard, 1993.

Varèse
F. Ouelette, *Edgar Varèse*, Bourgois, 1989.
O. Vivier, *Varèse*, Seuil, 1983.

Verdi
J. F. Labie, *Le Cas Verdi*, Laffont, 1987.
M. Mila, *L'Arte di Verdi*, Turin, Einaudi, 1980.
G. de Van, *Verdi, un théâtre en musique*, Fayard, 1992.

Villa-Lobos
S. Wright, *Villa-Lobos*, Oxford University Press, 1992.

Vivaldi
R. de Candé, *Vivaldi*, Seuil, 1994.
M. Talbot, *Vivaldi*, Londres, Dent, 1978.
M. Talbot, *Vivaldi's Sacred Music*, Londres, Dent, 1995.

Wagner
M. Gregor-Dellin, *Richard Wagner*, Fayard, 1991.
M. Pazdro, *Guide des opéras de Wagner*, Fayard, 1988.
M. Schneider, *Wagner*, Seuil, 1995.

Weber
D. G. Henderson, *Carl Maria von Weber*, New York, Garland, 1990.

Webern
H. L. Matter, *Anton Webern*, L'Age d'homme, 1982.
A. C. Scheffler, *Webern and the Lyric Impulse*, Oxford, Clarendon, 1994.

Wolf
D. Ossenkop, *Hugo Wolf*, New York, Garland, 1988.

Xenakis
N. Matossian, *Iannis Xenakis*, Fayard, 1981.

En complément des études sur la vie et l'œuvre des grands compositeurs, il est intéressant de lire les correspondances et les souvenirs, notamment ceux de Berlioz (Flammarion), Fauré (Flammarion), Lassus (Coutaz), Liszt (Lattès, Flammarion), Mahler (Lattès), Milhaud (Belfond), Mozart (7 vol., Flammarion), Poulenc (Fayard), Schoenberg (Lattès), Stravinsky (Faber, Gallimard), Wagner (Plon)...

N.B. Lorsqu'un ouvrage a été réédité une ou plusieurs fois, souvent revu et complété, seule la date de la dernière édition a été mentionnée.

Les ouvrages épuisés, qu'on ne trouve donc pas en librairie, n'ont pas été retenus, sauf exceptions lorsqu'il s'agit d'ouvrages de référence.

Index des notions

Les mots et les chiffres composés en caractère gras renvoient à une rubrique du Dictionnaire.

A

B

C

H

I

J

K

L

M

N

O

P

Q

R

S

T

U

V

W

X

Z

Table

COMPOSITION : CURSIVES À PARIS
IMPRESSION : NORMANDIE ROTO À LONRAI
DÉPÔT LÉGAL : NOVEMBRE 2000. N° 40075 (00-2325)